Sackmann – das Lehrbuch für die Meisterprüfung

Teil III:
Rechnungswesen
Betrieb und Wirtschaft
Recht und Steuern

37. Auflage

Mitarbeiter:

Dipl.-Kfm. Dietmar Barfuss, Dipl.-Kff. Regina Bernasch-Lieber,
Dipl.-Kfm. Wolfgang Boecker, Soz.-Verw. Dipl. Gerd Bonk,
Dipl.-Ök. Martin Borgmann, Dipl.-Betriebsw. Ralph Bührig,
Dipl.-Volksw. Istvan von Földvary, Ass. Michael Heesing, Dipl.-Ök. Frank Jäger,
Dipl.-Kfm. Heinrich Linn, Dipl.-Ing. Dorrit Mai, Dipl.-Volksw. Hans Neumann,
Dipl.-Betriebsw. Eckhard Nikolaizig, Dipl.-Volksw. Reiner Nolten,
Dipl.-Ing. (FH) Harry Nöthe, Dr. Ingo Riederer, Dipl.-Betriebsw. Günter Schlenke,
Gabriele Schöne-Sobolewski, Dipl.-Volksw. Günther Tartter,
Wolfgang Weihrauch, Ass. Karl-Jürgen Wilbert

Verlagsanstalt Handwerk GmbH

Sackmann – das Lehrbuch für die Meisterprüfung.
37. Auflage, ISBN 3-87864-644-5 (Teil III und IV)

Teil III: **Rechnungswesen, Betrieb und Wirtschaft, Recht und Steuern**
mit CD-ROM
ISBN 3-87864-611-9 (Teil III)

Teil IV: **Berufs- und Arbeitspädagogik, Ausbildung der Ausbilder nach AEVO**
ISBN 3-87864-601-1 (Teil IV)

37. Auflage
Stand: Dezember 2003
ISBN 3-87864-611-9 (Teil III)

© 2004 by Verlagsanstalt Handwerk GmbH, Düsseldorf

Nachdruck oder jede Form der Vervielfältigung auch auszugsweise ist nur mit ausdrücklicher Genehmigung des Verlages gestattet.

Umschlag: ars:pro:toto, Köln
Layout und Grafiken: Susanne Stang, Neuss
Lektorat und Herstellung:
Martina Burkert, Gisela De Lorie, Barbara Schnell, Matthias Wessel
Satz: Werbe- und Verlags-GmbH, Grevenbroich

Verlagsanstalt Handwerk GmbH
Auf'm Tetelberg 7, 40221 Düsseldorf
Tel.: 0211/390 98-0, Fax: 0211/ 390 98-70
E-Mail: info@verlagsanstalt.handwerk.de
Internet: www.verlagsanstalt-handwerk.de

Inhaltsverzeichnis

Grundlagen des Rechnungswesens und Controllings

Buchführung
Verf.: Dipl.-Ök. Martin Borgmann, Dipl.-Ök. Frank Jäger, Gerd Sobolewski

1. Aufgaben und gesetzliche Regelungen	25
1.1 Handelsrechtliche Bestimmungen	28
1.2 Steuerrechtliche Bestimmungen	29
1.3 Grundsätze ordnungsmäßiger Buchführung und Bilanzierung (GoB)	31
2. Inventur und Abschluss	34
2.1 Inventur und Inventar	34
2.1.1 Inventurarten	35
2.1.2 Inventar	35
2.2 Bilanz	37
2.3 Bilanzveränderungen	41
2.4 Gewinn- und Verlustrechnung	42
2.5 Jahresabschluss nach dem HGB	44
2.5.1 Bestandteile des Jahresabschlusses	44
2.5.2 Bilanzgliederung von Kapitalgesellschaften	44
2.5.3 Gewinn- und Verlustrechnung von Kapitalgesellschaften	46
2.5.4 Anhang und Lagebericht	47
3. System der doppelten Buchführung	49
3.1. Kontenrahmen/Kontenplan	49
3.2 Kontenführung auf Bestandskonten	54
3.2.1 Buchungsregeln	54
3.2.2 Buchungsbelege	55
3.2.3 Buchungssatz	56
3.2.4 Kontenabschluss	57
3.3 Kontenführung auf Erfolgskonten	58
3.3.1 Buchungsregeln	58
3.3.2 Gewinn- und Verlustkonto	59
3.4 Hauptabschluss-Übersicht	61

INHALTSVERZEICHNIS

3.5	Buchung typischer Geschäftsvorfälle	62
	3.5.1 Buchungen auf Warenkonten	62
	3.5.2 Buchung der Umsatzsteuer	65
	3.5.3 Umsatzsteuer bei nachträglichen Rechnungskorrekturen	68
	3.5.4 Buchungen auf Privatkonten	69
	3.5.5 Buchungen bei der Abschreibung von Anlagegütern	70
	3.5.6 Buchungen bei Anschaffung und Verkauf von Gegenständen des Anlagevermögens	73
	3.5.7 Entgeltbuchungen (Lohn bzw. Gehalt)	74
	3.5.8 Buchung teilfertiger Erzeugnisse bzw. Leistungen	77
	3.5.9 Buchung von Rechnungsabgrenzungsposten	78
	3.5.10 Buchungen im Zusammenhang mit Rückstellungen	80

4. Verfahrenstechniken und Arbeitsabläufe 83

4.1	Konventionelle Verfahrenstechniken	83
	4.1.1 Arbeitsabläufe der T-Kontenbuchführung	83
	4.1.2 Arbeitsabläufe der Journalbuchführung	84
4.2	EDV-gestützte Verfahrenstechniken	86
4.3	Auslagerung der Buchführung	87

5. Buchführungsbeispiel Wolters: Arbeitsabläufe der Buchführung in der Praxis 90

5.1	Angenommene Beispielsprämissen	90
5.2	Bearbeitung des Buchführungsbeispiels mit Excel	91
5.3	Vorgeschlagene Arbeitsschritte	92
5.4	Unterlagen zum Buchführungsbeispiel	94

Jahresabschluss und Grundzüge der Auswertung

Verf.: Dipl.-Kfm. Heinrich Linn (Kap. 1 und 3); Dipl.-Ök. Martin Borgmann, Dipl.-Ök. Frank Jäger, Gerd Sobolewski (Kap. 2)

1. Aufbau und Aufbereitung von Bilanz und Gewinn- und Verlustrechnung 111

1.1	Methodisches Vorgehen	112
1.2	Aufbereitung der Bilanz	113
1.3	Aufbereitung der Gewinn- und Verlustrechnung	115

2. Spielräume bei Ansatz und Bewertung 117

2.1	Bewertungsgrundsätze	117
	2.1.1 Vorsichtsprinzip	117
	2.1.2 Prinzip der Unternehmensfortführung	118

	2.1.3	Stichtagsprinzip	119
	2.1.4	Prinzip der Bewertungsstetigkeit	119
	2.1.5	Prinzip der Zeitraumbezogenheit	119
	2.1.6	Maßgeblichkeitsprinzip	119
2.2		Bestandsbewertungen	121
	2.2.1	Bewertungsmöglichkeiten	121
	2.2.2	Bewertung der Vermögens- und Schuldposten im Einzelnen	124
	2.2.3	Bewertung der Kapitalien im Einzelnen	125
3.		**Auswertung von Bilanz und Gewinn- und Verlustrechnung**	**127**
3.1		Analyse und Beurteilung der Bilanz	127
	3.1.1	Vergleich zweier Bilanzen	127
	3.1.2	Kapitalstruktur und Eigenkapitalentwicklung	130
	3.1.3	Vermögensstruktur	134
	3.1.4	Liquidität	138
	3.1.5	Anlagedeckung	143
3.2		Analyse und Beurteilung der Gewinn- und Verlustrechnung	146
	3.2.1	Vergleich zweier Gewinn- und Verlustrechnungen	146
	3.2.2	Kurzfristige Erfolgsrechnung	151
	3.2.3	Erfolgskennzahlen	151

Kosten- und Leistungsrechnung und Controlling

Verf.: Dipl.-Betriebsw. Eckhard Nikolaizig (Kap. 1–7)/Dipl.-Betriebsw. Ralph Bührig/Dipl.-Ing. Dorrit Mai (Kap. 8)

1.		**Aufgaben und Gliederung der fachübergreifenden Kosten- und Leistungsrechnung**	**160**
1.1		Aufgaben der Kostenrechnung	160
1.2		Grundbegriffe der Kostenrechnung	163
1.3		Gliederung der Kostenrechnung	165
	1.3.1	Methoden der Kostenrechnung	165
	1.3.2	Gliederung der Kosten	167
1.4		Notwendige Unterlagen	169
2.		**Kostenartenrechnung**	**172**
2.1		Gliederung der Kostenarten: Kostenartenplan	172
2.2		Erfassung und Besonderheiten einzelner Kostenarten	174
	2.2.1	Fertigungsmaterial	175
	2.2.2	Personalkosten	175
	2.2.3	Kalkulatorische Kosten	176
2.3		Verrechnung von Einzel- und Gemeinkosten am Beispiel des Betriebes Metallbau Ludwig	180

3. Kostenstellenrechnung 186
3.1 Kalkulation mithilfe des Betriebsabrechnungsbogens (BAB) 187
3.2 Betriebsabrechnungsbogen am Beispiel
des Betriebes Metallbau Ludwig 188
3.3 Differenzierte Zuschlagskalkulation 192
3.4 Kalkulationsbeispiel 194
3.5 Maschinenstunden-Verrechnungssätze 196

4. Kostenträgerrechnung 199
4.1 Divisionskalkulation 199
4.2 Zuschlagskalkulation 200
    4.2.1 Kalkulation in einem Fertigungsbetrieb 200
    4.2.2 Kalkulation von Handelswaren 201

5. Erfolgsrechnung 204
5.1 Stückerfolgsrechnung 204
5.2 Periodenerfolgsrechnung 205
5.3 Kostenstellen-Erfolgsrechnung 205

6. Kostenrechnungssysteme 207
6.1 Übersicht über Vor- und Nachteile der verschiedenen Systeme 207
6.2 Ist- und Plankostenrechnung 208
6.3 Vollkostenrechnung und Teilkostenrechnung 208
6.4 Deckungsbeitragsrechnung 210

7. Anwendung der Kostenrechnung 212
7.1 Kostenkontrolle und Analyse von Kostenstrukturen 212
7.2 Kostenplanung 213
7.3 Entscheidungen in Bezug auf Leistungsprogramm und Preispolitik 213
7.4 Gewinnschwellenanalyse 214

8. Controlling 217
8.1 Aufgaben und Ziele 217
    8.1.1 Strategisches und operatives Controlling 219
    8.1.2 Controlling im Handwerk 220
8.2 Schwachstellenanalyse 220
    8.2.1 Stärken-Schwächen-Analyse 222
    8.2.2 Sortiments- und Leistungsanalyse 224
    8.2.3 Nachkalkulation 224

INHALTSVERZEICHNIS

8.3 Kennzahlen und Kennzahlensysteme … 225
    8.3.1 DuPont-System … 226
    8.3.2 ZVEI-Kennzahlen … 226
    8.3.3 Wichtige Kennzahlen im Handwerk … 229

8.4 Budgetierung … 230
    8.4.1 Arten der Budgetierung … 231
    8.4.2 Erstellung von Budgets … 231

Grundlagen wirtschaftlichen Handelns im Betrieb

Handwerk in Wirtschaft und Gesellschaft

Verf.: Dipl.-Volksw. Reiner Nolten

1. **Stellung des Handwerks in der Volkswirtschaft** … 235
    1.1 Grundzüge der volkswirtschaftlichen Zusammenhänge … 235
    1.2 Merkmale der sozialen Marktwirtschaft … 238
    1.3 Einordnung des Handwerks in die Gesamtwirtschaft … 239
    1.4 Zukunftsperspektiven und Strukturwandel … 240

2. **Gesellschaftliche und kulturelle Bedeutung des Handwerks** … 242

3. **Handwerksorganisationen** … 244
    3.1 Aufgaben und Strukturen (regional und fachlich) … 244
        3.1.1 Innungen … 246
        3.1.2 Innungsverbände (Fachverbände) … 247
        3.1.3 Kreishandwerkerschaften … 248
        3.1.4 Handwerkskammern … 248
        3.1.5 Spitzenverbände des Handwerks … 251
    3.2 Beratungsdienste … 252
        3.2.1 Beratung durch Handwerksorganisationen … 252
        3.2.2 Betriebswirtschaftliche Beratungsdienste … 253
        3.2.3 Technische Beratungsdienste … 254
        3.2.4 Sonstige Beratungsdienste … 255
    3.3 Bezug zu anderen Arbeitgeber- und Arbeitnehmerorganisationen … 255
        3.3.1 Industrie- und Handelskammern … 255
        3.3.2 Landwirtschaftskammern … 256
        3.3.3 Weitere Verbände der gewerblichen Wirtschaft … 256
        3.3.4 Arbeitgeberverbände … 256
        3.3.5 Gewerkschaften … 257

Marketing

Verf.: Dipl.-Kff. Regina Bernasch-Lieber (Kap. 1–3)/Dr. Ingo Riederer (Kap. 4)

1. **Konzeption des Marketing** — 259
   - 1.1 Stellenwert des Marketing im Handwerksbetrieb — 259
   - 1.2 Was ist Marketing? — 261
   - 1.3 Ziele des Marketing — 263
   - 1.4 Marketing-Konzept — 264

2. **Analyse des Absatz- und Beschaffungsmarktes** — 266
   - 2.1 Wesen der Marktforschung — 266
   - 2.2 Methoden der Marktforschung — 268
     - 2.2.1 Primärforschung — 268
     - 2.2.2 Sekundärforschung — 269
   - 2.3 Gegenstände der Marktanalyse und Marktforschung — 270
     - 2.3.1 Öffentlichkeit — 271
     - 2.3.2 Lieferanten — 271
     - 2.3.3 Wettbewerber — 273
     - 2.3.4 Zielgruppen- und Kundenanalyse — 274
     - 2.3.5 Produktanalyse — 276
   - 2.4 Marketingstrategie — 277

3. **Marketingfunktionen und -instrumente auf der Absatzseite** — 283
   - 3.1 Kundenorientierung und Kundenbehandlung — 283
   - 3.2 Unternehmensbild und Unternehmenskultur — 284
   - 3.3 Produkt- und Sortimentspolitik — 286
   - 3.4 Kommunikations- und Werbepolitik — 288
     - 3.4.1 Werbung — 288
     - 3.4.2 Öffentlichkeitsarbeit — 290
     - 3.4.3 Verkaufsförderung — 291
   - 3.5 Preis- und Konditionenpolitik — 291
   - 3.6 Vertriebspolitik — 294

4. **Beschaffung** — 296
   - 4.1 Beschaffungsplanung — 296
     - 4.1.1 Beschaffungsobjekte — 297
     - 4.1.2 Informationsbeschaffung — 297
     - 4.1.3 Beschaffungsdisposition — 298
   - 4.2 Liefer- und Zahlungsbedingungen — 300
   - 4.3 Material- und Rechnungskontrolle — 300
   - 4.4 Vorratshaltung und Lagerdisposition — 301

4.4.1	Lagerhaltung	302
4.4.2	Ermittlung des Bedarfs	303
4.4.3	ABC-Analyse	303
4.4.4	Optimale Bestellmenge	305
4.4.5	Lagerbestand	306

Organisation

Verf.: Dipl.-Volksw. Hans Neumann/Wolfgang Weihrauch (Kap. 4.3)

1.	**Grundlagen der Organisation**	**308**
2.	**Ablauforganisation**	**312**
2.1	Analyse und Gestaltung von Arbeitsprozessen	313
	2.1.1 Arbeitsvorbereitung, Arbeitsausführung, Arbeitsnachbereitung	313
	2.1.2 Funktionale, zeitliche und räumliche Ablaufplanung	315
2.2	Materialdisposition und Lagerplanung (Logistik)	319
2.3	Qualitätsmanagement und Zertifizierung im Handwerk	320
2.4	Arbeitszeitmodelle	323
2.5	Gruppenorganisation	325
3.	**Aufbauorganisation**	**328**
3.1	Aufgabenanalyse und Festlegung der Unternehmensstruktur	329
3.2	Aufgabensynthese: Stellenbildung und Stellenbeschreibung	331
3.3	Leitungssysteme	333
3.4	Organisationsentwicklung	337
4.	**Verwaltungs- und Büroorganisation**	**339**
4.1	Ablageorganisation	340
4.2	Postbearbeitung und Schriftverkehr	342
4.3	Einsatz von Informations- und Kommunikationstechnologien	343
	4.3.1 EDV-Einsatz im Handwerk	343
	4.3.2 Das lokale Netzwerk	344
	4.3.3 Betriebssystem und Anwendungssoftware	345
	4.3.4 Telekommunikation, E-Commerce und Internet	347
	4.3.5 Datenschutz und Datensicherheit	351
5.	**Zwischenbetriebliche Zusammenarbeit**	**355**

Personalwesen und Mitarbeiterführung

Verf.: Dipl.-Betriebsw. Günter Schlenke/Gabriele Schöne-Sobolewski

1.	**Personalplanung**	**358**
1.1	Ermittlung des Personalbedarfs	359
1.2	Personalbeschaffung und Personalauswahl	361
	1.2.1 Personalwerbung durch Stellenanzeigen	361
	1.2.2 Personalauswahl	362
1.3	Personaleinsatzplanung und Stellenbesetzung	366
1.4	Personalentwicklung	369
2.	**Personalverwaltung**	**372**
2.1	Personalaktenführung	372
2.2	Mitarbeiterbeurteilung und Zeugniserteilung	373
	2.2.1 Beurteilungsbogen	373
	2.2.2 Erstellung von Arbeitszeugnissen	375
3.	**Entlohnung**	**378**
3.1	Zeiterfassung	378
3.2	Arbeitsbewertung und Lohn- und Gehaltsgefüge	379
3.3	Entgeltformen	380
	3.3.1 Zeitlohn	381
	3.3.2 Leistungslohn – Akkordlohn	382
4.	**Mitarbeiterführung**	**383**
4.1	Führungsstile und Führungsmittel	384
4.2	Soziale Beziehungen und Betriebsklima	385
4.3	Fürsorge: Arbeitssicherheit, Unfall- und Gesundheitsschutz	387

Finanzierung

Verf.: Dipl.-Kfm. Heinrich Linn (1–4)/Dipl.-Kfm. Wolfgang Boecker (5)

1.	**Grundlagen der Investitions-, Finanz- und Liquiditätsplanung**	**390**
1.1	Aufgaben und Ziele der Finanzierung	391
1.2	Investitions- und Finanzplanung	392
1.3	Liquiditätskontrolle und Liquiditätsplanung	395
2.	**Investitions- und Finanzierungsanlässe**	**398**
2.1	Einmalige Investitions- und Finanzierungsanlässe	398
2.2	Laufende Investitions- und Finanzierungsanlässe	399
2.3	Investitionsrechnungen	399

3. Finanzierungsarten — 402
- 3.1 Eigenfinanzierung im Rahmen der Innenfinanzierung — 402
  - 3.1.1 Innenfinanzierung durch Vermögensumschichtung — 402
  - 3.1.2 Selbstfinanzierung — 404
- 3.2 Eigenfinanzierung im Rahmen der Außenfinanzierung — 404
- 3.3 Fremdfinanzierung — 405
  - 3.3.1 Kreditarten der kurzfristigen Fremdfinanzierung — 405
  - 3.3.2 Kreditarten der mittelfristigen Fremdfinanzierung — 407
  - 3.3.3 Kreditarten der langfristigen Fremdfinanzierung — 407
- 3.4 Kreditsicherheiten — 410
- 3.5 Kreditgeschäft der Banken — 411
- 3.6 Kredit-Rating — 413
- 3.7 Sonderformen der Finanzierung — 415
  - 3.7.1 Leasing — 415
  - 3.7.2 Factoring — 415
- 3.8 Öffentliche Finanzierungshilfen — 416

4. Kapitalbedarfsermittlung, Finanzierungsplan und Finanzierungsregeln — 419
- 4.1 Grundsätze der Kapitalbedarfsermittlung — 419
  - 4.1.1 Kapitalbedarf für das betriebliche Anlagevermögen — 420
  - 4.1.2 Kapitalbedarf für das betriebliche Umlaufvermögen — 420
- 4.2 Finanzierungsplan — 422
- 4.3 Finanzierungsregeln — 424

5. Zahlungsverkehr — 426
- 5.1 Grundbegriffe der Geldwirtschaft — 426
- 5.2 Zahlungsweisen — 428
  - 5.2.1 Giroverkehr — 429
  - 5.2.2 Electronic Banking — 429
  - 5.2.3 Scheck — 430
  - 5.2.4 Electronic Cash — 432
  - 5.2.5 Kreditkarten — 432

Planung
Verf.: Dipl.-Ing. (FH) Harry Nöthe

1. Unternehmenszielsystem und Unternehmensplanung — 433
- 1.1 Was ist Planung? — 434
- 1.2 Zusammenspiel von strategischer und operativer Planung — 435
- 1.3 Unternehmerische Zielsetzungen — 436

2. Planung als Prozess — 439
- 2.1 Planungsbereiche und deren Abstimmung — 439
- 2.2 Planungsphasen — 440
- 2.3 Planungsinstrumente — 442
- 2.4 Kontrolle — 443

3. Risikovorsorge — 446
- 3.1 Analyse der Risikoarten — 446
- 3.2 Absicherung der Risiken — 447

Gründung
Verf.: Dipl.-Kfm. Dietmar Barfuss

1. Unternehmenskonzept — 450
- 1.1 Persönliche Voraussetzungen — 451
- 1.2 Leitbild — 451
- 1.3 Produkt- und Leistungsprogramm — 452
- 1.4 Zielgruppen — 452

2. Markt- und Standortanalyse — 454
- 2.1 Absatzgebiete und -möglichkeiten — 454
  - 2.1.1 Absatzgebiete — 454
  - 2.1.2 Absatzmöglichkeiten — 455
  - 2.1.3 Neue Märkte und mögliche Geschäftsfelder für Existenzgründer — 456
- 2.2 Kundenstruktur — 456
- 2.3 Standortbeurteilung — 457
  - 2.3.1 Standortfaktoren — 457
  - 2.3.2 Standortvergleich — 460

3. Rechtsfragen bei der Gründung — 462
- 3.1 Bau-, umweltschutz- und abfallrechtliche Vorschriften — 462
  - 3.1.1 Baurecht — 462
  - 3.1.2 Umweltrecht — 464
  - 3.1.3 Abfallrecht — 466
- 3.2 Handwerks-, Handels- und Steuerrecht — 467
  - 3.2.1 Handwerksrecht — 467
  - 3.2.2 Gründungsformalitäten — 467
  - 3.2.3 Handelsrecht — 468
  - 3.2.4 Steuerrecht — 469
- 3.3 Arbeitsstättenverordnung — 470

INHALTSVERZEICHNIS

4. Wahl der Rechtsform — 472
- 4.1 Einzelunternehmen — 472
- 4.2 Personengesellschaften — 473
- 4.3 Kapitalgesellschaften — 474

5. Planung der Gründung — 475
- 5.1 Betriebseinrichtung und Betriebsgröße — 475
- 5.2 Personalbedarf und Personalbeschaffung — 476
- 5.3 Umsatzplan und Rentabilitätsvorschau — 477
- 5.4 Investitionsplan — 479
- 5.5 Finanzierungskonzept — 480

6. Einführung am Markt — 485
- 6.1 Betriebseröffnung — 485
- 6.2 Marketingmaßnahmen — 485
    - 6.2.1 Aktivitäten zum Eröffnungstag — 485
    - 6.2.2 Anzeigen in Printmedien — 486
    - 6.2.3 Radio- und Kinowerbung — 488
    - 6.2.4 Einheitliches Firmenerscheinungsbild — 488

7. Betriebsübernahme bzw. -beteiligung — 490
- 7.1 Analyse der vergangenen und künftigen Entwicklung — 491
    - 7.1.1 Analyse des Standortes — 491
    - 7.1.2 Analyse des Produkt- und Leistungsangebotes — 491
    - 7.1.3 Analyse des Unternehmenszustandes — 492
    - 7.1.4 Analyse der Personalstruktur — 492
    - 7.1.5 Analyse der betrieblichen Kennzahlen — 492
- 7.2 Betrieblicher Bestandsschutz — 492
- 7.3 Kriterien der Kaufpreisermittlung — 493
- 7.4 Gestaltung der Übernahme — 495
    - 7.4.1 Kauf des Unternehmens — 495
    - 7.4.2 Pacht des Unternehmens — 496
    - 7.4.3 Beteiligung des Nachfolgers — 496
    - 7.4.4 Inhalt des Gesellschaftsvertrages — 497
- 7.5 Gesetzliche und vertragliche Pflichten — 498
    - 7.5.1 Übernahme von Mitarbeitern — 498
    - 7.5.2 Verträge — 498
    - 7.5.3 Haftung — 499

8. Gründungsberatung — 500
- 8.1 Beratungsstellen und -angebote — 500
- 8.2 Fördermittel — 501
- 8.3 Weiterbildungsangebote — 503

Rechtliche und steuerliche Grundlagen

Bürgerliches Recht, Mahn- und Klageverfahren, Zwangsvollstreckung, Insolvenzrecht

Verf.: Ass. Karl-Jürgen Wilbert

1. Einteilung der Rechtsordnung	507
1.1 Rechtsordnung und Rechtsnormen	507
1.2 Öffentliches Recht – Privates Recht	508
1.3 Systematik des Bürgerlichen Gesetzbuches	509
2. Allgemeiner Teil des Bürgerlichen Gesetzbuches	511
2.1 Rechtsfähigkeit	511
2.1.1 Rechtsfähigkeit natürlicher Personen	511
2.1.2 Rechtsfähigkeit juristischer Personen	512
2.2 Geschäftsfähigkeit	513
2.2.1 Geschäftsunfähigkeit	514
2.2.2 Beschränkte Geschäftsfähigkeit	514
2.3 Deliktsfähigkeit	515
2.4 Rechtsgeschäftliches Handeln	516
2.5 Verjährung	519
2.5.1 Verjährungsfristen	519
2.5.2 Hemmung und Neubeginn der Verjährung	521
3. Vertragsrecht	523
3.1 Allgemeines Vertragsrecht	523
3.1.1 Vertragsfreiheit	523
3.1.2 Begründung eines Schuldverhältnisses	524
3.1.3 Auslegung von Verträgen	524
3.1.4 Recht der Leistungsstörungen	524
3.1.5 Verschulden	527
3.1.6 Allgemeine Geschäftsbedingungen	528
3.1.7 Haftung für Mitarbeiter	530
3.1.8 Stellvertretung	530
3.1.9 Beendigung des Schuldverhältnisses	531
3.2 Kaufrecht	535
3.2.1 Inhalt des Kaufvertrages	535
3.2.2 Gewährleistungsrecht beim Kaufvertrag	536
3.2.3 Besonderheiten im Kaufrecht	539
3.3 Werkvertragsrecht	540
3.3.1 Werk- und Werklieferungsvertrag	540
3.3.2 Vergabe- und Vertragsordnung für Bauleistungen	545
3.4 Darlehen	547
3.5 Bürgschaft	549

3.6	Miet- und Pachtvertrag	550
	3.6.1 Mietvertrag	550
	3.6.2 Pachtvertrag	552

4. Sachenrecht 553

4.1	Besitz	553
4.2	Eigentum	554
	4.2.1 Eigentumserwerb vom Nichteigentümer	554
	4.2.2 Eigentumserwerb durch Fund	554
	4.2.3 Eigentumsübertragung bei Verbindung von Sachen	554
	4.2.4 Eigentumserwerb an Grundstücken	555
4.3	Nießbrauch und Dienstbarkeit	555
	4.3.1 Nießbrauch	555
	4.3.2 Dienstbarkeiten	555
4.4	Sicherungsrechte	556
	4.4.1 Pfandrecht	556
	4.4.2 Grundpfandrecht	556

5. Familien- und Erbrecht 560

5.1	Eheliches Güterrecht	560
	5.1.1 Ehe	560
	5.1.2 Güterstände	562
	5.1.3 Lebenspartnerschaft im Familienrecht	563
5.2	Erbfolge	563
	5.2.1 Nachlassgericht	563
	5.2.2 Gesetzliche Erbfolge	564
	5.2.3 Testament	566
	5.2.4 Erbvertrag	566
	5.2.5 Pflichtteilsrecht	567
	5.2.6 Ausschlagung der Erbschaft	567
	5.2.7 Lebenspartnerschaft im Erbrecht	567

6. Mahn- und Klageverfahren 569

6.1	Gerichtliches Mahnverfahren	569
6.2	Klageverfahren	570
	6.2.1 Prozessführung	571
	6.2.2 Rechtsmittel	572

7. Zwangsvollstreckung 574

8. Insolvenzrecht 577

8.1	Insolvenzverfahren	577
8.2	Insolvenzplanverfahren	579
8.3	Verbraucherinsolvenzverfahren	580
8.4	Restschuldbefreiung	580

Handwerks- und Gewerberecht, Handels- und Gesellschaftsrecht, Wettbewerbsrecht
Verf.: Dipl.-Volksw. Günther Tartter

1. Handwerks- und Gewerberecht   582
- 1.1 Handwerk als besondere Form eines Gewerbes   582
- 1.2 Eintragung in die Handwerksrolle   584
   - 1.2.1 Voraussetzungen für die Eintragung in die Handwerksrolle   585
   - 1.2.2 Handwerksähnliche Gewerbe   588
- 1.3 Unberechtigte Ausübung des Handwerks/Schwarzarbeit   588

2. Handels- und Gesellschaftsrecht   590
- 2.1 Kaufmannseigenschaft   590
- 2.2 Firma   593
   - 2.2.1 Firmenbildung   593
   - 2.2.2 Firmenrechtliches Irreführungsverbot   595
   - 2.2.3 Pflichtangaben auf Geschäftsbriefen   596
- 2.3 Handelsregister   596
- 2.4 Personen- und Kapitalgesellschaften, Genossenschaften   597
   - 2.4.1 Personengesellschaften   597
   - 2.4.2 Kapitalgesellschaften   600
   - 2.4.3 Genossenschaften   603

3. Wettbewerbsrecht   606
- 3.1 Gesetz gegen Wettbewerbsbeschränkungen   606
- 3.2 Gesetz gegen unlauteren Wettbewerb   607
- 3.3 Preisangabenverordnung   608
- 3.4 Ladenschlussgesetz   609
- 3.5 Urheberrecht   610

Arbeitsrecht
Verf.: Ass. Michael Heesing

1. Allgemeines   612

2. Arbeitsvertrag   614
- 2.1 Vertragsarten   615
- 2.2 Teilzeitarbeit   616
- 2.3 Vertragspflichten des Arbeitgebers   617
   - 2.3.1 Vergütung   617
   - 2.3.2 Vergütung ohne Arbeitsleistung   618

	2.3.3 Entgeltfortzahlung im Krankheitsfall	618
	2.3.4 Erholungsurlaub	619
	2.3.5 Gleichbehandlung von Männern und Frauen am Arbeitsplatz	620
	2.3.6 Arbeitspapiere	620
2.4	Pflichten des Arbeitnehmers	621
	2.4.1 Vorlage der Arbeitspapiere	621
	2.4.2 Anzeige- und Nachweispflicht bei Arbeitsunfähigkeit	622
	2.4.3 Haftung des Arbeitnehmers	622
2.5	Beendigung des Arbeitsverhältnisses	622
	2.5.1 Kündigung	623
	2.5.2 Auflösung durch Gerichtsurteil	625
	2.5.3 Aufhebungsvertrag	626
	2.5.4 Vertragsbruch	626
	2.5.5 Eintritt in den Ruhestand	626
	2.5.6 Verjährung und Ausschluss	626

3. Kündigungsschutz — 628
- 3.1 Allgemeiner Kündigungsschutz — 628
- 3.2 Besonderer Kündigungsschutz — 630

4. Tarifvertrag — 632
- 4.1 Tarifvertragsparteien — 632
- 4.2 Tarifgebundenheit — 633
- 4.3 Arbeitskampfrecht — 633

5. Betriebsverfassung und Mitbestimmung — 635
- 5.1 Betriebsräte — 635
  - 5.1.1 Errichtung von Betriebsräten — 635
  - 5.1.2 Aufgaben und Rechte des Betriebsrats — 636
- 5.2 Jugend- und Auszubildendenvertretung — 638
- 5.3 Betriebsvereinbarungen — 638
- 5.4 Einigungsstellen — 638

6. Betrieblicher Arbeitsschutz — 640
- 6.1 Arbeitszeit — 640
- 6.2 Arbeitssicherheit — 641
  - 6.2.1 Arbeitsschutzgesetz — 641
  - 6.2.2 Unfallverhütungsvorschriften — 641
  - 6.2.3 Arbeitssicherheitsgesetz — 641
  - 6.2.4 Arbeitsstättenverordnung — 642
- 6.3 Jugend- und Jugendarbeitsschutz — 642
- 6.4 Mutterschutz und Elternzeit — 643
- 6.5 Schutz behinderter Menschen — 645

7. Arbeitsgerichtsbarkeit — 647

Sozial- und Privatversicherungen

Verf.: Soz. Verw. Dipl. Gerd Bonk

1. **Sozialversicherungsrecht (Sozialgesetzbuch – SGB)** — 649
   - 1.1 Zielsetzung und Rechtsgrundlagen — 649
   - 1.2 Organisation der gesetzlichen Sozialversicherung — 651
     - 1.2.1 Versicherungszweige und ihre Träger — 651
     - 1.2.2 Selbstverwaltung und Aufsicht — 653
   - 1.3 Versicherungsrecht — 654
     - 1.3.1 Versicherungspflicht bzw. -freiheit — 654
     - 1.3.2 Familienversicherung in der Krankenversicherung — 656
     - 1.3.3 Versicherungsberechtigung — 656
     - 1.3.4 Zusätzliche Eigenvorsorge in der Rentenversicherung („Riester-Rente") — 657
   - 1.4 Melde- und Beitragsrecht — 658
     - 1.4.1 Meldepflichten — 658
     - 1.4.2 Versicherungsbeiträge — 659
   - 1.5 Rentenversicherung des selbstständigen Handwerkers — 662
   - 1.6 Leistungen der Sozialversicherung — 663
     - 1.6.1 Arbeitslosenversicherung (SGB III) — 663
     - 1.6.2 Krankenversicherung (SGB V) — 666
     - 1.6.3 Rentenversicherung (SGB VI) — 668
     - 1.6.4 Unfallversicherung (SGB VII) — 672
     - 1.6.5 Pflegeversicherung (SGB XI) — 674
   - 1.7 Sonstige Sozialleistungsbereiche — 675
     - 1.7.1 Ausbildungs- und Aufstiegsfortbildungsförderung (voraussichtlich SGB II) — 675
     - 1.7.2 Kinder- und Jugendhilfe (SGB VIII) — 676
     - 1.7.3 Rehabilitation und Teilhabe behinderter Menschen (SGB IX) — 676
     - 1.7.4 Sozialhilfe (voraussichtlich SGB XII) — 677
     - 1.7.5 Soziale Entschädigung (voraussichtlich SGB XIII) — 677
     - 1.7.6 Kindergeld und Erziehungsgeld (voraussichtlich SGB XIV) — 677
     - 1.7.7 Wohngeld (voraussichtlich SGB XV) — 678

2. **Sozialgerichtsbarkeit (Sozialgerichtsgesetz – SGG)** — 679
   - 2.1 Bescheid und Widerspruch — 679
   - 2.2 Aufbau, Besetzung und Zuständigkeit der Gerichte — 680
   - 2.3 Verfahrensgrundsätze — 680
   - 2.4 Kostenregelungen — 681

INHALTSVERZEICHNIS

3.	**Private Personen-, Sach- und Schadensversicherungen**	683
3.1	Private Kranken- und Unfallversicherungen	684
3.2	Lebensversicherungen	684
3.3	Haftpflichtversicherungen	684
3.4	Sachversicherungen und sonstige Versicherungen	685

Steuern
Verf.: Dipl.-Volksw. Istvan von Földvary

1.	**Steuerarten**	686
1.1	Überblick über Steuerarten und ihre Einteilung	686
1.2	Aufgaben des Steuerberaters	688
2.	**Umsatzsteuer**	689
2.1	Wirkungsweise der Umsatzsteuer	689
2.2	Steuerpflichtige Umsätze	691
	2.2.1 Allgemeine Regelungen	691
	2.2.2 Unentgeltliche Wertabgaben (Sachentnahmen)	692
2.3	Voranmeldungszeitraum, Entstehung der Steuerschuld, Zahlungsmodus	693
	2.3.1 Voranmeldungszeitraum	693
	2.3.2 Entstehung der Steuerschuld	693
	2.3.3 Zahlungsmodus	694
2.4	Steuersätze	694
2.5	Abziehbare und nicht abziehbare Vorsteuern	695
	2.5.1 Abziehbare Vorsteuerbeträge	696
	2.5.2 Nicht abziehbare Vorsteuerbeträge	696
2.6	Aufzeichnungspflichten	697
2.7	Besteuerung der Kleinunternehmer (Steuerbefreiung)	697
2.8	Differenzbesteuerung für Gebrauchtwaren	698
2.9	Umsatzsteuer und Binnenmarkt	699
3.	**Gewerbesteuer**	700
3.1	Ermittlung und Erhebung der Gewerbesteuer	700
3.2	Zerlegung, Zahlungsweise, Steuerschuldner	702
4.	**Veranlagte Einkommensteuer**	703
4.1	Rechtsgrundlagen (Einkunftsarten, zu versteuerndes Einkommen)	703
	4.1.1 Ermittlung der Summe der Einkünfte	705
	4.1.2 Berechnung des zu versteuernden Einkommens	706
4.2	Einkommensteuertarif	707

4.3	Veranlagung und Gestaltungsmöglichkeiten	708
	4.3.1 Betriebsausgaben	708
	4.3.2 Werbungskosten	709
	4.3.3 Sonderausgaben	710
	4.3.4 Außergewöhnliche Belastungen	710
4.4	Einkommensteuerliches Bewertungsrecht, Absetzung für Abnutzung	711

5. Lohnsteuer 715

    5.1 Ermittlung und Entrichtung der Lohnsteuer 715

    5.2 Lohnsteuerhaftung 718

6. Körperschaftsteuer 720

7. Erbschaft- und Schenkungsteuer 722

8. Besteuerungsverfahren und Rechtsverfahren bei Steuern 724

    8.1 Besteuerungsverfahren und Rechtsverfahren 724

    8.2 Außenprüfung 726

Abkürzungsverzeichnis 728

Stichwortverzeichnis 730

Vorwort zur 37. Auflage

Wer als Unternehmer oder Führungskraft dauerhaft erfolgreich sein will, braucht neben fachlichen auch meisterliche Kenntnisse aus dem Bereich der Betriebswirtschaft. Beides sind Grundvoraussetzung für das Bestehen in immer schwieriger werdenden Märkten. Alle, die sich auf ihre Prüfung in den betriebswirtschaftlichen und rechtlichen Themen vorbereiten, mit dem notwendigen Wissen und den erforderlichen Kompetenzen für den betrieblichen Alltag auszustatten, ist erklärtes Ziel des „Sackmann" und das Anliegen der Autoren, die Fachwissen und praktische Erfahrungen in das Lehrbuch eingebracht haben.

Der „Sackmann" ist deshalb ein unverzichtbares Nachschlagewerk nicht nur zur Vorbereitung auf die Prüfung. Er vermittelt mit Blick auf die tägliche Praxis das gesamte Grundlagenwissen zu allen betriebswirtschaftlich relevanten Themen. **Nachschlagewerk**

Zur Erhöhung der Praxisrelevanz und Aktualität wird das Lehrbuch von Auflage zu Auflage weiterentwickelt. Für diese 37. Auflage standen mit der Umstellung auf DATEV-Kontenrahmen (SKR 04, teilweise ergänzt um SKR 03) die „Grundlagen des Rechnungswesens und Controllings" im Mittelpunkt der Bearbeitung. Der Anspruch, Buchungswege verständlich zu erklären und gleichzeitig die betriebliche Praxis der Buchführung mit EDV darzustellen, stellte für die Autoren eine besondere Herausforderung dar. **DATEV-Kontenrahmen**

Als Zusatznutzen liegt dem „Sackmann" eine CD-ROM bei. Praxisnahe Vorgänge des Rechnungswesens in drei Beispielbetrieben können auf Basis von Excel-Tabellen erarbeitet und selbstständig mithilfe der Lösungen kontrolliert werden. Erstmals finden Sie auf der CD darüber hinaus **CD-ROM**

- Ausbildungsverordnungen zahlreicher Handwerksberufe,
- Checklisten, Übersichten und Formulare,
- ein Verzeichnis mit ausgewählter weiterführender Literatur,
- eine Linkliste mit interessanten Internetadressen.

Als Stichtag für alle wesentlichen gesetzlichen Änderungen in diesem Lehrbuch wurde der 19. Dezember 2003 festlegt.

Einige gesetzliche Änderungen, die zum 1. Januar 2004 in Kraft treten, konnten aufgrund des Redaktionsschlusses nicht mehr vollständig berücksichtigt werden. (Das betrifft u. a. die Änderung der Handwerksordnung und den Kündigungsschutz.)

Haben Sie etwas im „Sackmann" vermisst oder haben Sie Verbesserungsvorschläge? Über eine Rückmeldung freuen sich Verlag und Autoren gleichermaßen.

Dezember 2003

Informationen zur CD-ROM

Voraussetzungen zur Nutzung

Diese 37. Auflage enthält als zusätzliche Serviceleistung eine CD-ROM zu den Themenbereichen dieses Lehrbuchs. Um damit arbeiten zu können, brauchen Sie:

- einen Browser (z. B. Internet Explorer, Netscape), der standardmäßig auf Ihrem PC installiert sein dürfte,
- das Tabellenkalkulationsprogramm Microsoft Excel für das Bearbeiten der Beispiele aus dem Bereich „Rechnungswesen",
- den Acrobat Reader zum Öffnen und Drucken der PDF-Dateien. Wenn dieser nicht auf Ihrem Computer installiert ist, sollten Sie die Installation nachholen. Eine Version des Acrobat Readers finden Sie im gleichnamigen Ordner auf der CD-ROM.

Handhabung der CD-ROM

Die CD-ROM ist einfach zu handhaben. Wenn Sie die CD-ROM in Ihr CD-ROM-Laufwerk einlegen, wird sie direkt gestartet. Sollte dies nicht geschehen, ist auf Ihrem PC wahrscheinlich die Autostart-Funktion deaktiviert. Gehen Sie dann wie folgt vor:

1. Legen Sie die CD-ROM in das CD-Laufwerk (D) ein.
2. Klicken Sie im Menü „Start" auf „Ausführen".
3. Tragen Sie im Feld „Öffnen" ein: D:\Sackmann.html
4. Bestätigen Sie mit „OK".

In Ihrem Browser öffnet sich eine Benutzeroberfläche, die Sie übersichtlich durch die Inhalte der CD-ROM führt. Möchten Sie dieses Menü nicht nutzen, können Sie die jeweiligen Dateien auch über den Windows Explorer aufrufen und bei Bedarf auf Ihrer Festplatte abspeichern. Die Dateien befinden sich in den nach den jeweiligen Lehrbuch-Kapiteln bezeichneten Ordnern (z. B. „Rechnungswesen").

Hilfestellung

Sollte es doch einmal Probleme geben oder haben Sie Fragen zur Bedienung, schauen Sie einfach auf der CD-ROM unter „Hilfe" nach oder öffnen Sie die Datei „Liesmich.txt". Hier finden Sie die Antworten auf die meisten Ihrer Fragen. Aber auch telefonisch hilft Ihnen Herr Wessel gerne unter (02 11) 3 90 98-72 weiter.

Grundlagen des Rechnungswesens und Controllings

Kapitel:

Buchführung 25

Jahresabschluss und Grundzüge
der Auswertung 111

Kosten- und Leistungsrechnung
und Controlling 160

Für den Meisterbetrieb
Das komfortable Abrechnungsprogramm für Löhne und Gehälter

Ersparen Sie sich die Abrechnungen von Löhnen und Gehältern per Hand oder über den Steuerberater. Gehalt und Lohn erledigt das für Sie schnell, einfach und sicher.

Schnell, weil Ihnen nach der Abrechnung alle Werte automatisch in druckbaren Auswertungen (u.a. Lohnsteueranmeldung, Beitragsnachweis und Lohnkonto) zur Verfügung stehen. Bei einer nachträglichen Korrektur sind sie sofort angepasst.

Einfach, weil das Programm 69 verschiedene Lohnarten (z.B. Urlaubsgeld, Weihnachtsgeld, Überstundenzuschläge, Dienstwagen, geringfügig Beschäftigte etc.) bereits vordefiniert, so dass bei der Abrechnung nur noch die Beträge und die gewünschten Details eingegeben werden müssen.

Sicher, weil das Programm von einem Wirtschaftsprüfer testiert wurde.

Gehalt und Lohn

- deckt alle Standards der Lohnbuchhaltung ab,
- ist auf Meisterbetriebe zugeschnitten,
- berechnet zuverlässig die Lohnsteuer und Sozialversicherungsbeiträge und
- berücksichtigt dabei auch Besonderheiten wie z.B. Kurzarbeiter-/Winterausfallgeld oder Altersteilzeit.

Und ist dabei unschlagbar günstig:
€ 56,80 in der Grundversion,
das jährliche Update für € 49,40.

Da kann kein Steuerberater mithalten.

> **Jetzt testen:** Wir senden Ihnen kostenlos und unverbindlich eine voll funktionsfähige Version (Ausgabe 2003) zum Testen zu.

Stollfuß
VERLAG · BONN · BERLIN

CD-ROM, Einzellizenz € 56,80*,
Update-Hotline-Service für die Folgejahre zz. € 49,40*.

Bitte erfragen Sie die speziellen Konditionen für Netzwerknutzung.

Systemanforderungen:
Sie benötigen als Mindestausstattung einen PC mit Pentium-Prozessor, 16 MB Arbeitsspeicher, MS-Windows ab Version 95, SVGA-Grafikkarte, 30 MB freier Festplattenplatz, CD-ROM-Laufwerk und eine Maus.

Für ein zügiges Arbeiten werden mind. ein Pentium II-Prozessor, 32 MB Arbeitsspeicher und eine moderne Grafikkarte empfohlen.

*unverbindliche Preisempfehlung
Angebotsstand: November 2003

FAX - ABRUF
(0228) 724-92381

Ja, ich möchte Gehalt und Lohn kennen lernen. Bitte senden Sie mir eine voll funktionsfähige Version zu. Für mich entstehen dadurch keine Kosten und weiter gehende Verpflichtungen.

Name, Vorname

Straße/Nr.

PLZ/Ort

Telefon/Fax

Datum/Unterschrift   Z3.02

Buchführung

1. Aufgaben und gesetzliche Regelungen

Kompetenzen:

Der Lernende
- kennt die Aufgaben des betrieblichen Rechnungswesens,
- kann die wichtigsten Rechtsgrundlagen der Buchführung und Bilanz nach Handelsrecht und Steuerrecht angeben,
- kann die Grundsätze ordnungsmäßiger Buchführung und Bilanzierung erklären.

Ein Unternehmen nach kaufmännischen Gesichtspunkten zu führen, bedeutet vor allem, Gewinn zu erwirtschaften und die Liquidität zu erhalten. An diesen Zielsetzungen arbeiten alle kaufmännischen Funktionsbereiche.

Die Ausgestaltung einer möglichst kundenorientierten Leistungsbereitschaft ihrer Betriebe nach handwerklichen und kaufmännischen Gesichtspunkten ist für Inhaber von Klein- und Mittelbetrieben eine tägliche Herausforderung. Die Bedeutung des betrieblichen Rechnungswesens als kaufmännisches Führungs- und Kontrollinstrument wird dabei nicht selten in den Hintergrund gedrängt.

kaufmännisches Führungsinstrument

betriebliche Funktionsbereiche

ZUSAMMENHANG BETRIEBLICHER FUNKTIONSBEREICHE

Betriebliches Rechnungswesen

Beschaffung → Produktion → Absatz

BUCHFÜHRUNG

Zu Unrecht, wie die Praxis immer wieder zeigt. Denn jede unternehmerische Entscheidung in Bezug auf Beschaffung, Produktion und Absatz hat eine finanzielle Seite: Material, Löhne, (neue) Maschinen, Werbung müssen bezahlt werden und „sich rechnen". Buchführung und Jahresabschluss sind unverzichtbar für die Lösung dieser Aufgaben. Ohne Grundkenntnisse über den Aufbau, die Aufgaben und Ziele, die praktische Handhabung und schließlich ohne Auswertung der Ergebnisse des Rechnungswesens fehlen dem Unternehmer wesentliche Grundlagen für die Bewältigung seiner Führungsaufgaben.

Aufgaben des Rechnungswesens

Das Handwerkszeug des Rechnungswesens hilft ihm, jederzeit einen Überblick über die kaufmännische Situation des Unternehmens zu bekommen. Dabei handelt es sich um ein Datenverarbeitungssystem für Zahlenwerte aus der betrieblichen Leistungserstellung, das insbesondere folgende Aufgaben erfüllen soll:

- Dokumentation aller wertmäßig abbildbaren Innen- und Außenbeziehungen des Unternehmens,
- Steuerung und Kontrolle der wirtschaftlichen Abläufe entsprechend der formulierten Zielsetzungen,
- Rechenschaftslegung gegenüber außenstehenden Informationsadressaten des Unternehmens,
- Grundlage für unternehmerische Planungen und Entscheidungen.

Rechnungswesen und Unternehmensführung

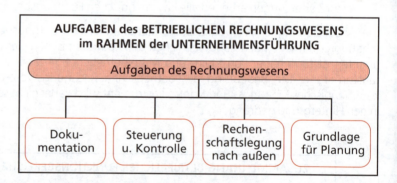

Teilbereiche

Zum betrieblichen Rechnungswesen gehören folgende Teilbereiche:

- die **Buchführung,** die unter Beachtung steuer- und handelsrechtlicher Vorschriften die grundlegenden Daten des Rechnungswesens erfasst,
- die **Kosten- und Leistungsrechnung,** die Teile der Buchführungsdaten weiterverarbeitet und, ergänzt um zusätzliche Daten, wertmäßige Hilfen für vielfältige unternehmerische Entscheidungssituationen zur Verfügung stellt,
- die **Statistik** und das **Controlling,** die sowohl Daten der Buchführung als auch der Kosten- und Leistungsrechnung aufbereiten und auswerten, um ebenfalls wertmäßige Hilfen für vielfältige unternehmerische Entscheidungssituationen zur Verfügung zu stellen,

- die **Planungsrechnung,** die gegenüber den anderen Teilbereichen zukunftsorientiert ist und wertmäßige Planungshilfen in den einzelnen Unternehmensbereichen zur Verfügung stellen soll.

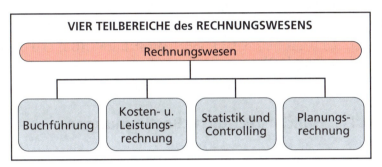

Überblick über die Teilbereiche

Innerhalb des betrieblichen Rechnungswesens ist es die Aufgabe der Buchführung (bzw. Finanzbuchhaltung), alle Geschäftsvorfälle im Leben eines Unternehmens, die sich wertmäßig darstellen lassen, zu erfassen und auszudrücken. Dies erfolgt zu dem Zweck, die Veränderungen des betrieblichen Vermögens und der Schulden sichtbar werden zu lassen und den betrieblichen Erfolg während eines bestimmten Zeitraumes festzustellen.

Aufgabe der Buchführung

Die Buchführung erfasst alle Belege (Geschäftsvorfälle) zum einen nach chronologischen Gesichtspunkten im Grundbuch (Journal) und zum anderen nach sachlichen Gesichtspunkten im Hauptbuch (auf Sachkonten) und in diversen Nebenbüchern wie den Kundenkonten (Debitoren) und Lieferantenkonten (Kreditoren).

Aus den Zielsetzungen des Rechnungswesens lassen sich die wichtigsten Anforderungen an die Buchführung ableiten. Sie muss demnach die folgenden Funktionen erfüllen können:

Anforderungen an die Buchführung

- jederzeit einen Überblick geben über die Höhe und die Zusammensetzung des betrieblichen Vermögens und der betrieblichen Schulden,
- den Erfolg (Gewinn oder Verlust) der betrieblichen Tätigkeit während eines bestimmten Zeitraumes ermitteln und ausdrücken,
- die Veränderungen der einzelnen Vermögens- und Schuldposten festhalten und ausweisen,
- als wichtige Unterlage dienen für die betriebliche Kostenrechnung und Kalkulation und weitere Planungsrechnungen,
- Zahlenmaterial für inner- und außerbetriebliche statistische Zwecke sowie interne und externe Betriebsvergleiche bereithalten,
- Grundlage abgeben für die Bemessung verschiedener Steuern,
- die wirtschaftlichen Verhältnisse des Unternehmens wiedergeben bei Verhandlungen mit Kreditgebern, Auftraggebern und Behörden (z. B. Krankenkassen, Arbeitsämtern, Gerichten) oder bei Vermögens- oder Erbauseinandersetzungen.

BUCHFÜHRUNG

Jahresabschluss als Ergebnis der Buchführung — Die Ergebnisse der Buchführung sind aus dem **Jahresabschluss** zu erkennen. Dessen Kernpunkte bilden die **Bilanz** und die **Gewinn- und Verlustrechnung**.

Die oben genannten Ziele und Anforderungen an die Buchführung haben ihren Niederschlag in gesetzlichen Vorschriften und einer recht umfangreichen Rechtsprechung und Verwaltungspraxis hierzu gefunden.

HGB/AO — Hier sind insbesondere das **Handelsgesetzbuch (HGB)** und **die Abgabenordnung (AO)** zu nennen. Das HGB regelt im Wesentlichen die handelsrechtlichen, die AO die steuerrechtlichen Bestimmungen.

1.1 Handelsrechtliche Bestimmungen

Als zentrale gesetzliche Vorschrift ist hier die Pflicht zum Führen von Büchern zu nennen.

originäre Buchführungspflicht — Nach dem HGB ist „jeder Kaufmann verpflichtet, Bücher zu führen und in diesen seine Geschäfte und die Lage seines Vermögens nach den Grundsätzen ordnungsmäßiger Buchführung" (GoB) ersichtlich zu machen.

Buchführungspflicht gilt grundsätzlich für alle Betriebsinhaber, die unter das HGB fallen, und für alle Kapitalgesellschaften. Damit ist die sog. **Kaufmannseigenschaft** angesprochen (→ S. 590).

Kaufmannseigenschaft

Zum Kreis der buchführungspflichtigen Unternehmen dürfte seit der Neufassung des Kaufmannsbegriffs ab 1. Juli 1998 auch ein relativ hoher Anteil der bundesdeutschen Handwerksbetriebe zählen.

An die Buchführungsaufzeichnungen werden ganz bestimmte Anforderungen gestellt:

- Sie müssen „vollständig, richtig, zeitgerecht und geordnet" vorgenommen werden.
- Sie dürfen nicht so verändert werden, dass der ursprüngliche Inhalt nicht mehr feststellbar ist, d. h., sie dürfen nicht unleserlich gemacht oder ausradiert werden.
- Sie müssen in einer lebenden Sprache abgefasst werden.
- Sofern Abkürzungen, Ziffern, Buchstaben oder Symbole verwendet werden, muss deren Bedeutung feststehen.

Die Aufzeichnungen dürfen auch auf Datenträgern geführt werden, sofern sichergestellt ist, dass sie während der gesetzlich vorgeschriebenen Aufbewahrungsfristen verfügbar und jederzeit lesbar gemacht werden können (die Grundsätze ordnungsmäßiger Speicherbuchführung werden auf → S. 87 zusammengefasst).

Die gesetzlichen Regelungen im HGB beschränken sich aber nicht nur auf die Buchführung.

Bilanzierungspflicht — Das HGB schreibt vor, dass jeder Kaufmann bei Beginn seiner Tätigkeit und zum Schluss eines jeden Geschäftsjahres eine **Bilanz** aufzustellen hat.

BUCHFÜHRUNG

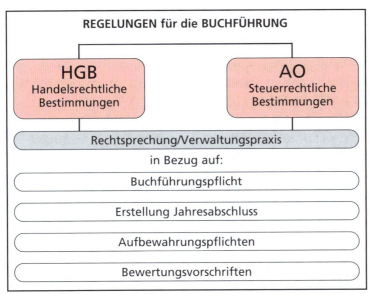

rechtliche Regelungen

Es muss dazu ein **Abschluss** gemacht werden, in dem Vermögen und Schulden des Unternehmens darzustellen und zu bewerten sind.

Zum Ende eines jeden Geschäftsjahres sind Aufwendungen und Erträge in einer **Gewinn- und Verlustrechnung** gegenüberzustellen.

Weiter bestehen bestimmte **Aufbewahrungspflichten** für Handelsbücher (Grundbuch, Hauptbuch, Journal), Eröffnungsbilanzen, Jahresabschlüsse, Inventare und Buchungsbelege. Diese müssen 10 Jahre aufbewahrt werden, Geschäftsbriefe 6 Jahre. Die Frist beginnt mit Ablauf des Kalenderjahres, in dem die Bilanz aufgestellt, der Geschäftsbrief empfangen, der Buchungsbeleg angefallen ist.

Aufbewahrungspflichten

Sehr ausführlich beschäftigt sich das HGB auch mit der **Bewertung** in der Bilanz. Hierauf wird auf → S. 117 näher eingegangen.

Bewertungsvorschrift

1.2 Steuerrechtliche Bestimmungen

Für die nicht unter das HGB fallenden Handwerksbetriebe – z. B. viele neu gegründete Unternehmen in der Anfangsphase – gelten die handelsrechtlichen Buchführungs- und Bilanzierungsvorschriften nicht.

Hier greift das Steuerrecht ein, speziell die Abgabenordnung (AO). Zahlreiche der dortigen Bestimmungen decken sich wörtlich mit entsprechenden Vorschriften im HGB, z. B. die gesetzlichen Anforderungen an die Ordnungsmäßigkeit der Buchführungsaufzeichnungen oder die Aufbewahrungsfristen. Diese Bestimmungen betreffen einen über Kaufleute hinausgehenden Kreis von Gewerbetreibenden.

Vorschriften für Gewerbetreibende

BUCHFÜHRUNG

Buchführungspflichtig sind alle Gewerbetreibenden, die schon nach anderen als steuerlichen Bestimmungen Bücher führen müssen (z. B. alle Kaufleute im Sinne des HGB).

abgeleitete Buchführungspflicht

Buchführungspflichtig sind auch alle übrigen Gewerbetreibenden, wenn bei ihnen eine der folgenden Grenzen überschritten wird (ab 1. Januar 2004 nach dem neuen Kleinunternehmerförderungsgesetz):

- Umsatz von mehr als € 350 000,– im Kalenderjahr oder
- Gewinn aus Gewerbebetrieb von mehr als € 30 000,– im Wirtschaftsjahr (12 Monate).

Buchführungspflicht ist Bilanzierungspflicht!

Aus der steuerlichen Buchführungspflicht leitet sich die Notwendigkeit zur Erstellung von Jahresabschlüssen ab. Die AO verweist hier auf die entsprechenden Bestimmungen des HGB.

Einnahmen-Überschuss-Rechnung

Diejenigen Gewerbetreibenden, die nicht unter die Bestimmungen der §§ 140 und 141 AO fallen, sind nicht etwa von der jährlichen Gewinnermittlung gänzlich befreit. Sie müssen vielmehr ihr Jahresergebnis mittels eines vereinfachten Verfahrens errechnen, nämlich mithilfe der sog. **Einnahmen-Überschuss-Rechnung.** Der steuerlich relevante Gewinn aus einem Gewerbebetrieb wird hierbei durch die Gegenüberstellung betrieblicher Einzahlungen und Auszahlungen ermittelt, wobei noch gewisse Besonderheiten zu berücksichtigen sind, z. B. bezüglich Abschreibungen.

Die Einnahmen-Überschuss-Rechnung hat jedoch große betriebswirtschaftliche Nachteile, denn sie liefert keine brauchbaren Ergebnisse zum Zwecke der Dokumentation, Information und Kontrolle. Das erschwert die Unternehmensführung, weil kein ständiger Überblick besteht. Kurz gesagt: Die Einnahmen-Überschuss-Rechnung leistet nicht das, was Buchführung und Bilanz leisten.

Dies ist auch der Grund dafür, dass viele Betriebe ihre Buchführung im Sinne des § 141 AO gestalten und Bilanzen aufstellen **(freiwillige Bilanzierung),** obwohl sie dazu nach Handels- bzw. Steuerrecht gar nicht verpflichtet wären.

Weitere steuerliche Aufzeichnungspflichten

Grundsätzlich müssen alle gewerblichen Unternehmen, unabhängig davon, ob sie buchführungspflichtig sind oder nicht, den **Wareneingang** gesondert aufzeichnen. Es ist aber nicht unbedingt die Führung eines Wareneingangsbuches vorgeschrieben. Bilanzierungspflichtige Unternehmen können der obigen Vorschrift durch Führung eines Wareneingangskontos innerhalb der Buchführung nachkommen.

Wareneingangsbuch

Die **Kasseneinnahmen und -ausgaben** sollen täglich erfasst werden. Dazu sind alle Betriebe mit regelmäßigen Bareinnahmen und -ausgaben verpflichtet. In der Praxis wird hierzu ein Kassenbuch geführt, von dem in gewissen zeitlichen Abständen (täglich, wöchentlich, monatlich) die addierten Einzahlungen und Auszahlungen in die Buchführung übernommen werden.

Kassenbuch

BUCHFÜHRUNG

Im **Kontokorrentbuch** ist der Geschäftsverkehr mit den einzelnen Kunden und Lieferanten auszuweisen. Aus ihm ist zu erkennen, auf welche Kunden und Lieferanten welcher Rechnungsausgang bzw. -eingang entfällt. Die Kontrolle der Kundenforderungen und Lieferantenverbindlichkeiten wird hierdurch wirksam erleichtert.

Kontokorrentbuch

Eine gesetzliche Verpflichtung zur Führung eines Kontokorrentbuches besteht dann nicht, wenn innerhalb der Finanzbuchhaltung der unbare Geschäftsverkehr mit Kunden und Lieferanten über entsprechende Konten erfasst wird.

Der Arbeitgeber muss für jeden Arbeitnehmer und für jedes Kalenderjahr getrennt ein **Lohnkonto** führen, zu dessen Aufbau und Inhalt es Durchführungsvorschriften gibt. Die Lohnkonten werden in der Lohnbuchhaltung zusammengefasst, die es heute in fast allen Handwerksbetrieben gibt.

Lohnbuchhaltung

Aus den steuerlichen Vorschriften zur Buchführungspflicht leitet die Finanzverwaltung auch die Notwendigkeit zur Führung eines gesonderten **Anlageverzeichnisses über die beweglichen Wirtschaftsgüter** des betrieblichen Anlagevermögens ab (z. B. Maschinen, Fahrzeuge). Hier müssen die entsprechenden Gegenstände mit genauer Bezeichnung und dem Bilanzwert zum Bilanzstichtag ausgewiesen werden. Diese Angaben stellen eine statistische Kontrolle der entsprechenden Bilanzwerte dar.

Anlageverzeichnis

Steuerliche Aufzeichnungspflichten

> **Steuerliche Aufzeichnungspflichten für Gewerbetreibende**
>
> Aufzeichnung
> - des Wareneingangs
> - der Einnahmen und Ausgaben
> - des Geschäftsverkehrs mit Lieferanten und Kunden
> - der Lohnbuchhaltung
> - der beweglichen Anlagegüter

Diese oben genannten und darüber hinausgehende Vorschriften finden sich in der Abgabenordnung, den Einkommensteuerrichtlinien, im Einkommensteuergesetz und verschiedenen weiteren Steuergesetzen.

1.3 Grundsätze ordnungsmäßiger Buchführung und Bilanzierung (GoB)

Weder im Steuerrecht noch im Handelsrecht findet sich eine Festlegung auf eine bestimmte Verfahrensweise der Buchführung, so dass der Unternehmer grundsätzlich selber entscheiden kann, wie er die Buchführung betreibt. Was er jedoch beachten sollte, sind die in den gesetzlichen Bestimmungen und der Rechtsprechung immer wieder vorkommenden generellen Ansprüche, die an eine ordnungsmäßige Buchführung gestellt werden. Man spricht deshalb von Grundsätzen ordnungsmäßiger Buchführung

BUCHFÜHRUNG

Danach ist eine Buchführung ordnungsmäßig, wenn sie den gesetzlichen Bestimmungen entspricht. Rechtsprechung, betriebswirtschaftliche Lehrmeinungen, Gepflogenheiten der Praxis u. a. haben die Inhalte dieser Ordnungsmäßigkeit im Laufe der Zeit ausgeformt und sorgen für eine ständige Anpassung an die sich laufend ändernden Notwendigkeiten der Praxis. Konkret bedeutet dies u. a.:

- Es müssen die erforderlichen Bücher geführt werden.
- Die Geschäftsvorfälle sind zeitnah und nach sachlichen Gesichtspunkten geordnet zu erfassen.

Grundsätze ordnungsgemäßer Buchführung

Um die Ordnungsmäßigkeit der Buchführung sicherzustellen, müssen insbesondere die folgenden Grundsätze eingehalten werden:

- **Materielle Ordnungsmäßigkeit:** Die Buchführungsaufzeichnungen müssen vollständig und richtig sein. Sie müssen sämtlich nachprüfbar sein. *Keine Buchung ohne Beleg!*
- **Formelle Ordnungsmäßigkeit:** Die Buchungen müssen klar und übersichtlich ausgeführt sein. Dies bedeutet, dass der Steuerprüfer (ein sachkundiger Dritter) ohne Schwierigkeiten und in angemessener Zeit Einblick in die Buchführungszusammenhänge gewinnen können muss. Ein bestimmtes Buchführungssystem ist dabei aber nicht vorgeschrieben.
- **Grundsatz der Wirtschaftlichkeit:** Die Buchführung muss so aufgebaut sein, dass der Umfang der Buchführungsarbeiten in einem vertretbaren Verhältnis zu den hieraus zu gewinnenden Erkenntnissen steht.

Aus dem Grundsatz der Wirtschaftlichkeit heraus resultieren zahlreiche, insbesondere steuerliche Erleichterungsbestimmungen, u. a. bei der Inventur (z. B. Zusammenfassung gleichartiger Artikel zu Warengruppen), bei der Bewertung des Betriebsvermögens (z. B. Sofortabschreibungen) oder der Kassenbuchführung (z. B. Erfassung der täglichen Einnahmen in einer einzigen Summe unter bestimmten Voraussetzungen in Geschäften des Einzelhandels und Handwerks).

Bilanzierungsgrundsätze

Auch für die Erstellung des Jahresabschlusses mit den Bestandteilen Bilanz sowie Gewinn- und Verlustrechnung sind bestimmte Grundsätze zu beachten. Folgende Grundsätze ordnungsmäßiger Bilanzierung werden in den einschlägigen gesetzlichen Bestimmungen genannt:

Bilanzierungsgrundsätze

Bilanzierungsgrundsätze
• Bilanzklarheit
• Bilanzwahrheit
• Bilanzkontinuität
• Bilanzidentität

BUCHFÜHRUNG

- Bilanzklarheit
  Der Jahresabschluss ist klar und übersichtlich darzustellen. Das betrifft auch die Einhaltung eines vorgegebenen Gliederungsschemas (z. B. bei Kapitalgesellschaften).

- Bilanzwahrheit
  Sämtliche Vermögens- und Schuldpositionen müssen in der Bilanz vollständig und unverfälscht dargestellt und einheitliche Bewertungsgrundsätze eingehalten werden.

- Bilanzkontinuität
  Bilanzgliederung sowie die Maßstäbe der Bewertung des Bilanzvermögens und der Schulden bleiben von Jahr zu Jahr gleich. Abweichungen müssen besonders begründet werden.

- Bilanzidentität
  Zur Bilanzkontinuität gehört auch der Grundsatz der Bilanzidentität: Die Schlussbilanz des Vorjahres muss mit der Eröffnungsbilanz des laufenden Jahres übereinstimmen.

Bitte bearbeiten Sie abschließend die folgenden Aufgaben:

1. Nennen und erläutern Sie die Teilbereiche und die wichtigsten Aufgaben des betrieblichen Rechnungswesens.

2. Worin bestehen die gesetzlichen Grundlagen für die Buchführung und Bilanzierung? Fassen Sie die wichtigsten Bestimmungen zusammen.

3. Um die Ordnungsmäßigkeit der Buchführung nach den gesetzlichen Vorschriften zu gewährleisten, müssen bestimmte Grundsätze eingehalten werden. Um welche handelt es sich?

2. Inventur und Abschluss

> **Kompetenzen:**
> Der Lernende
> - kann den Inhalt von Inventur, Inventar und Bilanz erklären,
> - kann die Bilanz aus dem Inventar ableiten,
> - versteht die Bedeutung der Gewinn- und Verlustrechnung,
> - ist in der Lage, wichtige Begriffe des Rechnungswesens zu definieren und abzugrenzen,
> - kann erfolgswirksame und erfolgsneutrale Bilanzveränderungen unterscheiden,
> - kann die Auswirkungen von Gewinn oder Verlust auf das bilanzielle Eigenkapitalkonto einschätzen.

2.1 Inventur und Inventar

Ausgangspunkt jeglicher buchhalterischen Arbeiten ist zunächst einmal die mengen- und wertmäßige Bestandsaufaufnahme aller Vermögensteile und Schulden des Betriebes. Diese Bestandfeststellung nennt man Inventur. Ziel der Inventur ist einerseits die Bestandsfeststellung und andererseits die Kontrolle von Sollbeständen.

Es wurde bereits auf die handelsrechtlichen Vorschriften hingewiesen, wonach jeder Kaufmann zu Beginn seiner gewerblichen Tätigkeit und zum Ende eines jeden Geschäftsjahres seine Vermögensgegenstände und Schulden zu erfassen und darzustellen hat. Da diese Bestimmungen durch die Abgabenordnung auch für alle steuerlich buchführungspflichtigen Gewerbetreibenden gelten, bedeutet dies, dass dieser Personenkreis und alle Kapitalgesellschaften mindestens einmal jährlich, zum Ende des jeweiligen Geschäftsjahres, Inventur zu machen haben (Erläuterungen zur Bewertung → S. 117).

Inventur

> Inventur ist die mengen- und wertmäßige Bestandsaufnahme aller Vermögensteile und Schulden. Das heißt: Alle Wirtschaftsgüter und Verbindlichkeiten eines Unternehmens sind zu
>
> **erfassen – bezeichnen – bewerten.**

2.1.1 Inventurarten

Es lassen sich zwei grundlegende Inventurarten unterscheiden:

- Die **körperliche Inventur** besteht aus dem Zählen, Messen bzw. Wiegen von Vermögenswerten und deren Bewertung, wie z. B. der Warenvorräte eines Betriebes.
- Die **Buchinventur** besteht aus der Bestandsfeststellung von bestimmten Vermögenswerten und Schulden in den Büchern und deren Bewertung, die körperlich nicht erfasst werden können, wie z. B. die Forderungen (Außenstände gegenüber Kunden) und Verbindlichkeiten (Außenstände bei Lieferanten) eines Betriebes.

Darüber hinaus unterscheidet man die Inventurverfahren nach dem Zeitpunkt der Bestandsaufnahme: **verschiedene Zeitpunkte**

- Die **Stichtagsinventur** findet an einem beliebigen Inventurstichtag oder einem Zeitraum von zehn Tagen davor oder zehn Tagen danach statt, wobei sicherzustellen ist, dass die Bestandsveränderungen zwischen dem Inventurstichtag und dem Tag der Bestandsaufnahme durch Fortschreibung oder Rückrechnung auf den Inventurstichtag berücksichtigt werden.
- Die **verlegte Inventur** findet in einem Zeitraum von drei Monaten vor dem Inventurstichtag bzw. zwei Monaten nach dem Inventurstichtag statt. Auch hier sind Bestandsveränderungen zwischen dem Inventurstichtag und dem Tag der Bestandsaufnahme durch Fortschreibung oder Rückrechnung auf den Inventurstichtag zu berücksichtigen.
- Die **permanente Inventur** findet dann statt, wenn Zu- und Abgänge von Vermögenswerten in einem gesonderten Bestandsverzeichnis fortlaufend festgehalten werden, aus dem heraus die Daten zum Inventurstichtag entnommen werden, die zu einem beliebigen Termin im Laufe des Geschäftsjahres tatsächlich abzugleichen sind.
- Die **Stichprobeninventur** ist dann zulässig, wenn das Ergebnis der Stichprobe zu einem hinreichenden Ergebnis der Grundgesamtheit führt.

2.1.2 Inventar

Das Ergebnis der Inventur sind Bestandslisten, die alle Vermögenswerte und Schulden nach Art, Menge und Wert zu einem Gesamtverzeichnis zusammenfassen und somit das **Inventar** ergeben. **Bestandslisten**

Jedes Inventar setzt sich aus drei Hauptteilen zusammen: Alle dem Unternehmen gehörenden **Vermögenswerte,** gegliedert nach Anlage- und Umlaufvermögen, werden aufgelistet. Bei der Gliederung des Anlagevermögens ist darauf zu achten, dass eventuelle Betriebsimmobilien vor den beweglichen Sachanlagen aufzuführen sind. Das Umlaufvermögen ist in folgender Reihenfolge darzustellen: **Hauptteile**

1. Vorräte,
2. Außenstände,
3. Barmittel.

BUCHFÜHRUNG

Inventar

Beispiel für ein Inventar

Inventar des Handwerksbetriebes Wolters für den 31. 12. 20...

		€	€
A.	Vermögensteile		
	I. Anlagevermögen *(langfristig)*		
	1. Maschinen		16 353,40
	– Maschine A	3 857,40	
	– Maschine B	4 896,–	
	– Maschine C	7 600,–	
	2. Lkw-Bestand		31 283,20
	– Fahrzeug A	4 915,20	
	– Fahrzeug B	10 368,–	
	– Fahrzeug C	16 000,–	
	3. Geschäftsausstattung		6 374,60
	– Gegenstand A	737,28	
	– Gegenstand B	1 152,–	
	– Gegenstand C	4 485,32	
	II. Umlaufvermögen		
	1. Warenbestand lt. beiliegender Bestandsliste		15 796,–
	2. Unfertige Leistungen		8 905,–
	– Auftrag A	3 285,–	
	– Auftrag B	1 245,–	
	– Auftrag C	4 375,–	
	3. Forderungen aus Lieferungen und Leistungen		30 143,18
	– Kunde A	7 285,96	
	– Kunde B	8 345,04	
	– Kunde C	9 277,68	
	– Kunde D	5 234,50	
	4. Guthaben Postbank X		8 456,–
	5. Guthaben Bank Y		7 245,–
	6. Kassenbestand		3 248,–
	Summe des Vermögens		127 804,38
B.	Schulden		
	I. Langfristige Schulden		
	Darlehen Bank Y		35 000,–
	Darlehen Bank Z		42 000,–
	II. Kurzfristige Schulden		
	1. Verbindlichkeiten aus Lieferungen und Leistungen		6 674,64
	– Lieferant A	2 714,40	
	– Lieferant B	1 444,20	
	– Lieferant C	1 085,76	
	– Lieferant D	1 430,28	
	2. Verbindlichkeiten aus Lohn- und Gehalt		4 055,28
	3. Verbindlichkeiten aus Lohn- und Kirchensteuer		752,08
	4. Verbindlichkeiten im Rahmen der sozialen Sicherheit		2 545,28
	5. Umsatzsteuerverbindlichkeiten laufendes Jahr		2 722,94
	Summe der Schulden		93 750,22
C.	Ermittlung des Reinvermögens		
	Summe des Vermögens		127 804,38
./.	Summe der Schulden		93 750,22
=	Reinvermögen		34 054,16

BUCHFÜHRUNG

Bei den **Schulden** des Betriebes sind zuerst die langfristigen Schulden, wie z. B. Darlehen und Hypotheken, vor den kurzfristigen Schulden, wie z. B. Verbindlichkeiten und Bankschulden, aufzuführen.

Im letzten Teil des Inventars ist das sog. **Reinvermögen** (oder **Eigenkapital**) zu ermitteln. Wenn alle Vermögensteile zu Geld gemacht und von diesem Geld die Schulden beglichen würden, wäre dies der Vermögensteil, der dem Eigentümer des Betriebes zufließen würde.

Inventar

	INVENTAR
	Betriebliches Vermögen
./.	betriebliche Schulden
=	Reinvermögen (= Eigenkapital)

Maßgeblichkeit für Bilanz

Die jeweiligen Inventarwerte sind maßgebend für die Bilanz zum betreffenden Zeitpunkt. Ergeben sich Abweichungen zwischen den Sollwerten aus der Buchführung bzw. der Bilanz und den Istwerten des Inventars (z. B. beim Materialbestand), so sind die Bilanzansätze entsprechend zu korrigieren.

Nachfolgend findet sich beispielhaft ein Inventar für den Betrieb Wolters (ausführliches Buchführungsbeispiel → S. 90).

2.2 Bilanz

Inventur machen, ein Inventar erstellen und aus dem Inventar eine Bilanz ableiten, muss als sachlogische Einheit betrachtet werden. Dies geschieht zum Zeitpunkt einer Unternehmensgründung und im Folgenden mindestens einmal jährlich zum Ende des Geschäftsjahres. Ähnlich wie beim Inventar gehört es zu den Aufgaben der Bilanz, eine Übersicht über die Zusammensetzung und den Wert des betrieblichen Vermögens und der Schulden zu einem bestimmten Stichtag zu geben. Dabei weist die Bilanz dieselben Inhalte aus wie das Inventar. Der Unterschied zum Inventar besteht einerseits in der Ausführlichkeit und andererseits in der Betrachtungsform.

Aufgaben der Bilanz

Während das Inventar eine ausführliche Darstellung aller Vermögenswerte und Schulden eines Betriebes nach Art, Menge und Wert gegliedert darstellt, ist die **Bilanz** eine komprimierte Darstellung der Hauptpunkte des Inventars, die sich auf Werte beschränkt.

Die Bilanz enthält in einer Gegenüberstellung auf der linken Seite die Vermögensteile, aus denen sich das Betriebsvermögen zusammensetzt, gegliedert nach Anlage- und Umlaufvermögen. Die linke Seite der Bilanz wird **Aktivseite (Aktiva)** genannt.

Aktiva

BUCHFÜHRUNG

Passiva Auf der rechten Seite der Bilanz werden den Vermögenswerten die Finanzierungsquellen – das Betriebskapital – gegenübergestellt. Es handelt sich einerseits um den Unternehmer (das Unternehmen) als Finanzierungsquelle (das Eigenkapital) und andererseits um Fremdkapitalgeber als Finanzierungsquelle (das Fremdkapital). Die rechte Seite der Bilanz wird **Passivseite (Passiva)** genannt.[1]

Beide Seiten der Bilanz müssen gleich hohe Summen aufweisen, sie halten sich also die Waage (bilancia = italienisch: Waage).

Betriebliches Vermögen

Anlagevermögen Beim betrieblichen Vermögen wird unterschieden zwischen Anlagevermögen und Umlaufvermögen. Unter das **Anlagevermögen** fallen die Vermögensgegenstände, die normalerweise dazu bestimmt sind, dem Betrieb auf längere Dauer zur Verfügung zu stehen, um die jeweilige Betriebsleistung zu erbringen. Dies sind insbesondere die Betriebsgrundstücke und -gebäude, die Maschinen, Einrichtungsgegenstände, Betriebsfahrzeuge.

Umlaufvermögen Das **Umlaufvermögen** umfasst die Vermögensposten, die üblicherweise nur kurze Zeit im Betrieb verbleiben, weil sie sich durch die Leistungserstellung ständig verändern und wieder möglichst schnell in Zahlungsmittel umgewandelt werden sollen (z. B. Betriebsstoffe, Kundenforderungen), und die Zahlungsmittel selbst (z. B. Bankguthaben oder Kassenbestand).

Rechnungsabgrenzung Eine besondere Stellung haben die sog. **Posten der Rechnungsabgrenzung (PdR oder RAP).** Sie dienen der Abgrenzung von Aufwendungen und Erträgen, die während eines Abrechnungszeitraumes (Geschäftsjahr) anfallen, jedoch nicht oder nicht in voller Höhe dem jeweiligen Abrechnungszeitraum zuzurechnen sind. Die Rechnungsabgrenzungen können sowohl auf der Aktivseite als auch auf der Passivseite einer Bilanz auftreten.

Betriebskapital

Das Betriebskapital unterscheidet die Herkunft der Mittel. Hier erscheint **Eigenkapital** einerseits das **Eigenkapital** (= Reinvermögen im Inventar), dessen Kapitalgeber der Unternehmer (bzw. das Unternehmen) ist, andererseits das Fremdkapital (= Schulden im Inventar) von Fremdkapitalgebern.

Schulden werden auch **Verbindlichkeiten** genannt. Die betrieblichen Verbindlichkeiten werden in der Bilanz nach den verschiedenen Gläubigern oder nach der Fristigkeit gegliedert, z. B.:

- Verbindlichkeiten gegenüber Banken, Lieferantenverbindlichkeiten etc. und
- langfristige oder kurzfristige Verbindlichkeiten.

---

[1] Damit man sich die Begriffe und ihre Bedeutung besser einprägen kann, könnte man als Erklärung auch geben: Mit den Aktiva auf der linken Seite der Bilanz, den Vermögenswerten, arbeitet der Betrieb aktiv, deshalb heißt die linke Seite Aktivseite. Da die Finanzierungsquellen nur abstrakt aussagen, wem der Betrieb etwas schuldet, aber damit nicht gearbeitet werden kann, wird die rechte Seite der Bilanz als Passivseite bezeichnet.

BUCHFÜHRUNG

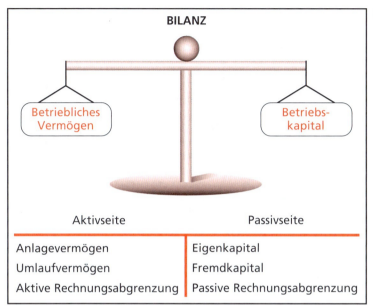

Bilanz

Die Summe aller bilanziellen Verbindlichkeiten wird in der Betriebswirtschaftslehre als **Fremdkapital** bezeichnet. Zum Fremdkapital gehören auch die **Rückstellungen.** Es handelt sich hierbei um betriebliche Verpflichtungen, die in ihrer voraussichtlichen Höhe zahlenmäßig nicht genau beziffert werden können. Im Einzelnen sind Rückstellungen unter folgenden Voraussetzungen möglich:

Fremdkapital

- Der Grund für die eventuell zu erwartende betriebliche Verpflichtung muss bekannt sein (z. B. die Erfüllung von Gewährleistungsverpflichtungen aus der Ausführung einer Werklieferung) (→ S. 540).
- Die Ursache des Risikos liegt im laufenden Geschäftsjahr.
- Innerhalb eines bestimmten Zeitraumes muss die Wahrscheinlichkeit bestehen, dass die Rückstellung auch tatsächlich in Anspruch genommen wird.
- Die Höhe der auf das Unternehmen eventuell zukommenden Verpflichtungen aus dem Risiko ist zwar nicht genau bekannt, jedoch abschätzbar.

Gliederung der Bilanz

Eine bestimmte Gliederung der Aktiv- und Passivseiten einer Bilanz schreibt das HGB nur für Kapitalgesellschaften vor (→ S. 44). Alle übrigen Unternehmen anderer Rechtsformen unterliegen in dieser Hinsicht keinen Beschränkungen.

Aus Gründen der Übersichtlichkeit und zur Erleichterung der Bilanzauswertung werden auf der **Aktivseite** im Allgemeinen die Vermögensgegenstände nach dem Grad ihrer Liquidierbarkeit, d. h. ihrer Fähigkeit,

Aktivseite

BUCHFÜHRUNG

Passivseite wieder in Zahlungsmittel umgewandelt werden zu können, aufgeführt. Auf der **Passivseite** der Bilanz wird zunächst mit dem Eigenkapital begonnen, danach folgt das Fremdkapital.

Wenn Unternehmen anderer Rechtsformen eine derartige Gliederung anwenden, übernehmen sie damit mehr oder weniger auch die gesetzlichen Vorschriften für Kapitalgesellschaften in Bezug auf die Bilanz.

Eine nach diesen Gesichtspunkten aufgestellte Bilanz zeigt dann auf ihrer (linken) Aktivseite, wie die dem Unternehmen zur Verfügung stehenden Mittel verwendet worden sind, und auf ihrer (rechten) Passivseite, woher diese Mittel gekommen sind.

Bilanzgliederung

BILANZGLIEDERUNG	
AKTIVA	PASSIVA
Betriebliches Vermögen = Mittelverwendung	Betriebskapital = Mittelherkunft

Schlussbilanz = Eröffnungsbilanz

Liegt der Stichtag der Bilanzerstellung am Ende des Geschäftsjahres, so spricht man von der Schlussbilanz. Deren Werte müssen den Bilanzansätzen zu Beginn des neuen Geschäftsjahres entsprechen. Dies ist dann die Eröffnungsbilanz des folgenden Geschäftsjahres.

Bilanzbeispiel

Bilanz zum Inventarbeispiel Wolters			
AKTIVA	Schlussbilanz 31.12.20..		PASSIVA
Anlagevermögen		Eigenkapital	
Maschinen	16 353,40	Variables Kapital	34 054,16
Lkw	31 283,20		
BGA	6 374,60	Fremdkapital	
		Verbindlichkeiten gg.	
Umlaufvermögen		Kreditinstitute	77 000,–
Warenbestand	15 796,–	Verbindlichkeiten aus	
Unfertige Leistungen	8 905,–	Lieferungen u. Leistungen	6 674,64
Forderungen	30 143,18	Verbindlichk. Lohn u. Gehalt	4 055,28
Postbank	8 456,–	Verbindlichk. Lohn-/KiSt.	752,08
Bank	7 245,–	Verbindlichk. soz. Sicherheit	2 545,28
Kasse	3 248,–	Umsatzsteuer lfd. Jahr	2 722,94
Aktivsumme	127 804,38	Passivsumme	127 804,38

2.3 Bilanzveränderungen

Jede wertmäßige Änderung muss dazu führen, dass die Vermögenswerte und Kapitalien des Unternehmens in der Waage bleiben. Dies soll an einem einfachen neuen Beispiel dargestellt werden.

Folgen von Änderungen

Ein Betrieb hat in seiner Eröffnungsbilanz folgende Ausgangssituation:

AKTIVA	Eröffnungsbilanz		PASSIVA
BGA	10 000,–	Bankschulden	8 000,–
Kasse	8 000,–	Verbindlichkeiten	10 000,–
Aktivsumme	18 000,–	Passivsumme	18 000,–

Dabei steht die Position „Bankschulden" für ein „überzogenes Bankkonto", d. h., der eingeräumte Kontokorrentkredit ist in Anspruch genommen worden.

Nun sollen sich folgende Geschäftsvorfälle ereignen, die die Bilanz verändern:

Geschäftsvorfälle

1. Es wird ein Gegenstand für die Betriebs- und Geschäftsausstattung im Wert von € 2 000,– gekauft, wobei uns der Lieferer in der Rechnung ein Zahlungsziel von 30 Tagen einräumt.
2. Es wird ein weiterer Gegenstand für die Betriebs- und Geschäftsausstattung im Wert von € 1 000,– gekauft, der von uns sofort bar bezahlt wird.
3. Die Verbindlichkeit aus Geschäftsvorfall (1) ist fällig und wird von uns per Banküberweisung beglichen.
4. Wir zahlen aus der Kasse bar auf das Bankkonto € 4 000,– ein, um den in Anspruch genommenen Kontokorrentkredit zu verringern.

Zur Erfassung der Änderungen wird eine Tabelle geführt, die für jede Bilanzposition eine Spalte vorsieht; in den Zeilen 1 bis 4 werden die wertmäßigen Änderungen der einzelnen Geschäftsvorfälle eingetragen.

Übersicht

	Tabellarische Übersicht über Änderungen						
	AKTIVA				PASSIVA		
Geschäftsvorfall lfd. Nr.	BGA	Kasse	Summe A	Summe B	Bankschulden	Verbindlichkeiten	
	10 000,–	8 000,–	18 000,–	18 000,–	8 000,–	10 000,–	
1	+2 000,–		20 000,–	20 000,–		+2 000,–	
2	+1 000,–	–1 000,–	20 000,–	20 000,–			
3			20 000,–	20 000,–	+2 000,–	–2 000,–	
4		–4 000,–	16 000,–	16 000,–	–4 000,–		

BUCHFÜHRUNG

Erläuterung zu den vier Geschäftsvorfällen:

Aktiv-/Passivmehrung
1. Sowohl Aktiva als auch Passiva erhöhen sich um dieselbe Summe. Es handelt sich dabei um die Anschaffung von Vermögenswerten, die neu finanziert worden sind. Dieser Vorgang wird als **Aktiv-/Passivmehrung** (Bilanzverlängerung) bezeichnet.

Aktivtausch
2. Nur auf der Aktivseite findet eine Änderung statt. Es handelt sich dabei ebenfalls um die Anschaffung von Vermögenswerten, denen gleichzeitig eine Verminderung von Vermögenswerten gegenübersteht, da sofort bezahlt wurde. Dieser Vorgang wird als **Aktivtausch** bezeichnet.

Passivtausch
3. Nur auf der Passivseite findet eine Änderung statt. Es handelt sich dabei um eine Umschuldung, denn dem Schuldenabbau bei der Verbindlichkeit steht gleichzeitig eine Schuldenzunahme bei der Bank gegenüber. Dieser Vorgang wird als **Passivtausch** bezeichnet.

Aktiv-/Passivminderung
4. Sowohl Aktiva als auch Passiva vermindern sich um dieselbe Summe. Es handelt sich dabei also um einen Schuldenabbau, der gleichzeitig verbunden ist mit einer Verringerung unseres Vermögens. Dieser Vorgang wird als **Aktiv-/Passivminderung** (Bilanzverkürzung) bezeichnet.

Zusammenfassend lässt sich also Folgendes festhalten:
- Jeder Geschäftsvorfall führt dazu, dass sich mindestens zwei Positionen der Bilanz verändern.
- Da die Änderungen nur in den oben beschriebenen Formen vorkommen können, bleibt die Bilanzsumme einer anfänglich ausgeglichenen Bilanz auch nach jeder Änderung immer noch ausgeglichen.

2.4 Gewinn- und Verlustrechnung

Aufgabe der Gewinn- und Verlustrechnung
Aufgabe der Gewinn- und Verlustrechnung ist es, eine Übersicht über die Zusammensetzung und die wertmäßige Höhe der Erträge und Aufwendungen einer bestimmten Abrechnungsperiode zwischen zwei Bilanzstichtagen zu geben und den betrieblichen Erfolg (Gewinn oder Verlust) als Differenz aus Ertrag und Aufwand dieses Zeitraumes auszuweisen:

Gewinn/Verlust = Erträge eines Abrechnungszeitraumes
./. Aufwendungen eines Abrechnungszeitraumes

Begriffliche Abgrenzungen

In der Gewinn- und Verlustrechnung wird mit den Begriffen „Ertrag" einerseits und „Aufwand" andererseits gearbeitet. Zur Vermeidung späterer Missverständnisse erscheint in diesem Zusammenhang eine begriffliche Klarstellung zweckmäßig:

Ertrag
Als **Ertrag** einer bestimmten Abrechnungsperiode bezeichnet man den Wert aller vom Unternehmen erbrachten betrieblichen Leistungen während eines bestimmten Zeitraumes.

BUCHFÜHRUNG

Aufwand ist demgegenüber der Wert aller verbrauchten Güter und Dienstleistungen während eines bestimmten Abrechnungszeitraumes.

Aufwand

- Die betriebsbedingten Aufwendungen und Erträge entstehen durch den normalen betrieblichen Leistungsprozess (z. B. Erbringen handwerklicher Leistungen, wie Einbau einer Heizungsanlage in ein Wohnhaus durch einen Heizungsbaubetrieb, oder Handel mit Waren, wie Verkauf eines Neufahrzeugs an einen Kunden durch einen Kfz-Betrieb).
- Die außerordentlichen Aufwendungen und Erträge fallen zwar nicht regelmäßig und unmittelbar mit dem betrieblichen Geschäftsablauf an, lassen aber einen mittelbaren Zusammenhang erkennen (z. B. Verluste/Gewinne bei Anlageverkäufen oder Verluste bei Forderungsabschreibungen).
- Die betriebsfremden Aufwendungen und Erträge stehen hingegen völlig außerhalb der gewöhnlichen Geschäftstätigkeit (z. B. Gewinn/Verlust bei Finanzanlagen).

Einnahmen liegen bei Erhöhung von Zahlungsmitteln (z. B. Bankguthaben oder Kassenbestand) oder von betrieblichen Forderungen vor. Um eine Einnahme handelt es sich daher schon, wenn einem Kunden eine Rechnung erteilt wird, nicht erst, wenn diese Rechnung bezahlt wird.

Einnahmen

Von **Ausgaben** spricht man bei Verringerung von Zahlungsmitteln oder der Erhöhung von betrieblichen Schulden (z. B. Erhalt, aber auch Bezahlung einer Lieferantenrechnung).

Ausgaben

Wenn Einnahmen und Ausgaben nicht mit Erträgen und Aufwendungen deckungsgleich sind: In welchem Verhältnis können sie zueinander stehen?

Einnahmen, die nicht Erträge sind:

Beispiel: Einzahlung eines Geldbetrages durch den Betriebsinhaber aus seinem Privatvermögen auf das Geschäftskonto (Privateinlage)

Erträge, die nicht Einnahmen sind:

Beispiel: Vom Unternehmen erstellte Produkte, z. B. Möbel, die noch nicht verkauft sind (Lagerproduktion)

Ausgaben, die nicht Aufwendungen sind:

Beispiel: Abhebung eines Geldbetrages vom Geschäftskonto für private Zwecke des Betriebsinhabers (Privatentnahme)

Aufwendungen, die nicht Ausgaben sind:

Beispiel: Entnahme von Material aus dem Lagerbestand zur Herstellung eines Produkts

---

Beispiele für begriffliche Abgrenzungen

Schließlich ist in diesem Zusammenhang auch noch zwischen **Einzahlungen und Auszahlungen** zu unterscheiden. Bei Einzahlungen handelt es sich um Erhöhungen der Zahlungsmittel (z. B. Bankguthaben, Kassenbestand), bei Auszahlungen um Verminderungen der Zahlungsmittel.

Einzahlungen/Auszahlungen

BUCHFÜHRUNG

2.5 Jahresabschluss nach dem HGB

2.5.1 Bestandteile des Jahresabschlusses

Buchführungspflichtige Unternehmen müssen zum Schluss jedes Geschäftsjahres einen Jahresabschluss nach den Grundsätzen ordnungsmäßiger Buchführung erstellen. Dazu gehören bei:

Bestandteile

Einzelunternehmen und Personengesellschaften	Kapitalgesellschaften
• Bilanz • Gewinn- und Verlustrechnung	• Bilanz • Gewinn- und Verlustrechnung • Anhang

Für Einzelunternehmen und Personengesellschaften bestehen keine besonderen Gliederungsvorschriften. Kapitalgesellschaften haben sich an den Vorschriften des HGB zu orientieren.

2.5.2 Bilanzgliederung von Kapitalgesellschaften

Kapitalgesellschaften und ab 1. Januar 2000 auch GmbH & Co. KG müssen neben den gesetzlichen Bestimmungen, die für alle bilanzierungspflichtigen Unternehmen gelten, noch einige zusätzliche HGB-Vorschriften hinsichtlich des Jahresabschlusses beachten. Für die Anwendung dieser Zusatzregelungen ist die Einteilung der Kapitalgesellschaften in die folgenden Größenklassen von Bedeutung:

Größenklassen

Kapitalgesellschaft	Bilanzsumme in Euro	Umsatzerlöse in Euro	Anzahl der Mitarbeiter
Kleine	bis 3,438 Mio.	bis 6,875 Mio.	bis 50
Mittelgroße	bis 13,750 Mio.	bis 27,500 Mio.	bis 250
Große	über 13,750 Mio.	über 27,500 Mio.	über 250

Zur Einordnung in eine dieser Größenklassen müssen mindestens zwei der drei Merkmale gegeben sein. Darüber hinaus ist es erforderlich, dass die Voraussetzungen an zwei aufeinander folgenden Jahresabschluss-Stichtagen vorgelegen haben. Die Verhältnisse am ersten Bilanzstichtag nach der Gründung sind entscheidend für die Größenklasseneinteilung von neu gegründeten Kapitalgesellschaften.

Große und mittelgroße Kapitalgesellschaften haben die Bilanzgliederung nach § 266 HGB zu beachten:

BUCHFÜHRUNG

Bilanzgliederung nach HGB

Bilanzgliederung nach § 266 HGB

AKTIVA	PASSIVA
A. Anlagevermögen I. Immaterielle Vermögensgegenstände 　1. Konzessionen, Schutzrechte 　2. Geschäfts- oder Firmenwert 　3. geleistete Anzahlungen II. Sachanlagen 　1. Grundstücke, grundstücksgleiche Rechte und Bauten 　2. technische Anlagen und Maschinen 　3. andere Anlagen, BGA 　4. geleistete Anzahlungen u. Anlagen im Bau III. Finanzanlagen 　1. Anteile an verbundenen Unternehmen 　2. Ausleihungen an verbundene Unternehmen 　3. Beteiligungen 　4. Ausleihungen an Unternehmen, mit denen ein Beteiligungsverhältnis besteht 　5. Wertpapiere des Anlagevermögens 　6. sonstige Ausleihungen B. Umlaufvermögen I. Vorräte 　1. Roh-, Hilfs- u. Betriebsstoffe 　2. unfertige Erzeugnisse, unfertige Leistungen 　3. fertige Erzeugnisse u. Waren II. Forderungen und sonstige Vermögensgegenstände 　1. Forderungen aus Lieferungen und Leistungen 　2. Forderungen gegen verbundene Unternehmen 　3. Forderungen gegen Unternehmen, mit denen ein Beteiligungsverhältnis besteht 　4. sonstige Vermögensgegenstände III. Wertpapiere 　1. Anteile an verbundene Unternehmen 　2. eigene Anteile IV. Schecks, Kassenbestand, Bundesbank- u. Postgiro-Guthaben, Guthaben bei Kreditinstituten C. Rechnungsabgrenzungsposten	A. Eigenkapital I. Gezeichnetes Kapital II. Kapitalrücklage III. Gewinnrücklagen 　1. gesetzliche Rücklage 　2. Rücklage für eigene Anteile 　3. satzungsmäßige Rücklagen 　4. andere Gewinnrücklagen IV. Gewinnvortrag/Verlustvortrag V. Jahresüberschuss/Jahresfehlbetrag B. Rückstellungen 　1. Rückstellungen für Pensionen 　2. Steuerrückstellungen 　3. Sonstige Rückstellungen C. Verbindlichkeiten 　1. Anleihen 　2. Verbindlichkeiten gegenüber Kreditinstituten 　3. erhaltene Anzahlungen 　4. Verbindlichkeiten aus Lieferungen und Leistungen 　5. Verbindlichkeiten aus Wechseln 　6. Verbindlichkeiten gegenüber verbundenen Unternehmen 　7. Verbindlichkeiten gegenüber Unternehmen, mit denen ein Beteiligungsverhältnis besteht 　8. sonstige Verbindlichkeiten D. Rechnungsabgrenzungsposten

BUCHFÜHRUNG

Kleine Kapitalgesellschaften können eine verkürzte Bilanz aufstellen, in die nur die mit Buchstaben und römischen Ziffern bezeichneten Posten gesondert und in der vorgeschriebenen Reihenfolge aufgenommen werden müssen.

verkürzte Bilanz

BILANZ	
AKTIVA	PASSIVA
A. Anlagevermögen	A. Eigenkapital
B. Umlaufvermögen	B. Rückstellungen
C. Rechnungsabgrenzungsposten	C. Verbindlichkeiten
	D. Rechnungsabgrenzungsposten

2.5.3 Gewinn- und Verlustrechnung von Kapitalgesellschaften

Staffelform

Kapitalgesellschaften müssen nach § 275 HGB die Gewinn- und Verlustrechnung in Staffelform erstellen (→ S. 47). Dabei dürfen sie zwischen folgenden Darstellungsformen wählen:

Das **Gesamtkostenverfahren** erfasst alle Aufwendungen, die zur betrieblichen Leistungserstellung beigetragen haben. Es wird dabei außer Acht gelassen, ob die Leistungen verkauft oder auf Lager produziert wurden.

Das **Umsatzkostenverfahren** erfasst nur die Aufwendungen, die zu Umsätzen geführt haben. Es kommt zum gleichen Ergebnis wie das Gesamtkostenverfahren, beinhaltet jedoch weniger Informationen. Das Umsatzkostenverfahren ist jedoch im Handwerk ohne Bedeutung.

Kleine und mittlere Kapitalgesellschaften dürfen bei der Anwendung des Gesamtkostenverfahrens die Posten 1-5 unter der Bezeichnung „Rohergebnis" zusammenfassen. Wird das Umsatzkostenverfahren angewendet, gilt dies für die Posten 1–3 und 6.

Publizitätspflicht

Grundsätzlich sind alle Kapitalgesellschaften verpflichtet, ihre Jahresabschlüsse beim Amtsgericht zu hinterlegen und damit zur Einsichtnahme für betriebsfremde Dritte offen zu legen (Publizitätspflicht). Kleinere Kapitalgesellschaften brauchen jedoch nur die Bilanz – mit verkürzter, zusammengefasster Gliederung – sowie den Anhang beim Handelsregister einzureichen.

doppelte Prüfungspflicht

Mittlere und große Kapitalgesellschaften müssen darüber hinaus ihren Jahresabschluss und den Lagebericht von einem gesonderten Abschlussprüfer überprüfen lassen (doppelte Prüfungspflicht).

BUCHFÜHRUNG

GuV

Gewinn- und Verlustrechnung (nach dem Gesamtkostenverfahren)

1.   Umsatzerlöse
2. +/- Erhöhung oder Verminderung des Bestands an fertigen und unfertigen Erzeugnissen
3.   +   andere aktivierte Eigenleistungen
4.   +   sonstige betriebliche Erträge
5.   −   Materialaufwand
   - a) Aufwendungen für Roh-, Hilfs- u. Betriebsstoffe und für bezogene Waren
   - b) Aufwendungen für bezogene Leistungen

   (= Rohergebnis)
6.   −   Personalaufwand
   - a) Löhne und Gehälter
   - b) Soziale Abgaben und Aufwendungen für Altersversorgung
7.   −   Abschreibungen
   - a) auf immaterielle Vermögensgegenstände des Anlagevermögens und Sachanlagen sowie auf aktivierte Aufwendungen für die Ingangsetzung und Erweiterung des Geschäftsbetriebs
   - b) auf Vermögensgegenstände des Umlaufvermögens, soweit diese die in der Kapitalgesellschaft üblichen Abschreibungen überschreiten
8.   −   sonstige betriebliche Aufwendungen

   (= Betriebsergebnis)
9.   +   Erträge aus Beteiligungen, davon aus verbundenen Unternehmen
10. +   Erträge aus anderen Wertpapieren und Ausleihungen des Finanzanlagevermögens, davon aus verbundenen Unternehmen
11. +   sonstige Zinsen und ähnliche Erträge, davon aus verbundenen Unternehmen
12. −   Abschreibungen auf Finanzanlagen und auf Wertpapiere des Umlaufvermögens
13. −   Zinsen und ähnliche Aufwendungen, davon an verbundene Unternehmen
14. **Ergebnis der gewöhnlichen Geschäftstätigkeit**
15. +   außerordentliche Erträge
16. −   außerordentliche Aufwendungen
17. **außerordentliches Ergebnis**
18. −   Steuern von Einkommen und Ertrag
19. −   sonstige Steuern
20. **Jahresüberschuss/Jahresfehlbetrag**

2.5.4 Anhang und Lagebericht

Im **Anhang** werden die tatsächlichen Verhältnisse der Vermögens-, Finanz- und Ertragslage des Unternehmens insbesondere für die Organe der Gesellschaft, die Gesellschafter, die Gläubiger, die Arbeitnehmer und die Öffentlichkeit erläutert. Außerdem werden Zusatzinformationen geliefert, die für die Analyse der Bilanz und der GuV bedeutsam sind. Was im Einzelnen im Anhang enthalten sein muss, regeln §§ 284 und 285 HGB.

Anhang

BUCHFÜHRUNG

Lagebericht — Grundsätzlich ist von Kapitalgesellschaften zusätzlich zum Jahresabschluss der **Lagebericht** zu erstellen. Im Lagebericht sollen der Geschäftsverlauf und die wirtschaftliche Situation des Unternehmens dargestellt sowie Angaben zur voraussichtlichen Entwicklung des Unternehmens gemacht werden. Kleine Kapitalgesellschaften sind von der Erstellung eines Lageberichts befreit.

Bitte bearbeiten Sie abschließend die folgenden Aufgaben:

1. Aus dem Grundsatz der Wirtschaftlichkeit heraus lassen die gesetzlichen Bestimmungen verschiedene Inventurverfahren zu. Verschaffen Sie sich einen Überblick darüber und stellen Sie fest, in welchen Fällen welche Verfahren sinnvoll sein können.

2. Kapitalgesellschaften müssen hinsichtlich des Jahresabschlusses besondere gesetzliche Bestimmungen beachten. Für kleine Kapitalgesellschaften im Sinne des HGB gelten jedoch einige Erleichterungen. Erläutern Sie, um welche Erleichterungen es sich handelt.

3. Erklären Sie anhand von Beispielen die vier möglichen Bilanzveränderungen, die sich durch das Verbuchen von Geschäftsvorfällen ergeben können.

3. System der doppelten Buchführung

Kompetenzen:

Der Lernende
- kennt das System der doppelten Buchführung,
- weiß, wie man beim Buchen von Geschäftsvorfällen vorgehen muss,
- kann ein Konto in der Buchführung eröffnen, berühren und abschließen,
- kann erfolgswirksame und erfolgsunwirksame Geschäftsvorfälle unterscheiden und richtig buchen,
- kann Bestandskonten und Erfolgskonten führen und abschließen,
- kann Buchungssätze formulieren.

Um die ihnen zukommenden Dokumentations-, Informations- und Kontrollfunktionen erfüllen zu können, müssen die anfallenden Buchführungsarbeiten entsprechend strukturiert und systematisiert werden.

Hierzu bedient man sich des Systems der doppelten Buchführung, und zwar bedeutet doppelte Buchführung:

Gründe für doppelte Buchführung

- Einerseits ist es für die doppelte Buchführung charakteristisch, dass jeder Geschäftsvorfall auf mindestens zwei Konten erfasst wird.
- Andererseits ist es für die doppelte Buchführung charakteristisch, dass der Erfolg auf zweierlei Art und Weise nachvollzogen werden kann: einmal über die Gewinn- und Verlustrechnung, zum anderen über den Vergleich der Eigenkapitalbestände unter Berücksichtigung von Privatentnahmen und Privateinlagen.

3.1 Kontenrahmen/Kontenplan

Zur klaren und übersichtlichen Gestaltung der Buchführung ist bei der Kontenführung eine gewisse Ausführlichkeit erforderlich. Hierfür gibt es Orientierungsmaßstäbe, die sog. Kontenrahmen.

Kontenrahmen sollen es dem Betrieb erleichtern, die für ihn notwendigen Konten systematisch zusammenzustellen. Da der Handwerker seine Buchführung in der Regel in Kooperation mit einem Steuerberater führt, ist es nahe liegend, dass er seine Konten nach einem der Kontenrahmen systematisiert, mit denen Steuerberater üblicherweise arbeiten.

In der Praxis sind die beiden **DATEV-Kontenrahmen SKR 03 und SKR 04** sehr verbreitet. Deshalb werden diese im Folgenden kurz erläutert und den weiteren Ausführungen zugrunde gelegt.

BUCHFÜHRUNG

Alle Kontenrahmen, auch SKR 03 und SKR 04, bauen sich nach einem Zehnersystem auf. Ein Kontenrahmen ist unterteilt in 10 Kontenklassen, jede Kontenklasse in 10 Kontengruppen, jede Kontengruppe in 10 Kontenarten, jede Kontenart in 10 Kontenunterarten etc. Hierbei informiert die jeweilige Kontennummer von links nach rechts in der ersten Ziffer über die Kontenklasse, in der zweiten Ziffer über die Kontengruppe, in der dritten Ziffer über die Kontenart und in der vierten Ziffer über die Kontenunterart.

Beispiel aus dem SKR 04: 4735 Gewährte Skonti 16 % USt
- Kontenklasse 4: Betriebliche Erträge
- Kontengruppe 7: 4700 Erlösschmälerungen
- Kontenart 3: 4730 Gewährte Skonti
- Kontenunterart 5: Gewährte Skonti 16 %

unterschiedliche Systematik Der Unterschied zwischen den Kontenrahmen SKR 03 und SKR 04 besteht insbesondere in der Systematik des Kontenklassenaufbaus.
- Der Kontenklassenaufbau des SKR 03 orientiert sich am klassischen **Prozessgliederungsprinzip,** d. h., die Gliederung gibt den Ablauf des Betriebsprozesses wieder.
- Der Kontenklassenaufbau des SKR 04 orientiert sich dagegen am **Abschlussgliederungsprinzip,** d. h., die Gliederung gibt die im HGB festgelegte Gliederung der Bilanz und der GuV wieder.

Vergleich SKR 03 und SKR 04

Konten-klassen	SKR 03 (Prozessgliederungsprinzip)	SKR 04 (Abschlussgliederungsprinzip)
0	Anlage- und Kapitalkonten	Anlagevermögenskonten
1	Finanz- und Privatkonten	Umlaufvermögenskonten
2	Abgrenzungskonten	Eigenkapitalkonten
3	Wareneingangs- und Bestandskonten	Fremdkapitalkonten
4	Betriebliche Aufwendungen	Betriebliche Erträge
5	nicht belegt	Betriebliche Aufwendungen
6	nicht belegt	Betriebliche Aufwendungen
7	Bestände an Erzeugnissen	Weitere Erträge und Aufwendungen
8	Erlöskonten	nicht belegt
9	Vortragskonten – Statistische Konten	Vortragskonten – Statistische Konten

Im Verlauf des weiteren Kapitels werden die Kontennummern beider Kontenrahmen aufgeführt, und zwar zuerst der SKR 04, dann der SKR 03. Der Grund für die erste Nennung des SKR 04 besteht darin, dass er eine klarere Trennung in Bestands- und Erfolgskonten vornimmt als der SKR 03.

Beispiel für die Schreibweise in diesem Lehrbuch:

SKR 04	(SKR 03)	Kontenbezeichnung
1800	(1200)	Bank

BUCHFÜHRUNG

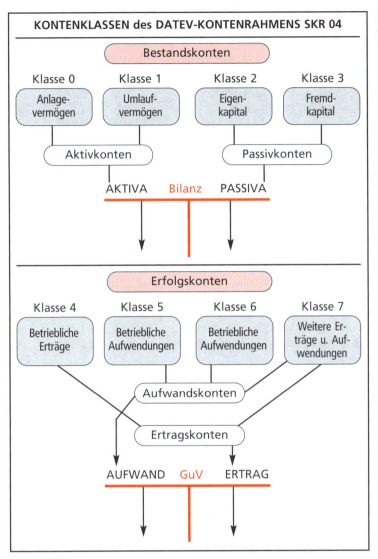

DATEV-Kontenrahmen SKR 04

Jeder Unternehmer stellt sich aus einem Kontenrahmen seinen spezifischen **Kontenplan** zusammen. Damit trägt er dem Grundsatz der Klarheit und der Übersichtlichkeit in der Buchführung Rechnung. Hierbei verfährt er folgendermaßen:

betrieblicher Kontenplan

- Übernahme einzelner Konten aus dem ausgewählten Kontenrahmen,
- Ausdifferenzieren einzelner Konten in tiefer gehende Untergliederungen durch fünf- und mehrstellige Kontennummerierungen,
- Weglassen von Konten, die für den Betrieb keine Bedeutung haben.

BUCHFÜHRUNG

Beispiel

Mögliche Kontenplansystematik (Erfolgskonten)

Aufwendungen	SKR 04	SKR 03
Abschreibung auf Anlagevermögen	6220	4830
Abschreibung auf aktivierte GWG	6262	4860
Abschreibung auf Umlaufvermögen	6910	4880
Anlagenabgänge mit Verlust	6895	2310
Anlagenabgänge mit Gewinn	4855	2315
Anschaffungsnebenkosten beim Wareneingang	5800	3800
Anzeigenwerbung	6600	4610
Arbeitgeberanteil zur Sozialversicherung	6110	4130
Bankgebühren	6855	4970
Berufsgenossenschaftsbeiträge	6120	4138
Berufskleidung	6130	4140
Blumen für Betriebsräume	6630	4640
Briefmarken	6800	4910
Buchführungskosten	6830	4955
Bürobedarf	6815	4930
Büro-, Lager-, Werkstatt-, Ladenmiete	6310	4210
Büro-, Lager-, Werkstatt-, Ladenreinigung	6330	4250
Feuerversicherung	6350	2350
Frachtkosten beim Warenausgang	6740	4730
Fremdarbeiten	6780	4780
Garagenmiete	6550	4550
Gas, Strom, Wasser	6325	4240
Gebühren	6430	4390
Gewährte Boni 16 % Umsatzsteuerberichtigung	4760	8760
Gewährte Boni 7 % Umsatzsteuerberichtigung	4750	8750
Gewährte Skonti 16 % Umsatzsteuerberichtigung	4735	8735
Gewährte Skonti 7 % Umsatzsteuerberichtigung	4731	8731
Gewerbesteuerzahlung	7610	4320
Grundsteuer	7680	2375
Grundstücksaufwendungen	6350	2350
Haftpflichtversicherung	6400	4360
Handwerkskammerbeitrag	6420	4380
Heizung	6320	4230
Inkassokosten	6855	4970
Innungsbeitrag	6420	4380
Inserate	6600	4610
Instandhaltungskosten für Maschinen	6460	4800
Instandhaltungskosten für BGA	6470	4805
Internetkosten	6805	4920
Jahresabschlusskosten	6827	4957
Kfz-Betriebsstoffe	6530	4530
Kfz-Reparaturen	6540	4540
Kfz-Steuern	7685	4510

Beispiel

Mögliche Kontenplansystematik (Erfolgskonten)		
Aufwendungen (Forts.)	**SKR 04**	**SKR 03**
Kfz-Versicherung	6520	4520
Kleinwerkzeuge bis Einzelwert € 60,– netto	6845	4985
Kurierdienste	6740	4730
Leasing	6840	4810
Lehrgangsgebühren für Arbeitnehmer	6130	4140
Leihwagen	6560	4570
Löhne/Gehälter	6000	4100
Porto	6800	4910
Rechts-/Beratungs- und Prozesskosten	6825	4950
Reinigungskosten betrieblicher Räume	6330	4250
Reisekostenerstattung an Arbeitnehmer	6650	4660
Reklamekosten	6600	4610
Rundfunkgebühren	6420	4380
Säumniszuschläge auf betriebliche Steuern	6855	4970
Schornsteinfeger	6350	2350
Schreibwaren, Schreibmaterialien	6815	4930
Telefongebühren	6805	4920
Toilettenpapier	6330	4250
Verpackungsmaterial	6710	4710
Zeitschriften, Bücher	6820	4940
Zinsaufwendungen kurzfristige Darlehen	7310	2110
Zinsaufwendungen langfristige Darlehen	7320	2120
Wareneinkauf 16 % USt.	5400	3400
Wareneinkauf 7 % USt.	5300	3300
Werbekosten	6600	4610
Erträge	**SKR 04**	**SKR 03**
Erhaltene Boni 16 % Vorsteuerberichtigung	5760	3760
Erhaltene Boni 7 % Vorsteuerberichtigung	5750	3750
Erhaltene Skonti 16 % Vorsteuerberichtigung	5735	3735
Erhaltene Skonti 7 % Vorsteuerberichtigung	5731	3731
Erlöse aus Anlagenverkäufen/Buchverlust	6889	8800
Erlöse aus Anlagenverkäufen/Buchgewinn	4849	8829
Grundstückserträge	4860	2750
Umsatzerlöse 16 % USt.	4400	8400
Umsatzerlöse 7 % USt.	4300	8300
Unentgeltliche Warenentnahme 16 % USt.	4620	8910
Unentgeltliche Warenentnahme 7 % USt.	4610	8915
Unentgeltliche Leistungsinanspruchnahme 16 % USt.	4660	8925
Unentgeltliche Leistungsinanspruchnahme 7 % USt.	4650	8932
Versicherungsentschädigungen	4970	2742
Verwendung von Gegenständen für Zwecke außerhalb des Unternehmens ohne USt.	4639	8924
Zinserträge	7110	2650

3.2 Kontenführung auf Bestandskonten

3.2.1 Buchungsregeln

Zur Erfassung der laufenden Änderungen einzelner Bilanzpositionen bedient man sich in der Praxis nicht einer einfachen Tabelle (wie auf → S. 41 dargestellt), sondern man führt einzelne Konten (T-Konto).

T-Konto

Die **Kontenführung** bedeutet wie bei der Bilanz eine zweiseitige Rechnung, wobei die eine Seite die Mehrungen und die andere Seite die Minderungen der jeweiligen Bilanzposition erfasst.

Das soll im Folgenden an der Führung von Bestandskonten erläutert werden, die die Veränderungen der Bestände der Bilanz erfassen.

Bezogen auf die vorherigen Konten des Beispiels erfasst

- beim **Kassenkonto**
  - die eine Seite die „Kasseneinnahmen",
  - die andere Seite die „Kassenausgaben",
- beim **BGA-Konto**
  - die eine Seite den „Wertezuwachs an BGA", z. B. durch Kauf,
  - die andere Seite den „Werteverzehr an BGA", z. B. durch Abschreibung,
- beim **Bankschuldenkonto**
  - die eine Seite die „Belastung des Bankkontos",
  - die andere Seite die „Gutschrift auf dem Bankkonto",
- beim **Verbindlichkeitenkonto**
  - die eine Seite den „Rechnungseingang von Lieferanten",
  - die andere Seite den „Rechnungsausgleich bei Lieferanten".

Regeln

Im Sinne einer einheitlichen Vorgehensweise wurden **Regeln für die Kontenführung** geschaffen. Sie bezwecken eine Regelmäßigkeit beim Buchen der Konten, damit sich eine wertmäßig ausgeglichene Bilanz ergibt – vorausgesetzt, es wurden zwischenzeitlich keine Fehler gemacht. Folgende Kontenregeln sind zu beachten:

- Alle linken Kontenseiten werden mit „Soll" und alle rechten Kontenseiten werden mit „Haben" überschrieben.
- Konten, die die **Vermögenswerte** fortschreiben (aktive Bestandskonten), weisen auf der Sollseite den Anfangsbestand und die Vermögensmehrungen und auf der Habenseite die Vermögensminderungen und den Schlussbestand aus.
- Konten, die die **Kapitalien** fortschreiben (passive Bestandskonten) weisen auf der Habenseite den Anfangsbestand und die Kapitalmehrungen und auf der Sollseite die Kapitalminderungen und den Schlussbestand aus.

BUCHFÜHRUNG

- Beim Buchen auf Konten sind immer drei Angaben zu machen: die Nummer des Geschäftsvorfalls (stellvertretend für den Beleghinweis in der Praxis), das Gegenkonto und der Betrag.

Obiges tabellarisches Buchungsbeispiel (→ S. 41) sähe auf Konten gebucht folgendermaßen aus:

Kontenführung

	Beispiel für regelmäßige Kontenführung		
SOLL	BGA-Konto		HABEN
Anfangsbestand	€ 10 000,–		
1) Verbindlichkeiten	€ 2 000,–		
2) Kasse	€ 1 000,–		
SOLL	Kassenkonto		HABEN
Anfangsbestand	€ 8 000,–	2) BGA	€ 1 000,–
		4) Bankschulden	4 000,–
SOLL	Bankschuldenkonto		HABEN
4) Kasse	4 000,–	Anfangsbestand	€ 8 000,–
		3) Verbindlichkeiten	€ 2 000,–
SOLL	Verbindlichkeitenkonto		HABEN
3) Bankschulden	€ 2 000,–	Anfangsbestand	€ 10 000,–
		1) BGA	€ 2 000,–

Hier wird nun die Regelmäßigkeit beim Buchen auf Konten erkennbar: Alle vier möglichen **Bilanzveränderungen** führen dazu, dass immer eine Buchung auf der Sollseite und eine Buchung auf der Habenseite eines Kontos stattfindet:

1. Aktiv-Passiv-Mehrung
2. Aktiv-Tausch
3. Passiv-Tausch
4. Aktiv-Passiv-Minderung

3.2.2 Buchungsbelege

Jede Buchung muss durch einen entsprechenden Hinweis auf dem zugrunde liegenden Geschäftsvorfall belegt sein. Die Möglichkeiten des **Belegnachweises** sind recht vielfältig, z. B.:

Belegarten

- Eingangsrechnungen,
- Durchschriften der Ausgangsrechnungen,
- Bankbelege und Bankauszüge,
- Quittungen über Barbezahlungen.

BUCHFÜHRUNG

Jeder Beleg ist mit einer Belegnummer zu versehen, z. B. „ER/123" für „Eingangsrechnung Nr. 123".

Die Belegnummer gibt im Konto den Hinweis auf den entsprechenden Geschäftsvorfall. Umgekehrt sollte auf dem Beleg zum Zwecke der Gegenkontrolle ein Buchungsvermerk eingetragen werden, aus dem zu erkennen ist, wo dieser Beleg innerhalb des Kontensystems der Buchführung verbucht ist.

Sofern keine schriftliche Belege für Geschäftsvorfälle vorliegen, z. B. bei Entnahmen aus der Kasse für private Zwecke, sollten zur Sicherung des Buchungsnachweises sog. **Eigenbelege** erstellt werden. Auf ihnen werden ebenfalls die zur Charakterisierung des jeweiligen Geschäftsvorfalles notwendigen Angaben gemacht (Datum, Beleg-Nummer, Euro-Betrag, Unterschrift).

3.2.3 Buchungssatz

Buchungssatz Die Regelmäßigkeit beim Buchen der Konten ergibt den Buchungssatz. Dieser gibt den Geschäftsvorfall (den zu buchenden Beleg) auf den anzusprechenden Konten und die zu buchenden Beträge wieder.

Dabei wird zuerst das Konto genannt, bei dem die Sollbuchung vorzunehmen ist, und dann das Konto, bei dem die Habenbuchung erfolgen soll. Die allgemeine Form des Buchungssatzes lautet

Sollkonto <u>an</u> Habenkonto

Um einen Buchungssatz systematisch zu entwickeln, empfiehlt es sich, folgende Fragen an einen Geschäftsvorfall zu stellen:

> 1. Welche Konten werden durch den Geschäftsvorfall verändert?
> 2. Welcher Bilanzseite sind die Konten zuzuordnen?
> 3. Wie ändern sich die Konten rechnerisch?
> 4. Auf welchen Kontenseiten sind die Buchungen vorzunehmen?

Die vier Buchungssätze zu dem vorherigen Buchungsbeispiel (→ Kap. 2.3) lauten:

> BGA € 2 000,–   an Verbindlichkeiten € 2 000,–
> BGA € 1 000,–   an Kasse € 1 000,–
> Bankschulden € 2 000,– an Verbindlichkeiten € 2 000,–
> Bankschulden € 4 000,– an Kasse € 4 000,–

Eingeordnet in den bisherigen Ablauf buchhalterischer Arbeiten erfolgt die Bildung des Buchungssatzes immer vor der Kontenführung.

BUCHFÜHRUNG

3.2.4 Kontenabschluss

Beim Kontenabschluss wird ermittelt, welcher Bestand an Vermögen bzw. an Kapital zum Periodenende auf dem Konto vorhanden ist. Auch hier hat sich eine systematische Vorgehensweise herausgebildet.

So wird immer von der wertmäßig größeren Kontenseite ausgegangen. Diese gibt die Kontensumme vor. Auf der wertmäßig kleineren Seite wird die Differenz zur wertmäßig größeren Seite gebildet (Saldieren). Hierbei wird folgendermaßen vorgegangen: der Betrag auf der wertmäßig kleineren Seite wird von der Kontensumme (der wertmäßig größeren Seite) abgezogen; die sich daraus ergebende Differenz wird als Schlussbestand **(Saldo)** auf der wertmäßig kleineren Seite eingetragen. Somit sind beide Seiten ausgeglichen: Sie haben dieselbe Kontensumme sowohl im Soll wie im Haben.

Saldieren

Bezogen auf das obige Beispiel sehen die abgeschlossenen Konten folgendermaßen aus:

Kontenabschluss

Beispiel für Kontenabschluss

SOLL	BGA-Konto		HABEN	
Anfangsbestand	€ 10 000,–	Schlussbestand	€ 13 000,–
1) Verbindlichkeiten	€ 2 000,–		
2) Kasse	€ 1 000,–		
Kontensumme	€ 13 000,–	Kontensumme	€ 13 000,–

SOLL	Kassenkonto		HABEN	
Anfangsbestand	€ 8 000,–	2) BGA	€ 1 000,–
		4) Bankschulden	€ 4 000,–
		Schlussbestand	€ 3 000,–
Kontensumme	€ 8 000,–	Kontensumme	€ 8 000,–

SOLL	Bankschuldenkonto		HABEN	
4) Kasse	€ 4 000,–	Anfangsbestand	€ 8 000,–
Schlussbestand	€ 6 000,–	3) Verbindlichkeiten	€ 2 000,–
Kontensumme	€ 10 000,–	Kontensumme	€ 10 000,–

SOLL	Verbindlichkeitenkonto		HABEN	
3) Bankschulden	€ 2 000,–	Anfangsbestand	€ 10 000,–
Schlussbestand	€ 10 000,–	1) BGA	€ 2 000,–
Kontensumme	€ 12 000,–	Kontensumme	€ 12 000,–

Folgende Vorgehensweise wird empfohlen:

Vorgehensweise

1. Ausgehend von der Schlussbilanz der vorherigen Periode werden die Konten zunächst eröffnet, indem die Anfangsbestände vorgetragen

werden. (Als Gegenbuchung zu den Anfangsbeständen kann ein Eröffnungsbilanzkonto bzw. Saldenvortragskonto geführt werden.)
2. Die zu buchenden Belege (Geschäftsvorfälle) werden danach geordnet, welche Konten angesprochen werden, nach Soll und Haben sortiert (Bilden des Buchungssatzes bzw. Führen des Grundbuches).
3. Die Buchungssätze des Grundbuches werden dann in die einzelnen Konten eingetragen (Führen des Hauptbuches).
4. Zum Periodenende werden die Konten auf der wertmäßig kleineren Seite saldiert (Kontenabschluss).
5. Die Salden der aktiven und passiven Bestandskonten werden in der Bilanz – nach Seiten geordnet – gegenübergestellt und müssen seitenweise addiert eine ausgeglichene Bilanzsumme ergeben.

3.3 Kontenführung auf Erfolgskonten

3.3.1 Buchungsregeln

Neben Bestandskonten werden in jedem Unternehmen Erfolgskonten geführt. Diese erfassen die Vorgänge, die den Gewinn bzw. den Verlust des Unternehmens bestimmen. Auch bei Erfolgskonten wird zwischen zwei Kontenarten unterschieden: Während bei den Bestandskonten nach Aktiva und Passiva unterschieden wird, unterscheidet man bei Erfolgskonten zwischen Aufwands- und Ertragskonten. Aufwandskonten erfassen den Werteverzehr, Ertragskonten erfassen den Wertezuwachs des Betriebes.

Werteverzehr **Werteverzehr** ist der gesamte steuerrechtlich anerkannte Verbrauch an wirtschaftlichen Gütern, bedingt durch
- betriebliche Aufwendungen, z. B. Mieten, betriebliche Versicherungen, Personalkosten, Abschreibungen,
- betriebsfremde Aufwendungen, z. B. Verluste aus Finanzspekulationen,
- außerordentliche Aufwendungen, z. B. Verluste beim Verkauf von Investitionsgütern.

Wertezuwachs **Wertezuwachs** entsteht z. B. durch
- betriebliche Erträge
  - Umsatzleistungen, bedingt durch Handel und handwerkliche Leistungen,
  - Lagerleistungen, bedingt durch Fertigungsprodukte, die noch nicht abgesetzt wurde,
  - Eigenleistungen, bedingt durch Erstellung eigengenutzter Investitionsgüter,
- betriebsfremde Erträge, z. B. Gewinne aus Finanzspekulationen,
- außerordentliche Erträge, z. B. Gewinne beim Verkauf von Investitionsgütern.

BUCHFÜHRUNG

Für beide Kontenarten der Erfolgskonten gibt es Buchungsregeln, die vor dem Hintergrund der Einordnung dieser Konten gesehen werden müssen. Es handelt sich nämlich bei den Erfolgskonten um Unterkonten des Eigenkapitalkontos, da der Gewinn bzw. der Verlust, den ein Unternehmen in einer Periode erwirtschaftet, letztlich das Eigenkapital mehrt oder mindert. **Regeln**

Davon ausgehend sind Buchungen auf Aufwandskonten nichts anderes als indirekte Minderungen des Eigenkapitals. Da sich das **Eigenkapitalkonto** als Passivkonto auf der Sollseite mindert, werden Minderungen ebenfalls auf der Sollseite des jeweiligen Aufwandskonto erfasst. Dementsprechend sind Buchungen auf Ertragskonten als indirekte Mehrungen des Eigenkapitals auf der Habenseite des jeweiligen Ertragskontos zu erfassen.

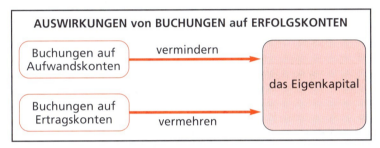

Buchungen auf Erfolgskonten

3.3.2 Gewinn- und Verlustkonto

Das Gewinn- und Verlustkonto hat die Aufgabe, die Salden aller Erfolgskonten zu erfassen und durch **Saldierung** zu ermitteln, ob der Betrieb Gewinn oder Verlust erwirtschaftet hat. Da die Erfolgskonten, wie zuvor festgestellt, immer nur auf einer Seite gebucht werden, ergibt sich beim Kontenabschluss der Saldo der Aufwandskonten immer auf der Habenseite und der Saldo der Ertragskonten immer auf der Sollseite. **Ermittlung von Gewinn/Verlust**

Diese Salden werden entsprechend den Buchungsregeln entgegengesetzt (über Kreuz) auf das **GuV-Konto** übertragen. Alle Aufwandskonten erscheinen auf der Sollseite und alle Ertragskonten erscheinen auf der Habenseite. Daher kann man die Kontenseiten der GuV dahingehend präzisieren, dass die Sollseite als Aufwandsseite und die Habenseite als Ertragsseite definiert wird. **Übertragung der Salden**

An beispielhaften Geschäftsvorfällen sollen sowohl Gewinn als auch Verlust durch Saldierung des GuV-Kontos verdeutlicht werden. Durch Saldieren ergibt sich der **Erfolg:** der Gewinn erscheint als Saldo auf der Sollseite des GuV-Kontos, da in diesem Fall die Erträge größer sind als die Aufwendungen.

Beispiel:

Lohnzahlung durch Banküberweisung € 3 500,–

Löhne € 3 500,– an Bank € 3 500,–

Umsatzerlöse gegen Banküberweisung erbracht € 7 200,–

BUCHFÜHRUNG

Bank € 7 200,– <u>an</u> Umsatzerlöse € 7 200,–

Beispiel

Ermittlung des Gewinns durch Saldieren des GuV-Kontos			
SOLL	Bankkonto		HABEN
Anfangsbestand Umsatzerlöse	€ 10 000,– € 7 200,–	Löhne	€ 3 500,–
SOLL	Lohnkonto		HABEN
Bank	€ 3 500,–	Gewinn/Verlust (Saldo)	€ 3 500,–
SOLL	Umsatzerlöse		HABEN
Gewinn/Verlust (Saldo)	€ 7 200,–	Bank	€ 7 200,–
SOLL	GuV-Konto		HABEN
Löhne Eigenkapital (Saldo)	€ 3 500,– € 3 700,–	Umsatzerlöse	€ 7 200,–
SOLL	Eigenkapitalkonto		HABEN
		Anfangsbestand Gewinn/Verlust	€ 60 000,– € 3 700,–

Andererseits ergibt sich der **Verlust** als Saldo auf der Habenseite, da in diesem Fall die Aufwendungen größer sind als die Erträge. Nachfolgendes Zahlenbeispiel soll dies verdeutlichen.

Beispiel:

Bezahlung von Mietaufwendungen durch Banküberweisung € 4 800,–

Mietaufwendungen € 4 800,– <u>an</u> Bank € 4 800,–

Umsatzerlöse gegen Banküberweisung erbracht € 1 200,–

Bank € 1 200,– <u>an</u> Umsatzerlöse € 1 200,–

Beispiel

| \multicolumn{3}{c}{**Ermittlung des Verlusts durch Saldieren des GuV-Kontos**} |

SOLL	Bankkonto		HABEN
Anfangsbestand	€ 13 700,–	Mietaufwendungen	€ 4 800,–
Umsatzerlöse	€ 1 200,–		

SOLL	Mietaufwendungen		HABEN
Bank	€ 4 800,–	Gewinn/Verlust (Saldo)	€ 4 800,–

SOLL	Umsatzerlöse		HABEN
Gewinn/Verlust (Saldo)	1 200,–	Bank	1 200,–

SOLL	GuV-Konto		HABEN
Mietaufwendungen	€ 4 800,–	Umsatzerlöse	€ 1 200,–
		Eigenkapital (Saldo)	€ 3 600,–

SOLL	Eigenkapitalkonto		HABEN
Gewinn/Verlust	€ 3 600,–	Anfangsbestand	€ 63 700,–

3.4 Hauptabschluss-Übersicht

Ein kompletter Kontenabschluss wird nur einmal zum Jahresende bzw. zum Ende des Geschäftsjahrs durchgeführt. Um sich monatlich oder quartalsweise einen Überblick zu verschaffen, bedient man sich des Instrumentariums der Hauptabschluss-Übersicht (HÜ). Sie stellt die Entwicklung aller Konten von der Eröffnungs- bis zur Zwischenbilanz dar und gibt einen Überblick über das gesamte Zahlenwerk der Buchführung während einer bestimmten Periode.

Zwischenbilanz

Der Aufbau der HÜ ist nicht vorgeschrieben, doch wird in der Regel aus steuerlichen Gründen ein bestimmtes Muster eingehalten. Denn das Finanzamt kann bei gewerblichen Unternehmen, die buchführungspflichtig sind, die Vorlage einer Hauptabschluss-Übersicht nach einem amtlichen Muster verlangen. Danach wird die HÜ wie folgt eingeteilt:

Aufbau der HÜ

- Alle **Konten** werden entsprechend dem jeweiligen betrieblichen Kontenplan aufgelistet.
- Die **Eröffnungsbilanz** des jeweiligen Jahres wird ausgewiesen.
- Die **Umsatzbilanz** weist auf den Soll- und Habenseiten der einzelnen Konten die wertmäßigen Beträge der dort angefallenen Buchungen aus.

BUCHFÜHRUNG

- Bei der **Summenbilanz** handelt es sich um die Addition der Zahlen aus den Konten der Eröffnungsbilanz und den entsprechenden Konten der Umsatzbilanz.
- In der Summenbilanz werden diese Kontenergebnisse noch nicht saldiert, sondern erst in der **Saldenbilanz.**
- Innerhalb der ausgewiesenen Konten sind **Umbuchungen** vorzunehmen, um die Kontenergebnisse der Saldenbilanz „jahresabschlussreif" zu machen, z. B. durch die Einbuchung der Abschreibungen auf das bilanzielle Anlagevermögen.
- Danach werden die Kontenergebnisse der Bestandskonten in die **vorläufige Schlussbilanz** (Vermögensbilanz) und die Kontenergebnisse der Erfolgskonten in die **Erfolgsbilanz** (Gewinn- und Verlustrechnung) übertragen. Der Saldo in der Erfolgsbilanz weist dann den Gewinn oder Verlust der jeweiligen Abrechnungsperiode aus. Dieser Saldo muss mit dem Saldo in der Vermögensbilanz übereinstimmen.

Fertigstellung der HÜ Die Hauptabschluss-Übersicht wird mit einer letzten Buchung fertig gestellt. Diese lautet entweder

| Erfolgsbilanzkonto | an | Vermögensbilanzkonto (= Gewinn) |

oder

| Vermögensbilanzkonto | an | Erfolgsbilanzkonto (= Verlust) |

Bei der Durchführung des Buchführungsbeispiels (→ S. 90) wird auch die Handhabung der Hauptabschluss-Übersicht dargestellt.

3.5 Buchung typischer Geschäftsvorfälle

Nachdem die grundsätzliche Systematik des Buchens auf Bestands- und Erfolgskonten in den vorigen Kapiteln 3.2 und 3.3 dargestellt wurde, folgen nun Lösungswege von typischen Buchungsfällen in Handwerksbetrieben. Denn die Vielfalt der möglichen Fallgestaltungen erfordert ein vertieftes Verständnis für die Zusammenhänge des Buchens in der Praxis.

3.5.1. Buchungen auf Warenkonten

Aufgabe der Warenkonten ist es, die im Zusammenhang mit Handwerksbzw. Handelsleistungen entstehenden Bewegungen zu dokumentieren. Es sind mindestens vier Warenkonten zu führen:

notwendige Warenkonten Das Konto 1140 (3980) Warenbestand (aktives Bestandskonto) erfasst auf der Sollseite den Anfangsbestand und auf der Habenseite den Schlussbestand, der in die Schlussbilanz übertragen wird. Ein Saldo ergibt sich darüber hinaus, wenn Anfangsbestand und Schlussbestand wertmäßig nicht übereinstimmen. Wenn der Saldo auf der Sollseite ausgewiesen wird, handelt es sich um eine Mehrung der Vorratsbestände. Wenn er auf der Habenseite ausgewiesen wird, um eine Minderung der Vorratsbestände. In

BUCHFÜHRUNG

beiden Fällen ist der Saldo nach Buchungsregel auf das Bestandsveränderungenkonto Waren zu übertragen.

Das Konto 5880 (3960) Bestandsveränderungen Waren (Erfolgskonto) erfasst zum Jahresabschluss den Saldo des Kontos 1140 (3980) Warenbestand.

Auch hier sind zwei Möglichkeiten denkbar: Der Sollsaldo des Warenbestandskontos erscheint im Bestandsveränderungenkonto auf der Habenseite. Dies bedeutet, dass Teile der eingekauften Waren in der Periode nicht wieder umgesetzt wurden, sondern die Lagerbestände mehrten.

Im umgekehrten Fall (Habensaldo des Warenbestandskonto erscheint auf der Sollseite des Bestandsveränderungenkonto) sind nicht nur die eingekauften Waren umgesetzt worden, sondern darüber hinaus auch Teile der Lagerbestände.

Nachfolgendes Zahlenbeispiel gibt die Situation des Buchführungsbeispiels Wolters wieder (→ Schlussbilanz vom 31. Dezember, S. 110).

Beispiel

SOLL	1140 (3980) Warenbestand		HABEN
9000/Saldovortrag	€ 15.796,-	9999 Schlussbilanzkonto	€ 150,-
		5880 (3960) Saldo	€ 15.646,-
Kontensumme	€ 15.796,-	Kontensumme	€ 15.796,-

SOLL	5880 (3960) Bestandsveränderungen Waren		HABEN
1140 (3980)	€ 15.646,-	9998 GuV Saldo	€ 15.646,-

Das Konto 5400 (3400) **Wareneingang** (Aufwandskonto) erfasst alle Einkäufe an Waren bzw. Rohstoffen. Ergänzend hierzu können verschiedene Unterkonten geführt werden, wie z. B.

Unterkonten Wareneingang

- 5800 (3800) Bezugsnebenkosten (Aufwandskonto) zur Erfassung von Frachtkosten, Verpackungskosten etc. beim Wareneinkauf,
- 5740 (3740) Erhaltene Boni (Ertragskonto) zur Erfassung nachträglich gewährter Rabatte beim Wareneinkauf,
- 5730 (3730) Erhaltene Skonti (Ertragskonto) zur Erfassung von Preisnachlässen bei vorzeitigem Rechnungsausgleich,
- 5720 (3720) Nachlässe (Ertragskonto) zur Erfassung von Preisnachlässen bei mangelhafter Ware.

Alle Unterkonten werden beim Kontenabschluss über 5400 (3400) Wareneingang saldiert.

BUCHFÜHRUNG

Nachfolgendes Zahlenbeispiel gibt die Situation des Buchführungsbeispiels Wolters wieder.

Beispiel

SOLL		5400 (3400) Wareneingang	HABEN
Wareneinkauf 01/21	€ 1.245,–	5735 (3735)	€ 2.743,47
Wareneinkauf 02–11/21	€ 85.000,–	9998 GuV Saldo	€ 91.001,53
Wareneinkauf 12/21	€ 7.500,–		
Kontensumme	€ 93.745,–	Kontensumme	€ 93.745,–

SOLL		5735 (3735) Erhaltene Skonti	HABEN
5400 (3400) Saldo	€ 2.743,47	Liefererskonto 01/21	€ 172,62
		Liefererskonto 02–11/21	€ 2.332,35
		Liefererskonto 12/21	€ 238,50
Kontensumme	€ 2.743,47	Kontensumme	€ 2.743,47

Unterkonten Umsatzerlöse

Das Konto 4400 (8400) **Umsatzerlöse** (Ertragskonto) erfasst alle Umsätze aus Handwerk und Handel. Auch hierzu können ergänzend verschiedene Unterkonten geführt werden, wie z. B.

- 4740 (8740) Gewährte Boni (Aufwandskonto) zur Erfassung nachträglich gewährter Rabatte beim Warenumsatz,
- 4730 (8730) Gewährte Skonti (Aufwandskonto) zur Erfassung von Preisnachlässen bei vorzeitigem Rechnungsausgleich durch Kunden,
- 4720 (8720) Erlösschmälerungen (Aufwandskonto) zur Erfassung von Preisnachlässen bei mangelhafter Ware bzw. Leistung.

Alle Unterkonten werden beim Kontenabschluss über 4400 (8400) Umsatzerlöse saldiert.

BUCHFÜHRUNG

Nachfolgendes Zahlenbeispiel stellt die Situation des Buchführungsbeispiels Wolters dar (→ Schlussbilanz vom 31. Dezember des Jahres 21, S 110).

Beispiel

SOLL	4400 (8400) Umsatzerlöse		HABEN
→ 4735 (8735)	€ 5.883,71	Umsätze 01/21	€ 31.200,–
→ 4760 (8760)	€ 4.312,50	Umsätze 02–11/21	€ 270.000,–
9998 GuV Saldo	€ 329.753,79	Umsätze 12/21	€ 38.750,–
Kontensumme	€ 339.950,–	Kontensumme	€ 339.950,–

SOLL	4735 (8735) Gewährte Skonti		HABEN
Kundenskonto 01/21	€ 519,71	4400 (8400) Saldo	€ 5.883,71 ⤴
Kundenskonto 02–11/21	€ 4.824,–		
Kundenskonto 12/21	€ 540,–		
Kontensumme	€ 5.883,71	Kontensumme	€ 5.883,71

SOLL	4760 (8760) Gewährte Boni		HABEN
Kundenbonus Umbuchung im Jahr 21	€ 4.312,50	4400 (8400) Saldo	€ 4.312,50 ⤴

3.5.2 Buchung der Umsatzsteuer

In den bisher dargestellten Buchungsbeispielen wurde das Problem der Umsatzsteuer (allgemein als Mehrwertsteuer bekannt) bewusst ausgeklammert. Dies entspricht jedoch nicht der betrieblichen Wirklichkeit. Handwerkliche Unternehmen sind grundsätzlich umsatzsteuerpflichtig, was ihre Betriebsleistungen betrifft. Das heißt: Die jeweils gültige gesetzliche Umsatzsteuer wird auf den Nettobetrag der Ausgangsrechnung aufgeschlagen.

Umsatzsteuerpflicht

Diese dem Kunden berechnete Umsatzsteuer ist Bestandteil der Kundenforderung. Sie muss der Finanzbehörde gegenüber erklärt und abgerechnet werden (→ „Steuern", S. 689). Die Eingangsrechnungen von Lieferanten enthalten ebenfalls die Umsatzsteuer. Aus der Sicht des Rechnungsempfängers (Unternehmers) ist dies die sog. **Vorsteuer**. Sie bleibt Bestandteil der Eingangsrechnung, wird jedoch mit der vom Unternehmen geschuldeten Umsatzsteuer verrechnet. Aus der Saldierung von Umsatzsteuer mit Vorsteuer ergibt sich die Zahllast bzw. Vorsteuerüberhang gegenüber dem Finanzamt.

Vorsteuer

Bei EDV-gestützter Buchführung wird zum Ende des Geschäftsjahres im Rahmen der vorbereitenden Arbeiten für den Jahresabschluss die sog. **Umsatzsteuerverprobung** durchgeführt. Sie erfolgt nach der Vornahme der Abschlussbuchungen und eventueller Korrekturbuchungen. Bei der Verprobung wird kontrolliert, ob die Umsatzsteuer immer richtig verbucht wurde.

BUCHFÜHRUNG

Ust. als durchlaufender Posten

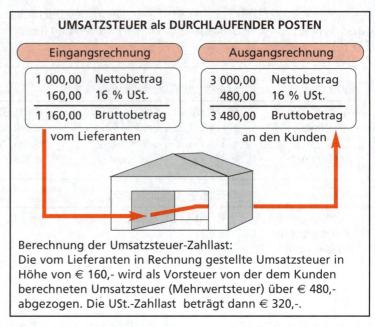

Umsatzsteuer und Vorsteuer sind als durchlaufende Posten erfolgsneutral zu behandeln. Aus buchhalterischen und umsatzsteuerlichen Gründen ist die Erfassung von Umsatzsteuer und Vorsteuer auf gesonderten Konten erforderlich.

notwendige Kosten Zur ordnungsmäßigen Erfassung der Umsatzsteuer werden folgende Konten benötigt:

- 1405 (1575) Abziehbare Vorsteuer 16 % erfasst die in Rechnung gestellte Umsatzsteuer bei **Eingangsrechnungen**. Betriebe, die auch mit der 7 %-Umsatzsteuer zu tun haben, müssen diese gesondert auf dem Konto 1401 (1571) Vorsteuer 7 % erfassen.
- 3805 (1775) Umsatzsteuer 16 % erfasst die in Rechnung gestellte Umsatzsteuer bei **Ausgangsrechnungen**. Betriebe, die außerdem Leistungen erbringen, die mit der 7 %-Umsatzsteuer belastet sind, müssen diese auf dem Konto 3801 (1771) Umsatzsteuer 7 % erfassen.
- 3820 (1780) Umsatzsteuervorauszahlungen wird benötigt, um die monatlichen bzw. vierteljährlichen Abrechnungen mit dem Finanzamt zu erfassen.
- 3841 (1790) Umsatzsteuer Vorjahr wird am Jahresanfang benötigt, um die restliche Umsatzsteuer des Vorjahres mit dem Finanzamt abzurechnen.
- 3840 (1789) Umsatzsteuer laufendes Jahr wird am Jahresende benötigt, um die Salden aller vorherigen Umsatzsteuerkonten (1 bis 4) zu erfassen und den Restsaldo an Umsatzsteuer zu ermitteln, der in die Schlussbilanz übernommen wird.

Nachfolgendes Zahlenbeispiel zeigt die Situation des Buchführungsbeispiels Wolters auf (in €).

BUCHFÜHRUNG

Beispiel für Buchung Umsatzsteuer

SOLL	3840 (1789) Umsatzsteuer laufendes Jahr		HABEN
9000 Saldenvortrag	2 722,94	3805 (1789)	53 752,61
1405 (1575)	25 435,76	3841 (1790)	2 722,94
1401 (1571)	25,20		
3820 (1780)	28 283,51		
9999 Schlussbilanzkonto	8,14		
Kontensumme	56 475,55	Kontensumme	56 475,55

SOLL	1405 (1575) Vorsteuer 16 %		HABEN
Vorsteuer 01/21	711,20	Vorsteuer-Berichtigung 01/21	27,62
Vorsteuer 02–11/21	18 720,–	Vorsteuer-Berichtigung 02–11/21	373,18
Vorsteuer 12/21	6 443,52	Vorsteuer-Berichtigung 12/21	38,16
		3840 (1789) Saldo	25 435,76
Kontensumme	25 874,72	Kontensumme	25 874,72

SOLL	1401 (1571) Vorsteuer 7 %		HABEN
Vorsteuer 01/21	2,10	3840 (1789) Saldo	25,20
Vorsteuer 02–11/21	21,–		
Vorsteuer 12/21	2,10		
Kontensumme	25,20	Kontensumme	25,20

SOLL	3805 (1775) Umsatzsteuer 16 %		HABEN
USt.-Berichtigung 01/21	83,15	USt. 01/21	4 992,–
USt.-Berichtigung 02–11/21	771,84	USt. 02–11/21	43 200,–
USt.-Berichtigung 12/21	86,40	USt. 12/21	7 192,–
USt.-Berichtigung Umbuchungen im Jahr 21	690,–		
3840 (1789) Saldo	53 752,61		
Kontensumme	55 384,–	Kontensumme	55 384,–

SOLL	3820 (1780) Umsatzsteuervorauszahlung		HABEN
USt.-Vorausz. 02–11/21	25 403,21	3840 (1789) Saldo	28 283,51
USt.-Vorausz. 12/21	2 880,30		
Kontensumme	28 283,51	Kontensumme	28 283,51

SOLL	3841 (1790) Umsatzsteuer Vorjahr		HABEN
3840 (1789) Saldo	2 722,94	USt. 12/20 abgeführt	2 722,94

BUCHFÜHRUNG

3.5.3 Umsatzsteuer bei nachträglichen Rechnungskorrekturen

Anlässe Häufig kommt es bei Ein- und Verkäufen zu nachträglichen Rechnungskorrekturen:

- Boni beim Überschreiten vereinbarter Umsatzgrenzen,
- Skonti bei vorzeitigem Zahlungsausgleich,
- Gutschriften wegen mangelhafter Lieferung bzw. Leistung,
- Gutschriften wegen Rücksendungen,
- Gutschriften wegen Rechnungsreklamationen.

Da in diesen Fällen der Nettobetrag gemindert wird, müssen bei Eingangsrechnungen und Ausgangsrechnungen auch die Vorsteuer bzw. Umsatzsteuer anteilmäßig korrigiert werden.

Nachfolgend wird die buchungstechnische Behandlung beispielhaft an zwei Sachverhalten des Buchführungsbeispiels Wolters dargestellt (in €):

Ausgangsrechnung Ausgangsrechnung: Geschäftsvorfall 08 von Januar 21
Umsatzleistung auf Ziel an Kunde A erbrachte € 14 800,– zzgl. 16 % USt.

Beispiel 1

Buchungssatz: Geschäftsvorfall 08 von Januar 21	
1200 (1400) Forderungen	17 168,–
an 4400 (8400) Umsatzerlöse 16 %	14 800,–
3805 (1775) USt. 16 %	2 368,–
Rechnungsausgleich: Geschäftsvorfall 01 von Februar 21	
Zielumsatz Januar (Kunde A) über Bank mit 2 % Skonto	
Rechnungsbetrag	17 168,–
./. 2 % Skonto	343,36
= Banküberweisung	16 824,64
Nebenrechnung:	
Bruttoskonto	343,36 = 116 %
USt.-Berichtigung	47,36 = 16 %
= Nettoskonto	296,– = 100 %
Buchungssatz: Geschäftsvorfall 01 von Februar 21	
1800 (1200) Bank	16 824,64 und
3805 (1775) USt. 16 %	47,36 und
4735 (8735) Gewährte Skonti 16 %	296,–
an 1200 (1400) Forderungen	17 168,–

BUCHFÜHRUNG

Eingangsrechnung: Geschäftsvorfall 24 von Januar 21
Wareneinkauf bei Lieferant A auf Ziel € 1 245,– zzgl. 16 % USt.

Eingangsrechnung

Beispiel 2

Buchungssatz: Geschäftsvorfall 24 von Januar 21	
5400 (3400) Wareneingang 16 %	1 245,–
1405 (1575) Vorsteuer 16 %	199,20
an 3300 (1600) Verbindlichkeiten	1 444,20
Rechnungsausgleich: Geschäftsvorfall 06 von Februar 21	
Zieleinkauf Januar 1 444,20 über Postbank mit 3 % Skonto	
Rechnungsbetrag	1 444,20
./. 3 % Skonto	43,33
= Postbankzahlung	1 400,87
Nebenrechnung:	
Bruttoskonto	43,33 = 116 %
./. Vorsteuer-Berichtigung	5,38 = 16 %
= Nettoskonto	37,35 = 100 %
Buchungssatz: Geschäftsvorfall 06 von Februar 21	
3300 (1600) Verbindlichkeiten	1 444,20
an 1700 (1100) Postbank	1 400,87 und
5735 (3735) Erhaltene Skonti 16 %	37,35 und
1405 (1575) Vorsteuer 16 %	5,98

3.5.4 Buchungen auf Privatkonten

Privatkonten werden in Betrieben benötigt, die in der Rechtsform des Einzelunternehmens oder als Personengesellschaften geführt werden. Sie erfassen die durch die Eigentümer (als Privatperson) verursachten Vermögens-, Kapital- oder Erfolgsänderungen.

abhängig von Rechtsform des Betriebs

Zur Erfassung dieser Bewegungen sind mindestens zwei Konten zu führen: die Konten 2100 (1800) Privatentnahmen und 2180 (1890) Privateinlagen.

Das Konto 2100 (1800) **Privatentnahmen** wird auf der Sollseite gebucht und erfasst folgende Sachverhalte:

Privatentnahmen

- direkte bzw. indirekte Entnahmen von Geld,
- Entnahmen von Anlagevermögenswerten (z. B. Betriebsfahrzeuge, Gegenstände der BGA etc.), die mit Teilwerten zu bewerten sind und der Umsatzsteuerpflicht unterliegen,
- Entnahmen von Umlaufvermögenswerten (z. B. Handelswaren, Rohstoffen etc.), die mit Wiederbeschaffungswerten zu bewerten sind und ebenfalls der Umsatzsteuerpflicht unterliegen,
- Inspruchnahme betrieblicher Leistungen,
- Inspruchnahme von Reparaturarbeiten im Privatbereich: wenn sie von einem Mitarbeiter des Unternehmens durchgeführt werden, sind sie mit

BUCHFÜHRUNG

den Selbstkosten zu bewerten (Materialverbrauch und Arbeitszeit) zzgl. Umsatzsteuer,

- Nutzung von Betriebsfahrzeugen für private Zwecke; entweder werden sie beim Führen eines Fahrtenbuches mit den anteiligen Kosten für Privatfahrten belastet, oder sie werden mit einem pauschalen Nutzungsanteil von 1 % pro Monat vom Bruttolistenpreis zum Zeitpunkt der Erstzulassung belastet. Diese Privatentnahme ist nicht umsatzsteuerpflichtig.

Privateinlagen Das Konto 2180 (1890) **Privateinlagen** wird auf der Habenseite gebucht. Es erfasst alle Geldeinlagen, Sacheinlagen und ggf. auch Einlagen, bei denen es sich um die betriebliche Nutzung privater Vermögenswerte handelt.

Saldierung über Eigenkapitalkonto Privatkonten sind Unterkonten des Eigenkapitals bzw. des Kontos 2010 (0880) variables Kapital. Sie werden beim Kontenabschluss direkt über das Eigenkapitalkonto (bzw. die Eigenkapitalkonten) saldiert.

Nachfolgendes Zahlenbeispiel bezieht sich wieder auf das Buchführungsbeispiel Wolters.

SOLL	2100 (1800) Privatentnahmen		HABEN
Geldentnahmen 01/21	€ 2 800,–	2010 (0880) Saldo	€ 33 800,–
Geldentnahmen 02–11/21	€ 28 000,–		
Geldentnahmen 12/21	€ 3 000,–		
Kontensumme	€ 33 800,–	Kontensumme	€ 33 800,–

3.5.5 Buchungen bei der Abschreibung von Anlagegütern

Der Werteverzehr der Investitionsgüter wird in der Buchführung als **Absetzung für Abnutzung (AfA)**, auch **Abschreibung** genannt, berücksichtigt. Am Jahresende wird die AfA auf dem Konto 6220 (4830) Abschreibung auf Sachanlagen erfasst. Hierbei kann der Unternehmer grundsätzlich zwischen mehreren steuerrechtlich zulässigen Abschreibungsverfahren wählen.

Auswahl von Abschreibungsverfahren

- Bei der **linearen Abschreibung** werden die Anschaffungskosten durch die Anzahl der Nutzungsjahre lt. AfA-Tabelle geteilt und jährlich ein gleichbleibender Betrag als Werteverzehr erfasst.[*]
- Die **degressive Abschreibung** darf höchstens das Doppelte der linearen AfA betragen. Hierbei werden die Anschaffungskosten bei einer Nutzungsdauer bis zu 10 Jahren jährlich immer mit 20 % vom verbleibenden Restwert abgeschrieben; bei einer Nutzungsdauer von mehr als 10 Jahren mit einem Prozentsatz, der kleiner ist als 20 %, vom verbleibenden Restwert.[*]

---

[*] Bei Anschaffung von beweglichen Anlagegütern in der ersten Jahreshälfte (bis 30. Juni) kann im Anschaffungsjahr von der vollen Jahres-AfA, bei Anschaffungen in der zweiten Jahreshälfte (ab 1. Juli) kann von der halben Jahres-AfA Gebrauch gemacht werden.

- Die **degressiv/lineare Abschreibung** besteht in der Kombination der beiden vorherigen Verfahren. Es wird zunächst mit der degressiven Abschreibung begonnen; dann wird zur linearen Abschreibung gewechselt, indem der Restwert gleichmäßig auf die Restnutzungsdauer verteilt wird. Durch dieses Verfahren erreicht man eine optimale Nutzung der Abschreibungsmöglichkeiten: Einerseits nutzt man die hohen anfänglichen Abschreibungsraten der degressiven Abschreibung, andererseits erreicht man durch den Übergang zur linearen Abschreibung, dass die Anschaffungskosten für das Investitionsobjekt innerhalb der Nutzungsdauer bis auf einen Euro als Aufwand geltend gemacht werden.
- Die **leistungsbezogene Abschreibung** geht von einem Nutzungsvorrat aus, der in jedem Investitionsobjekt enthalten ist. Dieser bezieht sich z. B. bei Pkw auf gefahrene Kilometer, bei Maschinen auf Betriebsstunden. Die Abschreibung wird entsprechend der nachgewiesenen jährlichen Inanspruchnahme dieses Nutzungsvorrates vorgenommen.

Nachfolgende Beispiele beziehen sich teilweise auf das Buchführungsbeispiel Wolters und dokumentieren das Zustandekommen von einigen Abschreibungssummen mit diesen Abschreibungsverfahren (in €).

Beispiel

Errechnung von Abschreibungssummen

Degressive AfA

Maschine A, angeschafft in der ersten Jahreshälfte des Jahres 17, Nutzungsdauer 12 Jahre, Anschaffungskosten 8 000,–

1. Jahreshälfte 17	8 000,–
./. AfA im Jahr 17 (16,67 %)	1 333,60
= Buchwert am 31.12.17	6 666,40
./. AfA im Jahr 18 (16,67 %)	1 111,29
= Buchwert 31.12.18	5 555,11
./. AfA im Jahr 19 (16,67 %)	926,04
= Buchwert am 31.12.19	4 629,07
./. AfA im Jahr 20 (16,67 %)	771,67
= Buchwert am 31.12.20	3 857,40
./. AfA im Jahr 21 (16,67 %)	643,03

Lineare AfA

Maschine C, angeschafft in der ersten Jahreshälfte des Jahres 20, Nutzungsdauer 5 Jahre, Anschaffungskosten 9 500,–

1. Jahreshälfte 20	9 500,–
./. AfA im Jahr 20 (9 500,– : 5)	1 900,–
= Buchwert am 31.12.20	7 600,–
./. AfA im Jahr 21 (9 500,– : 5)	1 900,–

BUCHFÜHRUNG

Degressiv-lineare AfA

BGA A, angeschafft in der ersten Jahreshälfte des Jahres 14, Nutzungsdauer 9 Jahre, Anschaffungskosten 4 500,–

1. Jahreshälfte 14	4 500,–
./. AfA im Jahr 14 (20 %)	900,–
= Buchwert am 31.12.14	3 600,–
./. AfA im Jahr 15 (20 %)	720,–
= Buchwert am 31.12.15	2 880,–
./. AfA im Jahr 16 (20 %)	576,–
= Buchwert am 31.12.16	2 304,–
./. AfA im Jahr 17 (20 %)	460,80
= Buchwert am 31.12.17	1 843,20
./. AfA im Jahr 18 (20 %)	368,64
= Buchwert am 31.12.18	1 474,56
(Im nächsten Jahr: Wechsel zur linearen AfA)	
./. AfA im Jahr 19 (1 474,56 : 4)	368,64
= Buchwert am 31.12.19	1 105,92
./. AfA im Jahr 20 (1 474,56 : 4)	368,64
= Buchwert am 31.12.20	737,28
./. AfA im Jahr 21 (1 474,56 : 4)	368,64

Leistungsbezogene AfA

Ein Transporter soll einen Nutzungsvorrat von 200 000 km haben. Bei Anschaffungskosten von € 50 000,– ergibt sich ein Wertverlust pro Kilometer von € 0,25 (€ 50 000,– : 200 000).

Wenn von dem Nutzungsvorrat des Transporters in einem Jahr 45 000 km genutzt wurden, dann ergibt sich in diesem Jahr eine AfA in Höhe von € 11 250,– (€ 0,25 × 45 000). Im Folgejahr wird entsprechend verfahren und die AfA aus dem tatsächlich anfallenden Wertverlust, d. h. den gefahrenen Kilometern, ermittelt.

Im Betrieb vorhandene abgeschriebene Investitionsgüter sind in der Buchführung mit einem Euro Erinnerungswert zu führen.

Der Buchungssatz bei all diesen Abschreibungsverfahren lautet:

Buchungssatz

6220 (4830) Abschreibungen auf Sachanlagen an
               0440 (0210) Maschinen
               0690 (0490) BGA
               0540 (0350) Fuhrpark

3.5.6 Buchungen bei Anschaffung und Verkauf von Gegenständen des Anlagevermögens

Anschaffung von Gegenständen des Anlagevermögens, Buchung

Gegenstände des Anlagevermögens sind Investitionsgüter, die bei der **Anschaffung** mit den Anschaffungskosten zu bewerten sind: Das heißt, dem Anschaffungswert werden Anschaffungsnebenkosten (wie Frachtkosten, Montagekosten etc.) hinzugerechnet und Minderungen der Anschaffungskosten (Skonto, Gutschriften wegen Reklamationen etc.) werden abgezogen. Gebucht wird die Anschaffung direkt über die entsprechenden Anlagevermögenskonten. *Ermittlung der Anschaffungskosten*

Die Umsatzsteuer (Vorsteuer) gehört nicht zu den Anschaffungsnebenkosten, wenn es sich um ausschließlich betrieblich genutzte Investitionsgüter handelt.

Bei der Anschaffung eines auch privat genutzten Betriebsfahrzeuges nach dem 31. März 1999 kann die Umsatzsteuer nur zur Hälfte als Vorsteuer geltend gemacht werden. Die andere Hälfte fließt in die Anschaffungskosten mit ein. Das gleiche Prinzip gilt für die laufenden Kosten, die für das betreffende Fahrzeug geltend gemacht werden.

Selbständig nutzbare bewegliche Anlagevermögensgegenstände, deren Anschaffungskosten nicht höher als € 410,– sind, heißen **geringwertige Wirtschaftsgüter (GWG).** Sie werden auf dem Konto 0670 (0480) Geringwertige Wirtschaftsgüter erfasst. Geringwertige Wirtschaftgüter können im Jahr der Anschaffung komplett abgeschrieben werden. Hierzu benötigt man das Konto 6262 (4860) Abschreibungen auf aktivierte GWG.

Verkauf von Gegenständen des Anlagevermögens, Buchung

Beim einem Verkauf ergibt sich in der Regel ein Veräußerungserfolg. Berechnet wird dieser durch die Gegenüberstellung von Nettoveräußerungspreis und Buchwert des Anlagegutes zum Verkaufszeitpunkt. Dabei ist folgendermaßen zu verfahren: *Ermittlung des Veräußerungserfolgs*

> **Buchungen beim Verkauf von Gegenständen des Anlagevermögens**
>
> 1. Erfassung des Buchwerts zum Verkaufszeitpunkt
> 2. Erfassung des Veräußerungserfolgs
> 3. Buchung der zeitanteiligen Abschreibung
> 4. Buchung des Anlagenabgangs
> 5. Buchung des Verkaufvorgangs

Vorgehen beim Buchen

Folgendes Beispiel bezieht sich auf den Barverkauf eines **Betriebsfahrzeuges** für € 6 200,– zzgl. 16 % USt. am 4. November 21. Das Betriebsfahrzeug A (Nutzungsdauer 9 Jahre) war in der ersten Jahreshälfte des

Beispiel

BUCHFÜHRUNG

Jahres 16 für € 15 000,– zzgl. 16 % USt. angeschafft und bis zum 31. Dezember 20 degressiv abgeschrieben worden.

Der Buchwert am 31. Dezember 20 betrug € 4 915,20.

Da das Jahr 21 das viertletzte Nutzungsjahr ist, lohnt der Übergang zur restlinearen AfA: Die Abschreibung lautet für das Jahr 21 auf € 1 228,80 (4 915,20 : 4 Jahre).

Berechnungen und Buchungen

Damit ergeben sich folgende Berechnungen und Buchungen:

1. Erfassung des Buchwertes zum Verkaufszeitpunkt

Buchwert am letzten Bilanzstichtag	€ 4 915,20
./. zeitanteilige Abschreibung bis zum Verkaufstag	€ 1 037,65
= Buchwert zum Verkaufszeitpunkt	€ 3 877,55

Nebenrechnung für die zeitanteilige Abschreibung bis zum Verkaufstag (ein Jahr enthält lt. Festlegung 360 Banktage):

$$€\ 4\,915{,}20 : 4 = €\ 1\,228{,}80;\quad \frac{€\ 1\,228{,}80 \times 304}{360} = €\ 1\,037{,}65$$

2. Erfassung des Veräußerungserfolges

Nettoverkaufserlös	€ 6 200,–
./. Buchwert zum Verkaufszeitpunkt	€ 3 877,55
= Gewinn aus Anlagenabgang	€ 2 322,45

3. Buchung der zeitanteiligen Abschreibung

6220 (4830) Abschreibung auf Sachanlagen	€ 1 037,65
an 0540 (0350) Lkw	€ 1 037,65

4. Buchung des Anlagenabgangs

4855 (2315) Anlagenabgänge (bei Buchgewinn)	€ 3 877,55
an 0540 (0350) Lkw	€ 3 877,65

5. Buchung des Verkaufvorganges

1600 (1000) Kasse	€ 6 200,–
an 4849 (8829) Verkaufserlös Sachanlagen (bei Buchgewinn)	€ 5 344,83- und
3805 (1775) Umsatzsteuer 16 %	€ 855,17

3.5.7 Entgeltbuchungen (Lohn bzw. Gehalt)

Im Bruttoentgelt sind neben den Beitragsanteilen des Arbeitnehmers zur gesetzlichen Sozialversicherung auch dessen Lohnsteuer, Kirchensteuer und Solidaritätszuschlag enthalten.

Zusammensetzung des Entgelts

Bruttoentgelt
./. Arbeitnehmeranteile zur Sozialversicherung
./. abzüglich Steuern
= Nettoentgelt

BUCHFÜHRUNG

Da sich die Zahlungstermine für die Sozialversicherungsbeiträge und die Steuern nicht mit den Terminen der Auszahlung von Lohn und Gehalt an den Arbeitnehmer decken, erfolgt die Buchung des Lohnaufwandes oftmals an zwei verschiedenen Terminen:

- zum Zeitpunkt der Nettolohnauszahlung,
- zum Zeitpunkt der Zahlung der Sozialversicherungsbeiträge und Steuern.

Werden die Zahlungen erst am Zahltag buchungsmäßig erfasst, spricht man von Nettolohnbuchung. Die sog. **Bruttolohnbuchung** ist jedoch betriebswirtschaftlich exakter. Sie geht von dem Grundgedanken aus, dass schon zu dem Zeitpunkt, an dem der Bruttolohnanspruch des Arbeitnehmers entsteht, in gleicher Höhe betrieblicher Aufwand anfällt.

exaktere Bruttolohnbuchung

Die buchungstechnische Erfassung hängt davon ab, ob die Nettolohnbuchung oder Bruttolohnbuchung Anwendung findet. Bei der Nettolohnbuchung findet buchungstechnisch immer nur das seinen Niederschlag, was auch zur Zahlung führt. Bei der Bruttolohnbuchung werden zum Zeitpunkt der Lohnabrechnung Aufwand, Abzüge und Auszahlung buchungstechnisch komplett erfasst. Da die Abrechnung der Abzüge und die Auszahlung des Lohnes erst später erfolgen, erfordert die Bruttolohnbuchung das Führen spezieller **Verbindlichkeitenkonten.**

Da es sich beim Entgelt um Aufwand handelt, werden für Lohnbuchungen Aufwandskonten benötigt. Grundlage für die buchungstechnische Erfassung der Löhne und Gehälter ist die Entgeltabrechnung. Dabei werden zunächst die **Bruttoentgeltsummen** ermittelt.

Zusammensetzung des Bruttoentgelts

> Grundlohn/Grundgehalt
> + Arbeitgeberanteile zu den vermögenswirksamen Leistungen
> + Zulagen für Arbeitserschwernisse
> + Zuschläge für zusätzliche Arbeitszeiten
> + Einmalzahlungen, wie Urlaubsgeld, Weihnachtsgeld, etc.
> = Bruttoentgelt

Es muss geklärt wurde, ob das ermittelte Bruttoentgelt in vollem Umfang der Steuer- und Sozialversicherungspflicht unterliegt. Entsprechend werden die **gesetzlichen Abzüge** ermittelt, und zwar

Ermittlung der gesetzlichen Abzüge

- Lohnsteuer
- Kirchensteuer
- Solidaritätszuschlag
- Arbeitnehmeranteile zur Sozialversicherung:
    - Rentenversicherung
    - Arbeitslosenversicherung
    - Krankenversicherung
    - Pflegeversicherung

BUCHFÜHRUNG

Im Fall von weiteren persönlichen Abzügen (z. B. für vermögenswirksame Anlagen) ergibt sich noch ein Unterschied zwischen Nettoentgelt und Auszahlung. Für die Entgeltabrechnung gilt dann folgendes Schema:

Auszahlung

> Bruttoentgelt
> ./. gesetzliche Abzüge
> = Nettoentgelt
> ./. persönliche Abzüge
> = Auszahlung

Weiterhin muss berücksichtigt werden, dass der Arbeitgeber die hälftigen Beiträge zur Sozialversicherung noch zusätzlich zu tragen hat.

Nachfolgend ist die Entgeltabrechnung für das Buchführungsbeispiel Wolters dargestellt (in €), in dem drei Gesellen und ein Auszubildender beschäftigt werden (Stand: 2003).

Beispiel

Beispiel für eine Entgeltabrechnung				
	AN 1	AN 2	AN 3	Azubi
Lohnsteuerklasse	I	III	IV	I
Krankenkassenbeitragssatz	14 %	15 %	13 %	13 %
Bruttoentgelt	2 000,–	2 200,–	2 300,–	800,–
./. Lohnsteuer	292,41	110,33	384,–	
./. Solidaritätszuschlag	16,08		21,12	
./. Kirchensteuer	26,31	9,92	34,56	
./. Rentenversicherung	195,–	214,50	224,25	78,–
./. Arbeitslosenversicherung	65,–	71,50	74,75	26,–
./. Pflegeversicherung	17,–	18,70	19,55	6,80
./. Krankenversicherung	140,–	165,00	149,50	52,–
= Nettoentgelt	1 248,20	1 610,05	1 392,27	637,20

Der Arbeitgeberanteil zur Sozialversicherung beträgt € 1 517,55.

Für die Buchungen der Entgeltabrechnung des Beispielbetriebs Wolters ergibt sich folgende buchungstechnische Erfassung der Verbindlichkeiten für die Entgeltaufwendungen im Januar 21 (Geschäftsvorfall 22):

Bruttoentgelte	€ 7 300,–
./. Lohnsteuer/Solidaritätszuschlag/Kirchensteuer	€ 894,73
./. Arbeitnehmer-Anteile zur Sozialversicherung	€ 1 517,55
= Netto/Auszahlung	€ 4 887,72
Arbeitgeberanteil zur Sozialversicherung	€ 1 517,55

BUCHFÜHRUNG

Buchungssatz zu Geschäftsvorfall 22. Januar 21   **Buchungssätze**

6000 (4100) Löhne/Gehälter	€ 7 300,– und
6110 (4130) Gesetzliche soziale Aufwendungen	€ 1 517,55
an 3720 (1740) Verbindlichkeiten/Lohn/Gehalt	€ 4 887,72 und
3730 (1741) Verbindlichkeiten Lohn-/Kirchensteuer	€ 894,73 und
3740 (1742) Verbindlichkeiten/Soziale Sicherheit	€ 3 035,10

Wenn die Lohnauszahlung und die Abrechnungen mit dem Finanzamt und mit den jeweiligen Krankenkassen erfolgt, ergeben sich folgende Buchungen:

Überweisung der Entgelte über das betriebliche Bankkonto € 4 887,20

3720 (1740) Verbindlichkeiten/Lohn/Gehalt	€ 4 887,20
an 1800 (1200) Bank	€ 4 887,20

Abrechnung mit dem Finanzamt über das betriebliche Bankkonto € 894,73

3730 (1741) Verbindlichkeiten/Lohn-/Kirchensteuer	€ 894,73
an 1800 (1200) Bank	€ 894,73

Abrechnung mit der Krankenkasse über das betriebliche Postbankkonto € 3 035,10

3740 (1742) Verbindlichkeiten/Soziale Sicherheit	€ 3 035,10
an 1700 (1100) Postbank	€ 3 035,10

3.5.8 Buchung teilfertiger Erzeugnisse bzw. Leistungen

In vielen Handwerksbetrieben kommt es zum Jahresende dazu, dass begonnene Arbeiten noch nicht abgeschlossen und dem Kunden noch nicht fakturiert wurden, sie ihm jedoch bei entsprechendem Werkvertrag hätten berechnet werden können. Diese Arbeiten haben einerseits Aufwendungen verursacht, andererseits ist dadurch ein neuer Vermögenswert entstanden. Aus diesen Gründen müssen sie zum Jahresende buchungstechnisch erfasst werden.   **Begründung für Buchung teilfertiger Erzeugnisse**

Um einen periodengerechten Erfolg der Unternehmung zu ermitteln, müssen die in der jeweiligen Rechnungsperiode erstellten Halberzeugnisse als Erträge gebucht werden. Denn eine Erhöhung des Bestandes zwischen zwei Bilanzstichtagen bedeutet auch eine Erhöhung der Betriebsleistung und damit der Erlöse, eine Verringerung der teilfertigen Arbeiten wirkt sich erlösmindernd aus.   **Buchung als Erträge**

Die Summe aller unfertigen Erzeugnisse bzw. Leistungen (bewertet mit Herstellungskosten) wird durch die Inventur ermittelt. Diese werden auf aktiven Bestandskonten als Schlussbestand ausgewiesen und in die Schlussbilanz übernommen:

1050 (7050) Unfertige Erzeugnisse
1080 (7080) Unfertige Leistungen
1090 (7090) In Ausführung befindliche Bauaufträge
1095 (7095) In Arbeit befindliche Aufträge

Bezogen auf das Buchführungsbeispiel Wolters ergibt sich folgende Abwicklung:

SOLL		1080 (7080) Unfertige Leistungen	Haben
9000 Saldenvortrag	€ 8 905,–	9999 Schlussbilanzkonto	€ 2 250,–
		Saldo 4815 (8970) Bestandsveränderungen unfertige Leistungen	€ 6 655,–

SOLL	4815 (8970) Bestandsveränderungen/Unfertige Leistungen		HABEN
1080 (7080) Unfertige Leistungen	€ 6 655,–	Saldo 9998 GuV-Konto	€ 6 655,–

3.5.9 Buchung von Rechnungsabgrenzungsposten

periodengerechte Buchung

Rechnungsabgrenzungen sind im Handwerksbetrieb dann erforderlich, wenn Ertrag/Einnahme oder Aufwand/Ausgabe in unterschiedlichen Perioden (Geschäftsjahren) anfallen, um einen periodengerechten Erfolgsausweis zu gewährleisten. Dabei ist zu unterscheiden zwischen Vorauszahlungen und nachträglichen Zahlungen.

Ausgaben im laufenden Jahr – Aufwand im Folgejahr (Vorauszahlung)

aktive Rechnungsabgrenzung

Die Ausgabe erfolgt in der laufenden Periode. Der Aufwand betrifft teilweise oder ganz die neue Periode. Als **aktive Rechnungsabgrenzung** – Konto 1900 (0980) – ist der Aufwand der neuen Periode zu erfassen. Bezogen auf unser Buchführungsbeispiel Wolters ergab sich im Dezember 21 folgendes Problem:

Die Pacht für die Betriebsräume für die Monate Dezember, Januar und Februar jeweils in Höhe von € 540,– zzgl. 16 % USt. wurde im Dezember unserem Bankkonto belastet. Da die Pacht für die Monate Januar und Februar des Folgejahres wirtschaftlich in das neue Geschäftsjahr gehört, darf sich die Pacht für diese beiden Monate nicht in der Erfolgsrechnung des Geschäftsjahres 21 auswirken. Deshalb muss der Betrag für diese beiden

Monate auf dem Konto 1900 (0980) Aktive Rechnungsabgrenzung erfasst werden und über die Bilanz in das nächste Geschäftsjahr gebracht und dann als Aufwand geltend gemacht werden.

Der Buchungssatz lautet dann: **Buchungssatz**

6315 (4220) Pacht	€ 540,– und
1900 (0980) Aktive Rechnungsabgrenzung	€ 1 080,– und
1405 (1575) Vorsteuer 16 %	€ 259,20
an 1800 (1200) Bank	€ 1 879,20

Einnahme im laufenden Jahr – Ertrag im Folgejahr (Vorauseinnahme)

Der Ertrag betrifft teilweise oder ganz die neue Periode. Als **passive Rechnungsabgrenzung** – Konto 3900 (0990) – ist der Ertrag der neuen Periode zu erfassen. Beispiel: Wir erhalten am 5. Oktober 2003 durch Postbanküberweisung Zinsen von einem Darlehensschuldner für den Zeitraum Oktober 2003 bis September 2004 in Höhe von € 300,– monatlich. Da die Zinseinnahme am 5. Oktober in Höhe von € 3 600,– ertragsmäßig nur 3 Monate des Jahres 2003 betrifft, darf als Zinsertrag nur € 900,– geltend gemacht werden. Die restlichen € 2 700,– sind über das Konto 3900 (0990) Passive Rechnungsabgrenzung zu erfassen und über die Schlussbilanz in das Jahr 2004 zu übertragen, in dem sie dann als Zinsertrag geltend zu machen sind.

passive Rechnungsabgrenzung

Der Buchungssatz lautet dann: **Buchungssatz**

1700 (1100) Postbank	€ 3 600,–
an 7100 (2650) Zinserträge	€ 900,– und
3900 (0990) Passive Rechnungsabgrenzung	€ 2 700,–

Darüber hinaus sind Rechnungsabgrenzungen auch in dem Fall vorzunehmen, wenn sich Zahlungsvorgänge für Aufwendungen oder Erträge in zukünftigen Geschäftsjahren teilweise oder ganz auf die Erfolgsrechnung des abzurechnenden Geschäftsjahres beziehen.

Aufwand im laufenden Jahr – Ausgabe im Folgejahr (nachträgliche Ausgabe)

Die Ausgabe erfolgt in der neuen Periode. Der Aufwand betrifft teilweise oder ganz die alte Periode. Wir erfassen den Aufwand der alten Periode auf dem Konto 3500 (1700) Sonstige Verbindlichkeiten.

sonstige Verbindlichkeiten

In unserem Buchführungsbeispiel Wolters wird ein neues Betriebsfahrzeug im Dezember gekauft. Hieraus entsteht eine Zahlungsverpflichtung für Kfz-Steuer und Kfz-Versicherung, die erst im neuen Geschäftsjahr zur Zahlungsabwicklung führt. Dies erfordert eine Erfassung des Aufwandes in der Erfolgsrechnung des Jahres 21 in Höhe der Steuer- und Versicherungsanteile bis zum 31. Dezember.

BUCHFÜHRUNG

Folgende Buchung ist daher vorzunehmen: Geschäftsvorfall 5 der Abschluss- und Umbuchungen.

Die aus der Anschaffung des Fahrzeuges D resultierenden Zahlungsverpflichtungen für Kfz-Versicherung (€ 45,–) und Kfz-Steuer (€ 15,–), die erst im folgenden Jahr erfolgen, sind zu buchen.

Buchungssatz Buchungssatz zu Geschäftsvorfall 5:

7685 (4512) Kfz-Steuer	€ 15,– und
6520 (4520) Kfz-Versicherung	€ 45,–
an 3500 (1700) Sonstige Verbindlichkeiten	€ 60,–

Ertrag im laufenden Jahr – Einnahme im Folgejahr (nachträgliche Einnahme)

sonstige Vermögensgegenstände Die Einnahme erfolgt in der neuen Periode. Der Ertrag betrifft teilweise oder ganz die alte Periode. Wir erfassen den Ertrag der alten Periode auf dem Konto 1500 (1300) Sonstige Vermögensgegenstände.

In unserem Buchführungsbeispiel Wolters wird ein weiteres Betriebsfahrzeug im Dezember verkauft. Aus dem Verkauf resultiert ein Erstattungsanspruch auf Kfz-Steuer und Kfz-Versicherung, die beide erst im neuen Geschäftsjahr zur Zahlungsabwicklung führen. Dies erfordert, dass der Zahlungsanspruch in der Erfolgsrechnung des Jahres 21 zu berücksichtigen ist.

Folgende Buchung ist daher vorzunehmen: Geschäftsvorfall 4 der Abschluss- und Umbuchungen.

Die aus dem Verkauf des Fahrzeuges A resultierenden Rückzahlungsansprüche auf Kfz-Versicherung (€ 140,–) und Kfz-Steuer (€ 46,67) sind zu buchen.

Buchungssatz Buchungssatz zu Geschäftsvorfall 4:

1500 (1300) Sonstige Vermögensgegenstände	€ 186,67
an 7400 (2500) Außerordentliche Erträge	€ 186,67

3.5.10 Buchungen im Zusammenhang mit Rückstellungen

Rückstellungen werden gebildet für Aufwendungen, die im laufenden Geschäftsjahr verursacht wurden, die aber erst in der Zukunft zu Ausgaben führen. Diese Aufwendungen sind zwar wahrscheinlich, ihre Höhe ist aber nicht genau bekannt.

Anlässe für Rückstellungen Typische Anlässe für Rückstellungsbildungen im Handwerksbetrieb sind
- Gewerbesteuernachzahlungen, wenn die wirtschaftliche Situation im ablaufenden Geschäftsjahr sich günstiger darstellte, als die geleisteten Gewerbesteuervorauszahlungen erwarten ließen,

BUCHFÜHRUNG

- Entgeltverpflichtungen aus noch im Folgejahr bestehenden Urlaubsansprüchen von Arbeitnehmern,
- Gewährleistungs- und Garantieverpflichtungen aufgrund hinreichend begründbarer Erfahrungswerte aus der Vergangenheit,
- Kosten, die durch die Erstellung des Jahresabschlusses und der damit verbundenen weiteren Kosten für steuerliche Verpflichtungen entstehen.

Es werden keine Rückstellungen für die erwartete Umsatzsteuer vorgenommen.

Nachfolgend wird die buchungstechnische Behandlung von Rückstellungen beispielhaft am Betrieb Wolters dargestellt.

Im Rahmen der Abschluss- und Umbuchungen für das Geschäftsjahr 20 wird eine Rückstellung für die zu erwartende Rechnung des Steuerberaters über die Erstellung des Jahresabschlusses in Höhe von € 3 200,– gebildet.

Der Buchungssatz dafür lautet:

Buchungssatz

6827 (4957) Abschluss- und Prüfungskosten	€ 3 200,–
an 3095 (0977) Rückstellungen/Abschluss- und Prüfungskosten	€ 3 200,–

Im Folgejahr 21 geht die Rechnung des Steuerberaters ein. Hier sind drei Möglichkeiten denkbar: die Verbindlichkeit ist genauso hoch wie erwartet; sie ist niedriger; sie ist höher.

Möglichkeiten im Folgejahr

- Stellen wir uns den Fall vor, dass der Rechnungsbetrag sich mit der gebildeten Rückstellung völlig deckt.

Es ergibt sich folgende Buchung:

3095 (0977) Rückstellungen/Abschluss- und Prüfungskosten	€ 3 200,– und
1405 (1575) Vorsteuer 16 %	€ 512,–
an 3300 (1600) Verbindlichkeiten	€ 3 712,–

- Sollte die gebildete Rückstellung zu hoch angesetzt worden sein, so wird der nicht beanspruchte Teil erfolgswirksam aufgelöst.

Nehmen wir an, die Rechnung des Steuerberaters lautet über einen geringeren Betrag (€ 3 000,– zzgl. 16 % USt.), dann ergibt sich folgende Buchung:

3095 (0988) Rückstellungen/Abschluss- und Prüfungskosten	€ 3 200,– und
1405 (0977) Vorsteuer 16 %	€ 480,–
an 3300 (1600) Verbindlichkeiten	€ 3 680,– und
4930 (2735) Erträge aus der Auflösung von Rückstellungen	€ 200,–

BUCHFÜHRUNG

- Wenn die Rechnung höher ausfällt, dann führt der nicht zurückgestellte Anteil ganz regulär zu einem Aufwand und muss entsprechend gebucht werden. Es sind keine weiteren Maßnahmen notwendig.

Bitte bearbeiten Sie abschließend die folgenden Aufgaben:

1. Weshalb ist es mithilfe der doppelten Buchführung möglich, den Gewinn einer Abrechnungsperiode in zweifacher Hinsicht zu ermitteln?

2. Erläutern Sie den Unterschied zwischen Bestandskonten und Erfolgskonten. Mit welchen Teilen des Jahresabschlusses werden die Salden dieser Konten abgerechnet?

3. Worin unterscheidet sich ein Kontenrahmen von einem Kontenplan?

4. Warum wird die Umsatzsteuer als „durchlaufender Posten" bezeichnet? Erläutern Sie dies anhand von einem Beispiel.

5. Der Betriebsinhaber einer Einzelunternehmung bekommt kein Geschäftsführergehalt, sondern entnimmt Zahlungsmittel aus dem Betrieb für die private Lebensführung. Dadurch entstehen bestimmte Buchungsfälle. Um welche kann es sich hierbei handeln? Erläutern Sie bitte die buchführungsmäßige Behandlung dieser Buchungsfälle.

4. Verfahrenstechniken und Arbeitsabläufe

> **Kompetenzen:**
> Der Lernende
> - kann die Arbeitsabläufe von T-Kontenbuchführung und Journalbuchführung erläutern und beispielhaft anwenden,
> - kann Grundbuch und Hauptbuch unterscheiden,
> - kann die grundlegenden Verfahrensabläufe von Buchführungssoftware zusammenfassen,
> - ist in der Lage, die Vor- und Nachteile betriebsexterner Buchführung abzuwägen.

4.1 Konventionelle Verfahrenstechniken

Die im Folgenden dargestellten zwei konventionellen Verfahrenstechniken sind für die systematische Aneignung der Technik der Buchführung weiter von Bedeutung, auch wenn sie in der betrieblichen Praxis durch eine EDV-gestützte Buchführung weitgehend ersetzt wurden. — **konventionelle Technik der Buchführung**

Es handelt sich dabei um die manuellen Verfahrenstechniken
- der T-Kontenbuchführung und
- der Journalbuchführung.

Diese müssen abhängig von der Gesellschaftsform rechtlichen Vorschriften genügen (→ S. 25).

4.1.1 Arbeitsabläufe der T-Kontenbuchführung

Der Ausgangspunkt bei der T-Kontenbuchführung ist die Erstellung einer **Eröffnungsbilanz**. — **Vorgehen mit T-Konten**

1. Einrichtung und Eröffnung von **Bestandskonten**

   Dabei wird entweder der Anfangsbestand auf den Konten vorgetragen oder der Anfangsbestand durch eine Eröffnungsbuchung vorgenommen. Dies sind die sog. **Eröffnungsbilanzkonten**, welche die Aufgabe haben, die Gegenbuchungen zu den Anfangsbeständen aufzunehmen.

2. Einrichtung von **Erfolgskonten und Privatkonten**

3. **Vorkontierung** auf der Grundlage von Geschäftsvorfällen (anhand von deren Belegen)

4. Eintragung der Buchungssätze in die Konten

BUCHFÜHRUNG

5. Vorbereitende **Abschlussbuchungen** und Umbuchungen

    Ihr Umfang hängt von der Komplexität der Aufgabenstellung ab. Bezogen auf den Beispielbetrieb Wolters ergeben sich folgende Abschluss- und Umbuchungen:

    - Ermittlung und Buchung der Abschreibungen,
    - Ermittlung und Buchung der Warenbestandsveränderungen,
    - Ermittlung und Buchung der Bestandsveränderungen unfertiger Leistungen,
    - Abschluss der Warenunterkonten über die Konten Wareneingang und Umsatzerlöse,
    - Erfassung und Buchung der Rechnungsabgrenzungsposten,
    - Abschluss der Privatkonten,
    - Abschluss der Umsatzsteuerkonten,
    - Ermittlung und Buchung der Rückstellungen.

6. Schließlich werden die Bestandskonten zum **Schlussbilanzkonto** abgeschlossen.

4.1.2 Arbeitsabläufe der Journalbuchführung

Grundbuch und Hauptbuch

Im sog. amerikanischen Journal werden Grund- und Hauptbuch in einem einheitlichen Organisationsmittel zusammengefasst. In der Anordnung von oben nach unten werden die Geschäftsvorfälle in chronologischer Reihenfolge vermerkt **(Grundbuchteil)**. In der Anordnung von links nach rechts werden die eingetragenen Beträge nochmals den einzelnen Konten zugeordnet **(Hauptbuchteil)**. Die uns bekannte Form des sog. T-Kontos bleibt dabei grundsätzlich erhalten. Die Konten im Journal werden je nach betriebsindividuell angelegtem Kontenplan bezeichnet.

Die Kopfspalte eines Journals hat auszugsweise in der Regel folgendes Aussehen:

Kopfspalte eines Journals

					0240 (0090) Geschäftsbauten	
GV-Nr.	Datum	Geschäftsvorfall	Betrag	USt.	Soll 1	Haben 2
		Übertrag				

Der Vorteil des Journals ist seine Übersichtlichkeit. Ein großer Nachteil liegt jedoch in einem mangelnden Detaillierungsgrad: Die Anzahl der Konten, die mit dieser Technik möglich sind, ist stark begrenzt. Deshalb kann das Amerikanische Journal den heutigen Anforderungen der Unternehmensführung an die Buchführung nicht mehr gerecht werden, zumal sich gleichzeitig die EDV-gestützte Buchführung weitgehend durchgesetzt hat. In diesem Lehrbuch wurde trotzdem auf das Journal nicht verzichtet. Es wird

BUCHFÜHRUNG

wegen seiner Anschaulichkeit im Rahmen des Buchführungsbeispiels Wolters (einschl. CD) verwendet (→ S. 90).

Der Ausgangspunkt bei der Journalbuchführung ist die Hauptabschluss-Übersicht (Bilanzübersicht). Hier werden alle Konten eingerichtet, die zur Abwicklung der Aufgabe benötigt werden. Dabei bietet die Kontengliederung des SKR 04 den Vorteil, dass die Konten aufsteigend nach Kontennummern aufgeführt, eine Trennung von Bestandskonten (bis Kontenklasse 3) und Erfolgskonten (ab Kontenklasse 4) gewährleistet ist. (Die folgenden Schritte beziehen sich auf den SKR 04.) **Vorgehen bei der Journalbuchführung**

1. Eintragung der Anfangsbestände in die **Eröffnungsbilanz** und ggf. Ermittlung des Werts des Eigenkapitals durch Saldieren **Eröffnungsbilanz**

   Bei der Spaltenaddition müssen Aktiv- und Passivseite identisch sein.

2. Einrichtung des **Journalbogens**

   Hier werden die Konten geführt, die durch Geschäftsvorfälle berührt werden.

3. **Vorkontierung** auf der Grundlage von Geschäftsvorfällen oder Belegen

4. Eintragung der Buchungstexte der vorkontierten Belege in der Spalte „Geschäftsvorfälle" und des Gesamtwerts in der Spalte „Betrag"

5. Durchführung der Buchungen auf den einzelnen Konten und rechnerische Spaltenkontrolle

   Die Summe der Spalte „Betrag" muss identisch sein mit der Quersumme aller Sollspalten und der Quersumme aller Habenspalten.

6. Übertragung der Soll- und Habensummen der Journalkonten in die **Umsatzbilanz** und rechnerische Kontrolle der Übereinstimmung der übertragenen Werte

7. Seitengleiche Addition der Kontenwerte der Eröffnungsbilanz und der Umsatzbilanz in der **Summenbilanz**; rechnerische Kontrolle der übertragenen und addierten Werte

8. Erstellung der **Saldenbilanz**

   Die Kontenwerte der Saldenbilanz ergeben sich durch Subtraktion der wertmäßig kleineren von der wertmäßig größeren Kontenseite. Die Differenz des Kontos wird auf der wertmäßig größeren Seite eingetragen.

9. Vorkontierung der Abschluss- und Umbuchungen und Eintragung in die **Umbuchungsbilanz**

10. Übertragung aller Konten bis zum letzten Konto der Kontenklasse 3 in die **vorläufige Schlussbilanz**

    Ausgehend von der Saldenbilanz werden seitengleiche Buchungen in der Umbuchungsbilanz addiert und seitenentgegengesetzte Buchungen der Umbuchungsbilanz subtrahiert. Der Rest wird auf der wertmäßig größeren Kontenseite ausgewiesen.

    Die Seitenaddition der vorläufigen Schlussbilanz kann nicht zu einem ausgeglichenen Ergebnis kommen: Ist die Aktivseite größer als die Passivseite, dann handelt es sich bei der Differenz um den Gewinn, den

BUCHFÜHRUNG

der Betrieb erwirtschaftet hat. Ist die Passivseite größer als die Aktivseite, dann handelt es sich bei der Differenz um den Verlust, den der Betrieb erwirtschaftet hat.

Erfolgsbilanz

11. Übertragung aller Konten ab dem ersten Konto der Kontenklasse 4 in die **Erfolgsbilanz**

Ausgehend von der Saldenbilanz werden seitengleiche Buchungen in der Umbuchungsbilanz addiert und seitenentgegengesetzte Buchungen der Umbuchungsbilanz subtrahiert. Der Rest wird auf der wertmäßig größeren Kontenseite ausgewiesen.

Die Seitenaddition der Erfolgsbilanz kann nicht zu einem ausgeglichenen Ergebnis kommen: Ist die Habenseite größer als die Sollseite, dann handelt es sich bei der Differenz um den Gewinn, den der Betrieb erwirtschaftet hat. Ist die Sollseite größer als die Habenseite, dann handelt es sich bei der Differenz um den Verlust, den der Betrieb erwirtschaftet hat.

Schlussbilanz

12. Erstellung einer wertmäßig ausgeglichenen **Schlussbilanz**

Diese muss sich ggf. an den Vorgaben des HGB orientieren.

4.2 EDV-gestützte Verfahrenstechniken

Vorteile EDV-gestützter Buchführung

Wenn ein PC und Buchführungssoftware als Arbeitsmittel zur buchhalterischen Erfassung eingesetzt werden, erübrigen sich komplizierte und zeitaufwändige rechnerische Arbeiten:

- So entfällt das Aufsummieren, Zusammenstellen, Übertragen und Abstimmen von Konten und Beträgen.
- Nebenrechnungen, wie die Berechnung bzw. Herausrechnung von Umsatzsteuerbeträgen, werden automatisch durchgeführt.
- Ständige Plausibilitätsprüfungen schließen bestimmte Fehlerquellen aus.
- Die gespeicherten Daten können jederzeit für Auswertungen oder Abschlüsse abgerufen werden.
- Die gespeicherten Daten können problemlos in andere EDV-gestützte Bereiche übertragen und verarbeitet werden.

vorgegebene Verfahrensabläufe

Allerdings werden durch die eingesetzte Software bestimmte **Verfahrensabläufe** vorgegeben:

- So kann die Eröffnung der Bestands- und Personenkonten nur über dementsprechende Gegenbuchungen auf Saldenvortragskonten vorgenommen werden.
- Die Buchungen können grundsätzlich nur als einfache Buchungssätze verarbeitet werden.
- Forderungen und Verbindlichkeiten werden immer über Debitoren- bzw. Kreditorenkonten gebucht.
- Die Umsatzsteuer findet Berücksichtigung, indem entweder bei der Kontierung ein Umsatzsteuerschlüssel angegeben wird oder auf auto-

BUCHFÜHRUNG

matischen Konten kontiert wird, denen programmintern ein bestimmter umsatzsteuerrechtlicher Tatbestand zugeordnet ist.

In der EDV-gestützten Buchführung, der sog. Speicherbuchführung, müssen die **Grundsätze ordnungsmäßiger Speicherbuchführung (GoS)** erfüllt werden. Sie entsprechen grundsätzlich den für alle Techniken der Buchführung geltenden Grundsätzen nach Handelsgesetzbuch und Abgabenordnung, wurden jedoch um einige auf die EDV abgestimmte Anforderungen ergänzt:

Grundsätze GoS

- Ein sachverständiger Dritter (Betriebsprüfer) muss sich in dem jeweiligen Verfahren der Buchführung in angemessener Zeit zurechtfinden und sich einen Überblick über die Geschäftsvorfälle und die Lage des Unternehmens verschaffen können.
- Die Geschäftsvorfälle müssen richtig, vollständig und zeitgerecht erfasst werden sowie sich in ihrer Entstehung und Abwicklung verfolgen lassen (Beleg- und Journalfunktion).
- Die Belege sind so zu verarbeiten, dass sie geordnet darstellbar sind und einen Überblick über die Vermögens- und Ertragslage ermöglichen (Kontenfunktion).
- Die Buchungen müssen einzeln und geordnet nach Konten und diese fortgeschrieben nach Kontensummen oder Salden sowie nach Abschlussposten dargestellt und jederzeit lesbar gemacht werden können.
- Die EDV-gestützte Buchführung muss durch eine Verfahrensdokumentation, die aktuelle wie die vergangene Vorgänge nachweist, verständlich und nachvollziehbar gemacht werden.
- Das in der Dokumentation beschriebene Verfahren muss dem in der Praxis eingesetzten Programm (bzw. der Version) voll entsprechen (Programmidentität).

Im Kapitel „Organisation" wird auf weitere Aspekte des EDV-Einsatzes im Betrieb eingegangen (→ S. 343).

4.3 Auslagerung der Buchführung

In den letzten Jahren sind die Möglichkeiten für Handwerksunternehmer und anderer Klein- und Mittelbetriebe gewachsen, mithilfe kostengünstiger Hard- und Softwarelösungen die Buchführung im eigenen Betrieb selbst zu machen. Die notwendige Kompetenz lässt sich erwerben; es muss nicht unbedingt ein versierter Finanzbuchhalter oder ein EDV-Spezialist eingestellt werden.

Ein Problem sind sicher die ständig gestiegenen steuerlichen Anforderungen an die buchführungsmäßigen Aufzeichnungs- und Nachweispflichten. Daher gibt es auch gute Gründe, die Buchführung auszulagern oder auf Buch- und Steuerberatungsstellen des Handwerks zurückzugreifen.

Gründe für Auslagerung

BUCHFÜHRUNG

Vorteile Die Auslagerung der Buchführung hat folglich Vor- und Nachteile. Zu den Vorteilen zählen folgende Punkte:
- keine Notwendigkeit, eigene Kompetenz in Buchführung und Steuerfragen zu erwerben oder hoch qualifizierte Mitarbeiter einzustellen,
- keine Notwendigkeit, Hard- und Software zu beschaffen oder zu leasen,
- keine Auslastungsprobleme hinsichtlich Buchführungspersonal oder Hardwarekapazität,
- keine Anpassungsprobleme an neue Hard- und/oder Software-Technologie.

Nachteile Zu den Nachteilen zählen folgende Punkte:
- mögliche Anpassungsprobleme an vorgegebenes Organisations- oder Arbeitsablaufsystem (z. B. Kontenrahmen, Datenaustauschverfahren) des externen Partners,
- räumliche Trennung zwischen Anfall und Verarbeitung der Buchungsbelege,
- kein jederzeit möglicher und direkter Zugriff auf die gebuchten Grundaufzeichnungen (nur über Abruf beim externen Partner),
- Abhängigkeit von externen Datenaustausch-, -speicherungs- und -sicherungsstandards.

Pflichtaufgaben des Unternehmers In der Verantwortung des Unternehmens selbst bleibt auch bei externer Buchführung immer noch die Erledigung zahlreicher Aufgaben:
- Sammlung, Kontrolle, Zuordnung, Sicherung der Belege,
- Auswahl eines betriebsindividuellen Kontenplanes,
- Festlegung der gewünschten Auswertungsergebnisse, z. B. Rentabilitäts- und/oder Liquiditätskennzahlen (→ S. 111),
- Festlegung der erforderlichen Buchführungsübersichten (z. B. Monats-, Jahresvergleiche, intern oder extern),
- Festlegung zeitlicher Berichtsintervalle (z. B. monatlich, vierteljährlich),
- Festlegung der auszudruckenden Buchhaltungs- und/oder Auswertungsunterlagen (z. B. Journalausdruck einmal jährlich, Auszüge der berührten Konten monatlich),
- Festlegung des Ablage- und/oder Belegsystems (z. B. Ablage oder Fotokopie der Originalbelege, Mikroverfilmung).

Andere Aufgaben können wahlweise vom Betrieb oder vom externen Steuerbüro durchgeführt werden, insbesondere:
- Aufbereitung der angefallenen Buchungsbelege,
- Kontenzuordnung der einzelnen Belege (Vorkontierung),
- evtl. Zusammenstellung von Kontenanrufen,
- Eingabe der Buchungen in das EDV-System, Datenerfassung auf Datenträger für Transport oder Weiterleitung der Daten (ggf. online im Rahmen eines Datenverbunds).

BUCHFÜHRUNG

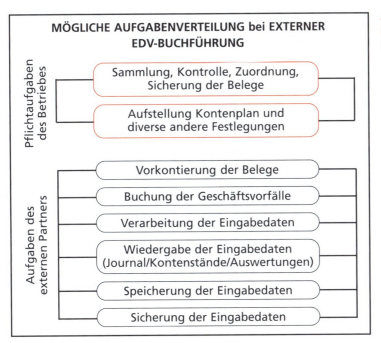

Aufgabenverteilung bei externer EDV-Buchführung

Die eigentliche betriebsbezogene Aufbereitung der eingegebenen Daten, Datenspeicherung, Sicherung und Rücksendung der Verarbeitungsergebnisse an das jeweilige Unternehmen gehören zu den typischen Aufgaben des externen Steuerbüros oder Rechenzentrums.

Aufgaben des externen Partners

Bitte bearbeiten Sie abschließend die folgenden Aufgaben:

1. Die EDV-gestützte Buchführung bedeutet gegenüber der manuellen Buchführung eine Zeitersparnis. Welche anderen Vorteile sprechen dafür?

2. Für ein Handwerksunternehmen ist es oft vorteilhaft, die Buchführung von einem externen Partner durchführen zu lassen. Jedoch entfallen dadurch nicht alle diesbezüglichen Aufgaben. Benennen Sie solche Aufgaben, die auch bei einer Auslagerung der Buchführung vom Unternehmen selbst erledigt werden müssen.

3. Diskutieren Sie die These, dass eine betriebsexterne Buchführung auch Nachteile hat.

BUCHFÜHRUNG

5. Buchführungsbeispiel Wolters: Arbeitsabläufe der Buchführung in der Praxis

Kompetenzen:

Der Lernende

- kann einen Kontenplan für ein angenommenes Unternehmen anlegen,
- kann vorgegebene Geschäftsvorfälle verbuchen,
- kann erfolgswirksame und erfolgsunwirksame Geschäftsvorfälle unterscheiden und richtig buchen,
- weiß, wie man Bestandskonten und Erfolgskonten führt und abschließt,
- kann Buchungssätze formulieren.

5.1 Angenommene Beispielsprämissen

Um das Erlernen der Buchführungstechnik zu erleichtern, werden nun zahlreiche praxisnahe Vorgänge und Arbeitsabläufe aus einem Beispielbetrieb Wolters simuliert und mit dem amerikanischen Journal eingeübt. Dieses konventionelle Verfahren eignet sich gut für die systematische Aneignung der Technik der Buchführung.

SKR 04 Alle Buchungen etc. basieren auf dem in diesem Lehrbuch verwendeten DATEV-Kontenrahmen SKR 04 (→ S. 49). Während bei den vorigen Kapiteln die Konten sowohl von SKR 03 wie 04 aufgeführt wurden, ist das bei einem Beispiel aus technischen Gründen nicht möglich.

Hinweise für die Bearbeitung Im Folgenden sind zahlreiche Geschäftsvorfälle aus dem betrieblichen Alltag abgedruckt (→ Kap. 5.4): Sowohl die Monats- als auch die Jahressummen auf den einzelnen berührten Konten sind in Anlehnung an die Verhältnisse eines kleineren Handwerksbetriebes zusammengestellt worden. Es handelt sich um Geschäftsvorfälle jeweils aus Januar, Februar bis November und Dezember. Es wurden die Jahre 20 und 21 angenommen.

Beschreibung des Beispielbetriebs Ausgangspunkt ist das dargestellte Inventar und die Bilanz zum 31. Dezember 20. Dabei wird von folgenden Annahmen ausgegangen:

- Der Betrieb beschäftigt drei Mitarbeiter im Zeitlohn.
- Die Lohnzahlung erfolgt immer zum Dritten des Folgemonats.
- Der durchschnittliche monatliche Umsatz betrug in der Vergangenheit € 30 000,–. Dieser setzte sich folgendermaßen zusammen:
  – ca. 10 % entfielen auf Bargeschäfte,

BUCHFÜHRUNG

- ca. 90 % entfielen auf Zielgeschäfte, wobei diese in der Regel im Folgemonat zum Zahlungszufluss unter Abzug von 2 % Skonto führten.
- Die Kostenstruktur setzt sich so zusammen:
  - Wareneinsatz: ca. 30 % des Umsatzes (die Lieferanten räumen dem Betrieb Wolters beim Wareneinkauf auf Ziel eine Skontierungsmöglichkeit von 3 % ein, die in der Regel wahrgenommen wird; die Lieferantenrechnungen werden im Folgemonat bezahlt),
  - Personalkosten: ca. 30 % des Umsatzes,
  - sonstige Kosten ca. 40 %.

Die inhaltlichen Grundlagen für eine Durchführung des Buchführungsbeispiels finden Sie in Kapitel 3, „System der doppelten Buchführung".

5.2 Bearbeitung des Buchführungsbeispiels mit Excel

Das Buchführungsbeispiel finden Sie auf der beiliegenden CD-ROM im Bereich „Rechnungswesen". Um dieses bearbeiten zu können, benötigen Sie das Tabellenkalkulationsprogramm MS Excel.

Öffnen Sie nun die Excel-Datei „Buchführungsbeispiel Wolters – Aufgabe". Hier können Sie alle Daten in die entsprechenden Bilanzen und Journale eintragen. Das benötigte Zahlenmaterial (Geschäftsvorfälle, Bilanzen, Gewinn- und Verlustrechnungen etc.) stellt Ihnen diese Datei ebenfalls zur Verfügung. Um sich die einzelnen Tabellenblätter ansehen zu können, klicken Sie einfach auf die entsprechenden Reiter, die sich unterhalb des Datenblattes befinden.

Excel-Dateien

Sind Ihre Eintragungen richtig, werden sie grün dargestellt. Die rote Schriftfarbe hingegen signalisiert, dass die eingetragenen Werte nicht korrekt sind. Die Lösungen des Buchführungsbeispiels finden Sie zur Kontrolle in der Datei „Buchführungsbeispiel Wolters – Lösung".

Weitere Bedienungshinweise finden Sie auf der CD-ROM. Bei Fragen rufen Sie uns an! (Tel. 02 11/3 90 98–72)

Auf der CD-ROM finden Sie außerdem Übungen zu den Kapiteln „Jahresabschluss und Grundzüge der Auswertung" und „Kosten- und Leistungsrechnung" – und viele weitere interessante Infos (u. a. beide DATEV-Kontenrahmen SKR 03 und SKR 04).

BUCHFÜHRUNG

Screenshot

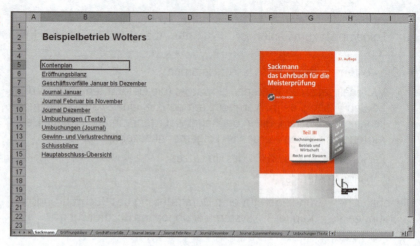

5.3 Vorgeschlagene Arbeitsschritte

Arbeitsschritte Im Folgenden werden 14 Arbeitsschritte für die Durchführung des Buchführungsbeispiels vorgeschlagen.

Arbeitsschritt 1

Der Kontenplan wird ausgehend vom DATEV-Kontenrahmen SKR 04 zusammengestellt. Die Konten und Kontennummern sind ebenfalls in der Hauptabschluss-Übersicht gegliedert nach Bestands- und Erfolgskonten enthalten. Auch die Kontierungen beinhalten entsprechend die Kontennummern des SKR 04.

Arbeitsschritt 2

Es wird die Technik des amerikanischen Journals angewandt. Aus der Hauptabschluss-Übersicht werden die Endbestände aus der Schlussbilanz 20 als Anfangsbestände in die Eröffnungsbilanz 21 übernommen. (In der Buchführung mit T-Konten bzw. EDV-gestützten Buchführung würden die einzelnen Bestandskonten über ein Eröffnungsbilanzkonto bzw. Saldenvortragskonten eröffnet.)

Arbeitsschritt 3

Die 24 Geschäftsvorfälle des Monats Januar 21 werden im amerikanischen Journal gebucht.

Arbeitsschritt 4

Um das Geschäftsjahr sinnvoll fortzuschreiben, aber andererseits den begrenzt zur Verfügung stehenden Raum nicht zu sprengen, wurden sämtliche Geschäftsvorfälle für den Zeitraum Februar bis November des

Jahres 21 zu insgesamt 21 Geschäftsvorfällen zusammengefasst. Diese werden ebenfalls im amerikanischen Journal gebucht.

Arbeitsschritt 5

Die 25 Geschäftsvorfälle des Monats Dezember 21 werden im amerikanischen Journal erfasst.

Arbeitsschritt 6

In die Umsatzbilanz der Hauptabschluss-Übersicht werden die zusammengefassten Kontenumsätze von Januar 21 bis Dezember 21 übernommen.

Arbeitsschritt 7

Die Werte in der Summenbilanz ergeben sich durch Addieren der Werte der Eröffnungs- und der Umsatzbilanzwerte (die jeweiligen Werte auf beiden Seiten müssen übereinstimmen).

Arbeitsschritt 8

Die Werte in der Saldenbilanz ergeben sich durch gegenseitiges Aufrechnen von Soll- und Habenwerten, wobei der überschüssige Wert auf der wertmäßig größeren Seite ausgewiesen wird.

Arbeitsschritt 9

Bei den Umbuchungen werden die vorbereitenden Abschlussbuchungen erfasst. Diese sind notwendig, um alle verbleibenden Konten entweder zur vorläufigen Schlussbilanz oder zur Erfolgsbilanz hin aufzulösen.

Arbeitsschritt 10

Ausgehend von den Daten der Saldenbilanz und unter Berücksichtigung der Umbuchungen werden die Konten auf die vorläufige Schlussbilanz (Bestandskonten) und die Erfolgsbilanz (Aufwands- und Ertragskonten) aufgeteilt.

Arbeitsschritt 11

Die Seitenaddition in der vorläufigen Schlussbilanz und in der Erfolgsbilanz kann keine ausgeglichenen Seitensummen ergeben! Die Differenz in der Erfolgsbilanz ist immer identisch mit der Differenz in der vorläufigen Schlussbilanz: Hier handelt es sich um den betrieblichen Erfolg.

Arbeitsschritt 12

Die Gewinn- und Verlustrechnung wird nach dem Gesamtkostenverfahren erstellt (§ 275 HGB).

BUCHFÜHRUNG

Arbeitsschritt 13

In der Darstellung der Eigenkapitalentwicklung wird die Veränderung des Eigenkapitals von der Eröffnungsbilanz bis zur Schlussbilanz erkennbar.

Arbeitsschritt 14

Abschließend wird eine Schlussbilanz erstellt, die sich an den Gliederungsprinzipien des § 266 HGB orientiert.

5.4 Unterlagen zum Buchführungsbeispiel

Die folgenden Unterlagen enthalten Angaben zum Beispielbetrieb Wolters. Die Bearbeitung können Sie am besten mit der Tabellenkalkulation Excel durchführen (→ Datei „Buchführungsbeispiel Wolters" auf beiliegender CD); sie ist aber auch mit entsprechenden Formularen möglich.

Die abgedruckten Unterlagen wurden der CD entnommen, andere – wie das Journal – finden Sie nur auf der CD[1)].

Unterlagen

Unterlagen: Buchführungsbeispiel Wolters	
Kontenplan nach SKR 04	→ S. 95
Eröffnungsbilanz des Jahres 21	→ S. 97
24 Geschäftsvorfälle (GV) von Januar 21	→ S. 98
21 zusammengefasste Geschäftsvorfälle von Februar bis November 21	→ S. 100
25 Geschäftsvorfälle von Dezember 21	→ S. 102
11 Abschluss- und Umbuchungen im Jahr 21	→ S. 105
Gewinn- und Verlustrechnung des Jahres 21	→ S. 109
Schlussbilanz des Jahres 21	→ S. 110

[1)] Wegen der sehr großen Anzahl von Konten, die mit dem hohen Detaillierungsgrad des Kontenrahmens SKR 04 verbunden sind

BUCHFÜHRUNG

Kontenplan

Kontenplan nach SKR 04

Konto-Nr.	Bezeichnung des Kontos
0215	Unbebaute Grundstücke
0440	Maschinen
0540	Lkw
0690	BGA
1080	Unfertige Leistungen
1140	Warenbestand
1200	Forderungen
1300	Sonstige Vermögensgegenstände
1401	Vorsteuer 7 %
1405	Vorsteuer 16 %
1460	Geldtransit
1600	Kasse
1700	Postbank
1800	Bank
1900	Aktive Rechnungsabgrenzung
2010	Variables Kapital
2100	Privatentnahmen
3095	Rückstellung für Abschlusskosten
3150	Verbindlichkeiten gegen Kreditinstitute
3300	Verbindlichkeiten aus Lieferung und Leistung
3500	Sonstige Verbindlichkeiten
3720	Verbindlichkeiten Lohn und Gehalt
3730	Verbindlichkeiten Lohn- und Kirchensteuer
3740	Verbindlichkeiten soziale Sicherheit
3805	Umsatzsteuer 16 %
3820	Umsatzsteuervorauszahlung
3840	Umsatzsteuer laufendes Jahr
3841	Umsatzsteuer Vorjahr
4400	Umsatzerlöse 16 %
4735	Gewährte Skonti 16 %
4760	Gewährte Boni 16 %
4815	Bestandsveränderungen unfertige Leistungen
4849	Verkaufserlös Sachanlagen (Buchgewinn)
4855	Anlagenabgänge/Buchgewinn
5400	Wareneingang 16 %
5735	Erhaltene Skonti 16 %
5880	Bestandveränderungen Waren
6000	Löhne/Gehälter
6110	Gesetzlicher sozialer Aufwand
6220	Abschreibungen/Sachanlagen
6315	Pacht
6325	Gas, Strom, Wasser
6330	Reinigung
6400	Versicherungen

BUCHFÜHRUNG

Kontenplan

Kontenplan nach SKR 04 (Forts.)	
Konto-Nr.	Bezeichnung
6420	Beiträge
6520	Kfz-Versicherung
6530	Laufende Kfz-Betriebskosten
6540	Kfz-Reparaturen
6600	Werbekosten
6800	Porto
6805	Telefon
6815	Bürobedarf
6827	Abschluss- und Prüfungskosten
6830	Buchführungskosten
7320	Zinsaufwand/langfristige Verbindlichkeiten
7400	Außerordentliche Erträge
7610	Gewerbesteuer
7685	Kfz-Steuer

BUCHFÜHRUNG

Eröffnungsbilanz

Handwerksbetrieb Wolters
Eröffnungsbilanz des Jahres 21

AKTIVA				PASSIVA		
	SKR 04	Betrag			SKR 04	Betrag
I. Anlagevermögen				**I. Eigenkapital**		
Maschinen	0440	16 353,40 EUR		Variables Kapital	2010	34 054,16 EUR	34 054,16 EUR
Lkw	0540	31 283,20 EUR				
BGA	0690	6 374,60 EUR	54 011,20 EUR			
II. Umlaufvermögen				**II. Fremdkapital**		
Unfertige Leistung	1080	8 905,00 EUR		Verbindlichkeiten gegen Kreditinstitute	3150	77 000,00 EUR
Warenbestand	1140	15 796,00 EUR		Verbindlichkeiten aus Lief. u. Leistung	3300	6 674,64 EUR
Forderungen	1200	30 143,18 EUR		Verbindlichkeiten Lohn und Gehalt	3720	4 055,28 EUR
Kasse	1600	3 248,00 EUR		Verbindlichkeiten Lohn- u. Kirchensteuer	3730	752,08 EUR
Postbank	1700	8 456,00 EUR		Verbindlichkeiten soz. Sicherheit	3740	2 545,28 EUR
Bank	1800	7 245,00 EUR	73 793,18 EUR	Umsatzsteuer laufendes Jahr	3840	2 722,94 EUR	93 750,22 EUR
Bilanzsumme			127 804,38 EUR				127 804,38 EUR

97

BUCHFÜHRUNG

24 Geschäftsvorfälle von Januar 21		Soll		Haben	
	Konto	Betrag in €	Konto	Betrag in €	
GV 1	Laut Postbankauszug sind folgende Gutschriften zu buchen: – Kunde A hat seine Rechnung in Höhe von 7 285,96 EUR unter Abzug von 2 % Skonto beglichen (USt 16 %) – Kunde D hat seine Rechnung in Höhe von 5 234,50 EUR unter Abzug von 2 % Skonto beglichen (USt 16 %)	1700 3805 4735	12 270,05 34,54 215,87	1200	12 520,46
GV 2	Privatentnahme vom Bankkonto 2 800,– EUR	2100	2 800,–	1460	2 800,–
GV 3	Laut Bankkontoauszug sind folgende Belastungen zu buchen: – Überweisung der Mitarbeiterlöhne, 4 055,28 EUR – Überweisung der Pacht für die Betriebsräume, 540,– EUR zzgl. 16 % USt – Belastung des Bankkontos für private Geldentnahme, 2 800,– EUR aus Geschäftsvorfall 2 – Überweisung der Lohn- und Kirchensteuerverbindlichkeiten, 752,08 EUR	3720 1460 3730 6315 1405	4 055,28 2 800,– 752,08 540,– 86,40	1800	8 233,76
GV 4	Laut Bankkontoauszug sind folgende Gutschriften zu buchen: – Kunde B hat Rechnung in Höhe von 8 345,04 EUR unter Abzug von 2 % Skonto beglichen (USt 16 %) – Kunde C hat Rechnung in Höhe von 9 277,68 EUR unter Abzug von 2 % Skonto beglichen (USt 16 %)	1800 3805 4735	17 270,27 48,61 303,84	1200	17 622,72
GV 5	Umsatzleistung an Kunden gegen Barzahlung erbracht, 1 200,– EUR zzgl. 16 % USt	1600	1 392,–	4400 3805	1 200,– 192,–
GV 6	Laut Postbankkontoauszug sind folgende Belastungen zu buchen: – Überweisung des Beitrages zur Innung und HWK, 120,– EUR – Überweisung des Gesamtsozialversicherungsbeitrages, 2 545,28 EUR	6420 3740	120,– 2 545,28	1700	2 665,28
GV 7	Laut Bankkontoauszug sind folgende Belastungen zu buchen: – Überweisung der Umsatzsteuer des Vorjahres, 2 722,94 EUR – Kfz-Steuer für das Jahr 21 durch Banklastschrift bezahlt, 900,– EUR – Kfz-Versicherung für das Jahr 21 durch Banklastschrift bezahlt, 2 700,– EUR	3841 7685 6520	2 722,94 900,– 2 700,–	1800	6 322,94
GV 8	Umsatzleistung auf Ziel an Kunde A erbracht, 14 800,– EUR zzgl. 16 % USt	1200	17 168,–	4400 3805	14 800,– 2 368,–
GV 9	Umsatzleistung an Kunden gegen Barzahlung erbracht, 1 800,– EUR zzgl. 16 % USt	1600	2 088,–	4400 3805	1 800,– 288,–
GV 10	Tankkosten für Betriebsfahrzeuge durch Bankeuroscheckkarte beglichen, 320,– EUR zzgl. 16 % USt	6530 1405	320,– 51,20	1460	371,20

BUCHFÜHRUNG

24 Geschäftsvorfälle von Januar 21 (Forts.)

		Soll	Haben	
	Konto	Betrag in €	Konto	Betrag in €
GV 11	Laut Postbankkontoauszug sind folgende Belastungen zu buchen: – Rechnung von Lieferant B über 1444,20 EUR unter Abzug von 3 % Skonto beglichen (USt 16 %) – Rechnung von Lieferant C über 1085,76 EUR unter Abzug von 3 % Skonto beglichen (USt 16 %)	3300 2 529,96	1700 1405 5735	2 454,06 10,47 65,43
GV 12	Laut Bankkontoauszug sind folgende Belastungen zu buchen: – Rechnung von Lieferant A über 2 714,40 EUR unter Abzug von 3 % Skonto beglichen (USt 16 %) – Banklastschrift für Darlehnszinsen, 385,– EUR – Banklastschrift für Tankkosten aus Geschäftsvorfall 10	7320 1460 3300	385,– 371,20 2 714,40	1800 1405 5735	3 389,17 11,23 70,20
GV 13	Folgende Kosten wurden bar beglichen: – Wartungskosten für Betriebsfahrzeuge, 860,– EUR zzgl. 16 % USt – Werbekosten, 300,– EUR zzgl. 16 % USt – Buchführungskosten, 210,– EUR zzgl. 16 % USt – Kauf von Büromaterial, 90,– EUR zzgl. 16 % USt	6540 6600 6830 6815 1405	860,– 300,– 210,– 90,– 233,60	1600	1 693,60
GV 14	Folgende Umsatzleistungen auf Ziel sind zu buchen: – an Kunde B 3 300,– EUR zzgl. 16 % USt – an Kunde C 4 800,– EUR zzgl. 16 % USt	1200	9 396,–	4400 3805	8 100,– 1 296,–
GV 15	Reinigungskosten der Betriebsräume bar bezahlt, 180,– USt zzgl. 16 % USt	6330 1405	180,– 28,80	1600	208,80
GV 16	Jahresprämie der betrieblichen Rechtsschutz- und Haftpflichtversicherung durch Banküberweisung beglichen, 2 520,– EUR	6400	2 520,–	1800	2 520,–
GV 17	Rechnung von Lieferant D über 1 430,28 EUR unter Abzug von 3 % Skonto durch Postbanküberweisung beglichen (USt 16 %)	3300	1 430,28	1700 1405 5735	1 387,37 5,92 36,99
GV 18	Tankkosten für Betriebsfahrzeuge durch Bankeuroscheckkarte beglichen, 320,– EUR zzgl. 16 % USt	6530 1405	320,– 51,20	1460	371,20
GV 19	Umsatzleistung auf Ziel an Kunde D erbracht, 5 300,– EUR zzgl. 16 % USt	1200	6 148,–	4400 3805	5 300,– 848,–
GV 20	Laut Bankkontoauszug sind folgende Belastungen zu buchen: – für Tankkosten aus Geschäftsvorfall 18 – für Telefonkosten, 260,– EUR zzgl. 16 % USt	1460 6805 1405	371,20 260,– 41,60	1800	672,80
GV 21	Barausgabe für Portokosten 10,– EUR	6800	10,–	1600	10,–

BUCHFÜHRUNG

24 Geschäftsvorfälle von Januar 21 (Forts.)

		Soll		Haben	
		Konto	Betrag in €	Konto	Betrag in €
GV 22	Die Lohnabrechnung für unsere vier Mitarbeiter ist zu buchen Brutto 7 300,00 EUR − LSt/Soli/KiSt 894,73 EUR − AN-Anteile zur SozVers 1 517,55 EUR = Netto/Auszahlung 4 887,72 EUR Arbeitgeberanteil zur Sozialversicherung 1 517,55 EUR	6000 6110	7 300,− 1 517,55	3720 3730 3740	4 887,72 894,73 3 035,10
GV 23	Banklastschrift für Energierechnung − Gas und Strom 120,− EUR zzgl. 16 % USt − Wasser 30,− EUR zzgl. 7 %	6325 1405 1401	150,− 19,20 2,10	1800	171,30
GV 24	Wareneinkauf bei Lieferant A auf Ziel, 1 245 EUR zzgl. 16 % USt	5400 1405	1 245,− 199,20	3300	1 444,20

21 zusammengefasste Geschäftsvorfälle von Februar bis November 21

		Konto	Betrag in €	Konto	Betrag in €
GV 1	Rechnungsausgleich der Zielumsätze der Geschäftsvorfälle aus dem Januar, 8 und 14 (nur Kunde B) über Bank mit 2 % Skonto	1800 3805 4735	20 576,08 57,92 362,−	1200	20 996,−
GV 2	Rechnungsausgleich der Zielumsätze der Geschäftsvorfälle aus dem Januar 14 (nur Kunde C) und 19 über Postbank mit 2 % Skonto	1700 3805 4735	11 481,68 32,32 202,−	1200	11 716,−
GV 3	Zielumsätze Februar bis November 240 000,− EUR zzgl. 16 % USt	1200	278 400,−	4400 3805	240 000,− 38 400,−
GV 4	Rechnungsausgleich Zielumsätze Februar bis Oktober, 247 080,− EUR mit 2 % Skonto (60 % über Bankkonto/40 % über Postbankkonto)	1800 1700 3805 4735	145 283,04 96 855,36 681,60 4 260,−	1200	247 080,−
GV 5	Barumsätze 30 000,− zzgl. 16 % USt	1600	34 800,−	4400 3805	30 000,− 4 800,−
GV 6	Rechnungsausgleich Zieleinkauf Januar (1 444,20 EUR) über Postbank mit 3 % Skonto	3300	1 444,20	1700 5735 1405	1 400,87 37,35 5,98
GV 7	Zieleinkäufe Februar bis November 85 000,− EUR zzgl. 16 % USt	5400 1405	85 000,− 13 600,−	3300	98 600,−

BUCHFÜHRUNG

21 zusammengefasste Geschäftsvorfälle von Februar bis November 21 (Forts.)

		Soll		Haben	
		Konto	Betrag in €	Konto	Betrag in €
GV 8	Rechnungsausgleich Zieleinkäufe Februar bis Oktober (88 740,– EUR) mit 3 % Skonto (60 % über Bankkonto/40 % über Postbankkonto)	3300	88 740,–	1800 1700 5735 1405	51 646,68 34 431,12 2 295,– 367,20
GV 9	Löhne Februar bis November Brutto 73 000,00 EUR – LSt/Soli/KiSt 8 947,30 EUR – AN-Anteile zur SozVers 15 175,50 EUR = Netto/Auszahlung 48 877,20 EUR AG-Anteil Sozialversicherung 15 175,50 EUR	6000 6110	73 000,– 15 175,50	3720 3730 3740	48 877,20 8 947,30 30 351,–
GV 10	Überweisung des Lohnes über Bank (Februar bis November), 48 877,20 EUR	3720	48 877,20	1800	48 877,20
GV 11	Überweisung Lohn-, Kirchensteuer und Solidaritätszuschlag über Bank (Februar bis November), 8 947,30 EUR	3730	8 947,30	1800	8 947,30
GV 12	Überweisung Sozialversicherungsbeiträge über Postbank (Februar bis November), 30 351,– EUR	3740	30 351,–	1700	30 351,–
GV 13	Privatentnahmen bar Februar bis November, 28 000,– EUR über Geldtransit	2100	28 000,–	1460	28 000,–
GV 14	Stornierung des Geldtransitkontos durch Bankbelastung der Privatentnahmen (Februar bis November), 28 000,– EUR	1460	28 000,–	1800	28 000,–
GV 15	Kosten mit USt über Bank: – Pacht, 5 400,– EUR zzgl. 16 % USt – Telefon, 2 600,– EUR zzgl. 16 % USt – Gas, Strom, 1 200,– EUR zzgl. 16 % USt – Wasser, 300,– EUR zzgl. 7 % USt – Laufende Kfz-Betriebskosten, 6 400,– EUR zzgl. 16 % USt	6315 6805 6325 6530 1405 1401	5 400,– 2 600,– 1 500,– 6 400,– 2 496,– 21,–	1800	18 417,–
GV 16	Kosten mit USt bar: – Kfz-Reparaturkosten 8 600,– EUR zzgl. 16 % USt – Werbekosten 3 000,– EUR zzgl. 16 % USt – Buchführungskosten 2 100,– EUR zzgl. 16 % USt – Bürobedarf 900,– EUR zzgl. 16 % USt – Reinigungskosten 1 800,– EUR zzgl. 16 % USt	6540 6600 6830 6815 6330 1405	8 600,– 3 000,– 2 100,– 900,– 1 800,– 2 624,–	1600	19 024,–
GV 17	Portokosten bar, 100,– EUR	6800	100,–	1600	100,–
GV 18	Beitragskosten über Postbank, 1 200,– EUR	6420	1 200,–	1700	1 200,–
GV 19	Zinskosten über Bank, 3 850,– EUR	7320	3 850,–	1800	3 850,–

BUCHFÜHRUNG

21 zusammengefasste Geschäftsvorfälle von Februar bis November 21 (Forts.)

		Soll		Haben	
		Konto	Betrag in €	Konto	Betrag in €
GV 20	Umsatzsteuervorauszahlungen Februar bis Oktober, 25 403,21 EUR über Postbank	3820	25 403,21	1700	25 403,21
GV 21	Gewerbesteuervorauszahlungen Februar, Mai, August und November über Bank, insgesamt 2 350,– EUR	7610	2 350,–	1800	2 350,–

25 Geschäftsvorfälle von Dezember 21

		Konto	Betrag in €	Konto	Betrag in €
GV 1	Belastung des Postbankkontos für – Darlehnstilgung 7 700,– EUR – Überweisung auf das private Bankkonto 3 000,– EUR	3150 2100	7 700,– 3 000,–	1700	10 700,–
GV 2	Umsatzleistung auf Ziel an Kunde A erbracht, 8 970,– EUR zzgl. 16 % USt	1200	10 405,20	3805 4400	1 435,20 8 970,–
GV 3	Banküberweisung der Mitarbeiterlöhne des Monats November, 4 887,72 EUR	3720	4 887,72	1800	4 887,72
GV 4	Barverkauf des Betriebsfahrzeuges A am 04.12.21 für 6 200,– EUR zzgl. 16 % USt. Der Restbuchwert des Fahrzeuges beträgt am 04.12., nachdem ein Wechsel zur restlinearen AfA vorgenommen wurde, da das Jahr 21 das viertletzte Nutzungsjahr ist: Buchwert am 31.12.20 4 915,20 EUR – AfA (1 228,80:360*304) 1 037,65 EUR = Buchwert am 04.12.21 3 877,55 EUR	6220 4855 1600	1 037,65 3 877,55 7 192,–	0540 4849 3805	4 915,20 6 200,– 992,–
GV 5	Kunde B begleicht Rechnung in Höhe von 6 032,– EUR unter Abzug von 2 % Skonto durch Überweisung auf unser Postbankkonto	1700 3805 4735	5 911,36 16,64 104,–	1200	6 032,–
GV 6	Kauf eines unbebauten Betriebsgrundstückes für 56 000,– EUR inkl. Nebenkosten gegen Barzahlung in Höhe von 27 500,– EUR, den Rest auf Ziel	0215	56 000,–	1600 3300	27 500,– 28 500,–
GV 7	Pacht für die Betriebsräume für die Monate Dezember, Januar und Februar jeweils in Höhe von 540,– EUR zzgl. 16 % USt wird unserem Bankkonto belastet	6315 1900 1405	540,– 1 080,– 259,20	1800	1 879,20
GV 8	Umsatzleistung gegen Barzahlung erbracht, 1 750,– EUR zzgl. 16 % USt	1600	2 030,–	4400 3805	1 750,– 280,–
GV 9	Belastung des betrieblichen Bankkontos für: – Umsatzsteuerzahllast in Höhe von 2 880,30 EUR – Lohn- und Kirchensteuerverbindlichkeiten in Höhe von 894,73 EUR – Gesamtsozialversicherungsbeitrag in Höhe von 3 035,10 EUR – Zinsen 345,50 EUR	3820 3730 3740 7320	2 880,30 894,73 3 035,10 345,50	1800	7 155,63

BUCHFÜHRUNG

25 Geschäftsvorfälle von Dezember 21 (Forts.)

		Soll		Haben	
		Konto	Betrag in €	Konto	Betrag in €
GV 10	Umsatzleistung auf Ziel an Kunde C erbracht, 14 555,– EUR zzgl. 16 % USt	1200	16 883,80	4400 3805	14 555,– 2 328,80
GV 11	Rechnung von Lieferant A über 2 784,– EUR unter Abzug von 3 % Skonto durch Postbanküberweisung beglichen (USt 16 %)	3300	2 784,–	1700 5735 1405	2 700,48 72,– 11,52,–
GV 12	Kauf und Zulassung eines neuen Betriebsfahrzeuges am 12.12. in Höhe von 28 500,– EUR zzgl. 16 % USt auf Ziel	0540 1405	28 500,– 4 560,–	3300	33 060,–
GV 13	Kunde D begleicht Rechnung in Höhe von 17 632,– EUR unter Abzug von 2 % Skonto durch Überweisung auf unser Bankkonto	1800 3805 4735	17 279,36 48,64 304,–	1200	17 632,–
GV 14	Belastung des betrieblichen Bankkontos für: – Reparaturen an den Betriebsfahrzeugen, 860,– EUR zzgl. 16 % USt – Beitrag zur Handwerkskammer und Innung 120,– EUR – Rechnungsausgleich Geschäftsvorfall 6, erste Rate 12 000,– EUR	6540 1405 6420 3300	860,– 137,60 120,– 12 000,–	1800	13 117,60
GV 15	Wareneinkauf gegen Barzahlung, 1 250,– EUR zzgl. 16 % USt	5400 1405	1 250,– 200,–	1600	1 450,–
GV 16	Barzahlung für – Werbekosten 300,– EUR zzgl. 16 % USt – Büromaterial 90,– EUR zzgl. 16 % USt	6600 6815 1405	300,– 90,– 62,40	1600	452,40
GV 17	Wareneinkauf auf Ziel 6 250,– EUR zzgl. 16 % USt	5400 1405	6 250,– 1 000,–	3300	7 250,–
GV 18	Belastung des betrieblichen Postbankkontos für: – Rechnung von Lieferant B über 2 668,– EUR unter Abzug von 3 % Skonto (USt 16 %) – Rechnung von Lieferant C über 3 770,– EUR unter Abzug von 3 % Skonto (USt 16 %)	3300	6 438,–	1700 5735 1405	6 244,86 166,50 26,64
GV 19	Umsatzleistung gegen Barzahlung, 1 250,– EUR zzgl. 16 % USt	1600	1 450,–	4400 3805	1 250,– 200,–
GV 20	Tankkosten für Betriebsfahrzeuge, 632,– EUR zzgl. 16 % USt mit Postbank-euroscheckkarte bezahlt	6530 1405	632,– 101,12	1460	733,12

BUCHFÜHRUNG

25 Geschäftsvorfälle von Dezember 21 (Forts.)

		Soll		Haben	
		Konto	Betrag in €	Konto	Betrag in €
GV 21	Gutschrift auf dem betrieblichen Bankkonto für: – Rechnungsausgleich von Kunde A unter Abzug von 2 % Skonto, Rechnungsbetrag 3 596,– EUR (16 % USt) – Rechnungsausgleich von Kunde C unter Abzug von 2 % Skonto, Rechnungsbetrag 4 060,– EUR (16 % USt)	1800 3805 4735	7 502,88 21,12 132,–	1200	7 656,–
GV 22	Umsatzleistung auf Ziel an Kunde D erbracht, 12 225,– EUR zzgl. 16 % Ust	1200	14 181,–	4400 3805	12 225,– 1956,–
GV 23	Belastung des Postbankkontos für: – Reinigungskosten der Betriebsräume, 180,– EUR zzgl. 16 % USt – Telefonrechnung, 260,– EUR zzgl. 16 % USt – Gas- und Stromrechnung, 120,– EUR zzgl. 16 % USt – Wasserrechnung, 30,– EUR zzgl. 7 % USt – Betanken der Betriebsfahrzeuge mit Euroscheckkarte, 733,12 EUR – Rechnungsausgleich Geschäftsvorfall 6, zweite Rate 16 500,– EUR	6330 6805 6325 1405 1401 1460 3300	180,– 260,– 150,– 89,60 2,10 733,12 16 500,–	1700	17 914,82
GV 24	Die Lohnabrechnung für unsere vier Mitarbeiter ist zu buchen Brutto 7 300,00 EUR – LSt/Soli/KiSt 894,73 EUR – AN-Anteile zur SozVers 1 517,55 EUR = Netto/Auszahlung 4 887,72 EUR AG-Anteil zur Sozialversicherung 1 517,55 EUR	6000 6110	7 300,– 1 517,55	3720 3730 3740	4 887,72 894,73 3 035,10
GV 25	Rechnung des Steuerberaters über Buchführungskosten bar beglichen, 210,– EUR zzgl. 16 % USt	6830 1405	210,– 33,60	1600	243,60

104

BUCHFÜHRUNG

11 Abschluss- und Umbuchungen im Jahr 21

Umbuchungen

Umbuchung 1: Abschreibungen auf	
Maschine A	
– Anschaffung	erste Jahreshälfte des Jahres 17
– Nutzungsdauer	12 Jahre
– Abschreibungsverfahren	degressiv
– Anschaffungskosten	8 000,– EUR
1. Jahreshälfte 17	8 000,00 EUR
– AfA/17/16,67 %	1 333,60 EUR
= BW[1]) 31.12.17	6 666,40 EUR
– AfA/18/16,67 %	1 111,29 EUR
= BW 31.12.18	5 555,11 EUR
– AfA/19/16,67 %	926,04 EUR
= BW 31.12.19	4 629,07 EUR
– AfA/20/16,67 %	771,67 EUR
= BW 31.12.20	3 857,40 EUR
– AfA/21/16,67 %	643,03 EUR
Maschine B	
– Anschaffung	zweite Jahreshälfte des Jahres 19
– Nutzungsdauer	8 Jahre
– Abschreibungsverfahren	degressiv
– Anschaffungskosten	6 800,– EUR
2. Jahreshälfte 19	6 800,00 EUR
– AfA/19/10 %	680,00 EUR
= BW 31.12.19	6 120,00 EUR
– AfA/20/20 %	1 224,00 EUR
= BW 31.12.20	4 896,00 EUR
– AfA/21/20 %	979,20 EUR
Maschine C	
– Anschaffung	erste Jahreshälfte des Jahres 20
– Nutzungsdauer	5 Jahre
– Abschreibungsverfahren	linear
– Anschaffungskosten	9 500,– EUR
1. Jahreshälfte 20	9 500,00 EUR
– AfA/20/9 500:5	1 900,00 EUR
= BW 31.12.20	7 600,00 EUR
– AfA/21/9 500:5	1 900,00 EUR

---

[1]) BW = Buchwert

BUCHFÜHRUNG

Umbuchungen

Umbuchung 1: Abschreibungen auf	
Fahrzeug B	
– Anschaffung	zweite Jahreshälfte des Jahres 18
– Nutzungsdauer	9 Jahre
– Abschreibungsverfahren	degressiv
– Anschaffungskosten	18 000,00 EUR
2. Jahreshälfte 18	18 000,00 EUR
– AfA/18/10 %	1 800,00 EUR
= BW 31.12.18	16 200,00 EUR
– AfA/19/20 %	3 240,00 EUR
= BW 31.12.19	12 960,00 EUR
– AfA/20/20 %	2 592,00 EUR
= BW 31.12.20	10 368,00 EUR
– AfA/21/20 %	2 073,60 EUR
Fahrzeug C	
– Anschaffung	erste Jahreshälfte des Jahres 20
– Nutzungsdauer	9 Jahre
– Abschreibungsverfahren	degressiv
– Anschaffungskosten	20 000,00 EUR
2. Jahreshälfte 20	20 000,00 EUR
– AfA/20/20 %	4 000,00 EUR
= BW 31.12.20	16 000,00 EUR
– AfA/21/20 %	3 200,00 EUR
Fahrzeug D	
– Anschaffung	12.12.21
– Nutzungsdauer	9 Jahre
– Abschreibungsverfahren	degressiv
– Anschaffungskosten	28 500,00 EUR
12.12.21	28 500,00 EUR
– AfA/21(20 % v. 28 500,– EUR):360x18	285,00 EUR

BUCHFÜHRUNG

Umbuchungen

Umbuchung 1: Abschreibungen auf	
BGA A	
− Anschaffung	1. Jahreshälfte 14
− Nutzungsdauer	9 Jahre
− Abschreibungsverfahren	degressiv-linear
− Anschaffungskosten	4 500,00 EUR
1. Jahreshälfte 14	4 500,00 EUR
− AfA/14/20 %	900,00 EUR
= BW 31.12.14	3 600,00 EUR
− AfA/15/20 %	720,00 EUR
= BW 31.12.15	2 880,00 EUR
− AfA/16/20 %	576,00 EUR
= BW 31.12.16	2 304,00 EUR
− AfA/17/20 %	460,80 EUR
= BW 31.12.17	1 843,20 EUR
− AfA/18/20 %	368,64 EUR
= BW 31.12.18	1 474,56 EUR
− AfA/19/1 474,56 : 4	368,64 EUR
= BW 31.12.19	1 105,92 EUR
− AfA/20/1 474,56 : 4	368,64 EUR
= BW 31.12.20	737,28 EUR
− AfA/21/1 474,56 : 4	368,64 EUR
BGA B	
− Anschaffung	2. Jahreshälfte 17
− Nutzungsdauer	7 Jahre
− Abschreibungsverfahren	degressiv-linear
− Anschaffungskosten	2 500,00 EUR
2. Jahreshälfte 17	2 500,00 EUR
− AfA/17/10 %	250,00 EUR
= BW 31.12.17	2 250,00 EUR
− AfA/18/20 %	450,00 EUR
= BW 31.12.18	1 800,00 EUR
− AfA/19/20 %	360,00 EUR
= BW 31.12.19	1 440,00 EUR
− AfA/20/20 %	288,00 EUR
= BW 31.12.20	1 152,00 EUR
− AfA/21/1 152,− : 4	288,00 EUR
BGA C	
− Anschaffung	1. Jahreshälfte 19
− Nutzungsdauer	11 Jahre
− Abschreibungsverfahren	degressiv
− Anschaffungskosten	6 700,00 EUR
1. Jahreshälfte 19	6 700,00 EUR
− AfA/19/18,18 %	1 218,06 EUR
= BW 31.12.19	5 481,94 EUR
− AfA/20/18,18 %	996,62 EUR
= BW 31.12.20	4 485,32 EUR
− AfA/21/18,18 %	815,43 EUR

BUCHFÜHRUNG

Umbuchungen

Umbuchung 2:

Bei der Inventur ergab sich ein Warenbestand von in Höhe von 1 500,– EUR. Die Warenbestandsveränderung ist zu ermitteln und zu buchen.

Anfangsbestand/Waren	15 796,00 EUR
– Schlussbestand/Waren	150,00 EUR
= Warenbestandsminderung	15 646,00 EUR

Umbuchung 3:

Bei der Inventur ergab sich in Bestand an „unfertigen Leistungen" in Höhe von 2 250,00 EUR. Die Bestandsveränderung ist zu ermitteln und zu buchen.

Anfangsbestand/unfertige Leistungen	8 905,00 EUR
– Schlussbestand/unfertige Leistungen	250,00 EUR
= Bestandsminderung	8 655,00 EUR

Umbuchung 4:

Die aus dem Verkauf des Fahrzeuges A resultierenden Rückzahlungsansprüche auf Kfz-Versicherung (140,00 EUR) und Kfz-Steuer (46,67 EUR) sind zu buchen.

Umbuchung 5:

Die aus der Anschaffung des Fahrzeuges D resultierenden Zahlungsverpflichtungen für Kfz-Versicherung (45,00 EUR) und Kfz-Steuer (15,00 EUR), die erst im folgenden Jahr erfolgen, sind zu buchen.

Umbuchung 6:

Bonusgutschrift an Kunden in Höhe von 4 312,50 EUR zzgl. 16 % USt gewährt

Umbuchung 7:

Die Konten gewährte Skonti 16 % (4735) und gewährte Boni 16 % (4760) sind als Unterkonten des Kontos Umsatzerlöse 16 % (4400) darüber zu saldieren.

Umbuchung 8:

Das Konto erhaltene Skonti 16 % (5735) ist als Unterkonto des Kontos Wareneingang 16 % (5400) darüber zu saldieren.

Umbuchung 9:

Das Konto Privatentnahmen (2100) ist über das Konto variables Kapital (2010) zu saldieren.

Umbuchung 10:

Folgende Umsatzsteuerkonten sind über das Konto 3840 Umsatzsteuer laufendes Jahr zu saldieren:

- 3841 Umsatzsteuer Vorjahr
- 3820 Umsatzsteuervorauszahlungen
- 3805 Umsatzsteuer 16 %
- 1405 Vorsteuer 16 %
- 1401 Vorsteuer 7 %

Umbuchung 11:

Für die zu erwartende Rechnung des Steuerberaters über die Erstellung des Jahresabschlusses wird eine Rückstellung gebildet in Höhe von 3 200,00 EUR.

Handwerksbetrieb Wolters
Gewinn- und Verlustrechnung des Jahres 21

AUFWENDUNGEN			ERTRÄGE		
4815	Bestandsveränderungen unfertige Leistungen	8 655,00 EUR	4400	Umsatzerlöse 16 %	329 753,79 EUR
4855	Anlagenabgänge/Buchgewinn	3 877,55 EUR	4849	Verkaufserlös Sachanlagen (Buchgewinn)	6 200,00 EUR
5400	Wareneingang 16 %	91 001,53 EUR	7400	Außerordentliche Erträge	186,67 EUR
5880	Bestandsveränderungen Waren	15 646,00 EUR			
6000	Löhne/Gehälter	87 600,00 EUR			
6110	Gesetzlicher sozialer Aufwand	18 210,60 EUR			
6220	Abschreibungen/Sachanlagen	11 590,55 EUR			
6315	Pacht	6 480,00 EUR			
6325	Gas, Strom, Wasser	1 800,00 EUR			
6330	Reinigung	2 160,00 EUR			
6400	Versicherungen	2 520,00 EUR			
6420	Beiträge	1 440,00 EUR			
6520	Kfz-Versicherung	2 745,00 EUR			
6530	Laufende Kfz-Betriebskosten	7 672,00 EUR			
6540	Kfz-Reparaturen	10 320,00 EUR			
6600	Werbekosten	3 600,00 EUR			
6800	Porto	110,00 EUR			
6805	Telefon	3 120,00 EUR			
6815	Bürobedarf	1 080,00 EUR			
6827	Abschluss- und Prüfungskonten	3 200,00 EUR			
6830	Buchführungskosten	2 520,00 EUR			
7320	Zinsaufwand/langfr. Verbindlichkeiten	4 580,50 EUR			
7610	Gewerbesteuer	2 350,00 EUR			
7685	Kfz-Steuer	915,00 EUR			
	Gewinn	**42 946,73 EUR**			
		336 140,46 EUR			**336 140,46 EUR**

BUCHFÜHRUNG

Handwerksbetrieb Wolters
Schlussbilanz des Jahres 21

AKTIVA					PASSIVA		
	SKR 04	Betrag			SKR 04	Betrag	
I. Anlagevermögen				**I. Eigenkapital**			
Unbebaute Grundstücke	0215	56 000,00 EUR		Variables Kapital	2010	43 200,89 EUR	43 200,89 EUR
Maschinen	0440	12 831,17 EUR					
Lkw	0540	49 309,40 EUR		**II. Rückstellungen**			
BGA	0690	4 902,53 EUR	123 043,10 EUR	Rückstellung für Abschlusskosten	3095	3 200,00 EUR	3 200,00 EUR
II. Umlaufvermögen				**III. Fremdkapital**			
Unfertige Leistungen	1080	250,00 EUR		Postbankverbindlichkeiten	1700	1 878,62 EUR	
Warenbestand	1140	150,00 EUR		Verbindl. gegen Kreditinstitute	3150	69 300,00 EUR	
Forderungen	1200	36 467,50 EUR		Verbindl. aus Lieferung u. Leistung	3300	40 948,00 EUR	
Sonst. Vermögensgegenstände	1300	186,67 EUR		Sonstige Verbindlichkeiten	3500	60,00 EUR	
Kasse	1600	1 517,60 EUR		Verbindl. Lohn und Gehalt	3720	4 887,72 EUR	
Bank	1800	4 718,33 EUR	43 290,10 EUR	Verbindl. Lohn- und Kirchensteuer	3730	894,73 EUR	
				Verbindl. soziale Sicherheit	3740	3 035,10 EUR	
III. Rechnungsabgrenzung				Umsatzsteuer laufendes Jahr	3840	8,14 EUR	121 012,31 EUR
Aktive Rechnungsabgrenzung	1900	1 080,00 EUR	1 080,00 EUR				
Bilanzsumme			167 413,20 EUR				167 413,20 EUR

Jahresabschluss und Grundzüge der Auswertung

1. Aufbau und Aufbereitung von Bilanz und Gewinn- und Verlustrechnung

Kompetenzen:

Der Lernende
- kann die grundlegende Bedeutung des Jahresabschlusses für eine erfolgreiche Unternehmensführung begründen,
- kann die Grundlagen für die betriebswirtschaftliche Auswertung nennen,
- kann die Bilanz sowie die Gewinn- und Verlustrechnung für die Auswertung aufbereiten.

Ein modernes Management benötigt für eine erfolgsorientierte Unternehmenssteuerung die Zahlen aus der Buchführung, da sie die Entwicklung und den jeweiligen Stand eines Betriebes widerspiegeln. Damit das Zahlenmaterial hinreichend und anschaulich informieren kann, muss es aufbereitet, d. h. in eine aussagefähige Form gebracht, und im Bedarfsfall weiterentwickelt werden.

Bedeutung der Bilanzanalyse

Material

```
GRUNDLEGENDES MATERIAL für die BILANZANALYSE
        Bilanz
        Gewinn- und Verlustrechnung
        Lfd. Buchführung
        Betriebliche Statistiken
        Betriebsvergleiche
```

Es werden dabei nicht nur Zahlen vergangener Jahre berücksichtigt, sondern auch die der laufenden Buchführungsperiode. Dies ist erforderlich, um rechtzeitig Fehlentwicklungen erkennen und ihnen durch geeignete Maßnahmen entgegenwirken zu können.

Die betriebswirtschaftliche Auswertung erfasst gleichermaßen die Bilanz, die Gewinn- und Verlustrechnung sowie die laufende Buchführung.

Grundlagen der Bilanzanalyse

Ergänzt wird die betriebswirtschaftliche Auswertung eines Abrechnungszeitraumes durch betriebliche Statistiken, die die Entwicklung des Unternehmens über einen längeren Zeitraum von mehreren Jahren aufzeigen. Zusätzlich können die Stärken und Schwächen eines Betriebes durch die Erstellung eines Betriebsvergleiches aufgezeigt werden, in dem branchenspezifische Durchschnittswerte als Orientierungsmaßstab dienen.

Die Auswertung basiert auf betriebswirtschaftlichen Grundsätzen bzw. Erkenntnissen. Im kaufmännischen Sprachgebrauch werden die betriebswirtschaftliche Auswertung der Buchführung, die betriebliche Statistik und die Erstellung von Betriebsvergleichen häufig auch kurz mit dem Begriff **„Bilanzanalyse"** bezeichnet.

Die Gewinn- und Verlustrechnung bildet auch die maßgebliche Basis für den Aufbau einer Kostenrechnung, die für jedes Unternehmen unabdingbar ist. Das Instrument der Kostenrechnung (→ S. 160) dient nicht nur als Grundlage für die Kalkulation – d. h. die Preisfindung für angebotene Produkte und Dienstleistungen –, sie befähigt auch zu sinnvollem Wirtschaften durch umfassende Kostenkontrolle.

1.1 Methodisches Vorgehen

Methode der Bilanzanalyse

Im Einzelnen erfolgt die Bilanzanalyse in folgenden Schritten:

1. Aufbereiten des Zahlenmaterials durch Strukturieren, Zuordnen und Berechnen,
2. Bewerten der aufbereiteten Zahlen hinsichtlich Stand, Entwicklung etc., um Schwächen bzw. Fehlentwicklungen und deren Ursachen erkennen zu können,
3. Beseitigen der ermittelten Schwachstellen durch geeignete Maßnahmen.

Zur **Analyse der Bilanz** im engeren Sinne werden auf zwei Arten Beziehungen zwischen den Bilanzpositionen hergestellt. Zum einen lautet die Fragestellung: In welchem Verhältnis stehen die einzelnen Aktiv- bzw. Passivposten zueinander? Zum anderen versucht man zu ermitteln, welche Beziehungen zwischen Aktiv- und Passivposten bestehen.

Das Ergebnis dieser Beziehungen wird durch verschiedene Verhältniszahlen, die sog. Kennzahlen, verdeutlicht und sichtbar gemacht.

Kennzahlen

Mithilfe von Kennzahlen können Zustände oder Entwicklungstendenzen in kurzer, aber informativer Form verdeutlicht und deren Beurteilung wesentlich erleichtert werden.

Bei der **Analyse der Gewinn- und Verlustrechnung** werden ebenfalls Relationen zwischen einzelnen Aufwands- und Ertragskonten untersucht. Darüber hinaus werden aber auch Aufwands- und Ertragskonten mit einzelnen Bilanzposten in Verbindung gebracht.

Aufschlussreich für den Stand und die Entwicklung des Unternehmens ist der Vergleich mit Vergangenheitswerten des eigenen Unternehmens (interner Vergleich) sowie der Vergleich mit Werten der Branche (externer Vergleich).

- Der interne Vergleich, auch **Zeitvergleich** genannt, ermöglicht es, die Entwicklung im eigenen Unternehmen zu beobachten, um im Bedarfsfall sinnvolle Entscheidungen im Rahmen der Unternehmensführung treffen zu können. Es müssen hierzu u. a. Kennzahlen aus der Bilanz und der Gewinn- und Verlustrechnung ermittelt sowie Beziehungen zwischen Positionen der Bilanz und Positionen der Gewinn- und Verlustrechnung hergestellt werden. — **interner Vergleich**

- In einen externen Vergleich, den sog. **Betriebsvergleich,** fließen Durchschnittswerte ein, die aus dem Zahlenmaterial von Betrieben der gleichen Branche gebildet werden. Im Handwerk sind u. a. die Betriebsvergleiche der Landesgewerbeförderungsstellen in den verschiedenen Bundesländern bekannt, die wichtige Führungshilfen für den Unternehmer darstellen *(www.bis-handwerk.de → Betriebsvergleich)*. — **externer Vergleich**

Wichtig ist, dass die Auswertung der Buchführung regelmäßig erfolgt und erkannte Fehler zügig durch entsprechende Maßnahmen beseitigt werden.

Die Aufbereitung der Bilanz sowie der Gewinn- und Verlustrechnung und das Aufgabenspektrum der Bilanzanalyse werden in Kapitel 3 mithilfe des Zahlenmaterials aus dem Fallbeispiel „Handwerksunternehmen Schneider" im weiteren Sinne verdeutlicht.

1.2 Aufbereitung der Bilanz

Der Aufbau und die Zusammensetzung einer Bilanz wurden im Kapitel „Buchführung" (→ S. 37) bereits grundlegend dargestellt. — **Analyse der Bilanz**

Im Rahmen der analytischen Bilanzbetrachtung werden Aktiva und Passiva zunächst geordnet, soweit dies nicht durch die vorliegende Gestaltung der Bilanz bereits geschehen ist.

Auf der Aktivseite wird das Umlaufvermögen so strukturiert, dass an erster Stelle die voraussichtlich am längsten im Unternehmen verbleibenden Positionen stehen, danach folgen die Vermögenswerte mit abnehmender Verweildauer bzw. mit zunehmender Verfügbarkeit als Geldmittel.

Als Vorräte gelten außer dem Materialbestand auch vorhandene unfertige Leistungen. Zu den kurzfristigen Forderungen gehören die Forderungen aus Lieferungen und Leistungen sowie das sonstige Umlaufvermögen. Die flüssigen Mittel umfassen alle verfügbaren Geldmittel, wie Kassenbestand und Guthaben auf Bankkonten.

Das Fremdkapital auf der Passivseite wird in ähnlicher Weise gegliedert. Als Erstes stehen die Verbindlichkeiten, die dem Unternehmen am längsten zur

JAHRESABSCHLUSS UND AUSWERTUNG

Verfügung stehen; am Ende der Rangreihe sind die zu finden, die als nächste fällig werden.

Nach allgemeiner Auffassung werden Verbindlichkeiten als kurzfristig eingestuft, wenn sie innerhalb der nächsten drei Monate fällig werden. Als mittelfristig gelten Verbindlichkeiten mit einer Fälligkeit ab drei Monaten bis zu einer Gesamtlaufzeit von vier Jahren. Alle Verbindlichkeiten mit einer Gesamtlaufzeit von mehr als vier Jahren sind grundsätzlich langfristiger Natur.

Bilanzaufbereitung

```
               AUFBEREITUNG der BILANZ
AKTIVA              BILANZ                    PASSIVA

I.   Anlagevermögen         I.   Eigenkapital

II.  Umlaufvermögen         II.  Rückstellungen
     - Vorräte
     - kurzfristige Forderungen  III. Fremdkapital
     - flüssige Mittel            - langfristige
                                    Verbindlichkeiten
III. Rechnungsabgrenzung        - mittelfristige
                                  Verbindlichkeiten
                                - kurzfristige
                                  Verbindlichkeiten

                            IV.  Rechnungsabgrenzung
```

▶ Hinweis:

Im Rahmen der Bilanzanalyse ist für die Zuordnung von Verbindlichkeiten – insbesondere von Verbindlichkeiten gegenüber Kreditinstituten – die jeweilige Gesamtdauer der Inanspruchnahme maßgeblich.

Demgegenüber würde eine Gliederung der Verbindlichkeiten nach den DATEV-Kontenrahmen SKR 03 bzw. SKR 04 inhaltlich zu anderen Ergebnissen führen, da hierbei die jeweils vorliegenden Restlaufzeiten der Verbindlichkeiten für die Eingruppierung maßgebend sind. In diesem Fall müssten z. B. langfristige Bankdarlehen in der Phase des letzten Tilgungsjahres als „Verbindlichkeiten gegenüber Kreditinstituten – Restlaufzeit bis 1 Jahr" erfasst werden. Von einer solchen Vorgehensweise wird abgesehen, da sie für die bilanzanalytische Aufgabenstellung in diesem Lehrbuch nicht praktikabel ist.

Vorgehensweise Zur weiteren Erhöhung der Aussagefähigkeit wird die **Bilanzsumme = 100 %** gesetzt und von jeder Vermögens- und Schuldenposition der prozentuale Anteil an der Bilanzsumme (mit zwei Stellen hinter dem Komma) ermittelt und in eine separate Spalte neben den Euro-Betrag eingesetzt.

Dies bietet die Möglichkeit, die Entwicklung der einzelnen Bilanzpositionen und deren relative Veränderungen zur Bilanzsumme über mehrere Jahre in einem Zeitvergleich zu beobachten. Gleichzeitig können diese Werte auf der Basis eines Betriebsvergleichs den Durchschnittswerten der jeweiligen Branche gegenübergestellt werden.

1.3 Aufbereitung der Gewinn- und Verlustrechnung

Die Zahlen einer Bilanz geben nur den Status eines Unternehmens zu einem bestimmten Zeitpunkt an. Die Gewinn- und Verlustrechnung zeigt die Dynamik bzw. Ertragskraft des Unternehmens über einen bestimmten Zeitraum. Ein Unternehmen muss einen angemessenen Gewinn erzielen, um hieraus die notwendigen Beträge für die Privatentnahmen (Lebensunterhalt, Alters- und Krankenvorsorge und private Steuern) sowie für eine möglichst kontinuierliche Steigerung des Eigenkapitals zur Verfügung zu stellen. Insofern ist die Analyse und Beurteilung der Gewinn- und Verlustrechnung von großer Bedeutung für den Unternehmer.

Analyse der GuV

Für die Analyse ist es vorteilhaft, die Gewinn- und Verlustrechnung in der sog. Staffelform darzustellen. Man folgt hierbei aber nicht dem ggf. handelsrechtlich vorgeschriebenen Gliederungsschema, sondern der Zweckmäßigkeit der betriebswirtschaftlichen Analyse.

GuV in Staffelform

```
    Betriebsleistung
./. Materialaufwand
=   Rohertrag I
./. Personalaufwand
=   Rohertrag II
./. sonstige betriebliche Aufwendungen
=   Betriebsgewinn/-verlust
+   außerordentliche u. betriebsfremde Erträge
./. außerordentliche u. betriebsfremde Aufwendungen
=   Gesamtgewinn/-verlust
```

Um eine aussagefähige Analyse der Gewinn- und Verlustrechnung zu gewährleisten, müssen die Erträge und Aufwendungen, die nicht aus einem normalen und ungestörten Betriebsablauf stammen, abgegrenzt werden. Es handelt sich hierbei um die außerordentlichen/betriebsfremden Erträge und die außerordentlichen/betriebsfremden Aufwendungen (→ S. 43).

GuV-Aufbereitung

Ebenso wie bei der Analyse der Bilanz werden zu den absoluten Zahlen die Prozentzahlen (mit zwei Stellen hinter dem Komma) ermittelt und in eine separate Spalte neben den Euro-Betrag eingesetzt.

Dies ermöglicht, die Entwicklung von Aufwendungen und Erträgen über mehrere Perioden hinweg im Rahmen eines Zeitvergleichs zu verfolgen. In Ergänzung hierzu können die Aufwendungen und Erträge auch an den Durchschnittswerten der Branche in einem Betriebsvergleich gemessen werden.

JAHRESABSCHLUSS UND AUSWERTUNG

Bei der Analyse der Gewinn- und Verlustrechnung wird grundsätzlich die **Betriebsleistung = 100 %** gesetzt. Zur Betriebsleistung gehören außer den Umsatzerlösen auch die sonstigen betrieblichen Erlöse. Außerdem sind ggf. eingetretene Bestandsveränderungen bei den unfertigen Leistungen zu berücksichtigen. Von den betrieblichen Erlösen werden außerdem die an die Kunden gewährten Skonti abgezogen.

Die von Lieferanten gewährten Skontobeträge werden vom ausgewiesenen Materialeinsatz abgezogen, um den tatsächlichen Materialaufwand zu erhalten.

Die Gewinn- und Verlustrechnung lässt sich auch in Kontenform wie folgt darstellen.

GuV in Kontenform

GEWINN- und VERLUSTRECHNUNG	
AUFWAND	**ERTRAG**
Materialaufwand	Umsatzerlöse
Personalaufwand	+ Erhöhung bzw. ./. Minderung unfertige Leistungen
Sonstige betriebliche Aufwendungen	Sonstige betriebliche Erträge
Außerordentliche und betriebsfremde Aufwendungen	Außerordentliche und betriebsfremde Erträge
Aufwand < Ertrag =	Aufwand > Ertrag =
Gewinn	Verlust

Für Kapitalgesellschaften lässt das HGB allerdings ausschließlich die Staffelform mit genau vorgeschriebener Gliederung zu. Von dieser Darstellungsmöglichkeit machen heute auch immer mehr Unternehmen anderer Rechtsformen Gebrauch.

Bitte bearbeiten Sie abschließend die folgenden Aufgaben:

1. Warum ist eine Auswertung von Buchführung und Jahresabschluss notwendig?

2. Welche wesentlichen Unterlagen werden zur Durchführung einer Bilanzanalyse benötigt?

3. Wie wird bei der Bilanzanalyse methodisch vorgegangen?

JAHRESABSCHLUSS UND AUSWERTUNG

2. Spielräume bei Ansatz und Bewertung

Kompetenzen:
Der Lernende
- kann die allgemeinen Bewertungsgrundsätze für die Bewertung des Vermögens und der Schulden angeben,
- berücksichtigt die zu beachtenden Bilanzierungsgrundsätze bei der Erstellung des Jahresabschlusses,
- kann spezielle Bewertungsmaßstäbe, wie Anschaffungskosten, Herstellungskosten, Teilwert und Absetzungen für Abnutzung, erklären,
- erkennt die Maßgeblichkeit der Handelsbilanz für die Steuerbilanz und umgekehrt,
- versteht die bilanziellen Bewertungsvorschriften für das Betriebsvermögen und die betrieblichen Schulden und kann sie auf einen Beispielfall anwenden.

Eine wichtige Aufgabe der Inventur ist neben der körperlichen Erfassung und Auflistung des betrieblichen Vermögens und der Schulden auch deren Bewertung. Die Bewertung kann sich in entscheidendem Maße auf den Jahreserfolg auswirken. Falsche Bewertungen führen folglich zu einer falschen Darstellung der Vermögens-, Kapital- und Erfolgslage.

Bewertung als Aufgabe der Inventur

Der Gesetzgeber hat deshalb Bewertungsvorschriften erlassen, die im Handelsgesetzbuch (HGB) und im Einkommensteuergesetz (EStG) geregelt werden.

2.1 Bewertungsgrundsätze

2.1.1 Vorsichtsprinzip

Von großer Bedeutung ist der Gläubigerschutz. Daraus folgt, dass die Bewertung vorsichtig vorzunehmen ist. Alle zum Zeitpunkt der Bewertung erkennbaren Risiken sind entsprechend zu berücksichtigen. Aus dem Vorsichtsprinzip werden drei Grundsätze abgeleitet, die in der Praxis zu beachten sind:

Gläubigerschutz

1. Nicht realisierte Gewinne dürfen nicht ausgewiesen werden (Realisationsprinzip),
2. nicht realisierte Verluste müssen ausgewiesen werden (Imparitätsprinzip),

JAHRESABSCHLUSS UND AUSWERTUNG

3. Schulden sind auch dann schon auszuweisen, wenn sie der Höhe nach noch nicht genau feststehen. Für ungewisse Schulden sind vom Unternehmen Rückstellungen zu bilden.

Beispiel 1: Der Bilanzwert eines betrieblichen Grundstücks betrug zum Jahresanfang € 100 000,–. Durch gestiegene Grundstückspreise könnte das Grundstück für € 120 000,– veräußert werden. Da der Gewinn aber erst ausgewiesen werden darf, wenn er realisiert wurde (nach einem Verkauf), erscheint das Grundstück auch zum Jahresende in der Bilanz mit € 100 000,–. Die Wertsteigerung darf nicht berücksichtigt werden.

Beispiel 2: Die Anschaffungskosten der am Jahresende noch auf Lager befindlichen Waren betrugen € 20 000,–. Infolge gesunkener Preise würden die Wiederbeschaffungskosten der Waren zum Bilanzstichtag nur noch € 17 000,– betragen. Das bedeutet, dass die auf Lager befindlichen Waren zur Absicherung der Gläubigerforderungen einen geringeren Wert haben und in der Bilanz zum Jahresende mit € 17 000,– auszuweisen sind.

Beispiel 3: Typische Rückstellungen (→ S. 39) findet man in handwerklichen Betrieben für Gewerbesteuerabschlusszahlungen, Steuerberatungshonorare für die Erstellung des Jahresabschlusses oder für eventuelle Gewährleistungsverpflichtungen aus ausgeführten Aufträgen des Unternehmens.

Bewertungs-grundsätze

BEWERTUNGSGRUNDSÄTZE
- Vorsichtsprinzip
- Prinzip der Unternehmensfortführung
- Stichtagsprinzip
- Prinzip der Bewertungsstetigkeit
- Prinzip der Zeitraumbezogenheit
- Maßgeblichkeitsprinzip

2.1.2 Prinzip der Unternehmensfortführung

Prinzip der Unternehmensfortführung

Bei der Bewertung des Vermögens und der Schulden ist grundsätzlich davon auszugehen, dass das Unternehmen fortgeführt wird. Das bedeutet u. a., dass stille Reserven nicht ausgewiesen werden können.

Geht man nicht vom Fortbestand des Unternehmens aus, müsste man bei der Bewertung von Liquidationswerten für die einzelnen Vermögensposten ausgehen. Dies könnte trotz Beachtung des Vorsichtsprinzips ein allzu schlechtes Bild von der Vermögenslage des Unternehmens abgeben.

JAHRESABSCHLUSS UND AUSWERTUNG

2.1.3 Stichtagsprinzip

Entscheidend für die Bewertung sind die Verhältnisse am Bewertungsstichtag. Sie sind zu berücksichtigen, solange die Bilanz noch nicht erstellt ist (auch wenn der Betriebsinhaber hiervon erst nach dem Stichtag Kenntnis erlangt).

Stichtagsprinzip

Beispiel: Ein Unternehmer erhält von seinem Anwalt vor der Erstellung seines Jahresabschlusses am 20. Januar des Jahres 02 die Mitteilung, dass eine Forderung in Höhe von € 5 000,– endgültig als uneinbringlich betrachtet werden muss, da bereits am 10. Dezember 01 die Zahlungsunfähigkeit des Kunden festgestellt wurde. Dies hat zur Folge, dass die Forderung abzuschreiben ist und in der Bilanz zum Jahresende nicht mehr auftaucht. Die gewinnmindernde Abschreibung der uneinbringlichen Forderung geht noch zulasten der Bilanz des Jahres 01.

2.1.4 Prinzip der Bewertungsstetigkeit

Um die Vergleichbarkeit von Bilanzen zu gewährleisten, sind einmal gewählte Bewertungsmethoden (z. B. die lineare Abschreibung einer Maschine oder die leistungsbezogene Abschreibung eines Fahrzeuges) grundsätzlich beizubehalten. Von ihr darf ohne genaue Begründung nicht abgewichen werden (Grundsatz der Bilanzkontinuität).

Prinzip der Bewertungsstetigkeit

2.1.5 Prinzip der Zeitraumbezogenheit

Dieses Prinzip ist von Bedeutung für die Ermittlung des Gewinns oder Verlusts eines Abrechnungszeitraumes. Es besagt, dass Aufwendungen und Erträge ausschließlich von ihrer Zuordnung zu einem bestimmten Abrechnungszeitraum abhängen und nicht vom Zeitpunkt der Zahlungen für den jeweiligen Aufwand bzw. Ertrag. Um einen periodengerechten Erfolg zu gewährleisten, sind alle Aufwendungen und Erträge folglich in dem Jahr auszuweisen, in dem sie wirtschaftlich entstanden sind.

Prinzip der Zeitraumbezogenheit

Dieses Prinzip drückt sich auch in der buchungstechnischen Erfassung teilfertiger (unfertiger) Arbeiten zum Jahresende aus. Dadurch findet eine Korrektur des Ergebnisses der Gewinn- und Verlustrechnung statt, die dem Erfolg in der jeweiligen Abrechnungsperiode entspricht. Auch Rechnungsabgrenzungen sind Ausdruck dieses Prinzips.

Beispiel: Ein Betrieb least ein Fahrzeug am 1. Juli 03 für drei Jahre und leistet eine Mietsonderzahlung in Höhe von € 1 800,–. Von der Mietsonderzahlung kann zum 31. Dezember 03 nur ein Anteil von 6/36 (ein Sechstel) als Aufwand geltend gemacht werden. Der Rest ist als Aktive Rechnungsabgrenzung in die folgenden Jahre zu übertragen und kann anteilmäßig als Aufwand geltend gemacht werden.

2.1.6 Maßgeblichkeitsprinzip

Die Grundsätze der handelsrechtlichen und der steuerrechtlichen Bilanzierung sind nicht deckungsgleich: Zielsetzung der handelsrechtlichen Bewertungsvorschriften ist die Kapitalerhaltung und der Gläubigerschutz. Die

Maßgeblichkeitsprinzip

JAHRESABSCHLUSS UND AUSWERTUNG

steuerrechtlichen Bewertungsvorschriften stellen die Gewinnermittlung nach einheitlichen Vorschriften und eine gerechte Besteuerung in den Vordergrund. Durch das Maßgeblichkeitsprinzip soll eine Harmonisierung beider Bewertungsvorschriften erfolgen.

Geltung für Kaufleute

Die Bilanz, die nach dem HGB von jedem Kaufmann nach handelsrechtlichen Vorschriften erstellt werden muss, ist die sog. **Handelsbilanz**. Für die unter das HGB fallenden Unternehmen gilt daher die Maßgeblichkeit der Handelsbilanz:

Die Handelsbilanz bestimmt die Steuerbilanz.

Das hat zur Konsequenz, dass in der **Steuerbilanz** grundsätzlich keine niedrigeren Aktivwerte und keine höheren Passivwerte als in der Handelsbilanz angesetzt werden dürfen, so dass der steuerrechtliche Gewinn nicht niedriger sein kann als der handelsrechtliche Gewinn.

Beispiel: Ein im Handelsregister eingetragener Handwerksbetrieb will in seiner Handelsbilanz eine neue Maschine mit einer betriebsgewöhnlichen Nutzungsdauer von 15 Jahren linear abschreiben, da er aufgrund der Erfahrungen der Vergangenheit davon ausgeht, dass die Maschine über diesen Zeitraum wirtschaftlich sinnvoll in seinem Betrieb einsetzbar ist. In seiner Steuerbilanz will er sich an der Nutzungsdauer der AfA-Tabelle (8 Jahre) orientieren und von der degressiven Höchstabschreibung von 20 % Gebrauch machen; denn diese verursacht zunächst höhere Abschreibungen und damit niedrigere Gewinne und Steuern. Da die Handelsbilanz jedoch maßgeblich für die Steuerbilanz ist, kann auch in der Steuerbilanz nur die lineare AfA auf 15 Jahre verteilt angesetzt werden. Das heißt: will der Betrieb die steuerrechtlich zulässige Höchstabschreibung ansetzen, dann muss er sie auch in der Handelsbilanz anwenden (umgekehrte Maßgeblichkeit).

Geltung auch für Nichtkaufleute

Wonach müssen sich nun aber die Betriebe richten, die nicht unter das HGB fallen?

Hier baut § 5 Einkommensteuergesetz eine wichtige Brücke zwischen handelsrechtlichen und steuerlichen Bilanzierungsvorschriften. Dieser Paragraf verpflichtet alle buchführungspflichtigen Gewerbetreibenden, ganz gleich, ob sie unter das HGB fallen oder nicht, zum Schluss eines jeden Wirtschaftsjahres das Betriebsvermögen „nach den Grundsätzen ordnungsmäßiger Buchführung" anzusetzen. Damit wird der Bilanz nach handelsrechtlichen Vorschriften, der **Handelsbilanz** also, grundsätzlich **Vorrang gegenüber der Steuerbilanz** eingeräumt.

Auch für die nicht unter das HGB fallenden Gewerbetreibenden gilt grundsätzlich die Maßgeblichkeit der Handelsbilanz für die Steuerbilanz.

Jedoch sind auch folgende Gesichtspunkte hinsichtlich der Bewertungen in der Bilanz zu beachten:

Es gibt zahlreiche steuerliche Bestimmungen, nach denen Bewertungswahlrechte (z. B. bei der Wahl des Abschreibungsverfahrens) nur dann steuerlich anerkannt werden, wenn sie in der Handelsbilanz entsprechend

JAHRESABSCHLUSS UND AUSWERTUNG

berücksichtigt werden. Es sei denn, es wird ausdrücklich eine Ausnahme von diesem Grundsatz zugelassen.

Hierdurch kommt es zur sog. **umgekehrten Maßgeblichkeit** (Maßgeblichkeit der Steuerbilanz): Die Steuerbilanz bestimmt die Handelsbilanz.

Maßgeblichkeit der Steuerbilanz

Die Bilanzansätze in der Handelsbilanz werden, unbeschadet anderer handelsrechtlicher Wahlmöglichkeiten, praktisch von steuerlichen Vorschriften bestimmt. Dieses Bilanzierungsprinzip entspricht in der Praxis den Bilanzierungsgepflogenheiten im Handwerk. Im Handwerk wird daher allgemein nur eine einzige Bilanz, nämlich die sog. Einheitsbilanz, erstellt.

2.2 Bestandsbewertungen

Grundsätzlich gilt für die Aktiva das sog. Niederstwertprinzip und für die Passiva das sog. Höchstwertprinzip. In beiden Prinzipien drückt sich der Grundsatz des vorsichtigen Kaufmannes aus, der im Sinne des Gläubigerschutzes seine Vermögenswerte eher unter- und seine Fremdkapitalien eher überbewertet.

2.2.1 Bewertungsmöglichkeiten

Hier sind mehrere Arten von Bewertungsmöglichkeiten zu unterscheiden:

Bestandsbewertungen

Anschaffungskosten sind alle Aufwendungen, die geleistet werden, um ein Wirtschaftsgut zu erwerben und es für die betriebliche Verwendung nutzbar zu machen. Bei der Bewertung sind die Vorschriften von HGB und EStG inhaltsgleich. Sie errechnen sich folgendermaßen:

Anschaffungskosten

```
  Anschaffungspreis
./. Preisreduzierungen (z. B. Skonti)
  + Anschaffungsnebenkosten
  = Anschaffungskosten
```

- Der **Anschaffungspreis** ist grundsätzlich der vom Lieferer in Rechnung gestellte Nettobetrag für den Vermögenswert. Handelt es sich bei dem Vermögenswert um ein auch privat genutztes Betriebsfahrzeug, dann ist

121

Anschaffungs-kosten (Forts.)

der Anschaffungswert der Nettobetrag zuzüglich der hälftigen Umsatzsteuer.

- **Anschaffungskostenminderungen** sind alle Arten von Nachlässen wie Skonti, Boni, Rabatte, Preisnachlässe wegen Reklamationen. Diese werden in Abzug gebracht.
- **Anschaffungsnebenkosten** werden zum Anschaffungspreis hinzugerechnet und umfassen alle Ausgaben und Aufwendungen, um den Vermögensgegenstand betrieblich nutzen zu können. Dazu gehören Transportkosten, Verpackungskosten, Installationskosten, Anmeldekosten etc.
- **Fortgesetzte Anschaffungskosten** spielen insbesondere im Bereich des Anlagevermögens eine Rolle, wo durch die Vornahme von planmäßigen und außerplanmäßigen Abschreibungen der Wertverlust zu dokumentieren ist.
- Bei den **Herstellungskosten** sind die Vorschriften für die Bewertung in HGB und EStG nicht inhaltsgleich. Hinsichtlich der Herstellungskosten für selbst erstellte Wirtschaftsgüter gehen die steuerlichen Bestimmungen weiter als die handelsrechtlichen.

Handwerkstypische Unterscheidungskriterien bei Herstellungskosten	
Handelsgesetzbuch	Einkommensteuergesetz
Materialeinzelkosten	Materialeinzelkosten
Fertigungseinzelkosten	Fertigungseinzelkosten
Sondereinzelkosten der Fertigung	Sondereinzelkosten der Fertigung
= Pflichtansatz	Materialgemeinkosten
	Fertigungsgemeinkosten
Materialgemeinkosten	= Pflichtansatz
Fertigungsgemeinkosten	
Kosten der allgemeinen Verwaltung	Kosten der allgemeinen Verwaltung
= Wahlansatz	= Wahlansatz

Die obige Aufstellung zeigt, dass der Bewertungsspielraum im Handelsrecht höher ist als im Steuerrecht. Gleich lautende Bestimmungen gelten jedoch hinsichtlich des Ansatzverbotes für Vertriebskosten und Gewinne.

Teilwert

Eine besondere Bedeutung für die Bewertung hat der sog. **Teilwert.** Dies ist ein rein steuerlicher Begriff, der sich im Handelsgesetzbuch nur unvollständig wieder findet. Teilwert ist der Betrag, „den ein Erwerber des ganzen Betriebes im Rahmen des Gesamtkaufpreises für das einzelne Wirtschaftsgut ansetzen würde, dabei ist davon auszugehen, dass der Erwerber den Betrieb fortführt".

Der Teilwert richtet sich somit nach den Vorstellungen eines fiktiven Unternehmenserwerbers. Hier liegt verständlicherweise ein großer Entscheidungsspielraum für den handwerklichen Betriebsinhaber, wenn eine Teilwert-Bewertung zulässig ist.

JAHRESABSCHLUSS UND AUSWERTUNG

Abschreibungen (= Absetzung für Abnutzung; Abkürzung: AfA) sind Abschläge von den Anschaffungs- oder Herstellungskosten zur Berücksichtigung des technischen und wirtschaftlichen Werteverzehrs bei Wirtschaftsgütern, die aufgrund ihrer Beschaffenheit einer solchen Wertminderung ausgesetzt sind (z. B. Maschinen, Fahrzeuge, aber unter Umständen auch Materialbestände, Warenvorräte, erworbene Firmenwerte).

Abschreibungen

Die jährlichen Abschreibungsbeträge können entsprechend der betriebsgewöhnlichen Nutzungsdauer der jeweiligen Wirtschaftsgüter vom Betriebsinhaber nach eigenen Schätzungen im Voraus festgesetzt werden. Statt einer Schätzung kann er auch auf Richtwerte zurückgreifen, die von der Finanzverwaltung herausgegeben werden. Hiervon wird in der handwerklichen Praxis meistens auch Gebrauch gemacht.

Bei nicht planmäßigem Verlauf des veranschlagten Werteverzehrs (z. B. unvorhersehbarer Wertverlust einer Maschine durch neue Fertigungstechnologie) sind auch außerplanmäßige oder sog. Teilwert-Abschreibungen zulässig.

Teilwert-Abschreibung

Handelsrechtlich bestehen keine Beschränkungen hinsichtlich des zu wählenden Abschreibungsverfahrens, z. B. jährlich gleich bleibende, fallende oder sogar steigende Wertabschläge bzw. lineare, degressive oder progressive Abschreibungen. Steuerlich sind jedoch nur bestimmte Abschreibungsverfahren zugelassen. Darüber hinaus gibt es eine Vielzahl spezieller Sonderabschreibungen, über die der Unternehmer sich konkret bei seinem Steuerberater informieren sollte.

Bewertungserleichterungen

Bewertungserleichterungen weichen von dem Grundsatz ab, dass jeder Vermögensgegenstand einzeln zu bewerten ist. Nach dem Grundsatz der Wirtschaftlichkeit (→ S. 32) ist der Ansatz eines sog. Festwertes als Bewertungshilfe möglich. Dazu müssen jedoch bestimmte Voraussetzungen erfüllt sein.

Eine **Festwertbewertung** mit 40 bis 50 % der tatsächlichen Anschaffungskosten für Gegenstände des Sachanlagevermögens und der Roh- Hilfs- und Betriebsstoffe ist möglich, wenn

Festwertbewertung

- der Gesamtwert der zu bewertenden Wirtschaftsgüter für das Unternehmen von nachrangiger Bedeutung ist (höchstens 10 % der Bilanzsumme),
- die Gegenstände regelmäßig ersetzt werden,
- der Bestand dieser Gegenstände in seiner Größe, seinem Wert und seiner Zusammensetzung nur geringen Veränderungen unterliegt,
- alle drei Jahre eine körperliche Bestandsaufnahme durchgeführt wird.

Beispiele hierfür sind Maschinenwerkzeuge, Mess- und Prüfgeräte, Rechenmaschinen, Fässer, Flaschen, Flaschenkästen, Gerüstteile im Baugewerbe, Beleuchtungsanlagen, Ladeneinrichtung.

JAHRESABSCHLUSS UND AUSWERTUNG

Gruppenbewertung — Eine **Gruppenbewertung** ist bei gleichartigen Wirtschaftsgütern des Vorratsvermögens zu Durchschnittspreisen möglich. Wirtschaftsgüter sind gleichartig, wenn sie zur gleichen Warengattung gehören und annähernd preisgleich sind oder funktionsgleich und annähernd gleichwertig sind.

Beispiele dafür sind Roh-, Hilfs-, Betriebsstoffe, Waren, unfertige und fertige Erzeugnisse.

Verbrauchsfolgebewertung — Eine **Verbrauchs- bzw. eine Veräußerungsfolgebewertung** kann bei gleichartigen Wirtschaftsgütern des Vorratsvermögens erfolgen. Dabei wird handelsrechtlich zwischen mehreren Verfahren unterschieden:

- Bei der Lifo-Methode (last in/first out) wird unterstellt, dass die zuletzt gekauften oder hergestellten Güter zuerst verbraucht/verkauft wurden.
- Bei der Fifo-Methode (first in/first out) wird unterstellt, dass die zuerst gekauften oder hergestellten Güter zuerst verbraucht bzw. verkauft wurden.
- Bei der Hifo-Methode (highest in/first out) wird unterstellt, dass die Güter mit den höchsten Beschaffungspreisen zuerst verbraucht bzw. verkauft wurden.

Steuerrechtlich ist allerdings nur die Lifo-Methode zulässig.

2.2.2 Bewertung der Vermögens- und Schuldposten im Einzelnen

Die obigen Bewertungsgrundsätze und -maßstäbe finden in den handels- und steuerrechtlichen Bestimmungen zur Bewertung der einzelnen Vermögens- und Schuldposten im Inventar und in der Bilanz ihren konkreten Niederschlag.

Nicht abnutzbare Wirtschaftsgüter des Anlagevermögens

Grund und Boden — Im Handwerk fällt hierunter insbesondere Grund und Boden. Handels- und steuerrechtlich sind hier die Anschaffungskosten anzusetzen. Der einmal ermittelte Bilanzwert bleibt unverändert, auch wenn der Wert des Grundstücks steigt. Bei dauernder Wertminderung ist allerdings eine Abschreibung auf den niedrigeren Teilwert vorzunehmen (strenges Niederstwertprinzip).

Gewisse Ausnahmen bestehen nur für Einzelunternehmen oder Personengesellschaften. Die Herabsetzung auf den niedrigeren Teilwert kann unterbleiben, wenn die Wertminderung voraussichtlich nicht von Dauer ist (gemildertes Niederstwertprinzip). Steigt der Wert des Wirtschaftsgutes wieder, müssen in der Steuerbilanz Zuschreibungen bis zur Höhe der ursprünglichen Anschaffungskosten vorgenommen werden (Wertaufholungsgebot).

Abnutzbare Wirtschaftsgüter des Anlagevermögens

Die abnutzbaren Wirtschaftgüter des Anlagevermögens sind höchstens mit den Anschaffungskosten zu bewerten. Hierbei handelt es sich um unbewegliche (z. B. Gebäude) wie bewegliche Wirtschaftsgüter (z. B. Maschinen,

JAHRESABSCHLUSS UND AUSWERTUNG

Fuhrpark). Diese sind jährlich durch planmäßige Abschreibungen zu verringern. — **planmäßige Abschreibungen**

Liegen Gründe vor, die zu einem höheren Wertverlust führen, ist neben der planmäßigen Abschreibung eine außerplanmäßige Abschreibung auf den niedrigeren Teilwert erforderlich. Entfallen nachträglich die Gründe hierfür, hat eine Zuschreibung auf den höheren Teilwert zu erfolgen.

Bei den beweglichen Wirtschaftgütern des Anlagevermögens spielt in vielen Handwerksbetrieben die Vornahme steuerrechtlicher Sonderabschreibungsmöglichkeiten eine Rolle. Dies ist einerseits die Vollabschreibung der geringwertigen Wirtschaftsgüter (Nettowert bis € 410,–) im Jahr der Anschaffung, andererseits die 20-prozentige Sonderabschreibung für kleine und mittlere Betriebe nach vorheriger Ansparabschreibung.

Umlaufvermögen

Beim Umlaufvermögen unterscheidet man Vorräte, Außenstände, und Barmittel.

- **Vorräte** sind grundsätzlich mit ihren Anschaffungs- bzw. Herstellungskosten zu bilanzieren. Ist ihr Wert am Bilanzstichtag dauerhaft gesunken, ist eine Abschreibung auf den niedrigeren Teilwert (Wiederbeschaffungswert) vorzunehmen. — **Vorräte**

- **Außenstände** sind in drei Gruppen zu unterteilen: — **Außenstände**
    - Einwandfreie Forderungen sind mit ihren Anschaffungskosten (Bruttobetrag) auszuweisen. Gegebenenfalls ist das allgemeine Risiko von uneinbringlichen Forderungen (Delkredere-Risiko) durch Abschreibungen auf den Netto-Forderungswert zu erfassen.
    - Zweifelhafte Forderungen werden buchungstechnisch von den einwandfreien Forderungen getrennt und einzeln wertberichtigt (ohne Umsatzsteuerkorrektur), um das spezielle Forderungsausfallrisiko einzelner zweifelhafter Forderungen zu erfassen.
    - Uneinbringliche Forderungen werden einzeln abgeschrieben bei gleichzeitiger Berichtigung der Umsatzsteuer.

- **Barmittel** sind mit dem jeweiligen Nennbetrag anzusetzen. — **Barmittel**

2.2.3 Bewertung der Kapitalien im Einzelnen

Das Kapital unterteilt sich grundsätzlich in Eigenkapital und Fremdkapital.

Der Wert des **Eigenkapitals** ergibt sich durch Subtraktion des Fremdkapitals vom Betriebsvermögen (→ S. 37). Wird das Eigenkapital im Laufe des Jahres durch Privatentnahmen gemindert oder durch Privateinlagen gemehrt, so richtet sich die Wertänderung nach dem Teilwert der jeweiligen Einlage bzw. Entnahme. — **Eigenkapital**

Das **Fremdkapital** ist grundsätzlich mit dem Rückzahlungsbetrag zu bilanzieren. Beispiel: Ist bei einem Darlehen der ausgezahlte Betrag geringer als die geschuldete Darlehenssumme (Disagio), ist das Darlehen in der Bilanz mit der kompletten Darlehenssumme auszuweisen. Die Differenz zwischen — **Fremdkapital**

JAHRESABSCHLUSS UND AUSWERTUNG

der Darlehenssumme und dem Auszahlungsbetrag ist als Aktive Rechnungsabgrenzung zu erfassen, die über die Laufzeit des Darlehens abgeschrieben wird.

Bitte bearbeiten Sie abschließend die folgenden Aufgaben:

1. Bei der Inventur muss eine Bewertung vorgenommen werden. Was wird bewertet und zu welchem Zweck?

2. Erklären Sie anhand von je einem Beispiel, welche Bewertungsgrundsätze bei der Bilanz aus dem Prinzip des Gläubigerschutzes abgeleitet sind.

3. Nehmen Sie Stellung zu der Aussage: „Die Handelsbilanz bestimmt die Steuerbilanz."

3. Auswertung von Bilanz und Gewinn- und Verlustrechnung

> **Kompetenzen:**
>
> Der Lernende
> - kann mithilfe der Bilanz die Vermögens- und Kapitalstruktur eines Unternehmens aufzeigen und beurteilen,
> - kann aus den Buchführungszahlen die Entwicklung des Eigenkapitals darstellen und beurteilen,
> - kann anhand von Bilanzwerten die Liquidität bzw. die Zahlungsfähigkeit eines Unternehmens ermitteln und bewerten,
> - kann aus der Bilanz sowie der Gewinn- und Verlustrechnung Kennzahlen errechnen und beurteilen.

3.1 Analyse und Beurteilung der Bilanz

3.1.1 Vergleich zweier Bilanzen

Für den Handwerksunternehmer ist es wichtig, die Entwicklung der Vermögens- und Schuldenpositionen seines Betriebes zu beobachten und zu beurteilen. Hierzu stellt man mindestens zwei Bilanzen von aufeinander folgenden Jahren gegenüber. Dies soll mithilfe von Zahlen des Handwerksunternehmens Schneider beispielhaft dargestellt werden (→ Bilanzvergleich auf der nächsten Seite).

Bilanzvergleich

Die beiden gegenübergestellten Bilanzen zum 31.12.01 und 31.12.02 lassen bereits eine erste grobe Beurteilung zu. Hierbei stützt man sich zunächst auf die Entwicklung der Wertgrößen in Euro, also auf absolute Zahlen. Im vorliegenden Fall ist beim Vergleich beider Bilanzstichtage festzustellen:

- Die Bilanzsumme ist gewachsen,
- das Eigenkapital hat in geringem Umfang zugenommen,
- die Position „Lkw" hat sich wertmäßig mehr als verdoppelt,
- der Materialbestand wurde merklich vergrößert,
- die flüssigen Mittel sind geschrumpft,
- die langfristigen und auch die kurzfristigen Verbindlichkeiten haben deutlich zugenommen.

Eine solche Vorgehensweise ist aber immer nur der erste Schritt. Interessanter ist der Vergleich von relativen Zahlen bzw. Prozentwerten.

JAHRESABSCHLUSS UND AUSWERTUNG

Handwerksunternehmen Schneider
Interner Bilanzvergleich (Zeitvergleich)

AKTIVA		31.12.01 €	%	31.12.02 €	%
I.	**Anlagevermögen**				
	Unbebaute Grundstücke	46 500,00	10,13	46 500,00	8,99
	Geschäftsbauten	197 300,00	42,97	191 100,00	36,93
	Maschinen	31 200,00	6,80	26 100,00	5,04
	Lkw	20 300,00	4,42	43 500,00	8,41
	Betriebs- u. Geschäftsausstattung	4 200,00	0,91	3 100,00	0,60
II.	**Umlaufvermögen**				
	Materialbestand*)	26 770,00	5,83	38 600,00	7,46
	Unfertige Leistungen	8 300,00	1,81	10 400,00	2,01
	Forderungen aus Lieferg. u. Leistg.	108 613,00	23,66	144 832,00	27,99
	Sonstige Vermögensgegenstände	320,00	0,07	175,00	0,03
	Postbank	12 041,00	2,62	9 567,00	1,85
	Kasse	2 943,00	0,64	2 469,00	0,48
III.	**Rechnungsabgrenzung**				
	Aktive Rechnungsabgrenzung	620,00	0,14	1 100,00	0,21
		459 107,00	100,00	517 443,00	100,00

PASSIVA		31.12.01 €	%	31.12.02 €	%
I.	**Eigenkapital**				
	Variables Eigenkapital	124 516,00	27,12	130 633,00	25,25
II.	**Rückstellungen**				
	Gewerbesteuerrückstellung**)	1 800,00	0,39	2 000,00	0,39
III.	**Fremdkapital**				
	Verbindl. gegenüber Kreditinst. (langfr.)	191 600,00	41,73	204 800,00	39,58
	Verbindl. gegenüber Kreditinst. (kurzfr.)	54 849,00	11,95	69 433,00	13,42
	Verbindl. aus Lieferg. u. Leistg.	75 080,00	16,35	97 582,00	18,86
	Verbindl. Lohn- u. Kirchensteuer	1 634,00	0,36	1 765,00	0,34
	Verbindl. soziale Sicherheit	3 277,00	0,71	3 978,00	0,77
	Sonstige Verbindlichkeiten	375,00	0,08	280,00	0,05
	Umsatzsteuer laufendes Jahr	5 976,00	1,30	6 972,00	1,35
		459 107,00	100,00	517 443,00	100,00

*) Unter „Materialbestand" werden alle Bestände an Roh-, Hilfs- und Betriebsstoffen/Erzeugnissen und Waren zusammengefasst, die für den handwerklichen Leistungsprozess vorgesehen sind.

**) Die Gewerbesteuerrückstellung ist im Allgemeinen von mittelfristiger Dauer, da zwischen dem Bilanzstichtag und der Rückstellungsauflösung durch Gewerbesteuerzahlung im Regelfall mehr als drei Monate liegen. Deshalb bleibt sie im Rahmen von Liquiditätsberechnungen unberücksichtigt.

JAHRESABSCHLUSS UND AUSWERTUNG

Handwerksunternehmen Schneider
Externer Bilanzvergleich (Betriebsvergleich)

AKTIVA		31.12.02 €	%	BV*) %
I.	**Anlagevermögen**			
	Unbebaute Grundstücke	46 500,00	8,99	7,4
	Geschäftsbauten	191 100,00	36,93	32,8
	Maschinen	26 100,00	5,04	10,3
	Lkw	43 500,00	8,41	5,7
	Betriebs- u. Geschäftsausstattung	3 100,00	0,60	2,1
II.	**Umlaufvermögen**			
	Materialbestand	38 600,00	7,46	6,6
	Unfertige Leistungen	10 400,00	2,01	5,2
	Forderungen aus Lieferungen u. Leistungen	144 832,00	27,99	26,1
	Sonstige Vermögensgegenstände	175,00	0,03	0,2
	Postbank	9 567,00	1,85	2,9
	Kasse	2 469,00	0,48	0,3
III.	**Rechnungsabgrenzung**			
	Aktive Rechnungsabgrenzung	1 100,00	0,21	0,4
		517 443,00	100,00	100,0

PASSIVA		31.12.02 €	%	BV*) %
I.	**Eigenkapital**			
	Variables Eigenkapital	130 633,00	25,25	28,3
II.	**Rückstellungen**			
	Gewerbesteuerrückstellung	2 000,00	0,39	0,5
III.	**Fremdkapital**			
	Verbindl. gegenüber Kreditinstituten (langfr.)	204 800,00	39,58	36,9
	Verbindl. gegenüber Kreditinstituten (kurzfr.)	69 433,00	13,42	16,5
	Verbindlichkeiten aus Lieferungen u. Leistungen	97 582,00	18,86	15,1
	Verbindlichkeiten Lohn- u. Kirchensteuer	1 765,00	0,34	0,4
	Verbindlichkeiten soziale Sicherheit	3 978,00	0,77	0,8
	Sonstige Verbindlichkeiten	280,00	0,05	0,3
	Umsatzsteuer laufendes Jahr	6 972,00	1,35	1,2
		517 443,00	100,00	100,0

*) Prozentwerte aus dem Betriebsvergleich (Branchenwerte)

JAHRESABSCHLUSS UND AUSWERTUNG

Im zugrunde liegenden Beispiel hat das für ein Unternehmen so wichtige Eigenkapital absolut zugenommen. Wenn man aber bedenkt, dass der Anteil des Eigenkapitals am Gesamtkapital von 27,12 % auf 25,25 % abgenommen hat, kann eine Beurteilung nicht mehr ganz so positiv ausfallen.

Sollen Bilanzen über viele Jahre hin verglichen werden, wird deutlich, dass nur noch dann eine aussagekräftige Bewertung vorgenommen werden kann, wenn relative Zahlen als Vergleichsgrößen zur Verfügung stehen.

Bilanzkennzahlen

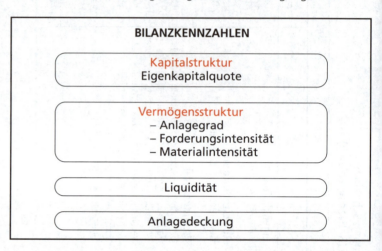

Einige wichtige Bilanzkennzahlen werden im Folgenden erläutert. Dabei wird zwischen Aussagen über die Kapitalstruktur und die Vermögensstruktur der Bilanz unterschieden. Außerdem wird der Blick auf die Liquidität, d. h. die Zahlungsfähigkeit eines Unternehmens, gelenkt und die Anlagedeckung analysiert.

3.1.2 Kapitalstruktur und Eigenkapitalentwicklung

Kapitalstruktur Bei der Untersuchung der Kapitalstruktur ist zunächst die Eigenkapitalquote von Bedeutung.

Eigenkapitalquote

Bei dieser Kennzahl wird die Passivseite der Bilanz (Kapitalherkunft) betrachtet. Die Eigenkapitalquote bezeichnet den Anteil der eigenen Mittel am Gesamtkapital eines Unternehmens. Je höher der Anteil der eigenen Mittel am Gesamtkapital eines Unternehmens ist, umso weniger ist das Unternehmen von Fremdmitteln und damit auch Einflüssen Außenstehender abhängig. Je höher das Eigenkapital, desto geringer sind die Fremdkapitalzinsen und der Liquiditätsabfluss durch Tilgungen. Deshalb macht diese Kennzahl eine Aussage über den Grad der finanziellen Unabhängigkeit.

Ein hohes Eigenkapital ist besonders in Krisenzeiten wichtig, weil es die Stabilität des Unternehmens begünstigt. Zudem legen die Banken bei der Kreditvergabe gesteigerten Wert auf einen hinreichenden Eigenkapitaleinsatz in den Unternehmen (→ S. 413).

JAHRESABSCHLUSS UND AUSWERTUNG

Die Eigenkapitalquote wird nach folgender Formel berechnet:

$$\frac{\text{Eigenkapital} \times 100}{\text{Gesamtkapital (Bilanzsumme)}} = \%$$

Eigenkapitalquote

Umgekehrt kann das Fremdkapital ins Verhältnis zum Gesamtkapital gesetzt werden. Dies ergibt die sog. **Fremdkapitalquote,** die den Verschuldungsgrad des Unternehmens ausdrückt.

Für den Betrieb Schneider lässt sich anhand der beiden Bilanzen Folgendes feststellen:

	31.12.01	31.12.02
Eigenkapital	€ 124 516,–	€ 130 633,–
Bilanzsumme	€ 459 107,–	€ 517 443,–
	$\frac{124\,516{,}- \times 100}{459\,107{,}-}$	$\frac{130\,633{,}- \times 100}{517\,443{,}-}$
Eigenkapitalquote	= 27,12 %	= 25,25 %

Die Eigenkapitalquote hat sich binnen Jahresfrist verschlechtert. Das bedeutet, dass die Unabhängigkeit des Unternehmens geringer geworden ist. Bei einem externen Bilanzvergleich stellt man zudem fest, dass die Eigenkapitalquote des Betriebs im Jahr 02 in nicht unwesentlichem Maß unter dem Branchendurchschnitt liegt.

 Hinweise:

Bei einer zu geringen Eigenkapitalquote bzw. bei einem starken Abfall des Eigenkapitals können folgende Maßnahmen ergriffen werden:

- Einlagen aus dem Privatvermögen,
- Reduzierung der Privatentnahmen; diese sollten geringer als der Gewinn sein,
- Aufnahme eines Gesellschafters,
- Abbau von zu hohen Materialbeständen, zu hohem Anlagevermögen, zu hohen Kundenforderungen und, durch den Geldzufluss, Abbau des Fremdkapitals.

Eigenkapitalentwicklung

Die Eigenkapitalentwicklung zeigt, um wie viel das Eigenkapital zwischen zwei Bilanzstichtagen zu- oder abgenommen hat. Weiterhin soll diese Berechnung zeigen, worauf diese Zu- oder Abnahme zurückzuführen ist. Wie schon ausgeführt, ist es sinnvoll für den Unternehmer, seinen Betrieb mit möglichst viel Eigenkapital auszustatten: Der Unternehmer, der nach einer

Eigenkapitalentwicklung

JAHRESABSCHLUSS UND AUSWERTUNG

möglichst hohen Unabhängigkeit von fremden Geldgebern strebt, sollte darauf achten, dass sein Eigenkapital von Jahr zu Jahr wächst.

Im vorliegenden Fallbeispiel stellt sich die Entwicklung des Eigenkapitals in den Jahren 01 und 02 in folgender Weise dar:

Entwicklung Eigenkapital

	Jahr 01	Jahr 02
Eigenkapital am 1. 1.:	€ 122 454,–*)	€ 124 516,–
+ steuerlicher Gewinn	€ 112 983,–	€ 102 203,–
= Zwischensumme I	€ 235 437,–	€ 226 719,–
./. Privatentnahmen	€ 114 359,–	€ 98 446,–
= Zwischensumme II	€ 121 078,–	€ 128 273,–
+ Privateinlagen	€ 3 438,–	€ 2 360,–
Eigenkapital am 31. 12.:	€ 124 516,–	€ 130 633,–

*) Lt. Bilanz zum 31. 12. 00

Das Eigenkapital ist im Laufe des Jahres 01 um € 2 062,– gestiegen. Im Jahr 02 betrug die Zunahme € 6 117,–, obwohl ein um € 10 780,– niedriger Gewinn als im Jahr zuvor erwirtschaftet wurde.

Privatentnahmen/ Privateinlagen

Bei der Frage, ob die Privatentnahmen in einem gesunden Verhältnis zu dem erwirtschafteten Gewinn stehen, muss der Saldo aus Privatentnahmen und -einlagen in Relation zum erwirtschafteten Gewinn gesehen werden.

Bei der Beurteilung, ob die Privatentnahmen angemessen sind, spielen aber auch noch andere Faktoren eine Rolle, z. B.:

- Sind in absehbarer Zeit große Investitionen vorgesehen?
- Wie groß ist die Abhängigkeit von fremdem Kapital (Verhältnis Eigenkapital zu Fremdkapital)?
- Wie sind die Erwartungen hinsichtlich der konjunkturellen oder branchenbezogenen Entwicklung?

Aufgliederung der Privatentnahmen

Bei relativ hohen Privatentnahmen ist es ratsam, noch eine **Aufgliederung der Privatentnahmen** und ggf. auch der **Privateinlagen** der Eigenkapitalentwicklung beizufügen. Gerade die nähere Betrachtung der Privatentnahmen lässt Rückschlüsse auf eine solide oder unsolide Führung des Unternehmens bzw. auf eine angemessene oder weniger angemessene Lebensführung des Unternehmers zu.

Hohe Privatentnahmen werden nicht negativ beurteilt, wenn sie durch Steuerzahlungen, Steuernachzahlungen, Geldanlagen im privaten Sektor, angemessene Zahlungen für Lebensversicherungen und Krankenvorsorge verursacht wurden. Wenn aber ein großer Teil hoher Privatentnahmen für Lebenshaltungskosten angefallen ist, wird sich das vor allen Dingen in anstehenden Gesprächen mit der Bank als belastend und für weitere Kreditverhandlungen als hinderlich erweisen.

JAHRESABSCHLUSS UND AUSWERTUNG

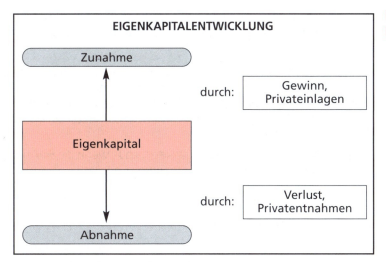

Beispiele für Eigenkapitalentwicklung

Die Privatentnahmen im zugrunde liegenden Beispielbetrieb setzen sich in den Jahren 01 und 02 wie folgt zusammen:

	Jahr 01	Jahr 02
Privatentnahmen		
Lebenshaltungskosten	€ 42 577,–	€ 42 754,–
Private Risikovorsorge	€ 14 638,–	€ 14 837,–
Einkommen- u. Kirchensteuern einschl. Solidaritätszuschlag	€ 27 328,–	€ 25 322,–
Haus- u. Grundstücksaufwendungen für das eigengenutzte Wohnhaus	€ 2 816,–	€ 2 933,–
Zins- und Tilgungsbelastungen aus der Wohnhausfinanzierung	€ 12 600,–	€ 12 600,–
Private Vermögensbildung	€ 14 400,–	
Insgesamt	€ 114 359,–	€ 98 446,–
Privateinlagen		
Erstattung zu viel gezahlte Einkommen- und Kirchensteuer einschl. Solidaritätszuschlag	€ 1 658,–	€ 2 360,–
Entschädigungsleistung der Hausratversicherung	€ 1 780,–	
Insgesamt	€ 3 438,–	€ 2 360,–

Entwicklung Privatentnahmen/-einlagen

Die Privatentnahmen sind im Jahr 02 deutlich geringer ausgefallen als im Vorjahr, obwohl die Lebenshaltungskosten und andere Entnahmeposten weiter gestiegen sind. Dies ist mit dem Verzicht auf private Vermögensbil-

JAHRESABSCHLUSS UND AUSWERTUNG

dung im Jahr 02 zu begründen. Durch die niedrigeren Privatentnahmen wurde immerhin erreicht, dass das Eigenkapital weiter zunehmen konnte.

▶ Hinweise:
- Ein betriebswirtschaftlich sinnvolles Anwachsen des Eigenkapitals liegt vor, wenn sich das Eigenkapital vermehrt hat, weil ein Gewinn vorlag und die Entnahmen – nach Abzug der Einlagen – kleiner als der Gewinn waren. Die Höhe der Entnahmen hat sich also in erster Linie an der Höhe des Gewinns auszurichten.
- Bei einem Verlust wächst das Eigenkapital nur, wenn die Einlagen größer als die Summe aus Verlust und Entnahmen sind.

3.1.3 Vermögensstruktur

Vermögensstruktur Von Vermögensstruktur spricht man, wenn es um die Zusammensetzung des Gesamtvermögens geht. Die Vermögensstruktur ist in erster Linie abhängig von der Art des Gewerbes. Beispiel: Ein Zulieferbetrieb der Automobilindustrie wird in der heutigen Zeit einen ständig zu modernisierenden Maschinenpark unterhalten. So ist anzunehmen, dass das Anlagevermögen den größten Teil des Gesamtvermögens ausmacht.

Anlagegrad

Als erste Kennzahl zur Ermittlung der Vermögensstruktur soll das Verhältnis des Anlagevermögens zur Bilanzsumme behandelt werden. Welcher Vermögensanteil des Betriebes ist in Anlagegütern gebunden? Dieses Verhältnis wird Anlagegrad genannt. Grundsätzlich sollte das Anlagevermögen möglichst gering sein, da hierdurch Kapital langfristig gebunden wird.

Bei einem zu hohen Anlagevermögen kann ein erhebliches Problem entstehen, wenn die Auftragslage schlechter wird und die Betriebskapazitäten nicht genügend ausgelastet sind.

Beurteilung der Größe des Anlagevermögens Angenommen, das Anlagevermögen wurde mit hohem Fremdkapitaleinsatz angeschafft, dann müssen in jedem Fall die Zinsen und die Tilgungen erbracht werden. Andererseits deutet ein zu geringes Anlagevermögen unter Umständen auf einen zu geringen technischen Stand bzw. Rationalisierungsgrad hin.

Das Unternehmen befindet sich demnach in einem Dilemma. Das Anlagevermögen soll möglichst gering sein, um flexibel gegenüber Beschäftigungsschwankungen zu sein. Andererseits soll das Unternehmen aber über eine angemessene Betriebsausstattung verfügen, damit es seine Handwerksleistung kostengünstig und somit konkurrenzfähig erbringen kann.

Gerade beim Anlagegrad muss neben dem internen Vergleich bzw. Zeitvergleich auch ein Vergleich mit Branchenzahlen, also ein **Betriebsvergleich**, vorgenommen werden. Der branchenübliche Anlagegrad kann als Maßstab zur Beurteilung der Angemessenheit des Anlagevermögens dienen. Weiter muss berücksichtigt werden, dass Unternehmen, die erst seit

JAHRESABSCHLUSS UND AUSWERTUNG

kurzer Zeit tätig sind, tendenziell einen höheren Anlagegrad aufweisen als ältere Unternehmen.

Der Anlagegrad wird mithilfe des folgenden Rechenweges festgestellt:

$$\frac{\text{Anlagevermögen} \times 100}{\text{Gesamtvermögen (Bilanzsumme)}} = \%$$ **Anlagegrad**

Im Nachfolgenden wird aus den Bilanzwerten des Betriebs Schneider der Anlagegrad der Jahre 01 und 02 ermittelt:

Das Anlagevermögen in den Jahren 01 und 02 setzt sich folgendermaßen zusammen:		
	31. 12. 01	31. 12. 02
Unbebaute Grundstücke	€ 46 500,–	€ 46 500,–
Geschäftsbauten	€ 197 300,–	€ 191 100,–
Maschinen	€ 31 200,–	€ 26 100,–
Lkw	€ 20 300,–	€ 43 500,–
Betriebs- u. Geschäftsausstattung	€ 4 200,–	€ 3 100,–
Insgesamt:	€ 299 500,–	€ 310 300,–
Gesamtvermögen (Bilanzsumme)	€ 459 107,–	€ 517 443,–
	$\frac{€\ 299\ 500,- \times 100}{€\ 459\ 107,-}$	$\frac{€\ 310\ 300,- \times 100}{€\ 517\ 443,-}$
Anlagegrad	= 65,24 %	= 59,97 %

Der Anlagegrad des Betriebes hat sich im Jahre 02 gegenüber dem Vorjahr verringert, obwohl das Anlagevermögen von € 299 500,– auf € 310 300,– gestiegen ist. Die Ursache für den geringer gewordenen Anlagegrad ist das deutlich gewachsene Umlaufvermögen und die damit verbundene merkliche Steigerung der Bilanzsumme bzw. des Gesamtvermögens. **Beurteilung des Anlagegrads**

Im Vergleich mit dem Branchenwert von 58,3 % (Summe des Anlagevermögens als Prozentwert = Anlagegrad) ist festzustellen, dass der Anlagegrad im Jahr 02 über dem Branchendurchschnitt gelegen hat.

 Hinweise:

Sollte ein ständig wachsender Anlagegrad deutlich über dem Branchendurchschnitt vorliegen, müssen Gegenmaßnahmen eingeleitet werden:
- Verkauf von nicht betriebsnotwendigen Anlagegütern (zu großer Bestand an Fahrzeugen, kaum genutzte Maschinen und Geräte, nicht genutzte Grundstücke und/oder Gebäudeteile),
- besonders kritische Prüfung von geplanten Neuinvestitionen daraufhin, ob sie tatsächlich erforderlich sind.

Forderungsintensität

Ein besonders wichtiger Posten im Umlaufvermögen sind die Forderungen. Die Liquidität wird bei zu hohen Kundenforderungen verringert und

JAHRESABSCHLUSS UND AUSWERTUNG

Einfluss auf die Liquidität demzufolge die Abhängigkeit von Lieferanten und Banken vergrößert. Außerdem wächst bei überhöhten Außenständen naturgemäß auch das Ausfallrisiko, d. h., es wächst die Gefahr, dass Kunden ihren Zahlungsverpflichtungen nicht nachkommen.

In der Regel hat z. B. ein Friseurbetrieb oder eine Bäckerei kaum hohe Forderungen, weil in diesen Handwerkszweigen das Bargeschäft überwiegt. Bauhandwerker müssen allerdings damit rechnen, dass die Forderungen zwei bis drei Monatsumsätze betragen. Die Höhe der Kundenforderungen sollte dem Branchendurchschnitt entsprechen.

In Handwerksbranchen mit hohen Außenständen sollte die Entwicklung der Forderungen durch die Kennzahl „Forderungsintensität" beobachtet werden, deren Berechnung auf folgende Weise vorgenommen wird:

Forderungsintensität

$$\frac{\text{Forderungen} \times 100}{\text{Gesamtvermögen (Bilanzsumme)}} = \%$$

Die Forderungsintensität im vorliegenden Beispiel betrug an den beiden Bilanzstichtagen:

	31.12.01	31.12.02
Forderungen aus Lieferungen u. Leistungen	€ 108 613,–	€ 144 832,–
Gesamtvermögen (Bilanzsumme)	€ 459 107,–	€ 517 443,–
	$\frac{108\,613{,}- \times 100}{459\,107{,}-}$	$\frac{144\,832{,}- \times 100}{517\,443{,}-}$
Forderungsintensität	= 23,66 %	= 27,99 %

Beurteilung der Forderungsintensität Im Zeitvergleich sind die Kundenforderungen absolut wie relativ gestiegen. Zudem liegt im Jahr 02 die Forderungsintensität über dem Vergleichswert der Branche. Dies ist eine bedenkliche Entwicklung, da Kundenforderungen entweder durch die Verringerung der eigenen flüssigen Mittel oder durch fremde Mittel finanziert werden müssen.

Dies wird deutlich, wenn man sich vorstellt, dass der Betrieb bei der Erstellung der Leistung für den Kunden Ausgaben für Material, Personal etc. hatte. Zu hohe Forderungen schmälern also entweder die eigenen Barmittel und/oder vergrößern die Schulden bei den Lieferanten oder den Kreditinstituten. Es sollte stets das Ziel verfolgt werden, den Forderungsbestand so niedrig wie möglich zu halten.

Hinweise:

Zum Abbau von Forderungen bieten sich folgende Maßnahmen an:

- laufende/regelmäßige Rechnungserstellung[1] (korrekte Stundenzettel, Materialscheine),
- schriftliche Auftragsbestätigungen, Auftragserweiterungen schriftlich bestätigen lassen,
- Kundenreklamationen nachgehen,
- bei größeren Aufträgen Abschlagszahlungen vereinbaren und anfordern, vorher Bonität des Kunden überprüfen,
- Mahnwesen wirksamer gestalten.

Materialintensität

Der Einsatz von Materialien kommt im Handwerk je nach Branchenzugehörigkeit in unterschiedlicher Form und Intensität vor. Um das betriebsspezifische Leistungsangebot erbringen zu können, müssen die dazu erforderlichen Materialien bevorratet werden. Ein zu hoher Materialbestand bindet Kapital. Auch geht bei einem zu hohen Bestand häufig die Übersicht verloren. Die Kosten der Lagerhaltung, wie etwa Personal- und Raumkosten, steigen.

Probleme der Bevorratung

Handwerksbetriebe, die sehr werthaltige Materialien oder branchenbedingt einen wertmäßig hohen Lagerbestand vorhalten, sollten den Stand und die Entwicklung des Materialbestandes mithilfe der Kennzahl „Materialintensität" verfolgen.

Der hierfür benötigte durchschnittliche Materialbestand ergibt sich aus dem jeweiligen Anfangs- und Endbestand eines Geschäftsjahres:

$$\frac{\text{Materialbestand am 01.01.} + \text{31.12.}}{2}$$

Die Materialintensität wird auf folgendem Rechenweg ermittelt:

$$\frac{\text{Durchschn. Materialbestand} \times 100}{\text{Gesamtvermögen (Bilanzsumme)}} = \%$$

Für den Betrieb Schneider lässt sich hierzu Folgendes feststellen:

---

[1] Gerade in kleinen Handwerksbetrieben kommt es vor, dass der Inhaber die Rechnungserstellung „vor sich herschiebt". Oft werden dann erst zum Jahresende oder im Januar des Folgejahres die Rechnungen für die Leistungen der letzten Wochen oder sogar Monate geschrieben. Dann ist es kein Wunder, wenn in der Bilanz ein hoher Forderungsbestand ausgewiesen wird.

JAHRESABSCHLUSS UND AUSWERTUNG

	Jahr 01	Jahr 02
Materialbestand am 01.01.	€ 27 150,–*)	€ 26 770,–
Materialbestand am 31.12.	€ 26 770,–	€ 38 600,–
	$\dfrac{27\,150{,}- + 26\,770{,}-}{2}$	$\dfrac{26\,770{,}- + 38\,600{,}-}{2}$
Durchschn. Materialbestand	= € 26 960,–	= € 32 685,–
Gesamtvermögen (Bilanzsumme)	€ 459 107,–	€ 517 443,–
	$\dfrac{26\,960{,}- \times 100}{459\,107{,}-}$	$\dfrac{32\,685{,}- \times 100}{517\,443{,}-}$
Materialintensität	= 5,87 %	= 6,32 %

*) Lt. Bilanz zum 31.12.00

Beurteilung der Materialintensität Der durchschnittliche Materialbestand hat sich im Jahr 02 gegenüber dem Vorjahr deutlich erhöht. Dies hat dazu geführt, dass trotz gleichzeitiger Zunahme der Bilanzsumme die Materialintensität im Jahr 02 höher ist als ein Jahr zuvor.

 Hinweise:

Bei einem zu hohen Materialbestand bieten sich folgende Möglichkeiten zum Lagerabbau an:

- systematische Lagerbestandskontrolle vornehmen,
- auftragsbezogene Einkäufe durchführen,
- regelmäßig Preise von verschiedenen Lieferanten einholen.

3.1.4 Liquidität

Die Liquiditätsberechnung dient der Ermittlung der Zahlungsfähigkeit des Betriebes. Ein Betrieb ist dann liquide, wenn er jederzeit für die fälligen Zahlungsverpflichtungen genügend Zahlungsmittel zur Verfügung hat. Die Schaffung und Erhaltung der Liquidität ist eine der wichtigsten unternehmerischen Aufgaben des selbstständigen Handwerkers.

Bedeutung der Liquidität Ist die Liquidität nicht in ausreichendem Maß vorhanden, besteht für das Unternehmen die Gefahr, an Ansehen zu verlieren, denn kein Gläubiger (Banken/Lieferanten/Finanzamt/Krankenkassen) wartet gern auf sein Geld. Selbst wenn mit Verspätung doch noch gezahlt wird, leidet das Image des Unternehmens für eine lange Zeit.

Lieferanten neigen dazu, „schlechten Zahlern" Material nur gegen Barzahlung oder zu schlechten Konditionen (Risikoaufschlag) zu verkaufen. Der Verhandlungsspielraum für Rabatte, Boni und sonstige Preiszugeständnisse sowie eine eventuell notwendige bevorzugte Belieferung etc. sind dann häufig nicht mehr gegeben.

Noch schwerwiegender ist jedoch die Tatsache, dass einige öffentliche Einrichtungen aufgrund von bestehenden Verwaltungsrichtlinien dazu gezwungen sind, Zwangsvollstreckungen durchzuführen, wenn die Schulden eines Unternehmens zu hoch geworden sind. Insbesondere die Krankenkassen, Berufsgenossenschaften und Finanzämter gehen häufig sehr schnell und rigoros mit Zwangsvollstreckung gegen säumige Zahler vor.

Zahlungsunfähigkeit, auch Illiquidität genannt, wird in der Geschäftswelt relativ schnell bekannt. Hierdurch werden unter Umständen andere Gläubiger, die bisher Zahlungsaufschub gewährt haben, unruhig und fordern die sofortige Zahlung. Die Spirale bis hin zur Insolvenz (→ S. 577) ist in Gang gesetzt worden. Geschäftsführer von Kapitalgesellschaften sind sogar durch Gesetz verpflichtet, einen Insolvenzantrag zu stellen, wenn die Zahlungsfähigkeit des Betriebes nicht mehr gegeben ist.

Mithilfe der Liquiditätsberechnung kann aufgezeigt werden, wie liquide ein Betrieb an einem bestimmten zurückliegenden Zeitpunkt war. Der **Bilanzstichtag** – in der Regel der 31. Dezember – ist der Zeitpunkt, für den regelmäßig die sog. **statische Liquiditätsberechnung** durchgeführt wird.

Liquiditätsberechnung

Eine einzige statische Liquiditätsberechnung sagt aber noch nicht viel aus, da nur ein Tag betrachtet wird. Wenn für mehrere aufeinander folgende Jahre diese Berechnung als Zeitvergleich erstellt wird, ist dies aussagekräftiger.

statische Liquiditätsberechnung

Außenstehende – z. B. Banken – können anhand von Liquiditätsberechnungen Rückschlüsse auf die unternehmerischen Fähigkeiten des Handwerksunternehmers bei der Liquiditätsvorsorge bzw. -planung ziehen.

Bei der Liquiditätsberechnung wird das Erreichen des jeweiligen Liquiditätsgrades als Prozentwert sichtbar. Eine – je nach Betrachtungsweise – ausreichende Liquidität liegt immer dann vor, sobald das Ergebnis mindestens 100 % ausmacht. Zusätzlich kann durch einfache Subtraktion das Ausmaß von Über- bzw. Unterdeckung in Euro-Werten verdeutlicht werden.

 Hinweis:
Im Rahmen von Liquiditätsberechnungen werden auch Rückstellungen zu den kurzfristigen Verbindlichkeiten gezählt, soweit sie ebenfalls von kurzfristiger Natur sind.

Liquidität 1. Grades

Bei der Ermittlung der Liquidität 1. Grades wird festgestellt, in welchem Umfang die kurzfristig fälligen Verbindlichkeiten durch **flüssige Mittel**

JAHRESABSCHLUSS UND AUSWERTUNG

gedeckt sind. Die Liquidität 1. Grades, auch **Barliquidität** genannt, wird wie folgt berechnet:

Liquidität 1. Grades

$$\frac{\text{Flüssige Mittel} \times 100}{\text{Kurzfristige Verbindlichkeiten}} = \%$$

Im Beispielbetrieb führt die Berechnung der Liquidität 1. Grades an den beiden Bilanzstichtagen 31.12.01 und 31.12.02 zu folgendem Ergebnis:

	31.12.01	31.12.02
Flüssige Mittel		
Postbank	€ 12 041,–	€ 9 567,–
Kasse	€ 2 943,–	€ 2 469,–
Insgesamt	€ 14 984,–	€ 12 036,–
Kurzfristige Verbindlichkeiten		
Verbindlichkeiten geg. Kreditinstitute (kurzfr.)	€ 54 849,–	€ 69 433,–
Verbindlichkeiten aus Lieferungen u. Leistungen	€ 75 080,–	€ 97 582,–
Verbindlichkeiten Lohn- u. Kirch.-Steuer	€ 1 634,–	€ 1 765,–
Verbindlichkeiten soziale Sicherheit	€ 3 277,–	€ 3 978,–
Sonstige Verbindlichkeiten	€ 375,–	€ 280,–
Umsatzsteuer lfd. Jahr	€ 5 976,–	€ 6 972,–
Insgesamt	€ 141 191,–	€ 180 010,–
Flüssige Mittel	€ 14 984,–	€ 12 036,–
./. Kurzfristige Verbindlichkeiten	€ 141 191,–	€ 180 010,–
= **Unterdeckung**	€ 126 207,–	€ 167 974,–
	$\frac{14\,984,- \times 100}{141\,191,-}$	$\frac{12\,036,- \times 100}{180\,010,-}$
Liquidität 1. Grades	= 10,61 %	= 6,69 %

Beurteilung der Liquidität 1. Grades

Die Berechnung der Liquidität 1. Grades am 31.12.01 ergab nur eine Deckung von 10,61 %; das bedeutet, dass eine Unterdeckung von € 126 207,– vorlag. Die Liquidität 1. Grades betrug am 31.12.02 sogar nur 6,69 %, was zu einer Unterdeckung von € 167 974,– führte.

▶ Hinweise:

Folgende Maßnahmen können eine Verbesserung der Liquidität 1. Grades herbeiführen:

- Einbringung einer Privateinlage und/oder Reduzierung der Privatentnahmen,
- Abbau des Forderungs- und/oder Materialbestandes,

JAHRESABSCHLUSS UND AUSWERTUNG

- Aufnahme eines mindestens mittelfristigen Krédites zur Reduzierung der kurzfristigen Verbindlichkeiten.

Liquidität 2. Grades

Bei der Berechnung der Liquidität 2. Grades wird untersucht, inwieweit die flüssigen Mittel und die kurzfristigen Forderungen zum Ausgleich der kurzfristigen Verbindlichkeiten ausreichen. Hierzu wird die nachstehende Formel eingesetzt:

$$\frac{(\text{Flüssige Mittel} + \text{Kurzfristige Forderungen}) \times 100}{\text{Kurzfristige Verbindlichkeiten}} = \%$$

Liquidität 2. Grades

Im Fallbeispiel ist mithilfe dieser Rechenformel jeweils zum Ende des Jahres 01 und 02 Folgendes festzustellen:

	31.12.01	31.12.02
Kurzfristige Forderungen		
Forderungen aus Lieferungen und Leistungen	€ 108 613,–	€ 144 832,–
Sonst. Vermögensgegenstände	€ 320,–	€ 175,–
Insgesamt	€ 108 933,–	€ 145 007,–
Flüssige Mittel (→ S. 140)	€ 14 984,–	€ 12 036,–
+ Kurzfristige Forderungen	€ 108 933,–	€ 145 007,–
Insgesamt	€ 123 917,–	€ 157 043,–
./. Kurzfristige Verbindlichkeiten (→ S. 140)	€ 141 191,–	€ 180 010,–
= **Unterdeckung**	€ 17 274,–	€ 22 967,–
	$\frac{(14\,984,- + 108\,933,-) \times 100}{141\,191,-}$	$\frac{(12\,036,- + 145\,007,-) \times 100}{180\,010,-}$
Liquidität 2. Grades	= 87,77 %	= 87,24 %

Das Ergebnis der Liquiditätsberechnung 2. Grades wies am 31.12.01 einen Deckungsgrad von 87,77 % aus, da für € 17 274,– der kurzfristigen Verbindlichkeiten keine Mittel zur Verfügung standen. Ende des Jahres 02 war eine weitere Verschlechterung der Liquidität 2. Grades eingetreten: Die Unterdeckung betrug zu diesem Zeitpunkt € 22 967,– bei einem Deckungsgrad von 87,24 %.

Beurteilung der Liquidität 2. Grades

▶ Hinweise:

Folgende Maßnahmen können helfen, die Liquidität 2. Grades zu verbessern:

- Einbringung einer Privateinlage und/oder Reduzierung der Privatentnahmen,
- Abbau des Materialbestandes,

JAHRESABSCHLUSS UND AUSWERTUNG

- Aufnahme eines mindestens mittelfristigen Darlehns zur Rückführung von kurzfristigen Verbindlichkeiten.

Liquidität 3. Grades

Zur Vervollständigung der Liquiditätsberechnung wird regelmäßig noch die Liquidität 3. Grades ermittelt. Dieser Maßstab für die Beurteilung der Liquidität ist allerdings sehr niedrig angesetzt. Hierbei werden noch die Vorräte mit in die Berechnung einbezogen. Dies führt zu folgender Rechenformel:

Liquidität 3. Grades

$$\frac{(\text{Flüssige Mittel} + \text{Kurzfristige Forderungen} + \text{Vorräte}) \times 100}{\text{Kurzfristige Verbindlichkeiten}} = \%$$

Für den Beispielbetrieb ergeben sich für die Jahre 01 und 02 – jeweils zum Jahresende – folgende Werte:

	31.12.01	31.12.02
Vorräte		
Materialbestand	€ 26 770,–	€ 38 600,–
Unfertige Leistungen	€ 8 300,–	€ 10 400,–
Insgesamt	€ 35 070,–	€ 49 000,–
Flüssige Mittel (→ S. 140)	€ 14 984,–	€ 12 036,–
+ Kurzfristige Forderungen (→ S. 141)	€ 108 933,–	€ 145 007,–
+ Vorräte	€ 35 070,–	€ 49 000,–
Insgesamt	€ 158 987,–	€ 206 043,–
./. Kurzfristige Verbindlichkeiten (→ S. 140)	€ 141 191,–	€ 180 010,–
= **Überdeckung**	**€ 17 796,–**	€ 26 033,–

$$\frac{(14\,984,- + 108\,933,- + 35\,070,-) \times 100}{141\,191,-} \qquad \frac{(12\,036,- + 145\,007,- + 49\,000,-) \times 100}{180\,010,-}$$

Liquidität 3. Grades = 112,60 % = 114,46 %

Beurteilung der Liquidität 3. Grades

Die Liquidität 3. Grades war im Betrieb ausreichend vorhanden. Maßnahmen sind bei diesem Liquiditätsanspruch nicht zu ergreifen, denn es wurde an beiden Bilanzstichtagen eine Überdeckung ausgewiesen, wobei noch eine Verbesserung im Jahr 02 gegenüber dem Vorjahr eingetreten ist.

Um die Entwicklung der Liquidität genauer erkennen und besser beurteilen zu können, kann die Ermittlung der Liquidität 1., 2. und 3. Grades auch im Rahmen eines Zeitvergleiches durchgeführt werden.

▶ Hinweise:

Folgende Maßnahmen können helfen, die Liquidität 3. Grades im Bedarfsfall zu stärken:

- Erhöhung des Eigenkapitals,

JAHRESABSCHLUSS UND AUSWERTUNG

- Umschichtung von kurzfristigen Verbindlichkeiten in längerfristiges Fremdkapital.

Damit die Liquidität im Unternehmen erhalten bleibt bzw. im Bedarfsfall wieder hergestellt wird, ist Folgendes zu berücksichtigen:

- Es ist darauf zu achten, dass die kurzfristigen Verbindlichkeiten in einem so gering wie möglichen Umfang beansprucht werden. Bei einem nachhaltig auftretenden zusätzlichen Fremdkapitalbedarf sollte eine Kreditierung mit mindestens mittelfristiger Laufzeit in Anspruch genommen werden.
- Die Forderungen gegenüber Kunden sollten möglichst niedrig gehalten werden. Bei größeren Aufträgen sollte erreicht werden, dass Kunden Anzahlungen oder Abschlagszahlungen leisten.
- Der Liquiditätsbedarf sollte durch Aufstellung eines Finanzplans (→ S. 395) möglichst exakt ermittelt werden. Liquiditätsreversen sind dabei einzuplanen.

3.1.5 Anlagedeckung

Mithilfe der **Anlagedeckungsrechnung** wird überprüft, ob das Anlagevermögen hinreichend mit Eigenkapital bzw. langfristigem Fremdkapital finanziert wurde. Das Ergebnis ist dann zufrieden stellend, wenn das Anlagevermögen durch langfristig zur Verfügung stehendes Kapital nachhaltig gedeckt wird.

Finanzierung des Anlagevermögens

Der Umfang der Anlagedeckung wird als Prozentwert ausgedrückt. Gleichzeitig kann aber auch eine Über- bzw. Unterdeckung in Euro-Werten ermittelt werden.

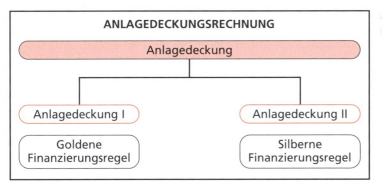

Anlagedeckungsrechnung

Anlagedeckung I (Goldene Finanzierungsregel)

Bei allen Vorteilen des langfristigen gegenüber kurz- und mittelfristigem Fremdkapital muss natürlich auch dieses zurückgezahlt werden. Außer den Beträgen für die Tilgung fallen Zinsen an. Es kann sogar vorkommen, dass Darlehensgeber Mitsprache bei der Unternehmensführung einfordern.

Deshalb wird von einer idealen Finanzierung gesprochen, wenn das gesamte Anlagevermögen mit Eigenkapital finanziert ist. Wird das An-

JAHRESABSCHLUSS UND AUSWERTUNG

lagevermögen durch das Eigenkapital gedeckt, dann ist die Anlagedeckung I erreicht bzw. wird die sog. **Goldene Finanzierungsregel** erfüllt.

Die Anlagedeckung I wird auf folgende Weise ermittelt:

Anlagedeckung I

$$\frac{\text{Eigenkapital} \times 100}{\text{Anlagevermögen}} = \%$$

Bei einem Wert ab 100 % würde die Anlagedeckung I bzw. die Goldene Finanzierungsregel erfüllt.

Anhand dieser Formel wird nun festgestellt, ob im Beispielbetrieb die Anlagedeckung I am Jahresende 01 und 02 erreicht wurde:

	31.12.01	31.12.02
Eigenkapital	€ 124 516,–	€ 130 633,–
Anlagevermögen	€ 299 500,–*)	€ 310 300,–*)
Eigenkapital	€ 124 516,–	€ 130 633,–
./. Anlagevermögen	€ 299 500,–	€ 310 300,–
= Unterdeckung	€ 174 984,–	€ 179 667,–
	$\frac{124\,516,- \times 100}{299\,500,-}$	$\frac{130\,633,- \times 100}{310\,300,-}$
Anlagedeckung I	= 41,57 %	= 42,10 %

*) Ermittlung des Anlagevermögens → S. 135 (Anlagegrad)

Beurteilung der Anlagedeckung I

Die Anlagedeckung I wurde in beiden Jahren nicht erreicht. Immerhin konnte trotz eines höheren Anlagevermögens die Anlagedeckung I am 31.12.02 gegenüber der des Vorjahres geringfügig verbessert werden.

 Hinweise:

Um die Anlagedeckung I erreichen zu können, sind folgende Maßnahmen denkbar:

- Stärkung des Eigenkapitals durch Einbringung von Privateinlagen oder durch Aufnahme eines Gesellschafters,
- Verkauf von nicht betriebsnotwendigem Anlagevermögen,
- Leasing bei zukünftigem Investitionsbedarf.

Anlagedeckung II (Silberne Finanzierungsregel)

In der Praxis ist es selten der Fall, dass die Anlagedeckung I erreicht wird. Wenn auch die Erreichung der Anlagedeckung I wünschenswert ist und ein Unternehmensziel sein sollte, so reicht es doch unter betriebswirtschaftli-

JAHRESABSCHLUSS UND AUSWERTUNG

chen Gesichtspunkten aus, wenn die Anlagedeckung II gegeben ist bzw. die sog. **Silberne Finanzierungsregel** eingehalten wird. Die Anlagedeckung II ist erreicht, wenn das Anlagevermögen durch Eigenkapital und langfristiges Fremdkapital gedeckt wird.

Dies kann wie folgt überprüft werden:

$$\frac{(\text{Eigenkapital} + \text{langfristiges Fremdkapital}) \times 100}{\text{Anlagevermögen}} = \%$$ **Anlagedeckung II**

Auch hier muss die 100 %-Grenze erreicht werden, um die Anlagedeckung II feststellen bzw. der Silbernen Finanzierungsregel entsprechen zu können. Im Fallbeispiel führt dies zu folgenden Ergebnissen:

	31.12.01	31.12.02
Eigenkapital	€ 124 516,–	€ 130 633,–
Langfristiges Fremdkapital*)	€ 191 600,–	€ 204 800,–
Anlagevermögen	€ 299 500,–**)	€ 310 300,–**)
Eigenkapital	€ 124 516,–	€ 130 633,–
+ langfristiges Fremdkapital*)	€ 191 600,–	€ 204 800,–
	€ 316 116,–	€ 335 433,–
./. Anlagevermögen	€ 299 500,–	€ 310 300,–
= Überdeckung	€ 16 616,–	€ 25 133,–

$$\frac{(124\,516,- + 191\,600,-) \times 100}{299\,500,-} \qquad \frac{(130\,633,- + 204\,800,-) \times 100}{310\,300,-}$$

Anlagedeckung II = 105,55 %   = 108,10 %

*) Verbindlichkeiten gegenüber Kreditinstituten (langfristig)
**) Ermittlung des Anlagevermögens → S. 135 (Anlagegrad)

Sowohl am Jahresende 01 als auch 02 lag die Anlagedeckung II vor. Dabei hat sich die Anlagedeckung II im Jahr 02 gegenüber der des Vorjahres weiter verbessert. **Beurteilung der Anlagedeckung II**

 Hinweise:

Sollte die Anlagedeckung II nicht gewährleistet bzw. bedroht sein, können u. a. folgende Maßnahmen getroffen werden:
- Stärkung des Eigenkapitals durch Einbringung von Privateinlagen oder durch Aufnahme eines Gesellschafters,
- Verkauf von nicht betriebsnotwendigem Anlagevermögen,
- Leasing bei zukünftigem Investitionsbedarf,
- Aufnahme von langfristigem Fremdkapital zur Umschuldung von mittel- und kurzfristigen Verbindlichkeiten.

JAHRESABSCHLUSS UND AUSWERTUNG

Kennzahlen der Bilanz

Kennzahlen der Bilanz	
Eigenkapitalquote	$\dfrac{\text{Eigenkapital} \times 100}{\text{Gesamtkapital (Bilanzsumme)}} = \%$
Anlagegrad	$\dfrac{\text{Anlagevermögen} \times 100}{\text{Gesamtvermögen (Bilanzsumme)}} = \%$
Forderungsintensität	$\dfrac{\text{Forderungen} \times 100}{\text{Gesamtvermögen (Bilanzsumme)}} = \%$
Materialintensität	$\dfrac{\text{Durchschnittl. Materialbestand} \times 100}{\text{Gesamtvermögen (Bilanzsumme)}} = \%$
Liquidität 1. Grades (Barliquidität)	$\dfrac{\text{Flüssige Mittel} \times 100}{\text{Kurzfristige Verbindlichkeiten}} = \%$
Liquidität 2. Grades	$\dfrac{(\text{Flüssige Mittel} + \text{kurzfristige Forderungen}) \times 100}{\text{Kurzfristige Verbindlichkeiten}} = \%$
Liquidität 3. Grades	$\dfrac{(\text{Flüssige Mittel} + \text{kurzfristige Forderungen} + \text{Vorräte}) \times 100}{\text{Kurzfristige Verbindlichkeiten}} = \%$
Anlagedeckung I	$\dfrac{\text{Eigenkapital} \times 100}{\text{Anlagevermögen}} = \%$
Anlagedeckung II	$\dfrac{(\text{Eigenkapital} + \text{langfristiges Fremdkapital}) \times 100}{\text{Anlagevermögen}} = \%$

3.2 Analyse und Beurteilung der Gewinn- und Verlustrechnung

3.2.1 Vergleich zweier Gewinn- und Verlustrechnungen

Auf der Grundlage einer aufbereiteten Gewinn- und Verlustrechnung kann eine erste Aussage zur Ertragskraft und Kostenstruktur des Betriebes gemacht werden. Allerdings kann man aus einer einzigen Gewinn- und Verlustrechnung nur bedingt Erkenntnisse über notwendige und mögliche Einsparungen gewinnen.

JAHRESABSCHLUSS UND AUSWERTUNG

Erst ein Vergleich mit Zahlen anderer Abrechnungsperioden des eigenen Betriebes (interner Vergleich) und fremder Betriebe des gleichen Handwerkszweiges (externer Vergleich) kann eine Basis für eine konkrete Ertrags- und Kostenüberprüfung bilden.

interner und externer Vergleich

Zeigen die Verhältniszahlen im Vergleich zu früheren Zeiträumen eine steigende Tendenz der Kosten oder liegen diese weit über den Zahlen des Betriebsvergleiches, so müssen alle Möglichkeiten einer Kostensenkung untersucht werden.

Überhöhte Kosten können allerdings auch ein Anzeichen dafür sein, dass am Markt keine ausreichenden Preise durchgesetzt werden. Wenn nämlich eine handwerkliche Leistung zu billig verkauft wird, dann sind fast zwangsläufig die Materialkosten, die Personalkosten etc. zu hoch.

Bei deutlichen Abweichungen der eigenen betrieblichen Kosten von denen vergleichbarer Betriebe muss auch immer die Frage gestellt werden, ob Kostenrechnung und Kalkulation im Betrieb vollständig und systematisch richtig durchgeführt werden.

Bei den aufbereiteten Gewinn- und Verlustrechnungen des Beispielbetriebes Schneider (→ S. 148) fällt auf, dass im Jahr 02 zwar eine um ca. € 95 000,– höhere Betriebsleistung als im Vorjahr erzielt wurde, der Betriebsgewinn sich aber gleichzeitig gegenläufig entwickelt hat. Im Jahr 02 wurde ein mehr als € 11 000,– niedrigerer Betriebsgewinn erwirtschaftet als im Jahr zuvor. Daraus ist zunächst zu schließen, dass die einzelnen Betriebsaufwandspositionen im Vorjahr bei niedrigeren Erlösen auch wertmäßig niedriger liegen müssen.

Beurteilung Beispielbetrieb Schneider

Der Vergleich der Euro-Beträge sagt aber nicht allzu viel aus. Erst wenn die Prozentzahlen miteinander verglichen werden, fällt auf, dass vor allem Abweichungen in den Positionen „Materialaufwand" und „Personalaufwand" zu dem geringeren Betriebsgewinn bzw. der geringeren Umsatzrentabilität im Jahr 02 geführt haben.

Im Jahr 01 wurde für eine Betriebsleistung von € 100,– Material in Höhe von € 32,68 aufgewandt. Im Folgejahr wurde aber für € 100,– Betriebsleistung Material im Wert von € 36,73 verbraucht. Das bedeutet, dass diese Vergleichsgröße im Jahr 02 über den Branchenwert von € 34,60 hinaus angestiegen ist.

Weiterhin ist festzustellen, dass im Jahr 01 für € 100,– Betriebsleistung € 26,15 an Personalaufwand entstanden sind. Im nachfolgenden Jahr ist der Personalaufwand auf € 29,52 je € 100,– Umsatz angestiegen. Auch bei dieser wichtigen Aufwandsgröße wurde der Vergleichswert der Branche von € 28,30 im Jahr 02 überschritten.

Die sonstigen betrieblichen Aufwendungen haben sich bis auf die Positionen „Reparaturen und Instandhaltung" und „Abschreibungen", relativ gesehen, im Jahr 02 gegenüber dem Vorjahr insgesamt leicht verringert. Hierfür könnte der Effekt der sog. Fixkostendegression (→ S. 209) verantwortlich sein. Dies hat dazu geführt, dass im Jahr 02 ein wesentlicher Teil der

JAHRESABSCHLUSS UND AUSWERTUNG

Handwerksunternehmen Schneider
Interner GuV-Vergleich (Zeitvergleich)

	01.01.–31.12.01 €	01.01.–31.12.01 €	01.01.–31.12.01 %	01.01.–31.12.02 €	01.01.–31.12.02 €	01.01.–31.12.02 %
Umsatzerlöse		457 884,00			534 396,00	
+ Erhöhung unfertige Leistungen		0,00			2 100,00	
./. Minderung unfertige Leistungen		3 800,00			0,00	
+ sonstige betriebliche Erträge		2 210,00			15 220,00	
./. gewährte Skonti		668,00			1 243,00	
= **Betriebsleistung**		455 626,00	100,00		550 473,00	100,00
./. erhaltene Skonti	1 948,00			2 182,00		
./. Materialaufwand	150 830,00	148 882,00	32,68	204 360,00	202 178,00	36,73
= **Rohertrag I**		306 744,00	67,32		348 295,00	63,27
./. Löhne u. Gehälter	94 830,00			129 880,00		
./. gesetzl. sozialer Aufwand	24 330,00	119 160,00	26,15	32 620,00	162 500,00	29,52
= **Rohertrag II**		187 584,00	41,17		185 795,00	33,75
./. Raumkosten		6 331,00	1,39		6 847,00	1,24
./. Steuern, Versicherungen u. Beiträge		8 570,00	1,88		8 680,00	1,58
./. Kfz-Kosten		8 893,00	1,95		9 571,00	1,74
./. Reparaturen u. Instandhaltung		1 185,00	0,26		2 559,00	0,46
./. Bürokosten		4 054,00	0,89		4 351,00	0,79
./. Steuerberaterkosten		2 844,00	0,62		2 967,00	0,54
./. Werbe- u. Reisekosten		2 462,00	0,54		2 511,00	0,46
./. sonstige Kosten		1 847,00	0,41		2 166,00	0,39
./. Zinsaufwand		18 625,00	4,09		20 260,00	3,68
./. Abschreibungen		17 200,00	3,78		21 600,00	3,92
= **Betriebsgewinn**		115 573,00	25,37		104 283,00	18,94
+ außerordentliche u. betriebsfremde Erträge		630,00	0,14		550,00	0,10
./. außerordentl. u. betriebsfremde Aufwendungen		3 220,00	0,71		2 630,00	0,48
= **Gesamtgewinn (steuerliches Ergebnis)**		112 983,00	24,80		102 203,00	18,57

JAHRESABSCHLUSS UND AUSWERTUNG

Handwerksunternehmen Schneider
Externer GuV-Vergleich (Betriebsvergleich)

		€	01.01.–31.12.02 €	%	BV*) %
	Umsatzerlöse		534 396,00		
+	Erhöhung unfertige Leistungen		2 100,00		
./.	Minderung unfertige Leistungen		0,00		
+	sonstige betriebliche Erträge		15 220,00		
./.	gewährte Skonti		1 243,00		
=	**Betriebsleistung**		550 473,00	100,00	100,0
	Materialeinsatz	204 360,00			
./.	erhaltene Skonti	2 182,00			
./.	Materialaufwand		202 178,00	36,73	34,6
=	**Rohertrag I**		348 295,00	63,27	65,4
	Löhne u. Gehälter	129 880,00			
+	gesetzl. sozialer Aufwand	32 620,00			
./.	Personalaufwand		162 500,00	29,52	28,3
=	**Rohertrag II**		185 795,00	33,75	37,1
./.	Raumkosten		6 847,00	1,24	2,4
./.	Steuern, Versicherungen u. Beiträge		8 680,00	1,58	1,7
./.	Kfz-Kosten		9 571,00	1,74	1,9
./.	Reparaturen u. Instandhaltung		2 559,00	0,46	0,5
./.	Bürokosten		4 351,00	0,79	0,6
./.	Steuerberaterkosten		2 967,00	0,54	0,7
./.	Werbe- u. Reisekosten		2 511,00	0,46	0,7
./.	sonstige Kosten		2 166,00	0,39	0,6
./.	Zinsaufwand		20 260,00	3,68	3,2
./.	Abschreibungen		21 600,00	3,92	4,1
=	**Betriebsgewinn**		104 283,00	18,94	20,7
+	außerordentliche u. betriebsfremde Erträge		550,00	0,10	0,2
./.	außerordentl. u. betriebsfremde Aufwendungen		2 630,00	0,48	0,3
=	**Gesamtgewinn (steuerliches Ergebnis)**		102 203,00	18,57	20,6

*) Prozentwerte aus dem Betriebsvergleich (Branchenwerte)

JAHRESABSCHLUSS UND AUSWERTUNG

sonstigen Kosten – im Verhältnis zur Betriebsleistung – unter den vergleichbaren Branchenwerten gelegen hat, obwohl ein relativ höherer Zinsaufwand und über externen Vergleichszahlen liegende Bürokosten im Unternehmen hingenommen werden mussten.

Der höhere Aufwand für Reparaturen und Instandsetzung kann der erste Hinweis auf zukünftigen Ersatzbedarf im Anlagevermögen sein. Der Anstieg der Abschreibungen ist darauf zurückzuführen, dass das Anlagevermögen im laufenden Jahr durch investive Maßnahmen zugenommen hat. Dies führt naturgemäß zu höheren Abschreibungen.

Insbesondere werden Maßnahmen zur Senkung des Material- und Personalaufwandes erforderlich, da diese zum Rückgang des Rohertrags I und II geführt haben.

Möglichkeiten zur Kostensenkung

Möglichkeiten zur Kostensenkung beim **Materialaufwand** können sein:
- Einkauf von qualitativ besseren und geeigneteren Werkstoffen, sodass Verschnitt und Ausschuss gering gehalten werden können,
- günstige Einkaufsgelegenheiten und Preissituationen ausnutzen,
- Skonti, Boni und Rabatte in Anspruch nehmen,
- pflegliche Materiallagerung, wobei Verlust und Diebstahl vermieden werden müssen,
- Verwertung von Ausschuss und Abfall,
- Lagerhaltung hinsichtlich Ordnung und Systematik überprüfen.

Der **Personalaufwand** kann durch folgende Maßnahmen gesenkt werden:
- Änderung der Entlohnung durch Einführung von Akkord-, Leistungs- oder Prämienlohnsystem,
- Kontrolle der Arbeitszeit,
- Verbesserung der Arbeitsvorbereitung/-planung,
- Verbesserung des Arbeitsablaufes,
- Verbesserung der technischen Ausrüstung, indem beispielsweise Handarbeit durch Maschinenarbeit ersetzt wird,
- Senkung „unproduktiver Lohnkosten" (→ S. 175).

Neben diesen Hauptkostenfaktoren sind auch die **sonstigen Kosten** zu untersuchen:
- Die vorliegenden Versicherungen sollten grundsätzlich regelmäßig auf Inhalt, Umfang und Angemessenheit der zu zahlenden Versicherungsprämien überprüft werden.
- Kfz-Kosten können eventuell gesenkt werden, wenn der eigene Fuhrpark verkleinert und dafür mehr Fahrten an Transportunternehmer vergeben werden. Sehr reparaturanfällige Fahrzeuge müssen durch neue Fahrzeuge oder zu große Fahrzeuge durch kleinere, kostengünstigere ersetzt werden.

- Bürokosten können möglicherweise durch eine zweckmäßige Büroorganisation gesenkt werden (→ S. 339).
- Zu hohe Zinsaufwendungen lassen sich oft durch die Aufnahme langfristiger Darlehen senken, da die Zinssätze für längerfristige Darlehen niedriger sind.
- Bei der Bank lassen sich Überziehungszinsen durch die Einräumung eines ausreichend hohen Kontokorrentrahmens vermeiden.

Dieses soll nur eine Aufzählung einiger Beispiele sein, wie Kosten gesenkt werden können.

3.2.2 Kurzfristige Erfolgsrechnung

Für jeden Handwerksbetrieb ist insbesondere die Kontrolle von Umsatz- bzw. Leistungsentwicklung sowie des Kostenverlaufs wichtig. Fehlentwicklungen sollten möglichst noch innerhalb des laufenden Geschäftsjahres erkannt werden, um ihnen zeitnah entgegenwirken zu können; wird erst die Erstellung des Jahresabschlusses abgewartet, so kann es unter Umständen für Korrekturen und Anpassungsmaßnahmen schon zu spät sein.

Durch den frühestmöglichen Vergleich der Monats- bzw. Quartalszahlen mit den Durchschnittszahlen des laufenden Jahres und den Zahlen des Vorjahres erhöht sich die Wahrscheinlichkeit, einem negativ verlaufenden Trend noch rechtzeitig mit Erfolg entgegensteuern zu können. **kurzfristige Erfolgsrechnung**

Bei der **kurzfristigen Erfolgsrechnung** werden von den Erlösen eines Monats/Quartals die Aufwendungen eines Monats/Quartals abgezogen. Man erhält so ein vorläufiges Ergebnis. Da die Erstellung der kurzfristigen Erfolgsrechnung nur auf den Zahlen der laufenden Buchhaltung basiert, bleiben die Bestandsveränderungen insbesondere beim Material und bei den unfertigen Leistungen außer Acht. Werden die eingetretenen Bestandsveränderungen nachträglich – zumindest überschlägig – berücksichtigt, so kann die kurzfristige Erfolgsrechnung im Rahmen des Controlling (→ S. 217) als ein hilfreiches Instrument zur Unternehmensführung genutzt werden.

Erstellt man aus den monatlichen kurzfristigen Erfolgsrechnungen interne Vergleiche, so ergeben sich wertvolle Vergleichswerte. Insbesondere können jetzt die Kosten und Erlöse über Monate verfolgt und überwacht werden. Bei der Buchführung, die mithilfe der EDV erstellt wird, kann eine solche kurzfristige Erfolgsrechnung als „Nebenprodukt" über den Computer ausgedruckt werden. **Vergleichswerte**

3.2.3 Erfolgskennzahlen

Ähnlich wie bei der Analyse der Bilanz werden Kennzahlen bei der Analyse der Gewinn- und Verlustrechnung ermittelt, denn sie bringen die Rentabilität und Kosten eines Unternehmens auf den Punkt. Die Erfolgskennzahlen machen Aussagen über Beziehungen zwischen den Zahlen innerhalb der Gewinn- und Verlustrechnung einerseits und den Positionen der Bilanz und der Gewinn- und Verlustrechnung andererseits möglich.

- Mit der **Umsatzrentabilität** wird das Verhältnis des betriebswirtschaftlichen Gewinns zur Betriebsleistung ermittelt. Dies ist die wichtigste Erfolgskennzahl der Gewinn- und Verlustrechnung.
- Für den Unternehmer sollte es interessant sein zu erfahren, welchen Gewinn er mit seinem eingesetzten Eigenkapital erzielt hat. Mit der **Eigenkapitalrentabilität** wird das Verhältnis des betriebswirtschaftlichen Gewinns zum Eigenkapital verdeutlicht. Die Frage „Wie rentabel war das gesamte eingesetzte Gesamtkapital?" wird mit der Berechnung der **Unternehmensrentabilität** beantwortet.
- Mithilfe des **Brutto-Cashflow** kann festgestellt werden, über welche Ertragsstärke ein Unternehmen verfügt. Der **Netto-Cashflow** gibt Auskunft darüber, wie viel vom Brutto-Cashflow dem Unternehmen für betriebliche Zwecke zur Verfügung steht.
- Der **dynamische Verschuldungsgrad** und die **Entschuldungsdauer** legen dar, in welchem zeitlichen Rahmen ein Unternehmen seine Verbindlichkeiten zurückführen kann.

Erfolgskennzahlen der GuV

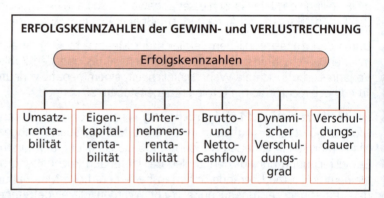

Beziehungen zwischen den Zahlen innerhalb der Gewinn- und Verlustrechnung und den Positionen der Bilanz einerseits und der Gewinn- und Verlustrechnung andererseits können also sehr aufschlussreich sein.

Anhand der Zahlen aus den Jahresabschlüssen des Beispielbetriebs wird im Nachfolgenden aufgezeigt, auf welche Weise die Erfolgskennzahlen erarbeitet und analysiert werden.

 Hinweis:

Zur Berechnung der Rentabilitätskennzahlen ist bei Einzelunternehmen und Personengesellschaften der Betriebsgewinn noch um die kalkulatorischen Kosten (kalkulatorischer Unternehmerlohn etc.) zu vermindern, um nach Berücksichtigung **aller** angefallenen Kosten den tatsächlichen Erfolg, den sog. **betriebswirtschaftlichen Gewinn/Verlust** zu erhalten. Bei Kapitalgesellschaften – etwa bei einer GmbH – entspricht der betriebswirtschaftliche Gewinn im Regelfall dem Betriebsgewinn, da in diesen Fällen z. B. Geschäftsführergehälter in die Gewinn- und Verlustrechnung eingeflossen sind.

Ausgehend vom Gesamtgewinn/-verlust sind folgende Rechenschritte vorzunehmen:

JAHRESABSCHLUSS UND AUSWERTUNG

    Gesamtgewinn/-verlust
+   Außerordentlicher und betriebsfremder Aufwand
./. Außerordentlicher und betriebsfremder Ertrag
=   Betriebsgewinn/-verlust
./. Kalkulatorische Kosten
=   Betriebswirtschaftlicher Gewinn/Verlust

Soweit dies zur Berechnung der nachfolgenden Kennziffern erforderlich ist, werden im vorliegenden Betrieb für das Jahr 01 € 68 500,– und für 02 € 71 200,– an **kalkulatorischen Kosten** berücksichtigt.

Umsatzrentabilität

Das für den Erfolg eines Unternehmens wichtige Verhältnis zwischen dem betriebswirtschaftlichen Gewinn und der Betriebsleistung wird durch die Kennzahl „Umsatzrentabilität" verdeutlicht, die nach folgender Formel errechnet wird:

$$\frac{\text{Betriebswirtschaftlicher Gewinn} \times 100}{\text{Betriebsleistung}} = \%$$

Umsatzrentabilität

Auch die absolute und relative Höhe des Rohertrages I und des Rohertrages II ist als Zwischenwert von besonderer Bedeutung, da im Handwerk Personal- sowie Materialaufwand naturgemäß die wichtigsten Aufwandsgrößen sind.

Im Fall des Beispielunternehmens beträgt die Umsatzrentabilität demnach:

	Jahr 01	Jahr 02
Betriebsgewinn	€ 115 573,–	€ 104 283,–
./. Kalkulatorische Kosten	€ 68 500,–	€ 71 200,–
= Betriebswirtschaftlicher Gewinn	€ 47 073,–	€ 33 083,–
Betriebsleistung	€ 455 626,–	€ 550 473,–
	$\frac{47\,073,- \times 100}{455\,626,-}$	$\frac{33\,083,- \times 100}{550\,473,-}$
Umsatzrentabilität	= 10,33 %	= 6,01 %

Der betriebswirtschaftliche Gewinn ist im Jahr 02 gegenüber dem Vorjahr um € 13 990,– auf € 33 083,– gesunken. Im Verhältnis zur jeweiligen Betriebsleistung fällt der Gewinnrückgang deutlicher aus: Die Umsatzrentabilität ging von 10,33 % auf immerhin 6,01 % zurück.

Beurteilung Umsatzrentabilität

Der Rohertrag I ist im Vergleich zum Vorjahr zwar absolut gestiegen, aber – bedingt durch die überproportionale Zunahme des Materialaufwands – im Verhältnis zur Betriebsleistung gesunken. Gleichzeitig ist der Rohertrag II wegen des deutlich gestiegenen Personalaufwands nicht nur relativ, sondern auch absolut zurückgegangen.

JAHRESABSCHLUSS UND AUSWERTUNG

Eigenkapitalrentabilität

Angaben über den Gewinn im Verhältnis zum eingesetzten Eigenkapital macht die Kennzahl „Eigenkapitalrentabilität". Hierbei wird das betriebswirtschaftliche Ergebnis ins Verhältnis zum durchschnittlich eingesetzten Eigenkapital gesetzt.

Der Durchschnittswert des eingesetzten Eigenkapitals wird folgendermaßen festgelegt:

$$\frac{\text{Eigenkapital am 01.01.} + 31.12.}{2} = \%$$

Die Eigenkapitalrentabilität wird mithilfe der nachstehenden Formel ermittelt:

Eigenkapitalrentabilität

$$\frac{\text{Betriebswirtschaftlicher Gewinn} \times 100}{\text{Durchschn. Eigenkapital}} = \%$$

Im Betrieb Schneider führt dies zu folgenden Ergebnissen:

	Jahr 01	Jahr 02
Betriebswirtschaftlicher Gewinn	€ 47 073,–	€ 33 083,–
Eigenkapital am 01.01.	€ 122 454,–*)	€ 124 516,–
Eigenkapital am 31.12.	€ 124 516,–	€ 130 633,–
Durchschn. Eigenkapital	$\frac{122\,454,- + 124\,516,-}{2}$ = € 123 485,–	$\frac{124\,516,- + 130\,633,-}{2}$ = € 127 575,–
Eigenkapitalrentabilität	$\frac{47\,073,- \times 100}{123\,485,-}$ = 38,12 %	$\frac{33\,083,- \times 100}{127\,575,-}$ = 25,93 %

*) Lt. Bilanz zum 31.12.00

Die Eigenkapitalrentabilität hat von 38,12 % auf 25,93 % abgenommen.

Unternehmensrentabilität

Ertrag des eingesetzten Kapitals

Ein Unternehmen arbeitet im Regelfall nicht nur mit Eigenkapital, sondern auch mit Fremdkapital. Das bedeutet, dass der Ertrag, den das gesamte eingesetzte Kapital erzielt hat, eine Größe mit wichtigem Informationsgehalt ist. Die sog. Unternehmensrentabilität zeigt, wie viel Ertrag mit dem durchschnittlich eingesetzten Gesamtkapital erzielt wurde. Sie wird deshalb auch Gesamtkapitalrentabilität genannt.

Diese Kennzahl ist insbesondere bei Branchenvergleichen interessant, da bei dieser Berechnung die unterschiedliche Kapitalstruktur der Betriebe unerheblich ist (→ S. 130).

JAHRESABSCHLUSS UND AUSWERTUNG

Die **Passivseite** der Bilanz zeigt zu einem bestimmten Stichtag das gesamte im Unternehmen gebundene Kapital, unterteilt in Eigen- und Fremdkapital. Der Durchschnittswert des eingesetzten Gesamtkapitals wird wie nachstehend ermittelt:

$$\frac{\text{Gesamtkapital (Bilanzsumme) am 01.01.} + 31.12.}{2}$$

Um den Gesamtertrag zu erhalten, werden zum betriebswirtschaftlichen Gewinn die Fremdkapitalzinsen hinzugezählt, denn mit dem Fremdkapital wird ja genauso gewirtschaftet wie mit dem Eigenkapital – auch wenn die Zinsen schließlich nicht im Betrieb verbleiben, so müssen sie jedenfalls erwirtschaftet werden. So bilden die Zinsen den Ertrag des geliehenen Kapitals.

Die Unternehmensrentabilität wird wie folgt ermittelt:

$$\frac{(\text{Betriebswirtschaftlicher Gewinn} + \text{Fremdkapitalzinsen}) \times 100}{\text{Durchschn. Gesamtkapital (Bilanzsumme)}} = \%$$ **Unternehmensrentabilität**

Dies führt im Beispielbetrieb zu nachstehenden Ergebnissen:

	Jahr 01	Jahr 02
Betriebswirtschaftlicher Gewinn	€ 47 073,–	€ 33 083,–
Zinsaufwand	€ 18 625,–	€ 20 260,–
Gesamtkapital (Bilanzsumme) am 01.01.	€ 455 619,–*)	€ 459 107,–
Gesamtkapital (Bilanzsumme) am 31.12.	€ 459 107,–	€ 517 443,–
	$\frac{455\,619,- + 459\,107,-}{2}$	$\frac{459\,107,- + 517\,443,-}{2}$
Durchschn. Gesamtkapital (Bilanzsumme)	= € 457 363,–	= € 488 275,–
	$\frac{(47\,073,- + 18\,625,-) \times 100}{457\,363,-}$	$\frac{(33\,083,- + 20\,260,-) \times 100}{488\,275,-}$
Unternehmensrentabilität	= 14,36 %	= 10,92 %

*) Lt. Bilanz zum 31.12.00

Die Unternehmensrentabilität ist im Betrachtungszeitraum von 14,36 % auf 10,92 % gefallen.

Brutto-Cashflow

Bei Gesprächen des Handwerksunternehmers mit Banken wird dem Cashflow Bedeutung beigemessen, wenn es um die Beurteilung der Ertragskraft, Selbstfinanzierungskraft und Schuldentilgungsfähigkeit geht.

JAHRESABSCHLUSS UND AUSWERTUNG

Definition Der Cashflow, auf Deutsch: „Kassenzufluss" lässt sich anhang folgender betrieblicher Vorgänge erklären:

Durch den Umsatz fließt dem Unternehmen Geld zu. Auf der anderen Seite muss der Betrieb z. B. für Personal, Material, Maschinen, Mieten etc. Geld ausgeben. Die Anschaffungs- bzw. Herstellungskosten für Maschinen und andere Sachanlagen werden als Abschreibungen in der Gewinn- und Verlustrechnung berücksichtigt. Folglich mindern Abschreibungen den Gewinn. Aber es fließen keine Geldmittel aus dem Unternehmen ab. Somit können der Gewinn und die Abschreibungen auf Sachanlagen für Ausgaben zur Verfügung gestellt werden.

Bei der Cashflow-Berechnung wird im Gegensatz zur Ermittlung anderer Erfolgskennziffern vom Gesamtgewinn ausgegangen. Die Aussagekraft dieser Kennzahl wird allerdings dann geschwächt, wenn hohe außerordentliche und betriebsfremde Aufwendungen bzw. Erträge den Gewinn beeinflusst haben.

Der Brutto-Cashflow wird folgendermaßen ermittelt:

Brutto-Cashflow

Gesamtgewinn/-verlust
+ Abschreibungen
= Brutto-Cashflow

Die Berechnung des Brutto-Cashflows sieht dann für das Fallbeispiel wie folgt aus:

	Jahr 01	Jahr 02
Gesamtgewinn	€ 112 983,–	€ 102 203,–
+ Abschreibungen	€ 17 200,–	€ 21 600,–
= **Brutto-Cashflow**	€ 130 183,–	€ 123 803,–

Der Brutto-Cashflow ist im Jahr 02 im Vergleich zum Vorjahr nur um € 6 380,– gesunken, obwohl sich der Gesamtgewinn gleichzeitig um immerhin € 10 780,– verringert hat. Die Ursache hierfür sind gestiegene Abschreibungen, die in die Berechnung des Brutto-Cashflows eingeflossen sind.

Vom Umsatz des Jahres 02 sind nach Abzug aller ausgabewirksamen Aufwendungen € 123 803,– übrig geblieben. Diesen Brutto-Cashflow kann der Betriebsinhaber für Privatentnahmen, die Tilgung von Schulden, Investitionen etc. verwenden. Jetzt wird klar, warum gerade der Brutto-Cashflow bei der Beurteilung der Ertragskraft so wichtig ist.

Netto-Cashflow

Wird in einem weiteren Schritt der Brutto-Cashflow um die Privatentnahmen vermindert und um die Privateinlagen erhöht, ergibt dies ein Ergebnis, das als Netto-Cashflow bezeichnet wird. Der Netto-Cashflow ergibt sich wie folgt:

JAHRESABSCHLUSS UND AUSWERTUNG

  Gesamtgewinn/-verlust
+ Abschreibungen
= Brutto-Cashflow
./. Privatentnahmen
+ Privateinlagen
= Netto-Cashflow

Netto-Cashflow

Für das Beispielunternehmen lässt sich folgender Netto-Cashflow feststellen:

	Jahr 01	Jahr 02
Gesamtgewinn	€ 112 983,–	€ 102 203,–
+ Abschreibungen	€ 17 200,–	€ 21 600,–
= Brutto-Cashflow	€ 130 183,–	€ 123 803,–
./. Privatentnahmen	€ 114 359,–	€ 98 446,–
+ Privateinlagen	€ 3 438,–	€ 2 360,–
= Netto-Cashflow	€ 19 262,–	€ 27 717,–

Der Netto-Cashflow ist im Jahr 02 gegenüber dem Vorjahr gestiegen, obwohl sich gleichzeitig der Gewinn verschlechtert hat. Dies ist auf gestiegene Abschreibungen und geringere Privatentnahmen zurückzuführen.

Dynamischer Verschuldungsgrad

Bei Bilanzanalysen durch Kreditinstitute wird regelmäßig der dynamische Verschuldungsgrad ermittelt. Er zeigt, in welchem Zeitraum das Unternehmen die bestehenden Verbindlichkeiten abbauen könnte, wenn der gesamte Brutto-Cashflow nur zur Schuldentilgung eingesetzt würde. Die Formel zur Berechnung des dynamischen Verschuldungsgrades lautet:

$$\frac{\text{Fremdkapital}}{\text{Brutto-Cashflow}} = \text{Jahre}$$

dynamischer Verschuldungsgrad

Für das Unternehmen Schneider ergibt sich folgendes Ergebnis:

	Jahr 01	Jahr 02
Fremdkapital	€ 332 791,–	€ 384 810,–
Brutto-Cashflow	€ 130 183,–	€ 123 803,–
	332 791,– / 130 183,–	384 810,– / 123 803,–
Dynamischer Verschuldungsgrad	= 2,56 Jahre	= 3,11 Jahre

Der dynamische Verschuldungsgrad hat sich im Jahr 02 gegenüber dem Vorjahr verschlechtert. Dies ist auf das angestiegene Fremdkapital bei gleichzeitiger Verminderung des Brutto-Cashflows zurückzuführen. Wenn der Brutto-Cashflow in den nächsten Jahren die gleiche Höhe wie im Jahr 02 erreichen würde, die Verschuldung nicht zunehmen und der gesamte

JAHRESABSCHLUSS UND AUSWERTUNG

Brutto-Cashflow zur Reduzierung der Schulden verwandt würde, wäre der Beispielbetrieb nach etwas mehr als drei Jahren schuldenfrei.

Natürlich ist diese Kennziffer eher als theoretischer Wert anzusehen, da bei Einzelunternehmen und Personengesellschaften Privatentnahmen und -einlagen vorgenommen werden.

Entschuldungsdauer

Der Netto-Cashflow steht für die Entschuldung und auch zur Selbstfinanzierung von Investitionen (→ „Finanzierung", S. 404) zur Verfügung. Die Entschuldungsdauer wird folgendermaßen ermittelt:

Entschuldungsdauer

$$\frac{\text{Fremdkapital}}{\text{Netto-Cashflow}} = \text{Jahre}$$

Dabei ergeben sich für Schneider folgende Werte:

	Jahr 01	Jahr 02
Fremdkapital	€ 332 791,–	€ 384 810,–
Netto-Cashflow	€ 19 262,–	€ 27 717,–
	$\frac{332\,791,-}{19\,262,-}$	$\frac{384\,810,-}{27\,717,-}$
Entschuldungdauer	= 17,28 Jahre	= 13,88 Jahre

Bei gleichbleibendem Netto-Cashflow wie im Jahr 02 könnte das Fremdkapital in ca. 14 Jahren abgebaut werden. Allerdings wird dann auch keine Selbstfinanzierung bei zukünftigen Investitionen mehr vorgenommen werden können.

Zur Beurteilung der Ertrags- und Selbstfinanzierungskraft eines Unternehmens dient der Cashflow insbesondere den Banken als maßgebliche Rechengröße.

Erfolgskennzahlen der GuV

Kennzahlen der Gewinn- und Verlustrechnung (Erfolgskennzahlen)	
Umsatzrentabilität	$\frac{\text{Betriebswirtschaftlicher Gewinn} \times 100}{\text{Betriebsleistung}} = \%$
Eigenkapitalrentabilität	$\frac{\text{Betriebswirtschaftlicher Gewinn} \times 100}{\text{Durchschn. Eigenkapital}} = \%$
Unternehmensrentabilität	$\frac{(\text{Betriebswirtschaftlicher Gewinn} + \text{Fremdkapitalzinsen}) \times 100}{\text{Durchschn. Gesamtkapital (Bilanzsumme)}} = \%$

JAHRESABSCHLUSS UND AUSWERTUNG

Erfolgskennzahlen der GuV

Kennzahlen der Gewinn- und Verlustrechnung (Erfolgskennzahlen)	
Brutto-Cashflow	Gesamtgewinn/-verlust + Abschreibungen = Brutto-Cashflow
Netto-Cashflow	Gesamtgewinn/-verlust + Abschreibungen = Brutto-Cashflow ./. Privatentnahmen + Privateinlagen = Netto-Cashflow
Dynamischer Verschuldungsgrad	$\dfrac{\text{Fremdkapital}}{\text{Brutto-Cashflow}} = \text{Jahre}$
Entschuldungsdauer	$\dfrac{\text{Fremdkapital}}{\text{Netto-Cashflow}} = \text{Jahre}$

Bitte bearbeiten Sie abschließend die folgenden Aufgaben:

1. Welche Kennzahlen sind für die Beurteilung eines Unternehmens am wichtigsten?

2. Welche Maßnahmen können helfen, die Eigenkapitalsituation zu verbessern?

3. Welche Erkenntnisse können aus der Analyse von Gewinn- und Verlustrechnungen gewonnen werden?

4. Welche Gewinn- und Verlustrechnungen werden bei einem internen Vergleich miteinander verglichen?

5. Welche Vorteile bietet eine kurzfristige Erfolgsrechnung und wie wird sie durchgeführt?

6. Welche Bedeutung hat der Netto-Cashflow und wie wird er errechnet?

Kosten- und Leistungsrechnung und Controlling

1. Aufgaben und Gliederung der fachübergreifenden Kosten- und Leistungsrechnung

> **Kompetenzen:**
>
> Der Lernende
> - kann den Begriff „Kostenrechnung" erklären und die Aufgaben der Kostenrechnung nennen,
> - kann die Begriffe „Aufwendungen", „Kosten", „Erträge" und „Leistungen" voneinander abgrenzen,
> - kann die Kosten nach der Art der verbrauchten Produktionsfaktoren gliedern.

1.1 Aufgaben der Kostenrechnung

In unserer Wirtschaftsordnung werden Angebot und Nachfrage von Gütern und Dienstleistungen sowie ihre Preise zwar weitgehend über den Markt gesteuert, das Rechnungswesen des Betriebes muss aber Auskunft darüber geben können, inwieweit der Betrieb mit diesen Marktdaten mithalten kann oder ob Konsequenzen durch die Betriebsleitung ergriffen werden müssen.

Funktion der Kostenrechnung

Das betriebliche Rechnungswesen umfasst einerseits die Beziehungen eines Unternehmens zur Außenwelt (z. B. Kunden, Lieferanten, Banken, Arbeitsmarkt etc.), andererseits ist es notwendig, die erbrachten Güter und Leistungen sowie den dazu erforderlichen Einsatz an Werten zu erfassen und auszuwerten, um die Wirtschaftlichkeit eines Unternehmens oder Unternehmensteils beurteilen zu können. Hierzu ist eine aussagefähige Kosten- und Leistungsrechnung notwendig, die nie Selbstzweck sein kann, sondern ein Instrumentarium darstellt, um die Wirtschaftlichkeit des Betriebsablaufs aufzuzeigen, zu steuern und zu kontrollieren.

Die Kosten- und Leistungsrechnung baut auf den Zahlen der Buchführung auf, ist aber im Gegensatz dazu nicht an steuerliche, handelsrechtliche und sonstige „äußere" Vorschriften gebunden. Sie muss hauptsächlich den betrieblichen Anforderungen genügen. Die Zahlen der Buchführung sind deshalb aufzubereiten, abzugrenzen, zu ergänzen und aufzuteilen, um die Aufgaben dieses Teils des betrieblichen Rechnungswesens erfüllen zu können.

KOSTEN- UND LEISTUNGSRECHNUNG UND CONTROLLING

Kontrolle der Wirtschaftlichkeit

Welche Kosten sind entstanden, wo sind sie entstanden, und wofür wurden sie eingesetzt? Neben den gesamten Kosten interessieren auch einzelne Kostenarten. Die Kosten- und Leistungsrechnung bietet eine Möglichkeit, Vergleiche mit internen, aber auch mit externen Werten anzustellen. Mit wachsender Betriebsgröße und zunehmender Konkurrenz ist eine ständige Überwachung des betrieblichen Geschehens ohne Kostenrechnung nicht mehr möglich.

Kontrolle der Wirtschaftlichkeit

Wirtschaftlich arbeitet ein Betrieb nicht allein dadurch, dass viel gearbeitet wird. Wirtschaftlich gearbeitet wird dort, wo eine bestimmte Leistung mit dem geringst möglichen Mitteleinsatz erreicht wird.

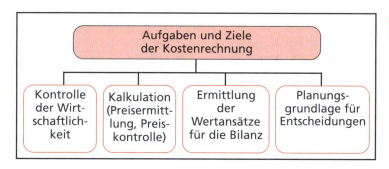

Aufgaben der Kostenrechnung

Kalkulation

In jedem Handwerksbetrieb besteht die Notwendigkeit, **den richtigen Preis zu ermitteln**, und zwar als Angebotspreis und als Preisuntergrenze. Neben der Qualität eines Erzeugnisses oder einer Leistung ist der Preis entscheidend für die Absatzmöglichkeit. Liegt er zu hoch, verringert sich im Allgemeinen der Absatz; ist er zu niedrig, leidet die Wirtschaftlichkeit des Betriebs (→ S. 292).

Preisermittlung

Die Preisfeststellung hat in den einzelnen Betrieben je nach Marktstellung unterschiedliche Bedeutung. Grundlage sind die Kosten, die für den Betrieb selbst entstehen **(Selbstkosten).** Erst nach genauer Kenntnis dieser Selbstkosten kann der Unternehmer den Angebotspreis eines Produktes oder einer Leistung festsetzen, der sowohl kostendeckend ist als auch einen angemessenen Gewinn abwirft.

Bezogen auf die Kostenrechnung heißt Kalkulieren: die Kosten von Produkten und Leistungen bestimmen.

Es ist nicht nur erforderlich, die Kalkulation als **Vorkalkulation** zur Ermittlung des Angebotspreises zu sehen, sondern nach Abschluss eines Auftrages ist es notwendig, durch die **Nachkalkulation** festzustellen, welche Kosten durch dessen Abwicklung nun tatsächlich entstanden sind. Bei größeren, sich über einen längeren Zeitraum erstreckenden Aufträgen ist es sinnvoll, auch zwischendurch, z. B. nach Abschluss bestimmter Teilfertig-

KOSTEN- UND LEISTUNGSRECHNUNG UND CONTROLLING

stellungen, eine **Zwischenkalkulation** durchzuführen. Damit lässt sich ein Überblick über die bis dahin aufgelaufenen Kosten gewinnen, um sie mit den kalkulierten Kosten dieser Teilleistung zu vergleichen. Bei negativen Ergebnissen kann man versuchen, die weiteren Kosten zu beeinflussen und noch zu einem positiven Abschluss zu gelangen.

Hinweise zur Bedeutung des Kalkulationszeitpunkts

Die Unterscheidung in Vor-, Zwischen- und Nachkalkulation orientiert sich am zeitlichen Ablauf der Leistungserbringung: vor, während und nach Beendigung der Durchführung.

Vorkalkulation
- **Vorkalkulation** (Angebotskalkulation): die Grundlage für die Preisfindung. Die besondere Schwierigkeit liegt darin, dass die Kosten zum Teil geschätzt werden müssen.

Zwischenkalkulation
- **Zwischenkalkulation:** besonders bei länger dauernden Aufträgen erforderlich. Dabei ist zu prüfen, ob sich die Kosten im Rahmen der Vorkalkulation halten. Sie erfüllt also eine Überwachungsfunktion.

Nachkalkulation
- **Nachkalkulation:** Nach Ausführung des Auftrages werden erzielter Preis und angefallene Kosten miteinander verglichen. Sie übernimmt damit eine Kontrollfunktion. Die wichtigsten Unterlagen sind die Aufzeichnungen über die wertmäßig höchsten Kosten: Fertigungslöhne und Materialverbrauch. Zusätzlich sind die Sondereinzelkosten zu erfassen (→ S. 168).

Preiskontrolle Die Grundsätze der Kalkulation gelten auch für die **Preiskontrolle.** Da für die meisten Erzeugnisse Marktpreise vorliegen, die der einzelne Unternehmer nicht verändern kann, muss geprüft werden, ob festliegende Marktpreise akzeptabel sind, d. h. die Selbstkosten eines Auftrages decken (Preisuntergrenze) und zusätzlich noch einen Gewinn beinhalten. Für die unternehmerische Entscheidung ist es außerdem wichtig, ob vorliegende Marktpreise gegebenenfalls zur Absatzsteigerung noch unterboten werden können, ob ein Erzeugnis, eine Leistung innerhalb des Unternehmensprogramms gefördert oder eingeschränkt werden soll oder ob sogar bei nicht kostendeckend erzielbaren Preisen eine bestimmte Produktion aufgegeben werden muss, wenn sich die Selbstkosten nicht senken lassen (→ S. 199).

Ermittlung der Wertansätze von Halb- und Fertigerzeugnissen für die Bilanz

Als Bestandteile des Umlaufvermögens sind teilfertige Arbeiten und Fertigerzeugnisse, soweit sie noch nicht berechnet wurden, zum Bilanzstichtag zu bilanzieren. Hierzu werden die bis dahin angefallenen Kosten ermittelt, d. h., es werden die Selbstkosten unter Berücksichtigung gewisser steuerlicher Einschränkungen angesetzt (→ S. 711).

KOSTEN- UND LEISTUNGSRECHNUNG UND CONTROLLING

Bereitstellung von Planungsgrundlagen für künftige betriebliche Entwicklungen

Derartige Planungsunterlagen sind sinnvoll, um die angestrebten Unternehmensziele besser erreichen zu können. Unternehmerische Entscheidungen setzen voraus, dass objektive Sachinformationen vorliegen, die sowohl aus dem Betrieb selbst als auch aus dem betrieblichen Umfeld zu erhalten sind.

1.2 Grundbegriffe der Kostenrechnung

Nach steuer- und handelsrechtlichen Vorschriften reicht die Buchführung (auch Geschäfts- oder Finanzbuchhaltung genannt) als einziger Teil des Rechnungswesens aus, um die Beziehungen des Unternehmens zur Außenwelt rechnerisch zu erfassen und periodisch den Abschluss zu erstellen.

Die inneren Betriebsvorgänge der Fertigungs- bzw. Leistungserbringung vom Einsatz des Materials, der Hilfsstoffe, des Personals etc. werden dabei nicht erfasst. Dies ist in der Kosten- und Leistungsrechnung der Fall, die diese inneren Betriebsvorgänge mengen- und wertmäßig erfasst, um die im vorigen Abschnitt beschriebenen Aufgaben erfüllen zu können.

Die Herstellung von Gütern und das Erbringen von Dienstleistungen ist stets damit verbunden, dass Produktionsfaktoren in Form von Arbeitsleistungen, Werkstoffen, Kapital und Betriebsmitteln verzehrt werden. Das Ergebnis ist dann die **Leistung des Betriebes.**

Anknüpfend an die begrifflichen Abgrenzungen im Kapitel „Buchführung" (→ S. 42) werden im Folgenden wichtige Grundbegriffe der Kostenrechnung erläutert.

Grundbegriffe

Aufwand und Kosten

Bewertet man die Mengeneinheiten von Verbrauch und Leistung, erhält man Aufwand und Ertrag als Güter- und Diensteverzehr bzw. als dem Unternehmen zufließende Werte während eines bestimmten Zeitraumes.

Jedoch ist nicht jeder Aufwand auch gleich den Kosten, nicht alle Kosten sind Aufwand. Diese Zusammenhänge soll folgendes Schema verdeutlichen:

Aufwand und Kosten

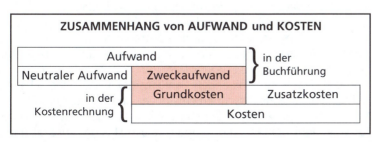

KOSTEN- UND LEISTUNGSRECHNUNG UND CONTROLLING

Definition

Aufwand ist der Verbrauch an Gütern und Diensten in einer bestimmten Zeitperiode in einer Unternehmung, unabhängig davon, ob er dem Betriebszweck dient oder nicht.	**Kosten** sind der wertmäßige, betriebsbedingte Verbrauch an Gütern und Dienstleistungen zur Erstellung der betrieblichen Leistung.

- Dient der **Aufwand** dem Betriebszweck, stellt er **Zweckaufwand** dar und deckt sich mit den **Grundkosten**.
- Dient der Aufwand sonstigen betriebsfremden oder außerordentlichen Zwecken, handelt es sich um **neutralen Aufwand** (z. B. Aufwendungen für betrieblich nicht genutzte Gebäude, Abschreibungen aufgrund steuerlicher Sonderbestimmungen, außerordentliche Verluste von Forderungen oder Fahrzeugen durch Unfälle), der keine Kosten darstellt.
- **Zusatzkosten** werden in der Finanzbuchhaltung nicht erfasst. Ihnen steht also kein Aufwand gegenüber. Hierzu gehören in erster Linie die kalkulatorischen Kosten (→ S. 176).

betriebliche Leistung

Der Kostenbegriff ist gekennzeichnet durch die Merkmale des in Euro bewerteten Güter- und Dienstleistungsverbrauchs und durch die betriebliche Leistungsbezogenheit. Unter der Erstellung der betrieblichen Leistung versteht man alle absatzbestimmten und innerbetrieblichen Leistungen einer Periode. Deshalb werden **neutrale Erlöse und Aufwendungen** in der Kostenrechnung nicht berücksichtigt, weil sie ihre Ursache nicht in der betrieblichen Leistungserstellung haben.

Diese Begriffe und Zusammenhänge kann man wie folgt anwenden: Wenn wir uns einmal eine aus steuerlichen Gesichtspunkten sich ergebende Gewinn- und Verlustrechnung ansehen, so zeigt der dort ausgewiesene „Aufwand" Positionen wie z. B. Anlagenabgänge, Spenden, Sonderabschreibungen, zukünftige Pensionszusagen, die bei Beurteilung aus Sicht der Kostenrechnung als neutraler Aufwand anzusehen sind.

Andere Positionen sind eindeutig Zweckaufwand, d. h. Kosten: Materialaufwand, Personalaufwand, Kfz-Kosten, Versicherungen, Gewerbesteuer, Porto, Telefon etc.

Aufwand/ Ausgaben

Diese Aufwendungen haben überwiegend auch zu Ausgaben geführt. Nicht immer decken sich jedoch die Begriffe „Aufwand" und „Ausgaben". Es kann sein, dass ein Aufwand vorliegt, aber noch keine Ausgabe. Beim Aufwand kommt es nämlich auf den Zeitraum an, für den er entsteht. So werden z. B. die Lohnsteuer und die Sozialversicherungsbeiträge eines Monates erst im Folgemonat bezahlt. Sie sind deshalb im Lohn-Abrechnungsmonat Aufwand, im folgenden Zahlungsmonat Ausgabe. Ebenso kann Aufwand auch ohne Ausgaben entstehen: Abschreibungen führen in den Jahren nach der Anschaffung eines Wirtschaftsgutes während der Nutzungsdauer nicht mehr zu Ausgaben, da diese bei der Anschaffung erfolgten. Sie sind aber als Aufwand in der Gewinn- und Verlustrechnung bzw. als Kosten in der Kostenrechnung anzusehen.

Ebenso ist ein **Ertrag** nicht immer mit einer **Einnahme** gleichzusetzen. Wenn z. B die Pensionszusage durch vorzeitiges Ausscheiden des Berechtigten entfällt, ergibt sich durch die Auflösung der entsprechenden Rückstellung ein Ertrag, es fließt jedoch keine Einnahme. Andererseits ergibt sich durch eine Privateinlage aus einer Erbschaft des Betriebsinhabers eine Einnahme, jedoch ist dies kein Ertrag.

Ertrag/ Einnahmen

1.3 Gliederung der Kostenrechnung

1.3.1 Methoden der Kostenrechnung

Je nachdem, welche Ziele man mit der Kostenrechnung verfolgt, werden verschiedene Methoden angewendet. Maßgeblich sind Größe und Komplexität des Betriebs als Gesichtspunkt für die Wahl einer bestimmten Methode der Kostenrechnung.

Wann ist welche Methode der Kostenrechnung sinnvoll und nützlich? Das wird an Kalkulationsbeispielen des Betriebs Metallbau Ludwig deutlich[1]: Es kommt bei der Wahl der Methode im Wesentlichen auf die Größe und Leistungstiefe des betreffenden Betriebs an.

Festlegung der Methode

- Ein Unternehmen mit nur einem wesentlichen Produkt bzw. ein Unternehmen, das ausschließlich Dienstleistungen der gleichen Art auf der Basis der Abrechnung nach geleisteten Stunden erbringt, benötigt nur eine Kostenstelle.
- Ein größerer Betrieb mit zwei oder mehreren Bereichen der Leistungserstellung benötigt mehrere Kostenstellen.

Eine Differenzierung der Methode der Kostenrechnung bei kleineren und größeren Betrieben ist insofern notwendig, als sich Unterschiede in der Kostengestaltung einzelner Betriebsabteilungen ergeben. Ein kleiner Betrieb hat in der Regel eine geringere Ausstattung mit Maschinen und sonstigen Anlagegütern. Auch die Produktionstiefe ist nicht sehr hoch. Deshalb reicht im Allgemeinen die Ermittlung eines einheitlichen Stunden-Kostensatzes für alle Leistungen aus.

Von einem größeren Betrieb wird ein größerer Leistungsumfang angeboten; durch die höhere Beschäftigtenzahl ist ein höherer Verwaltungsaufwand erforderlich. Außerdem ist die maschinelle Ausstattung umfangreicher und differenzierter. Daher muss auch die Kostenrechnung detaillierter gestaltet werden.

Das spielt eine Rolle für die Umlage der Gemeinkosten (→ S. 168), die in der Regel mit Zuschlägen erfolgt. Darauf wird in den folgenden Kapiteln genauer eingegangen.

---

[1] Informationen über das Fallbeispiel Ludwig → Kap. 1.4 Notwendige Unterlagen

KOSTEN- UND LEISTUNGSRECHNUNG UND CONTROLLING

Ein kleiner Betrieb mit geringer Angebotstiefe kommt mit der Ermittlung eines Gemeinkostenzuschlagssatzes (→ S. 181) aus, während ein größerer Betrieb mit vielfältigem Leistungsangebot eines Betriebsabrechnungsbogens mit mehreren Kostenstellen (→ S. 186) bedarf.

Betriebsabrechnung

Die Kostenrechnung ist ein Teil des betrieblichen Rechnungswesens. Dort, wo die Kostenrechnung in erster Linie die Wirtschaftlichkeit des Betriebes kontrolliert und Grundlage für die betriebliche Disposition schafft, wird sie auch als Betriebsabrechnung bezeichnet. Sie ist der wichtigste Teil der Kostenrechnung und hat die Aufgabe, alle Zahlen, die für die Kostenrechnung in Frage kommen, zu sammeln, zu verarbeiten und aufzuarbeiten.

Die Kostenrechnung in Form der Betriebsabrechnung stellt sich dar als Kostenartenrechnung (→ S. 172) und als Kostenstellenrechnung (→ S. 186) und gibt Auskunft darüber, welche Kosten entstanden sind und wo die Kosten entstanden sind. Sie ist zeitraumbezogen.

Selbstkostenrechnung

Die Selbstkostenrechnung ist objektbezogen und ermittelt die Selbstkosten für die einzelne Leistungseinheit. Sie bildet die **Grundlage für die Kalkulation des Angebotspreises** (→ Kostenträgerrechnung, S. 199).

Überblick über die Kostenrechnung

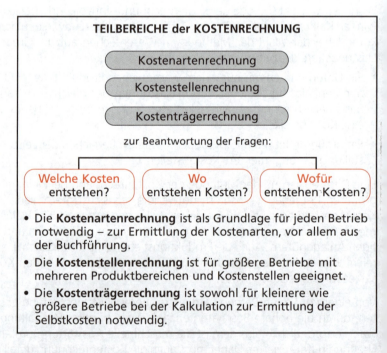

Eine Unterscheidung muss in Bezug auf die Methoden der Kostenrechnung vorgenommen werden. Dabei ist der **Umfang der verrechneten Kosten** unterschiedlich:

Vollkostenrechnung

- In der Vollkostenrechnung wird die Leistung mit der Summe aller entstandenen Kosten belastet. Das Verhalten der Kosten zu den Beschäftigungsänderungen bleibt unberücksichtigt.

KOSTEN- UND LEISTUNGSRECHNUNG UND CONTROLLING

- Anders wird bei der Teilkostenrechnung vorgegangen, bei der nur die variablen Kosten auf die Leistung verrechnet werden und sich die Differenz zwischen erzieltem Erlös und den eingesetzten variablen Kosten (Teilkosten) als Deckungsbeitrag für die ohnehin vorhandenen Fixkosten ergibt.

Teilkostenrechnung

Der Weg zur Teilkostenrechnung mit ihren Vor- und Nachteilen sollte ausschließlich über die Vollkostenrechnung führen. Deshalb wird zuerst die Vollkostenrechnung und in einem späteren Abschnitt (→ S. 209) die Teilkostenrechnung als Führungs- und Kontrollinstrument behandelt.

1.3.2 Gliederung der Kosten

Bevor mit der Darstellung der einzelnen Methoden begonnen wird, sollen die Kosten nach unterschiedlichen Einteilungsgesichtspunkten geordnet werden.

Für die Ermittlung eines einheitlichen Stundenverrechnungssatzes, der für alle Leistungen gilt, ist es nicht notwendig, die Kostenarten tief zu gliedern. Werden jedoch mehrere Kostenstellen gebildet, so ist es erforderlich, die Kostenarten in dem Umfang aufzuführen, wie sie in unterschiedlicher Höhe auf die Kostenstellen entfallen.

Notwendigkeit der Kostengliederung

Zum Beispiel sind Abschreibungen anders als Mieten zu verteilen, ebenso Zinsen anders als Heizungskosten. Sie haben in den einzelnen Kostenstellen jeweils unterschiedliche Verteilungsmaßstäbe, wie die vorhandenen Maschinen, die Raumgröße, das gebundene Kapital oder die Nutzungsart der Räume.

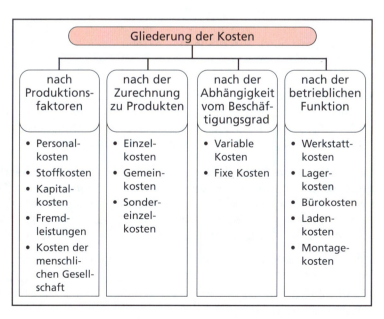

mögliche Gliederung der Kosten

KOSTEN- UND LEISTUNGSRECHNUNG UND CONTROLLING

Die Bestimmung und Aufgliederung der Kosten nach Kostenarten ist die Grundlage für alle weiteren Berechnungen (→ S. 172).

Kriterien für Kostengliederung

Hierbei kann man Kosten nach Art der verbrauchten **Produktionsfaktoren** unterscheiden. Hierzu zählen:

- **Personalkosten:** alle Kosten, die mit der menschlichen Arbeitsleistung innerhalb eines Unternehmens in Verbindung stehen (Löhne, Gehälter, gesetzliche und freiwillige Sozialabgaben),
- **Stoffkosten:** alle mit der Leistungserstellung anfallenden Material-, Waren-, Hilfs- und Betriebsstoffkosten,
- **Kapitalkosten:** Zinsen und Abschreibungen,
- **Fremdleistungen:** z. B. Dienstleistungen wie Beratungs- und Planungskosten oder Leistungen von Subunternehmern, wenn die eigenen Kapazitäten nicht ausreichen,
- **Kosten der menschlichen Gesellschaft:** Steuern, Gebühren, Beiträge,
- **kalkulatorische Kosten:** Unternehmerlohn, Entgelte für mithelfende Familienangehörige, Eigenkapitalverzinsung, Miete, Abschreibungen, kalkulatorische Wagnisse.

Man unterscheidet Kosten ferner nach Art der **Verrechnung** auf die erstellten Produkte und Dienstleistungen (→ Kostenstellenrechnung, S. 186). Dies sind:

Einzelkosten
- Einzelkosten: Kosten, die dem Produkt (der Leistung) unmittelbar zugerechnet werden können (z. B. Fertigungsmaterial, Fertigungslöhne, Einbauteile),

Gemeinkosten
- Gemeinkosten: Kosten, die für die gesamte Produktion (Leistung) einer Abrechnungsperiode gemeinsam anfallen und nicht unmittelbar zugerechnet werden können (z. B. Miete, Gehälter, Energiekosten). Die Verrechnung dieser Kosten auf die einzelnen Produkte und Leistungen erfolgt indirekt durch **Zuschläge,** deren Höhe für die Kalkulation ermittelt wird (→ Aufgliederung der Kostenarten nach Einzel- und Gemeinkosten, S. 179),

Sondereinzelkosten
- Sondereinzelkosten (der Fertigung oder des Vertriebs): direkt zu verrechnende Einzelkosten, die nur in Sonderfällen anfallen (z. B. Kosten für Modelle, Spezialwerkzeuge, Lizenzgebühren, Spezialverpackung, Transport). In der Regel zählen auch die Fremdleistungen dazu.

Die Kosten können ebenfalls nach der Abhängigkeit vom **Beschäftigungsgrad** aufgegliedert werden, da sie sich bei Veränderung der Auslastung unterschiedlich entwickeln. Unter Beschäftigungsgrad wird das Verhältnis zwischen vorhandener Kapazität eines Betriebes und der tatsächlichen Ausnutzung in einem bestimmten Zeitabschnitt verstanden.

Deckungsbeitragsrechnung

Diese Kosten werden vor allem in der Deckungsbeitragsrechnung (→ S. 210) verwendet:

- **Variable Kosten** steigen oder sinken mit dem Grad der Beschäftigung. Sie sind auftragsabhängig.

KOSTEN- UND LEISTUNGSRECHNUNG UND CONTROLLING

- **Fixe Kosten** zeigen keine Reaktion auf Veränderungen des Beschäftigungsgrades. Sie sind unabhängig von der Kapazitätsauslastung.

Kostenaufteilung	
Variable Kosten	**Fixe Kosten**
Fertigungsmaterial	Werkstattmiete
Fertigungslöhne	Darlehenszinsen
Auslösungen für Monteure	Abschreibungen
Auftragsbezogene Reisekosten	Gehälter für Bürokräfte
Frachten, Spezialverpackungen	Versicherungen

1.4 Notwendige Unterlagen

Die Erfassung der einzelnen Kostenarten erfolgt zum überwiegenden Teil schon in der Finanzbuchhaltung. Die erforderliche Aufteilung in Einzel- und Gemeinkosten bzw. fixe und variable Kosten für die Kostenrechnung muss jedoch durch entsprechende Unterlagen dokumentiert werden. Da die Lohnkosten in der Regel den größten Kostenblock in einem Handwerksbetrieb darstellen, ist hierbei besonders sorgfältig vorzugehen (→ „Personalwesen und Mitarbeiterführung", S. 378).

Erfassung und Dokumentation

UNTERLAGEN der KOSTENRECHNUNG

Grundlagen sind die Zahlen aus der Buchführung mit dem Jahresabschluss:
Bilanz und Gewinn- und Verlustrechnung

Sonstige Unterlagen:
- Arbeitszeiterfassung mit Stundenzetteln, Lohnlisten
- Materialentnahmescheine
- Inventurlisten
- Auftragszettel
- Kapazitätsberechnungen
- Maschinenlaufzeiten

notwendige Unterlagen

Notwendig sind auch Aufzeichnungen über unproduktive Stunden (für Arbeiten im Lager, Gewährleistungen/Reklamationen, innerbetriebliche Reparaturen und Wartungen), Krankheits- und Urlaubstage und sonstige Ausfallzeiten. Diese Aufzeichnungen sind auch gleichzeitig für eine Nachkalkulation verwendbar (→ S. 224).

KOSTEN- UND LEISTUNGSRECHNUNG UND CONTROLLING

Informationen zum Beispielbetrieb Metallbau Ludwig

Für die nachfolgenden Berechnungen greifen wir auf den Jahresabschluss des Betriebs Metallbau Ludwig e.K. zurück. Dabei handelt es sich um ein Einzelunternehmen, das in gemieteten Räumlichkeiten betrieben wird. Ludwig beschäftigt drei Gesellen und seine Ehefrau als sozialversicherungspflichtige Teilzeitkraft im Büro. Er ist überwiegend mit dem Metallbau im Ausbaubereich für private Kunden und mit dem Stahlbau für gewerbliche Abnehmer tätig. Gelegentlich nimmt er auch bei Kapazitätsengpässen Subunternehmer in Anspruch.

Die Buchführung wird nach dem DATEV-Kontenrahmen SKR 04 von seinem Steuerberater vorgenommen. Der aktuelle Jahresabschluss zeigt folgende Gewinn- und Verlustrechnung (ergänzt um Angaben nach SKR 03):

GuV

\multicolumn{3}{c	}{Gewinn- und Verlustrechnung von Metallbau Ludwig}	
SKR 04	SKR 03		
4000	8000	Betriebsleistung	351 289,–
5000	4000	Materialeinsatz	102 076,–
5900	3100	Fremdleistungen	16 784,–
		Rohgewinn I	232 429,–
6000	4100	Personalkosten	95 648,–
		Rohgewinn II	136 781,–
6220	4830	Abschreibungen	13 930,–
6260	4855	Sofortabschreibung, Geringwertige Wirtschaftsgüter	1 830,–
6305	4200	Raumkosten	17 144,–
6320	4230	Energiekosten	3 406,–
6400	4360	Versicherungen, Beiträge	4 424,–
6460	4800	Reparaturen, Instandhaltung	1 404,–
6498	4810	Mietleasing	2 626,–
6500	4500	Fahrzeugkosten ohne AfA	13 226,–
6600	4610	Werbekosten	2 348,–
6800–6828	4910–4940	Bürokosten	4 469,–
6825	4950	Rechts- und Beratungskosten	4 676,–
6830	4955	Buchführungskosten	1 775,–
6845	4985	Werkzeuge, Kleingeräte	2 632,–
6850	4980	Sonstiger Betriebsbedarf	4 627,–
		Ergebnis der gewöhnlichen Geschäftstätigkeit	58 264,–
4849	8820	Erlöse aus dem Verkauf von Sachanlagevermögen	4 294,–
7100	2650	Zinserträge	1 033,–
7300	2100	Zinsen und ähnliche Aufwendungen	9 544,–
7610	4320	Gewerbesteuer	1 099,–
		Steuerlicher Gewinn	52 948,–

Bitte bearbeiten Sie abschließend die folgenden Aufgaben:

1. Welche Aufgaben erfüllt die Kostenrechnung?

2. Was sind Kosten?

3. Nach welchen Gesichtspunkten können Kosten aufgegliedert werden?

4. Welche Methoden der Kostenrechnung kennen Sie?

5. Was heißt Kalkulieren?

6. Worin sehen Sie das größte Problem bei der Kalkulation?

2. Kostenartenrechnung

Kompetenzen:

Der Lernende

- weiß, wie man die Abgrenzung des Aufwandes aus der Finanzbuchhaltung für die Kostenrechnung durchführen muss,
- kann die kalkulatorischen Kosten erfassen und bewerten,
- kennt die Aufteilung in Einzel- und Gemeinkosten und kann diese anwenden.

Aufgabe

Die Kostenartenrechnung erfasst sämtliche Kosten, die bei der betrieblichen Leistungserstellung anfallen und bildet die Grundlage der gesamten Kostenrechnung. Aufgabe und Zweck ist die Ermittlung und Darstellung der Kostenstruktur und des Kostenniveaus eines Unternehmens sowie die entsprechende Kontrolle der gesamten Kosten und einzelner Kostenarten. Die Kostenartenrechnung ist zeitraumbezogen, indem sie die Kosten für eine Abrechnungsperiode erfasst.

2.1 Gliederung der Kostenarten: Kostenartenplan

Kostenartengliederung

Um die Kostenartenrechnung ordnungsgemäß durchführen zu können, muss jeder Betrieb einen eigenen **Kostenartenplan** erstellen (→ Beispiel S. 173). Generelle Orientierungsmöglichkeit ist der jeweils empfohlene Kontenrahmen. Branche, Betriebsgröße und Umfang der angestrebten Kostenkontrolle bestimmen die Tiefe der Gliederung, wobei grundsätzlich die Wirtschaftlichkeit zu beachten ist.

Aus der Finanzbuchhaltung entnehmen wir den Kontenklassen 5, 6 und 7 des Kontenrahmens SKR 04 bzw. der Klasse 4 des Kontenrahmens SKR 03 die Aufwandsposten, die in der Regel Kosten darstellen. Dies ist im konkreten Einzelfall zu analysieren.

Bereinigung der Aufwandsposten

Aufbereitung des Zahlenmaterials

Die Aufwandsposten müssen daraufhin untersucht werden, ob und in welchem Umfang neutraler Aufwand darin enthalten ist. Sie müssen ggf. um den neutralen Aufwand vermindert und um die Zusatzkosten (kalkulatorische Kosten) vermehrt werden, damit die „richtigen" Kosten für die Kostenrechnung zur Verfügung stehen.

Sonstiger bzw. nicht unmittelbar dem Betriebszweck dienender Aufwand könnte sich beispielsweise aus dem Verkauf eines Anlagegutes ergeben, dessen Verkaufspreis geringer ist als der Buchwert. Die Differenz zwischen Verkaufspreis und Buchwert ist ein sonstiger Aufwand. Er wird daher bei den Gemeinkosten nicht berücksichtigt.

Beispiel

Beispiel für einen Kostenartenplan der Aufwandskonten (für den Betrieb Metallbau Ludwig)		
SKR 04: Kontenklassen 5, 6, 7	SKR 03: Kontenklasse 4	Bezeichnung des Kontos
5000	4000	Materialverbrauch
5900	3100	Fremdleistungen
6000	4100	Personalkosten
6220	4830	Abschreibungen
6260	4855	Sofortabschreibung auf Geringwertige Wirtschaftsgüter
6305	4200	Raumkosten
6320	4230	Energiekosten
6400	4360	Versicherungen, Beiträge
6460	4800	Reparaturen, Instandhaltung
6498	4810	Mietleasing
6500	4500	Fahrzeugkosten ohne Abschreibungen
6600	4610	Werbekosten
6800–6828	4910–4940	Bürokosten
6825	4950	Rechts- und Beratungskosten
6830	4955	Buchführungskosten
6845	4985	Werkzeuge, Kleingeräte
6850	4980	Sonstiger Betriebsbedarf
7300	2100	Zinsen und ähnliche Aufwendungen
7610	4320	Gewerbesteuer

Die Summe der bereinigten Aufwandsposten, korrigiert um den sonstigen Aufwand, muss um die **Zusatzkosten** ergänzt werden. Dies ergibt den Zweckaufwand. Diese Zusatzkosten (kalkulatorische Kosten), denen kein Aufwand (→ Abschnitt 1.2, S. 164) gegenübersteht, betreffen ausschließlich betriebsbedingten Kostenverzehr und spielen in der Kostenrechnung eine wichtige Rolle. Da sie in der Buchführung in aller Regel nicht erfasst sind, müssen die Zahlen der Gewinn- und Verlustrechnung entsprechend ergänzt werden. Nicht selten schlägt dabei ein bisher steuerlich positives Ergebnis in ein negatives um (→ kalkulatorische Kosten, S. 176).

kalkulatorische Kosten

KOSTEN- UND LEISTUNGSRECHNUNG UND CONTROLLING

betriebswirtschaftliches Ergebnis

Steuerlich wirksam ist das Ergebnis der offiziellen Jahresrechnung gemäß Buchhaltung, jedoch nicht das der Kostenrechnung, das unter Berücksichtigung der Zusatzkosten ein „betriebswirtschaftliches" Ergebnis liefert.

Zinsaufwand, soweit betrieblich bedingt, und Abschreibungen sind Kosten. Sie werden zwar noch im Rahmen der kalkulatorischen Kosten abgegrenzt, sind aber in der Kostenrechnung unverzichtbar. Anlagenabgänge entstehen nicht unmittelbar aus dem Betriebszweck heraus und sind deshalb nicht zu berücksichtigen. Zinserträge, soweit sie auf betrieblich genutzten Konten entstehen, sind üblicherweise mit Zinsaufwendungen zu saldieren. Dies ist bei Metallbau Ludwig der Fall, so dass nur € 8 511,– als Aufwand anzusetzen sind.

Weiter sind die kalkulatorischen Kosten (wie nachfolgend ermittelt) abzuziehen, sodass das betriebswirtschaftliche Ergebnis erheblich unter dem steuerlichen liegten kann.

Unter diesem Gesichtspunkt betrachten wir einmal das Ergebnis von Metallbau Ludwig (in €):

Steuerlicher Gewinn	52 948,–
– kalkulatorischer Unternehmerlohn	./. 44 400,–
– kalkulatorischer Lohn für mithelfende Familienangehörige	./. 3 000,–
– kalkulatorische Zinsen	./. 2 335,80
– kalkulatorische Abschreibungen	./. 3 280,–
Betriebswirtschaftliches Ergebnis	./. 67,80

Dieses betriebswirtschaftliche Ergebnis ist zwar „im Minus", zeigt aber, dass sich die Selbstständigkeit noch „gelohnt" hat, da die kalkulatorischen Kosten fast gänzlich erwirtschaftet werden konnten,

2.2 Erfassung und Besonderheiten einzelner Kostenarten

Die einzelnen Kostenarten müssen genau erfasst und noch in Bezug auf einige Unterscheidungskriterien untersucht werden. Vor allem ist die Frage zu klären, ob eine Kostenart direkt einzelnen Produkten/Dienstleistungen zugeordnet werden kann oder nicht.

Unterscheidungskriterien

Werden sie direkt einzelnen Produkten/Dienstleistungen zugeordnet, handelt es sich um Einzelkosten, werden sie allen oder mehreren Produkten zugeordnet, handelt es sich um Gemeinkosten. Die möglichst genaue Abgrenzung ist für die Kalkulation sehr wichtig.

KOSTEN- UND LEISTUNGSRECHNUNG UND CONTROLLING

Zurechnung zu Produkten

2.2.1 Fertigungsmaterial

Fertigungsmaterial geht unmittelbar in das Erzeugnis ein und stellt Einzelkosten dar. Die genaue Erfassung ist grundlegende Voraussetzung für eine exakte Kostenverrechnung. Die Verwendung von Materialentnahmescheinen ist die zuverlässigste Art der laufenden Erfassung. Ein Materialentnahmeschein sollte Angaben über Menge, Art und Kosten des Verbrauchs und die Zuordnung zum entsprechenden Auftrag enthalten.

Fertigungsmaterial

Kleinmaterial, Hilfs- und Betriebsstoffe sind in der Regel nur indirekt verrechenbar und stellen Gemeinkosten dar.

2.2.2 Personalkosten

Zu den Personalkosten gehören

Personalkosten

- Löhne für gewerbliche Arbeitnehmer,
- Gehälter für Angestellte und Poliere,
- Ausbildungsvergütungen,
- Aushilfslöhne,
- Lohnnebenkosten.

Die **Lohnnebenkosten** stellen heute einen sehr beachtlichen Anteil an den Personalkosten dar. Dabei handelt es sich u. a. um die Arbeitgeberanteile zur Sozialversicherung, Beiträge zur Berufsgenossenschaft für die Unfallversicherung, tarifliche, gesetzliche oder freiwillige Leistungen bei der Geburt von Kindern, Heirat, Jubiläen, familiären Todesfällen, Freistellung für Arztbesuche und Wehrübungen, Mutterschafts- und Erziehungsurlaub. Sie können nicht direkt einem Auftrag zugeordnet werden; deshalb handelt es sich bei Lohnnebenkosten um Gemeinkosten. Andererseits sind aber die Sozialversicherungsbeiträge direkt abhängig von der Lohn- bzw. Gehaltshöhe; sie sind ein feststehender Prozentsatz des Entgelts. Daher können sie bei den Lohneinzelkosten mit berücksichtigt werden.

KOSTEN- UND LEISTUNGSRECHNUNG UND CONTROLLING

Zuordnung von Kostenarten

Zuordnung von Kostenarten	
Kostenart	**Hinweise**
Fertigungsmaterial	• Stellt in der Regel Einzelkosten dar • Hilfsstoffe: nur indirekt verrechenbar; sie stellen in der Regel Gemeinkosten dar
Personalkosten	• Löhne: sofern es sich um dem Kunden/Auftrag gegenüber direkt verrechenbare Stunden handelt, liegen Einzelkosten sonst Gemeinkosten vor • Gehälter: Gemeinkosten
Kalkulatorische Kosten	• Kalk. Unternehmerlohn: sowohl Einzelkosten (produktive Mitarbeit bei Aufträgen) als auch Gemeinkosten (verwaltende Tätigkeit, Kundenbetreuung, -gewinnung) • Kalk. Eigenkapitalverzinsung: Gemeinkosten • Kalk. Miete: Gemeinkosten • Kalk. Abschreibungen: Gemeinkosten • Kalk. Wagnisse: Gemeinkosten

Nicht alle erfassten Lohnkosten für gewerbliche Arbeitnehmer können einem Auftrag direkt zugerechnet werden. Ein Teil der Lohnkosten muss den Gemeinkosten zugeordnet werden. Deshalb wird bei Löhnen unterschieden zwischen Fertigungslöhnen und Hilfslöhnen:

Fertigungslohn
- Fertigungslohn entsteht unmittelbar bei der Produktions- und Leistungserbringung und lässt sich als Einzelkosten direkt den Aufträgen zurechnen. Betriebswirtschaftlich nicht ganz korrekt, aber in vielen Erläuterungen gebräuchlich, sprechen wir hierbei von „produktiven Löhnen". Produktiv bedeutet in diesem Sinne, dass die Lohnkosten direkt in die Produktion/Leistung eingehen. Unproduktive Personalkosten in diesem Sinne sind die Personalkosten, die nicht direkt zugeordnet werden können, bzw. für die wir keinen Ertrag erhalten, wie z. B. für Gewährleistungs- und Garantiearbeiten oder innerbetriebliche Leistungen.

Hilfslöhne
- Hilfslöhne (z. B. Löhne für Lagerarbeiten, Boten, Reparaturen, Reinigung und Transport, Feiertags- und Urlaubslöhne, Leerlaufstunden, Lohnfortzahlung im Krankheitsfall etc.) sind Gemeinkosten. Um den Anteil der Gemeinkostenlöhne zu ermitteln, sind außerhalb der Buchführung zusätzliche Aufzeichnungen notwendig. Vom Genauigkeitsgrad der Erfassung hängt der Aussagewert der gesamten Kostenrechnung entscheidend ab. Die Verteilung erfolgt zweckmäßigerweise nach Stunden, da in der Regel Stundennachweise vorhanden sind.

2.2.3 Kalkulatorische Kosten

Kalkulatorische Kosten sind in der Kostenrechnung zu berücksichtigen, obwohl sie in der Finanzbuchhaltung nicht zu finden sind.

KOSTEN- UND LEISTUNGSRECHNUNG UND CONTROLLING

Hierzu zählt im Wesentlichen der kalkulatorische Unternehmerlohn, der das Entgelt für die Arbeit des im eigenen Betrieb tätigen Unternehmers bzw. der im Betrieb tätigen Gesellschafter einer Personengesellschaft darstellt. Soweit selbst an einem Auftrag direkt mitgearbeitet wird, handelt es sich um Einzelkosten.

kalkulatorischer Unternehmerlohn

Der Anteil für Verwaltung, Überwachung und Leitung, der im Sprachgebrauch missverständlich als „unproduktiver Lohn" bezeichnet wird, stellt Gemeinkosten dar. Tatsächlich soll damit ausgedrückt werden, dass dieser Kostenbestandteil nicht direkt produktionsgebunden verrechnet werden kann.

Die Höhe des kalkulatorischen Unternehmerentgeltes entspricht in etwa dem Gehalt eines leitenden Angestellten in der jeweiligen Branche, zuzüglich eines Zuschlags für Mehrarbeit für die Verwaltung, Überwachung und Leitung des Betriebes, des Arbeitgeberanteils zur Sozialversicherung, einer Unfallversicherung sowie des Urlaubs- und Weihnachtsgeldes. Dies sind nämlich auch die Leistungen, die für einen Arbeitnehmer in vergleichbarer Position aufgebracht werden.

Die einzelnen Fachverbände des Handwerks veröffentlichen von Zeit zu Zeit die vertretbaren Daten für den Ansatz eines kalkulatorischen Unternehmerentgeltes, gegliedert nach Betriebsgrößen. Auch den Betriebsvergleichen sind Durchschnittssätze für kalkulatorisches Unternehmerentgelt zu entnehmen.

KALKULATORISCHE KOSTEN
- Kalkulatorischer Unternehmerlohn
- Kalk. Entgelte für mithelfende Familienangehörige
- Kalkulatorische Eigenkapitalverzinsung
- Kalkulatorische Miete
- Kalkulatorische Abschreibungen
- Kalkulatorische Wagnisse

kalkulatorische Kosten

Kalkulatorische Entgelte werden für mithelfende Familienangehörige, für die kein Arbeitsvertrag besteht, errechnet. Seitdem die steuerliche Rechtsprechung Arbeitsverträge mit Ehegatten bzw. Kindern grundsätzlich anerkennt, hat dieser Teil der Zusatzkosten erheblich an Bedeutung verloren. Diese Kosten sind, wenn Arbeitsverträge bestehen, in der Gewinn- und Verlustrechnung enthalten, stellen also in diesen Fällen keine Zusatzkosten dar. In allen anderen Fällen muss die Mitarbeit von Familienangehörigen, wenn effektiv keine oder eine zu geringe Bezahlung erfolgt, kalkulatorisch berücksichtigt werden.

kalkulatorische Entgelte

KOSTEN- UND LEISTUNGSRECHNUNG UND CONTROLLING

kalkulatorische Eigenkapitalverzinsung
Die kalkulatorische Eigenkapitalverzinsung ist aus folgendem Grund zu berücksichtigen: In der Finanzbuchhaltung sind lediglich Zinsen für Fremdkapital aufgeführt. Kostenrechnerisch müssen aber die Zinsen für das gesamte im Betrieb arbeitende Kapital, einschließlich Eigenkapital, berücksichtigt werden. Daher ist eine zusätzliche Verzinsung des während der Abrechnungsperiode vorhandenen Eigenkapitals anzusetzen.

Der Einfachheit halber wird der Durchschnitt der Summe des Anfangs- und des Endkapitals eines Jahres genommen. Die Höhe der kalkulatorischen Zinsen entspricht dem Zinssatz, den das im Betrieb arbeitende Eigenkapital bei anderweitig langfristiger Anlage erwirtschaften würde.

kalkulatorische Miete
Kalkulatorische Miete muss angesetzt werden, wenn der Betrieb ganz oder teilweise auf eigenem Grund und Boden unterhalten wird. Der Ansatz entspricht der orts- oder branchenüblichen Miete für vergleichbare Objekte, vermindert um bereits verbuchte Grundstücks- und Gebäudeaufwendungen.

kalkulatorische Abschreibungen
Kalkulatorische Abschreibungen richten sich nach dem tatsächlichen Werteverzehr der betreffenden Wirtschaftsgüter (verbrauchsbedingte Abschreibungen). In der Finanzbuchhaltung werden Abschreibungen nach handels- und steuerrechtlichen Gesichtspunkten ermittelt, die die tatsächlichen Wertminderungen nicht genügend berücksichtigen. Der kalkulatorische Abschreibungssatz geht von einer Lebensdauer aus, die dem technischen und wirtschaftlichen Verschleiß entspricht. Die kalkulatorische Abschreibung bezieht sich nur auf das betriebsnotwendige Vermögen, während das Handels- und Steuerrecht die Abschreibung aller Wirtschaftsgüter verlangt, also z. B. auch für stillgelegte Anlagegüter.

Ferner sollen Abschreibungen die Wiederbeschaffung (Reinvestition) ermöglichen. Die bilanziellen Abschreibungen müssen vom Anschaffungs- oder Herstellungswert erfolgen, während die kalkulatorischen Abschreibungen vom Wiederbeschaffungswert ausgehen.

Aufgrund der Kalkulation fließen die Beträge der kalkulatorischen Abschreibungen in den Preis ein. Entsprechend stehen bei Ersatzbeschaffung die erforderlichen Mittel zur Verfügung.

Bei kalkulatorischen Abschreibungen kann eine kürzere oder längere Nutzungsdauer angesetzt werden als bei bilanziellen Abschreibungen. Das Steuerrecht gibt eine strenge Nutzungsdauer vor, die nur in Ausnahmefällen geändert werden kann. Für die Kostenrechnung hingegen sollte die **betriebsgewöhnliche Nutzungsdauer** verwendet werden, die bei sehr soliden Maschinen weit über der steuerlichen liegt.

Dadurch kann unter Umständen die kalkulatorische unter der bilanziellen Abschreibung liegen.

kalkulatorische Wagnisse
Kalkulatorische Wagnisse: Unternehmerisches Handeln bringt vielfältige Wagnisse mit sich. Soweit es sich um Risiken handelt, die durch Versicherungen abgedeckt sind, ist die Prämie in der Buchführung Aufwand. Soweit

aber nicht versicherte Risiken vom Betrieb getragen werden, erfasst die Kostenrechnung diese Wagnisse in der Regel mit einem Erfahrungswert als prozentualen Zuschlag auf die sog. Selbstkosten (→ S. 199). Meist wird er mit dem Gewinnzuschlag kombiniert und erscheint in der Kalkulation als „Zuschlag für Wagnis und Gewinn".

Zu den Wagnissen zählen insbesondere
- Anlagewagnis: z. B. Schäden am Anlagevermögen durch verschiedene unvorhergesehene Ursachen,
- Beständewagnis: Verlust beim Vorratsvermögen, sich verändernde Modetrends,
- Fertigungswagnis: Material-, Arbeits-, Konstruktionsfehler,
- Gewährleistungswagnis: Garantiearbeiten,
- Vertriebswagnis: Forderungsausfälle.

Diese kalkulatorischen Wagnisse sind nicht zu verwechseln mit dem allgemeinen Unternehmerrisiko, das keinen kalkulatorischen Kostenbestandteil darstellt und durch den Gewinn abgedeckt werden muss.

allgemeines Unternehmerrisiko

Nach den vorstehenden Darlegungen lassen sich die Kostenarten ergänzen und nach Einzel- und Gemeinkosten wie folgt aufgliedern:

Aufgliederung nach Einzel- und Gemeinkosten

Aufgliederung der Kostenarten nach Einzel- und Gemeinkosten				
SKR 04	SKR 03	Kostenart	Einzelkosten	Gemeinkosten
5000	4000	Materialeinsatz	X	
5900	3100	Fremdleistungen	X	
6000	4100	Personalkosten	X	X
6220	4830	Abschreibungen		X
6260	4855	Sofortabschreibungen GWG		X
6305	4200	Raumkosten		X
6320	4230	Energiekosten		X
6400	4360	Versicherungen; Beiträge		X
6460	4800	Reparaturen, Instandhaltungen		X
6498	4810	Mietleasing		X
6500	4500	Fahrzeugkosten		X
6600	4610	Werbekosten		X
6800–6828	4910–4940	Bürokosten		X
6825	4950	Rechts- und Beratungskosten		X
6830	4955	Buchführungskosten		X
6845	4985	Werkzeuge, Kleingeräte	X	X

KOSTEN- UND LEISTUNGSRECHNUNG UND CONTROLLING

Aufgliederung nach Einzel- und Gemeinkosten (Forts.)

Aufgliederung der Kostenarten nach Einzel- und Gemeinkosten				
SKR 04	SKR 03	Kostenart	Einzelkosten	Gemeinkosten
6850	4980	Sonstiger Betriebsbedarf		X
7300	2100	Zinsaufwand		X
7610	4320	Gewerbesteuer		X
6970 (6980)	(2890)	Kalkulatorischer Unternehmerlohn	X	X
6979 (6989)	(2885)	Kalkulatorischer Familienlohn	X	X
6974 (6984)	(2892)	Kalkulatorische Zinsen		X
6972 (6982)	(2891)	Kalkulatorische Miete		X
6976 (6986)	(2893)	Kalkulatorische Abschreibungen		X

Bei den in Klammern stehenden Angaben handelt es sich um die SKR-04- bzw. SKR-03-Konten, denen die verrechneten kalkulatorischen Posten zugerechnet werden.

Die rot gedruckten Kostenansätze (X) enthalten sowohl Einzel- als auch Gemeinkosten. Sie bedürfen daher, bevor sie in die Kalkulation eingehen, einer besonderen Aufgliederung in Einzelkosten und Gemeinkosten.

2.3 Verrechnung von Einzel- und Gemeinkosten am Beispiel des Betriebes Metallbau Ludwig

Die in der Gewinn- und Verlustrechnung ausgewiesenen Personalkosten von € 95 648,– beinhalten ein Gehalt von € 14 970,– für die Bürotätigkeit der Ehefrau von Ludwig. Somit verbleiben € 80 678,– als Bruttolöhne.

Beispielrechnung

Es wird angenommen, dass 40 % der **Bruttolöhne** nicht direkt verrechenbare Löhne darstellen. Diese Annahme ist gerechtfertigt, weil Urlaubs- und Feiertagslöhne sowie sonstige Leer- bzw. Fehlzeiten in den Bruttolöhnen enthalten sind. Von 365 Kalendertagen eines Jahres verbleiben unter Abzug von 104 Wochenendtagen 261 lohnpflichtige Tage. Rechnen wir noch Urlaubstage, gesetzliche Feiertage, Krankheitstage und tarifliche und gesetzliche Ausfalltage ab, kommen wir auf durchschnittlich 208 Anwesenheitstage. Wenn wir noch das Urlaubs- und Weihnachtsgeld in bezahlte Abwesenheitstage umrechnen (angenommen werden 26 Tage), erhalten wir 287 bezahlte Tage, die sich aufteilen in 208 Tage Anwesenheit und 79 Tage bezahlte Abwesenheit. Das sind

Errechnung der Arbeitstage

$$\frac{79 \text{ Tage} \times 100}{208 \text{ Tage}}$$

KOSTEN- UND LEISTUNGSRECHNUNG UND CONTROLLING

Das ergibt 38 % direkte lohngebundene Kosten, die im oben erläuterten Sinne „unproduktiv" sind.

Hinzu kommen betrieblich bedingte Leerlaufzeiten, sodass die Annahme von 40 % nicht direkt verrechenbarer Löhne nicht zu hoch gegriffen ist. Die Bruttolohnsumme von € 80 678,– ist zur Ermittlung der Fertigungslöhne als Einzelkosten um 40 % = € 32 271,20 zu kürzen. Dieser Betrag ist den Gemeinkosten zuzurechnen. Er wird auch als „Gemeinkostenlohn" bezeichnet (→ S. 175).

Bei den kalkulatorischen Kosten (Zusatzkosten) stellt das Unternehmerentgelt im Allgemeinen den größten Posten dar.

Wir gehen im Beispiel von einem kalkulatorischen **Unternehmerentgelt** von € 44 400,–/Jahr aus, wovon 70 % direkt verrechenbar und 30 % nicht direkt verrechenbar sein sollen. € 31 080,– müssen also den Einzelkosten und € 13 320,– den Gemeinkosten zugerechnet werden. Es wird weiter unterstellt, dass der Vater von Herrn Ludwig als Rentner gelegentlich Aushilfstätigkeiten in der Werkstatt leistet, ohne dafür entlohnt zu werden. Das entspricht € 3 000,–/Jahr **kalkulatorischem Entgelt** für mithelfende Familienangehörige. Ein Arbeitsvertrag besteht aus familiären Gründen nicht. Diese € 3 000,– müssen den Fertigungslöhnen zugeschlagen werden.

Die Verzinsung des Eigenkapitals **(kalkulatorische Zinsen)** berechnet sich wie folgt:

Eigenkapitalverzinsung

Anfangseigenkapital lt. Buchführungs am 1. 1.	€ 34 060,–
Endkapital am 31. 12.	€ 43 800,–
	€ 77 860,–
Durchschnitt (geteilt durch 2)	€ 38 930,–
Es wird ein Zinssatz von 6 % angenommen = € 2 335,80.	

Bei den **kalkulatorischen Abschreibungen** sei angenommen, dass ihre Summe im Jahr um € 3 280,– über den bilanziellen Abschreibungen liegt. Diese müssen ebenfalls den Gemeinkosten zugerechnet werden.

Diese Gemeinkosten werden auf eine Basis Einzelkosten verrechnet. Wir haben in unserem Beispiel Metallbau Ludwig zwei Einzelkostengruppen: Fertigungslöhne und Verbrauchsmaterial. Es gibt die Möglichkeit, einen Zuschlag auf die Fertigungslöhne oder auf das Verbrauchsmaterial zu berechnen.

KOSTEN- UND LEISTUNGSRECHNUNG UND CONTROLLING

Beispiel

Errechnung der Gemeinkosten (Betrieb Metallbau Ludwig)	
Bruttolöhne	€ 80 678,–
./. nicht direkt verrechenbarer Anteil	€ 32 271,20
Zwischensumme	€ 48 406,80
+ direkt zurechenbarer Unternehmerlohn (Meisterarbeit)	€ 31 080,–
+ produktive Mitarbeit mithelfender Familienangehöriger	€ 3 000,–
= direkt zurechenbare Löhne (Fertigungslöhne)	€ 82 486,80
Die Summe der Gemeinkosten errechnet sich wie folgt:	
a) Kosten gemäß GuV-Rechnung	
Gehalt Bürokraft	€ 14 970,–
Abschreibungen, GWG	€ 15 760,–
Raum-, Energiekosten	€ 20 550,–
Versicherungen, Steuern, Beiträge	€ 5 523,–
Kfz-Kosten	€ 13 226,–
Werbekosten	€ 2 348,–
Büro-, Beratungs-, Buchführungskosten	€ 10 920,–
Werkzeug, Kleingeräte	€ 2 632,–
Zinsaufwand	€ 8 511,–
Sonstiger Aufwand	€ 8 657,–
	€ 103 097,–
b) Gemeinkostenlöhne s. oben	€ 32 271,20
c) Zusatzkosten	
Kalkulatorisches Unternehmerentgelt	€ 13 320,–
Kalkulatorische Verzinsung des Eigenkapitals	€ 2 335,80
Kalkulatorische Abschreibungen	€ 3 280,–
Summe der Gemeinkosten	€ 154 304,–

Der **Gemeinkostenzuschlagssatz auf Basis Fertigungslohn** wird nach folgender Formel berechnet:

Gemeinkostenzuschlagssatz

$$\frac{\text{Gemeinkosten} \times 100}{\text{Fertigungslöhne}} = \%$$

Das bedeutet am Beispiel Metallbau Ludwig:

$$\frac{154\,304,- \times 100}{82\,486,80} = 187{,}07\,\%$$

Daraus ergibt sich ein Zuschlagssatz auf den Fertigungslohn in Höhe von 187,07 % .

In manchen Handwerksberufen ist es üblich, den **Zuschlagssatz auf Basis Verbrauchsmaterial** zu berechnen. Dafür lautet die Formel:

Gemeinkostenzuschlagssatz

$$\frac{\text{Gemeinkosten} \times 100}{\text{Verbrauchsmaterial}} = \%$$

KOSTEN- UND LEISTUNGSRECHNUNG UND CONTROLLING

Im Beispiel beträgt der Materialverbrauch € 102 076,–. Das bedeutet am Beispiel Ludwig:

$$\frac{154\,304,- \times 100}{102\,076,-} = 151{,}17\,\%$$

Daraus ergibt sich ein Zuschlagssatz auf Material in Höhe von 151,17 %.

Aus den Werten der Buchführung haben wir vorhergehend die Gemeinkosten ausgegliedert und um die Zusatzkosten ergänzt. Dazu fügen wir noch die Einzelkosten und erhalten für die weiteren Berechnungen folgendes Schema:

Angaben für Beispiel

Angaben zur Ermittlung des Gemeinkostenzuschlagssatzes					
	Material- und Handelswareneinsatz	Personalkosten	Gemeinkosten	Sondereinzelkosten/ Fremdleistungen	Summe
1. Kostendaten	102 076,–	95 648,–	88 127,–	16 784,–	302 635,–
Umbuchung Gehalt der Bürokraft auf Gemeinkosten		– 14 970,–	14 970,–		–,–
Umbuchung 40 % unproduktive Löhne auf Gemeinkosten		– 32 271,20	32 271,20		–,–
2. Zusatzkosten					
Kalkulatorischer Unternehmerlohn		31 080,–	13 320,–		44 400,–
Kalkulatorischer Lohn für mithelfende Familienangehörige		3 000,–			3 000,–
Kalkulatorische Eigenkapitalverzinsung			2 335,80		2 335,80
Kalkulatorische Abschreibungen			3 280,–		3 280,–
Summe	102 076,–	82 486,80	154 304,–	16 784,–	355 650,80

Das Beispiel kommt zu dem Ergebnis, dass ein Zuschlagssatz in Höhe von 187,07 % auf Fertigungslöhne bzw. von 151,17 % auf Fertigungsmaterial zur Verrechnung der Gemeinkosten notwendig ist, um die anteiligen Selbstkosten zu decken.

Aus Gründen der Zweckmäßigkeit werden die Gemeinkosten in den verschiedenen Handwerksbereichen entweder nur den Fertigungslöhnen oder dem Material oder aber auch beiden Arten von Einzelkosten zugeschlagen. Das heißt in der Praxis z. B.: Bei einem Zuschlagssatz auf Basis Fertigungslohn von 187,07 % entfallen auf jeden Euro Fertigungslohn € 1,87 an Gemeinkosten.

Wenn im Betrieb oder in einer Betriebsabteilung ein durchschnittlicher Fertigungslohn von € 13,– je Stunde bezahlt wird, ergibt sich für die Ermittlung der anteiligen Selbstkosten folgende Rechnung:

Ermittlung Selbstkosten

KOSTEN- UND LEISTUNGSRECHNUNG UND CONTROLLING

Fertigungslohn pro Std.	€ 13,–
+ Zuschlagssatz für Gemeinkosten 187,07 %	€ 24,32
= Selbstkosten (ohne Materialverbrauch)	€ 37,32

Stundenverrechnungssatz Wenn diese Selbstkosten je Stunde ergänzt werden um einen Zuschlag für Wagnis und Gewinn, erhalten wir den **Stundenverrechnungssatz**.

Beispiel:

Selbstkosten je Stunde	€ 37,32
+ 8 % Wagnis und Gewinn	€ 2,99
	€ 40,31
+ 16 % Mehrwertsteuer	€ 6,45
= Stundenverrechnungssatz	€ 46,76

Es gibt auch andere Berechnungsmöglichkeiten, z. B. m² Putzfläche, m² verlegte Dachziegel und andere. Hier handelt es sich um durchschnittliche Erfahrungswerte, bei denen Fertigungslöhne, Materialverbrauch und Gemeinkosten zusammengefasst sind.

Dazu kommen bei der Rechnungserstellung der Zuschlag für Unternehmerwagnis und Gewinn sowie die Umsatzsteuer (→ S. 689).

Auswahl geeigneter Methoden zur Ermittlung des Gemeinkostenzuschlagssatzes

Beachtung betrieblicher Besonderheiten Nach welcher Methode sollte nun die Ermittlung des Gemeinkostenzuschlagssatzes vorgenommen werden? Hier kommt es auf die individuellen Gegebenheiten des Betriebes und die Besonderheiten der Branche an.

Bäcker und Fleischer verkaufen ihre Produkte nach Stückzahl und Gewicht und nicht nach geleisteten produktiven Stunden, sodass ihre Kalkulation auf dem Waren- und Materialeinsatz fußt. Kfz-Techniker, Haushaltsgeräte-Kundendienste und Heizungsbauer „verkaufen" z. B. produktive Stunden, sodass ihre Kalkulationsgrundlage der Fertigungslohn ist. Da bei ihnen in der Regel viel Material eingesetzt wird, werden häufig die Gemeinkosten aufgeteilt in material- und lohnabhängige Gemeinkosten und sowohl dem Material als auch dem Fertigungslohn zugeschlagen.

Kalkulation im Baugewerbe Im Bau- und Ausbaugewerbe werden, wie oben angeführt, oft Leistungseinheiten und -gruppen angeboten. Die kalkulierten Werte z. B. für das Vermauern einer bestimmten Anzahl m³ Kalksandstein setzen sich dabei sowohl aus den vorab zu schätzenden Fertigungslohnstunden mit dem entsprechenden Zuschlag als auch dem Materialbedarf evtl. mit Zuschlag zusammen. Ebenso hat der Maler seine Werte pro m² Verkleben von Raufasertapeten, der Elektrotechniker für den laufenden Meter Verlegen von Kabel, der Parkettleger für den m² Parkett mit Versiegelung erarbeitet und setzt diese Werte für die Kalkulation ein.

KOSTEN- UND LEISTUNGSRECHNUNG UND CONTROLLING

Bitte bearbeiten Sie abschließend die folgenden Aufgaben:

1. Nennen Sie wichtige Gemeinkosten eines Handwerksbetriebes.

2. Aus welchen Bestandteilen setzen sich die Personalkosten zusammen?

3. Wie wird die Höhe des kalkulatorischen Unternehmerlohnes bestimmt?

4. Nach welcher Formel wird der Gemeinkostenzuschlag auf Fertigungslöhne berechnet?

3. Kostenstellenrechnung

> **Kompetenzen:**
>
> Der Lernende
>
> - kann die Kostenstellen nach den betrieblichen Bedürfnissen einteilen,
> - ist in der Lage, einen Betriebsabrechnungsbogen zu erstellen,
> - kann eine verursachungsgerechte Verteilung der Kosten auf die Kostenstellen vornehmen,
> - ist in der Lage, differenzierte Gemeinkostenzuschläge zu ermitteln,
> - kann erklären, warum und wie die Kostenkontrolle einzelner Betriebsbereiche durchzuführen ist.

Kostenstellen

Der Unternehmer muss wissen, an welchen Stellen des Betriebes welche Kosten in welcher Höhe entstanden sind. Diese Aufgabe erfüllt die Kostenstellenrechnung. Sie beschäftigt sich mit der Erfassung und Kontrolle der Kosten einzelner Bereiche des Unternehmens, den Kostenstellen. Die Kostenstellenrechnung erfasst also die Kosten gemäß den betrieblichen Bereichen, in denen sie entstanden sind. Sie ist eine notwendige Voraussetzung für die genaue Selbstkostenrechnung. Für die Betriebskontrolle sind die Kostenstellen Kontrollbereiche, indem man Kosten und Leistung jeder Kostenstelle vergleicht.

Einteilungskriterien für Kostenstellen

Die Einteilung in Kostenstellen kann nach verschiedenen Kriterien erfolgen, wie z. B.:

- nach **betrieblichen Funktionen** (z. B. Beschaffung, Fertigung, Verwaltung, Vertrieb),
- nach **Verantwortungsbereichen** (z. B. Abteilung, Filiale),
- nach **räumlichen Gesichtspunkten** (z. B. Lager, Werkstatt, Laden, Büro),
- nach **rechentechnischen Gesichtspunkten** (z. B. Fuhrpark, Gebäude).

Die Zahl der Kostenstellen ist abhängig von der jeweiligen Betriebsgröße und Betriebsstruktur. Die Erfordernisse der Kalkulation sind zu berücksichtigen, aber andererseits sollten auch nur so viele Kostenstellen vorgesehen werden, wie man kalkulatorisch gebrauchen und auswerten kann. Im Handwerk kommen normalerweise nur drei oder vier Kostenstellen in Frage: Werkstatt, Lager, Büro und Verkauf (soweit Handel betrieben wird).

typische Kostenstellen im Handwerk

Darüber hinaus können Hauptkostenstellen, Nebenkostenstellen und Hilfskostenstellen unterschieden werden, abhängig davon, ob die betref-

KOSTEN- UND LEISTUNGSRECHNUNG UND CONTROLLING

fende Kostenstelle direkt für die Erstellung und Verwertung der Güter/Leistungen eine Rolle spielt oder eher indirekt:

- **Hauptkostenstellen** sind diejenigen Abrechnungsbezirke, die die Betriebsleistung überwiegend und unmittelbar erbringen. Sie nehmen den größten Teil der in einer Periode anfallenden Kosten auf.
- **Nebenkostenstellen** sind diejenigen Fertigungskostenstellen, in denen absatzfähige Nebenprodukte anfallen, z. B. Holzbriketts aus den Sägeabfällen einer Tischlerei.
- **Hilfskostenstellen** erbringen für die Produktion nur mittelbare Leistungen (Verwaltung, Vertrieb).

Das oben angeführte Beispiel für die Gemeinkostenzuschlagsrechnung (→ S. 181) unterstellt für den Gesamtbetrieb nur eine Kostenstelle. Das ist bei kleinen Handwerksbetrieben, die nur eine Werkstatt unterhalten und wenige Produkte oder Dienstleistungen anbieten, richtig und zweckmäßig.

In größeren Betrieben oder bei einer Vielzahl von Produkten oder Leistungen ist es sinnvoll, mehrere Kostenstellen einzurichten, da unterschiedliche Produkte/Leistungen auch unterschiedlich hohe Kosten verursachen. In einer Tischlerei z. B. liegen die Zinsen, Abschreibungen, Energiekosten und Versicherungen im Maschinenraum aufgrund der kapitalintensiven Ausstattung erheblich höher als im sog. Bankraum, in dem überwiegend Handarbeit geleistet wird. Somit ergeben sich unterschiedlich hohe Gemeinkosten im Verhältnis zu den Einzelkosten.

Wenn der Betrieb aber mehrere Kostenstellen hat, ergibt sich die Notwendigkeit, die Kostenarten auf die verschiedenen Kostenstellen zu verteilen, um genauer und gerechter kalkulieren zu können.

Als Hilfsmittel zur Erfassung und Verteilung der Kosten nach dem Verursachungsprinzip dient der Betriebsabrechnungsbogen (BAB).

3.1 Kalkulation mithilfe des Betriebsabrechnungsbogens (BAB)

Der Betriebsabrechnungsbogen ist ein organisatorisches Hilfsmittel zur Aufnahme und Verteilung der Kostenarten auf Kostenstellen in tabellarischer Übersicht. Einzelkosten sind darin lediglich als Bezugsgröße zur Errechnung von Zuschlagssätzen enthalten. Die Verteilung von Gemeinkosten auf die einzelnen Kostenstellen erfolgt aufgrund von Belegen (z. B. Lohn- und Gehaltslisten, Entnahmescheine für Hilfsmittel und Betriebsstoffe) oder nach geeigneten Verteilungsschlüsseln.

Betriebsabrechnungsbogen

Der Betriebsabrechnungsbogen wird in der Regel einmal jährlich aufgestellt. Er enthält sämtliche Kostenarten in der senkrechten Aufstellung und Kostenstellen in der waagerechten Zeile. Neben der Kostenerfassung, -verteilung und -verrechnung ist der Betriebsabrechnungsbogen ein wertvolles Instrument zum Kostenvergleich und zur Kostenkontrolle.

KOSTEN- UND LEISTUNGSRECHNUNG UND CONTROLLING

3.2 Betriebsabrechnungsbogen am Beispiel des Betriebes Metallbau Ludwig

Im Beispielbetrieb Metallbau Ludwig wird von zwei Hauptkostenstellen (Stahlkonstruktionsbau und Metallgestaltung) sowie von zwei Hilfskostenstellen (Lager und Büro) ausgegangen. Die Zahlen der Buchhaltung des Betriebes weisen folgende Werte aus:

Verbrauchsmaterial	€ 102 076,–
Fremdleistungen	€ 16 784,–
Bruttolöhne und Gehälter	€ 95 648,–
Verschiedene Gemeinkosten	€ 88 127,–

Die verschiedenen Gemeinkosten sind im BAB noch weiter aufzugliedern (→ S. 191). Die Kostenarten werden nach einem Verteilungsschlüssel umgelegt.

Ermittlung des Verteilungsschlüssels Die Ermittlung des Verteilungsschlüssels für die Verteilung der einzelnen Kostenarten auf die Kostenstellen ist mit einem beträchtlichen Aufwand verbunden: Jede einzelne Kostenart muss daraufhin überprüft werden, wo sie anfällt und in welcher Höhe sie der entsprechenden Kostenstelle zuzurechnen ist. Dazu sind die Unterlagen hilfreich, die auf → S. 169 aufgeführt sind. Bei vielen Positionen reicht eine gewissenhafte Schätzung aus, insbesondere wenn die Kostenart keinen sehr großen Wert beinhaltet.

Wenn die tatsächlich anfallenden Kosten entsprechend aufgeteilt wurden, werden sie zueinander in Beziehung gesetzt und in Prozentwerte umgerechnet: Zum Beispiel können 80 % der Gemeinkostenlöhne auf Hauptkostenstelle 1, 20 % auf Hauptkostenstelle 2 entfallen; daraus ergäbe sich ein Verteilungsschlüssel für Gemeinkostenlöhne von 80 zu 20 (80/20).

Ist diese Arbeit der Verteilung einmal getan, haben die Ergebnisse für einen längeren Zeitraum Bestand, bis sich grundlegende Veränderungen in der Kosten- und Leistungsstruktur bzw. in den Kapazitäten ergeben.

Es folgen einige Erläuterungen zur Auswertung des Betriebsabrechnungsbogens unseres Beispielbetriebes und zur Ermittlung der Zuschlagssätze. Die Zuschlagssätze werden anteilig auf die im Folgenden genannten Kostenstellen verteilt.

Materialverbrauch Das Material wird sowohl für den konstruktiven Stahlbau (Hauptkostenstelle 1) als auch für die Metallgestaltung (Hauptkostenstelle 2) verbraucht. Da es aber einen beträchtlichen Kostenfaktor mit entsprechenden Investitionen für die Lagerung darstellt, soll für den Materialbereich ein eigener Gemeinkostenzuschlagssatz errechnet werden.

Fremdleistungen werden in der Regel auftragsbezogen benötigt und sind daher sog. Sonder-Einzelkosten. Auf sie werden dann meist keine Gemeinkosten verrechnet. Wegen ihres nicht sehr großen Anfalls reicht es aus, für ihren Verwaltungsaufwand pauschal einen geringen Zuschlag in der Kal-

KOSTEN- UND LEISTUNGSRECHNUNG UND CONTROLLING

kulation auf sie zu verrechnen oder ihn im Verwaltungsgemeinkostenzuschlag zu belassen.

Von den € 80 678,– Bruttolöhnen sind 40 % (= € 32 271,20) als nicht direkt verrechenbar anzusehen. Sie zählen zu den Gemeinkosten. Es verbleiben vorerst € 48 406,80 an Fertigungslöhnen, die im Verhältnis 40/60 auf die beiden Hauptkostenstellen entfallen.

Fertigungslöhne

Beispiel

Kostenarten \ Kostenstellen	Stahlkonstruktionen	Metallgestaltung	Lager	Büro
Verteilungsschlüssel (des Betriebs Metallbau Ludwig)				
Materialverbrauch			100	
Fertigungslöhne	40	60		
Kalk. Unternehmerlohn (prod.)	30	70		
Kalk. Familienlohn (prod.)	80	20		
Gemeinkostenlöhne	35	65		
Gehälter				100
Abschreibungen, GWG	40	35	10	15
Raum-, Energiekosten	40	35	5	20
Versicherungen, Steuern, Beiträge	30	35	5	30
Kfz-Kosten	35	50	5	10
Werbung	20	80		
Büro-, Beratungs-, Buchführungskosten	25	30	10	35
Werkzeug, Kleingeräte	70	30		
Zinsaufwand	40	35	10	15
Sonst. Aufwand	40	30	10	20
Kalk. Unternehmerlohn (unprod.)			20	80
Kalk. Zinsen	40	35	10	15
Kalk. Abschreibungen	45	35	5	15

Die Gemeinkostenlöhne stehen als fertigungslohngebundene Nebenkosten in unmittelbarem Zusammenhang mit den obigen Fertigungslöhnen. Sie können von deren Verteilungsschlüssel abweichen, da die Mitarbeiter der beiden Hauptkostenstellen einen unterschiedlichen Krankenstand, ab-

Gemeinkostenlöhne

KOSTEN- UND LEISTUNGSRECHNUNG UND CONTROLLING

weichende Urlaubs- und sonstige tarifliche Ansprüche haben. Sie werden deshalb im Verhältnis 35/65 auf die beiden Hauptkostenstellen verteilt.

Die übrigen Gemeinkosten werden nach der geschätzten Verursachung bzw. nach Einzelaufzeichnungen verteilt. So lassen sich die Zinsen und Abschreibungen nach dem in den Kostenstellen eingesetzten Kapital und den investierten Gütern verteilen.

Zusatzkosten Die Zusatzkosten (kalkulatorische Kosten) setzen sich aus folgenden Posten zusammen:

- Der Unternehmerlohn beträgt € 44 400,–. Von dem 70 %igen produktiven Anteil entfallen je 30 % auf die Hauptkostenstellen 1 und 70 % auf die Hauptkostenstelle 2 als produktive Unternehmerlöhne (BAB lfd. Nr. 3); der 30 %ige unproduktive Anteil verteilt sich zu 20 % auf die Hilfskostenstelle Lager und zu 80 % auf die Hilfskostenstelle Büro (BAB lfd. Nr. 16).
- An kalkulatorischen Familienlöhnen kommt eine jährliche Vergütung von € 3 000,– an den Vater des Unternehmers in Betracht, der noch produktiv in der Werkstatt mitarbeitet. Verteilung 80/20 auf die Hauptkostenstellen 1 bzw. 2.
- Das Eigenkapital im Durchschnitt des Wirtschaftsjahres wird mit € 38 930,– angenommen. Die Verzinsung beträgt 6 %, das sind € 2 335,80 in diesem Jahr. Verteilung nach geschätzter Verursachung 40/35/10/15.
- Kalkulatorische Abschreibungen: Es wird angenommen, dass die kalkulatorischen Abschreibungen um € 3 280,– über den bilanziellen Abschreibungen liegen. Sie sollen sich auf die Kostenstellen gemäß ihrer Verursachung durch die Investitionen zu 45/35/5/15 verteilen.

Wie werden nun aus dem BAB die Gemeinkostenzuschlagssätze ermittelt?

Ermittlung der Gemeinkostenzuschlagssätze Der Zuschlagssatz der Gemeinkosten auf Fertigungslöhne für den Stahlbau im obigen Beispiel wird wie folgt ermittelt:

Zugrunde gelegt wird die Formel:

$$\text{Gemeinkostenzuschlag} = \frac{\text{Gemeinkosten} \times 100}{\text{Fertigungslöhne}} = \%$$

Die Summe der Gemeinkosten beträgt im obigen Beispiel: € 46 424,44 + Umlage Kostenstelle Büro € 14 963,17 = € 61 387,61.
Produktive Löhne sind insgesamt in Höhe von € 31 086,72 als Fertigungslohn angefallen.

Daraus ergibt sich für die Ermittlung des Gemeinkostenzuschlagssatzes auf Fertigungslöhne für den konstruktiven Stahlbau (HKSt 1) im oben angeführten Beispiel folgende Berechnung:

$$\frac{61\,387{,}61 \times 100}{31\,086{,}72}$$

Das ergibt einen Gemeinkostenzuschlag von 197,47 %.

KOSTEN- UND LEISTUNGSRECHNUNG UND CONTROLLING

Handwerksbetrieb Metallbau Ludwig
Vereinfachter Betriebsabrechnungsbogen für 20…

Lfd. Nr.	Kostenarten	Verteilungs-grundlage	Betrag €	Verteilungs-schlüssel (%)	Hauptkosten-stelle 1 (Stahlkon-struktionen)	Hauptkosten-stelle 2 (Metall-gestaltung)	Hilfskosten-stelle 1 (Lager)	Hilfskosten-stelle 2 (Büro)
1	Materialverbrauch	Mat.-Scheine	102 076,–	–/–/100/–			102 076,–	
2	Fertigungslöhne	Lohnlisten	48 406,80	40/60/–/–	19 362,72	29 044,08		
3	Kalk. Untern.-Lohn, prod.	Statistik	31 080,–	30/70/–/–	9 324,–	21 756,–		
4	Kalk. Familien-Lohn, prod.	Statistik	3 000,–	80/20/–/–	2 400,–	600,–		
5	Summe Einzelkosten		184 562,80		31 086,72	51 400,08	102 076,–	
6	Gemeinkostenlöhne	Lohnlisten	32 271,20	35/65/–/–	11 294,92	20 976,28		
7	Gehälter	Lohnlisten	14 970,–	–/–/–/100				14 970,–
8	Abschreibungen, GWG	Anlagenverzeichnis	15 760,–	40/35/10/15	6 304,–	5 516,–	1 576,–	2 364,–
9	Raum-, Energiekosten	Statistik	20 550,–	40/35/5/20	8 220,–	7 192,50	1 027,50	4 110,–
10	Versicherungen, Steuern, Beiträge	Buchhaltung	5 523,–	30/35/5/30	1 656,90	1 933,05	276,15	1 656,90
11	Kfz-Kosten	Fahrtenbuch	13 226,–	35/50/5/10	4 629,10	6 613,–	661,30	1 322,60
12	Werbung	Statistik	2 348,–	20/80/–/–	469,60	1 878,40		
13	Büro-, Beratungs-, Buchführungskosten	Buchhaltung	10 920,–	25/30/10/35	2 730,–	3 276,–	1 092,–	3 822,–
14	Werkzeug, Kleingeräte	Buchhaltung	2 632,–	70/30/–/–	1 842,40	789,60		
15	Zinsaufwand, kalk. Zinsen	Buchhaltung/Statistik	10 846,80	40/35/10/15	4 338,72	3 796,38	1 084,68	1 627,02
16	Sonstiger Aufwand	Buchhaltung	8 657,–	40/30/10/20	3 462,80	2 597,10	865,70	1 731,40
17	Kalk. Untern.-Lohn, unprod.	Statistik	13 320,–	–/–/20/80			2 664,–	10 656,–
18	Kalk. Abschreibungen	Statistik	3 280,–	45/35/5/15	1 476,–	1 148,–	164,–	492,–
19	Summe Gemeinkosten		154 304,–		46 424,44	55 716,31	9 411,33	42 751,92
	Umlage Kostenstelle Büro			35/55/10/–	14 963,17	23 513,56	4 275,19	
	Summe Gemeinkosten				61 387,61	79 229,87	13 686,52	

KOSTEN- UND LEISTUNGSRECHNUNG UND CONTROLLING

Der Zuschlagssatz für Gemeinkosten der Hauptkostenstelle 2 (Metallgestaltung) errechnet sich analog und beträgt demnach:

$$\frac{79\,229{,}87 \times 100}{51\,400{,}08}$$

Das ergibt einen Gemeinkostenzuschlag von 154,14 %.

Der Zuschlagssatz für Material wird nach der folgenden Formel errechnet:

Zuschlagssatz

$$\frac{\text{Materialgemeinkosten} \times 100}{\text{Materialverbrauch}} = \%$$

Der Zuschlagssatz für Material errechnet sich für Ludwig folgendermaßen:

$$\frac{13\,686{,}52 \times 100}{102\,076{,}-}$$

Das ergibt einen Gemeinkostenzuschlag von 13,41 %.

Verrechnungssätze

Wir sehen, dass der BAB nach der Zusammenfassung der Kostenarten und Verteilung der Kosten auf Kostenstellen die Aufgabe hat, die Verrechnungssätze für die Kalkulation zur Verfügung zu stellen. Würde der Betrieb Metallbau Ludwig in der Abrechnungsperiode bei der Einzelkalkulation eines jeden Auftrags einen Gemeinkostenzuschlag von 197,47 % bzw. 154,14 % auf den Fertigungslohn und auf den Materialeinsatz von 13,41 % berücksichtigt haben, so wären die Gemeinkosten und damit die gesamten Selbstkosten in voller Höhe gedeckt (Vollkostenrechnung).

3.3 Differenzierte Zuschlagskalkulation

Verursachungsprinzip

Wenn durch die Zurechnung der gesamten Gemeinkosten auf eine Zuschlagsbasis (Fertigungslohn oder Material) das Prinzip der Verursachung nur unzureichend berücksichtigt werden kann, erfolgt eine differenzierte Zuschlagskalkulation, die auf der Basis des Betriebsabrechnungsbogens aufgebaut ist. Dabei sind die Gemeinkosten nach dem Verursachungsprinzip als lohnabhängige und materialabhängige Gemeinkosten aufzugliedern und durch eine getrennte Zuschlagsrechnung zu erfassen (→ S. 181). Das wurde am Beispielbetrieb Ludwig demonstriert.

In der obigen Berechnung von Zuschlägen wurden z. B. die Bürokosten als Teil der Gemeinkosten aufgeführt (Punkt 13) und auf die Kostenstellen nach dem Verteilerschlüssel 25/30/10/35 umgelegt.

Eine noch weiter gehende Differenzierung betrifft die Verwaltungsgemeinkosten. Es wird davon ausgegangen, dass die Verwaltungsgemeinkosten der Kostenstelle „Büro" als ein getrennter Zuschlagssatz ermittelt werden. Dies kann damit begründet werden, dass sowohl die Fertigung als auch das Lager büromäßig verwaltet werden müssen. Die Hilfskostenstelle „Büro" wird in dem Fall nicht auf die übrigen Kostenstellen umgelegt, wie

KOSTEN- UND LEISTUNGSRECHNUNG UND CONTROLLING

in unserem Beispiel, sondern durch einen getrennten Zuschlagssatz in der Kalkulation berücksichtigt.

Bemessungsgrundlage für die Büro-(Verwaltungs-)Gemeinkosten sind die Herstellungskosten.

Unter **Herstellungskosten** versteht man alle Kosten der Herstellung einer Leistung oder eines Produktes in der Werkstatt, auf der Baustelle oder unmittelbar beim Kunden, ohne den bei der Leistungserbringung anfallenden Verwaltungsaufwand.

Berechnung der Herstellungskosten

	Die Herstellungskosten unseres Beispiels Metallbau Ludwig betragen:	
	Materialverbrauch	€ 102 076,–
+	Fremdleistungen	€ 16 784,–
+	Fertigungslöhne	€ 48 406,80
+	Kalk. prod. Unternehmerlohn	€ 31 080,–
+	Kalk. Lohn für Familienangehörige prod.	€ 3 000,–
+	Gemeinkosten Stahlkonstruktion	€ 46 424,44
+	Gemeinkosten Metallgestaltung	€ 55 716,31
+	Gemeinkosten Lager	€ 9 411,23
=	Herstellungskosten	€ 312 898,78

Wenn ein Gemeinkostenzuschlagssatz „Büro" ermittelt wird, werden die Kosten der Kostenstelle Büro in Beziehung zu den Herstellungskosten gesetzt:

$$\frac{\text{Bürokosten} \times 100}{\text{Herstellungskosten}} = \%$$

Zuschlagssatz

Der Vorteil besteht darin, dass sich die anderen Zuschlagssätze reduzieren. Das können wir an den folgenden Berechnungen nachvollziehen: Es ermäßigen sich die gesamten Gemeinkosten der einzelnen Kostenstellen auf die Werte der Zeile 19 des Betriebsabrechnungsbogens (→ S. 191). Somit ergeben sich folgende Gemeinkostenzuschläge:

Hauptkostenstelle Stahlkonstruktion:	$\frac{46\,424,44 \times 100}{31\,086,72}$	= 149,34 %
Hauptkostenstelle Metallgestaltung:	$\frac{55\,716,31 \times 100}{51\,400,08}$	= 108,40 %
Hilfskostenstelle Lager:	$\frac{9\,411,23 \times 100}{102\,076,–}$	= 9,22 %
Hilfskostenstelle Büro:	$\frac{42\,751,92 \times 100}{312\,898,88}$	= 13,66 %

KOSTEN- UND LEISTUNGSRECHNUNG UND CONTROLLING

3.4 Kalkulationsbeispiel

Gehen wir in unserem Beispiel Metallbau Ludwig davon aus, dass die der Hilfskostenstelle Lager zugeordneten Gemeinkosten materialabhängig und die der Hilfskostenstelle Büro als Verwaltungs- und Vertriebsgemeinkosten anfallen, dann kann ein differenzierteres Kalkulationsschema wie folgt aufgestellt werden:

differenziertes Kalkulationsschema

Kalkulationsschema
Materialeinzelkosten
+ Materialgemeinkosten (...%)
Lohneinzelkosten (Fertigungslöhne)
+ Lohngemeinkosten (...%) (Gemeinkostenlöhne)
+ Sondereinzelkosten
= Herstellungskosten
+ Verwaltungs- und Vertriebsgemeinkosten (...%)
= Selbstkosten
+ Unternehmerwagnis und Gewinn
= Nettoangebotspreis
+ Umsatzsteuer (16 %)
= Bruttoangebotspreis

Wir haben nun auf verschiedenen Wegen Gemeinkostenzuschlagssätze ermittelt, die sich in unterschiedlicher Höhe ergaben. Es ist auch schon darauf hingewiesen worden, unter welchen Gegebenheiten welche Form der Kalkulation am sinnvollsten ist. Anhand einer Musterkalkulation für den Betrieb Metallbau Ludwig wollen wir nun zeigen, wie sich die einzelnen Kalkulationsformen auswirken. Es wird mit den oben errechneten Zuschlagssätzen gerechnet.

Musterkalkulation

Beispiel:

Es soll ein Angebot für ein Balkongeländer erstellt werden, das zahlreiche schmiedeeiserne Elemente enthalten soll. Wir rechnen dafür mit einem Bedarf von € 2 600,– für Material und acht Fertigungsstunden in der Kostenstelle Stahlkonstruktion und 25 Fertigungsstunden in der Kostenstelle Metallgestaltung. Der mittlere Stundenlohn der Gesellen beträgt € 13,–.

Beispiel

Ermittlung der Selbstkosten für die Herstellung und Montage eines Balkongeländers (Betrieb Metallbau Ludwig)	
a) Gemeinkostenzuschlagssatz auf gesamte Fertigungslöhne: 187,07 %	
Materialeinzelkosten	€ 2 600,–
+ Lohneinzelkosten 25 Std. + 8 Std. je € 13,–	€ 429,–
+ Gemeinkostenzuschlag 187,07 %	€ 802,53
= Selbstkosten	€ 3 831,53

KOSTEN- UND LEISTUNGSRECHNUNG UND CONTROLLING

b) Gemeinkostenzuschlagssatz auf Material: 151,17 %

Materialeinzelkosten	€ 2 600,–
+ Gemeinkostenzuschlag 151,17 %	€ 3 930,42
+ Lohneinzelkosten	€ 429,–
= Selbstkosten	€ 6 959,42

c) Differenzierte Zuschläge gem. BAB und Umlage der Verwaltungsgemeinkosten

Materialeinzelkosten	€ 2 600,–
+ Gemeinkostenzuschlag 13,41 %	€ 348,66
+ Lohneinzelkosten Stahlkonstruktion 8 Std. × € 13,–	€ 104,–
+ Gemeinkostenzuschlag 197,47 %	€ 205,37
+ Lohneinzelkosten Metallgestaltung 25 Std. × € 13,–	€ 325,–
+ Gemeinkostenzuschlag 154,14 %	€ 500,96
= Selbstkosten	€ 4 083,99

d) Differenzierte Zuschläge gem. BAB und gesonderter Zuschlag für Verwaltungsgemeinkosten

Materialeinzelkosten	€ 2 600,–
+ Gemeinkostenzuschlag 9,22 %	€ 239,72
+ Lohneinzelkosten Stahlkonstruktion 8 Std. × € 13,–	€ 104,–
+ Gemeinkostenzuschlag 149,34 %	€ 155,31
+ Lohneinzelkosten Metallgestaltung 25 Std. × € 13,–	€ 325,–
+ Gemeinkostenzuschlag 108,40 %	€ 352,30
= Herstellungskosten	€ 3 776,33
+ Gemeinkostenzuschlag 13,66 %	€ 515,85
= Selbstkosten	€ 4 292,18

Auswertung der Kalkulation eines Balkongeländers: Wir erhalten je nach Kalkulationsmethode für die gleiche anzubietende Leistung „Balkongeländer" vier unterschiedliche Selbstkostenwerte:

Auswertung der Musterkalkulation

a)	€ 3 831,53	c)	€ 4 083,99
b)	€ 6 959,42	d)	€ 4 292,18

Die Erklärung dafür liegt in der Tatsache, dass sich die ermittelten Gemeinkostenzuschlagssätze aus dem Verhältnis der Material- und Lohneinzelkosten zu den gesamten Einzelkosten von 55 % zu 45 % ergeben haben. Das zu kalkulierende Angebot weist aber ein Verhältnis von 86 % zu 14 % zu den gesamten Einzelkosten aus. Dadurch verteilen sich die Gemeinkosten anders, ihr Schwerpunkt müsste jetzt auf dem hohen Materialeinsatz liegen. Es wäre aber viel zu aufwändig, für jedes Angebot, das nicht den Kostenverhältnissen des BAB entspricht, die Gemeinkostenverteilung neu festzulegen.

KOSTEN- UND LEISTUNGSRECHNUNG UND CONTROLLING

Veränderungen

▶ Hinweis:
Bei etwa gleich bleibender Auftragsstruktur und Kapazitätsauslastung im Durchschnitt einer längeren Periode gleichen sich die Unterschiede einzelner Angebote wieder aus. Sollte sich jedoch eine grundlegende Veränderung der betrieblichen Strukturen ergeben, so ist auf alle Fälle eine neue Ermittlung der Gemeinkostenzuschläge durchzuführen.

3.5 Maschinenstunden-Verrechnungssätze

Wenn bei stark mechanisierten Betrieben bzw. Betriebsabteilungen die Zuschlagssätze für Gemeinkosten sehr hoch werden (mehr als 300 %), ist unter Umständen die Errechnung von Maschinenstunden-Verrechnungssätzen zu empfehlen. Diese Sätze werden dann in der Kalkulation neben den Gemeinkostenzuschlägen auf Fertigungslöhne und Fertigungsmaterial verwendet. Dies wollen wir wiederum am Beispiel des Betriebs Metallbau Ludwig berechnen (→ BAB, S. 191).

Beispiel

Berechnung eines Maschinenstunden-Verrechnungssatzes am Beispiel des Betriebs Metallbau Ludwig

Anschaffungs- oder Herstellungswert	€ 40 000,–
Voraussichtliche betriebsgewöhnliche Nutzungsdauer 8 Jahre	
Wiederbeschaffungswert in 8 Jahren	€ 60 000,–
Sonstige Angaben: Kalk. Abschreibung 12,5 % linear vom Wiederbeschaffungswert	
Kalk. Verzinsung 6 % des durchschnittlich gebundenen Kapital von € 40 000,– : 2 = € 20 000 × 6 %	
Kalk. Flächenkosten 20 m² à € 6,– × 12 Monate	
Werkzeugkosten gem. Maschinenliste s. unten	
Wartung und Instandhaltung s. unten	
Energiekosten 40 kW à € 0,15 je kW	
Durchschnittl. Jahreslaufzeit: 800 Stunden	

Aufgrund dieser Daten ergibt sich folgende Rechnung:	
Kalk. Abschreibung	€ 7 500,–
Kalk. Zinsen	€ 1 200,–
Kalk. Flächenkosten	€ 1 440,–
Werkzeugkosten	€ 1 800,–
Wartung und Instandhaltung	€ 800,–
Energiekosten	€ 4 800,–
Summe:	€ 17 540,–

Der Maschinenstunden-Verrechnungssatz beträgt € 17 540,– : 800 Stunden = € 21,93 je Stunde (ohne Fertigungslohn).

Diese jetzt „zurechenbaren Maschineneinzelkosten", die im BAB noch Gemeinkosten waren, müssen ergänzt werden um die anteiligen Gemeinkosten. Das soll beispielhaft dargestellt werden an einer Maschine der Hauptkostenstelle 1:

KOSTEN- UND LEISTUNGSRECHNUNG UND CONTROLLING

Summe aller Gemeinkosten	€ 61 387,61
./. Maschineneinzelkosten	€ 17 540,–
Verbleibende Gemeinkosten	€ 43 847,61
Lohneinzelkosten	€ 31 086,72
+ Maschineneinzelkosten	€ 17 540,–
	€ 48 626,72

Neuer Zuschlagssatz auf Lohneinzelkosten und Maschineneinzelkosten:

$$= \frac{43\,847{,}61 \times 100}{48\,626{,}72} = 90{,}17\,\%$$

(Lohngemeinkosten vorher = 197,47 %)
Der Maschinenstundenverrechnungssatz
beträgt:

Maschineneinzelkosten	€ 21,93
+ 90,17 %	€ 19,77
= Maschinenstundenverrechnungssatz	€ 41,70

Neuer Lohnstundenverrechnungssatz (bei € 13,– Stundenlohn):

Lohneinzelkosten	€ 13,–
+ 90,17 %	€ 11,72
	€ 24,72

▶ **Hinweis:**

Der Wiederbeschaffungswert einer Maschine ist die Grundlage der kalkulatorischen Abschreibung. Er wird ermittelt durch Anfrage bei der Lieferfirma, durch Schätzungen von Maschinen-Sachverständigen und/oder durch Hochrechnung mit dem zutreffenden Index der Preisentwicklung. Anstelle der bilanziellen Abschreibungen und deren Korrektur wird von vornherein die kalkulatorische Abschreibung angesetzt.

Wiederbeschaffungswert

Für die kalkulatorischen Zinsen kann der Einfachheit halber die Hälfte des Anschaffungswerts (= durchschnittlich gebundenes Kapital) angesetzt werden.

Die kalkulatorischen Flächenkosten enthalten im Wesentlichen die Abschreibung und Verzinsung der anteilig genutzten Flächen oder die tatsächlich gezahlte Miete.

Die anderen Kosten werden den Maschinenlisten bzw. der Gewinn- und Verlustrechnung entnommen.

KOSTEN- UND LEISTUNGSRECHNUNG UND CONTROLLING

Bitte bearbeiten Sie abschließend die folgenden Aufgaben:

1. Nach welchen Kriterien würden Sie die Einteilung der Kostenstellen vornehmen?

2. Was versteht man unter einem Betriebsabrechnungsbogen?

3. Wie lautet die Formel zur Ermittlung des Material-Gemeinkostenzuschlagssatzes?

4. Was ist der Unterschied zwischen Herstellungs- und Selbstkosten?

5. Zeigen Sie das Schema einer differenzierten Zuschlagskalkulation auf.

4. Kostenträgerrechnung

> **Kompetenzen:**
> Der Lernende
> - kann die verschiedenen Kalkulationsmethoden und deren Anwendungsbereiche erklären,
> - kann die Einzelkosten als Bemessungsgrundlage ermitteln,
> - kennt die Merkmale der Preisfindung und kann sie anwenden.

Die betrieblichen Produkte (Erzeugnisse, Leistungen) sind die Kostenträger. Für diese Leistungen werden die Selbstkosten errechnet. Im Vergleich mit dem erzielten Verkaufspreis ist zu ermitteln, ob der Erlös die Kosten deckt oder nicht. **Kostenträger**

Unter Kalkulationsverfahren verstehen wir die technische Durchführung der Kostenermittlung. Man kann sie auf zwei Grundtypen zurückführen, die sich im Wesentlichen in ihrer Anwendung nach der Anzahl und Verschiedenartigkeit der in einem Unternehmen hergestellten Produktarten und Fertigungsverfahren unterscheiden: **Kalkulationsverfahren**

- Divisionskalkulation
- Zuschlagskalkulation

4.1 Divisionskalkulation

Überall dort, wo nur ein einziges Produkt von gleicher Beschaffenheit hergestellt wird, stehen die Kosten in einem eindeutigen Zusammenhang zur erbrachten Leistung. Zur Ermittlung der Selbstkosten pro Einheit werden die gesamten Kosten einer Periode durch die in diesem Zeitraum hergestellte Stückzahl dividiert. Die Divisionskalkulation als einfachstes Kalkulationsverfahren ist in Klein- und Mittelbetrieben wegen der unterschiedlichen Leistungen kaum anwendbar, nur wenn die Gesamtkosten sich eindeutig bei Massenproduktion auf diese abgrenzen lassen. **Divisionskalkulation**

Aber auch wenn eindeutig abgrenzbare Kostenstellen vorhanden sind, in denen jeweils gleichartige Produkte erstellt werden, lassen sich für diese betrieblichen Teilbereiche die Selbstkosten ermitteln und durch die Leistungseinheiten dieser Stelle dividieren. Die Formel lautet:

$$\text{Selbstkosten der Leistungseinheit} = \frac{\text{Gesamtkosten pro Periode}}{\text{Anzahl der Leistungseinheiten pro Periode}}$$

KOSTEN- UND LEISTUNGSRECHNUNG UND CONTROLLING

Beispiel: Die Gesamtkosten für die Herstellung einer Serie von 10 Schränken betragen € 15 000,–. Die Selbstkosten je Schrank machen folglich € 1 500,– aus.

4.2 Zuschlagskalkulation

4.2.1 Kalkulation in einem Fertigungsbetrieb

Betriebe, die verschiedenartige Produkte oder Leistungen erzeugen, würden bei der Anwendung der Divisionskalkulation erhebliche Kalkulationsfehler machen. Solche Betriebe müssen für die Berechnung der Gemeinkosten den in der Kostenstellenrechnung ermittelten Gemeinkostenzuschlag auf die Produkte oder Leistungen anwenden.

Zuschlagskalkulation
Die Einzelkosten in Form von Material, Lohn und Sondereinzelkosten werden direkt pro Leistung berechnet. Die Kalkulationsform, die auf die Einzelkosten einen Zuschlag für Gemeinkosten vornimmt, nennt man Zuschlagskalkulation. Sie ist ein auf den Betriebsabrechnungsbogen aufbauendes Verfahren, dessen Ziel es ist, die Kosten möglichst genau den Produkten bzw. Leistungen zuzurechnen, die sie verursacht haben.

Die Wahl der richtigen Bezugsbasis (Einzelkosten) ist besonders wichtig. In lohn- und arbeitsintensiven Betrieben wie dem Handwerk wird der Fertigungslohn in der Regel die Basis für die Gemeinkostenverrechnung sein.

Auf das Kalkulationsschema und die Ermittlung der Selbstkosten für ein Angebot wurde bereits eingegangen (→ S. 199). Hier wird ein ausführliches Schema einer Zuschlagskalkulation dargestellt:

Kalkulationsschema

	Kalkulationsschema: Zuschlagskalkulation
	Fertigungsmaterial
+	% Material-Gemeinkostenzuschlag
+	Fertigungslohn
+	% Lohn-Gemeinkostenzuschlag
+	Maschinenstunden-Verrechnungssatz
+	% Gemeinkostenzuschlag
+	Fremdleistungen
+	Sondereinzelkosten
=	Herstellungskosten
+	% Zuschlag für Verwaltungs- und Vertriebsgemeinkosten
=	Selbstkosten
+	% Zuschlag für Wagnis und Gewinn
=	Nettoangebotspreis
+	% Mehrwertsteuer
=	Bruttoangebotspreis

KOSTEN- UND LEISTUNGSRECHNUNG UND CONTROLLING

Die größten Schwierigkeiten bei der Kalkulation bereitet die im Voraus zu beurteilende Höhe der Einzelkosten. Gleichzeitig sind die Einzelkosten das wichtigste Element für die Ermittlung des Angebotspreises.

Bei handwerklichen Leistungen ist in der Regel kein Auftrag wie der andere, sodass selten exakte Daten der Vergangenheit für ein neu zu kalkulierendes Angebot verfügbar sind. Eine große Hilfe bietet die Nachkalkulation abgeschlossener Aufträge. Deren Werte lassen sich oft näherungsweise in Teilbereichen und -tätigkeiten heranziehen. Für häufig wiederkehrende Fertigungsvorgänge können daraus auch „Katalogwerte" entwickelt werden, die künftige Vorkalkulationen erleichtern.

Kalkulationshilfen

Folgende Informationen sind für die Ermittlung des **Materialbedarfes** hilfreich:

- exakte eigene oder Kundenaufzeichnungen,
- genaue Angaben zu Materialgüte und -beschaffenheit,
- Rückfragen beim Lieferanten über lieferbare Größen, um Verschnitt und Abfall zu vermeiden.

Der benötigte **Zeitaufwand** errechnet sich aus der unternehmerischen Erfahrung; die Aussagen von Mitarbeitern zum zeitlichen Bedarf sollten herangezogen werden sowie evtl. Vorgaben von Richtwerten, wie z. B. bei Kfz-Reparaturen. **Sondereinzelkosten** und Fremdleistungen werden an Zulieferer und Subunternehmer vergeben, von denen eine verbindliche Preisangabe verlangt werden sollte.

Der **Zuschlag für Wagnis und Gewinn** ist eine preispolitische Entscheidung. Mit der Erzielung des Selbstkostenpreises wären bereits alle betrieblichen und kalkulatorischen Kosten abgedeckt. Der Selbstkostenpreis wäre ausreichend, um die derzeitige Leistungskraft des Unternehmens zu bewahren, sofern keine außerordentlichen Ereignisse, wie z. B. größere Forderungsausfälle oder Anlagenverluste eintreten würden. Solche Risiken müssen aber auch berücksichtigt werden. Je nach Wettbewerbssituation kann der Zuschlag für Wagnis und Gewinn variiert werden. Bei starker Konkurrenz oder großem eigenem Interesse an einem bestimmten Auftrag kann der Zuschlag gering angesetzt werden; sind die Wettbewerbsbedingungen günstig, kann er höher ausfallen.

4.2.2 Kalkulation von Handelswaren

Handwerksbetriebe, die außer eigenen Erzeugnissen auch Waren anderer Hersteller vertreiben, müssen für diese Handelswaren Preise kalkulieren, und zwar sowohl Verkaufspreise als auch Einkaufspreise. Auch für derartige Handelswaren wird die Zuschlagskalkulation verwendet. Hier wird zwischen Vorwärts- und Rückwärtskalkulation unterschieden:

Kalkulation von Handelswaren

- Wenn von einem vorgegebenen Bezugspreis der Verkaufspreis berechnet wird, spricht man von Vorwärtskalkulation. Hier wird der Listenverkaufspreis errechnet. Auf dieser Basis kann auch für den Betrieb ein Kalkulationszuschlag (in Prozent) errechnet werden.

KOSTEN- UND LEISTUNGSRECHNUNG UND CONTROLLING

- Wenn von einem Marktpreis ein wünschenswerter Einkaufspreis berechnet wird, spricht man von Rückwärtskalkulation: Es wird vom Zielverkaufspreis ausgegangen und der Zieleinkaufspreis „rückwärts" errechnet.

Folgendes Kalkulationsschema kann für die Errechnung des Listenverkaufspreises eingesetzt werden:

Vorwärtskalkulation

	Kalkulationsschema für Handelswaren (Vorwärtskalkulation)
	Listeneinkaufspreis
./.	Lieferantenrabatt
=	Zieleinkaufspreis
./.	% Lieferantenskonto
=	Bareinkaufspreis
+	Bezugskosten
=	Bezugspreis (Einstandspreis)
+	Handelskosten (Gemeinkosten)
=	Selbstkosten
+	% Gewinn
=	Barverkaufspreis
+	% Kundenskonto (vom Zielverkaufspreis)
=	Zielverkaufspreis
+	% Kundenrabatt (vom Listenverkaufspreis)
=	Listenverkaufspreis

Entsprechend kalkuliert man mithilfe dieses Schema einen Zieleinkaufspreis:

Rückwärtskalkulation

	Kalkulationsschema für Handelswaren (Rückwärtskalkulation)
	Zielverkaufspreis
./.	Kundenskonti
=	Barverkaufspreis
./.	Gewinn
=	Selbstkosten
./.	Handelskosten (Gemeinkosten)
=	Bezugspreis
./.	Bezugskosten
=	Bareinkaufspreis
+	Lieferantenskonto
=	Zieleinkaufspreis

Bitte bearbeiten Sie abschließend die folgenden Aufgaben:

1. Für welche Unternehmen eignet sich die Divisionskalkulation?

2. Welches sind die wesentlichen Elemente, um eine Zuschlagskalkulation erstellen zu können?

5. Erfolgsrechnung

> **Kompetenzen:**
>
> Der Lernende
> - kennt die Formen der Erfolgsrechnung,
> - ist in der Lage, Aussagen über den Sinn der Erfolgsrechnung zu treffen,
> - kann neue Methoden der Erfolgsrechnung benennen.

Erfolgsrechnung/ Nachkalkulation

Die Zuschlagskalkulation ermöglicht eine Umlage sämtlicher Kosten anteilig auf eine Dienstleistung oder ein Produkt. Da die Kalkulation versucht, die Kosten für ein noch zu erstellendes Produkt oder eine Leistung im Voraus zu erfassen, ist es notwendig, die Kosten ständig zu kontrollieren. Dadurch soll der Erfolg der durchgeführten Arbeiten ermittelt werden. Hierfür sind selbstverständlich genaue Aufzeichnungen über die angefallenen Kosten erforderlich, um die Erfolgsrechnung, auch Nachkalkulation genannt, durchführen zu können.

Hilfsmittel

Schon durch eine gut organisierte Arbeitsvorbereitung lassen sich die Voraussetzungen für eine sichere Nachkalkulation schaffen. So sind Formulare zur Erfassung des Materialverbrauches und der Arbeitszeit erforderlich, die auftrags- bzw. baustellenbezogen ausgefüllt werden. Mit Lieferanten können Vereinbarungen getroffen werden, dass die Rechnungsstellung pro Kundenauftrag erfolgt, wenn der Materialverbrauch einen größeren Umfang angenommen hat. Die Gesellen sind anzuhalten, täglich, mindestens aber wöchentlich einen Stundennachweis zu erbringen. Entsprechende Formularsammlungen sind oft bei den Fachverbänden branchenbezogen verfügbar.

Sind diese notwendigen Voraussetzungen gegeben, kann eine Erfolgsrechnung durchgeführt werden. Sie bezieht sich entweder auf eine Leistungseinheit (Stückerfolgsrechnung) oder eine Periode (Periodenerfolgsrechnung).

5.1 Stückerfolgsrechnung

Soll-Ist-Vergleich

Um die wirtschaftliche Fertigung eines Produktes oder einer Leistungseinheit festzustellen, sind die Kosten genau zu ermitteln. Vergleicht man dann die entstandenen mit den geplanten Kosten (Soll-Ist-Vergleich), zeigt sich der Erfolg. War das Ergebnis positiv, so wäre für dieses Produkt evtl. eine intensivere Marktbearbeitung sinnvoll. Dadurch könnte mit Umsatzsteigerungen das Betriebsergebnis verbessert werden.

KOSTEN- UND LEISTUNGSRECHNUNG UND CONTROLLING

Bei negativem Ergebnis ist zu überprüfen, welche Kosten dazu geführt haben. Das führt zu unternehmerischen Entscheidungen, ob

- diese Kostenart sich verringern lässt oder
- eine Auslagerung der Fertigung oder Teilen davon wirtschaftlicher ist oder
- das Produkt gänzlich aus der Angebotspalette genommen wird.

Auch wenn das eigene Ergebnis mit einem vorgegebenen Marktpreis verglichen wird, kann die Stückerfolgsrechnung zu solchen Entscheidungen führen.

5.2 Periodenerfolgsrechnung

Die Erfassung der angefallenen Kosten über einen gewissen Zeitraum hinweg, z. B. einen Monat oder ein Vierteljahr, und die Gegenüberstellung mit den Erlösen bzw. der Betriebsleistung zeigt den wirtschaftlichen Erfolg dieser Periode.

wirtschaftlicher Erfolg

Die Periodenerfolgsrechnung sollte nicht verwechselt werden mit der betriebswirtschaftlichen Auswertung der Buchführung (→ S. 111). Die dabei verwendeten Daten basieren auf den steuerlichen Grundsätzen der Buchführung und weichen von kostenrechnerischen Erfordernissen z. T. wesentlich ab. Diese Daten müssen für die Kostenrechnung aufbereitet werden (→ S. 160). Erst danach führen sie zu einer aussagefähigen Periodenerfolgsrechnung.

5.3 Kostenstellen-Erfolgsrechnung

Eine weitere Variante der Erfolgsrechnung bleibt abschließend zu erwähnen. In größeren Betrieben mit mehreren Kostenstellen wird in den letzten Jahren auch im Handwerk eine Entwicklung sichtbar, die einen innerbetrieblichen Wettbewerb beinhaltet. Abteilungen bzw. Kostenstellen werden als „Profit-Center" geführt, wobei deren Leiter für die Gewinnerzielung ihrer Abteilung verantwortlich sind. Das fördert einen verantwortungsbewussten Einsatz von Kosten und Initiativen der Mitarbeiter, rationell zu arbeiten. Besonders interessant wird diese Kostenstellen-Erfolgsrechnung dann, wenn für die Mitarbeiter ein finanzieller Anreiz, z. B. durch Erfolgsprämien, geschaffen wird.

Profit-Center

Diese Form der Erfolgsrechnung setzt voraus, dass eine gerechte Verteilung der von den Abteilungen nicht beeinflussbaren Kosten vorgenommen wird. So sollten z. B. die Verwaltungskosten entweder gar nicht oder nach einem gemeinsam unter den Bereichsleitern abgesprochenen und akzeptierten Verhältnis umgelegt werden. Auch bei Investitionen sollten die Profit-Center ein Mitspracherecht haben, da deren finanzielle Auswirkungen über Zinsen und Abschreibungen u. Ä. das Ergebnis beeinträchtigen können.

KOSTEN- UND LEISTUNGSRECHNUNG UND CONTROLLING

Bitte bearbeiten Sie abschließend die folgenden Aufgaben:

1. Nennen Sie Organisationsmittel zur Durchführung einer Erfolgsrechnung.

2. Beschreiben Sie die Durchführung einer Periodenerfolgsrechnung.

3. Was ist ein Profit-Center?

6. Kostenrechnungssysteme

> **Kompetenzen:**
>
> Der Lernende
> - kann die jeweiligen Vor- und Nachteile der Voll- und der Teilkostenrechnung erklären,
> - kann die Einsatzbereiche der Teilkostenrechnung benennen,
> - ist in der Lage, Beurteilungsmaßstäbe zur Rentabilität verschiedener Aufträge anzugeben.

6.1 Übersicht über Vor- und Nachteile der verschiedenen Systeme

Die verschiedenen Kostenrechnungssysteme wurden im Kapitel 1.3 „Gliederung der Kostenrechnung" bereits im Zusammenhang dargestellt (→ S. 165). Hier soll es nun darum gehen, ihre Vor- und Nachteile zu erläutern.

Bisher wurden in den durchgeführten Beispielen, vor allem anhand des Betriebs Metallbau Ludwig, sämtliche Kosten einer Periode auf die Leistungen verteilt. Dies wird als Vollkostenrechnung bezeichnet.

Vollkostenrechnung liegt vor, wenn alle Kosten dem Produkt (dem Kostenträger) vollständig zugerechnet werden können. Das ist bei den Einzelkosten wie Fertigungsmaterial und Fertigungslohn verhältnismäßig unproblematisch. Schwierig ist es bei den Gemeinkosten. Sie werden, wie wir gesehen haben, mithilfe bestimmter Zuschlagssätze verrechnet. Je differenzierter die Zuschlagssätze für die einzelnen Betriebsabteilungen errechnet werden, desto größer ist die Genauigkeit der Kalkulation.   **Vollkostenrechnung**

Der Vorteil der Vollkostenrechnung besteht darin, dass die gesamten Selbstkosten auf die Produkte bzw. Kostenstellen verteilt werden. Ein Nachteil besteht darin, dass man im Allgemeinen auf die Daten der buchführungsmäßig gerade abgeschlossenen letzten Periode, also das vergangene Geschäftsjahr, zurückgreifen muss. Die damit ermittelten Gemeinkostenzuschlagssätze werden für künftige Aufträge benutzt. Kostenänderungen nach dem letzten Jahresabschluss werden somit nicht berücksichtigt.

Weiterhin wurden die Gemeinkostenzuschlagssätze ebenfalls aufgrund einer Auftragsstruktur und einer Kapazitätsauslastung aus der Vergangenheit berechnet. Bei Veränderungen dieser betrieblichen Gegebenheiten ergeben sich aber Verschiebungen in der Kostenstruktur.

KOSTEN- UND LEISTUNGSRECHNUNG UND CONTROLLING

6.2 Ist- und Plankostenrechnung

Istkostenrechnung

Bisher wurde mit den Istkosten gerechnet; das sind die tatsächlich angefallenen Kosten. Insofern spricht man von Istkostenrechnung. Wie wir gesehen haben, handelt es sich dabei immer um Zahlen vergangener Geschäftsjahre mit allen damit verbundenen Problemen. Welche Alternativen gibt es, um sich den Gegebenheiten des heutigen Marktes anzupassen und die jetzige Preissituation zu berücksichtigen?

Alternativen könnten darin bestehen, dass man die Angebotspreise der allgemeinen statistischen Preisentwicklungsrate anpasst oder durch Variation des Zuschlags für Wagnis und Gewinn einen Korrekturfaktor einsetzen.

Plankostenrechnung

Ein vernünftiger Weg wäre jedoch, sich mit der zu erwartenden Kostenentwicklung der Periode, für die kalkuliert werden soll, auseinander zu setzen. Dies bezeichnet man als Plankostenrechnung. Diese berücksichtigt u. a., inwieweit die Lohntarifpolitik eine Veränderung der Entlohnung erwarten lässt. Auch sozialpolitische Entscheidungen mit Auswirkungen auf die Sozialversicherungsbeiträge lassen sich normalerweise schon recht früh berücksichtigen. Über Veränderungen bei den Sachversicherungen wird frühzeitig diskutiert, sodass diese ebenfalls schon einkalkuliert werden können.

Wenn man jede Kostenart daraufhin untersucht, welche Veränderungen absehbar sind, kann man sicher Konsequenzen für die Kalkulation ziehen, die in die Plankostenrechnung eingebunden werden können.

6.3 Vollkostenrechnung und Teilkostenrechnung

Nachteile der Vollkostenrechnung

Trotz aller Vorteile bringt die Vollkostenrechnung gewisse Mängel mit sich. Jedoch geht es nicht nur darum, dass mit „alten" Zahlen kalkuliert werden muss. Darüber hinaus müssen noch folgende Gesichtspunkte berücksichtigt werden, die gegen eine ausschließliche Verwendung der Vollkostenrechnung sprechen:

- Die Zuschlagssätze werden bei einem bestimmten Beschäftigungsgrad des betreffenden Betriebes ermittelt, aber für künftige Zeiträume verwandt, in denen unter Umständen eine andere Betriebsauslastung vorliegt.
- Schließlich werden durch die Zuschlagssätze Zusammenhänge unterstellt, die gar nicht bestehen. So wird z. B. unterstellt, dass gewisse Gemeinkosten (z. B. Mieten) nur anfallen, wenn der jeweils zu kalkulierende Auftrag ausgeführt wird. Tatsächlich fallen diese Kosten unabhängig davon an.

Trotz dieser Mängel hat die Vollkostenrechnung in der Form der Zuschlagskalkulation in der handwerklichen Kostenrechnung ihre überragende Stellung behalten.

KOSTEN- UND LEISTUNGSRECHNUNG UND CONTROLLING

Bei Reparatur- und Stundenlohnaufträgen, bei denen weder Markt- noch Angebotspreise vorliegen, bleibt die Zuschlagskalkulation das gegebene Verfahren.

Die **Teilkostenrechnung** versucht, die Mängel der Vollkostenrechnung wie folgt zu vermeiden: Es wird nur ein Teil der Gesamtkosten, nämlich **nur die variablen Kosten** dem Produkt bzw. dem Auftrag zugerechnet (→ variable und fixe Kosten, S. 168). Die variablen Kosten ändern sich mit der Beschäftigungslage; die fixen Kosten (Bereitschaftskosten) bleiben weitgehend konstant. Folgende Zusammenhänge muss der Unternehmer sich ständig klar machen:

Teilkostenrechnung

- **Variable Kosten** steigen oder sinken mit der Veränderung der Beschäftigung. Dies kann entweder im gleichen Verhältnis (proportional), schneller (progressiv) oder langsamer (degressiv) als die Veränderung der Beschäftigung geschehen.

variable Kosten

- **Fixe Kosten** zeigen keine Reaktion auf Veränderungen des Beschäftigungsgrades. Bei vermehrtem Produktionsausstoß entfällt daher auf das einzelne Stück ein immer kleinerer Anteil der Fixkosten. Wenn die fixen Kosten auch bei Produktionssteigerungen völlig gleich bleiben, spricht man von absolut fixen Kosten (für die Erhaltung der Betriebsbereitschaft).

fixe Kosten

Der Fixkostenanteil je Stück ist dort am geringsten, wo der Betrieb bei gegebener Kapazität seine größtmögliche Menge produziert. Bei Veränderung der Kapazität ändern sich die fixen Kosten sprunghaft (Sprungfixkosten bzw. intervall-fixe Kosten), z. B. bei zusätzlichen Maschineninvestitionen steigen dann die fixen Kosten, Zinsen und Abschreibungen.

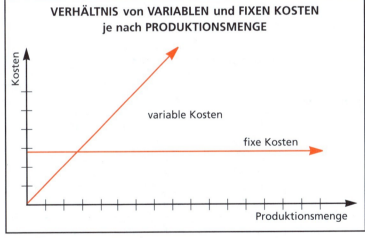

Verhältnis von variablen und fixen Kosten

Die Höhe der fixen Kosten ist für die Fähigkeit eines Betriebes, sich wechselnden Konjunkturbewegungen kostenmäßig anzupassen, von entscheidender Bedeutung. Einerseits bringen Spezialisierung und der Trend zur Massenproduktion einen Degressionseffekt der fixen Kosten (Kostendegression), andererseits liegt in der Spezialisierung und der damit in der Regel einhergehenden zunehmenden Mechanisierung auch die Gefahr,

Kostendegression

dass diese Betriebe bei sinkender Nachfrage wiederum unter den Druck von fixen Kosten geraten.

Der verbleibende Fixkostenblock der Bereitschaftskosten muss durch die aus der Differenz von Erlösen und variablen Kosten errechneten Deckungsbeiträge abgebaut werden. Hier kommt die Deckungsbeitragsrechnung ins Spiel.

6.4 Deckungsbeitragsrechnung

Die Deckungsbeitragsrechnung geht von der Kosteneinteilung in fixe und variable Kosten aus und gibt an, in welcher Höhe bei einem vom Markt her vorgegebenen Preis/Erlös die ohnehin vorhandenen fixen Kosten gedeckt sind. Dazu errechnet sie den Deckungsbeitrag, der nach der folgenden Formel ermittelt wird:

Deckungsbeitrag

> Erlös
> ./. variable Kosten
> Deckungsbeitrag für Fixkosten

Diese Kostenrechnungsmethode verzichtet auf die Einteilung in Einzel- und Gemeinkosten, sondern gliedert sämtliche Kosten in variable und fixe Kosten. Alle nicht eindeutig variablen Kosten gelten als fix. Vom Erlös werden die direkten (variablen) Kosten abgezogen, um auf diese Weise zu ermitteln, wie viel der betreffende Auftrag zur Deckung der gesamten fixen Kosten beiträgt.

Wenn mehr Deckungsbeiträge erwirtschaftet werden, als die fixen Kosten der Abrechnungsperiode ausmachen, entsteht Gewinn.

Beispiel

Deckung der fixen Kosten an einem Beispiel (€)				
Auftrags-nummer	Erlöse	Variable Kosten	Deckungs-beitrag	Fixkosten
1	10 000,–	6 000,–	4 000,–	
2	11 000,–	7 000,–	4 000,–	
3	8 000,–	5 500,–	2 500,–	
4	9 000,–	5 500,–	3 500,–	
5	11 500,–	6 500,–	5 000,–	
6	9 500,–	8 500,–	1 000,–	
	59 000,–	39 000,–	20 000,–	19 000,–

Die Deckungsbeiträge der sechs Aufträge in Höhe von € 20 000,– haben den Fixkostenblock der Periode in Höhe von € 19 000,– voll abgedeckt und darüber hinaus noch einen Gewinn von € 1 000,– erbracht.

Wenn der Auftrag 6 nicht ausgeführt worden wäre, hätte die Betriebsleistung bis dahin nur € 59 000,– ./. € 9 500,– = € 49 500,– betragen. Die

KOSTEN- UND LEISTUNGSRECHNUNG UND CONTROLLING

variablen Kosten hätten sich auf € 39 000,– ./. 8 500,– = € 30 500,– belaufen. Die Differenz aus Erlösen ./. variablen Kosten = € 19 000,–, der Deckungsbeitrag, wäre lediglich deckungsgleich mit den Fixkosten gewesen und hätte demzufolge keinen Gewinn erbracht.

Durch die Hereinnahme des an sich uninteressanten Auftrages 6 ist noch ein kleiner Gewinn verblieben, weil der Auftrag 6 noch einen positiven Deckungsbeitrag aufwies.

Nach der Vollkostenrechnung wäre der Auftrag 6 nicht ausgeführt worden. Er hätte nach der Zuschlagskalkulation Verlust gebracht:

Auswertung des Beispiels

Beispiel:
a) Fertigungslohn   € 3 000,–
   Material   € 5 500,–
   Zuschlag auf Löhne 190,33 %   € 5 709,90
   Selbstkosten   € 14 209,90

b) Fertigungslohn   € 3 000,–
   Material   € 5 500,–
   Zuschlag auf Material 107,48 %   € 5 911,40
   Selbstkosten   € 14 411,40

Den auf diese Weise errechneten Selbstkosten von € 14 209,90 bzw. € 14 411,40 hätte nur der erzielbare Erlös von € 9 500,– gegenüber gestanden. Hieran kann man erkennen, dass die Deckungsbeitragsrechnung einen größeren Spielraum bei der Entscheidung ermöglicht, ob ein Auftrag angenommen werden soll, als die Vollkostenrechnung: Welcher Auftrag lohnt sich anzunehmen, welcher nicht? Wo kann die Preisuntergrenze liegen?

Bitte bearbeiten Sie abschließend die folgenden Aufgaben:

1. Welche Vor- und Nachteile hat die Vollkostenrechnung?

2. Können die Mängel der Vollkostenrechnung dazu führen, diese Methode im Handwerk gar nicht mehr zu verwenden? Begründen Sie Ihren Standpunkt.

3. Mit welchen Kostenbegriffen arbeitet die Teilkostenrechnung?

4. Welchen Vorteil bietet die Deckungsbeitragsrechnung? Wie errechnet sich der Deckungsbeitrag?

7. Anwendung der Kostenrechnung

> **Kompetenzen:**
>
> Der Lernende
> - kann über die Kalkulation hinausgehende Nutzungsmöglichkeiten der Kostenrechnung aufzeigen,
> - kennt die Bedeutung der Kostenrechnung als Instrument zur Unterstützung preispolitischer Überlegungen,
> - kann Gesichtspunkte für die Erreichung der Kapazität nennen.

In den vorigen Kapiteln standen Kalkulationsfragen für Aufträge sehr stark im Mittelpunkt der Anwendung der Kostenrechnung. Es gibt jedoch weitere wichtige Nutzungsmöglichkeiten:

- Kostenkontrolle,
- Kostenplanung,
- Unterstützung von unternehmerischen Entscheidungen,
- Gewinnschwellenanalyse.

7.1 Kostenkontrolle und Analyse von Kostenstrukturen

Nachkalkulation Ein wesentlicher Bereich der Kostenkontrolle ist im Handwerksbetrieb die Nachkalkulation (→ S. 224).

In der Nachkalkulation zeigt sich, ob die veranschlagten Kosten eines Auftrages auch erwirtschaftet wurden. Gelegentliche Fehlkalkulationen unterlaufen jedem Handwerksmeister. Sei es, dass er sich bei der benötigten Fertigungszeit verschätzt hat, sei es, dass bei der Auftragsdurchführung unvorhersehbare negative Tatbestände eingetreten sind, die nicht auf den Auftraggeber überwälzt werden können.

Häufen sich aber Fehlkalkulationen, so muss eine Analyse der Gründe erfolgen. Es ist zu vermuten, dass Probleme bei den betrieblichen Kostenstrukturen vorliegen. Die wesentlichen Kostenarten sind auf Einsparpotenziale zu untersuchen (→ S. 172). Dadurch können sich innerbetriebliche Umstrukturierungen ergeben, wenn z. B. festgestellt wird, dass der Arbeitsablauf nicht rationell ist oder die Transportwege unzureichend sind.

Derartige Analysen sollten von externen Beratern, von der Handwerkskammer oder dem Fachverband durchgeführt werden, da der Unternehmer häufig jahrelang eingefahrene Betriebsabläufe nicht erkennt, sozusagen „betriebsblind" ist.

KOSTEN- UND LEISTUNGSRECHNUNG UND CONTROLLING

7.2 Kostenplanung

Ergibt die Kostenkontrolle eines Betriebes, dass die vorhandenen Maschinen keine ausreichende Qualität mehr liefern können und Umrüstungen oder Reparaturen nicht zu zufriedenstellenden Ergebnissen führen würden, ist Ersatz angeraten.

Umfangreiche Investitionen eines Betriebes erfordern durch die damit veränderte Kostenstruktur zwangsläufig eine neue Kostenplanung. Die Auswirkungen solcher Neuanschaffungen sind jedoch häufig beträchtlich: Moderne, mit viel Elektronik versehene Maschinen oder gar Fertigungseinheiten sind gegenüber konventionellen Einrichtungen erheblich teurer. Sie erfordern deshalb einen erhöhten Kapitaleinsatz mit entsprechend hohen tatsächlichen oder kalkulatorischen Zinsen, hohen Abschreibungen. Eventuell steigen die Energiekosten und der Flächenbedarf. Das bedeutet höhere Raumkosten; zusätzliche Ausbildungskosten des Bedienpersonals und umfangreichere Wartungskosten müssen ebenfalls beachtet werden.

Kostenplanung

Kurz: Die Kosten müssen unter folgenden Gesichtspunkten neu geplant werden:

- Ergeben sich durch die Neuinvestition auf eine Leistungseinheit bezogen geringere Fertigungslöhne?
- Kann der Materialverschnitt minimiert werden?
- Besteht die Möglichkeit, bei nicht ausreichender eigener Auslastung freie Maschinenkapazitäten an andere Betriebe zu verkaufen?

Die mit der Investition einhergehende Veränderung der Kostenstruktur bedingt, dass die Kalkulationsgrundlagen neu ermittelt werden müssen.

Weiterhin führen Investitionsmaßnahmen zu Überlegungen in Bezug auf die Kapitalbeschaffung: Ein Finanzierungsplan sollte erstellt werden (→ S. 422). Durch die dann anfallenden Zinsen und Tilgungen ergeben sich Einflüsse auf die Liquidität; ein höherer Umsatz aufgrund der größeren Leistungsfähigkeit einer neuen Anlage erfordert einen höheren Betriebsmittelbedarf zur Vorfinanzierung besonders des Lohn- und Materialaufwandes.

Finanzierungsplan

Diese Überlegungen zeigen, dass die Kostenrechnung ständig im Fluss ist. Jede schwer wiegende unternehmerische Entscheidung hat Einfluss auf die Kostenstruktur des Betriebes und damit auf die Kalkulation.

7.3 Entscheidungen in Bezug auf Leistungsprogramm und Preispolitik

Neben der Kostenkontrolle und Kostenplanung stellt die Kostenrechnung darüber hinaus eine wichtige Hilfe für unternehmerische Entscheidungen dar.

KOSTEN- UND LEISTUNGSRECHNUNG UND CONTROLLING

Deckungsbeitrags-rechnung als Entscheidungshilfe

Die Deckungsbeitragsrechnung (→ S. 210) hilft bei der Entscheidung, welche Produkte oder Leistungen zu welchem Preis angeboten werden sollen, da der Gesichtspunkt der Kapazitätsauslastung eine Rolle spielt. Wie zuvor bereits darstellt, ergeben sich je nach Art der Berechnung unterschiedliche Werte bei der Gegenüberstellung eines Marktpreises mit den eigenen Kosten. Eine Beurteilung nur nach der Vollkostenrechnung führt eventuell zu dem Ergebnis, auf einen vorgegebenen Preis nicht einzusteigen, einen Auftrag als nicht lukrativ genug abzulehnen. Bei der dann gegebenen geringen Kapazitätsauslastung laufen die fixen Kosten aber weiter, ein Abgleiten in die Verlustzone steht bevor.

Bei ausschließlicher Anwendung der Vollkostenrechnung ergeben sich Schwierigkeiten, den Minimalpreis zu errechnen. Bei Preisverhandlungen ist es jedoch sehr wichtig, seine eigene Preisuntergrenze zu kennen. Möglich ist eine Absenkung der kalkulatorischen Kosten, auch eine Beschränkung auf die ausgabewirksamen Kosten ist denkbar.

Klare Aussagen trifft in diesem Fall die Deckungsbeitragsrechnung: Preisuntergrenze sind hierbei die variablen Kosten, d. h. die durch den Auftrag unmittelbar anfallenden Kosten. Hierbei handelt es sich auch nur um die ausgabewirksamen variablen Kosten. Wenn nur ein geringer Betrag zusätzlich zu den variablen Kosten erzielt wird, ist dieser Auftrag schon „lukrativ", deckt er doch einen kleinen Teil der sowieso entstehenden fixen Kosten ab.

Wenn kleine Deckungsbeiträge einen Teil der entstehenden fixen Kosten abdecken, muss gewährleistet sein, dass andere Aufträge einen hohen Deckungsbeitrag erzielen, um insgesamt die fixen Kosten zu erwirtschaften.

ergänzende Kalkulation

Maßgeblich ist grundsätzlich die Kalkulation nach Vollkosten zur Deckung aller Kosten. Die Deckungsbeitragsrechnung ist eher als Ergänzung anzusehen. Sie kann z. B. in Fällen einer drohenden geringen betrieblichen Auslastung dazu dienen, die Arbeitsplätze zu erhalten oder kurzfristig durch geringe Preise die Marktposition gegenüber einem aggressiven Mitbewerber zu verbessern oder zu erhalten. Denn jeder noch so kleine Deckungsbeitrag über die variablen Kosten hinaus erbringt eine zusätzliche Finanzierung der fixen Kosten.

7.4 Gewinnschwellenanalyse

Die Zusammenhänge zwischen Kosten, Erlösen und Gewinn haben sich in den obigen Erläuterungen als entscheidend gezeigt. Die Deckungsbeitragsrechnung zeigt diese Zusammenhänge klar auf und nennt die **kritische Absatzmenge (die Produktionskapazität),** bei der die fixen Kosten durch die Deckungsbeiträge noch abgedeckt werden. Diesen Punkt nennt man **Gewinnschwelle (Break-even-Point).**

Break-even-Point

KOSTEN- UND LEISTUNGSRECHNUNG UND CONTROLLING

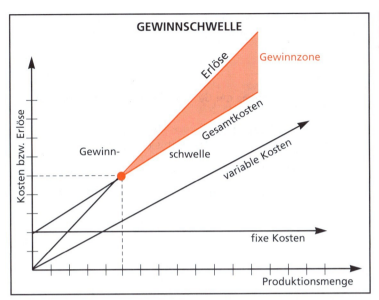

Beispiel für Erreichung der Gewinnschwelle

Für den Betrieb ist es wichtig zu wissen, wo die Gewinnschwelle liegt. Die oben stehende Grafik zeigt diese Grenze auf. Es ist der Schnittpunkt der Linie der Gesamtkosten mit der Linie der Erlöse (Umsatz). Anders ausgedrückt: Der Kostendeckungspunkt ist im Schnittpunkt von Gesamtkostenkurve und Erlöskurve erreicht.

Der Break-even-Point liegt im Beispielfall der Grafik bei einem Erlös von € 480 000,– sowie bei einer Ausbringungsmenge von 520 Einheiten. Die senkrechte Skala ist in Werteinheiten von € 100 000,– eingeteilt, die waagerechte in Ausbringungseinheiten von 100 Stück. Ein Umsatz von mehr als € 480 000,– bzw. eine Produktion von mehr als 520 Einheiten erbringt also – bei sonst unveränderten Verhältnissen – Gewinn. Diese Fläche ist gestrichelt dargestellt.

Gewinn

Ab dieser Produktionsmenge (oder Fertigungsstunden) sind alle Kosten gedeckt unter der Voraussetzung, dass die variablen Kosten mit zusätzlichen Leistungen gedeckt sind – der Betrieb kommt in die Gewinnzone.

Ein rechnerischer Nachweis, angelehnt an obige Grafik, soll dies verdeutlichen (→ S. 216):

Aus diesen Überlegungen kann der Unternehmer Schlussfolgerungen für die Erreichung der Gewinnschwelle ziehen. Es stellen sich mit Blick auf Kapazitätsplanungen stets zwei wesentliche Fragen:

- Soll ein bestimmter Auftrag bei mehreren möglichen Aufträgen angenommen werden?
- Bei welcher Produktionsmenge (bzw. welchen Fertigungsstunden) sind die Gesamtkosten gedeckt?

Ein Auftrag ist unter wirtschaftlicher Betrachtungsweise dann als positiv einzuschätzen, wenn der Erlös nach Abzug der variablen Kosten noch einen

KOSTEN- UND LEISTUNGSRECHNUNG UND CONTROLLING

positiver Deckungsbeitrag positiven Deckungsbeitrag erbringt, der zur Deckung der angefallenen Fixkosten bzw. darüber hinaus zur Gewinnerzielung dient.

Errechnung der Gewinnschwelle an einem Beispiel

€ 480 000,– Erlöse bei 520 Stück = €/Stück 923,08
Variable Kosten (€ 280 000,–) bei 520 Stück = €/Stück 538,46

Bei einer Ausbringungsmenge von 520 Stück werden die fixen Kosten gedeckt.

Bei einer Ausbringungsmenge von 521 Stück ergibt sich ein Gewinn:

521 × € 923,08	= € 480 924,68
./. variable Kosten 521 × € 538,46	= € 280 537,66
./. fixe Kosten € 200 000,–	= € 387,02
Gewinn	= € 387,02

Bitte bearbeiten Sie abschließend die folgenden Aufgaben:

1. Wodurch wird eine Kostenplanung erforderlich?

2. Was ist der Break-even-Point?

3. Nach welchen Methoden kann die Preisuntergrenze ermittelt werden?

4. Nach welchen Kriterien kann die Annahme eines Auftrages beurteilt werden?

8. Controlling

> **Kompetenzen**
>
> Der Lernende
> - kann Aufgaben und Ziele des Controllings beschreiben,
> - kann strategisches und operatives Controlling unterscheiden,
> - kann die Notwendigkeit von regelmäßiger Schwachstellenanalyse begründen,
> - kann beurteilen, wo sich betriebliche Schwachstellen befinden können,
> - kann einzelne Hilfsmittel für die Schwachstellenanalyse beschreiben,
> - kann begründen, warum die Arbeit mit Kennzahlen bzw. Kennzahlensystemen für den Betrieb wichtig ist,
> - kann erläutern, was Budgetierung im Handwerk leisten kann,
> - kann darlegen, wann eine Budgetierung sinnvoll ist,
> - kann die Vorgehensweise bei der Budgetierung beschreiben.

8.1 Aufgaben und Ziele

Für ein Unternehmen besteht nicht die Frage, ob ein betriebliches Rechnungswesen aufgebaut wird oder nicht. Hier greifen gesetzliche Regelungen, die eine Buchführung vorschreiben, wie das HGB, das GmbH-Gesetz und das Steuerrecht (→ S. 28).

Anders verhält es sich mit dem Controlling. Niemand verpflichtet ein Unternehmen, ein Controllingsystem aufzubauen. Dennoch gibt es in Konzernen und großen Betrieben **Controller** oder sogar ganze Abteilungen, die Controlling-Aufgaben übernehmen.

In Handwerksbetrieben trifft man selten auf Controller. Hier herrscht eher die Meinung vor, dass die Buchführung ausschließlich für das Finanzamt gemacht wird. Das ist sicher nicht falsch. Aber ist es nicht schade um die Zeit und das Geld für die Aufbereitung der Zahlen, wenn man nicht mehr aus den Zahlen herausholt?

Bedeutung im Handwerk

KOSTEN- UND LEISTUNGSRECHNUNG UND CONTROLLING

Die monatliche betriebswirtschaftliche Auswertung und der Jahresabschluss werden vielfach nur vom Steuerberater entgegengenommen und abgeheftet. Mithilfe eines Controllingsystems können aus den betriebswirtschaftlichen Zahlen wichtige Informationen abgeleitet, Krisen frühzeitig erkannt und falsche Entscheidungen rechtzeitig korrigiert werden.

Jeder Unternehmer muss

- wissen, mit welchen Produkten bzw. Dienstleistungen er Geld verdient und wo er evtl. Geld verliert,
- die Auswirkungen von eingeleiteten Maßnahmen auf das Ergebnis kennen,
- wissen, wie das Betriebsergebnis nach betriebswirtschaftlichen Grundsätzen, d. h. ohne steuerliche oder bilanzielle Verzerrungen, aussieht,
- zeitnah erfahren, ob alles im Plan liegt oder etwas „aus dem Ruder läuft",
- wissen, welche Faktoren die Gemeinkosten in die Höhe treiben.

Kontrolle und Controlling

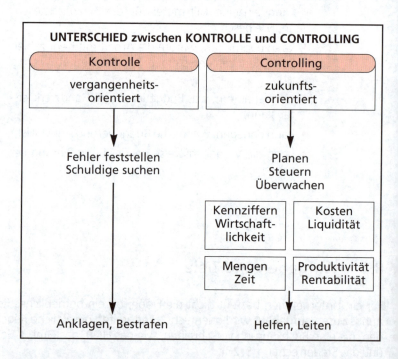

Definition

Der Begriff **„Controlling"** kommt aus dem amerikanischen Sprachgebrauch. Das Wort „to control" bedeutet so viel wie Beherrschung, Lenkung und Steuerung eines Vorgangs. Dies umfasst sehr viel mehr als die Bedeutung des deutschen Wortes „Kontrolle". Beide Begriffe dürfen deshalb nicht gleichgesetzt werden. Unter „Kontrolle" wird nur die laufende Beobachtung, Beaufsichtigung und Feststellung eines Sachverhaltes verstanden, also lediglich ein Teil des Controllings.

Controlling geht deutlich weiter. Man vergleicht die erreichten Istwerte mit den geplanten Sollwerten, stellt fest, ob und welche Abweichungen vorhanden sind. Zusätzlich werden die Ursachen analysiert und Korrekturvorschläge erarbeitet. Controlling ist damit ein Instrument des Unternehmers, das sich jedoch nicht nebenbei im Tagesgeschäft erledigen lässt.

8.1.1 Strategisches und operatives Controlling

Voraussetzung für Controlling ist die Planung (→ S. 433). Wie bei der Planung und Festlegung von Zielen unterscheidet man auch beim Controlling zwischen

- strategischem Controlling und
- operativem Controlling.

Das strategische Controlling beschäftigt sich mit der längerfristigen Unternehmenspolitik. Hier werden Informationsdaten über längere Zeiträume gesammelt, strukturiert und interpretiert, um zukunftsweisende Signale für das Unternehmen zu erkennen. Damit sollen Ursachen möglicher Fehlentwicklungen vor ihrer Entstehung erkannt und lokalisiert werden, um rechtzeitig gegensteuern zu können. **strategisches Controlling**

Instrumente des strategischen Controllings sind Analyse- und Planungstechniken, die auch im Marketing angewendet werden, wie z: B. **Instrumente**

- die Zielgruppenanalyse (→ S. 274),
- die Produktanalyse (→ S. 276),
- die Szenario-Technik (Entwicklung von Zukunftsbildern unter Beachtung interner und externer Faktoren),
- die Schwachstellenanalyse (→ S. 220).

Das operative Controlling bezieht sich auf bestimmte, eher kurzfristige Zeiträume (z. B. Geschäftsjahr) und zielt hauptsächlich auf die Erhaltung der Liquidität und Sicherung der Rentabilität ab. Im operativen Controlling gibt es eine Vielzahl von Instrumenten, welche Informationen über geplante und durchgeführte Maßnahmen (Operationen) liefern. Sie unterstützen die Gewinn- und Liquiditätssteuerung des Unternehmens und dienen damit der Existenzsicherung. **operatives Controlling**

Die Voraussetzung für jegliches Controlling ist ein funktionierendes Finanz- und Rechnungswesen. Bilanzen, Gewinn- und Verlustrechnung sowie betriebswirtschaftliche Auswertungen sind geeignete Informationsquellen. **Informationsquellen**

Instrumente des operativen Controllings sind **Instrumente**

- Kosten- und Leistungsrechnung (→ Kostenartenrechnung, S. 172, → Kostenstellenrechnung, S. 186, → Deckungsbeitragsrechnung, S. 210, → Break-even-Analyse, S. 215),
- Budgetierung (→ S. 230),
- Finanzrechnungen (→ Finanz- bzw. Liquiditätsplan, S. 395, → Finanzierungsplan, S. 422),
- Investitionsrechnung (→ Nutzwertrechnung, Rentabilitätsrechnung für Investitionen, S. 393),
- Kennzahlen (→ S. 225).

8.1.2 Controlling im Handwerk

Im klassischen Handwerksbetrieb lassen sich sicher nicht alle diese Aufgaben des Controllings regelmäßig erfüllen. In jedem Fall ist es sinnvoll, dass der Unternehmer, die mitarbeitende Ehefrau oder ein angestellter Meister zeitweilig die Rolle des Controllers übernimmt und zusätzlich in regelmäßigen Abständen externe Berater (der Kammern, der Verbände oder auch freie Berater) mit der Übernahme von Controlling-Aufgaben beauftragt werden.

Grundsätzlich sollten einige Instrumente des Controllings zum Handwerkszeug des Unternehmers gehören, idealerweise vom ersten Tag der Gründung eines Handwerksbetriebes an.

Führungsaufgabe — Bereits bei der Unternehmensgründung sollte der Meister den Aufbau eines individuell auf die Größe und Branche des Betriebes zugeschnittenen Controllingsystems als wichtige Führungsaufgabe festlegen. Dabei ist es ratsam, zunächst externe Hilfe für die Umsetzung in Anspruch zu nehmen. So wird es langsam zur Selbstverständlichkeit, aus den Zahlen des Rechnungswesens die wesentlichen Informationen abzuleiten und wichtige Entscheidungen aufgrund von Fakten und Entwicklungen zu treffen und nicht aus dem Bauch heraus.

8.2 Schwachstellenanalyse

Mit der **Schwachstellenanalyse** werden Mängel bei der Planung und Unzulänglichkeiten bei der Planungsrealisation aufgezeigt. Wird in einer Periode festgestellt, dass die tatsächlich erreichten Werte (Istgrößen) nicht mit den in der Planung vorgegebenen Zielwerten (Sollgrößen) übereinstimmen, können die Ursachen innerhalb und außerhalb des betroffenen Betriebes liegen. Verantwortlich für das Auseinanderklaffen von Soll- und Istwerten sind Schwachstellen.

Definition — Als **Schwachstellen** werden dabei all jene Gegebenheiten und Entwicklungen innerhalb des Betriebes und in dessen Umfeld verstanden, die bei der Planung nicht berücksichtigt wurden und dadurch zur Abweichung geführt haben.

Ursachen — Schwachstellen können unterschiedliche Ursachen haben. So waren vielleicht zum Zeitpunkt der Sollgrößen-Bestimmung mögliche Störungen nicht vorhersehbar (z. B. Produktionsausfall nach Unwetterkatastrophe). In einem solchen Fall kann den verantwortlichen Mitarbeitern kein Fehlverhalten angelastet werden.

Anders ist es, wenn bekannte, entscheidungsbestimmende Faktoren (z. B. veraltete Fertigungstechnik) bei der Festlegung der Sollgrößen außer Acht gelassen wurden. Dann liegt ein Fehlverhalten der zuständigen Mitarbeiter vor.

KOSTEN- UND LEISTUNGSRECHNUNG UND CONTROLLING

In jedem Fall sind Schwachstellen mögliche Verlustquellen des Unternehmens. Nicht erkannte Schwachstellen können dazu führen, dass im Betrieb Leistungspotenziale nicht ausgeschöpft und Zielvorgaben nicht bestmöglichst bestimmt werden. Daher sind für die Gewinnmaximierung die Suche nach Schwachstellen und deren Abbau unverzichtbar.

Verlustquellen

Werden Schwachstellen im Betrieb nicht gezielt gesucht und beseitigt, akzeptiert der Unternehmer eine Schmälerung des Betriebserfolges.

Das zufällige Auffinden von Schwachstellen reicht nicht. Es muss regelmäßig und strukturiert nach Schwachstellen gesucht werden. Voraussetzung für die Schwachstellenanalyse ist, dass man weiß, wo Schwachstellen auftreten und welcher Art sie sein können.

Schwachstellen

Mögliche SCHWACHSTELLEN im BETRIEB

Beschaffung
- schlechte Qualität der Roh- und Hilfsstoffe
- ungenügender Vergleich von Lieferantenangeboten

Produktion
- unklare und unverständliche Anordnung der Vorgesetzten
- Überbeanspruchung von Maschinen und Werkzeugen

Absatz
- ungenügende Werbung
- fehlende Kundenbetreuung

Verwaltung
- ungenügende Büroorganisation
- schlechtes Formularwesen

Wurden Schwachstellen oder Mängel in den einzelnen betrieblichen Funktionsbereichen ermittelt (z. B. Beschaffung, Produktion oder Finanzierung), so müssen im zweiten Schritt die Art und die Ursache der Schwachstelle bestimmt werden.

Schwachstellen, die ausschließlich im jeweiligen Bereich auftreten, werden als **vertikale Schwachstellen** bezeichnet (z. B. Kontrollmängel im Fertigungsbereich). Diesen stehen **horizontale Schwachstellen** gegenüber, die sich übergreifend auf mehrere Funktionsbereiche erstrecken (z. B. Mängel in der Abstimmung von Ziel- und Durchführungsplanung bei Beschaffung, Produktion und Absatz).

Arten von Schwachstellen

Weiter ist von Bedeutung, ob es sich um kurzfristige oder strukturelle Schwachstellen handelt. **Kurzfristige Schwachstellen** sind jene Mängel, die nur eine zeitlich begrenzte Wirkung haben (z. B. Ausfall einer Maschine bis zur Reparatur). Hier sind sofortige oder kurzfristig wirksame Anpassungsentscheidungen erforderlich, um das Ausmaß an Schaden oder Verlusten zu begrenzen.

Strukturelle Schwachstellen liegen hingegen vor, wenn sie sich auf Verhalten und Ergebnisse grundsätzlich auswirken (z. B. fehlender Informationsaustausch). Strukturelle Schwachstellen können selten durch kurzfristige Anpassungsentscheidungen in den einzelnen Bereichen beseitigt werden. Hier sind langfristig wirkende, bereichsübergreifende Anpassungsentscheidungen erforderlich.

Hinweise auf Schwachstellen sind alle unerwünschten, nicht oder nicht im vorliegenden Umfang erwarteten Veränderungen oder Abweichungen. Geeignete Hilfsmittel, um solche Abweichungen festzustellen, sind systematische Analysen der gewonnenen Daten. Dabei helfen die im Rechnungswesen ermittelten Zahlen.

Ein geeignetes Mittel ist der Vergleich. Bei **Zeitvergleichen** werden Daten des eigenen Betriebes aus verschiedenen Perioden gegenübergestellt. Diese Zeitvergleiche ergeben aufschlussreiche Informationen über die Entwicklung des Betriebes und lassen entsprechende Schlussfolgerungen zu.

Bei **Soll-Ist-Vergleichen** stammen die Werte aus einer Periode, wobei die tatsächlich erreichten Werte mit den Planungsdaten verglichen werden.

Eine andere Möglichkeit ist, in **zwischenbetrieblichen Vergleichen** die eigenen Daten mit denen ähnlich strukturierter Betriebe oder den Durchschnittswerten der Branche ins Verhältnis zu setzen (→ Betriebsvergleich, S. 113).

8.2.1 Stärken-Schwächen-Analyse

Die Stärken-Schwächen-Analyse dient dazu, die Situation im eigenen Betrieb realistisch einzuschätzen. Ziel ist es, Ansatzpunkte für die Erhöhung des Unternehmenserfolges zu finden.

ABLAUF einer STÄRKEN-SCHWÄCHEN-ANALYSE

1. Kriterien bestimmen	• Auf Bedürfnisse des Handwerksbetriebes zuschneiden • Mit Mitarbeitern und Führungskräften gemeinsam erarbeiten • Auf wesentliche Faktoren konzentrieren • Deutliche Formulierungen wählen
2. Kriterien bewerten	• Bewertung nach mehrstufiger Skala (gut – mittel – schlecht oder -2 bis +2)
3. Informationen erheben	• Befragung nicht nur im Betrieb (Mitarbeiter), sondern auch außerhalb (Kunden)
4. Antworten auswerten	• Darstellung in Form eines Profils
5. Konsequenzen ziehen	• Auf Stärken konzentrieren • Schwächen beheben • Konkret und zeitlich festgelegten Maßnahmenkatalog erarbeiten

KOSTEN- UND LEISTUNGSRECHNUNG UND CONTROLLING

Bei diesem Analyseverfahren müssen ausreichende Informationen zur Verfügung stehen. Das kann man z. B. erreichen, indem Mitarbeiter, Führungskräfte und Kunden einen Fragebogen ausfüllen, der den individuellen Bedürfnissen des Unternehmens angepasst ist.

Fragebogen

Das Ergebnis der Stärken-Schwächen-Analyse kann in einem Profil anschaulich dargestellt werden.

Darstellung des Ergebnisses

Kriterien	PROFIL einer STÄRKEN-SCHWÄCHEN-ANALYSE Bewertung	sehr gut +2	+1	0	-1	sehr schlecht -2
Produkt	Absatzentwicklung					○
	Angebotsvielfalt		○			
	Preis	○				
	Qualität	○				
Ressourcen	Personelle Ressourcen			○		
	Finanzielle Ressourcen					○
	Maschinelle Ressourcen			○		
Flexibilität	Personelle Flexibilität			○		
	Finanzielle Flexibilität		○			
	Maschinelle Flexibilität	○				
Führung	Führungssystem			○		
	Organisationskonzept				○	
	Führungspotenzial			○		
Risiko	Personalrisiko					○
	Qualitätsrisiko	○				
	Sicherheitsrisiko		○			
	Insolvenzrisiko				○	

KOSTEN- UND LEISTUNGSRECHNUNG UND CONTROLLING

8.2.2 Sortiments- und Leistungsanalyse

Produkte/Leistungen

Mittels der Sortiments- und Leistungsanalyse können in Unternehmen mit mehreren Leistungsgruppen entscheidende Informationen darüber gewonnen werden, welche Produkte (z. B. Fenster oder Türen) oder Leistungen (z. B. Herstellung oder Montage) sinnvollerweise gefördert oder ganz aufgegeben werden sollten. Dazu herangezogen werden kann

- die **Umsatzstrukturanalyse,** die Auskunft darüber gibt, mit welchem Produkt welcher Umsatz erzielt wird,
- die **Deckungsbeitragsanalyse,** die die Differenz zwischen Erlösen und Kosten untersucht und damit den Erfolg eines Produktes darstellt,
- die **Kundenstrukturanalyse,** die Aussagen darüber trifft, bei welchen Kunden wie viel Umsatz bzw. Gewinnanteil erzielt wurde.

Auswertung

Bei der Auswertung der Sortiments- und Leistungsanalyse ist jedoch stets darauf zu achten, dass nicht vorschnell „unwichtige" Produkte oder Leistungen aus dem Sortiment genommen werden. Es kann vorkommen, dass gerade diese Produkte oder Leistungen Verbundkäufe auslösen, sodass sie trotz ungünstiger Kostenstruktur für das Unternehmen von größerer Bedeutung sein können.

8.2.3 Nachkalkulation

Definition

Die Nachkalkulation vergleicht die in der Kalkulation zugrunde gelegten Daten (→ Kalkulation, S. 161) mit den tatsächlich realisierten Werten.

Beispiel einer Nachkalkulation
Erzielter Erlös (ohne MwSt.)
./. gezogenes Skonto
./. Material (zum Einstandspreis, inkl. Verschnitt) (+ Materialgemeinkosten)
= Lohnerlös
: Bearbeitungszeit (Stunden)
= Lohnerlös pro Stunde
./. kalkulierten Stundenverrechnungssatz (Vollkostensatz)
= Zusatzgewinn/-verlust je Stunde
x Bearbeitungszeit (Stunden)
= **Zusatzgewinn/-verlust des Auftrages**

Bedeutung

Es ist dringend geboten, einen Auftrag nachzukalkulieren, um Fehlplanungen aufzuspüren und Fehlentwicklungen vorzubeugen. Obwohl die Nachkalkulation eines Auftrages für einen Betrieb auf die Dauer überlebenswichtig sein kann, wird sie in den meisten Fällen nicht selbstverständlich durchgeführt. Hier verlassen sich Unternehmer gerne auf ihr Gefühl.

Jeder Auftrag muss in der Kalkulation überprüft werden. Bei größeren Aufträgen reicht die Nachkalkulation nicht aus. Hier muss sogar begleitend überwacht werden.

Ergibt die Nachkalkulation „null", also keinen Gewinn oder Verlust, wurde korrekt kalkuliert.

Auswertung der Nachkalkulation

Ein **Verlust** bedeutet, dass zu viel Material oder zu viel Arbeitszeit (noch schlimmer: beides) verbraucht wurden. In einem solchen Fall ist es besonders wichtig, die Ursachen zu ermitteln, um zukünftige Verluste zu vermeiden.

Aus einem **Zusatzgewinn** lassen sich ebenfalls wichtige Informationen ableiten. Vielleicht war der Arbeitstrupp optimal zusammengestellt oder in der Kalkulation wurden Fehler gemacht. All diese Erkenntnisse lassen sich aus einer zeitnahen Nachkalkulation der Aufträge ableiten und lassen wichtige Schlussfolgerungen für zukünftige Kalkulationen und die Abwicklung von Aufträgen zu.

8.3 Kennzahlen und Kennzahlensysteme

Ein wichtiges Instrument für das Controlling sind die betrieblichen Kennzahlen. **Kennzahlen** sind Verhältniszahlen und absolute Zahlen (z. B. Umsatz, Kosten), die Informationen verdichten und quantifizierbare betriebswirtschaftliche Zusammenhänge abbilden (→ S. 111). Basis für die Ermittlung von Kennzahlen ist das Rechnungswesen eines Unternehmens (Buchführung, Jahresabschluss, Kostenrechnung, Statistik).

Definition

Von **Kennzahlensystemen** spricht man dann, wenn einzelne voneinander abhängige und/oder sich ergänzende Kennzahlen miteinander in Beziehung gesetzt werden. Der Sinn solcher Verknüpfungen liegt darin, dass man die Ursachen für die Kennzahlenentwicklungen dann besser untersuchen kann.

Verknüpfung von Kennzahlen

Das kann man am besten am Gewinn verdeutlichen: Er wird von den Kosten, der Verkaufsmenge und dem Preis beeinflusst. Verändert er sich, kann das an einer Preiserhöhung, an der Steigerung der Absatzmenge oder an Kostensenkungen liegen. Ein Kennzahlensystem macht dies transparent und gibt somit dem Unternehmer die Möglichkeit, zukünftige Entwicklungen zu beeinflussen.

Es gibt zahlreiche Kennzahlensysteme. Allen gemeinsam ist, dass es sich um hierarchisch aufgebaute Kennzahlenpyramiden handelt, bei denen jeweils eine sog. **Spitzenkennzahl** durch andere Kennzahlen erklärt wird. Die

Kennzahlenpyramide

KOSTEN- UND LEISTUNGSRECHNUNG UND CONTROLLING

Spitzenkennzahl bezieht sich meist auf ein Unternehmensziel, z. B. die Rentabilität oder den Gewinn.

Je nach Kennzahlensystem sind die einzelnen Kennzahlen entweder rechnerisch oder inhaltlich miteinander verknüpft.

Hier sollen nur die beiden bekanntesten Systeme vorgestellt werden:
- Du Pont-System, auch ROI-System genannt (Return on Investment),
- ZVEI-System (Kennzahlensystem des Zentralverbandes der Elektrotechnischen Industrie).

8.3.1 DuPont-System

ROI

Dieses Kennzahlensystem ist das bekannteste und wohl auch das älteste. In der Praxis ist es in verschiedenen Versionen verbreitet. Die Spitzenkennzahl ist der **R**eturn **o**n **I**nvestment, die Rendite des investierten Kapitals. Diese Gesamtkapitalrentabilität wird in die Kennzahlen „Umsatzrentabilität" und „Umschlagshäufigkeit des investierten Kapitals" zerlegt und diese wiederum in weitere Komponenten.

Das DuPont-System ist sehr übersichtlich und anschaulich. Da es sehr klein ist, eignet es sich nicht, um bei der Analyse in die Tiefe zu gehen. Zudem ist das DuPont-System vordergründig auf das Ziel „Gewinnerhöhung" ausgerichtet, Liquiditätskennzahlen finden keine Beachtung.

Überblick über DuPont-Kennzahlen

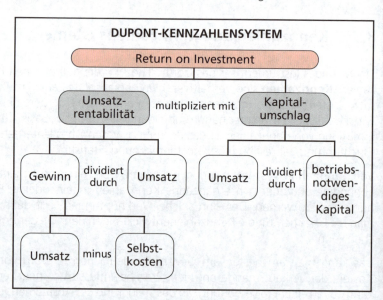

8.3.2 ZVEI-Kennzahlen

Neben dem DuPont-System gehört das ZVEI-Kennzahlensystem zu den bedeutendsten. Es wurde vom deutschen **Z**entral**v**erband **E**lektrotechnik- und Elektronik**i**ndustrie entwickelt. Es ist branchenneutral und kann daher von Unternehmen aller Branchen angewendet werden.

branchenneutral

KOSTEN- UND LEISTUNGSRECHNUNG UND CONTROLLING

Grundgedanke dieses Systems ist es, der Unternehmensführung ein Instrument zur Analyse, Planung und Steuerung des Betriebs zu liefern. Im Gegensatz zum DuPont-System erlaubt das ZVEI-System die gleichzeitige Berücksichtigung mehrerer Ziele, wie beispielsweise Gewinn und Liquidität.

mehrere Ziele

Das ZVEI-System unterteilt die Kennzahlen in **Wachstums- und Strukturkennzahlen.**

Die Wachstumsanalyse bringt einen Vergleich von Zahlen der Berichtsperiode mit der Vorperiode in Prozent. Hierbei werden folgende Größen betrachtet:

Wachstumsanalyse

- Geschäftsvolumen (Auftragsbestand, Umsatzerlöse, Wertschöpfung),
- Personal (Personalaufwand, Anzahl der Mitarbeiter),
- Erfolg (Ergebnis vor Zinsen und Steuern, Jahresüberschuss, → Cashflow, S. 155).

Die Kennzahlen der Strukturanalyse sind mathematisch verknüpft. Ausgehend von der Spitzenkennzahl „Eigenkapitalrentabilität" werden Ertragskraft und betriebliche Risiken in den folgenden Analysebereichen untersucht:

Strukturanalyse

- Rentabilität (ROI),
- Ergebnisbildung (Umsatzrentabilität),
- Kapitalstruktur (Eigenkapitalanteil),
- Kapitalbindung.

Überblick über ZVEI-Kennzahlen

ZVEI-KENNZAHLENSYSTEM

Wachstumsanalyse
Wachstumsgrößen
- Geschäftsvolumen
- Personal
- Erfolg

Strukturanalyse
Spitzenkennzahl:
Eigenkapitalrentabilität

Kennzahlengruppe:
- Rentabilität
- Liquidität
- Ergebnis
- Vermögen
- Kapital
- Finanzierung/Investierung
- Aufwand
- Umsatz
- Kosten
- Beschäftigung
- Produktivität

227

KOSTEN- UND LEISTUNGSRECHNUNG UND CONTROLLING

140 Kennzahlen Das ZVEI-System besteht aus insgesamt 140 Kennzahlen. Davon werden lediglich 60 für die eigentliche Analyse benötigt. Die restlichen 80 Kennzahlen stellen eine Datenbasis für die Berechnung der relevanten Kennzahlen dar (Hilfskennzahlen). Für kleinere und mittlere Handwerksbetriebe ist das branchenübergreifende Informationssystem wegen seiner Komplexität und aufwendigen Einbindung in das Rechnungswesen weniger geeignet.

In der Abbildung auf → S. 227 wird dieses Kennzahlensystem nur schematisch abgebildet, ohne alle 140 Kennzahlen einzeln zu benennen.

Beispiel:

Handwerksmeister Tobias Wassermann registriert in letzter Zeit, dass trotz guter Auftragslage sein Kontokorrent in Höhe von € 36 000,– immer voll ausgelastet ist. Er ist völlig ratlos. Die Kunden zahlen zwar nie pünktlich, aber das war auch im letzten Jahr so und schließlich hat er dafür den Kontokorrent. Bisher konnte er bei den Lieferanten regelmäßig Skonto ziehen. Jetzt klappt das fast nie. Die Frage ist, ob Controlling ihn vor dieser Situation bewahrt hätte. Eine Analyse in Anlehnung an das ZVEI-Kennzahlensystem hätte ihm folgende Informationen gegeben:

Beispiel einer Wachstumsanalyse (Betrieb T. Wassermann)			
Wachstumsgrößen	Aktuelles Jahr	Vorjahr	Veränderung
Umsatz	€ 385 000,–	€ 376 000,–	+ 2 %
Mitarbeiterzahl	5 Gesellen	5 Gesellen	Keine
Gewinn	€ 31 500,–	€ 29 000,–	+ 9 %
Wertschöpfung pro produktive Stunde	€ 31,65/Stunde	€ 30,70/Stunde	+ 3 %

Auswertung des Beispiels Die **Wachstumsanalyse** zeigt, dass er tatsächlich seinen Umsatz und Gewinn im Vergleich zum Vorjahr noch steigern konnte. Hiermit allein hätte er keine Warnung vom Controlling bekommen.

Bei der **Strukturanalyse** ergibt sich folgendes Ergebnis:

Spitzenkennzahl Eigenkapitalrentabilität — 85 %

Ausgewählte weitere Kennzahlen:
- Gesamtkapitalrentabilität — 18 %
- Liquidität II — 46 %
- Umsatzrentabilität — 8 %
- Dauer der Außenstände — 52 Tage
- Kapitalumschlag — 1,9-mal pro Jahr
- Anlagedeckung II — 60 %
- Umsatz pro produktiven Mitarbeiter — € 77 000,–

KOSTEN- UND LEISTUNGSRECHNUNG UND CONTROLLING

Hier wird verdeutlicht, dass eine Auswahl von Kennzahlen aus dem ZVEI-Kennzahlensystem Schwachpunkte der Unternehmensentwicklung zeigt.

Während Kennzahlen aus dem Bereich „Rentabilität und Ergebnisbildung" eine durchaus positive Entwicklung des Unternehmens zeigen, erkennt man anhand von Kennzahlen aus dem Bereich „Liquidität und Finanzierung", dass im Unternehmen Wassermann Probleme existieren.

Rentabilität

Das Ergebnis der Liquiditätskennzahl sagt, dass die kurzfristigen Verbindlichkeiten nur zu 46 % durch flüssige Mittel und Forderungen gedeckt sind. Die Ursache könnte beispielsweise darin liegen, dass Unternehmer Wassermann manchmal einfach nicht gleich dazu kommt, für seine erledigten Aufträge die Rechnungen zu schreiben.

Liquidität

Die Kennzahl „Dauer der Außenstände" zeigt, dass sich die Bezahlung der Rechnungen durch die Kunden auch noch verzögert. Damit wird deutlich, dass im Handwerksbetrieb Wassermann die Durchsatzgeschwindigkeit der Aufträge recht lang ist, was die Liquidität negativ beeinflusst.

Außenstände

Eine weitere Kennzahl, die in diesem Zusammenhang von Bedeutung ist, ist die Anlagedeckung. Die Anlagedeckung II besagt, dass das Anlagevermögen zu 60 % mit Eigenkapital und langfristigem Fremdkapital finanziert wurde. Das ist problematisch, da langfristig gebundenes Vermögen zu 100 % langfristig finanziert werden sollte. Eine nur 60 %ige Finanzierung, wie im Beispiel, bringt dem Unternehmen zusätzliche Liquiditätsprobleme. Daran hat Handwerksmeister Wassermann nicht gedacht, als er einen LKW (günstiges Angebot eines Geschäftspartners) über den Kontokorrent des Betriebes finanziert hat.

Anlagedeckung

Die Arbeit mit einigen wenigen Kennzahlen hätte hier den Handwerksmeister frühzeitig gewarnt. Denn gerade die oben genannten Entwicklungen schleichen sich allmählich beim Unternehmer ein.

8.3.3 Wichtige Kennzahlen im Handwerk

Folgende wichtige Kennzahlen sollten regelmäßig vom Unternehmer ermittelt und analysiert werden, um rechtzeitig Fehlentwicklungen des Unternehmens zu erkennen.

Kennzahlen im Handwerk

Überblick über wichtige Kennzahlen	
Kennzahlen	Vergleichswerte im Handwerk
Eigenkapitalrentabilität (→ S. 154)	30 %
Unternehmensrentabilität (→ S. 154)	15 %
Liquidität 2. Grades (→ S. 141)	75 %
Brutto- und Netto-Cashflow (→ S. 153)	9 % der Betriebsleistung
Schuldtilgungsdauer in Jahren (Verschuldungsgrad) (→ S. 131)	5 Jahre
Umsatzrentabilität (→ S. 153)	8 %

KOSTEN- UND LEISTUNGSRECHNUNG UND CONTROLLING

Überblick über wichtige Kennzahlen	
Kennzahlen	Vergleichswerte im Handwerk
Dauer der Außenstände	40 Tage
Dauer der Verbindlichkeiten	70 Tage
Kapitalumschlag (→ S. 403)	2-mal pro Jahr
Anlagedeckung II (→ S. 144)	100 %
Umsatz pro produktiven Mitarbeiter	Branchenabhängig
Personalaufwand in % der Betriebsleistung	Branchenabhängig, rund 34 %
Materialaufwand in % der Betriebsleistung	Branchenabhängig, rund 30 %

8.4 Budgetierung

Hilfsmittel zur Kostensteuerung

Die im Handwerksbetrieb verfügbaren Mittel sind in der Regel begrenzt. Daher ist es besonders wichtig, zu überlegen, wie und für was die vorhandenen Mittel genutzt werden. Die Budgetierung ist ein Hilfsmittel, die Kostensituation des Unternehmens zu steuern und Fehlentwicklungen frühzeitig zu erkennen und ihnen vorzubeugen.

Beispiel für Budgetierung

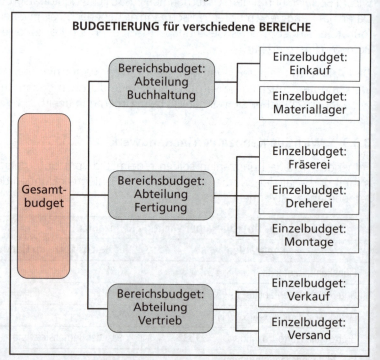

Definition **Budgetierung** bedeutet die wertmäßige Vorgabe von Leistungszielen und den dafür notwendigen Kosten. Diese Kostenvorgaben (Budgets) haben die Funktion von Zielgrößen, die nicht überschritten werden dürfen.

Die Budgetierung spielt bisher im Handwerk nur selten eine Rolle. Sie bietet jedoch die Möglichkeit, die Leistungs- und Kostenverantwortung von der Betriebsführung (Betriebsinhaber) auf die einzelnen Unternehmensbereiche zu delegieren und dadurch Leistungsanreize zu schaffen. Daher sollte auch in Handwerksunternehmen jedem Verantwortungsbereich ein eigenes Budget zugeteilt werden. — **Leistungsanreize**

Die Aufteilung des Budgets ist abhängig von der Größe und Art des Unternehmens. In kleineren Handwerksbetrieben, in denen mehrere Aufgaben in einem Bereich oder sogar alle Aufgaben von nur einer Person gleichzeitig wahrgenommen werden, ist die Aufteilung in **Einzelbudgets** weniger sinnvoll. Hier muss das Augenmerk darauf gerichtet sein, dass das Gesamtbudget des Betriebes (z. B. Umfang der Kosten für den Materialeinkauf) eingehalten wird. — **Aufteilung des Budgets**

In größeren Unternehmen, in denen die Aufgaben einzelnen Abteilungen oder Personen zugeordnet sind, sollten jedoch die Kostenvorgaben aufgespaltet und **Bereichsbudgets** gebildet werden. In diesen Einzel- oder Bereichsbudgets wird den einzelnen Abteilungen oder Kostenstellen der zulässige Kostenverbrauch vorgegeben. Das **Gesamtbudget** des Unternehmens ergibt sich dann aus der Summe der im Betrieb vorhandenen Bereichsbudgets.

8.4.1 Arten der Budgetierung

Bei der Budgetierung können mehrere Arten unterschieden werden. Dabei wird auf die Flexibilität, also auf die Anpassungsfähigkeit an Veränderungen, abgestellt.

Absolut starre Budgets sind unbedingt einzuhalten. Abweichungen von den festgelegten Vorgaben sind nicht zulässig. In der Praxis verwendet man absolut starre Budgets insbesondere in Bereichen, die sich nicht unmittelbar auf den Leistungsprozess auswirken (z. B. Budget für Betriebsfeiern). — **absolut starres Budget**

Bei relativ starren Budgets werden Veränderungen bei den der Budgetplanung zugrunde liegenden Bezugsgrößen berücksichtigt. So können Veränderungen der Beschäftigungszahlen bei den Personalkosten in einem so genannten Nachtragsbudget berücksichtigt werden. — **relativ starres Budget**

Das flexible Budget ist grundsätzlich abhängig von Bezugsgrößen und wird bei deren Veränderung entsprechend angepasst. Wird z. B. die Produktionsmenge gesteigert, so führt dies gleichzeitig zu einer Erhöhung des Materialkostenbudgets. — **flexibles Budget**

8.4.2 Erstellung von Budgets

Schwierigkeiten bei der Budgetierung resultieren aus der teilweise den Sachzwängen folgenden pragmatischen Vorgehensweise in der Praxis. Wird die Budgetierung anhand der Plandaten des Vorjahres vorgenommen, so werden die Budgets der Vorjahre mehr oder weniger fortgeschrieben, sodass eingetretene Veränderungen unberücksichtigt bleiben. — **Probleme bei der Festlegung**

KOSTEN- UND LEISTUNGSRECHNUNG UND CONTROLLING

Ein anderes Problem bei der Festlegung von Budgets ist häufig der bestehende Bereichsegoismus. Jede Abteilung ist bestrebt, das eigene Budget möglichst groß zu gestalten, um keinem Kostendruck zu unterliegen.

Wird die Budgetierung hingegen vom Betriebsinhaber vorgenommen, besteht die Gefahr, dass, mangels genauer Kenntnis der Bereiche, unrealistische Kostenansätze zur Budgeterstellung gewählt werden. Daher sollten Budgets unter Beteiligung aller betrieblichen Instanzen festgelegt werden.

Regeln für Budgets Fehler lassen sich durch Beachtung folgender Regeln vermeiden:
- Budgets müssen herausfordernd, aber auch einhaltbar sein.
- Für einen Bereich darf es nur ein Budget geben (keine zusätzlichen Schattenbudgets).
- Die Einhaltung des Budgets ist das Ziel, nicht die günstige Abweichung von den Vorgaben.
- Derjenige, der ein Budget erfüllen soll, muss bei dessen Erarbeitung beteiligt sein.
- Wichtige Eckdaten der Budgetierung sollten von der Betriebsleitung vorgegeben und mit den verantwortlichen Mitarbeitern in den einzelnen Bereichen abgestimmt werden.
- Das Budget sollte während seiner Gültigkeit nicht geändert werden.
- Bei Überschreitung des Budgets sind Gegenmaßnahmen gemeinsam zu diskutieren und einzuleiten.
- Abweichungen sind keine Schuldbeweise, sondern bilden den Anlass für einen Lernprozess.

Bitte bearbeiten Sie abschließend die folgenden Aufgaben:

1. Wann setzen Sie strategisches Controlling ein, wann operatives?
2. Nennen Sie Betriebsbereiche, in denen Schwachstellen auftreten können, und erläutern Sie, welcher Art diese sein können.
3. Erläutern Sie die Bedeutung der Nachkalkulation als wesentliches Instrument des Controllings.
4. Welche Informationen kann der Unternehmer aus Kennzahlen und Kennzahlensystemen erhalten?
5. Beschreiben Sie, was beim Aufstellen von Budgets zu beachten ist.

Grundlagen des wirtschaftlichen Handelns im Betrieb

Kapitel:

Handwerk in Wirtschaft und Gesellschaft	235
Marketing	259
Organisation	308
Personalwesen und Mitarbeiterführung	358
Finanzierung	390
Planung	433
Gründung	450

Wir beraten Sie gern!

MCH Management-Center Handwerk

ZEITGEMÄSSE UND AKTUELLE UNTERNEHMENSBERATUNG

- Märkte erkennen und nutzen
- Trends aufgreifen
- Durch Service zum Wettbewerbsvorsprung
- Kommunikations- und Marketingberatung

UNSERE LEISTUNGEN

- Beratung
- MCH-Tipps zu Dienstleistungs- und Personalmanagement-Themen
- Fachveröffentlichungen
- Handbücher
- Umfangreiches Service-Angebot im Internet unter www.mch.de

MCH Management-Center Handwerk
Kompetenz im Mittelstand

Mülheimer Straße 6
46049 Oberhausen

Telefon 02 08 - 8 20 55 - 20
Telefax 02 08 - 8 20 55 - 25

www.mch.de

Handwerk in Wirtschaft und Gesellschaft

1. Stellung des Handwerks in der Volkswirtschaft

Kompetenzen:

Der Lernende

- kann wesentliche volkswirtschaftliche Zusammenhänge erläutern,
- kennt die Merkmale der sozialen Marktwirtschaft und kann sie zusammenfassend darstellen,
- ist in der Lage, das Handwerk in die Gesamtwirtschaft einzuordnen und von anderen Wirtschaftszweigen abzugrenzen,
- kennt die Problematik des Strukturwandels und kann die Zukunftsperspektiven des Handwerks einschätzen.

1.1 Grundzüge der volkswirtschaftlichen Zusammenhänge

Jeder Mensch hat Bedürfnisse. Er braucht zunächst einmal Nahrung, um nicht zu verhungern, Bekleidung als Schutz vor der Witterung und eine geeignete Unterkunft. Dies sind seine **Grundbedürfnisse.** **Bedürfnisse**

Ein Bedürfnis kann z. B. Durst sein und der entstehende Bedarf ein Getränk, um diesen Durst zu stillen. Die Mittel der Befriedigung dieser Bedürfnisse stellt also der **Bedarf** dar.

Güter können diese Bedürfnisse befriedigen. Das können sowohl **materielle Güter** im engeren Sinne wie auch **Dienstleistungen** sein. Die meisten Güter sind nicht unbegrenzt vorhanden und damit knapp. **Güter**

Aufgrund dieser begrenzten Verfügbarkeit ergibt sich die Notwendigkeit zu wirtschaften (→ ökonomisches Prinzip, S. 309).

Die Volkswirtschaft unterscheidet zwischen zwei grundlegenden Wirtschaftssystemen, der Planwirtschaft (Zentralverwaltungswirtschaft), die früher vor allem den sog. Ostblock geprägt hat, und der Marktwirtschaft, die heute in unterschiedlichen Ausprägungen weltweit dominiert.

HANDWERK IN WIRTSCHAFT UND GESELLSCHAFT

Planwirtschaft In der **Planwirtschaft** legt eine zentrale Behörde fest,
- was produziert werden soll,
- wie es produziert werden soll
- und für wen etwas produziert werden soll.

Die Erstellung und Verteilung von Gütern erfolgt damit stets mit Hilfe von zentral festgelegten Plänen.

Marktwirtschaft Eine **Marktwirtschaft** ist dadurch gekennzeichnet, dass die Produktionsentscheidungen der Unternehmen nicht durch zentrale staatliche Vorgaben bestimmt sind.
- Bei der Entscheidung, was produziert wird, orientieren sich die Unternehmer an ihren Gewinnaussichten.
- Bei der Frage, wie sie produzieren, versuchen sie, die Kosten so niedrig wie möglich zu halten.
- Über die Frage, für wen produziert wird, entscheidet jeder Einzelne dadurch, wofür er sein Geld ausgibt.

Marktwirtschaften in unterschiedlichen Ausprägungen sind heute das weltweit vorherrschende Wirtschaftssystem. Denn das Wachstum der Volkswirtschaft und damit der Wohlstand aller an ihr Beteiligten wird durch das Streben des Einzelnen gefördert. Jeder, der eigennützig durch verstärkten Einsatz oder Mehrarbeit sein Einkommen mehrt, trägt auch zum gesamtwirtschaftlichen Wachstum bei. In dieser Belohnung der persönlichen Leistung liegt die Stärke der Marktwirtschaften gegenüber den Planwirtschaften.

Märkte und Preisbildung Märkte und Preisbildung sorgen dabei in der Marktwirtschaft dafür, dass die Entscheidungen der an der Wirtschaft Beteiligten aufeinander abgestimmt werden. Auf den Märkten fragen die Kunden Produkte nach **(Nachfrage)** und bieten die Unternehmen ihre Leistungen an **(Angebot).** Ist die Nachfrage größer als das Angebot, steigen die Preise. Ist das Angebot größer als die Nachfrage, sinken sie.

Angebot und Nachfrage

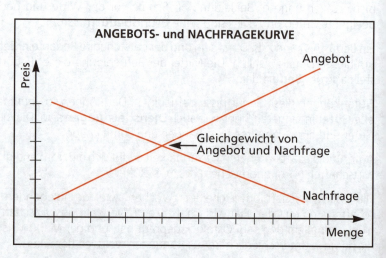

HANDWERK IN WIRTSCHAFT UND GESELLSCHAFT

Über Angebot und Nachfrage regeln sich so die Preise. Da die Preise bestimmen, welche Menge eines Produktes oder einer Leistung man sich leisten kann, regelt sich so auch das wirtschaftliche Gleichgewicht.

Erforderlich für ein **wirtschaftliches Gleichgewicht** ist dabei, dass auf dem Markt Konkurrenz besteht. Dies bedeutet, dass es viele Anbieter und viele Nachfrager gibt.

Wettbewerb

Die Märkte und die gesamte Volkswirtschaft befinden sich allerdings nicht ständig im Gleichgewicht. Phasen, in denen die Nachfrage das Angebot übersteigt, sind Phasen, die zu verstärkter wirtschaftlicher Betätigung führen, weil der Markt zusätzliche Erlöse erwarten lässt. Damit ist zusätzliche Arbeit und zusätzliches Angebot verbunden. Umgekehrt gibt es Phasen zurückgehender Nachfrage.

Die Entwicklung der Volkswirtschaft wird in sog. Konjunkturzyklen dargestellt. Ein Blick in die Geschichte zeigt ein ständiges Auf und Ab. Vereinfacht spricht man in Phasen des wirtschaftlichen Wachstums von einem **Aufschwung** und bei abnehmender Konjunktur von einem Abschwung **(Rezession)**. Insgesamt hat es in Marktwirtschaften auf Dauer immer konjunkturelles Wachstum gegeben.

Konjunkturzyklen

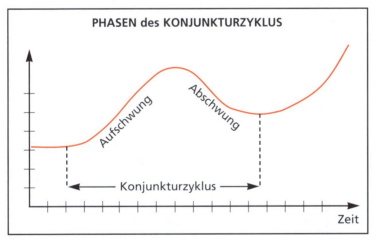

Konjunkturzyklus

Zur freien Entwicklung des Marktes bedarf es eines funktionierenden Marktes. Gibt es nur einen Anbieter, kann dieser den Preis bestimmen, so wie es die Deutsche Telekom noch bis vor kurzem konnte. Das Beispiel des Telekommunikationsmarktes in den letzten Jahren hat gezeigt, wie Konkurrenz zu sinkenden Preisen führen kann.

Neben den Märkten für Güter und Dienstleistungen gibt es den Arbeitsmarkt und den Geld- und Kapitalmarkt. Auf dem **Arbeitsmarkt** bieten Arbeitnehmer ihre Arbeitskraft an und Unternehmen fragen Arbeitskräfte nach. Auf dem **Geldmarkt** findet die Nachfrage nach Geld (Kredit) und das Angebot an Geld (Sparen) statt.

Märkte

HANDWERK IN WIRTSCHAFT UND GESELLSCHAFT

freie Marktwirtschaft
Eine Volkswirtschaft, in der Anbieter und Nachfrager unbeeinflusst von staatlichen Einflüssen an den Märkten wirtschaften, bezeichnet man als freie Marktwirtschaft. In ihrer reinen Form gibt es weltweit keine freie Marktwirtschaft, da in allen Staaten Politiker Einfluss auf das Marktgeschehen ausüben.

1.2 Merkmale der sozialen Marktwirtschaft

soziale Marktwirtschaft
Der Begriff der „sozialen Marktwirtschaft" ist nicht fest umrissen. Selbst unter den Anhängern der sozialen Marktwirtschaft gibt es Diskussionen, wie weit die soziale Marktwirtschaft „sozial" von der freien Marktwirtschaft abweichen soll.

Auch die soziale Marktwirtschaft der Bundesrepublik Deutschland basiert auf dem Grundgedanken der freien Marktwirtschaft.

In der sozialen Marktwirtschaft soll zunächst der **freie Markt** die wirtschaftlichen Prozesse organisieren. Nur da, wo der Markt versagt, soll der Staat unterstützen. Diese Unterstützung soll da stattfinden, wo der Einzelne alleine nicht zurechtkommt. Soziale Marktwirtschaft meint damit nicht Versorgung eines jeden, sondern Hilfe **(soziale Unterstützung)** für den, der aus eigener Kraft nicht zurechtkommt.

Sozialversicherung
In diesem Wirtschaftssystem soll also Leistung belohnt werden und Eigeninitiative gestärkt werden. Nur, wer z. B. wegen Alter oder Krankheit nicht ohne Unterstützung auskommt, wird vom Staat unterstützt. Entsprechend gibt es in der sozialen Marktwirtschaft der Bundesrepublik Deutschland die **sozialen Sicherungssysteme** Renten-, Kranken-, Pflege- und Arbeitslosenversicherung (→ S. 651).

Schwarzarbeit
In dem Zusammenhang sollte die Schwarzarbeit kritisch gesehen werden. Es werden bei Schwarzarbeit keine Steuern gezahlt (→ S. 588); dadurch gehen nicht nur den Schulen, Kindergärten und anderen direkt staatlich finanzierten Angeboten Mittel verloren, sondern auch den Sozialversicherungssystemen fehlen wesentliche Einnahmen für die Allgemeinheit. Das macht deutlich, welcher Schaden durch Schwarzarbeit entsteht.

Schutzgesetze
Außerhalb der Sicherungssysteme gibt es zur Erhaltung der Wirtschaftsordnung und zum Schutz der Einzelnen weitere Aktivitäten des Staates. So hat der Staat Gesetze erlassen, die Kunden, Mitarbeiter oder Unternehmen schützen sollen. Die Kunden werden beispielsweise durch die Handwerksordnung vor unsachgemäßen Arbeiten geschützt. Auch gewährleistet die HwO eine erhöhte Ausbildungsleistung. Die Arbeitnehmer werden durch die Festlegung eines gesetzlichen Mindestlohnes geschützt. Auch gegen den unlauteren Wettbewerb (→ S. 607) gibt es ein Gesetz: So darf man nicht mit falschen Behauptungen um Kunden werben.

Alle Marktwirtschaften werden dadurch gekennzeichnet, dass neben wenigen großen Unternehmen eine Vielzahl von kleinen und mittleren Unternehmen bestehen.

HANDWERK IN WIRTSCHAFT UND GESELLSCHAFT

Diese Unternehmen sind vom Unternehmergeist einzelner Personen geprägt, die bereit sind, sich mehr einzusetzen, als dies der Durchschnitt der Erwerbstätigen tut. Ein großer Teil dieser kleinen und mittleren Unternehmen gehört zum Handwerk.

> Die aktuellen Änderungen der Handwerksordnung, die zum 1. Januar 2004 in Kraft treten, konnten aufgrund des Redaktionsschlusses nicht mehr berücksichtigt werden.

1.3 Einordnung des Handwerks in die Gesamtwirtschaft

In der Volkswirtschaft unterscheidet man zwischen verschiedenen Wirtschaftssektoren:

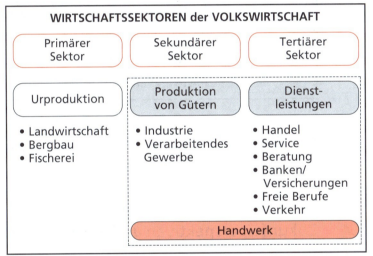

Wirtschaftssektoren

- Der primäre Sektor umfasst die **Urproduktion.** Die Nutzung der Rohstoffe durch Bergbau und Landwirtschaft hat in der Bundesrepublik Deutschland nicht mehr dieselbe Bedeutung wie vor Jahrzehnten.
- Der sekundäre Sektor umfasst die **Produktion von Gütern** und ist vorrangig von der Massenproduktion der Industrie geprägt. Denn die Einzelanfertigung im Handwerk hat aufgrund der Berücksichtigung individueller Kundenwünsche bereits starken Bezug zum dritten Sektor. Auch der sekundäre Sektor hat in den letzten Jahrzehnten in der Bundesrepublik Deutschland an Bedeutung verloren.
- Der tertiäre Sektor, der die **Dienstleistungen** umfasst, gilt heute als stärkster Wachstumsmarkt. In diesem Teil der Wirtschaft werden die meisten neuen Unternehmen gegründet und die meisten zusätzlichen Arbeitsplätze geschaffen. Auch in der Gesamtwirtschaft ist die Dienstleistung inzwischen zum bedeutendsten Faktor geworden.

HANDWERK IN WIRTSCHAFT UND GESELLSCHAFT

HwO Der Gesetzgeber hat sich in der Handwerksordnung (§ 1 Abs. 2) um eine Festlegung bemüht, was unter einem Handwerksbetrieb zu verstehen ist (→ S. 583). Es wird dabei in Handwerke der Anlage A (Meisterpflicht) und der Anlage B unterschieden.

Handwerk Das **Handwerk** hat großen Anteil am Dienstleistungsbereich. Der Schwerpunkt handwerklicher Leistungen liegt bei der individuellen Neuherstellung, der Instandhaltung (einschließlich Installation, Montage) sowie Wartung, Pflege und Reparatur handwerklicher und industrieller Erzeugnisse. Neben dieser verbrauchernahen Versorgung und Dienstleistung kommt besonderes Gewicht auch der Zulieferung an die Industrie zu.

Leistungsfelder

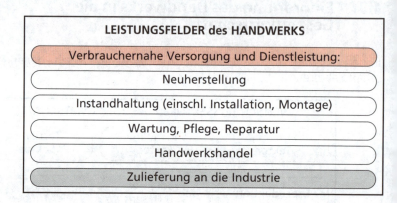

Handwerkshandel Der **Handwerkshandel** spielt in zahlreichen Bereichen des Handwerks eine besondere Rolle. Gerade in diesen Zweigen wird die besondere Sachkunde des Meisters als Dienstleistung auch bei der Beratung erwartet.

1.4 Zukunftsperspektiven und Strukturwandel

Strukturwandel In den letzten vierzig Jahren hat das Wegbrechen von Großindustrien wie Kohle und Stahl dazu geführt, dass in Deutschland ein rasanter Strukturwandel begonnen hat. In Gegenden wie dem Ruhrgebiet, wo früher ein Wirtschaftszweig ganze Landstriche bestimmte, brach ein Großteil der Arbeitsplätze weg.

Neue Arbeitsplätze konnten nur in kleinen und mittleren Unternehmen entstehen. Auch die Politik hat dies nach jahrzehntelangen Fehlentscheidungen bei der Industrieförderung inzwischen erkannt und stellt deshalb heute europaweit die kleinen und mittleren Betriebe in den Mittelpunkt ihrer Betrachtungen.

Tatsächlich ist die Anerkennung der wirtschaftlichen Leistung der kleinen und mittleren Betriebe mit einer Anerkennung der Leistung des Handwerks gleichzusetzen. Unter den flexibel auf die veränderten Märkte reagierenden kleinen und mittleren Unternehmen und den erfolgreichen Existenzgrün-

HANDWERK IN WIRTSCHAFT UND GESELLSCHAFT

dungen stellt das Handwerk den größten Wirtschaftssektor, was die Gesamtzahl der im Handwerk Beschäftigten betrifft.

Vor dem Hintergrund des Fortgangs des Strukturwandels und der Tatsache, dass das Handwerk traditionell einen großen Anteil des Dienstleistungsmarktes darstellt, sind auch die Zukunftsperspektiven des Handwerks positiv. **Zukunftsperspektiven**

Allerdings müssen die Handwerksunternehmen hierfür weiterhin flexibel und innovativ auf die Bedürfnisse des Marktes reagieren. Die Nutzung der neuen multimedialen Informations- und Kommunikationstechnologien (→ S. 343) und die Kooperation über die Gewerke hinweg zur Leistung aus einer Hand (→ S. 355) sind nur zwei Felder, denen sich moderne Handwerksbetriebe stellen müssen.

Dennoch bedeutet der technische und gesellschaftliche Fortschritt nicht den automatischen Erfolg für den Handwerksbetrieb. Die Anpassung an veränderte technische, gesellschaftliche und wirtschaftliche Rahmenbedingungen wird von jedem einzelnen Betrieb jeden Tag durch den Kunden von neuem erwartet.

Gerade ein Wirtschaftszweig, der von Individualität, Service und Dienstleistung lebt, ist darauf angewiesen, dies auch täglich in der Praxis zu beweisen.

HANDWERK IN WIRTSCHAFT UND GESELLSCHAFT

2. Gesellschaftliche und kulturelle Bedeutung des Handwerks

Kompetenzen:

Der Lernende
- kennt die gesellschaftliche und kulturelle Bedeutung des Handwerks,
- kann die Bedeutung des Handwerks für die Gesamtgesellschaft beurteilen.

gesellschaftliche Bedeutung Die gesellschaftliche Bedeutung eines Wirtschaftszweiges wird zunächst an seinem wirtschaftlichen Stellenwert gemessen: Das Handwerk ist der zweitgrößte deutsche Wirtschaftszweig mit einem Umsatz von € 484,5 Milliarden im Jahre 2002 (ZDH-Schätzung, inkl. Umsatzsteuer).

851 000 Betriebe machen das Handwerk zum vielseitigsten Wirtschaftsbereich Deutschlands.

Stabilität Die große Zahl der Betriebe sorgt für Stabilität in Krisen. Denn viele kleine und mittlere Betriebe reagieren wesentlich flexibler auf veränderte Marktverhältnisse als wenige große. So kommt es im Handwerk zu weniger Insolvenzen als in allen anderen Wirtschaftsbereichen. Auch gibt es aufgrund der kleinteiligen Struktur keine Massenentlassungen mit ihren wirtschaftlichen Folgen wie in der Industrie.

Arbeitsmarkt Aus dem wirtschaftlichen Erfolg und der Krisensicherheit resultiert die Bedeutung des Handwerks für den Arbeitsmarkt. Die Betriebe des Vollhandwerks beschäftigen im Schnitt etwa 8 Mitarbeiter und die handwerksähnlichen Betriebe durchschnittlich 2 Mitarbeiter. Mit etwa 5,7 Millionen Menschen finden im Handwerk rund 15 % aller Erwerbstätigen Arbeit.

Berufsausbildung 564 000 Lehrlinge bedeuten, dass 34 % aller Auszubildenden ihre berufliche Karriere im Handwerk beginnen. Kein anderer Wirtschaftszweig bildet annähernd so viele junge Menschen aus. Das Handwerk sorgt damit nicht nur für eigenen Nachwuchs. Über den eigenen Bedarf hinaus werden zukünftige Mitarbeiter für andere Sparten der Wirtschaft und gehobene unselbstständige Arbeit ausgebildet.

Existenzgründung Wie kein anderer Wirtschaftszweig bietet das moderne Handwerk die Möglichkeit, zur wirtschaftlichen Selbstständigkeit zu gelangen. Der Zugang zur handwerklichen Ausbildung mit der abschließenden Meisterprüfung steht Angehörigen aller Bevölkerungskreise offen. Das Handwerk stellt damit einen sicheren Zugang zum Unternehmertum und zur selbstständigen Existenz dar.

HANDWERK IN WIRTSCHAFT UND GESELLSCHAFT

Das mit der Selbstständigkeit verbundene Risiko fördert die Entwicklung selbstverantwortlicher Persönlichkeiten. Der persönliche Einsatz bei der beruflichen Arbeit und der daraus erwachsende Berufsstolz, die Freude an der beruflichen Betätigung und das Arbeiten in Selbstverantwortung und Selbsthilfe machen die Handwerker zu einem Faktor der gesamtgesellschaftlichen Stabilität.

Die sozialen Beziehungen zwischen den in den Betrieben Tätigen sind in der Regel eng, da Handwerksbetriebe relativ klein sind. Der Handwerksbetrieb bietet somit über den bloßen Einkommenserwerb hinaus sozialen Rückhalt. **sozialer Rückhalt**

Die kulturelle Bedeutung des Handwerks erwächst zunächst aus den historisch bedeutenden Bauleistungen der Handwerker. So geben zahlreiche Bauwerke, die noch heute weit über die Grenzen Deutschlands hinaus Anerkennung finden, Zeugnis von mittelalterlicher handwerklicher Baukunst. **kulturelle Bedeutung**

Aber nicht nur in der Vergangenheit liegt die kulturelle Kraft des Handwerks. Die Restauration von Bauwerken, Malereien, Möbeln und vielem anderen mehr sind heute Zeichen der Kultur des Handwerks. Viele alte Schmiede-, Stuckateur- und Malertechniken werden in heutiger Zeit auch für das moderne exklusive Bauen wieder entdeckt.

In Einzelanfertigungen nach individuellen Kundenwünschen, in der Formgebung der gestaltenden Handwerke wie auch in vielfältigen Leistungen des Kunsthandwerks wird die kulturelle Bedeutung des Handwerks beständig deutlich.

Bitte bearbeiten Sie abschließend die folgenden Aufgaben:

1. Welche Merkmale prägen eine Marktwirtschaft?

2. Welche Leistungssektoren deckt das Handwerk in der Gesellschaft ab?

3. Wie entwickelt sich unsere Volkswirtschaft und wo bestehen die Möglichkeiten des Handwerks?

4. Welche Bedeutung hat das Handwerk für die Gesellschaft?

3. Handwerksorganisationen

Kompetenzen:

Der Lernende

- kann den regionalen und fachlichen Aufbau und die Aufgaben der Handwerksorganisation zusammenfassend darstellen,
- kann begründen, welchen Nutzen die jeweilige Handwerksorganisation für den einzelnen Handwerker hat,
- kennt die Beratungsangebote der Handwerksorganisation für den Handwerksunternehmer und kann beurteilen, welche Möglichkeiten wo zur Verfügung stehen,
- kann den Bezug der Handwerksorganisation zu anderen Arbeitgeber- und Arbeitnehmerorganisationen erläutern.

3.1 Aufgaben und Strukturen (regional und fachlich)

Der Gesetzgeber hat im **Gesetz zur Ordnung des Handwerks,** der Handwerksordnung, die wesentlichen Aufgaben und Strukturen der Handwerksorganisationen festgelegt (→ S. 250).

Die Gesamtorganisation des deutschen Handwerks beruht auf zwei Säulen:

fachlich
- Fachlich organisiert sich der Handwerksbetrieb über eine freiwillige Mitgliedschaft in der Innung. Die **Handwerksinnungen** sind somit die fachliche Basis für den Aufbau der Handwerksorganisation.

regional
- Die **Handwerkskammern** bilden das überfachliche Fundament für die Gesamtorganisation. Hier besteht für jeden Handwerksbetrieb der Region (Kammerbezirk) Pflichtmitgliedschaft.

ZDH An der Spitze der Organisation steht der **Zentralverband des Deutschen Handwerks** (→ S. 252). In ihm sind Zentralfachverbände, die Handwerkskammern sowie wirtschaftliche und sonstige Einrichtungen des Handwerks zusammengeschlossen. (Informationen zur Organisation des Handwerks finden Sie auch unter: www.zdh.de).

Selbstverwaltung Der Organisation des Handwerks liegt der Gedanke der Selbstverwaltung zugrunde. Die handwerkliche Selbstverwaltung erledigt die Angelegenheiten im beruflichen Bereich des Handwerks in eigener Verantwortung und Zuständigkeit, mit eigenen Mitteln und durch die eigenen Mitglieder.

HANDWERK IN WIRTSCHAFT UND GESELLSCHAFT

Organisationen im Handwerk

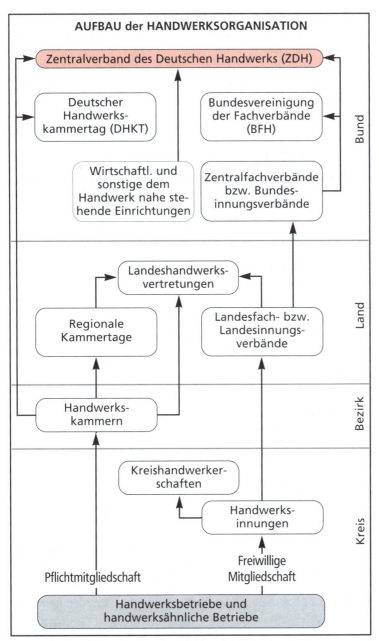

Den Umfang und die Grenzen der Selbstverwaltung regelt der Staat durch Gesetz. Er übt auch die Aufsicht über die Selbstverwaltungskörperschaften aus, um die Einhaltung der Gesetze sowie die ordnungsgemäße Erfüllung der Pflichtaufgaben und der Auftragsangelegenheiten (z. B. Prüfungswesen) zu überwachen.

Aufsicht

Die berufsständische Selbstverwaltung des Handwerks lebt aus der Gemeinsamkeit der beruflichen und wirtschaftlichen Existenzbedingungen.

HANDWERK IN WIRTSCHAFT UND GESELLSCHAFT

Sie umfasst deshalb auch alle Berufsstandsangehörigen mit Einschluss der mitarbeitenden Familienangehörigen, der kaufmännischen Auszubildenden und Angestellten, der technischen Angestellten und der un- und angelernten Arbeiter, die in handwerklichen Betrieben tätig sind. Das Handwerk fordert so viel Selbstverwaltung wie möglich, aber Staatsaufsicht nicht mehr als im Interesse der Allgemeinheit unbedingt erforderlich.

3.1.1 Innungen

Gründung und Mitgliedschaft
Selbstständige Handwerker des gleichen Berufes oder solcher Handwerke, die sich fachlich oder wirtschaftlich nahe stehen, können innerhalb eines bestimmten Bezirkes zu einer Handwerksinnung zusammentreten (§§ 52–78 HwO). Für jedes Handwerk kann im gleichen Bezirk nur eine Innung gebildet werden.

Die **Innungsbezirke** decken sich im Allgemeinen mit den Stadt- oder Landkreisen.

Bei selteneren Handwerkszweigen erstrecken sie sich über mehrere Kreise oder über den Kammerbezirk oder auch über das Land. Übt ein Handwerker mehrere Handwerke aus, empfiehlt es sich, auch mehreren Innungen beizutreten.

Die Zugehörigkeit zur Innung ist freiwillig.

Geschäftsführung
Die Handwerksinnungen eines Stadt- oder Landkreises bilden die Kreishandwerkerschaft. Auf Wunsch übernimmt die **Kreishandwerkerschaft** die gemeinsame Geschäftsführung für die Innungen.

Aufsicht Die Innung untersteht der Aufsicht der Handwerkskammer.

Satzung
Die Bestimmungen über die Aufgaben der Innung und über ihre Verwaltung sowie über die **Aufgaben und Rechte** der Organe und Mitglieder enthält die Satzung, die von der Innungsversammlung beschlossen und von der Handwerkskammer genehmigt wird.

Aufgaben
Es ist die Aufgabe der Handwerksinnung nach § 54 HwO, die gemeinsamen gewerblichen **Interessen ihrer Mitglieder** zu fördern. Insbesondere hat sie

- den Zusammenhalt des Berufsstandes und die Berufsehre zu pflegen,
- Streitigkeiten ihrer Mitglieder mit Lehrlingen und Kunden zu schlichten,
- die Lehrlingsausbildung zu regeln und zu überwachen,
- Gesellenprüfungen abzuhalten und Gesellenprüfungsausschüsse einzurichten,
- das handwerkliche Können der Meister und Gesellen zu fördern; zu diesem Zweck kann sie Fachschulen errichten oder unterstützen und Lehrgänge abhalten,
- bei der Verwaltung der Berufsschulen mitzuwirken,
- das Genossenschaftswesen zu fördern,

HANDWERK IN WIRTSCHAFT UND GESELLSCHAFT

- handwerkliche Organisationen zu unterstützen,
- Anordnungen der Handwerkskammer durchzuführen,
- Behörden Gutachten und Auskünfte zu erstatten.

In Ausführung der vorgenannten Aufgaben unterhalten die Innungen häufig Sterbekassen, Streikfonds, Einziehungsstellen für Handwerkerforderungen, Buchstellen, Schlichtungsstellen und Auftragsdienste. Außerdem beraten sie ihre Mitglieder in arbeitsrechtlichen Fragen und vertreten sie vor dem Arbeitsgericht.

Die Innung darf keinen Einfluss auf die Preisgestaltung nehmen. Jedoch ist gestattet, die Mitglieder **bei der Kalkulation zu beraten.**

Die Innung kann zur Wahrnehmung einzelner Angelegenheiten Ausschüsse bilden, z. B. Berufsbildungsausschuss, Ausschuss zur Schlichtung von Lehrlingsstreitigkeiten, Rechnungsprüfungsausschuss, Gesellenprüfungsausschuss, Gesellenausschuss etc. **Ausschüsse**

Der **Gesellenausschuss** ist z. B. zu beteiligen
- beim Erlass von Vorschriften über die Regelung der Lehrlingsausbildung,
- bei Maßnahmen zur Förderung und Überwachung der beruflichen Ausbildung,
- bei der Errichtung der Gesellenprüfungsausschüsse,
- bei der Mitwirkung an der Verwaltung der Berufsschulen,
- bei Maßnahmen zur Förderung des handwerklichen Könnens der Gesellen.

3.1.2 Innungsverbände (Fachverbände)

Nach § 79 der HwO sind die **Landesinnungsverbände** der Zusammenschluss von Handwerksinnungen des gleichen Handwerks oder sich fachlich oder wirtschaftlich nahestehender Handwerke im Bezirk eines Landes oder Landesteils. **LIV**

Nach den §§ 81 und 82 der HwO haben die Landesinnungsverbände u. a. folgende Aufgaben: **Aufgaben**
- Sie nehmen die fachlichen und wirtschaftlichen Interessen des Handwerks gegenüber den politischen Gremien des Landes wahr.
- Sie unterstützen und beraten die angeschlossenen Innungen und deren Mitglieder.
- Sie unterbreiten den Behörden Anregungen und erstatten ihnen Gutachten.
- Sie sind befugt, Fachschulen und Fachkurse einzurichten.
- Sie können Tarifverträge abschließen.

Die Landesinnungsverbände des gleichen Handwerks oder sich fachlich oder wirtschaftlich nahestehender Handwerke können sich im Bundesgebiet zu **Bundesinnungsverbänden** (Zentralfachverbänden) zusammen- **BIV**

247

schließen. Ihre Aufgaben sind für das Bundesgebiet die gleichen, die die Landesinnungsverbände auf Landesebene erfüllen.

3.1.3 Kreishandwerkerschaften

Die Handwerksinnungen, die in einem Stadt- oder Landkreis ihren Sitz haben, bilden kraft Gesetzes (§ 86 HwO) die Kreishandwerkerschaft.

Aufgaben Die Kreishandwerkerschaft hat nach § 87 HwO u. a. folgende Aufgaben:
- Sie vertritt die Gesamtinteressen des Handwerks und der Handwerksinnungen ihres Bezirks.
- Sie unterstützt die Handwerksinnungen bei der Erfüllung ihrer Aufgaben.
- Sie schafft oder unterstützt Einrichtungen zur Förderung und Vertretung der gewerblichen, wirtschaftlichen und sozialen Interessen der Innungsmitglieder (z. B. Schulungswerkstätten, Buchstellen, Einziehungsstellen).
- Sie unterstützt die Behörden bei den das Handwerk betreffenden Maßnahmen, erstellt Gutachten u. Ä.
- Sie führt auf Wunsch die Geschäfte der im Bezirk ansässigen Innungen.
- Sie führt Anordnungen der Handwerkskammer durch.

Häufig übertragen die Innungen die Führung ihrer Geschäfte der zuständigen Kreishandwerkerschaft. Dadurch werden Kosten reduziert und den Ehrenamtsträgern verbleibt mehr Zeit zur Erledigung ihrer speziellen Aufgaben und für die Tätigkeit in ihren Betrieben.

Die Kreishandwerkerschaften haben sich bei der Erfüllung ihrer Aufgaben und insbesondere als Verbindungsstelle zwischen den Innungen und ihren Mitgliedern und den Handwerkskammern und Fachverbänden bestens bewährt.

Jede Kreishandwerkerschaft hat mindestens einen hauptberuflichen Geschäftsführer, der zugleich auch die Geschäftsführung der angeschlossenen Innungen wahrnimmt.

3.1.4 Handwerkskammern

Zur Vertretung der Interessen des Handwerks und des handwerksähnlichen Gewerbes sind Handwerkskammern von der obersten Landesbehörde errichtet. Sie bilden das überfachliche Fundament der Organisation des Handwerks. Sie sind **Körperschaften des öffentlichen Rechts.** In der Regel umfassen sie das Gebiet eines Regierungsbezirkes oder größere Teile davon.

Für jeden Handwerksbetrieb des jeweiligen Kammerbezirks besteht Pflichtmitgliedschaft.

Mitgliedschaft Zur Handwerkskammer gehören die selbstständigen Handwerker, die Inhaber handwerksähnlicher Betriebe und deren Gesellen und Lehrlinge.

HANDWERK IN WIRTSCHAFT UND GESELLSCHAFT

Aufgaben der Handwerkskammer sind nach § 91 HwO u. a.: **Aufgaben**

- Die Handwerkskammer fördert die Interessen des Handwerks und sorgt für einen gerechten Ausgleich der Interessen der einzelnen Handwerke und ihrer Organisationen.
- Sie unterstützt die Behörden in der Förderung des Handwerks durch Anregungen, Gutachten, Berichte.
- Sie führt die Handwerksrolle (→ S. 584).
- Sie regelt und überwacht die Lehrlingsausbildung und führt die Lehrlingsrolle.
- Sie regelt die berufliche Fortbildung bzw. Umschulung und setzt Prüfungsausschüsse dafür ein.
- Sie erlässt Gesellenprüfungsordnungen, errichtet Prüfungsausschüsse zur Abnahme von Gesellenprüfungen und überwacht die ordnungsmäßige Durchführung der Gesellenprüfung. Sie kann auch Innungen zur Errichtung von Gesellenprüfungsausschüssen ermächtigen.
- Sie führt die Geschäfte der Meisterprüfungsausschüsse.
- Sie unterhält Gewerbeförderungsstellen für die technische und betriebswirtschaftliche Fortbildung und unterstützt Betriebsberatungsstellen für Einzelberatungen.
- Sie bestellt und vereidigt Sachverständige.

Die Handwerkskammer soll in allen wichtigen, das Handwerk berührenden Angelegenheiten gehört werden.

Die Handwerkskammer hat also hoheitliche Aufgaben, die u. a. in der Überwachung und Kontrolle – z. B. bei der selbstständigen Ausübung des Gewerbes und bei der Berufsausbildung – bestehen, die sich aber auch auf die Abnahme von Prüfungen und die Beteiligung bei Prüfungen erstrecken und die Beaufsichtigung der Innungen und Kreishandwerkerschaften umfassen. **Aufsicht**

Daneben haben sich in den letzten drei Jahrzehnten immer mehr betreuende Funktionen in den Vordergrund geschoben, so z. B. die Unterhaltung von Meisterschulen, die Durchführung von Kursen und Lehrgängen in der überbetrieblichen Unterweisung der Auszubildenden und die fachliche und allgemeintheoretische Weiterbildung von Gesellen und Meistern. Dazu gehört auch die Beratung der Betriebe und die Vertretung der Betriebe gegenüber Behörden auf allen Gebieten, die mit der Ausübung eines Gewerbes zusammenhängen. **Betreuung**

Organe der Handwerkskammer sind Mitgliederversammlung (Vollversammlung), Vorstand und Ausschüsse. **Organe**

Die Vollversammlung besteht aus gewählten Mitgliedern. Zwei Drittel sind selbstständige Handwerker und ein Drittel Gesellen. Die Mitglieder der Vollversammlung und ihre Stellvertreter werden durch Listen in allgemeiner, gleicher und geheimer Wahl auf fünf Jahre gewählt. Die Wahl der Gesellenvertreter erfolgt durch Wahlmänner. Die Betätigung in den Organen der Handwerkskammer erfolgt ehrenamtlich. **Vollversammlung**

HANDWERK IN WIRTSCHAFT UND GESELLSCHAFT

Struktur der Handwerksorganisationen

Übersicht über die Handwerksorganisation

	Mitglieder	Mitgliedschaft	Rechtsform	Organe	Vorsitz im Vorstand	Genehmigung der Satzung durch
Handwerksinnung	selbstständige Handwerker	freiwillig	Körperschaft des öffentl. Rechts	Innungsversammlung Vorstand Ausschüsse	Obermeister	Handwerkskammer
Landesinnungsverband	Handwerksinnungen	freiwillig	juristische Person des Privatrechts	Verbandsversammlung Vorstand Ausschüsse	Landesinnungsmeister	oberste Landesbehörde (= Landeswirtschaftsministerium)
Zentralfachverband (Bundesinnungsverband)	Landesinnungsverbände	freiwillig	juristische Person des Privatrechts	Bundesinnungsversamml. Vorstand Ausschüsse	Bundesinnungsmeister	Bundesministerium für Wirtschaft
Kreishandwerkerschaft	Innungen	Pflicht	Körperschaft des öffentl. Rechts	Mitgliederversammlung Vorstand Ausschüsse	Kreishandwerksmeister	Handwerkskammer
Handwerkskammer	selbstständige Handwerker	Pflicht	Körperschaft des öffentl. Rechts	Vollversammlung Vorstand Ausschüsse	Präsident	oberste Landesbehörde (= Landeswirtschaftsministerium)

HANDWERK IN WIRTSCHAFT UND GESELLSCHAFT

Die Vollversammlung hat das Recht, den Haushaltsplan zu beschließen und den Vorstand und Hauptgeschäftsführer zu wählen. Die Mitglieder der Vollversammlung sind Vertreter des gesamten Handwerks und des handwerksähnlichen Gewerbes und als solche an Aufträge und Weisungen nicht gebunden.

Die Vollversammlung der Handwerkskammer wählt den Vorstand. Er setzt sich ebenfalls zu zwei Dritteln aus selbstständigen Handwerkern und einem Drittel aus Gesellenvertretern der Vollversammlung zusammen. Der Vorstandsvorsitzende führt die Bezeichnung **Präsident.** Er hat zwei Stellvertreter, von denen einer aus dem Gesellenstande sein muss. — **Vorstand**

Dem Vorstand obliegt die Verwaltung der Handwerkskammer. Präsident und Hauptgeschäftsführer vertreten die Handwerkskammer gerichtlich und außergerichtlich.

Die Kammer hat mindestens zwei ständige Ausschüsse, den Berufsbildungsausschuss und den Rechnungsprüfungsausschuss. — **Ausschüsse**

Der Berufsbildungsausschuss hat 18 Mitglieder, und zwar sechs selbstständige Handwerker, sechs Arbeitnehmer und sechs Lehrer von berufsbildenden Schulen. Die Lehrer haben lediglich beratende Stimme. Dieser durch das Berufsbildungsgesetz eingeführte Ausschuss hat eine Sonderstellung innerhalb der Handwerkskammer, da seine Vorschläge und Stellungnahmen im Normalfall als von der Vollversammlung angenommen gelten, wenn sie nicht von der Vollversammlung mit qualifizierter Mehrheit abgelehnt werden (§§ 43, 44 HwO).

Häufig haben die Handwerkskammern daneben einen Finanzausschuss, einen Ausschuss für Gewerbeförderung und Gesellenprüfungsausschüsse (letztere insbesondere für schwächere Handwerkszweige).

Die Aufbringung der Kosten der Handwerkskammer erfolgt durch Beiträge der selbstständigen Handwerker und handwerksähnlichen Unternehmer nach Maßgabe des von der Vollversammlung beschlossenen Haushaltsplanes. Die Vollversammlung bestimmt die Höhe des Grundbeitrages für jeden Betrieb und des Zusatzbeitrages, der meistens unter Zugrundelegung des Gewerbesteuermessbetrages festgesetzt wird. — **Beiträge**

3.1.5 Spitzenverbände des Handwerks

Der **Deutsche Handwerkskammertag** (DHKT) in Berlin ist aus dem freiwilligen Zusammenschluss der 55 Handwerkskammern im Bundesgebiet entstanden. Ihm ist die Aufgabe gestellt, die Arbeit der einzelnen Handwerkskammern aufeinander abzustimmen und insbesondere eine möglichst einheitliche Regelung des handwerklichen Berufsausbildungs- und -erziehungswesens herbeizuführen. — **DHKT**

In der **Bundesvereinigung der Fachverbände** (BFH) sind die Bundesinnungs- bzw. Zentralfachverbände zusammengefasst. Sie erfüllt die gleiche Aufgabe wie der DHKT für den fachlichen Bereich. Sie beschäftigt sich in der Hauptsache mit sozialpolitischen Fragen und der Tarifkoordinierung. — **BFH**

HANDWERK IN WIRTSCHAFT UND GESELLSCHAFT

ZDH — Der Deutsche Handwerkskammertag und die Bundesvereinigung der Fachverbände bilden zusammen mit wirtschaftlichen und sonstigen Einrichtungen den **Zentralverband des Deutschen Handwerks** (ZDH). Sein Sitz ist seit 1999 in Berlin. Der Zentralverband dient der einheitlichen Willensbildung in allen grundsätzlichen Fragen der Handwerkspolitik und der Vertretung der Wünsche und Forderungen des Gesamthandwerks gegenüber der Bundesregierung, den zentralen Organisationen anderer Wirtschaftsgruppen etc.

Aufgaben — Zu seinen besonderen Aufgaben gehört die Mitarbeit bei der Schaffung und Erhaltung eines einheitlichen Handwerksrechts, bei Maßnahmen zur Verbesserung der Aus- und Fortbildung aller selbstständigen und unselbstständigen Angehörigen des Handwerks (z. B. Leistungswettbewerb der Handwerksjugend), bei der Hebung der Wettbewerbsfähigkeit der Betriebe (das große und wichtige Gebiet der Gewerbeförderung), bei der gerechten Behandlung des Handwerks in der allgemeinen Wirtschafts- sowie in der Steuer- und Sozialpolitik u. a. m.

Organe des ZDH — Die Organe des Zentralverbandes des Deutschen Handwerks sind

- die aus den Vertretern der angeschlossenen Handwerkskammern, zentralen Fachverbände und sonstigen Einrichtungen (berufsständische Versicherungen, Genossenschaften, wissenschaftliche Institute, Handwerkspresse etc.) bestehende **Vollversammlung,**

- der **Handwerksrat,** der aus dem Präsidium und 33 Personen besteht. Je 15 Mitglieder entfallen auf die Kammern und die Fachverbände, 3 auf die sonstigen Einrichtungen,

- das **Präsidium,** das sich aus dem Präsidenten, 4 Stellvertretern und 17 weiteren Mitgliedern zusammensetzt.

Präsident des Zentralverbandes des Deutschen Handwerks ist seit dem 1. Januar 1997 Dieter Philipp, Aachen.

Daneben unterhält das Handwerk zahlreiche Service-Einrichtungen wie das Deutsche Handwerksinstitut (Forschung), die Zentralstelle für die Weiterbildung im Handwerk (Fortentwicklung der Weiterbildung) u. Ä.

3.2 Beratungsdienste

3.2.1 Beratung durch Handwerksorganisationen

Die beste Ausbildung kann nicht gewährleisten, dass der Handwerksunternehmer Spezialist auf allen Gebieten ist.

Insbesondere die vorrangig kleinen und mittleren Unternehmen des Handwerks sind nicht in der Lage, für jedes betriebswirtschaftliche oder technische Problem einen Fachmann zu beschäftigen. Für viele grundlegende und handwerksspezifische Fragestellungen kommen – auch aus Kostengründen – freie Berater ebenfalls nicht in Frage.

HANDWERK IN WIRTSCHAFT UND GESELLSCHAFT

Deshalb gibt es spezielle Beratungsdienste bei Handwerkskammern, Bundesinnungs- und Landesinnungsverbänden. Beratungen sind als Service der Handwerksorganisation für ihre Mitgliedsbetriebe in der Regel kostenlos. Das Beratungsangebot umfasst

- Einzelberatungen (wenn nötig vor Ort),
- Gruppenberatungen,
- Seminare.

Kosten

Häufig wird die Beratung speziell von Existenzgründern in Anspruch genommen. Da sie noch nicht Mitglied der Handwerksorganisation sind, werden diese Beratungsangebote durch Bund und Länder mitfinanziert.

Existenzgründungsberatung

Neben betriebswirtschaftlichen und technischen Betriebsberatungen gibt es bei Innungen, Kreishandwerkerschaften, Handwerkskammern, Landesinnungs- und Bundesinnungsverbänden zahlreiche allgemeine Beratungsangebote. Sie sind zum Teil ständig verfügbar (z. B. zu rechtlichen Fragen oder bezüglich der Ausbildung von Lehrlingen), zum Teil bedarfsabhängig und zeitlich befristet (z. B. zur EU-Osterweiterung).

Die Beratungsdienste der Handwerkskammern

- können von allen Handwerksbetrieben genutzt werden,
- beraten Handwerksbetriebe zu gewerkübergreifenden Themen.

überfachliche Beratung

Die Beratungsdienste von Innungen, Kreishandwerkerschaften und Landes- und Bundesinnungsverbänden

- stehen nur den Innungsmitgliedern zur Verfügung,
- konzentrieren sich auf spezifische Belange der jeweiligen Branche,
- beraten häufig auch bei speziellen Arbeitgeberfragen.

fachliche Beratung

3.2.2 Betriebswirtschaftliche Beratungsdienste

Die kaufmännischen Betriebsberater helfen dem Handwerksunternehmer mit dem Wissen von Spezialisten. Sie sind täglich in Handwerksunternehmen tätig und verfügen dadurch über eine genaue Kenntnis der Praxis. Die Betriebsberater sind immer dann gefragt, wenn spezielle Fragen und Probleme auftauchen, die der Handwerksunternehmer alleine nicht lösen kann. Das kann bei grundsätzlichen Entscheidungen und Veränderungen sein (z. B. Unternehmensvergrößerung, Kreditaufnahme, Betriebsneubau).

kaufmännische Betriebsberatung

Die Berater stehen auch zur Verfügung, um im laufenden Unternehmensbetrieb Fehlentwicklungen zu erkennen und deren Ursachen zu analysieren (z. B. die Gewinne sinken, aber die Ursache ist nicht erkennbar).

Gegenstände der kaufmännischen Unternehmensberatung der Handwerksorganisation sind u. a. folgende Themenbereiche:

- Existenzgründung im Handwerk (z. B. Fragen des Eigenkapitals und des Marktpotenzials),
- Betriebsnachfolge (z. B. Suche eines Betriebsnachfolgers oder des geeigneten Betriebes zur Übernahme),

Beratungsgegenstände

- Wahl der Rechtsform (z. B. Personengesellschaft oder GmbH),
- Marketingberatung (z. B. Werbung, Marktpositionierung),
- Finanzierung (z. B. Kreditfragen, staatliche Finanzierungshilfen),
- betriebliches Rechnungswesen (einschließlich der Einführung neuer Buchungsprogramme),
- Kalkulation, Ermittlung von Stundensätzen (bei komplexen neuen Angebotsfeldern),
- Controlling (z. B. Nutzung von Planungs- und Kontrollinstrumenten),
- Investitionsplanung (z. B. Fragen der Rentabilität, des geeigneten Zeitpunkts einer Beschaffung u. Ä.),
- Betriebsanalyse/Betriebsvergleich (Vergleich von Kennzahlen des Betriebes mit den Kennzahlen anderer Betriebe der Branche),
- Schwachstellenanalyse,
- Unternehmensbewertung,
- Betriebsorganisation/EDV/Multimedia,
- Kooperationen.

3.2.3 Technische Beratungsdienste

technische Beratung

Der Handwerksmeister ist der Fachmann in seinem Gewerk. Doch durch immer neue Gesetze, Normen und Regelungen ist auch im technischen Bereich häufig Unterstützung notwendig.

Die technischen Berater der Handwerksorganisation helfen, wenn es darum geht, den Auflagen von Staat und Behörden gerecht zu werden. Die rasante Entwicklung der Technik erfordert auch von Handwerksbetrieben eine immer schnellere Anpassung. Bei der Einführung neuer Verfahren und der Beschaffung neuer Maschinen kann das Spezialwissen von Beratern den Handwerksunternehmen praktische Hilfestellung geben.

Dazu kommen die hohen Anforderungen, die an Zulieferunternehmen im handwerklichen Bereich gestellt werden. Wenn es um Fragen der Zertifizierung nach EU-Normen geht (→ Qualitätsmanagement, S. 320), helfen die technischen Beratungsdienste weiter.

Beratungsgegenstände

Gegenstände der technischen Unternehmensberatung sind u. a.:
- Betriebsstätten und Standortplanung,
- technische Betriebsorganisation (z. B. Betriebsausstattung und Betriebsabläufe),
- behördliche Genehmigungsverfahren/Bauleitplanung (auch Unterstützung bei Behördenkontakten),
- Qualitätsmanagement (von der Beratung über die Sinnhaftigkeit bis zur Begleitung der Zertifizierung),
- Arbeitssicherheit,
- Umweltschutz/Öko-Audit,

HANDWERK IN WIRTSCHAFT UND GESELLSCHAFT

- Abfallentsorgung/Immissionsschutz,
- Energieeinsparung,
- Technologietransfer und Innovation (einschl. Zusammenarbeit mit Hochschulen und Forschungsinstituten),
- CE-Kennzeichnung,
- Patent- und Lizenzfragen,
- Fachmessen/Zulieferwesen,
- Logistik,
- Rationalisierung.

3.2.4 Sonstige Beratungsdienste

Neben der staatlich unterstützten betriebswirtschaftlichen und technischen Unternehmensberatung bieten alle Teile der Handwerkskammern und Innungsverbände Beratung zu weiteren Bereichen.

So beraten die Handwerkskammern und Innungen zu rechtlichen Fragen im Rahmen ihrer jeweiligen Zuständigkeit.

weitere Beratungsbereiche

Auch verfügen die Handwerkskammern über Ausbildungsberater. Diese können von Lehrlingen und von Handwerksmeistern hinzugezogen werden, wenn es Probleme in der Ausbildung gibt.

Innungen und Kreishandwerkerschaften bieten vor Ort Unterstützung bei arbeitsrechtlichen Fragen an. Auch im Inkassobereich und hinsichtlich der Altersversorgung werden Innungsmitglieder unterstützt.

Neben den allgemeinen Beratungsangeboten haben sich entsprechend dem Bedarf der jeweiligen Mitgliedsbetriebe in den verschiedenen Teilen der Handwerksorganisation auch fachlich oder regional spezifische Beratungsangebote herausgebildet.

So beraten einzelne Handwerkskammern und Innungsverbände zum Thema „Formgebung" oder zur grenzüberschreitenden Zusammenarbeit mit Nachbarstaaten.

3.3 Bezug zu anderen Arbeitgeber- und Arbeitnehmerorganisationen

3.3.1 Industrie- und Handelskammern

Die Industrie und Handelskammern sind wie die Handwerkskammern **Körperschaften des öffentlichen Rechts.** Ihre Mitglieder sind Industriebetriebe, Handelsunternehmen und Dienstleister (ausgenommen sind Handwerksbetriebe, landwirtschaftliche Betriebe und freie Berufe).

HANDWERK IN WIRTSCHAFT UND GESELLSCHAFT

DIHK Spitzenverband der Industrie- und Handelskammern ist der **Deutsche Industrie- und Handelskammertag** (*www.dihk.de*).

Ein wesentlicher gesetzlich verankerter Unterschied zwischen den Industrie- und Handelskammern und den Handwerkskammern ist die Tatsache, dass die Industrie- und Handelskammern keine Beteiligung der Arbeitnehmer haben, wie sie bei den Handwerkskammern vorgesehen ist.

Aufgaben Grundsätzlich haben die Industrie- und Handelskammern für ihre Mitgliedsbetriebe ähnliche Aufgaben wahrzunehmen wie die Handwerkskammern für die Handwerksbetriebe. Die praktische Arbeit der Industrie- und Handelskammern wird jedoch häufig von den Interessen größerer einflussreicher Betriebe dominiert, während die Handwerkskammern entsprechend der Struktur ihrer Mitgliedsbetriebe insbesondere die kleinen und mittleren Betriebe und deren Mitarbeiter betreuen und vertreten.

So kann es zwischen den Interessen der Betriebe, welche durch die Industrie- und Handelskammern vertreten werden, und den Interessen der Handwerksbetriebe, welche durch die Handwerkskammern vertreten werden, Gegensätze geben.

3.3.2 Landwirtschaftskammern

Den Landwirtschaftskammern gehören neben den Landwirten auch Berufe wie Gärtner an. Wie bei den Handwerkskammern sind in den Hauptversammlungen der Landwirtschaftskammern auch Arbeitnehmer vertreten.

DBV Neben den Landwirtschaftskammern bestehen freie landwirtschaftliche Organisationen, deren Spitzenverband der **Deutsche Bauernverband** (*www.bauernverband.de*) ist.

3.3.3 Weitere Verbände der gewerblichen Wirtschaft

HDE Wie es im Handwerk Bundes- und Landesinnungsverbände gibt, so haben sich in der gesamten gewerblichen Wirtschaft zahlreiche Wirtschaftsvereinigungen und Fachverbände gebildet. Z. B. gibt es den **Hauptverband des Deutschen Einzelhandels** (*www.einzelhandel.de*) und Fachverbände für einzelne Sparten wie die Möbelindustrie, Nahrungsmittelindustrie und andere Wirtschaftszweige. Die Betriebe gehören den Verbänden auf freiwilliger Basis an.

BDI Im Gegensatz zu den Innungsverbänden des Handwerks, bei denen die kleinen und mittleren Betrieben im Mittelpunkt stehen, vertreten diese Fachverbände eher die Interessen größerer Unternehmen. Ihr Spitzenverband ist der **Bundesverband der Deutschen Industrie** (*www.bdi-online.de*).

3.3.4 Arbeitgeberverbände

Die Arbeitgeberverbände haben ausschließlich sozialpolitische Aufgaben zu lösen. Sie sind nach den verschiedenen Wirtschaftszweigen gegliedert

HANDWERK IN WIRTSCHAFT UND GESELLSCHAFT

und befassen sich überwiegend mit Fragen des Lohn- und Tarifwesens und des Arbeitsrechts. Sie sind Tarifpartner der Gewerkschaften.

Die bezirklichen Arbeitgeberverbände haben sich zur **Bundesvereinigung der Deutschen Arbeitgeberverbände** (*www.bda-online.de*) zusammengeschlossen. Die Mitgliedschaft ist für die Betriebe – so verlangt es das Tarifgesetz – freiwillig.
BDA

Die Interessen der Arbeitgeber des Handwerks vertreten in den Tarifverhandlungen in der Regel eigene (Innungs-)Verbände, um so die speziellen Belange dieses Wirtschaftszweiges berücksichtigen zu können. Durchgeführt werden die Verhandlungen der verschiedenen Arbeitgeberverbände für eine Wirtschaftssparte aber meist gemeinsam, was auch innerhalb der Arbeitgeberseite Kompromisse erforderlich macht.
Arbeitgeber des Handwerks

3.3.5 Gewerkschaften

Die Gewerkschaften sind Organisationen von Arbeitnehmern zur Verbesserung der wirtschaftlichen und sozialen Lage ihrer Mitglieder sowie zur Förderung und Durchsetzung der Belange der Arbeitnehmer gegenüber den Arbeitgebern. Die Gewerkschaften verstehen sich heute als Ordnungsfaktoren innerhalb unserer Gesellschaft.

Nach den Bundessatzungen haben sie sich folgende wesentliche Aufgaben und Ziele gesetzt:
Aufgaben

- Sicherung des Mitbestimmungsrechts bei Regelung aller wirtschaftlichen, sozialen und arbeitsrechtlichen Angelegenheiten,
- gleichberechtigte Teilnahme der Arbeitnehmer in den für die Wirtschaft bestehenden und einzurichtenden Körperschaften sowie an der Selbstverwaltung aller Versicherungsträger einschließlich der Arbeitsverwaltung,
- Abschluss von Tarifverträgen und Durchführung einer einheitlichen Lohnpolitik.

Den Unterbau der Gewerkschaftsorganisation bilden die einzelnen fachlich orientierten (Industrie-)Gewerkschaften. Die Gewerkschaften haben zum Teil auch Mitglieder aus der Arbeitnehmerschaft des Handwerks. Entsprechend verhandelt beispielsweise die IG Metall (Industriegewerkschaft Metall) auch die Tarife für das Metallhandwerk.
Einzelgewerkschaften

Innungsverbände und Gewerkschaften sind einerseits **Tarifpartner.** Daneben sind die Gewerkschaften bei den Wahlen der Vollversammlung der Handwerkskammer mit der Handwerksorganisation verbunden: Die Gewerkschaften sind neben anderen berechtigt, Wahlvorschläge für die Mitglieder der Arbeitnehmerseite zu machen.

Die Gewerkschaften erstrecken sich räumlich über das ganze Bundesgebiet und gliedern sich in Landes-, Kreis- und Ortsverwaltungen. An der Spitze der einzelnen Gewerkschaften stehen die Hauptvorstände. Der Dachverband der Einzelgewerkschaften auf Bundesebene führt den Namen **„Deutscher Gewerkschaftsbund"** (*www.dgb.de*) mit Sitz in Berlin. Ne-
DGB

HANDWERK IN WIRTSCHAFT UND GESELLSCHAFT

ben den dominierenden DGB-Gewerkschaften gibt es z. B. auch christliche Gewerkschaften. Die Mitgliedschaft in den Gewerkschaften ist freiwillig.

Bitte bearbeiten Sie abschließend die folgenden Aufgaben:

1. Welche Bedeutung haben die einzelnen Handwerksorganisationen für den Betrieb?

2. Inwiefern ist die Mitgliedschaft in einer Innung sinnvoll? Welche Vorteile ergeben sich daraus?

3. Überlegen Sie, in welchen Fällen Sie als Handwerksunternehmer die fachlichen oder überfachlichen Beratungsdienste der Handwerksorganisationen in Anspruch nehmen sollten. Stellen Sie fest, welche Beratungen Ihre zuständige Kammer und welche Ihre zuständige Innung anbieten.

4. Mit welchen anderen Arbeitgeber- oder Arbeitnehmerorganisationen tritt die Handwerksorganisation in direkte Verhandlungen, und was sind die Auswirkungen auf die Betriebe?

MARKETING

Marketing

1. Konzeption des Marketing

> **Kompetenzen:**
> Der Lernende
> - kann den Begriff „Marketing" erklären,
> - kann den Stellenwert beschreiben, den Marketing für den Handwerksbetrieb hat,
> - ist in der Lage, die Phasen eines Marketing-Konzepts zu benennen und in einen inhaltlichen Zusammenhang zu bringen,
> - kann die Bedeutung der Leitidee „Kundenorientierung" für das Handwerk erläutern.

1.1 Stellenwert des Marketing im Handwerksbetrieb

„Klappern gehört zum Handwerk" besagt ein Sprichwort, das sich zwar nicht ausdrücklich auf Marketing für Handwerksbetriebe bezieht, das aber viel Wahres in sich birgt. (Wo Sie im Internet weitere Informationen zum Thema finden können, erfahren Sie unter „Internetadressen" auf der CD-ROM.)

Internetadressen

Beispiel:
Der Sohn hat vor kurzem vom Vater den elterlichen Dachdeckerbetrieb übernommen. Doch so ruhig ist der Ruhestand des Seniors noch nicht. Das, was man in jahrzehntelanger Arbeit aufgebaut hat, liegt einem am Herzen, und so juckt es den Vater zuweilen in den Fingerspitzen, wenn er sich die Unternehmensführung seines Sohn anschaut. Der Junior nämlich hat da eigene Vorstellungen, die nicht immer übereinstimmen mit dem, was „wir schon immer so gemacht haben".

Marketing im Handwerk

Beispielsweise betreibt der Sohn Marketing. In letzter Zeit
- hat er verstärkt neue Materialien und Verfahren in die Arbeit mit einbezogen,
- bietet er einen besonderen Flachdach-Kundendienst mit Wartung an,
- wirbt er regelmäßig in der regionalen Presse,
- spricht er gezielt die Gruppe der Privatkunden an,
- ist er auf Messen und Leistungsschauen vertreten und
- schickt er Mitarbeiter zu Hersteller- und Weiterbildungsveranstaltungen.

MARKETING

Der Senior sieht dies mit Stirnrunzeln. „Marketing – so ein Firlefanz", sagt er, „ich bin auch ohne ausgekommen. Auf die Leistung kommt es an." „Das stimmt", sagt der Junior unbeirrt, „ohne gute Leistungen bringt Marketing gar nichts, aber ohne Marketing kommt auch die beste Leistung im Markt nicht optimal an. Der Markt ändert sich, und wer nicht mit der Zeit geht, der ist mit der Zeit weg vom Fenster."

Handwerk als Auftragsempfänger Viele Betriebe sahen lange Zeit ihre Aufgabe ausschließlich in der Bedarfsdeckung, ohne sich mit den Märkten, in denen sie sich bewegten, auseinander zu setzen. Der Geschäftsalltag besteht im Warten auf Aufträge und deren anschließender Abarbeitung. Erst wenn die Aufträge in großem Maße ausbleiben, vollzieht sich ein Wandel.

Wenn ein Betrieb keine Umsätze plant, sich keine Gedanken macht, wo, wie, wann und warum es zu Aufträgen kommt und wie man sie „hereinholt", dann lebt er von der Hand in den Mund. Dann sind Erfolge Zufallstreffer.

Verkäufermarkt Diese passive Haltung ist problematisch, denn Märkte ändern sich. Der erfolgreiche Unternehmer kann es sich nicht mehr leisten, Märkte als **Verkäufermärkte** wahrzunehmen, in denen ein knappes Angebot einer großen Nachfrage gegenübersteht und die Käufer mit der gebotenen Ware oder Leistung zufrieden sein müssen.

Käufermarkt In den heutigen **Käufermärkten** ist das Angebot in der Regel größer als die Nachfrage. Daher hat der Kunde freie und große Auswahl und wechselt zur Konkurrenz, wenn er mit der erbrachten Leistung eines Betriebs unzufrieden ist.

Der Wettbewerbsdruck unter den Unternehmern nimmt also zu. Selbst in kleineren Ausschnitten des Marktes wie Dörfern, Kleinstädten oder Stadtteilen sieht sich jeder Handwerksbetrieb starker Konkurrenz ausgesetzt – und wie viel mehr trifft dies auf Großstädte und Ballungsgebiete zu!

Veränderung der Märkte Hinzu kommt, dass die Wandlungen, denen Märkte unterworfen sind, immer schneller vonstatten gehen. Globalisierung und weltweite Vernetzung haben internationale Konsequenzen und führen zu weitgreifenden Rationalisierungen, Verlagerungen von Märkten in andere Regionen und einer immer rasanteren Entwicklung im technischen Bereich. Die Ansprüche von Kunden steigen ständig und ändern sich schnell. Der Wechsel von Produkten und Dienstleistungen im Markt geht daher auch immer schneller und radikaler vor sich.

Es ist aber nicht allein der allgemeine Marktdruck oder der Käufermarkt, der den Handwerkern zu schaffen macht. Es ist auch die spezielle Lage „zwischen" Industrie und Verbraucher, die Verlagerung von Teilen des klassisch handwerklichen Produktionssektors in die Industrie, die Klemme zwischen Billigproduktion und möglichst günstig erwarteter Service-Leistung u. a. m. Was kann der Handwerker tun, um dieser Marktsituation sinnvoll zu begegnen, um seine Existenz zu sichern? Was kann in dieser Situation Marketing für das Handwerk leisten?

1.2 Was ist Marketing?

Statt abzuwarten oder nur auf Änderungen im Markt zu reagieren, ist es notwendig, sich aktiv und offensiv auf den Markt einzustellen. Märkte erfordern den Mut, im Rahmen der betrieblichen Möglichkeiten aktiv-gestaltend tätig zu werden. — **aktives Marketing**

Dies heißt, der Handwerker muss sein Unternehmen vom Markt her begreifen. Er muss erkennen, was der Markt braucht, damit er seine Leistungen und Produkte danach ausrichten kann. Wer sein unternehmerisches Handeln so bewusst am Markt orientiert, betreibt Marketing.

Der Begriff kommt aus dem englischsprachigen Raum und kann mit „Marktorientierung" oder „etwas im Markt, für den Markt, mit dem Markt tun" übersetzt werden.

Marketing umfasst die bewusste, systematische und konsequente Ausrichtung aller Unternehmensaktivitäten auf tatsächliche (aktuelle) und mögliche (potenzielle) Märkte. — **Definition**

Der Begriff „Markt" meint in diesem Zusammenhang das Zusammenspiel von Angebot und Nachfrage.

Ein Unternehmer, der Marketing betreibt, fragt sich: — **Zentralfragen marktorientierten Handelns**

- Was braucht der Markt?
- Was kann ich ihm mit meinen Fähigkeiten und betrieblichen Möglichkeiten bieten?
- Wie kann ich es so anbieten, dass auch mein Unternehmen davon einen Nutzen hat?

Alle Handlungen und Entscheidungen des Unternehmers haben Wirkungen auf den Markt und führen zu Reaktionen im Markt.

Beispiel:

Auch der Senior des Dachdeckerbetriebs aus dem Eingangsbeispiel hat Marketing betrieben. Er hat vielleicht überwiegend für Bauträgergesellschaften gearbeitet und andere Leistungen weniger intensiv angeboten. Er hat Preise kalkuliert – so wie „der Markt es hergab". Er hat Weihnachtspräsente verteilt, den örtlichen Fußballverein gesponsert, Fahrzeug- und Gerüstwerbung betrieben.

Ist das schon Marketing? Ja und nein! Ja, weil er sich in diesen Bereichen am Markt orientiert hat; nein, weil er es vielleicht nicht bewusst genug tat, weil ihm gar nicht klar war, dass es Marketing sein kann, wenn man Chancen im Markt bewusst entwickelt.

Bewusst Marketing zu betreiben heißt, bei allen Entscheidungen und Handlungen, im Voraus abzuschätzen, wie der jeweilige Markt reagieren wird, und Marktgegebenheiten in alle Überlegungen mit einzubeziehen. — **bewusstes Marketing**

Vieles ist Marketing, obwohl es auf den ersten Blick nicht so aussieht.

MARKETING

Bewerbung als Marketing

Beispiel:
Ein Bewerbungsgespräch ist Marketing für die eigene Person. Schließlich geht es darum, einen guten Eindruck zu machen und das eigene Verhalten so auszurichten, dass es „ankommt".

Bewerber betreiben Marktforschung, wenn sie sich vorher über den Betrieb erkundigen. Sie denken strategisch, wenn sie planen, was sie sagen wollen. Sie stellen ihre Qualifikation dar – kurz: Sie „vermarkten" sich. Und jeder, der sich auf ein Bewerbungsgespräch vorbereitet, hat Vorteile gegenüber dem, der solch ein Gespräch spontan und unvorbereitet führt.

Handwerksbetriebe, die bewusst marktorientiert handeln, erweitern damit ihr Blickfeld. Es wird nicht nur die eigene Unternehmung von innen betrachtet. Vielmehr muss es gelingen, den Betrieb mit den Augen des Marktes – also objektiv von außen – zu sehen und dabei den unterschiedlichsten Entwicklungen Rechnung zu tragen.

Einflussfaktoren

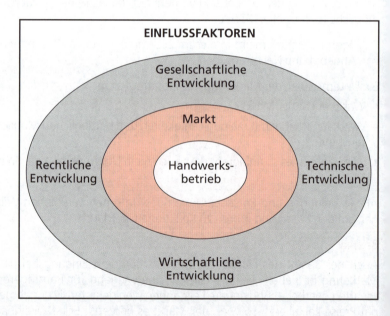

Wenn Marketing so betrieben wird, ist es mehr als nur ein Hilfswerkzeug zur Unternehmensführung. Marketing ist eine Denkweise, eine Leitidee, eine Firmenphilosophie.

Kundenorientierung

Eine weitere Leitidee des Marketing heißt **Kundenorientierung.** Vor allem die Perspektive des Kunden und die Perspektive hin zum Kunden ist für das Handwerk wichtig, denn Handwerksbetriebe leben vom unmittelbaren Umgang mit ihren Kunden. Sie sind von ihnen abhängig und müssen ihre Art, mit ihnen umzugehen, auf die Bedürfnisse und Ansprüche ihrer Kunden hin ausrichten. Deshalb muss Kundenorientierung ebenfalls ein zentraler Gedanke im Handwerk sein.

MARKETING

Die Idee dabei ist, den eigenen Betrieb mit Kundenaugen zu sehen und die Zusammenarbeit mit Kunden so zu gestalten, dass sie Vertrauen haben, gern wiederkommen, den Betrieb weiterempfehlen (→ S. 283).

Natürlich kann ein Handwerksunternehmer die Kunden nicht zum alleinigen Maßstab aller unternehmerischen Entscheidungen machen. Er muss auch dafür sorgen, dass sein Betrieb überlebensfähig bleibt. Das heißt, er muss gleichgewichtig neben den Kunden die Situation seines Betriebs im Auge haben und dafür sorgen, dass sowohl betriebliche Ziele erfüllt als auch die Bedürfnisse der Kunden befriedigt werden.

betriebliche Bedürfnisse

Darüber hinaus muss er seine Konkurrenz im Auge behalten. Das strategische Dreieck verdeutlicht, dass der Unternehmer dem Kunden einen Nutzen anbietet, den dieser im Verhältnis zum Preis bewertet. Gleiches gilt für das Angebot der Konkurrenz. Der Unternehmer muss also gegenüber der Konkurrenz einen Wettbewerbsvorteil schaffen.

strategisches Dreieck

1.3 Ziele des Marketing

Was bringt Marketing dem Handwerksunternehmer? Er erlangt Kenntnis über den Markt und die Position seines Unternehmens auf dem Markt und kann so auch seine eigenen Stärken und Schwächen einschätzen. Vor diesem Hintergrund kann er

Einschätzung von Chancen/Risiken

- seine Stärken ausbauen, also Chancen nutzen, den Markt auszuschöpfen,
- Reaktionen anderer Marktteilnehmer (Konkurrenten, Kunden, Lieferanten) im Voraus einschätzen und entscheiden, welche Leistungen oder Produkte gewünscht und nachgefragt werden,
- Risiken und existenzgefährdende Unternehmungen besser einschätzen und vermeiden,

MARKETING

- das eigene Unternehmen bekannt machen und zu einer festen Größe im Markt entwickeln.

Wer den Markt im Blick behält, kann also letztlich Chancen und Risiken für sein eigenes Unternehmen besser kalkulieren und entsprechend handeln.

1.4 Marketing-Konzept

Wer Marketing systematisch und effektiv betreiben will, muss ein Konzept ausarbeiten. Dieses gibt von den angestrebten Zielen bis zu den einzelnen Maßnahmen einen „roten Faden", eine **Leitlinie** vor, an der sich die Aktivitäten im Marketing ausrichten. Hierbei hat es sich bewährt, in folgenden Stufen vorzugehen:

Stufen des Marketing-Konzepts

- **Marktanalyse**

  Am Anfang steht die Marktanalyse. Mithilfe der Marktforschung (→ S. 268) wird festgestellt, wie die Situation des Marktes allgemein und die besondere Stellung des Betriebs am Markt ist. Ziel ist, möglichst viele Informationen über den Markt zusammenzutragen.

  Besonders wichtig ist es für den Unternehmer, Klarheit über Ziele, Vorstellungen und Ansprüche von Kundengruppen zu gewinnen. Dann gerät er nicht in die Gefahr, Produkte und Leistungen am Markt vorbei anzubieten. Vielmehr kann er dem Markt genau das bieten, was dieser braucht. Die Analyse dient so als Ausgangspunkt für die Zielbildung.

Analyse als Ausgangspunkt

- **Zieldefinition**

  Aus der Einschätzung der eigenen Situation am Markt heraus werden messbare Ziele formuliert, die bis zu einem bestimmten Zeitpunkt erreicht werden sollen. Ohne vorab definierte Ziele ist eine Erfolgskontrolle und damit eine Beurteilung der Maßnahmen nicht möglich. Beispiele: Eine bessere Positionierung im Markt, Erreichen bestimmter Marktanteile oder Steigerung des Bekanntheitsgrades.

Festlegung von messbaren Zielen

- **Strategieentwicklung**

  Ziele geben den Endpunkt vor, den man erreichen will. Da aber in der Regel mehrere Wege zum gleichen Ziel führen können, muss man sich für einen entscheiden. Aus diesem Grunde muss sich an die Phase der Zieldefinition die Wahl bzw. Entwicklung der Strategie anschließen (→ S. 277). Diese gezielte Planung ist Dreh- und Angelpunkt, wenn es darum geht, Chancen zu nutzen. Der Unternehmer überlegt, wo und wie er effektiv auf den Markt zugeht, um dort Anteile zu gewinnen.

Auswahl der Strategie

- **Wahl der Marketing-Instrumente**

  Nach Festlegung der Strategie muss der Unternehmer entscheiden, mit welchen konkreten „Werkzeugen", d. h. Marketing-Instrumenten, die Strategie umgesetzt werden soll. Dies umfasst sowohl ihre Auswahl als auch ihre Zusammenstellung im Marketing-Mix, denn die Instrumente sollten sich in ihrer Wirkung nicht hemmen, sondern sich ergänzen und sinnvoll zusammenspielen.

Marketing-Mix

MARKETING

- **Umsetzung**
Schließlich führt der Unternehmer Einzelmaßnahmen wie z. B. eine Werbekampagne oder Preisfestsetzung durch. Auch diese stimmt er zeitlich und in der Kombination so aufeinander ab, dass sich ein größtmöglicher Nutzen für das Unternehmen ergibt.

Maßnahmen

- **Kontrolle**
Nach Ablauf des Zeitraums, in dem das Marketing-Konzept umgesetzt wurde, muss ein Abgleich erfolgen, ob und in welchem Maße die formulierten Ziele tatsächlich erreicht wurden. Deshalb gehört zu einem Marketing-Konzept auch die Festlegung, wie, wann und anhand welcher Kennzahlen und Daten eine solche Kontrolle erfolgt. Die Ergebnisse solcher Kontrollen bestimmen die neuerliche Zielfestlegung der nächsten Periode (z. B. des nächsten Geschäftsjahres). So ist die Kontrolle der abgelaufenen Periode gleichzeitig die Situationsanalyse der nächsten, mit der ein neuer Marketing-Prozess anfängt.

Erfolgskontrolle

Marketing-Konzept

Bitte bearbeiten Sie abschließend die folgenden Aufgaben:

1. Beschreiben Sie den wesentlichen Unterschied zwischen dem Verkäufermarkt und dem heute üblichen Käufermarkt.

2. Benennen Sie die wesentlichen Marketing-Ziele für Ihren Betrieb.

3. Stellen Sie die sechs Schritte eines Marketing-Konzepts anhand von Beispielen aus Ihrem Betrieb dar.

MARKETING

2. Analyse des Absatz- und Beschaffungsmarktes

Kompetenzen:

Der Lernende

- kann die Aufgaben der Marktforschung erklären,
- kann die Methoden der Marktforschung benennen und ihren Nutzen für eine zweckmäßige Informationsbeschaffung beschreiben,
- kann begründen, warum die Analyse von Informationen über Lieferanten sowohl für den Absatz- wie auch den Beschaffungsmarkt von Bedeutung ist,
- kann Methoden zur Analyse und Einschätzung von Wettbewerbern aufzeigen,
- kann die wichtigsten Ziele einer Kundenanalyse erläutern,
- kann den Begriff des Geschäftsfelds erläutern und beispielhaft auf einen Betrieb anwenden,
- erkennt die Bedeutung der Marktforschung für die Entwicklung einer Strategie,
- kann Strategieansätze erläutern.

2.1 Wesen der Marktforschung

Woran denkt man, wenn man den Begriff „Marktforschung" hört? An Meinungsforschungsinstitute, Statistiken, Marktforschungsabteilungen von großen Unternehmen, an Interviewer, die Menschen am Telefon oder auf der Straße ansprechen?

Marktforschung im Handwerk

Sicherlich sind all das Möglichkeiten, mit Marktforschung in Kontakt zu kommen. Doch liegt darum der Schluss nahe, Marktforschung sei etwas, dass nur mit hohem Budget von großen Unternehmen geleistet werden kann? Nein! Jeder Handwerksbetrieb kann Marktforschung betreiben und tut dies meist auch. In vielen Fällen ist er sich nur nicht klar darüber, dass schon die Frage an den Kunden, ob er mit der Arbeit zufrieden ist, Marktforschung ist.

Definition Der Begriff „Marktforschung" umschreibt die zielgerichtete und systematische Sammlung, Aufbereitung und Verwertung von Informationen über den Markt und die darin handelnden Personen und Institutionen.

MARKETING

Nutzen von Informationen

In jedem Betrieb liegt eine Vielzahl von wichtigen Informationen über den Markt und über die eigene Situation vor. Sie müssen nur genutzt werden.

Wie wichtig diese Informationen sind, wird aber häufig nicht erkannt. Sich mit Marktforschung zu beschäftigen, bedeutet, einen Betrieb nicht „aus dem Bauch heraus" zu führen, sondern auf der Grundlage gesicherter Erkenntnisse über

- die Marktsituation der Branche im Allgemeinen,
- die Kunden,
- die Konkurrenten,
- die Lieferanten,
- die Produkte und Leistungen,
- die Stärken und Schwächen des eigenen Unternehmens.

Nur wer Informationen darüber hat, was im Markt passiert, kann Risiken abwägen und Chancen nutzen.

Um aus der Fülle von Informationen die wichtigen herauszufiltern und diese konsequent auszuwerten, ist planvolles, systematisches Vorgehen notwendig. Der Markt wird kurzfristig und zielgerichtet erkundet.

Markterkundung

Wer Marktforschung betreibt, geht zielgerichtet nach bestimmten Methoden vor. Er formuliert eine konkrete Fragestellung und sammelt gezielt nur die im jeweiligen Zusammenhang interessierenden wichtigen (relevanten) Informationen. Nur so kann sich ein wirklichkeitsnahes Gesamtbild ergeben, das als verlässliche Grundlage für Zukunftsentscheidungen dienen kann.

Die permanente, andauernde Marktforschung, die quasi zum Tagesgeschäft gehört, heißt **Marktbeobachtung**. Sie dient dazu, langfristig Veränderungen am Markt festzustellen, um darauf frühzeitig reagieren zu können.

Marktbeobachung

Bei einer zeitlich befristeten Aktion hingegen handelt es sich um **Marktanalyse**. Diese ist z. B. dann unerlässlich, wenn ein Betrieb gegründet wird – aber nicht nur dann. Um ein Unternehmen auf dem Markt zu positionieren, muss zunächst eine Bestandsaufnahme des Marktes erfolgen.

Marktanalyse

Für das Handwerk ist beides wichtig: die Marktbeobachtung und die Marktanalyse. Beispiel: Ein Betrieb, der sich mit neuen Technologien wie der Solartechnik beschäftigt, muss durch Marktbeobachtung Informationen darüber sammeln, was technisch machbar ist, welche rechtlichen Rahmenbedingungen absehbar sind und wie Kunden die neuen Technologien annehmen.

Gleichzeitig muss er zu dem Zeitpunkt, an dem er sich in diesem Marktbereich engagiert, wissen, welche Produkte und Verfahren welcher Hersteller für ihn in Frage kommen, welche zusätzliche Kompetenz die Mitarbeiter z. B. durch Weiterbildung erwerben müssen, was wichtige Wettbewerber in diesem Marktbereich tun etc.

MARKETING

Marktprognose Ergebnis der Marktforschung kann die **Marktprognose,** die Vorhersage von Marktentwicklungen und Chancen für die Zukunft sein. Je gezielter und gewissenhafter Marktforschung betrieben wird, um so verlässlicher ist die Aussage der darauf basierenden Prognose.

2.2 Methoden der Marktforschung

Wie sieht Marktforschung im Handwerksbetrieb aus? Wie soll man vorgehen? Hierfür stehen die folgenden Methoden zur Verfügung, die auch für kleinere Handwerksbetriebe anwendbar sind:

Methoden

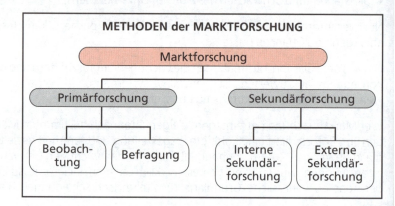

2.2.1 Primärforschung

Der Unternehmer und seine Mitarbeiter wissen selbst am besten, welche Fragestellungen für den eigenen Betrieb bedeutsam sind. Daher liegt es nahe, die Informationen direkt und zur jeweiligen Fragestellung passend bei den Kunden, den Lieferanten oder allgemein bei „Otto Normalverbraucher" auf der Straße abzufragen.

Grundsätzlich gilt dies auch für Wettbewerber – mit Einschränkungen, denn die Auskunftsfreude dürfte sich in Grenzen halten.

Definition Wenn man selbst derartig aktiv wird und eigene Erkundigungen zu bestimmten Fragen im Markt einzieht, spricht man von Primärforschung.

Zwei Methoden der Primärforschung sind auch für kleinere Handwerksbetriebe praktikabel: die Beobachtung und die Befragung.

Marktbeobachtung Viele Informationen können allein schon dadurch gewonnen werden, dass man das Verhalten der Marktteilnehmer bewusst beobachtet und diese Wahrnehmungen auswertet. Das geschieht, indem man die Ergebnisse der Beobachtung über einen bestimmten Zeitraum notiert, zusammenträgt, in Zahlen ausdrückt und diskutiert.

MARKETING

Aufschlussreich sind Beobachtungen, wenn man z. B. betriebliche Maßnahmen einschätzen möchte:

- Wie verhalten sich Kunden im Ladenlokal/in Ausstellungsräumen? Wohin blicken sie? Was erweckt ihr Interesse? Wie viele haben Beratungsbedarf? Was fragen sie nach?
- Wie lange betrachten Kunden das Schaufenster? Wie viele betreten anschließend das Ladenlokal?
- Unterscheidet sich das Verhalten der Kunden vor den Schaufenstern oder Messeständen von Wettbewerbern?
- Wie sehen Verhalten und Maßnahmen von Wettbewerbern aus? Was passiert an deren Messeständen? Welche Produkte stellen sie aus? An welchen Projekten – z. B. Bauten – arbeiten sie? Was unternehmen sie im Bereich Werbung?

So wichtig eigene Beobachtungen sind, bieten sie jedoch meist nur einen Ausschnitt. Möchte ein Unternehmer konkrete, vergleichbare Zahlen als Antworten auf bestimmte Fragen erhalten, so muss er eine Befragung durchführen.

Marktbefragung

Eine Befragung von Kunden findet oft im Rahmen eines Verkaufsgesprächs statt (z. B. „Wie sind Sie auf unser Unternehmen aufmerksam geworden?"). Mehr Informationen in kürzerer Zeit erhält man jedoch durch eine **Fragebogenaktion,** die schriftlich über Zusendung oder Auslegen von Fragebögen oder telefonisch als Interview geführt werden kann.

Vorteile des Fragebogens

Ein großer Vorteil hierbei ist, dass die Fragen im Vorfeld präzise ausgearbeitet werden können. Sie sind dann leicht, aber aufschlussreich zu beantworten und auszuwerten. Damit ergibt sich ein Grundkonzept.

Fragebogen.pdf

Zur Entwicklung des Fragebogens wird zunächst genau überlegt, welche Informationen interessieren und welche Art der Fragestellung sinnvoll ist. Ein Beispiel für einen Fragebogen finden Sie auf der CD-ROM.

Auswertung

Zur Auswertung wird in einer Strichliste erfasst und gezählt, wie oft welche Antwortmöglichkeit angekreuzt wurde. Anschließend können die Ergebnisse in Form von Zahlen und Graphiken über einen PC dargestellt und den Mitarbeitern vorgestellt werden.

2.2.2 Sekundärforschung

Manchmal kann Primärforschung recht zeit- und kostenintensiv sein. Daher bietet es sich geradezu an, auf Informationen zurückzugreifen, die zu anderen Fragestellungen bereits gesammelt wurden. Eine Vielzahl von Institutionen haben solche Daten abrufbar.

Man spricht dann von Sekundärforschung, wenn man „Quellenstudium" betreibt. Ein solches „Quellenstudium" liegt beispielsweise vor,

- wenn man die Ausgangsrechnungen des eigenen Betriebs zu Rate zieht, um zu erfahren, welche Leistungen und Produkte in welchem Maße nachgefragt wurden oder

MARKETING

- wenn man bei der zuständigen Handwerkskammer oder Innung Informationen über Eckdaten wie branchenübliche Kostenstrukturen oder Umsätze pro Mitarbeiter abfragt.

Diese Beispiele machen bereits deutlich, dass es zwei Wege gibt, durch Sekundärforschung an Marktinformationen zu kommen:

interne Sekundärforschung
- die Quellen liegen innerhalb des eigenen Unternehmens vor (interne Sekundärforschung);
Beispiel: Betriebliches Rechnungswesen, Controlling, Angebots- und Auftragsunterlagen.

externe Sekundärforschung
- die Quellen liegen außerhalb des eigenen Unternehmens vor (externe Sekundärforschung);
Beispiel: (Fach-)Presse, Veröffentlichungen von Handwerkskammern und Fachverbänden, von statistischen Ämtern und Wirtschaftsförderungsgesellschaften, von Markt- und Meinungsforschungsinstituten oder aus öffentlichen Registern (Handelsregister oder Grundbuch).

Der Zweck, zu dem diese Informationen zusammengetragen wurden, stimmt meist nicht hundertprozentig mit der eigenen Fragestellung überein. Die gewünschten Informationen müssen daher erst herausgefiltert und „passend gemacht", d. h. der aktuellen Fragestellung angepasst werden.

2.3 Gegenstände der Marktanalyse und Marktforschung

Welche Methode der Marktforschung zum Einsatz kommt, ist im Wesentlichen abhängig davon, was in Erfahrung gebracht werden soll.

Bereiche des Marktes
Alle Bereiche des Marktes sind von Interesse, z. B.:
- die Öffentlichkeit insgesamt,
- die Lieferanten,
- die Wettbewerber.

Eigenanalyse
Die Informationen, die man erhält, sind jeweils auf den eigenen Betrieb zu beziehen (Eigenanalyse). Durch den Vergleich mit Durchschnittswerten aus diesen Bereichen und durch den Abgleich betrieblicher Ziele mit der tatsächlichen Situation können die Position des Betriebs und die Chancen und Risiken im Markt beurteilt werden.

Besondere Bedeutung für die weitere Vorgehensweise im Marketing-Prozess, nämlich für die Entwicklung von Strategien, haben aber Informationen über die Kunden und über die Produkte und Leistungen. Wenn man auch solche Informationen einbezieht, wird es darüber hinaus möglich, sich Stärken und Schwächen bewusst zu machen. Anschließend kann man mit Strategien reagieren, um Stärken auszubauen und Schwächen zu mindern. Die folgenden Kapitel werden diese Bereiche konkreter erläutern.

MARKETING

2.3.1 Öffentlichkeit

Der Ruf eines Betriebs ist Ergebnis der Handlungsweise von Unternehmer und Mitarbeitern am Markt. Er festigt sich nicht nur bei den Personen, mit denen der Betrieb unmittelbar zusammenarbeitet, sondern auch darüber hinaus in der Öffentlichkeit allgemein. **Ruf des Unternehmens**

Sowohl Kunden wie Mitarbeiter teilen ihre Erfahrungen mit dem Handwerksbetrieb anderen mit, die nicht direkt etwas mit dem Betrieb zu tun haben.

Positives wie Negatives spricht sich herum und wirkt meinungsbildend. Wie aus einem Schneeball eine Lawine werden kann, entsteht aus Erfahrungen und Meinungen ein Bild von Urteilen und subjektiven Einschätzungen.

Dieses Image kann es dem Betrieb leichter oder schwerer machen, im Markt erfolgreich zu handeln. So macht es einen großen Unterschied, ob ein Kunde den Betrieb weiterempfiehlt oder negative Gerüchte verbreitet.

Daher muss ein Unternehmer Informationen zur öffentlichen Meinung einholen, aus denen sich ergibt, mit welcher Erwartungshaltung der Betrieb im Markt zu rechnen hat: **öffentliche Meinung**

- Ansichten und Einstellungen (z. B. Qualitäts- und Preisbewusstsein, ökologisches oder ethisches Bewusstsein),
- politische oder gesellschaftliche Strömungen,
- technische Entwicklungen.

Zum anderen interessieren insbesondere Informationen, die Schlüsse zulassen, wie der Betrieb in der Öffentlichkeit gesehen wird:

- Wie ist das Image des Betriebs? Stimmt es mit dem überein, wie der Betrieb nach außen wirken will (z. B. qualifiziert, aktuell, kundenfreundlich)? **Image in der Öffentlichkeit**
- Welchen Ruf hat er als Arbeitgeber bei qualifiziertem Fachpersonal oder bei denen, die einen Ausbildungsplatz suchen?
- Welchen Ruf hat er bei Finanzinstituten (z. B. Zahlungs-/Tilgungsverhalten, Rentabilitätserwartungen von Geldgebern)?

2.3.2 Lieferanten

Der Betrieb braucht Informationen sowohl über Lieferanten, mit denen er schon in Geschäftsbeziehung steht, als auch über Lieferanten, die zusätzlich oder alternativ in Frage kommen.

Informationen können in einer Übersicht dargestellt und anschließend ausgewertet werden (→ S. 272).

Die Sammlung, die Auswertung und der Vergleich dieser Informationen ist sowohl für das Beschaffungs- als auch für das Absatzmarketing von Bedeutung.

MARKETING

Checkliste Lieferanten.pdf

	Checkliste Lieferanten		
		Lieferant A	**Lieferant B**
Leistungsstärke	Marktanteil		
	Bekanntheitsgrad		
	Kompetenz der Mitarbeiter		
Konditionen	Preise		
	Rabatte		
	Zahlungsbedingungen		
	Lieferungsbedingungen		
	Lieferfristen		
Angebot	Breite des Angebots		
	Qualität/Zertifizierung		
Service	Umgang mit Reklamationen		
	Gewährleistungsfristen		
	Beratung		

günstiger Einkauf

Der Vergleich dieser wesentlichen Rahmendaten tatsächlicher und möglicher Lieferanten ist für das **Beschaffungsmarketing** von großer Bedeutung und trägt dazu bei, Beschaffungsvorgänge wirtschaftlicher zu gestalten. Wer keine Preise, Konditionen und Qualitäten vergleicht, kann das Preis-Leistungs-Verhältnis nicht einschätzen und gibt unnötig Geld aus (→ S. 296).

interne Beschaffungsdaten

Auch viele interne Daten müssen aufbereitet werden. Wer genau weiß,
- wie viel,
- wovon,
- in welchem Zeitraum,
- mit welcher Regelmäßigkeit,
- bei welchem Lieferanten

eingekauft wurde, stärkt dadurch seine Verhandlungsposition.

Für das **Absatzmarketing** gilt, dass die Qualitäten und Preise der eingekauften Betriebsmittel, Werkzeuge, Materialien und Vorprodukte entscheidenden Einfluss auf die Qualität der eigenen Produkte und Leistungen und auf die Preise haben, zu denen der Handwerksbetrieb seinerseits anbieten kann.

MARKETING

2.3.3 Wettbewerber

Ein ganz nahe liegender Gedanke bei der Informationssammlung ist der, sich mit der Konkurrenz zu beschäftigen. Nicht jede Unternehmung, die mit einem vergleichbaren Angebot antritt, ist automatisch ein Konkurrent oder direkter Wettbewerber.

Dies sind diejenigen Betriebe, die sich im selben Einzugsbereich mit nahezu identischem Angebot an dieselben Zielgruppen wenden wie das eigene Unternehmen. Diese direkten Wettbewerber sollten umfassend unter die Lupe genommen werden. Ein mögliches Vorgehen zeigt die Checkliste.

Analyse direkter Wettbewerber

Checkliste: Beurteilung von Wettbewerbern												
	Wettbewerber A				Wettbewerber B				Eigen. Unternehmen			
	1	2	3	4	1	2	3	4	1	2	3	4
Marktstellung: Produkt/ Leistungsbreite												
Qualität												
Preisniveau												
Image												
Betrieb: Standort												
Ausstattung												
Umsatz												
Mitarbeiter: Anzahl												
Qualifikation												
Motivation												
Auftreten												

Checkliste Wettbewerber.pdf

Am Anfang der Wettbewerbsanalyse steht die Feststellung, welches die wichtigsten direkten Wettbewerber sind. Wurden diese identifiziert, müssen gezielt und vergleichbar Informationen zu folgenden wichtigen Fragen gesammelt werden:

Vergleichskriterien

- Welche Produkte, Verfahren und Leistungen bieten sie in welcher Qualität und zu welchen Preisen an?
- Welche Betriebsgröße, Betriebsform, Kapitalstruktur und Ausstattung hat der Wettbewerber? Als Quelle könnte z. B. das Handelsregister genutzt werden.
- Wie viele Mitarbeiter hat der Betrieb des Wettbewerbers? Wie sind diese qualifiziert? Welche Qualifikation hat der Unternehmer? Welche Unternehmensleitlinien, -philosophie, -ziele versucht er umzusetzen?

MARKETING

- Welche besonderen Wettbewerbsvorteile hat er? Welche Schwächen lässt er erkennen?
- Wie ist das Image des Wettbewerbers im Markt? Welchen Ruf hat er bezüglich Kompetenz, Zuverlässigkeit und Kundenbehandlung?
- Welche Maßnahmen der Kundenorientierung und welche Marketingmaßnahmen des Wettbewerbers sind im Markt erkennbar?

Informationssammlung

Sicherlich kann es schwierig sein, genaue Informationen zu wichtigen Wettbewerbern zu bekommen. Wer lässt sich schon gern in die Karten schauen? Eine Einschätzung kann jedoch vorgenommen werden, wenn man Informationen, die man durch Kunden, Mitarbeiter, Lieferanten, Bekannte, andere Betriebe, durch die Presse und gelegentlich auch durch den Wettbewerber selbst bekommt, systematisch aufnimmt und verwendet. Nichts spricht dagegen, parallel zur Kundenkartei eine Wettbewerbskartei oder -datei aufzubauen, in der diese Informationen gesammelt werden.

Auswertung

Die Informationen können so systematisch zusammengefasst und ausgewertet werden. Zur besseren Vergleichbarkeit kann jeder Wettbewerber für jedes Kriterium eine Einschätzung erhalten (z. B. Noten oder Punkte).

2.3.4 Zielgruppen- und Kundenanalyse

Zunächst ist zwischen Zielgruppen einerseits und Kunden andererseits zu unterscheiden. **Kunden** sind all diejenigen, die die Leistung des Betriebs bereits nachgefragt haben. Unter **Zielgruppen** versteht man tatsächliche, vor allem aber mögliche Nachfrager, für die der Betrieb mit seiner Leistung und seinen Produkten interessant ist und die ihrerseits interessant für den Betrieb sind. Auf die Zielgruppen richtet sich darum das Hauptaugenmerk im Marketing.

Das Ziel der Analyse besteht darin, neue Zielgruppen zu erkennen, zu gewinnen und zu halten. Interessierende Zielpersonen sollen Kunden werden und bleiben. Hierzu muss das Konzept sich an Zielgruppen und ihren Bedürfnissen orientieren. Umgekehrt müssen diese Zielgruppen zum Konzept des Betriebs passen.

Kunden und Zielgruppen

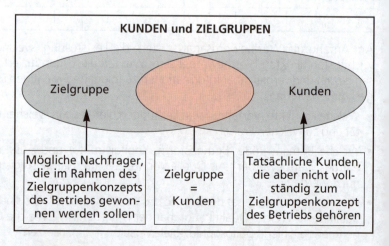

274

MARKETING

Im Folgenden wird hauptsächlich von Zielgruppenanalyse gesprochen, wobei Marketing um so treffsicherer umgesetzt werden kann, je größer die Übereinstimmung zwischen Zielgruppen und tatsächlichen Kunden ist.

Bestandsaufnahme

Zunächst gilt es, Informationen über die tatsächliche Kundenstruktur zu sammeln. Die Informationen, die der Betrieb als wesentlich erachtet, sollten in einer Kundenkartei/-datei systematisch festgehalten werden.

Analyse der Kundenstruktur Kundendatei

- **Grundsätzliche Informationen:**
  Wohnort, Einkaufsort, Firmensitz der Kunden, Erwartungen und Ansprüche, Motivation zur Kaufentscheidung/Auftragsvergabe (z. B. Preis, Qualität, Neuheit, Prestigewert etc.)
- **Bei Privatkunden:**
  Alter, Geschlecht, Familienstand, Wohnsituation, Beruf, Einkommenssituation (kann unter Umständen auf Grundlage des Wohnorts, der Wohnsituation oder des Berufs geschätzt werden), Zahlungsgewohnheiten
- **Bei Firmenkunden oder Generalunternehmern:**
  Betriebszweck, Betriebsgröße, finanzielle Ausstattung, Ruf im Markt, Zahlungsgewohnheiten, Person und Position des Ansprechpartners/Entscheidungsträgers
- **Betriebsbezogene Informationen:**
  Anzahl der Kunden, Regelmäßigkeit der Geschäftsbeziehung, Zusammensetzung (z. B. Anteil der Stamm-/Lauf-/Neukunden, der Privat-/Firmenkunden/öffentlichen Auftraggeber, Höhe des Auftragsvolumens, positive Rückmeldung z. B. durch Weiterempfehlung; negative Rückmeldung z. B. durch Reklamationen, Gründe für Kundenverluste, Erfolgsgrad von Angeboten.)

Sinnvollerweise sollten diese Informationen – eingebunden in ein Controlling- und/oder Qualitätsmanagement-System – gesammelt werden, da von diesen Erkenntnissen alle Unternehmensbereiche betroffen sind.

So immens wichtig eine Bestandsaufnahme auch ist, die zukunftsgerichtete Sammlung von Informationen zu neuen Zielgruppen trägt zum Überleben des Betriebs bei. Hier interessieren zusätzlich zu den oben genannten grundsätzlichen Informationen folgende Fragen:

Erschließen von neuen Zielgruppen

- Welche Zielgruppen kommen zusätzlich in Frage?
- Was kennzeichnet diese Zielgruppen und unterscheidet sie voneinander?
- Gibt es Trends, Entwicklungen oder technische Neuerungen, die neue Zielgruppen erschließen können (→ S. 276)?
- Wie groß ist das Einzugsgebiet? Kann es erweitert werden, um neue Zielgruppen zu erschließen? Gibt es Zielgruppen im derzeitigen Einzugsgebiet, die bislang wenig berücksichtigt wurden?
- Welche Veränderungen im Umfeld des Standorts (Bebauung oder Infrastruktur) bringen neue Zielgruppen? Beispiele: Erschließung von Wohn-

MARKETING

oder Gewerbegebieten, Neubau von Schulen, Seniorenheimen etc., Eröffnung von anderen Handels- oder Dienstleistungsbetrieben, Infrastrukturmaßnahmen wie Straßenausbau oder Errichtung von Fußgängerzonen.

Es liegt auf der Hand, dass die Zielgruppenanalyse in all ihren Aspekten sehr viel mit der Analyse der Produkte und Leistungen im Markt zu tun hat. Zielgruppen ohne ein entsprechendes betriebliches Produktangebot sind ebenso wenig denkbar wie Produkte ohne Zielgruppen.

2.3.5 Produktanalyse

allgemeine Marktinformationen

Um derzeitige und zukünftige Marktchancen zu erkennen, muss bekannt sein, welche Produkte und Leistungen welche Zielgruppen/Kunden aus welchen Gründen bevorzugen und was der Wettbewerb anbietet. Auch allgemeine Marktinformationen zu Entwicklungen, Trends, Mode oder dem Stand der Technik bei Produkten, Materialien und Verfahren sind in diesem Zusammenhang zu betrachten. Sie können meist der Fachpresse entnommen werden.

Beispiele:
Ein Friseur, der nicht die modernen Schnitttechniken beherrscht, ein Heizungsbauer, der sich nicht mit Solartechnik auskennt, ein Bäcker, der sich nicht mit vollwertiger Ernährung auseinander setzt, oder ein Elektriker, an dem die Kundenanforderungen bezüglich moderner, vernetzter Informationstechnologie spurlos vorüber gegangen sind, werden Marktchancen nicht nutzen können, sondern vielmehr über kurz oder lang im Markt Schiffbruch erleiden.

Bestandsaufnahme

Auch hier ist zunächst eine „Bestandsaufnahme" sinnvoll, um überhaupt zu erkennen, wie leistungsfähig der Betrieb mit seinen Produkten ist bzw. wie leistungsfähig er sein könnte.

Dabei sind folgende Aspekte zu untersuchen:

- Welche Leistungen bietet der Betrieb an?
- Welche Produkte und Leistungen werden von welchen Kunden nachgefragt?
- Wie oft werden sie nachgefragt (Zahl der Angebote, Absatzzahlen)?
- Wie viel Umsatz wird mit welchen Produkten oder Leistungen erzielt?
- Welche Deckungsbeiträge werden erwirtschaftet?
- Welche Produkte und Leistungen bringen in welchem Umfang Gewinne (Produkte und Leistungen als Kostenträger!)?
- Wie ist der Ausbildungsstand der Mitarbeiter?
- Wie ist die Qualität der einzelnen Produkte und Leistungen?

Fragen zur Marktentwicklung

Gleichzeitig muss man sich mit der Marktentwicklung beschäftigen:

- Nach welchen Produkten besteht die größte Nachfrage?
- Wie wird sich diese Nachfrage entwickeln?

- Welche Produkte kann der Betrieb zusätzlich anbieten, auf welche sollte er verzichten? (Ziel hierbei ist u. a. die optimale Nutzung und Auslastung der betrieblichen Kapazitäten)
- Gibt es Produkte und Leistungen, die Kunden wünschen, die aber bislang nicht angeboten wurden?
- Welche Neuerungen können im eigenen Betrieb entwickelt werden?
- Welche Neuerungen aus dem Markt kann der Betrieb übernehmen und zusätzlich anbieten?
- Welche Umsatzzahlen, Absatzzahlen, Deckungsbeiträge und Gewinnanteile können dadurch erzielt werden?

Aus der Produktanalyse ergeben sich Ansatzpunkte für das betriebliche Handeln im Bereich Produkt- und Sortimentspolitik (→ Kapitel 3.3). Da Märkte sich ständig und in immer stärkerem Ausmaß verändern, müssen die eigenen Produkte und Leistungen immer wieder unter die Lupe genommen werden, um sicherzustellen, dass sie marktgerecht sind.

2.4 Marketingstrategie

Alle Grundsatzentscheidungen, die mittel- bis langfristig getroffen werden, um betriebliche Ziele zu erreichen, sind strategische Entscheidungen. Eine Strategie bestimmt den Weg zum Ziel; in ihr wird quasi in Grobplanung die Marschrichtung für die Handlungen des Betriebs festgelegt. — **strategische Entscheidungen**

Jeder Handwerksbetrieb hat aber eine Vielzahl von Zielgruppen und Produkten. Da das, was in strategischer Hinsicht für einen Geschäftsbereich gut und richtig ist, in einem anderen grundfalsch sein kann, wird es **die** Marketingstrategie nicht geben. Vielmehr sind unterschiedliche Strategien für unterschiedliche Geschäftsbereiche zu entwickeln. Diese Geschäftsbereiche sind Kombinationen von Zielgruppen und Produkten; man nennt sie **strategische Geschäftsfelder.** — **strategische Geschäftsfelder**

Wie kommt der Unternehmer nun dazu, strategische Geschäftsfelder zu erkennen und deren Unterschiedlichkeit bei der Formulierung von Strategien zu berücksichtigen?

Der Unternehmer betreibt **Marktsegmentierung,** d. h., er teilt den Gesamtmarkt in Teilmärkte (Marktsegmente) auf. Das ist sinnvoll, weil die Vielschichtigkeit des Marktes als Ganzes nicht erfasst und beeinflusst werden kann. Deshalb konzentriert sich der Unternehmer zweckmäßigerweise auf Teilmärkte, in denen er unternehmerisch handeln kann. — **Marktsegmentierung**

Damit keine Missverständnisse entstehen: Marktsegmentierung ist keine Strategie, Marktsegmentierung ist die unverzichtbare Voraussetzung, um überhaupt sinnvoll Marketing zu betreiben – oder anders ausgedrückt: „Wer nicht in Segmenten denkt, denkt nicht über Marketing nach" (Theodore Levitt, bekannter Marketing-Autor).

MARKETING

Die Vorgehensweise der Marktsegmentierung und die Bildung von strategischen Geschäftsfeldern sollen an einem Beispiel erläutert werden:

Schritt 1: Analyse der Ausgangssituation

Bäckermeister Schmidt macht sich Gedanken darüber, wie er den Erfolg seines recht gut gehenden Geschäfts auch langfristig sichern kann. Sein Ziel ist es, Stammkunden, die ihren Grundbedarf an Backwaren bei ihm decken, auch weiter an sich zu binden. Daneben will er neue Zielgruppen gewinnen, um sich weitere „Standbeine im Markt" zu schaffen. Sein Ladenlokal befindet sich in der Randlage einer Kleinstadt. In unmittelbarer Nähe gibt es Wohngebiete und eine Schule, direkt vor dem Haus befindet sich eine Bushaltestelle. Des Weiteren werden ganz in der Nähe kurzfristig zahlreiche Bauvorhaben in einem gerade erschlossenen Gewerbegebiet umgesetzt.

Schritt 2: Marktsegmentierung

Zunächst also macht sich Bäckermeister Schmidt Gedanken darüber, wie er seinen Markt segmentieren, d. h. in Teilmärkte aufteilen kann.

Aufteilung in Teilmärkte
Marktsegmentierung kann so erfolgen, dass man Zielgruppen unterscheidet, die in sich relativ gleichartig (= homogen) sind, die sich also gleich verhalten und behandeln lassen. Hier fließen die Informationen aus der Zielgruppenanalyse (→ S. 274) ein.

Je nachdem, welche Informationen vorliegen und um welches Gewerk es sich handelt, kann man unterschiedliche Kriterien für die Marktsegmentierung heranziehen. Bei einem Betrieb des Baunebengewerbes wie z. B. einem Elektroinstallationsbetrieb bietet sich eine Einteilung nach Funktionen seiner Auftraggeber an (private Kunden, Bauträger/Generalunternehmer, Architekten, Firmenkunden, öffentliche Auftraggeber). Bei einem Friseursalon ist es sicherlich sinnvoller, Marktsegmentierung nach den Kriterien Geschlecht und Alter vorzunehmen.

Festlegung der Zielgruppen
Bäckermeister Schmidt wählt als Kriterium, nach dem er den Markt einteilen will, die Arten des Bedarfs, der bei ihm gedeckt wird, und bestimmt folgende Zielgruppen:

- Zielgruppe 1:
  Kunden/Kundinnen, die ihren Grundbedarf an Backwaren bei ihm decken,
- Zielgruppe 2:
  Kinder und Jugendliche, von denen ein großer Teil in den angrenzenden Wohngebieten wohnt bzw. die nahe Schule besucht,
- Zielgruppe 3:
  Berufstätige, die im nahen Gewerbegebiet arbeiten, insbesondere solche, die auf ihrem Weg zur Arbeit die öffentlichen Verkehrsmittel direkt vor dem Ladengeschäft verlassen oder betreten,
- Zielgruppe 4:
  Firmen, die zu liefernde Leistungen in Anspruch nehmen (Kantine oder Bewirtung).

MARKETING

Ebenso verwendet Bäckermeister Schmidt die Informationen aus der Produktanalyse und teilt seine Produktbereiche ein:

Bestimmung der Produktbereiche

- Standardbackwaren (Brötchen und Brote),
- Vollwertbackwaren (Brötchen und Brote),
- Kleingebäck,
- Kuchen,
- Belegte Brötchen, kalte und warme Snacks,
- Kalte Buffets,
- Süßwaren,
- Kaffee und ergänzende Produkte wie Dosenmilch etc.

Schritt 3: Bildung strategischer Geschäftsfelder

Nun werden beide Aspekte, die Zielgruppen und die Produkte vereint, indem strategische Geschäftsfelder gebildet werden. Das kann zweckmäßigerweise in einer Tabelle erfolgen, in der die festgelegten Zielgruppen und Produkte eingetragen werden.

Beispiel: Bäckerei

Bildung strategischer Geschäftsfelder				
	Zielgruppe 1	Zielgruppe 2	Zielgruppe 3	Zielgruppe 4
Zielgruppen / Produkte	Kunden mit Grundbedarf	Kinder und Jugendliche	Berufstätige	Firmenkunden
Standardbackwaren	X	X	X	X
Vollwertbackwaren	X		X	
Kleingebäck	X	X	X	X
Kuchen	X			
Snacks	X	X	X	
Kalte Buffets	X			X
Süßwaren		X		
Kaffee etc.			X	

Bäckermeister Schmidt hat auf der Grundlage der ihm bekannten Marktdaten eingeschätzt, welche Zielgruppe überwiegend welche Produkte nachfragt bzw. welche Produkte für welche Zielgruppe schwerpunktmäßig interessant sind.

Durch diese Zuordnung hat er strategische Geschäftsfelder gebildet. Überall dort, wo in der Tabelle ein Kreuz ist, befindet sich für ihn ein strategisches Geschäftsfeld.

MARKETING

mehrdimensionale Betrachtung

Beide wichtigen Aspekte (Zielgruppen und Produkte) werden gleichzeitig berücksichtigt. Viele Handwerksunternehmer denken eindimensional, d. h. sie berücksichtigen vorwiegend die Zielgruppen („Wen spreche ich an, mit welchem Produkt auch immer") oder das Produkt („Was biete ich an, wem auch immer"). Die Gefahr besteht darin, den jeweils anderen Aspekt aus den Augen zu verlieren. Das Denken in strategischen Geschäftsfeldern dagegen macht es möglich, den Markt mit allen wichtigen Aspekten zu betrachten und Chancen und Risiken so besser zu erkennen.

Schritt 4: Bewertung

Bewertung der Geschäftsfelder

Chancen und Risiken können aber nur erkannt werden, wenn man die strategischen Geschäftsfelder auch bewertet. Um nun herauszufinden, welche Geschäftsfelder wie wichtig für den Betrieb sind, ersetzt man die Kreuze durch Zahlen. Daraus schließlich ergibt sich die Formulierung von Strategien.

Kriterien

Die Bewertung der strategischen Geschäftsfelder kann nach unterschiedlichen Kriterien erfolgen: Man kann dort beispielsweise eintragen,

- welche Umsätze bislang getätigt wurden bzw. erwartet werden,
- welche Deckungsbeiträge erwirtschaftet werden,
- welche Investitionen z. B. für Maschinen, die nur in bestimmten Geschäftsfeldern eingesetzt werden, getätigt wurden und so Aussagen zur Rentabilität treffen.

Der Einfachheit halber wird Bäckermeister Schmidt einmal die Geschäftsfelder bewerten, indem er die Anteile am Gesamtumsatz einträgt (die Zahlen sind willkürlich gewählt und geben nicht die typische Umsatzverteilung eines Bäckereibetriebs wieder):

Bewertung im Beispielbetrieb

	Bewertung strategischer Geschäftsfelder			
	Zielgruppe 1	Zielgruppe 2	Zielgruppe 3	Zielgruppe 4
Zielgruppen Produkte	Kunden mit Grundbedarf	Kinder und Jugendliche	Berufstätige	Firmenkunden (* Kantine)
Standardbackwaren	20 %	3 %	8 %	6 %*
Vollwertbackwaren	10 %		4 %	
Kleingebäck	5 %	2 %	3 %	3 %*
Kuchen	5 %			
Snacks		2 %	10 %	
Kalte Buffets	3 %			10 %
Süßwaren		1 %		
Kaffee etc.			5 %	

MARKETING

Die Bewertung ergibt im vorliegenden Beispiel u. a. Folgendes: **Ergebnisse**

- Der größte Teil des Umsatzes (20 %) wird mit traditionellen Backwaren (Brot und Brötchen) erzielt, die von Privathaushalten zur Deckung ihres Grundbedarfs nachgefragt werden. Bezieht man Berufstätige und Kinder/Jugendliche mit ein, ergibt sich gar ein Umsatzanteil von 31 %.
- Das Marketing für Firmenkunden wird anders aussehen als das Marketing für Privatkunden, da hier mit Ansprechpartnern verhandelt werden muss. Insgesamt können Firmenkunden aber 19 % des Gesamtumsatzes decken, weswegen es sinnvoll sein kann, über den Verkauf von Backwaren an Kantinen auch das lukrativere Geschäftsfeld „Buffets für Firmenkunden" zu erschließen.
- 10 % des Umsatzes werden mit Snacks für Berufstätige erzielt. Wenn bei gleicher Wettbewerbssituation für die Bäckerei mehr Betriebe im Gewerbegebiet angesiedelt werden, ist dieser Anteil sicherlich steigerungsfähig.
- Die für Kinder angebotenen Süßwaren erreichen nur einen Anteil von 1 % am Gesamtumsatz.

Diese Bewertung ist Grundlage für die Festlegung strategischen Vorgehens.

Schritt 5: Strategieentwicklung

Als Strategiealternativen bieten sich grundsätzlich folgende Möglichkeiten an: **Strategiealternativen**

- Geschäftsfelder entwickeln, indem man investiert,
- Geschäftsfelder nutzen, ohne zusätzlich zu investieren oder Finanzmittel abzuziehen,
- Geschäftsfelder abbauen, indem man deinvestiert, d. h. Finanzmittel abzieht.

Alle Strategieansätze lassen sich letztendlich auf diese drei Strategiealternativen zurückführen.

Für Bäckermeister Schmidt heißt das: **Strategieansätze als Ergebnis**

- Das Geschäftsfeld „Standardbackwaren für den Grundbedarf" bringt hohe Umsatzanteile ein, ist aber derzeit nicht wesentlich erweiterungsfähig. Die Ausstattung seiner Backstube ist hierfür ausreichend und muss kurzfristig nicht erneuert werden. Investitionen zur Erhaltung dieses Geschäftsfelds stehen also nicht an.
- Firmenkunden sind noch Neuland für ihn. Ob sich Investitionen lohnen, um die Kapazitäten seiner Backstube im Bereich der traditionellen Backwaren zu erweitern, wird sich zeigen. Sicherlich lukrativ ist das Geschäftsfeld „Buffets für Firmenkunden". Hierin sollte er investieren, z. B. indem er diese Dienstleistung verstärkt bekannt macht oder Aushilfen/ feste Mitarbeiter einstellt, die sich auf die Zusammenstellung von Buffets verstehen.
- Damit sich diese Investitionen in Mitarbeiter lohnen, sollte er auch das Geschäftsfeld „Buffets für privaten Bedarf" entwickeln, aufgrund des

geringen Umsatzanteils aber u. U. weniger offensiv, als er das bei Firmenkunden zu tun beabsichtigt. Er könnte z. B. in Kundengesprächen darauf hinweisen. Damit setzt er auch keine finanziellen Mittel ein, die er für andere Maßnahmen benötigt.

- Das Geschäftsfeld „Snacks für Berufstätige" ist für ihn besonders interessant, weil es gute Umsatzanteile erwirtschaftet, noch steigerungsfähig ist und im Trend der Zeit liegt. Auch hierin sollte er investieren, z. B. durch neue Produktideen oder Absatzideen (Lieferung an den Arbeitsplatz).
- Das Geschäftsfeld „Süßigkeiten für Kinder/Jugendliche" ist wenig lukrativ. Es erwirtschaftet den geringsten Anteil am Gesamtumsatz und wird wenig erweiterungsfähig sein. Zudem kommen offensichtlich für diese Ware kaum andere Zielgruppen in Frage. Hier muss er entscheiden, ob er deinvestiert und finanzielle Mittel, die er z. B. zur Bevorratung einsetzt, abzieht. Da jedoch die eingesetzten finanziellen Mittel bescheiden sein dürften und die Zielgruppe auch andere Produkte nachfragt und verstärkt nachfragen wird (aus jungen Kunden werden erwachsene Kunden!), liegt die strategische Entscheidung nahe, in diesem Geschäftsfeld weiter anzubieten – aber auf niedrigstem Niveau.

strategisches Handeln im Markt

Dieses Beispiel zeigt, dass strategisches Marketing die Grundvoraussetzung für planvolles Handeln im Markt ist. Was für den Betrieb des Bäckermeister Schmidt gilt, ist für alle Gewerke und jede Betriebsgröße methodisch in genau der gleichen Weise umsetzbar. Der Unternehmer erhält durch diese Vorgehensweise Klarheit darüber, mit welchen Handlungen in welchen Bereichen er seine Ziele erreichen kann. Voraussetzung hierfür ist allerdings eine eingehende Beschäftigung mit den eigenen Zahlen, Kennzahlen und Eckdaten, die das Controlling liefert (→ S. 225).

Bitte bearbeiten Sie abschließend die folgenden Aufgaben:

1. Begründen Sie, warum und wofür ein Unternehmen Marktanalysen, Marktbeobachtung und Marktprognosen benötigt.

2. Welche Methoden der Marktforschung stehen Ihnen zur Verfügung und wann setzen Sie sie ein?

3. In welchen Fällen kann eine Fragebogenaktion an Kunden sinnvoll sein? Erarbeiten Sie einen Kundenfragebogen für Ihr Gewerk!

4. Erstellen Sie eine Analyse der beiden wichtigsten Wettbewerber im Vergleich zu den Leistungen „Ihres" Unternehmens.

5. Erläutern Sie, was man unter strategischen Geschäftsfeldern versteht und wie man sie bildet.

MARKETING

3. Marketingfunktionen und -instrumente auf der Absatzseite

> **Kompetenzen:**
> Der Lernende
> - kann erklären, was unter Kundenorientierung zu verstehen ist,
> - kann Maßnahmen der Kundenorientierung beschreiben, die den Zielen der Kundenbindung dienen,
> - kann die Bedeutung von Unternehmenskultur und Image erklären,
> - kann die verschiedenen produkt- und sortimentspolitischen Entscheidungen beschreiben,
> - kann Grundsätze der Werbewirkung und die Möglichkeiten des Einsatzes kommunikationspolitischer Instrumente benennen und einschätzen,
> - kann die wesentlichen Gesichtspunkte der Preisfindung erläutern,
> - kann die Bedeutung der Vertriebspolitik erklären sowie Vertriebskonzepte voneinander unterscheiden.

Die praktische Umsetzung in konkrete Maßnahmen erfolgt mithilfe der Marketing-Instrumente: **Marketing-Instrumente**
- Produkt- und Sortimentspolitik,
- Kommunikations- und Werbepolitik,
- Preis- und Konditionenpolitik,
- Vertriebspolitik.

Je nach Ziel werden aus den Marketing-Instrumenten verschiedene Möglichkeiten zu einem Maßnahmebündel zusammengestellt, dem **Marketing-Mix**. **Marketing-Mix**

3.1 Kundenorientierung und Kundenbehandlung

Kundenorientierung setzt bei den Bedürfnissen von Kunden an. Was aber wollen sie? Welches sind ihre Ansprüche, mit denen sich der Unternehmer auseinander setzen muss?

Kunden wollen

- zunächst die Deckung ihres unmittelbaren Bedarfs bzw. die konkrete Lösung ihres Problems; sie wollen handwerkliche Leistung, die ihnen Nutzen bringt; **Bedürfnisse der Kunden**

MARKETING

- sichere Produkte (z. B. sichere Heizungsanlagen, gesunde Nahrungsmittel, Sicherheitsausstattung beim Kfz);
- fachlich kompetent und qualifiziert beraten und betreut werden;
- Zuverlässigkeit, Pünktlichkeit, Termintreue, kurze Wartezeiten, Sauberkeit und eine ordnungsgemäße Behandlung ihres Eigentums;
- als Person wahr- und ernstgenommen werden. Sie erwarten Höflichkeit und Freundlichkeit.

Definition Kundenorientierung umfasst die bewusste, systematische und konsequente Ausrichtung aller Unternehmensaktivitäten auf die Bedürfnisse des jeweiligen Kunden.

Sie setzt die Fähigkeit beim Unternehmer, aber auch bei den Mitarbeitern voraus, die eigenen Leistungen und vor allem das eigene Auftreten aus der Sicht des Kunden betrachten zu können. Dabei sind es oft „Kleinigkeiten", die unter dem Strich von zentraler Bedeutung sind. Genau diese vermeintlichen Nebensächlichkeiten werden häufig zum entscheidenden Kriterium in der Beurteilung, ob ein Kunde mit der Leistung zufrieden ist oder nicht. „Kleinigkeiten" wie die Tasse Kaffee in der Kfz-Werkstatt, die Scheibe Wurst für Kinder beim Metzger oder eine freundliche Bedienung beim Optiker können der Anlass sein, den jeweiligen Betrieb anderen Wettbewerbern vorzuziehen.

Verantwortlichkeit Wer ist nun verantwortlich für die Umsetzung von Kundenorientierung? Das ist jeder Mitarbeiter des Betriebs. Kunden unterscheiden nicht immer zwischen Person und Unternehmen. Wenn sie sich nicht richtig behandelt fühlen, interessiert nicht die schlechte Tagesform des Mitarbeiters. Sein Verhalten wird auf das ganze Unternehmen übertragen.

Der Unternehmer hat zwar Vorbildfunktion für seine Mitarbeiter, doch muss klar sein, dass jeder Mitarbeiter an der „Kundenfront" den Betrieb schlechthin vertritt und verantwortlich dafür ist, wie er in der Öffentlichkeit wahrgenommen wird.

3.2   Unternehmensbild und Unternehmenskultur

Der Umgang miteinander und mit Kunden ist eine feste Größe innerhalb der Unternehmenskultur. Eine Unternehmung kann mehr sein als der organisierte Kauf und Verkauf von Arbeitskraft, Waren, Dienstleistungen und Kapital. In ihr setzen sich vielmehr Menschen mit anderen Menschen auseinander, und der Faktor Mensch ist das größte Potenzial einer Unternehmung.

Unternehmenskultur **Unternehmenskultur** ist der sichtbare Ausdruck gemeinsamer Werte und Visionen. Diese Werte sind oft schriftlich niedergelegt und müssen allen Mitarbeitern bekannt und von ihnen anerkannt sein. Um Unternehmenskultur leben zu können, müssen sie wissen, nach welchen Spielregeln sich jeder verhalten muss.

MARKETING

Die Unternehmenskultur soll einem Betrieb eine Persönlichkeit am Markt geben, eine einheitliche, unverwechselbare Identität. Man spricht in diesem Zusammenhang auch von **Corporate Identity** (einheitliches Auftreten am Markt). Diese wird ganz offensichtlich durch ein einheitliches Erscheinungsbild, das man **Corporate Design** nennt (einheitliche Firmenfarbe, Verwendung von Logos oder Firmenschriftzügen auf Fahrzeugen, Arbeitskleidung, Drucksachen etc.).

CI

CD

Gelebte Unternehmenskultur, die Orientierung an gemeinsamen Werten und Leitideen (Marketing, Kundenorientierung, Qualität, Ethik, Ökologie etc.) trägt entscheidend dazu bei, das **Unternehmensbild** in der Öffentlichkeit zu schaffen. Ein Unternehmensbild ist kein „Schicksal", sondern wird geformt von dem, was in der Unternehmung passiert.

Unternehmensbild

Um sich mit einem konkreten Unternehmensbild im Markt erkennbar zu positionieren und unverwechselbar zu machen, muss Klarheit in folgenden Punkten erreicht werden:

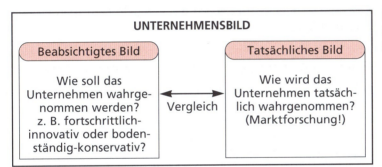

Wahrnehmung des Unternehmensbildes

Wenn das tatsächliche Bild nicht dem beabsichtigten entspricht, muss „nachgebessert" werden. Es müssen Maßnahmen ergriffen werden, um das Bild zu korrigieren oder klarer zu machen. Hierfür bieten sich Kundenorientierung und alle Marketing-Instrumente an.

Korrektur des Unternehmensbildes

Beispiel:

Ein Tischlereibetrieb sieht sich als ein Unternehmen, das kreativ nach eigenen und Kundenvorstellungen individuelle Möbel (Unikate) herstellen möchte. Dieses Bild ist im Markt jedoch wenig konkret angekommen. Mancher denkt „Das ist zu ausgefallen und sowieso nichts für meinen Geschmack", und andere glauben, dass sich der Betrieb nur mit der Fertigung von Einbaumöbeln beschäftigt.

Um sein Bild klarer zu übermitteln, kann der Unternehmer z. B. seine Marketing-Instrumente einsetzen:

- Er gestaltet sein Logo dezent, unterlegt es mit einem griffigen Slogan („Design, in dem man sich wohl fühlt") und platziert es auf allen Drucksachen und Werbemitteln, auf Arbeitskleidung, Firmenfahrzeugen und Schildern.
- Er hält Mitarbeiter zur individuellen und freundlichen Kundenbehandlung an und praktiziert dies auch selbst.

- Er stellt Designbeispiele aus, vielleicht sogar solche, für die er einen Preis bekommen hat, und veranstaltet Hausmessen oder einen Tag der offenen Tür oder richtet einen Ausstellungsraum ein.
- Er wirbt weniger in Anzeigenblättern, sondern vielmehr in Wohnzeitschriften.
- Er vermittelt durch seine Preise, dass Individualität ihren Preis hat, andererseits aber seine Produkte für seine Zielgruppen erschwinglich sind.

3.3 Produkt- und Sortimentspolitik

Ein wichtiges absatzpolitisches Instrument ist die Produkt- und Sortimentspolitik. Sie befasst sich mit der Frage, was überhaupt am Markt angeboten werden soll.

Definition — Alle Entscheidungen im Bereich der Produkte fasst man im Begriff **Produktpolitik** zusammen.

Innovation — Eine Möglichkeit besteht darin, neue Produkte auf den Markt zu bringen **(Produktinnovation),** um so neue Geschäftsfelder zu bilden.

Man kann durch die eigene Entwicklung neuer Produkte und Verfahren (echte Innovation) etwas im Markt anbieten, das es vorher noch nicht gab. (Ca. 60 % aller Patentanmeldungen kommen aus kleineren und mittelständischen Handwerksbetrieben!) Wenn Bedarf vorhanden ist, stehen die Chancen gut, zumindest kurzfristig als Alleinanbieter in einem Marktsegment handeln zu können, also eine **Marktnische** zu besetzen.

Marktnische

Nachahmung — Eine andere Möglichkeit ist, bereits im Markt vorhandene Produkte nachzuahmen und ebenfalls anzubieten. Der Wettbewerb in den entsprechenden Marktsegmenten ist ungleich stärker als bei der Markteinführung echter Innovationen. Man tritt als Konkurrent in eine Marktnische, in der andere Anbieter bereits einen Wettbewerbsvorsprung haben. Allerdings ist das Produkt bereits bekannt, was den Absatz erleichtern kann.

Anbieter solcher Produkte haben außerdem nicht in gleichem Maße Aufwendungen für die Produktentwicklung zu tragen, da dieser wichtige Teil der Pionierarbeit bereits von anderen geleistet wurde. Daher treten sie meist mit niedrigeren Preisen im Markt auf, denn dieser Kalkulationsvorteil kann dazu genutzt werden, über den Preis Kunden vom ursprünglich innovativen Anbieter wegzulocken.

Variation — Produkte können verändert oder verbessert werden **(Produktvariation),** indem neue Materialien oder Verfahren eingesetzt werden, um z. B. die Qualität zu heben.

Elimination — Schließlich kann man als dritte produktpolitische Variante Produkte ganz aus dem Angebot herausnehmen **(Produktelimination).** Wenn der Umsatz mit einem Produkt dauerhaft sinkt und keine Aussicht auf Besserung besteht, verhindert ein rechtzeitiger Verzicht auf das Produkt, dass

MARKETING

nicht mehr lebensfähige Produkte wie Ballast mit sich herumgeschleppt und damit meist Chancen auf flexibles und schlagkräftiges Handeln im Markt vergeben werden.

Jede Entscheidung zu einem Produkt hat auch Auswirkungen auf das Sortiment als Leistungsspektrum des Betriebs insgesamt. **Sortimentspolitik** umfasst entsprechend die Entscheidungen, wie das Gesamtangebot so gestaltet werden kann,

- dass es in sich schlüssig ist,
- dass der Absatz der einzelnen Produkte den Absatz der jeweils anderen nicht hemmt und
- dass der Betrieb langfristig marktgerechte Leistungen anbieten und so seine Existenz sichern kann.

Sortimentspolitik

Jedes Produkt ist nicht nur für sich allein genommen zu betrachten, sondern auch als Bestandteil des Sortiments. So ergeben sich innerhalb des Sortiments die vielfältigsten Beziehungen der Produkte untereinander. Produkte können den Absatz anderer Produkte hemmen (Produkte, die andere ersetzen) oder ihn fördern (Produkte, die andere ergänzen). Es ist daher wichtig, das Sortiment so zu gestalten, dass sich möglichst viele „förderliche" Beziehungen ergeben.

Von besonderer Bedeutung ist die Entscheidung, wie spezialisiert das Leistungsspektrum eines Unternehmens ist. Gibt es viele unterschiedliche Leistungen, so ist der Betrieb ein **Generalist** („alles aus einer Hand"), konzentriert sich der Betrieb jedoch auf eine oder wenige Leistungsarten, in denen er besondere Kompetenz hat, ist er ein **Spezialist.**

Generalist

Spezialist

Beispiele:
Eine Bauunternehmung ist typischerweise ein Generalist. Hier gibt es eine Vielzahl von Leistungsbereichen (Tiefbauarbeiten, Hochbauarbeiten, Innenausbau und vieles mehr). Ein Betrieb, der sich ausschließlich mit Betonsanierung beschäftigt, ist ein Spezialist.

Ein Sonderfall eines Generalisten ist eine Unternehmung, die **Diversifikation** betreibt, d. h. die verschiedene Sortimentsbereiche hat, die miteinander nicht in Zusammenhang stehen müssen. Beispiele: der Bäckereibetrieb, der auch Kaffee anbietet; der Friseur, der auch ein Kosmetikstudio betreibt; der Dachdeckerbetrieb, der auch Arbeitsbühnen und Gerüste verleiht.

Diversifikation

Im Hinblick auf die langfristige Existenzsicherung ist es wichtig, das Sortiment durch eine gesunde Mischung von „alten" und „neuen" Produkten zu strukturieren, wobei diese nach ihrer Ertragsfähigkeit zu bewerten sind (→ Geschäftsfelder, S. 277).

gesunde Produktmischung

Ein gut gemischtes Sortiment sollte Produkte aufweisen, die im Markt eingeführt sind und Überschüsse (hohe Deckungsbeiträge) erwirtschaften. Diese können dann zum Teil in Innovationen investiert werden, die mittelfristig lukrativ werden und die älteren Produkte ablösen, sobald sie unrentabel werden.

MARKETING

3.4 Kommunikations- und Werbepolitik

Das Werkzeug der Kommunikationspolitik wird im Marketing-Mix eingesetzt, um dem Markt mitzuteilen, dass es das Unternehmen überhaupt gibt, was es anbietet und welche Argumente es gibt, mit ihm zusammenzuarbeiten. Hierfür stehen im Einzelnen die Instrumente der Werbung, der Öffentlichkeitsarbeit und der Verkaufsförderung zur Verfügung, die sich wechselseitig ergänzen sollen.

3.4.1 Werbung

Aufgabe der Werbung

Werbung wendet sich an die tatsächlichen und möglichen Kunden eines Betriebs und hat die Aufgabe, diesen Zielgruppen Mitteilungen über Produkte und Leistungen zu machen, um so mittel- bis langfristig den Absatz zu steigern.

Werbemaßnahmen gehören zu den Aktivitäten eines Betriebs, die am ehesten wahrgenommen werden. Um Werbung zu treiben, stehen dem Handwerksbetrieb die unterschiedlichsten **Werbemittel** zur Verfügung:

Werbemittel

Werbeanzeigen, Werbebriefe, Faltblätter, Visitenkarten, Werbegeschenke und Streuartikel, Prospekte und Broschüren, Schilder, Plakate, Tafeln und Schaufenstergestaltung, Werbedias und Hörfunkspots, Websites und Eintragungen in Telefon-, Branchen- und Adressbüchern.

Werbehilfe

Zudem gibt es Gegenstände, die zwar zunächst nicht der Werbung dienen, die aber u. a. auch zu Werbezwecken eingesetzt werden können (Werbehilfen). Eine klassische Werbehilfe ist ein Firmenfahrzeug, das in erster Linie Menschen und Material transportieren soll, das aber mit Werbeaufdrucken versehen auch der Werbung dient.

Welche Werbemittel eingesetzt werden, ist abhängig von

- der Zielgruppe: Firmenkunden werden z. B. kaum von Werbedias, Senioren kaum von Websites angesprochen;

Werbebudget

- dem Werbebudget: Der finanzielle Rahmen, in dem der Betrieb Ausgaben für Werbung tätigen will, kann die Auswahl einschränken.

Darüber hinaus ist gerade im Bereich der Werbemittel – abgesehen vom Wettbewerbsrecht – der Phantasie keine Grenze gesetzt. Gerade nicht alltägliche, pfiffige Werbemittel kommen an.

Werbeträger

An die Entscheidung, welche Werbemittel eingesetzt werden, schließt sich die Wahl des Werbeträgers an. Der **Werbeträger** ist das Medium, das für die Verbreitung (Streuung) verantwortlich ist.

Beispiel: Die Plakatwand ist der Werbeträger für das Werbemittel Plakat; die Zeitung für das Werbemittel Anzeige.

Wesentlich für die Auswahl des Werbeträgers ist die Bestimmung der Zielgruppe, die angesprochen werden soll.

MARKETING

Zielgruppen und Werbeträger		
Zielgruppe	**Werbemittel**	**Werbeträger**
Fachpublikum	Anzeige	Fachzeitschriften
breites Zielgruppenspektrum	Anzeige	Tageszeitungen/ Plakatwand
Zielgruppen in einem speziellen Einzugsbereich	Anzeige/Beilage	regionale Zeitungen
Zielgruppen in mehreren Regionen	Anzeige/Website	überregionale Zeitungen mit hoher Auflage/ Internet

Ziel ist es, Streuverluste zu vermeiden. Streuverluste gibt es, wenn Personen die Werbung wahrnehmen, die für das angebotene Produkt gar keinen Bedarf haben (Mieter haben z. B. keinen Bedarf für Tiefbauarbeiten). **Streuverlust**

Nach der Wahl der Werbemittel und Werbeträger steht die Gestaltung der Werbemittel an. Durch die graphische, textliche oder akustische Gestaltung soll sichergestellt werden, dass die Botschaft ankommt. Hierzu muss man wissen, wie Werbung wirkt: **Gestaltung**

Werbung muss wahrgenommen werden. Eine langweilige Anzeige oder ein schlecht gestalteter Brief, der ungelesen in den Papierkorb wandert, ist unwirtschaftlich und sinnlos.

Ist die Aufmerksamkeit der Zielperson geweckt, ist die erste Hürde genommen. Dann muss die Aufmerksamkeit erhalten werden, um die Botschaft zu vermitteln. Anzeigen sollen nicht nur wahrgenommen, sondern auch gelesen werden. Plakate sollen dauerhaft im Gedächtnis bleiben und nicht an der nächsten Ampel vergessen sein. **Wirkung von Werbung**

Dies gelingt durch das Wecken und Ansprechen eines ganz persönlichen Interesses an der Werbeaussage. Schließlich muss dieses Interesse zum Wunsch gesteigert werden, das Produkt zu besitzen.

Zum Schluss muss die Gelegenheit gegeben werden, tätig zu werden, also tatsächlich zu kaufen bzw. sich mit dem Unternehmen in Verbindung zu setzen (z. B. Antwortkarte, Angabe von Telefonnummer und Anschrift).

Dieses Prinzip der Werbewirkung kann man mit vier Buchstaben zusammenfassen: Werbung wirkt nach dem **AIDA-Prinzip**. **AIDA-Prinzip**

Gute Werbung ist die, die nach dem AIDA-Prinzip gestaltet wurde, sei es, dass sie über Witz, Originalität, Provokation, Größe, Übersichtlichkeit oder über überraschende Momente wirkt. Immer wiederkehrende Gestaltungselemente wie Logo, Slogan oder Firmenschriftzug, die Werbung einprägsam machen, sind dabei unverzichtbar.

MARKETING

AIDA

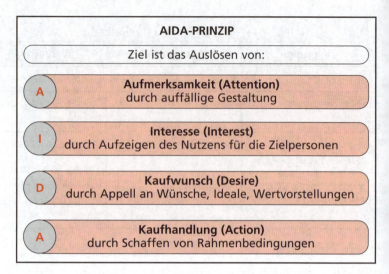

3.4.2 Öffentlichkeitsarbeit

PR Öffentlichkeitsarbeit – auch **Public Relations (PR)** genannt – wendet sich hauptsächlich an die gesamte Öffentlichkeit und will die Beziehungen zur Öffentlichkeit so gestalten, dass ein positives Image entsteht. Sie wendet sich also nicht nur an Kunden.

Die Aussagen der Öffentlichkeitsarbeit betreffen oft die Werte, die der Betrieb vertritt, die Unternehmenskultur oder Corporate Identity. Öffentlichkeitsarbeit dient der Schaffung und Beeinflussung eines Unternehmensbildes (→ Kapitel 3.2)

- im Hinblick auf die Gewinnung und Bindung von Kunden,
- unter dem Aspekt, Mitarbeitern Möglichkeiten zu verschaffen, sich mit dem Unternehmen zu identifizieren,
- in Bezug darauf, Lieferanten, geeignete Mitarbeiter oder Kapitalgeber für den Betrieb zu interessieren.

Mittel der PR Auch hier stehen die vielfältigsten Mittel zur Verfügung. Das sind zum einen die Mittel der Werbung. Daneben sind es insbesondere Veranstaltungen, bei denen der Betrieb Gelegenheit hat, sich zu präsentieren.

Das können Messeauftritte, die Beteiligung an regionalen Leistungsschauen oder der klassische „Tag der offenen Tür" sein.

Presse Es ist wichtig, dass die Unternehmung in positiver Hinsicht im Gespräch ist. Daher ist die Presse als Medium gar nicht hoch genug einzuschätzen. Betriebe können

- Kontakte zu Lokalredaktionen von Zeitungen aufbauen,
- Mitteilungen für die Presse zu eigenen Veranstaltungen (z. B. Tag der offenen Tür, Messebeteiligung) verfassen,
- Redakteure zu Veranstaltungen einladen.

MARKETING

In diesem Zusammenhang gewinnt auch das **Sponsoring** eine immer größere Bedeutung, sei es als Unterstützung sportlicher oder kultureller Veranstaltungen oder als soziales und humanitäres Engagement. Beispiele: Stiften von Trikots mit Firmenlogo für örtlichen Fußballverein, Unterstützung von karitativer Essensausgabe, finanzielles Engagement für Opfer von Naturkatastrophen, Rettung einer unter Finanznot leidenden kulturellen Institution.

Sponsoring

Letztlich sind auch alle Maßnahmen der Kundenorientierung Aktivitäten, die Wirkungen in der Öffentlichkeitsarbeit haben.

3.4.3 Verkaufsförderung

Im Gegensatz zur Werbung dient Verkaufsförderung oder **Salespromotion** dazu, kurzfristig den Absatz bestimmter Produkte anzukurbeln. „Kurzfristig" ist hierbei im wahrsten Sinne des Wortes zu verstehen, denn manche Kaufentscheidungen fallen innerhalb von wenigen Sekunden.

Salespromotion

Fast sämtliche Arten von Sonderaktionen fallen hierunter. Sonderverkäufe, Sonderangebote oder Aktionen mit kostenlosen oder geringpreisigen Leistungen (z. B. Lichttest in einer Kfz-Werkstatt) dienen nicht nur dazu, den Absatz dieser Produkte und Leistungen anzukurbeln, sondern sollen Kunden anlocken und so generell den Absatz fördern.

Sonderaktionen

Draufgaben, Prämien- und Rabattsparsysteme (z. B. Rabattmarken oder Treuekarten), Probekauf oder Probieraktionen gehören genauso zum Bereich der Verkaufsförderung wie Gewinnspiele oder Preisausschreiben. Für Ladengeschäfte ist auch die Form der Produktpräsentation (Mitnahmeartikel an der Theke, in Displays oder Gondeln) wichtig. Sinn ist es hierbei, Kunden anzulocken und den ersten, wichtigen Kaufimpuls bzw. Impuls zur Auftragsvergabe auszunutzen.

Produktpräsentation

3.5 Preis- und Konditionenpolitik

Warum sind Preise wichtig? Warum stellen Kunden Preisvergleiche an? Warum vergleichen auch Betriebe Einkaufspreise? Die Antwort ist nahe liegend: Niemand hat Geld zu verschenken. Mit dem zur Verfügung stehenden Geld sollen möglichst viele Bedürfnisse befriedigt werden. Wenn das Preis-Leistungs-Verhältnis nicht stimmt, gibt man Geld aus, ohne eine angemessene Gegenleistung dafür zu erhalten.

Preisvergleich

Oft kann man einen Kauf oder eine Auftragsvergabe vorher qualitativ nicht genau einschätzen. Man kauft oder bestellt auf „Vertrauensvorschuss". Damit bleibt vor allem der Preis einer Leistung bzw. eines Produkts als konkrete, zahlenmäßig erfassbare und vergleichbare Größe. Vor der Auftragsvergabe ist der Preis ein wesentliches Kriterium – oft auch das wesentliche Kriterium schlechthin –, das der Kunde für seine Entscheidung heranzieht.

MARKETING

Was liegt also näher, als Preise bewusst als Werkzeug der Marktbeeinflussung einzusetzen?

Welche Aspekte sind nun bestimmend für die Festlegung von Preisen? Im Wesentlichen sind dies drei Gesichtspunkte:

Aspekte der Preisgestaltung

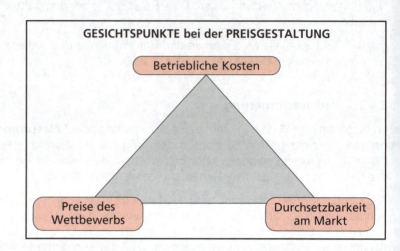

Kostendeckung Im Rahmen der betrieblichen Ziele ist es zunächst wichtig, die fixen und variablen Kosten, die mit dem Angebot und der Leistungserstellung verbunden sind, zu decken und zusätzlich einen Gewinn zu erwirtschaften.

Zu nur kostendeckenden Preisen anzubieten, ist nur kurzfristig und in besonderen Situationen möglich, wenn z. B. das Angebot als Lockvogel für einen größeren, lukrativen Auftrag dient.

Preisvergleich mit Wettbewerb Die Preise des Wettbewerbs bieten Anhaltspunkte für die eigene Preisgestaltung und Vergleichsmöglichkeiten für den Kunden. Für die eigene Preispolitik ergibt sich die Wahl, sich durch Übernahme von Durchschnittspreisen oder den Preisen eines Marktführers anzupassen oder diese bewusst zu unter- oder überschreiten.

Unterbieten von Preisen Im Kampf um Kunden, Aufträge, Marktanteile werden oft Wettbewerber unterboten. Ausschließlich über den Preis zu agieren, kann aus mehreren Gründen problematisch werden.

Alle anderen Produkt- und Leistungsmerkmale werden vernachlässigt, wenn allein der Preis zählt. Das gilt sowohl im Rahmen des Absatz- als auch des Beschaffungsmarketings.

Es geht dann nicht um die beste Problemlösung, sondern um die billigste, was langfristig weder im Sinne des Anbieters noch des Kunden sein wird. Die Gefahr ist groß, dass das Unterbieten von Wettbewerbern zu ständigen gegenseitigen Preissenkungen führt. Solch **ruinöser Wettbewerb** kann damit enden, dass auf lange Sicht eine Vielzahl von Unternehmen, eine ganze Branche, ganze Regionen oder Wirtschaftsstrukturen wie der Mittelstand und unter Umständen sogar die Gesamtwirtschaft Schaden nehmen.

MARKETING

Schließlich ist es wichtig, einschätzen zu können, welcher Preis vom Kunden akzeptiert wird. Es geht dabei meist nicht um billige, sondern um preiswürdige Problemlösungen. Das **Preis-Leistungs-Verhältnis** ist hierbei ausschlaggebend. Preise werden nicht nur in ihrer absoluten Höhe, sondern im Vergleich zum subjektiven Nutzen des Produkts für den Einzelnen eingeschätzt. *(Preisakzeptanz durch Kunden)*

Man kann sich z. B. Gedanken zur Preispsychologie („Wie wirkt der Preis?") machen. Gebrochene Preise unterhalb einer bestimmten Preisschwelle erwecken den Eindruck genauer Kalkulation und sollen psychologische Kaufimpulse auslösen. „€ 2,98" z. B. wirken wesentlich günstiger als „€ 3,–". *(Preispsychologie)*

Alle drei Gesichtspunkte – Kosten, Wettbewerb und Preisbereitschaft von Kunden – sind gleichermaßen wichtig bei der Preisfindung. Sicherlich ist Kalkulation der erste Schritt, Preise festzulegen. Doch damit müssen Preise noch lange nicht marktgerecht sein. *(Aspekte der Preisfindung)*

Werden Preise ausschließlich am Wettbewerb ausgerichtet, ist dadurch nicht gleichzeitig die Deckung der betrieblichen Kosten gewährleistet. Ähnliches gilt, wenn Preise ausschließlich im Hinblick auf die Akzeptanz im Markt beurteilt werden.

Die Grundsätze der Preisfindung können auch auf die Festlegung der Bedingungen, unter denen Produkte und Leistungen abgegeben und bezogen werden, angewendet werden.

Im Rahmen der **Konditionenpolitik** geht es im Wesentlichen um die Gestaltung von Lieferungs- und Zahlungsbedingungen und der Gewährleistung. *(Konditionenpolitik)*

Argumente, um Kunden für sich zu gewinnen, können dabei die Konditionen sein:

- Lieferfristen (Wie schnell kann geliefert werden?),
- Lieferbedingungen (Wird der Kunde frei Haus beliefert?),
- Zahlungsziele (Wann muss gezahlt werden?),
- Zahlungsarten (Muss bar, mit Scheck oder per Überweisung bezahlt werden? Werden Kreditkarten oder Zahlungen über electronic cash akzeptiert? Gibt es Finanzierungsangebote?),
- Rabatte (Werden Preisnachlässe eingeräumt?),
- Gewährleistung (Werden Umtauschrechte oder Gewährleistungsfristen eingeräumt, die über gesetzlich vorgeschriebene Regelungen hinausgehen?).

Selbstverständlich ist die Verhandlung dieser Punkte nicht nur für das Absatz-, sondern auch für das Beschaffungsmarketing von Bedeutung (→ S. 296).

3.6 Vertriebspolitik

Bei der Vertriebspolitik geht es darum, wie und über welche Wege das Produkt zum Kunden kommt. Die klassische Vertriebspolitik beschäftigt sich mit „nachgeschalteten Wirtschaftsstufen" wie Handel oder Vertriebsorganisationen, die ihrerseits Waren und Leistungen verteilen. Da Handwerksbetriebe fast ausschließlich den Endverbraucher direkt beliefern, fallen viele vertriebspolitische Möglichkeiten weg, die eher der Industrie und Handelsbetrieben zur Verfügung stehen.

Ziele Ziel der Vertriebspolitik ist es, Marktsegmente möglichst umfassend abzudecken, um alle Absatzchancen für die betrieblichen Geschäftsfelder weit reichend nutzen zu können. Manchmal kann es sinnvoll sein, für diese Aufgabe Betriebsfremde einzusetzen.

Kooperationen Das kann durch Kooperationen geschehen. Beispiel: Ein Handwerksbetrieb übernimmt Aufträge eines anderen Betriebs, die dieser aufgrund des Fehlens von speziellen Maschinen oder spezialisierten Mitarbeitern nicht ausführen kann.

Aber auch die Zusammenarbeit mit größeren Unternehmen, z. B. Generalunternehmern in der Baubranche, und Fachleuten, z. B. Architekten, fällt grundsätzlich in diese Kategorie.

Standort Nicht nur im Rahmen der Vertriebspolitik sind Standortaspekte für den Handwerksbetrieb wichtig. Wie gut kann der Betrieb seine Kunden, können die Kunden den Betrieb erreichen? Gibt es Möglichkeiten der Betriebserweiterung, z. B. durch Lagerhaltung oder Ausstellungsräume? Können neue Zielgruppen durch weitere Filialen erschlossen werden?

Shop-in-the-Shop Ein weiteres Beispiel ist der **„Shop-in-the-Shop"**. Ein Handwerksbetrieb mietet z. B. in einem Einkaufszentrum Ladenfläche an, so dass ein Geschäft im Geschäft entsteht. Man denke an Bäckerei- oder Fleischereibetriebe in Supermärkten. Auch Schuhmacher, Optiker, Friseure oder Konditoren verfolgen dieses Konzept. Es ist grundsätzlich für alle Gewerke geeignet, die Ladengeschäfte betreiben. Der Vorteil ist, dass diese Betriebe von der hohen Kundenfrequenz des größeren Geschäfts profitieren. Der Nachteil besteht darin, dass der Betreiber des Shop-in-the-Shops in seinen Entscheidungen nicht völlig frei ist und sich an Vorgaben des Vermieters z. B. bei den Ladenöffnungszeiten halten muss.

Hausservice Kunden nicht in den Betriebsräumen zu bedienen, sondern zu ihnen zu gehen, ist ebenfalls eine vertriebspolitische Entscheidung. Friseure, die Hausservice anbieten („ambulante Friseure") oder Bäcker, die Backwaren ausliefern, liegen im Trend der Zeit. Unter Umständen können so ganz neue Geschäftsfelder entwickelt werden, wenn man auf diese Weise Zielgruppen (z. B. ältere Menschen) ansprechen kann, die dem Betrieb ansonsten verloren gehen. Unter ähnlichen Gesichtspunkten ist auch der Versandhandel zu **Versandhandel** beurteilen, der auch für einige Handwerksbetriebe interessant sein kann. Beispiel: Süßwarenpräsente, die Konditoren im Auftrag von Firmen an deren Kunden verschicken.

MARKETING

Ein Begriff aus der Vertriebspolitik, der in aller Munde ist, ist **Franchising**. Hierbei stellt der Entwickler einer Geschäftsidee (Franchisegeber) mehreren anderen Unternehmern (Franchisenehmern) Produkte und Leistungen einschließlich eines Marketing-Konzepts zur Verfügung. Die Franchisenehmer haben die Aufgabe, dieses Konzept umzusetzen, übernehmen also den eigentlichen Vertrieb und entrichten dafür Franchisegebühren. Je nach Gestaltung des Vertrags kann der Franchisegeber viele zentrale Aufgaben wie die Buchhaltung, das Controlling, die Aus- und Weiterbildung des Personals oder die Werbung erfüllen und so die Franchisenehmer entlasten. Obwohl Franchisegeber wie Franchisenehmer rechtlich selbstständig bleiben, besteht trotzdem meist eine gegenseitige wirtschaftliche Abhängigkeit.

Franchising ist eine vertriebspolitische Entscheidung des Franchisegebers, nicht des Franchisenehmers. Der Franchisegeber verteilt das Risiko, das er z. B. bei Filialen allein tragen würde, und will mithilfe der Franchisenehmer möglichst schnell und vollständig in Frage kommende Märkte durchdringen. Für den Franchisenehmer ist die Entscheidung für Franchising zumeist eine Frage der Existenzgründung. Mit einem starken Partner an der Seite, der von manchen Aufgaben freier Unternehmer entlastet, mit eingeführten Produkten und einem durchdachten Konzept ist das Risiko einer Existenzgründung oft geringer. Beispiele: Bekannte Franchiseunternehmen sind Portas oder (teilweise) Fielmann. Darüber hinaus gibt es viele Lizenz- oder Vertragshandelssysteme, denen zwar keine Franchiseverträge zugrunde liegen, die aber in ihrer vertriebspolitischen Struktur vergleichbar sind, z. B. das Vertragshändlersystem der Automobilbranche.

Franchising

Idee des Franchising

Existenzgründung für Franchisenehmer

Lizenzen

Bitte bearbeiten Sie abschließend die folgenden Aufgaben:

1. Erklären Sie den Begriff „Kundenorientierung" an Beispielen aus Ihrem Betrieb.

2. Wie sollte das Unternehmensbild für Ihren Betrieb aussehen? Welche Mittel stehen Ihnen zur Verfügung, um dieses Bild in die Öffentlichkeit zu übermitteln?

3. Unterscheiden Sie Produktinnovation und Produktvariation und geben Sie für beide jeweils Möglichkeiten Ihrer Produktpolitik an, möglichst mit Vor- und Nachteilen.

4. Was verstehen Sie unter dem AIDA-Prinzip bei Werbemaßnahmen?

5. Erläutern Sie, welche Faktoren Sie bei der Preisfindung für Ihre Produkte/Leistungen berücksichtigen müssen.

MARKETING

4. Beschaffung

Kompetenzen:

Der Lernende
- kann die Bedeutung der Beschaffung einschätzen,
- kann Angebote miteinander vergleichen und den günstigsten Lieferanten ermitteln,
- ist imstande, Liefer- und Zahlungsbedingungen zu verhandeln,
- kann beschreiben, worauf bei der Material- und Rechnungskontrolle zu achten ist,
- weiß, wie Vorratshaltung und Lagerdisposition sinnvoll zu gestalten sind,
- kann für einen Beispielbetrieb optimale Bestellmengen ermitteln.

4.1 Beschaffungsplanung

Definition Beschaffung umfasst alle unternehmens- und marktbezogenen Tätigkeiten, die darauf gerichtet sind, einem Unternehmen die benötigten, aber nicht selbst hergestellten Objekte verfügbar zu machen. Wohlüberlegte Beschaffung ist die Voraussetzung dafür, dass

- das richtige Produkt
- zum richtigen Zeitpunkt
- im vereinbarten Zustand
- in der erforderlichen Menge
- am richtigen Ort
- zu optimalen Kosten

verfügbar ist.

marktorientierte Beschaffung

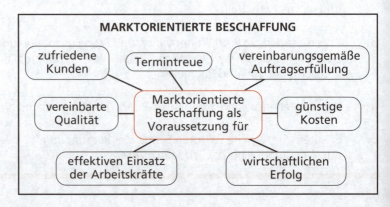

MARKETING

Eine wichtige Grundlage der wirtschaftlichen Tätigkeit ist ein planmäßiger **Beschaffungsprozess.** Er bildet die Voraussetzung für eine störungsfreie und erfolgreiche Auftragserfüllung. Folgende Grundüberlegungen sollten dabei angestellt werden:

Beschaffungsplan

- Was soll beschafft werden?
- Welche Menge ist erforderlich?
- Zu welchen Preisen kann bezogen werden?
- Welcher Zeitpunkt ist einzuhalten?
- Von wem soll bezogen werden?

Damit ist auch die Voraussetzung für das Absatzmarketing verbunden (→ S. 272).

4.1.1 Beschaffungsobjekte

Zur Führung seines Betriebs benötigt der Unternehmer

- Personal (→ S. 361),
- Kapital (→ S. 390),
- Grundstücke und Gebäude,
- Betriebsmittel,
- Betriebsstoffe,
- Dienstleistungen.

Die Beschaffung von Grundstücken und Gebäuden ist in der Regel bei der Unternehmensgründung von Bedeutung. Im Rahmen eines Lehrbuchs kann darauf nicht näher eingegangen werden. Zu den Betriebsmitteln zählen z. B. Maschinen und Werkzeuge, die zur Leistungserstellung benötigt und langfristig eingesetzt werden. Betriebsstoffe umfassen Material und Handelswaren. Bei der Beschaffung der Betriebsstoffe muss eine rechtzeitige und genaue Bedarfsermittlung erfolgen. Sonst besteht die Gefahr, dass z. B. zu wenig oder zu viel bestellt wird.

Betriebsmittel

Betriebsstoffe

Zu den Dienstleistungen zählen z. B. Transportleistungen, Versicherungen ebenso wie die Versorgung mit Energie, Wasser, Postdienste, Abfallentsorgung. Es handelt sich hierbei um Leistungen, die ständig wiederkehren, jedoch vom jeweiligen Kundenauftrag abhängig sind. Der konkrete Bedarf muss auf der Grundlage von Erfahrungswerten ermittelt werden.

Dienstleistungen

4.1.2 Informationsbeschaffung

In unserer schnelllebigen Zeit ist es für den Handwerker von größter Wichtigkeit, die wirtschaftlichen Zusammenhänge, politische und rechtliche Veränderungen zu beachten.

Dazu zählen Veränderungen des Marktes, z. B. die Vereinheitlichung des europäischen Marktes oder die Entwicklung neuer Betriebsstoffe. Neue Gesetze, wie z. B. das neue Schuldrecht (im Rahmen des BGB), muss der Unternehmer ebenso kennen wie das Verbraucherverhalten. Als Informationsquellen für die Beschaffung dienen vor allen Dingen:

MARKETING

Informations-quellen
- Tageszeitungen und Fachzeitschriften,
- Besuche von Messen, Ausstellungen und Tagungen,
- Branchenadressbücher und Branchenverzeichnisse,
- Angebote, Prospekte, Kataloge, Preislisten von Lieferanten, zu denen bisher keine Geschäftsbeziehungen bestanden,
- Hinweise von Geschäftsfreunden,
- Informationen von Handwerkskammern und Fachverbänden,
- Internet.

Um immer mögliche Bezugsquellen, Anbieter und Waren im schnellen Zugriff zu haben, wird eine Bezugsquellenkartei bzw. -datei angelegt. Diese soll Informationen zu Lieferanten wie auch zu Waren enthalten.

Lieferanten-/ Warendatei

Bezugsquellendatei	
Lieferantendatei	**Warendatei**
• Lieferant mit Name, Anschrift, Tel./Fax, Internetadresse, • Lieferungsbedingungen, • Zahlungsbedingungen, • lieferbare Waren mit Bestell-Nr. etc., • Bemerkungen zu Qualität, Zuverlässigkeit etc.	• Bezeichnung der lieferbaren Waren, • Artikel-Nr., • mögliche Lieferanten, • Angebot vom …, • Bestellung vom …, • Preis je Einheit, • Lieferungs- und Zahlungsbedingungen, • Bemerkungen über Einsatzmöglichkeiten und Qualität.

4.1.3 Beschaffungsdisposition

Anfrage Der erste Schritt zur Beschaffung ist eine Anfrage an mögliche Lieferanten. Sie soll klären, ob benötigte Waren und zu welchen Bedingungen (Preis, Lieferzeit, Zahlungsbedingungen) geliefert werden können. Sie ist rechtlich unverbindlich.

Angebot Mit dem Angebot verpflichtet sich der Anbieter, die angefragte Ware zu den angegebenen Bedingungen zu liefern. Es soll so klar und ausführlich sein, dass es keiner Rückfragen mehr bedarf, um zu einem Vertragsabschluss zu kommen. Es muss alle wesentlichen Angaben enthalten, damit der Kunde alle zu einem Angebotsvergleich benötigten Informationen erhält.

Angebotsvergleich Auf der Grundlage solcher Daten kann der Unternehmer nun verschiedene Angebote unterschiedlicher Lieferanten vergleichen in Bezug auf:
- Qualität der Ware (z. B. Haltbarkeit, Einsetzbarkeit, Umweltverträglichkeit),
- Preis pro Einheit,
- Liefer- und Zahlungsbedingungen,

MARKETING

- Anpassung an besondere Wünsche,
- Service- und Kulanzleistungen,
- Zuverlässigkeit,
- Geschäftsbeziehungen.

Beispiel: Die Elektrofirma Kraus erhält auf ihre Anfragen nach drei Schaltschränken Angebote von drei Lieferanten. Nach oben genannten Kriterien soll das günstigste Angebot ausgewählt werden.

Angebotsvergleich

Inhalt des Angebots	Elektrowerk KG	Heinze & Co KG	Fiedler GmbH
Angebotspreis/Stück	€ 690,–	€ 725,–	€ 625,–
ausgehandelter Preisnachlass	15 %	10 %	12 %
Beförderungskosten	frei Haus	ab Werk € 60,–	frachtfrei, Entladungskosten € 16,–
Verpackungskosten	–	€ 19,25	€ 24,–
Lieferzeit	4 Wochen	6 Wochen	12 Wochen
Zahlungsbedingungen	innerhalb von 10 Tagen 3 % Skonto	innerhalb von 2 Wochen 2 % Skonto	innerhalb von 30 Tagen ohne Abzug

Die rechnerische Auswertung der vorstehenden Angebote ergibt folgende Bezugspreise (in €):

Preisvergleich

	Elektrowerk KG	Heinze & Co KG	Fiedler GmbH
Angebotspreis für 3 Stück	2 070,–	2 175,–	1 875,–
./. ausgehandelter Preisnachlass	310,50	217,50	225,–
= Zieleinkaufspreis	1 759,50	1 957,50	1 650,–
+ Beförderungskosten	–	60,–	16,–
+ Verpackungskosten	–	19,25	24,–
= Summe	1 759,60	2 036,75	1 690,–
./. Skonto	52,78	40,74	–
= Bezugspreis	1 706,72	1 997,60	1 690,–

Der Vergleich ergibt als preisgünstigstes Angebot das der Firma Fiedler GmbH. Da diese Firma jedoch erst nach 12 Wochen liefern kann, entscheidet sich Herr Kraus für den zweitgünstigsten Lieferanten, der innerhalb von vier Wochen liefert: die Elektrowerk KG.

4.2 Liefer- und Zahlungsbedingungen

Holschulden Warenschulden sind Holschulden, da nach der gesetzlichen Regelung der Geschäftsbetrieb des Lieferers sein Erfüllungsort ist. Der Käufer muss sich demnach die Waren beim Lieferer auf seine Kosten holen.

Beförderungskosten Die Frage, wer die Beförderungskosten zu übernehmen hat, wird meist in den Lieferbedingungen geregelt. Hier gilt es, geschickt zu verhandeln. Je nach der getroffenen Vereinbarung trägt der Käufer

- sämtliche Beförderungskosten (Lieferung ab Fabrik/ab Lager),
- nur einen Teil der Kosten (frei Waggon, ab Bahnhof hier = ab Versandstation; frei dort, frei Bahnhof dort = ab Empfangsstation),
- überhaupt keine Kosten (Lieferung frei Haus, frei Lager).

Lieferzeit Ist nichts über die Lieferzeit vereinbart, kann der Lieferer sofort liefern. Der Käufer kann seinerseits sofortige Lieferung verlangen. Wenn über den Zeitpunkt der Zahlung nichts vereinbart wurde, hat der Käufer sofort, d. h. Zug um Zug, gegen Übergabe der Ware zu zahlen. Meist werden aber **Zahlungsbedingungen** bestimmte Zahlungsbedingungen vereinbart, z. B.:

- Vorauszahlung (besonders bei neuen oder zahlungsschwachen Kunden),
- Anzahlung, z. B.: 1/3 bei Bestellung, 1/3 nach Lieferung, 1/3 sechs Wochen nach Lieferung,
- Zahlung Zug um Zug – sofortige Kasse, gegen Nachnahme, wobei auch eine Zahlung innerhalb von 14 Tagen im Allgemeinen noch als sofortige Zahlung gilt,
- Zahlung nach Ablauf einer bestimmten Frist,
- Ratenzahlung.

Die Art der ausgehandelten Zahlungsbedingungen ist oft abhängig vom Umfang des Auftrages, der Dauer und der Qualität der Geschäftsbeziehungen. Von Bedeutung bei den Verhandlungen sind die Preisnachlässe, die vereinbart werden und oftmals die Möglichkeit einer erheblichen Kostenersparnis eröffnen. Zu den Preisnachlässen zählen:

Preisnachlässe

- **Skonto** als Nachlass für vorzeitige Zahlung, d. h. ein eingeräumtes Zahlungsziel wird nicht voll in Anspruch genommen,
- **Bonus** ist eine nachträglich gewährte Vergütung auf den erzielten Umsatz (z. B. am Jahresende),
- **Rabatt** ist ein Preisnachlass, der frei ausgehandelt werden kann.

4.3 Material- und Rechnungskontrolle

Zur Erfüllung des Kaufvertrages durch den Lieferer ist es notwendig, dass er die bestellte Ware in einwandfreiem Zustand, zum richtigen Zeitpunkt, am richtigen Ort und zum richtigen Preis liefert (→ S. 535). Um die Einhaltung dieser Vereinbarung zu überprüfen, müssen die eingehenden Waren und die Rechnung sorgfältig kontrolliert werden. Bei der **Warenkontrolle** erfolgt zunächst eine äußere Überprüfung der Lieferung in Anwesenheit dessen, der die Ware bringt:

äußere Prüfung

- Stimmen Adresse und Stückzahl mit den Begleitpapieren überein?
- Entspricht das angegebene dem tatsächlichen Gewicht?
- Sind Schäden an der Verpackung oder äußerlich an der Ware sichtbar?

Eventuelle Mängel müssen schriftlich bestätigt werden. Sonst ist die Annahme zu verweigern. Unmittelbar anschließend wird die Material- und Artikelkontrolle zumindest in Stichproben durchgeführt:

Material- und Artikelkontrolle

- Stimmen die Artikel nach Zahl, Maß, Größe oder Gewicht?
- Stimmen Qualität, physikalische oder chemische Zusammensetzung, Abmessungen, Härte, Festigkeit, Biegsamkeit?

Werden Mängel festgestellt, werden diese gerügt (→ „Bürgerliches Recht", S. 536).

Die **Eingangsrechnung** muss auf ihre sachliche und rechnerische Richtigkeit überprüft werden. Die sachliche Prüfung umfasst folgende Punkte:

sachliche Rechnungsprüfung

- Ist die Rechnung mit Eingangsstempel und Rechnungsnummer versehen?
- Stimmen Menge, Warenart und Lieferbedingungen?
- Stimmen Einzelpreis, Preisnachlass und Skonto?
- Sind die Vereinbarungen über Verpackungs- und Bezugskosten eingehalten?

Bei der rechnerischen Prüfung wird kontrolliert, ob

rechnerische Rechnungsprüfung

- die Preise richtig gerechnet und ausgewiesen sind,
- ausgehandelte Preisnachlässe berücksichtigt sind,
- die Umsatzsteuer richtig berechnet wurde,
- der endgültige Rechnungsbetrag stimmt,
- der u. U. ausgeführte Skontobetrag richtig berechnet ist.

Werden keine Fehler festgestellt, wird die Rechnung zur Zahlung angewiesen, damit der Kunde seinerseits den Vertrag erfüllt und der Lieferer am Fälligkeitstag sein Geld bekommt.

4.4 Vorratshaltung und Lagerdisposition

Ein Handwerksbetrieb arbeitet oft nach Kundenaufträgen, die sehr unterschiedlich sein können. Somit ist es für den Handwerksmeister oft sehr schwierig, den Bedarf richtig zu bestimmen. Viele Handwerker sind stolz auf ein gut sortiertes Lager, andere schwören auf die Zuverlässigkeit langjähriger Lieferantenbeziehungen und haben so gut wie kein Lager. Welcher Weg ist nun der richtige?

4.4.1 Lagerhaltung

Lagerfunktionen Das Lager hat für den Handwerksbetrieb vor allen Dingen zwei Funktionen:

- die Speicherfunktion, um zu gewährleisten, dass die benötigten Waren im Bedarfsfall rechtzeitig zur Verfügung stehen,
- die Umformerfunktion ermöglicht eine Anpassung der gelagerten Waren an die Anforderungen der Produktion. Beispiel: Lagerung von Holz zur weiteren Trocknung.

Lagerarten Ein Handwerksbetrieb verfügt in der Regel über verschiedene Arten von Lagern:

- **Materiallager** für die zur Produktion benötigten Güter,
- **Werkzeuglager** für die zur Produktion benötigten Werkzeuge,
- **Zwischenlager,** das den Zeitunterschied zwischen verschiedenen Fertigungsgängen überbrückt.

Im Materiallager werden Rohstoffe, Hilfsstoffe, Betriebsstoffe und bezogene Teile aufbewahrt. Das wichtigste Ziel der Lagerhaltung ist es, die entstehenden Kosten gering zu halten.

Lagerkosten.pdf

Übersicht über Kosten der Lagerhaltung
Kosten der Lagerräume
• Abschreibung für Gebäude und Einrichtung • Zinsen für in Lagerräume und Einrichtungen investiertes Kapital • Heizungs-, Strom- und Reparaturkosten • Versicherungsprämien
Kosten der Lagerbestände
• Zinsen für hierin investiertes Kapital • Notwendige Abschreibungen (Material veraltet, Schwund durch Diebstahl oder Beschädigung) • Versicherungsprämien (z. B. Einbruch- und Diebstahlversicherungen)
Kosten der Arbeiten mit und am Lagergut
• Kosten für Transporteinrichtungen • Kosten für Veränderungen des Lagergutes (Teilen, Mischen) • Kosten für Erhalt des Lagergutes (Trockenhaltung, Lüftung, Kühlung)
Kosten der Lagerverwaltung
• Personalkosten • Kosten für Wachschutz

Diese Zusammenstellung ist beispielhaft, soll zeigen, wie kostenintensiv Lagerhaltung sein kann und an welchen Positionen Kosten gespart werden können. Vor diesem Hintergrund sind bei der Festlegung der Lagervorräte verschiedene Wirtschaftlichkeitsüberlegungen zu berücksichtigen. Zu große Lagerbestände entziehen dem Betrieb Liquidität und verursachen Kosten. Zu kleine Lagervorräte gefährden die Produktions- und Lieferbereitschaft.

MARKETING

Zur Beurteilung der jeweiligen idealen Bevorratung sind die folgenden Lagerkennzahlen von besonderer Bedeutung:

Lagerkennzahlen

$$\text{Durchschnittlicher Lagerbestand} = \frac{\text{Anfangsbestand} + 12 \text{ Monatsbestände}}{13}$$

$$\text{Lagerumschlagshäufigkeit} = \frac{\text{Materialverbrauch}}{\text{Durchschnittlicher Lagerbestand}}$$

$$\text{Durchschnittliche Lagerdauer} = \frac{360 \text{ Tage}}{\text{Lagerumschlagshäufigkeit}}$$

$$\text{Lagerzinssatz} = \frac{\text{Jahreszinssatz} \times \text{durchschnittliche Lagerdauer}}{360 \text{ Tage}}$$

4.4.2 Ermittlung des Bedarfs

Der mengenmäßige Bedarf wird nach dem Verbrauchsverfahren oder dem Stücklistenverfahren ermittelt. Die verbrauchsgesteuerte Bedarfsermittlung orientiert sich an Verbrauchswerten der Vergangenheit. Dieses Verfahren wird angewandt, wenn die Produktpalette nicht exakt vorhersehbar oder wenn der Betrieb abhängig von Aufträgen ist. Das ist in der Regel bei einem Handwerksbetrieb der Fall.

Verbrauchsverfahren

Das Stücklistenverfahren setzt voraus, dass das Produktionsprogramm mengenmäßig exakt festgelegt worden ist. Konstruktionsstücklisten erfassen die benötigten Einzelteile je Produkt. Durch Multiplikation mit der geplanten Produktionsmenge wird die Gesamtheit der benötigten Teile je Produkt ermittelt.

Stücklistenverfahren

4.4.3 ABC-Analyse

In vielen Handwerksbetrieben wird eine große Anzahl von Werkstoffen beschafft, die nur einen geringen Anteil (Prozentsatz) am gesamten Wert der eingekauften Materialien haben. Eine allzu aufwendige Beschäftigung mit diesen Gütern würde unnötig hohe Kosten verursachen.

Um den Gesamtbereich der Beschaffung wirtschaftlich zu gestalten, muss besondere Sorgfalt auf den Einkauf und die Lagerung häufig benötigter und teurer Werkstoffe gelegt werden. Hier ist der Einsparungseffekt am größten. Eine Entscheidungshilfe bei der Auswahl solcher Werkstoffe, die einen höheren Aufwand bei der Beschaffung und Lagerung rechtfertigen, ist die **ABC-Analyse.** Dabei werden die regelmäßig zu beschaffenden Güter in Tabellenform aufgelistet und nach dem Wert in mehrere Klassen (A, B,C) eingeteilt. Danach wird der prozentuale Anteil am gesamten Bestellvolumen errechnet.

Einteilung in A-, B-, C-Klassen

MARKETING

Beispiel: Ein Handwerker benötigt für einen Auftrag Material. Er will feststellen, inwieweit ein hoher Aufwand bei der Beschaffung gerechtfertigt ist. Er listet alle Materialien auf.

Ermittlung des Rangs

Auflistung regelmäßig zu beschaffender Güter				
Artikel-Nr.	Verbrauch in kg	Preis je kg	Wert in € (Menge × Preis)	Rang (Wertmäßige Ordnung)
1	20 000	0,15	3 000,–	6
2	7 500	0,90	6 750,–	5
3	36 000	0,05	1 800,–	10
4	21 000	1,80	37 800,–	1
5	50 000	0,14	7 000,–	4
6	2 000	1,–	2 000,–	9
7	4 000	2,–	8 000,–	3
8	11 000	0,25	2 750,–	7
9	35 000	0,07	2 450,–	8
10	19 500	1,90	37 050,–	2
Gesamtwert			108 000,–	

Danach werden diese Güter wertmäßig geordnet.

wertmäßige Ordnung

Wertmäßige Ordnung der regelmäßig zu beschaffenden Güter			
Artikel-Nr.	Rang-Nr.	Wert des Artikels in % am Gesamtwert	Anteil am Gesamtwert aufsummiert
4	1	34,8	34,8
10	2	34,1	68,9
7	3	7,4	76,3
5	4	6,4	82,7
2	5	6,2	88,9
1	6	2,8	91,7
8	7	2,7	94,4
9	8	2,1	96,5
6	9	1,8	98,3
3	10	1,7	100,0

Diese Zahlen zeigen, dass die Artikel 4 und 10 (A-Güter) fast 70 % des Gesamtwertes der zu bestellenden Materialien darstellen. Die Artikel 7, 5, 2 (B-Güter) halten einen Anteil von 20 %. Der Anteil der Artikel 1, 8, 9, 6, 3 (C-Güter) beträgt zusammengenommen nur ca. 10 %.

MARKETING

Die Auswertung der ABC-Analyse zeigt, bei welchen Gütern ein größerer Beschaffungsaufwand sinnvoll ist und bei welchen Gütern Kosten eingespart werden können.

Für die A-Güter ist eine sorgfältige Untersuchung des Beschaffungsmarktes erforderlich. Mit den Lieferanten sollten intensive Einkaufsgespräche geführt werden. Ein ausgehandelter Preisnachlass von 3 % bedeutet bei einem derartigen Gespräch, bezogen auf das obige Beispiel, einen Preisnachlass von € 2 245,50. Hier lohnt sich der Zeitaufwand für das Ausrechnen der optimalen Bestellmenge.

A-Güter

Für die B-Güter hingegen darf der Beschaffungsaufwand nicht zu hoch sein. Hier kann es sinnvoll sein, die optimale Bestellmenge und die Lagermengen für Gütergruppen zu berechnen und ggf. Ungenauigkeiten in Kauf zu nehmen.

B-Güter

Für die C-Güter reicht es meist aus, sicherzustellen, dass die richtigen Werkstoffe rechtzeitig zur Herstellung bereitstehen. Eine zeit- und damit kostenaufwendige Untersuchung des Beschaffungsmarktes und die Berechnung optimaler Bestellmengen stehen hier in keinem Verhältnis zum Wert der Güter.

C-Güter

4.4.4 Optimale Bestellmenge

Besonders bei der Bestimmung der optimalen Bestellmenge unterliegt der Handwerksmeister nicht selten einem Konflikt. Bei der Entscheidung über die optimale Bestellmenge sind deshalb die Belange des gesamten Unternehmens zu berücksichtigen. Zur Ermittlung der optimalen Bestellmenge, bei der die Summe aus den Kosten des Einkaufs und den Kosten des Lagers am geringsten ist, kann man gezielt vorgehen.

gezielte Ermittlung

Zielkonflikt bei der Bestellmenge

MARKETING

Beispiel:

Ein Handwerksbetrieb hat bei einem bestimmten Werkstoff einen Jahresbedarf von 600 Stück. Der Einkaufspreis beträgt € 10,– pro Stück. Bei jeder Bestellung fallen unabhängig von der bestellten Menge € 10,– Kosten an. Die Lagerkosten hängen von der durchschnittlich am Lager liegenden Menge des Werkstoffs. Sie betragen € 0,50 pro gelagertem Stück. Aus diesen Angaben lässt sich die optimale Bestellmenge errechnen.

Beispiel

Ermittlung der optimalen Bestellmenge				
Anzahl der Bestellungen	Bestellte Menge	Bestellkosten (€ 10,–/ Bestellung)	Lagerkosten (€ 0,50/ Stück)	Summe aus Bestell- und Lagerkosten
12	50	120,–	25,–	145,–
10	60	100,–	30,–	130,–
6	100	60,–	50,–	110,–
3	200	30,–	100,–	130,–
2	300	20,–	150,–	170,–
1	600	10,–	300,–	310,–

Für das angegebene Beispiel beträgt die optimale Bestellmenge 100 Stück. Diese 100 Stück werden sechsmal im Laufe des Jahres bestellt.

4.4.5 Lagerbestand

Die Höhe des Lagerbestandes hängt ab
- vom Verbrauch,
- von der Lieferzeit im Rahmen der Beschaffung.

Lagerbestandskarte Wichtiges Hilfsmittel für die Ermittlung des Lagerbestandes kann eine rechnergestützte Lagerverwaltung sein. Dazu wird branchenorientierte Software angeboten. Sonst wird der Lagerbestand mittels einer Lagerkartei geführt. Dazu verwendet man Lagerbestandskarten (→ S. 307).

eiserne Reserve Von jedem Artikel eines Sortiments muss ein **Mindestbestand (eiserne Reserve)** vorhanden sein, der nicht oder nur auf ausdrückliche Weisung der Geschäftsleitung angegriffen werden darf. In der Regel umfasst die eiserne Reserve das Volumen an Gütern, das in drei Tagen benötigt wird.

Meldebestand Der **Meldebestand,** auch Bestellbestand, ist die Gütermenge, bei deren Erreichen ein Beschaffungsprozess auszulösen ist. Er bestimmt den Zeitpunkt der Bestellung. Zur Berechnung des Meldebestandes dient die allgemeine Formel:

Meldebestand = (Tagesverbrauch × Lieferzeit) + eiserner Bestand

Beispiel: Bei einem durchschnittlichen Tagesverbrauch von 5 Stück einer Ware und einer Lieferzeit von 8 Tagen (= 40 Stück) beträgt der Meldebestand 55 Stück (40 Stück + 15 Stück „eiserne Reserve" von drei Tagessätzen).

MARKETING

Lagerbestands-karte.pdf

Bitte bearbeiten Sie abschließend die folgenden Aufgaben:

1. Ein Meisterbetrieb im Bereich Gas-Wasser-Installation erhält von seinem Steuerberater den Hinweis, dass seine Kosten im Bereich der Materialbeschaffung zu hoch sind. Stellen Sie Überlegungen an, wo die Ursachen für die hohen Kosten zu suchen sind.

2. Ein mit Ihnen befreundeter Handwerksmeister hat von mehreren Firmen ein Angebot über die Lieferung von Material bekommen. Er ist unsicher und weiß nicht, welches Angebot für ihn am günstigsten ist. Da Sie sich gerade auf die Meisterprüfung vorbereiten, fragt er Sie, nach welchen Gesichtspunkten er das günstigste Angebot herausfinden kann. Was raten Sie ihm?

3. Die mitarbeitende Ehefrau eines selbstständigen Fliesenlegermeisters erhält den Auftrag, eine Rechnung von einem Lieferanten zu prüfen. Was muss sie tun?

4. Bei einer Meisterfeier kommen Sie im Rahmen Ihres Gesprächs mit anderen Meistern auf die Lagerhaltung zu sprechen. Einer spricht ständig von der ABC-Analyse. Ihr Nachbar blickt Sie fragend an und möchte gern wissen, was darunter zu verstehen ist.

Organisation

1. Grundlagen der Organisation

Kompetenzen:

Der Lernende
- kann begründen, warum eine effiziente Organisation auch im Handwerksbetrieb von entscheidender Bedeutung ist,
- kann zwischen Organisation, Disposition und Improvisation unterscheiden,
- kann das ökonomische Prinzip in den beiden Varianten des Maximal- und des Minimalprinzips darstellen,
- kann wichtige generelle Organisationsgrundsätze erläutern.

Definition

Güter und Dienstleistungen in einem Betrieb zu erstellen und zu verkaufen, ist ein vielfältiger und komplizierter Vorgang. Die **Produktionsfaktoren** (Arbeit, Werkstoffe und Betriebsmittel) und die betrieblichen Bereiche (Beschaffung, Produktion und Absatz) müssen in optimaler Weise aufeinander abgestimmt und zusammengeführt werden. Diese Aufgabe wird als betriebliche Organisation bezeichnet.

Die erfolgreiche Erfüllung dieser Organisationsaufgabe ist von entscheidender Bedeutung für den langfristigen unternehmerischen Erfolg. Der Betrieb wird sich nur dann dauerhaft am Markt behaupten können, wenn er sicherstellt, dass die Kunden rechtzeitig die gewünschten Mengen an Gütern und Dienstleistungen in optimaler Qualität und zu vorteilhaften Konditionen erhalten.

ständige Aufgabe

Organisation ist dabei nicht etwa ein einmaliger Vorgang, sondern eine ständige Aufgabe. Veränderungen im betrieblichen Umfeld und im Betrieb selber erfordern Anpassungen der betrieblichen Abläufe. Das betrifft z. B. den Wechsel eines Lieferanten ebenso wie die Anschaffung einer neuen Maschine. Diese notwendigen Abläufe und Strukturen werden in der betrieblichen Praxis durch Regelungen für alle erdenklichen betrieblichen Aspekte von der Beschaffung über die Produktion bis zum Absatz festgelegt.

Solche Regelungen können
- genereller Natur sein,
- sich auf spezielle Einzelfälle beziehen oder
- situationsbedingt nur vorübergehend Gültigkeit besitzen.

Dabei bezieht sich der Begriff „Organisation" vor allem auf die Entwicklung und Umsetzung genereller und langfristig geltender Regelungen, durch die der Betriebsablauf im Alltag optimiert wird. Fallweise Regelungen nennt man im Gegensatz dazu Disposition. Regelungen, die sich eher spontan und situationsbedingt ergeben und mehr den Charakter von vorübergehenden Handlungsanleitungen haben, werden im Allgemeinen als Improvisation bezeichnet.

Organisation

Disposition/ Improvisation

Unterscheidungskriterien

```
UNTERSCHIEDE zwischen
ORGANISATION, DISPOSITION und IMPROVISATION

        Gestaltung der betrieblichen Abläufe und Strukturen

   planend und vorausschauend      spontan und situationsbedingt

  durch generelle    durch eine für den    durch lediglich
  und langfristig    Einzelfall geltende   kurzfristig gelten-
  geltende           einmalige             de Handlungs-
  Regelungen         Regelung              anweisungen

   Organisation       Disposition           Improvisation
```

In einem marktwirtschaftlichen Wirtschaftssystem ist die betriebliche Zielsetzung in aller Regel auf Gewinn ausgerichtet.

Organisation bedeutet dann, Produktionsfaktoren und Betriebsbereiche so zu steuern, dass zwischen den Kosten einerseits und den Erlösen andererseits eine möglichst große Differenz entsteht. In diesem Fall handelt der Unternehmer nach dem ökonomischen Prinzip.

ökonomisches Prinzip

```
STEUERUNG nach dem ÖKONOMISCHEN PRINZIP

              Ökonomisches Prinzip

      Maximalprinzip              Minimalprinzip
   Erreichung eines            Erreichung eines
   maximalen Ziels bei         festgelegten Ziels mit
   festgelegtem Aufwand        minimalem Aufwand
```

ORGANISATION

Beim sog. **Maximalprinzip** wird versucht, mit gegebenem Aufwand eine maximale Leistung zu realisieren: z. B. in einer bestimmten Stundenzahl eine möglichst große Stückzahl zu produzieren. Beim **Minimalprinzip** ist dagegen das Ziel festgelegt, das mit möglichst geringem Aufwand erreicht werden soll (z. B. Produktion einer bestimmten Menge von Gütern mit einem möglichst geringen Aufwand an Arbeitszeit und Material).

Die betriebliche Organisation ist lediglich ein Mittel zum Zweck. Ihr Ziel ist die Verbesserung der Rentabilität des Unternehmens. Diesem Ziel kann sie nur gerecht werden, wenn die organisatorischen Entscheidungen und die betrieblichen Strukturen und Abläufe zueinander passen. Eine **Überorganisation,** also ein Zuviel an Regelungen, lässt wenig Spielraum für freies Handeln und engt ein. Im Falle der **Unterorganisation** überwiegen Einzelfallentscheidungen. Zentrale Bereiche und Abläufe des Unternehmens sind nicht oder nur unzureichend geregelt. In der Folge können Störungen im betrieblichen Ablauf entstehen, die Kosten verursachen und den betrieblichen Gewinn schmälern. Um einen optimalen Organisationsgrad zu gewährleisten, sollten einige grundlegende Organisationsprinzipien eingehalten werden.

Organisationsprinzipien

Die betriebliche Organisation sollte

- auf die betriebliche Zielsetzung ausgerichtet sein,
- den Arbeitsablauf beschleunigen, indem sie Störeinflüsse aller Art vermeidet und die betriebliche Effizienz fördert,
- komplexe Arbeitsabläufe so zerlegen und aufteilen, dass alle Mitarbeiter und Betriebsmittel gleichmäßig ausgelastet sind,
- die Zuständigkeiten der Mitarbeiter festlegen und Über- und Unterstellungen regeln,
- sämtliche getroffenen Regelungen und deutlich formulieren und ihre Einhaltung kontinuierlich überwachen,
- ausreichend flexibel sein, um im Bedarfsfall rasch und einfach an geänderte Rahmenbedingungen angepasst werden zu können,
- wirtschaftlich sein, um die betrieblichen Abläufe nicht zusätzlich zu verteuern und so gewinnschmälernd zu wirken.

Organisationsbereiche

Zwei Teilbereiche der betrieblichen Organisation werden vor allem unterschieden: die Ablauforganisation und die Aufbauorganisation.

Die **Ablauforganisation** (→ S. 312) umfasst die Gestaltung der Arbeitsprozesse innerhalb des Betriebes im Hinblick auf

- Arbeitsinhalte,
- benötigte Zeit,
- räumliche Zuordnung der Arbeiten zu bestimmten Örtlichkeiten,
- Zuweisung zu bestimmten Stellen bzw. Mitarbeitern im Betrieb.

Sie stellt also den Betrieb in Funktion dar und berücksichtigt vor allem auch logistische Aspekte der Beschaffung und des Vertriebs.

Demgegenüber geht es bei der **Aufbauorganisation** (→ S. 328) vorrangig um die Festlegung einer Unternehmensstruktur im Rahmen eines hierarchischen Systems von Unternehmensbereichen, Abteilungen, Arbeitsgruppen und einzelnen Mitarbeitern mit eindeutiger Festlegung der Zuständigkeiten sowie der Unter- und Überordnungen. Sie stellt den Betrieb in Bereitschaft dar.

Ablauf- und Aufbauorganisation

Die Ablauforganisation und die Aufbauorganisation als die beiden zentralen Organisationsbereiche werden in der Praxis ergänzt durch eine leistungsfähige **Verwaltungs- und Büroorganisation** (→ S. 339) einerseits und – soweit erforderlich – um organisatorische Aktivitäten zur Optimierung der Zusammenarbeit mit anderen Betrieben im Rahmen von Kooperationen und Arbeitsgemeinschaften.

Bitte bearbeiten Sie abschließend die folgenden Aufgaben:

1. Begründen Sie, warum Organisation in einem Betrieb kein einmaliger Vorgang, sondern eine ständige Aufgabe ist.

2. Welche generellen Unterschiede bestehen zwischen der Ablauf- und der Aufbauorganisation?

ORGANISATION

2. Ablauforganisation

Kompetenzen:

Der Lernende

- kann der Arbeitsvorbereitung, Arbeitsausführung und Arbeitsnachbereitung typische Maßnahmen zuordnen,
- kann zwischen der funktionalen, zeitlichen und räumlichen Ablauforganisation differenzieren,
- kann die zentralen Aspekte der Materialdisposition und der Lagerplanung benennen und Maßnahmen erläutern, die zur Optimierung ergriffen werden können,
- kann die Bedeutung des Qualitätsmanagements im Handwerk erläutern und einfache Qualitätsziele und Qualitätssicherungsmaßnahmen benennen,
- kann verschiedene Arbeitszeitmodelle beschreiben, deren wichtigste Vor- und Nachteile erläutern und ihre Eignung für den handwerklichen Bereich abschätzen,
- kann die Problematik der Organisation von Arbeitsgruppen darstellen und die wichtigsten Einflussgrößen, die bei der Gruppenorganisation zu berücksichtigen sind, aufzeigen.

Definition Die Ablauforganisation eines Unternehmens strukturiert den Arbeitsprozess. Sie regelt, wie die täglichen Arbeitsaufträge erledigt werden und wie die Abteilungen und Mitarbeiter unter Verwendung der vorhandenen Betriebsmittel zusammenwirken. Es geht also letztlich um die Festlegung von Funktionen und Arbeitsabläufen im Betrieb. Diese Festlegung sollte sich an mehreren zentralen Zielsetzungen orientieren.

Ziele der Ablauforganisation

ZIELE der ABLAUFORGANISATION

Optimale Bearbeitungsdauer der zu bearbeitenden Aufträge	Zweckmäßige und kostensparende Arbeitsplatzgestaltung
Steigerung der Produktivität der Arbeitskräfte	Auslastung der vorhandenen Kapazitäten
Einhaltung der Liefertermine und der Produktqualität	Weitreichende Nutzung der Leistungsbereitschaft der Mitarbeiter

ORGANISATION

2.1 Analyse und Gestaltung von Arbeitsprozessen

Im Mittelpunkt der Ablauforganisation steht die Analyse der Arbeitsabläufe unter Kosten-, Termin- und Qualitätsaspekten. Darauf aufbauend erfolgt dann die optimale Gestaltung der betrieblichen Arbeitsprozesse. Es gilt, die einzelnen Vorbereitungs- und Produktionsschritte eines konkreten Arbeitsauftrags zu ermitteln, sie den zuständigen Bereichen zuzuordnen und reibungslos miteinander zu verknüpfen.

Der betriebliche Arbeitsablauf lässt sich systematisch in drei aufeinander aufbauende Teilbereiche gliedern: **betrieblicher Arbeitsablauf**

- die Arbeitsvorbereitung,
- die eigentliche Arbeitsausführung,
- die Arbeitsnachbereitung.

2.1.1 Arbeitsvorbereitung, Arbeitsausführung, Arbeitsnachbereitung

Die Arbeitsvorbereitung beginnt unmittelbar nach Auftragserteilung und schafft die Voraussetzungen dafür, dass die Fertigung kontinuierlich erfolgen kann. **Arbeitsvorbereitung**

Zunächst einmal sorgt die Arbeitsvorbereitung für wichtige technische Grundlagen, etwa durch die Anfertigung von Konstruktionszeichnungen und die Ausarbeitung exakter technischer Handlungsanweisungen.

Darüber hinaus müssen die notwendigen Personal- und Materialdispositionen vorgenommen werden. Die optimale Materialbeschaffung vermeidet dabei unnötige, kostenträchtige Lagerhaltungszeiten ebenso wie Produktionsverzögerungen durch nicht termingerecht bereitgestellte Materialien. Die Disposition des Personals erfolgt so, dass einerseits Leerlaufzeiten und andererseits „Überforderungen" verhindert werden.

In die Phase der Arbeitsvorbereitung gehört außerdem die Überprüfung der vorhandenen maschinellen Einrichtungen und Werkzeuge. Sind sie zur Abwicklung des anstehenden Auftrags geeignet? Gegebenenfalls müssen sinnvolle Vorrichtungen gebaut und notwendige Werkzeuge in entsprechender Anzahl beschafft werden.

Für die Konkretisierung sehr komplexer Abläufe eignet sich ein **Netzplan** (→ S. 317). Dabei werden die einzelnen Tätigkeiten für die anstehende Auftragsabwicklung in ihrer exakten zeitlichen Reihenfolge bestimmt. Der Netzplan soll auch Auskunft geben über die exakten Maschinenbelegungszeiten sowie den Personal- und Materialeinsatz.

Bei der Arbeitsvorbereitung in kleinen und mittelgroßen Betrieben sollten detaillierte **Auftragszettel** für die einzelnen Teilschritte ausgearbeitet werden. Aus ihnen ergibt sich vor allem der geplante Material- und Personaleinsatz für jeden einzelnen Teilschritt. Durch einen gezielten Soll-Ist-Vergleich ist es während der Auftragsbearbeitung möglich, eventuelle

313

ORGANISATION

Störungen im Ablauf frühzeitig zu erkennen und entsprechend zu reagieren.

Die ausgefüllten Auftragszettel bilden darüber hinaus in der Phase der Arbeitsnachbereitung eine wichtige Unterlage für die Nachkalkulation und die Abrechnung.

Arbeitsausführung

Bei der Arbeitsausführung werden dann die Ergebnisse der Arbeitsvorbereitung planmäßig umgesetzt. Es geht vor allem um die Einhaltung der Fertigungszeiten bei möglichst genauer Realisierung der getroffenen Personal- und Materialdispositionen.

Größter Risikofaktor bei der Einhaltung der Fertigungszeiten sind Ausfallzeiten infolge von Maschinenschäden. Dieses Risiko kann durch regelmäßige Wartung und durch eine ausreichende Maschineneinweisung der Mitarbeiter verringert werden.

Maschinenbelegungszeiten errechnen sich nicht nur aus der eigentlichen Bearbeitungszeit der Werkstücke, sondern auch aus der jeweils erforderlichen **Rüstzeit** und eventuell technisch bedingten Pausen. Bei Einzelfertigungen wird der Anteil der Rüstzeiten deutlich höher sein als bei einer Serien- oder Kleinserienfertigung. Es kann also durchaus günstiger sein, gleichartige Fertigungsschritte aus verschiedenen Aufträgen zusammenzufassen und dadurch eine mehrmalige Umrüstung der Maschinen zu vermeiden.

Bei der Einhaltung der Materialdispositionen kommt es ganz wesentlich auf das **Materialverbrauchsbewusstsein** der Mitarbeiter an. Hier kann allerdings eine optimal vorbereitete Materialbeschaffung dazu beitragen, dass Verschnitt und Materialabfall gering ausfallen (z. B. durch Anlieferung von exakt zugeschnittenen Materialien und eindeutiger Zuordnung zu den Auftragsteilen). In jedem Fall bedarf die Einhaltung der Materialdisposition im Verlaufe der Arbeitsausführung einer stetigen Kontrolle. Abweichungen von den Planungsdaten müssen frühzeitig erkannt werden, um eventuellen Zusatzbedarf ohne großen Zeitverlust bereitstellen zu können.

Arbeitsnachbereitung

Zur Arbeitsnachbereitung gehören schließlich die Abrechnung des Auftrags und die Nachkalkulation.

Bei der Auftragsabrechnung unterscheidet man zwischen einer Abrechnung zum Festpreis und einer Abrechnung nach Aufwand oder Aufmaß. Die **Abrechnung nach Festpreis** stellt die einfachste Variante dar. Unmittelbar nach Abnahme des Auftrags kann die entsprechende Abrechnung gemäß vorher vereinbarten Preisen erfolgen.

Für eine **Abrechnung nach Aufwand oder Aufmaß** bedarf es genauer Angaben über Material- und Zeitaufwand. Die entsprechenden Unterlagen sind im Idealfall unmittelbar während der Auftragsbearbeitung durch die Mitarbeiter erstellt worden. Sie werden nach Abnahme des Auftrags möglichst schnell zusammengeführt. Bei der Abrechnung nach Aufmaß oder nach Aufwand kommt es somit zu einer dem tatsächlichen Material- und Personalaufwand entsprechenden Rechnungsstellung.

ORGANISATION

Dagegen muss bei der Abrechnung nach Festpreis eine Nachkalkulation Aufschluss darüber geben, ob es Abweichungen zwischen Material- und Personaldisposition und dem tatsächlichen Material- und Zeitbedarf gegeben hat. Eine sorgfältige Nachkalkulation ist als Kontrollinstrument für die Überwachung der Rentabilität des Unternehmens (→ „Controlling", S. 224) und natürlich auch für die Verbesserung der Arbeitsvorbereitung unverzichtbar.

Nachkalkulation

2.1.2 Funktionale, zeitliche und räumliche Ablaufplanung

Es ist bereits deutlich geworden, dass die Ablauforganisation die einzelnen Arbeitsschritte in chronologischer Reihenfolge festlegt und den verschiedenen Abteilungen und Mitarbeitern des Betriebes zuordnet. Wenn man diesen Festlegungs- und Zuordnungsprozess genauer analysiert, wird deutlich, dass dabei verschiedene Planungsaspekte kombiniert werden müssen.

Im Einzelnen geht es um die folgenden Festlegungen:

Festlegung von Planungsaspekten	
Was soll erledigt werden?	Frage nach dem **Arbeitsgegenstand**
Wann soll die Arbeit ausgeführt werden?	Frage nach der **Bearbeitungszeit**
Wo soll die Arbeit stattfinden?	Frage nach dem **Arbeitsraum**
Womit soll die Arbeit ausgeführt werden?	Frage nach den **Betriebsmitteln**

Planungsaspekte

Entsprechend dieser zentralen Fragen der Planung unterscheidet man eine funktionale Ablauforganisation, die sich auf die Aspekte „was" und „womit" bezieht, sowie eine zeitliche und eine räumliche Ablauforganisation.

Bei der **funktionalen Ablauforganisation** steht die Ermittlung aller erforderlichen Einzelschritte und deren logische Reihenfolge im Vordergrund. Es kommt darauf an, den Gesamtarbeitsablauf in möglichst kleine Teilschritte (Prozesse) zu zerlegen.

Beispiel:
Die schlüsselfertige Errichtung eines Wohnhauses (Gesamtauftrag) kann funktional grob in folgende Teilschritte zerlegt werden:
- Erdaushub,
- Errichtung der Fundamente und der Bodenplatte,
- Erstellung des Mauerwerks,
- Vorbereitung des Dachstuhls,
- Montage des Dachstuhls,
- Decken des Dachs,

funktionale Teilschritte

ORGANISATION

- Verputzarbeiten innen,
- Verputzarbeiten außen,
- Innenausbau durch verschiedene Gewerke.

zeitlicher Ablauf Bei der zeitlichen Ablaufplanung stehen Zeitbedarf und Koordination der einzelnen Teilschritte im Vordergrund. Dabei müssen die personellen, maschinellen und technischen Gegebenheiten berücksichtigt werden.

Bezogen auf das obige Beispiel der Errichtung eines Wohnhauses sind u. a. folgende Fragen zu klären:

- Wie viel Zeit wird für den Erdaushub benötigt, wenn ein Bagger und zwei LKW bereitstehen, die den Aushub über eine Strecke von x Kilometern abtransportieren?
- Wie lange benötigt die vorgesehene Baukolonne für die Vorbereitung der Fundamente, die Verlegung von Drainagen und Armierung und das Gießen der Bodenplatte?
- Wie viel Zeit erfordert die Beschaffung der Materialien für den Dachstuhl und deren Vorbereitung für die Endmontage?
- In welcher Zeit kann die Maurerkolonne das Mauerwerk errichten?

Insbesondere bei komplexen Aufträgen kann es von Vorteil sein, sich die Abfolge der einzelnen Teilschritte mithilfe einer **Plantafel** oder des von H. L. Gantt entwickelten **Balkendiagramms** optisch zu verdeutlichen.

Balkendiagramm nach Gantt

BEISPIEL für ein BALKENDIAGRAMM

Zeitrahmen	1. Woche	2. Woche	3. Woche	4. Woche	5. Woche	...
Teilschritte						
Erdaushub	███					
Fundament/Bodenplatte errichten		███				
Mauerwerk erstellen			███	███		
Dachstuhl vorbereiten			███	███		
Dachstuhl montieren					███	
...						
...						

Im Beispiel ist deutlich zu erkennen, dass die Erstellung des Mauerwerks und die Vorbereitung des Dachstuhls in der 3., 4. und 5. Arbeitswoche teilweise zeitgleich erfolgen. Für die Optimierung der zeitlichen Ablauforganisation ist dies von entscheidender Bedeutung. Möglich ist das, da die Dachbalken beispielsweise auf einem Betriebsgelände mit den vorhandenen Maschinen zugeschnitten werden können, während zeitgleich auf der Baustelle die Maurerarbeiten durchgeführt werden.

ORGANISATION

Es geht bei der zeitlichen Ablauforganisation also auch darum, zeitgleich durchführbare Teiltätigkeiten entsprechend zu planen. Auf diese Weise kann der Gesamtzeitbedarf für das Projekt deutlich verkürzt werden. Allerdings lassen sich längst nicht alle Teilschritte parallel planen. So verbietet es sich natürlich, Arbeiten am Dach gleichzeitig mit Arbeiten am Fundament zu planen.

Unter Umständen muss sogar zwischen zwei logisch aufeinander aufbauenden Teilschritten ein **Leerlaufzeitraum** geplant werden. Im Beispiel findet sich ein solcher Leerlaufzeitraum in der 3. Woche: Obwohl die Fundamentarbeiten bereits abgeschlossen sind, werden noch keine Maurerarbeiten geplant. Solche geplanten Leerlaufzeiten sind in der Regel technisch oder auch personell bedingt. Im vorliegenden Beispiel ist die Leerlaufzeit durch die technisch bedingte Aushärtungszeit für den Beton der Bodenplatte zu erklären. — **geplante Leerlaufzeiten**

Die zeitliche Ablauforganisation kann sehr kompliziert werden, wenn es sich um ein Projekt mit vielen Einzelschritten handelt, zwischen denen sehr unterschiedliche logische Verknüpfungen bestehen. Das gilt insbesondere, wenn in die Auftragsabwicklung mehrere Unternehmen eingebunden sind. Diese haben einen internen Planungs- und Koordinationsbedarf und müssen auch untereinander „Hand in Hand" arbeiten (→ S. 355).

Zur Qualitätsverbesserung des Planungsprozesses und zur besseren Kontrolle der zeitlichen Abläufe wird in der Praxis häufig die sog. **Netzplantechnik** angewendet (→ Beispiel für einen Netzplan, S. 318).

Ähnlich wie beim Balkendiagramm können mit der Netzplantechnik Arbeitsabläufe dargestellt werden. Darüber hinaus ist die Netzplantechnik ein Instrument zur Planung, Steuerung und Überwachung von komplexen Aufgaben und verzweigten Arbeitsabläufen.

Grundlagen der Netzplantechnik sind die Gliederung des Gesamtprojekts in Teilaufgaben und deren logische Verknüpfung. Jeder Teilaufgabe wird eine Nummer und die benötigte Zeit zugeordnet. Aus der logischen Reihenfolge der Arbeitsvorgänge sowie dem jeweiligen Anfangs- und Endtermin ergibt sich die grafische Darstellung aller Vorgänge. — **logische Abfolge**

Diese Darstellung von Abhängigkeiten, Dauer und Terminen der einzelnen Arbeitsschritte ermöglicht eine relativ genaue Vorhersage wichtiger Zwischentermine und des Zeitpunkts der Fertigstellung. Zeitliche Engpässe und Pufferzeiten lassen sich durch die Netzplantechnik aufzeigen. Dadurch ergeben sich Möglichkeiten, durch Beschleunigung einzelner Teilaufgaben die Projektdauer zu verkürzen. — **Terminablauf**

Werden Planzeiten für einzelne Teilschritte eines Gesamtprojekts nicht eingehalten, führt dies in der Regel zu weit reichenden Störungen des Gesamtablaufs und kann enorm hohe Zusatzkosten verursachen. Daher ist es ratsam, bei der Zeitplanung Spielraum zu lassen, der im Bedarfsfall genutzt werden kann, um eingetretene Ablaufstörungen aufzufangen. — **Zeitplan mit Puffer**

ORGANISATION

Netzplan

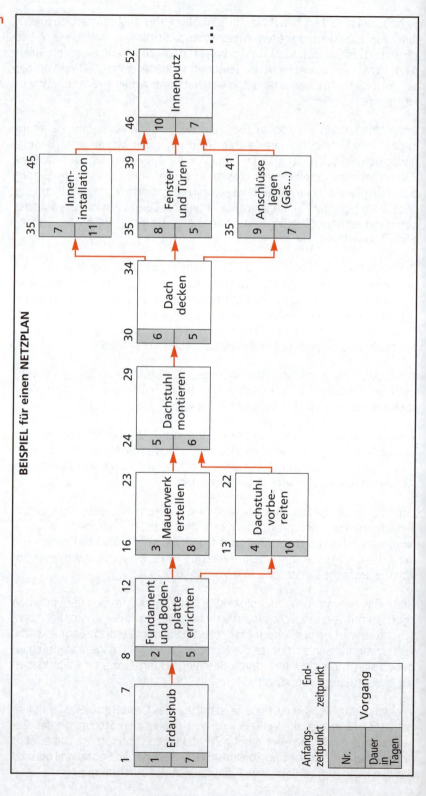

ORGANISATION

Bei der **räumlichen Ablauforganisation** steht die Optimierung der erforderlichen Transport- und Bewegungsvorgänge im Mittelpunkt. Das reicht von eher einfachen Überlegungen bis hin zu komplexen Planungen. Es leuchtet z. B. ein, dass Baumaterial nicht erst in den Betrieb, sondern direkt an die Baustelle geliefert werden sollte. Den optimalen Standort einer neuen Maschine in der Werkstatt zu bestimmen, ist schon weniger einfach.

räumliche Planung

Ziel der räumlichen Planung ist es, unnötige Wege bei gleichzeitiger optimaler Auslastung von Kapazitäten und Ausschöpfung aller Rationalisierungsmöglichkeiten zu vermeiden. Generell nimmt die Notwendigkeit einer räumlichen Ablauforganisation mit der Größe des Betriebes tendenziell zu. In kleinen Betrieben ist dieser spezielle Aspekt häufig technisch bedingt vorgegeben.

2.2 Materialdisposition und Lagerplanung (Logistik)

Im Handwerk überwiegt die Einzelfertigung. Daraus ergibt sich eine besondere Bedeutung der Materialdisposition und der Lagerplanung für die Optimierung der Ablauforganisation. Es gilt, eine zu große und damit zu teure Lagerhaltung zu vermeiden. Gleichzeitig muss aber sichergestellt sein, dass eine zügige Auftragsabwicklung nicht an fehlendem Material scheitert. Auf Fragen der Beschaffung wird auf → S. 296 eingegangen.

Ziele

Gerade in kleinen und mittelgroßen Betrieben kommt der Bewältigung dieser „logistischen Aufgaben" eine Schlüsselrolle zu.

Die Optimierung der Materiallogistik ist für die Minimierung der Produktionskosten einerseits und die Verbesserung der Abläufe andererseits unerlässlich. Das Spektrum der denkbaren Maßnahmen reicht dabei von der effizienten **Organisation des Materiallagers** (Größe des Lagerraums, Ausstattung, Zugänglichkeit der verschiedenen Materialien) bis hin zur Realisierung einer funktionsfähigen **Just-in-time-Anlieferung.** Dabei werden die Materialien vom Lieferanten direkt an den Ort der Verarbeitung, z. B. die Baustelle, geliefert. Das Unternehmen kann auf eine eigene Lagerhaltung vollständig verzichten.

Materiallogistik

Materiallager

Die Materialdisposition unter Umgehung der eigenen Lagerhaltung bedingt eine exakte Materialbedarfsplanung. Wird eine zu geringe Materialmenge geordert, dann kommt es unter Umständen zu Verzögerungen bei der Fertigstellung der Arbeiten. Im günstigsten Fall entstehen lediglich zusätzliche Kosten für die erforderliche Nachlieferung von Material. Wird andererseits zu viel Material geordert, verleitet dies die Mitarbeiter zu Materialverschwendung. Ungenutzte Materialrestbestände müssen aufwendig abtransportiert oder sogar entsorgt werden.

exakte Disposition

Von zentraler Bedeutung ist es dabei, zu jedem Zeitpunkt ohne großen Aufwand eine exakte Lagerbestandserfassung der einzelnen Materialien zu gewährleisten. Das ist nur möglich, wenn Lagerzu- und -abgänge korrekt und zeitnah erfasst werden. Das funktioniert in der Regel nur dann, wenn

Lagerbestandserfassung

Materialausgabe Material gegen Vorlage eines **Materialausgabescheins** aus dem Lager entnommen wird bzw. ein Mitarbeiter für die Materialausgabe verantwortlich ist.

Vorteil dabei ist, dass das benötigte Material sofort dem jeweiligen Auftrag zugeordnet werden kann. Oft rechtfertigt dies den erhöhten Arbeitsaufwand und die damit verbundenen Kosten.

Verwaltung per PC Die **Lagerbestandskontrolle und -verwaltung** kann heute auch in kleinen und mittelgroßen Betrieben problemlos und kostengünstig computergestützt erfolgen. Dabei können Lagerbestandsdaten vielfältig mit anderen Bereichen der betrieblichen Verwaltung verknüpft werden (→ Einsatz von Informationstechnologien, S. 343).

qualitative Kontrolle Unabhängig von der Erfassung der Lagerzu- und -abgänge bedarf der Lagerbestand auch einer regelmäßigen qualitativen Kontrolle. Nicht mehr verwertbare Lagerbestände werden rechtzeitig ausgesondert und durch neue ersetzt. Die Gefahr der Vernichtung oder Beschädigung von Materialien ist dabei umso geringer, je besser das Lager räumlich (Belichtung, Belüftung, Luftfeuchtigkeit, Temperatur) den Erfordernissen für die Lagerung des jeweiligen Materials entspricht.

Lagerumschlag Auch die **Lagerumschlagshäufigkeit** wirkt sich auf qualitätsbedingte Materialverluste aus. Deshalb müssen bei Materialentnahmen immer diejenigen Bestände verwendet werden, die am längsten im Lager waren. Nur so kann sichergestellt werden, dass es wirklich immer zu einem vollständigen Lagerumschlag kommt. Um dies zu gewährleisten müssen alle Materialien leicht zugänglich und übersichtlich gelagert sein.

Anforderungen an ein Lager Ein Lager sollte daher folgenden Erfordernissen genügen:
- gute Übersicht durch Ordnung,
- schneller Zugriff durch ausreichende Beschilderung,
- kurze Wege zu häufig verwendeten Materialien,
- Schutz vor Verderbnis durch sorgfältige Lagerung.

2.3 Qualitätsmanagement und Zertifizierung im Handwerk

Das sog. **Qualitätsmanagement** hat in den letzten Jahren auch Einzug ins Handwerk gehalten, als Reaktion auf die Erwartungen der Kunden wie aufgrund eines gewachsenen Problembewusstseins aufseiten der Betriebe.

Definition Unter Qualitätsmanagement versteht man die Summe der sozialen und technischen Maßnahmen, die zum Zweck der Absicherung einer bestimmten (genormten) Qualität von Ergebnissen betrieblicher Leistungsprozesse angewendet werden, also beispielsweise Qualitätszirkel, Qualitätskontrolle, Prozesslenkung und Endkontrolle. Im Mittelpunkt des Qualitätsmanagements steht in aller Regel die **Qualitätssicherung** bei der Produktion von Gütern und Dienstleistungen.

ORGANISATION

Zur Schaffung und Durchsetzung einheitlicher Qualitätsstandards sind auf europäischer Ebene verschiedene **Qualitätsnormen** geschaffen worden, deren Erfüllung immer öfter auch von Handwerksbetrieben gefordert wird. Das gilt insbesondere für solche Betriebe, die als Zulieferer für die Industrie tätig sind oder für entsprechend „anspruchsvolle Endkunden" arbeiten.

Normen

Da die Industrie in aller Regel umfangreiche Qualitätsmanagementsysteme eingeführt und umgesetzt hat, verlangt sie immer öfter von ihren handwerklichen Partnern entsprechende Normerfüllungen. Auch für handwerkliche Betriebe kann es dann erforderlich sein, komplexere Qualitätssicherungssysteme zu entwickeln, die sich an den entsprechenden Normen orientieren. Dazu gehört auch die Ausarbeitung eines sogenannten **Qualitätsmanagement-Handbuchs**, dessen kritische Überprüfung (Audit) durch einen neutralen Gutachter und schließlich – im Erfolgsfall – die entsprechende amtliche Bestätigung (Zertifizierung) durch eine externe Institution.

Zertifizierung

Beim Zentralverband des Deutschen Handwerks ist daher in den letzten Jahren eigens eine **handwerkliche Zertifizierungsstelle** (ZDH-Zert) aufgebaut worden. Diese Institution unterhält bei einigen Handwerkskammern im Bundesgebiet Außenstellen, die im Bedarfsfall detaillierte Informationen über die verschiedenen Qualitätsnormen und das Zertifizierungsverfahren geben können und betroffenen Betrieben mit Rat und Tat zur Seite stehen (*www.zdh-zert.de*).

ZDH-Zert

Überblick über die aktuellen Normen	
Qualitätsnorm	Titel
DIN EN ISO 9000: 2000	Grundlagen und Begriffe
DIN EN ISO 9001: 2000	Nachweisforderungen
DIN EN ISO 9004: 2000	Anleitung zur Verbesserung der Leistungen

Überblick über Normen

Die aktuellen Qualitätsnormen in der Normenreihe DIN EN ISO 9000 sind am 15. Dezember 2000 in Kraft getreten und ab dem 14. Dezember 2003 für alle Zertifizierungsverfahren verbindlich. Sie stellen eine Weiterentwicklung der ursprünglichen Vorschriften dar und berücksichtigen die inzwischen gemachten Erfahrungen. (Weitere Informationen unter: *www.bis-handwerk.de* → *Themenfelder* → *Qualitätsmanagement*.) Mit der Neuausrichtung der Normen sind vor allem vier zentrale Zielsetzungen verbunden:

Zielsetzungen

- Verbesserung der Überschaubarkeit,
- Erleichterung der Übertragbarkeit auf kleine und mittelgroße Betriebe,
- realistischere Abbildung der betrieblichen Prozesse,
- verbesserte Integration mit anderen Managementsystemen (z. B Umwelt und Sicherheit).

Die vereinfachte Struktur der neuen Normen kommt kleinen und mittleren Unternehmen im Handwerk besonders entgegen. Dafür sorgt vor allem die

ORGANISATION

Prozessorientierung

Prozessorientierung, die an die Stelle der früher üblichen Überprüfung von 20 verschiedenen Qualitätsmanagement-Elementen getreten ist. Das Qualitätsmanagementsystem orientiert sich stärker am betrieblichen Geschehen und erleichtert dadurch die Bewertung und Optimierung betrieblicher Prozesse.

Wichtige Elemente von Qualitätssicherungssystemen nach neuer Norm sind die Kundenorientierung, die Produktorientierung und die Mitarbeiterorientierung.

Im Rahmen der **Kundenorientierung** erhebt das Unternehmen die Kundenwünsche und die Forderungen des Marktes, prüft die eigene Fähigkeit zur Erfüllung, erbringt die Leistung gemäß den gewünschten Anforderungen (Spezifikationen) und ermittelt nach Abschluss die Kundenzufriedenheit. Gleichzeitig wird die **Produktorientierung** verstärkt: In diesem Bereich prüft das Unternehmen, ob seine Produkte die Forderungen des Marktes und die Vorgaben der Produktspezifikation erfüllen können. Schließlich wird auch die **Mitarbeiterorientierung** ausgebaut: Jeder Mitarbeiter ist so zu qualifizieren, dass er die ihm übertragenen Aufgaben ordnungsgemäß durchführen kann. Die regelmäßige Erhebung der Mitarbeiterzufriedenheit und die Umsetzung der daraus gewonnenen Erkenntnisse ist ein zentraler Bestandteil normgerechter Qualitätssicherung.

Qualitätsmanagementsystem

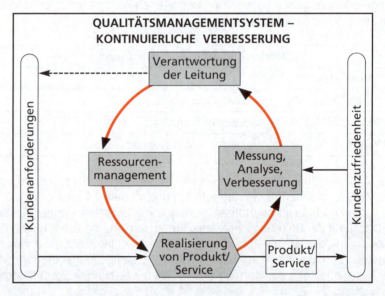

Ein Qualitätsmanagement-System umfasst sämtliche Unternehmensbereiche und stellt Anforderungen an die Effektivität der Prozesse und Effizienz der unternehmerischen Gesamtleistung.

Die Abbildung verdeutlicht die angesprochene Prozessorientierung. Ausgangspunkt jeder Produkterstellung oder Dienstleistung sind die Markt- und Kundenforderungen. Der Kundenbedarf wird ermittelt und im Leistungserstellungsprozess realisiert. Zur Weiterentwicklung der Produkte und zur Optimierung der Abläufe wird die Kundenzufriedenheit festgestellt.

ORGANISATION

Alle betrieblichen Bereiche sind dabei in das Gesamtsystem eingebunden, das auf eine kontinuierliche Verbesserung ausgerichtet ist.

2.4 Arbeitszeitmodelle

Ein reibungsloser Betriebsablauf setzt auch eine optimale zeitliche Verfügbarkeit der Mitarbeiter voraus. Insbesondere bei Schwankungen der Arbeitsmenge bewähren sich spezielle, auf die jeweiligen Bedürfnisse abgestimmte Arbeitszeitmodelle.

Im Handwerk üblich ist eine fest vereinbarte tägliche/wöchentliche Arbeitszeit (z. B. 37,5-Stunden-Woche mit 5 Arbeitstagen zu je 7,5 Stunden) und zeitlich genau festgelegtem Arbeitsbeginn. Dieses Arbeitszeitmodell ist wenig flexibel. Auftragsbedingte Abweichungen von der vereinbarten Arbeitszeit lassen sich nur über Überstundenregelungen realisieren, die für den Unternehmer überproportionale Kostensteigerungen bedeuten. Gleichzeitig müssen gelegentliche Leerlaufzeiten in Kauf genommen werden, in denen die Mitarbeiter aufgrund von mangelndem Auftragsbestand nicht ausreichend beschäftigt werden können. **feste Arbeitszeit**

Diese Regelung ist nur im Fall einer gleichmäßigen Arbeitsauslastung, z. B. bei überwiegender Werkstatttätigkeit, günstig. Bei erhöhter Baustellentätigkeit und starken Schwankungen im Arbeitsanfall wirkt sich die Inflexibilität dieses Arbeitszeitmodells eher negativ aus.

Erhöhte Flexibilität schafft die sog. gleitende Arbeitszeit. Vor und nach einer vom Unternehmen in Abstimmung mit den Mitarbeitern festgelegten Kernarbeitszeit gibt es dabei Gleitzeitintervalle, in denen der Arbeitnehmer selbst darüber entscheidet, wann er mit der Arbeit beginnt und wann er sie beendet. Auf diese Weise kann an einem Arbeitstag bei Bedarf länger gearbeitet werden und dafür an einem anderen Tag kürzer. In der Regel muss allerdings das **Gleitzeitkonto** (Gegenüberstellung von Mehrarbeits- und Freizeitstunden) innerhalb eines Monats ausgeglichen sein. **Gleitzeit**

Arbeitnehmer und Unternehmer können von der Gleitzeitregelung profitieren. Voraussetzung ist allerdings, dass die Mitarbeiter bei plötzlich auftretendem Mehrbedarf an Arbeitsleistung auch entsprechend arbeitsbereit sind. Umgekehrt profitiert das Unternehmen auch davon, wenn in Zeiten schlechter Arbeitsauslastung geleistete Mehrarbeit kostenneutral „abgefeiert" wird. **bessere Arbeitsauslastung**

An seine Grenzen stößt das Modell dann, wenn z. B. bei Montagearbeiten die Arbeitsleistung in Arbeitsgruppen erbracht werden soll. Einzelarbeit und Verwaltungsarbeiten eignen sich dagegen prinzipiell für dieses Arbeitszeitmodell.

Insbesondere bei witterungsabhängigen Arbeiten (z. B. Bau) wird das Modell der **flexiblen Jahresarbeitszeit** verwendet. Arbeitnehmer und Arbeitgeber verfügen dabei flexibel über die Arbeitszeit. In auftragsstarken Zeiten ist die tägliche Arbeitszeit generell länger, während sie in auftragsschwachen oder Schlechtwetterperioden verkürzt wird. **Jahresarbeitszeit**

ORGANISATION

Von einer solchen Regelung können Arbeitgeber und Arbeitnehmer gleichermaßen profitieren. Dem Arbeitgeber stehen bei Bedarf die Arbeitskräfte länger zur Verfügung und in auftragsschwachen Zeiten kann er die Arbeitszeit zurückfahren. Für den Arbeitnehmer ist der größere Freizeitanteil in Zeiten verkürzter Arbeitszeit der zentrale Vorteil.

Schichtbetrieb

Von **Schichtarbeit** spricht man, wenn ein Arbeitsplatz im Laufe eines Tages von mehreren Mitarbeitern besetzt wird. („2-Schicht-Betrieb oder 3-Schicht-Betrieb"). Dabei kann die Produktionszeit an einem Arbeitsplatz von 8 auf 16 oder sogar auf 24 Stunden ausgedehnt werden. Derzeit wird Schichtarbeit im Handwerk eher selten praktiziert. In dem Maße, in dem sich die Kapitalausstattung in den Handwerksbetrieben infolge des technischen Fortschritts weiter erhöht, kann das Modell zukünftig an Bedeutung gewinnen.

Vor- und Nachteile

Der Vorteil der Schichtarbeit ist offenkundig. Im Schichtbetrieb können teure maschinelle Anlagen intensiver genutzt und somit schneller amortisiert werden. Diesem bedeutsamen Vorteil stehen allerdings auch verschiedene Nachteile gegenüber. So ist inzwischen wissenschaftlich erwiesen, dass Schichtarbeit und der damit verbundene Schichtwechsel eine zusätzliche Belastung darstellt, die sich langfristig negativ auf die Leistungsfähigkeit der Mitarbeiter auswirkt.

Arbeitszeit-modelle.pdf

Überblick über Arbeitszeitmodelle		
Arbeitszeitmodell	Vorteile	Nachteile
Fixierte Tagesarbeitszeit	gute Kontrolle	geringe Flexibilität
Gleitende Arbeitszeit	mehr Flexibilität	ungeeignet für Gruppen- und Baustellenarbeit
Flexible Jahresarbeitszeit	Nutzung des Arbeitszeitpotenzials nach Arbeitsanfall	evtl. Probleme bei der Entlohnung und im Fall der Kündigung
Schichtarbeit	optimale Nutzung des Maschinenparks	langfristig Beeinträchtigung der Leistungsfähigkeit der Mitarbeiter; organisatorische Probleme
Job-Sharing	Beschäftigungsmöglichkeit auf Teilzeitbasis; verbesserte Leistungsbereitschaft der Mitarbeiter	Effizienzverlust durch Übergabe der Arbeit von einem Mitarbeiter an den anderen; Zuordnung von Verantwortlichkeit
Telearbeit	Arbeitsmöglichkeit zu Hause ggf. bei freier Zeiteinteilung	nur für wenige Arbeiten geeignet; Schwierigkeiten bei der zeitlichen Koordination

ORGANISATION

Beim sog. **Job-Sharing** teilen sich zwei (oder auch drei) Mitarbeiter einen Arbeitsplatz. Dabei kann entweder eine Aufteilung der Tagesarbeitszeit (z. B. vormittags/nachmittags) oder der Wochenarbeitszeit (z. B. montags bis mittwochs/mittwochs bis freitags) erfolgen. Das Job-Sharing eignet sich vor allem für solche Arbeitskräfte, die nicht die volle Arbeitszeit erbringen können oder wollen.

Arbeitsplatzteilung

Für den Unternehmer scheint das Modell auf den ersten Blick eher nachteilig zu sein, da durch die notwendige Übergabe der Arbeit von einem Mitarbeiter auf den anderen Probleme entstehen können. Neuere Untersuchungen lassen aber eine höhere Leistungsbereitschaft der Mitarbeiter im Job-Sharing erkennen.

Die rasante Entwicklung der Telekommunikation macht auch im handwerklichen Bereich immer öfter **Telearbeit** möglich. Diese Form der Arbeitsorganisation ist mehr als nur ein Arbeitszeitmodell. Bei der Telearbeit arbeiten die Mitarbeiter ganz oder teilweise zu Hause und übermitteln ihre Arbeitsergebnisse per E-Mail, Telefon, Fax oder Datenfernübertragung an ihr Unternehmen. Echte Produktionsarbeit kommt für diese Form der Arbeitsorganisation wohl kaum in Frage, aber Verwaltungs- oder auch Konstruktionsarbeiten sind sehr wohl als Telearbeit denkbar.

Arbeitsplatz zu Hause

Für alle Arbeitszeitmodelle lassen sich sowohl Vor- als auch Nachteile benennen. Die Auswahl des Modells sollte deshalb in jedem Fall genau überlegt und optimal an die betrieblichen Erfordernisse angepasst werden. (Eine umfassende Datenbank mit flexiblen Arbeitszeitmodellen, die anhand von Praxis-Beispielen dargestellt werden, finden Sie unter: *www.bmwi.de → Arbeit → Arbeitsrecht → Teilzeit*.) Wichtig ist die rechtzeitige Abstimmung mit den Mitarbeitern und natürlich die Einhaltung der jeweiligen gesetzlichen Vorschriften, die für die einzelnen Arbeitszeitmodelle zum Teil sehr komplex sind. In Zweifelsfall sollte vor einer entsprechenden Regelung eine Fachauskunft bei den Beratungsstellen der Handwerksorganisation eingeholt werden.

2.5 Gruppenorganisation

Handwerkliche Arbeit ist häufig **Teamarbeit.** Dabei arbeiten Mitarbeiter mit unterschiedlichen Qualifikationen und Befugnissen für eine mehr oder weniger lange Zeit eng zusammen und sind dabei auch wechselseitig aufeinander angewiesen.

Arbeit in der Gruppe

Erfolg und Qualität der Arbeitsleistung sind ganz entscheidend von der Gruppenzusammensetzung und den sich daraus ergebenden Gruppenbeziehungen abhängig. Diese **Gruppenbeziehungen** sind keineswegs nur das Ergebnis des rein persönlichen Verhältnisses der Gruppenmitglieder untereinander. Sie hängen auch von einer Reihe anderer, objektiver Einflussgrößen ab, die es bei der Zusammensetzung der Arbeitsgruppe zu berücksichtigen gilt. Die wohl wichtigsten Einflussgrößen sind:

Einflussfaktoren

- die Gruppengröße,
- das Qualifikationsmuster der Gruppenmitglieder,

ORGANISATION

- ihre Teamfähigkeit,
- die Gruppenleitung.

Zusammensetzung nach Größe

Die **Gruppengröße,** also die Zahl der Mitarbeiter, die zu einer Gruppe zusammengefasst werden, bestimmt sich einerseits aus der Art des Auftrags und andererseits aus der dafür zur Verfügung stehenden Zeit. Viele Arbeiten erfordern die konstruktive Zusammenarbeit einer Mitarbeitergruppe. Das gilt umso mehr, je kürzer der angesetzte Zeitrahmen ist.

Beispiel: Ein Malerbetrieb hat den Auftrag, in einem Bürogebäude den Innenanstrich zu erneuern. Aus der Vorkalkulation ergibt sich ein Arbeitszeitaufwand von 200 Arbeitsstunden. Bei einem achtstündigen Arbeitstag ergibt sich rein rechnerisch ein Zeitbedarf von 25 Mann-Tagen. Für die Abwicklung des Auftrages ist aber nur ein Zeitraum von maximal 5 Arbeitstagen vorgesehen. Daraus folgt eine notwendige Gruppengröße von 5 Mitarbeitern.

Natürlich lässt sich die Gruppengröße nicht immer nur rechnerisch ermitteln. Zusätzlich sind auch andere Aspekte wie etwa die zeitliche Abfolge bestimmter Arbeitsschritte, technisch notwendige Arbeitsunterbrechungen (z. B. Trocknungszeiten) oder organisatorische Besonderheiten zu berücksichtigen.

Gruppenorganisation

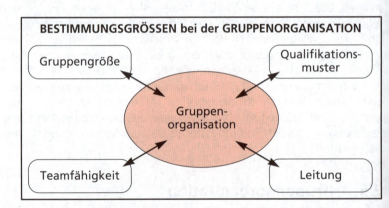

Zusammensetzung nach Qualifikation

Mit dem **Qualifikationsmuster** ist die Zusammensetzung der Gruppe hinsichtlich der fachlichen Qualifikation ihrer Mitglieder gemeint. Bei der Gruppenbildung muss darauf geachtet werden, dass die verschiedenen Qualifikationen der Gruppenmitglieder möglichst gut an den jeweiligen Auftrag angepasst sind. Dabei müssen Überforderungen einzelner Gruppenmitglieder ebenso vermieden werden wie Unterforderungen, weil beides auf mittlere und lange Sicht zu Frustration führt und das Arbeitsergebnis der Gruppe negativ beeinflusst.

Zusammensetzung nach Eigenschaften

Für die **Teamfähigkeit** spielen charakteristische Eigenschaften der Gruppenmitglieder ebenso eine Rolle wie persönliche Spannungen zwischen einzelnen Mitarbeitern. Hier ist ein sehr behutsames Vorgehen notwendig. Es ist sehr wohl möglich, dass ein „schwieriger" Mitarbeiter sich nach einiger Zeit und entsprechender Anleitung doch noch in ein Team integrieren lässt.

ORGANISATION

Allerdings kann ein dauerhaft nicht zu lösender Konflikt zwischen einzelnen Mitarbeitern das Arbeitsergebnis der Gruppe erheblich beeinträchtigen.

Im Einzelfall ist es daher notwendig, die Entwicklung der Mitarbeiterbeziehungen über einen längeren Zeitraum zu beobachten und daraus die entsprechenden Konsequenzen abzuleiten.

Von ganz entscheidender Bedeutung für die Gruppenorganisation ist schließlich die Entscheidung über die **Gruppenleitung.** Dabei reicht es in aller Regel nicht aus, einem Mitglied der Gruppe die Leitung offiziell zu übertragen. Es ist erforderlich, dafür Sorge zu tragen, dass der mit der Gruppenleitung betraute Mitarbeiter von den anderen Gruppenmitgliedern als „Führung" akzeptiert wird. Wichtige Einflussgrößen sind dabei die Persönlichkeit und das Durchsetzungsvermögen des Mitarbeiters sowie seine fachliche Qualifikation, seine Erfahrung und unter Umständen die Dauer seiner Betriebszugehörigkeit.

Auswahl der Führung

Bitte bearbeiten Sie abschließend die folgenden Aufgaben:

1. Beschreiben Sie anhand eines typischen Auftrags den Arbeitsablauf in Ihrem Betrieb unter Berücksichtigung der Arbeitsvorbereitung, Arbeitsausführung und Arbeitsnachbereitung.

2. Beschreiben Sie die wesentlichen Unterschiede zwischen einem Balkendiagramm und einem Netzplan.

3. Sie haben sich vorgenommen, Ihre Lagerlogistik vollkommen neu zu planen. Welche Aspekte müssen Sie berücksichtigen?

4. Stellen Sie den Zusammenhang von Qualitätssicherung und Kundenzufriedenheit dar.

5. Welche Arbeitszeitmodelle wären für die Abläufe in Ihrem Betrieb geeignet? Begründen Sie Ihre Auswahl.

6. Überlegen Sie, welche Vor- und Nachteile mit der Teamarbeit verbunden sein können.

ORGANISATION

3. Aufbauorganisation

Kompetenzen:

Der Lernende

- kann die Zielsetzung der Aufbauorganisation erläutern und zwischen Aufgabenanalyse und Aufgabensynthese unterscheiden,
- kann für einen Betrieb seines Gewerks eine detaillierte Aufgabenanalyse vornehmen und das Organigramm seines Betriebes darstellen,
- kann wichtige Elemente der Stellenbeschreibung nennen und für konkrete Stellen in seinem Unternehmen Stellenbeschreibungen entwerfen,
- kann zwischen Instanzen und Stabsstellen unterscheiden und aus seinem Betrieb entsprechende Beispiele nennen,
- kann verschiedene Leitungssysteme gegeneinander abgrenzen und wichtige Vor- und Nachteile der Systeme benennen,
- kann die Notwendigkeit regelmäßiger Organisationsüberprüfungen begründen und Anpassungsmöglichkeiten verdeutlichen.

Definition Mithilfe der **Aufbauorganisation** wird die generelle Unternehmensstruktur festgelegt. Dabei geht es um eine systematische Strukturierung der betrieblichen Aufgaben und um die Schaffung eines hierarchischen Gesamtaufbaus.

Aufgabenanalyse Die Gesamtaufgabe eines Unternehmens wird in sämtliche **Teilaufgaben** zerlegt, die notwendig sind, um die Unternehmensziele zu erreichen. Diesen Teilaspekt der Aufbauorganisation bezeichnet man als Aufgabenanalyse.

Aufgabensynthese Erst wenn man sich Klarheit darüber verschafft hat, welche einzelnen Tätigkeiten im Betrieb erbracht werden müssen, können die ermittelten Teilaufgaben sinnvoll zusammengefasst werden. Daraus lässt sich dann eine funktionsfähige **Betriebsstruktur** mit verschiedenen Bereichen, Abteilungen und Stellen entwickeln. Dieser zweite Teilaspekt der Aufbauorganisation wird als Aufgabensynthese bezeichnet.

ORGANISATION

3.1 Aufgabenanalyse und Festlegung der Unternehmensstruktur

Der zentrale Zweck der Aufgabenanalyse besteht darin, einen möglichst vollständigen Überblick über die Teilaufgaben zu bekommen, die zur Erfüllung der betrieblichen Gesamtzielsetzung erforderlich sind.

Das Prinzip der Aufgabenanalyse kann an einem einfachen Beispiel verdeutlicht werden:

Ein Tischlermeister plant die Gründung eines eigenen Betriebes. Der Betrieb soll in einer Werkstatt den gesamten Bereich der Tischlereiproduktion abdecken und entsprechend auch die Endmontage beim Kunden vornehmen. Dazu müssen die notwendigen Rohstoffe beschafft werden. Es sollen über gezielte Werbeaktivitäten Kunden gewonnen und zur verwaltungsmäßigen Abwicklung ein betriebliches Personalwesen und natürlich ein eigenständiges Rechnungswesen etabliert werden.

Grobanalyse

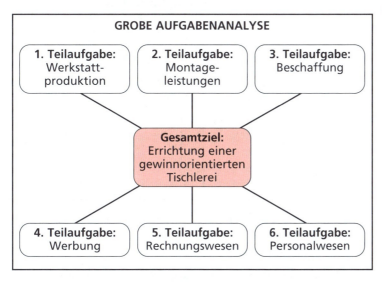

Um eine leistungsfähige Betriebsstruktur zu schaffen, ist eine Verfeinerung dieser noch sehr groben Aufgabenanalyse notwendig. Je detaillierter diese Aufgabenanalyse vorgenommen wird, umso effizienter wird die Aufbauorganisation sein.

Feinanalyse

Bezogen auf das Beispiel bedeutet eine Verfeinerung der Aufgabenanalyse eine weitere Unterteilung z. B. der Werkstattproduktion in

- Konstruktion,
- Fertigungsplanung und
- Fertigung etc.

Dabei erfasst die Aufgabenanalyse alle Teilaufgaben unabhängig von den personellen Gegebenheiten im Betrieb. Es geht nur darum, alle für die

Erreichung des Unternehmensziels notwendigen Teilaufgaben zu sammeln. Dies erfordert ein gewisses Vorstellungsvermögen im Hinblick auf die praktischen Aufgaben.

Verfeinerung der Analyse

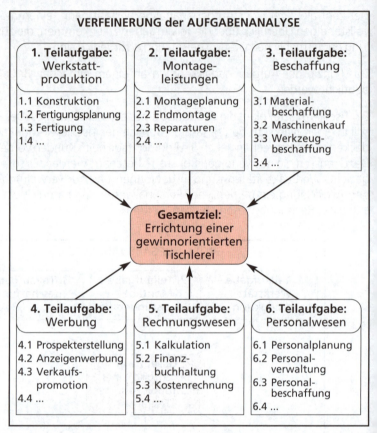

Im Handwerk haben die Unternehmer eine relativ weitgehende praktische Vorstellung von den produktiven Vorgängen und können dafür auch eine detaillierte Aufgabenanalyse vornehmen.

Abläufe der Verwaltung

Über die verwaltungsmäßig notwendigen Aufgaben sind dagegen in aller Regel deutlich weniger Kenntnisse vorhanden. Das führt zu einer entsprechend schlechteren Aufgabenanalyse für diesen unternehmerisch aber sehr bedeutsamen Bereich. Im Extremfall führt dies zu einer Vernachlässigung der Verwaltungsaspekte beim Aufbau der Unternehmensstruktur. Damit ist ein Scheitern des Betriebes am Markt häufig schon vorprogrammiert.

Sind die Teilaufgaben in ausreichend detaillierter Form erfasst, kann darauf aufbauend die Grobstruktur des Unternehmens festgelegt werden. In dieser Phase sind schon erste Überlegungen zum hierarchischen Aufbau des Unternehmens notwendig. Dabei geht es letztlich um die Zuweisung von Verantwortlichkeiten.

Zur Veranschaulichung der Unternehmensstruktur wird diese in einem **Organisationsdiagramm** (Organigramm) dargestellt.

ORGANISATION

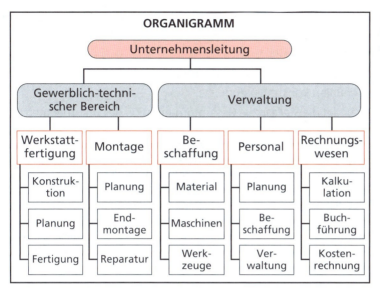

Beispiel für Organigramm einer Tischlerei

Wir sehen an dem Organigramm dieser Tischlerei, dass die verschiedenen Teilaufgaben den größeren Aufgabenbereichen zugeordnet sind: So hat der Aufgabenbereich Werkstattfertigung drei Teilaufgaben. Die fünf Aufgabenbereiche wiederum gehören zu einem der beiden Betriebsbereiche: entweder zum gewerblich-technischen Bereich oder zur Verwaltung. Diese beiden Betriebsbereiche unterstehen der Firmenleitung. Über das konkrete Zusammenspiel der verschiedenen Abteilungen und Aufgabenbereiche entscheidet letztlich das im Betrieb verwirklichte Leitungssystem (→ S. 333).

3.2 Aufgabensynthese: Stellenbildung und Stellenbeschreibung

Die Aufstellung eines Organigramms unabhängig von den personellen Gegebenheiten im Betrieb. Es geht lediglich um die logische Abgrenzung von Aufgabenbereichen und ihre systematische Zuordnung zueinander. Ob mehrere der ermittelten Teilaufgaben später ggf. von einer Person wahrgenommen werden, also in einer Stelle zusammengefasst sind, wird erst im Rahmen der Aufgabensynthese entschieden.

Die **Stelle** ist die kleinste organisatorische Einheit innerhalb eines Unternehmens. Jeder Stelle werden eine oder auch mehrere der in der Aufgabenanalyse erfassten Teilaufgaben zugeordnet. Mehrere Stellen können zu **Abteilungen** zusammengefasst werden.

Auch die Stellenbildung ist unabhängig von konkreten Personen. Sie orientiert sich an der Zusammenfassung der Teilaufgaben. Sind die Aufgabeninhalte einer Stelle und die Anforderungen an den Stelleninhaber konkret definiert, kann die Stelle einem Mitarbeiter zugewiesen bzw. mit einem neuen Mitarbeiter von außen besetzt werden.

Stellenbildung

ORGANISATION

Bestandteile der Stellenbeschreibung

Zur genauen Kennzeichnung einer Stelle dient die **Stellenbeschreibung**, die bei Neueinstellungen oder Eingruppierung nützlich ist. Sie

- benennt die Stelle,
- weist ihr genaue Teilaufgaben zu,
- definiert konkrete Befugnisse,
- bindet die Stelle in die Gesamtorganisation des Unternehmens ein.

Beispiel: Reparaturabteilung einer Tischlerei

\	Wichtige Bestandteile der Stellenbeschreibung
Bezeichnung	Leiter der Reparaturabteilung
Aufgaben	Koordination und Durchführung der anfallenden Reparaturen im Kundenauftrag und Gewährleistung des Kundendienstes
Funktionale Einbindung	Die Stelle ist im gewerblich-technischen Bereich des Unternehmens dem Bereich „Montage" zugeordnet.
Unterstellung/ Überstellung	Der Stelleninhaber ist direkt dem Leiter des Montagebereichs unterstellt und seinerseits direkter Vorgesetzter für einen weiteren Mitarbeiter in der Reparaturabteilung.
Vertretungsregelung	Der Stelleninhaber vertritt im Fall der Abwesenheit den Leiter des Montagebereichs und wird seinerseits im Fall der Abwesenheit durch diesen vertreten.
Anforderungen an den Stelleninhaber	Der Stelleninhaber verfügt über eine abgeschlossene Berufsausbildung als Tischler und über mehrere Jahre praktische Berufserfahrung. Er ist an weitgehend selbstständiges, verantwortungsbewusstes Arbeiten gewöhnt und kann im Kundenkontakt korrekt und verbindlich auftreten.
Besondere Befugnisse	Aufgrund einer Zusatzausbildung nimmt der Stelleninhaber im Betrieb zusätzlich die Aufgaben eines Brandschutzbeauftragten wahr. In dieser Funktion ist er weisungsbefugt gegenüber allen Abteilungen.

Linienstelle

Generell unterscheidet man Linienstellen und Stabsstellen. Linienstellen sind mit einer **Leitungsbefugnis** ausgestattet, also anderen Stellen vorgesetzt. Sie werden auch **Instanzen** genannt.

Stabsstelle

Stabsstellen sind in der Regel leitenden Stellen zugeordnet. Sie haben die Aufgabe, die jeweilige Instanz zu beraten und ihr zuzuarbeiten. Stäbe haben keine Entscheidungs- oder Weisungsbefugnis, sondern lediglich ein Vorschlagsrecht. Sie verfügen oft über eine hohe Qualifikation.

ORGANISATION

Je nach Größe und Struktur eines Unternehmens kann man zwischen unteren, mittleren und höheren Instanzen unterscheiden. In unserem Beispiel der Tischlerei würde der Leiter der Reparaturabteilung zu den unteren Instanzen gehören, der Leiter des gewerblich-technischen Bereichs zu den höheren Instanzen.

Der Verantwortungsumfang wird dabei umso größer sein, je höher die Instanz angesiedelt ist. Anders ausgedrückt bedeutet dies, dass höhere Instanzen Kompetenzen an mittlere und untere Instanzen delegieren. Gelegentlich müssen sie aber auch Aufgaben der untergeordneten Instanzen übernehmen, wenn diese mit der Aufgabenerfüllung überfordert sind.

Verantwortungsumfang

In der Praxis ergibt sich oft ein Problem, wenn der Firmeninhaber – aus welchen Gründen auch immer – in nahezu allen Betriebsbereichen Funktionen übernehmen muss und dann keine Zeit mehr für die eigentlichen Aufgaben der Geschäftsleitung bleibt.

3.3 Leitungssysteme

Für die Regelung der Zusammenarbeit der verschiedenen Stellen, Abteilungen und Bereiche eines Unternehmens, also für die Festlegung der Dienstwege, sorgt das Leitungssystem. Grundsätzlich stehen verschiedene Leitungssysteme zur Auswahl, die Vor- und Nachteile aufweisen. Für welches Leitungssystem sich der Unternehmer entscheidet, wird sich deshalb im Einzelfall nach den betrieblichen Belangen und Besonderheiten richten.

Auswahl des Leitungssystems

Beim **Einliniensystem** ist der Dienstweg durch eine klare Unter-/Überordnung der einzelnen Stellen zueinander eindeutig festgelegt. (Das auf → S. 331 dargestellte Organigramm der Beispieltischlerei entspricht der Grundstruktur des Einliniensystems).

eindeutige Unter-/Überordnung

Jeder Mitarbeiter hat nur einen direkten Vorgesetzten mit Weisungsbefugnis. Arbeitsaufträge an den Mitarbeiter aus anderen Unternehmensbereichen müssen über den unmittelbaren Vorgesetzten weitergeleitet werden. Die Umsetzung eines Einliniensystems in einem Unternehmen wird auch als funktionale Organisationsstruktur bezeichnet, da in der Regel eine **Gliederung nach Funktionen** (z. B. Beschaffung, Personal, Rechnungswesen) erfolgt.

funktionale Organisation

Beim sog. **Stabliniensystem** werden insbesondere den höheren und mittleren Instanzen beratende Stabsstellen zugeordnet. Es kann ebenfalls als ein funktionales Organisationssystem bezeichnet werden.

beratende Stabsstelle

Können die Anweisungen an eine Stelle von mehreren unterschiedlichen Instanzen ausgehen, dann spricht man von einem **Mehrliniensystem.** Der Vorteil liegt in der Möglichkeit einer Beschleunigung des Dienstweges. Allerdings besteht die Gefahr von Kompetenzgerangel.

kurze Informationswege

ORGANISATION

Einliniensystem

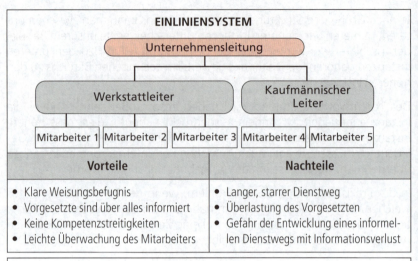

Stabliniensystem

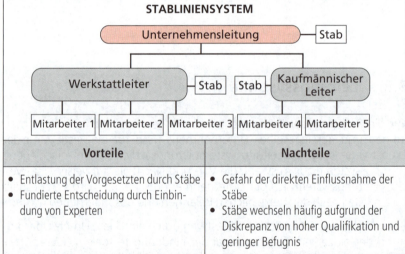

Mehrliniensystem

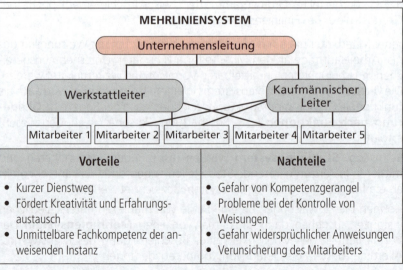

ORGANISATION

Wird ein Unternehmen in weitgehend selbstständige Geschäftsbereiche aufgeteilt und führen die Bereichsleiter die Geschäfte in eigener Verantwortung, spricht man von einer **Spartenorganisation**. Derartige Sparten (= Geschäftsbereiche = Divisionen) können nach Produkten bzw. Produktgruppen, nach Kunden-/Zielgruppen oder nach Regionen gegliedert sein.

Aufteilung in Geschäftsbereiche

Spartenorganisation

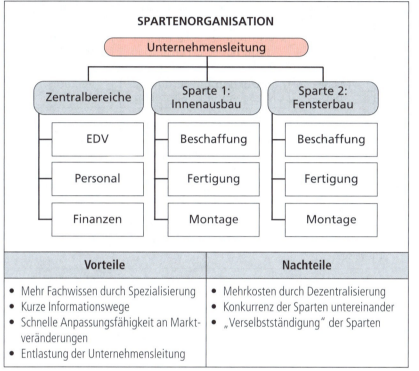

Neben den einzelnen Sparten können **Zentralabteilungen** bestehen, die unmittelbar der Unternehmensleitung unterstellt sind.

Wird den Spartenleitern eine vollständige Verantwortung für den Gewinn ihrer Sparte übertragen, dann handelt es sich um sog. **Profit-Center**.

Die Spartenorganisation wird auch als divisionale Organisation bezeichnet. Sie erlaubt eine weit reichende Spezialisierung und erhöht in der Regel die Flexibilität des Unternehmens. Die notwendige Dezentralisierung und die „Selbstständigkeit" der Spartenleiter können sich negativ auswirken.

divisionale Organisation

Die sog. **Matrixorganisation** versucht, die Vor- und Nachteile der funktionalen und der divisionalen Organisation auszugleichen. Zwei gleichberechtigte Abteilungen treffen gemeinsame Entscheidungen, wobei sie ihr spezielles Aufgabengebiet einbringen. Ein Auftrag für den Fensterbau wird mithilfe der Erfahrungen aus der Fertigung wie dem Einkauf vorbereitet.

Die unterschiedliche Ausrichtung der Abteilungen soll dabei der Qualität der Aufgabenerfüllung dienen. Allerdings ist das Konfliktpotenzial und daraus folgend der Schlichtungsbedarf bei Meinungsverschiedenheiten bei dieser Organisationsstruktur besonders groß.

ORGANISATION

Matrixorganisation

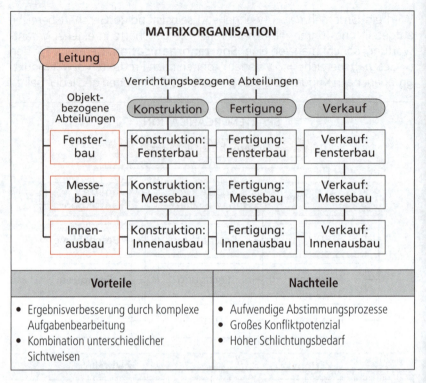

Vorteile	Nachteile
• Ergebnisverbesserung durch komplexe Aufgabenbearbeitung • Kombination unterschiedlicher Sichtweisen	• Aufwendige Abstimmungsprozesse • Großes Konfliktpotenzial • Hoher Schlichtungsbedarf

Teamarbeit

Bei der **Teamorganisation** wird bewusst auf Hierarchieebenen und klare Weisungsbefugnisse verzichtet. Die Teams arbeiten als partnerschaftliche, gleichberechtigte Arbeitsgruppen. Durch die Beteiligung der Mitarbeiter an allen Entscheidungen soll eine hohe Motivation der Mitarbeiter erreicht werden.

Teamorganisation	
Vorteile	Nachteile
• Hohe Motivation • Große Kreativität • Erhöhte Arbeitsproduktivität • Starkes Zusammengehörigkeitsgefühl	• Langwierige Entscheidungsprozesse • Schwierige Koordination • Großes Konfliktpotenzial • Hoher Schlichtungsbedarf

Projektmanagement

In Rahmen der **Projektorganisation** werden geeignete Mitarbeiter für die Projektdauer, also zeitlich begrenzt, in einer Gruppe zusammengefasst und einem Projektleiter unterstellt. In der Regel umfasst ein Projekt eine komplexe, einmalige Aufgabe (z. B. Neubau der Werkstatt, Einführung eines neuen EDV-Systems).

Mitarbeiter erhalten in der Projektgruppe die Chance, unabhängig von ihrer täglichen Routine tätig zu werden, Erfahrungen zu sammeln und sich zu bewähren. Gleichzeitig kann durch die Arbeit innerhalb eines Projekts dem Erstarren der Organisationsstruktur durch Gewohnheit im Denken und Handeln entgegengewirkt werden.

ORGANISATION

Projektorganisation	
Vorteile	**Nachteile**
• Loslösung von stellenorientiertem Denken • Abteilungsübergreifende Zusammenarbeit • Verlassen der Routinearbeit der Abteilung	• Gefahr von Spannungen in der Gruppe • Erfolg abhängig von Projektleitung • Probleme bei Wiedereingliederung nach Projektabschluss

3.4 Organisationsentwicklung

Die Aufbauorganisation eines Unternehmens muss sich orientieren

- an den Unternehmenszielen,
- an spezifischen Rahmenbedingungen (z. B. der Konkurrenzsituation),
- an der Entwicklung des Unternehmens.

Daraus ergibt sich, dass Änderungen der betrieblichen Zielsetzung oder der anderen Einflussgrößen notwendigerweise auch Anpassungen der betrieblichen Aufbauorganisation nach sich ziehen müssen. Daher sollten Organisationsstrukturen systematisch und vorausschauend und nicht etwa als notwendige Reaktion auf bereits veränderte Bedingungen laufend überprüft und angepasst werden. **Anpassung an Veränderungen**

Beispiel 1:

In der Gründungsphase eines Unternehmens ist eine funktionale Organisation im Einliniensystem ohne mittlere und untere Instanzen vorgenommen worden. Das ist angesichts der noch kleinen Betriebsgröße sinnvoll und realistisch. **Einliniensystem**

Bei erfolgreicher Unternehmensentwicklung und zunehmender zeitlicher Beanspruchung des Unternehmers wird es nach einiger Zeit notwendig, innerhalb des Einliniensystems zusätzlich mittlere Instanzen und ggf. auch eine oder mehrere Stabsabteilungen zu schaffen. Vielleicht ist es auch erforderlich, zur Steigerung der Flexibilität und zur Verkürzung der Dienstwege zumindest in Teilbereichen ein Mehrliniensystem zu schaffen.

Beispiel 2:

Innerhalb eines größeren Betriebes, der bislang in einem Liniensystem mit mehreren Instanzebenen organisiert war, kristallisieren sich zunehmend zwei zentrale Produktionsschwerpunkte heraus. **Mehrliniensystem**

Zur Straffung der Organisation und zur Entlastung der Unternehmensleitung wird deshalb die Betriebsorganisation von einer eher funktionalen Ausrichtung auf eine divisionale Ausrichtung in Form einer Spartenorganisation umstrukturiert. Dazu werden für beide Sparten gemeinsame Aufgaben in Zentralbereichen organisiert.

Innerhalb der einzelnen Sparten wird eine weit reichende Eigenständigkeit realisiert, die in einer späteren Phase bis hin zur Schaffung von Profit-Centern führen kann.

Bitte bearbeiten Sie abschließend die folgenden Aufgaben:

1. Stimmen Sie der Meinung zu, dass die Aufgabenanalyse innerhalb der Aufbauorganisation eine ganz wesentliche Bedeutung hat? Begründen Sie Ihre Antwort.

2. Erläutern Sie die Bedeutung von Stellenbeschreibungen.

3. Unterscheiden Sie Instanzen von Stabsstellen und beschreiben Sie die besondere Problematik von Stabsstellen.

4. Stellen Sie die verschiedenen Leitungssysteme einander gegenüber und begründen Sie die Auswahl eines Systems für Ihr Unternehmen.

5. Stellen Sie dar, unter welchen Bedingungen eine Projektorganisation für Ihr Unternehmen vorteilhaft sein kann.

4. Verwaltungs- und Büroorganisation

> **Kompetenzen:**
>
> Der Lernende
>
> - kann die Bedeutung einer effizienten Büro- und Verwaltungsorganisation für einen reibungslosen Betriebsablauf erkennen und anhand konkreter Beispiele erläutern,
> - kann Grundregeln der Ablageorganisation nennen, betriebliche Unterlagen nach ihrer Wertigkeit systematisieren und das Prinzip eines Aktenplans erläutern,
> - kann die Bedeutung der Postbearbeitung im Rahmen der Büro- und Verwaltungsorganisation erläutern, verschiedene Schriftstückvarianten nennen und sie speziellen Mitteilungsanliegen zuordnen,
> - kann die Möglichkeiten der konsequenten Nutzung moderner Kommunikations- und Informationstechniken einschätzen.

Bedeutung der Büroorganisation

Die Ablauf- und die Aufbauorganisation können nur dann einen effektiven Betriebsablauf gewährleisten, wenn sie durch eine leistungsfähige Büro- und Verwaltungsorganisation ergänzt werden. In der handwerklichen Praxis wird diese Wechselwirkung leider immer noch nicht konsequent berücksichtigt. Während die fachlich-praktischen Aktivitäten und die damit verbundenen organisatorischen Erfordernisse in aller Regel die erforderliche Aufmerksamkeit erhalten, rangiert die Büro- und Verwaltungsorganisation auch heutzutage weit unten auf der Prioritätenskala.

Systematisch kann die Büroorganisation in vier Teilbereiche untergliedert werden:

- Informations**aufnahme,**
- Informations**speicherung,**
- Informations**verarbeitung,**
- Informations**weiterleitung.**

Die rasante Entwicklung der Informations- und Kommunikationstechnologien eröffnen beträchtliche Rationalisierungspotenziale, die es mit Blick auf die damit verbundene Kosteneinsparung konsequent zu nutzen gilt.

Aber auch durch eine Vielzahl anderer Elemente können Büro- und Verwaltungsarbeiten effizienter und damit kostengünstiger organisiert werden.

Vordrucke

Ein wesentliches Hilfsmittel können Vordrucke (Formulare) sein (z. B. Lieferscheine, Rechnungen, Quittungen, Schecks, Materialausgabescheine).

ORGANISATION

Ein **Formular** ist ein nach organisatorischen Gesichtspunkten gestaltetes Hilfsmittel zur übersichtlichen Erfassung von Informationen. Der Einsatz von Formularen

- dient der Standardisierung gleichartiger, immer wiederkehrender Arbeits- und Schreibvorgänge,
- garantiert die vollständige Datenerfassung,
- hilft bei der Fehlerminderung,
- dient der Arbeitserleichterung.

4.1 Ablageorganisation

Ziel der Ablage

Die Ablage ist ein Schlüsselbereich jeder Büroorganisation. Übergeordnetes Ziel ist es, vielfältige für den Betrieb wichtige Informationen zu sammeln und für den schnellen Zugriff bereitzuhalten. Auch müssen vom Gesetzgeber vorgeschriebene Aufbewahrungsfristen bei bestimmten Schriftstücken (→ Belege für das Finanzamt, S. 717) gewährleistet werden.

Grundregeln

Obwohl immer öfter vom „papierlosen Büro" gesprochen wird, ist die Menge an schriftlichen Informationen im Handwerksbetrieb noch beträchtlich. Um angesichts der Flut von Papieren, Schriftstücken und Belegen nicht den Überblick zu verlieren, sind drei einfache Grundregeln zu beherzigen:

- keine unwesentlichen Informationen aufbewahren,
- Doppelablagen möglichst vermeiden,
- Schriftstücke so schnell wie möglich ablegen.

Ablage nach Wertigkeit

Über diese Grundregeln hinaus spricht vieles dafür, die Ablage nach der Wertigkeit der Schriftstücke zu organisieren.

Ablage.pdf

Ablage nach Wertigkeit der Schriftstücke		
Wertigkeit	Aufbewahrungsfrist	Gesetzliche Vorschrift
Tageswert: • Prospekte • Wurfsendungen • Einladungen • Nicht angeforderte Angebote • Rundschreiben	1–7 Tage	Keine
Prüfwert: • Angebote • Mahnungen • Allg. Korrespondenz • Preislisten • Bewerbungen	6–12 Monate; z. T. kürzer	Keine

ORGANISATION

Wertigkeit	Aufbewahrungsfrist	gesetzliche Vorschrift
Gesetzeswert: • Buchungsbelege • Bilanzen einschl. GuV • Geschäftsbücher • Vertragsunterlagen	6–10 Jahre	Handelsgesetzbuch Abgabenordnung (AO)
Dauerwert: • Interne Verträge • Patente • Lizenzen • Prozessunterlagen • Grundstücks- und Bauunterlagen • Dokumente zur Firmengeschichte	Unbegrenzt	Keine

Hilfreich kann dabei ein sog. **Aktenplan** sein. Der Aktenplan ist eine strukturierte Systematik sämtlicher Bereiche der Verwaltung, für die Schriftstücke der Ablage zugeordnet werden können.

Als denkbare Grobkategorien kommen z. B. in Betracht: **Grobkategorien**

- Geschäftsleitung,
- Behörden und Verbände,
- Einkauf,
- Verkauf,
- Finanzen,
- Steuern,
- Versicherungen,
- Betriebsgebäude,
- Betriebsausstattung,
- Personal.

Jede dieser Grobkategorie kann den jeweiligen Erfordernissen entsprechend weiter logisch strukturiert werden: **Feinkategorien**

1. Verkauf
    1.1 Marktbeobachtung (Konkurrenz)
    1.2 Kunden
        1.1.1 Angebote
        1.1.2 Aufträge
    1.3 Verkaufsunterlagen
        1.3.1 eigene Preislisten
        1.3.2 Anzeigen und Annoncen (Belege)
        1.3.3 Messebeteiligungen
    1.4 ...

ORGANISATION

elektronische Unterlagen — Der verstärkte Einsatz von PCs in der handwerklichen Büro- und Verwaltungsorganisation macht Überlegungen zum **Dateimanagement** notwendig. Es ist zu entscheiden, ob mit dem PC erstellte Schriftstücke und elektronisch übermittelte Unterlagen (z. B. E-Mails) ausgedruckt und normal abgelegt oder lediglich elektronisch gespeichert werden. Diese Festlegungen sind ein wichtiger Bestandteil des reibungslosen Betriebsablaufs.

Bei der ausschließlich **elektronischen Speicherung** ist – neben der laufenden Datensicherung zum Schutz vor Datenverlust – auf die strikte Einhaltung einer konsequenten Speicherungssystematik zu achten. Eine solche Speicherungssystematik ist einem Aktenplan ähnlich: Man muss ihn auf das jeweilige Speichermedium (Festplatte, CD-ROM etc.) übertragen. Die Speicherungssystematik ist wesentliche Voraussetzung, um jederzeit rasch auf gespeicherte Unterlagen zugreifen zu können.

4.2 Postbearbeitung und Schriftverkehr

Schriftlicher Informationsaustausch mit Lieferanten, Kunden, Behörden und Verbänden erfolgt derzeit noch überwiegend unter Nutzung des Postwegs. Daraus ergibt sich die Notwendigkeit einer optimierten Postbearbeitung. Ganz grundsätzlich ist zwischen **Eingangspost** und **Ausgangspost** zu unterscheiden.

Eingangspost — Eingehende Post wird unmittelbar nach Zustellung oder Abholung aus dem Postfach geöffnet und registriert (z. B. durch einen Eingangsstempel mit Datum). Dann erfolgt die Weitergabe zur Bearbeitung an die jeweils zuständige Stelle im Betrieb. Spätestens hier muss über die Dringlichkeit der eingegangenen Schriftstücke entschieden und ggf. direkt mit der Bearbeitung begonnen werden.

Weiterleitung der Post — Insbesondere in größeren Betrieben kann die Erarbeitung eines systematischen **Postverteilplans** sinnvoll sein, der gleichzeitig berücksichtigt, dass u. U. auch die unmittelbare Weiterleitung wichtiger Informationen an andere Abteilungen erforderlich wird **(Schriftgutrundlauf).** Dabei ist sicherzustellen, dass wirklich dringliche Informationen (z. B. Preiserhöhung bei einem Lieferanten) auf dem internen Postweg nicht verschleppt, sondern zügig an alle notwendigen Empfänger weitergeleitet werden.

Informationen über bereits eingeleitete oder vorgenommene Reaktionen auf die Eingangspost müssen ebenfalls weitergegeben werden. Auf diese Weise kann Doppelarbeit vermieden und die Effizienz des Gesamtablaufs erhöht werden.

Ausgangspost — Die Ausgangspost kann sehr unterschiedlich sein. Das ist abhängig davon, was wem wie mitgeteilt werden soll.

Beispiele:
- Für das Glückwunschschreiben zur Wiederwahl des städtischen Baudezernenten kommt nur ein „repräsentativer" **Geschäftsbrief** in Frage.

ORGANISATION

- Für die Teilnahmebestätigung an der nächsten Innungsversammlung reicht die Rücksendung der beiliegenden **Antwortkarte**.
- Bei der Abgabe der monatlichen Umsatzsteuervoranmeldung besteht das Finanzamt auf der ausschließlichen Verwendung des offiziellen **Formulars**.
- Für die Weiterleitung einzelner Unterlagen an den Steuerberater reicht in aller Regel eine **Kurzmitteilung**.

In jedem Fall sollten die Formulierungen der versandten Schriftstücke eindeutig und präzise sein. Oft kann bei Routineschreiben auf **Textbausteine** zurückgegriffen werden, die die Abwicklung des Schriftverkehrs deutlich vereinfachen und beschleunigen.   **Standardschreiben**

Neben der richtigen Auswahl der Schriftstückvariante ist bei der Ausgangspost insbesondere zu achten auf

- die saubere und fehlerfreie Ausfertigung,
- die vollständige und fehlerfreie Adressierung,
- die ausreichende Frankierung,
- den fristgerechten Versand.

grundlegende Anforderungen

Jedes Schriftstück wird beim Empfänger als eine „Visitenkarte des Betriebes" angesehen. Daher muss jeder Brief sauber, übersichtlich und fehlerfrei sein. Er dient neben der Übermittlung von Informationen auch als Werbeträger, dessen Bild sich bei Kunden und Geschäftspartnern einprägt.

Der Geschäftsbrief von kaufmännischen Unternehmen muss auch rechtlichen Anforderungen genügen (→ S. 596). So muss er enthalten   **rechtliche Anforderungen**

- die Firma,
- einen Hinweis auf die Rechtsform,
- den Sitz der Gesellschaft,
- ggf. das Registergericht sowie
- die Nummer, unter der die Gesellschaft beim Handelsregister eingetragen ist.

4.3 Einsatz von Informations- und Kommunikationstechnologien

4.3.1 EDV-Einsatz im Handwerk

Computer gehören heute zum Alltag der Büroorganisation im Handwerk. Ohne optimierten EDV-Einsatz schränkten selbst kleinste Unternehmen ihre Wettbewerbsfähigkeit auf Dauer entscheidend ein.   **entscheidend für Wettbewerbsfähigkeit**

Folgende Punkte sind zu beachten:

- Der EDV-Einsatz ist für jede Unternehmensgröße lohnenswert. Bei einer Firmengründung oder -übernahme ist ein EDV-System konsequent von

ORGANISATION

Anfang an einzubeziehen, sonst droht schnell die betriebsorganisatorische Sackgasse.

- Das Preis-Leistungs-Verhältnis bei Computerhardware wird kontinuierlich besser. Neue Techniken wie z. B. die DVD (Digital Versatile Disk) als preiswerte Massenspeicher oder ergonomische Flachbildschirme modernisieren die tägliche Arbeit am Computer zusehends.
- Die Software zeichnet sich durch vielfältigere Funktionen, eine zunehmend bildhafte Benutzeroberfläche und zahlreiche Datentransfermöglichkeiten aus.
- Eine immer höhere Bedeutung kommt der Qualität der Dienstleistungen rund um die EDV zu (Service, Wartung, Schulung etc.).
- Eng damit verknüpft ist der gezielte Aufbau und Erhalt eines betriebsinternen IT-Know-hows. Die sog. Brainware bezeichnet die Summe aller Fähigkeiten und Kenntnisse der Mitarbeiter. Die Kosten für Erhalt und Pflege übersteigen mittlerweile die Aufwendungen für Hard- und Software. Genau zu planen ist die quantitative und qualitative Schulung der Mitarbeiter in sich laufend verändernden EDV-Systemen, die die Anforderungen an den einzelnen Arbeitnehmer ständig erhöhen. Neben dem Akzeptanzproblem spielen hierbei auch psycho-soziale Einflussfaktoren eine Rolle. Dauernde PC-Arbeit ist aus arbeitsmedizinischer Sicht ein bedeutender Stressfaktor geworden.
- Der Systemgedanke mit aufeinander abgestimmten Komponenten steht im Zentrum der betrieblichen Organisationsmittel. Der Trend zu integrativen Lösungen ist ungebrochen: So wachsen z. B. das Telefon, Fax, die Auftragsabwicklung, das Internet sowie das persönliche Informationsmanagement aller Mitarbeiter zu einem Gesamtkomplex zusammen. Dieses System bedarf jedoch einer regelmäßigen und sachgerechten Pflege.

4.3.2 Das lokale Netzwerk

LAN Mehrere PCs sollten zu einem innerbetrieblichen **Netzwerk** (**L**ocal **A**rea **N**etwork) verbunden werden. Es sichert den Fluss der betriebsinternen Informationen und ermöglicht eine nahtlose Kommunikation mit Kunden, Lieferanten und anderen Geschäftspartnern.

Ein sog. **Server,** ein leistungsfähiger PC mit großen Speicherkapazitäten, hält zentral alle wichtigen Daten und Programme vor, die für alle berechtigten Benutzer gleichzeitig abrufbar sind. Die Anwender an den angeschlossenen PCs, den sog. **Clients**, sind über diesen Server miteinander verbunden.

Vorteile Die wesentlichen Vorteile eines Netzwerkbetriebs sind folgende:

- der betriebsinterne Austausch von Daten zwischen den angeschlossenen Computern,
- stets aktueller Datenstand im gesamten Unternehmen,
- Kosteneinsparung durch einfacher ausgestattete Arbeitsplätze und die gemeinsame Nutzung teurer Peripheriegeräte,

ORGANISATION

- Aufhebung von Speicherplatzbeschränkungen einzelner Computer,
- Kosteneinsparung durch leichtere Softwareverteilung und -pflege sowie den Einkauf von preiswerten Netzlizenzen,
- mögliche Erhöhung der Datensicherheit durch eine zentrale Datensicherung,
- Senden und Empfangen von elektronischer Post innerhalb des Betriebs,
- leichte und problemlose Erweiterbarkeit.

4.3.3 Betriebssystem und Anwendungssoftware

Neben der technischen Hardware benötigt man Software, d. h. Programme, die die Arbeit mit dem PC erst ermöglichen. Das **Betriebssystem** steuert die Hardware und verwaltet die Anwendungssoftware. Das bekannteste System ist WINDOWS von Microsoft in verschiedenen Versionen. Das nahezu unentgeltliche LINUX hat in den letzten Jahren allerdings ebenfalls an Bedeutung gewonnen.   **Software**

In sog. Office-Paketen sind u. a. vier Standardanwendungen vertreten:
- Textverarbeitung,
- Grafik und Präsentation,
- Tabellenkalkulation,
- Datenbanken.

Textverarbeitungsprogramme wie z. B. **MS Word** sind die am häufigsten eingesetzten Anwendungsprogramme. Man kann mit ihnen Dokumente erstellen, bearbeiten, optisch professionell gestalten und ausdrucken.   **Textverarbeitung**

Folgende Aufgaben können mit Textverarbeitungsprogrammen erledigt werden:
- rationelle Abwicklung von Routineschreiben, z. B. Angebote, Rechnungen, Mahnungen etc.,
- einfache Erstellung von Formularen,
- schnelle Mailing-Aktionen als Serienbrief.

Mit einer Tabellenkalkulation wie z. B. **MS Excel** lassen sich nahezu alle Arten von Rechenoperationen ausführen. Die besonderen Vorteile bestehen in der schnellen Neuberechnung umfangreicher Zahlenbestände.   **Tabellenkalkulation**

Wichtige Einsatzgebiete sind Kostenplanungen, Finanzierungs- und Investitionsmodelle, Fakturierungen und diverse Statistiken. Die Umsetzung von Daten in grafische Darstellungen ist ebenfalls integriert, z. B. in dreidimensionale Balken- oder Kreisdiagramme.

Jeder Betrieb hat umfangreiche Karteien zu verwalten, z. B. von Kunden, Lieferanten, Materialien, offenen Posten etc. Werden solche Karteien im Computer geführt, spricht man auch von **Dateien**. Ihre gemeinsame Verwaltung geschieht mit Hilfe sog. Datenbank-Programme, z. B. **MS Access**.   **Datenbank**

ORGANISATION

Präsentation — Präsentationsprogramme wie z. B. **MS PowerPoint** veranschaulichen bildhaft prägnante Textinformationen genauso wie Tabellen, Diagramme, Organigramme oder ähnliche strukturelle Zusammenhänge.

Informationsmanager — Persönliche Informationsmanager wie z. B. **MS Outlook** übernehmen die Abwicklung der elektronischen Kommunikation, wie das Versenden und Empfangen von E-Mails. Darüber hinaus verwalten sie Aufgaben, Termine, Adressen, Ressourcen etc. Ihre Bedeutung wird in Zukunft steigen, da sie auch in den Telefonverkehr integriert werden. Sie wählen, dokumentieren alle Telefonate, Kontakte u. Ä.

Projektmanagement — **Projektmanagementsysteme** bereiten komplexe Projekte vor, überwachen und werten sie aus, z. B. im Bau- oder im Dienstleistungssektor. Sie ersetzen weitgehend das rein manuelle und mühsame Vorgehen zur Berechnung von Terminen, Kosten und Einsatzplanung von Maschinen wie Arbeitskräften.

technische Zeichenprogramme — Mit **CAD-Software** („Computer Aided Design", dt.: computergestütztes Konstruieren), können technische Zeichnungen millimetergenau entworfen werden, z. B. im Maschinenbau oder im Holz verarbeitenden Gewerbe.

kaufmännische Software — Die große Palette **kaufmännischer Software** deckt den breiten Bereich vom einfachen elektronischen Kassenbuch bis hin zur spezialisierten betriebswirtschaftlichen Anwendung ab.

Dazu kommen die bekannten Bereiche des Rechnungswesens:

- Auftragsbearbeitung, d. h. die Abwicklung der gesamten Belegbearbeitung wie das Schreiben und Kalkulieren von Angeboten, Bestellwesen, Rechnungslegung etc.,
- Finanzbuchhaltung,
- Kostenrechnung,
- Lohnbuchhaltung.

Auftragsbearbeitung — **Auftragsbearbeitungsprogramme** lassen sich meist bausteinartig zusammenstellen. Sie reichen von einfachen Fakturierprogrammen („Rechnung schreiben") bis zu komplexen Aufgabenbereichen.

Ein gutes Auftragsbearbeitungsprogramm sollte folgende Inhalte umfassen:

- Stammdatenverwaltung für Kunden, Lieferanten und Materialien,
- Bestellwesen,
- Belegerstellung (Angebote, Auftragsbestätigungen, Lieferscheine, Rechnungen, Mahnungen),
- Lagerhaltung (Verwaltung, Analyse),
- diverse Auswertungsmöglichkeiten (Listen, Statistiken).

Branchenprogramme.pdf

Im Handwerk gibt es für jedes Gewerk spezielle EDV-Branchenlösungen. Sie erfüllen optimal die Anforderungen unter Berücksichtigung arbeitsorganisatorischer Besonderheiten. Die Checkliste auf der CD-ROM stellt Anforderungen an Branchenprogramme zusammen.

ORGANISATION

In der Praxis bestehen drei Möglichkeiten, die **Finanzbuchhaltung** EDV-gestützt durchzuführen:

- als betriebsinterne PC-Lösung,
- über einen Steuerberater (DATEV-Rechenzentrum),
- als angeschlossenes Mitglied eines externen Rechenzentrums.

Finanzbuchhaltung

Betriebsinterne PC-Lösungen haben bei der laufenden Buchführung unübersehbare Vorteile:

- Belege brauchen nicht außer Haus gegeben werden, so bleibt die Flexibilität gewahrt;
- Auswertungen sind stets auf dem Stand der aktuellen Buchungen;
- Kosten sind gegenüber externen Lösungen geringer.

Voraussetzung für eine eigenständige, interne Abwicklung ist weniger computertechnisches als fundiertes buchhalterisches Wissen.

Betriebe mit umfangreichem Anlagevermögen sollten den Einsatz einer separaten **Anlagenbuchhaltung** prüfen, die unterschiedlichste Abschreibungsarten, -methoden und gesetzliche Vorschriften optimiert.

Der Einsatz spezieller **Kostenrechnungssoftware** ist im Handwerk eher die Ausnahme. Einfache Funktionen, wie z. B. die Verwaltung von Kostenstellen, bieten bereits Finanzbuchhaltungsprogramme. Mittels Tabellenkalkulationsprogrammen können aber auch komplexe Rechenmodelle individuell erstellt werden.

Organisatorisch kann die **Lohnbuchhaltung** wie die Finanzbuchhaltung abgewickelt werden. Eine intern eingesetzte PC-Software verlangt zwingend eine jährliche Aktualisierung an die gesetzlichen und sozialversicherungsrechtlichen Bestimmungen. Dazu setzt ihre Steuerung gutes fachliches Wissen voraus. Dies gilt insbesondere für die Baubranche, die zahlreiche Besonderheiten zu berücksichtigen hat.

Lohnbuchhaltung

4.3.4 Telekommunikation, E-Commerce und Internet

Mit Telekommunikation werden alle Arten der elektronischen Informationsübertragung über die räumlichen Betriebsgrenzen hinaus bezeichnet. Dazu gehören auch die Funk-, Radio- und Fernsehtechnik. Die Nutzung der Internet-Dienste rückt zunehmend an die zentrale Stelle. **Electronic Commerce** („Elektronischer Geschäftsverkehr") bezeichnet dabei im weiteren Sinne die vollständige elektronische Abwicklung von Geschäftsprozessen über Computernetze.

Telekommunikation

Der Begriff **„Multimedia"** kann als Oberbegriff für das Zusammenwirken von Texten, Grafik, Tönen, Sprache, Animationen, Videosequenzen etc. gesehen werden. Voraussetzung ist, dass der Anwender wahlfrei und interaktiv handeln kann. Dies erweitert und vereinfacht die Anwendung von Programmen enorm, z. B. durch visualisierte Hilfen oder gesprochene Eingaben. Typische Multimedia-Anwendungen sind Audio- und Video-Wiedergabelösungen aller Art (Schulungen, Kataloge, Infomaterialien etc.).

ORGANISATION

Ein Multimedia-PC muss deshalb ein vollausgestatteter Hochleistungsrechner mit umfangreicher Peripherie sein. Er enthält einen schnellen Prozessor, großzügig ausgestattete Haupt- und Massenspeicher sowie ein DVD- und CD-RW-Laufwerk, Mikrofon, Soundkarte, Lautsprecher bzw. Kopfhörer, Scanner, Kameras etc. Außerdem ist eine entsprechende Bearbeitungssoftware notwendig.

Videokonferenzsysteme dienen dazu, zwei oder mehr Teilnehmer zu verbinden. Diese können nicht nur miteinander sprechen und sich dabei sehen, sondern auch parallel an ihren PCs gemeinsam in Dokumenten arbeiten.

Mit Computer-Telefon-Integrationssystemen (CTI) kann man direkt aus dem PC Telefonnummern wählen und Gespräche verwalten, d. h. mehrere Gespräche gleichzeitig führen, sie mitschneiden, vermitteln. Weiter kann der PC Telefonate entgegennehmen und als digitaler Anrufbeantworter fungieren. Im Gegenzug kann der PC „anrufen", d. h. aufgezeichnete Nachrichten weiterleiten, das sog. **Voice-Messaging**.

Herkömmliche **Faxgeräte** werden bald der Vergangenheit angehören. Der Dienst verschmilzt zunehmend mit dem E-Mail. Computer (mit Scannern) erledigen diese Aufgabe deutlich komfortabler und preiswerter. Die wichtigsten Vorteile sind:

- schnelle, papierlose Übertragung von Speicher zu Speicher, z. B. durch Mausklick aus einem Dokument heraus, mit Möglichkeiten zur Weiterleitung, Speicherung, Änderung etc.,
- übersichtliche und ausführliche Speicherung sämtlicher Empfänger- und Übertragungsdaten,
- schnellere, preiswertere Übertragung, auch zeitversetzt möglich,
- Fax-Mailing-Aktionen (Sammel-Fax) an bestimmte Empfängergruppen,
- Senden und Empfangen im Hintergrund, d. h. Weiterarbeit während des Faxens.

E-Commerce Grundsätzlich lassen sich vier verschiedene Formen des E-Commerce unterscheiden:

B2C
- Unternehmen-Verbraucher-Vorgänge **(„business-to-consumer, B2C")**. Unternehmen nutzen das Internet als zusätzlichen Informations- und Vertriebsweg zum Privatkunden, z. B. durch den Aufbau eines Internet-Shops;

B2B
- Unternehmen-Unternehmen-Vorgänge **(„business-to-business, B2B")**. Das Unternehmen tritt auf elektronischem Wege mit Lieferanten oder gewerblichen Abnehmern in Verbindung, z. B. durch die Abwicklung des Bestellwesens, die Übernahme von Material- und Artikeldaten etc.;

B2A
- Unternehmen-Verwaltungen-Vorgänge **(„business-to-administration, B2A")**. Damit ist die Kommunikation zwischen dem Unternehmen und Behörden bzw. öffentlichen Verwaltungen gemeint, z. B. bei der Vergabe von öffentlichen Bauvorhaben, das Ausfüllen von behördlichen Formularen, die Regelung von Steuerangelegenheiten etc.

C2A
- Wenn Bürger diesen Service nutzen, nennt man dies **„consumer-to-administration, C2A"**.

ORGANISATION

Ständige Kommunikationsfähigkeit z. B. über Telefon, Handy, Fax oder E-Mail wird heutzutage von Kunden und Geschäftspartnern gleichermaßen als selbstverständlich vorausgesetzt. Räumliche Distanzen werden durch die Vernetzung überbrückt, wobei erhebliche Zeitgewinne zu erzielen sind. Dies technisch und organisatorisch dauerhaft sicherzustellen, ist eine Grundanforderung an einen modernen Betrieb geworden.

Technische Voraussetzungen für die Nutzung eines PC zur Telekommunikation sind

technische Voraussetzungen

- ein Modem (bei analogem Telefonanschluss), alternativ der schnellere und komfortablere **ISDN-Anschluss** (digital) oder der um ein Vielfaches schnellere **DSL-Anschluss.** In einem Netzwerk regelt besondere Server-Software den gleichzeitigen Zugang aller Arbeitsstationen zum Internet. Auf Reisen sichern kabellose Anschlüsse den bequemen Internetzugang.
- Treiber- und Bedienungssoftware auf jedem PC, z. B. ein **Internet-Browser** wie der Internet Explorer und die Kommunikationssoftware Outlook;
- Zugangsberechtigungen zu einem kommerziellen **Internet Service Provider** (ISP) oder Anbieter mit eigenem **Online-Dienst** (T-Online, AOL).

Die Kosten für Internetzugänge sind in den letzten Jahren kontinuierlich gesunken. Sie setzen sich in aller Regel aus einer Grundgebühr, Telefon- und Zugangsgebühren zusammen. Verstärkt treten Internet-by-call-Anbieter auf, die auf eine vertragliche Bindung mit Grundgebühr verzichten und lediglich einen kombinierten Minutenpreis verlangen. Sog. **Flatrates,** pauschale Monatspreise, koppeln die Gebühren von der Nutzungsdauer ganz ab. Sie sind gerade für Unternehmen interessant.

Kosten

Unverzichtbar ist das Internet auch für das Handwerk geworden. Es ist ein weltumspannendes Netzwerk mit Millionen von Nutzern und eingebundenen Rechnern, das ständig rasant wächst. Im Internet stehen attraktive Dienste zur Verfügung:

Internet

- das wichtigste Werkzeug im Internet ist das **WWW, „World Wide Web"** (weltweites Netz). Durch Anklicken bestimmter Texte oder Bilder gelangt man in der Browser-Software zu der gewünschten Informationsseite;
- mit **E-Mail,** der elektronischen Post, lassen sich elektronische Briefe verwalten. Dies umschließt den Versand, den Empfang, das Beantworten und Weiterleiten der Mail. Über Verteilerlisten lassen sich blitzschnell Serienbriefe verschicken;
- Newsgroups bieten im sog. **Usenet** 25 000 Themenbereiche an, zu denen man im offenen Dialog seine Meinung äußern darf. Sie werden auch als Diskussionsforen oder Off-Line-Konferenzen bezeichnet;
- jeder Benutzer kann von beliebigen Rechnern Daten und Programme kopieren. Dies bezeichnet man als **Download** (Herunterladen);
- die Fernbedienung von Rechnern **(Telnet-Dienst)** gewinnt zunehmend an Bedeutung, um z. B. auf Reisen den heimischen PC zu bedienen.

ORGANISATION

Portale (Beispiel: *www.handwerk.de*) ermöglichen es Unternehmen, den elektronischen Geschäftsverkehr branchenspezifisch zu nutzen. So kann man dort direkt private und gewerbliche Aufträge generieren oder mit einem Baukasten eigene Internetauftritte gestalten. Für Kunden stehen Datenbanken zur Verfügung, in denen sie ihren Bedürfnissen entsprechend nach passenden Betrieben suchen können.

eigener Internetauftritt

Unabhängig von der Betriebsgröße muss der Internetzugang in jedem Unternehmen selbstverständlich sein. Darüber hinaus sollte rasch und konsequent der eigene Internetauftritt geplant werden. Bei eher geringen Kosten überwiegen eindeutig die Vorteile:

- vielfältige Informationsvorteile, z. B. bei neuen Produkten, Rechtsvorschriften, das Nutzen von Ausschreibungsdatenbanken u. Ä.,
- Zeit- und Kostenvorteile durch Online Banking (→ S. 429) und E-Mail, z. B. bei Bestellungen und Korrespondenz,
- permanente Erreichbarkeit ohne Büro- und Ladenschluss,
- Erfahrungsaustausch z. B. mit Kollegen,
- Entdeckung neuer Lieferquellen,
- ein preiswertes, Aufmerksamkeit weckendes Werbemedium,
- ein neuer Vertriebsweg mit neuen Zielgruppen, vielleicht sogar der Aufbau eines virtuellen Online-Shops,
- Expansionsmöglichkeiten, z. B. Kooperationen auf nationaler und internationaler Ebene,
- Aufbau eines Intranets, welches die betriebsinterne Kommunikation sichert, z. B. durch eine „elektronische Hauspost" oder eine einheitliche elektronische Dokumentenverwaltung.

Das Internet unterstützt gezielt das Customer Relation Management mit dem Ziel, Kundenbeziehungen positiv auszubauen und so eine anhaltende und stabile Partnerschaft zu sichern. Dies umfasst umfangreiche Service-Angebote, die dazu beitragen, neue Kunden zu gewinnen und den bestehenden Kundenstamm zu erhalten.

Planung – Internet.pdf Homepage.pdf

Ein eigener Internetauftritt (Website) muss daher sorgfältig geplant und professionell umgesetzt werden. Dies umfasst die Festlegung der WWW-Adresse, die Struktur der Website, die Auswahl der Texte und Bilder sowie die Eintragung bei sog. Suchmaschinen (z. B. Google). Auch ein entsprechendes Kosten-Controlling sowie die sorgfältige und regelmäßige Aktualisierung der Internetseiten dürfen nicht außer Acht gelassen werden.

Werbung

Ein sehr gutes Kosten- Leistungsverhältnis bieten bei geschicktem Vorgehen die zahlreichen Werbeformen im Internet. Man unterscheidet vor allem:

- Newsletter: regelmäßig an Kunden und Interessenten verschickte E-Mails. Kostenlose Newsletter-Abonnements gehören heutzutage zum modernen E-Commerce. Unverlangt versendete Newsletter, sog. „Spam", sind jedoch nicht statthaft.

- E-Mailings: aktionsbezogene Werbe-E-Mails, um den Kundenkreis über neue Produkte, Rabatte oder aktuelle Ereignisse zu informieren,
- E-Mail-Abruf: elektronische Alternative zu Telefon und Faxabruf, um Kunden schnell und ohne administrativen Aufwand kostengünstig zu informieren,
- E-Flyer: virtuelle Broschüre, Werbespot und Demonstrationswerkzeug in einem, um den Kunden umfassend und multimedial mit dem Unternehmen und neuen Produkten bekannt zu machen.

Neu und außerordentlich interessant für das Handwerk sind neue **Einkaufsmöglichkeiten** im Internet geworden. Hierbei bedient man sich z. B. eines sog. E-Procurement-Systems, einer Software, die Beschaffungsprozesse unterstützt. In das System werden elektronische Kataloge verschiedener Lieferanten eingestellt. Mehr Informationen zu diesem Thema erhalten Sie unter *www.bmecat.org*.

Einkauf.pdf

Das Internet erschließt ebenfalls eine neue Dimension des Lernens, das sog. **Telelearning.** Auf speziell entwickelten Seiten können multimediale Lerninhalte im Selbststudium erarbeitet werden. Das Besondere ist die Interaktion und Kommunikation mit den Mitschülern und dem Tele-Coach in virtuellen Klassenzimmern. Professionell betreut wird der Lernprozess von eigens ausgebildeten Betreuern, den sog. Teletutoren.

Telelearning

4.3.5 Datenschutz und Datensicherheit

1990 wurde das „Bundesdatenschutzgesetz der Bundesrepublik Deutschland" (BDSG) grundlegend überarbeitet (vgl. *www.datenschutz.de, www.bfd.bund.de*). Es regelt den Umgang mit personenbezogenen Daten zum Schutz vor Missbrauch. Darunter fallen z. B. Angaben über Name, Wohnort, Familienstand. Jeder Mensch hat grundsätzlich das Recht über die Weitergabe und Verwendung persönlicher Daten zu entscheiden. Dazu gehört ein Auskunftsrecht über gespeicherte Daten, das Recht auf Berichtigung falscher Daten, auf das Löschen oder Sperren unzulässig gespeicherter Daten, ein Anrufungsrecht der Kontrollinstanzen und ggfs. das Recht auf Schadenersatz.

Datenschutzgesetz

Vom Deutschen Bundestag und von den Landtagen werden jeweils **Datenschutzbeauftragte** eingesetzt, die die Einhaltung der Datenschutzbestimmungen auf staatlicher Ebene gewährleisten. Auf betrieblicher Ebene sind vom Arbeitgeber alle in der Datenverarbeitung beschäftigten Personen schriftlich auf die Wahrung von Datengeheimnissen zu verpflichten. Wenn mehr als fünf Personen EDV-gestützt oder mehr als 20 Personen manuell personenbezogene Daten verarbeiten, sind auch im Betrieb Datenschutzbeauftragte zu bestellen.

Auch das Internet ist kein rechtsfreier Raum (mehr). Die Zahl der Prozesse aufgrund von formunwirksamen Verträgen, Abmahnungen, Unterlassungsklagen und Verletzungen des Urheberrechts steigt zwar ständig, zunehmend bemühen sich aber eine Fülle neuer gesetzlicher Regelungen und

ORGANISATION

Datenschutz als Vor-sichtsmaßnahme

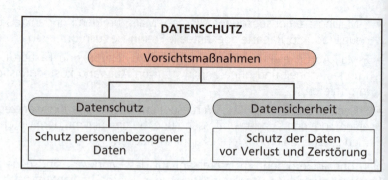

Urteile um Rechtssicherheit. Insbesondere das neue Fernabsatzgesetz (*http://bundesrecht.juris.de/bundesrecht/fernabsg/*) gilt für Verträge über Lieferungen von Waren oder Dienstleistungen, die im E-Commerce zwischen Unternehmern und Verbrauchern geschlossen werden. Es setzt Verträge voraus, die ausschließlich über Fernkommunikationsmittel erfolgt sind, z. B. neben dem E-Commerce auch für Drucksachen, Pressewerbung mit Bestellscheinen, Kataloge, E-Mail, Videotext, Telefax, Tele-Shopping.

Zu beachten ist z. B. der verbesserte **Verbraucherschutz bei Internet-Geschäften.** Zwingend ist das Recht des Landes anzuwenden, in dem der Verbraucher seinen gewöhnlichen Aufenthaltsort hat. Der Kunde besitzt in jedem Fall ein zweiwöchiges Widerrufsrecht. Durch eine Gesetzesänderung ist es nun möglich, im Netz rechtsverbindlich zu unterschreiben (**„elektronische Signatur").** Dies wird über eine Chipkarte ermöglicht, die sämtliche persönliche Daten speichert. Bei internationalen Geschäften empfiehlt sich, schriftlich die Rechtsordnung eines bestimmten Staates zu fixieren.

Hält man sich auch im Internet grundsätzlich an die sonstigen Gepflogenheiten des Geschäftslebens, wird man keine juristischen Probleme bekommen.

Datensicherheit

Unter Datensicherheit versteht man den **Schutz von Daten** vor Verlust oder Zerstörung bzw. unbefugtem Zugriff oder unbefugter Kenntnisnahme durch Dritte. Der immaterielle Wert von betriebsinternen Daten ist enorm hoch.

Je mehr Personen in einem Rechnersystem arbeiten, desto größer ist der Sicherungsbedarf. Technische Defekte, Nachlässigkeiten und Fehler bei der Bedienung sind die Hauptursachen für Datenverluste:

Ursachen für Datenverluste

- die Festplatte kann versagen oder Disketten verschleißen,
- eine periodische Reorganisation von Datenträgern wurde unterlassen,
- Eingabefehler passieren,
- Programmabstürze können vorkommen,
- Daten werden versehentlich gelöscht,
- Computerviren werden aktiv,
- Informationen werden wissentlich oder unwissentlich manipuliert,
- ein PC wird gestohlen oder zerstört.

ORGANISATION

Immer wichtiger wird dabei eine schriftliche Aufstellung allgemeiner Leitlinien der Computernutzung eines Unternehmens, die sog. **Policy.** Sie sollten von jedem Mitarbeiter quittiert und ihre Einhaltung überwacht werden. — **betriebliche Regelung**

Darin kann z. B. ein Spieleverbot der Mitarbeiter verlangt werden. An sich harmlose Computerspiele wie „Solitär" oder das „Moorhuhn-Spiel" verursachen durch Arbeitszeit- und Effektivitätsverluste Milliardenschäden in der Wirtschaft, ganz abgesehen von Sicherheitsgefahren.

Ein **Backup** bezeichnet eine zweite, getrennte Speicherung von Daten zu Sicherungszwecken. Als Speicher sollten keinesfalls unsichere, langsame Disketten, sondern Streamer-Laufwerke eingesetzt werden. — **Backup**

Mindestanforderung auch in Kleinbetrieben ist ein tägliches Backup der neu erfassten Daten, das durch getrennte Sicherungen des letzten und vorletzten Tages zu ergänzen ist. Zusätzlich sollten komplette Monatssicherungen, auch der Programme, auf getrennten Datenträgern durchgeführt werden.

Computerviren sind Programme, die Chaos und Zerstörung verursachen. Dies kann von harmlosen Scherzen, z. B. vom Bildschirm purzelnden Buchstaben, über das schleichende Löschen von Festplatten bis zum Gesamtstillstand des Systems gehen. Ein wirksamer Schutz vor ihnen ist eine der Grundvoraussetzungen des erfolgreichen PC-Einsatzes geworden. Folgende Maßnahmen senken die Gefährdung auf ein kalkulierbares Maß: — **Virenschutz**

- Aufbau einer **„Firewall"** (Schutzwand gegen Feuer), die Virenangriffe aus dem Internet abfängt, — **Sicherheitsmaßnahmen**
- fremde Daten (z. B. über Internet und Online-Dienste empfangen) und -träger erst nach Prüfung mit einem Anti-Viren-Programm einsetzen,
- die Anti-Viren-Programme bereits beim Start des Rechners aktivieren und sie ständig aktualisieren,
- schriftliche Verpflichtungserklärung der Mitarbeiter, keine fremden Datenträger mitzubringen (Strafandrohung und Schadenersatzforderungen), verbunden mit Aufklärung und Schulung,
- regelmäßige PC- und Benutzerkontrolle,
- ausschließlich lizenzierte Original-Datenträger verwenden,
- geprüft virenfreie Startdisketten bereithalten,
- zeitlich gestufte Datensicherungen anfertigen, um ggf. eine garantiert virenfreie Sicherung einsetzen zu können.

ORGANISATION

Bitte bearbeiten Sie abschließend die folgenden Aufgaben:

1. Überprüfen Sie, welche Formulare in Ihrem Betrieb weiterhin unverzichtbar sind. Auf welche Formulare könnten Sie aufgrund des verstärkten Einsatzes von PCs in Zukunft verzichten? Welche Organisationsänderungen wären damit verbunden?

2. Entwerfen Sie einen Aktenplan für ein Unternehmen Ihres Gewerks.

3. Jedes Schriftstück, das Ihr Unternehmen verlässt, prägt das Bild, das sich der Empfänger von Ihrem Betrieb macht. Welche Anforderungen sollten daher erfüllt sein? Mit welchen Argumenten vermitteln Sie dies Ihren Mitarbeitern/Mitarbeiterinnen in der Verwaltung?

4. Sie planen die Anschaffung einer neuen modernen Telefonanlage für Ihren Betrieb. Welche Gesichtspunkte müssen Sie dabei bedenken?

5. Ihre neue Mitarbeiterin für die Bürotätigkeiten bringt hervorragende EDV-Kenntnisse mit. Das lässt Sie Ihre Computerausstattung überdenken. Was ließe sich mithilfe der EDV optimieren?

ORGANISATION

5. Zwischenbetriebliche Zusammenarbeit

Kompetenzen:
Der Lernende
- kann Vorteile einer zwischenbetrieblichen Zusammenarbeit benennen und aufzeigen, warum damit in der Regel Organisationsveränderungen notwendig werden,
- kann für das Handwerk typische Formen der zwischenbetrieblichen Kooperation gegeneinander abgrenzen,
- kann erläutern, warum die Schaffung zwischenbetrieblicher Kooperation auch eine Form der Sicherung der Wettbewerbsfähigkeit handwerklicher Betriebe darstellt.

Zwischenbetriebliche Zusammenarbeit ist immer dann erforderlich, wenn ein Betrieb bei der Erfüllung seiner Aufgaben einmalig, gelegentlich oder auch ständig auf die Unterstützung eines oder auch mehrerer anderer Betriebe angewiesen ist.

Die Gründe für eine zwischenbetriebliche Zusammenarbeit können sehr unterschiedlicher Art sein, z. B. **Gründe**

- das Auftragsvolumen überfordert die Produktionskapazität des Betriebes,
- die Auslagerung von Teilaufgaben eines Gesamtauftrags zu externen, technisch entsprechend spezialisierten Betrieben führt zu Kostenvorteilen,
- das Risiko eines Großauftrags wird zwischen mehreren Betrieben aufgeteilt,
- Nachteile kleiner und mittelgroßer Betriebe werden durch die Zusammenarbeit ausgeglichen.

Aus der Zusammenarbeit mehrerer Betriebe, die rechtlich und wirtschaftlich weiterhin selbstständig bleiben, ergeben sich Anforderungen an die betriebliche Organisation. Die Ablauf- und die Aufbauorganisation der Betriebe müssen in der Regel für die Zeit der Zusammenarbeit aufeinander abgestimmt werden. **Anforderungen**

Hieraus ergeben sich auch Anforderungen an die Terminplanung. Eventuell müssen technische Produktionsbedingungen aneinander angepasst werden.

Probleme können auch im personellen Bereich auftreten, wenn unterschiedlich strukturierte und organisierte Arbeitsgruppen projektbezogen zusammenarbeiten müssen.

ORGANISATION

Zwischenbetriebliche Zusammenarbeit macht also weit reichende organisatorische Maßnahmen notwendig. Sonst drohen Störungen im Auftragsablauf, die meist zu erheblichen Kostennachteilen bzw. Gewinneinbußen führen.

Prüfen der Machbarkeit

Jede Form der zwischenbetrieblichen Zusammenarbeit sollte deshalb im Vorfeld kritisch auf ihre Machbarkeit hin überprüft werden. Wenn im Einzelfall unüberwindliche Probleme zu erwarten sind, sollte die Zusammenarbeit erst gar nicht aufgenommen werden, selbst wenn dadurch Auftragspotenziale unerschlossen bleiben.

Weitergabe von Teilaufgaben

Eine im Handwerk sehr verbreitete Form der zwischenbetrieblichen Zusammenarbeit ist die **Subunternehmerschaft.** Dabei beschäftigt ein Unternehmen im Rahmen eines Auftrags für ausgewählte Teilaufgaben ein anderes Unternehmen und rechnet die Kosten für diese Teilaufgaben unmittelbar mit diesem Unternehmen ab. Gründe für die Beschäftigung eines Subunternehmers können z. B. Kapazitätsengpässe oder Spezialisierungsvorteile des Subunternehmens sein.

Beispiel 1: Ein Malerbetrieb beschäftigt bei der Bearbeitung eines Großauftrags einen anderen Malerbetrieb als Subunternehmen, da er selbst nicht ausreichend viele Mitarbeiter hat, um die kurze Terminstrecke einhalten zu können.

Beispiel 2: Eine Bauschlosserei fertigt im Rahmen eines Großauftrags die erforderlichen speziellen Feuerschutztüren nicht in eigener Regie, sondern vergibt diese Teilaufgabe an einen technisch besser ausgestatteten Subunternehmer. Die Endmontage der Türen und alle übrigen Schlosserarbeiten werden von der Bauschlosserei selbst durchgeführt.

gemeinsames Angebot

Gelegentlich schließen sich im Handwerk auch Betriebe eines oder mehrerer Gewerke zu sog. **Arbeitsgemeinschaften** zusammen, um projektbezogen ein gemeinsames Angebot vorzulegen. Bei dieser Form der Zusammenarbeit geht es um die Erschließung von Auftragspotenzialen, die einen einzelnen Betrieb kapazitätsmäßig überfordern würden, um Risikostreuung oder auch um die Bereitstellung eines Komplettangebots mehrerer Gewerke aus einer Hand (z. B. beim schlüsselfertigen Eigenheimbau). Solche Arbeitsgemeinschaften sind in der Regel projektbezogen zeitlich befristet und werden nach Auftragsabwicklung wieder aufgelöst.

Kooperationsmöglichkeiten

Bei dauerhaft gemeinsamer Bearbeitung von Teilaufgaben spricht man von **Kooperationen.** Diese können sich auf die verschiedensten betrieblichen Bereiche beziehen, also etwa auf

- die Beschaffung (z. B. Einkaufsgemeinschaften),
- die Fertigung (z. B. Leistungsgemeinschaften),
- den Absatz (z. B. Werbegemeinschaften),
- die Verwaltung (z. B. Rechenzentren).

Meist werden die entsprechenden Teilaufgaben aus dem eigenen Betrieb dauerhaft ausgelagert und in einem gemeinsamen Unternehmen zusammengeführt. Vorrangig geht es dabei um die Nutzung von Kostenvorteilen.

ORGANISATION

Sind dabei Unternehmen gleichartiger Produktionsstufen miteinander verbunden, so handelt es sich um eine **horizontale Kooperation.** Beim Zusammenschluss von Betrieben vor- oder nachgelagerter Produktionsstufen spricht man von **vertikalen Kooperationen.**

Zu den Kooperationen zählen nicht zuletzt auch die im Handwerk sehr verbreiteten **genossenschaftlichen Formen** der Zusammenarbeit wie z. B. die Einkaufsgenossenschaften, die Absatzgenossenschaften und auch die Kreditgenossenschaften. Hierbei erfolgt die organisatorische Abstimmung der gemeinsamen Aktivitäten in genossenschaftlichen Gremien, die regelmäßig zusammenkommen.

genossenschaftliche Gremien

Nach Einschätzung von Experten wird die Notwendigkeit von zwischenbetrieblicher Zusammenarbeit und damit auch der Bedarf an entsprechender Organisation in Zukunft gerade auch im Handwerk noch deutlich an Bedeutung gewinnen. Grund dafür ist der zunehmende Wunsch privater und auch gewerblicher Kunden, komplette gewerksübergreifende Angebote handwerklicher Leistungen nach Möglichkeit „aus einer Hand" zu bekommen. Schon jetzt wird etwa im Bereich der **Altbausanierung** immer öfter solchen Unternehmen bzw. Unternehmenskooperationen der Zuschlag erteilt, die Komplettleistungen anbieten können.

Leistungen aus einer Hand

In diesem Zusammenhang ist auch das sog. **Gebäudemanagement** (Facility Management) zu nennen. Hinter diesem Begriff verbergen sich sämtliche Leistungen im Zusammenhang mit der Wartung und Unterhaltung der gesamten Haustechnik in großen Gebäudekomplexen.

Facility Management

Um hier wettbewerbsfähig zu bleiben, haben sich bereits einige handwerkliche Kooperationen gegründet, die gemeinsam verhindern wollen, dass dieser neue und lukrative Zukunftsmarkt langfristig am Handwerk vorbeigeht. Die größten Probleme im Vorfeld der entsprechenden Kooperationsvereinbarungen ergeben sich dabei jeweils bei der Konzeption und der Schaffung leistungsfähiger Organisationsformen.

Bitte bearbeiten Sie abschließend die folgenden Aufgaben:

1. Aus welchen Gründen kann es für Sie sinnvoll sein, eine zwischenbetriebliche Zusammenarbeit anzustreben?

2. Mit welchen Problemen müssen Sie ggf. bei einer Subunternehmerschaft rechnen?

3. Diskutieren Sie die zunehmende Forderung Ihrer Kunden nach Leistungen „aus einer Hand" und die damit für Ihr Unternehmen verbundenen Konsequenzen.

Personalwesen und Mitarbeiterführung

1. Personalplanung

Kompetenzen:

Der Lernende
- kann den voraussichtlichen Personalbedarf in einem Handwerksbetrieb ermitteln,
- kann Methoden der Personalbeschaffung beschreiben,
- kann die Auswahl eines zukünftigen Mitarbeiters vorbereiten,
- kann den Personaleinsatz und die Stellenbesetzung planen,
- kann die Möglichkeiten, die Personalentwicklung bietet, abschätzen.

Die Personalplanung gehört zu den wesentlichen Aufgaben einer vorausschauenden Unternehmensführung. Ziel der Personalplanung und damit auch der Personalbedarfsplanung ist die Sicherung des Wachstums und die Entwicklung des Unternehmens in personeller Hinsicht sowie die optimale Nutzung des personellen Leistungsvermögens. Zusammenfassend ausgedrückt: Die Aufgabe der Personalbedarfsplanung besteht darin, das für das Unternehmen zu festgelegten Zeitpunkten erforderliche Personal richtig vorauszubestimmen.

Bedeutung der Personalplanung im Handwerk

Gerade in kleineren und mittleren Handwerksunternehmen verdient die Personalplanung aus folgenden Gründen besondere Aufmerksamkeit:

- Da im Handwerk weniger produktivitätssteigernde Technologie als in der Industrie eingesetzt werden kann, muss diese durch den verstärkten Einsatz von Mitarbeitern ausgeglichen werden.
- Komplexere Aufgaben bei nicht so starker Arbeitsteilung im Handwerk bringen höhere fachliche Anforderungen an die Mitarbeiter mit sich.
- Qualität und Service sind entscheidende Wettbewerbsinstrumente im Handwerk. Deshalb müssen qualifizierte Mitarbeiter eingestellt werden, die diese auf den Kunden zugeschnittene Leistung erbringen können.
- In Klein- und Mittelunternehmen erarbeiten nur wenige Mitarbeiter. das Betriebsergebnis; deshalb wirken sich Minderleistungen und Fehlzeiten, aber auch Lohnerhöhungen und Arbeitszeitverkürzungen stärker auf den Betriebserfolg aus als in Großbetrieben.

PERSONALWESEN UND MITARBEITERFÜHRUNG

Aus diesen Gründen ist ein ausreichender und gesicherter Personalbestand unverzichtbar. Die Leistungskapazität muss jederzeit entsprechend der Auftragslage gewährleistet sein. Nicht zu vergessen ist der derzeit bestehende Facharbeitermangel in einigen Handwerkszweigen, der den Betriebsinhaber veranlasst, sich rechtzeitig um eine angemessene Deckung des Personalbedarfs zu bemühen.

ausreichender Personalbestand

1.1 Ermittlung des Personalbedarfs

Am Anfang der Personalplanung steht eine Analyse der zu erwartenden Zu- und Abgänge in Bezug auf das Arbeitskräftepotenzial. Dabei sind kurzfristige und langfristige Überlegungen anzustellen.

Kurzfristig lässt sich der Personalbedarf relativ sicher unter Beachtung der zu erwartenden Personalabgänge, des Krankenstandes und der Arbeitszeitentwicklung bestimmen. Ein unvorhergesehener Bedarf an Arbeitskräften kann sehr kurzfristig auftreten, z. B. durch eine plötzlich erhöhte Auftragslage oder durch Ausfall eines Gesellen durch Krankheit.

kurzfristiger und langfristiger Bedarf

Langfristig müssen Personalbedarfsplanungen Folgendes berücksichtigen:

- Geplante Kapazitätsveränderungen des Unternehmens, Veränderungen des Produktionsprogramms, des Dienstleistungsangebotes, die eine Umstrukturierung der Belegschaft zur Folge haben können,
- Veränderungen von Fertigungsverfahren und/oder Arbeitsabläufen, die eine Fortbildung der bestehenden Belegschaft oder Neubeschaffung von Mitarbeitern erfordern.

Dabei muss geklärt werden, aus welchen Gründen Personalbedarf voraussichtlich entstehen kann.

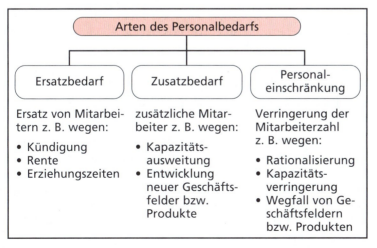

Arten des Personalbedarfs

PERSONALWESEN UND MITARBEITERFÜHRUNG

Wie jede Planung, so hat auch die betriebliche Personalbedarfsplanung immer von einer bestimmten Zielsetzung bzw. Aufgabenstellung auszugehen. Die Stellen, die zur Aufgabenerfüllung notwendig sind, werden ermittelt und den besetzten Stellen gegenübergestellt. In der Regel ergibt sich entweder eine Unter- oder Überdeckung an Personal.

Ermittlung des Bedarfs

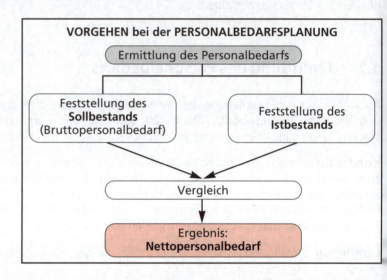

Maßnahmen der Unternehmensleitung

Nur im Idealfall stimmen Soll- und Istwerte überein. Liegt eine Differenz zwischen den benötigten Stellen und dem tatsächlichen Mitarbeiterbestand vor, muss man bestimmte Maßnahmen einleiten. Das ist aber nicht mehr Aufgabe der Personalplanung, sondern der Personalbeschaffung, da es sich hier um die Durchführung der Planungsmaßnahmen handelt. Selbstverständlich sind hier zunächst unternehmerische Entscheidungen notwendig, welche Konsequenzen aus möglichen Differenzen zu ziehen sind:

- Übersteigen die Sollwerte die Istwerte, so entsteht Personalbedarf.
- Liegen dagegen die Istwerte über den Sollwerten, dann ist zu viel Personal im Betrieb vorhanden und die Einführung von Arbeitszeitkonten, Kurzarbeit, flexiblen Arbeitszeiten oder ein Abbau von Mitarbeitern sind in Erwägung zu ziehen.

quantitative und qualitative Gesichtspunkte

Bei der Personalbedarfsplanung hat man sowohl quantitativen (mengenmäßigen) als auch qualitativen Bedarf an Mitarbeitern zu berücksichtigen. Das heißt: Wie viele Mitarbeiter mit welchen Qualifikationen werden benötigt?

Der Grundsatz für die Beantwortung dieser Frage lautet: Jede Stelle im Unternehmen muss durch den „richtigen" Mitarbeiter besetzt sein, der die besonderen Anforderungen des betreffenden Arbeitsplatzes erfüllt. Dies gilt jedoch nicht nur für neue Mitarbeiter. Es gehört zu den Aufgaben des Personalwesens, vorhandene Mitarbeiter so zu fördern und fortzubilden, dass sie die Anforderungen des jeweiligen Arbeitsplatzes jederzeit optimal erfüllen (→ Personalentwicklung, S. 369).

PERSONALWESEN UND MITARBEITERFÜHRUNG

Eine wesentliche Voraussetzung für eine erfolgreiche Personalbedarfsplanung sind genaue Kenntnisse des Handwerksmeisters über die qualitativen Anforderungen, die ein bestimmter Arbeitsplatz stellt, und Kenntnisse über die Eignungsmerkmale, die der Mitarbeiter für die Besetzung dieser Stelle besitzt bzw. besitzen sollte. Sind Arbeitsanforderungen und Eignungsmerkmale des Mitarbeiters deckungsgleich, so ist der ideale Mitarbeiter für die Besetzung dieses Arbeitsplatzes gefunden.

Ein wesentliches Hilfsmittel, um die benötigten Anforderungen festzustellen, ist die Arbeitsbeschreibung. Hierbei werden die Arbeitsgebiete eines Arbeitsplatzes (oder einer Arbeitsaufgabe), die notwendige Ausbildung und Berufspraxis sowie die persönlichen Anforderungen zusammengefasst. Eine solche Arbeitsbeschreibung weist in dem Abschnitt „Arbeitsgebiete" gewisse Parallelen zu einer Stellenbeschreibung auf (→ S. 332). **Anforderungen des Arbeitsplatzes**

1.2 Personalbeschaffung und Personalauswahl

Ist der Personalbedarf festgestellt, schließen sich Überlegungen zu seiner Deckung an. Die Aufgabe der Personalbeschaffung besteht darin, die erforderlichen Arbeitskräfte nach Art, Qualifikation und Anzahl anzuwerben. Das trifft für kurzfristig wie mittelfristig auftretenden Bedarf zu.

Mitarbeiter können innerbetrieblich (durch Versetzung an einen anderen Arbeitsplatz) oder von außen beschafft werden. Da die innerbetriebliche Beschaffung im Handwerk eine geringere Rolle spielt, wird im Folgenden auf die Anwerbung neuer Mitarbeiter von außen eingegangen. **Beschaffung von innen und außen**

1.2.1 Personalwerbung durch Stellenanzeigen

Sinn und Zweck einer Stellenanzeige besteht darin, den am besten geeigneten Mitarbeiter für eine bestimmte Stelle zu finden. Die Anzeige soll nicht nur diejenigen ansprechen, die eine Stelle suchen, sondern auch diejenigen, die sich nicht mit Änderungsabsichten tragen. Denn jede Anzeige bedeutet für ein Unternehmen immer auch eine Image-Werbung! **Anforderungen an Stellenanzeigen**

Aus diesem Grunde sollte auch der Handwerksunternehmer beachten, dass Stellenanzeigen nicht nur in Zeitungen bzw. Zeitschriften geschaltet werden können, sondern zunehmend auch im Internet. Wenn das Unternehmen eine eigene Internet-Adresse hat, können auf der Homepage entsprechende Informationen über die offene Stelle platziert werden.

Jede Stellenanzeige ist informativ, attraktiv und psychologisch geschickt abzufassen. Es kommt nicht darauf an, dass sich möglichst viele Bewerber auf eine Anzeige melden, sondern darauf, dass der geeignete Mitarbeiter gefunden wird.

Im Handwerk ist es vor allem bei der Ausschreibung einer Gesellenstelle üblich, dass sich die Bewerber telefonisch mit dem Unternehmen in Verbindung setzen. Diese telefonische Kontaktaufnahme sollte man auf jeden **telefonische Kontaktaufnahme**

Fall ermöglichen, da sich viele Bewerber bei einer ausschließlich schriftlichen Bewerbung aus Unsicherheit erst gar nicht melden, obwohl sie eigentlich für die Stelle geeignet sind.

Gestaltung und Genauigkeit

Bei der Gestaltung einer Stellenanzeige spielen neben der Aussagekraft und der Vollständigkeit des Anzeigentextes auch Schriftart, Schriftgröße, Anordnung des Textes innerhalb der Anzeige sowie Anzeigengröße eine wichtige Rolle. Je genauer die Angaben in der Anzeige sind, desto größer ist die Wahrscheinlichkeit, dass sich der richtige Bewerber meldet.

Von schlagwortartigen Kurzanzeigen ist in der Regel dringend abzuraten. Wenn sich ein Unternehmer aus Zeit- oder Geldmangel darauf beschränkt, geht er unter Umständen das Risiko ein, dass sich eine große Zahl von „Fehlbewerbern" meldet. Dadurch entstehen ein sehr hoher Zeitaufwand und hohe Kosten bei der Sichtung der eingegangenen Bewerbungen und der Durchführung der Vorstellungsgespräche.

Man sollte berücksichtigen, dass der Inhalt einer Anzeige in arbeitsrechtlicher Hinsicht Inhalt des Arbeitsvertrages werden kann. Etwaige Zusagen und Versprechungen müssen genau überlegt sein.

Offene Stellen müssen generell geschlechtsneutral ausgeschrieben werden. Beispiel: „Unser Unternehmen sucht eine(n) Mitarbeiter/in für ..." Eine nur für einen Mann oder eine Frau ausgeschriebene Stelle ist nur zulässig, wenn dies aus sachlichen Gründen unabdingbar ist (z. B. ein weibliches Model).

Chiffreanzeige

Eine **Chiffreanzeige** sollte der Unternehmer in Betracht ziehen,
- wenn er z. B. ein Negativimage aufgrund einer zu hohen Personalfluktuation vermeiden möchte oder
- rechtzeitig einen Nachfolger für eine noch besetzte Stelle sucht oder
- der Konkurrenz eine Ausweitung seines Dienstleistungs-, Produktionsprogramms aufgrund von Wettbewerbsvorteilen verschweigen möchte.

Eine weitere Möglichkeit besteht darin, einen **Personalberater** in die Mitarbeitersuche einzuschalten.

Leiharbeit

In bestimmten Fällen ist es vor allem bei kurzfristigem Personalbedarf sinnvoll, ein Personal-Leasingunternehmen einzuschalten und einen Mitarbeiter „auszuleihen". Für die **Arbeitnehmerüberlassung** bestehen gesetzliche Vorschriften. Zwischen dem Überlassungsunternehmen und dem Auftraggeber wird ein Arbeitnehmerüberlassungsvertrag geschlossen, in dem die Rechte und Pflichten beider Vertragspartner schriftlich niedergelegt werden.

1.2.2 Personalauswahl

Nicht nur für den neuen Mitarbeiter, auch für ein Unternehmen ist die Einstellung eines neuen Mitarbeiters ein wichtiger Schritt, der mit vielen Fragen – aber auch Risiken – verbunden ist: Passt der neue Mitarbeiter in die bestehende Betriebsgemeinschaft? Nehmen die Mitarbeiter den „Neuen"

PERSONALWESEN UND MITARBEITERFÜHRUNG

in ihre Arbeitsgruppe auf? Vorgesetzte müssen sich auf ihn einstellen. Ein neuer Mitarbeiter bedeutet eine nicht zu unterschätzende Umstellung für alle Beteiligten.

Aus diesen Gründen darf man die Personalauswahl nicht leichtfertig vornehmen. Dazu kommt, dass die Kosten für die Besetzung eines neuen Arbeitsplatzes relativ hoch sind. Sie liegen bei der Besetzung einer einfachen Stelle schon bei mehreren Tausend Euro. Deshalb sollte man auf

gründliche Personalauswahl

- schriftliche Bewerbungen oder/und
- einen Personalfragebogen,
- die Auswertung der Bewerbungsunterlagen,
- die Führung eines Vorstellungsgesprächs

sowie auf die Vereinbarung einer angemessenen Probezeit nicht verzichten.

Ein Hilfsmittel für die Personalauswahl ist ein Personalfragebogen, den der Unternehmer zusenden oder gemeinsam mit dem Bewerber ausfüllen kann.

Aufgabe des **Personalfragebogens** (→ S. 364) ist es, alle wichtigen Personaldaten übersichtlich und einheitlich auf einem Formblatt zusammenzustellen. Ein solcher Fragebogen erleichtert die Führung des Vorstellungsgespräches und die Auswahl neuer Mitarbeiter. Gleichzeitig werden damit schon wichtige Daten für die Personalverwaltung erfasst (→ S. 372). Das Beispiel für einen Personalfragebogen soll als Anregung für die Aufstellung eines unternehmensspezifischen Fragebogens dienen.

Personalfragebogen

Bei der Erstellung eines Personalfragebogens sollte man beachten, dass der Betriebsrat nach § 94 BetrVG ein Mitbestimmungsrecht hat.

Die bewusst unrichtige oder unvollständige Beantwortung einzelner Fragen im Vorstellungsgespräch und/oder im Personalfragebogen berechtigt den Arbeitgeber in der Regel zur Anfechtung des Arbeitsvertrages wegen arglistiger Täuschung, soweit die Fragen zulässig waren. Unzulässige Fragen müssen demgegenüber nicht wahrheitsgemäß beantwortet werden.

Auswertung der Bewerbungsunterlagen

Bei der Auswertung der Bewerbungsunterlagen sollte man besonders darauf achten, dass die in der Stellenanzeige angeforderten Unterlagen vollständig beigefügt worden sind und den im Lebenslauf angegebenen Entwicklungsdaten auch das entsprechende Zeugnis beigefügt wurde. Fehlen Unterlagen, so kann der Bewerber aufgefordert werden, diese nachzureichen oder zum Vorstellungsgespräch mitzubringen.

Vorgehen bei der Auswertung

Das Bewerbungsanschreiben lässt erkennen, ob der Bewerber auf den Inhalt der Anzeige eingegangen ist und sich mit den Anforderungen der angebotenen Stelle schon beschäftigt hat. Folgende Informationen kann man in der Regel dem Bewerbungsanschreiben entnehmen:

Anschreiben

- Aussagen darüber, ob der Bewerber sich in einem gekündigten oder ungekündigten Arbeitsverhältnis befindet,
- möglicher Eintrittstermin,

PERSONALWESEN UND MITARBEITERFÜHRUNG

Personalfragebogen.pdf

Beispiel für einen Personalfragebogen
(Fragebogen zum Vorstellungsgespräch)

Familienname (ggf. Geburtsname) _____

Vorname _____ geb. am _____ in _____

Wohnort, Straße, Nr. _____

Staatsangehörigkeit _____ Familienstand _____

Anzahl der unterhaltsberechtigten Kinder _____ Religionszugehörigkeit _____

Bankverbindung/Kontonummer _____

Bei anerkannten Schwerbehinderten:
Art und Grad der Behinderung _____

Gehen Sie einer weiteren Beschäftigung nach? _____

In welchem Unternehmen? _____

Besitzen Sie eine Arbeitserlaubnis? _____ Fahrerlaubnis Kl.: _____

Wehr-/Zivildienst abgeleistet? _____ Einberufsbescheid ergangen? _____

Sind Sie vorbestraft? (Nur Vorstrafen, die für vorgesehene Tätigkeit von Bedeutung sind.) _____

Welchen Schulabschluss haben Sie? _____

Welche Berufsausbildung haben Sie? _____

Ausbildungsbetrieb? _____

Abschlussprüfung als _____ am _____

Zusätzliche Kurse/Prüfungen _____

Besondere Kenntnisse/Fertigkeiten? _____

Bisherige Berufstätigkeit (letzte Stelle angeben)

Betrieb _____ als _____ von _____ bis _____

Wie hoch war das zuletzt erhaltene Monatsentgelt? _____

Liegen Lohnpfändungen/Abtretungen vor? Wie hoch? _____

Ich versichere die Richtigkeit der vorstehenden Angaben. Mit ist bekannt, dass eine bewusst falsche oder unvollständige Beantwortung einzelner Fragen zu einer Anfechtung des Arbeitsverhältnisses wegen arglistiger Täuschung berechtigen kann.

Ort, Datum: _____ Unterschrift: _____

PERSONALWESEN UND MITARBEITERFÜHRUNG

- die Gründe für den beabsichtigten Arbeitsplatzwechsel,
- Wünsche hinsichtlich der zukünftigen Beschäftigung und Bezahlung,
- die Begründung, warum sich der Bewerber den Anforderungen der Stelle gewachsen fühlt,
- die Qualifikation des Bewerbers.

Der Lebenslauf wird heute meist in tabellarischer Form verlangt. Er gibt Aufschluss über **Lebenslauf**

- die persönlichen Daten (Familienstand etc.),
- die Schulbildung,
- die Berufsausbildung und Berufspraxis,
- eventuelle Sonderqualifikationen des Bewerbers.

Des Weiteren findet man im Lebenslauf Angaben über bisherige Arbeitsplatz- bzw. Berufswechsel, Zeiten der Arbeitslosigkeit, möglicher Auf- bzw. Abstieg, Beschäftigung in Groß-, Klein-, Industrie- oder Handwerksunternehmen. Hieraus kann entnommen werden, ob die berufliche Entwicklung des Bewerbers eher „geradlinig" oder problematisch verlaufen ist.

Schulzeugnisse haben im Allgemeinen nur einen begrenzten Aussagewert, wenn man die jeweiligen Noten in den einzelnen Fächern betrachtet. Die Bewertung von Schulnoten spielt eine umso geringere Rolle, je länger die Schulzeit zurückliegt. Die Schulzeugnisse geben Aufschluss über die Art der besuchten Schulen und ob Abschlüsse vorliegen oder nicht. **Schulzeugnisse**

Aus den Arbeitszeugnissen wird ersichtlich, wo der Bewerber ausgebildet wurde, in welchen Unternehmen er seine beruflichen Qualifikationen erworben hat und wie er den bisherigen Aufgaben und Anforderungen entsprochen hat. Bei der Auswertung von Arbeitszeugnissen muss man im Prinzip ebenso vorsichtig sein wie bei den Schulzeugnissen. Arbeitszeugnisse geben Auskunft über die Lückenlosigkeit der Beschäftigung, die Art der Unternehmen, in denen der Bewerber gearbeitet hat, die durchschnittliche Dauer und Art von Beschäftigungen, die in früheren Unternehmen ausgeübt wurden. **Arbeitszeugnisse**

Zufriedenheitsaussagen in qualifizierten Arbeitszeugnissen	
Sie/Er hat ihr/ihm übertragene Aufgaben	
sehr gut	– stets zu unserer allerbesten (vollsten) Zufriedenheit erledigt
gut	– stets zu unserer vollen Zufriedenheit erledigt
vollbefriedigend	– zu unserer vollen Zufriedenheit erledigt
befriedigend	– stets zu unserer Zufriedenheit erledigt
ausreichend	– zu unserer Zufriedenheit erledigt
mangelhaft	– im Großen und Ganzen zu unserer Zufriedenheit erledigt
unzureichend	– zu unserer Zufriedenheit zu erledigen versucht

PERSONALWESEN UND MITARBEITERFÜHRUNG

Aussagen von Arbeitgebern in qualifizierten Zeugnissen über die Leistung des Arbeitnehmers können mithilfe der Übersicht auf → S. 365 bewertet werden (nach LAG Hamm, Urteil vom 13. 2. 1999 – 4 Sa 1077/91).

Vorstellungsgespräch

Hinweise für Vorstellungsgespräch

Ziel des Vorstellungsgespräches ist es, die für eine Entscheidung notwendigen Informationen über den Bewerber zu erhalten. Damit die entsprechenden Informationen, die häufig in die Privatsphäre des Bewerbers reichen, erfragt werden können, muss der Gesprächsführer ein gutes Gesprächsklima herstellen.

Die ersten Fragen sollten vom Bewerber gern und leicht zu beantworten sein. Der Gesprächsführer sollte den Bewerber möglichst viel selbst reden lassen und sich weitgehend auf das Fragen beschränken. Unterbrechungen sind nur sinnvoll, wenn der Bewerber abschweift oder ausweicht. Der Gesprächsführer steuert mit seinen Fragen den Gesprächsverlauf. Die meisten Informationen erhält man durch offene Fragen (wann? was? wer? wo? wozu?).

Auch das **soziale Verhalten** des Bewerbers soll ermittelt werden. Gute Zeugnisse, hervorragende Fachkenntnisse allein sagen nichts darüber aus, ob ein Mensch in das Unternehmen passt. Daher sollten sich die Fragen auch auf Persönlichkeitsmerkmale und die Leistungsmotivation des Bewerbers richten. Es ist durchaus möglich, sich nach einem Vorstellungsgespräch dazu eine begründete Meinung zu bilden. Den möglichen Verlauf eines Vorstellungsgespräches zeigt die Checkliste auf → S. 367).

Ist die Entscheidung über eine Einstellung gefallen, dann können die Einstellungsformalitäten eingeleitet werden. Für den Vertragsabschluss bieten sich zwei Möglichkeiten an: der befristete und der unbefristete Arbeitsvertrag (→ „Arbeitsrecht", S. 615).

1.3 Personaleinsatzplanung und Stellenbesetzung

Bei der Personaleinsatzplanung ordnet man die im Unternehmen verfügbaren Mitarbeiter den zu erfüllenden Aufgaben bzw. Arbeitsplätzen zu. Man führt diese Zuordnung unter Berücksichtigung mehrerer Faktoren durch.

Kriterien der Einsatzplanung

Dabei wird das Ziel verfolgt, die für die anfallenden Betriebsaufgaben erforderlichen Mitarbeiter, ihrer Eignung entsprechend, einzusetzen und die betrieblichen Aufgaben möglichst termin-, qualitäts- und mengengerecht, unter gleichzeitiger optimaler Ausnutzung der Betriebsmittel, in der vorgesehenen Arbeitszeit auszuführen. Bei dieser Planung ist oftmals auch eine Prioritätensetzung notwendig, bei der die Beurteilung der Kunden eine Rolle spielt: z. B. die Frage, ob ein Mitarbeiter für bestimmte Kundengruppen zuständig sein soll.

PERSONALWESEN UND MITARBEITERFÜHRUNG

Möglicher Verlauf eines Vorstellungsgespräches

1. Gesprächsbeginn
- Begrüßung des Bewerbers
- Vorstellung der Gesprächspartner
- Begründung der Einladung
- Zusicherung der Vertraulichkeit

2. Informationen zur persönlichen Situation des Bewerbers
- Herkunft
- Elternhaus
- Familie
- Freizeitverhalten etc.

3. Informationen zur Aus- und Fortbildung
- Schulischer Werdegang
- Berufliche Ausbildung
- Fortbildungsaktivitäten

4. Informationen zur beruflichen Entwicklung
- Berufliche Tätigkeiten
- Berufliche Veränderungen
- Berufliche Pläne
- Aufgaben- und Verantwortungsbereiche etc.

5. Informationen über das Unternehmen
- Unternehmensdaten
- Unternehmensphilosophie, -kultur
- Aufgabenbereich
- Stellenbeschreibung
- Ablauforganisation etc.

6. Vertragsabsprachen
- Einkommen
- Verantwortungsbereiche und Kompetenzen
- Arbeitszeit und Überstundenregelungen
- Nebentätigkeiten
- Fortbildungsmöglichkeiten etc.
  Zusammenarbeitsregeln etc.

7. Abschluss des Gesprächs
- Zusammenfassung des Gesprächs
- Bestimmung eines Entscheidungstermins
- Dank für das Gespräch
- Verabschiedung

Vorstellungsgespräch.pdf

PERSONALWESEN UND MITARBEITERFÜHRUNG

zeitliche Planung — Termintreue ist im Handwerksbetrieb ein ganz wesentlicher Gesichtspunkt bei der Kundenorientierung. Um Zeitdruck zu vermeiden, sollte der Unternehmer auch zusätzlichen Zeitaufwand so weit wie möglich berücksichtigen.

Dieser kann beispielsweise durch staubedingt verlängerte Fahrtzeiten oder durch zusätzliche Arbeiten bei einem anderen Kunden entstehen. Grundvoraussetzung für die zeitliche Einsatzplanung ist die Ermittlung der Sollzeiten für jede Tätigkeit im Unternehmen sowie die Kenntnis der Leistungsfähigkeit jedes einzelnen Mitarbeiters.

örtliche Planung — Bei der örtlichen Einsatzplanung sind z. B. folgende Überlegungen anzustellen:

- Beginnt die Arbeitszeit des jeweiligen Mitarbeiters auf der Baustelle, beim Kunden oder im Unternehmen mit anschließender gemeinsamer Fahrt zur Baustelle oder zum Kunden?
- Ist der Arbeitsplatz, sind die Arbeitsbedingungen, die Werkzeuge an den Mitarbeiter angepasst?
- Sind die für die Arbeit notwendigen Materialien in räumlicher Nähe des Arbeitsplatzes, oder muss der Mitarbeiter zeit- und kostenintensive Wege in der Werkstatt zurücklegen, um sie zu holen?

Eingehende Aufträge müssen also in zeitlicher und örtlicher Hinsicht sinnvoll koordiniert werden. Dazu gibt es Hilfsmittel wie Balkendiagramme, auf die im Kapitel „Organisation" (→ S. 316) eingegangen wird.

Planung der Anzahl der eingesetzten Mitarbeiter — Neben der zeitlichen und örtlichen Einteilung der Mitarbeiter muss auch entschieden werden, wie viele Mitarbeiter bei einem bestimmten Auftrag eingesetzt werden. Um diese quantitative Zuordnung möglichst genau und schnell durchzuführen, kann der Unternehmer Hilfsmittel wie den Stellenplan und den Stellenbesetzungsplan verwenden.

In einem Stellenplan sind die im Betrieb notwendigen Arbeitsplätze nach Anzahl und Bezeichnung festgehalten. Der Stellenbesetzungsplan gibt an, von welchen Mitarbeitern diese Stellen tatsächlich besetzt sind. Beide Pläne müssen regelmäßig aktualisiert werden.

qualitative Personaleinsatzplanung — Voraussetzung für die qualitative Zuordnung eines Mitarbeiters zu einem Arbeitsplatz ist die Arbeitsanalyse. Sie gibt einen vollständigen und geordneten Überblick über produktionsbedingte Arbeitsgänge und notwendige Dienstleistungen an einem bestimmten Ort zu einem bestimmten Zeitpunkt. Das Ergebnis der Arbeitsanalyse hält man im Anforderungsprofil fest. Die einzelnen Anforderungsmerkmale sollten nach Merkmalen wie „unbedingt notwendig", „wünschenswert" etc. gewichtet werden. Ein Anforderungsprofil beinhaltet folgende Bestandteile:

- Kennzeichnung der Stelle entsprechend der Stellenbeschreibung (→ S. 332),
- Anforderungen an die Person des Stelleninhabers (an geistige Fähigkeiten, an das Sozialverhalten etc.),
- fachliche Anforderungen (Ausbildung, Berufserfahrung u. Ä.),

PERSONALWESEN UND MITARBEITERFÜHRUNG

- körperliche Anforderungen (z. B., ob schwere körperliche Arbeit geleistet werden muss; körperliche Belastungen am Arbeitsplatz, wie Lärm- und Staubeinwirkung),
- eventuell zukünftige Anforderungen an die betreffende Stelle.

Wenn ein solches Anforderungsprofil regelmäßig aktualisiert wird, ist es gut geeignet, um den Grad der Übereinstimmung der Kenntnisse, Fertigkeiten, Belastbarkeit des Mitarbeiters mit den Anforderungen des Arbeitsplatzes festzustellen.

Eine mithilfe des Anforderungsprofils durchgeführte qualitative Personaleinsatzplanung ermöglicht einen flexiblen Mitarbeitereinsatz, z. B. in Krankheitsfällen. Darüber hinaus ist sie auch von Bedeutung für die Unternehmens- und Personalentwicklung.

1.4 Personalentwicklung

Auch im Handwerk kommen durch die moderne Technologie – sei es EDV im Büro oder in der Werkstatt –, durch Veränderung des Dienstleistungsangebotes, stärkere Kundenorientierung etc. ständig neue Anforderungen auf die Mitarbeiter zu. Diese müssen die neuen Technologien beherrschen lernen, gleichzeitig veraltete Arbeitsmethoden durch neue ersetzen und eingefahrene Gewohnheiten („das haben wir immer so gemacht") überwinden. **neue Anforderungen**

Die sich ständig ändernden betrieblichen Anforderungen machen die Schulung der Mitarbeiter notwendig. Maßnahmen zur Verbesserung der Mitarbeiterqualifikation werden als Personalentwicklung bezeichnet. **Definition**

Das Anforderungsprofil der Stelle und die tatsächliche Qualifikation des Mitarbeiters (das Mitarbeiterprofil) werden gegenübergestellt und verglichen. Dadurch kann man die Stärken und Schwächen des Mitarbeiters ermitteln. Entweder wird der Vorgesetzte diesen Vergleich allein oder gemeinsam mit dem betreffenden Mitarbeiter durchführen, nach dem Grundsatz der „Beteiligung des Betroffenen". Eine solche Vorgehensweise trägt sicherlich dazu bei, dass Mitarbeiter anstehenden Qualifizierungsmaßnahmen aufgeschlossen und interessiert gegenüberstehen. **Vergleich der Anforderungen mit der Qualifikation**

Im Anschluss an diese Bildungsbedarfsanalyse sollte der Vorgesetzte ein Gespräch mit dem Mitarbeiter führen. In diesem Fördergespräch werden die weitere berufliche Entwicklung des Mitarbeiters diskutiert und ggf. dazu notwendige Qualifizierungsmaßnahmen festgelegt. Die Ergebnisse des Gespräches werden in einem Gesprächsprotokoll festgehalten und von den Gesprächspartnern unterschrieben.

Für die konkrete Durchführung bestimmter Methoden der Personalentwicklung wird von Dienstleistungsfirmen Unterstützung angeboten, über die bei der Handwerksorganisation Informationen eingeholt werden können. In kleineren Handwerksunternehmen können manche dieser Me-

PERSONALWESEN UND MITARBEITERFÜHRUNG

thoden zwar nur eingeschränkt eingesetzt werden, allerdings kann hier ebenfalls Personalentwicklung betrieben werden, wenn die den Methoden zugrunde liegenden Kerngedanken bei der Mitarbeiterqualifikation angewandt werden.

Der Unternehmer kann zwischen verschiedenen Methoden bei der Personalentwicklung wählen. Einige werden im Folgenden vorgestellt:

Laufbahnplanung
- In der Laufbahnplanung wird die weitere berufliche Entwicklung eines Mitarbeiters festgelegt; dies fördert die Bindung des Mitarbeiters an das Unternehmen, steigert seine Leistungs- und Einsatzbereitschaft.
Eine individuelle Laufbahnplanung ist auf jeder Ebene des Unternehmens möglich. Hierbei geht es nicht nur um den „Aufstieg" in eine Führungsposition, sondern z. B. auch um die Qualifizierung eines Gesellen zum Fachbeauftragten für einen speziellen Dienstleistungsbereich. Laufbahnplanung beinhaltet dann eine umfassendere Fachverantwortung. Welcher Mitarbeiter ausgewählt wird, ergibt sich entweder aus seinen Beurteilungen oder aus einem Laufbahngespräch. Inhalt des Gespräches könnten z. B. die zukünftigen Aufgaben und die damit verbundenen neuen Anforderungen sein, die eine Schulung des Mitarbeiters erfordern.

Nachfolgeplanung
- In Bezug auf Führungskräfte regelt die Nachfolgeplanung, wer aus der Belegschaft im Falle einer frei werdenden Stelle als Stelleninhaber in Frage kommt und welche Qualifizierungsmaßnahmen notwendig sind, um der Stellenanforderung gerecht zu werden. Im Unterschied zur Laufbahnplanung geht die Nachfolgeplanung von der zu besetzenden Stelle aus. Die Erstellung eines solchen Nachfolgeplans wird durch eine Befragung des derzeitigen Stelleninhabers erleichtert, da er die Anforderungen seines Arbeitsplatzes am besten kennt. Auch kann dieser Mitarbeiter wahrscheinlich gut beurteilen, wer von den Mitarbeitern seine Nachfolge antreten könnte.

Coaching
- Wenn Mitarbeiter persönlich geschult werden, spricht man auch von Coaching. Der Begriff stammt aus dem Hochleistungssport und bedeutet im englischen Sprachgebrauch „Trainieren". Nach der Feststellung der Stärken bzw. Schwächen eines betreffenden Mitarbeiters legt man die zu verbessernden Bereiche (z. B. in Bezug auf Arbeitsleistung, Verhalten, Fortbildung des Mitarbeiters) fest. In einem Beratungsgespräch werden konkrete Aussagen darüber gemacht, was der Mitarbeiter verbessern soll, und Lösungsmöglichkeiten genannt. Anschließend formuliert man gemeinsam in einem Qualifizierungsplan überprüfbare Ziele und legt den Zeitpunkt fest, bis zu dem die Verbesserung eingetreten sein soll. In diesem Sinne ist Coaching eine Art Hilfe zur Selbsthilfe.

Mentoring
- Auch beim Mentoring steht die persönliche Beratung im Vordergrund. Bei dieser Methode macht man sich die Kenntnisse, Fertigkeiten und Erfahrungen eines langjährigen Mitarbeiters zunutze: Dieser ist der Mentor (der Begriff kommt aus dem Griechischen und bedeutet: Lehrer). Der Mentor betreut den neuen bzw. unerfahrenen Mitarbeiter, der sich jederzeit bei Problemen und Fragen an seinen Mentor wenden kann. Gerade in kleineren Unternehmen kann diese Methode eine wertvolle

Hilfe darstellen. Interessant ist hier, dass nicht nur der „Neuling" von seinem Mentor profitiert, sondern eventuell auch der Mentor von den aktuellen Kenntnissen des Jüngeren.

- Eine andere Form der Personalentwicklung, die heute oft in größeren Unternehmen angewandt wird, ist der Qualitätszirkel. Der Kerngedanke besteht darin, dass sich mehrere Mitarbeiter in kleinen Gruppen freiwillig treffen, um Schwachstellen im eigenen Arbeitsgebiet aufzudecken und Lösungsvorschläge zu entwickeln. Dabei ist die Anleitung eines Moderators nützlich, dessen Aufgabe darin besteht, die Gruppe bei der Problem- und Lösungsfindung zu unterstützen.
Qualitätszirkel

Bei solchen Qualitätszirkeln ist Personalentwicklung praktisch ein „Nebenprodukt" der Gruppendiskussion. Die Mitarbeiter lernen, gemeinsam an Problemen zu arbeiten, und entwickeln Arbeitsmethoden zur Qualitätsverbesserung. Dabei werden Sozialkompetenz und Methodenkompetenz geschult.

Die Grundlage für die Erarbeitung und Vereinbarung individueller Personalentwicklungsmaßnahmen bildet die Beurteilung des Mitarbeiters, wie sie in Kapitel 2.2 (→ S. 373) dargestellt wird.

Bitte bearbeiten Sie abschließend die folgenden Aufgaben:

1. Erläutern Sie, welche Bedeutung die Personalplanung für ein Handwerksunternehmen hat.

2. Sie haben einen Handwerksbetrieb gegründet und möchten einen Mitarbeiter einstellen. Bitte entwerfen Sie eine Stellenanzeige, in der eine Gesellenstelle angeboten wird.

3. Aufgrund einer Stellenanzeige haben sich mehrere Bewerber gemeldet. Wie gehen Sie bei der Auswahl eines geeigneten Mitarbeiters vor?

4. Ist in einem Handwerksunternehmen Personalentwicklung und Mitarbeiterqualifikation überhaupt sinnvoll oder nur in Großbetrieben zweckmäßig? Begründen Sie Ihre Meinung.

2. Personalverwaltung

> **Kompetenzen:**
> Der Lernende
> - kann die wesentlichen Bestandteile und Unterlagen der Personalverwaltung angeben,
> - ist in der Lage, eine einfache Personalakte zu führen,
> - kann eine Personalbeurteilung vornehmen und Arbeitszeugnisse erstellen,
> - kann die Anforderungen an ein einfaches und ein qualifiziertes Zeugnis zusammenfassen.

2.1 Personalaktenführung

Aufgaben der Personalverwaltung

Die Personalverwaltung befasst sich mit allen routinemäßigen Arbeiten, die sich aus dem Personaleinsatz ergeben: z. B. der Einstellung, Versetzung, Beförderung, Personalentwicklung, Personalbetreuung und ggf. der Entlassung von Mitarbeitern. Die Personalverwaltung sammelt, speichert, verarbeitet und wertet die personalwirtschaftlichen Informationen über die Mitarbeiter aus. Als Hilfsmittel, um diese verwaltende Tätigkeit systematisch und übersichtlich auszuführen, nutzt man Personalakten. Weitere Hilfsmittel sind Personalkarteien, Personalstammkarteien, Personalstatistiken, Lohn- und Gehaltsabrechnungen.

Personalakte

Alle Unterlagen, die für einen Mitarbeiter und sein Arbeitsverhältnis bedeutend sind, werden in der Personalakte gesammelt und aufbewahrt. Zum Beispiel handelt es sich um folgende Unterlagen:

- Bewerbungsunterlagen einschließlich der Zeugnisse und des Personalfragebogens (→ S. 364),
- Arbeitsvertrag und zusätzliche vertragliche Vereinbarungen (z. B. Lohn-/Gehaltsvereinbarung),
- Steuerkarte,
- Informationen über die Tätigkeit des Mitarbeiters (Beurteilungen, Gesprächsnotizen von Mitarbeitergesprächen, ggf. Disziplinarmaßnahmen oder Abmahnungen),
- Entgeltregelungen und Versicherungen (z. B. Grundentgelt, Krankenkasse, vermögenswirksame Leistungen),
- Schriftverkehr und sonstige Unterlagen (z. B. zu Urlaub, Krankmeldung).

Die Personalakte ist regelmäßig zu ergänzen, um ein umfassendes und aktuelles Bild über den Mitarbeiter zu haben. Denn der Arbeitgeber kann die Personalakte zur Entscheidungsfindung verwenden, wenn es z. B. um Fortbildungsmaßnahmen oder Entlassungen geht.

Der Mitarbeiter ist berechtigt, die über ihn geführte Akte einzusehen; auf sein Verlangen sind Anmerkungen in die Personalakte aufzunehmen (§ 83 BetrVG). Zeit und Ort der Einsichtnahme sowie die dabei anwesende Aufsichtsperson werden vom Arbeitgeber bestimmt.

Ein weiteres empfehlenswertes Hilfsmittel der Personalverwaltung ist die Personalkartei, die ebenfalls ständig aktualisiert werden muss. Sie enthält die Personalstammkartei und Spezialkarteien.

Personalkartei

- Die Personalstammkartei umfasst die persönlichen Daten aus der Personalakte und Veränderungsmeldungen (in Bezug auf Versetzung z. B.).
- Spezialkarteien können sich je nach Bedarf z. B. auf Fehlzeiten, Ein-/Austrittsdaten, betriebliche Sozialleistungen, Beurteilungstermine und -ergebnisse beziehen.

2.2 Mitarbeiterbeurteilung und Zeugniserteilung

Die Beurteilung eines Mitarbeiters ist eine wichtige Aufgabe der Personalführung, die nicht nur bei der Einstellung eines neuen Mitarbeiters ansteht. Für den Betriebserfolg ist eine systematische Mitarbeiterbeurteilung empfehlenswert, da Personaleinsatz und -entwicklung jederzeit flexibel erfolgen können. Von der Mitarbeiterbeurteilung ist die Arbeitsbewertung zu unterscheiden; diese wird in Kapitel 3 (→ S. 379) behandelt. Spätestens beim Ausscheiden eines Mitarbeiters ist die Beurteilung für die Zeugniserteilung wichtig.

Aufgabe der Mitarbeiterbeurteilung

2.2.1 Beurteilungsbogen

Das Ergebnis einer Mitarbeiterbeurteilung sollte in einem Beurteilungsbogen (Beispiel → S. 374) festgehalten werden. Man unterscheidet zwischen freien und gebundenen Beurteilungen. Die freie Beurteilung ist an kein Schema gebunden; es bleibt dem Beurteiler überlassen, welche Kriterien und Maßstäbe er auswählt. In der betrieblichen Praxis überwiegt die gebundene Beurteilung bzw. eine Mischform, durch die ein einheitliches Vorgehen bei allen Mitarbeitern sichergestellt wird.

freie und gebundene Beurteilung

Ein Beurteilungsbogen enthält im Allgemeinen folgende Bestandteile:
- sachlich-organisatorische Angaben,
- Kurzbeschreibung der Aufgaben,
- die eigentliche Leistungsbeurteilung,
- Eignungs- und Entwicklungsbeurteilung,
- Empfehlungen zur Förderung des Mitarbeiters,
- Stellungnahme des Mitarbeiters.

Bezugsbasis der Beurteilung sind die Anforderungen der Arbeitsplätze. Unter Berücksichtigung des Beurteilungszwecks und der Arbeitsanforderungen muss man festlegen, welche Merkmale beurteilt werden sollen (Beurteilungskriterien) und welche Maßstäbe dabei anzulegen sind.

Festlegung von Merkmalen

PERSONALWESEN UND MITARBEITERFÜHRUNG

Beurteilungsbogen.pdf

Beispiel für einen Beurteilungsbogen					
Name: _____ Vorname: _____ geb. am _____					
Aufgabenbereich: _____					
Beurteilungszeitraum: _____					
Anlass der Beurteilung: _____					
Beurteilungsmerkmale	Beurteilungsstufe				
	2	4	6	8	10
1. Arbeitsausführung Einhaltung der vorgeschriebenen Qualität Leistungsbeurteilung	umständlich ☐	noch nicht ganz zweckmäßig ☐	zweckmäßig ☐	sehr zweckmäßig ☐	vorzüglich ☐
2. Arbeitssorgfalt Sachgemäße Behandlung der Betriebsmittel, sparsamer Verbrauch von Werk- und Hilfsstoffen, Werkzeugen, Beachtung der Sicherheitsvorschriften	unsachgemäße Behandlung ☐	noch nicht sachgemäße Behandlung ☐	sachgemäße Behandlung ☐	sorgfältige Behandlung ☐	vorbildliche Behandlung ☐
3. Arbeitseinsatz Einsatz für verschiedene Arbeitsaufgaben	sehr begrenzt einsetzbar ☐	begrenzt einsetzbar ☐	verschiedenartig einsetzbar ☐	vielseitig einsetzbar ☐	überall einsetzbar ☐
4. Betriebsinteresse Pünktlichkeit, Verhalten gegenüber Vorgesetzten, Kunden, Kollegen, Einstellung zum Betrieb	wenig Betriebsinteresse ☐	laufend Ermahnungen notwendig ☐	zufrieden stellende Einstellung ☐	sehr zufrieden stellende Einstellung ☐	vorbildliches Verhalten ☐
5. Auffassungsgabe	versteht schlecht ☐	unkonzentriert ☐	braucht länger ☐	gut ☐	sehr gut ☐
Beurteilung der Entwicklung des Mitarbeiters: _____					
Empfohlene Fördermaßnahme: _____					
Stellungnahme des Mitarbeiters: _____					
Unterschrift/beurteilt durch: _____					

PERSONALWESEN UND MITARBEITERFÜHRUNG

Auswahl von Merkmalen für Beurteilungsbogen

1. Die Beurteilung soll sich auf die Leistung des Mitarbeiters erstrecken und nicht auf seine Persönlichkeit.
2. Die einbezogenen Merkmale müssen sich auf die Tätigkeit bzw. den Tätigkeitsbereich beziehen.
3. Die Beurteilungsmerkmale müssen eindeutig voneinander abgrenzbar sein.
4. Durch eine Begrenzung der Zahl der Merkmale soll die Überschaubarkeit gewahrt bleiben.

Nach der Auswahl der Beurteilungskriterien muss man nun über deren Gewichtung entscheiden. Die Gewichtung eines Merkmals ergibt sich daraus, inwieweit es die Leistung des Mitarbeiters beeinflusst. Die Gewichtung kann entweder für alle Mitarbeiterbeurteilungen einheitlich vorgegeben werden, oder der jeweilige Vorgesetzte legt die Gewichtung selber fest.

Gewichtung der Merkmale

2.2.2 Erstellung von Arbeitszeugnissen

Jeder Arbeitnehmer hat bei Beendigung des Arbeitsverhältnisses Anspruch auf ein schriftliches Arbeitszeugnis. Diesen Anspruch muss er ausdrücklich geltend machen, da der Arbeitgeber nicht von sich aus zur Erstellung eines Zeugnisses verpflichtet ist.

Folgende Vorschriften sind vom Arbeitgeber bei der Erstellung eines Arbeitszeugnisses u. a. zu beachten:

Vorschriften für Arbeitszeugnisse

- Das Zeugnis darf keine Schreibfehler, Korrekturen enthalten.
- Das Zeugnis muss von einer Person unterschrieben sein, die nach außen als Vertreter des Arbeitgebers zu erkennen ist.
- Ein Arbeitszeugnis muss vollständig sein. Insbesondere darf nichts ausgelassen werden, was typischerweise erwartet wird, etwa die Bescheinigung der Ehrlichkeit eines Kassierers.

Grundsätzlich hat der Arbeitnehmer die Wahl zwischen einem einfachen Zeugnis (einer Arbeitsbescheinigung) oder einem qualifizierten Zeugnis.

einfaches Arbeitszeugnis

Einfaches Arbeitszeugnis
Es wird erteilt, wenn der Arbeitnehmer bis zu sechs Wochen bei einem Arbeitgeber tätig war; es enthält: 1. Bezeichnung des Unternehmens, 2. Datum der Ausstellung, 3. Vor- und Familienname des Arbeitnehmers, 4. Geburtsdatum, 5. Angaben zur Dauer der Tätigkeit (rechtliches Eintritts- und Austrittsdatum), 6. Angaben zur Art der Tätigkeit, 7. Unterschrift

PERSONALWESEN UND MITARBEITERFÜHRUNG

Grundsatzurteil zu qualifiziertem Arbeitszeugnis

Die Aussagekraft eines qualifizierten Arbeitszeugnisses wird durch ein Urteil des Bundesgerichtshofes (BGH-Grundsatzurteil vom 26.11.1963) begrenzt.

1. Nach seiner Rechtsprechung soll das Arbeitszeugnis „von einem verständigen Wohlwollen gegenüber dem Arbeitnehmer getragen" sein und darf das Fortkommen des Arbeitnehmers nicht behindern.
Die Beurteilung von Führung und Leistung muss wahrheitsgemäß die gesamte Tätigkeit umfassen, auf nachweisbare Tatsachen gestützt und durch diese belegbar sein.
Auch für den Arbeitnehmer negative Tatsachen dürfen im Arbeitszeugnis enthalten sein. Bedingung hierfür ist allerdings, dass die angesprochenen negativen Gesichtspunkte für die Gesamtbeurteilung des Arbeitnehmers kennzeichnend sind. Einmalige, für das Gesamtverhalten nicht typische Verfehlungen sind daher nicht aufzunehmen. Zu berücksichtigen ist dabei, dass auch bei der Erwähnung negativer Tatsachen insgesamt eine wohlwollende Beurteilung des Arbeitnehmers zu erfolgen hat.

2. Die Beurteilung von Leistungen und Verhalten muss der Wahrheit entsprechen. Falsche Angaben können den früheren Arbeitgeber unter Umständen schadenersatzpflichtig machen.

3. Der Grund der Beendigung des Arbeitsverhältnisses ist nur auf Wunsch des Arbeitnehmers anzugeben, ebenso eine Zugehörigkeit zum Betriebsrat. (Vgl. ArbG Kassel in BB 1976, 978; LAG Bad.-Württ. in DB 68,1319)

qualifiziertes Arbeitszeugnis

Qualifiziertes Arbeitszeugnis[1]

Es wird erteilt, wenn der Arbeitnehmer länger als sechs Wochen bei einem Arbeitgeber tätig war; auf Verlangen des Arbeitnehmers; es enthält:
1. Bezeichnung des Unternehmens,
2. Datum der Ausstellung,
3. Vor- und Familienname des Arbeitnehmers,
4. Geburtsdatum,
5. Angaben zur Dauer der Tätigkeit (rechtliches Eintritts- und Austrittsdatum),
6. Angaben über verschiedene Arbeitsplätze und Erweiterung des Aufgabengebietes,
7. Beschreibung des Aufgabengebietes,
8. Leistungsbeurteilung,
9. Beurteilung der Fortbildungsinitiative,
10. Beurteilung der Vertrauenswürdigkeit,
11. Beurteilung des Sozialverhaltens,
12. Beurteilung der Führungsfähigkeit,
13. Unterschrift

---

[1] Beispiel für ein qualifiziertes Zeugnis: Sackmann – das Lehrbuch für die Meisterprüfung, Teil IV, Lernfeld 7.

Bitte bearbeiten Sie abschließend die folgenden Aufgaben:

1. Sie haben einen neuen Mitarbeiter eingestellt. Bitte nennen Sie die Unterlagen, die Sie in die Personalakte aufnehmen, und erläutern Sie die Bedeutung der Personalakte.

2. Was muss bei der Mitarbeiterbeurteilung in einem Handwerksunternehmen beachtet werden? Welche Kriterien sind bei einer solchen Beurteilung zu berücksichtigen und welche Hilfsmittel stehen zur Verfügung?

3. Fassen Sie die Anforderungen an ein einfaches und ein qualifiziertes Zeugnis zusammen.

3. Entlohnung

Kompetenzen:

Der Lernende
- kann geeignete Methoden der Zeiterfassung und Arbeitsbewertung anwenden,
- kann die wichtigsten Lohnformen in Handwerksbetrieben benennen,
- kann die Unterschiede zwischen Zeitlohn und Leistungslohn darstellen,
- kann die Merkmale eines angemessenen Lohn- und Gehaltsgefüges aufzeigen.

3.1 Zeiterfassung

Notwendigkeit der Zeiterfassung

Da im Handwerk die Lohnkosten ein wesentlicher Kostenfaktor sind – wenn nicht gar in vielen Unternehmen der entscheidende –, ist eine genaue Zeiterfassung erforderlich. Die Erfassung muss eine Zuordnung zu den einzelnen Aufträgen und zur Leistungserstellung im Konkreten ermöglichen. Außerdem kann den Mitarbeitern dadurch die aufgewendete Zeit bewusst gemacht werden.

Die Erfassung der Arbeitszeiten ist notwendig für
- die Entlohnung der Mitarbeiter,
- die Kalkulation von Aufträgen,
- die Rechnungsstellung.

Arbeitszeiten können fest vereinbart oder flexibel gestaltet sein (→ „Organisation", S. 323); entsprechend variiert die Methode der Zeiterfassung. Arbeitszeiterfassungsverfahren reichen von handschriftlich geführten Stunden- und Arbeitszetteln bis zu den heute gebräuchlichen Zeiterfassungsgeräten mit Chipkarten.

Methoden

Bei festen Arbeitszeiten sind Arbeitsbeginn und Arbeitsende vorgeschrieben, z. B. von 8.00 bis 17.00 Uhr, mit einer Stunde Pause. Für die Entlohnung wird die Anwesenheit von Mitarbeitern mit fest vereinbarter Arbeitszeit entweder durch den Vorgesetzten persönlich festgestellt oder durch Zeiterfassungsgeräte.

Die Entlohnung der Mitarbeiter erfolgt entweder nach den festgelegten Zeiten unter Berücksichtigung von Fehlzeiten oder sonstigen Zeiten (z. B. Überstunden) oder nach der Leistung (z. B. bei Akkord). Es ist notwendig, darüber hinaus den für einzelne Aufträge erforderlichen Zeitaufwand als

PERSONALWESEN UND MITARBEITERFÜHRUNG

Kalkulationsgrundlage und zur Abrechnung zu erfassen. Zu diesem Zweck sind Arbeitszettel o. Ä. zu verwenden.

Grundsätzlich gilt das auch bei flexibler Arbeitszeit. Mitarbeiter, die auf Baustellen etc. eingesetzt sind, müssen Arbeitszettel ausfüllen. Bei Gleitzeit könnte in größeren Handwerksbetrieben die Anschaffung eines Zeiterfassungsgerätes erwogen werden, da die regelmäßige manuelle Aufzeichnung und Auswertung der Unterlagen doch sehr zeitaufwendig wäre.

3.2 Arbeitsbewertung und Lohn- und Gehaltsgefüge

Der Mitarbeiter erwartet vom Arbeitgeber eine gerechte Entlohnung. Auch aus Sicht des Unternehmers ist ein solches Lohn- und Gehaltsgefüge von wesentlicher Bedeutung, da es entscheidend zur Motivation der Mitarbeiter beiträgt. Der Mitarbeiter benötigt die Gewissheit, dass sein Entgelt in einem angemessenen Verhältnis zum Entgelt seiner Arbeitskollegen steht, die schwierigere oder leichtere Arbeiten ausführen.

Anforderungen an Lohn- und Gehaltsgefüge

Diesem Ziel kann man sich allerdings nur annähern und versuchen, eine relative Entgeltgerechtigkeit herbeizuführen, indem man das Entgelt des Mitarbeiters anforderungsgerecht, leistungsgerecht und sozialgerecht gestaltet. Verschiedene Verfahren der Arbeitsbewertung sind entwickelt worden, die bei der Zuordnung von Anforderungsgrad und Entgelt nützlich sein können. Allerdings ist ihre Effektivität für Handwerksunternehmen unterschiedlich, wie aus der Darstellung auf → S. 380 deutlich wird.

In der Regel sind in Klein- und Mittelbetrieben des Handwerks komplizierte Arbeitswertstudien unnötig, da die Anlehnung an die Einstufung der Tarifverträge ausreicht (Tarifinformationen finden Sie z. B. unter: *www.tarifregister.nrw.de*). Es ist jedoch für jeden Handwerksunternehmer nützlich, die Bandbreite der möglichen Anforderungsarten kennen zu lernen. In Großunternehmen dienen Arbeitswertstudien der Bewertung des Arbeitsplatzes und bilden eine Grundlage für die Bestimmung der Höhe des Entgelts.

Grundsätzlich geht es bei der Arbeitsbewertung darum, dass die Anforderungen einer Tätigkeit im Verhältnis zu anderen Tätigkeiten nach einem einheitlichen Maßstab bestimmt werden. Dabei wird der Schwierigkeitsgrad von Arbeiten festgelegt und eine Einstufung von Tätigkeiten nach dem Schwierigkeitsgrad vorgenommen.

Aufgabe der Arbeitsbewertung

In einer Arbeitsbewertung wird nicht die Leistung eines einzelnen Mitarbeiters bewertet, sondern es wird bei der Bestimmung der Anforderungshöhe die Normalleistung einer fiktiven Person zugrunde gelegt.

Die Höhe der Anforderungen (Kenntnisse, Fertigkeiten, Belastungen etc. bei der Arbeit) wird als Arbeitswert bezeichnet. Diese Arbeitswerte sind objektive Maßstäbe für den Schwierigkeitsgrad der Arbeit, d. h., sie gelten für jeden Mitarbeiter, der eine bestimmte Tätigkeit verrichtet.

Definition

PERSONALWESEN UND MITARBEITERFÜHRUNG

Bandbreite von Anforderungsarten

Anforderungs- arten	REFA-Anforderungsarten	Definition
Können	1. Kenntnisse	Ausbildung, Erfahrung, Denkfähigkeit
	2. Geschicklichkeit	Handfertigkeit, Körpergewandtheit
Verantwortung	3. Verantwortung	– für die eigene Arbeit – für die Arbeit anderer – für die Sicherheit anderer
Belastung	4. Geistige Belastung 5. Muskelmäßige Belastung	Aufmerksamkeit, Denkfähigkeit – dynamische Muskelkraft – statische Muskelkraft – einseitige Muskelkraft
Arbeitsbedingungen	6. Umgebungseinflüsse	Klima, Nässe, Öl, Fett, Gase, Staub, Schmutz, Dämpfe, Lärm, Blendung, Erschütterungen, Erkältungsgefahr, Hitze etc.

Die Anforderungen werden mithilfe einer Arbeitsplatzbeschreibung (Stellenbeschreibung) aufgestellt.

Einstufungsverfahren für die Lohnfindung

Einstufung der Mitarbeiter für die Lohnfindung mithilfe von einheitlichen Maßstäben		
Verfahren	Methode	Beispiele
Rangfolgeverfahren	Stellen werden nach Schwierigkeitsgrad der Anforderungen in eine Reihenfolge (Rangfolge) gebracht und verglichen	Im Rang steht der Meister höher als der Geselle, der Geselle höher als der angelernte Arbeiter
Lohngruppenverfahren	Stellenbeschreibungen werden in ein System gebracht und daraus Lohngruppen abgeleitet	Mitarbeiter werden in Tarifverträgen nach Lohngruppen eingestuft
REFA	Analyse von Tätigkeiten nach bestimmten Kriterien	In der Großindustrie gebräuchliche Messungen, z. B. der Belastung der Arbeitskraft

3.3 Entgeltformen

Unterscheidung Lohn und Gehalt

Nach wie vor ist die grundsätzliche Unterscheidung des Entgelts von Arbeitnehmern in Lohn und Gehalt gültig. Darüber hinaus wird zwischen Zeitlohn und Leistungslohn unterschieden. Traditionell erhalten Angestellte

PERSONALWESEN UND MITARBEITERFÜHRUNG

ein Gehalt mit fest vereinbarter Arbeitszeit pro Monat. Allerdings wird in letzter Zeit auch zunehmend gewerblichen Mitarbeitern ein festes Entgelt gezahlt (→ „Arbeitsrecht", S. 617; zur Abrechnung von Lohn und Gehalt → „Buchführung", S. 76).

Bruttolohnabrechnung.pdf

3.3.1 Zeitlohn

Beim Zeitlohn des gewerblichen Arbeitnehmers, ebenso wie beim Gehalt des Angestellten, bezahlt der Unternehmer eine feste Vergütung für eine bestimmte Zeiteinheit. Die Zeit wird als „Maßstab" für die erbrachte Leistung verwendet. **Definition**

Der Arbeitnehmer wird nach der Dauer der abgeleisteten Arbeitszeit entlohnt. Die Entlohnung erfolgt unabhängig davon, ob die Normalleistung (= 100 %) unter- oder überschritten wird. Zeitlohn ist überall dort zu verwenden, wo der Anreiz zu erhöhter Leistung nicht in erster Linie über den Lohn erfolgt oder die Arbeitnehmer selbst wenig Einfluss auf ihre eigene Leistung nehmen können.

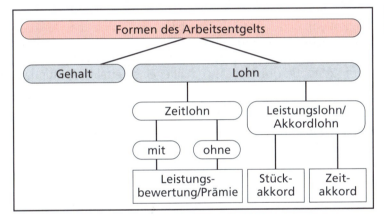

Formen des Arbeitsentgelts

Der Nachteil, dass der Zeitlohn keine Motivation zur überdurchschnittlichen Leistung auslöst, kann durch Gewährung von Leistungszulagen zum Zeitlohn behoben werden. Leistungszulagen sollen kein Ersatz für Leistungslöhne sein, sondern nur verwendet werden, wenn die Voraussetzungen für Akkord- oder Prämienlohn nicht gegeben sind. **Leistungszulagen**

Leistungsanreize können durch Leistungszulagen oder Prämien gegeben werden. Die Merkmale der Leistungsbewertung müssen nach betriebsinternen einheitlichen Regeln festgelegt werden. Es gibt dazu meist tarifvertragliche Regelungen. Durch die Leistungsbewertung werden alle in einem Unternehmen beschäftigte Personen im Hinblick auf

- ihr Arbeitsverhalten,
- ihre Einsatzbereitschaft und
- ihre Leistungen

unter bestimmten Merkmalen beurteilt und eingestuft. Dabei wird eine überdurchschnittliche Einsatzbereitschaft honoriert. Im Unterschied zur

PERSONALWESEN UND MITARBEITERFÜHRUNG

Arbeitsbewertung (→ S. 379), bei der die Tätigkeit als solche bewertet wird, wird bei einer Leistungsbewertung die Person bewertet.

Prämie Eine Prämie ist eine Sonderform der Leistungszulage. Sie knüpft an objektiv messbare Größen an; z. B. wird sie für überdurchschnittliche Mengenleistung oder für besonders geringen Ausschuss gewährt.

3.3.2 Leistungslohn – Akkordlohn

Definition Im Gegensatz zum Zeitlohn wird beim Akkordlohn nicht die Dauer der abgeleisteten Arbeitszeit vergütet, sondern das mengenmäßige bzw. zeitmäßige Ergebnis. Allerdings eignen sich nur diejenigen Arbeiten dazu, bei denen Menge und Tempo wesentliche Leistungsfaktoren sind.

Berechnung des Akkordlohns Der Akkordlohn wird aus zwei Bestandteilen ermittelt:

1. Dem garantierten Mindestlohn, der meistens in Tarifverträgen vereinbart ist. Er entspricht oft dem Mindestlohn bei Zeitlohn, d. h., es wird eine Normalleistung (Leistungsgrad 100 %) unterstellt;
2. dem Akkordzuschlag, der etwa 15–25 % des Mindestlohnes beträgt.

Mindestlohn und Akkordzuschlag bilden zusammen den Akkordrichtsatz. Beim Stück-/Geldakkord zahlt man für eine Mengeneinheit einen bestimmten Betrag, z. B. € 2,30 pro gefertigtes Stück. Fertigt der Arbeitnehmer in 2 Stunden 14 Stück, so erhält er einen effektiven Stundenlohn von € 16,10.

Beim Zeitakkord gewährt man für eine Mengeneinheit eine bestimmte Vorgabezeit, z. B. 20 Minuten pro Stück. Fertigt der Arbeitnehmer in einer Stunde vier Stück, so hat er in 60 Minuten die Leistung für 80 Minuten erbracht. Die Leistung wird mit einem Minutenfaktor multipliziert.

Bitte bearbeiten Sie abschließend die folgenden Aufgaben:

1. Setzen Sie sich mit der Bedeutung der Arbeitsbewertung im Handwerksbetrieb auseinander.

2. Erläutern Sie die verschiedenen Entgeltformen und überlegen Sie, welche Form in Ihrem Beruf am geeignetsten ist.

4. Mitarbeiterführung

> **Kompetenzen:**
> Der Lernende
> - kann wichtige Grundsätze der Mitarbeiterführung zusammenfassen,
> - kann die wesentlichen Führungsstile nennen und ihre Wirkung auf die Mitarbeiter beurteilen,
> - kann Führungsmittel nennen und ihren situations- und mitarbeiterbezogenen Einsatz begründen,
> - kann die Bedeutung der sozialen Beziehungen für das Betriebsklima und den betrieblichen Leistungserfolg beschreiben,
> - kennt die Fürsorgepflichten der Unternehmensführung und kann die Anforderungen an die Arbeitssicherheit und den Unfall-/Gefahrenschutz nennen.

Mitarbeiterführung bedeutet, Menschen und Gruppen im Unternehmen in ihrem Verhalten mithilfe entsprechender Führungsmittel und Führungstechniken so zu steuern, dass sie den gewünschten Beitrag zur Erreichung der Unternehmensziele leisten. Denn der Unternehmenserfolg hängt u. a. von der Fähigkeit des Vorgesetzten ab, Mitarbeiter in Richtung auf das Unternehmensziel zu führen. Gleichzeitig hat der Vorgesetzte dafür Sorge zu tragen, dass die Leistungen der einzelnen Mitarbeiter zu einer bestmöglichen Gesamtleistung koordiniert werden. **Aufgabe der Mitarbeiterführung**

Umso bedeutungsvoller ist das Menschenbild der Führungskraft: Was und wie Vorgesetzte über ihre Mitarbeiter und deren Arbeitsmotivation denken, wirkt sich nicht nur auf ihr Führungsverhalten und damit auf die Führungsmittel aus, sondern auch auf das Leistungsverhalten der Mitarbeiter. **Menschenbild**

Beispiel: Geht ein Vorgesetzter davon aus, dass seine Mitarbeiter faul sind, so findet er diese Annahme im Laufe der Zeit möglicherweise bestätigt. Er überwacht ständig voller Misstrauen seine Mitarbeiter, bevormundet und kontrolliert sie, wann immer er kann. Die Folge wird wahrscheinlich sein, dass die meisten Mitarbeiter den Erfordernissen des Unternehmens passiv, ja vielleicht sogar feindlich gegenüberstehen. Nach einer Zeit stellt das mangelnde Engagement der Mitarbeiter die Reaktion auf das praktizierte Führungsverhalten dar.

Nur Führungskräfte mit einem positiven Menschenbild sind in der Lage, Mitarbeiter auf die betrieblichen Ziele einzustimmen bzw. Mitarbeiter zu motivieren. Der heutige Mitarbeiter erwartet von seiner Arbeitsaufgabe nicht nur die Befriedigung materieller Bedürfnisse, sondern auch die Befriedigung sozialer und ideeller Bedürfnisse. **Motivation**

PERSONALWESEN UND MITARBEITERFÜHRUNG

Ein Vorgesetzter kann von einem Mitarbeiter nur hohe Leistungen verlangen, wenn er seine Erwartungen erkennt und befriedigt, insbesondere Freude an der Arbeit vermittelt. Dies setzt ein entsprechendes Menschenbild voraus, ebenso Kenntnisse über die Motivationsstruktur und Motive[1] des jeweiligen Mitarbeiters.

4.1 Führungsstile und Führungsmittel

Auf der Grundlage seines Wissens über die Mitarbeitermotivation sollte ein Vorgesetzter seine Mitarbeiter führen. Dabei wendet er einen Führungsstil an. Das heißt, er praktiziert ein bestimmtes, ständig wiederkehrendes Führungsverhalten gegenüber seinen Mitarbeitern.

Führungsstile

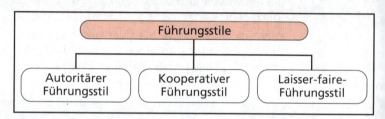

Autoritärer Führungsstil

Definition Der autoritäre Führungsstil arbeitet überwiegend mit Anweisungen, Befehlen, Beanstandungen, Tadel und Fremdkontrollen. Dadurch tendiert er zu Bevormundung der Mitarbeiter und einer „harten Welle". Bei Fehlern wird eher bestraft, statt zu helfen. Dieser Führungsstil ist nur durchführbar bei einem hohen Abhängigkeitsgrad der Mitarbeiter.

Auswirkungen Der Vorgesetzte, der diesen Führungsstil anwendet, sollte bedenken: Mitarbeiter werden eher zur Unselbstständigkeit, zum Nicht-Mitdenken erzogen. Ferner besteht die Gefahr, dass Mitarbeiter diesen Stil übernehmen und in ihrem Bereich ebenfalls anwenden, was zu einem schlechten Betriebsklima führt.

Kooperativer Führungsstil

Definition Bei der Anwendung des kooperativen Führungsstils schreibt der Vorgesetzte so wenig wie nötig vor und hilft, statt zu strafen. Er betrachtet den Mitarbeiter als Partner. Dies kommt auch in der Anwendung der Führungsmittel zum Ausdruck. Aufträge, Delegation, Anerkennung der Leistung des Mitarbeiters, Lob und Selbstkontrolle stehen bei diesem Führungsstil im Vordergrund. Das heißt allerdings nicht, dass dieses Führungsverhalten auf Beanstandung, Tadel und Fremdkontrolle verzichtet. Bei längerfristiger

---

[1] Grundlegende Ausführungen über Mitarbeiterführung und Motivation sind enthalten in: Sackmann – das Lehrbuch für die Meisterprüfung, Teil IV, Lernfelder 2 und 5.

PERSONALWESEN UND MITARBEITERFÜHRUNG

Anwendung dieses Führungsstils ist der Mitarbeiter bereit zu Zusammenarbeit, Offenheit und Vertrauen. Selbstständigkeit, Verantwortungsbereitschaft, Kritikfähigkeit und Toleranz werden gefördert. **Auswirkungen**

Der autoritäre und der kooperative Führungsstil können in der betrieblichen Praxis in der oben dargestellten idealen Form nicht durchgängig angewandt werden. Das gilt ebenfalls für den sog. Laisser-faire-Führungsstil – nach dem Prinzip „Gewähren lassen". Dieser Stil kann nur bei sehr verlässlichen, fachlich kompetenten und selbstständig arbeitenden Mitarbeitern angewandt werden.

Nur im Einzelfall kann entschieden werden, welcher Führungsstil den Bedürfnissen der Mitarbeiter und der jeweiligen konkreten betrieblichen Situation angemessen ist. Ein erfolgreicher Vorgesetzter ist derjenige, der die verschiedenen Einflussfaktoren auf eine betriebliche Arbeitssituation wie Motivation und Qualifikationsstand des Mitarbeiters, Akkordarbeit, Gruppenstruktur, Gefahrensituationen etc. realistisch einschätzen kann und sich mit seinem Führungsstil entsprechend darauf einzustellen vermag.

Tatsächlich ist eine „situative Führung" den betrieblichen Erfordernissen am besten angemessen. Keine Führungskraft kann durchgängig einen „idealen" Führungsstil anwenden.

Um den jeweiligen Führungsstil in der betrieblichen Praxis umzusetzen, bedient sich die Führungskraft der Führungsmittel. Führungsmittel sind Instrumente, mit denen die Führungskraft den erwünschten Führungsstil verwirklichen kann. Hierzu gehören u. a. Informationen, Besprechungen, Anweisungen, Kontrollen und Anerkennungen. **Führungsmittel**

4.2 Soziale Beziehungen und Betriebsklima

Die Summe der Einstellungen der Mitarbeiter zu ihrem Unternehmen bestimmt wesentlich das Betriebsklima. Das Betriebsklima ist Ausdruck der Zufriedenheit bzw. Unzufriedenheit mit der betrieblichen Situation. Ob die Mitarbeiter sich im Unternehmen wohl fühlen oder nicht, ist von zwei Einflussfaktoren abhängig: den äußeren Arbeitsbedingungen und der subjektiven Bewertung dieser Bedingungen durch die Mitarbeiter selbst. **Definition**

Die äußeren Bedingungen bilden das Arbeitsumfeld, das die Führungskraft selber direkt beeinflussen kann, z. B.: **äußere Bedingungen**

- Arbeitszeiten, Arbeitsorganisation, Pausenregelung,
- Arbeitsplatzgestaltung einschließlich Arbeitsschutzmaßnahmen,
- Arbeitsentgelt einschließlich Sozialleistungen,
- Verhalten des Vorgesetzten (Führungsstil, Wertschätzung des Mitarbeiters, inhaltlicher und zeitlicher Handlungsspielraum etc.),
- Fortbildungs- und Aufstiegsmöglichkeiten,
- rechtzeitige und umfassende Information.

PERSONALWESEN UND MITARBEITERFÜHRUNG

Die Beziehungen der Mitarbeiter untereinander gehören ebenfalls zu diesem Bereich der äußeren Bedingungen, auf die die Unternehmensleitung indirekten Einfluss ausüben kann, wie z. B. Offenheit und Respekt im Umgang miteinander.

Faktoren für das Betriebsklima

subjektive Faktoren

Schwieriger ist die Einflussnahme der Führungskraft auf die subjektive Bewertung dieses Arbeitsumfeldes. Denn jeder Mitarbeiter sieht die betriebliche Situation durch seine persönliche „Brille", die z. B. durch folgende Faktoren geprägt sein kann:

- Qualifikation und Erfahrungen eines Mitarbeiters,
- Erwartungen an den Arbeitsplatz,
- Selbsteinschätzung,
- mögliche Vorurteile.

Zum guten Betriebsklima („Wir-Gefühl") liefert jeder Vorgesetzte, wie auch jeder Mitarbeiter, seinen eigenen Beitrag. Konflikte gehören dazu. Regelmäßige Mitarbeitergespräche, in denen offen konstruktive Kritik am Verhalten sowohl des Vorgesetzten wie der Mitarbeiter geübt werden kann, regelmäßige Mitarbeiterbeurteilungen können eine subjektive Beurteilung des Betriebsklimas objektiver machen.

Aufgabe des Vorgesetzten

Es ist die Aufgabe des Vorgesetzten, die Identifikation der Mitarbeiter mit dem Betrieb – kurz, ein gutes Betriebsklima – zu fördern, um die betriebliche Leistung abzusichern. Für solch ein Betriebsklima ist die Einflussnahme auf möglichst viele der oben genannten Faktoren notwendig.

PERSONALWESEN UND MITARBEITERFÜHRUNG

Kann die Unternehmensleitung feststellen, wie die Mitarbeiter das Betriebsklima tatsächlich beurteilen? Dazu könnten (anonyme) Befragungen durchgeführt werden, aber in kleinen und mittleren Handwerksbetrieben empfiehlt es sich, mit den Mitarbeitern direkt zu sprechen. Bei Betriebsfeiern und Betriebsausflügen z. B. kann der Unternehmer sich ein Bild davon machen, wie die Mitarbeiter das Betriebsklima einschätzen, sei es durch beiläufige Bemerkungen oder in geselligen Gesprächen.

Ein schlechtes Betriebsklima lässt sich an vielerlei Faktoren ablesen: häufige Beschwerden, Streit, hohe Fehlzeiten, eine hohe Fluktuationsrate. Daher führen viele Unternehmen Statistiken über Fehlzeiten, größere Unternehmen auch über die Fluktuation (Wechsel von Mitarbeitern nach eigener Kündigung). Diese Statistiken müssen regelmäßig ausgewertet werden, um Rückschlüsse auf das Betriebsklima zu erhalten. Auch die Teilnahme (oder Nicht-Teilnahme) von Mitarbeitern an Betriebsfeiern und -ausflügen lässt erkennen, ob ein positives oder negatives Betriebsklima vorhanden ist.

4.3 Fürsorge: Arbeitssicherheit, Unfall- und Gesundheitsschutz

Mitarbeiterführung bedingt auch Fürsorgepflichten: Die Verantwortung für die Sicherheit und Gesundheit seiner Beschäftigten trägt – unabhängig von der Größe des Betriebes – allein der Unternehmer. Er kann nur bestimmte Aufgaben übertragen. Allerdings muss er sich vergewissern und belegen können, ob der Beauftragte für diese Aufgabe entsprechend qualifiziert ist und angemessene Möglichkeiten zur Durchführung dieser Aufgaben hat.

Allgemeine Grundsätze für die Fürsorgepflicht des Unternehmers gegenüber seinen Mitarbeitern legen sowohl das Bürgerliche Gesetzbuch (BGB) wie das Arbeitsschutzgesetz (ArbSchG) dar. Paragraf 618 BGB formuliert die Pflicht zu Schutzmaßnahmen „gegen Gefahr für Leben und Gesundheit", die geregelt werden müssen, soweit „als die Natur der Dienstleistung es gestattet". Diese Verpflichtung kann vertraglich weder aufgehoben noch beschränkt werden (§ 619 BGB).

Fürsorgepflicht

Allgemeine Grundsätze der Arbeitgeberpflichten, die auch für die Arbeitssicherheit gelten, formuliert § 4 ArbSchG:

Arbeitssicherheit

1. Die Arbeit ist so zu gestalten, dass eine Gefährdung für Leben und Gesundheit möglichst vermieden und die verbleibende Gefährdung möglichst gering gehalten wird.
2. Gefahren sind an ihrer Quelle zu bekämpfen.
3. Bei den Maßnahmen sind der Stand der Technik, Arbeitsmedizin und Hygiene sowie sonstige gesicherte arbeitswissenschaftliche Erkenntnisse zu berücksichtigen.
4. Maßnahmen sind mit dem Ziel zu planen, Technik, Arbeitsorganisation, sonstige Arbeitsbedingungen, soziale Beziehungen und Einfluss der Umwelt auf den Arbeitsplatz sachgerecht zu verknüpfen.

PERSONALWESEN UND MITARBEITERFÜHRUNG

5. Individuelle Schutzmaßnahmen sind nachrangig zu anderen Maßnahmen.
6. Spezielle Gefahren für besonders schutzbedürftige Beschäftigungsgruppen sind zu berücksichtigen.
7. Den Beschäftigten sind geeignete Anweisungen zu erteilen.
8. Mittelbar oder unmittelbar geschlechtsspezifisch wirkende Regelungen sind nur zulässig, wenn dies aus biologischen Gründen zwingend geboten ist.

Die Fürsorgepflichten beziehen sich u. a. auf die Arbeitssicherheit und den Unfall- und Gefahrenschutz (konkrete Bestimmungen des Arbeitsschutzgesetzes → „Arbeitsrecht", S. 640).

einzigartiges deutsches Arbeitsschutzsystem

Weltweit einzigartig ist das deutsche Arbeitsschutzsystem: einerseits der Staat als Gesetzgeber und Erlasser von Verordnungen, andererseits die Berufsgenossenschaften als Träger der gesetzlichen Unfallversicherung mit ihren verbindlichen Unfallverhütungsvorschriften und eigenem Aufsichtsdienst.

Damit die Arbeitswelt humaner wird, muss die traditionelle Unfallverhütung intensiviert werden. Dadurch wird versucht, einen vorzeitigen Kräfteverschleiß durch psychische Überforderung im Beruf zu verhindern und andererseits körperliche oder geistige Unterforderung durch die Arbeit zu vermeiden.

Unfall- und Gesundheitsschutz

Diesen Anforderungen müssen Arbeitsräume, Arbeitsplätze und die Arbeitsmittel gerecht werden. Der Arbeitnehmer muss die Möglichkeit zur Mitgestaltung seiner Arbeitsumwelt haben. Zum Wohle aller Beteiligten muss die menschengerechte Arbeit künftig neben der Gefahrenabwehr und dem Schutz vor Berufskrankheiten eine gleichrangige Stellung erhalten. Unter Arbeitsplatzgestaltung wird eine Anpassung der äußeren Arbeitsbedingungen an den Menschen mit dem Ziel der Gesunderhaltung und Leistungsoptimierung verstanden. Diese Ziele sind erreicht, wenn

- Leistungsgrenzen nicht überschritten werden,
- die Höhe und Dauer von Belastungen so abgestimmt sind, dass die Gefahr von unmittelbaren oder späteren Schäden ausgeschlossen ist,
- die Beanspruchung innerhalb zumutbarer Grenzen zur Verbesserung der Leistung genutzt wird,
- die Aufrechterhaltung der körperlichen und seelischen Funktionsfähigkeit auch bei einer Unterforderung noch möglich ist.

betriebliches Interesse

Von der Beachtung der Arbeitssicherheit, des Unfall- und Gesundheitsschutzes hängen sowohl das Wohlergehen des arbeitenden Menschen als auch der betriebliche Erfolg ab.

Schließlich kann dadurch

- der Krankenstand beeinflusst werden,
- das vorzeitige Eintreten einer Erwerbsunfähigkeit vermieden werden und
- die Leistungsfähigkeit der Mitarbeiter gesteigert werden.

PERSONALWESEN UND MITARBEITERFÜHRUNG

Andererseits führen Überbeanspruchung und Überforderung über längere Zeit unweigerlich zu

- Einschränkung der Arbeitskraft,
- Leistungsabfall,
- Fehlhandlungen,
- Unfällen,
- Invalidität.

Die Umsetzung arbeitswissenschaftlicher Erkenntnisse trägt dazu bei, Belastungen der Mitarbeiter zu vermeiden, die bei jahrelanger Einwirkung unter Umständen zu Gesundheitsschäden und/oder vorzeitigen Verschleißerscheinungen führen können. Hand in Hand mit einer Verminderung von Personal- und Sachkosten kann die erhöhte Zufriedenheit der Mitarbeiter zu einer Leistungsverbesserung führen.

Vermeidung von Gesundheitsschäden

Fragen des Arbeitsschutzes werden auch in folgenden Kapiteln behandelt: „Gründung", → S. 470, „Arbeitsrecht", → S. 640.

Bitte bearbeiten Sie abschließend die folgenden Aufgaben:

1. Nennen Sie die drei wichtigsten Führungsstile und beschreiben Sie, wie diese sich jeweils auf die Mitarbeiter auswirken können.

2. Warum ist ein gutes Betriebsklima für jedes Unternehmen wichtig? Überlegen Sie, wie Sie als zukünftiger Meister ein gutes Betriebsklima fördern können.

3. Die Fürsorgepflicht des Unternehmers umfasst Arbeitssicherheit, Unfall- und Gesundheitsschutz. Begründen Sie, warum die Gestaltung angemessener Arbeitsbedingungen sowohl im betrieblichen Interesse als auch im Interesse des Mitarbeiters liegt.

FINANZIERUNG

Finanzierung

1. Grundlagen der Investitions-, Finanz- und Liquiditätsplanung

Kompetenzen:

Der Lernende

- kann die finanzwirtschaftlichen Aufgaben und Ziele in einem Unternehmen aufzeigen,
- kann die Grundsätze zur Unternehmensfinanzierung erläutern,
- kann Anforderungen an ein System zur wirksamen Finanzkontrolle nennen,
- kann den Aufbau eines zweckmäßigen Finanzplanes darlegen.

Jedes Unternehmen benötigt für die betriebliche Leistungserstellung finanzielle Mittel. Zur Leistungserstellung gehören – neben der eigentlichen Produktion – auch die Beschaffungs- und Absatzaktivitäten. Da im Unternehmen zuerst der Leistungserstellungsprozess und damit verbunden die Auszahlungen für die notwendigen Wirtschaftsgüter erfolgen und erst im zweiten Schritt der Absatz mit den entsprechenden Einzahlungen, ergibt sich ein finanzieller Überbrückungsbedarf.

Finanzierung und betriebliche Funktionsbereiche

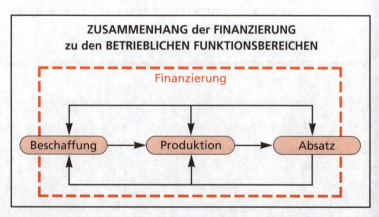

betriebsnotwendiges Vermögen Die Gesamtheit der Wirtschaftsgüter wird als betriebsnotwendiges Vermögen bezeichnet. Beim betriebsnotwendigen Vermögen wird weiter – je

FINANZIERUNG

nach Verwendungsart – zwischen Anlage- und Umlaufvermögen (→ „Buchführung" S. 25) unterschieden.

Betriebsnotwendiges Vermögen bedingt im gleichen Umfang betriebsnotwendiges Kapital, das im Unternehmen in Form von Eigen- und Fremdkapital vorhanden ist. Dies wird in der nachfolgenden – stark vereinfachten – Bilanz deutlich:

betriebsnotwendiges Kapital

Bilanz			
AKTIVA			PASSIVA
Anlagevermögen	100 000,–	Eigenkapital	80 000,–
Umlaufvermögen	200 000,–	Fremdkapital	220 000,–
Summe	300 000,–	Summe	300 000,–

Über das betriebsnotwendige Vermögen kann das Unternehmen nur dann auf Dauer verfügen, wenn das betriebsnotwendige Kapital dem Unternehmen zu jeder Zeit erhalten bleibt.

1.1 Aufgaben und Ziele der Finanzierung

In einem Unternehmen gehören zu den Aufgaben der Finanzierung die Kapitalbeschaffung, der Kapitaleinsatz und auch die Kapitalrückzahlung. Bei der Aufnahme von Kapital ist darauf zu achten, dass Art und Umfang der Finanzierungsmittel so beschaffen sind, dass das Kapital auch zweckentsprechend eingesetzt werden kann. Dies geschieht z. B. bei der Aufnahme eines Darlehens zum Kauf einer Maschine, wenn deren Nutzungsdauer bei der Kreditlaufzeit berücksichtigt wird. Die Rückzahlung von Kapital ist so zu gestalten, dass trotz Tilgungsleistungen die Finanzierung des betriebsnotwendigen Vermögens nicht gefährdet wird.

Aufgaben der Finanzierung

Ein wesentliches Ziel der Finanzierung ist es, die zeitliche Differenz zwischen Beschaffung, Fertigung und Absatz, also zwischen Ausgaben und Einnahmen, zu überbrücken. Aus dieser Leistungserstellung ergibt sich ein Finanzbedarf, der durch entsprechende finanzielle Mittel gedeckt sein muss. Die Steuerung dieses Zahlungsstroms sowie die Kapitalbereitstellung erfordert eine ausreichende Versorgung mit finanziellen Mitteln. Wichtig ist, dass das Unternehmen stets zahlungsfähig ist, d. h., fällige Zahlungen müssen stets termingerecht erfolgen können. Dazu bedarf es der Planung und Überwachung der Liquidität. Um dieses **situative finanzielle Gleichgewicht** im Unternehmen zu gewährleisten, muss der Bedarf an Kapital sorgfältig ermittelt und durch die Erstellung von Finanzplänen gesichert werden.

Ziel der Finanzierung

Darüber hinaus verfolgt die Finanzierung das Ziel, den langfristigen Kapitalbedarf zu planen und sicherzustellen, der für den Erhalt und ggfs. für eine Erweiterung des Unternehmens erforderlich ist. Dieses **strukturelle finanzielle Gleichgewicht** ist eine notwendige Voraussetzung für den dauerhaften Bestand des Unternehmens.

1.2 Investitions- und Finanzplanung

Eine sorgfältige Finanzplanung ist unabdingbar, um in einem Unternehmen für solide finanzielle Verhältnisse zu sorgen. Die Kapitalbedarfsplanung berücksichtigt dabei die Höhe, die Art und den Zeitpunkt der benötigten Finanzmittel. Stehen diese planmäßig zur Verfügung, können betriebliche Investitionen getätigt werden: im Anlagevermögen beispielsweise durch den Kauf von Maschinen, im Umlaufvermögen etwa durch die Ergänzung des Materiallagers.

betriebliche Finanzwirtschaft

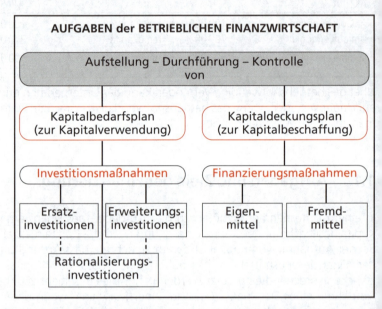

Investitionsplanung Jede Investition benötigt Kapital. Entsprechend ist eine Investitionsplanung ohne eine Kapitalbedarfsplanung undenkbar. Dabei unterscheidet man nach Zielsetzung und Wirkungsweise zwischen Ersatz-, Erweiterungs- und Rationalisierungsinvestitionen:

- **Ersatzinvestitionen** müssen regelmäßig getätigt werden, um die bereits vorhandene betriebliche Kapazität zu erhalten.
- **Erweiterungsinvestitionen** zielen auf die Vergrößerung der bisherigen betrieblichen Kapazität ab.
- **Rationalisierungsinvestitionen** ergeben sich im Regelfall beim Einsatz neuer Techniken. Sie führen nicht nur zu verminderten Kosten bei der betrieblichen Leistungserstellung, sondern fast immer auch zu einer Erweiterung der technischen Kapazität.

Die Investitionsplanung sollte alle Investitionen eindeutig bestimmen, wertmäßig beziffern und hinsichtlich ihrer betriebswirtschaftlichen Zweckmäßigkeit überprüfen. Dabei gilt folgende Regel:

FINANZIERUNG

Eine Investition ist um so vorteilhafter, je größer der Überschuss zwischen den durch sie verursachten Einzahlungen und Auszahlungen ist und je kürzer die Zeitspanne, in der dieser Überschuss erzielt wird.

Besonders schwierig wird eine Planung dann, wenn Investitionen eine langfristige Kapitalbindung mit sich bringen, etwa beim Bau eines neuen Betriebsgebäudes. Eine langfristige Planung birgt stets eine höhere Fehlerquote und ein größeres Risiko in sich. Sollten Fehlentwicklungen auftreten, lassen sich notwendig werdende Korrekturen nur sehr schwer umsetzen.

Ein weiteres Problem ist, dass sich die Wirkung von Investitionen selten direkt zum Investitionsergebnis in Beziehung setzen lässt. Meist handelt es sich um eine Vielzahl investiver Einzelmaßnahmen, deren Auswirkungen nicht isoliert bewertet werden können. Beispiel: Die Anschaffung neuer moderner Büroschreibtische lässt sich in Bezug auf das Jahresergebnis nicht festmachen.

Der Unternehmer kann zur Erfüllung dieser besonderen Anforderungen an eine verlässliche Investitionsplanung auf wirksame Planungsinstrumente zurückgreifen (→ „Planung", S. 439).

Mit der Kapitaldeckungsplanung können Finanzierungsmaßnahmen für mögliche Investitionen überprüft werden. Der Kapitalbedarf kann dabei durch Eigen- oder Fremdmittel gedeckt werden. **Kapitaldeckungsplanung**

Eigenmittel können in ein Unternehmen vom Inhaber bzw. von den Gesellschaftern eingebracht oder vom Unternehmen selbst erwirtschaftet werden. Es handelt sich um Einlagen oder nicht entnommene Gewinne (→ S. 402).

Fremdmittel werden einem Unternehmen von Dritten zur Verfügung gestellt. Sie können hinsichtlich Umfang, Fristigkeit etc. in verschiedenartiger Form von unterschiedlichen Gläubigern gewährt werden.

In der Praxis werden immer wieder zwei wesentliche Schwachpunkte sichtbar: Entweder kann das Unternehmen über die notwendigen Finanzierungsmittel nicht verfügen oder sie erweisen sich für den vorgesehenen Einsatz als ungeeignet. Die Ursache ist meist eine lückenhafte oder oberflächliche Planung. **Planungsfehler**

Eine ausreichende Kapitaldeckung ist mithilfe von Banken nur zu erreichen, wenn eine sorgfältige und betriebswirtschaftlich durchdachte Kapitalbedarfsplanung vorgelegt wird. Bei der Aufnahme von Finanzmitteln sind die so genannten Finanzierungsregeln (→ Kap. 4.3) zwingend einzuhalten. **Kapitalbedarfsplanung**

Der Kapitalbedarf hängt von zahlreichen unternehmensinternen und -externen Faktoren ab. Als interne Faktoren bestimmen die Betriebsgröße, das Leistungsprogramm, das vorhandene Kapital und der jeweilige Liquiditätsgrad den Kapitalbedarf. Externe Einflussmöglichkeiten sind u. a. das Preisniveau der Beschaffungsgüter, das jeweilige Lohnniveau, die Situation des Kapitalmarktes (Höhe der Zinssätze) oder rechtliche Bedingungen wie z. B. Steuern.

FINANZIERUNG

Verfügbarkeit und Fälligkeit

Eine solide Finanzplanung trifft alle Vorkehrungen dafür, dass zu jedem Zeitpunkt die notwendigen Finanzierungsmittel für das geplante Investitionsvolumen in ausreichendem Maße vorhanden sind. Dies setzt voraus, dass die Verfügbarkeit der im Unternehmen gebundenen Vermögenspositionen mit der Fälligkeit der bereitstehenden Finanzierungsmittel übereinstimmt. Deshalb gilt für das eingesetzte Kapital der Grundsatz:

Kapitalverwendungsdauer = Kapitalbindungsdauer

Die Verfügbarkeit der Mittel ist gleichbedeutend mit ihrer **Liquidierbarkeit**. Der Grad der Liquidierbarkeit wird durch die Zeitspanne bestimmt, in der Gegenstände des betrieblichen Vermögens wieder in Zahlungsmittel umgewandelt werden können.

Das maßgebliche Ziel der betrieblichen Investitions- und Finanzierungsplanung ist letztlich, die Zahlungsfähigkeit des Unternehmens aufrecht zu erhalten.

Liquidierbarkeit

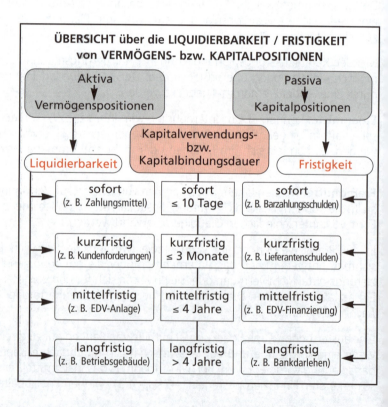

Dies kann nur erreicht werden, wenn die Investitions- und Finanzierungsstruktur eines Unternehmens so transparent ist, dass Veränderungen und erforderlicher Anpassungsbedarf auf einen Blick ersichtlich werden. Demzufolge ist es zweckmäßig, die in der Bilanz ausgewiesenen Vermögens- und Kapitalpositionen nach dem jeweiligen Grad ihrer Liquidierbarkeit bzw. ihrer Fristigkeit schematisch aufzubereiten und darzustellen.

1.3 Liquiditätskontrolle und Liquiditätsplanung

Die Zahlungsfähigkeit eines Unternehmens zu gewährleisten ist von existenzieller Bedeutung. Ob und inwieweit diese Zielvorgabe der Investitions- und Finanzplanung letztlich auch erreicht wird, lässt sich durch den Einsatz von finanzwirtschaftlichen Kontroll- und Planungsrechnungen ermitteln (→ „Jahresabschluss und Grundzüge der Auswertung", S. 111).

Ein finanzwirtschaftliches Kontrollsystem ist aber nur dann erfolgreich, wenn es damit gelingt,
1. die Finanzstruktur eines Unternehmens offen darzulegen und zu analysieren,
2. die Veränderungen der finanziellen Strukturen festzuhalten und deren Ursachen zu erforschen,
3. die Maßnahmen aufzuzeigen und umzusetzen, die im Bedarfsfall zur Korrektur der finanziellen Verhältnisse erforderlich sind.

Zur Führung eines Unternehmens ist ein vollständiger Überblick über die zukünftige Liquiditätsentwicklung unumgänglich. Der **Finanzplan** wird eingesetzt, um zukünftige Zahlungsein- und -ausgänge systematisch zu erfassen. Der Finanzplan ist Teilplan der gesamten Unternehmensplanung sowie modularer Bestandteil der Beschaffungs-, Produktions- und Absatzplanung. Er soll dem Unternehmer einen zahlenmäßigen Überblick über alle zukünftigen finanziellen Vorgänge innerhalb eines bestimmten Zeitraumes ermöglichen.

Finanzplan

Den meisten Zahlungsvorgängen liegen die üblichen betrieblichen Ereignisse zugrunde, z. B. die Begleichung von Lieferantenrechnungen. Es können aber auch nicht alltägliche Vorgänge sein, wie etwa der Zahlungseingang aus dem Verkauf einer Maschine, die bislang zum Anlagevermögen gehörte. Auch sind Geldflüsse zu berücksichtigen, die auf die Aufnahme von Krediten zurückzuführen sind. Das gilt insbesondere für aufzubringende Zins- und Tilgungsleistungen. Privatentnahmen und -einlagen sind ebenfalls im Finanzplan zu erfassen (→ S. 480).

Außer der Reihe auftretende Geldflüsse können zur besseren Übersicht in einem eigens dafür geschaffenen Finanzplan aufgeführt werden. Der Inhalt von Finanzplänen muss infolge aktuellerer oder zusätzlicher Informationen laufend angepasst und weiter entwickelt werden. Nur dann ist und bleibt er auf Dauer aussagefähig.

Mit Hilfe eines Finanzplans kann zum einen festgestellt werden, ob das Unternehmen zu bestimmten Zeitpunkten aller Voraussicht nach zahlungsfähig sein wird. Die zukünftige Zahlungsbereitschaft kann aber auch in einem überschaubaren Zeitraum durch den Finanzplan permanent kontrolliert werden.

Der Finanzplan sollte möglichst übersichtlich gestaltet werden. Dazu gehört auch, dass die Ein- und Auszahlungen so zu erfassen sind, dass jeweils ihre Herkunft bzw. ihr Anlass zu erkennen ist.

FINANZIERUNG

Finanzplan-Schema

Beispiel für einen Finanzplan (Schema)	Planperiode 1			Planperiode 2		
	Soll	Ist	Diff.	Soll	Ist	Diff.
Einzahlungen[1] aus	(Beträge in Tsd. €)					
Umsatzerlösen Außerordentl. Erträgen Abbau von Kundenforderungen Abbau von sonstigen Forderungen Darlehensauszahlungen Kundenanzahlungen Privateinlagen						
Summe Einzahlungen						
Auszahlungen[2] für						
Materialeinkäufe Subunternehmerleistungen Personalkosten Raumkosten Verwaltungskosten Zinsaufwendungen Übrige Betriebsausgaben Außerordentliche Aufwendungen Abbau von Lieferantenverbindlichkeiten Abbau von sonstigen Verbindlichkeiten Darlehenstilgungen Anzahlungen bei Lieferanten Privatentnahmen						
Summe Auszahlungen						
Summe Einzahlungen − Summe Auszahlungen						

= **Überdeckung (+)/Unterdeckung (−)**
+ Bestand an Zahlungsmitteln[3]
   (Anfang der Planperiode)
+ Kreditspielraum bei Banken
   (Ende der Planperiode)						

= **Finanzierungsreserve (+)/ Finanzierungslücke (−)**						

[1] Bareinnahmen und Bankeinzahlungen
[2] Barausgaben und Bankauszahlungen
[3] Kassenbestand und Bankguthaben

In einem Unternehmen gibt es mannigfache Gründe für Ein- und Auszahlungen. Im Einzelnen ist zu unterscheiden zwischen:

FINANZIERUNG

Einzahlungen/ Auszahlungen

Übersicht über mögliche Einzahlungen und Auszahlungen	
Einzahlungsseite	Auszahlungsseite
• Einzahlungen, die zeitlich mit ordentlichen und außerordentlichen Erlösen zusammenfallen • Einzahlungen aus dem Zahlungseingang von Forderungen • Einzahlungen aus der Auszahlung von neu aufgenommenen Krediten • Einzahlungen aus Kundenanzahlungen • Einzahlungen aus Privateinlagen oder Beteiligungen in bar oder durch Bankgutschrift	• Auszahlungen, die zeitlich mit ordentlichen oder außerordentlichen Aufwendungen zusammenfallen • Auszahlungen durch Bezahlung von Verbindlichkeiten • Auszahlungen durch Tilgung von Krediten • Auszahlungen durch Anzahlungen auf erteilte Aufträge • Auszahlungen durch Privatentnahmen in bar oder durch Bankabhebungen

Jedes Unternehmen ist individuell strukturiert, d. h., es wird durch Branchenzugehörigkeit, Betriebsgröße usw. geprägt. Dies hat zur Folge, dass auch die Anforderungen an die Planungsinhalte sehr unterschiedlich sind. Deshalb gibt es keine allgemein gültige Systematik, nach der ein Finanzplan konzeptionell erstellt werden kann. Vielmehr ist jedes Unternehmen dazu gehalten, eine eigene schematische Darstellung zur Planung der Finanzen zu entwickeln. Das Schema des Finanzplans auf der folgenden Seite ist deshalb nur als Beispiel zu werten.

Einzahlungen führen immer zu einer Zunahme und Auszahlungen immer zu einer Abnahme des Zahlungsmittelbestandes (Kassenbestand und Bankguthaben).

Durch den Einsatz eines Finanzplans kann die Zahlungsfähigkeit eines Unternehmens umso genauer ermittelt werden, je kleiner der Betrachtungszeitraum ist. Auch bei der Aufstellung eines Finanzplans gilt der allgemein gültige Planungsgrundsatz: Eine langfristige Planung ist im Vergleich zu einer kurzfristigen mit weniger Schwierigkeiten verbunden, aber mit dem Nachteil behaftet, dass sie im Gegensatz zur kurzfristigen ungenauer ist.

Bitte bearbeiten Sie abschließend die folgenden Aufgaben:

1. Was gehört zu den wesentlichen Aufgaben und Zielen der Finanzierung?

2. Wovon hängt der Kapitalbedarf in einem Unternehmen ab?

3. Welches Ziel wird mit dem Einsatz eines Finanzplanes verfolgt?

FINANZIERUNG

2. Investitions- und Finanzierungsanlässe

> **Kompetenzen:**
>
> Der Lernende
> - kann wichtige Investitions- und Finanzierungsanlässe im Handwerk aufzeigen,
> - kann den Unterschied zwischen einmaligen und laufenden Investitions- und Finanzierungsanlässen erläutern.

Je nach betrieblichem Entwicklungsverlauf entstehen in einem Unternehmen eine Vielzahl von Investitions- und Finanzierungsanlässen. Grundsätzlich ist zu unterscheiden zwischen:

- einmaligen Investitions- und Finanzierungsanlässen,
- laufenden Investitions- und Finanzierungsanlässen.

2.1 Einmalige Investitions- und Finanzierungsanlässe

Betriebsgründung Die **Betriebsgründung** ist ein typisches Beispiel für einmalige Investitions- und Finanzierungsanlässe. Im Regelfall sind mit der Gründung eines Betriebes umfangreiche Investitions- und Finanzierungsmaßnahmen verbunden, auf die im Kapitel „Gründung" näher eingegangen wird.

Umwandlung Von einer **Umwandlung** ist die Rede, wenn ein Unternehmen lediglich seine Rechtsform ändert, ohne Änderungen in seiner Vermögensstruktur vorzunehmen. Dies geschieht zum Beispiel im Falle der Umwandlung einer Einzelfirma in eine GmbH, bei der das gesamte Betriebsvermögen und die betrieblichen Verbindlichkeiten in die neue Kapitalgesellschaft eingebracht werden.

Umgründung Für eine **Umgründung** ist charakteristisch, dass nicht das gesamte Betriebsvermögen und -kapital unter der neuen Rechtsform fortgeführt wird. Vielmehr werden wesentliche Teile des betrieblichen Vermögens und Kapitals in einem gesonderten Unternehmen zurückbehalten oder auch in das Privatvermögen des Unternehmers überführt.

Solange es zu keinem Inhaber- oder Gesellschafterwechsel kommt, verursachen Umwandlungen oder Umgründungen von Handwerksunternehmen keine nennenswerten Investitionen. Scheiden allerdings bisherige Teilhaber aus und treten neue ins Unternehmen ein, so löst dies meistens einen erhöhten Kapitalbedarf aus. In solchen Fällen wird die Ermittlung des Kapitalbedarfs zusätzlich erschwert.

FINANZIERUNG

Möglicherweise sind im bilanziell ausgewiesenen Betriebsvermögen noch so genannte stille Reserven enthalten und zu berücksichtigen. Im Betriebsvermögen sind stille Reserven in dem Umfang vorhanden, wie der Verkehrswert den Buchwert des Betriebsvermögens übersteigt. Stille Reserven treten im Anlagevermögen auf, wenn die vorgenommenen Abschreibungen höher als die tatsächlich eingetretenen Wertverluste bei den einzelnen Wirtschaftsgütern waren. Beim Umlaufvermögen kommt es insbesondere bei den Waren- und Materialbeständen zwangsläufig allein durch die Einhaltung von Bewertungsgrundsätzen (→ S. 117) zur Bildung von stillen Reserven. Die tatsächliche Höhe von stillen Reserven kann oftmals nur durch umfangreiche Bewertungsarbeit ermittelt werden.

stille Reserven

Auch ein eventuell vorhandener Firmenwert, der ebenfalls nur mit größerem Aufwand festzustellen ist, kann zur Anteilsbewertung herangezogen werden.

Betriebserweiterungen führen normalerweise zu einer Vergrößerung der bisherigen betrieblichen Kapazität. Erweiterungsinvestitionen im Anlagevermögen erfordern zusätzliches Kapital, das bereits zu Beginn der Investitionsphase in vollem Umfang gebraucht wird. Im Umlaufvermögen ist ein erhöhter Kapitalbedarf erst festzustellen, wenn die Betriebsleistung tatsächlich gesteigert wird. Mit höheren Umsätzen wachsen im Allgemeinen die Kundenforderungen, die dann zusätzlichen Kapitaleinsatz bedingen. Deshalb ist bei der Finanzierungsplanung unbedingt zu berücksichtigen, ob zur Kapazitätssteigerung ein zusätzlicher Kapitaleinsatz im Anlage- oder Umlaufvermögen vorgesehen ist.

Erweiterungen

2.2 Laufende Investitions- und Finanzierungsanlässe

Ein Unternehmen kann den betrieblichen Leistungsprozess nur sichern, wenn der dazu notwendige Kapitaleinsatz ohne Unterbrechung bzw. Verzögerung gewährleistet ist. Im Bereich des betrieblichen Anlagevermögens wird von Fall zu Fall entschieden, ob und in welchem Umfang Ersatz-, Erweiterungs- oder Rationalisierungsinvestitionen erfolgen. Je nach Zielsetzung des Unternehmens ist damit ein zeitweise unterschiedlich verlaufender Kapitalbedarf verbunden. Beim Umlaufvermögen wird der Bedarf an finanziellen Mitteln insbesondere durch die laufenden Ein- und Auszahlungen beeinflusst. Er ändert sich demnach von Tag zu Tag.

2.3 Investitionsrechnungen

Gerade bei Investitionsentscheidungen von langfristiger Tragweite ist es wichtig, die zukünftige Wirtschaftlichkeit von Investitionen beizeiten erkennen und beurteilen zu können. Mit Hilfe von Investitionsrechnungen kann zahlenmäßig belegt werden, ob sich eine Investition für ein Unternehmen rechnen lässt und als wirtschaftlich sinnvoll erweist.

Wirtschaftlichkeit von Investitionen

FINANZIERUNG

Das Ergebnis einer Investition kann Mehrgewinn oder Kostenersparnis bedeuten. Bei mehreren Investitionsalternativen ist es erforderlich, durch einen Investitionsvergleich die wirtschaftlichste herauszufinden. Außerdem muss von Fall zu Fall geprüft werden, ob es sich lohnt, ein vorhandenes Anlagegut, z. B. ein Transportfahrzeug, durch ein anderes zu ersetzen.

Es gibt eine Vielzahl von Investitionsrechnungen. Im Handwerk sind folgende Methoden üblich:

Kostenvergleichsrechnung Die **Kostenvergleichsrechnung** wird angewandt, um von Investitionsalternativen die kostengünstigste herauszufinden. Außer den Anschaffungskosten werden auch die Folgekosten bei dieser Vergleichsrechnung berücksichtigt. Der Kostenvergleich wird auf der Basis der Gesamtkosten vorgenommen. Er kann aber auch auf der Basis der Kosten je Leistungseinheit erfolgen, wenn unterschiedliche Kapazitäten zu berücksichtigen sind. Als sinnvollste Investition ist die anzusehen, die letztlich die geringsten Ausgaben verursacht.

Gewinnvergleichsrechnung Mit Hilfe der **Gewinnvergleichsrechnung** können die erzielbaren Gewinne von alternativen Investitionen sichtbar gemacht werden. Dazu ist es erforderlich, dass den miteinander zu vergleichenden Investitionsobjekten die jeweils zu erwartenden Erlöse und Kosten zugeordnet werden können. Die Investition mit den größten Gewinnaussichten ist hiernach die vorteilhafteste.

Amortisationsrechnung Durch den Einsatz der **Amortisationsrechnung** kann der Zeitpunkt festgestellt werden, an dem die Investitionsausgaben durch die Einnahmen frühestens gedeckt werden. Die Investition mit der kürzesten Wiedergewinnungszeit, auch Amortisationszeit genannt, ist nach dieser Vorgehensweise die zweckmäßigste.

Beispielrechnung

Vergleich einer Kosten-, Gewinnvergleichs- und Amortisationsrechnung auf Basis der Gesamtkosten		
Investitionsrechnungen		
	Maschine 1	Maschine 2
Nutzungsdauer	8 Jahre	8 Jahre
Anschaffungskosten	48 000,- €	44 000,- €
Erlöse	105 000,- €	109 000,- €
Jährliche Kosten		
Abschreibungen	6 000,- €	5 500,- €
Zinsaufwand	3 800,- €	3 400,- €
Materialaufwand	8 000,- €	8 000,- €
Personalaufwand	28 000,- €	35 000,- €
Sonstiger Aufwand	5 000,- €	5 500,- €

FINANZIERUNG

Beispielrechnung (Forts.)

	Maschine 1	Maschine 2
Kostenvergleichsrechnung		
Gesamtkosten	98 800,– €	101 400,– €
Nach der Kostenvergleichsrechnung ist Maschine 1 vorzuziehen: sie verursacht geringere Gesamtkosten		
Gewinnvergleichsrechnung		
Gewinn (Erlöse ./. Gesamtkosten)	6 200,– €	7 600,– €
Nach der Gewinnvergleichsrechnung erweist sich Maschine 2 als günstiger: sie ist die Investition mit den größeren Gewinnaussichten.		
Amortisationsrechnung		
Geldzufluss (Gewinn + Abschreibungen)	12 200,– €	13 100,– €
Amortisationszeit (Anschaffungskosten : Geldzufluss)	3,93 Jahre	3,36 Jahre
Auch aus der Sicht der Amortisationsrechnung ist Maschine 2 die sinnvollere Alternative, da sie den kürzeren Amortisationszeitraum aufweist.		

Diese Berechnungsmethoden können bei Investitionsentscheidungen nur bedingt nützlich sein, da Umfang und Zusammensetzung des Anlagevermögens entscheidend beeinflusst werden durch

- das langfristige Absatzrisiko,
- das Risiko des technischen Fortschritts,
- das Reparatur- und Ausfallrisiko.

Außerdem ist zu berücksichtigen, dass Investitionen weitere Investitionen auslösen können. Dies tritt vornehmlich dann ein, wenn durch investive Maßnahmen Kapazitätsengpässe in anderen Bereichen auftreten.

Bitte bearbeiten Sie abschließend die folgenden Aufgaben:

1. Welche einmaligen Investitions- und Finanzierungsanlässe sind mit einem höheren Kapitalbedarf verbunden?

2. Weshalb ändert sich der Kapitalbedarf zur Finanzierung des betrieblichen Umlaufvermögens ständig?

3. Welche Investitionsrechnungen werden in Handwerksunternehmen eingesetzt und wie unterscheiden sie sich methodisch voneinander?

FINANZIERUNG

3. Finanzierungsarten

Kompetenzen:

Der Lernende
- kann die wichtigsten Finanzierungsarten nennen und ihre Einsatzmöglichkeiten aufzeigen,
- kann die wesentlichen Formen der Kreditabsicherung darlegen.

Zur Sicherstellung des Kapitalbedarfs gibt es eine breite Palette von Finanzierungsalternativen. Um die verschiedenartigen Finanzierungsquellen sinnvoll nutzen zu können, sind hierüber nähere Kenntnisse notwendig. Die für einen Handwerksbetrieb bedeutsamen Finanzierungsarten sind in der nachstehenden Zusammenfassung zu finden.

Überblick

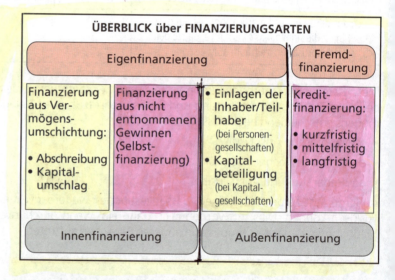

3.1 Eigenfinanzierung im Rahmen der Innenfinanzierung

3.1.1 Innenfinanzierung durch Vermögensumschichtung

Betriebsvermögen kann auf zweierlei Weise umgeschichtet werden:
- aus Abschreibungen,
- durch Erhöhung des Kapitalumschlags.

Langlebige Wirtschaftsgüter verlieren laufend an Wert, da sie sich durch ihren Gebrauch technisch und wirtschaftlich abnutzen. Dieser Wertverlust

FINANZIERUNG

wird in der betrieblichen Erfolgsrechnung in Form der jährlichen **Abschreibung** sichtbar (→ S. 711). Die jährlich anfallenden Abschreibungsbeträge gehen als betriebliche Kosten in die Kalkulation und somit in die Rechnungsstellung ein, so dass die Abschreibungen wieder über die betrieblichen Erlöse in das Unternehmen zurückfließen.

Vermögensumschichtung durch Abschreibung

In gleichem Maße, wie das betriebliche Anlagevermögen wertmäßig schrumpft, erhöht sich das betriebliche Umlaufvermögen. Dies wird in der Regel durch wachsende Zahlungsmittelbestände sichtbar. Mit den zusätzlichen Beträgen können Fremdmittel verringert oder neue Investitionen finanziert werden. In dem nachfolgenden Beispiel wird der Umschichtungsprozess mit Hilfe von Abschreibungen deutlich:

Gewinn- und Verlustrechnung			
AUFWENDUNGEN			ERTRÄGE
Materialeinsatz	48 000,–	Betriebsleistung	180 000,–
Personalkosten	45 000,–		
Sonstige Aufwendungen ohne Abschreibungen	32 000,–		
Abschreibungen auf Anlagevermögen	15 000,–		
Gewinn	40 000,–		
Summe	180 000,–	Summe	180 000,–

Im Unternehmen wurden außer einem Gewinn von € 40 000,– zusätzlich Abschreibungen in Höhe von € 15 000,– erwirtschaftet.

Zusätzliche Finanzierungsreserven können mobilisiert werden, wenn es möglich ist, die Bindungsdauer von Vermögenspositionen im Unternehmen zu verringern. Dadurch erhöht sich der **Kapitalumschlag.** Infolge der höheren Umschlagsgeschwindigkeit des Kapitals kommt es zu einer Vermögensumschichtung. Im Unternehmen tritt ein so genannter **Kapitalfreisetzungseffekt** ein. Dies wird anhand des folgenden Beispiels deutlich:

Kapitalfreisetzungseffekt

Durchschnittlicher Materialbestand:	€ 40 000,–
Durchschnittlicher Materialeinsatz jährlich:	€ 240 000,–
Umschlagshäufigkeit des durchschnittlichen Materialbestandes:	$\frac{€\ 240\ 000,-}{€\ 40\ 000,-}$ = 6 mal pro Jahr
Durchschnittliche Kapitalbindung:	$\frac{360\ \text{Tage}}{6}$ = 60 Tage

FINANZIERUNG

> Verschiedene betriebliche Maßnahmen führen dazu, dass sich durch Abbau des Materialbestandes die Umschlagsdauer auf 45 Tage reduziert. Daraus entsteht folgender Kapitalfreisetzungseffekt:
>
> Umschlagshäufigkeit des durchschnittlichen Materialbestandes: $\frac{360 \text{ Tage}}{45} = 8$ mal pro Jahr
>
> Durchschnittlicher Materialbestand: $\frac{€\ 240\,000,-}{8} = €\ 30\,000,-$
>
> Im Vergleich zum früheren Materialbestand ist der jetzige um € 10 000,– geringer. Der Kapitalfreisetzungseffekt beträgt demnach € 10 000,–.

3.1.2 Selbstfinanzierung

Nicht-Ausschüttung von Gewinnen — Die Eigenfinanzierung in der Form der Selbstfinanzierung liegt vor, wenn Gewinne im Unternehmen verbleiben. Werden Gewinne nicht entnommen bzw. nicht ausgeschüttet, wird der betriebliche Finanzierungsspielraum erweitert. Die zusätzlich zur Verfügung stehenden Mittel können zur Finanzierung von Investitionen verwandt werden. Bei der Finanzierung aus Abschreibungen liegt lediglich eine Umschichtung von Sachvermögen in Geldvermögen vor.

Netto-Cashflow — Der Umfang an Finanzierungsmitteln, die einem Unternehmen innerhalb einer bestimmten Abrechnungsperiode aus Abschreibungen und nicht entnommenem Gewinn zur Verfügung stehen, wird durch die Berechnung des Netto-Cashflows sichtbar (→ S. 156).

Selbstfinanzierungsgrad — Werden der Netto-Cashflow und das Investitionsvolumen einer Abrechnungsperiode zueinander ins Verhältnis gesetzt, lässt sich der **Selbstfinanzierungsgrad** – auch Selbstfinanzierungsquote genannt – ermitteln. Hierbei wird folgende Formel verwandt:

$$\frac{\text{Netto-Cashflow}}{\text{Investitionen}} \times 100 = \text{Selbstfinanzierungsgrad}$$

Naturgemäß fällt es dem Unternehmen umso leichter, Ersatz-, Erweiterungs- oder auch Rationalisierungsinvestitionen durchzuführen, je höher der Selbstfinanzierungsgrad ist.

3.2 Eigenfinanzierung im Rahmen der Außenfinanzierung

Zuführung von Eigenkapital — Die Eigenfinanzierung tritt als Variante der Außenfinanzierung auf, wenn Eigenkapital von außerhalb in ein Unternehmen eingebracht wird. Je nach Rechtsform des Unternehmens erfolgt dies auf unterschiedliche Weise:

Im Fall eines Einzelunternehmens oder bei einer Personengesellschaft wird Kapital in Form von Bar- oder Sacheinlagen zugeführt.

Bei einer Kapitalgesellschaft, z. B. einer GmbH (→ S. 600), beteiligt sich der Gesellschafter am Stammkapital der Gesellschaft. Die Beteiligung an einer GmbH muss in einem Vertrag notariell beurkundet werden.

Für eine Beteiligungsfinanzierung ist charakteristisch, dass sie

Beteiligungs-finanzierung

- im Allgemeinen den Anteilseigner langfristig an das Unternehmen bindet,
- an eine Gewinn- und Verlustbeteiligung des Unternehmens gekoppelt ist,
- den Teilhaber gegenüber den Gläubigern des Unternehmens mithaften lässt,
- dem Anteilseigner ein Mitspracherecht bei Entscheidungen zur Unternehmenspolitik einräumt.

3.3 Fremdfinanzierung

Im Rahmen der Fremdfinanzierung werden einem Unternehmen die erforderlichen Mittel im Form von Krediten zur Verfügung gestellt. Je nach Laufzeit wird dabei zwischen kurzfristigen, mittelfristigen und langfristigen Krediten unterschieden.

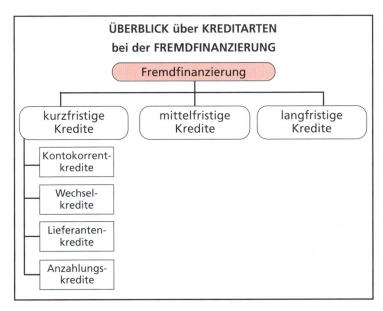

Kreditarten bei der Fremdfinanzierung

3.3.1 Kreditarten der kurzfristigen Fremdfinanzierung

Kurzfristige Kredite werden zur Finanzierung des betrieblichen Umlaufvermögens verwandt. In handwerklichen Unternehmen kommen insbesondere folgende Kreditarten vor:
- Kontokorrentkredit,
- Wechselkredit,

FINANZIERUNG

- Lieferantenkredit,
- Anzahlungskredit.

Kontokorrentkredit Der **Kontokorrentkredit** ist der typische kurzfristige Bankkredit. Er wird von der Bank bis zu einer bestimmten vereinbarten Kredithöhe eingeräumt. Innerhalb dieses Kreditrahmens kann das Unternehmen je nach Bedarf den Kredit in Anspruch nehmen. Der Kontokorrentkredit ist ein sehr flexibles Finanzierungsmittel und besonders geeignet bei schwankendem Finanzierungsbedarf. Reicht das festgelegte Kreditlimit nicht aus, muss die Bank zuvor einer weitergehenden Kreditinanspruchnahme bzw. Kontoüberziehung zustimmen.

Die Zinsen werden nur von dem tatsächlich in Anspruch genommenen Kredit berechnet. Zu den weiteren Kreditkosten können neben Kontoführungsgebühren auch Provisionen für Kontoumsätze gehören. Die Zinsen für Kontokorrentkredite sind im Vergleich zu Darlehenszinsen nahezu in allen Fällen um mehrere Prozentpunkte höher. Wird der Kreditrahmen überzogen, werden zusätzlich Überziehungszinsen berechnet. Der Kontokorrentkredit kann durch die Bank im Regelfall sehr kurzfristig gekündigt werden.

Wechselkredit Einem **Wechselkredit** liegt ein so genanntes Wechselgeschäft zugrunde, bei dem sich der Schuldner verpflichtet, die Wechselsumme zu einem festgelegten – späteren – Zeitpunkt zu begleichen. Im Grunde genommen handelt es sich dabei um eine Zahlungsverpflichtung mit einem genau festgelegten Fälligkeitstag. Sollte bei Fälligkeit der Wechsel nicht eingelöst werden, so hat das merkliche Konsequenzen für den Wechselschuldner.

Seit jeher hat diese Finanzierungsform im handwerklichen Bereich nur eine untergeordnete Rolle gespielt. Die Gründung der Europäischen Zentralbank (EZB) hat letztlich dazu geführt, dass der Wechselkredit für das Handwerk noch weiter an Bedeutung verloren hat.

Lieferantenkredit Mit einem **Lieferantenkredit** kann der betriebliche Material- und Wareneinkauf finanziert werden. Der Lieferant räumt bei dieser Art der Kreditgewährung seinem Kunden ein Zahlungsziel von mehreren Wochen ein, d. h., die Rechnung muss erst zu einem späteren Zeitpunkt beglichen werden. Gleichzeitig bietet der Lieferant einen Preisnachlass in Form des Skontos an, und zwar für den Fall, dass die Rechnung innerhalb einer wesentlich kürzer gefassten Zeitspanne bezahlt wird. Erfolgt nun der Rechnungsausgleich innerhalb der Skontierfrist, so kann vom Rechnungsbetrag das Skonto abgezogen werden. Der Lieferantenkredit entpuppt sich dann als ein ungewöhnlich teurer Kredit, wenn ein damit verbundenes Skontierangebot nicht wahrgenommen wird.

Die Kosten eines Lieferantenkredits – als Jahreszinssatz – können mit der folgenden Rechenformel ermittelt werden:

Errechnung des Zinssatzes

$$\frac{\text{Skontosatz} \times 360}{\text{Zahlungsziel (Tage)} - \text{Skontofrist (Tage)}} = \text{Jahreszinssatz}$$

Das nachstehende Beispiel lässt erkennen, dass es sich lohnt, Rechnungen mit Skonto zu bezahlen:

FINANZIERUNG

Annahmen:
- Zahlung innerhalb von 28 Tagen netto
- bei Zahlung innerhalb von 8 Tagen 2 % Skonto

Berechnung:

$$\frac{2 \times 360}{28 - 8} = 36\ \%\ \text{Jahreszinssatz}$$

Zur Finanzierung von Waren- und Materialeinkäufen ist es grundsätzlich sinnvoller, anstelle eines Lieferantenkredites einen Kontokorrentkredit zu beanspruchen, da die Kosten des Kontokorrentkredits geringer ausfallen als die Kosten für einen Lieferantenkredit in Form von ungenutzten Skontiermöglichkeiten.

Kundenanzahlungen können dazu beitragen, das Unternehmen bei der Auftragsabwicklung finanziell zu entlasten. Dies gilt umso mehr, je länger die Abwicklung von besonders großen Aufträgen dauert. Deshalb sollte jedes Unternehmen das finanzwirtschaftliche Ziel verfolgen, eine möglichst hohe Quote an Kundenanzahlungen zur Auftragsfinanzierung zu erhalten. Diese Kenngröße lässt sich folgendermaßen ermitteln: **Anzahlungskredit**

$$\frac{\text{Kundenanzahlungen} \times 100}{\text{Teilfertige Arbeiten}} = \text{Anzahlungsquote}$$

Bei einer Anzahlungsquote von 100 % werden die Selbstkosten, die dem Unternehmen bei der Auftragsabwicklung anfallen, in vollem Umfang durch Kundenanzahlungen gedeckt.

3.3.2 Kreditarten der mittelfristigen Fremdfinanzierung

Unter mittelfristigen Darlehen sind im Wesentlichen Anschaffungsdarlehen zu verstehen, mit deren Hilfe insbesondere Fahrzeuge und Wirtschaftsgüter, die zur Betriebs- oder Geschäftseinrichtung gehören, finanziert werden. Bei Anschaffungsdarlehen ist es üblich, die hierfür aufzubringenden Zinsen stets von der Anfangssumme des Darlehens zu ermitteln. Trotz Tilgungsleistungen bleiben die Zinsbelastungen unverändert, so dass dieser Berechnungsmodus verhältnismäßig hohe Zinskosten verursacht. Zu berücksichtigen sind außerdem noch Kreditprovision und Bearbeitungsgebühren. **Anschaffungsdarlehen**

3.3.3 Kreditarten der langfristigen Fremdfinanzierung

Langfristige Darlehen werden vor allem zur Finanzierung des langlebigen betrieblichen Anlagevermögens aufgenommen, etwa zum Bau eines Betriebsgebäudes. Im Vergleich mit kurz- oder mittelfristigen Bankkrediten sind langfristige Darlehen zinsgünstiger. Allerdings werden langfristige Darlehen bei Auszahlung oftmals mit einem Abschlag (Disagio bzw. Damnum) versehen. Ein Darlehen, das aufgrund eines vereinbarten Disagios zu einem Auszahlungskurs von unter 100 % zur Verfügung gestellt wird, muss jedoch zu 100 % der Darlehenssumme zurückgezahlt werden.

FINANZIERUNG

Bankdarlehen Die Laufzeit eines langfristigen Bankdarlehens ist von dem Umfang und der Werthaltigkeit der Sicherheiten abhängig, die zur Absicherung des Kredits dienen (→ S. 556). Dies gilt letztlich auch für alle anderen mit der Bank zu vereinbarenden Darlehenskonditionen, zu dem insbesondere der Zinssatz als wesentlicher Bestandteil der Kreditkosten zählt.

Norminal- und Effektivzinssatz Als **Nominalzinssatz** wird nur der Jahreszinssatz für ein Darlehen bezeichnet. Um die Kosten für ein Darlehen beurteilen und vergleichen zu können, wird der **Effektivzinssatz** eines Darlehens errechnet. Bei der Ermittlung des Effektivzinssatzes werden zusätzlich zum Nominalzinssatz das Disagio, die Laufzeit sowie alle weiteren die Kreditkosten beeinflussenden Faktoren berücksichtigt. Der Effektivzinssatz kann mit folgender Formel überschlägig ermittelt werden:

$$\frac{\text{Nominalzinssatz} \times 100}{\text{Auszahlungskurs}} + \frac{\text{Disagio}}{\text{Laufzeit}} = \text{Effektivzinssatz}$$

Diese vereinfachte Methode zur Berechnung der Effektivverzinsung wird im folgenden Rechenbeispiel angewendet:

Annahmen:
- 7 % Zinsen (Nominalzinssatz)
- 96 % Auszahlungskurs (= 4 % Disagio)
- 10 Jahre Laufzeit

Berechnung:

$$\frac{7 \times 100}{96} + \frac{4}{10} = 7{,}69 \text{ \% effektiver Jahreszinssatz}$$

Die Rückzahlung eines langfristigen Darlehens ist davon abhängig, ob es sich um ein Tilgungs- oder ein Annuitätendarlehen handelt. Bei einem **Tilgungsdarlehen** wird gleichbleibend getilgt, so dass sich bei gleichzeitig sinkenden Zinsleistungen die Gesamtbelastung schrittweise reduziert.

Beispiel Tilgungsdarlehen

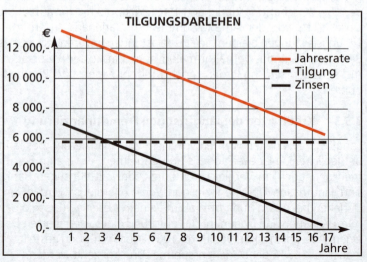

FINANZIERUNG

Im Falle eines **Annuitätendarlehens** bleibt dagegen die Gesamtbelastung über die Laufzeit hinweg gleich hoch: während der Zinsanteil stetig sinkt, steigt der Tilgungsanteil.

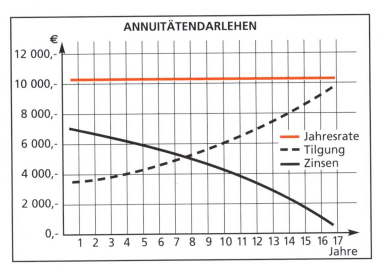

Beispiel Annuitätendarlehen

Die jeweils unterschiedlichen Zins- und Tilgungsverläufe werden bei den folgenden Beispielrechnungen sichtbar:

Beispielrechnungen

Beispielrechnungen für Zins- und Tilgungsverläufe

Annahmen:
- Darlehensbetrag: € 100 000,–
- Zinssatz: 7 % p.a.
- Laufzeit: 17 Jahre

Tilgungsdarlehen:

Jahr	Restschuld	Zinsen	Tilgung	insgesamt
1.	100 000,–	7 000,–	5 882,–	12 882,–
2.	94 118,–	6 588,–	5 882,–	12 470,–
3.	88 235,–	6 176,–	5 882,–	12 058,–
...				
17.	5 882,–	412,–	5 882,–	6 294,–
	0,–	63 000,–	100 000,–	163 000,–

Annuitätendarlehen:

Jahr	Restschuld	Zinsen	Tilgung	insgesamt
1.	100 000,–	7 000,–	3 240,–	10 240,–
2.	96 760,–	6 773,–	3 467,–	10 240,–
3.	93 293,–	6 531,–	3 709,–	10 240,–
...				
17.	9 643,–	675,–	9 643,–	10 318,–
	0,–	74 158,–	100 000,–	174 158,–

FINANZIERUNG

Vergleicht man die beiden Darlehensvarianten – gleicher Zinssatz und gleiche Laufzeit vorausgesetzt – miteinander, so ist Folgendes festzustellen:

- Der Zinsen und Tilgung umfassende so genannte Kapitaldienst ist in der ersten Phase beim Annuitätendarlehen niedriger als beim Tilgungsdarlehen.
- Dafür sind die insgesamt anfallenden Zinsen beim Tilgungsdarlehen geringer als beim Annuitätendarlehen.

stille Beteiligung

Eine langfristige Fremdfinanzierung kann auch in Form einer **stillen Beteiligung** auftreten. Sie kommt üblicherweise durch den Einsatz von privaten Mitteln zustande.

Anstelle von fest vereinbarten Zinsen erhält der stille Teilhaber eine Gewinnbeteiligung am Unternehmen. Eine Beteiligung an einem eventuell auftretenden Unternehmensverlust kann vertraglich ausgeschlossen werden. Außerdem haftet der stille Gesellschafter nicht für Verbindlichkeiten des Unternehmens. Für den Fall der Insolvenz wird er mit den anderen Insolvenzgläubigern gleichgestellt. Das heißt, er kann die Erstattung seiner Einlage gegenüber dem in Insolvenz geratenen Unternehmen geltend machen (→ S. 577).

3.4 Kreditsicherheiten

verbreitete Kreditsicherheiten

Kredite werden von Banken grundsätzlich nur gegen Stellung von Sicherheiten gewährt. Es gibt vielfältige Möglichkeiten, um Kredite abzusichern:

Grundpfandrechte dienen insbesondere zur Absicherung von langfristigen Darlehen. Zu den Grundpfandrechten zählen vor allen Dingen Hypotheken und Grundschulden.

Die **Bürgschaft** ist bei Handwerksunternehmen als Instrument der Kreditsicherung durchaus anzutreffen. Private Bürgschaften werden von den Banken nur in Form der selbstschuldnerischen Bürgschaft akzeptiert. Zur Absicherung von langfristigen Krediten spielen Privatbürgschaften allerdings nur eine untergeordnete Rolle.

Bei langfristigem Finanzierungsbedarf, aber unzureichenden eigenen Absicherungsmöglichkeiten, sind für Handwerksunternehmen Bürgschaften bedeutsam, die von den Landesbürgschaftsbanken (LBB) gewährt werden. Die LBB übernimmt Bürgschaften bis zu 80 % des Kreditvolumens. Das restliche Besicherungsrisiko hat die Bank des kreditsuchenden Unternehmens selbst zu tragen. Von der LBB werden Bürgschaftsverpflichtungen in Form der **Ausfallbürgschaft** übernommen. Das bedeutet, dass die LBB erst dann als Bürgschaftsgeberin in die Pflicht genommen werden kann, wenn sämtliche vom Bürgschaftsnehmer zur Verfügung gestellten Sicherheiten vorab verwertet sind.

Eine **Sicherungsübereignung** liegt vor, wenn der Kreditnehmer das Eigentum an der als Sicherheit dienenden Sache an den Kreditgeber über-

FINANZIERUNG

trägt, aber sie selbst weiterhin besitzt und nutzt. Diese Art der Kreditsicherung ist verhältnismäßig leicht zu handhaben. Sie wird dort eingesetzt, wo es sich um Gegenstände handelt, die vom Kreditgeber ohne größeren Aufwand zu kontrollieren sind. In der Praxis werden bei Kreditfinanzierungen Maschinen und Kraftfahrzeuge sicherungsübereignet.

Zur Besicherung von Krediten gibt es weitere Möglichkeiten. Insbesondere kommen für Handwerksunternehmen noch die **Abtretung von Forderungen und sonstigen Ansprüchen**, wie etwa aus Lebensversicherungen, in Frage. Im → Kap. „Bürgerliches Recht" werden auch diese Formen der Kreditsicherung näher erläutert.

3.5 Kreditgeschäft der Banken

Die geschäftlichen Beziehungen eines Handwerksunternehmens zu seiner Bank sollten partnerschaftlich geprägt sein. Fälschlicherweise übernimmt der Handwerksunternehmer gegenüber der Bank oftmals die Rolle eines Bittstellers. Dies geschieht insbesondere dann, wenn eine Kreditverhandlung mit der Bank ansteht.

Kreditverhandlung

Zur Führung eines Kreditgespräches mit der Bank werden im Allgemeinen folgende Unterlagen bzw. Aufzeichnungen benötigt:

- Kurzdarstellung des Unternehmens,
- Kapitalbedarfsrechnung,
- Rentabilitätsvorausschau,
- Bilanzen der letzten Jahre,
- Besicherungsvorschlag.

Ein offener Informationsaustausch schafft die Vertrauensbasis, die für erfolgreiche Kreditverhandlungen unbedingt erforderlich ist. Mangelhaft vorbereitete Kreditgespräche oder auch Kreditgespräche zum falschen Zeitpunkt sind wesentliche Ursachen dafür, dass Verhandlungen scheitern.

offener Informationsaustausch

Bevor über einen Kreditantrag entschieden werden kann, wird durch die Bank eine **Kreditprüfung** durchgeführt. Im Einzelnen prüft die Bank die Kreditfähigkeit und die Kreditwürdigkeit des Kreditsuchenden sowie die Werthaltigkeit der angebotenen Kreditsicherheiten.

Im Rahmen der **Kreditfähigkeitsprüfung** wird festgestellt, ob der Nachfragende zur Kreditaufnahme berechtigt ist. Für natürliche Personen ist das der Fall, soweit sie unbeschränkt geschäftsfähig sind (→ S. 514). Bei Personen- und Kapitalgesellschaften dürfen diejenigen Kredite aufnehmen, die geschäftsführend tätig sind. Allerdings ist zu berücksichtigen, dass in manchen Fällen auch die nicht zur Geschäftsführung befugten Gesellschafter ein Mitwirkungs- oder Zustimmungsrecht bei der Kreditaufnahme haben.

Kreditfähigkeitsprüfung

Bei der **Kreditwürdigkeitsprüfung** werden nicht nur Zahlen und sonstige Fakten aus der Vergangenheit zugrunde gelegt, vielmehr werden neben

Kreditwürdigkeit

FINANZIERUNG

Zukunftsperspektiven verstärkt auch andere Einflussgrößen in die Entscheidungsfindung der Bank einbezogen. Ein wesentlicher Grund hierfür sind die ab 2006 geltenden verschärften Vorschriften für Kreditinstitute, die infolge neuer Vorgaben des „Baseler Ausschuss für Bankenaufsicht" (Basel II) entwickelt wurden (→ Kap. 3.6).

Zur **Kreditsicherheitsprüfung** gehören – soweit jeweils erforderlich – die Ermittlung von betrieblichen oder privaten Immobilienwerten, die Bewertung von Lebensversicherungsansprüchen oder Gesellschaftsanteilen sowie die Beurteilung aller anderen Wirtschaftsgüter und Rechte, die als Kreditsicherheiten dienen. Die Werthaltigkeit von Sicherheiten kann eingeschränkt sein, wenn sie bereits durch Rechte Dritter belastet ist, wie etwa durch Eigentumsvorbehalt.

Beleihungswert

Die Bewertungsgrundlagen zu den einzelnen Sicherheiten dienen als Basis zur Berechnung der so genannten **Beleihungswerte**. Dabei werden je nach Art der Sicherheitsleistung unterschiedliche Beleihungsgrenzen angewandt. Beispielsweise ist der Beleihungswert von Aktien deutlich geringer als der von Pfandbriefen. Der Unterschied zwischen Zeitwert und Beleihungswert wird durch das folgende Beispiel sichtbar:

Annahmen:
- Zeitwert einer Immobilie: € 400 000,–
- Beleihungsgrenze: 60 %

Berechnung:

$$\frac{€\ 400\ 000{,}- \times 60}{100} = €\ 240\ 000{,}-\ \text{Beleihungswert}$$

Der Beleihungswert aller zur Verfügung stehenden Kreditsicherheiten ist letztlich für den Umfang der Kreditgewährung maßgebend.

Sind Kreditverhandlungen und Kreditprüfungen erfolgreich verlaufen, wird ein **Kreditvertrag** abgeschlossen. Die Banken verwenden hierfür überwiegend standardisierte Vorlagen, mit deren Hilfe die Vereinbarungen einheitlich geregelt werden können. Als wichtige Vertragspunkte sind in solchen Mustervordrucken berücksichtigt:

- Kreditnehmer,
- Kredithöhe, Auszahlungsbetrag und Disagio,
- Zinskonditionen und Zinszahlungstermine,
- Kreditlaufzeit,
- Tilgungsleistungen und -termine,
- Kreditsicherheiten.

Mit dem Abschluss von Kreditverträgen sollte auch festgelegt werden, dass die Sicherheiten nicht für andere Kreditverbindlichkeiten verwandt und nach Kreditrückzahlung wieder freigegeben werden.

FINANZIERUNG

3.6 Kredit-Rating

Bei der Bank für internationalen Zahlungsausgleich gibt es den Baseler Ausschuss für Bankenaufsicht, der bereits 1974 zur Stabilisierung des internationalen Finanzwesens geschaffen wurde. Aufgrund der nunmehr dort getroffenen neuen Eigenkapitalvereinbarung (Basel II) wird die Kreditvergabe völlig neu gestaltet. Insbesondere werden die Banken dazu verpflichtet, Kredite an Kunden mit geringerer Kreditwürdigkeit stärker mit bankeigenem Kapital zu unterlegen.

Basel II

Dies bedingt eine erweiterte Kreditwürdigkeitsprüfung, die auch als Rating (engl.: Einstufung) bzw. **Kredit-Rating** bezeichnet wird. Das Rating kann durch externe Rating-Spezialisten oder durch das so genannte interne Banken-Rating erfolgen. Für Handwerksunternehmen wird im Regelfall das bankeneigene Kredit-Rating ausreichen.

Rating

Rating umfasst

- die Beurteilung der wirtschaftlichen Fähigkeiten eines Kreditnehmers, seinen zukünftigen Zahlungsverpflichtungen termingerecht nachzukommen,
- die Zuordnung des Kreditnehmers zu einer bestimmten Rating-Klasse, wobei jede Rating-Klasse einer bestimmten Risikowahrscheinlichkeit entspricht, dass der Kredit nicht zurückgezahlt wird.

Demnach wird mit Hilfe des Ratings die Kreditwürdigkeit – auch Bonität genannt – des Kreditnehmers bewertet. Die **Bonitätsprüfung** erfolgt mit Rating-Verfahren, die von Bank zu Bank unterschiedlich sind. Allerdings sind die Beurteilungskriterien aller Kreditinstitute nahezu gleich, da nach Basel II bestimmte Vorgaben zu berücksichtigen sind. Dazu gehören insbesondere

Bonität

- vergangenheitsbezogene Faktoren:
  - Jahresabschlüsse,
  - Zahlungsverhalten,
  - Verhältnis zur Bank;
- zukunftsorientierte Faktoren:
  - Unternehmensführung/Management,
  - Unternehmensziele/-strategien,
  - Branchen-, Markt- und Wettbewerbssituation,
  - Technologie,
  - Investitionsplanung,
  - Ertragsplanung,
  - Liquiditätsplanung,
  - Kostenrechnung.

Zur besseren Beurteilung von Bilanzen und Gewinn- und Verlustrechnungen ermitteln die Banken Kennzahlen, auf die im → Kap. „Jahresabschluss und Grundzüge der Auswertung" näher eingegangen wird.

Bei allen Unternehmen werden die Bewertungskriterien gleich angewendet. Die Bewertungsergebnisse der einzelnen Kriterien werden in einer

FINANZIERUNG

vorgegebenen Bewertungsskala festgehalten. Aus dem Durchschnitt der Bewertungsnoten in den einzelnen Bonitätsklassen ergibt sich die endgültige **Bonitätseinstufung** des Unternehmens in Form einer Gesamtnote.

Zum Kredit-Rating gehört neben der Bonitätsprüfung auch die **Klassifizierung der Kreditsicherheiten**, die der Bank zur Absicherung von Darlehen vorliegen. Die Sicherheiten werden ebenfalls benotet, indem sie entsprechenden **Sicherheitsklassen** zugeordnet werden.

Abwicklung eines Kreditgeschäfts

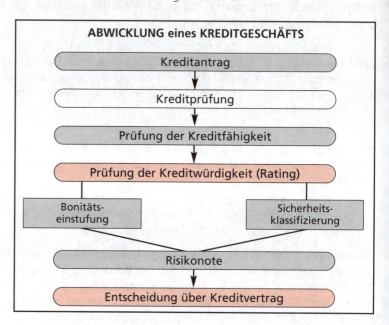

Aus der Benotung der Bonitätseinstufung und der Sicherheitsklassifizierung ergibt sich die entscheidende Gesamtbeurteilung: Die Kreditwürdigkeit eines Kreditsuchenden kommt in der **Risikonote** zum Ausdruck.

Die Vorgaben von Basel II werden zu Rating-Ergebnissen führen, die eine deutlich höhere Bandbreite bei den Kreditkonditionen verursachen werden. Profitieren werden Unternehmen mit sehr guter Bonität. Unternehmen mit unterdurchschnittlicher Bonität müssen sich auf höhere Kreditzinsen einstellen.

Das hat zur Folge, dass Handwerksunternehmen mit Hilfe von Kredit-Rating wichtige Informationen für die eigene Unternehmensführung nutzen können und gleichzeitig die Chance erhalten, das Rating-Ergebnis durch geeignete Maßnahmen positiv zu beeinflussen. Allerdings ist nicht zu verkennen, dass mittelständische Unternehmen, zu denen auch die Handwerksbetriebe gehören, es zukünftig bei der Kreditbeschaffung tendenziell schwieriger haben werden.

FINANZIERUNG

3.7 Sonderformen der Finanzierung

3.7.1 Leasing

Als besondere Form der Fremdfinanzierung hat Leasing auch für handwerkliche Unternehmen zunehmend an Bedeutung gewonnen. Leasing bietet dem Unternehmen die Möglichkeit, ein Investitionsgut des Betriebsvermögens zunächst für eine gewisse Dauer gegen Zahlung eines Nutzungsentgeltes zu mieten. Nachdem die Grundmietzeit abgelaufen ist, wird dem Unternehmen als Leasingnehmer ein Optionsrecht zugestanden: Er kann den Leasinggegenstand kaufen oder ihn weiter auf Leasing-Basis nutzen. Im Gegensatz zu einem Mietverhältnis wird bei einem Leasinggeschäft der Leasingnehmer verpflichtet, dafür zu sorgen, dass das geleaste Wirtschaftsgut stets gebrauchsfähig bleibt.

Von Handwerksunternehmen werden hauptsächlich Maschinen und Kraftfahrzeuge geleast. Das Leasen von Grundstücken und Gebäuden ist im handwerklichen Bereich bislang bedeutungslos geblieben.

Im Vergleich mit Kosten für Bankkredite sind Leasingkosten im Allgemeinen höher. Zudem werden die steuerlichen Gestaltungsmöglichkeiten des Leasings überbewertet. Mit dem Finanzierungsinstrument Leasing sind dennoch einige Vorteile verbunden:

Vorteile von Leasing

- Kreditsicherheiten werden geschont, so dass durch Leasing Kreditspielräume bei der Bank nicht belastet werden.
- Vorhandenes Eigenkapital kann für andere Zwecke eingesetzt werden.
- Das Überalterungs- und Ausfallrisiko von Wirtschaftsgütern wird auf den Leasinggeber verlagert.
- Das Vermarktungsrisiko von Wirtschaftsgütern kann beim Leasinggeber verbleiben.
- Wartungs- und Reparaturarbeiten an Leasingobjekten können vom Leasinggeber übernommen werden.

Leasingverträge können sehr unterschiedlich gestaltet sein. Dies macht es zum Teil schwierig, Leasingverträge bilanztechnisch und steuerlich richtig zu behandeln.

Die Laufzeit eines Leasingvertrages ist grundsätzlich kürzer als die Abschreibungsdauer von Wirtschaftsgütern. Die daraus resultierenden höheren Betriebsausgaben können zu einer geringeren Steuerlast führen.

3.7.2 Factoring

Durch die Nutzung des Finanzierungsinstruments Factoring kann das Umlaufvermögen teilweise finanziert werden. Dies geschieht, indem Factoring zur Vorfinanzierung von Kundenforderungen eingesetzt wird.

Beim Factoring tritt das Unternehmen seine Forderungen aus Kundenrechnungen an den Factor, eine Factoring-Gesellschaft, ab. Daraufhin erhält es die Forderungen sofort ausgezahlt bzw. überwiesen, allerdings gekürzt um Bearbeitungs- und Risikogebühren. Das Factoring ist eine interessante Alternative zu üblichen Formen der Finanzierung von Kundenforderungen:

Vorteile von Factoring

FINANZIERUNG

- Die Liquidität bleibt erhalten, da die Factoring-Gesellschaft das Kreditrisiko übernimmt.
- Für verkaufte Forderungen wird ein eigenes Mahnwesen nicht benötigt.
- Die Rentabilität des Unternehmens wird durch Forderungsausfälle nicht belastet.

Im handwerklichen Bereich ist Factoring bislang nur in Ausnahmefällen anzutreffen. Allerdings wird Factoring auch für Handwerksunternehmen zunehmend an Bedeutung gewinnen.

3.8 Öffentliche Finanzierungshilfen

Mittelständischen Unternehmen werden öffentliche Förderkredite zur Verfügung gestellt, mit denen insbesondere längerfristige Investitionen finanziert werden können. Ein wesentlicher Schwerpunkt der Förderung ist die Bereitstellung von Krediten zur Existenzgründung, ergänzt um zusätzliche Finanzierungsangebote zur Existenzfestigung bei Investitionsbedarf in der betrieblichen Anlaufphase (→ S. 501). Dabei zählen zu den wichtigsten Förderprogrammen:

Finanzierungshilfen des Bundes

- ERP-Eigenkapitalhilfeprogramm,
- ERP-Existenzgründungsprogramm,
- KfW-Unternehmerkredit,
- StartGeld.

Alle genannten Darlehen werden von der KfW Mittelstandsbank, Bonn, herausgegeben (*www. kfw-mittelstandsbank.de*).

Finanzierungshilfen der Länder

Günstige Darlehen werden auch von den Bundesländern angeboten. Außerdem gibt es auf Länderebene Zinszuschüsse zur Verbilligung banküblicher Zinsen. Zuschüsse werden auch zur anteiligen Finanzierung von Investitionen, zur Beseitigung von Liquiditätsengpässen sowie zur besonderen Förderung von Existenzgründungen (z. B. Meistergründungsprämie NRW) gewährt.

Bei den öffentlichen Förderkrediten liegen die Zinssätze im Allgemeinen ein bis zwei Prozentpunkte unter den banküblichen Zinsen für vergleichbare Kredite. Die Darlehenslaufzeiten betragen etwa 10 bis 12 Jahre, beim ERP-Eigenkapitalhilfeprogramm sogar 20 Jahre. Sie beginnen meist mit mehreren tilgungsfreien Jahren. Finanzierungshilfen aus dem ERP-Eigenkapitalhilfeprogramm sind erst ab dem 11. Laufzeitjahr zu tilgen.

Haftungsfreistellungen

Im Vergleich zu typischen Bankkrediten wird die Kreditbesicherung (→ S. 556) bei den öffentlichen Darlehen oftmals erleichtert. Fördermittel aus dem ERP-Eigenkapitalhilfeprogramm werden besicherungsfrei gewährt. Auch bei vielen Bundes- und Landesprogrammen werden Haftungsfreistellungen in unterschiedlicher Höhe zu Gunsten der kreditverwaltenden Hausbanken eingeräumt.

FINANZIERUNG

Die Mittel aus den einzelnen Förderprogrammen können in den meisten Fällen nur anteilig zur Gesamtfinanzierung beitragen. Vom Kreditnehmer wird normalerweise erwartet, dass er sich selber mit etwa 10 bis 20 % an der Finanzierung beteiligt. Um den gesamten Kapitalbedarf zum jeweiligen Vorhaben decken zu können, müssen öffentliche Finanzierungshilfen aus den verschiedenen Bundes- und/oder Landesprogrammen mit bankeigenen Darlehen und Eigenmitteln des Antragstellers kombiniert werden.

Selbstbeteiligung

Öffentliche Finanzierungsmittel müssen vor Beginn der Fördermaßnahme beantragt werden. Umschuldungen bereits gewährter Kredite durch öffentliche Darlehen sind grundsätzlich nicht möglich.

Die Förderanträge müssen grundsätzlich vom Antragsteller über seine jeweilige Hausbank gestellt werden. Sie muss die Formalitäten zur Beantragung der öffentlichen Finanzierungshilfen erledigen. Außerdem ist die Hausbank dazu verpflichtet, die bestimmungsgemäße Verwendung der beantragten Kredite oder Zuschüsse zu überwachen. Sie steht auch dafür gerade, dass die maßgeblichen Kreditkonditionen eingehalten werden. Sofern sie nicht ausdrücklich von der Haftung freigestellt ist, wird das Kreditsicherungsrisiko von ihr getragen.

Antragstellung

Übersicht

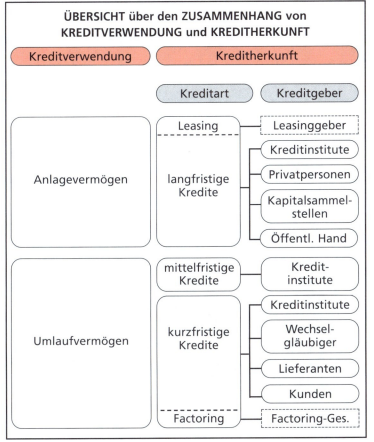

417

FINANZIERUNG

Bitte bearbeiten Sie abschließend die folgenden Aufgaben:

1. Was versteht man unter einem Kapitalfreisetzungseffekt und wie kommt er zustande?

2. Erklären Sie den Unterschied zwischen einem Tilgungsdarlehen und einem Annuitätendarlehen.

3. Welche Vor- und Nachteile können einem Unternehmen aus dem Abschluss von Leasingverträgen entstehen?

FINANZIERUNG

4. Kapitalbedarfsermittlung, Finanzierungsplan und Finanzierungsregeln

> **Kompetenzen:**
>
> Der Lernende
> - kann darlegen, was bei einer Investitions- und Finanzierungsplanung zu beachten ist,
> - kann für das betriebliche Anlage- und Umlaufvermögen den Kapitalbedarf ermitteln,
> - kann die wichtigsten Finanzierungsgrundsätze erläutern.

4.1 Grundsätze der Kapitalbedarfsermittlung

In einem Unternehmen richtet sich der Umfang und die Art des Kapitalbedarfs nach den Investitionsanlässen, die einmalig oder laufend auftreten können (→ Kapitel 1). Welche Investitionen zur Sicherung, Verbesserung oder Steigerung des betrieblichen Leistungsprozesses erfolgen, hängt letztlich von den Unternehmenszielen ab. Aus den anderen Teilplänen des Unternehmens, wie Produktions- und Absatzplan, ergeben sich die Einzelheiten für die Kapitalbedarfsplanung.

Der Kapitalbedarf von Handwerksunternehmen ist von Fall zu Fall sehr unterschiedlich. Wesentliche Einflussfaktoren sind die Größe eines Unternehmens und das betriebliche Leistungsprogramm. Außerdem ist entscheidend, wie schnell der aufgetretene Kapitalbedarf durch zusätzliche Finanzierungsmittel gedeckt werden muss. **Einfluss auf den Kapitalbedarf**

Eine finanzwirtschaftlich ausgewogene Kapitalbedarfsplanung wird den Einsatz der benötigten Mittel so festlegen, dass das eingeplante Kapital dann zur Verfügung steht, wenn es benötigt wird.

Wird dieser Grundsatz befolgt, so bleibt das Unternehmen liquide, ohne das überflüssige Liquidität vorgehalten wird. Entgegen den Planvorstellungen muss aber in einem Unternehmen mit unvorhergesehenen **Schwankungen des Kapitalbedarfs** gerechnet werden. Mögliche Ursachen können unvermeidbare Störungen des betrieblichen Leistungsprozesses sein, wie etwa der Ausfall von Maschinen. Muss eine neue Maschine angeschafft werden, würde dies einen zusätzlichen Kapitalbedarf im Bereich des Anlagevermögens auslösen. Denkbar ist auch, dass sich die Zahlungsbereitschaft der Kunden verschlechtert. Dies führt zu einem Mehrbedarf an Kapital, um alle betrieblichen Außenstände hinreichend vorfinanzieren zu können. **Schwankungen des Kapitalbedarfs**

FINANZIERUNG

Damit solche unvorhergesehenen Ereignisse nicht zu Liquiditätsengpässen führen, müssen zusätzliche Kapitalreserven gebildet bzw. spätestens im Bedarfsfall zur Verfügung stehen können. Um auftretende Bedarfsschwankungen finanziell abfedern zu können, bieten die verschiedenen Finanzierungsarten (→ S. 402) vielfältige Gestaltungsmöglichkeiten. Zum Beispiel können saisonal schwankende Material- und Warenbestände durch angepasste Zahlungsfristen bei Lieferanten oder mit Hilfe eines ausreichend dimensionierten Kontokorrentrahmens abgefangen werden. Eine plötzlich benötigte Maschine muss nicht unbedingt käuflich erworben, sie kann auch geleast werden. Dadurch verursacht sie keinen zusätzlichen Finanzierungsbedarf im betrieblichen Anlagevermögen.

mögliche Maßnahmen

4.1.1 Kapitalbedarf für das betriebliche Anlagevermögen

Die Kapazitätsplanungen eines Unternehmens bestimmen Größe und Zusammensetzung des betrieblichen Anlagevermögens. Sie bilden gleichzeitig die Grundlagen, die für die Feststellung des langfristigen Kapitalbedarfs benötigt werden.

Dabei ist darauf zu achten, dass alle Ausgaben, die mit den Investitionen verbunden sind, auch erfasst werden. In der nachfolgenden Übersicht sind die üblichen Ausgaben aufgeführt, die bei der Anschaffung von Gegenständen des Anlagevermögens anfallen können:

Auflistung von Ausgaben

Ausgaben bei der Anschaffung von Gegenständen des Anlagevermögens	
Kapitalbedarf bei unbeweglichen Gütern des Anlagevermögens (Immobilien)	**Kapitalbedarf bei beweglichen Gütern des Anlagevermögens (Maschinen etc.)**
• Grundstückskaufpreis • Nebenkosten des Grundstückskaufs • Anschaffungs-/Herstellungskosten des Gebäudes • Einbauten • Außenanlagen	• Anschaffungspreis • Transportkosten einschl. Transportversicherung • Montagekosten und Energieanschlüsse • Schulungskosten

Zusätzlicher Kapitalbedarf könnte durch auftretende Kreditbeschaffungskosten oder durch Kosten der Vor- und Zwischenfinanzierung entstehen. Grundsätzlich sollte eine Sicherheitsreserve mit eingeplant werden, um auf jeden Fall einen zu gering berechneten Kapitalbedarf zu vermeiden.

4.1.2 Kapitalbedarf für das betriebliche Umlaufvermögen

Die Material- und Warenbestände sowie teilfertige Arbeiten sind ein Teil des Zahlenwerks, das bei der Ermittlung des Kapitalbedarfs für das betriebliche Umlaufvermögen eine Rolle spielt. Außerdem geht es um den Kapitalbedarf, mit dessen Hilfe Aufträge vorfinanziert werden müssen.

Bestimmung der Umschlagshäufigkeit

Bei den auf Dauer erforderlichen Lagerbeständen ist die Kapitalbindung und damit der Kapitalbedarf abhängig von der Geschwindigkeit, mit der die eingekauften Materialien und Waren umgeschlagen werden. Der Kapitalbedarf errechnet sich aus dem jährlichen Material- und Wareneinsatz und der Umschlagshäufigkeit der Lagerbestände mit Hilfe folgender Formel:

$$\frac{\text{Jährl. Material- und Wareneinsatz}}{\text{Umschlagshäufigkeit des Material- und Warenlagers}} = \text{Kapitalbedarf für Lagerbestände}$$

Im nachfolgenden Beispiel wird diese Vorgehensweise ersichtlich:

> In einem Handwerksunternehmen beträgt die Verweildauer von Material und Waren im Lager durchschnittlich zwei Monate. Der Lagerbestand schlägt sich folglich insgesamt 6 mal pro Jahr um (Umschlagshäufigkeit = 6).
>
> Bei einem jährlichen Material- und Wareneinsatz in Höhe von insgesamt € 600 000,– beträgt der durchschnittlich vorhandene Material- und Warenbestand
>
> $$\frac{€\ 600\ 000,-}{6} = €\ 100\ 000,-$$
>
> Dies bedeutet, dass auch der Kapitalbedarf für Lagerbestände € 100 000,– beträgt.

Um den Kapitalbedarf zur Auftragsvorfinanzierung ermitteln zu können, müssen die täglichen Ausgaben des Unternehmens sowie die Dauer des bei Auftragsfinanzierung gebundenen Kapitals festgestellt werden. Liegen beide Größen vor, kann folgende Formel verwandt werden:

Tägl. Ausgaben × Kapitalbindungsdauer = Kapitalbedarf zur Auftragsfinanzierung

Die **täglichen Ausgaben** eines Unternehmens können ermittelt werden, indem zunächst alle im Laufe des Jahres anfallenden Ausgaben zusammengefasst werden:

    Alle ausgabewirksamen Aufwendungen
+ Bedarf für Ersatzinvestitionen
+ Kredittilgungen, die über die Abschreibungen hinausgehen
+ Privatentnahmen bei Einzelunternehmen/Personengesellschaften (bei Kapitalgesellschaften = Geschäftsführergehalt!)
= jährliche Ausgaben insgesamt

$$\frac{\text{jährliche Ausgaben insgesamt}}{\text{Arbeitstage des Unternehmens pro Jahr}} = \text{tägliche Ausgaben}$$

tägliche Ausgaben

Die **Kapitalbindungsdauer** ist wie folgt festzustellen:

    Durchschnittliche Dauer der Auftragsabwicklung (Zeitraum der Leistungserstellung)
+ durchschnittliche Dauer der Auftragsabrechnung (Zeitraum nach Leistungserstellung bis zum Rechnungsausgang)
+ durchschnittliches Kundenziel (Zeitraum zwischen Rechnungsausgang und Bezahlung der Rechnung durch den Kunden)
= durchschnittliche Kapitalbindungsdauer

Kapitalbindungsdauer

Beispielrechnung

Berechnung der täglichen Ausgaben	jährlich
Ausgabewirksame Aufwendungen	€ 450 000,–
+ Bedarf für Ersatzinvestitionen	€ 40 000,–
+ Anteil der Kredittilgungen über Abschreibungen	€ 25 000,–
+ Privatentnahmen	€ 60 000,–
= Ausgaben insgesamt:	€ 575 000,–

bei 250 Arbeitstagen im Jahr
tägliche Ausgaben: $\dfrac{€\ 575\ 000,-}{250} = €\ 2\ 300,-$

Berechnung der Kapitalbindungsdauer	Arbeitstage
Durchschnittliche Dauer der Auftragsabwicklung	25
+ durchschnittliche Dauer der Auftragsabrechnung	5
+ durchschnittliches Kundenziel	40
= durchschnittliche Kapitalbindungsdauer	70

Kapitalbedarf zur
Auftragsvorfinanzierung: € 2 300,– × 70 = € 161 000,–

4.2. Finanzierungsplan

Die Kapitalbedarfsermittlung drückt nur aus, welches Kapital für welchen Zweck gebraucht wird. Sie dient als Ausgangsbasis zur Kapitalbeschaffung. Alle zur Kapitaldeckung notwendigen finanziellen Mittel werden in einem **Finanzierungsplan** systematisch und vollständig erfasst. Der Finanzierungsplan unterscheidet sich deutlich vom Finanzplan, der ein Instrument zur Liquiditätsplanung und -sicherung ist (→ S. 395).

Erstellung eines Finanzierungsplans Um einen Finanzierungsplan aufstellen zu können, müssen zunächst vielfältige Details geklärt und aufeinander abgestimmt werden. Wesentliche Fragestellungen sind:

- Wie hoch soll der Eigenmittelanteil am Finanzierungsvolumen sein?
- Welche lang-, mittel- oder kurzfristigen Kredite sollen in jeweils welcher Höhe eingesetzt werden?
- Welche Banken, öffentlichen Darlehensgeber und Lieferanten kommen als Kreditgeber in Frage?
- Zu welchen Kreditkonditionen (Zinssätze, Tilgungsleistungen etc.) können Kredite aufgenommen werden?
- Welche Kreditsicherheiten (Grundpfandrechte, Bürgschaften etc.) werden benötigt, um die erforderlichen Kredite aufnehmen zu können?

Kapitaldienst Ein Beispiel eines Finanzierungsplans ist im Kapitel „Gründung" zu finden (→ S. 483). Zum Finanzierungsplan gehört auch, dass die zukünftigen Zins- und Tilgungsleistungen errechnet und in einer **Kapitaldienstübersicht** zusammengefasst werden.

FINANZIERUNG

Für jedes Unternehmen ist es wichtig, die eigene Belastungsgrenze für aufzubringende Zins- und Tilgungsleistungen zu kennen. Um die Tragfähigkeit der Kapitaldienstbelastungen beurteilen zu können, wird zunächst der Brutto-Cashflow (→ S. 155) als Ausgangsgröße ermittelt.

Die **Kapitaldienstgrenze** lässt sich dann folgendermaßen berechnen:

```
  (Gesamt-)Gewinn
+ Abschreibungen
= Brutto-Cashflow
+ Zinsaufwendungen
= erweiterter Brutto-Cashflow
− Privatentnahmen[1]
= Kapitaldienstgrenze
```

Hierzu eine Beispielrechnung:

Kapitaldienstgrenze

Annahmen:	
• (Gesamt-)Gewinn:	€ 76 000,–
• Abschreibungen:	€ 32 000,–
• Zinsaufwendungen:	€ 17 000,–
• Privatentnahmen:	€ 56 000,–
Berechnung:	
(Gesamt-)Gewinn	€ 76 000,–
+ Abschreibungen	€ 32 000,–
= Brutto-Cashflow	€ 108 000,–
+ Zinsaufwendungen	€ 17 000,–
= erweiterter Brutto-Cashflow	€ 125 000,–
− Privatentnahmen	€ 56 000,–
= Kapitaldienstgrenze	€ 69 000,–

Die Kapitaldienstgrenze markiert die für das Unternehmen insgesamt tragbaren Zins- und Tilgungsleistungen. Liegen die bisherigen Zins- und Tilgungsleistungen unterhalb der Kapitaldienstgrenze, ergibt sich ein Spielraum für Zinsen und Tilgungen, die durch eine eventuelle Neuverschuldung verursacht würden.

Sollte die Kapitaldienstgrenze, z. B. durch sinkende Gewinne, überschritten werden, kann durch Tilgungsstreckungen oder -aussetzungen die Kapitaldienstfähigkeit – zumindest vorläufig – wieder hergestellt werden.

---

[1] Nach Abzug der Privateinlagen

FINANZIERUNG

4.3 Finanzierungsregeln

Im Rahmen der Investitions-, Finanz- und Liquiditätsplanung sowie der Vorstellung der verschiedenen Kreditarten wurden bereits grundlegende Schlussfolgerungen für eine zweckmäßige Unternehmensfinanzierung gezogen.

Nutzung von Kennzahlen der Bilanzanlayse

Als wichtige Orientierungshilfen sind zudem die Kennzahlen der Bilanzanalyse zu verstehen. Diese wurden bereits im Kap. „Jahresabschluss und Grundzüge der Auswertung" behandelt (→ S. 111). Es ist nahe liegend, dass die Bilanzanalyse wichtige Erkenntnisse für eine passgenaue Unternehmensfinanzierung liefert.

Allerdings kann die Bilanzanalyse nur dann aussagefähige Informationen wie Kennzahlen liefern, wenn die finanzwirtschaftliche Entwicklung des Unternehmens ständig im Blickfeld bleibt. Deshalb reicht es nicht aus, wenn die Bilanzanalyse nur bei Vorlage des Jahresabschlusses erfolgt. Vielmehr muss das Zahlenwerk in kürzerer Abfolge erarbeitet und ausgewertet werden. Dies setzt voraus, dass die Bilanzanalyse nicht nur zum Ende eines Geschäftsjahres durchgeführt wird, sondern Kennziffern in kürzerer Abfolge erarbeitet und ausgewertet werden.

Liquidität

Die Liquidität – die Zahlungsbereitschaft – ist für ein Unternehmen von existenzieller Bedeutung. Ist das Volumen an verfügbaren Mitteln deutlich größer als der Umfang der tatsächlich benötigten Mittel, dann besteht für das Unternehmen Überliquidität. Das kann bedeuten, dass die vorhandenen überschüssigen Finanzierungsmittel für das Unternehmen möglicherweise gänzlich ertraglos bleiben. Sollten die vorhandenen Mittel jedoch geringer als die benötigten sein, ist mit finanziellen Problemen zu rechnen. Das Unternehmen wird illiquide, das heißt zahlungsunfähig. Das hat zur Folge, dass das Unternehmen nur durch zusätzliche finanzielle Mittel in seinem Bestand gesichert werden kann.

Finanzierungsregeln

Finanzierungsprobleme treten weniger beim Eigenkapital als bei der Fremdfinanzierung auf. Deshalb beziehen sich die meisten Finanzierungsregeln auf den richtigen Einsatz von Fremdmitteln. Nicht nur für Handwerksunternehmen sind folgende Finanzierungsregeln bzw. -grundsätze von wesentlicher Bedeutung:

- Das Anlagevermögen sollte möglichst durch Eigenkapital finanziert werden. Ist dies nicht möglich, sollte es wenigstens durch Eigenkapital und langfristiges Fremdkapital gedeckt sein (→ „Goldene und Silberne Finanzierungsregel", S. 144).

    ▶ Hinweis:

    Gegen diese Regel wird verstoßen, wenn mit kurzfristigem Fremdkapital Anlageinvestitionen finanziert werden. Dies kann die Liquidität gefährden.

FINANZIERUNG

- Die sofort und kurzfristig fälligen Verbindlichkeiten sollen nicht höher sein als die Summe der sofort und kurzfristig liquidierbaren Vermögensteile (→ S. 141).

    ▶ Hinweis:

    Sind keine hinreichenden Finanzierungsspielräume vorhanden, um sich den Schwankungen des Umlaufvermögens elastisch anpassen zu können, kann das zur Illiquidität führen.

- Die Laufzeit eines Darlehens, das zum Kauf eines Wirtschaftsguts verwandt wird, darf nicht länger als die Nutzungsdauer der Anschaffung sein.

    ▶ Hinweis:

    Wird dieser Grundsatz nicht eingehalten, besteht die Gefahr, dass bereits vor Rückzahlung der Fremdmittel Ersatzinvestitionen durchgeführt und finanziert werden müssen.

- Die Zins- und Tilgungsbelastungen für Fremdmittel müssen auf Dauer aufgebracht werden können.

    ▶ Hinweis:

    Ist die Kapitaldienstfähigkeit nicht mehr gegeben, kann dies zu gravierenden finanziellen Problemen führen, z. B. durch Kreditkündigung seitens der Bank.

Eine solide Unternehmensfinanzierung ist auf Dauer nur aufrecht zu erhalten, wenn die allgemein gültigen Finanzierungsregeln beachtet und angewandt werden. Die Finanzierungsregeln sind als Normen und Entscheidungshilfen zur Lösung von Finanzierungsproblemen zu verstehen. Nicht zuletzt wird ein Unternehmen von seiner Bank beurteilt, inwieweit es ihm gelungen ist, Finanzierungsgrundsätze und -regeln bei der Finanzplanung und deren Umsetzung einzuhalten.

Bitte bearbeiten Sie abschließend die folgenden Aufgaben:

1. Erläutern Sie, wie der Kapitalbedarf zur Auftragsvorfinanzierung ermittelt wird.

2. Welche Einzelheiten müssen vor Aufstellung eines Finanzierungsplanes geklärt werden?

3. Beschreiben Sie die wichtigsten Finanzierungsregeln für ein Handwerks- bzw. kleines oder mittelständisches Unternehmen.

FINANZIERUNG

5. Zahlungsverkehr

Kompetenzen:

Der Lernende

- kann Geld als allgemeines Tauschmittel und verschiedene Funktionen des Geldes erklären,
- kann drei Zahlungsweisen des europäischen Zahlungsverkehrs erläutern und ihnen verschiedene Durchführungsformen zuordnen,
- kann verschiedene Formen des bargeldlosen Zahlungsverkehrs benennen und ihre Einsatzmöglichkeiten darlegen,
- kann den Unterschied zwischen Dauerauftrag und Bankeinzug (Lastschrift) erklären,
- kann die gesetzlichen Erfordernisse des Schecks erläutern und verschiedene Scheckarten voneinander abgrenzen,
- kann die Vorteile der Benutzung von Kreditkarten nennen,
- kann die Verfahren des Electronic Banking darstellen.

5.1 Grundbegriffe der Geldwirtschaft

Täglich haben wir heute mit Geld, also mit Münzen und Banknoten, zu tun. Geld erhalten wir für geleistete Arbeit. Mit Geld erledigen wir Einkäufe, zahlen Steuern, begleichen Schulden oder sparen. Geld ist die Lebensader unserer arbeitsteiligen Wirtschaft, in der Produktion und Verteilung der Güter in sehr vielen verschiedenen Händen liegen.

Geldfunktionen Hauptfunktion des Geldes ist die Garantie eines reibungslosen Zahlungsverkehrs. Geld ist also Zahlungsmittel. Daneben erfüllt Geld die Funktion als

- Wertausdrucksmittel (für die Bewertung von Gütern und Dienstleistungen),
- Wertaufbewahrungsmittel (für Sparer),
- Schuldentilgungsmittel (für Schuldner).

Währung In einer modernen Wirtschaft müssen Staaten den Umgang mit Geld regeln. Sie bestimmen die Währung oder Geldordnung.

Seit 1999 ist eine gemeinsame europäische Währung, der **Euro**, eingeführt. Mit dem Beginn des Jahres 2002 hat der Euro, bis dahin nur Buchgeld, die D-Mark auch als Bargeld abgelöst.

FINANZIERUNG

Die Währung kann ihre Aufgaben nur dann erfüllen, wenn der Geldwert stabil bleibt. Die Aufgabe, die Geldwertstabilität zu sichern, die bisher die Deutsche Bundesbank erfüllt hat, wird jetzt von der **Europäischen Zentralbank (EZB)** wahrgenommen. Die bisherigen Stabilisierungsmöglichkeiten der Deutschen Bundesbank, wie der Lombard- und Diskontsatz, entfallen somit. Eine unausgewogene Versorgung einer Volkswirtschaft mit Geld führt zu erheblichen Störungen der Wirtschaftsabläufe. So führt z. B. eine Überversorgung der Volkswirtschaft mit Geld zur **Inflation.**

Preisstabilität

Unter Stabilität des Preisniveaus – auch Preisstabilität genannt – versteht man, dass das gesamte Preisniveau bei schwankenden Einzelpreisen unverändert bleibt. Gemessen wird die Preisstabilität u. a. am Lebenshaltungskostenindex, der monatlich erfasst und veröffentlicht wird. So können z. B. die Preise für Eier, Butter, Käse steigen und die Preise für Brot und Aufschnitt im gleichen Maße sinken, sodass das gesamte Preisniveau unverändert ist.

Kreislauf des Geldes

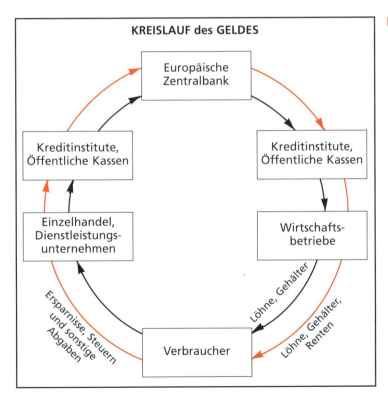

Der europäische Zahlungsverkehr umfasst alle Zahlungsvorgänge zwischen den Wirtschaftssubjekten der europäischen Volkswirtschaften, also zwischen privaten Haushalten, Unternehmungen und den Staaten der Europäischen Währungsunion.

FINANZIERUNG

Zahlungsmittel Die Zahlungsmittel sind
- Bargeld (Münzen und Banknoten),
- Buchgeld bzw. Giralgeld (Guthaben oder eingeräumte Kredite bei Kreditinstituten),
- Geldersatzmittel (Scheck und Wechsel).

5.2 Zahlungsweisen

Zahlungsweisen Man unterscheidet als grundlegende Zahlungsweisen
- die Barzahlung,
- die bargeldsparende oder halbbare Zahlung,
- die bargeldlose Zahlung,
- die beleglose Zahlung.

Barzahlung Bei der Barzahlung zahlt der Kunde mit Münzen oder Banknoten und erhält als Beleg eine Quittung oder einen Kassenzettel.

Bei der **Postanweisung** wird das am Postschalter eingezahlte Geld dem Empfänger bar ausgezahlt. Diese Zahlungsart ist vergleichsweise teuer und verliert zunehmend an Bedeutung.

Per **Nachnahme** versandte Sendungen werden nur gegen sofortige Barzahlung an den Empfänger ausgehändigt. Bei beiden Barzahlungsarten, der Postanweisung und der Nachnahme, darf der Betrag € 1 600,– nicht überschreiten.

halbbare Zahlung Als bargeldsparende oder halbbare Zahlungsweise bezeichnet man die Zahlung per **Zahlschein.** Man zahlt Bargeld per Zahlschein bei der Bank oder Post ein; dem Empfänger wird der Betrag auf seinem Konto gutgeschrieben.

Bei der **Zahlungsanweisung** wird vom Konto des Zahlenden ein Betrag (bspw. über Barscheck) abgebucht, den der Empfänger in bar erhält.

bargeldlose Zahlung Der bargeldlose Zahlungsverkehr setzt voraus, dass der Auftraggeber und der Empfänger über ein Konto bei einem Kreditinstitut oder der Post verfügen. Da heute mehr als 90 % aller Haushalte und Unternehmen über Konten verfügen, spielt der bargeldlose Zahlungsverkehr eine entscheidende Rolle. Die Zahlung wird von einem Girokonto auf das andere übertragen. Bargeld tritt nicht mehr in Erscheinung. Vorteile sind:
- Es wird weniger Bargeld benötigt,
- Kosten- und Zeitersparnis durch Inanspruchnahme der Dienstleistungen der Banken,
- Verringerung des Risikos durch Verlust von Bargeld.

beleglose Zahlung An Bedeutung gewinnt zunehmend der beleglose Zahlungsverkehr, bei dem Zahlungen durch Datenaustausch zwischen Zahlendem und Bank erfolgen (→ Electronic Banking, S. 429).

FINANZIERUNG

Die Finanzierungsform des Wechsels spielte im Handwerk stets eine untergeordnete Rolle. Mit der Gründung der Europäischen Zentralbank (EZB) hat der Wechselkredit für das Handwerk noch stärker an Bedeutung verloren.

In der Gesamtwirtschaft besitzt der Wechsel die Funktion als Zahlungs- und Kreditmittel. Seine Verwendung ist an feste Formen, Regeln und Fristen gebunden, die durch das Wechselgesetz festgelegt sind.

5.2.1 Giroverkehr

Bei der Eröffnung eines Girokontos gelten die Bedingungen der jeweiligen Bank. Es ist z. B. anzugeben, wer Kontoinhaber ist und wer über das Konto verfügen darf. Die Unterschrift ist zu hinterlegen. Das Girokonto muss bei Ausführung einer Zahlung ein Guthaben ausweisen, oder es muss ein ausreichender Kredit zur Verfügung stehen **(Kontokorrent-** oder **Dispositionskredit).** — *Girokonto*

Mittels Zahlschein sind Bareinzahlungen auf eigene und fremde Konten möglich. Beim Überweisungsauftrag wird das kontoführende Institut angewiesen, einen bestimmten Geldbetrag dem Konto des Empfängers gutzuschreiben und das Konto des Auftraggebers zu belasten. — *Überweisung*

Eine Sonderform der Überweisung ist der Dauerauftrag. Hierbei wird das Kreditinstitut beauftragt, regelmäßig zu einem festen Zeitpunkt einen immer gleichen Betrag an einen Dritten zu überweisen (z. B. Mietzahlung, Versicherungsbeitrag etc.). — *Dauerauftrag*

Beim Lastschriftverfahren bucht der Zahlungsempfänger einen Betrag vom Konto des Zahlungspflichtigen ab. Im Gegensatz zur Überweisung wird der Zahlungsvorgang somit nicht von dem Zahlungspflichtigen, sondern von dem Zahlungsempfänger ausgelöst. — *Lastschrift*

Die Kreditinstitute bieten ihren Kunden zwei Arten des Lastschriftverfahrens an:

- Beim **Einzugsermächtigungsverfahren** erteilt der Zahlungspflichtige dem Zahlungsempfänger durch eine Einzugsermächtigung die Genehmigung, den fälligen Geldbetrag von seinem Girokonto einzuziehen.
- Beim **Abbuchungsauftragsverfahren** erteilt der Zahlungspflichtige seinem Kreditinstitut zugunsten des Zahlungsempfängers den Auftrag, Lastschriften dieses bestimmten Zahlungsempfängers einzulösen.

5.2.2 Electronic Banking

Die automatisierte Datenverarbeitung und moderne Kommunikationstechniken machen heute einen nicht nur bargeld-, sondern auch **beleglosen Zahlungsverkehr** möglich. Eine praktisch verzögerungsfreie Abwicklung ist somit technisch durchaus machbar. Dieser beleglose Zahlungsverkehr findet zunehmend Verbreitung.

Immer mehr Geldinstitute bieten Electronic Banking an, bei dem der Kunde Verfügungen über sein Girokonto von seinem Schreibtisch aus per Daten-

FINANZIERUNG

Voraussetzung fernübertragung treffen kann. Voraussetzung ist ein PC mit Internetanschluss über Modem oder ISDN sowie die ggf. notwendige Software eines Kreditinstitutes.

Die Vorteile des elektronischen Bankgeschäfts sind: jederzeit aktuelle Finanzinformationen, der rund um die Uhr mögliche Zugriff auf das eigene Konto und eine Entlastung durch das Entfallen von Routinearbeiten von Hand.

5.2.3 Scheck

Der Scheck ist eine Urkunde, in welcher der Aussteller den Bezogenen, ein Kreditinstitut, anweist, bei Sicht aus seinem Guthaben eine bestimmte Geldsumme zu zahlen. Wer mit Schecks arbeitet, braucht also ein Konto bei einem Kreditinstitut. Es sind die Scheckvordrucke der Kreditinstitute zu verwenden.

Rechtliche Grundlagen sind das Scheckgesetz vom 14. August 1933 sowie die von der Kreditwirtschaft geschaffenen „Allgemeinen Geschäftsbedingungen" und die „Sonderbedingungen für den Scheckverkehr".

Der Scheck erfüllt eine reine Zahlungsmittelfunktion. Rechtlich ist er ein Wertpapier, das kraft Gesetz als Orderpapier gilt. Als **Orderpapier** bezeichnet man ein Papier, das an jemanden namentlich ausgestellt ist und nur durch Indossament (→ Weitergabevermerk, S. 438) übertragen werden kann.

gesetzliche Bestandteile Der Scheck muss folgende gesetzliche Bestandteile enthalten:
- Bezeichnung „Scheck" im Text der Urkunde,
- Namen dessen, der zahlen soll (bezogenes Institut),
- Zahlungsort,
- Tag und Ort der Ausstellung,
- Unterschrift des Ausstellers (Kontoinhabers),
- unbedingte Anweisung, eine bestimmte Geldsumme zu zahlen.

kaufmännische Bestandteile Neben den gesetzlichen Bestandteilen enthält der Scheck als kaufmännische Bestandteile:
- die Kontonummer des Ausstellers,
- die Schecknummer,
- die Bankleitzahl des bezogenen Kreditinstituts,
- die Angabe des Zahlungsempfängers,
- den Verwendungszweck,
- die Schecksumme in Ziffern,
- die Kodierzeile.

Das Kreditinstitut prüft die Unterschrift und ob Deckung auf dem Konto vorhanden ist.

FINANZIERUNG

Folgende Arten von Schecks sind gebräuchlich: **Scheckarten**

- Der **Inhaberscheck** ist die in Deutschland häufigste Form. Das Kreditinstitut zahlt an denjenigen, der den Scheck zur Einlösung vorlegt. Ein Indossament (Übertragungsvermerk) ist nicht erforderlich. Der vorgedruckte Schecktext darf nicht geändert werden, z. B. durch Streichung der Überbringerklausel.
- Der **Barscheck** dient zur Barauszahlung an Kontoinhaber oder Dritte. Das bezogene Kreditinstitut zahlt an denjenigen, der den Scheck vorlegt. Bei Verlust von Barschecks besteht Gefahr für den Kontoinhaber.
- Der **Verrechnungsscheck** ist wesentlich sicherer. Der Vermerk quer auf der Vorderseite des Schecks „Nur zur Verrechnung" untersagt es dem Kreditinstitut, den Betrag bar auszuzahlen. Es erfolgt nur eine Gutschrift auf einem Konto.
- Der **Orderscheck** enthält die Nennung eines bestimmten Zahlungsempfängers und trägt den Vermerk „oder Order". Er ist durch Indossament übertragbar.

Schecks sind grundsätzlich bei Sicht zahlbar, d. h. im Zeitpunkt der Vorlegung bei der Bank. Achtung: Vordatierte Schecks werden bei Vorlage zahlbar!

Ein Scheck, der in Deutschland zahlbar ist, muss innerhalb von acht Tagen vorgelegt werden, wenn er im Inland ausgestellt wurde. Für im Ausland ausgestellte Schecks gelten längere Fristen. **Vorlegungsfristen**

Die Fristen beginnen am Ausstellungstag zu laufen; dieser wird jedoch bei der Fristberechnung nicht mitgezählt. Sie verlängern sich bis zum folgenden Werktag, wenn der letzte Tag ein Samstag oder ein gesetzlicher Feiertag – dazu zählen auch Sonntage – ist. Die gesetzlichen Vorlegungsfristen haben den Zweck, den Inhaber zur schnellen Vorlegung zu veranlassen. Zwar lösen die bezogenen Kreditinstitute Schecks üblicherweise auch nach Ablauf der Vorlegungsfrist noch ein, doch kann die Nichtbeachtung dieser Frist für den Scheckberechtigten nachteilige Folgen haben:

- Er verliert im Falle der Nichteinlösung das Rückgriffsrecht.
- Nach Ablauf der Vorlegungsfrist kann das bezogene Institut den Scheck noch einlösen, braucht es aber nicht.

Schecks müssen grundsätzlich durch Guthaben oder einen eingeräumten Kredit gedeckt sein. Anderenfalls wird die Bank den Scheck nicht einlösen. Im Falle der Nichteinlösung wird der Scheck vom bezogenen Kreditinstitut **ungedeckter Scheck** protestiert oder mit einem datierten und rechtsverbindlich unterschriebenen Nicht-Bezahlt-Vermerk versehen und dann an den Einreicher zurückgegeben. Es besteht dann ein Rückgriffsrecht. Ungedeckte Schecks wirken sich negativ auf die Kreditwürdigkeit aus.

Weiter im Einsatz sind die EC-Karten, z. B. bei Geldautomaten und im elektronischen Zahlungsverkehr.

FINANZIERUNG

5.2.4 Electronic Cash

Zunehmend wird die EC-Karte als elektronisches Zahlungsmittel eingesetzt. Der Zahlungsempfänger kann entweder online abfragen, ob der Zahlende ein entsprechendes Guthaben bzw. Kreditspielraum hat. Als Alternative kommt die Unterzeichnung auf dem Zahlungsbeleg durch den Kunden in Betracht. Hierbei handelt es sich um eine Variante des Lastschriftverfahrens. **Risiko der Kontodeckung** Das Risiko der Kontodeckung geht hierbei voll zulasten des Zahlungsempfängers, da die Bank die Zahlung ggf. verweigern und der Zahlende die Einzugsermächtigung widerrufen kann.

5.2.5 Kreditkarten

Kreditkarten erfreuen sich zunehmender Beliebtheit. Sie bieten dem Karteninhaber den Vorteil, kein Bargeld mit sich führen zu müssen. Die Bezahlung von Rechnungen in Geschäften, Hotels, Banken etc., die sich einem oder mehreren Kreditkartensystemen angeschlossen haben, geschieht durch Unterschrift bei Vorlage der Kreditkarte. Die Abbuchung der Beträge vom Konto des Karteninhabers erfolgt einmal monatlich durch die Kreditkartenzentrale. Die Kreditkarten-Unternehmen behalten einen Prozentsatz des Rechnungsbetrages ein und **Finanzierung** finanzieren sich dadurch. Der einbehaltene Anteil geht zulasten des Unternehmens, das die Waren oder Leistungen über Kreditkarten verkauft hat.

Haftung Bei sofortiger Sperrung der Kreditkarte im Falle des Verlustes ist die Haftung des Karteninhabers in der Regel auf € 50,– begrenzt.

Bitte bearbeiten Sie abschließend die folgenden Aufgaben:

1. Beschreiben Sie die unterschiedlichen Zahlungsweisen und nennen Sie Vor- und Nachteile.

2. Was versteht man unter Electronic Banking? Unter welchen Voraussetzungen kann es eingesetzt werden?

Planung

1. Unternehmenszielsystem und Unternehmensplanung

> **Kompetenzen:**
>
> Der Lernende
> - kann die Bedeutung der Planung für Handwerksunternehmen erklären,
> - kann strategische und operative Planung unterscheiden,
> - ist in der Lage, Zielkonflikte zu beurteilen und Maßnahmen zu ihrer Lösung vorzuschlagen.

Eine zielgerichtete Tätigkeit ist ohne Planung nicht möglich. Für die Unternehmensführung bedeutet dies die Notwendigkeit, den Herstellungs- bzw. Leistungsprozess zu planen.

Hier liegt jedoch nicht selten ein Problem. Obwohl kaum jemand auf die Planung einer Urlaubsreise verzichtet, sieht es auf betrieblicher Ebene in vielen Handwerksbetrieben oft anders aus. Die täglichen Ereignisse bestimmen den Takt; man versucht, möglichst gut auf Vorgänge zu reagieren. Wenn es eine Planung in Ansätzen gibt, bezieht sie sich nur auf einzelne Aufträge bzw. einzelne Kunden. Dabei handelt es sich um Zeiträume von wenigen Tagen bis zu mehreren Monaten. **Planungsprobleme in der Praxis**

Oft gilt der falsche Grundsatz: „Je kleiner ein Betrieb ist, umso weniger Planung ist nötig." Richtig daran ist, dass der Planungsaufwand in einem angemessenen Verhältnis zum Nutzen stehen muss. Dabei spielt natürlich auch die Betriebsgröße eine Rolle.

Allerdings ist in vielen Handwerksbetrieben die Regelung der täglichen Abläufe nicht Bestandteil einer übergeordneten Unternehmensplanung. Viele Handwerker sind der Meinung, dass Planungsnutzen und Planungsaufwand in kein vernünftiges Verhältnis gebracht werden können. Unternehmensgrundsätze als Orientierungsrahmen für eine langfristige Planung existieren eher selten. Als Konsequenz fehlt auch die Formulierung von langfristigen oder kurzfristigen Zielen.

Wenn Planung durch Intuition und Improvisation ersetzt wird, kann die Stabilität des Betriebes gefährdet sein, weil Entscheidungen in solchen Fällen nicht gründlich vorbereitet werden. Es ist folglich im Handwerksbetrieb oft dem Zufall überlassen, in welche Richtung sich ein Unternehmen **Gefahr durch Improvisation**

PLANUNG

entwickelt bzw. ob notwendige Marktanpassungen rechtzeitig vorgenommen werden. Deshalb hängen die Ausarbeitung eines Unternehmenszielsystems und die Unternehmensplanung eng zusammen.

Planungsanlässe Die Motivation, einen bestimmten Plan zu entwerfen, wird oft durch bestimmte Anlässe hervorgerufen. Einige wichtige Anlässe in Handwerksbetrieben, Unternehmensplanung systematisch zu betreiben, sind z. B. notwendige Investitionen oder die Betriebsübergabe an einen Nachfolger.

Das folgende Kapitel wird in das Planungsverfahren einführen. Allerdings wird auch in anderen Kapiteln auf vielfältige Anlässe zur Planung eingegangen, so z. B. im Kapitel „Marketing" oder „Finanzierung".

1.1 Was ist Planung?

Definition Planung ist die gedankliche Vorwegnahme künftiger Ereignisse, was mit der Möglichkeit verbunden ist, diese in gewünschter Weise zu beeinflussen. Man unterscheidet kurzfristige bzw. operative Planung und langfristige bzw. strategische Planung. Dabei ist Planung ein fortlaufender Prozess, der durch Kontrolle und Steuerung ergänzt wird (→ S. 439).

Aufgaben

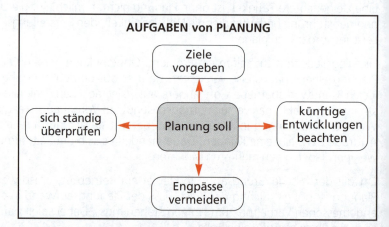

Beispiel:
Bäckermeister Müller hat seit fünf Jahren einen Backbetrieb mit dazu gehörendem Ladengeschäft. Ein leichter Rückgang des Umsatzes war in den letzten zwei Jahren erkennbar. Er sieht darin eine negative Tendenz, die sich in den nächsten Jahren noch verstärken könnte. Der Bäckermeister bezieht die Familienmitglieder, die im Unternehmen mitarbeiten, in seine Überlegungen ein.

Folgende Eckpunkte könnten für die Zukunftsplanung der Bäckerei Müller formuliert werden, an denen auch **Planungsgrundsätze** deutlich werden:

Zielorientierung
- Im Unternehmen soll der Umsatz in den nächsten fünf Jahren um 20 % steigen. Die anteiligen Kosten sollen dabei um 5 % sinken.

PLANUNG

- Herr Müller hat Informationen darüber, dass im Umfeld seines Geschäftes weitere Wohnungen gebaut werden und in der Nachbargemeinde ein neues Gewerbegebiet entsteht. **Zukunftsbezogenheit**
- Die betriebliche Back- und Maschinenkapazität reicht aus, um mehr Ware herzustellen. Eine Filiale im Nachbarort wird erwogen, alternativ dazu ein Verkaufswagen. Ein weiterer Mitarbeiter wird erst eingestellt, wenn das Marketingkonzept aufgeht. **Prozessorientierung**
- Ein Engpass könnte sich bei der betrieblichen Transportkapazität ergeben. Die Anschaffung eines Transporters wird alternativ zur Auftragserteilung an einen Dienstleister geprüft. **Engpassvermeidung**

1.2 Zusammenspiel von strategischer und operativer Planung

Bei der Planung müssen unterschiedliche Zeiträume beachtet werden:
- kurzfristige Pläne,
- mittelfristige Pläne,
- langfristige Pläne.

Die Aufgabe der **strategischen Planung** ist die Sicherung des Unternehmens auf lange Zeit. Erfolgspotenziale sollen dabei erkannt und ausgebaut werden. Notwendige Anpassungen des Unternehmens an den sich ständig verändernden Markt lassen sich meist nicht kurzfristig realisieren. Planungszeiträume von bis zu zehn Jahren sind daher für die strategische Planung die Regel. Strategische Unternehmensplanung sollte immer schriftlich erfolgen und mit konkreten Plankennziffern unterlegt sein.

Die **operative Planung** baut auf der strategischen Planung auf, sie konkretisiert diese und zeichnet sich durch eine hohe Genauigkeit aus. Daraus können auch Anweisungen an die Mitarbeiter abgeleitet werden. Planungszeitraum kann der Tag, die Woche oder das Jahr sein. Die operative Planung geht über einen Zeitraum von zwei Jahren meist nicht hinaus. Es handelt sich also um kurzfristige oder auch mittelfristige Planungen.

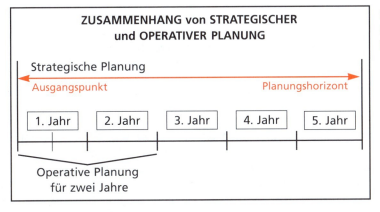

Zusammenhang von strategischer und operativer Planung

PLANUNG

Die operative Planung muss sich zwar der strategischen Planung unterordnen, andererseits verändern Ereignisse im Planungszeitraum auch die strategische Planung. Die maximale zeitliche Reichweite eines Planes wird als Planungshorizont bezeichnet.

Beispiel:

Arno Schneider beabsichtigt, in fünf Jahren seinen Handwerksbetrieb an seine beiden Söhne zu übergeben. Als Rechtsform soll die GbR (Gesellschaft des bürgerlichen Rechts) gewählt werden. Nach zwei Jahren werden die Steuergesetze erheblich zugunsten der GmbH verändert. Nunmehr soll sich der Übergang an die Kinder in der Form der GmbH vollziehen. Dabei wird zusätzlich der Vorteil der beschränkten Haftung genutzt. Das strategische Ziel der Übergabe an die Kinder wurde beibehalten, aber Veränderungen im operativen Zeitraum führten dazu, die Zielsetzung zu variieren.

1.3 Unternehmerische Zielsetzungen

Wichtigstes Element der Planung ist die Fixierung von Zielen. Die Schwierigkeit besteht darin, Abhängigkeiten und Widersprüche bei der Findung und Formulierung von Zielen zu erkennen. Es ist möglich, dass ein Ziel mit einem anderen kurzfristig nicht vereinbar scheint, längerfristig betrachtet aber dennoch alle Ziele erreichbar sind. Einen solchen Zielkonflikt kann man sich anhand der Ziele „Gewinn" und „Kostenreduzierung" verdeutlichen.

Zielkonflikt

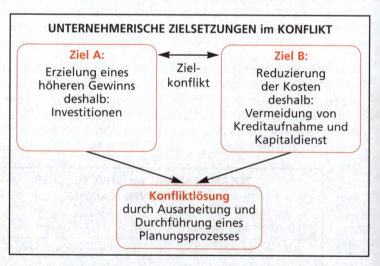

Beispiel:

Die Erzielung eines hohen Gewinns steht im Konflikt mit notwendigen Investitionen und dem daraus resultierenden Kapitaldienst, wenn Bankkredite aufgenommen werden. Ohne Investitionen wird es allerdings nicht möglich sein, am Markt zu bestehen. Als Schlussfolgerung bleibt: Es müssen Kosten verursacht werden, um Gewinne zu erreichen. Gewinn ist auf der anderen Seite das Ergebnis von möglichst geringen Kosten. Hier könnte sich der Planer in einer „Falle" befinden.

Zielkonflikte treten nicht einmalig, sondern regelmäßig auf. So kann ein gutes Betriebsklima durchaus zusätzliche Kosten verursachen (z. B. für Weiterbildungsmaßnahmen) und der übergeordneten Gewinnerzielungsabsicht kurzfristig entgegenstehen. Weiterhin gilt der Grundsatz: Liquidität geht immer vor Rentabilität. Es ist besser, zahlungsfähig zu sein, auch wenn zu diesem Zweck ein Kredit aufgenommen werden muss.

Die Lösung solcher Probleme liegt in der Durchführung eines Planungsprozesses, der kurzfristige, operative Entscheidungen mit den für das Unternehmen wichtigen, strategischen Zielstellungen in einen funktionierenden Zusammenhang bringt. Der Planungsprozess besteht aus der Zielbildung, der Problemanalyse, der Alternativensuche, der Prognose, der Bewertung und der Entscheidung (→ S. 439). Bei der Bildung von Zielen sollen vollständige, zusammenhängende und realistische Ziele gebildet werden. Bei der Problemanalyse sollen die schwerwiegenden Probleme rechtzeitig erkannt und hinsichtlich der Dringlichkeit geordnet werden. Danach sind Alternativen, d. h. realisierbare Handlungsmöglichkeiten, zu suchen, deren Auswirkungen durch eine Prognose zu untersuchen sind. Die Prognoseergebnisse, d. h. Ergebniswerte der Alternativen je Ziel, sollen zur Bewertung und Entscheidung für eine Alternative führen.

Planungsprozess

Es ist wichtig, dass möglichst viele kompetente Personen aus dem Betrieb, dem Umfeld und regionalen Einrichtungen in die Lösungssuche zu bestimmten Problemkreisen einbezogen werden. Dabei sind reine Informationsgespräche von Beratungen im vertraulichen Rahmen zu unterscheiden.

Die oberste Zielsetzung in handwerklichen Unternehmen ist die Gewinnerzielung. Dazu ist es notwendig, Leistungen zu verkaufen, also Umsatzerlöse zu erzielen. Die Höhe des Gewinns richtet sich danach, in welcher Größenordnung bei der Arbeitsdurchführung Kosten in Form von Personal, Material oder sonstigem Aufwand entstehen.

Neben den Hauptpositionen Umsatz, Kosten und Gewinn müssen bereits in der strategischen Planung weitere Zielsetzungen beachtet werden. Beispiele für mögliche Unternehmensziele im Handwerk sind: Eigenkapital- und Umsatzrentabilität, Marktanteil und Stellung des Unternehmens am Markt, Liquidität und Kreditwürdigkeit, Image und Unabhängigkeit des Unternehmens, Betriebsklima und Mitarbeitermotivation.

Zielsystem

Schwächen gibt es oft bei der internen Organisation des Betriebes. Meist regelt und koordiniert in mittelständischen Unternehmen der Chef das laufende Geschäft selbst. Selten wird Verantwortung delegiert. Ein Unternehmer, der in den alltäglichen Problemen zu sehr „drinsteckt", hat weder Zeit noch Motivation, sich um die eigentlichen Führungsaufgaben zu kümmern. Unternehmensplanung ist jedoch Aufgabe der Unternehmensfüh-

PLANUNG

rung und muss den ihr zukommenden Platz bei der Gewichtung der Aufgaben einnehmen.

Bitte bearbeiten Sie abschließend die folgenden Aufgaben:

1. Setzen Sie sich mit der These auseinander: „Je kleiner ein Betrieb ist, desto weniger muss geplant werden."

2. Welche Anforderungen werden an Planung gestellt?

3. Bei der Planung sind Zielsetzungen nicht einfach zu erarbeiten. Warum ist das der Fall? Lassen sich Zielkonflikte vermeiden?

2. Planung als Prozess

Kompetenzen:

Der Lernende
- kennt betriebliche Planungsbereiche und kann die Notwendigkeit der Abstimmung dieser Bereiche begründen,
- kann die wesentlichen Planungsphasen erläutern,
- ist imstande, geeignete Planungsinstrumente auszuwählen,
- kann den Zusammenhang zwischen Planung und Kontrolle erklären,
- kann geeignete Formen der Kontrolle auswählen.

2.1 Planungsbereiche und deren Abstimmung

Im handwerklichen Betrieb unterscheidet man zwischen zwei Planungsbereichen: den Funktionsbereichen und den organisatorischen Bereichen.

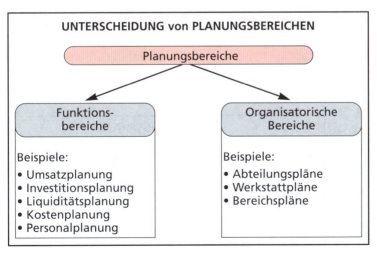

Unterscheidung von Planungsbereichen

Bei der Planung in einem Handwerksbetrieb kann man in der Regel folgende **Funktionsbereiche** unterscheiden: Umsatzplanung, Investitionsplanung, Liquiditätsplanung, Kostenplanung, Personalplanung etc.

funktionelle Bereiche

PLANUNG

organisatorische Bereiche

Bei der Planung kommen auch **aufbauorganisatorische Gesichtspunkte** zum Tragen, die mit der Struktur des Betriebes zusammenhängen (→ S. 328). Die Gesamtplanung eines Unternehmens gliedert sich dabei in Bereichspläne oder Differenzierungen nach Abteilungen bzw. Leistungsarten. Zum Beispiel gibt es in vielen Kraftfahrzeug-Servicebetrieben die Wartung bzw. Instandhaltung als handwerklichen Bereich und daneben den Handel (z. B. mit Kraftfahrzeugen). Beide Bereiche sind Bestandteile der Gesamtplanung.

Allgemein zeichnet sich der handwerkliche Betrieb durch eine Vielfalt von Gestaltungsmöglichkeiten aus. Es können Arbeiten aus anderen Handwerksberufen ausgeführt werden: Zum Beispiel stellen Dachdeckerbetriebe auch Gerüste auf. Dazu kommt, dass manche Handwerksbetriebe Einnahmen aus Vermietung und/oder Verpachtung haben.

Detail- und Gesamtpläne

Die Planung muss die tatsächlichen Verhältnisse im Handwerksbetrieb erfassen und durch Bereichspläne so detailliert wie notwendig berücksichtigen. Die Bereichsplanung kann dabei unterschiedlich zur Gesamtzielstellung beitragen. Eine Abstimmung zwischen den Bereichen und mit der Gesamtunternehmensführung ist jedoch unerlässlich.

2.2 Planungsphasen

Der Planungsprozess vollzieht sich in einzelnen Phasen, die in der betrieblichen Praxis kaum bewusst unterschieden werden, aber dennoch immer vorhanden sein müssen, wenn der Plan einen soliden Aufbau haben soll.

Die fünf Planungsphasen werden anhand des folgenden Beispiels dargestellt und erläutert: Handwerksmeister Terlinden aus dem Bereich Gas- und Wasserinstallation hat derzeit drei Mitarbeiter. Er arbeitet häufig mit einem Fliesenleger- und einem Elektroinstallationsbetrieb zusammen.

Planungsphasen im Planungsprozess

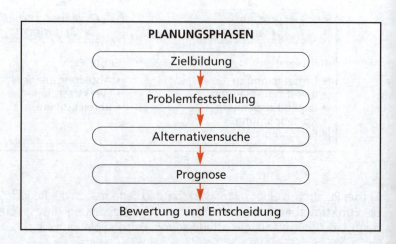

PLANUNG

Die Planung richtet alle Unternehmenspotenziale auf das Erreichen der Unternehmensziele aus. Dazu müssen kurz-, mittel-, und langfristige Ziele präzise formuliert und festgelegt werden. Ebenfalls eingeschlossen ist die Realisierbarkeitsprüfung. Zeitliche und sachliche Überschneidungen und Zusammenhänge sowie mögliche Zielkonflikte sind zu prüfen. — **Zielbildung**

Beispiel für eine Zielsetzung: Die Marktpräsenz zur langfristigen Sicherung des Handwerksbetriebes Terlinden soll erhöht werden. Ein Bäder- und Fliesenstudio soll künftig für mehr Umsatz sorgen.

Die Zielbildung ist die Voraussetzung für die **Problemfeststellung.** Aus der Beschreibung und Analyse der gegenwärtigen Situation heraus kann eine Prognose erstellt werden, wie sich das Unternehmen ohne Veränderungen entwickeln würde. Dieser Zustand wird dann mit der gewünschten Entwicklung verglichen. Das Ergebnis ist die Problemlücke, die durch Maßnahmen des Unternehmers geschlossen werden soll. — **Probleme feststellen**

Beispiel für die Problemfeststellung: Wird der Betrieb Terlinden wie bisher weitergeführt, kann es zur Stagnation im Umsatz bis hin zum Umsatzrückgang kommen.

Eine **Alternative** ist die Möglichkeit, zwischen Varianten zur Zielerreichung zu wählen. Möchte man eine optimale Lösung erreichen, ist es eine unabdingbare Voraussetzung, alle möglichen Alternativen zu prüfen. — **Alternativen prüfen**

Beispiel für Alternativen für den Betrieb Terlinden: Bei der Umsetzung der Zielsetzung, ein Bäder- und Fliesenstudio aufzubauen, gibt es folgende Alternativen: Kauf einer geeigneten Immobilie, Anmietung entsprechender Räumlichkeiten, alleinige Finanzierung des gesamten Vorhabens, Beteiligung von zwei anderen Unternehmen am Projekt.

Bei der **Prognose** handelt es sich um eine Vorhersage von Ereignissen in der Zukunft, die auf Beobachtungen der vergangenen Entwicklung sowie der Analyse von gegenwärtigen Zusammenhängen und deren voraussichtlicher Veränderung beruht. — **Entwicklung voraussehen**

Beispiel einer Prognose für das Projekt „Bäder- und Fliesenstudio": Handwerksmeister Terlinden geht davon aus, dass es in seiner Heimatstadt künftig mehr Kunden geben wird, deren Einkommen es ihnen erlaubt, sich für Badezimmer im gehobenen Anspruchssegment zu entscheiden. Diese Kunden werden großen Wert auf eine gute Beratung und hohe Qualität legen. Sie werden auch nicht mehr zu mehreren Betrieben gehen wollen, um sich den Wunsch nach einem neuen Bad zu erfüllen. „Alles aus einer Hand" gilt auch für ein Bäder- und Fliesenstudio. Das Komplettangebot kann nur verkauft werden, wenn beim Beratungsgespräch Musterbäder vorhanden sind und eine entsprechende Fliesen- und Armaturenauswahl zur Verfügung steht. Der Kunde möchte nur einen Ansprechpartner, der alle Arbeiten (Elektroinstallation, Sanitärarbeiten, Tischlerleistungen und Fliesenlegen) koordiniert.

Nach dem Abwägen aller positiven und negativen Auswirkungen der Handlungsalternativen müssen diese bewertet werden. Dann wird die **Entscheidung** getroffen: Derjenige Plan sollte beschlossen werden, der — **Entscheidung treffen** eine für das Unternehmen optimale Gesamtwirkung hat. Im Handwerk sollten für die Entscheidungsfindung folgende Kriterien beachtet werden: das mögliche Risiko, die Finanzierbarkeit, die personelle Ausstattung, die Fähigkeit, sich mit anderen abzustimmen, die geplante Rentabilität und die zeitlichen Vorgaben.

Die Entscheidung des Handwerksunternehmers Terlinden in unserem Beispiel könnte so ausfallen: Anmietung von Räumen für ein Bäder- und Fliesenstudio zu einem günstigen Preis; Bildung einer GmbH, deren weitere Gesellschafter der Elektro- und der Fliesenlegerbetrieb sind. Herr Terlinden und seine Partner tragen das unternehmerische Risiko zu je einem Drittel und begleiten mit hohem Engagement dieses Vorhaben. Das Ziel, für den Betrieb in Zukunft Marktanteile zu sichern, wird so voraussichtlich erreicht.

2.3 Planungsinstrumente

Bei dem Stichwort Planung stellt sich die Frage: „Ist das für mich nicht zu aufwendig und kompliziert?" Sicher benötigt Planung auch Zeit. Aber die eingesetzte Energie wird sich durch eine gute Planung um ein Vielfaches bezahlt machen.

Nicht nur in Bezug auf Planung muss der Aufwand möglichst gering gehalten werden. Dies ist durch einen gezielten Einsatz von Planungsinstrumenten möglich. Es handelt sich dabei um Hilfsmittel, die die Planung erleichtern und das Risiko einer Fehlplanung verringern.

Im Folgenden werden wichtige Planungsinstrumente dargestellt, auf die teilweise auch in anderen Kapiteln eingegangen wird.

Bilanzanalyse Bei der Bilanzanalyse handelt es sich um ein Verfahren der Informationsgewinnung und -auswertung, mit deren Hilfe Erkenntnisse über die gegenwärtige und zukünftige Ertragslage sowie Vermögens- und Finanzlage eines Unternehmens gewonnen werden. Gegenstand der Bilanzanalyse ist nicht nur die eigentliche Bilanz, sondern der gesamte Jahresabschluss (→ S. 127).

Kennzahlen Ein wesentliches Instrument der Bilanzanalyse stellt die Ermittlung und Auswertung von Kennzahlen dar. Vor Berechnung der eigentlichen Bilanzkennzahlen sind die Daten meistens in Form von Umgliederungen und Umbewertungen aufzubereiten, um vergleichbare Kennzahlenwerte, z. B. für mehrere Unternehmen oder Perioden, zu erhalten. Wichtige Kennzahlen sind die Umsatzrentabilität und die Eigenkapitalquote. Weitere Informationen hierzu gibt es den Kapiteln „Jahresabschluss und Grundzüge der Auswertung" (→ S. 111) und „Kosten- und Leistungsrechnung und Controlling" (→ S. 160).

Umsatzvorschau Bei der Umsatzvorschau wird auf der Grundlage der vorhandenen bzw. geplanten produktiven Arbeitsstunden und dem erreichbaren Stundenverrechnungssatz die erzielbare Wertschöpfung berechnet. Hinzu kommen der Materialeinsatz einschließlich des Materialaufschlages sowie sonstige betriebliche Leistungen.

Die Plankostenrechnung ist ein Kostenrechnungssystem, bei dem im Gegensatz zur Istkostenrechnung oder Nachkalkulation eine Kostenrechnung mit geplanten Kosten durchgeführt wird (→ S. 208). Alle Arten stellen Vorausrechnungen dar, die eine Prognose künftiger Kosten voraussetzen. Die Prognose kann auf den Daten der Vergangenheit oder Schätzungen der künftigen Preisentwicklung beruhen. **Plankostenrechnung**

Das Ziel des Liquiditätsplans ist ein vollständiger, zeitpunktgenauer und betragsgenauer Ausweis von Ein- und Auszahlungen. Dieser Plan, der auch als Finanzplan bezeichnet wird, soll den Finanzmittelbedarf einer Periode oder eines Zeitraums feststellen (→ S. 395). Dabei ist insbesondere die zeitpunktgenaue Prognose bzw. Ermittlung der Zahlungen wichtig. Um den Kapitalbedarf präzise ermitteln zu können, hat sich die Auflistung der Ein- und Auszahlungen bewährt. **Liquiditätsplan**

Marktforschung hilft bei der Beschaffung und Verarbeitung von Informationen bezüglich der Unternehmensmärkte. Bei einer Marktbeobachtung wird die Entwicklung einer für das Unternehmen relevanten Größe im Zeitablauf betrachtet. Der Marktanalyse liegt eine zeitpunktbezogene Analyse zugrunde (→ S. 268). **Marktforschung**

Untersuchungen über Alter, Familienstand oder Einkommen möglicher Kunden ebenso wie über Preise oder Qualitäten bedeuten für eine Unternehmung wichtiges Hintergrundmaterial, ebenso wie Daten über die Marktlage oder die Marktentwicklung, die Zahl der potentiellen Nachfrager, deren Kaufkraft und deren Kaufverhalten, die Zahl und die Intensität der Konkurrenten. Auch rechtliche, technische und gesellschaftliche Informationen können durchaus von Nutzen sein. Der Handwerksmeister kann viele dieser Erhebungen jedoch kaum selber durchführen; er sollte ggf. einen Experten beauftragen.

In Verbindung mit der Marktforschung steht eine möglichst präzise Zielgruppenanalyse (→ S. 274). Die Zielgruppenbestimmung kann sich daraus ableiten und wird so zu einem wichtigen Instrument der Unternehmensplanung. **Zielgruppenanalyse**

2.4 Kontrolle

Kontrolle ist eine Phase im Führungsprozess, die sich an die Planung anschließt. Kontrollergebnisse sind wichtige Ausgangsdaten für das betriebliche Controlling (zum Unterschied von „Kontrolle" und „Controlling", → S. 218).

Die Kontrolle hat die Aufgabe zu ermitteln, ob die Resultate (Ist) mit den Planvorgaben (Soll) übereinstimmen, ob und welche Abweichungen bestehen. Dabei werden Plan- und Vergleichsgrößen gegenübergestellt. Je **Definition**

PLANUNG

regelmäßiger und systematischer eine Kontrolle stattfindet, desto sinnvoller ist sie. Kontrolle umfasst auch die Analyse möglicher Abweichungen, denn ohne Analyse der Ursachen von Planabweichungen bleibt jede Kontrolle wirkungslos.

Konsequenzen Nach der Analyse der Abweichungen können Konsequenzen gezogen werden. Diese gehen in die Richtung von betrieblichen Korrekturmaßnahmen oder von Planungsänderungen. In diesem Gesamtprozess verwirklicht sich ein Regelsystem der Unternehmensführung.

Planungsprozess als Regelkreis

Beispiel:

Handwerksmeister Wolters stellt im Januar des Jahres 2003 eine strategische Planung für fünf Jahre auf; für die ersten beiden Jahre erarbeitet er operative Zielsetzungen. Der Planung liegt das längerfristige Ziel zugrunde, in zehn Jahren Marktführer in seiner Branche Im Landkreis N. zu sein. Jedes Jahr wird die Zielerreichung kontrolliert, werden Maßnahmen für die operative Planung beschlossen und der Plan um ein Jahr verlängert. Dies ist notwendig, damit das Unternehmen stets über eine aktuelle strategische und operative Planung verfügt.

Planung als Prozess In dem Beispiel kommt der Prozesscharakter der Planung zum Ausdruck, der sich auch in der Darstellung des Regelkreises widerspiegelt. Die Planung muss daher ein ständiges Element des betrieblichen Führungsprozesses sein, von der Gründung bis zur Übergabe an einen Nachfolger.

PLANUNG

Bitte bearbeiten Sie abschließend die folgenden Aufgaben:

1. Welche Planungsbereiche können in einem Handwerksbetrieb unterschieden werden?

2. Setzen Sie sich anhand eines Beispiels aus Ihrem Gewerbe mit der Bedeutung der Planungsphasen auseinander.

3. Planungsinstrumente können mehr oder weniger aufwendig sein. Stellen Sie einige Planungsinstrumente in einen Zusammenhang mit Planungszielen.

4. Kann es einen Führungsprozess ohne Kontrolle geben? Begründen Sie Ihre Meinung.

PLANUNG

3. Risikovorsorge

> **Kompetenzen:**
>
> Der Lernende
> - kann betriebliche Risiken analysieren und die entsprechende Versicherungsform benennen,
> - kennt Mittel zur Reduzierung betrieblicher Risiken.

Jede unternehmerische Tätigkeit ist mit Risiken verbunden. Für den Handwerker ist es daher wichtig, seine betrieblichen Gefahren zu kennen, um abzuwägen, wie ihnen zu begegnen ist.

3.1 Analyse der Risikoarten

Während einige Risiken von außen auf den Betrieb einwirken, bilden sich andere erst im Zusammenhang mit der handwerklichen Tätigkeit heraus.

natürliche Risiken
- Die Umwelt wirkt ständig auf den Betrieb ein. Schäden können durch Erdbeben, Sturm, Wasser und Feuer entstehen.

soziale Risiken
- In einem Unternehmen gibt es ein Geflecht von sozialen Beziehungen der Mitarbeiter untereinander sowie zwischen den einzelnen Arbeitnehmern und der Unternehmensleitung. In Abhängigkeit vom Betriebsklima kann es zu nachlassender Motivation und Fluktuation, aber auch zu Betrug und Diebstahl kommen.

politische Risiken
- Bei Exportgeschäften spielt die politische Stabilität im Ausland die entscheidende Rolle für die Höhe des Risikos. Im Inland wird ein Unternehmen hauptsächlich durch die sich ständig verändernde Gesetzgebung betroffen. Von besonderer Bedeutung sind dabei die Steuergesetze, das BGB (Bürgerliches Gesetzbuch) und die Umweltgesetzgebung.

technische Risiken
- Maschinen und Einrichtungen eines Betriebes unterliegen einer ständigen Abnutzung, die bis zum Ausfall führen kann. Bei der Leistungserstellung treten nicht selten Gefahren auf. Gas, Staub, Lärm, Feuer und Abfälle können entstehen und bei unsachgemäßem Umgang zu Sach-, Umwelt- bzw. Personenschäden führen. Dies ist auch nach dem Abschluss der Leistungserstellung (z. B. eines Bauwerkes) und der Fertigstellung eines Produkts möglich. Der Handwerksbetrieb unterliegt den vertraglichen Gewährleistungsverpflichtungen (→ S. 517).

Marktrisiken
- Marktrisiken werden überwiegend durch den Wettbewerb, den Absatz der Leistungen sowie konjunkturelle Veränderungen geprägt. Es kann zu Forderungsausfällen mit negativen Folgen für die Liquidität kommen.

3.2 Absicherung der Risiken

Die zunehmende Zahl von Risiken erfordert eine differenzierte Risikostrategie. Neben dem rechtzeitigen Erkennen und Analysieren der Risiken sollte ein Maßnahmenplan zur Beeinflussung des Risikos oder dessen Folgen erstellt werden. Dieser kann eine Schadenverhütung durch Risikovermeidung bzw. -minderung oder auch eine Schadenüberwälzung vorsehen. Bei der Abwälzung von Risiken wird ein Vertrag mit Dritten, z. B. einer Versicherung, geschlossen (→ S. 683)

Risiken bedeuten zwar Unsicherheit, bedeuten aber auch, Gewinn zu erzielen und ggf. mit niemandem zu teilen. Risiken durch Unterlassung von Handlungen völlig zu vermeiden, könnte letztlich die Aufgabe der Unternehmung bedeuten. Wenn marktwirtschaftliche Unternehmen erfolgreich sein wollen, können sie nicht alle Risiken ihrer Geschäftstätigkeit verhüten oder überwinden. Sollte dies trotzdem versucht werden, müssten eine Unzahl von Versicherungen abgeschlossen werden, was mit einer sehr hohen finanziellen Belastung für den Betrieb verbunden wäre. Die Versicherungen würden dann selber zu einem Risiko für das Überleben des Unternehmens werden. **Probleme bei der Risikovermeidung**

Das planerische Problem liegt darin zu entscheiden, welche Versicherungen für den Handwerksbetrieb zur Existenzsicherung notwendig sind. Dazu müssen Kosten und Nutzen abgewogen werden und in einem angemessenen Verhältnis zueinander stehen.

Es gibt eine Vielzahl von Versicherungen und Anbietern. Dazu kommen Vertreter, Makler und Berater, die mehr oder weniger neutral beraten und Empfehlungen aussprechen. Die richtige Versicherung zur notwendigen Absicherung von Risiken kann nur individuell gefunden werden.

Man unterscheidet Personen-, Sach- und Schadensversicherungen. Der Versicherer verpflichtet sich bei Eintritt des Versicherungsfalles zur Zahlung der Versicherungssumme, der Versicherungsnehmer verpflichtet sich zur fristgemäßen Zahlung der Prämien und zur wahrheitsgemäßen Angabe der Daten bei Versicherungsabschluss.

Durch den Abschluss einer Vermögensversicherung (Haftpflichtversicherung) wird sichergestellt, dass das persönliche Vermögen oder das Betriebsvermögen durch den Schaden nicht betroffen wird. Für den Produktionsbetrieb besonders wichtig ist der Abschluss der Betriebsunterbrechungsversicherung. Sie deckt im Allgemeinen Schäden aufgrund einer zufälligen und ungewollten Betriebsunterbrechung, insbesondere entgangenen Geschäftsgewinn und fortlaufende Geschäftskosten. So werden Risiken kalkulierbar. **kalkulierbare Risiken**

Der Abschluss der richtigen Versicherung bedeutet Schutz vor finanzieller Not, wenn Gefahr eintritt. Dadurch kann der Betrieb weitergeführt und die Arbeitsplätze gesichert werden.

PLANUNG

Beim Abschluss einer Versicherung muss unbedingt darauf geachtet werden, dass die Versicherungssumme dem Versicherungswert entspricht, also weder Unterversicherung noch Überversicherung vorliegt.

Hinweise zum Versicherungsabschluss

Folgende wesentliche Bestandteile sollten vor dem **Abschluss** eines **Versicherungsvertrages** geprüft werden:
- Prämie des Versicherungsnehmers (zu zahlender Betrag),
- Leistung des Versicherers bei Eintreten des Schadenfalles,
- Vertragsdauer,
- Kündigungsbedingungen.

Wann ist man „richtig" versichert?

Die Risiken und Vermögensstrukturen in einem Betrieb sind ständigen Veränderungen unterworfen. Es ist daher ratsam, einmal im Jahr einen Versicherungs-Check durchzuführen. Als Ergebnis sollte festgestellt werden, ob die vorhandenen Versicherungen noch den tatsächlichen Bedingungen genügen. Vor allem ist die Frage der Unter- bzw. Überversicherung zu prüfen.

Unterversicherung

Beispiel für Unterversicherung: die Versicherungssumme ist niedriger als der Versicherungswert (Angaben in €).

Vorhandene Gegenstände	150 000,–
Versicherungssumme lt. Vertrag	105 000,–
Schadensfall	25 000,–
Anspruch: nur 70 % des Schadens	17 500,–
Folge von Unterversicherung:	
Der Schaden wird nur im prozentualen Verhältnis von Versicherungssumme zum tatsächlichen Versicherungswert des Schadens erstattet. In diesem Beispiel also nur 70 % des Schadens = € 17 500,–.	

Überversicherung

Beispiel für Überversicherung: die Versicherungssumme ist höher als der Versicherungswert (Angaben in €).

Vorhandene Gegenstände	150 000,–
Versicherungssumme lt. Vertrag	160 000,–
Schadensfall	10 000,–
Anspruch: max. 100 % des Schadens	10 000,–
Folge von Überversicherung:	
Da der Schaden nur im prozentualen Verhältnis von Versicherungssumme zum tatsächlichen Versicherungswert erstattet wird, hat der Betrieb keinen Nutzen von der zu hohen Prämie. In diesem Beispiel betragen 100 % des Schadens € 10 000,–.	

PLANUNG

Bitte bearbeiten Sie abschließend die folgenden Aufgaben:

1. Welche Risiken gibt es im Handwerksbetrieb?

2. Wie kann man Risiken absichern?

3. Nehmen Sie Stellung zu der These: „Der Handwerksunternehmer sollte sich gegen alle Risiken versichern."

GRÜNDUNG

Gründung

1. Unternehmenskonzept

> **Kompetenzen:**
>
> Der Lernende
> - kann wesentliche Motive für eine Existenzgründung darlegen,
> - ist in der Lage, die wichtigsten Bestandteile einer Unternehmenskonzeption zu erläutern,
> - kann die für eine Unternehmerpersönlichkeit notwendigen persönlichen Voraussetzungen beschreiben,
> - kann die Bedeutung eines Leitbildes für ein Unternehmen einschätzen,
> - kann wichtige Gesichtspunkte bei der Bestimmung eines handwerklichen Produkt- und Leistungsangebotes erläutern,
> - ist in der Lage, die für eine Zielgruppenbestimmung notwendigen Fragen zu formulieren.

Motive für Selbstständigkeit

Für den Existenzgründer stellt der Schritt in die Selbstständigkeit einen starken persönlichen Einschnitt dar, der mit erheblichen Chancen und Risiken verbunden sein kann. Entscheidend dabei ist, sich über die Motivation für die angestrebte Selbstständigkeit Klarheit zu verschaffen. Diese sollte aus einem selbst heraus und nicht von anderen kommen (z. B. Familientradition) oder nur als eine Art Notlösung bei Arbeitslosigkeit betrachtet werden. Eigene Antriebe können sein:

- Streben nach Unabhängigkeit,
- Beseitigung der Abhängigkeit von Vorgesetzten,
- Verwirklichung eigener Ideen,
- Aussicht auf höheres Einkommen.

Sowohl die Neugründung als auch die Übernahme eines Betriebes (→ S. 490) bedarf einer gründlichen und systematischen Vorbereitung und Planung. Der Existenzgründer muss eine Vorstellung haben, welche Produkte und Dienstleistungen er welchen Zielgruppen anbieten will. Ausgangspunkt ist also die Geschäftsidee, die in ein tragfähiges Unternehmenskonzept einmünden muss. Eine Unternehmenskonzeption sollte zu folgenden wesentlichen Punkten ausführlich Stellung nehmen:

GRÜNDUNG

- Angaben zu Gründerperson/-personen, beruflicher Qualifikation, beruflichen Erfahrungen, Spezialisierungen;
- Konkretisierung des Zielmarktes, der Kundenstruktur, der Konkurrenz, der Vertriebswege, der Preispolitik, des Produkt- und Dienstleistungsangebotes;
- Aussagen über die Standortfaktoren, die Standortbeschreibung und den Standortvergleich;
- Angaben zur Rechtsform;
- Angaben zum kaufmännischen und gewerblichen Personaleinsatz (Inhaber, mitarbeitender Ehepartner, Bürokraft, Meister, Geselle, Lehrling);
- Aussagen über die Unternehmensplanung, wie Investitions- und Finanzierungsplan, Kapitaldienstplan, Personal- und Sachkostenplan, Betriebsmittelplan, Liquiditätsplan, Umsatzplan, Rentabilitätsvorausschau mit Gewinnerwartung für mehrere Jahre.

Bestandteile einer Unternehmenskonzeption

Ein Unternehmenskonzept stellt eine wesentliche Grundlage der Selbstständigkeit dar und ist auch Voraussetzung für die Finanzierungspartner, um öffentliche Fördermittel oder Bankdarlehen zu gewähren. Die einzelnen Bestandteile werden in den nachfolgenden Hauptkapiteln noch ausführlicher behandelt.

Verweise auf interessante Internetseiten für Existenzgründer finden Sie im Bereich „Internetadressen" auf der CD-ROM.

Internetadressen

1.1 Persönliche Voraussetzungen

Der Unternehmenserfolg hängt u. a. ganz entscheidend von der Unternehmerpersönlichkeit ab. Jeder Gründer sollte sich einer kritischen Selbstüberprüfung unterziehen. Neben den fachlichen Qualitäten sind folgende persönliche Voraussetzungen wichtig:

- Kontaktfreudigkeit,
- Lernfähigkeit,
- Organisationsgeschick,
- Durchsetzungsvermögen (der nötige „Biss"),
- Überzeugungskraft,
- Gesundheit und Belastbarkeit,
- Kreativität.

Merkmale einer Unternehmerpersönlichkeit

In handwerklichen Betrieben spielt auch der Ehepartner eine wichtige Rolle. Meistens ist er in die Unternehmensführung integriert. Ohne den Rückhalt aus der Familie ist eine Gründung oftmals sehr schwierig.

1.2 Leitbild

Unternehmen benötigen ein Leitbild, an dem sich Verbraucher, Mitarbeiter und die Unternehmensführung selbst langfristig orientieren können. Je

Erstellung eines Leitbildes

markanter und ausgeprägter ein solches Leitbild ist, umso eher kann ein Unternehmen am Markt ein eigenes Profil gewinnen. Zur Erstellung eines Leitbildes muss sich ein Unternehmen zunächst über die eigene Position und über seine Ziele Klarheit verschaffen:

- Welche Grundauffassungen und Werte wollen wir vertreten?
- Wo werden die Stärken und Schwächen unseres Unternehmens liegen?
- Wie können wir uns von Wettbewerbern unterscheiden?
- Wie ist das Verhältnis zu Mitarbeitern, zu Kunden, zur Umwelt?
- Welchen Stellenwert haben Beratung, Kundenfreundlichkeit, Dienstleistungen?
- Soll eine hochwertige Qualität, die Individualität oder mehr das Mengengeschäft im Vordergrund stehen?

Funktion eines Leitbildes

Erst die Antworten auf die o. a. oder ähnliche Fragen geben dem Gründer eine eigenständige Identität und damit die Voraussetzung für seine Unverwechselbarkeit am Markt. Diese eigenständige Identität des Unternehmens erzeugt zugleich auch den Rahmen für künftige Entscheidungen und bietet Hilfen für die Gestaltung des Tagesgeschäftes. Die Notwendigkeit eines Leitbildes wird umso dringlicher, je weniger allein technologische oder ökonomische Vorteile dem Unternehmen einen Wettbewerbsvorsprung garantieren. Sobald Produkte und Dienstleistungen im Preis, in der Anwendung und in der Verarbeitungstechnik einheitlicher und damit austauschbar werden, grenzen sich Unternehmen durch Erfolgsfaktoren wie Identität, Personalpolitik und Kommunikation voneinander ab.

1.3 Produkt- und Leistungsprogramm

neue Geschäftsidee

Die erfolgreiche Suche nach der absolut neuen Geschäftsidee bleibt nur wenigen Existenzgründern vergönnt. Es gibt viele Angebote auch im handwerklichen Bereich, die in der Qualität und im Service erheblich verbessert werden können. Es kommt darauf an, auch verbreitete Geschäftsideen differenzierter, d. h. **anders** anzubieten. Hier muss der Gründer Schwächen und Mängel des geplanten Produkt- und Leistungsprogramms genau analysieren. Am erfolgreichsten ist ein Existenzgründungsvorhaben dann, wenn gegenüber den Mitbewerbern deutliche Vorteile beim eigenen Produkt- oder Dienstleistungsangebot dargestellt werden können. Beispiel: Eine Kfz-Werkstatt bietet ihren „autolosen" Kunden einen kostenfreien Fahrservice, wenn diese auf die Fertigstellung der Reparatur warten.

1.4 Zielgruppen

Damit sich der Gründer erfolgreich auf dem Markt positionieren kann, muss eine möglichst genaue Bestimmung seiner Zielgruppen vorausgehen. Zur Ermittlung der Zielgruppen sind u. a. folgende Fragen hilfreich:

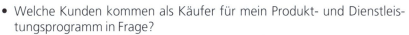

GRÜNDUNG

- Welche Kunden kommen als Käufer für mein Produkt- und Dienstleistungsprogramm in Frage?
- Besteht eine ausreichend große Nachfrage nach den von mir angebotenen Leistungen?
- Welche Wünsche, Gewohnheiten, Erwartungen haben die Kunden an mein Produkt?
- Welchen Service erwarten die Kunden?
- Welche Preise sind die Käufer bereit zu zahlen?
- Kenne ich die Kaufmotivation meiner potenziellen Kunden?

Ermittlung von Zielgruppen

Bitte bearbeiten Sie abschließend die folgenden Aufgaben:

1. Erläutern Sie die wesentlichen Motive für die eigene Selbstständigkeit.

2. Legen Sie dar, welche Angaben eine Unternehmenskonzeption beinhalten sollte.

3. Beschreiben Sie die wichtigsten persönlichen Voraussetzungen für die Selbstständigkeit.

4. Erläutern Sie die Bedeutung des Leitbildes für ein Unternehmen.

5. Stellen Sie dar, warum es notwendig ist, die Zielgruppe exakt zu definieren.

GRÜNDUNG

2. Markt- und Standortanalyse

Kompetenzen:

Der Lernende
- kann Absatzgebiete erkunden und Absatzmöglichkeiten und Konkurrenzverhältnisse beurteilen,
- ist in der Lage, Kundenstrukturen zu untersuchen und darzulegen,
- kann die wesentlichen Faktoren beschreiben, die für eine Standortbeurteilung wichtig sind,
- kann einen aussagefähigen Standortvergleich durchführen.

2.1 Absatzgebiete und -möglichkeiten

2.1.1 Absatzgebiete

Der Existenzgründer muss sich einen genauen Überblick über den Markt verschaffen, in dem er sich zukünftig bewegen will. Informationen über potenzielle Kunden, Mitbewerber und Lieferanten gehören ebenso dazu, wie Umsatz- und Gewinnerwartungen (→ „Marketing", S. 270).

Vorüberlegungen Der Existenzgründer muss sich Gedanken über das potenzielle Absatzgebiet machen und sich zunächst fragen, ob das Produkt oder seine Leistung regional oder überregional angeboten werden soll. Dies ist im Wesentlichen produkt- und branchenabhängig.

Beispiel: Ein Nahrungsmittelhandwerker muss sich überlegen, ob er sein Absatzgebiet auf die nähere Umgebung seines Ladengeschäftes begrenzen will oder ob er sein Sortiment durch Belieferung an breitere Bevölkerungsschichten verkaufen kann. Denkbar wäre auch, eine Spezialität überregional oder sogar international zu vertreiben.

Absatzmarktanalyse

Nach diesen Vorüberlegungen gilt es, den so eingegrenzten Markt näher zu untersuchen. Bei der Marktanalyse sind folgende Punkte von besonderer Bedeutung:

Gegenstände der Analyse
- Marktgröße (z. B. Zahl und Größe der Unternehmen),
- Marktwachstum (z. B. Entwicklung der Umsatzzahlen),
- Marktstruktur (z. B. Unternehmensarten: Filialen oder Fachbetriebe),
- Marktstabilität (z. B. Entwicklung der Umsatzzahlen, Entwicklung der Beschäftigtenzahlen),

GRÜNDUNG

- Gebietsstrukturen (z. B. reine Wohngebiete, Gewerbe-, Industriegebiete),
- rechtliche Rahmenbedingungen (z. B. Gesetzes-/Vorschriftenänderungen: Unfallverhütungsvorschriften, Änderung in der Handwerksordnung),
- politische Entwicklungen (z. B. Öffnung des Europäischen Binnenmarktes),
- ökonomische Situation (z. B. zunehmende Zahl der Arbeitslosen),
- ökologische Situation (z. B. neue Umweltauflagen: Abfallentsorgung),
- demographische Entwicklungen (z. B. steigende Zahl der Single-Haushalte),
- technologische Neuerungen und Entwicklungstendenzen der Branche (z. B. Entwicklung neuer Produktionstechniken),
- Konsumentenverhalten (z. B. die Vorliebe für sportliche Kleidung),
- Handelsverhalten (z. B. müssen Zulieferbetriebe zertifiziert sein),
- Herstellerverhalten (z. B. wird es in Zukunft Hersteller von preiswerten Produkten mit Mindestqualität und Hersteller von Qualitätsprodukten geben).

Als Quellen bei der Informationsbeschaffung dienen

Informationsquellen

- Fachzeitschriften,
- Handwerkskammern, Fachverbände,
- Statistische Bundes- und Landesämter,
- Marktforschungsinstitute (Ifo München, Statistische Ämter der Gemeinden, die örtliche Wirtschaftsförderung),
- Datenbanken (Reuters, Creditreform, FIZ-Technik, Bürger),
- BBE (Betriebswirtschaftliche Beratungsstelle des Einzelhandels in Köln),
- Gespräche mit Kunden, Händlern, Wettbewerbern, Experten,
- Messen und Kongresse.

2.1.2 Absatzmöglichkeiten

Will sich heute ein Existenzgründer auf dem Markt behaupten, so ist es nicht nötig, ein „Allrounder" zu sein. Oft ist es besser, sich auf ein schmales, aber gewinnträchtiges Produktprogramm zu konzentrieren (Marktnische suchen). Folgende grundsätzliche Überlegungen sind anzustellen:

- Wie attraktiv ist momentan der Markt für die Kunden?
- Welche Märkte und Kundengruppen könnten in Zukunft gewinnbringend sein?
- Welche Produkte lassen in Zukunft Gewinn erwarten?
- Wie sehen die Zukunftsprognosen für meine Branche aus?
- Mit welchen Produkten wird zurzeit der Bedarf gedeckt?
- Welche Faktoren beeinflussen die Kundennachfrage?

GRÜNDUNG

- Was macht die Konkurrenz?
- Ist das erwartete Umsatzvolumen für das ausgewählte Geschäftsfeld groß genug, um eine eigenständige Bearbeitung wirtschaftlich rechtfertigen zu können?

Für die Einschätzung der Absatzmöglichkeiten sind darüber hinaus Standortfaktoren (→ S. 457) am zukünftigen Betriebssitz mitentscheidend.

2.1.3 Neue Märkte und mögliche Geschäftsfelder für Existenzgründer

Kundenorientierung

Die **Kundenorientierung** (→ S. 283) muss heute die zentrale strategische Leitidee im Handwerk darstellen. Handwerksunternehmen, die sich erfolgreich auf dem Markt positionieren wollen, müssen die Absatzmärkte permanent beobachten.

Durch das Aufspüren neuer Märkte und Geschäftsfelder können Umsatzrückgänge nicht mehr lohnender Geschäftsbereiche kompensiert werden. Für Existenzgründer zeichnen sich zusätzliche Chancen ab:

Schaffung neuer Geschäftsfelder

- Auslandsgeschäfte: Binnenmarkt und Euro beschleunigen u. a. den Prozess der Internationalisierung der Märkte;
- Kooperationen mit anderen Unternehmen: die Kunden wollen nicht nur einzelne Produkte oder eine bestimmte Dienstleistung einkaufen, sondern bevorzugen Komplett-Lösungen, also „Leistungen aus einer Hand";
- Entwicklung neuer Produkte und Leistungsfelder: Diese orientieren sich oft an Markttrends (Umwelt, Freizeit, Wellness);
- Akquisition öffentlicher Aufträge: Eine exakte Einhaltung von Kriterien ist Voraussetzung für die Teilnahme an Ausschreibungen und für die Erteilung des Auftrags. Durch Nutzung neuer Medien, z. B. des Internets, können unter bestimmten Voraussetzungen Ausschreibungsunterlagen beschafft werden (z. B. unter *www.handwerk.de*);
- Facility Management: Bei den Dienstleistungen rund um die Immobilie (das Spektrum reicht von Wohnhäusern bis zu Industrieanlagen) entsteht ein neuer Markt, an dem das Handwerk teilhaben kann im Rahmen gewerkspezifischer Tätigkeiten, besonders in den Installationshandwerken. Dies betrifft Aufgaben rund um Planung, Erstellung, Bewirtschaftung, Abriss u. Ä.

2.2 Kundenstruktur

Damit das Leistungsangebot möglichst genau auf die Wünsche und Bedürfnisse der Kunden zugeschnitten werden kann, müssen genaue Erkenntnisse über die Struktur der Kundenzielgruppen gewonnen werden (→ „Marketing", S. 274).

GRÜNDUNG

Eine erste grobe Unterscheidung der Kundengruppen – je nach Branche – kann nach

- gewerblichen Kunden (Industrie-, Handwerks-, Dienstleistungsbetriebe),
- öffentlichen Auftraggebern,
- Privatkunden

vorgenommen werden.

Gliederung der Kundengruppen

Eine weitere Einteilung der Privatkunden kann nach folgenden Merkmalen erfolgen:

- nach soziodemographischen, biologischen oder geographischen Faktoren: Familienstand, Alter, berufliche Stellung, Haushaltseinkommen, Geschlecht, Wohnort;
- nach Faktoren des Kaufverhaltens: Firmentreue, rationales oder emotionales Kaufentscheidungsverhalten;
- nach psychologischen Kriterien: sozialer Status der Kunden, Einstellung zu Produkten und Firmen, Lebensstil.

2.3 Standortbeurteilung

2.3.1 Standortfaktoren

Die Tatsache, dass die Standortfaktoren für den einzelnen Betrieb unterschiedliche Bedeutung haben, wird ersichtlich aus der Orientierung der Betriebe an bestimmten Kriterien. Die Kundennähe spielt vor allem für Handwerksunternehmen mit Ladenlokal eine große Rolle. Ein handwerklicher Zulieferbetrieb, der Werkzeugteile für die Industrie fertigt, ist nicht unbedingt von der Kundennähe abhängig und kann auch „auf der grünen Wiese" produzieren.

Es kann festgestellt werden: Je bedeutsamer Kundennähe für den unternehmerischen Erfolg ist, umso wichtiger sind absatzorientierte Faktoren, umso intensiver muss der Existenzgründer sich mit den Standortfaktoren auseinander setzen. Das folgende Kapitel legt entsprechend den Schwerpunkt auf die Lösung der Standortfrage für solche absatzorientierten Betriebe.

Bedeutung der Kundennähe

Die Entscheidung über den richtigen Standort ist von vielen Faktoren abhängig. Dabei spielen besonders Einflüsse auf die Kosten einerseits und auf die Erlöse andererseits eine entscheidende Rolle. Einige Beispiele:

- Absatzmarkt: Zahl, Kaufkraft und Nähe zu potenziellen Kunden, Verbrauchergewohnheiten, Konkurrenzsituation, Verkehrsanbindung, regionale Entwicklungstendenz;
- Materialbeschaffung: Nähe zu Lieferanten, Transportverhältnisse;
- Arbeitsmarkt: Verfügbarkeit und Qualifikation von Arbeitskräften, Lohnniveau;
- Energieversorgung: Strompreise, Vorhandensein von Anschlüssen;
- Umweltsituation: Immissionsschutzauflagen, Abfallentsorgungsregelungen, Altlasten;

GRÜNDUNG

- Grundstücks- und Mietraumsituation: Verfügbarkeit, Kostenniveau;
- Behördliche Beschränkungen: Bauplanungsrecht, Betriebserweiterungsmöglichkeiten;
- Steuern und Abgaben: Gewerbe- und Grundsteuer, Abwassergebühren, Abfallbeseitigungskosten, evtl. Erschließungskosten.

Die einzelnen Standortfaktoren können – je nach Zielsetzung, Ausrichtung und Branchenzugehörigkeit der Betriebe – unterschiedliche Bedeutung haben. Beispiel: Eine Bäckerei sucht ein Ladenlokal. Für einen solchen absatzorientierten Betrieb sind Kundennähe und Konkurrenzverhältnisse bedeutsame Kriterien bei der Standortsuche.

Einteilung der Standortfaktoren

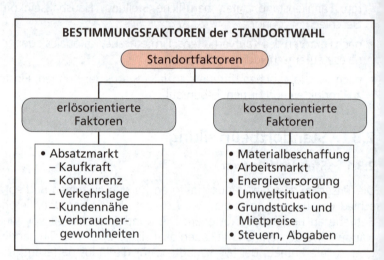

Beschaffung des Datenmaterials für Standortanalysen

Konkurrenzbegehung
- Konkurrenzbegehung
Über die Verkaufsfläche können die Umsätze des Unternehmens auf der Grundlage der branchenüblichen Daten hochgerechnet werden.

Passantenfrequenz
- Passanten- und Kundenfrequenzzählung
Es kann hier z. B. erfasst werden, wie viele Kunden den Laden des Wettbewerbers betreten.

Befragung
- Repräsentative Bevölkerungsbefragung
Folgende Informationen lassen sich abfragen:
  - Einkauforientierung am Standort, gegliedert nach Wettbewerbern und Ermittlung von Kaufkraftabflüssen,
  - Erfassung der Werbewirkung und des Images des Wettbewerbs,
  - konkrete Erwartungshaltung der Verbraucher an den Gründer.

Lieferant als Informationsquelle
- Lieferant als Informationsquelle
Die Vertreter der Lieferanten oder des Großhandels, die den Handwerksunternehmen regelmäßige Besuche abstatten, sind als Informationsquelle für Existenzgründer wertvoll, wenn man vor der eigentlichen Betriebsgründung oder Betriebsübernahme über Kontakte verfügt.

GRÜNDUNG

- Kommunale Daten
  Prognosen zur Bevölkerungsentwicklung am Standort lassen sich nur über die Kommunen erheben. Hier ist zu beachten, dass die bei den Kommunen gespeicherten Einwohnerzahlen in der Regel auch die gemeldeten Zweitwohnsitze enthalten. Die amtliche Statistik (Landesämter für Datenverarbeitung und Statistik) ist hier heranzuziehen, da sie schon bereinigte Werte enthält. Zur Datenerhebung lohnt sich für den Gründer der Weg in die Rathäuser. Durch Kontaktaufnahme mit den Verkehrsplanern oder den Leitern der Gewerbeämter bzw. der regionalen Wirtschaftsförderungseinrichtungen lassen sich Informationen zu folgenden Fragen finden:
  - Welche Planungen und Entscheidungen der Kommune stehen an, die die Verkehrsführung an und in unmittelbarer Nähe des anvisierten Standortes beeinflussen?
  - Welche Veränderungen hinsichtlich der Parkplatzsituation im näheren Umfeld sind geplant?
  - Welche Ansiedlungsvorhaben zusätzlicher Einzelhandelsflächen sind an diesem möglichen Standort geplant, und gibt es bereits ganz konkrete Hinweise, welche Branchen sich ansiedeln werden?
  - Sind Entscheidungen der Kommune getroffen worden oder stehen diese an, die die Einwohnerzahlen beeinflussen, z. B. Ausweisung neuer Wohngebiete oder Umwidmung des Baurechts?

kommunale Daten

- Kaufkraftkennziffern
  Kaufkraftkennziffern geben Auskunft über die regionale Verteilung der verfügbaren Einkommen. Sie sind Instrument bei der Optimierung der Vertriebs-, Absatz- und Standortstrategie. In Verbindung mit den Bevölkerungszahlen am Ort sind qualitative Angaben zur Höhe der lokalen Nachfrage und des Absatzes möglich.

Kaufkraftkennziffern

Standortqualität

Die Standortqualität wird beeinflusst durch die Struktur des Angebotes an Ladengeschäften, die sich in der Bedarfsdeckung der Bevölkerung ergänzen. Jede Frequentierung eines Unternehmens nützt durch seinen Beitrag zur Gesamt-Frequenz am Standort auch den anderen Unternehmen. In eine qualifizierte Standortbeurteilung muss die Betrachtung des Branchen-Mix am Standort einfließen. Über folgende Fragen muss sich der Gründer Klarheit verschaffen:

Standortfrequentierung

- Hat der ausgewählte Standort und das unmittelbare Umfeld in den letzten Jahren an Kundenfrequenz gewonnen, verloren oder ist die Frequenz gleich geblieben?
- Wurden in unmittelbarer Nähe neue Betriebe eröffnet oder bestehende Unternehmen geschlossen?
- Wie wird sich nach den vorliegenden Informationen die Standortqualität in den nächsten Jahren entwickeln?

Die Standortfrequentierung wird am stärksten durch Betriebe zur kurzfristigen Bedarfsdeckung beeinflusst, wie z. B. Bäcker und Fleischer.

2.3.2 Standortvergleich

Schuhmachermeister Stefan Sohle will ein Schuhgeschäft mit Reparaturgeschäft eröffnen. Folgende Punkte sind bei der Standortwahl wichtig:

Festlegung der Standortkriterien

- Stefan Sohle muss ein Ladenlokal mit einer ausreichenden Schaufensterfront finden.
- Das Geschäft muss eine gute Fußgängerfrequenz aufweisen oder leicht von einer näheren Fußgängerzone erreichbar sein.
- Im weiteren Umkreis sollte sich kein weiterer Schuhmacher niedergelassen haben.
- Wenn der Schuhmacher nur Ware des gehobenen Bedarfs (hohe Qualität zu entsprechenden Preisen) anbieten will, um sich vom Massenmarkt abzuheben, so muss sich der Standort in einem kaufkraftstarken Gebiet befinden oder von den kaufkraftstarken Kunden gut erreichbar sein.
- Besonders wichtig für den Standort ist die Ausstrahlung des Ortsteils, der Geschäftsstraße, sowie des Hauses, in dem sich das Geschäft befindet. Einerseits kann ein modernes, sauberes Haus den Kunden anziehen, andererseits kann aber ein entsprechend nostalgisches Ambiente zu einem sehr attraktiven Standort führen.
- Es ist zu beobachten, welche anderen Geschäfte sich im Umkreis befinden. Welche Anziehungskraft üben diese auf den Konsumenten aus?
- Die Erreichbarkeit des Geschäftslokals für den Kunden ist zu prüfen. Möglicherweise ist es wichtig, selbst Parkplätze anzubieten.

Diese so für den Betrieb festgelegten, wesentlichen Einflussfaktoren können nach einem Punktesystem gewichtet werden (z. B. 5 Punkte = außerordentlich wichtig bis 1 Punkt = unwichtig). Tragen Sie dann für die zur Auswahl stehenden jeweiligen Standorte für jedes Kriterium die entsprechende Punktzahl in ein Bewertungsschema ein. Die höchste Punktzahl ergibt den am besten geeigneten Standort.

Schema zur Standortbewertung

Bewertungsschema			
	Standort A	Standort B	Standort C
Faktor a			
Faktor b			
Faktor c			
Faktor d			
Faktor e			
Punktsumme			

5 P = außerordentlich wichtig   4 P = sehr wichtig   3 P = wichtig
2 P = weniger wichtig   1 P = unwichtig

GRÜNDUNG

Bitte bearbeiten Sie abschließend die folgenden Aufgaben:

1. Erläutern Sie die wichtigsten Punkte, die eine Marktanalyse beinhalten sollte.

2. Beschreiben Sie Quellen, die Sie für die Marktanalyse nutzen können.

3. Erläutern Sie Merkmale, nach denen Sie ihre Kunden (Zielgruppe) unterscheiden bzw. einteilen.

4. Analysieren Sie Standortfaktoren, die für Ihr Gewerk von Bedeutung sein könnten.

GRÜNDUNG

3. Rechtsfragen bei der Gründung

Kompetenzen:

Der Lernende

- kann die wichtigsten Vorschriften des Baurechts, des Umweltrechts und des Abfallrechts beschreiben, die bei der Gründung und Errichtung eines Handwerksbetriebes maßgeblich sind,
- kann die wesentlichen gesetzlichen Bestimmungen des Handwerks-, Handels- und Steuerrechts unter gründungsrelevanten Gesichtspunkten erläutern,
- kann die Eckpunkte der Arbeitsstättenverordnung darlegen.

3.1 Bau-, umweltschutz- und abfallrechtliche Vorschriften

3.1.1 Baurecht

Genehmigung von Bauvorhaben
Die Errichtung, Änderung, Nutzungsänderung und der Abbruch baulicher Anlagen sind genehmigungspflichtig. Dabei ist unter „Errichtung" der Neubau und unter „Änderung" ein Umbau und unter „Nutzungsänderung" die Änderung der ursprünglich mit der Baugenehmigung festgelegten Nutzung zu verstehen.

Änderungen der äußeren Gestaltung (z. B. Anstrich) und Instandsetzungsarbeiten sind weder anzeige- noch genehmigungspflichtig. Dies gilt nicht bei denkmalgeschützten Gebäuden oder wenn eine Gestaltungssatzung vorliegt.

Die Einrichtung und Nutzungsänderung von Lagerplätzen ist nur bis zu einer Größe von 300 Quadratmetern genehmigungsfrei, aber nur dann, wenn sie nicht in Wohngebieten oder Außenbereichen liegen.

Genehmigungstätigkeit
Genehmigungspflichtige Vorhaben werden von der Bauaufsichtsbehörde nach bauplanungsrechtlichen und bauordnungsrechtlichen Gesichtspunkten überprüft. Gewerbliche Vorhaben werden überdies durch Einschaltung der Staatlichen Gewerbeaufsichtsämter bzw. Staatlichen Umweltämter und der Staatlichen Ämter für Arbeitsschutz nach immissionsschutz-, abwasser- und abfallrechtlichen Gesichtspunkten und hinsichtlich der Berücksichtigung von Arbeitnehmerschutzbelangen (→ Arbeitsstättenverordnung, S. 470) geprüft.

Bauleitplan
Im Baugesetzbuch und in der Baunutzungsverordnung finden sich die bauplanungsrechtlichen Bestimmungen. Nach diesen Bestimmungen sind für die Ordnung der städtebaulichen Entwicklung **Bauleitpläne** aufzustellen.

GRÜNDUNG

Dabei unterscheidet das Baugesetzbuch zwischen dem für das gesamte Gemeindegebiet aufzustellenden Flächennutzungsplan und den Bebauungsplänen.

Der **Flächennutzungsplan** teilt das Gemeindegebiet in unterschiedliche Nutzungsbereiche Wohnen, Gewerbe, Verkehr etc. auf und ist die Grundlage für den **Bebauungsplan.** Dieser legt für einzelne Bereiche des Flächennutzungsplanes Art und Maß der baulichen Nutzung sowie die bebaubaren Grundstücks- und örtlichen Verkehrsflächen planerisch fest. Enthalten die Bebauungspläne diese vier Merkmale, dann sind es qualifizierte Bebauungspläne. Weisen die Bebauungspläne nur teilweise bauliche Festlegungen aus, dann sind es einfache Bebauungspläne.

Flächennutzungsplan
Bebauungsplan

Für die qualifizierten und einfachen Bebauungspläne gelten die Vorschriften der **Baunutzungsverordnung.** Die wichtigsten Arten der baulichen Nutzung sind in der folgenden Übersicht dargestellt.

Baugebiete

Klassifizierung von Baugebieten	
Baugebiete	Beschreibung
Reine Wohngebiete (WR)	dienen dem Wohnen.
Allgemeine Wohngebiete (WA)	dienen vorwiegend dem Wohnen. Nichtstörende Handwerks- und Gewerbebetriebe können zugelassen werden.
Besondere Wohngebiete (WB)	dienen dem Wohnen, den Läden und sonstigen Gewerbebetrieben, die mit der Wohnnutzung vereinbar sind.
Dorfgebiete (MD)	dienen der Unterbringung von land- und forstwirtschaftlichen Betrieben sowie den Handwerksbetrieben, die der Versorgung des Gebietes dienen.
Mischgebiete (MI)	dienen dem Wohnen und der Unterbringung nicht wesentlich störender Gewerbebetriebe.
Kerngebiete (MK)	dienen dem Einzelhandel und nicht wesentlich störenden Gewerbebetrieben.
Gewerbegebiete (GE)	dienen der Unterbringung von Gewerbebetrieben aller Art – in der Regel alle Betriebe des Handwerks.
Industriegebiete (GI)	dienen der Unterbringung von Gewerbebetrieben aller Art, die in anderen Baugebieten unzulässig sind.

Auch wenn Betriebe nach der Baunutzungsverordnung in bestimmten Baugebieten zulässig sind, kann trotzdem im Einzelfall die Genehmigung versagt werden, wenn das Bauvorhaben nach Anzahl, Lage, Umfang oder Zweckbestimmung der Eigenheit des Baugebietes widerspricht. Bei Errichtung, Änderung oder Nutzungsänderung eines Gewerbebetriebes geben die Staatlichen Gewerbeaufsichtsämter bzw. die Staatlichen Umweltämter und die Staatlichen Ämter für Arbeitsschutz eine Stellungnahme für die

GRÜNDUNG

Baugenehmigungsbehörde ab. Dabei entstehen oft Schwierigkeiten bei der Beurteilung, ob ein Handwerksbetrieb nicht stört oder nicht wesentlich stört oder ob er nicht sogar erheblich belästigt (Begriffe, die die Baunutzungsverordnung verwendet).

Bauantrag Der **Bauantrag** ist schriftlich bei der Gemeinde einzureichen, in deren Gebiet das Bauvorhaben liegt. Die Gemeinde leitet den Bauantrag weiter an die Bauaufsichtsbehörde. Bauaufsichtsbehörden sind die kreisfreien Städte, die amtsfreien Gemeinden und Ämter mit mindestens 20 000 Einwohnern und die Landkreise. Dem Antrag sind beizufügen:

ergänzende Unterlagen
- Baubeschreibung,
- Lageplan,
- Bauzeichnungen,
- Nachweis über Standsicherheit,
- Nachweis über den Wärme-, Schall- und Brandschutz,
- Darstellung der Grundstücksentwässerung,
- bei Gewerbebetrieben: Betriebsbeschreibung (Vordrucke beim Bauamt, den Staatlichen Umweltämtern und den Staatlichen Ämtern für Arbeitsschutz erhältlich).

3.1.2 Umweltrecht

Umweltorientierung Betriebswirtschaftliche und technische Probleme scheinen den Unternehmer schon voll auszulasten. Soll er sich auch noch mit der **umweltorientierten Unternehmensführung** beschäftigen? Dies ist tatsächlich sinnvoll und notwendig, denn durch Kenntnis und Beachtung der Rechtslage kann er Risiken bezüglich Auflagen, Kosten und möglichem Imageverlust minimieren. Schwachstellen im Betrieb können erkannt und auch neue Markt- und Kundenpotenziale aufgedeckt werden.

betrieblicher Umweltschutz

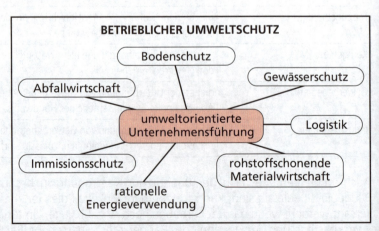

Eine umweltorientierte Unternehmensführung integriert die Einzelaspekte des Umweltschutzes in ein ökonomisch erfolgreiches Management. Es geht also nicht nur darum, möglichst ökologisch zu wirtschaften, sondern gleichzeitig auch darum, den ökonomischen Erfolg zu wahren und möglichst zu steigern.

Für jeden Unternehmensgründer empfiehlt sich daher die Beschäftigung mit den Instrumenten einer umweltorientierten Unternehmensführung, wie sie z. B. in der EG-Öko-Audit-Verordnung dargelegt sind. Diese Verordnung (EWG 1836/93, fortgeschrieben in der Verordnung EG Nr. 761/2001) regelt die freiwillige Beteiligung gewerblicher Unternehmen und anderer Organisationen an einem Gemeinschaftssystem für das Umweltmanagement und die Umweltbetriebsprüfung.

Die internationale Normenreihe ISO 14 000 beschreibt ebenfalls ein umfassendes Umweltmanagementsystem. Daneben existieren in einigen Bundesländern einfachere Systeme, die auf die Bedürfnisse des Handwerks zugeschnitten sind (z. B. Umweltpakt Bayern, Umweltallianzen in Hessen, Brandenburg, Mecklenburg-Vorpommern). Auch gewerkbezogene Leitfäden für die Umsetzung einer umweltorientierten Unternehmensführung sind verfügbar.

Immissionsschutz

Immissionen sind auf Menschen, Tiere, Pflanzen und andere Sachen einwirkende Luftverunreinigungen, Geräusche, Erschütterungen, Licht, Wärme, Strahlen und ähnliche Umwelteinwirkungen. Ziel des **Bundes-Immissionsschutzgesetzes** (*http://bundesrecht.juris.de/bundesrecht/bimschg/*) ist es, einen Schutz vor schädlichen Umwelteinwirkungen herbeizuführen und ihrem Entstehen vorzubeugen.

Bundes-Immissionsschutzgesetz

Zu diesem Zweck bedarf die „Errichtung und der Betrieb von Anlagen, die auf Grund ihrer Beschaffenheit oder ihres Betriebes in besonderem Maße geeignet sind, schädliche Umwelteinwirkungen hervorzurufen oder in anderer Weise die Allgemeinheit oder die Nachbarschaft zu gefährden, erheblich zu benachteiligen oder erheblich zu belästigen", einer Genehmigung. Die **genehmigungsbedürftigen Anlagen** sind in einer besonderen Verordnung zum Immissionsschutzgesetz aufgeführt. Die handwerklichen Berufe sind nur in Ausnahmefällen davon betroffen.

genehmigungsbedürftige Anlagen

In diesem Zusammenhang ist auch die „Technische Anleitung zur Reinhaltung der Luft" **(TA Luft)** wichtig. Auf der Grundlage der darin festgeschriebenen Richt- und Grenzwerte werden Genehmigungen für Anlagen erteilt, von denen Emissionen in Form von Gasen, Staub, Gerüchen und anderen Schadstoffen ausgehen.

TA Luft

Der Schutz der Nachbarschaft von Betrieben vor Lärm ist in der **TA Lärm** geregelt. In Abhängigkeit von dem jeweilige Gebietscharakter dürfen bestimmte Lärmgrenzwerte nicht überschritten werden. Dies wird ebenfalls von behördlicher Seite überwacht.

TA Lärm

Auch **nicht genehmigungsbedürftige Anlagen** haben bestimmte Voraussetzungen zu erfüllen.

nicht genehmigungsbedürftige Anlagen

Sie sind so zu errichten und zu betreiben, dass

GRÜNDUNG

- schädliche Umwelteinwirkungen vermindert werden, die nach dem Stand der Technik vermeidbar sind; dabei wird unter Stand der Technik der Entwicklungsstand fortschrittlicher Verfahren, Einrichtungen oder Betriebsweisen verstanden, der die praktische Eignung einer Maßnahme zur Begrenzung von Immissionen gesichert erscheinen lässt,
- nach dem Stand der Technik unvermeidbare schädliche Umwelteinwirkungen auf ein Minimum beschränkt werden,
- die beim Betrieb der Anlagen entstehenden Abfälle ordnungsgemäß beseitigt werden können.

Diese Bestimmungen sind für sämtliche Handwerksbetriebe und handwerksähnliche Betriebe zu beachten. Die Staatlichen Gewerbeaufsichtsämter bzw. Staatlichen Umweltämter und Staatlichen Ämter für Arbeitsschutz können im Einzelfall zur Erreichung der genannten Ziele Anordnungen treffen. Kommt der Inhaber einer Anlage einer behördlichen Anordnung nicht nach, so kann der Betrieb der Anlage ganz oder teilweise bis zur Erfüllung der Anordnung untersagt werden.

3.1.3 Abfallrecht

Das Ziel des **Kreislaufwirtschafts- und Abfallgesetzes** (*http://bundesrecht.juris.de/bundesrecht/krw-_abfg/*) von 1994, zuletzt geändert 2002, ist die Förderung der Kreislaufwirtschaft zur Schonung der natürlichen Ressourcen und die Sicherung der umweltverträglichen Beseitigung von Abfällen. Die Abfallerzeuger, aber auch Hersteller und Vertreiber von Waren sollen veranlasst werden, zur Vermeidung und zu einer besseren Verwertung von Abfällen beizutragen.

Abfallvermeidung/-verwertung

Nach dem Kreislaufwirtschaftsgesetz sind Abfälle

- in erster Linie zu vermeiden, insbesondere durch die Verminderung ihrer Menge und Schädlichkeit,
- in zweiter Linie entweder stofflich zu verwerten oder aber zur Gewinnung von Energie zu nutzen (energetische Verwertung).

In der seit 2003 geltenden **Gewerbeabfallverordnung** wird die Verpflichtung zur Getrennthaltung einzelner Abfallfraktionen konkretisiert, um eine möglichst hochwertige Verwertung zu gewährleisten.

Abfälle dürfen nur dann auf anderen Wegen beseitigt werden, wenn ihre Verwertung auch nach einer Vorbehandlung technisch nicht möglich ist oder in keinem wirtschaftlichen Verhältnis zu den Beseitigungskosten steht.

Was muss der Existenzgründer wissen und welche Entscheidungen sind zu treffen?

Um als Inhaber eines Handwerkbetriebes aktiv handeln und die Entsorgung preisgünstig und mit möglichst geringem Aufwand gestalten zu können, müssen bestimmte Rahmenbedingungen beachtet werden:

wichtige Entsorgungsaspekte

- Existieren Vorschriften, welchem Entsorger der Abfall zu überlassen ist bzw. welchen Entsorgungsweg dieser nehmen muss, oder lässt sich das kostengünstigste Angebot auswählen?

GRÜNDUNG

- Muss dieser Entsorgungsweg vorab behördlich genehmigt werden? Muss der Handwerker diese Genehmigung beantragen?
- Muss der Entsorgungsweg nachvollziehbar sein und müssen Belege gesammelt werden, die hierüber Auskunft geben?
- Dürfen die Abfälle frei transportiert werden oder bedarf es einer behördlichen Genehmigung?

Um diese Fragen beantworten zu können, müssen Informationen darüber vorliegen,

- ob es sich dabei im rechtlichen Sinne tatsächlich um Abfall handelt,
- welchem Abfallschlüssel dieser Abfall zuzuordnen ist,
- ob der Abfall über diesen Abfallschlüssel und durch eine der Bestimmungsverordnungen als (einfach) überwachungsbedürftig oder besonders überwachungsbedürftig eingestuft ist,
- welche Gesamtmenge pro Jahr und Abfallschlüssel im Betrieb zu erwarten ist (z. B. anhand von Vorjahresdaten).

Auskünfte erteilen die Abfallberater der Gemeinden oder die Umweltschutzberater der Kammern.

3.2 Handwerks-, Handels- und Steuerrecht

3.2.1 Handwerksrecht

Bei der Existenzgründung im Handwerk oder in einem handwerksähnlichen Gewerbe sind die Bestimmungen der **Handwerksordnung** maßgeblich. Grundsätzlich besteht zwar Gewerbefreiheit, aber bei einer Vielzahl von Gewerben ist gewerberechtlich eine Erlaubnis erforderlich. Inwieweit dies für welche Handwerksbetriebe gilt, ist ebenfalls in der Handwerksordnung festgelegt (→ „Handwerks- und Gewerberecht", S. 584).

3.2.2 Gründungsformalitäten

Neben der erwähnten Eintragung in die Handwerksrolle bzw. in das Verzeichnis der handwerksähnlichen Gewerbe ist eine Gewerbeanmeldung beim Gewerbeamt der Stadt- oder Gemeindeverwaltung vorzunehmen; diese wird dann automatisch an verschiedene Institutionen weitergeleitet:

Gewerbeamt

- Finanzamt: Von dort erhält der Gründer (neben einer Steuernummer) einen Fragebogen, in den er den zu erwartenden Gewinn eintragen muss. Danach bemisst sich die zu zahlende Einkommensteuervorauszahlung. Er sollte daher einen Steuerberater oder einen anderen Berater hinzuziehen. Beim Finanzamt muss der Gründer außerdem die Umsatzsteuer-Voranmeldung und – sofern er Mitarbeiter beschäftigt – die Lohnsteueranmeldung über die einbehaltende Lohn- und ggf. Kirchensteuer der Mitarbeiter abgeben.

Finanzamt

- Staatliches Amt für Arbeitsschutz: Dort werden die arbeitsrechtlichen und die Arbeitsschutzbestimmungen überwacht.

Amt für Arbeitsschutz

GRÜNDUNG

Umweltamt
- Staatliches Umweltamt: Das Unternehmen wird in einer Zentralkartei erfasst.

Berufsgenossenschaft
- Berufsgenossenschaft: Eine Mitteilung geht an den Landesverband, der diese an die zuständige Berufsgenossenschaft weiterleitet. Dies befreit den Gründer jedoch nicht von der Pflicht, der zuständigen Berufsgenossenschaft die Eröffnung seines Unternehmens anzuzeigen. Er erhält ein Anmeldeformular mit Fragebogen, den er unverzüglich ausfüllen und zurücksenden muss. Jeder Arbeitnehmer ist kraft Gesetz Mitglied und somit gegen die Folgen von Arbeitsunfällen und Berufskrankheiten versichert. Der Unternehmer und die im Betrieb tätige Ehefrau, soweit sie ohne Arbeitsvertrag mitarbeitet, sind nicht in jedem Fall versichert, können sich aber freiwillig versichern.

Krankenkasse Bei der Beschäftigung von Arbeitnehmern besteht die Verpflichtung, diese bei der zuständigen Krankenkasse anzumelden. Dazu muss beim Arbeitsamt für jede Betriebsstätte eine Betriebsnummer erfragt werden, z. B. telefonisch. Die Betriebsnummer mit den erforderlichen Tätigkeitsschlüsseln wird dann vom Arbeitsamt übersandt.

3.2.3 Handelsrecht

Kaufmann nach HGB (→ „Handwerks- und Gewerberecht", S. 590)

Begriff des Kaufmanns Nach dem im Jahre 1998 novellierten Handelsgesetzbuch ist jeder Gewerbetreibende Kaufmann, es sei denn, sein Unternehmen erfordert nach Art und Umfang keinen in kaufmännischer Weise eingerichteten Geschäftsbetrieb. Das bedeutet, dass jeder Handwerker, der ein Gewerbe betreibt, auch Kaufmann ist, unabhängig von der Branche, zu der er gehört. Unter dem Betrieb eines Gewerbes ist eine auf Gewinnerzielung ausgerichtete, sich ständig wiederholende selbstständige Tätigkeit zu verstehen.

Jeder Kaufmann unterliegt dem Handelsrecht und muss im Handelsregister eingetragen sein.

Wenn der Umfang des Geschäftes einen kaufmännischen Geschäftsbetrieb erforderlich macht, gilt auch der Nichtkaufmann vor dem Gesetz als Kaufmann nach dem HGB und muss sich in das Handelsregister eintragen lassen. Als Indizien hierfür gelten Mitarbeiterzahl, Größe der Räumlichkeiten, Teilnahme am Wechsel- und Scheckverkehr, die Komplexität der Geschäftsvorgänge etc. Der formale Akt der Eintragung ist letztlich nicht entscheidend.

Der Kaufmann im Sinne des HGB wird rechtlich anders behandelt als der Nichtkaufmann. Er hat z. B. die unverzügliche Rügepflicht bei Mängeln der gekauften Waren, das kaufmännische Zurückbehaltungsrecht etc.

Nichtkaufleute

Kleingewerbetreibende Unternehmen, die nach Art und Umfang keinen kaufmännischen Geschäftsbetrieb erfordern, unterliegen ausschließlich dem Bürgerlichen Gesetzbuch. Diese sog. „Kleingewerbetreibenden" sind für das Gesetz Nichtkaufleute. Diese Unternehmen können jedoch beantragen, im Han-

GRÜNDUNG

delsregister eingetragen zu werden, sie erwerben dann freiwillig die Kaufmannseigenschaft.

Firmenrecht (→ „Handwerks- und Gewerberecht", S. 593)

Nur Unternehmen, die im Handelsregister eingetragen sind, haben das Recht, eine Firma zu führen. Der Kaufmann nach dem HGB betreibt seine Geschäfte unter der Firma, er kann darunter klagen und verklagt werden.

Begriff der Firma

Das Firmenrecht ermöglicht es beispielsweise einen werbewirksamen Firmennamen zu führen. Die Firma dient aber gleichzeitig der Trennung der kaufmännischen von der privaten Sphäre. Die Firma kann als Personen-, Sach- oder als Phantasiefirma gebildet werden (auch der Name einer Marke ist möglich). Nach dem Firmenbildungsrecht ist jeder Firmenname eintragungsfähig, der folgenden Firmenfunktionen Rechnung trägt:

- Der Firma muss Unterscheidungskraft und damit einhergehende Kennzeichnungswirkung zukommen.
- Die Gesellschaftsverhältnisse müssen ersichtlich sein.
- Die Haftungsverhältnisse müssen offen gelegt sein.

Der Nichtkaufmann („Kleingewerbetreibender") muss im geschäftlichen Verkehr mit dem Familiennamen und einem ausgeschriebenem Vornamen auftreten.

3.2.4 Steuerrecht

Alles, was der Existenzgründer vor der Eröffnung des Betriebes ausgibt, ist abzugsfähig. Dazu gehören beispielsweise Reisekosten zum Betriebsberater und Steuerberater, zu Banken und Versicherungen und zu Lieferanten, Behörden und Messen. Weiter abzugsfähig sind Bewirtungskosten von Geschäftspartnern und alle Kosten, die in einem irgendwie gearteten Zusammenhang mit dem neu gegründeten Betrieb stehen.

absetzbare Kosten

Die für den Existenzgründer wichtigsten Steuerarten (→ „Steuern", S. 700) sind:

Steuerarten

- Einkommensteuer: versteuert wird die Summe aller Einkünfte von natürlichen Personen nach Ablauf eines Wirtschaftsjahres, also nicht nur der Betriebsgewinn, sondern auch Einnahmen aus Vermietung, Verpachtung, Zinsgewinne etc.
- Körperschaftsteuer: der Körperschaftsteuer unterliegen u. a. Körperschaften (z. B. die GmbH). Diese Steuer ist sowohl bei Ausschüttungen an die Anteilseigner als auch bei Einbehaltung der Gewinne in der GmbH zu leisten.
- Lohnsteuer: besteuert wird der Arbeitslohn; der Gründer hat grundsätzlich die Lohnsteuer für Rechnung des Arbeitnehmers bei jeder Lohn-/Gehaltszahlung vom Arbeitslohn einzubehalten und an das Finanzamt abzuführen.
- Umsatzsteuer (Mehrwertsteuer): besteuert wird der Umsatz, sofern nicht eine Steuerbefreiung vorliegt. Dazu zählen u. a. Warenverkäufe, Repa-

GRÜNDUNG

raturarbeiten oder Warenbezüge aus EU-Staaten. Die Umsatzsteuer ist im Unternehmen ein durchlaufender Posten, da sie auf den Endverbraucher überwälzt und mit der an Vorlieferanten gezahlten Vorsteuer verrechnet wird.

- Gewerbesteuer: ist eine Gemeindesteuer, die auf den erwirtschafteten Ertrag erhoben wird.
- Erbschaft-/Schenkungsteuer: deren Höhe richtet sich nach dem Verwandtschaftsgrad des Begünstigten; Gleiches gilt für die persönlichen Freibeträge, die vom übertragenen Vermögen abzuziehen sind. Auch bei der Übertragung von Betriebsvermögen wird ein Freibetrag gewährt.

Freibeträge

Die Bestrebungen der Existenzgründer sind darauf ausgerichtet, alle Möglichkeiten der Steuerersparnis auszuschöpfen. Dazu können folgende Maßnahmen beitragen:

Maßnahmen zur Steuerersparnis

- Überprüfung aller Zahlungen danach, ob sie betrieblich bedingt sind,
- sorgfältige Erfassung aller Aufwendungen,
- Dokumentation aller Reisekosten,
- vollständige Auflistung aller Kosten für die Bewirtung von Geschäftsfreunden,
- richtige Wahl der Abschreibungsart.

Es empfiehlt sich für den Existenzgründer, einen fachlich versierten Steuerberater zu beauftragen, der bei der Buchführung, der Lohnabrechnung, dem Jahresabschluss und der Steuererklärung aktive Unterstützung leistet und ihm auch bei allen Problemen rund um die Betriebsführung beratend zur Seite steht (→ „Steuern", S. 688).

3.3 Arbeitsstättenverordnung

Unfall- und Arbeitsschutz

Zum Schutz vor Unfällen und Gefahren der in einem Unternehmen beschäftigten Arbeitnehmer sowie zur Berücksichtigung von baulichen und sozialverträglichen Mindestanforderungen bei Planung, Betrieb und Veränderung einer Arbeitsstätte wurde 1975 vom Bundesminister für Arbeit und Sozialordnung die **Arbeitsstättenverordnung (ArbStättV)** erlassen, die zuletzt 2002 geändert worden ist (*www.bundesrecht.juris.de/bundesrecht/arbst_ttv/*). Sie gilt in allen Betrieben, in denen das Arbeitsschutzgesetz Anwendung findet (§ 1). Hierzu zählen alle Gewerbe- und Handelsbetriebe – also auch alle Handwerksbetriebe.

Die Anforderungen an eine Arbeitsstätte sind in dieser Verordnung festgelegt, weiter gehende Konkretisierungen und Erläuterungen sind in den dazugehörenden **Arbeitsstättenrichtlinien (ASR)** beschrieben.

Begriff der Arbeitsstätte

Arbeitsstätten sind u. a.:

- Arbeitsräume in Gebäuden einschließlich Ausbildungsstätten,
- Arbeitsplätze auf dem Betriebsgelände im Freien,

GRÜNDUNG

- Baustellen sowie
- Verkaufsstände im Freien mit Ladengeschäften.

Zu einer Arbeitsstätte gehören ferner

- Verkehrswege,
- Lager, Maschinen- und Nebenräume,
- Pausen- und Bereitschaftsräume,
- Umkleide-, Wasch- und Toilettenräume.

Die Bestimmungen der ArbStättV müssen bei allen neu zu errichtenden oder umzubauenden Arbeitsstätten genauestens beachtet werden. Darüber hinaus hat ein Arbeitgeber den Arbeitnehmern die in der Verordnung vorgeschriebenen Räume und Einrichtungen auch zur Verfügung zu stellen, die diese entsprechend sachdienlich nutzen müssen.

Die Einhaltung der gesetzlichen Regelungen wird von den zuständigen Gewerbeaufsichtsämtern (GAA) bzw. den Staatlichen Ämtern für Arbeitsschutz (StAfA) überwacht (§ 3). Diese können auch Ausnahmen zulassen (§ 4).

Neben der Anwendung der Arbeitsstättenverordnung sind auch die Ausführungen des jeweils zuständigen Unfallversicherungsträgers (Berufsgenossenschaft) gleichwertig mitzubetrachten.

Bei der Umsetzung der Bestimmungen stehen nicht nur die Betriebsberater der Handwerksorganisationen, sondern auch die Mitarbeiter der Arbeitsschutz- und Bauverwaltung gern beratend zur Verfügung.

Bitte bearbeiten Sie abschließend die folgenden Aufgaben:

1. Beschreiben Sie die einzelnen Schritte, die ein Existenzgründer gehen muss, wenn er z. B einen übernommenen Betrieb in größerem Umfang umbauen will.

2. Erklären Sie die rechtlichen und praktischen Folgen eines Handelsregistereintrags.

3. Erläutern Sie die Voraussetzungen für einen eintragungsfähigen Firmennamen und geben Sie einige Beispiele.

4. Nennen Sie Beispiele für Aufwendungen im Zusammenhang mit der Betriebsgründung, die Sie steuerlich geltend machen können.

5. Zählen Sie an Beispielen auf, was zu einer Arbeitsstätte gehören kann, und führen Sie aus, welche Institution die Einhaltung der Anforderungen überwacht.

4. Wahl der Rechtsform

Kompetenzen:

Der Lernende
- kann erklären, warum die Wahl der geeigneten Rechtsform für einen Existenzgründer Bedeutung hat, und die Kriterien dafür zusammenfassen,
- kann die verschiedenen Rechtsformen für die Gründung eines Betriebes nennen und gegeneinander abgrenzen,
- ist in der Lage, Haftungsmodalitäten der einzelnen Gesellschaften zu erläutern.

Bei der Wahl der Rechtsform muss der Existenzgründer bedenken, dass es die ideale Rechtsform im Handwerk nicht gibt. Diese unternehmerische Entscheidung ist eine langfristige Festlegung mit bedeutenden betriebswirtschaftlichen, steuerlichen und rechtlichen Folgen. Daher sollte der Gründer generell bei der Rechtsformwahl folgende Kriterien berücksichtigen:

Kriterien für Rechtsformwahl
- unternehmerische Unabhängigkeit,
- wenige Formalitäten,
- beschränkte Haftung,
- bei Gründung notwendiger Kapitaleinsatz,
- einfache Kapitalbeschaffung,
- Steuerersparnis,
- günstiges Image in der Öffentlichkeit, bei Kunden,
- einfache Buchführung,
- ggf. Pflicht zur Publizität,
- Prüfpflicht,
- notwendige Eintragung ins Handelsregister.
- *persönliche Gründe (Betriebsnachfolge Krankheit usw.)*

4.1 Einzelunternehmen

Vorteile

Rund 80 % aller Handwerksbetriebe werden als Einzelunternehmen geführt. Der wesentliche Vorzug dieser Rechtsform liegt in der Unabhängigkeit und in einem Höchstmaß an Selbstständigkeit. Als Alleininhaber handelt der selbstständige Handwerksmeister im Innen- und Außenverhältnis ausschließlich eigenverantwortlich. Ihm steht der gesamte Ertrag zu. Er trägt aber auch allein das Risiko und haftet bei den gesamten finanziellen Belastungen mit seinem Privatvermögen.

GRÜNDUNG

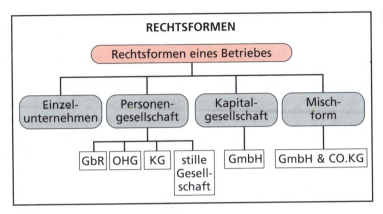

Rechtsformen

4.2 Personengesellschaften

Generelle Vorteile:

Vorteile

- Teilung der Verantwortung und Teilung des Risikos,
- Erhöhung der Arbeitskraft,
- Flexibilität in der Geschäftsführung,
- bessere Eigenkapitalausstattung.

Generelle Nachteile:

Nachteile

- Einschränkung der Selbstständigkeit und Gefahr von Streitigkeiten,
- Aufteilung des Gewinns,
- höhere Entnahmen und damit geringere Spielräume zur Selbstfinanzierung.

Die **Gesellschaft bürgerlichen Rechts** (→ S. 597) ist unter allen Gesellschaften die einfachste und übliche Form der Personengesellschaft im Handwerk. Sie wird GbR oder auch BGB-Gesellschaft genannt und kann von mindestens zwei Personen begründet werden. Ein schriftlicher Gesellschaftsvertrag ist nicht notwendig, d. h. es reicht ein mündlicher Vertrag. Der Abschluss eines schriftlichen Vertrages ist aber zu empfehlen.

GbR

Die **offene Handelsgesellschaft** (→ S. 598) ist die handelsrechtliche Form der GbR und hat ebenfalls keine eigene Rechtspersönlichkeit. Sie kann aber unter ihrer Firma Rechte erwerben und Verbindlichkeiten eingehen. Alle Gesellschafter haften unbeschränkt.

OHG

In der **Kommanditgesellschaft** (→ S. 599) wird die Haftung unterschiedlich verteilt. Der geschäftsführende Komplementär haftet persönlich wie der GbR- und OHG-Gesellschafter. Der Kommanditist haftet nur mit der Einlage, er hat jedoch auch keine Geschäftsführungsbefugnisse.

KG

Die **stille Gesellschaft** (→ S. 600) ermöglicht es Kapitalgebern (wie bei der KG), in ein Unternehmen Geld einzubringen, ohne nach außen in Erscheinung zu treten.

stille Gesellschaft

473

4.3 Kapitalgesellschaften

GmbH Die **GmbH** (→ S. 600) hat eine eigene Rechtspersönlichkeit. Ihr wesentlicher Vorteil liegt in der Beschränkung der Haftung auf die Höhe ihres Stammkapitals. Außerdem hat der Handwerksunternehmer als Gesellschafter die Möglichkeit, sich in der GmbH anstellen zu lassen und damit sein Gehalt als Betriebskosten geltend zu machen. Nachteilig sind die gegenüber anderen Rechtsformen aufwendigeren Gründungsformalitäten und der hohe Buchführungs- und Bilanzierungsaufwand. Die Entscheidung für oder gegen die GmbH bedarf einer abgewogenen Beurteilung.

GmbH & Co. KG Die **GmbH & Co. KG** ist eine Kombination von Personen- und Kapitalgesellschaft. Ihre Bedeutung ist bei Existenzgründungen relativ gering. Die GmbH übernimmt die Rolle des persönlich haftenden Komplementärs. Kommanditisten haften mit ihren Einlagen und sind in der Regel natürliche Personen.

Empfehlung für Existenzgründer Für einen Existenzgründer ist zunächst die Einzelunternehmung empfehlenswert. Möchten sich zwei oder drei Existenzgründer selbstständig machen, empfiehlt sich die Gesellschaft bürgerlichen Rechts. Bei positiver Entwicklung der Erträge und bei ausreichender Erfahrung in der Unternehmensführung kann u. U. nach einigen Jahren das Unternehmen in eine GmbH umgewandelt werden.

Bitte bearbeiten Sie abschließend die folgenden Aufgaben:

1. Erläutern Sie die Kriterien, die der Existenzgründer bei der Wahl der Rechtsform berücksichtigen sollte.

2. Grenzen Sie die verschiedenen Rechtsformen voneinander ab.

3. Diskutieren Sie die Vor- und Nachteile, die für eine Einzelunternehmung sprechen.

GRÜNDUNG

5. Planung der Gründung

> **Kompetenzen:**
>
> Der Lernende
> - kann Ansatzpunkte für die Bestimmung der Betriebsgröße sowie für die Zusammenstellung der Betriebseinrichtung darlegen,
> - kann grundsätzliche Überlegungen zur Personalplanung in einem handwerklichen Betrieb anstellen und die wichtigsten Methoden der Personalbeschaffung erläutern,
> - kann die notwendigen Angaben für die Erstellung eines Umsatzplans und einer Rentabilitätsvorschau ermitteln und richtig einschätzen,
> - ist in der Lage, in Grundzügen einen Investitionsplan aufzustellen,
> - kann ein Finanzierungskonzept vorbereiten.

5.1 Betriebseinrichtung und Betriebsgröße

Nach der Entscheidung über Standort, Überprüfung der baurechtlichen und sonstigen Anforderungen an den Betrieb und der Wahl der Rechtsform ist die Entscheidung über die Größe des Betriebes zu treffen.

Bestimmungsdaten für die Betriebsgröße können Umsatz, Beschäftigtenzahl, Bilanzsumme, Eigenkapitalsumme, Zahl der Maschinen u. Ä. mehr sein. In der Regel wird die Beschäftigtenzahl als Merkmal für die Betriebsgröße zuerst herangezogen, danach die Höhe des Umsatzes. Man unterscheidet den repräsentativen Betrieb und den optimalen Betrieb.

Der **repräsentative Betrieb** (Durchschnittsgröße) ist die am häufigsten vorkommende Betriebsgröße eines Gewerkes. Diese wird festgestellt durch Branchenuntersuchungen und Betriebsvergleiche. **repräsentativer Betrieb**

Der **optimale Betrieb** – die bestmögliche Betriebsgröße – ist vom Gründer anzustreben. Optimal nennt man die Betriebsgröße, wenn das günstigste Verhältnis zwischen Aufwand und Leistung bei voller Ausnutzung der Betriebskapazität erreicht wird. Optimal ist die Betriebsgröße auch dann, wenn die Kostendegression ausgenutzt wird (→ S. 209). Das ist die betriebliche Gesetzmäßigkeit, wonach mit zunehmender Leistungserstellung im Betrieb die Kosten pro Leistungseinheit absinken. Ein Erzeugnis kann mit zunehmender Größe des Betriebes bis zu einem gewissen Ausmaß billiger hergestellt werden. Die Betriebsgröße, bei der der Punkt der niedrigsten Kosten pro Einheit (Stückkosten) realisiert wird, ist die optimale Betriebs- **optimale Betriebsgröße**

GRÜNDUNG

größe. Da diese jedoch sehr schwer bestimmbar ist, legt man den repräsentativen Betrieb aus dem Betriebsvergleich der Betriebsgrößenwahl zugrunde.

Kostenaspekt der Betriebseinrichtung

Die Kostendegression wird beeinflusst durch die technologische Entwicklung. Der Gründer versucht erfahrungsgemäß den modernsten Stand der Technik in seinem Betrieb einzusetzen. Diese Investitionen führen zu Zins- und Abschreibungskosten. Es handelt sich hierbei um fixe Kosten, die unabhängig vom Grad der Beschäftigung anfallen (→ S. 168). Das bedeutet, dass durch die notwendigen Investitionen der Betrieb zu einer bestimmten Größe gezwungen wird. Diese Gesetzmäßigkeiten muss der Gründer beachten. Er muss aber nicht immer den modernsten Maschinenpark haben.

Wo kann er sparen? Gebrauchtmaschinenbörsen oder Versteigerungen helfen hier weiter. Büroeinrichtung, Geräte, Anlagen, Maschinen etc. kosten mitunter nur ein Viertel des Neuwertes, wenn sie gebraucht gekauft werden. Man muss nur beachten, dass eine veraltet wirkende Ausstattung auch Kunden „abschrecken" kann.

Leasing von Fahrzeugen und Maschinen kann den Gründungsetat entlasten. Das Angebot muss aber in jedem Fall durchgerechnet werden. Lohn- und Einrichtungskosten können gesenkt werden, indem ein Teil der Arbeiten zunächst außer Haus oder von freien Mitarbeitern erledigt wird. Der Gründer sollte auch prüfen, ob er nicht mit anderen Unternehmen kooperiert, um günstigere Einkaufskonditionen zu erzielen. Das Angebot von externen Dienstleistern für den Empfangs- und Büroservice sollte geprüft werden.

5.2 Personalbedarf und Personalbeschaffung

Zunächst muss sich der Existenzgründer Gedanken über die Zahl der Mitarbeiter machen, die er zur Erreichung seines Unternehmenszieles und zur Umsetzung seiner angestrebten Produkt- und Leistungspalette benötigt (→ „Personalwesen und Mitarbeiterführung", S. 358).

Folgende Fragen sollte sich der Gründer stellen:

Ermittlung des Bedarfs

- Wie groß ist die Zahl der zu besetzenden Stellen?
- Müssen alle Stellen umgehend besetzt werden?
- Sollen sofort Vollzeitarbeitsverhältnisse geschlossen werden oder sind Zeitarbeitsverträge in der Anfangsphase sinnvoll?
- Können Teilzeitbeschäftigte, freie Mitarbeiter oder Aushilfskräfte das Beschäftigungsrisiko des Gründers verringern?

Anforderungsprofil

In einem zweiten Schritt müssen Anforderungen formuliert werden, die die künftigen Mitarbeiter erfüllen sollen. Es sollte ein Qualifikationsprofil für die zu besetzenden Positionen erstellt werden:

GRÜNDUNG

- Durch welche Arbeitsinhalte wird die einzelne Arbeitsstelle charakterisiert?
- Welche fachlichen Mindestanforderungen werden gestellt?
- Überwiegen physische oder psychische berufliche Anforderungen?

Wie findet nun der Gründer hinsichtlich Anzahl und Qualifikation die richtigen Mitarbeiter? Neben der Familie und dem Bekannten- und Kollegenkreis sollte durch Anzeigen in den Printmedien geworben werden. Bei der Arbeitsverwaltung oder bei lokalen Arbeitsvermittlungen sollte gezielt nach qualifizierten Mitarbeitern gesucht werden. Beim Arbeitsamt sind zusätzlich Informationen über Zuschüsse und Fördermaßnahmen bisher arbeitsloser Arbeitnehmer einzuholen. **Beschaffungsmaßnahmen**

Bevor ein Mitarbeiter eingestellt wird, sollten die Bewerbungsunterlagen sorgfältig ausgewertet werden. Es muss ein Vorstellungsgespräch stattfinden, auf das sich der Existenzgründer gründlich vorbereiten sollte. Da ein Personalwechsel stets Geld kostet, ist es ratsam, eine Probezeit zu vereinbaren. In jedem Fall sollte ein schriftlicher Arbeitsvertrag aufgesetzt werden. **Entscheidungsfindung**

In der Praxis hat sich darüber hinaus bewährt, durch Ausbildung von Lehrlingen den qualifizierten Nachwuchs selbst heranzubilden.

5.3 Umsatzplan und Rentabilitätsvorschau

In einer Rentabilitätsvorschau werden der zu erwartende Umsatz und die voraussichtlichen Aufwendungen gegenübergestellt, um zu erkennen, ob das neue Unternehmen im kommenden Geschäftsjahr tendenziell Gewinne oder Verluste einfahren wird.

Bezogen auf die geplante Kapazität des Gründungsbetriebes kann eine Umsatzplanung (Umsatzvorschaurechnung) erstellt werden. Hierzu sind folgende Fragen zu beantworten:

- Wie viele Produktivstunden können der Existenzgründer und seine Mitarbeiter jährlich leisten? **Aspekte der Umsatzplanung**
- Welcher Stundenverrechnungssatz ist für den Gründer bzw. für den oder die Mitarbeiter anzusetzen?
- Wie hoch wird der durchschnittliche Materialeinsatz sein?
- Welchen Rohgewinnaufschlag verrechnet der Existenzgründer?
- Wie hoch ist der branchenübliche Umsatz je Beschäftigten in Fertigung, Montage oder Verkauf bzw. der Umsatz je Quadratmeter Betriebsfläche oder je Bedienungsplatz?
- Bei welchem Wert liegt die branchenübliche Umschlagshäufigkeit des Verkaufswarenlagers?

Ein Beispiel für Umsatz- und Kostenplanung verdeutlicht dies.

GRÜNDUNG

Umsatzplanung

Beispiel für eine Umsatzplanung

Arbeitszeiten der produktiv Beschäftigten

	Inhaber	Mitarbeiter
Zahl der in der Produktion Beschäftigten	1	1
Jährliche Arbeitsstunden gesamt	2 286	1 583
Verrechenbare (verkaufte) Std. gesamt	1 372 (60 %)	1 345 (85 %)

Netto-Lohnumsatz

Stundenverrechnungssatz Inhaber	€ 35,–	€ 48 000,–	
Stundenverrechnungssatz Mitarbeiter	€ 35,–	€ 47 100,–	€ 95 100,–

Materialumsatz

Materialeinsatz zu Einkaufspreisen	30 %	€ 43 600,–	
Materialaufschlag	15 %	€ 6 500,–	€ 50 100,–

Geplanter Jahresumsatz — **€ 145 200,–**

Dem geplanten Jahresumsatz gegenüberzustellen sind die jährlichen Gesamtkosten des Gründungsbetriebes.

Folgende Gliederung ist zu empfehlen:

Kostenplanung

Beispiel für eine Kostenplanung

Waren- und Materialeinsatz	€ 43 600,–
Einsatz von Fremdleistungen	€ 0,–
Lohnkosten für produktiv tätige Mitarbeiter	€ 37 800,–
Personalkosten Verwaltung	€ 0,–
Raumkosten	€ 3 000,–
Energiekosten	€ 600,–
Versicherungen, Beiträge	€ 2 000,–
Buchführung, Steuerberatung	€ 1 800,–
Gewerbesteuer	€ 700,–
Büroaufwand	€ 1 300,–
Leasingkosten	€ 0,–
Werbung	€ 1 600,–
Kfz-Kosten	€ 5 000,–
Sonstiger Aufwand	€ 0,–
Zinsen	€ 3 200,–
Abschreibungen	€ 5 700,–
Sonstiges	€ 1 000,–
Jährliche Gesamtkosten	**€ 107 300,–**

GRÜNDUNG

Die jährlichen Gesamtkosten werden vom Sollumsatz abgezogen:

  € 145 200,–
./. € 107 300,–
  €   37 900,–

Von diesem steuerlichen Gewinn muss noch der kalkulatorische Unternehmerlohn in Abzug gebracht werden (→ S. 176):

  € 37 900,–   **betriebswirtschaft-**
./. € 37 000,–   **licher Gewinn**
  €   900,–

Für das erste Jahr ergibt sich also ein betriebswirtschaftlicher Gewinn von € 900,–. Für die Beurteilung der Tragfähigkeit einer Existenz sollten alle Planungs- bzw. Vorschaurechnungen ein positives Ergebnis ausweisen. Für die beiden Folgejahre wird dann ebenfalls eine Jahresrechnung erstellt. Rentabilitätsberechnungen für drei Jahre sind zwingend der Hausbank zur Beantragung öffentlicher Darlehen vorzulegen.

5.4 Investitionsplan

Jedes Unternehmen benötigt eine ausreichende Ausstattung mit Wirtschaftsgütern des **Anlagevermögens und des Umlaufvermögens** (→ S. 38). Der Gründer muss festlegen, welche Maschinen, Werkzeuge, Kraftfahrzeuge und Büroausstattungsgegenstände er für seinen Betrieb benötigt. In die Aufstellung ist der Zeitwert der Gegenstände aufzunehmen, die bereits vorhanden sind (Kfz, Werkzeuge u. Ä.). Darüber hinaus muss er einen ersten Bestand an Waren und Material ermitteln.

Vorüberlegungen

Der Existenzgründer muss außerdem berücksichtigen, dass zusätzlich zu diesen Investitionen auch noch ein **Betriebsmittelbedarf** entsteht. Für die Anlaufphase des Betriebes müssen ausreichend liquide Mittel zur Vorfinanzierung von privaten und betrieblichen Ausgaben zur Verfügung stehen. Für die Einschätzung des Betriebsmittelbedarfs sind folgende Fragen zu beantworten:

- Welche Anlaufzeit ist einzuplanen?
- Wie viele Wochen oder Monate werden zwischen Auftragsbeginn und Zahlungseingang liegen?
- Welche Gesamtkosten sind währenddessen zu finanzieren?
- Welche Privatentnahmen entstehen in dieser Zeit?

Ermittlung des Betriebsmittelbedarfs

Beispiel:

Planumsatz € 145 200 : 365 Tage = € 397,81 Kapitalbedarf pro Tag

€ 397,81 × 40 Tage Anlaufzeit = € 15 912,– Betriebsmittelbedarf für Anlaufphase

GRÜNDUNG

Die Gesamtinvestitionen einer Betriebsgründung sollten so exakt wie möglich in einer Tabelle zusammengestellt werden. Das nachfolgende Beispiel geht von einem neu gegründeten Betrieb aus.

Beispiel für einen Investitionsplan

Beispiel für einen Investitionsplan		
Bauliche Investitionen	€	2 500,–
Installationen, Renovierungen, Werkstatteinrichtung, Maschinen	€	10 000,–
Werkzeuge, Betriebs- bzw. Ladeneinrichtung, Schaufenstergestaltung	€	2 500,–
Büro, EDV, Telefonanlage, Geschäftspapiere	€	8 000,–
Kraftfahrzeuge	€	17 000,–
Erstausstattung des Material- und Warenlagers	€	5 000,–
Markterschließungskosten	€	2 500,–
Mietkaution, Außenwerbung	€	2 500,–
Investitionssumme	**€**	**50 000,–**
Material/Kosten	€	4 700,–
Personalausgabe	€	4 100,–
Sonstige Ausgaben	€	2 200,–
Tilgung/Entnahmen	€	4 000,–
Betriebsmittelbedarf	**€**	**15 000,–**

Zur Errechnung des Betriebsmittelbedarfs kann man auch folgendermaßen vorgehen (entsprechend unserem Beispiel):

Betriebliche Kosten des Jahres (ohne Abschreibung)	€ 101 600,–
Privater Lebensbedarf des Jahres	€ 37 000,–
Kapitalbedarf für ein Jahr	€ 138 600,–

Der Kapitalbedarf pro Tag beträgt somit € 379,73 (€ 138 600,– : 365). Unterstellt man eine Anlaufphase für die Gründung von 40 Tagen, ergibt sich ein Betriebsmittelbedarf von € 379,73 × 40 = € 15 189,– (abgerundet € 15 000,–).

Erst nachdem die Gesamtkosten des Existenzgründungsvorhabens möglichst genau abgeschätzt sind, kann die Frage nach der günstigsten Finanzierung beantwortet werden.

5.5 Finanzierungskonzept

Beratung notwendig

Für die Finanzierung einer Existenzgründung bieten sich unterschiedliche Möglichkeiten an. Hierbei wird man selbstverständlich die günstigsten Mittel einplanen. Da die Konditionen der öffentlichen Kreditmittel – insbesondere der Zinssätze – einem Wechsel unterworfen sind, die Bewilligungspraxis sich von Zeit zu Zeit ändert und neue Förderprogramme geschaffen werden, ist es dringend erforderlich, dass sich der Existenzgründer bei dem Betriebsberater seiner Handwerkskammer beraten lässt. Dieser

GRÜNDUNG

wird nicht nur den Kapitalbedarf richtig beurteilen können, sondern wird auch den Einsatz der optimalen Existenzgründungsmittel vorschlagen.

Grundsätzlich ist zunächst zwischen dem Einsatz von Eigenkapital und langfristigem bzw. kurzfristigem Fremdkapital zu unterscheiden.

Es gelten folgende Finanzierungsregeln (→ S. 424):
- Langlebige Wirtschaftsgüter des Anlagevermögens sollten durch Eigenkapital oder langfristiges Fremdkapital finanziert werden.
- Wirtschaftsgüter aus dem Umlaufvermögen bzw. laufende Ausgaben sollten kurzfristig finanziert werden.

Finanzierungsregeln

In den meisten Fällen müssen eigene Mittel in einer Mindesthöhe von etwa 15 % des Kapitalbedarfs (förderfähige Investitionssumme) eingesetzt werden, soll die Fremdfinanzierung erfolgreich und die Selbstständigkeit für den Gründer existenzerhaltend sein.

Finanzierungsarten

```
FINANZIERUNG der EXISTENZGRÜNDUNG
        Möglichkeiten der Finanzierung durch
        ├── Eigenkapital
        │   ├── Ersparnisse
        │   ├── Eigenleistungen z. B. bei Bauvorhaben
        │   └── eigene Geräte, Maschinen, Fahrzeuge etc.
        └── Fremdkapital
            ├── kurzfristig
            │   ├── Lieferantendarlehen
            │   ├── Wechselkredite
            │   └── Kontokorrentkredite
            └── langfristig
                ├── Existenzgründungsprogramme (Bund)
                ├── Existenzgründungshilfen (Länder)
                ├── Hausbankkredite
                └── Verwandtenkredite
```

Öffentliche Darlehen zur Existenzgründung erhält man aus folgenden Programmen (die Kreditzinsen unterliegen aktuellen Schwankungen):
- ERP-Existenzgründungsprogramm:
  Zinssatz nominal 4,5 %, Auszahlung 100 %, Laufzeit 10 Jahre, tilgungsfrei sind 3 Jahre.
- Unternehmerkredit:
  Zinssatz nominal 4,05 %, Auszahlung 96 %, Laufzeit 10 Jahre, tilgungsfrei sind 2 Jahre.

Existenzgründungsprogramme

GRÜNDUNG

- Eigenkapitalhilfeprogramm (EKH) des Bundes:
  Zinssatz nominal 5,75 %, Auszahlung 96 %, Laufzeit 20 Jahre, tilgungsfrei sind 10 Jahre.
- StartGeld:
  Zinssatz nominal 6,95 %, Auszahlung 96 %, Laufzeit 10 Jahre, davon 2 tilgungsfreie Jahre. Das Programm ermöglicht eine 100 %ige Fremdfinanzierung, kann aber nur bei Gründung mit einem Investitionsvolumen bis € 50 000,– betragt werden.
- Mikro-Darlehen:
  Zinssatz nominal 8,9 %, Auszahlung 100 %, durchschnittliche Laufzeit 5 Jahre, davon 6 tilgungsfreie Monate. Das Programm ermöglicht eine 100 %ige Fremdfinanzierung, kann aber nur bis zu einem Höchstbetrag von € 25 000 beantragt werden.
- Landesmittel der verschiedenen Bundesländer:
  Jedes Land verfügt über ein Förderprogramm zur Hilfe bei der Existenzgründung im Mittelstand. Zu den zinsgünstigen Krediten werden in einigen Ländern Zinszuschüsse bei der Gründung der ersten selbstständigen Existenz gewährt.

Als weitere Existenzgründungshilfen sind darüber hinaus zu erwähnen:

- Existenzgründungsprämien einzelner Bundesländer, die auch als Eigenkapital eingesetzt werden können (z. B. in NRW die Meistergründungsprämie → S. 502).
- Kredite von Sparkassen und Banken: Langfristige Darlehen können erforderlich werden, insbesondere dann, wenn aus Gründen der Knappheit öffentlicher Kredite und deren Bestimmungen Mittel des Kapitalmarktes ebenfalls anteilmäßig in Anspruch genommen werden müssen.
- Kontokorrentkredite: Sie sind erforderlich, weil der Betrieb für die Auftragsdurchführung Vorleistungen erbringen muss, aber die Zahlungseingänge der Kunden erst zu einem späteren Zeitpunkt erfolgen.
- Verwandtendarlehen: Hier ist die schriftliche Vereinbarung der Tilgung und des Zinssatzes dringend zu empfehlen.

Kreditsicherheiten Als Sicherheiten für die Existenzgründungskredite kommen in Frage:

- Lebensversicherungen,
- Bürgschaften von Verwandten,
- Grundpfandrechte (soweit Eigentum vorhanden ist),
- Sicherungsübereignung der anzuschaffenden Maschinen und Geräte,
- Bürgschaften der Kreditgarantiegemeinschaften bzw. der Bürgschaftsbanken.

Die Beantragung öffentlicher Mittel muss unbedingt vor Beginn der Investitionsvorhaben erfolgen. Die für einen Antrag notwendigen Unterlagen sind frühzeitig zusammenzustellen.

Mit wenigen Ausnahmen sind alle Förderanträge über ein Kreditinstitut zu stellen. Der Gründer muss sich rechtzeitig überlegen, welches Kreditinstitut

GRÜNDUNG

seine „Hausbank" werden soll. Auf das erste Gespräch mit dem Kundenberater einer Bank sollte sich der Gründer sorgfältig vorbereiten, Fragen zurechtlegen und alle notwendigen Unterlagen (Umsatzplan, Rentabilitätsvorschau, Investitionsplan, Finanzierungsplan, Eigenkapitalnachweise etc.) mitbringen.

Hausbank

Das folgende Beispiel gibt eine „optimale" Finanzierung wieder, d. h., es werden nur die (zinsgünstigen) Kredite der öffentlichen Hand einbezogen.

Beispiel für einen Finanzierungsplan

Beispiel für einen Finanzierungsplan

Bei Einbeziehung öffentlicher Darlehen beträgt der Eigenkapitaleinsatz mindestens 15 % der förderfähigen Investitionen (ohne Betriebsmittelbedarf). Das für das Handwerk wichtige Eigenkapitalhilfedarlehen zur Stärkung der Eigenkapitalbasis wird maximal zu 25 % der Investitionssumme (im Beispiel € 15 000,–) eingesetzt.

Finanzierung des Kapitalbedarfs für Investitionen:	€	60 000,–
Eigenkapital	€	9 000,–
EKH-Darlehen	€	15 000,–
Unternehmerkredit (Investition)	€	36 000,–
	€	60 000,–
Finanzierung des Kapitalbedarfs für Betriebsmittel:	**€**	**15 000,–**
Unternehmerkredit (Betriebsmittel)	€	15 000,–

Da nicht alle Kredite zu 100 % ausgezahlt werden, muss ein Disagio über einen zusätzlichen Kontokorrentkredit (11 %) finanziert werden. Zusätzlich wird angenommen, dass die durchschnittliche Beanspruchung des Kontokorrentrahmens (€ 15 000,–) bei € 5 000,– liegt.

Aus dem Finanzierungskonzept ergibt sich der **Kapitaldienstplan.** Hierbei werden die jährlichen Belastungen für Zinsen und Tilgungen ermittelt, um zu ermessen, ob diese Belastungen vom zukünftigen Betrieb erwirtschaftet werden können.

Kapitaldienstplan

Der Kapitaldienstplan (→ S. 484) zeigt beispielhaft, dass im 4. Jahr die Belastung aus den Existenzgründungsdarlehen am größten ist. Danach sinkt sie kontinuierlich ab. Da das EKH-Darlehen über 20 Jahre läuft, ist der Kapitaldienstplan noch bis zum 20. Jahr zu verlängern.

GRÜNDUNG

Beispiel für einen Kapitaldienstplan

Beispiel für einen Kapitaldienstplan

Zinsberechnung aufgrund nachschüssiger jährlicher Zinsen bei jährlicher Tilgung. Währung: Euro. Errechnet mit CUBIS.

Jahr	Zinsen Darlehen jährlich	Tilgung jährlich	Zins- und Tilgung inkl. kurzfr. Zinsen jährlich	monatlich	Restschuld langfristige Darlehen
1.	2 171,–	0,–	3 011,–	251,–	66 000,–
2.	2 171,–	3 000,–	6 011,–	501,–	63 000,–
3.	2 490,–	7 500,–	10 839,–,	903,–	55 500,–
4.	2 345,–	7 500,–	10 686,–	890,–	48 000,–
5.	2 192,–	7 500,–	10 532,–	878,–	40 500,–
6.	2 000,–	7 500,–	10 341,–	862,–	33 000,–
7.	1 697,–	4 500,–	7 037,–	586,–	28 500,–
8.	1 514,–	4 500,–	6 855,–	571,–	24 000,–
9.	1 332,–	4 500,–	6 672,–	556,–	19 500,–
10.	1 150,–	4 500,–	6 490,–	541,–	15 000,–
etc.					

Bitte bearbeiten Sie abschließend die folgenden Aufgaben:

1. Beschreiben Sie, wann ein Betrieb eine optimale Größe erreicht hat.

2. Erklären Sie Sinn und Zweck einer Rentabilitätsvorschau.

3. Stellen Sie die wichtigsten Finanzierungsregeln dar, die bei der Existenzgründung zu beachten sind.

4. Erläutern Sie die Bedeutung der Hausbank für ein Existenzgründungsvorhaben.

5. Erstellen Sie beispielhaft einen Investitionsplan und entwickeln Sie daraus eine möglichst optimale Finanzierung unter Einbeziehung öffentlicher Darlehen.

GRÜNDUNG

6. Einführung am Markt

> **Kompetenzen:**
> Der Lernende
> - kann Überlegungen darüber anstellen, in welcher Form und mit welchem Ziel ein neuer Betrieb am Markt eingeführt werden soll,
> - kann Marketingmaßnahmen beschreiben, die geeignet sind, einen neu gegründeten oder übernommenen Handwerksbetrieb bekannt zu machen.

6.1 Betriebseröffnung

Die Betriebseröffnung gehört mit zu den bedeutendsten Ereignissen eines Unternehmens. Es gibt keinen anderen Zeitpunkt, zu dem man für sein Geschäft mehr Aufmerksamkeit erzielen kann. Dies gilt insbesondere im Hinblick auf potenzielle Kunden, aber auch für schon bestehende oder zukünftige Geschäftsbeziehungen beispielsweise zu Banken oder Versicherungen. **Bedeutung**

Aus diesem Grund sollte dieses Ereignis auch nicht stillschweigend vonstatten gehen, sondern an einem Stichtag offiziell gestartet werden und sich – nach Möglichkeit – über einen längeren Zeitpunkt hinziehen, um die Aufmerksamkeit entsprechend nachhaltig auf das neue Unternehmen zu lenken. **Eröffnungstag**

Der Existenzgründer sollte sich von Anfang an dem Kunden mit soliden Leistungen und einem einheitlichen und prägnanten Erscheinungsbild präsentieren, das ihn von seinen Wettbewerbern abhebt und so seinem Betrieb einen festen Platz im Markt erobert. **einheitliches Erscheinungsbild**

Der Gründer wird ohne eine Planung des Werbebudgets nicht auskommen. Über die Höhe eines solchen Budgets können keine allgemeinverbindlichen Aussagen gemacht werden. Der Umfang einer Werbemaßnahme hängt stark von der Branche, der Unternehmensgröße, der Konkurrenzsituation, dem Zweck der Werbung und der Art der Werbung ab. **Werbebudget**

6.2 Marketingmaßnahmen

6.2.1 Aktivitäten zum Eröffnungstag

Mit besonderen Aktivitäten kann der Existenzgründer auf seinen neu gegründeten Betrieb oder sein neues Ladengeschäft aufmerksam machen (→ „Marketing", S. 288). Folgende Methoden sind geeignet, einen ersten

GRÜNDUNG

Kontakt zu seinen potenziellen Kunden und Geschäftspartnern aufzubauen:

Eröffnungsfeier
- Organisation eines offiziellen Eröffnungstages mit Einladung von Geschäftsnachbarn, Freunden, Kommunalpolitikern, Geschäftspartnern wie z. B. Bankenvertreter, potenziellen Lieferanten und Kunden sowie unbedingt Einladung von Pressevertretern. Geben Sie dazu am späten Vormittag einen Sektempfang mit kleinem kalten Büfett; Dauer: zwei bis drei Stunden.

vorbereiteter Pressetext
Bereiten Sie einen Pressetext vor mit den wichtigsten Daten:
- Datum der Eröffnung,
- Vorstellung des neuen Inhabers,
- evtl. Gründe für die Aufgabe des bisherigen Inhabers,
- Produktpalette, Leistungsspektrum,
- Preisniveau,
- Geschäftszeiten,
- Geschäftsaussichten (Ziele der ersten drei Jahre),
- Danksagung an alle, die die Geschäftseröffnung unterstützt haben.

Pressemeldung
Presseartikel über den Gründungsbetrieb sind ein hervorragendes (kostenloses!) Werbemittel. Es besteht die Möglichkeit, sich umfassend darzustellen. Alternativ dazu kann auch eine Geschäftseröffnungsanzeige mit einem PR-Beitrag (Abstimmung mit der Redaktion) möglichst über eine Seite platziert werden.

Litfaßsäulen
- Bei Eröffnung eines Einzelhandelsgeschäftes in einer Fußgängerzone oder in der Nähe eines Zentrums: Engagieren Sie Studenten oder Schüler, die als „wandelnde Litfaßsäulen" auf die Eröffnung aufmerksam machen; Zeitraum: ca. 1-2 Wochen.

Plakate
- Plakate, auf denen die Geschäftseröffnung angekündigt wird, lassen sich gut in Schaufenstern und Geschäftsräumen aufhängen.

Handzettel
- Handzettel sind kostengünstige Druckerzeugnisse, auf denen die Nachricht über eine Geschäftseröffnung oder über neue Produkte und Dienstleistungen wirkungsvoll verbreitet werden können.

Werbeschreiben
- Werbebriefe: Hier handelt es sich um persönliche Anschreiben, die per Post verschickt werden. Ein Direktmailing an alle potenziellen Geschäftspartner und Kunden sollte Informationen über die Geschäftseröffnung und die Formulierung des Leistungsprogramms sowie evtl. Sonderleistungen zur Eröffnung beinhalten. Wenn es der finanzielle Rahmen erlaubt, sollte ein (farbiger) Firmenprospekt beigelegt werden. Darin lässt sich sehr gut die neue Unternehmensphilosophie „transportieren".

6.2.2 Anzeigen in Printmedien

Für Existenzgründer sind Anzeigen praktikable Werbemittel, um auf den neuen Betrieb und seine Leistungen aufmerksam zu machen. Anzeigen können in verschiedenen Medien geschaltet werden.

GRÜNDUNG

Hier einige Werbeträger mit ihren Vor- und Nachteilen:

- Tageszeitung
Vorteile: hohe Frequenz, daher gute Möglichkeiten, kontinuierlich zu werben; meist vertretbare Kosten; spricht gezielt Kunden aus dem Einzugsbereich des Gründers an.
Nachteil: begrenztes Streugebiet; relativ hohe Kosten.

Tageszeitung

- Anzeigenblätter
Vorteile: meist für alle Haushalte im Streugebiet kostenlos, daher beliebtes Infomedium; relativ geringe Kosten; spricht gezielt Kunden aus dem Einzugsgebiet des Gründers an.
Nachteile: relativ geringe Auflage; begrenztes Streugebiet.

Anzeigenblätter

- Fachzeitschriften
Vorteile: großes Streugebiet, Streuung an Fachleute.
Nachteile: Streugebiet nicht unbedingt dem Einzugsbereich entsprechend; hohe Streuverluste; relativ hohe Kosten.

Fachzeitschriften

- Telefon- und Branchenbücher
Vorteile: in allen Haushalten im Streugebiet vorhanden, daher beliebtes Informationsmedium; hohe Auflage; spricht gezielt Kunden aus dem Einzugsgebiet des Gründers an.
Nachteil: Konkurrenz ist ebenso präsent.

Telefonbücher

Das Werbemittel „Anzeige" muss der Gründer so einsetzen, dass er möglichst seine Zielgruppe erreicht. Privathaushalte wird man beispielsweise am ehesten über die örtliche Zeitung, lokale Anzeigenblätter und das Branchenverzeichnis erreichen. Für Notfalldienstleistungen (Schlüsseldienste, Installateure) wird oft das Branchenbuch herangezogen. Die Zielgruppe, die sich für Wintergärten interessiert, wird durch Anzeigen in Fachzeitschriften angesprochen.

Die Gestaltung einer Anzeige muss
- individuell und unverwechselbar sein,
- dem einheitlichen Firmen-Erscheinungsbild entsprechen (Logos, Schriftzüge),
- so kreativ gestaltet sein, dass sie bewusst wahrgenommen wird und sich dadurch einprägt.

Anzeigengestaltung

Bevor der Gründer jedoch eine Anzeige in Auftrag gibt, sollte er sich folgende Fragen stellen:
- Was soll mit der Anzeige erreicht werden?
- Welche Zielgruppe soll mit der Anzeige angesprochen werden?
- Welche Medien werden von der Zielgruppe gelesen?
- Welcher Umsatz soll über die Anzeige angestrebt werden?
- Welche Kosten entstehen durch die Anzeige?
- In welchem Verhältnis stehen die Gesamtkosten zum Imagegewinn und zum Zielumsatz?

grundsätzliche Überlegungen

GRÜNDUNG

Erst danach sollte die Entscheidung über den Anzeigenauftrag gefällt werden. Diese Grundüberlegungen sollten auch vor dem Einsatz anderer Werbemittel angestellt werden.

6.2.3 Radio- und Kinowerbung

Radio-Werbung Radio-Werbespots haben bei häufiger Wiederholung eine gute, die Bekanntheit steigernde Wirkung. Zielgruppen lassen sich dadurch im Sendegebiet gut erreichen. Kontakt und Absprache über Inhalt und Sendezeitpunkt erfolgt über die Medienberater des Senders. Wegen der relativ hohen Kosten sind sie für Gründer nur bedingt geeignet.

Kinowerbung Kinowerbung hat durch die neuen Cinema-Projekte eine neue Bedeutung erhalten, da die Besuchsfrequenz dieser Großkinos stetig zunimmt. Sie kann entweder in Form eines Standbildes (Dias) mit Text, in Form von mehreren Dias als Pseudofilm und gesprochenem Text oder als Werbefilm realisiert werden. Die Erstellung eines Werbespots sollte aber nur mit professioneller Hilfe entwickelt und produziert werden. Dies ist jedoch mit hohen Kosten verbunden und daher für den Gründer nicht unbedingt interessant.

6.2.4 Einheitliches Firmenerscheinungsbild

Ein attraktives Firmenerscheinungsbild ist für das Image, die Glaubwürdigkeit und den Wiedererkennungswert eines Unternehmens äußerst wichtig und sollte von Anfang an und in allen Bereichen konsequent durchgesetzt werden.

einheitliches Gesamtbild Zu einem solchen imageprägenden Gesamtbild gehören u. a.:
- ein aussagefähiges und unverwechselbares Firmenlogo,
- einheitlich gestaltete Geschäftsdrucksachen mit allen wichtigen Angaben und natürlich dem Firmenlogo,
- entsprechend gestaltete Visitenkarten,
- Verpackungsmaterial,
- ein möglichst in Farbe gedruckter Firmenprospekt, der das Unternehmen und seine Philosophie, seine Produkte und Leistungen sowie Konditionen und Preise individuell und übersichtlich darstellt,
- saubere Firmenfahrzeuge mit Firmenlogo/Firmenschriftzug,
- ordentliche und möglichst einheitliche Arbeitskleidung, evtl. mit Firmenschriftzug/Logo,
- ansprechende äußere Gestaltung des Betriebsgebäudes und des Betriebsgeländes, bei Geschäften werbewirksame und kundenorientierte Gestaltung von Schaufenstern, Fassaden und Ladenlokal,
- Baustellen, auf denen man den eigenen Betrieb erkennt,
- eine ausgeprägte Kundenorientierung als ideale Ergänzung zum positiven äußeren Erscheinungsbild.

GRÜNDUNG

Bitte bearbeiten Sie abschließend die folgenden Aufgaben:

1. Gestalten Sie beispielhaft den Eröffnungstag eines Betriebes, den Sie eventuell eröffnen möchten.

2. Welche Printmedien kennen Sie, in denen Sie eine Anzeige schalten können? Erläutern Sie die jeweiligen Vor- und Nachteile.

3. Was versteht man unter dem einheitlichen Firmenerscheinungsbild und mit welchen Mitteln wird es nach außen transportiert?

7. Betriebsübernahme bzw. -beteiligung

> **Kompetenzen:**
>
> Der Lernende
> - kann die Vor- und Nachteile einer Betriebsübernahme erklären,
> - kann darlegen, welche Bereiche vor einer Betriebsübernahme einer gründlichen und kritischen Prüfung unterzogen werden müssen,
> - kann die Konsequenzen des betrieblichen Bestandsschutzes für den Betriebsübernehmer erläutern,
> - ist in der Lage, die maßgeblichen Faktoren zur Ermittlung des Kaufpreises für einen bestehenden Betrieb zu beschreiben,
> - kann die wichtigsten Regelungen erläutern, die ein Übernahmevertrag enthalten sollte,
> - kann die Pflichten darlegen, die aus einer Betriebsübernahme erwachsen.

Für viele Handwerksbetriebe steht in den nächsten Jahren ein Generationswechsel an. Der Wechsel in der unternehmerischen Verantwortung hat zwei Seiten. Für den Übergeber heißt es loszulassen und den Betrieb, den man jahre- bzw. jahrzehntelang mit seinen Ideen und der eigenen Person geprägt hat, in gute Hände zu übergeben.

Für den Nachfolger ist die Betriebsübernahme eine Existenzgründung, obwohl sie sich von der Neugründung eines Betriebes in einigen Punkten unterscheidet. Es gilt, das Erhaltenswerte zu bewahren, gleichzeitig aber auch eigene Ideen und Ziele zu verwirklichen.

Vor- und Nachteile einer Betriebsübernahme

Betriebsübernahme im Vergleich zur Neugründung eines Betriebes	
Vorteile	(mögliche) Nachteile
Kundenstamm vorhanden	überhöhte Kaufpreisvorstellungen des Inhabers
Eingearbeitete Mitarbeiter	geringe oder keine Erweiterungsmöglichkeiten des Betriebes am Standort
Werkstatträume und notwendige Betriebseinrichtung vorhanden	Betriebseinrichtung ist veraltet, Investitionen sind erforderlich
Betrieb ist am Markt eingeführt, keine Anlaufschwierigkeiten	alle Mitarbeiter müssen übernommen werden
Erfahrungen des Vorgängers können genutzt werden	Schwierigkeiten bei der Durchsetzung von neuen Ideen und Arbeitsweisen

GRÜNDUNG

Eine Betriebsübernahme ist mit weit reichenden Konsequenzen verbunden. Eine mangelhafte Planung kann die Existenz des Betriebes gefährden. Der Übernehmer muss sich daher im Vorfeld intensiv auf die Selbstständigkeit vorbereiten. Neben einer kritischen Selbstüberprüfung (→ S. 451) muss er sich ausreichend über den Ist-Zustand des Betriebes, über Rahmenbedingungen und Zukunftsaussichten informieren.

Analyse des Betriebes

7.1 Analyse der vergangenen und künftigen Entwicklung

7.1.1 Analyse des Standortes

Der Betriebsnachfolger muss dem Standort des Betriebes besondere Aufmerksamkeit widmen. Gerade bei kundennahen Handwerksbetrieben mit Handelsanteil ist der Standort wesentlicher Erfolgsfaktor (Beispiele: Bäcker, Augenoptiker, Radio- und Fernsehtechniker). Eine geänderte Verkehrsführung oder ein neu geschaffenes Ortszentrum kann im Einzelfall die Wettbewerbssituation erheblich verändern (→ S. 457). Generell ist die Frage zu beantworten, ob der Standort auch längerfristig positiv zu beurteilen ist.

7.1.2 Analyse des Produkt- und Leistungsangebotes

Mitentscheidend für den künftigen Erfolg sind die Perspektiven des Gewerks bzw. der Branche und des jeweiligen Leistungsspektrums. Produkte und Leistungen müssen auf den Prüfstand und nach ihren Stärken und Schwächen beurteilt werden. Die Zusammensetzung des Produkt- und Leistungsprogramms und die Orientierung an der allgemeinen Marktsituation sind für die Zukunftsfähigkeit des Übernahmebetriebes äußerst wichtig. Folgende Klassifizierung des Sortiments ist hilfreich:

Bewertung der Produktpalette

- risikoreiche Zukunftsprodukte,
- viel versprechende Produkte, die ein starkes Wachstum und gute Erfolgschancen erwarten lassen,

- so genannte Geldbringer oder „Renner", die sich derzeit gut verkaufen lassen und keine hohen Investitionen mehr erfordern,
- Auslaufprodukte mit geringen Zukunftserwartungen.

Wäre nach dieser Einteilung der Umsatzanteil der „Renner" und Auslaufprodukte am größten, müssten hohe Investitionen in neue Technologien, in Weiterbildung und Werbung erfolgen, um das Unternehmen zukunftsfähig zu machen.

7.1.3 Analyse des Unternehmenszustandes

technischer Stand

Hierbei geht es darum, ob der Vorgänger die richtigen Investitionen getätigt hat und sich der Betrieb im Ganzen technisch auf dem aktuellen Stand befindet. Die Analyse bezieht sich auf die technische Ausstattung mit Maschinen und Werkzeugen, die Betriebseinrichtung, die Bausubstanz der Betriebsräume allgemein, die Gestaltung der Verkaufsräume, die Möglichkeiten der Warenpräsentation. Gleich bedeutsam ist die Organisationsstruktur, das Qualitätsmanagement, der Einsatz neuer Medien (EDV, Internet) sowie das betriebliche Controlling.

7.1.4 Analyse der Personalstruktur

Qualifikation der Mitarbeiter

Der Erfolg eines Unternehmens hängt stark von der Qualifikation, der Motivation und der Leistungsbereitschaft der Mitarbeiter ab. Dazu kommt die richtige Altersstruktur, das Lohn- und Gehaltsniveau und die Anzahl der Mitarbeiter. Wichtige Aufschlüsse für die Beurteilung des Personalbereiches liefert die Betriebszugehörigkeit der Mitarbeiter, die Fluktuationsrate (das Verhältnis zwischen der Zahl der Austritte und der Zahl der Mitarbeiter), die Fehlzeitquote (Verhältnis von Fehlzeiten zu Arbeitstagen) und das Alter der Mitarbeiter, insbesondere der Führungskräfte.

7.1.5 Analyse der betrieblichen Kennzahlen

Bilanzanalyse

Unbedingt zu empfehlen ist eine sorgfältige Analyse der Bilanzen der letzten drei Jahre durch Ermittlung von Kennzahlen (→ „Kosten- und Leistungsrechnung und Controlling", S. 225). Durch die Kennzahlen werden Entwicklungen und Abhängigkeiten deutlich. Auf der Grundlage der Gewinn- und Verlustrechnung des Vorgängers kann der Nachfolger eine eigene Umsatz- und Gewinnplanung vornehmen (→ Rentabilitätsvorschau, S. 477).

7.2 Betrieblicher Bestandsschutz

Grundsätzlich genießen bestehende Betriebe Bestandsschutz, da sie vor längerer Zeit – vor Inkrafttreten der heutigen Bau- und Immissionsschutzgesetzgebung – mit gültiger Baugenehmigung errichtet worden sind. Viel-

GRÜNDUNG

fach sind jedoch notwendige Veränderungen und Erweiterungen am Standort nach aktuellem Baurecht nicht mehr genehmigungsfähig. Standortuntersuchungen von Handwerkskammern haben ergeben, dass sich eine Vielzahl von Handwerksbetrieben an einem baurechtlich falschen Standort befinden und auf längere Sicht gesehen eine Verlagerung unumgänglich erscheint. Man unterscheidet verschiedene Formen des Bestandsschutzes:

- Der **planungsrechtliche Bestandsschutz** ergibt sich aus einem rechtsverbindlichen Bebauungsplan im Sinne des Baugesetzbuches. Der richtig geplante Gewerbebetrieb kann nur durch Umplanung betroffen werden und hat dann einen Entschädigungsanspruch.
- Der **baurechtliche Bestandsschutz** ergibt sich aus einer erteilten Baugenehmigung. Jedes „zulässigerweise errichtete" Gebäude ist geschützt. Der baurechtliche Bestandsschutz gewährt auch einen Anspruch auf die Genehmigung von geringfügigen Änderungen.
- Der **gewerberechtliche Bestandsschutz** ist ein Schutz, den eine im förmlichen Verfahren nach dem Bundes-Immissionsschutzgesetz genehmigte gewerbliche Anlage genießt. Danach sind privatrechtliche Abwehransprüche von Nachbarn ausgeschlossen.

Formen des Bestandsschutzes

Bei der Entscheidungsfindung bezüglich der Übernahme eines produzierenden Handwerksbetriebes ist also die Klärung der Frage bedeutsam, ob der dauerhafte Bestand des Unternehmens durch die Bauplanung und das Baurecht gesichert und ob eine eventuell notwendige Expansion durch Aus- oder Umbau möglich ist. Der Übernehmer muss sich daher auf jeden Fall über die Gebietsausweisung beim Planungsamt der Stadt bzw. der Gemeinde informieren.

7.3 Kriterien der Kaufpreisermittlung

Der Preis des Betriebes beruht auf dem **Betriebswert.** Dieser Wert ist nicht nur bei Übertragung auf fremde Nachfolger zu ermitteln, sondern auch bei jedem (familieninternen) Generations- oder Besitzerwechsel. Um es gleich zu Beginn zu sagen: Den **objektiven Wert** eines Unternehmens gibt es nicht. Es gibt verschiedene Methoden für die Wertermittlung; sie gewichten die Ausgangsdaten unterschiedlich und kommen damit zwangsläufig zu unterschiedlichen Ergebnissen. Es gibt folglich keine Methode, die zweifelsfrei und völlig eindeutig den Unternehmenswert bestimmten kann.

Problematik der Wertermittlung

Methoden zur Wertermittlung

METHODEN zur WERTERMITTLUNG
- Unternehmensbewertung
  - Ertragswert
  - Substanzwert
  - Firmenwert

Ertragswert

Für den Übernehmer spielen die Ertragserwartungen bei der Unternehmensbewertung eine zentrale Rolle. Maßgeblich für den Wert des Betriebes ist der Gewinn, den der Übernehmer in den nächsten Jahren erzielen kann. Für die Ermittlung des Ertragswertes müssen die Gewinne der letzten drei bis fünf Jahre vorliegen. Dabei werden einige Korrekturen vorgenommen: Die Gewinne der letzten Jahre werden bereinigt um die kalkulatorischen Kosten, aber auch um außerordentliche Erlöse und Erträge. In die Ertragsprognose fließen branchenspezifische und konjunkturelle Erwartungen ein. Der Ertragswert drückt also die zukünftige nachhaltige Ertragskraft des Unternehmens aus. Neben den Gewinnen der letzten Jahre spielen noch der Ruf, das Alter und die Lage des Betriebes, die Marktchancen sowie die Qualifikation der Mitarbeiter eine Rolle.

Ermittlung

Substanzwert

Der Substanzwert entspricht dem Gegenwartswert (Zeitwert) des betriebsnotwendigen Anlage- und Umlaufvermögens, also dem Preis, den ein Erwerber für Grundstück, Gebäude, Maschinen, Werkzeuge, Fahrzeuge, Geräte- und Warenlager im heutigen Zustand bezahlen müsste. Der Substanzwert wird bestimmt durch den Anschaffungswert, das Alter, den Zustand, die durchschnittliche technische Nutzungs- und Lebensdauer der verkauften Wirtschaftsgüter, aber auch durch die Nachfrage nach diesen Wirtschaftsgütern. Durch Addition der Verkehrswerte der einzelnen Gegenstände ergibt sich der Substanzwert des Betriebes.

Bestimmungsfaktoren des Zeitwertes

Firmenwert

Der Firmenwert oder „good will" ist die positive Differenz zwischen Ertragswert und Substanzwert. Darin kommen Faktoren wie der Ruf, der Bekanntheitsgrad des Unternehmens, das Know-how, die Kundenbeziehungen und der Mitarbeiterstamm zum Ausdruck. Der Firmenwert ist das Entgelt dafür, dass ein Nachfolger im Vergleich zu einem Neugründer einen eingeführten und „funktionierenden" Betrieb übernimmt.

Vom Wert zum Preis

Neben der reinen Ertragswertmethode und der reinen Substanzwertmethode sind in der Praxis auch folgende Vorgehensweisen üblich: Es wird ein Durchschnittswert aus Ertragswert und Substanzwert ermittelt oder man addiert zusätzlich zum Substanzwert einen Firmenwert hinzu.

Da es jedoch keinen objektiven Wert des Unternehmens gibt, kann es auch nicht den „richtigen" Preis geben. Der ermittelte Wert wird lediglich einen Rahmen für die Preisbildung vorgeben.

Der tatsächliche Preis kann u. U. stark von der Wertermittlung abweichen. Ausschlaggebend sind Art und Umstände des Verkaufs. Findet der Wechsel innerhalb der Familie statt, bewegt sich der Preis voraussichtlich an der Wertuntergrenze. Bei externen Käufern wird der Verkäufer versuchen, einen hohen Preis zu erzielen. In jedem Fall sollte man sich beraten lassen.

Diskrepanz zwischen Wert und Preis

Aber auch Unternehmen unterliegen den Gesetzen des Marktes: Angebot und Nachfrage bestimmen den Preis. Aufgrund des schrittweisen Ausscheidens der Gründergeneration ist zurzeit ein Überangebot an Unternehmen vorhanden, so dass Betriebe zu relativ günstigen Preisen angeboten werden. Man kann hier von einem **Übernehmermarkt** sprechen.

Übernehmermarkt

Alle Handwerkskammern unterhalten Betriebsvermittlungsbörsen. Die eingehenden Angebote und Nachfragen werden EDV-gestützt ausgewertet und können kostenlos abgefragt werden.

7.4 Gestaltung der Übernahme

Die an einer Übernahme Beteiligten müssen die grundsätzlichen Unterschiede bei der Gestaltung der Übernahme beachten:

unterschiedliche Übernahme-regelungen

- Will der bisherige Betriebsinhaber sich vom Unternehmen vollständig lösen? Beim Verkauf und beim Verschenken des Betriebes gehen Besitz und Eigentum (→ S. 553) auf den Nachfolger über.
- Soll die Betriebsübertragung als solche vorerst vermieden werden? Beim Verpachten und beim Vermieten (→ S. 550) bleibt der Übergeber Eigentümer des bisherigen Unternehmens.

Wie auch immer die Übergabe konkret erfolgen soll: In jedem Fall ist es ratsam, einen schriftlichen Vertrag (→ BGB, S. 516) aufzusetzen.

7.4.1 Kauf des Unternehmens

Der Existenzgründer kann den Handwerksbetrieb gegen eine Einmalzahlung oder gegen wiederkehrende Zahlungen wie Rente, Rate oder dauernde Last kaufen. Der Vorteil liegt darin, dass von Anfang an klare Eigentumsverhältnisse geschaffen werden. Der Käufer hat freie Verfügungsgewalt über das Unternehmen.

Vorteil

Kauf gegen Einmalzahlung

Zahlungsarten

Hier muss der Existenzgründer dem Verkäufer die gesamte Summe auf einmal übergeben. Der Kapitalbedarf ist für den Gründer zunächst hoch, er kann jedoch unter bestimmten Voraussetzungen mithilfe öffentlicher Gelder zinsgünstig finanziert werden.

Rente

Unterschieden wird hier zwischen Zeit- und Leibrente. Bei der Leibrente erfolgen die wiederkehrenden Zahlungen bis zum Tod der Nutznießer. Die Zeitrente ist auf eine bestimmte Dauer festgelegt, muss aber über mindestens zehn Jahre laufen.

GRÜNDUNG

Kaufpreis-Rate

Der Gründer kann den Kaufpreis auch in Raten zahlen. In diesem Fall ist die Laufzeit auf max. zehn Jahre begrenzt. Die Ratenzahlung dient dazu, dem Gründer die Finanzierung zu erleichtern.

Dauernde Last

Bei der dauernden Last handelt es sich um wiederkehrende Zahlungen über mindestens zehn Jahre. Das Besondere liegt darin, dass die Zahlungen zwar regelmäßig, aber nicht immer in gleicher Höhe ausfallen. Die Zahlungen können sich z. B. dem Unternehmensgewinn oder einer vereinbarten Wertsteigerung anpassen.

7.4.2 Pacht des Unternehmens

Pacht Der Existenzgründer muss bei der Pacht ähnlich wie beim Kauf gegen wiederkehrende Zahlungen keinen Kaufpreis finanzieren. Das Unternehmen geht nicht in das Eigentum des Nachfolgers über. Die Pachtzahlungen können steuerlich in voller Höhe als Betriebsausgaben geltend gemacht werden. Die unternehmerische Tätigkeit des Pächters ist innerhalb des Pachtbetriebes zeitlich begrenzt. In der Praxis gibt es in der Frage der Investitionen immer wieder Interessensgegensätze. Der Pächter ist daran interessiert, die Leistungsfähigkeit des Unternehmens durch Investitionen zu steigern, der Verpächter verzichtet auf diese, weil er als Eigentümer nicht gleichzeitig auch Nutznießer ist.

7.4.3 Beteiligung des Nachfolgers

Oft fällt es älteren Betriebsinhabern sehr schwer, sich rechtzeitig zu einem Verkauf oder einer Verpachtung ihres Betriebes zu entschließen. Diese Form der Nachfolgeregelung im Handwerk kommt häufig erst dann in Betracht, wenn die Gesundheit des Seniors angegriffen oder die Altersgrenze erreicht ist.

Beteiligung als Form der Nachfolgeregelung Eine Alternative stellt in diesen Fällen die Beteiligung am Unternehmen (→ Personen- und Kapitalgesellschaften, S. 597) dar. Hier wird die Nachfolgeregelung sozusagen „scheibchenweise" durchgeführt. Der Nachfolger kann mit einem kleinen Prozentsatz anfangen und diesen allmählich steigern. Die Höhe der Beteiligung wird der jeweiligen Situation angepasst. So wächst der Nachfolger nach und nach stärker in die Führungsverantwortung für das Unternehmen hinein, ohne dass der Übergeber zu einem bestimmten Zeitpunkt alles auf einmal aus der Hand geben muss.

Es sollte jedoch eine längere Vertragsdauer (mindestens zehn Jahre) und eine längere Kündigungsfrist (z. B. zwei Jahre) vereinbart werden, damit der potenzielle Nachfolger nicht jederzeit mit der gesetzlichen Kündigungsfrist von sechs Monaten zum Ende eines Geschäftsjahres aus der Gesellschaft wieder ausscheiden kann.

7.4.4 Inhalt des Gesellschaftsvertrages

Grundsätzlich ist davon auszugehen, dass es nur wenige Bestimmungen gibt, die durch Gesellschaftsvertrag nicht geändert werden können. Der Gesellschaftsvertrag kann also inhaltlich auf die bestehenden Erfordernisse abgestellt werden. Dieser sollte mindestens die folgenden Regelungen enthalten:

- Name, Sitz und Rechtsform der Gesellschaft; bei Personengesellschaft Namen der Gesellschafter, **Mindestbestandteile**
- Gegenstand des Unternehmens,
- Einlagen der Gesellschafter, Kapitalbeteiligung,
- Geschäftsführung und Vertretung der Gesellschaft,
- Gesellschafterbeschlüsse, Stimmrecht,
- Gewinn- und Verlustverteilung, Gesellschafterentnahmen,
- Vorschriften für die Bewertung der Anteile, Beschränkung der Übertragbarkeit der Beteiligung,
- Wettbewerbsverbote,
- Eintritt und Ausscheiden von Gesellschaftern, Insolvenz, Kündigung, Ausschließung und Abfindung,
- Erbfolge, Fortführung der Gesellschaft bei Tod eines Gesellschafters,
- Auflösung der Gesellschaft,
- Vereinbarung eines Schiedsgerichtes für alle Differenzen zwischen den Gesellschaftern bzw. aus dem Gesellschaftsvertrag.

Ein notarieller Vertrag ist nur für eine GmbH erforderlich und wenn Minderjährige als stille Gesellschafter beteiligt werden. Sonst genügt die Schriftform. **Schriftform**

Neben einem solchen Gesellschaftsvertrag sollten darüber hinaus folgende Dokumente – je nach Notwendigkeit – vorliegen bzw. aufgesetzt werden:

- aktueller Handelsregisterauszug unter Beifügung noch nicht eingetragener Anmeldungen zum Handelsregister, **ergänzende Dokumente**
- vollständige Liste aller Gesellschafter unter Angabe der Geschäftsanteile, die treuhänderisch für Dritte gehalten werden, evtl. Untervereinbarungen, mögliche Stimmbindungsvereinbarungen,
- notarielle Urkunden über die Abtretung von Geschäftsanteilen sowie Belastungen der Geschäftsanteile, insbesondere Verpfändungen und Übertragungen,
- Aufstellung über gewährte Gesellschafterdarlehen, über Beteiligungen, über Bestellungen von Sicherheiten durch Gesellschafter für Verbindlichkeiten der Gesellschaften gegenüber Dritten,
- Verträge über die Gewährung von Darlehen durch die Gesellschaft an Gesellschafter, Vereinbarung über die Begründung stiller Gesellschaften.

7.5 Gesetzliche und vertragliche Pflichten

Für den Betriebsübernehmer ist nicht nur der mit dem Übergeber abzuschließende Vertrag wichtig, sondern er übernimmt auch gesetzliche und vertragliche Pflichten von seinem „Vorgänger".

7.5.1 Übernahme von Mitarbeitern

gesetzliche Grundlagen

Zentrale Vorschrift beim Übergang von Arbeitsverhältnissen auf den Übernehmer ist die Regelung des § 613a BGB. Dieser Paragraph soll zum einen gewährleisten, dass der Übernehmer in die bestehenden Arbeitsverhältnisse eintritt. Zum anderen regelt er die Haftung des alten sowie des neuen Arbeitgebers und ordnet die Auswirkungen des Betriebsübergangs auf Tarifverträge. Durch § 613a Abs. 4 BGB wird außerdem klargestellt, dass Kündigungen wegen einer Betriebsübertragung nicht zulässig sind.

Betriebsübergang

Liegt ein Betriebsübergang im Sinne von § 613a Abs. 1 BGB vor, so gehen die in dem Betrieb bestehenden Arbeitsverhältnisse unverändert auf den Übernehmer über. Es genügt der Abschluss eines Pacht- oder Mietvertrages oder eine Schenkung. Ein reiner Gesellschafterwechsel zählt nicht. Die betroffenen Arbeitnehmer können nach der Rechtsprechung des Bundesarbeitsgerichtes durch rechtzeitige Ausübung eines Widerspruchsrechts den Übergang der Arbeitsverhältnisse verhindern. In diesem Fall bleiben die Arbeitverhältnisse mit dem Übergeber bestehen. Dieser kann aber jetzt Kündigungen aussprechen.

Gemäß § 613a Abs. 2 BGB haftet der Übergeber gesamtschuldnerisch neben dem Übernehmer für Verpflichtungen aus den übergegangenen Arbeitsverhältnissen, soweit die Verpflichtungen vor dem Zeitpunkt des Betriebsübergangs entstanden sind und vor Ablauf von einem Jahr nach diesem Zeitpunkt fällig werden. Insbesondere bei Weihnachtsgeld, 13. Monatsgehalt und Urlaubsgeld handelt es sich um Zahlungsverpflichtungen, für die der Übergeber nur zeitanteilig, also nur bis zum Zeitpunkt der Betriebsübergabe, haftet.

7.5.2 Verträge

Mietverträge

Bei Mietverträgen besteht kein Automatismus in der Vertragsübergabe. Im günstigsten Fall erhält der Betriebsübernehmer die Möglichkeit, in den laufenden Vertrag einzusteigen. In vielen Fällen wird der Vermieter jedoch die Möglichkeit zur Kündigung des alten Vertrages nutzen und einen neuen Vertrag mit geänderten, für ihn günstigeren Konditionen zu vereinbaren, d. h. also eine Mieterhöhung durchzuführen.

Lieferverträge

Gleiches gilt vom Prinzip her auch für Lieferverträge.

Versicherungen

Versicherungsverträge sind personengebunden und es besteht in der Regel ein Sonderkündigungsrecht für den Übergeber.

Konkurrenzklausel

Die Vereinbarung einer Konkurrenzklausel ist grundsätzlich möglich, darf aber nicht sittenwidrig sein. Sie ist in der Praxis jedoch nur bedingt wirksam.

7.5.3 Haftung

Grundsätzlich haftet der alte Inhaber für Altschulden, der neue Inhaber haftet nur für Neuschulden.

Ausnahmen:

- Bei Übernahme eines Betriebes, der im Handelsregister eingetragen ist, haftet der Nachfolger für alle Geschäftsverbindlichkeiten, es sei denn, er schließt diese Haftung im Übernahmevertrag aus und lässt diese Erklärung auch in das Handelsregister eintragen. **Verbindlichkeiten**
- Wird ein Betrieb fortgeführt, der Steuerschulden hat, so haftet der Übernehmer – ohne Ausschlussmöglichkeit – für alle betriebsbedingten Steuern. **Steuern**

Es empfiehlt sich also dringend für den Übernehmer, Erkundigungen einzuholen, wie es um die Bonität des Vorgängers bestellt ist. Das ist die beste Voraussetzung, sich vor den Haftungen zu schützen.

Bitte bearbeiten Sie abschließend die folgenden Aufgaben:

1. Über welche Rahmenbedingungen und Zukunftsaussichten eines Betriebes muss sich der Übernehmer Gedanken machen?

2. Nennen Sie die verschiedenen Formen des Bestandsschutzes und erklären Sie ihre Konsequenzen und Auswirkungen.

3. Erklären Sie die Begriffe „Ertragswert", „Substanzwert" und „Firmenwert".

4. Beschreiben Sie die verschiedenen Übergabeformen und worin sie sich unterscheiden.

5. Erläutern Sie die Mindestregelungen, die ein Gesellschaftsvertrag enthalten sollte.

6. Erläutern Sie die gesetzlichen und vertraglichen Pflichten, die sich aus der Betriebsübernahme ergeben.

8. Gründungsberatung

Kompetenzen:

Der Lernende

- kann die unterschiedlichen Beratungsangebote auf Kammerebene beschreiben,
- kann externe Beratungsmöglichkeiten für Existenzgründer erläutern,
- kann Fördermittel für Existenzgründer nennen,
- kann die Bedeutung der Aus- und Weiterbildung für die Existenzgründung richtig einschätzen und Weiterbildungsangebote beschreiben.

8.1 Beratungsstellen und -angebote

Vor und während der Gründung eines Betriebs sollte sich der angehende Unternehmer Informationen und Hilfestellung bei folgenden Stellen holen:

Informationsstellen
- Handwerkskammern bzw. Industrie- und Handelskammern,
- Zentralverband des Deutschen Handwerks, Abt. Gewerbeförderung,
- Fach- und Branchenverbände,
- Wirtschaftsförderungseinrichtungen,
- Unternehmensberatungen,
- Steuerberatungsstellen,
- Rechtsanwaltskanzleien und Notariate,
- Banken und Sparkassen,
- Beratungszentren der Kreditanstalt für Wiederaufbau (KfW),
- Wirtschaftsministerien der Bundesländer,
- Beratungsstellen für Existenzgründer/innen.

Dort findet der Gründer kompetente Ansprechpartner. Das Informationsmaterial und die allgemeine Beratung sind in der Regel kostenfrei.

Der erste Weg sollte jedoch zum Existenzgründungsberater der nächstliegenden Handwerkskammer oder Industrie- und Handelskammer führen. Diese bieten von einer ersten, orientierenden Beratung über Geschäftsideen und -möglichkeiten bis zu Details der Rechtsform eines neuen Unternehmens und seiner Finanzierung ein breites, kostenloses Informationsangebot (→ „Handwerk in Wirtschaft und Gesellschaft", S. 252).

betriebswirtschaftliche Beratung Die betriebswirtschaftliche Beratung umfasst u. a. Themen wie Finanzierung, Kostenrechnung und Kalkulation, Schwachstellenanalyse, Marketing, Rechtsformänderung und Betriebsnachfolge.

GRÜNDUNG

Die technische Beratung beschäftigt sich vor allem mit Fragen rund um den Werkstattbau und die Werkstatteinrichtung sowie der Maschinen- und Werkstattausstattung, außerdem mit der Planung von Produktionsabläufen und des Personaleinsatzes und mit Fragestellungen zur Arbeitsstättensicherheit. Des Weiteren stehen Technologie-Transfer-Berater bei besonders schwierigen technologischen Problemen zur Verfügung. — **technische Beratung**

Zahlreiche Kammern haben seit einigen Jahren EDV-Beratungsstellen eingerichtet, die über branchenspezifische Hard- und Softwarelösungen informieren. Dort kann sich der Gründer auch bezüglich EDV-Einsatzmöglichkeiten im betrieblichen Rechnungswesen beraten lassen oder eine Analyse der eigenen betrieblichen Anforderungen in Auftrag geben. — **EDV-Beratung**

Weitere wichtige Beratungsbereiche von Kammern, aber auch von freiberuflichen Beratungsstellen sind standortrechtliche und raumplanerische Fragen, Umweltschutzprobleme, Energieeinsparungsmöglichkeiten sowie das Arbeitsrecht. Hier stehen vor allem Experten der Kreishandwerkerschaften zur Verfügung. Im Rahmen der zunehmenden Internationalisierung im Handwerk reicht der Beratungsservice der Kammern von der Außenwirtschaft bis zum Zulieferwesen. — **weitere Bereiche**

Bei der Inanspruchnahme von externen Beratern kann der Gründer Zuschüsse des Bundes beantragen. Die Höhe richtet sich nach der Beratungsart und liegt bei 50 % der in Rechnung gestellten Beratungskosten, höchstens jedoch € 1 500,–. Auch darüber kann der Kammerberater Auskunft geben oder der Zentralverband des Deutschen Handwerks, Leitstelle für freiberufliche Beratung. (Weitere Informationen unter *www.zdh.de*.) — **externe Berater**

8.2 Fördermittel

Der Existenzgründer sollte unbedingt öffentliche Förderprogramme in seinen Finanzierungsplan (→ S. 480) einbeziehen. (Informationen zu Förderprogrammen z. B. unter: *www.kfw-mittelstandsbank.de*, *www.bmwi.de* → *Unternehmer* → *Förderdatenbank*.) Der Start in die Selbstständigkeit wird durch Hilfen von Bund und Ländern unterstützt. Es sollte darauf geachtet werden, dass alle Existenzgründungshilfen **vor Beginn des Gründungsvorhabens** bei einem Kreditinstitut beantragt werden müssen.

Wichtige Finanzierungshilfen für Existenzgründer: — **Finanzierungshilfen**

- Mikro-Darlehen
  Mit dem Mikro-Darlehen kann die Gründung einer selbstständigen Existenz mit einem maximalen Fremdfinanzierungsbedarf von € 25 000 finanziert werden.
- StartGeld
  Alle Formen der Existenzgründung, also Errichtung oder Erwerb eines Betriebes sowie die Übernahme einer tätigen Beteiligung, können mit StartGeld unterstützt werden. Der Kreditbetrag umfasst maximal € 50 000.

GRÜNDUNG

- ERP-Existenzgründungsprogramm
  Es werden Darlehen zur Förderung von Gründung und Existenzfestigung vergeben. der Finanzierungsanteil beträgt in den alten Bundesländern bis zu 50 % der förderfähigen Investitionskosten, in den neuen Ländern und in Berlin bis zu 75%. Der Kreditbetrag wird in Höhe von € 500 000 (alte Bundesländer) bzw. € 1 000 000 (neue Länder und Berlin) jeweils pro Kalenderjahr und Antragsteller gewährt.
- Unternehmerkredit
- Unternehmerkredit Ausland
- Unternehmerkredit Leasing
- ERP-Regionalförderprogramm
- ERP-Innovationsprogramm
- Bürgschaftsprogramm
- Nachrang-Kapital für Gründer
  - ERP-Eigenkapitalhilfe-Programm
  - Kapital für Arbeit
- Beteiligungskapital für Gründer (Refinanzierungs- und Garantieprogramme)
  - ERP-Innovationsprogramm (Beteiligungsvariante)
  - Beteiligungsfonds (Ost)
  - KfW/BMWA-Technologie-Programm (BTU)
  - Risikokapitalprogramm
  - ERP-Beteiligungsprogramm
- Programme der tbg
  (Die tbg – Technologie-Beteiligungs-Gesellschaft mbH – ist eine Gesellschaft der Kfw-Bankengruppe.)
  - BTU-Frühphase
  - Beteiligungskapital für kleine Technologieunternehmen (BTU)
  - Technologie-Beteiligungsprogramm
  - Förderung und Unterstützung von technologieorientierten Unternehmensgründungen (Futour 2000)
  - Konsolidierungs- und Wachstumsfonds Ost (KWFO)

Zusätzlich zu diesen Förderprogrammen können Gründer/-innen gegebenenfalls auch noch Förderprogramme der jeweiligen Bundesländer in Anspruch nehmen. Beispiel: Gründungs- und Wachstumsfinanzierung (GuW) ist eine Gemeinschaftsaktion von Bund, Land und KfW; Meistergründungsprämie in Nordrhein-Westfalen: Sie wird in Form eines Zuschusses gewährt. Diese Prämie kann als Eigenkapital eingesetzt werden und erhöht die Basis für die Inanspruchnahme anderer Finanzierungsmittel. Für nähere Informationen stehen die Berater bei den Handwerkskammern zur Verfügung.

GRÜNDUNG

Informationen zu Förderprogrammen

Das Angebot an möglichen Fördermitteln ist für Existenzgründer vielfältig und teilweise unübersichtlich. Eine Übersicht über Stellen, die Ihnen Informationen zu den einzelnen Gründungsprogrammen geben können, finden Sie auf der CD-ROM.

Gründungs-beratung.pdf

8.3 Weiterbildungsangebote

Die erfolgreiche Existenzgründung basiert auf einer soliden Ausbildung. In den Meisterschulen wird daher auf die Unternehmensführung und künftige Selbstständigkeit inhaltlich verstärkt eingegangen. Dennoch zeigen Untersuchungen, das neben Finanzierungsmängeln Informationsdefizite und Qualifikationsmängel als Hauptursache für Insolvenzen anzusehen sind.

Bildungsstätten der Handwerkskammern bzw. Industrie- und Handelskammern sowie Fachverbände und Kreishandwerkerschaften halten ein breites Weiterbildungsangebot zu Fragen der Existenzgründung und Unternehmensführung bereit. Man kann wählen zwischen Wochenendseminaren, beispielsweise zu Themen wie Zeitmanagement, Gesprächsführung, Reklamationsbehandlung, EDV u. Ä., gewerblich-technischen Seminaren, die vom Stoffumfang und von der Zeitdauer aufwendiger sind, und Akademie-Lehrgängen, die mit einer Abschlussprüfung enden, z. B. der Studiengang „Betriebswirt (HWK)", die Ausbildung zur/zum „Fachkauffrau/Fachkaufmann – Handwerkswirtschaft" oder zur/zum „Technischen Fachwirt/in". Der Gründer sollte sich die Seminarprogramme der Veranstalter zwecks Überblick zuschicken lassen.

Weiterbildungsangebote

Bitte bearbeiten Sie abschließend die folgenden Aufgaben:

1. Nennen Sie drei Informationsquellen für Gründer.
2. Welche Beratungsangebote bieten die Handwerkskammern?
3. Welche Beratungsangebote stehen in der Nachgründungsphase zur Verfügung?

Wir übernehmen mit öffentlicher Hilfe Bürgschaften -

damit kein Kreditwunsch eines mittelständischen Unternehmens oder eines freiberuflich Tätigen an fehlenden Sicherheiten scheitert.

Wir helfen bei der Entwicklung von Unternehmen -

wir verhelfen zur Selbständigkeit.

Bürgschaftsbank NRW -

die Bürgschaftsbank für die nordrhein-westfälischen Unternehmen - als Partner im Risiko

Hellersbergstraße 18, 41460 Neuss

Telefon: (0 21 31) 51 07-0, Telefax: (0 21 31) 51 07-222

Internet: www.bb-nrw.de, e-mail: info@bb-nrw.de

(Auskunft erteilen auch alle Banken und Sparkassen, Handwerkskammern und Industrie- und Handelskammern)

Rechtliche und steuerliche Grundlagen

Kapitel:

Bürgerliches Recht, Mahn- und Klageverfahren, Zwangsvollstreckung, Insolvenzrecht	507
Handwerks- und Gewerberecht, Handels- und Gesellschaftsrecht, Wettbewerbsrecht	582
Arbeitsrecht	612
Sozial- und Privatversicherungen	649
Steuern	686

▌Partner des Handwerks.

Creditreform bietet Ihnen ein Risikomanagement zur effizienten Kundenüberwachung mit strukturierten, bonitätsgeprüften Wirtschaftsinformationen.

Unsere Spezialisten im Forderungsmanagement und Inkasso sorgen für einen raschen Zahlungseingang bei offenen Rechnungen und hohen Außenständen.

Creditreform ist einer der führenden Informationsanbieter in Europa. 1879 in Mainz gegründet, ist die Organisation heute auf 130 Geschäftsstellen in Deutschland – europaweit auf 180 angewachsen.

Risikomanagement
Wirtschaftsauskünfte
Forderungsmanagement

www.creditreform.de

UNTERNEHMEN SIE NICHTS OHNE UNS.

Bürgerliches Recht, Mahn- u. Klageverfahren, Zwangsvollstreckung, Insolvenzrecht

1. Einteilung der Rechtsordnung

Kompetenzen:

Der Lernende
- kann die einzelnen Rechtsquellen nennen,
- kann die Unterscheidung zwischen privatem und öffentlichem Recht darstellen,
- kann die Einteilung des BGB erläutern.

1.1 Rechtsordnung und Rechtsnormen

Die Rechtsordnung ist die Summe aller Rechtsnormen, die das Zusammenleben der Bürger ordnet. — *Definition*

Im deutschen Rechtssystem sind Rechtssätze im Wesentlichen in schriftlichen Rechtsquellen festgelegt, z. B. im **Bürgerlichen Gesetzbuch.** Höchste und wichtigste schriftliche Rechtsgrundlage ist das **Grundgesetz für die Bundesrepublik Deutschland** vom 23. Mai 1949 mit den wichtigsten Regeln über den organisatorischen Aufbau des Staates. — *Grundgesetz*

Weitere Rechtsquellen sind **Rechtsverordnungen** und **Rechtssatzungen.** Sie können von Verwaltungsbehörden, Körperschaften und Anstalten des öffentlichen Rechts aufgrund besonderer Ermächtigung durch ein förmliches Gesetz erlassen werden. — *Verordnungen/ Satzungen*

Beispiel: Die Handwerkskammer als Körperschaft des öffentlichen Rechts ist befugt, Satzungen zu erlassen. Gesetzliche Grundlage sind die Bestimmungen des Gesetzes zur Ordnung des Handwerks (→ Handwerksordnung, S. 583).

Neben die schriftlich festgelegten Rechtsquellen tritt als ungeschriebenes Recht das **Gewohnheitsrecht**. Es sind überlieferte Regeln, die bereits eine gewisse Zeit in der Überzeugung angewendet werden, durch die Einhaltung der Übung bestehendes Recht zu befolgen. Die Auslegung des schriftlich festgelegten Rechts erfolgt durch die Gerichte. — *Gewohnheitsrecht*

(Die Homepage des Bundesministeriums für Justiz bietet die Möglichkeit, Gesetzestexte zu recherchieren: *www.bmj.de/* →*Themen* → *Gesetzestexte*).

BÜRGERLICHES RECHT

1.2 Öffentliches Recht – Privates Recht

Übersicht über Rechtsordnung

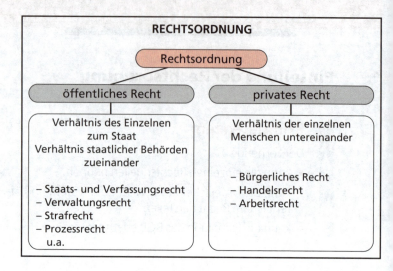

öffentliches Recht — Das **öffentliche Recht** umfasst alle Rechtssätze, die das Verhältnis der einzelnen Bürger zum übergeordneten Staat regeln. Hierzu gehört in erster Linie das Staats- und Verfassungsrecht.

Verwaltungsrecht — Im täglichen Leben von größerer Bedeutung ist das **Verwaltungsrecht**. Es regelt die engeren Beziehungen des Bürgers zum Staat sowie die Organisation der einzelnen staatlichen Behörden. Zweige des Verwaltungsrechts sind beispielsweise das Abgabenrecht, das Kommunalrecht, aber auch das Beamtenrecht oder das Polizeirecht, das Baurecht, das Gewerberecht und das Verkehrsrecht.

Strafrecht — Im **Strafrecht** werden die Gemeinschaft schädigende Verhaltensweisen mit staatlichen Sanktionen geahndet. Die Rechtsfolgen einer Straftat reichen vom Freiheitsentzug und der Geldstrafe bis zu den Maßregeln der Besserung und Sicherung wie beispielsweise der Entziehung der Fahrerlaubnis oder der Anstaltsunterbringung.

Prozessrecht — Das **Prozessrecht** regelt den Aufbau und die Zuständigkeit der Gerichte, vor denen ein Prozess über die Durchsetzung persönlicher Ansprüche durchgeführt werden kann oder muss. Ein Teilgebiet des Prozessrechts ist das Zwangsvollstreckungsrecht.

Privatrecht — Gegenstand des **Privatrechts** sind die Rechtsbeziehungen der Staatsbürger untereinander, die sich als gleichberechtigte Partner gegenüberstehen. Das Bürgerliche Recht formuliert Gesetze für den Privatmann ohne Rücksicht auf seine Zugehörigkeit zu einem bestimmten Berufsstand.

Handelsrecht — Das **Handelsrecht** ist als Sonderrecht für Kaufleute anzusehen, die Handelsgeschäfte für ihre Unternehmen tätigen (→ S. 590).

Arbeitsrecht — Das **Arbeitsrecht** bündelt die Rechtssätze, die ein Arbeitsverhältnis betreffen. Hierbei handelt es sich um Dienstverhältnisse von Arbeitnehmern, die an Weisungen von Arbeitgebern gebunden sind, mit Ausnahme der Beamtenverhältnisse (→ „Arbeitsrecht", S. 612).

1.3 Systematik des Bürgerlichen Gesetzbuches

Die wichtigste Rechtsquelle des bürgerlichen Rechts ist das Bürgerliche Gesetzbuch (BGB), das am 1. Januar 1900 in Kraft getreten ist. Das BGB war von seinen Verfassern als Sammlung aller wichtigen gesetzlichen Bestimmungen des bürgerlichen Rechts vorgesehen. Dieser Gedanke konnte jedoch bisher nie voll verwirklicht werden, so dass das BGB durch zahlreiche Nebengesetze ergänzt wurde. Der Gesetzgeber hat nun nach langjährigen intensiven Beratungen zum 1. Januar 2002 das Recht der Schuldverhältnisse sowie die Verjährungsregelungen grundlegend überarbeitet und neu gestaltet. So wurden u. a. die Systematik des sog. Leistungsstörungsrechts verändert und die Vorschriften zum Werk- und Kaufvertragsrecht den EU-Vorgaben angepasst. Nebengesetze, wie das AGB-Gesetz, das Verbraucherkreditgesetz und das Haustürwiderrufsgesetz wurden im Zuge der Reform in das BGB integriert, so dass die bisherige Zersplitterung des bürgerlichen Rechts in wichtigen Bereichen beseitigt wurde. Das BGB kommt damit dem Ziel einer verständlichen, einheitlichen Sammlung der wichtigsten Rechtsvorschriften im bürgerlichen Recht wieder näher.

Neugestaltung zum 1. Januar 2002

Gliederung des BGB in fünf Bücher

1. **Allgemeiner Teil**
   Darin behandelt sind allgemeine, für das ganze Gesetzeswerk des BGB geltende Rechtsgrundsätze, die den folgenden vier Büchern als Grundlage vorangestellt werden.
2. **Recht der Schuldverhältnisse**
   Dieses Buch enthält alle Schuldverhältnisse, die aufgrund eines Vertrages und damit einer Vereinbarung zwischen Partnern („Parteien"), aber auch – ohne Vorliegen eines Vertrages – zwischen Personen entstehen können.
3. **Sachenrecht**
   Das dritte Buch des BGB enthält Regelungen über die Rechtsbeziehungen zwischen einer Person und einer Sache, die entweder ihr oder einem anderen gehört. Es sind also beispielsweise die Voraussetzungen und Rechtsfolgen von Besitz und Eigentum aufgezeigt.
4. **Familienrecht**
   Es werden die Rechtsbeziehungen der Familienmitglieder und der Verwandten untereinander geregelt. Zum Familienrecht gehören auch die Regelungen über die Ehe.
5. **Erbrecht**
   Im fünften Buch des BGB ist das Erbrecht behandelt. Gegenstand dieses Abschnittes sind auch die einzelnen Testamentsformen, Erbverträge oder Pflichtteilsansprüche.

BÜRGERLICHES RECHT

Bedeutung des BGB Das Bürgerliche Gesetzbuch ist für den mittelständischen Unternehmer von besonderer Bedeutung. Vielfach finden auf seine Rechtsbeziehungen zu den Kunden das Kaufrecht, aber noch häufiger das Werkvertragsrecht Anwendung. Schließlich bemisst sich die Sicherung seines Vermögens nach dem Sachenrecht. Auch Fragen des Güterstandes und der Erbnachfolge sind für ihn von herausgehobener Bedeutung. Es ist daher folgerichtig, den grundsätzlichen Bestimmungen des Bürgerlichen Gesetzbuches eine erhöhte Aufmerksamkeit zu schenken.

(Informationen zu Rechtsfragen und aktueller Rechtsprechung: *www.recht.de*)

Bitte bearbeiten Sie abschließend die folgenden Aufgaben:

1. Was ist eine Rechtsordnung, was eine Rechtsnorm?

2. Nennen Sie die Unterschiede zwischen öffentlichem und privatem Recht.

3. Erläutern Sie die fünf Bücher des BGB.

BÜRGERLICHES RECHT

2. Allgemeiner Teil des Bürgerlichen Gesetzbuches

Kompetenzen:

Der Lernende
- kann den Unterschied zwischen Rechtsfähigkeit und Geschäftsfähigkeit verdeutlichen,
- kann die Rechtswirkungen beschränkter Geschäftsfähigkeit darstellen,
- kann die rechtliche Bedeutung der Willenserklärung aufzeigen,
- kann die Anfechtung von Willenserklärungen und ihre rechtlichen Wirkungen erläutern,
- ist in der Lage, die Regelungen für die regelmäßige Verjährung und die Konsequenzen für den Handwerksunternehmer darzustellen,
- kann darlegen, wer sich schadenersatzpflichtig machen kann.

Der erste von fünf Teilen des Bürgerlichen Gesetzbuchs regelt die Grundnormen des Miteinanders im Rechtsverkehr: wer Rechtsgeschäfte tätigen kann, wann, wie und mit welcher Wirkung die Willenserklärungen der Rechtsgenossen zum Tragen kommen und welche Voraussetzungen an den Bestand von Willenserklärungen gestellt werden.

2.1 Rechtsfähigkeit

Rechtsfähig sind
- der Mensch als natürliche Person,
- die juristische Person des Privatrechts und des öffentlichen Rechts.

Rechtsfähigkeit ist die Fähigkeit, Träger von Rechten und Pflichten zu sein. **Definition**
Die Pflichten ergeben sich aus den Rechten der anderen.

2.1.1 Rechtsfähigkeit natürlicher Personen

Die **natürliche Person,** also der Mensch, ist rechtsfähig ab Vollendung der Geburt bis zu seinem Tod. Dass der Mensch rechtsfähig ist, setzt das BGB als selbstverständlich voraus, denn es regelt die Frage, ab wann die Rechtsfähigkeit beginnt – nämlich mit der Vollendung der Geburt. Dabei muss das Kind leben, zumindest für eine kurze Zeit. Auf die Lebensfähigkeit kommt es nicht an, ebenso wenig auf Geschlecht, Hautfarbe, Intelligenz, geistige oder körperliche Behinderungen. **Zeitraum der Rechtsfähigkeit**

Rechtsfähigkeit natürlicher und juristischer Personen

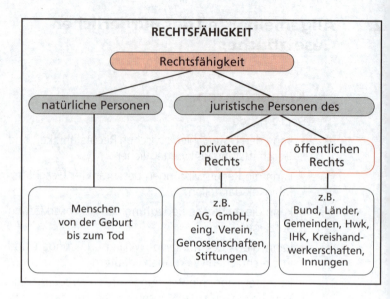

Die Rechtsfähigkeit ist im Prozess bedeutsam, denn nur rechtsfähige Personen können klagen oder verklagt werden. Auch für das Erbrecht ist sie von Wichtigkeit (→ S. 560).

2.1.2 Rechtsfähigkeit juristischer Personen

Definition Die **juristische Person** ist kein Mensch, sondern eine Vereinigung oder ein Zusammenschluss von natürlichen Personen oder von Vermögensmassen mit einer eigenen Rechtspersönlichkeit. Man unterscheidet:
- juristische Personen des Privatrechts
- juristische Personen des öffentlichen Rechts

juristische Personen des Privatrechts Das BGB regelt im Bereich der **juristischen Personen des Privatrechts** nur den Verein. Er ist aber gewissermaßen das Modell für die anderen juristischen Personen des Privatrechts.

rechtsfähiger Verein Als juristische Konstruktion kann der **eingetragene Verein** selbst nicht im Rechtsleben handeln. Dies übernimmt der Vorstand, der aus einer oder mehreren Personen besteht. Die Satzung ist die Verfassung des Vereins und enthält über die Regelungen des Bürgerlichen Gesetzbuches hinausgehende Einzelheiten.

Der Vorstand vertritt – gleichgültig, ob andere Vertreter durch die Satzung berufen sind – den Verein uneingeschränkt. Der Verein haftet auch für den Schaden, den der Vorstand, ein Mitglied des Vorstandes oder ein anderer, satzungsgemäß berufener Vertreter einem Dritten zufügt, sofern er in Ausführung der ihm zustehenden Verrichtungen handelt. Der Verein endet zwangsläufig mit der Auflösung.

nicht rechtsfähiger Verein Der **nicht rechtsfähige Verein** hat keine eigene Rechtspersönlichkeit und beschränkt sich auf nicht eingetragene Kegelclubs oder Sportvereine.

Grundsätzlich haben bei einem entstandenen Schaden alle Vereinsmitglieder für den Schaden aufzukommen. Die Rechtsprechung hat diese Haftung jedoch auf das gesamte, dem Verein von den einzelnen Mitgliedern zur Verfügung gestellte Vermögen begrenzt. Die unbeschränkte Eigenhaftung des Schädigers bleibt davon unberührt.

Zu den juristischen Personen des Privatrechts gehören auch die **Stiftungen.** Dabei handelt es sich um Vermögenszusammenfassungen, die nach dem Willen des Stifters zu einem bestimmten Zweck verwaltet werden. Beispiele: Familienstiftungen, kirchliche Stiftungen oder örtliche Stiftungen sollen einen Kindergarten oder ein Handwerkerpflegeheim unterhalten.

Stiftung

Neben den juristischen Personen des Privatrechts gibt es **juristische Personen des öffentlichen Rechts,** z. B. Gebietskörperschaften. Eine juristische Person des öffentlichen Rechts entsteht entweder durch die Eintragung in das entsprechende öffentliche Register oder durch eine staatliche Verleihung der Rechtsfähigkeit. Sie wird aufgelöst durch eine Löschung im Register oder durch einen Entzug der Rechtsfähigkeit. Als Organe der juristischen Person dienen diejenigen Personen, die durch Gesetz oder Satzung zur Geschäftsführung berufen sind. Beispiel: Der Präsident und der Hauptgeschäftsführer einer Handwerkskammer.

juristische Personen des öffentlichen Rechts

2.2 Geschäftsfähigkeit

Rechtsfähigkeit und Geschäftsfähigkeit müssen sich nicht decken. Im Rechtsverkehr Rechte und Pflichten selbst wahrnehmen und erfüllen zu können, ist einem Säugling oder einem beschränkt Geschäftsfähigen nicht möglich.

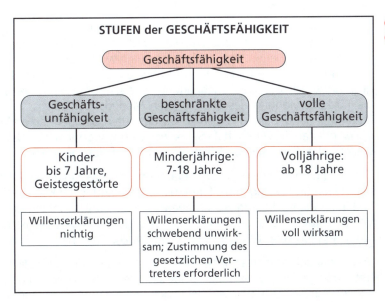

drei Stufen der Geschäftsfähigkeit

BÜRGERLICHES RECHT

Definition Unter **Geschäftsfähigkeit** ist die Fähigkeit zu verstehen, im Rechtsverkehr handelnd aufzutreten und selbstständig durch den Abschluss von Rechtsgeschäften für sich Rechte zu erwerben oder Verpflichtungen zu begründen.

Geschäftsfähig sind grundsätzlich alle Personen, die volljährig sind, d. h. das 18. Lebensjahr vollendet haben. Das BGB kennt zwei Grade des Fehlens bzw. der Einschränkung der Geschäftsfähigkeit: die völlige Geschäftsunfähigkeit sowie die beschränkte Geschäftsfähigkeit.

2.2.1 Geschäftsunfähigkeit

Definition **Geschäftsunfähig** sind Kinder bis zur Vollendung des 7. Lebensjahres und solche Personen, die sich in einem die freie Willensbestimmung ausschließenden Zustand krankhafter Störung der Geistesfähigkeit befinden. Diese Personengruppen können keinerlei Rechtshandlungen vornehmen. Es muss für sie der gesetzliche Vertreter, also entweder die Eltern oder der amtlich bestellte Vormund, handeln.

2.2.2 Beschränkte Geschäftsfähigkeit

Definition **Beschränkt geschäftsfähig** sind Minderjährige vom 7. bis zum 18. Lebensjahr. Sie dürfen Rechtshandlungen nur mit Zustimmung ihres gesetzlichen Vertreters vornehmen. Die Zustimmung sollte als Einwilligung vor dem Abschluss eines Rechtsgeschäftes vorliegen, sie kann aber auch heilend nach Abschluss eines Rechtsgeschäftes erteilt werden. Die nachträglich **Rechtsgeschäfte nur** erteilte Zustimmung nennt man **Genehmigung.** Sie wirkt auf den Zeit**mit Zustimmung** punkt des Vertragsabschlusses zurück. Einseitig verpflichtende Rechtsgeschäfte zu Lasten des Minderjährigen bedürfen der vorherigen Einwilligung.

Beispiel: Der Kaufvertrag über ein Moped, der von einem 17-Jährigen ohne Einwilligung der Eltern abgeschlossen wird, ist schwebend unwirksam. Schwebend deswegen, weil der Vertrag gültig wird, wenn die Eltern ihn – nachträglich – genehmigen. Er wird aber ungültig, wenn die Eltern als gesetzliche Vertreter die Genehmigung versagen. Der 17-Jährige schuldet die Rückübereignung des übereigneten Mopeds. Wichtig ist in diesem **kein** Zusammenhang, dass es keinen Schutz des guten Glaubens an die Volljäh**Gutglaubensschutz** rigkeit oder an die Geschäftsfähigkeit des Vertragspartners gibt. Der Handwerker oder Verkäufer handelt insofern stets auf eigenes Risiko.

Hat in dem genannten Fall der Verkäufer bereits das Moped verkauft und übergeben und versagen die Eltern die Genehmigung, so können sie vom Verkäufer die Rücknahme des Mopeds und die Zurückzahlung des vollen Verkaufspreises verlangen, auch wenn das Moped infolge der Benutzung schon an Wert verloren oder sogar einen Unfall erlitten hat.

Ausnahmen Von der Regel, dass Geschäfte nur mit Zustimmung der gesetzlichen Vertreter gültig sind, gibt es auch – insbesondere für den Umgang des Handwerkers mit beschränkt geschäftsfähigen Minderjährigen – einige Ausnahmen:

BÜRGERLICHES RECHT

- Die Willenserklärung eines Minderjährigen ist voll wirksam, wenn ihm das Rechtsgeschäft lediglich einen rechtlichen Vorteil bringt, ohne dass dadurch Rechtsverpflichtungen eingegangen werden, z. B. die Annahme eines Geschenks.
- Das Rechtsgeschäft mit Minderjährigem ist ohne Zustimmung gültig, wenn es mit finanziellen Mitteln und in bar bewirkt wird, die ihm zu diesem Zweck oder zur freien Verfügung von den gesetzlichen Vertretern oder mit deren Zustimmung von Dritten überlassen wurden. Damit ist in der Regel das Taschengeld gemeint, man geht aber nach heutiger Begriffsvorstellung über den engen Rahmen des Taschengeldes hinaus.
- Wenn die gesetzlichen Vertreter einem Minderjährigen mit Genehmigung des Vormundschaftsgerichtes den Betrieb eines Erwerbsgeschäftes (beispielsweise einen Computerladen) gestattet haben, ist der Minderjährige voll geschäftsfähig für alle Rechtshandlungen, die dieser Geschäftsbetrieb mit sich bringt. Der minderjährige Geschäftsinhaber darf in diesem Fall wie ein Erwachsener Personal einstellen, Waren kaufen oder verkaufen.
- Wenn die gesetzlichen Vertreter den Minderjährigen ermächtigt haben, ein spezielles oder grundsätzliches Dienst- oder Arbeitsverhältnis einzugehen, beispielsweise als Geselle oder als Arbeiter, so ist dieser für alle Rechtsgeschäfte voll geschäftsfähig, die mit dem Eingehen oder der Aufhebung oder Erfüllung dieses Vertrages zusammenhängen.

2.3 Deliktsfähigkeit

Rechtliche Verpflichtungen können nicht nur durch rechtsgeschäftliche Handlungen begründet werden, wie durch einen Kauf- oder Werkvertrag, sondern sie erwachsen auch aus vorwerfbaren Verletzungen fremder Rechtsgüter. Hierbei handelt es sich um so genannte unerlaubte Handlungen. Beispiel: Der 17-jährige Schreinergeselle Hans Meier hat bei Anlieferung eines Schreibtisches durch grobe Unachtsamkeit die Wohnungstür eines fremden Mitbewohners des Hauses beschädigt. — **Verletzung fremder Rechtsgüter**

Bei der Rechtsverletzung durch nicht rechtsgeschäftliche Handlungen, also nicht im Rahmen eines Vertrages, spricht man von der **Deliktsfähigkeit**. Welche Personen sind für ihre unerlaubten Handlungen voll verantwortlich? Das BGB geht im Prinzip davon aus, dass alle Personen über 18 Jahren uneingeschränkt deliktsfähig sind, während Kinder unter 7 Jahren und Personen, die sich zur Zeit der Tat unverschuldet im Zustand der Zurechnungsunfähigkeit befunden haben, normalerweise für den von ihnen verursachten Schaden nicht aufzukommen brauchen. Minderjährige im Alter zwischen 7 und 18 Jahren (beschränkt Geschäftsfähige) sowie Taubstumme haften dann, wenn sie nach ihrer geistigen Entwicklung an sich die Einsicht hätten haben müssen, dass ihr Verhalten anderen Personen Schaden zufügt. Der 17-jährige Hans Meier haftet also grundsätzlich für den von ihm angerichteten Schaden. — **Definition** / **beschränkte Deliktsfähigkeit**

2.4 Rechtsgeschäftliches Handeln

Willenserklärung

Rechtsgeschäftliches Handeln basiert auf der Abgabe und dem Empfang von Willenserklärungen. Durch eine **Willenserklärung** nimmt eine geschäftsfähige Person am Rechtsleben teil, indem sie einen juristischen Willen oder Entschluss fasst. Die Willenserklärung ist Voraussetzung für das Zustandekommen eines Rechtsgeschäftes.

Rechtsgeschäfte

Form der Willenserklärung

Willenserklärungen sind grundsätzlich **formfrei.** Das heißt, sie können ausdrücklich mündlich oder schriftlich formuliert oder durch so genanntes schlüssiges Verhalten zum Ausdruck gebracht werden. Entscheidend ist, dass der Wille, rechtsgeschäftlich zu handeln, deutlich wird.

Schriftform empfohlen

Es ist jedoch im Geschäftsverkehr grundsätzlich zu empfehlen, die **Schriftform** zu wählen. In einzelnen Fällen ist sie gesetzlich vorgeschrieben. Dann ist über den Inhalt des Rechtsgeschäftes ein Schriftstück in Hand-, Maschinen- oder Druckschrift anzufertigen und auch persönlich zu unterzeichnen.

elektronischer Geschäftsverkehr

Im elektronischen Geschäftsverkehr kann eine gesetzlich geforderte Schriftform inzwischen auch grundsätzlich durch eine elektronische Form ersetzt werden. In diesen Fällen muss der Unterzeichner der Erklärung seinen Namen hinzufügen und das elektronische Dokument muss mit einer qualifizierten **elektronischen Signatur** nach dem Signaturgesetz versehen werden.

Verlangt das Gesetz die öffentliche Beglaubigung, muss die Echtheit der Unterschrift unter einem Schriftstück von einem **Notar** bestätigt werden. Damit wird nicht die Richtigkeit des Schriftstücks bestätigt. Wenn das Gesetz hingegen die notarielle Beurkundung, z. B. bei einem Grundstücksvertrag, verlangt, wird sowohl die Richtigkeit des Inhaltes als auch die Echtheit der Unterschrift durch den Notar bestätigt.

Eintritt der Rechtswirkung

Eine einmal erklärte Willenserklärung kann nicht ohne weiteres zurückgenommen werden, denn die Rechtswirkung tritt mit ihrer Äußerung und dem Zugang beim anderen ein.

BÜRGERLICHES RECHT

Angebot und Vertragsabschluss

Wenn zwei oder mehr Personen die Absicht haben, einen Vertrag abzuschließen, so bezeichnet man die Willenserklärung des Vertragsanbieters als **Angebot** und die des Vertragsannehmers als **Annahme**.

Zugang von Willenserklärungen

Da an der Gestaltung eines Rechtsgeschäftes regelmäßig mehrere Personen beteiligt sind, muss eine Willenserklärung, durch die dieses Rechtsgeschäft begründet oder geändert wird, dem Geschäftspartner zugehen. Willenserklärungen sind daher **empfangsbedürftig**. **Empfangsbedürftigkeit**

Ausnahme: Eine nicht empfangsbedürftige Willenserklärung ist hingegen das Testament. Hier wird die Willenserklärung bereits wirksam, wenn der Wille endgültig formuliert und die Erklärung abgegeben ist. Ein Testament ist daher wirksam, wenn es niedergeschrieben und unterzeichnet ist.

Wie wichtig der Zugang einer Willenserklärung ist, zeigt folgendes Beispiel: Tischlermeister Huber will seinem Mitarbeiter Lehmann kündigen und schickt ihm die Kündigung mit normaler Post. Dieser Kündigungsbrief kommt bei Herrn Lehmann nicht an. Es ist kein Zugang erfolgt und damit besteht der Arbeitsvertrag weiter. Zukünftig wird der Tischlermeister Huber einen solchen Brief immer per Einschreiben oder besser noch per Rückschein (mit Bestätigung des Empfängers) versenden. Damit ist sichergestellt, dass der Zugang der Willenserklärung erfolgt und nachgewiesen ist.

Der **Zugang einer Willenserklärung** richtet sich danach, ob sie unter Anwesenden oder Abwesenden abgegeben wird. Wird die Willenserklärung in Gegenwart des anderen Teils abgegeben, kann er sie hören oder sehen oder telefonisch zur Kenntnis nehmen, so ist er verpflichtet, sofern er den Vertrag annehmen möchte, sofort die Annahme zu erklären.

Erklärungen unter Abwesenden sind zugegangen, sobald sie in ihren Empfangsbereich gelangt sind. Mündliche Erklärungen müssen demnach entweder von Gesprächspartner zu Gesprächspartner geäußert oder durch Boten überbracht, schriftliche dem Empfänger übersandt sein. Hier bleibt die Bindungswirkung solange bestehen, wie unter normalen Umständen **Bindungswirkung** mit einer Rückantwort gerechnet werden kann. Keine Bindung tritt ein, wenn der Widerruf des schriftlichen Angebots vor dem Angebot oder zumindest gleichzeitig mit dem Angebot beim Partner eintrifft.

Nach Ablauf einer angemessenen Zeit, die selten länger als 14 Tage oder 3 Wochen dauern kann, entfällt das gemachte – schriftliche – Angebot. Es ist dem handwerklichen Bereich jedoch grundsätzlich immer zu empfehlen, ein Angebot zu befristen.

Schweigen als Willenserklärung

Normalerweise bedeutet Schweigen Nichts-Tun. Da eine Willenserklärung aber gerade eine Handlung ist, durch die ein bestimmter Geschäftswille zum Ausdruck gebracht wird, kann dann, wenn der „Erklärende" untätig

BÜRGERLICHES RECHT

bleibt, auch keine Willenserklärung vorliegen. Schweigen bedeutet daher im Regelfall weder Zustimmung noch Ablehnung.

stillschweigende Willenserklärung

Von einer **„stillschweigenden Willenserklärung"** spricht man dann, wenn der Vertragspartner eine Erklärung abgeben wollte, aber keine Worte gebrauchet, um sich auszudrücken, sondern Handlungen vornimmt, die auf einen ganz bestimmten Geschäftswillen schließen lassen. Aber auch hier kommt es darauf an, dass erkennbar ein Wille geäußert worden ist.

Anfechtung von Willenserklärungen

Berichtigung durch Anfechtung

Grundsätzlich gilt, dass ein zweiseitiges Rechtsgeschäft nicht einseitig zurückgenommen werden kann. In folgenden Fällen besteht jedoch die Möglichkeit, durch eine Anfechtung eine Berichtigung herbeizuführen:

- **Inhaltsirrtum**
  Wille und Erklärung stimmen hinsichtlich des Inhaltes nicht überein. Beispiel: Tischlermeister Huber will ein neues Kombi-Fahrzeug erwerben. Der Verkäufer stellt einen Kaufvertrag aus, Herr Huber will das Fahrzeug aber leasen.

- **Erklärungsirrtum**
  Hier liegt der Fehler in der Erklärung, z. B. im Versprechen, im Verschreiben. Beispiel: Schlossermeister Falk will schriftlich ein Stahlgitter für € 3 000,– anbieten, schreibt aber € 300,–. Es liegt ein gültiges, wenn auch anfechtbares Angebot vor.

- **Eigenschaftsirrtum**
  Wille und Erklärung sind zwar einwandfrei, der Erklärende hat sich jedoch über wesentliche Eigenschaften einer Person oder Sache geirrt. Beispiel: Schlossermeister Falk will eine neue Bohrmaschine mit einem Bohrfutter bis 50 mm kaufen. Es stellt sich aber heraus, dass die Bohrmaschine nur ein Bohrfutter von 30 mm hat.

Rechtsfolgen einer Anfechtung

In diesen drei Fällen kann die **Anfechtung** der abgegebenen Willenserklärung erfolgen. Sie hat in diesen Fällen unverzüglich zu geschehen, d. h. ohne schuldhaftes Zögern. Die Anfechtung bedeutet jedoch nicht, dass das Rechtsgeschäft ohne weitere Rechtsfolgen gegenstandslos wird. Vielmehr wird der Anfechtende ersatzpflichtig für den Schaden, der dem anderen Teil dadurch entsteht, dass er auf die Gültigkeit der Erklärung vertraut hat. Dies kann ein Verdienst- oder Gewinnausfall sein, dies kann auch der Differenzbetrag zu dem nächstgünstigen Angebot sein.

keine Anfechtung bei Motivationsirrtum

Keine Anfechtung ist dagegen bei einem Motivationsirrtum möglich. Hier fallen Wille und Erklärung nicht auseinander. Der Anfechtende hat sich beispielsweise in der Kalkulation, in seiner Preisvorstellung oder in dem Eintritt persönlicher Umstände geirrt. Beispiel: Tischlermeister Huber schließt einen Vertrag mit einer festen Zahlungsfrist zum 1. 6. ab, weil er glaubt, dann die notwendigen Mittel zu haben. Dies ist jedoch nicht der Fall.

weitere Anfechtungsgründe

Weitere Anfechtungsgründe sind: die arglistige Täuschung und die widerrechtliche Drohung.

BÜRGERLICHES RECHT

- **Arglistige Täuschung**
  Beispiel: Der Verkäufer eines Gebrauchtwagens erklärt ausdrücklich, aber wahrheitswidrig, der Wagen sei unfallfrei. In diesem Fall hat der Käufer, der hierdurch zur Abgabe seiner Willenserklärung veranlasst wird, die Möglichkeit, das Rechtsgeschäft binnen einer Frist von einem Jahr anzufechten.

- **Widerrechtliche Drohung**
  Beispiel: Ein Vertragspartner will einen Vertrag nicht eingehen. Der andere droht ihm deshalb mit einer Anzeige wegen einer früher begangenen Steuerhinterziehung. Die Anfechtung kann innerhalb eines Jahres nach Entdeckung der Täuschung oder nach dem Wegfall der durch die Drohung geschaffenen Zwangslage erfolgen. Folge: Hat der Getäuschte oder Bedrohte einen Schaden erlitten, so ist der Partner schadenersatzpflichtig.

Wirkung einer Anfechtung

Die Anfechtung ist eine Willenserklärung. Sie kann daher formlos erfolgen, d. h., sie bedarf nicht der Schriftform. Es ist aber eine empfangsbedürftige Willenserklärung, und sie muss damit dem Partner zugehen. Durch die Anfechtung wird grundsätzlich die Willenserklärung von Anfang an nichtig, bis zum Zeitpunkt der Anfechtung war sie jedoch voll gültig. Ein Vertrag wird von sich aus hinfällig, da eine der beiden Willenserklärungen vernichtet wird. Es ist gleichgültig, ob der Vertragspartner mit der Anfechtung einverstanden ist oder nicht. **Nichtigkeit bei Anfechtung**

2.5 Verjährung

Unter Verjährung versteht man das Recht des Schuldners, nach Ablauf einer bestimmten Zeit nach Entstehen des Anspruchs die ihm obliegende Leistung zu verweigern. Die Geltendmachung eines Anspruches ist also zeitlich begrenzt. **Definition**

Ein Recht, das man jahrelang nicht geltend gemacht hat, wie das Einkassieren einer offenstehenden Forderung, wird zweifelhaft, wenn man es nicht mehr einfordert. Die Veränderung bewirkt aber nicht den völligen Untergang des Anspruches. Der Schuldner, der die Rechnung bezahlen sollte, erwirbt lediglich unter Berufung auf den Zeitablauf das Recht, die Leistung zu verweigern.

2.5.1 Verjährungsfristen

Mit der zum 1. Januar 2002 in Kraft getretenen Schuldrechtsreform hat der Gesetzgeber die Verjährungsfristen grundsätzlich neu geregelt. Es gilt nunmehr eine **regelmäßige Verjährungsfrist von drei Jahren** für alle Ansprüche. Das bedeutet, dass z. B. Zahlungsansprüche eines Handwerkers **neue gesetzliche Regelung**

BÜRGERLICHES RECHT

aus einer Werk- oder Kaufvertragsforderung sowohl gegenüber dem Verbraucher als auch gegenüber Gewerbetreibenden nach drei Jahren verjähren.

regelmäßige Verjährungsfrist Die regelmäßige Verjährungsfrist beginnt mit dem Schluss des Jahres, in dem

1. der Anspruch entstanden ist und
2. der Gläubiger von den den Anspruch begründenden Umständen und der Person des Schuldners Kenntnis erlangt oder ohne grobe Fahrlässigkeit erlangen müsste.

Beispiel: Ein Tischlermeister hat für seinen Kunden eine Kommode gefertigt. Die Kommode wurde am 10. Februar 2002 abgenommen, die Rechnungsstellung erfolgte am 20. Februar 2002. Der Anspruch auf Zahlung der Rechnung ist in diesem Fall am 10. Februar 2002 entstanden. Es handelt sich hier um einen Anspruch, welcher der regelmäßigen dreijährigen Verjährungsfrist unterliegt. Der Anspruch auf Zahlung der Rechnung verjährt somit mit Ablauf des 31. Dezember 2005.

In den anderen Fällen einer speziell geregelten Verjährungsfrist fängt diese mit der Entstehung des Anspruchs an zu laufen, soweit gesetzlich nichts anderes geregelt ist.

Einrede Fordert der Gläubiger erst nach Ablauf der Verjährungsfrist seinen Anspruch ein, so kann der Schuldner die **Einrede der Verjährung** erheben und die Leistung verweigern. Der Schuldner muss jedoch ausdrücklich erklären, dass er die Leistung wegen des Eintrittes der Verjährung verweigert. Zahlt der Schuldner die offene Forderung, obwohl sie verjährt ist, kann er sich nicht nachträglich auf die Verjährung berufen.

Der erwähnte Kunde könnte also nach dem 31. Dezember 2005 gegen die Forderung des Tischlermeisters einwenden, dass der Zahlungsanspruch verjährt ist, mit der Folge, dass dann keine Zahlung des Werklohnes mehr verlangt werden kann.

Die der regelmäßigen Verjährungsfrist unterliegenden Ansprüche verjähren im Übrigen unabhängig von der Kenntnis des Gläubigers spätestens 10 Jahre nach ihrer Entstehung.

Schadenersatzansprüche Die **Verjährung von Schadenersatzansprüchen** unterliegt nach dem neuen Schuldrecht besonderen Vorschriften. Schadenersatzansprüche, die auf der Verletzung des Lebens, des Körpers, der Gesundheit oder der Freiheit beruhen, verjähren danach ohne Rücksicht auf ihre Entstehung und die Kenntnis des Gläubigers stets in 30 Jahren ab dem schadenauslösenden Ereignis.

Sonstige Schadenersatzansprüche verjähren ohne Rücksicht auf die Kenntnis des Gläubigers von ihrer Entstehung in 10 Jahren sowie ohne Rücksicht auf ihre Entstehung und die Kenntnis oder grob fahrlässige Unkenntnis des Gläubigers in 30 Jahren.

BÜRGERLICHES RECHT

Das neue Schuldrecht sieht noch in einigen weiteren Fällen eine besondere Verjährungsfrist vor:

weitere besondere Fristen

- In 10 Jahren verjähren Ansprüche auf Übertragung des Eigentums an einem Grundstück, die Übertragung oder Aufhebung eines Rechts an einem Grundstück oder auf Änderung des Inhalts eines solches Rechts sowie die Ansprüche auf die Gegenleistung.
- In 30 Jahren verjähren z. B.:
  - Herausgabeansprüche aus Eigentum,
  - familien- und erbrechtliche Ansprüche. Dies gilt nicht für regelmäßig wiederkehrende Leistungen oder Unterhaltsleistungen; hier gilt die regelmäßige Verjährungsfrist von 3 Jahren,
  - rechtskräftig festgestellte Ansprüche (Urteil).

Die Verjährung von Ansprüchen, die einer besonderen Verjährungsfrist unterliegen, beginnt grundsätzlich mit der Entstehung des Anspruchs.

2.5.2 Hemmung und Neubeginn der Verjährung

Die Verjährung eines Anspruches kann durch verschiedene Rechtshandlungen des Schuldners oder des Gläubigers hinausgeschoben werden (Hemmung). Nach den neuen Vorschriften des Schuldrechts ist in der Regel nur eine Unterbrechung der Verjährung möglich. Der Neubeginn der Verjährungsfristen ist auf wenige Fälle beschränkt.

Tritt eine **Hemmung** ein, wird der Lauf der Verjährung für die Zeitdauer der Hemmung angehalten. Der Zeitraum, während dessen die Verjährung gehemmt ist, wird in die Verjährungsfrist nicht eingerechnet. Eine Hemmung der Verjährung ist u. a. in folgenden Fällen möglich:

Hemmung der Verjährung

- während laufender Verhandlungen über mögliche Ansprüche aus dem Vertrag (z. B. außergerichtliche Vergleichsverhandlungen),
- Klageerhebung,
- Zustellung eines Mahnbescheides,
- Bekanntgabe des Güteantrages bei einer anerkannten Gütestelle,
- Begutachtungsverfahren im Werkvertrag,
- Anmeldung des Anspruchs im Insolvenzverfahren,
- Stundung der Leistung durch den Gläubiger.

Im Fall laufender Verhandlungen tritt die Verjährung, unabhängig von der noch vorhandenen Verjährungszeit, frühestens drei Monate nach Ablauf der Hemmung ein. Bei einer Stundung beginnt die restliche Verjährungszeit direkt nach Ablauf der Stundungsfrist weiter zu laufen. Bei den anderen aufgeführten Beispielen endet die Hemmung sechs Monate nach der rechtskräftigen Entscheidung. Nach Ende der Hemmungszeit läuft die noch verbliebene Verjährungsfrist weiter.

Ein **Neubeginn der Verjährung** ist nur in wenigen Fällen vorgesehen. Nach den Regelungen des neuen Schuldrechts beginnt die Verjährung erneut, wenn

Neubeginn der Verjährung

BÜRGERLICHES RECHT

Bedingungen für Neubeginn der Verjährungsfrist

- der Schuldner gegenüber dem Gläubiger den Anspruch anerkennt. Die Anerkennung kann ausdrücklich oder z. B. auch durch Abschlagszahlung, Sicherheitsleistung, Zinszahlung oder ähnlichem erfolgen;
- eine gerichtliche oder behördliche Vollstreckungshandlung vorgenommen oder beantragt wird.

Das heißt, dass z. B. bei Anerkennung des Anspruchs durch den Schuldner die volle Verjährungsfrist des zugrundeliegenden Anspruchs neu zu laufen beginnt.

Im Beispielsfall des Tischlers würde dies bedeuten, dass bei Anerkennung des Anspruchs durch seinen Kunden am 20. Dezember 2005 die dreijährige Verjährungsfrist wieder von vorne beginnen würde.

Bitte bearbeiten Sie abschließend die folgenden Aufgaben:

1. In welcher Form können Willenserklärungen geäußert werden?

2. Welcher Wirkung kommt Schweigen im Rechtsverkehr zu?

3. Nennen Sie Gründe, die eine Anfechtung einer Willenserklärung rechtfertigen.

4. Ein Kunde hat nach zwei Jahren eine Rechnung immer noch nicht bezahlt, ist jedoch vom Handwerksunternehmer nie gemahnt worden. Wie beurteilen Sie diese Rechtslage?

3. Vertragsrecht

> **Kompetenzen:**
>
> Der Lernende
> - kann den Begriff „Vertragsfreiheit" und seine Begrenzung erläutern,
> - kann die einzelnen, im Handwerk besonders wichtigen Vertragsarten und ihre rechtliche Bedeutung darlegen,
> - kann die Pflichten von Käufer und Verkäufer verdeutlichen,
> - kann die wesentlichen Besonderheiten bei der Anwendung von Allgemeinen Geschäftsbedingungen aufzeigen,
> - kann die Rechte erläutern, die sich aus der Sachmängelhaftung ergeben,
> - kann die besonderen rechtlichen Folgen bei der Anwendung der VOB einschätzen,
> - kann die wichtigsten Bestimmungen des Miet- und Pachtvertrages darstellen.

3.1 Allgemeines Vertragsrecht

3.1.1 Vertragsfreiheit

Der **Grundsatz der Vertragsfreiheit** ist ein wichtiges **Ordnungsprinzip** des Bürgerlichen Gesetzbuches. Der Handwerker entscheidet selbst, mit wem er einen Vertrag abschließen will. Die Vertragsfreiheit hat jedoch Grenzen. Nicht alles, was die Vertragsparteien zwischen sich als Recht gesetzt haben, wird von der Rechtsordnung auch tatsächlich als rechtens anerkannt.

Ordnungsprinzip Vertragsfreiheit

Vertrag zu Lasten Dritter

Die Vertragsfreiheit ist beispielsweise eingeschränkt bei Verträgen, die eine Wirkung zu Lasten eines Dritten ausüben sollen.

Einschränkung der Vertragsfreiheit

Nichtigkeit von Verträgen

Offensichtliche Missbräuche der Vertragsfreiheit sollen vermieden werden:

- **Verstoß gegen die guten Sitten**
  z. B. wucherische Rechtsgeschäfte sind nichtig, bei denen Leistung und Gegenleistung in einem auffälligen Missverhältnis stehen, etwa wenn

BÜRGERLICHES RECHT

der vertraglich festgesetzte Zinssatz den Durchschnittszins um mehr als 100 % übersteigt.

- **Verstoß gegen ein gesetzliches Verbot**
  Nichtig sind z. B. Rauschgiftgeschäfte oder Schwarzhandelsabkommen; aber auch Grundstücksverträge ohne notarielle Beurkundung; des Weiteren Schwarzarbeiterverträge.
- **Verträge nur zum Schein oder Scherz**
  Diese Verträge sind in dem Fall nichtig, wenn beide Partner sich darüber im Klaren sind, dass es sich um ein Schein- oder Scherzgeschäft handelt.

3.1.2 Begründung eines Schuldverhältnisses

Im Rahmen eines Schuldverhältnisses ist der Gläubiger berechtigt, vom Schuldner eine bestimmte Leistung zu fordern. Im Bereich des Handwerks handelt es sich zumeist um **vertragliche Schuldverhältnisse**, wie z. B. einen Kauf- oder Werkvertrag.

Ein solches vertragliches Schuldverhältnis wird durch zwei übereinstimmende Willenserklärungen (→ S. 516) begründet. Aus dem Inhalt der Erklärungen sollten, beim Kaufvertrag z. B., der Kaufgegenstand, der Kaufpreis und evtl. zusätzliche Vertragsbedingungen ersichtlich sein.

3.1.3 Auslegung von Verträgen

Ist ein Vertrag nicht eindeutig formuliert, so wird der mutmaßliche Wille der Vertragsparteien durch Auslegung ermittelt. Grundsätzlich sind Verträge so auszulegen, wie **Treu und Glauben** es mit Rücksicht auf die Verkehrssitte erfordern. Dies ist ein Appell an die Ehrlichkeit, Rechenschaft, Fairness und das Verständnis der Vertragspartner untereinander. Unter **Verkehrssitte** versteht man die übliche Anwendung oder Gepflogenheit von Gesetzen. Bei der Auslegung unklarer Willenserklärungen muss der wirkliche Wille erforscht werden.

Wenn nur ein Teil des Geschäftes nichtig ist, ist grundsätzlich das ganze Geschäft nichtig, wenn nicht anzunehmen ist, dass die Parteien den Fortbestand trotz der Teilnichtigkeit gewünscht haben.

3.1.4 Recht der Leistungsstörungen

Mit der Reform des Schuldrechts zum 1. Januar 2002 wurde das Recht der Leistungsstörungen neu gestaltet. Die Änderungen beziehen sich vor allem auf die Systematik der gesetzlichen Regelungen. Nach dem neu konzipierten Schuldrecht ist der Begriff der **Pflichtverletzung** der zentrale Ansatzpunkt.

Das BGB regelt im allgemeinen Schuldrecht nun grundsätzlich einheitlich für alle Vertragsarten, welche Rechte und Pflichten die Vertragsparteien im Falle einer Leistungsstörung haben.

BÜRGERLICHES RECHT

Eine Pflichtverletzung im Sinne dieser Regelungen liegt immer dann vor, wenn der Schuldner eine Haupt- oder Nebenpflicht aus dem Vertrag oder einem sonstigen Schuldverhältnis verletzt hat. In diesen Fällen ist er zum Ersatz des entstandenen Schadens verpflichtet. Die Schadenersatzpflicht bei Pflichtverletzungen entsteht zunächst grundsätzlich unabhängig von der Verschuldensfrage, d. h., das Verschulden wird in diesen Fällen erst einmal vermutet. Hat der Schuldner die Pflichtverletzung nicht zu vertreten, dann entfällt jedoch die Schadenersatzpflicht. Der Schuldner muss allerdings nachweisen, dass ihn kein Verschulden trifft.

Schadenersatzpflicht

Die Schadenersatzpflicht bei Pflichtverletzung wird durch sog. **Leistungsstörungen** ausgelöst. Eine Pflichtverletzung – und damit eine Leistungsstörung – kann nach den schuldrechtlichen Vorschriften des BGB vorliegen, wenn

Vorliegen von Leistungsstörung

- der Schuldner zu spät leistet (Verzug),
- die Leistung des Schuldners ausbleibt (Unmöglichkeit) oder
- der Schuldner eine vertragliche Nebenpflicht (z. B. Haftung für Mangelfolgeschäden) verletzt.

Als Folge einer Leistungsstörung kann der Gläubiger nach den Vorschriften des BGB Ersatz des ihm entstandenen Schadens verlangen.

Verletzung der vertraglichen Hauptpflichten

In einem Handwerksbetrieb ist der **Verzug** – die verspätete Leistung durch den Schuldner – die häufigste Leistungsstörung. Liegen die Voraussetzungen für den Verzug vor, kann der Gläubiger vom Schuldner Schadenersatz fordern.

Ein Verzug ist grundsätzlich gegeben, wenn der Schuldner trotz Fälligkeit und Mahnung schuldhaft nicht leistet. Einer Mahnung bedarf es nicht, wenn der Schuldner die Leistung ernsthaft und endgültig verweigert oder die Zeit für die Leistung nach dem Kalender bestimmt ist.

Verzug

Im Fall einer **Geldforderung** sieht das Gesetz einen automatischen Verzugseintritt vor. Der Schuldner einer Geldforderung muss danach nicht mehr gemahnt werden, um in Verzug zu geraten. Diese Regelung wurde durch das „Gesetz zur Beschleunigung fälliger Zahlungen" zum 1. Mai 2000 eingeführt und im Zuge der Schuldrechtsreform weiter konkretisiert. Der Schuldner einer Geldforderung kommt danach spätestens 30 Tage nach Fälligkeit und Zugang einer Rechnung oder einer gleichwertigen Zahlungsaufforderung in Verzug – eine Mahnung ist in diesen Fällen nicht mehr notwendig. Soll der Schuldner vor Ablauf der 30 Tage in Verzug gesetzt werden, ist weiterhin eine gesonderte Mahnung unter den o. g. Voraussetzungen erforderlich.

Im Zusammenhang mit dieser Neuregelung ist der Zugang der Rechnung besonders bedeutsam. Eine Rechnung gilt als zugegangen, wenn sie so in den Herrschaftsbereich des Schuldners gelangt, dass dieser davon in zumutbarer Weise Kenntnis erlangen kann (→ S. 517). Im Fall eines Rechts-

BÜRGERLICHES RECHT

streites hat der Gläubiger den Zugang der Rechnung zu beweisen, da es sich um eine für ihn günstige Tatsache handelt. Es ist vor allem in Zweifelsfällen empfehlenswert, die Rechnung in einer nachweisbaren Form an den Schuldner zu übersenden (z. B. durch Einschreiben oder per Boten).

Geltungsbereich der Verzugsregelung

Die neue Regelung über den Verzugseintritt gilt für alle BGB-Verträge, also für Werk- und Kaufverträge, Dienstverträge etc. Das bedeutet, dass auch ein Handwerker, der von einem Lieferanten Ware erhält, automatisch 30 Tage nach Zugang der Rechnung in Verzug gerät, ohne vorher eine gesonderte Mahnung erhalten zu haben.

Ist der Schuldner in Verzug geraten, muss er dem Gläubiger den entstandenen Schaden ersetzen. Eine Geldschuld ist während des Verzuges zu verzinsen. Der gesetzliche Verzugszinssatz beträgt gegenüber dem Verbraucher 5 % über dem Basiszinssatz. Bei Verträgen, an denen der Verbraucher nicht beteiligt ist, beträgt der Zinssatz für Entgeltforderungen 8 % über dem Basiszinssatz (dieser wird zweimal jährlich an seine Bezugsgröße, den Hauptrefinanzierungssatz der Europäischen Zentralbank, angepasst).

Während des Verzuges trägt der Schuldner das Risiko des Unterganges der Sache.

Unmöglichkeit

Geht die geschuldete Sache unter, d. h. kann der Schuldner seine Leistungspflicht nicht erfüllen, z. B. weil die Sache gestohlen wurde und daher nicht mehr verfügbar ist, treten anstelle der Verzugsregelungen die Vorschriften über die Unmöglichkeit. Die **Unmöglichkeit** kann sowohl während des Verzuges, aber auch unabhängig davon schon vorher auftreten. Im Fall eines Verzuges mit einer Geldschuld kommt die Unmöglichkeit jedoch nicht in Betracht. Hier gilt der Grundsatz: „Geld hat man zu haben." Es bleibt daher bei der Pflicht zur Zahlung der Forderung sowie eventueller Verzugszinsen.

Schadenersatz bei Pflichtverletzung

Ist dem Schuldner die Erbringung seiner Leistung unmöglich, kann er – nach den Regelungen über den Schadenersatz bei Pflichtverletzung – verpflichtet sein, den Schaden zu ersetzen, der dem Gläubiger durch die Nichterfüllung des Vertrages entstanden ist.

subjektive und objektive Unmöglichkeit

Nach den neuen schuldrechtlichen Regelungen entfällt die Leistungspflicht des Schuldners, wenn die Erbringung der Leistung unmöglich ist. Ist sie für den Schuldner unmöglich, handelt es sich um subjektive Unmöglichkeit; ist sie für jedermann unmöglich, handelt es sich um objektive Unmöglichkeit. Da der Schuldner dann aber seiner Vertragsverpflichtung nicht mehr nachkommen kann, ist er verpflichtet, Schadenersatz zu leisten, sofern er die Unmöglichkeit zu vertreten hat. Der Schuldner haftet dabei für vorsätzliches und fahrlässiges Verhalten. Im Falle der Unmöglichkeit wird jetzt also nur noch zwischen subjektiver und objektiver Unmöglichkeit unterschieden, wobei die Schadenersatzpflicht in beiden Fällen verschuldensabhängig ist.

Sonstige Pflichtverletzung (Nebenpflichtverletzung)

Eine Schadenersatzpflicht kann sich nicht nur aus der Verletzung der vertraglichen Hauptpflichten ergeben. Jeder Vertragspartner ist auch zur

BÜRGERLICHES RECHT

Rücksicht auf die Rechte, Rechtsgüter und Interessen des anderen Teils verpflichtet. Solche Schutzpflichten können in der Beachtung der Verkehrssicherheit in den Verkaufsräumen liegen. Beispiel: Ein Kunde rutscht im Verkaufsraum auf einer Bananenschale aus. Oder man denke an die Beachtung der Sorgfaltspflicht, wenn vor Ort beim Kunden ein Auftrag ausgeführt wird. Beispiel: Ein Malermeister beschädigt beim Streichen der Wände im Wohnzimmer des Kunden dessen Teppich und ein Möbelstück.

Schutzpflichten

In solchen Fällen entsteht nach den Grundsätzen der Positiven Forderungsverletzung ein vertraglicher Schadenersatzanspruch. Dieses von der Rechtsprechung entwickelte Rechtsinstitut wurde nun im Zuge der Schuldrechtsreform zum 1. Januar 2002 in das BGB aufgenommen.

Positive Forderungsverletzung

Die **Ersatzpflicht wegen Positiver Forderungsverletzung** tritt ein, wenn im Zusammenhang mit einem Schuldverhältnis (z. B. bei der Ausführung eines Werkvertrages) das Eigentum des Kunden beschädigt wird oder wenn sich der Kunde bei Abschluss des Vertrages oder Abholung des gekauften Gegenstandes in den Räumen des Handwerksbetriebes verletzt. In diesen Fällen muss der Handwerksmeister als Schuldner der Leistungspflicht dem Kunden den entstandenen Schaden ersetzen, sofern ihn ein Verschulden trifft.

Mit der Schuldrechtsreform ebenfalls in das BGB aufgenommen wurde die **Haftung bei der Aufnahme von Vertragsverhandlungen** bzw. bei der Vertragsanbahnung oder ähnlichen geschäftlichen Kontakten. Verletzt sich also z. B. ein potenzieller Kunde in Räumlichkeiten des Handwerksunternehmers oder beschädigt der Handwerker z. B. beim Aufmaß für ein Angebot das Eigentum des Kunden und trifft ihn ein Verschulden daran, so haftet er nach den Grundsätzen der schuldrechtlichen Haftung bei Pflichtverletzungen im Rahmen der sog. culpa in contrahendo (c.i.c. = Verschulden bei Vertragsschluss). Das heißt, der Handwerker muss nach den Grundlagen der vertraglichen Haftung für den Schaden aufkommen, auch wenn kein Vertrag zustande gekommen ist.

Haftung auch bei Vertragsanbahnung

3.1.5 Verschulden

Die Verpflichtung zu einem Schadenersatz tritt grundsätzlich nur ein, wenn der Schädiger rechtswidrig und schuldhaft einen Schaden verursacht hat.

Rechtswidrig ist eine Handlung oder eine Unterlassung, wenn sie gegen geltendes Recht verstößt.

Rechtswidrigkeit

Schuldhaft ist eine Handlung, wenn dem Schädiger Vorsatz oder Fahrlässigkeit vorgeworfen werden kann.

Schuldhaftigkeit

Vorsatz bedeutet Mit-Absicht-Handeln. **Fahrlässigkeit** ist hingegen bei Außerachtlassung der erforderlichen Sorgfaltspflicht gegeben.

Vorsatz/Fahrlässigkeit

Wer zum **Schadenersatz** verpflichtet ist, muss den Zustand wieder herstellen, der ohne das schädigende Ereignis bestehen würde. Erst wenn das nicht möglich ist, kann eine Entschädigung in Geld erfolgen. Bei der Verletzung einer Person oder bei der Beschädigung einer Sache hat der Geschä-

BÜRGERLICHES RECHT

digte allerdings die Wahl, ob er Schadenersatz in Form der Naturalherstellung oder den zur Wiederherstellung erforderlichen Geldbetrag fordert (§ 249 Satz 2 BGB). Bei der Schadenszumessung von Schmerzensgeld ist stets auch zu prüfen, ob den Geschädigten ein Mitverschulden trifft.

3.1.6 Allgemeine Geschäftsbedingungen

Bedeutung

Das „Kleingedruckte", die **Allgemeinen Geschäftsbedingungen (AGB),** die in Alltagsgeschäften nur eine begrenzte Bedeutung haben, sind aber in den meisten Rechtsgeschäften nicht mehr wegzudenken, z. B. im Umgang und Rechtsverkehr mit Banken oder Versicherungen, auch beim Kauf bei Großhändlern, selbst im rechtsgeschäftlichen Verkehr des Handwerkers mit seinem Kunden, etwa in Kfz-Reparaturwerkstätten oder in Reinigungsbetrieben.

Mit den Regelungen zu den Allgemeinen Geschäftsbedingungen soll nach dem Willen des Gesetzgebers ein Missbrauch von AGBs zu Lasten des wirtschaftlich Schwächeren (des Verbrauchers) verhindert werden. Zu diesem Zweck wurde das 1977 in Kraft getretene AGB-Gesetz geschaffen. Das AGB-Gesetz wurde nun mit der Schuldrechtsreform ebenso wie einige andere bisherige Nebengesetze in das BGB aufgenommen. Nach den Vorschriften zu den AGB dürfen Geschäftspartner nicht „unangemessen" benachteiligt werden und auch ihre Interessen müssen gebührend berücksichtigt werden. Dies gilt auch für Kaufleute. Das Gesetz schließt alle Vertragsarten und Vertragspartner ein, gilt also nicht nur für Kauf- und Werkverträge, sondern auch für Miet- und Arbeitsverträge, wobei die Besonderheiten des Arbeitsrechts angemessen zu berücksichtigen sind. Ausnahmen: Verträge im Erb-, Familien- und Gesellschaftsrecht.

Geltungsbereich

Vorrang von individuellen Absprachen

Wenn die Vertragsklauseln jedoch zwischen den Vertragsparteien im Einzelnen und für diesen speziellen Vertrag ausgehandelt wurden, dann gelten diese Vorschriften grundsätzlich nicht. Auch haben individuelle Vertragsabreden grundsätzlich Vorrang vor Allgemeinen Geschäftsbedingungen. Beispiel: Auf der Vorderseite ist als Liefertermin der 1. April angegeben. Der Hinweis auf der Rückseite „Liefertermin unverbindlich" ist unwirksam.

Kenntnis vor Vertragsabschluss

Allgemeine Geschäftsbedingungen werden jedoch nur Vertragsbestandteil, wenn der Geschäftspartner vor der Annahme des Vertrages ausdrücklich von ihnen Kenntnis erhalten hat. Dies kann beispielsweise durch den Aufdruck auf Bestellscheinen oder Vertragsformularen oder – je nach Geschäftstyp – auch durch Aushang, etwa in der Reparaturwerkstätte oder im Ladenlokal erfolgen. Allgemeine Geschäftsbedingungen, die erst auf der Rechnung formuliert sind, werden nicht Bestandteil des Vertrages, weil der Geschäftspartner sie nicht vor Vertragsabschluss zur Kenntnis bekommen hat.

Überraschende Klauseln sind unwirksam. Beispiel: Vertrag über die Installation einer Heizung beinhaltet versteckt – z. B. auf der Rückseite – einen Zusatzauftrag zur Wartung der Anlage. Der Kunde braucht mit einer solchen überraschenden Klausel nicht zu rechnen.

BÜRGERLICHES RECHT

Der Letztverbraucher ist besonders geschützt. Bei Verträgen mit diesem Personenkreis gelten für die Vereinbarung von Geschäftsbedingungen u. a. folgende Schutzbestimmungen:

Schutzbestimmungen

- keine Preiserhöhungen für Waren oder Leistungen in den ersten vier Monaten nach Vertragsabschluss,
- keine Einschränkung des Zurückbehaltungsrechts des Kunden bei gelieferter mangelhafter Ware,
- Aufrechnungsklauseln verboten, die dem Kunden die Befugnis nehmen, mit einer unbestrittenen oder rechtskräftig festgestellten Forderung gegenüber seinem Lieferanten aufzurechnen,
- keine pauschalen Schadenersatzansprüche,
- Forderung von Schadenersatz erst nach Mahnung und Setzung einer angemessenen Nachfrist,
- keine Verhängung pauschaler Vertragsstrafen,
- kein Haftungsausschluss und keine Haftungsbegrenzung bei grobem Verschulden,
- keine Einschränkung des Rechts auf Rücktritt, Kündigung und Schadenersatz bei Unmöglichkeit der Leistung oder Verzug,
- kein Ausschluss von Gewährleistungsansprüchen des Kunden bei mangelhafter Ware.

  Erlaubt ist jedoch auch in Zukunft, dass der Unternehmer beim Kauf die klassischen Rechte der Gewährleistung (Wandelung und Minderung) in AGB im Kaufvertrag ausschließt und durch ein Recht des Kunden auf Nachbesserung oder Ersatzlieferung ersetzt (→ S. 536).

  Eine Nachbesserungs- oder Ersatzlieferungsklausel ist aber nur dann zulässig, wenn dem Kunden ausdrücklich das Recht vorbehalten wird, bei Fehlschlagen der Nachbesserung oder Ersatzlieferung Herabsetzung des Kaufpreises oder Rückgängigmachung des Vertrages zu verlangen.

- Kosten der Nachbesserung nicht zu Lasten des Kunden,
- keine Einschränkung der gesetzlichen Rügefrist bei Mängeln,
- keine Verkürzung der Gewährleistungsfristen,
- kein Ausschluss oder Einschränkung der Haftung für zugesicherte Eigenschaften,
- begrenzte Laufzeit bei Dauerschuldverhältnissen.

Wenn die Parteien Kaufleute sind und das abzuschließende Geschäft ein Handelsgeschäft ist, gelten die strengen Vorschriften über die ausdrückliche Einbeziehung der AGB und die beispielhaft aufgeführten Verbote der Einzelklauseln nicht. Diese Regelung der engeren AGB-Anwendung für Kaufleute gilt auch für Handwerker, sofern sie unter den Kaufmannsbegriff fallen (→ S. 590).

keine Geltung bei Handelsgeschäften

529

BÜRGERLICHES RECHT

3.1.7 Haftung für Mitarbeiter

Erfüllungsgehilfen

Haftung für Erfüllungsgehilfen

Wie verhält es sich, wenn man sich zur Erfüllung einer Verpflichtung einer anderen Person bedient (Erfüllungsgehilfe)? Man haftet für dessen Verschulden wie für eigenes. Es ist die typische Haftung z. B. des Handwerkers für das Tätigwerden seines Mitarbeiters (Meister, Geselle, Lehrling) bei einem Kunden.

Schadenersatzpflicht

Der Geschädigte kann sich dann an den Erfüllungsgehilfen und an den Betriebsinhaber wenden und Schadenersatz fordern. Beide sind auch schadenersatzpflichtig **(Gesamtschuldverhältnis).** Leistet der Betriebsinhaber Schadenersatz, wird der Geselle von Ansprüchen des Kunden befreit. Grundsätzlich ist jedoch auch der Geselle im Verhältnis zum Betriebsinhaber schadenersatzpflichtig, wenn ihm ein Verschulden zur Last gelegt wird. In diesen Fällen stellt sich sodann die Frage nach dem Gesamtschuldner (interner Haftungsausgleich).

Verrichtungsgehilfen

Haftung für Verrichtungsgehilfen

Eine Verpflichtung zur Haftung kann sich nicht nur aus der Verletzung einer vertraglichen Pflicht, sondern auch aus einer unerlaubten Handlung durch einen Mitarbeiter ergeben, der in Ausführung einer Verrichtung vorsätzlich oder fahrlässig das Leben, die Gesundheit, die Freiheit, das Eigentum oder ein sonstiges Recht eines anderen widerrechtlich verletzt.

Abwendung der Schadenersatzpflicht

Der Auftragnehmer haftet grundsätzlich für einen Verrichtungsgehilfen, der eine solche unerlaubte Handlung im Rahmen seiner Tätigkeit für den Meister begeht. Der Meister hat aber die Möglichkeit – im Gegensatz zur Haftung bei einer Verletzung durch den Erfüllungsgehilfen – hier den Entlastungsbeweis zu führen. Dies bedeutet, dass der Unternehmer in einem möglichen Prozess oder wenn er zur Schadenersatzpflicht herangezogen wird, den Nachweis darüber führt, dass er die notwendige Sorgfalt bei der Auswahl und Überwachung des Verrichtungsgehilfen beachtet hat.

3.1.8 Stellvertretung

Vertretung durch Vollmacht

Grundsätzlich muss das beabsichtigte Rechtsgeschäft selbst erklärt bzw. getätigt werden. Dennoch kann man einem anderen **Vollmacht** erteilen und sich von ihm vertreten lassen.

Eine Willenserklärung, die jemand im Rahmen der ihm erteilten Vertretungsbefugnis abgibt, wirkt unmittelbar für und gegen den Vertretenen. Wenn nicht klar ist, in wessen Namen das Rechtsgeschäft abgeschlossen ist, handelt es sich um ein Eigengeschäft.

Überschreitung der Vertretungsmacht

Bei einer Überschreitung der Vertretungsmacht erlischt die Vollmacht. Wenn also jemand ohne Vollmacht im Namen eines anderen einen Vertrag abschließt oder seine Vollmacht überschreitet, wird er selbst aus dem geschlossenen Vertrag berechtigt und verpflichtet.

Wichtig ist auch, dass man von einer **Stellvertretung** nur dann spricht, wenn der Vertreter für den Vertretenen eine Willenserklärung abgibt. Dies bedeutet, dass der Vertreter durch ein eigenes Handeln eine Willenserklärung des von ihm Vertretenen nachvollzieht und einen eigenen Entschluss zur Abgabe dieser Willenserklärung bildet, also selbst nahezu einen eigenen Geschäftswillen äußert und mit eigenem Handlungs- und Erklärungsbewusstsein die Kundgabe der Willenserklärung bewirkt **(Anscheinsvollmacht).**

Stellvertretung

Anscheinsvollmacht

3.1.9 Beendigung des Schuldverhältnisses

Erfüllung

Ein Schuldverhältnis zwischen zwei Vertragspartnern ist darauf angelegt, dem jeweils anderen Teil die vereinbarte Leistung zu verschaffen. Sind diese Leistungen erbracht, hat das Schuldverhältnis seinen Zweck erfüllt und ist beendet. Erfüllung bedeutet also: Leistung zur richtigen Zeit am richtigen Ort. Das heißt, der zur Leistung Verpflichtete muss seine vertraglich geschuldete Leistung am vereinbarten Ort und zur vereinbarten Zeit erbringen. Erfolgt die Leistung z. B. nicht rechtzeitig, kommen die Regelungen zum Verzug zur Anwendung (→ S. 525).

Definition

Die Leistung muss also rechtzeitig und am richtigen Ort, dem sog. Erfüllungsort, erbracht werden.

Erfüllungsort einer Leistung

Für jede Leistung oder Lieferung gibt es einen Ort, an dem die Leistung zu erbringen ist. Bei der Abwicklung gegenseitiger Verträge ergeben sich also Fragen hinsichtlich des Erfüllungsortes für die Lieferung der Ware und bezüglich des Erfüllungsortes für die Bezahlung. Beispielsweise ist bei einem Kaufvertrag der Käufer Schuldner der Kaufpreiszahlung und der Abnahme der Ware und der Verkäufer Schuldner der Eigentumsverschaffung.

Erfüllungsort

Wenn vertraglich nichts anderes vereinbart wurde, ist **gesetzlicher Erfüllungsort** der Ort, an dem der Schuldner seinen Wohnsitz oder seine gewerbliche Niederlassung hat. Das Gericht dieses Ortes ist dann für Klagen zuständig.

Es gelten folgenden Regeln:

- Reine Warenschulden (Sachschulden) sind **Holschulden.** Am Erfüllungsort geht auch die Gefahr des Verlustes oder einer Beschädigung der Sache auf den Käufer über. Der Gläubiger muss die Sachen beim Schuldner abholen. Selbst wenn der Verkäufer sich bereit erklärt hat, die Waren frei Haus und kostenlos an den Wohnort des Käufers zu liefern, bleibt der Erfüllungsort der Wohnsitz des Verkäufers.

Holschulden

- Handwerkerleistungen sind in der Regel **Bringschulden,** da der Handwerker meistens seine Leistungen beim Auftraggeber erbringt.

Bringschulden

BÜRGERLICHES RECHT

- Geldschulden sind Schickschulden bzw. Bringschulden. Der Schuldner muss dem Gläubiger geschuldetes Geld bringen oder auf seine Kosten schicken.
- **Versendungsverkauf:** Wenn vereinbart wurde, dass der Schuldner dem Gläubiger die Sache zusenden soll, hat der Schuldner mit Übergabe der Ware an den Transporteur (Bahn, Post etc.) seine Verpflichtung erfüllt. Das Risiko und die Kosten der Übersendung trägt der Gläubiger. Bei Versendung „frei Haus" trägt der Schuldner die Versandkosten, der Gläubiger die Transportgefahr.

Gerichtsstandsvereinbarungsgesetz

Durch das **Gerichtsstandsvereinbarungsgesetz** von 1974 ist ein Prozess des Verkäufers über die gelieferte Ware oder die Bezahlung der Ware am Wohnort des Geldschuldners durchzuführen. Unter Nichtkaufleuten ist eine anders lautende Vereinbarung trotz des Grundsatzes der Vertragsfreiheit nicht möglich. Wenn bei Verträgen mit nicht im Handelsregister eingetragenen Handwerkern vereinbart wird, dass Gerichtsstand und Erfüllungsort eine beliebige Stadt ist, so ist dies nichtig, denn unter Nichtkaufleuten ist der Wohnort des Geldschuldners als Gerichtsstand zwingend vorgeschrieben.

Erfüllungsort bei Nichtkaufleuten

Leistung erfüllungshalber und an Erfüllungs statt

Es kann vorkommen, dass ein Schuldner seine Verbindlichkeit nicht wie vorgesehen erfüllen kann. Beispiel: Ein Darlehen kann nicht rechtzeitig zurückgezahlt werden. Der Schuldner bietet dem Gläubiger die Übereignung anderer Güter, z. B. einen Pkw, an. Diese Ersatzleistung geschieht nur erfüllungshalber. Das Schuldverhältnis erlischt jedoch nicht schon dann, wenn eine Ersatzleistung erbracht wurde, sondern erst in dem Moment, wenn sich der Gläubiger aus dem Ersatzgegenstand für seine ursprüngliche Forderung auch umfassend befriedigen konnte.

Leistung erfüllungshalber

Nimmt jedoch der Gläubiger die Ersatzleistung als vollwertige Erfüllung an (Leistung an Erfüllungs statt), so erlischt die Schuld sofort. In einem solchen Fall ist also die Wirkung der Ersatzleistung genauso, als wäre der ursprünglich geschuldete Gegenstand dem Gläubiger erbracht worden.

Leistung an Erfüllungs statt

Aufrechnung

Steht einem Schuldner z. B. wegen eines Zahlungsanspruches gegenüber seinem Gläubiger eine eigene Geldforderung zu, so kann er mit der Gegenforderung aufrechnen. Die Aufrechnung wirkt als Erfüllung, sofern sich die gegenseitigen Forderungen wechselseitig decken.

Aufrechnung mit Gegenforderung

Bei wirtschaftlichen Schwierigkeiten, beispielsweise im Falle einer Insolvenz, ist die Aufrechnung mit einer eigenen Geldgegenforderung häufig die einzige Möglichkeit, finanzielle Verluste zu vermeiden. Die Aufrechnung erfolgt durch eine sog. einseitige empfangsbedürftige Willenserklärung; sie kann auch gegen den Willen des anderen Teils durchgesetzt werden. Grundsätzlich gilt, dass die beiden Ansprüche, die miteinander aufgerechnet werden, gegenseitig, gleichartig und fällig und damit durchsetzbar und schon jetzt erfüllbar sein müssen.

BÜRGERLICHES RECHT

Forderungsabtretung

Die Forderung des Gläubigers gegen den Schuldner kann auf einen neuen Gläubiger übergehen

- kraft Gesetz: z. B. Bürge tritt für Schuldner ein und wird Inhaber der Forderung;
- durch gerichtliche Entscheidung: eine gepfändete Forderung wird dem Gläubiger überwiesen;
- kraft Vertrag: durch die so genannte Abtretung.
Wird jedoch eine Forderung (z. B. Darlehensforderung) abgetreten, obwohl Gegenteiliges vereinbart ist, erwirbt der Dritte die Geldforderung nicht.

Arten der Forderungsabtretung

Eine Benachrichtigung des Schuldners von der Abtretung ist nicht erforderlich. Er kann sich auch nicht dagegen wehren. Solange ihm die Abtretung nicht bekannt ist, kann er erworbene Aufrechnungsmöglichkeiten aus Verbindlichkeiten des alten Gläubigers auch gegen den neuen Gläubiger geltend machen sowie mit schuldbefreiender Wirkung an den alten Gläubiger leisten. Anders verhält es sich, wenn ein neuer Schuldner auftreten soll. Dies hängt von der Genehmigung des Gläubigers ab.

Stellung des Schuldners

Zurückbehaltungsrecht

Der Schuldner hat ein Zurückbehaltungsrecht. Er darf die ihm obliegende Leistung so lange verweigern, bis der Gläubiger die seinerseits geschuldete Leistung erbracht hat.

Zurückbehaltungsrecht

Beispiel: A will die Reparaturkosten für seinen Pkw nicht bezahlen. Die Kfz-Werkstatt B kann das Fahrzeug zurückbehalten, bis die Rechnung bezahlt ist.

Rücktritt und Kündigung

Ein **Rücktritt** zielt darauf ab, das Schuldverhältnis als Ganzes aufzuheben und erbrachte Leistungen wieder rückgängig zu machen. Der Rücktritt wird durch eine einseitige empfangsbedürftige Willenserklärung gegenüber dem anderen Vertragsteil erklärt. Voraussetzung dafür ist entweder eine im Voraus getroffene Vereinbarung mit dem anderen Teil oder das Vorliegen eines gesetzlichen Rücktrittsgrundes (→ Leistungsstörungen, S. 524).

Rücktritt

Eine **Kündigung** führt zur Beendigung von Verträgen, deren Abwicklung sich nicht in einer einmaligen Leistung erschöpft, sondern einen längeren Zeitraum ausfüllt, wie dies bei Miet-, Pacht- oder Wartungsverträgen der Fall ist. Anders als beim Rücktritt, der einen Vertrag rückwirkend auflöst, bezieht sich die Kündigung, die ebenfalls durch eine einseitige empfangsbedürftige Willenserklärung ausgesprochen wird, nur auf die Zukunft. Der Teil des Vertrages, der vor dem Kündigungstermin liegt, und die während dieser Zeit erbrachten Leistungen bleiben von der Kündigung unberührt. Die Kündigung kann eine ordentliche oder außerordentliche sein und kommt neben den oben genannten Rechtsbereichen vornehmlich im Bereich der Arbeitsverhältnisse vor (→ „Arbeitsrecht", S. 623).

Kündigung

BÜRGERLICHES RECHT

Für alle auf Dauer angelegten Schuldverhältnisse hat der Gesetzgeber im Zuge der Schuldrechtsreform das Recht zur außerordentlichen Kündigung aus wichtigem Grund geschaffen. Die außerordentliche Kündigung ist aber nur wirksam, wenn die Fortsetzung des Schuldverhältnisses demjenigen, der sie erklärt, unzumutbar ist.

Widerruf bei Haustürgeschäften

Haustürgeschäfte — Im Rahmen der Schuldrechtsreform wurde auch des Haustürwiderrufsgesetz, das den Verbraucher vor unüberlegten Vertragsabschlüssen in den bestimmten Fällen schützen soll, in das BGB aufgenommen. In diesen Fällen steht dem Verbraucher ein **Widerrufsrecht** zu. Beispiele: Kauf von Waren durch mündliche Verhandlung am Arbeitsplatz oder im Bereich der Privatwohnung oder anlässlich einer Freizeitveranstaltung des Unternehmers.

Widerrufsfrist — Der Widerruf muss binnen zwei Wochen erklärt werden. Die Widerrufsfrist beginnt, wenn der Verbraucher eine deutlich gestaltete Belehrung über sein Widerrufsrecht in Textform erhalten hat. Fehlt eine Widerrufsbelehrung, erlischt das Widerrufsrecht spätestens sechs Monate nach Vertragsschluss; bei Lieferung von Waren, sechs Monate nach Eingang derselben. Zur Fristwahrung genügt die rechtzeitige Absendung der Widerrufserklärung.

Ein Widerrufsrecht besteht in den o. g. Fällen nicht, wenn die mündlichen Vertragsverhandlungen auf vorhergehende Bestellung des Verbrauchers geführt wurden, die Leistung sofort erbracht und bezahlt wurde und der Preis € 40,– nicht übersteigt. (Bei Versicherungsverträgen gilt dieses Widerrufsrecht ebenfalls nicht.)

Fixgeschäfte

einfache Fixschuld — Bei der **einfachen Fixschuld** handelt es sich um Leistungen, bei denen ein fester Termin oder die Einhaltung einer bestimmten Frist festgelegt und die genaue Einhaltung dieser Zeitbestimmung ausdrücklich vereinbart ist. Wird der so festgelegte Leistungszeitpunkt nicht eingehalten, so kann der Gläubiger ohne weiteres vom Vertrag zurücktreten.

absolute Fixschuld — Von der einfachen Fixschuld ist die **absolute Fixschuld** zu unterscheiden. Bei dieser führt die Versäumung des vereinbarten Zeitpunktes zur Unmöglichkeit, so dass die Erfüllung zu jedem weiteren späteren Zeitpunkt sinnlos ist.

Hat ein Kaufmann Waren oder Wertpapiere fix gekauft oder verkauft, so hat er wie beim „gewöhnlichen" Fixgeschäft die Möglichkeit, ohne weiteres vom Vertrag zurückzutreten. Nachträgliche Lieferung kann er beim handelsrechtlichen Fixgeschäft nur verlangen, wenn er dem Schuldner sofort anzeigt, dass er auf Erfüllung besteht. Im Falle des Verzugs kann der Gläubiger aber ohne Nachfristsetzung Schadenersatz wegen Nichterfüllung verlangen.

3.2 Kaufrecht

3.2.1 Inhalt des Kaufvertrages

Aus einem Kaufvertrag haben die Vertragspartner wie bei jedem zweiseitigen Vertrag bestimmte Rechte und Pflichten. Nach den Vorschriften über den Kaufvertrag hat der Käufer die Pflicht, die Ware abzunehmen und zu bezahlen. Erfüllt er diese Verpflichtung nicht, gerät er in Abnahme- oder Zahlungsverzug und muss die dem Verkäufer daraus entstehenden Schäden übernehmen. Beim Abnahmeverzug können dies insbesondere Lagerungskosten sein, beim Zahlungsverzug fallen in der Regel Verzugszinsen an (→ Leistungsstörungen, S. 524). **Pflichten des Käufers**

Der Verkäufer hat demgegenüber die Pflicht, dem Käufer eine einwandfreie Kaufsache zu übergeben und ihm das Eigentum daran zu verschaffen. Das bedeutet, die übereignete Ware muss frei von Sach- und Rechtsmängeln sein (→ S. 536). Neben der Übergabe der Kaufsache ist der Verkäufer verpflichtet, dem Käufer auch das Eigentum an der Kaufsache zu verschaffen. Ist der Verkäufer diesen Verpflichtungen nachgekommen, hat er seine Leistungspflicht erfüllt. **Pflichten des Verkäufers**

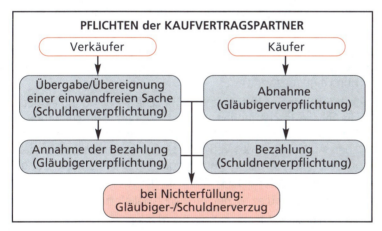

Pflichten der Vertragspartner

Folgendes ist zu beachten: Der Kaufvertrag ist nicht gleichzusetzen mit der Eigentumsübertragung, da das deutsche Schuldrecht strikt zwischen Verpflichtung zu Leistung und der Eigentumsübertragung trennt. Entsprechend dem Abstraktionsprinzip des BGB handelt es sich streng genommen um zwei Rechtsgeschäfte: Der Kaufvertrag stellt das **Verpflichtungsgeschäft** dar, während die Eigentumsübertragung als **Erfüllungsgeschäft** anzusehen ist. Das heißt, der Käufer wird nicht automatisch mit Kaufpreiszahlung auch Eigentümer der Sache. Hierzu ist eine gesonderte Einigung im Zusammenhang mit der Übergabe erforderlich. In der Praxis fallen Verpflichtungs- und Erfüllungsgeschäft vor allem bei Geschäften des täglichen Lebens zusammen.

Diese Unterscheidung kann wichtig werden, wenn in einem der beiden Bereiche ein Fehler auftritt. So kann es z. B. passieren, dass der Vertrag

BÜRGERLICHES RECHT

unwirksam ist, die Übereignung der Ware jedoch korrekt erfolgt ist, oder dass die Eigentumsübertragung trotz korrektem Vertrag nicht möglich ist.

Erfüllt der Verkäufer seine Übergabeverpflichtung nicht, gerät er unter den Voraussetzungen des Verzuges (→ S. 525) in Lieferverzug. Gegebenenfalls muss der Käufer in einem solchen Fall auf Übergabe und Übereignung der Sache oder Schadenersatz klagen.

3.2.2 Gewährleistungsrecht beim Kaufvertrag

Verlängerung der Gewährleistungsfristen

Der Gesetzgeber hat im Zuge der Schuldrechtsreform auch im Gewährleistungsrecht einige bedeutsame Änderungen vorgenommen. Die Reform des Schuldrechts bringt ab 1. Januar 2002 neben der Verlängerung der Gewährleistungsfristen auf 2 bzw. 5 Jahre bei Grundstücken auch einige grundlegende Neuerungen.

Hat der Verkäufer seine vertraglichen Verpflichtungen aus dem Kaufvertrag nicht einwandfrei erfüllt, kann der Käufer Gewährleistungsrechte in Anspruch nehmen.

Sachmangel

Der Kaufvertrag ist nicht einwandfrei erfüllt worden, wenn die Sache mit einem Sach- oder Rechtsmangel behaftet ist. Ein **Sachmangel** ist gegeben, wenn:

- die Sache nicht die vertraglich vereinbarte Beschaffenheit hat oder
- sich die Sache nicht für die nach dem Vertrag vorausgesetzte Verwendung eignet bzw.
- sich die Sache nicht für die gewöhnliche Verwendung eignet und nicht die übliche Beschaffenheit aufweist – wobei zur Beschaffenheit in diesem Sinne auch die Eigenschaften gehören, die der Käufer nach den öffentlichen Äußerungen des Verkäufers, des Herstellers oder seines Gehilfen insbesondere in der Werbung oder bei der Kennzeichnung über bestimmte Eigenschaften erwarten kann – oder
- eine andere als die geschuldete Sache geliefert wird oder
- eine zu geringe Menge geliefert wird oder
- eine vereinbarte Montage durch den Verkäufer oder seinen Erfüllungsgehilfen unsachgemäß durchgeführt worden ist,
- die Montageanleitung mangelhaft ist und deswegen mangelhaft montiert wurde.

Rechtsmangel

Ein **Rechtsmangel** liegt vor, wenn Dritte gegen den Käufer in Bezug auf die Sache Rechte geltend machen können, die dieser nicht im Kaufvertrag übernommen hat. Einem Rechtsmangel steht es gleich, wenn im Grundbuch ein Recht eingetragen ist, das nicht besteht.

Liegt einer der o. g. Fälle vor und ist die gelieferte Sache danach mangelhaft, kann der Käufer folgende **Gewährleistungsrechte** geltend machen:

- **Nacherfüllung**, das heißt, der Käufer kann nach seiner Wahl entweder Beseitigung des Mangels oder Lieferung einer mangelfreien Sache verlangen,

- **Rücktritt** vom Vertrag oder
- **Minderung** des Kaufpreises, wenn die Nacherfüllung fehlgeschlagen ist oder der Verkäufer beide Arten der Nacherfüllung verweigert und
- **Schadenersatz** oder **Ersatz vergeblicher Aufwendungen** bei schuldhafter Pflichtverletzung.

Die Nacherfüllung hat beim Kaufrecht nach dem neuen Schuldrecht grundsätzlich Vorrang vor den weiteren Gewährleistungsrechten. Der Käufer hat dem Verkäufer immer zuerst die Möglichkeit der Mängelbeseitigung oder des Umtausches zu geben. Die übrigen Gewährleistungsrechte können erst in Anspruch genommen werden, wenn entweder der Verkäufer beide Arten der Nacherfüllung verweigert, die Nacherfüllung fehlgeschlagen oder dem Käufer unzumutbar ist. Eine Nachbesserung gilt nach dem zweiten erfolglosen Versuch als fehlgeschlagen.

Vorrang der Nacherfüllung

Gewährleistungsrechte beim Kaufvertrag

GEWÄHRLEISTUNGSRECHTE beim KAUFVERTRAG

Rechte des Käufers
│
Recht auf Nacherfüllung

Wahl des Käufers zwischen:
- Beseitigung des Mangels
- Lieferung einer mangelfreien Sache

Bei Verweigerung der Nacherfüllung durch Verkäufer oder deren Fehlschlagen hat der Käufer folgende Rechte:
- Rücktritt vom Vertrag
- Minderung des Kaufpreises
- Schaden- oder Aufwendungsersatz (bei Verschulden)

Die Beweislast dafür, dass der Kaufgegenstand bereits bei Erhalt mit dem Mangel behaftet war, liegt nach Übergabe grundsätzlich beim Käufer. Anderes gilt jedoch beim sog. **Verbrauchsgüterkauf**. Kauft ein Verbraucher von einem Unternehmer eine bewegliche Sache, tritt eine Beweislastumkehr ein. Tritt danach innerhalb von 6 Monaten nach Gefahrübergang ein Sachmangel auf, wird vermutet, dass die Sache bereits bei Gefahrübergang mangelhaft war.

Verbrauchsgüterkauf

Beispiel: Ein Informationstechnikerbetrieb verkauft einer Kundin (Verbraucherin) ein Fernsehgerät. Drei Monate nach Auslieferung stellt sich heraus, dass der Fernseher mangelhaft ist. Die Kundin reklamiert dies umgehend und verlangt Nacherfüllung. Da der Mangel in den ersten 6 Monaten aufgetreten ist, wird angenommen, dass der Fehler bereits bei Übergabe der Sache vorhanden war; die Kundin kann daher die Nacherfüllung verlangen.

Die Gewährleistungsrechte kann der Käufer jedoch nicht unbegrenzt geltend machen, da auch diese Ansprüche der **Verjährung** unterliegen. Die Verjährungsfristen im Gewährleistungsrecht wurden auf Grund der EU-

Ausweitung der Verjährungsfristen

BÜRGERLICHES RECHT

Verbrauchsgüterrichtlinie im Zuge der Schuldrechtsreform deutlich ausgeweitet. Die Gewährleistungsrechte des Käufers verjähren:

- beim Kauf beweglicher Sachen nach 2 Jahren,
- beim Kauf eines Bauwerkes und beim Kauf beweglicher Sachen, die üblicherweise für ein Bauwerk verwendet werden, in 5 Jahren.
- Wurde der Mangel vom Verkäufer arglistig verschwiegen, verjähren die Gewährleistungsansprüche in der regelmäßigen Verjährungsfrist von 3 Jahren (→ S. 519) – in Fällen des Mangels im Zusammenhang mit einem Bauwerk jedoch nicht vor Ablauf der dort bestimmten Frist.

Verjährung von Gewährleistungsansprüchen beim Kaufvertrag

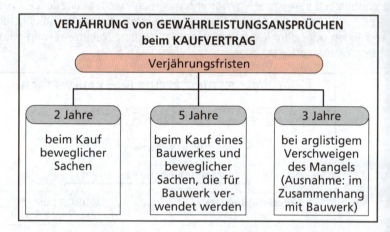

Nach Ablauf der o. g. Gewährleistungsfristen ist eine Mängelrüge nicht mehr möglich. Der Käufer kann die Verjährung der Gewährleistungsrechte nur durch eine Klage oder die Einleitung eines Beweissicherungsverfahrens stoppen.

Vorschriften beim Verbrauchsgüterkauf

Handelt es sich um einen **Verbrauchsgüterkauf,** gelten besondere Vorschriften. Danach dürfen in den Fällen, in denen ein Unternehmer einem Verbraucher eine neue Sache verkauft, die Gewährleistungsansprüche nicht durch individuelle Vereinbarungen ausgeschlossen werden. Auch ist eine Verkürzung der Verjährungsfristen der Gewährleistungsrechte auf weniger als 2 Jahre grundsätzlich nicht gestattet. (Außer beim Verkauf gebrauchter Sachen: hier kann die Frist auf ein Jahr reduziert werden.)

Rückgriffsmöglichkeit gegenüber Lieferanten

Das neue Schuldrecht enthält im Zusammenhang mit dem Verbrauchsgüterkauf außerdem eine **Rückgriffsmöglichkeit** des Unternehmers/Verkäufers gegen seinen Lieferanten. Dieser hat die Möglichkeit, von seinem Lieferanten einen Aufwendungsersatz zu verlangen, wenn er die Sache wegen Mangelhaftigkeit zurücknehmen oder den Kaufpreis mindern musste und der Mangel bereits bei Gefahrübergang auf den Unternehmer vorhanden war. Der Unternehmer kann noch innerhalb von zwei Monaten nach Erfüllung der Ansprüche seines Verbraucherkunden (längstens jedoch 5 Jahre, nachdem er die Lieferung erhalten hatte) auf seinen Lieferanten zurückgreifen. Hinsichtlich eines Aufwendungsersatzes ist der Rückgriff nur bis zu zwei Jahre nach Ablieferung möglich.

3.2.3 Besonderheiten im Kaufrecht

Kauf unter Eigentumsvorbehalt

Eine besondere Art des Kaufvertrages ist der **Kauf unter Eigentumsvorbehalt.** Hier übergibt der Verkäufer die Sache dem Käufer, ohne dass dieser zunächst Eigentum erhält. Erst mit der Zahlung der letzten Rate des ausstehenden Kaufpreises geht das Eigentum auf den Käufer über. Kommt der Käufer mit seiner Zahlung in Verzug, kann der Verkäufer unter bestimmten Voraussetzungen den Rücktritt vom Vertrag erklären und sein Eigentum zurückverlangen gegen Herausgabe der bereits gezahlten Raten.

Eigentumsvorbehalt

Formulierungsvorschlag: „Das Eigentum an den von uns gelieferten Sachen bleibt bis zur restlosen Bezahlung des Kaufpreises vorbehalten."

Verlängerter Eigentumsvorbehalt

Ein Eigentumsvorbehalt ist jedoch wertlos, wenn der Käufer die Ware verbraucht, eingebaut oder weiterveräußert hat. Einen gewissen Schutz bietet im Geschäftsleben der **verlängerte Eigentumsvorbehalt:** Der Käufer tritt dem Verkäufer die gegenwärtigen und zukünftigen Ansprüche ab, die er gegen seine eigenen Kunden hat oder haben wird. Mit einem verlängerten Eigentumsvorbehalt kann der Verkäufer sich unmittelbar an die Letztabnehmer wenden und von ihnen die Zahlung unmittelbar verlangen.

verlängerter Eigentumsvorbehalt

Formulierungsvorschlag: „Der Abnehmer ist berechtigt, unter Eigentumsvorbehalt erworbene Gegenstände im regelmäßigen Geschäftsgang weiterzuverarbeiten oder weiterzuveräußern. Bei Weiterverarbeitung wird der Lieferant Miteigentümer der neuen Sache. Bei Weiterveräußerung tritt der Abnehmer bereits jetzt seine Forderung gegen seinen Schuldner an den Lieferanten ab."

Vorkaufsrecht

Das **Vorkaufsrecht** wird begründet durch einen Vertrag zwischen Eigentümer und einem möglichen späteren Käufer. Es kann sich auf bewegliche Gegenstände wie auf Grundstücke beziehen. Bei letzteren kann es auch ins Grundbuch eingetragen werden **(dingliches Vorkaufsrecht).** Durch das Vorkaufsrecht erhält der Begünstigte das Recht, zu den selben Bedingungen in einen Kaufvertrag einzutreten, den der Eigentümer mit einem Dritten abschließen würde. Verschweigt der Eigentümer den heimlichen Verkauf der Sache, so hat der durch das Vorkaufsrecht Begünstigte lediglich einen Schadenersatzanspruch. Das Eigentum geht auf den Dritten über.

Vorkaufsrecht

dingliches Vorkaufsrecht

Factoring

Das **Factoring-Geschäft** ist ein Dreiecksgeschäft. Es besteht aus dem Unternehmen, das seine sämtlichen gegenwärtigen und künftigen Forderungen aus der laufenden Geschäftstätigkeit gegen Kunden an ein Finanzierungsinstitut abtritt. Es überlässt damit diesem als neuem Gläubiger die Eintreibung der Forderungen von Drittschuldnern, den Abnehmern oder Kunden des Unternehmers.

Factoring

BÜRGERLICHES RECHT

3.3. Werkvertragsrecht

3.3.1 Werk- und Werklieferungsvertrag

Definition

Der Werkvertrag ist im Handwerk der gebräuchlichste Vertragstyp. Der **Werkvertrag** ist ein gegenseitiger Vertrag, durch den sich der eine Teil (Unternehmer) zur fristgerechten Herstellung eines einwandfreien Werkes verpflichtet und der andere Teil (Besteller) zur Entrichtung der vereinbarten Vergütung.

Im Gegensatz zum Kaufvertrag geht es hierbei nicht um den bloßen Kauf (Erwerb) einer Sache, sondern der eine Vertragspartner ist zur Herstellung eines Werkes verpflichtet. Ein Werkvertrag kann auch in Kombination mit Dienstleistungen vorliegen, wie z. B. bei Friseurleistungen.

Definition

Die Schuldrechtsreform hat auch im Werkvertragsrecht zu einigen Änderungen geführt. Insbesondere wurde der Anwendungsbereich des Kaufrechts beim sog. **Werklieferungsvertrag** erweitert. Dies ist ein Vertrag, der die Lieferung herzustellender oder zu erzeugender beweglicher Sachen zum Gegenstand hat. Grundsätzlich gilt hier ausschließlich das Kaufrecht. Dies gilt nicht, wenn es sich bei den herzustellenden oder zu erzeugenden beweglichen Sachen um sog. unvertretbare Sachen handelt, also um solche Sachen, die im besonderen Interesse des Bestellers hergestellt werden. Dann gelten ergänzend einige Vorschriften des Werkvertragsrechts. Dies gilt im Übrigen unabhängig davon, wer das verarbeitete Material zur Verfügung gestellt hat und ob es sich um die Anfertigung von Einzelstücken oder von Gattungssachen handelt!

Nach Kaufrecht sind nun folgende Verträge abzuwickeln: Beispiele: die individuelle Fertigung eines Schranks durch den Tischler (Einzelstück), die Herstellung von 100 Gramm Wurst durch den Fleischer (Gattungssache).

Anwendung des Kaufrechts

In vielen Fällen wird nun auch bei der Werkherstellung das Kaufrecht Anwendung finden. Da die Gewährleistungsvorschriften im Kaufrecht weitgehend den werkvertraglichen Regelungen angepasst wurden, bestehen allerdings nur geringe Unterschiede zwischen beiden.

Abgrenzung der Vertragsarten

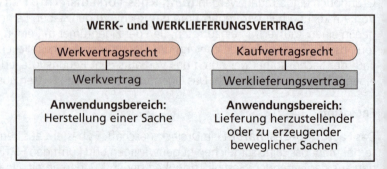

Vom **Anwendungsbereich** des reinen Werkvertragsrechts erfasst bleiben damit im Wesentlichen die Herstellung von Bauwerken sowie die damit

BÜRGERLICHES RECHT

verbundenen Werkarbeiten, reine Reparaturarbeiten sowie die Herstellung nicht-körperlicher Werke, wie z. B. die Planung eines Architekten.

Bei einem Werkvertrag ist der Unternehmer zur einwandfreien Herstellung des vereinbarten Werkes verpflichtet. Der Besteller hat das ordnungsgemäß erstellte Werk zunächst abzunehmen und dann zu bezahlen.

Erfüllt der Unternehmer seine Verpflichtung nicht oder nicht rechtzeitig, kann der Besteller seine Rechte nach den Vorschriften über den Schadenersatz bei Pflichtverletzung – dem Leistungsstörungsrecht – geltend machen.

Der Besteller wiederum ist verpflichtet, das ordnungsgemäß hergestellte Werk abzunehmen und es dann zu bezahlen. Mit der **Abnahme** werden im Werkvertragsrecht eine Reihe von Rechtsfolgen ausgelöst, weshalb es für den Unternehmer wichtig ist, den genauen Zeitpunkt der Abnahme bzw. Abnahmeverpflichtung zu bestimmen. Mit dem Datum der Abnahme

Rechtsfolgen der Abnahme

- wird die Vergütung fällig und ist ab diesem Zeitpunkt zu verzinsen,
- setzt die Verjährung der Gewährleistungsansprüche ein,
- geht die Gefahr des zufälligen Untergangs der Sache auf den Besteller über und
- er trägt ab diesem Zeitpunkt auch die Beweislast für die Mangelhaftigkeit eines Werkes.

Grundsätzlich kann der Unternehmer im Werkvertragsrecht die Vergütung erst nach erfolgter Abnahme verlangen. Nach dem „Gesetz zur Beschleunigung fälliger Zahlungen", mit dem auch einige Vorschriften des Werkvertragsrechts ergänzt und geändert wurden, kann der Unternehmer jedoch für in sich abgeschlossene und abnahmefähige Teile des Werkes auch ohne ausdrückliche Vereinbarung **Abschlagszahlungen** verlangen.

Ist das Werk mangelhaft, kann der Besteller die Abnahme verweigern oder die Abnahme nur unter dem Vorbehalt der Inanspruchnahme seiner Rechte wegen der Mangelhaftigkeit erklären. Der Besteller kann die Abnahme nicht verweigern, wenn es sich nur um unwesentliche Mängel handelt.

Mangelhaftigkeit

Tritt nach erfolgter Abnahme ein wesentlicher Mangel auf, kann der Besteller einen angemessenen Teil der Vergütung zurückbehalten. Üblicherweise wird eine Summe mindestens in Höhe des Dreifachen der vermuteten Kosten für die Beseitigung des Mangels angemessen sein.

Nach den Vorschriften des Werkvertragsrechts hat der Besteller grundsätzlich die Möglichkeit, den Vertrag bis zur Vollendung des Werkes jederzeit zu kündigen. Der Unternehmer ist in diesem Fall berechtigt, die vereinbarte Vergütung zu verlangen, wobei er sich jedoch ersparte Aufwendungen anrechnen lassen muss. Ihm bleibt also der kalkulatorische Gewinn.

Kündigungsrecht des Bestellers

Vor der Vergabe eines Auftrages zur Herstellung eines Werkes wird der Kunde eines Handwerksunternehmers oftmals ein Angebot oder einen Kostenvoranschlag verlangen. Hat der Unternehmer ein **verbindliches Angebot** abgegeben, so ist er im Falle der Auftragserteilung verpflichtet, die dort aufgeführten Leistungen zu genau dem genannten Preis zu erbrin-

Bindung an ein Angebot

BÜRGERLICHES RECHT

gen. Etwaige Kostenüberschreitungen gehen zu seinen eigenen Lasten. Dies gilt grundsätzlich unabhängig von der Ursache für die höheren tatsächlichen Kosten. Es ist unerheblich, ob die höheren tatsächlichen Kosten z. B. auf einem Rechenfehler, einem fehlerhaften Aufmaß durch den Unternehmer oder auf einer Fehleinschätzung in Bezug auf den Umfang der Arbeiten beruhen.

unverbindlicher Kostenvoranschlag

Hat der Unternehmer dagegen einen **Kostenvoranschlag** abgegeben, ist eine Abweichung der tatsächlichen Kosten von den veranschlagten Kosten möglich. Der Kostenvoranschlag enthält die auf Grund einer fachmännischen Berechnung zu erwartenden Kosten, ohne feste Zusage über die genaue Summe. Durch die Unverbindlichkeit des Kostenvoranschlages behält der Unternehmer einen gewissen Spielraum, um unvorhersehbare Ereignisse bei der Abwicklung des Vertrages berücksichtigen zu können. Der Kostenvoranschlag sagt dem Auftraggeber lediglich, wie viel er ungefähr für die gewünschte Leistung des Unternehmers zu zahlen haben wird. Nach der gängigen Rechtsprechung ist eine **Überschreitung des „Angebotspreises"** aus erklärbaren Gründen gegenüber dem Kostenvoranschlag um ca. 10 bis 30 % möglich.

Bei einer wesentlichen Überschreitung der Anschlagssumme hat der Auftraggeber jedoch ein Kündigungsrecht. Ist eine wesentliche Überschreitung des Kostenvoranschlages zu erwarten, hat der Unternehmer dem Auftraggeber dies unverzüglich anzuzeigen. Kündigt der Auftraggeber dann wegen der bevorstehenden wesentlichen Überschreitung des Kostenvoranschlages, so steht dem Unternehmer nur ein entsprechend geminderter Anspruch auf Vergütung zu.

Vergütung nur nach Vereinbarung

Im Zusammenhang mit der Erstellung eines Kostenvoranschlages ist von Bedeutung, dass mit der Schuldrechtsreform von Seiten des Gesetzgebers ausdrücklich klargestellt wurde, dass ein Kostenvoranschlag im Zweifel nicht zu vergüten ist. Das heißt, wenn der Handwerker mit dem Kunden vor Erstellung eines Kostenvoranschlages keine ausdrückliche Vereinbarung über eine separate Bezahlung des Kostenvoranschlages getroffen hat, kann er keine Kosten hierfür geltend machen. Es ist aus Beweisgründen zu empfehlen, eine Vergütung ggf. schriftlich festzuhalten.

Mit der Schuldrechtsreform hat der Gesetzgeber auch im **Gewährleistungsrecht des Werkvertrages** einige Änderungen vorgenommen, insbesondere im Hinblick auf die Gewährleistungsfristen. Nach dem Werkvertragsrecht hat der Unternehmer dem Besteller das Werk frei von Sach- und Rechtsmängeln zu verschaffen. Liegt ein Sach- oder Rechtsmangel vor, ist das Werk fehlerhaft, und der Besteller kann die Gewährleistungsrechte in Anspruch nehmen.

Sachmangel

Das neue Schuldrecht regelt für den Werkvertrag ausdrücklich, wann ein **Sachmangel** vorliegt. Ein Sachmangel im Werkvertrag ist danach gegeben, wenn

- das Werk sich nicht für die nach dem Vertrag vorausgesetzte Verwendung eignet bzw.

BÜRGERLICHES RECHT

- das Werk sich nicht für die gewöhnliche Verwendung eignet und nicht die Beschaffenheit aufweist, die bei Werken der gleichen Art üblich ist, oder
- ein anderes als das bestellte Werk hergestellt oder
- das Werk in einer zu geringen Menge hergestellt wurde.

Ein **Rechtsmangel** liegt vor, wenn Dritte gegen den Besteller in Bezug auf das Werk Rechte geltend machen können, die dieser nicht im Vertrag übernommen hat.

Rechtsmangel

Liegt einer der o. g. Fälle vor und ist das Werk mangelhaft, kann der Besteller folgende Gewährleistungsrechte geltend machen:

- **Nacherfüllung** – wobei im Werkvertragsrecht der Unternehmer nach seiner Wahl entweder den Mangel beseitigen oder ein neues Werk herstellen kann,
- **Selbstbeseitigung** und **Aufwendungsersatz** – jedoch, erst wenn der Besteller dem Unternehmer erfolglos eine Frist zur Nacherfüllung gesetzt hat und diese abgelaufen ist oder wenn die Nacherfüllung fehlgeschlagen ist,
- **Rücktritt** vom Vertrag ebenfalls nach erfolgloser Fristsetzung zur Nacherfüllung,
- **Minderung** des Kaufpreises, wenn die Nacherfüllung fehlgeschlagen ist oder der Unternehmer beide Arten der Nacherfüllung verweigert,
- **Schadenersatz** oder **Ersatz vergeblicher Aufwendungen** bei schuldhafter Pflichtverletzung.

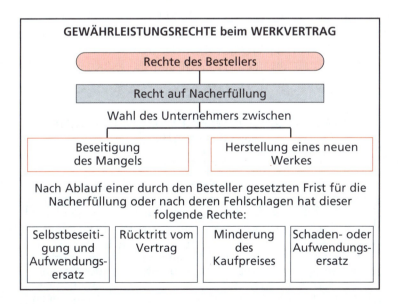

Gewährleistungsrechte beim Werkvertrag

Der Anspruch auf Nacherfüllung hat grundsätzlich Vorrang vor den weiteren Gewährleistungsrechten: Der Besteller muss immer zuerst eine Mängelbeseitigung zulassen. Die übrigen Gewährleistungsrechte können erst in

Vorrang der Nacherfüllung

BÜRGERLICHES RECHT

Anspruch genommen werden, wenn entweder der Unternehmer die Nacherfüllung verweigert, die Nacherfüllung fehlgeschlagen oder dem Käufer unzumutbar ist. Im Gegensatz zum Kaufrecht hat der Gesetzgeber beim Werkvertragsrecht keine eindeutige Regelung getroffen, wann eine Nachbesserung als fehlgeschlagen gilt. Die Rechtsprechung geht jedoch davon aus, dass der Besteller spätestens nach einer zwei- bis dreimaligen erfolglosen Nachbesserung durch den Unternehmer die übrigen Gewährleistungsrechte wie Selbstbeseitigung, Rücktritt oder Minderung geltend machen kann.

Die mit der Schuldrechtsreform gefassten Regelungen im Werkvertragsrecht bestimmen nunmehr ausdrücklich, dass der Unternehmer die zum Zweck der Nacherfüllung erforderlichen Aufwendungen, insbesondere Transport, Wege-, Arbeits- und Materialkosten, zu tragen hat.

Ausweitung der Verjährungsfristen

Die Gewährleistungsrechte kann der Besteller nicht unbegrenzt geltend machen, da auch diese Ansprüche der **Verjährung** unterliegen. Die Verjährungsfristen im Gewährleistungsrecht wurden auf Grund der EU-Verbrauchsgüterrichtlinie im Zuge der Schuldrechtsreform deutlich ausgeweitet.

Die Gewährleistungsrechte des Bestellers verjähren

- bei einem Werk, dessen Erfolg in der Herstellung, Wartung oder Veränderung einer Sache oder in der Erbringung von Planungs- oder Überwachungsleistungen liegt, nun erst nach 2 Jahren,
- bei einem Bauwerk und einem Werk, dessen Erfolg in der Erbringung von Planungs- oder Überwachungsleistung hierfür liegt, verjähren die Ansprüche wegen Mängeln nach 5 Jahren;
- im Übrigen (z. B. bei Arbeiten an einem Grundstück) nach 3 Jahren;
- bei arglistigem Verschweigen von Mängeln durch den Unternehmer in der regelmäßigen Verjährungsfrist von 3 Jahren (→ S. 519) – in Fällen des Mangels im Zusammenhang mit einem Bauwerk jedoch nicht vor Ablauf der dort bestimmten Frist.

Verjährung von Gewährleistungsansprüchen beim Werkvertrag

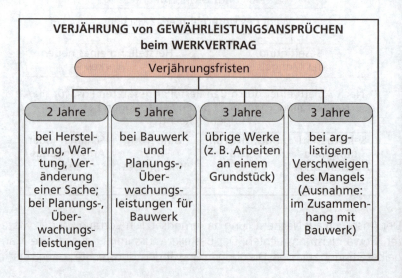

BÜRGERLICHES RECHT

Nach Ablauf der o. g. Gewährleistungsfristen ist eine Mängelrüge nicht mehr möglich. Der Besteller kann die Verjährung der Gewährleistungsrechte nur durch eine Klage oder die Einleitung eines Beweissicherungsverfahrens stoppen.

Nach dem bisherigen Gewährleistungsrecht traten regelmäßig Probleme auf, wenn der Handwerksbetrieb eine Sache in ein Bauwerk eingebaut hatte und dann auf Grund der Mangelhaftigkeit dieser Sache haften musste. Durch die unterschiedlichen Gewährleistungsfristen im Kauf- und Werkvertragsrecht konnte es geschehen, dass der Lieferant nach 6 Monaten nicht mehr haften musste, während sich der Handwerksmeister im Rahmen der 5-jährigen Gewährleistungspflicht bei Bauwerken oftmals noch voll in der Haftung befand. Nach Ablauf seiner Gewährleistungsrechte gegenüber seinem Lieferanten konnte er diesen nicht mehr in Regress nehmen und musste dann auf eigene Kosten den Schaden beheben.

Probleme unterschiedlicher Gewährleistungsfristen behoben

Mit der Angleichung der Gewährleistungsfristen im Kaufrecht hat der Gesetzgeber dieses Ungleichgewicht behoben. Der Lieferant einer Sache, die entsprechend ihrer üblichen Verwendungsweise für ein Bauwerk verwendet worden ist und dessen Mangelhaftigkeit verursacht hat, ist nach der Schuldrechtsreform nunmehr ebenfalls verpflichtet, 5 Jahre für einen Mangel einzustehen (→ S. 538).

Der Handwerksbetrieb hat also seit der Schuldrechtsreform die Möglichkeit, auf den Lieferanten zurückzugreifen.

Der Unternehmer hat für seine Forderungen aus dem Werkvertrag für die bei ihm eingebrachten, dem Besteller gehörenden Sachen ein gesetzliches **Pfandrecht** ähnlich wie der Vermieter. **Beispiel:** Wenn der Besteller die Autoreparatur nicht bezahlen kann, so kann der Unternehmer das Auto, sofern es dem Besteller gehört, bis zur Bezahlung zurückhalten.

Bauhandwerker haben einen Anspruch auf **Bestellung einer Sicherungshypothek** im Grundbuch, wenn der Auftraggeber auch gleichzeitig der Grundstückseigentümer ist (→ S. 558).

Den am Bau beteiligten Betrieben wird für alle Verträge ein **Leistungsverweigerungsrecht** eingeräumt, wenn der Auftraggeber nicht eine **Sicherheitsleistung** erbringt. Das Leistungsverweigerungsrecht kann als gesetzliche Regelung nicht durch Einzelabsprachen oder AGB ausgeschlossen und kann in jeder Phase des Bauvorhabens beansprucht werden.

3.3.2 Vergabe- und Vertragsordnung für Bauleistungen

Die Verdingungsordnung für Bauleistungen ist in ihren Teilen A und B grundlegend überarbeitet und neugefasst worden. Sie heißt jetzt „Vergabe- und Vertragsordnung für Bauleistungen" und wurde am 29. Oktober 2002 im Bundesanzeiger veröffentlicht. Die Abkürzung VOB wird weiter verwendet. Mit dieser Vergabe- und Vertragsordnung steht bei der **Vergabe von Bauverträgen eine einheitliche Regelung** zur Verfügung. Die VOB ist aber kein Gesetz. Sie verleiht somit auch keinen Klageanspruch, falls

BÜRGERLICHES RECHT

Anwendungsbereich — der Zuschlag nicht erteilt wird. Die VOB ist wichtig für alle Betriebe des Bau- und Ausbauhandwerks sowie für alle produzierenden Handwerksbetriebe der Metall- und der Holz-/Kunststoff-Verarbeitung, soweit diese Produkte in einen Bau eingebaut werden.

Sie hat drei Teile:

Aufbau der VOB
- Teil A: DIN 1960. Allgemeine Bestimmungen für die Vergabe von Bauleistungen;
- Teil B: DIN 1961. Allgemeine Vertragsbedingungen für die Ausführung von Bauleistungen;
- Teil C: DIN 18 299. Allgemeine Regelungen für Bauarbeiten jeder Art.

Wird einem Bauvertrag, der seinem Typ nach ein Werkvertrag ist, die VOB nicht zugrunde gelegt, so gelten die Bestimmungen des Bürgerlichen Gesetzbuches (BGB) über den Werkvertrag. Die VOB muss also ausdrücklich, aus Gründen der Beweissicherung am besten schriftlich, vereinbart werden.

Die wichtigsten Bestimmungen der VOB im Vergleich zum BGB:

- **Vertragsbindungen**

Mehr- und Minderleistungen
Anders als im BGB kann der Auftraggeber einseitig die Mengen einer Leistung bis zu 10 % ändern, ohne dass sich der Einheitspreis einer einzelnen Position des Leistungsverzeichnisses ändert. Werden die 10 % überschritten, so ist auf Verlangen des Auftragnehmers die Vergütungsgrundlage zu ändern.

- **Durchführung des Auftrages**

Durchführungsfrist
Sofern keine Frist vereinbart ist, hat nach VOB der Auftragnehmer innerhalb von 12 Werktagen (nicht Arbeitstagen) nach Aufforderung durch den Auftraggeber zu beginnen. Nach BGB hat der Auftraggeber nur Anspruch auf rechtzeitige Erfüllung.

- **Kostenanschlag**

Pauschal- oder Einheitspreis
Dem Vertrag nach VOB liegen verbindliche Pauschal- oder Einheitspreise zugrunde. Es gilt daher der unverbindliche Kostenanschlag nicht. Die Einheitspreise müssen aber bei einer Mengenabweichung von mehr als 10 % auf Verlangen einer Seite neu vereinbart werden. Nach dem BGB ist zwischen unverbindlichem Kostenanschlag und verbindlichem Angebot zu unterscheiden. Bei erheblicher Überschreitung (evtl. bereits bei 10 % Überschreitung) kann der Auftraggeber kündigen.

- **Kostenanschlag oder Angebot unentgeltlich**
Bei öffentlicher – nicht beschränkter – Ausschreibung darf für das Leistungsverzeichnis und die anderen Unterlagen eine Vergütung in Höhe der Selbstkosten gefordert werden. Die Unterlagen bleiben geistiges Eigentum des Bieters.

- **Abnahme**

Abnahmeverpflichtung
Eine Abnahmeverpflichtung besteht nach VOB auch bei unwesentlichen Mängeln innerhalb von 12 Werktagen nach Aufforderung zur Abnahme, als Abnahme gilt auch die Ingebrauchnahme. Eine Leistung gilt darüber hinaus als abgenommen mit Ablauf von 12 Werktagen nach der Mittei-

lung über die Fertigstellung, wenn die Abnahme nicht ausdrücklich verlangt wird. Nach BGB ist der Auftraggeber verpflichtet, das Werk abzunehmen, ein fester Termin besteht aber nicht. Kommt er damit in Verzug, ist er zum Schadenersatz verpflichtet.

- **Schlusszahlung**
Die Schlusszahlung ist alsbald nach Prüfung und Feststellung der vom Auftragnehmer vorgelegten Schlussrechnung zu leisten, spätestens innerhalb von zwei Monaten nach Zugang.

Schlusszahlung

- **Mängelbeseitigung nach Abnahme**
Die Aufforderung zur Mängelbeseitigung muss nach VOB – im Gegensatz zum BGB – schriftlich erfolgen. Außerdem kann der Auftraggeber nach Ablauf einer gesetzten Frist zur Mängelbeseitigung statt Rücktritt wie im BGB nur Minderung verlangen.

Mängelbeseitigung

- **Verjährung**
Die Verjährung von Zahlungsansprüchen beginnt nach der VOB erst, wenn eine prüfungsfähige Rechnung vorliegt. Die Verjährung von Mängelansprüchen beginnt mit der Abnahme. Für Arbeiten an Bauwerken beträgt sie nach VOB nunmehr grundsätzlich vier Jahre. Mit der Aufforderung zur Mängelbeseitigung beginnt eine neue Verjährungsfrist für den Beseitigungsanspruch von zwei Jahren zu laufen. Nach Abnahme der Mängelbeseitigungsleistung beginnt für **diese** Leistung eine Verjährungsfrist von wiederum zwei Jahren, die allerdings nicht vor Ablauf der Regelfrist der VOB von vier Jahren bzw. der vertraglich vereinbarten Frist endet. Das gilt auch dann, wenn in einem VOB-Vertrag z. B. die gesetzliche Verjährungsfrist von fünf Jahren zur Anwendung kommt.

Verjährung von Ansprüchen

- **Zinsen**
Zahlt der Auftraggeber bei Fälligkeit nicht, so kann ihm der Auftragnehmer eine angemessene Nachfrist setzen. Zahlt er innerhalb der Nachfrist nicht, so hat der Auftragnehmer vom Ende der Nachfrist an einen Anspruch auf Zinsen und darf die Arbeiten bis zur Zahlung einstellen.

Nichtzahlung bei Fälligkeit

3.4. Darlehen

Der Gesetzgeber hat im Zuge der Schuldrechtsreform das Darlehensrecht eingehend neu geregelt und das Verbraucherkreditgesetz in die Darlehensvorschriften des BGB integriert. Das BGB unterscheidet nun zwischen einem Gelddarlehen, für das die strengen Vorschriften des ehemaligen Verbraucherkreditgesetzes gelten, wenn der Darlehensnehmer ein Verbraucher ist, dem Darlehensvertrag und dem Sachdarlehen. Der Gesetzgeber trifft damit erstmals im BGB konkrete Regelungen über die Abwicklung von Gelddarlehen. Bisher waren diese nur in Nebengesetzen enthalten.

Neuregelung der Darlehensvorschriften

Durch einen **Gelddarlehensvertrag** wird der Darlehensgeber verpflichtet, dem Darlehensnehmer einen Geldbetrag in der vereinbarten Höhe zur Verfügung zu stellen. Der Darlehensnehmer ist verpflichtet, einen geschuldeten Zins zu zahlen und bei Fälligkeit das zur Verfügung gestellte Darlehen

BÜRGERLICHES RECHT

Kreditvertrag

zurückzuerstatten. Unter den Gelddarlehensbegriff fallen nach dem Willen des Gesetzgebers der **Kreditvertrag** einschließlich des Verbraucherkredits, außerdem Teilzahlungs- und Finanzierungsdarlehen sowie Ratenlieferungsverträge. Das Darlehensrecht regelt, unter welchen Voraussetzungen Zinsen zu zahlen und eine Kündigung des Darlehensvertrages möglich ist.

Vorschriften für Verbraucherdarlehen

Besondere, strengere Vorschriften gelten allerdings, wenn es sich um einen **Verbraucherdarlehensvertrag** handelt. An dieser Stelle wurden die Vorschriften des Verbraucherkreditgesetzes integriert. So ist für das Verbraucherdarlehen Schriftform sowie die Aufnahme bestimmter Angaben in den Vertrag vorgeschrieben. Der Verbraucherdarlehensvertrag muss zwingend folgende Punkte regeln:

- Angabe Nettodarlehensbetrag, ggf. Höchstgrenze des Darlehens,
- Angabe zum Gesamtbetrag aller vom Darlehensnehmer zu entrichtenden Teilzahlungen,
- die Art und Weise der Rückzahlung des Darlehens,
- den Zinssatz und alle sonstigen Kosten des Darlehens,
- den effektiven Jahreszins,
- die Kosten einer Restschuld- oder sonstigen Versicherung, die mit dem Verbraucherdarlehensvertrag abgeschlossen wird,
- zu bestellende Sicherheiten.

Der Vertrag über das Verbraucherdarlehen ist nichtig, wenn die Schriftform nicht eingehalten wird oder eine der vorgeschriebenen Angaben fehlt. Er wird jedoch wirksam, wenn der Darlehensnehmer das Darlehen empfängt oder in Anspruch nimmt. Jedoch ermäßigt sich unter Umständen der dem Darlehen zugrunde gelegte Zinssatz. (Ausnahme bilden in der Regel Überziehungskredite.)

Vorschriften für Teilzahlungsgeschäft

Bei **Teilzahlungsgeschäften** mit einem Verbraucher sind neben der Schriftform folgende Angaben in der Vertragserklärung vorgeschrieben:

- Angabe des Barzahlungs- und des Teilzahlungspreises,
- Angaben zu Betrag, Zahl und Fälligkeit der einzelnen Teilzahlungen,
- den effektiven Jahreszins,
- die Versicherungskosten und
- die Vereinbarung eines Eigentumsvorbehaltes oder einer anderen zu bestellenden Sicherheit.

Schriftform zwingend

Wurde die Schriftform insgesamt nicht eingehalten oder fehlen vorgeschriebene Angaben, ist der Vertag unwirksam. Er wird jedoch gültig, soweit der Darlehensnehmer das Darlehen empfängt oder in Anspruch nimmt bzw. beim Teilzahlungsvertrag die Leistung erbracht wird. In dem Fall ermäßigt sich der zugrundegelegte Zinssatz auf den gesetzlichen Zinssatz.

Widerrufsrecht

Dem **Verbraucher** als Darlehensnehmer steht nun bei Krediten, Teilzahlungsgeschäften sowie bei Ratenlieferungsverträgen ein **Widerrufsrecht** zu. Der Widerruf ist innerhalb von zwei Wochen in Textform zu erklären;

eine Begründung muss nicht enthalten sein. Zur Wahrung der Frist genügt die rechtzeitige Absendung. Die Widerrufsfrist beginnt mit dem Zeitpunkt, an welchem dem Verbraucher eine deutlich gestaltete Belehrung über sein Widerrufsrecht in Textform mitgeteilt worden ist.

Die verschärften Vorgaben für Verbraucherdarlehen etc. gelten nach den neuen Vorschriften des BGB grundsätzlich auch für Existenzgründer!

Handwerksunternehmer, die mit ihren Kunden (Verbraucher) Teilzahlungs- oder Ratenlieferungsverträge abschließen, sind verpflichtet, die o. g. Formvorschriften einzuhalten! Die Vorschriften zum Sachdarlehen beziehen sich auf die Überlassung einer vertretbaren Sache gegen Zahlung eines Darlehensentgeltes und Rückerstattung von Sachen gleicher Art, Güte und Menge.

3.5 Bürgschaft

Bürgschaft bedeutet eine Haftungsübernahme eines Dritten gegenüber einem Gläubiger, mit dem Inhalt, dass der Schuldner seine bestehende oder zukünftige Verbindlichkeit erfüllen wird. Der Bürge verpflichtet sich zur Zahlung, wenn der Schuldner seinen Verpflichtungen nicht nachkommt. Die Bürgschaftserklärung muss schriftlich sein. Nur Kaufleute können sich im Rahmen ihres Handelsgewerbes mündlich verbürgen. **Definition**

Man unterscheidet zwei Arten der Bürgschaft: **Arten**
- Ausfallbürgschaft,
- selbstschuldnerische Bürgschaft.

Bei der **Ausfallbürgschaft** kann vom Bürgen erst Zahlung verlangt werden, wenn beim Schuldner nach einem vorausgegangenen Prozess erfolglos die Zwangsvollstreckung durchgeführt wurde. Die Berechtigung des Bürgen, hierauf zu verweisen, nennt man die Einrede der Vorausklage des Bürgen; Einrede deswegen, weil sie im Prozess – wie auch die Einrede der Verjährung – vom Bürgen ausdrücklich erhoben werden muss. **Ausfallbürgschaft**

Bei der **selbstschuldnerischen Bürgschaft** kann der Gläubiger sofort vom Bürgen Zahlung verlangen, wenn der Schuldner bei Fälligkeit nicht zahlt. Diese Besonderheit der selbstschuldnerischen Haftung muss in der Bürgschaftserklärung besonders hervorgehoben werden. Der Bürge hat dann auf die Einrede der Vorausklage verzichtet. Üblicherweise verlangen Banken grundsätzlich selbstschuldnerische Bürgschaften. **selbstschuldnerische Bürgschaft**

Der Bürge kann jedoch grundsätzlich alle Einwendungen (Einreden), die der Schuldner z. B. wegen einer Stundung, Verjährung oder wegen vorliegender Mängel selbst dem Gläubiger entgegenhalten könnte, selbst geltend machen und seine Leistung entsprechend verweigern. Soweit der Bürge die Hauptforderung des Gläubigers begleicht, geht aufgrund gesetzlicher Anordnung und damit im Wege des gesetzlichen Forderungsüberganges die Forderung auf den Bürgen über. **Forderungsübergang auf Bürgen**

3.6 Miet- und Pachtvertrag

3.6.1 Mietvertrag

Definition Der Mietvertrag ist ein Vertrag zwischen Mieter und Vermieter auf Gebrauchsüberlassung einer Sache gegen Entgelt. Gegenstand eines Mietvertrages können bewegliche Sachen und Grundstücke sein. Nur Mietverträge über Räume und Grundstücke bedürfen der Schriftform, wenn sie länger als 1 Jahr gelten sollen, ansonsten besteht Formfreiheit.

Pflichten des Vermieters Der Vermieter muss dem Mieter rechtzeitig die Mietsache überlassen. Ebenso muss er für Sachmängel und Rechtsmängel sowie für die besonders zugesicherten Eigenschaften der Mietsache haften. Bei Vorliegen von Mängeln darf der Mieter den Mietzins ganz oder teilweise einbehalten, bis die Mängel behoben sind.

Der Vermieter ist verpflichtet, die Mietsache in gebrauchsfähigem Zustand zu erhalten. Kommt er mit der Beseitigung eines Schadens in Verzug, lässt er z. B. die Hausinstallation nicht reparieren, kann der Mieter Schadenersatz verlangen und sogar die Mängel selbst beheben lassen und seine Aufwendungen vom Mietzins abziehen.

Pflicht des Mieters Der Mieter hat die Pflicht, den Mietzins vereinbarungsgemäß und pünktlich zu zahlen und nach Ablauf der Mietzeit die Sache wieder zurückzugeben.

Rechte des Mieters Der Mieter ist berechtigt, die Mietsache mit eigenen Gegenständen zu versehen, z. B. Einbau eines Schrankes. Er darf diese Gegenstände bei seinem Auszug wieder mitnehmen, wenn ihm nicht der Vermieter eine angemessene Entschädigung dafür bietet. Grundsätzlich ist der Mieter verpflichtet, den früheren Zustand wieder herzustellen. Für die normale Abnutzung der Mietsache braucht der Mieter keinen Ersatz zu leisten, denn dies ist Teil des Vertrages und durch den Mietzins abgegolten. Den Mieter trifft eine Mitteilungspflicht, sobald Schäden an der Mietsache auftreten.

Pfandrecht des Vermieters Der Vermieter kann ein eigenes Pfandrecht, ein so genanntes gesetzliches **Vermieterpfandrecht,** geltend machen. Dies ist dann möglich, wenn der Mieter ausziehen will, ohne den Mietzins voll bezahlt zu haben. Der Vermieter hat dieses Pfandrecht für seine Forderungen aus dem Mietverhältnis. Es besteht nur an den in die Wohnung eingebrachten Sachen des Mieters, soweit diese pfändbar sind (z. B. sind unpfändbar Bett oder Radio).

Mietkaution Eine **Mietkaution** darf höchstens drei Monatsraten betragen und ist zu verzinsen.

Staffelmiete **Staffel- und Indexmieten** sind bei Neuabschlüssen von Mietverträgen zeitlich unbeschränkt zulässig. Staffelmiete bedeutet: Bei Abschluss des Vertrages wird bereits vereinbart, dass die Miete innerhalb von festgelegten Zeiträumen um bestimmte Beträge erhöht wird. Für jeweils ein Jahr muss die Miete unverändert bleiben. Mieterhöhungen aus anderen Gründen sind während dieser Zeit ausgeschlossen. Bei der Indexmiete wird der Mietzins an den Preisindex des Statistischen Bundesamtes gekoppelt und erhöht sich entsprechend. Hier gelten weitgehend dieselben Grundsätze.

BÜRGERLICHES RECHT

Der Abschluss von **Zeitmietverträgen** ist bei Wohnraummiete seit 1. September 2001 nur zulässig, wenn der Vermieter für die Befristung einen triftigen Grund angeben kann. Nach den gesetzlichen Regelungen ist eine Befristung nur in folgenden Fällen überhaupt möglich: wenn der Vermieter die Räume nach Ablauf der Mietzeit entweder für einen Familienangehörigen oder einen Angestellten benötigt oder wenn die Räume nach Zeitablauf verändert oder renoviert werden sollen. Der Grund für die Befristung ist dem Mieter bei Vertragsabschluss schriftlich zu unterbreiten.

Zeitmietvertrag

Mieterhöhungen sind grundsätzlich zulässig, wenn die Miete unter der ortsüblichen Vergleichsmiete liegt und die letzte Mieterhöhung mindestens ein Jahr zurückliegt. Der Grund für die Befristung ist dem Mieter bei Vertragsabschluss schriftlich zu unterbreiten. Die Ermittlung der Vergleichsmiete kann erfolgen durch

Zulässigkeit von Mieterhöhung

- Vergleichswohnungen,
- Mietspiegel (einfach oder qualifiziert),
- Mietdatenbank oder
- Gutachten.

Wurde die Wohnung modernisiert, kann der Vermieter ebenfalls eine höhere Miete verlangen. Die Höhe der Mieterhöhung orientiert sich in diesem Fall an den für die Modernisierung aufgewendeten Kosten.

Bei einer Mieterhöhung auf der Grundlage von Vergleichsmieten ist jedoch stets die sog. **Kappungsgrenze** zu beachten. Das heißt, die Miete darf innerhalb von drei Jahren nicht um mehr als 20 % erhöht werden.

Eine Erhöhung der Kapitalkosten aufgrund der Steigerung des Zinssatzes eines Darlehens kann der Vermieter unter bestimmten, gesetzlich festgehaltenen Voraussetzungen auf die Mieter übertragen.

Verkauft der Eigentümer ein vermietetes Grundstück (Wohnung oder Haus), so tritt der Erwerber automatisch in das bestehende Mietverhältnis mit allen Rechten und Pflichten ein, denn: „Kauf bricht nicht Miete".

Beendigung von Mietverhältnissen

Durch eine Reihe von **Mieterschutzgesetzen** ist der Grundsatz der Vertragsfreiheit des Bürgerlichen Gesetzbuches in den letzten Jahrzehnten erheblich eingeschränkt worden. Für Wohnräume gilt ein **Kündigungsschutz:** Der Vermieter kann nur im Falle eines berechtigten Interesses an der Beendigung des Mietverhältnisses kündigen.

Einschränkungen des Kündigungsschutzes

Dies ist bei einer erheblichen Vertragsverletzung durch den Mieter der Fall, dies gilt aber auch bei **Eigenbedarf,** wenn der Vermieter die Räume für sich oder seine Familienangehörigen benötigt, und schließlich gilt dies, wenn der Vermieter durch die Fortsetzung des Mietverhältnisses an einer angemessenen wirtschaftlichen Verwertung des Grundstückes gehindert ist und dadurch erhebliche Nachteile erleiden würde.

BÜRGERLICHES RECHT

Härtefallregelung

Der Vermieter muss schriftlich kündigen, im Kündigungsschreiben muss er die Gründe für die Kündigung angeben. Dabei ist eine Kündigung zum Zweck der Mieterhöhung ausgeschlossen. Der Mieter kann einer zulässigen Vermieterkündigung widersprechen, wenn sie für ihn oder seine Familie eine Härte mit sich bringen würde („Sozialklausel").

Kündigungsfristen

Die **Kündigung von Wohnraummietverhältnissen** ist grundsätzlich mit einer Frist von drei Monaten zum Monatsende möglich. Die Kündigung muss bei der anderen Vertragspartei bis zum dritten Werktag des Kündigungsmonats vorliegen. Zum Schutz langjähriger Mieter gelten ab einer Mietdauer von mehr als fünf Jahren im Falle einer ordentlichen Kündigung durch den Vermieter verlängerte Kündigungsfristen. Die Kündigungsfrist für den Vermieter verlängert sich nach fünf und nach acht Jahren seit Überlassung des Wohnraums um jeweils drei Monate. Die längste Kündigungsfrist für den Vermieter beträgt neun Monate. Die Kündigungsfristen für den Mieter verlängern sich auch bei längerer Mietdauer nicht.

3.6.2 Pachtvertrag

Der Verpächter überlässt dem Pächter den Besitz an einer Sache oder gestattet ihm die Ausübung eines Rechts. Als Vergütung zahlt der Pächter einen Pachtzins. Beispiele: Eine Werkstatt oder ein Patent wird dem Pächter auf Zeit zum Gebrauch und zur Nutzung der erzielbaren Erträge überlassen. Die Vorschriften über den Mietvertrag – ohne Mieterschutzgesetze – sind im Wesentlichen auf den Pachtvertrag anzuwenden. Im Gegensatz zum

Kündigungsfrist

Mietvertrag ist aber die Kündigung des Pachtvertrages nur – sofern nichts anderes vereinbart worden ist – „am 3. Werktag des halben Jahres zum Ende des Pachtjahres" zulässig. Beispiel: Läuft das Pachtjahr vom 15. April bis zum 14. April des darauf folgenden Jahres, muss die Kündigung am ersten Werktag nach dem 14. Oktober erfolgt sein.

Bitte bearbeiten Sie abschließend die folgenden Aufgaben:

1. Die Verjährungsfristen im Schuldrecht wurden vom Gesetzgeber neu gefasst. Stellen Sie die „regelmäßige Verjährung" dar.

2. Ihr Auszubildender fragt Sie, was eigentlich unter Leistungsstörungen zu verstehen ist. Erläutern Sie es ihm.

3. Wann ist ein Kaufvertrag nicht einwandfrei erfüllt?

BÜRGERLICHES RECHT

4. Sachenrecht

> **Kompetenzen:**
>
> Der Lernende
> - kann den Unterschied zwischen Eigentum und Besitz erklären,
> - ist in der Lage, die verschiedenen Formen von Eigentumserwerb zu erläutern,
> - kann den Begriff „Nießbrauch" erklären,
> - kennt die verschiedenen Sicherungsrechte und kann sie gegeneinander abgrenzen,
> - kann das Grundbuch und die verschiedenen Formen von Grundpfandrechten darstellen,
> - kann die verschiedenen Formen der Bürgschaft und ihre rechtlichen Folgen erläutern.

Das Sachenrecht (3. Buch des Bürgerlichen Gesetzbuches) regelt die Rechtsbeziehungen einer Person zu einer Sache, während das Schuldrecht des BGB das Verhältnis der Personen untereinander regelt.

Die wichtigsten Rechtsbeziehungen zwischen einer Person zu einer Sache sind **Arten von Rechtsbeziehungen**

- Besitz,
- Eigentum,
- Nießbrauch und
- Pfandrecht.

Der wesentliche Unterschied zum Schuldrecht besteht darin, dass der dort geltende Grundsatz der Vertragsfreiheit beim Sachenrecht nicht besteht, da die Möglichkeit einer privaten, anders lautenden Vereinbarung im Sachenrecht sich schon begrifflich ausschließt.

4.1 Besitz

Mit **Besitz** bezeichnet man die tatsächliche und der Wirklichkeit entsprechende Herrschaft über eine Sache. Dagegen ist Eigentümer derjenige, der auch die rechtliche Herrschaft über eine Sache ausüben kann. Daraus folgt, dass Besitz und Eigentum nicht immer bei derselben Person liegen müssen. Der Eigentümer ist, wenn ihm die Sache gestohlen worden ist, nicht der Besitzer. Und der Mieter ist der Besitzer, obwohl er nicht der Eigentümer ist. Man unterscheidet zwischen einem unmittelbaren Besitz, wie der Eigentümer ihn inne hat, wenn er die Sache auch in Händen hält, und einem **Definition** mittelbaren Besitz, wenn der Eigentümer sie verliehen oder verpachtet hat. Dann ist der Eigentümer mittelbarer Besitzer und der Mieter unmittelbarer Besitzer.

4.2 Eigentum

Definition Das wesentliche Merkmal des **Eigentums** liegt, wie erwähnt, in der rechtlichen Herrschaft über eine Sache. Dies bedeutet, dass der Eigentümer grundsätzlich mit der Sache das tun kann, was er will, sofern er nicht dadurch andere gesetzliche Bestimmungen oder die Rechte anderer Personen verletzt. Der Eigentümer hat das Recht, die Herausgabe seines Eigentums zu verlangen, wenn der Besitzer nicht ein besonderes Recht zum gegenwärtigen Besitz hat.

Das Eigentum an beweglichen Sachen wird erworben, indem der bisherige Eigentümer dem Erwerber den Gegenstand übergibt und sich beide darüber einig sind, dass das Eigentum übergehen soll.

4.2.1 Eigentumserwerb vom Nichteigentümer

gutgläubiger Erwerb Der Eigentumserwerb vom Nichteigentümer bei gutgläubigem Erwerb ist dann möglich, wenn der Eigentümer seinen Besitz freiwillig aus der Hand gegeben hat, z. B. Miete oder Leihe. Dann erwirbt ein gutgläubiger Dritter von dem Leiher oder Mieter Eigentum, wenn dieser die Sache dem Dritten übergibt und sich als Eigentümer ausgibt. Dem bisherigen Eigentümer bleiben dann nur Schadenersatzansprüche gegenüber dem Verkäufer. Auch strafrechtliche Ansprüche sind gegeben.

Wird der Kaufgegenstand dem Eigentümer jedoch gestohlen, geht er verloren oder kommt er sonst abhanden, so verliert dieser das Eigentum daran nicht. Der gutgläubige Erwerb durch einen Dritten ist in diesen Fällen nicht möglich.

4.2.2 Eigentumserwerb durch Fund

Eigentum durch Fund Eine Sache gilt als verloren, wenn der Eigentümer nicht mehr weiß, wo sie sich befindet. Der Finder erlangt das Eigentum oder einen Anspruch auf Finderlohn. Zunächst hat der Finder der Polizei eine Fundanzeige zu machen. Er ist zur Aufbewahrung der Sache verpflichtet und die Behörde kann Ablieferung verlangen. Meldet sich der Berechtigte nicht, erlangt der Finder, wenn er eine Anzeige erstattet hat, nach sechs Monaten das Eigentum an der Fundsache.

4.2.3 Eigentumsübertragung bei Verbindung von Sachen

Eigentum durch Verbindung Wird eine Sache mit einer anderen Sache so verbunden, dass sie von ihr nicht mehr ohne Zerstörung getrennt werden kann, geht das Gesamteigentum daran auf den Eigentümer der Hauptsache über.

BÜRGERLICHES RECHT

Der wichtigste Bereich ist die Verbindung von Sachen mit einem Grundstück. Werden Baumaterialien, Steine oder andere Materialien beim Hausbau mit dem Grundstück verbunden, so dass sie als wesentliche Bestandteile des Grundstücks anzusehen sind, so wird der Grundstückseigentümer kraft gesetzlicher Regelung auch Eigentümer dieser Sachen. Daraus folgt, dass auch ein Eigentumsvorbehalt, der dem Handwerker bis zur vollständigen Zahlung des Kaufpreises das Eigentum vorbehalten soll, hier nichts nutzt. Der Rohstofflieferant kann sich bestenfalls durch einen verlängerten Eigentumsvorbehalt an den Bauherrn wenden. Baut ein Handwerker Sachen, die er unter Eigentumsvorbehalt geliefert hat (z. B. Heizkörper), bei Nichtzahlung des Bauherrn ohne dessen Wissen oder gegen seinen Willen wieder aus dem Haus aus, so handelt es sich um Diebstahl, da das Eigentum bereits auf den Bauherrn übergegangen war.

Anwendungsbereich

4.2.4 Eigentumserwerb an Grundstücken

Der Eigentumsübergang an einem Grundstück erfolgt durch Einigung und Eintragung in das Grundbuch. Die Einigung nennt man **Auflassung.** Die Auflassung muss vor einem Notar bei gleichzeitiger Anwesenheit der Vertragspartner erklärt werden. Es handelt sich um eine so genannte notarielle Beurkundung. Jedes Grundstücksgeschäft, das dieser gesetzlich vorgeschriebenen Form nicht entspricht, ist ungültig.

Auflassung

4.3 Nießbrauch und Dienstbarkeit

4.3.1 Nießbrauch

Eine Sache kann in der Weise belastet werden, dass ein anderer als der Eigentümer, nämlich der Nießbraucher, den **Nutzen aus der Sache ziehen** darf. Es gibt einen Nießbrauch an Sachen, an Rechten und am Vermögen. Nießbrauch ist also nicht auf Grundstücke beschränkt, sondern kann auch an beweglichen Sachen oder Vermögensmassen bestellt werden. Der Nießbrauch ist persönlich beschränkt und auf die Person des Nießbrauchers bezogen. Er erlischt also mit seinem Tode. Beispiel: Der Vater überträgt seinem Sohn in einer vorweggenommenen Erbfolge den Gewerbebetrieb mit der Auflage, dass ihm ein Nießbrauch in Höhe der Hälfte des gewerblichen Gewinns zusteht.

Definition

4.3.2 Dienstbarkeiten

Darunter versteht man die Belastung eines Grundstückes, die es einem Dritten erlaubt, auf diesem Grundstück bestimmte Rechte auszuüben. **Grunddienstbarkeiten** liegen vor, wenn ein Grundstück zugunsten des Eigentümers eines anderen Grundstücks mit Beschränkungen versehen ist. Dieser kann es in bestimmter Hinsicht nutzen. Dabei kann es sich um das Recht handeln, auf das fremde Grundstück einzuwirken. Beispiel: Der Eigentümer muss dulden, dass der Nachbar über sein Grundstück fährt. Durch die Grunddienstbarkeit können aber auch gewisse Handlungen auf dem fremden Grundstück verboten werden.

Definition

4.4 Sicherungsrechte

4.4.1 Pfandrecht

Definition Eine Sache kann in der Weise belastet werden, dass ein Gläubiger berechtigt ist, die Sache zur Befriedigung seiner Forderung zu verwerten. Der belastete und damit verpfändete Gegenstand kann eine bewegliche Sache sein **(Faustpfand),** ein Recht, z. B. ein **Patent,** oder ein Grundstück, z. B. eine **Hypothek.**

Entstehung Die Pfandrechte entstehen durch einen Vertrag zwischen Schuldner und Gläubiger und Besitzübertragung bei Faustpfändern und Grundbucheintragungen bei Pfandrechten an Grundstücken (Grundpfandrechten).

Pfandrechte können aber auch entstehen aufgrund gesetzlicher Vorschriften **(gesetzliche Pfandrechte).** Beispiel: Der Handwerksmeister hat an dem sich in seinem Besitz befindlichen Eigentum des Auftraggebers (z. B. Kfz) ein Pfandrecht. Solange die zu sichernde Forderung noch nicht bezahlt ist, kann bis zur Bezahlung der Forderung das Eigentum zurückbehalten werden und die betreffende Sache letzten Endes auch versteigert werden. Das vertragliche Pfandrecht an Sachen zur Sicherung einer Forderung wird regelmäßig ersetzt durch die Sicherungsübereignung (→ S. 410).

4.4.2 Grundpfandrecht

Grundpfandrechte Wichtiger als die Pfandrechte an beweglichen Sachen sind die Pfandrechte an einem Grundstück. Hier spricht man von Grundpfandrechten. Sie werden ins Grundbuch eingetragen.

Ist für den Gläubiger ein Grundpfandrecht bestellt, ist er berechtigt, die Zwangsvollstreckung zu betreiben. Das kann durch Zwangsversteigerung des Grundstückes oder Zwangsverwaltung (Einsetzen eines Verwalters), der die Nutzungen aus dem Grundstück zur Tilgung der Schuld verwendet, geschehen.

verschiedene Arten Das Gesetz unterscheidet drei Arten von Grundpfandrechten:

- Hypothek,
- Grundschuld,
- Rentenschuld.

Der einfachste Fall eines Grundpfandrechtes ist, dass eine Bank sich zur Sicherung eines Kredites eine Hypothek einräumen lässt. Zahlt der Kreditnehmer bei Fälligkeit nicht, so kann die Bank das Grundstück beispielsweise versteigern lassen und sich aus dem Erlös unmittelbar befriedigen.

Grundbuch

Funktion Das Grundbuch gibt Auskunft über die Rechtsverhältnisse an Grundstücken. Jeder, der ein berechtigtes Interesse hat, kann das Grundbuch einsehen und gegebenenfalls Abschriften verlangen. Jedes private Grundstück ist im Grundbuch des Amtsgerichtes eingetragen, in dessen Bezirk es gelegen ist.

BÜRGERLICHES RECHT

Aufbau

Das Grundbuch hat **drei Abteilungen**:
- 1. Abteilung: Eigentumsverhältnisse;
- 2. Abteilung: Lasten und Verfügungsbeschränkungen (z. B. durch Insolvenz oder Einleitung der Zwangsvollstreckung);
- 3. Abteilung: Hypotheken, Grundschulden und Renten.

öffentlicher Gutglaubensschutz

Alle Eintragungen in das Grundbuch genießen den öffentlichen Gutglaubensschutz. Dadurch kann sich jeder auf die Richtigkeit der Eintragung verlassen, es sei denn, er weiß, dass eine Eintragung unrichtig ist.

Die **Reihenfolge der Eintragungen** von Belastungen des Grundstückes ist von erheblicher Bedeutung, denn innerhalb derselben Abteilung des Grundbuches entscheidet die Reihenfolge der eingetragenen Rechte über ihren Rang. Die Bedeutung des Ranges liegt darin, dass die Reihenfolge der eingetragenen Rechte zugleich die Befriedigung aus der Substanz des Grundstücks regelt. Das bedeutet, dass die erstrangige Hypothek am sichersten ist. Infolgedessen zahlt man höhere Zinsen, je hochrangiger die Belastung ist.

Hypothek

Entstehung einer Hypothek

Zur Entstehung der **Hypothek** ist die Einigung der beiden Parteien, also des Schuldners und des Gläubigers, und die Eintragung im Grundbuch erforderlich. Beispiel: Der Vater des jungen Existenzgründers lässt sich zur Sicherung eines seinem Sohn gewährten Kredits eine Hypothek auf sein Grundstück eintragen. Der Vater hat also den Zugriff auf sein Grundstück zu dulden, falls sein Sohn die Schulden nicht abtragen kann.

Eine Hypothek kann in Form einer Brief- oder Buchhypothek bestellt werden. Bei der **Buchhypothek** erfolgt nur die Eintragung ins Grundbuch, während bei der **Briefhypothek** das Grundbuchamt zusätzlich dem Gläubiger noch einen Hypothekenbrief erteilt.

Haftung

Ist schließlich die Hypothek entstanden, so haftet das Grundstück für die Forderung, zu deren Sicherheit die Hypothek bestellt worden ist. Darüber hinaus haftet es für die gesetzlichen Zinsen, die Kosten der Kündigung der Hypothek und der Rechtsverfolgung. Das Grundstück haftet in seinem gesamten Bestand.

akzessorische Hypotheken

Brief- und Buchhypotheken sind „akzessorisch", d. h. sie bestehen trotz einer möglicherweise anders lautenden Eintragung in das Grundbuch nur in der Höhe der zugrunde liegenden Forderung. Beispiel: Hat die Bank A sich von dem Handwerksmeister Fleißig zur Sicherung eines Darlehens eine Hypothek über € 100 000,– eintragen lassen und benötigt Fleißig jedoch nur € 75 000,–, so erwirbt die Bank trotz eines anders lautenden Grundbucheintrages auch nur eine Hypothek über € 75 000,–. Die darüber hinausgehende Hypothek von € 25 000,– gehört dem Handwerksmeister, der in diesem Fall auch der Grundstückseigentümer war.

Eigentümergrundschuld

Man bezeichnet die darüber hinausgehende Hypothek als **„Eigentümergrundschuld"**.

BÜRGERLICHES RECHT

Erlöschen einer Hypothek
Die Hypothek erlischt durch die Erklärung des Gläubigers, er gebe sie auf, und durch die entsprechende Löschung im Grundbuch; ferner dann, wenn der Gläubiger im Wege der Zwangsvollstreckung befriedigt wird.

Bauhandwerkersicherungshypothek
Eine Sicherungshypothek kann nur als Buchhypothek eingetragen werden. Ein häufiger Anwendungsfall ist die **„Bauhandwerkersicherungshypothek".** Bauhandwerker haben einen Anspruch auf Bestellung einer Sicherungshypothek im Grundbuch, wenn der Auftraggeber auch gleichzeitig der Grundstückseigentümer ist. Die Arbeiten der Maurer, Stuckateure, Tischler oder Zimmerer gehören dazu, wenn die Arbeiten für den Erhalt des Bauwerkes wesentlich sind oder zur Errichtung gehören. Demgegenüber begründen beispielsweise Malerarbeiten zur bloßen Instandsetzung kein Recht auf Einräumung einer Sicherungshypothek.

Falls eine Einigung mit dem Auftraggeber zur Eintragung einer Hypothek nicht zu erreichen ist, kann der Handwerksunternehmer sich eine solche Hypothek nur im Wege der Vollstreckung eintragen lassen. Er muss durch ein gerichtliches Urteil die Berechtigung seiner Forderung feststellen lassen. Im Vorgriff auf das gerichtliche Urteil und die sich daraus ergebende Vollstreckung kann er sich die Rangstellung der von ihm erstrebten Sicherungshypothek im Grundbuch durch Eintragung einer Vormerkung sichern lassen.

Grundschuld

Grundschuld
Wie die Hypothek dient auch die Grundschuld der Sicherung einer Forderung. Diese ist jedoch vom Bestand einer persönlichen Forderung unabhängig. Sie setzt eine solche Forderung auch nicht voraus (nicht akzessorisch). Beispiel: Die Bank B sagt dem Handwerksmeister zum Bau einer Werkshalle ein Darlehen zu. Es wird eine Grundschuld bestellt. Es kommt aber nicht zur Auszahlung des Darlehens. Der Handwerksmeister hat hier einen Anspruch gegenüber der Bank auf Rückübertragung.

Dennoch wird die Grundschuld regelmäßig als Sicherung für eine Forderung bestellt, weil sie wirtschaftlich beweglicher als eine Hypothek ist. Eine einmal bestellte Grundschuld kann nach Tilgung der Forderung als Sicherung für weitere Forderungen verwendet werden. Wenn die zugrunde liegende Forderung erloschen ist, entsteht dort eine so genannte Eigentümergrundschuld. Dadurch hat der Eigentümer eine Sicherungsstelle an seinem eigenen Grundstück.

Rentenschuld

Rentenschuld
Ein Grundpfandrecht kann auch in Form einer Rentenschuld bestellt werden. Dies geschieht dann, wenn eine wiederkehrende Leistung durch die Belastung eines Grundstücks gesichert werden soll. Beispiel: Der Vater überlässt seinem Sohn die Werkstatt mit dem dazugehörenden Grundstück. Der Sohn schuldet dem Vater dafür eine monatliche Leibrente von € 1 200,– bis zu seinem Tode. Wenn der Sohn nicht zahlen kann, kann der Vater auf das mit der Rentenschuld belastete Grundstück zurückgreifen.

Bitte bearbeiten Sie abschließend die folgenden Aufgaben:

1. Erklären Sie den Unterschied zwischen Besitz und Eigentum.

2. Welche Grundpfandrechte kannen Sie?

3. Erläutern Sie die Rechtsfolgen des Erwerbs einer Sache vom Nichteigentümer.

5. Familien- und Erbrecht

> **Kompetenzen:**
>
> Der Lernende
> - kann die rechtlichen Folgen der Ehe und der Ehescheidung beschreiben,
> - kann die einzelnen Formen des ehelichen Güterrechts darstellen,
> - kann einen Überblick über die wichtigsten Bestimmungen der gesetzlichen Erbfolge geben,
> - kann die Rechtsvoraussetzungen für Testament und Erbvertrag aufzeigen,
> - kann die Pflichtteilsvorschriften darstellen.

Familienrecht Im vierten Buch des BGB wendet sich der Gesetzgeber vorwiegend personenrechtlichen Problemen zu. Das **Familienrecht** regelt im 1. Abschnitt die mit Eheführung und Eheschließung zusammenhängenden Fragen. Dabei ist insbesondere den vermögensrechtlichen Aspekten in der Ehe und nach einer Ehescheidung Aufmerksamkeit geschenkt. Das fünfte Buch schließ-
Erbrecht lich befasst sich mit dem **Erbrecht** und damit mit der Rechtsnachfolge in das Vermögen eines Verstorbenen (Erbfolge).

5.1 Eheliches Güterrecht

5.1.1 Ehe

Die **Ehe** wird vor dem Standesbeamten unter gleichzeitiger Anwesenheit der Ehepartner geschlossen.

Eheverbote sind Hindernisse, die bei der Eingehung der Ehe im Wege stehen. Hierzu gehören vorwiegend Verwandtschaft und Schwägerschaft.

Ehename Die Ehegatten sollen einen gemeinsamen **Familiennamen (Ehenamen)** führen, auf den sie sich verständigen müssen. Bestimmen die Ehegatten keinen Ehenamen, führen sie ihren zur Zeit der Eheschließung geführten Namen auch nach der Eheschließung.

Zum gemeinsamen Ehenamen können die Ehegatten durch Erklärung gegenüber dem Standesbeamten den Geburtsnamen des Mannes oder den Geburtsnamen der Frau bestimmen. Derjenige Ehegatte, dessen Geburtsname nicht Ehename wird, kann – durch Erklärung gegenüber dem Standesbeamten – seinen Geburtsnamen oder den zur Zeit der Erklärung geführten Namen voranstellen oder anfügen. Dies gilt nicht, wenn der Ehename aus mehreren Namen besteht. Besteht der Name des Ehegatten aus mehreren Namen, so kann nur einer dieser Namen hinzugefügt werden.

BÜRGERLICHES RECHT

Bis zum 1. Juli 1977 stand die Schlüsselgewalt der Frau zu, denn sie hatte auch den Haushalt zu führen. Jetzt ist geregelt, dass die Ehegatten die **Haushaltsführung im gegenseitigen Einvernehmen** erledigen. Jeder Ehegatte ist daher berechtigt, Geschäfte zur angemessenen Deckung des Lebensbedarfs der Familie mit Wirkung auch für den anderen Ehegatten zu besorgen. Die **Schlüsselgewalt** steht also heute der Ehefrau oder dem Ehemann zu und sie bedeutet für jeden die Berechtigung und Verpflichtung, den Haushalt in eigener Verantwortung zu führen.

gemeinsame Haushaltsführung

Seit 1977 gilt ausschließlich das so genannte **Zerrüttungsprinzip.** Es besagt, dass bei der Scheidung überhaupt nicht nach der Schuld gefragt wird, sondern der Richter prüft und stellt fest, ob die Ehe gescheitert ist oder nicht, d. h. ob die Wiederherstellung der ehelichen Lebensgemeinschaft noch erwartet werden kann.

Zerrüttungsprinzip

Eine **Scheidung** ist ohne weiteres auszusprechen, auch wenn ein Ehegatte die Scheidung nicht will, wenn die Ehegatten seit drei Jahren getrennt leben oder wenn die Ehegatten seit einem Jahr getrennt leben und beide Ehegatten die Scheidung beantragen oder der Antragsgegner der Scheidung zustimmt. Eine gescheiterte Ehe soll jedoch nicht geschieden werden, wenn und solange die Aufrechterhaltung der Ehe im Interesse der minderjährigen, ehelichen Kinder aus besonderen Gründen ausnahmsweise notwendig ist oder wenn und solange die Scheidung für den anderen Teil eine besondere Härte bedeutet.

Scheidung

Die Ehescheidung ist vor dem **Familiengericht** (Amtsgericht) durchzuführen. Der Familienrichter entscheidet gleichzeitig über Scheidungsantrag, Scheidungsfolgen, Versorgungsausgleich, Ehewohnung, Schicksal der Kinder. Über Verteilung von Hausrat und Vermögen wird ebenfalls zusammen und gleichzeitig entschieden. Vor dem Familiengericht besteht Anwaltszwang. Die Kosten der Scheidung tragen beide Ehegatten je zur Hälfte.

Verfahren der Scheidung

Jeder Ehegatte hat grundsätzlich für seinen **Unterhalt** selbst zu sorgen. Doch kann der eine Ehegatte vom früheren anderen Ehegatten Unterhalt verlangen, wenn und solange er keine Erwerbstätigkeit ausüben kann, weil er ein gemeinschaftliches Kind unter 16 Jahren pflegt und erzieht oder weil von ihm aus Altersgründen oder wegen Krankheit oder anderen Gebrechen keine Erwerbstätigkeit erwartet werden kann.

Unterhaltsregelungen

Das Ausmaß der Unterhaltspflicht bestimmt sich nach den bisherigen Lebensverhältnissen.

Zwischen den geschiedenen Ehegatten findet ferner ein **Versorgungsausgleich** statt, soweit für sie oder einen von ihnen in der Ehezeit Anwartschaften auf Versorgung wegen Alters- oder Erwerbs- und Berufsunfähigkeit bestanden. Für die geschiedene Frau bedeutet der Versorgungsausgleich, dass die Zeiten der Hausfrauentätigkeit bei der eigenen Altersversorgung nicht mehr unberücksichtigt bleiben. Man stellt demnach fest, welche Versorgungsansprüche jeder Ehegatte während der Ehezeit erworben hat.

Versorgungsausgleich

Es werden dann, falls beide Ehegatten Rentenanwartschaften begründet haben, die ermittelten Versorgungswerte einander gegenübergestellt. Wer den höheren Betrag hat, ist ausgleichspflichtig.

5.1.2 Güterstände

Für die Regelung der ehelichen Vermögensbeziehungen haben die Eheleute verschiedene Möglichkeiten.

Übersicht über Güterstände

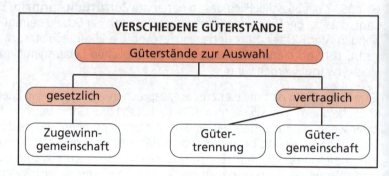

Gütertrennung/ Gütergemeinschaft durch Ehevertrag

Bei der **Gütertrennung** und der **Gütergemeinschaft** muss jeweils notariell ein **Ehevertrag** geschlossen werden, der auf Antrag in das Güterrechtsregister eingetragen wird. Bei der Gütertrennung werden die Eheleute so betrachtet, als ob sie nicht verheiratet wären, während bei der Gütergemeinschaft das gemeinsame Vermögen Gesamtgut wird. Damit gehört jedem alles. Vermögensgegenstände, die nicht Gesamtgut werden sollen, müssen ausdrücklich zum so genannten Vorbehaltsgut des jeweiligen Ehegatten erklärt werden. Die Ehegatten können das Gesamtgut grundsätzlich auch nur gemeinschaftlich verwalten. In einem Ehevertrag können die Ehegatten durch eine notarielle Vereinbarung den Versorgungsausgleich ausschließen oder anders regeln, als das Gesetz es bestimmt. Ein Ausschluss des Versorgungsausgleiches ist jedoch nur wirksam, wenn innerhalb eines Jahres kein Antrag auf Scheidung gestellt wird.

Zugewinngemeinschaft

Der **gesetzliche Güterstand** heißt **Zugewinngemeinschaft**. Er tritt bei jeder Eheschließung ein, wenn er nicht ausdrücklich aufgehoben oder durch einen anderen Güterstand ersetzt wird. Er wird also, weil er der automatisch eintretende Güterstand ist, auch nicht in das Güterrechtsregister eingetragen.

Zugewinngemeinschaft bedeutet:

- Jeder Ehegatte bleibt Inhaber seines eigenen Vermögens, unabhängig davon, ob er es vor der Ehezeit erworben hat oder während dieser. Er haftet damit auch allein für seine persönlich eingegangenen Verbindlichkeiten (Ausnahme: aus Rechtsgeschäften zur angemessenen Deckung des Lebensbedarfs der Familie).

- Das Vermögen, das die Ehegatten während der Ehe erwerben (Zugewinn), wird im Falle der Beendigung der Zugewinngemeinschaft ausgeglichen.

BÜRGERLICHES RECHT

- Jeder Ehegatte kann über sein Vermögen frei verfügen, sofern es sich nicht um sein Vermögen als Ganzes handelt. Gegebenenfalls bedarf er der Zustimmung des anderen Ehegatten. Das gilt auch, wenn es sich um einen wesentlichen Teil des Vermögens handelt. Der Erwerber ist auch bei Gutgläubigkeit nicht geschützt.

Jeder Ehegatte vergleicht den Wert seines Reinvermögens zu Beginn der Ehe mit dem Wert des Reinvermögens am Ende der Ehe. Der sich daraus ergebende Unterschied ist der **Zugewinn**.

Zugewinn

Schenkungen seitens Dritter sowie Vermögensteile, die durch einen Erbfall erworben werden, sind dabei nicht mit anzusetzen. Im Todesfalle eines Ehegatten erfolgt die Aufteilung des von der Zugewinngemeinschaft umfassten Vermögens der Ehegatten, gleichgültig ob der Verstorbene persönlich einen Zugewinn hatte oder nicht. Der gesetzliche Erbteil des Überlebenden wird, wie noch aufgezeigt wird, um ein Viertel erhöht.

5.1.3 Lebenspartnerschaft im Familienrecht

Am 1. August 2001 ist das Lebenspartnerschaftsgesetz (LPartG) in Kraft getreten. Damit hat der Gesetzgeber für gleichgeschlechtliche Paare die Möglichkeit geschaffen, ihre Verbindung rechtlich abzusichern. Die Regelungen sind eng an die zivilrechtlichen Vorschriften des Bürgerlichen Gesetzbuches für Ehepaare angelehnt.

Lebenspartnerschaft

Nach dem neuen LPartG können zwei Personen gleichen Geschlechts durch gegenseitige, persönliche Erklärung bei gleichzeitiger Anwesenheit vor der zuständigen Behörde eine Lebenspartnerschaft eingehen. Ein Lebenspartner gilt nach dem neuen Gesetz als Familienangehöriger des anderen Lebenspartners. Die Verwandten eines Lebenspartners gelten als mit dem anderen Lebenspartner verschwägert.

5.2 Erbfolge

Wenn ein Verstorbener keine letztwillige Verfügung in Form eines Testaments oder eines Erbvertrages hinterlassen hat, tritt die gesetzliche Erbfolge ein. Damit kommen die vom Gesetz für den Erbfall vorgesehenen Bestimmungen zur Anwendung. Der Erbe oder die Erben erhalten das hinterlassene Vermögen bereits im Augenblick des Todes. Das Vermögen ist als Ganzes mit allen Guthaben und Schulden (Aktiva und Passiva) auf den oder die Erben übergegangen. Sind keine Erben vorhanden, erbt der Staat, und zwar das Bundesland, z. B. Nordrhein-Westfalen oder Rheinland-Pfalz, in dem der Erblasser zur Zeit des Todes seinen Wohnsitz hatte.

Erbfall ohne Testament

5.2.1 Nachlassgericht

Das Nachlassgericht (in der Regel der Rechtspfleger) sichert den Umfang des Nachlasses durch Absperrung oder Versiegeln der Wohnung, wenn sie derzeit unbewohnt ist. Auf Antrag eines Erben ist es ferner Aufgabe des Nachlassgerichtes, die Auseinandersetzung des Nachlasses zu vermitteln.

Aufgaben des Nachlassgerichtes

Dazu erstellt das Nachlassgericht einen Teilungsplan. Können die Erben sich nicht einigen, müssen sie zunächst durch einen Zivilprozess ihre Ansprüche klären. Bis dahin stellt das Nachlassgericht seine Tätigkeit ein.

5.2.2 Gesetzliche Erbfolge

Das Gesetz hat die Reihenfolge der Erben nach **Erbordnungen** eingeteilt. Die gesetzlichen Erben einer früheren Erbordnung schließen alle Erben einer späteren Ordnung aus.

Übersicht über Erbordnungen

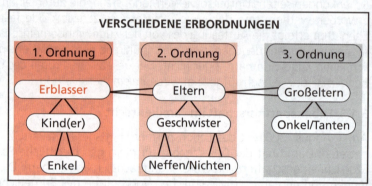

Erben 1. Ordnung

Die gesetzlichen **Erben der 1. Ordnung** sind die Abkömmlinge: Kinder, Enkel etc. Ein zur Zeit des Erbfalls schon gezeugtes, aber nicht geborenes Kind gilt als vor dem Erbfall geboren, wenn es lebend zur Welt kommt. Nach dem Gesetz erben die Kinder zu gleichen Teilen. Wenn ein Kind nicht mehr lebt, treten dessen Abkömmlinge an seine Stelle. Der überlebende Ehegatte erhält neben den Erben der ersten Ordnung die Hälfte des Nachlasses, wenn er mit dem Erblasser im gesetzlichen Güterstand der Zugewinngemeinschaft gelebt hat.

1. Erbordnung Zugewinngemeinschaft

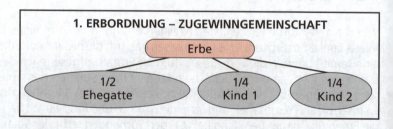

Lebte er in einem anderen Güterstand, ist er grundsätzlich nur zu einem Viertel als gesetzlicher Erbe berufen. Dies gilt zunächst für den Fall der Gütergemeinschaft.

Im Falle der Gütertrennung gilt eine besondere gesetzliche Regelung, wonach der überlebende Ehegatte neben einem oder zwei Kindern zu jeweils gleichen Teilen als Erbe berufen ist. Lediglich wenn mehrere Kinder des Erblassers zu Erben berufen sind, bleibt es bei der Viertel-Regelung.

Der geschiedene Ehegatte des Verstorbenen oder ein Stiefkind haben kein Erbrecht. Ein adoptiertes Kind erbt dagegen wie ein leibliches Kind. Seit dem 1. Mai 1998 sind nicht eheliche Kinder vollständig den ehelichen Kindern gleichgestellt.

Das nicht eheliche Kind wird neben den übrigen Abkömmlingen des Vaters mit gleichem Rang Erbe. Das bedeutet, auch gegenüber dem Vater steht ihnen jetzt ein unbeschränktes Erbrecht zu. Das nicht eheliche Kind ist Teil der Erbengemeinschaft und nimmt somit an der Erbauseinandersetzung teil.

Erben 2. Ordnung

Leben beide Eltern eines kinderlosen Erblassers noch, so erben sie alleine und zu gleichen Teilen. Ist ein Elternteil bereits verstorben, so treten die Geschwister des Erblassers an dessen Stelle. Die Geschwister erhalten dann gemeinsam, was ein verstorbener Elternteil geerbt hätte. Sind keine Geschwister vorhanden, so erbt der überlebende Elternteil allein.

Der überlebende Ehegatte erbt neben den Erben der zweiten Ordnung drei Viertel des Nachlasses, wenn er mit dem verstorbenen Ehegatten im gesetzlichen Güterstand der Zugewinngemeinschaft gelebt hat. Lebte er in einem anderen Güterstand, dann erbt er neben den Eltern bzw. den Geschwistern des Verstorbenen nur die Hälfte des Nachlasses. Ferner erhält er den so genannten Voraus: Gegenstände des gemeinsamen Haushaltes und die Hochzeitsgeschenke.

Erben 3. Ordnung

Wenn der Erblasser weder Abkömmlinge (Erben 1. Ordnung) noch Eltern (Erben 2. Ordnung) hinterlässt, sind die Großeltern des Erblassers und deren Abkömmlinge, also Onkel und Tante, die Erben. Leben alle vier Großeltern noch, so erben sie allein und zu gleichen Teilen.

Lebt ein Teil eines Großelternpaares nicht mehr, erben seinen Anteil seine Abkömmlinge. Sind keine Abkömmlinge vorhanden, erbt der überlebende Teil dieses Großelternpaares. Lebt ein Großelternpaar nicht mehr und sind auch keine Abkömmlinge vorhanden, erbt das andere Großelternpaar oder seine Abkömmlinge.

Der überlebende Ehegatte erbt hier nach den gesetzlichen Bestimmungen, wie sie für die 2. Ordnung gelten, zuzüglich allem, was von bereits verstorbenen Großelternteilen an die Abkömmlinge fallen würde. Onkel und Tanten des Toten erben also nicht, wenn noch der Ehegatte des Verstorbenen lebt. Ferner erhält der überlebende Ehegatte auch hier den Voraus.

Ehegatte als Alleinerbe

Der Ehegatte erbt alles, wenn keine Erben der 1., 2. oder 3. Ordnung vorhanden sind. Für alle Erbordnungen gilt, dass das Erbrecht des Ehegatten ausgeschlossen ist, wenn zur Zeit des Todes des Erblassers die Voraussetzungen für eine Scheidung gegeben waren und der Erblasser die Scheidung beantragt oder ihr zugestimmt hatte. Das Gleiche gilt, wenn der Erblasser auf Aufhebung der Ehe zu klagen berechtigt war und die Klage erhoben hatte.

BÜRGERLICHES RECHT

5.2.3 Testament

Definition: Der Erblasser kann die gesetzliche Erbfolge durch eine letztwillige Verfügung (Testament oder Erbvertrag) ändern.

Wer ein Testament errichtet, muss mindestens 16 Jahre alt sein, bis zur Volljährigkeit kann er nur ein öffentliches Testament errichten. Ein Erbvertrag setzt volle Geschäftsfähigkeit voraus. Geistesgestörte sind nicht testierfähig. Ein Testament kann als öffentliches oder als ein privates (eigenhändiges) Testament errichtet werden.

öffentliches Testament

Merkmale eines **öffentlichen Testamentes:**
- beratende Mitwirkung eines Notars,
- keine Handschriftlichkeit, keine Unterschrift des Erblassers notwendig,
- Erklärung vor dem Notar ausreichend,
- amtliche Verwahrung beim Amtsgericht,
- Rücknahme aus öffentlicher Verwahrung gilt als Widerruf.

privates Testament

Merkmale eines **privaten Testamentes:**
- Handschriftlichkeit, Unterschrift des Erblassers (auch für nachträgliche Zusätze und Änderungen),
- Maschinenschriftlichkeit nicht ausreichend,
- Datum und Ortsangabe empfehlenswert,
- Erbe und Vermächtnisnehmer müssen eindeutig benannt sein,
- Widerruf des alten Testamentes durch Vernichtung oder Abfassung eines neuen jederzeit möglich,
- Verwahrung durch Erblasser.

Nottestament

Ist der Erblasser nicht mehr in der Lage, ein handschriftliches Testament anzufertigen (Unfall oder Herzanfall), kann das Testament durch mündliche Erklärung vor dem Bürgermeister der Gemeinde und zwei weiteren neutralen Zeugen erklärt werden.

gemeinschaftliches Testament

Das **gemeinschaftliche Testament** kann nur von Ehegatten errichtet werden. Es genügt, wenn ein Ehegatte das gemeinschaftliche Testament handschriftlich anfertigt und der andere es mitunterzeichnet.

Berliner Testament

Gerne benutzt wird das **„Berliner Testament"**, bei dem sich die Ehegatten gegenseitig zum Erben einsetzen und bestimmen, dass nach dem Tod des Überlebenden der beiderseitige, gesamte Nachlass an einen Dritten, meist die gemeinsamen Kinder, fallen soll.

5.2.4 Erbvertrag

Ein Erbvertrag kann auch unter Nicht-Eheleuten geschlossen werden. Darin verpflichtet sich der Erblasser vertraglich zu einer bestimmten Erbfolge. Der Erbvertrag bedarf der notariellen Form. Durch diesen werden alle früheren Testamente aufgehoben, soweit sie mit dem Erbvertrag in Widerspruch stehen.

BÜRGERLICHES RECHT

5.2.5 Pflichtteilsrecht

Zwar kann der Erblasser frei über seinen Nachlass verfügen, er kann seinen nächsten Angehörigen jedoch nicht auch den so genannten Pflichtteil entziehen. Pflichtteilsberechtigt sind die Abkömmlinge, der Ehegatte und die Eltern. Der Pflichtteil ist die Hälfte des Wertes des gesetzlichen Erbteils und besteht in einer Geldforderung. Der Pflichtteilsanspruch verjährt drei Jahre ab Kenntnis vom Erbfall, längstens jedoch in 30 Jahren, wenn der Berechtigte nicht vorher Kenntnis erlangt.

Pflichtteilberechtigung

Ein **Entzug des Pflichtteils** ist nur aus gesetzlichen Gründen möglich,
- wenn der Berechtigte dem Erblasser oder dessen Ehegatten nach dem Leben trachtet oder sie körperlich misshandelt,
- wenn ein Abkömmling sich einer schweren Straftat schuldig macht oder sich einem ehrlosen Lebenswandel hingibt.

Der Entzug muss vom Erblasser in einer letztwilligen Verfügung unter Angabe der Gründe angeordnet sein.

Ein **Verzicht auf das Erbe** ist nur durch notariellen Vertrag zwischen dem künftigen Erblasser und dem künftigen gesetzlichen Erben möglich.

5.2.6 Ausschlagung der Erbschaft

Der Nachlass fällt im Augenblick des Todes des Erblassers mit dem Gesamtvermögen einschließlich der Verbindlichkeiten an den Erben. Da jedoch niemand gezwungen werden kann, gegen seinen Willen Erbe zu bleiben, kann der Erbe die Erbschaft ablehnen (ausschlagen). Die Erbschaft fällt dann automatisch an den nächsten berufenen Erben. Die Frist für diese Ausschlagung beträgt sechs Wochen ab Kenntnis des Erbfalles. Meistens wird ausgeschlagen, wenn die Erbschaft überschuldet ist.

Ausschlagung eines Erbes

Wenn der Erbe nicht in der Lage ist, sich innerhalb von sechs Wochen einen Überblick über den Stand des Vermögens zu machen, kann er die **beschränkte Erbenhaftung** beim Nachlassgericht beantragen. Er haftet dann für die ererbten Verbindlichkeiten nur mit dem ererbten Vermögen.

Wenn der Erbschaftsanfall endgültig ist, kann man sich zum Nachweis dafür, dass und in welchem Umfang man Erbe geworden ist, vom Rechtspfleger des Nachlassgerichts einen **Erbschein** ausstellen lassen. Dieser ist erforderlich, um beispielsweise bei Banken an die hinterlassenen Guthaben zu kommen.

Erbschein

5.2.7 Lebenspartnerschaft im Erbrecht

Wie sich schon im Familienrecht gezeigt hat, ist die Lebenspartnerschaft stark an die Vorschriften des BGB angelehnt. Auch bezüglich des Erbrechts finden sich daher einige Regelungen, die den allgemeinen Vorschriften entsprechen bzw. auf diese verweisen.

Erbrecht für Lebenspartner

Das LPartG regelt u. a., dass der überlebende Lebenspartner des Erblassers neben Verwandten erster Ordnung zu einem Viertel, neben Verwandten der zweiten Ordnung oder den Großeltern zur Hälfte gesetzlicher Erbe ist. Daneben gelten die Regelungen über den Zugewinnausgleich in der Ehe entsprechend. Das heißt, auch der Lebenspartner erhält ein weiteres Viertel über die Vorschriften zum Zugewinn.

Auch ein gemeinschaftliches Testament, z. B. angelehnt an das „Berliner Testament", ist für Lebenspartner zulässig. Der Lebenspartner hat einen Pflichtteilsanspruch in Höhe von der Hälfte des gesetzlichen Erbes.

Bitte bearbeiten Sie abschließend die folgenden Aufgaben:

1. Erläutern Sie die einzelnen Güterstände.

2. Was ist ein „Berliner Testament"?

3. Skizzieren Sie die gesetzliche Erfolge.

BÜRGERLICHES RECHT

6. Mahn- und Klageverfahren

> **Kompetenzen:**
>
> Der Lernende
> - kann den Gang des gerichtlichen Mahnverfahrens erklären,
> - kann die einzelnen Teile der Prozessführung eines Klageverfahrens erläutern,
> - kann darlegen, welche Rechtsmittel gegen richterliche Entscheidungen möglich sind.

6.1 Gerichtliches Mahnverfahren

Wenn ein Gläubiger vergeblich versucht hat, einen Schuldner durch Mahnungen zur Zahlung zu veranlassen, kann er wählen, ob er zunächst ein Mahnverfahren oder direkt einen Zivilprozess durchführen will.

Das Mahnverfahren dient dazu, bei voraussichtlich unstreitigen Zahlungsansprüchen dem Gläubiger ein abgekürztes und billigeres Verfahren als das Urteilsverfahren zu ermöglichen. Es sollte erwogen werden, wenn der Gläubiger sich seiner Sache sicher ist. — **Zweck des Mahnverfahrens**

Der Gläubiger kann aber auch mit einem **Mahnbescheid** zunächst die Einstellung des Schuldners zu seinem Zahlungsverlangen prüfen. Legt der Schuldner Widerspruch ein, so kann er, da ein Verfahren vor den Gerichten nur auf Antrag durchgeführt wird, sich dann noch überlegen, ob er seinen Zahlungsanspruch gerichtlich durchsetzen lassen will. — **Mahnbescheid**

Das Mahnverfahren beginnt mit dem Antrag des Gläubigers auf Erlass eines Mahnbescheids beim Amtsgericht seines Wohn- oder Gewerbesitzes – unabhängig vom Streitwert. Hierzu gibt es Formblätter in Schreibwarengeschäften.

1. Stufe

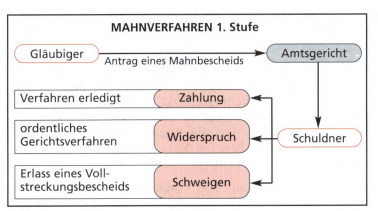

569

BÜRGERLICHES RECHT

Das Amtsgericht erlässt dann ohne Sachprüfung gegen den Schuldner einen Mahnbescheid mit der Aufforderung, innerhalb von zwei Wochen zu zahlen oder Widerspruch einzulegen (1. Stufe). Auf Widerspruch des Schuldners wird beim Amts- oder Landgericht ein **Klageverfahren** eingeleitet. Wird kein Widerspruch erhoben – bleibt also der Schuldner untätig – erlässt das Amtsgericht auf Antrag des Gläubigers einen **Vollstreckungsbescheid** (2. Stufe). Erhebt der Schuldner innerhalb von zwei Wochen Einspruch, wird das Verfahren wie beim Widerspruch an das zuständige Amts- oder Landgericht weitergeleitet. Reagiert der Schuldner jedoch nicht, kann der Gläubiger die **Zwangsvollstreckung** betreiben.

2. Stufe

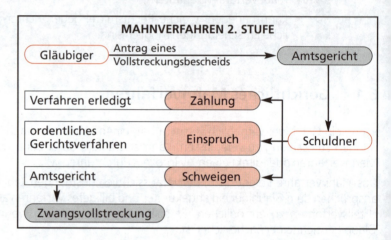

6.2 Klageverfahren

Das gerichtliche Verfahren wegen bürgerlich-rechtlicher Streitigkeiten vor den Zivilgerichten ist in der **Zivilprozessordnung (ZPO)** geregelt.

Zivilgerichte Die Tätigkeit der Zivilgerichte gliedert sich in zwei Bereiche:

- **Erkenntnisverfahren:** Feststellung, auf welcher Seite das Recht ist und wer Recht bekommt;
- **Vollstreckungsverfahren:** Die mit staatlicher Gewalt versehene, auch auf Zwang ausgerichtete Durchsetzung des im Urteil ausgedrückten Ergebnisses.

Streitwerte In Verfahren mit einem Streitwert bis € 5 000,– sowie streitwertunabhängig in Mietrechtsprozessen und Familienrechtsstreitigkeiten sind grundsätzlich zunächst die **Amtsgerichte** zuständig. Bei einem Streitwert über € 5 000,– ist bereits in der ersten Instanz das Landgericht anzurufen. Vor dem Landgericht herrscht ein sog. Anwaltszwang, d. h., die Parteien müssen sich anwaltlich vertreten lassen. Vor dem Amtsgericht können sich die Parteien grundsätzlich selbst vertreten.

Parteifähigkeit Grundsätzlich kann parteifähig (Kläger oder Beklagter) sein, wer rechtsfähig ist (→ S. 511), und dies sind natürliche und juristische Personen. Dem

BÜRGERLICHES RECHT

entgegen bedeutet die Prozessfähigkeit die Fähigkeit, selbst einen Prozess zu führen oder als Vertreter einer Partei für diese vor Gericht aufzutreten. Prozessfähig ist, wer voll geschäftsfähig ist.

Prozessfähigkeit

Wenn ein Anwalt beauftragt wird, erfolgt dies durch die Erteilung einer Prozessvollmacht. Das Honorar der Anwälte richtet sich nach der Bundesrechtsanwaltsgebührenordnung. Die Gebühren fallen für jede Instanz gesondert an.

Prozessvollmacht

6.2.1 Prozessführung

Eingeleitet wird der Zivilprozess mit der Einreichung einer Klageschrift durch den Kläger selbst oder seinen Prozessbevollmächtigten. Am Amtsgericht kann man stets selbst oder zur Niederschrift der Geschäftsstelle die Klage erheben, am Landgericht besteht **Anwaltszwang.** Eine Durchschrift der Klage wird dem Beklagten vom Gericht zugestellt.

Klageerhebung

Die Klageschrift muss enthalten:

Bestandteile einer Klageschrift

- Name und Anschrift des Gerichtes sowie der Parteien (Kläger und Beklagte),
- Klagegegenstand sowie Grund und Höhe des geltend gemachten Anspruchs (Klageantrag).

Die Verhandlung über einen Rechtsstreit muss vor Gericht grundsätzlich mündlich erfolgen. In Anwaltsprozessen wird die Verhandlung durch Schriftsätze vorbereitet. Der Richter beteiligt sich nicht am Rechtsstreit der Parteien. Es gilt der Grundsatz: „Liefere mir die Fakten, und ich werde dir Recht sprechen."

Das Gericht ist während des gesamten Prozessverlaufes gehalten, auf eine gütliche Beilegung des Rechtsstreites hinzuwirken **(Vergleich).**

Der Gedanke der gütlichen Streitbeilegung wurde mit der Reform des Zivilprozessrechtes im Juni 2001 noch weiter gestärkt. Seit 1. Januar 2002 muss jeder mündlichen Verhandlung zum Zwecke der gütlichen Beilegung des Rechtsstreits grundsätzlich eine **Güteverhandlung** vorausgehen. Von dieser Güteverhandlung kann nur dann ausnahmsweise abgesehen werden, wenn entweder bereits ein Einigungsversuch vor einer außergerichtlichen Gütestelle stattgefunden hat oder die Güteverhandlung für das Gericht erkennbar aussichtslos erscheint.

Güteverhandlung

Scheitert die Güteverhandlung wird das Verfahren streitig verhandelt. In diesem Fall muss der Kläger die Tatsachen, mit denen er seinen Anspruch begründet, beweisen. Der Beklagte muss alle Tatsachen beweisen, die er gegen den Anspruch vorbringt (sog. Einreden oder Einwendungen).

Beispiel: Der Handwerker, der eine offene Werkvertragsforderung gegen seinen Kunden einklagt, muss beweisen, dass ein Vertrag über die Arbeiten zu diesem Preis geschlossen wurde. Die ordnungsgemäße Ausführung der Arbeiten muss er nicht beweisen, wenn die Abnahme der Arbeit durch den Kunden erfolgt ist. Wendet der Kunde gegen die Forderung Mängel ein, muss er beweisen, dass die ausgeführte Arbeit tatsächlich mangelhaft ist.

BÜRGERLICHES RECHT

Beweismittel

Hierzu können sich die Parteien der in der Zivilprozessordnung vorgesehenen **Beweismittel** bedienen. Beide Parteien können Ihre Behauptungen im Gerichtsverfahren beweisen durch:

- Urkunden,
- Sachverständigengutachten,
- Zeugenaussagen,
- Augenscheinnahme durch das Gericht und/oder
- eidliche Parteivernehmung.

Urteil

Der Prozess endet, sofern die Parteien während der Verhandlung zu keinem Vergleich finden konnten, grundsätzlich mit einem **Urteil** durch das Gericht. In dem Urteil fasst das Gericht die in der Verhandlung gewonnenen Erkenntnisse zusammen, stellt das Ergebnis seiner rechtlichen Beurteilung fest und begründet seine Entscheidung.

Versäumnisurteil

Bleibt eine Partei dem Termin zur mündlichen Verhandlung unentschuldigt fern, geht das Gericht davon aus, dass der Anspruch entweder vom Kläger aufgegeben oder der gegnerische Anspruch vom Beklagten nicht mehr bestritten wird. Das Gericht erlässt in diesen Fällen ein **Versäumnisurteil**. Ist z. B. der Beklagte nicht erschienen, die Klage jedoch nachvollziehbar begründet, wird der Klage ohne weitere Prüfung durch Versäumnisurteil stattgegeben. Die erschienene Partei kann auch ein Urteil nach Aktenlage beantragen, dann entscheidet das Gericht nach dem vorliegenden Aktenstand über den Rechtsstreit – dies kann vor allem dann sinnvoll sein, wenn bereits Beweistermine stattgefunden haben, die ein Ergebnis zum Vorteil der erschienenen Partei gebracht haben.

6.2.2 Rechtsmittel

Rechtsmittel

Wenn eine Partei mit dem Urteil des Gerichts nicht einverstanden ist, hat sie die Möglichkeit, Rechtsmittel einzulegen. Gegen erstinstanzliche Urteile kann Berufung bei der nächst höheren Instanz eingelegt werden. Die Voraussetzung für die Zulässigkeit einer **Berufung** besteht darin, dass der Streitwert des amtsgerichtlichen Verfahrens einen Betrag von € 600,– übersteigt oder das erstinstanzliche Gericht die Berufung wegen einer grundsätzlichen Bedeutung der Rechtssache zugelassen hat. Bei Verfahren, die in erster Instanz vor dem Landgericht verhandelt wurden, wird dieser Wert immer erreicht, da eine Klage vor dem Landgericht erst ab einem Streitwert von € 5 000,– zulässig ist.

Revision bei grundsätzlicher Bedeutung

Gegen das Urteil in der Berufungsverhandlung ist nach dem neuen Zivilprozessrecht, unabhängig von dem jeweiligen Streitwert, eine **Revision** möglich, wenn das Berufungsgericht in seinem Urteil eine Revision zugelassen hat. Die Revision ist zuzulassen, wenn die Rechtssache grundsätzliche Bedeutung hat. Dies kann der Fall sein, wenn es bei der gerichtlichen Entscheidung auf eine klärungsbedürftige, bisher noch nicht entschiedene Rechtsfrage von allgemeiner Bedeutung ankommt. Lässt das Berufungsgericht die Revision nicht zu, kann gegen die Nichtzulassung eine **Beschwerde** eingelegt werden.

BÜRGERLICHES RECHT

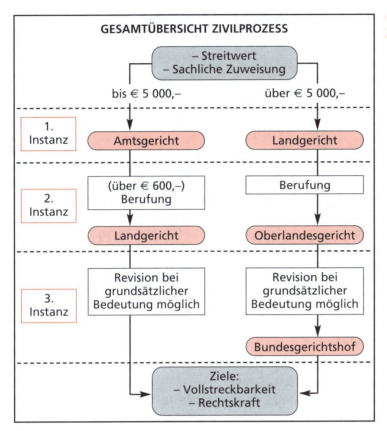

Gesamtübersicht Zivilprozess

Gegen ein Versäumnisurteil kann unter Darlegung der Gründe für das unentschuldigte Fernbleiben zum Termin der mündlichen Verhandlung **Einspruch** eingelegt und Wiedereinsetzung in den vorherigen Stand beantragt werden.

Die **Rechtsmittelfrist** beträgt grundsätzlich einen Monat nach Zustellung des Urteils, mit einer Ausnahme: die Beschwerde gegen die Nichtzulassung einer Revision muss innerhalb von zwei Monaten nach Zustellung erfolgen.

Fristen

Bitte bearbeiten Sie abschließend die folgenden Aufgaben:

1. Erläutern Sie den Gang eines möglichen Zivilprozesses.

2. Beschreiben Sie den Ablauf eines gerichtlichen Mahnverfahrens.

3. Was ist ein Versäumnisurteil?

7. Zwangsvollstreckung

> **Kompetenzen:**
> Der Lernende
> - kann die Rechtsfolge der Zwangsvollstreckung erläutern,
> - kann Arrest und einstweilige Verfügung unterscheiden und gegeneinander abgrenzen.

Die Zwangsvollstreckung löst das Erkenntnisverfahren ab. Mit staatlicher Gewalt wird ein rechtswirksam festgelegter privatrechtlicher Anspruch durchgesetzt. Vollstreckungsgericht ist das Amtsgericht, in dessen Bezirk die Zwangsvollstreckung erfolgen soll. Zur Vollstreckung gehören Titel, Klausel und Zustellung. Die Zwangsvollstreckung ist also nur statthaft, wenn der Gläubiger einen Vollstreckungstitel besitzt und die Zwangsvollstreckung beantragt hat.

Vollstreckungstitel Vollstreckungstitel können sein:
- Urteil,
- gerichtlicher Vergleich,
- Vollstreckungsbescheid,
- in der Insolvenztabelle festgestellte, vom Schuldner nicht bestrittene Forderungen.

Vollstreckungsklausel Weiter muss die Vollstreckungsklausel erteilt worden sein. Damit erklärt das Gericht die Zulässigkeit der Vollstreckung. Der Vollstreckungstitel muss ferner dem Schuldner vorher oder gleichzeitig zugestellt werden.

Die Zwangsvollstreckung kann dann aus verschiedenen Gründen erfolgen:

- **Zwangsvollstreckung wegen einer Geldforderung**

  Geldforderung Die Zwangsvollstreckung wegen einer Geldforderung kann erfolgen in das bewegliche Vermögen oder in das unbewegliche Vermögen des Schuldners, in Forderungen und Rechte des Schuldners, beispielsweise Arbeitseinkommen oder finanzielle Außenstände des Schuldners gegenüber Dritten.

  – Zwangsvollstreckung in das bewegliche Vermögen
    Der Gerichtsvollzieher legt in den Wohn- oder Geschäftsräumen des Schuldners den Vollstreckungstitel vor und fordert den Schuldner zur Zahlung auf. Wird die Zahlung verweigert, beginnt er mit der **Pfändung.** Geld, Schmuck oder Wertpapiere werden gepfändet, indem der Gerichtsvollzieher sie sofort an sich nimmt, während Gegenstände wie Maschinen oder Möbel durch Ankleben einer Pfandsiegelmarke (Kuckuck) gepfändet werden. Der Gegenstand darf nicht mehr veräußert werden, die Entfernung des Pfandsiegels ist strafbar. Der gepfändete Gegenstand kommt in die Pfandkammer des Gerichtes, wenn die Befriedigung des Gläubigers gefährdet ist.

BÜRGERLICHES RECHT

Findet der Gerichtsvollzieher keine pfändbaren Gegenstände vor, kann der Gläubiger die **Abgabe einer Erklärung an Eides statt** über seine Vermögensverhältnisse beantragen. Der Schuldner muss dann ein Verzeichnis über sein Vermögen bei Gericht einreichen und die Erklärung an Eides statt abgeben. Früher war dies ein Offenbarungseidverfahren.

- Zwangsvollstreckung in Grundstücke
  Hier kann die Pfändung durch Eintragung einer Sicherungshypothek, durch Anordnung der Zwangsverwaltung, um die Grundstückserträge zur Befriedigung des Gläubigers zu verwenden, und schließlich durch Zwangsversteigerung erfolgen.

- Zwangsvollstreckung in Forderungen
  Der Pfändung unterliegt neben finanziellen Außenständen bei Dritten auch das Arbeitseinkommen des Schuldners. Damit sein Unterhalt und der seiner Familie jedoch nicht gefährdet wird, sind bestimmte Pfändungsgrenzen einzuhalten.

- **Zwangsvollstreckung wegen Herausgabe von Sachen**
  Wurde der Schuldner verurteilt, eine Sache an den Gläubiger herauszugeben, erfolgt dies dadurch, dass der Gerichtsvollzieher die Sache dem Schuldner wegnimmt und dem Gläubiger übergibt. Hat der Schuldner die Sache nicht mehr und weiß er auch nicht, wo sie sich befindet, kann er gezwungen werden, eine entsprechende Erklärung an Eides statt abzugeben.

  Herausgabe von Sachen

- **Zwangsvollstreckung wegen vertretbarer oder nicht vertretbarer Handlungen**
  Wurde der Schuldner zu einer Handlung verurteilt, die auch ein anderer vornehmen kann, einer so genannten vertretbaren Handlung, so erfolgt die Zwangsvollstreckung, indem das Gericht den Gläubiger ermächtigt, auf Kosten des Schuldners einen Dritten mit der Arbeit zu beauftragen. Der Schuldner kann auch zu einer Vorauszahlung zur Bezahlung des Dritten verurteilt werden.

  vertretbare/ nicht vertretbare Handlungen

  Beispiel: Über die Berechtigung einer Nachbesserungsarbeit ist es zum Prozess gekommen. Der Handwerker hatte sich geweigert nachzubessern. Die Nachbesserung kann auch ein anderer Handwerker ausführen.

  Um eine nicht vertretbare Handlung handelt es sich bei folgendem Beispiel: Goldschmied Korn hat zugesagt, einen bestimmten Ring herzustellen. Er kommt dieser Zusage nicht nach. Es erfolgt die Zwangsvollstreckung, indem ihn das Gericht durch wiederholte Geld- oder Haftstrafen zur Vornahme der Handlung anhält. Die Leistung kann wegen ihres individuellen Charakters nicht durch einen Dritten vorgenommen werden.

- **Zwangsvollstreckung zur Abgabe einer Willenserklärung**
  Hier ist keine Zwangsvollstreckung erforderlich, da das Urteil bereits die Einwilligung ersetzt, z. B. wenn es um eine Grundbucheintragung geht.

  Abgabe einer Willenserklärung

BÜRGERLICHES RECHT

Arrest und einstweilige Verfügung

Die Zivilprozessordnung kennt zwei Wege des vorläufigen Rechtsschutzes:
- Arrest,
- einstweilige Verfügung.

Beide dienen lediglich der Sicherung einer späteren, nach einem obsiegenden Urteil durchzuführenden Zwangsvollstreckung.

Arrest Der **Arrest** kann vom Gericht angeordnet werden, wenn der Gläubiger dem Gericht glaubhaft versichert, dass seine Geldforderung gefährdet ist, beispielsweise weil der Schuldner sein Vermögen verschiebt. Das Gericht ordnet dann an, dass der Schuldner durch Hinterlegung eines ausreichenden Geldbetrages Sicherheit leistet (dinglicher Arrest).

Wenn diese Sicherheit nicht geleistet wird, darf der Schuldner auch in Haft genommen werden (persönlicher Arrest).

einstweilige Verfügung Die **einstweilige Verfügung** regelt einen vorläufigen Rechtszustand. Das Gericht ordnet in der Regel nach mündlicher Verhandlung an, wie eine streitige Angelegenheit bis zum Erlass des künftigen Urteils zu behandeln ist.

Beispiel: Ein Handwerker will sich zur Sicherung seiner vom Kunden nicht bezahlten Forderung aus Arbeiten an einem Grundstück eine Hypothek auf dem Grundstück des Kunden eintragen lassen. Über die Berechtigung der Forderung wird ein Prozess geführt. Der Handwerker kann sich mit einer einstweiligen Verfügung eine Vormerkung ins Grundbuch eintragen lassen. Die Vormerkung sichert den Rang der nach erstrittenem Urteil einzutragenden Hypothek. Die Reihenfolge der Eintragungen richtet sich nach dem Eintragungsdatum. In diesem Fall wird durch die mittels einer einstweiligen Verfügung eingetragene Vormerkung eine bestimmte Rangstellung bis zum Ende des Prozesses offen gehalten.

Bitte bearbeiten Sie abschließend die folgenden Aufgaben:

1. Erläutern Sie die Voraussetzungen einer Zwangsvollstreckung.

2. Erklären Sie die Begriffe „Arrest", „Vollstreckung" und „einstweilige Verfügung".

3. Führen Sie Gründe an, warum eine Zwangsvollstreckung erfolgen kann.

BÜRGERLICHES RECHT

8. Insolvenzrecht

> **Kompetenzen:**
>
> Der Lernende
> - kann die wesentlichen Ziele der Insolvenzordnung erläutern,
> - kann den Ablauf des normalen Insolvenzverfahrens darlegen,
> - ist in der Lage, die einzelnen Schritte des Verbraucherinsolvenzverfahrens zu erklären,
> - kann beschreiben, welcher Personenkreis unter welchen Voraussetzungen eine Restschuldbefreiung erlangen kann.

Seit dem 1. Januar 1999 gilt die bereits 1994 verabschiedete **Insolvenzordnung**. Sie löst die Konkurs- und Vergleichsordnung im Westen und die Gesamtvollstreckungsordnung im Osten ab. Damit wurden die bislang unterschiedlichen Insolvenzverfahren in Ost- und Westdeutschland vereinheitlicht. — *Insolvenzordnung*

Primäres Ziel der Insolvenzordnung ist es, die Sanierungschancen finanziell angeschlagener Betriebe zu verbessern sowie eine bestmögliche, gleichmäßige Befriedigung der Gläubiger zu erreichen. Außerdem wird dem redlichen Schuldner die Gelegenheit gegeben, sich von seinen restlichen Verbindlichkeiten zu befreien. — *Ziele*

Nach der Insolvenzordnung sind vor allem folgende Verfahren zu unterscheiden:

- (normales) Insolvenzverfahren,
- Insolvenzplanverfahren,
- Verbraucherinsolvenzverfahren,
- Restschuldbefreiung.

8.1 Insolvenzverfahren

Das Insolvenzverfahren wird grundsätzlich, wie früher auch das Konkursverfahren, durch den Antrag des Schuldners oder eines Gläubigers bei dem Amtsgericht eingeleitet, in dessen Bezirk der Schuldner seinen Wohnsitz oder seine gewerbliche Niederlassung hat.

Das Gericht kann daraufhin einen vorläufigen **Insolvenzverwalter** einsetzen, der im Rahmen des vorläufigen Insolvenzverfahrens prüft, wie sich die wirtschaftliche Situation des Schuldners darstellt und welche Maßnah- — *Aufgaben des vorläufigen Insolvenzverwalters* men im Rahmen des Verfahrens möglich und sinnvoll sind. Der vorläufige Insolvenzverwalter hat vor allem zu prüfen, ob die Insolvenzmasse zur Deckung der Verfahrenskosten ausreichend ist. Er ist jedoch grundsätzlich verpflichtet, das Unternehmen des Schuldners zumindest während des vorläufigen Insolvenzverfahrens fortzuführen, wenn dem Schuldner ein allgemeines Verfügungsverbot auferlegt wird.

Abweisung des Verfahrens Stellt der vorläufige Insolvenzverwalter fest, dass die vorhandene Masse nicht ausreicht, um die Verfahrenskosten zu decken und wird kein Kostenvorschuss einbezahlt, wird das Insolvenzverfahren mangels Masse abgewiesen und der Schuldner in das Schuldnerverzeichnis eingetragen.

Eröffnungsgründe Ist ausreichend Masse vorhanden und liegt ein Eröffnungsgrund (Zahlungsunfähigkeit, Überschuldung oder auch drohende Zahlungsunfähigkeit) vor, beschließt das Gericht die Eröffnung des Insolvenzverfahrens und bestimmt die Termine für den weiteren Verfahrensablauf. Im Rahmen des

Berichtstermin eröffneten Insolvenzverfahrens ist vor allem der sog. Berichtstermin von entscheidender Bedeutung. An diesem Termin legt der Insolvenzverwalter der **Gläubigerversammlung** die wirtschaftliche Situation dar. Die Gläubigerversammlung entscheidet sodann über den Fortgang des Verfahrens, insbesondere darüber, ob das Unternehmen weitergeführt oder liquidiert werden soll. Nach der Entscheidung im Berichtstermin können die Gläubiger ihre Forderungen anmelden. Die Verteilung der Insolvenzmasse erfolgt grundsätzlich – wie schon im Konkursverfahren – im Anschluss an den Schlusstermin.

Arten von Gläubigern Die Insolvenzordnung kennt nur zwei Klassen von Gläubigern und zwar

- die vorrangig zu befriedigenden **Massegläubiger** (z. B. Verfahrenskosten, Kosten des Insolvenzverwalters) und

- die Gruppe der **Insolvenzgläubiger.**

Zahlreiche Bevorrechtigungen – wie die bevorzugte Befriedigung der öffentlichen Hand oder der Arbeitnehmer – sind weggefallen. Nachdem aus der Insolvenzmasse zunächst die Massegläubiger befriedigt wurden, erfolgt die Verteilung unter den Insolvenzgläubigern nach einem vom Insolvenzverwalter aufgestellten und vom Gläubigerausschuss genehmigten Verteilungsplan.

Der Insolvenzmasse nicht zugerechnet werden Gegenstände, die nicht dem Gemeinschuldner gehören, z. B. weil der Gläubiger ein Eigentumsvorbehaltsrecht an der Sache vereinbart hatte. Dem Gläubiger steht hier

Aussonderungsrecht grundsätzlich ein Aussonderungsrecht zu. Nach der Insolvenzordnung kann der Insolvenzverwalter jedoch verlangen, dass der Gegenstand zumindest vorerst im Unternehmen belassen wird. Erst zum Berichtstermin muss er entscheiden, ob der Gläubiger seinen Eigentumsvorbehalt geltend machen und die Sache aus dem Unternehmen abziehen kann oder ob die Forderung erfüllt wird. Das Verwertungsrecht liegt beim Gläubiger selbst.

Absonderungsrecht Die Insolvenzordnung sieht weiterhin ein Absonderungsrecht z. B. für Gläubiger von Pfandrechten oder Sicherungsrechten vor. Der absonderungsberechtigte Gläubiger ist ebenfalls kein Insolvenzgläubiger. Durch diese Regelung soll verhindert werden, dass einzelne gesicherte Gegenstände aus dem Unternehmen abgezogen werden, die für eine Fortführung unentbehrlich wären. In diesen Fällen liegt das Verwertungsrecht nach der Insolvenzordnung weitgehend beim Insolvenzverwalter (Ausnahme: vertraglich vereinbarte Pfandrechte).

Verwertungsrecht

8.2 Insolvenzplanverfahren

Das **Insolvenzplanverfahren** ist ein aus dem anglo-amerikanischen Rechtskreis übernommenes Instrumentarium, das den Vergleich abgelöst hat und in dessen Rahmen individuelle Regelungen für die Abwicklung eines insolventen Unternehmens getroffen werden können.

Der Schuldner erstellt einen ausführlichen **Insolvenzplan,** dem die Gläubiger zustimmen müssen, damit er wirksam wird. Die Insolvenzordnung sieht für das Planverfahren lediglich einen verfahrensrechtlichen Rahmen vor. Das bedeutet, dass die inhaltliche Ausgestaltung allein dem Schuldner und den Gläubigern obliegt.

Insolvenzplan

Ziel des Insolvenzplanverfahrens ist es, durch individuelle Lösungsansätze in verstärktem Maße zu einer Sanierung von insolventen Unternehmen zu kommen. In diesem Verfahrenstyp ist die Mitwirkung der Gläubiger noch wichtiger als im Insolvenzverfahren.

Ziel

Ablauf

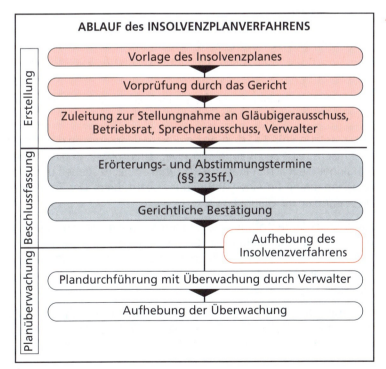

8.3 Verbraucherinsolvenzverfahren

Das Verbraucherinsolvenzverfahren wurde 1999 in die Insolvenzordnung aufgenommen. Im Rahmen dieses Verfahrens haben nun auch Verbraucher und Kleingewerbetreibende sowie nur geringfügig wirtschaftlich selbstständig Tätige die Möglichkeit einer geregelten Schuldenbereinigung.

Ablauf Das Verbraucherinsolvenzverfahren verläuft in drei Schritten:

- Die Insolvenzordnung sieht vor, dass Schuldner und Gläubiger zunächst versuchen, sich im Wege eines privaten Vergleichs außergerichtlich auf eine Schuldenbereinigung zu einigen. Hilfestellung sollen hier die Schuldnerberatungsstellen geben.
- Scheitert dieses außergerichtliche Schuldenbereinigungsverfahren, kann der Schuldner beim Gericht einen Insolvenzantrag stellen. Im Rahmen dieses Verfahrens ist dann zunächst vorgesehen, dass erneut ein Schuldenbereinigungsplan erarbeitet und vorgelegt wird (gerichtliches Schuldenbereinigungsverfahren).
- Findet dieser Plan wieder keine Zustimmung bei den Gläubigern, leitet das Insolvenzgericht ein vereinfachtes Insolvenzverfahren ein, in dem die Vermögenswerte des Schuldners verwertet werden.

8.4 Restschuldbefreiung

Antrag auf Restschuldbefreiung Im Anschluss an ein Insolvenzverfahren (auch beim Verbraucherinsolvenzverfahren), gibt die Insolvenzordnung nunmehr dem Schuldner als natürlicher Person die Möglichkeit, bei Gericht einen Antrag auf Restschuldbefreiung zu stellen. Dies gilt nicht für Unternehmen!

Durch die Möglichkeit der Restschuldbefreiung soll dem redlichen Schuldner die Chance auf einen Neuanfang gegeben werden.

Wohlverhaltensphase Voraussetzung für die Erteilung der Restschuldbefreiung durch das Gericht ist zunächst eine sechsjährige Wohlverhaltensphase. In dieser Zeit hat der Schuldner die Pflicht, einer Erwerbstätigkeit nachzugehen und alle laufenden Einnahmen an einen Treuhänder abzuführen. Der Treuhänder leitet diese dann an die Gläubiger weiter.

Nach sechs Jahren ordnungsgemäßen Verhaltens spricht das Gericht sodann die Restschuldbefreiung aus mit der Folge, dass auch die Ansprüche der Gläubiger, die zu diesem Zeitpunkt noch nicht befriedigt sind, verfallen. Dem Schuldner werden seine restlichen Verbindlichkeiten durch den Gerichtsbeschluss erlassen.

Wichtig: Die Restschuldbefreiung kann **nur** im Anschluss an ein Insolvenzverfahren und die darin erfolgte Verwertung des gesamten Schuldnervermögens ausgesprochen werden!

BÜRGERLICHES RECHT

Übersicht

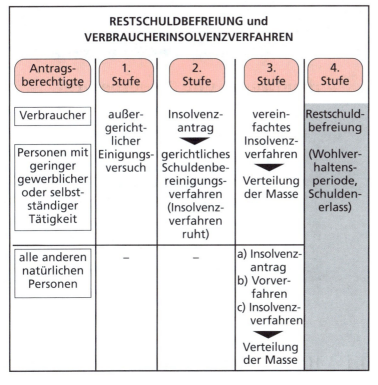

Bitte bearbeiten Sie abschließend die folgenden Aufgaben:

1. Erläutern Sie die Grundzüge des Insolvenzverfahrens.

2. Erklären Sie die Funktion eines Insolvenzverwalters.

3. Was ist eine Restschuldbefreiung?

Handwerks- u. Gewerberecht, Handels- u. Gesellschaftsrecht, Wettbewerbsrecht

1. Handwerks- und Gewerberecht

Kompetenzen:

Der Lernende
- ist in der Lage, Kriterien zur Abgrenzung eines Handwerksbetriebes von einem Gewerbebetrieb zu formulieren,
- kann die verschiedenen Möglichkeiten der Handwerksrolleneintragung erläutern,
- kann den Begriff „Schwarzarbeit" erklären und die negativen Folgen für das Handwerk sowie rechtliche Konsequenzen einschätzen.

1.1 Handwerk als besondere Form eines Gewerbes

Gewerbeordnung

Die grundsätzlichen Regelungen zur Ausübung eines Gewerbes finden sich in der **Gewerbeordnung.** Diese bundesgesetzliche Regelung unterscheidet zwischen stehendem Gewerbe, dem Reisegewerbe und Messen und Märkten.

Begriff des Gewerbes

Als **Gewerbe** wird jede auf Gewinnerzielung gerichtete erlaubte Tätigkeit von gewisser Dauer definiert. Die freien Berufe (Arzt, Rechtsanwalt, Architekt etc.), der öffentliche Dienst und die Urproduktion (Land- und Forstwirtschaft, Fischerei, Bergbau) fallen nicht unter die Regelungen der Gewerbeordnung und unterliegen damit auch nicht den Belastungen der Gewerbesteuer.

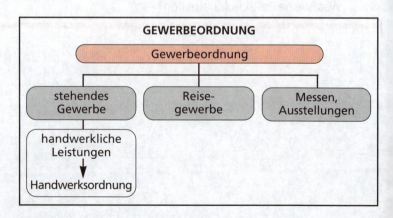

HANDWERKS- UND GEWERBERECHT

Die **Handwerksordnung** (HwO) normiert die gewerberechtlichen Sonderregelungen für das Handwerk und die handwerksähnlichen Gewerbetreibenden. Die aktuellen Änderungen der Handwerksordnung, die zum 1. Januar 2004 in Kraft treten, konnten aufgrund des Redaktionsschlusses nicht mehr berücksichtigt werden.

Handwerksordnung

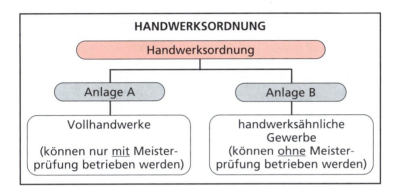

In § 1 HwO ist festgelegt, wer den selbstständigen Betrieb eines Handwerks als stehendes Gewerbe betreiben darf. Damit ist klargestellt, dass der Betrieb eines Handwerks als Gewerbe einzustufen ist und die Handwerksordnung nur dann greifen kann, wenn das Handwerk als stehendes Gewerbe betrieben wird.

Im Einklang mit der Gewerbeordnung wird als stehendes Gewerbe jede gewerbliche Tätigkeit innerhalb und außerhalb der Räume der gewerblichen Niederlassung eines Gewerbetreibenden definiert. Werden handwerkliche Leistungen im Reisegewerbe angeboten, unterliegen diese Tätigkeiten nicht den Regelungen der Handwerksordnung, sondern fallen allein unter die Bestimmungen der Gewerbeordnung.

stehendes Gewerbe

Selbstständig im Sinne der Gewerbe- und der Handwerksordnung tritt derjenige auf, der das handwerkliche Gewerbe im eigenen Namen und eigener Verantwortung unter freier Verfügung seiner Zeit und dem Ziel der Erreichung eines bestimmten Erfolges betreibt. Auf der Grundlage dieser Definition wird erkennbar, dass auch ein Subunternehmer als Selbstständiger im Sinne der gewerberechtlichen Regelungen zu verstehen ist.

Begriff der Selbstständigkeit

Einen **Betrieb** im Sinne der Handwerksordnung führt derjenige, der ein Handwerk ausübt. In diesen Begriff sind die betriebswirtschaftlichen Notwendigkeiten wie Betriebsräume, Maschinen, Betriebseinrichtungen und Leistungen sowie das Inventar mit einbezogen.

Bei dem Erlass der Handwerksordnung hat es der Gesetzgeber vermieden, den Begriff „Handwerk" verbindlich festzulegen. Er hat sich mit einer allgemein gehaltenen Umschreibung begnügt, um eine Begrenzung zu vermeiden, die einer stetigen, wirtschaftlich technischen Weiterentwicklung des Bereichs Handwerk entgegen stehen könnte (dynamischer Handwerksbegriff).

keine eindeutige Definition des Handwerksbegriffs

HANDWERKS- UND GEWERBERECHT

Nach § 1 HwO ist demnach ein Gewerbebetrieb **„Handwerksbetrieb"**, wenn er handwerksmäßig betrieben wird und vollständig oder in wesentlichen Tätigkeiten ein Gewerbe umfasst, das in der Anlage A zur Handwerksordnung aufgeführt ist.

Abgrenzung Handwerk und Industrie

Diese offen gehaltene Definition führt in der praktischen Umsetzung zu Problemen bei der Abgrenzung zwischen Handwerk und Industrie. Hierzu wurden in der Literatur und Rechtsprechung vielfältige Abgrenzungskriterien entwickelt. Ausgangspunkt der Zuordnung zu Industrie oder Handwerk ist vorab die Art und Weise des Produktionsvorgangs und die eingesetzte Technik. Je mehr der maschinelle Einsatz die manuellen Fertigkeiten verdrängt, umso eher kann dann von einer Zuordnung zur Industrie gesprochen werden. Diese sehr einfach gehaltene Formel allein kann aber dem modernen Handwerk nicht ausreichend Rechnung tragen. Deshalb wurden weitere Kriterien entwickelt, die die Abgrenzung zu einer sachgerechten Lösung bringen können, z. B.

Abgrenzungsmerkmale

- Ausmaß der Arbeitsteilung,
- Spezialisierung der Fertigungsabläufe,
- erhöhter Einsatz von angelernten Hilfskräften statt gelernter Fachleute,
- Mitarbeit des Unternehmers/der Unternehmerin,
- Vertriebsart.

Die Zahl von Mitarbeitern und die Höhe des Umsatzes werden als Hilfsgrößen bei der Abgrenzung von Handwerk und Industrie anerkannt. Jedoch spielt es keine Rolle, ob es sich um ein Einzelunternehmen, eine Personen- oder Kapitalgesellschaft handelt, da die Wahl der Rechtsform dem Handwerk und der Industrie freigestellt ist.

1.2 Eintragung in die Handwerksrolle

Bedeutung der Handwerksrolleneintragung

Auch die Handwerksrolleneintragung ist gewerberechtlich als Erlaubnis zu werten. Das ergibt sich aus § 1 der Handwerksordnung vom 28. Dezember 1965, geändert durch Gesetz vom 25. März 1998. Die Vorschrift lautet: „Der selbstständige Betrieb eines Handwerks als stehendes Gewerbe ist nur den in der Handwerksrolle eingetragenen natürlichen und juristischen Personen und Personengesellschaften (selbstständige Handwerker) gestattet."

Vollhandwerke in Anlage A

Die Ausübung eines Handwerks ist ohne die Handwerksrolleneintragung nicht erlaubt. Wann jedoch ein Gewerbebetrieb Handwerksbetrieb ist, wird – wie bereits ausgeführt – gesetzlich nicht eindeutig definiert. Die Handwerksordnung führt in einer Anlage A die Gewerbe auf, die handwerksmäßig betrieben werden können *(http://bundesrecht.juris.de/bundesrecht/hwo)*.

Nachdem 1998 durch die Zusammenfassung von technisch nahestehenden Vollhandwerken breitere Betätigungsfelder für einzelne Berufe geschaffen worden waren (mehr aus einer Hand), stehen nun weitere Überlegungen an, nach denen die Zahl von meisterpflichtigen Handwerksberufen verkleinert werden soll (sog. große Handwerksnovelle).

Begleitend dazu werden Dienstleistungsangebote der gewerblichen Wirtschaft auf die Notwendigkeit einer mehrjährigen Ausbildung abgeprüft (Anlerntätigkeiten – sog. kleine Handwerksnovelle). Wird ein Gewerbebetrieb in der Liste A aufgeführt, so entscheidet sich seine Einordnung im Zweifelsfalle an bestimmten, von der Verwaltungspraxis und Rechtsprechung herausgearbeiteten Abgrenzungsmerkmalen und an den vom Bundeswirtschaftsminister erlassenen Berufsbildern. Merkmale sind **Einordnung als Handwerksbetrieb**

- Betriebsgröße,
- Betriebsorganisation,
- Vertriebsform,
- Flexibilität und Kundennähe,
- handwerkliche Qualifikation der Mitarbeiter,
- Arbeitsgebiete des Betriebes, die wesentliche Teile des Berufsbildes umfassen müssen.

Die Handwerkskammer führt das Verzeichnis der selbstständigen Handwerker, die Handwerksrolle, und stellt Bescheinigungen über die Eintragung in Form von **Handwerkskarten** aus. Die Handwerksordnung sieht verschiedene Möglichkeiten der Handwerksrolleneintragung vor. **Handwerkskarte**

1.2.1 Voraussetzungen für die Eintragung in die Handwerksrolle

Wer wird in die Handwerksrolle eingetragen?

- Derjenige, der in dem zu betreibenden Handwerk oder in einem mit diesem verwandten Handwerk die **Meisterprüfung** abgelegt hat. **Meisterprüfung**

    Der Bundesminister für Wirtschaft hat durch Verordnung vom 18. Dezember 1968, zuletzt geändert durch das Gesetz vom 25. März 1998, festgelegt, welche Handwerke miteinander verwandt sind. In einem Verzeichnis sind die Handwerkszweige genannt, deren Meisterprüfung zur Ausübung weiterer verwandter Handwerkszweige berechtigt.

    Die Verpflichtung zur Ablegung der Meisterprüfung vor Eröffnung eines Handwerksbetriebes und vor Eintragung in die Handwerksrolle nennt man den **Großen Befähigungsnachweis**. Er schließt den Kleinen Befähigungsnachweis (Ausbildungsbefugnis) ein. Er bedeutet keine unzumutbare Beschränkung des Selbständigwerdens und ist vom Bundesverfassungsgericht mit Beschluss vom 17. Juni 1961 als mit dem Grundgesetz vereinbar anerkannt worden. Dadurch hat das Bundesverfassungsgericht die Ziele des Handwerks, seine Leistungsfähigkeit und sein Ausbildungsniveau zu erhalten, zu heben und an die wachsenden Anforderungen anzupassen, als berechtigt angesehen.

- Derjenige, der eine als gleichwertig **anerkannte Prüfung** abgelegt hat. **gleichwertiger Abschluss**
    Die Gleichwertigkeit der Prüfungen ist ebenfalls durch Verordnung des Bundesministers für Wirtschaft festgelegt worden. Die Gleichstellung

HANDWERKS- UND GEWERBERECHT

umfasst u. a. Diplomprüfungen und Abschlussprüfungen an deutschen Hochschulen und Fachhochschulen, sofern der Inhaber des Prüfungszeugnisses die Gesellenprüfung in dem zu betreibenden Handwerk oder einem verwandten Handwerk abgelegt hat. Statt der Gesellenprüfung genügt auch eine entsprechende Abschlussprüfung in der Industrie (Facharbeiterprüfung) oder der Nachweis einer praktischen Tätigkeit von drei Jahren in dem zu betreibenden Handwerk. Die Verordnung legt im Einzelnen fest, welche Handwerkszweige mit dem abgelegten Diplom oder Ingenieurexamen ausgeübt werden können.

Ausnahmebewilligung
- Derjenige, der eine von der höheren Verwaltungsbehörde (Länderregelung: Bezirksregierung oder Stadt bzw. Kreisverwaltung) erteilte **Ausnahmebewilligung** für das zu betreibende Handwerk besitzt.

  Ausnahmebewilligungen werden nur bei Vorliegen eines besonderen Ausnahmegrundes und beim Nachweis von meisterlichen Kenntnissen und Fähigkeiten erteilt. Ein Ausnahmefall liegt vor, wenn die Ablegung der Meisterprüfung eine unzumutbare Belastung bedeuten würde.

  Um bundesweit eine einheitliche Bewertungs- und Vollzugspraxis zu gewährleisten, haben sich Politik und Handwerk in den „Leipziger Beschlüssen" auf Richtlinien geeinigt, die Entscheidungshilfen bieten, was unter persönlichen Ausnahmefällen zu verstehen ist. Einige Beispiele: fortgeschrittenes Alter (z. B. 47 Jahre), längerfristige Arbeitslosigkeit, die Gelegenheit zu einer Betriebsübernahme, die Beschränkung auf eine Spezialtätigkeit, gesundheitliche und körperliche Behinderungen, andere Prüfungen, lange Wartezeiten bei Meisterprüfungen. Ziel dieser Arbeitsanweisung ist es, eine einzelfallbezogene, nicht engherzige Entscheidungspraxis bei Aufrechterhaltung des Großen Befähigungsnachweises zu gewährleisten.

  Anträge auf eine EU-Ausnahmebewilligung werden ebenfalls an die höhere Verwaltungsbehörde gestellt. Damit können die in der Europäischen Union und im europäischen Wirtschaftsraum lebenden Staatsangehörige eine selbstständige Gewerbetätigkeit im Handwerk in der BRD aufnehmen. Voraussetzung ist unter anderem eine mindestens sechsjährige Selbstständigkeit oder Betriebsleiterfunktion im Herkunftsland oder alternativ drei Jahre Selbstständigkeit/Betriebsleiterfunktion nach mindestens drei Jahren Ausbildungszeit und die Übereinstimmung zwischen der ausgeübten Tätigkeit und den wesentlichen Punkten des Berufsbildes, für das die Ausnahmebewilligung beantragt wird.

Personengesellschaften/ juristische Personen
- **Personengesellschaften** (Gesellschaften bürgerlichen Rechts, offene Handelsgesellschaften) sowie **juristische Personen** (z. B. GmbHs) können in die Handwerksrolle eingetragen werden, wenn ein angestellter Meister oder Ingenieur für die technische Betriebsleitung verantwortlich zeichnet.

  Die Inhaber und Gesellschafter selbst brauchen diesen Qualifikationsnachweis nicht zu führen (Wegfall des sog. Inhaberprinzips).

mögliche Zweiteintragungen
- **Inhaber von Handwerksbetrieben** mit bereits existierender Handwerksrolleneintragung, wenn sie für zusätzliche, in wirtschaftlichem Zu-

HANDWERKS- UND GEWERBERECHT

sammenhang stehende Gewerbe handwerkliche Betriebsleiter beschäftigen, oder wenn sie in zusätzlichen Gewerben durch den Nachweis der erforderlichen Kenntnisse und Fertigkeiten eine Ausübungsberechtigung bei der höheren Verwaltungsbehörde erwerben.

Diese beiden seit dem 1. Januar 1994 in Kraft getretenen Bestimmungen der Handwerksordnung sollen es dem Handwerk ermöglichen, am Markt mehr handwerkliche Leistungen aus einer Hand anzubieten und auszuführen. Beim einzelnen Auftrag wird dies auch schon durch eine weitere Fassung des § 5 der Handwerksordnung ermöglicht. Im Einzelfall genügt der fachlich-technische oder aber der wirtschaftliche Zusammenhang.

Beispiele: Der Dachdeckermeister darf beim Dachdeckungsauftrag kleinere Arbeiten aus dem Klempnerhandwerk mit erledigen. Oder der Karosseriebauer darf nach Beseitigung des Unfallschadens Karosserieteile lackieren – also Arbeiten des Malerhandwerks – mit erledigen, um eine vollständige Wiederherstellung aus einer Hand zu gewährleisten.

- **Inhaber handwerklicher Nebenbetriebe,** wenn für die Leistung des Nebenbetriebes ein angestellter Betriebsleiter vorhanden ist, der die Eintragungsvoraussetzungen (Meisterprüfung, Ausnahmegenehmigung) erfüllt. **handwerkliche Nebenbetriebe**

Der Inhaber des Gesamtbetriebes selbst (z. B. Autohandelshaus mit angeschlossener Werkstatt) braucht also handwerklich nicht qualifiziert zu sein.

- Der **Ehegatte** darf nach dem Tod eines selbstständigen Handwerkers den Betrieb fortführen und wird dann in die Handwerksrolle eingetragen. Man spricht von Witwenprivileg. **Ausnahmeregelungen für Witwen und Erben**

Nach Ablauf eines Jahres muss allerdings ein Betriebsleiter vorhanden sein, der selbst die Eintragungsvoraussetzungen erfüllt. In Härtefällen kann die Frist verlängert, zur Vermeidung von Gefahren kann sie verkürzt werden. Dieselbe Regelung findet auf Testamentsvollstrecker, Nachlassverwalter, Nachlassinsolvenzverwalter und Nachlasspfleger Anwendung.

Erben können sich dieser Regelung bis zur Vollendung des 25. Lebensjahres und mit Genehmigung der Handwerkskammer zwei Jahre darüber hinaus bedienen. Die Zwei-Jahres-Frist gilt auch für Erben, die bei Eintritt des Erbfalles das 25. Lebensjahr bereits überschritten haben. Nach Ablauf dieser Fristen müssen sie selbst die Meisterprüfung abgelegt haben, eine Ausnahmegenehmigung besitzen oder den Betrieb aufgeben.

- Derjenige, der bei Inkrafttreten der Handwerksordnung oder bei Neuaufnahme eines Gewerbezweiges in der Anlage A zur HwO ein Gewerbe berechtigt betreibt, wird ohne Meisterprüfung in die Handwerksrolle eingetragen (z. B. der Gerüstbauer, – vormals handwerksähnlicher Gewerbetreibender – der jetzt zum Vollhandwerk zählt). **Übergangsregelungen**

Des Weiteren hat man im Zuge der Wiedervereinigung Deutschlands über eine Verordnung die Anerkennung von Meistern der volkseigenen Industrie geregelt, um den Zugang zur Selbstständigkeit im Handwerk zu ermöglichen.

HANDWERKS- UND GEWERBERECHT

Erst die Handwerksrolleneintragung berechtigt zur selbstständigen Ausübung eines Handwerks.

1.2.2 Handwerksähnliche Gewerbe

handwerksähnliche Gewerbe in Anlage B

Seit 1965 gibt es neben den Vollhandwerksberufen der Anlage A zur Handwerksordnung so genannte handwerksähnliche Gewerbe, die ohne Meisterprüfung ausgeübt werden können. Sie sind in der **Anlage B** zur Handwerksordnung aufgeführt und somit in die Betreuung der Handwerkskammern gegeben. Einige Beispiele: Bodenleger, Holz- und Bautenschutzgewerbe, Einbau von genormten Baufertigteilen, Metallschleifer und Metallpolierer, Dekorationsnäher, Änderungsschneider, Speiseeishersteller, Kosmetiker, Bestattungsgewerbe.

Verzeichnis der handwerksähnlichen Gewerbe

Die Inhaber von handwerksähnlichen Betrieben sind verpflichtet, den Beginn des Betriebes bei der Gemeinde oder Stadtverwaltung und bei der Handwerkskammer anzuzeigen. Sie werden in das Verzeichnis der handwerksähnlichen Gewerbe eingetragen, ohne dass sie einen formalen Befähigungsnachweis gegenüber der registrierenden Handwerkskammer erbringen müssen.

1.3 Unberechtigte Ausübung des Handwerks/ Schwarzarbeit

strafrechtliche Folgen von Schwarzarbeit

Wenn ein Handwerk unberechtigt und ohne Handwerksrolleneintragung ausgeübt wird **(Schwarzarbeit)**, kann die Verwaltungsbehörde auf der Grundlage der Handwerksordnung eine Untersagungsverfügung erlassen und den Betrieb schließen. Die Handwerkskammern können vom Betriebsleiter Auskünfte verlangen, Betriebsbesichtigungen durchführen und Untersagungen beantragen.

Daneben können nach dem Ordnungswidrigkeitsgesetz von der Stadt-/Kreisverwaltung Bußgelder festgesetzt werden, die den Gewinn, den der Täter aus der Ordnungswidrigkeit gezogen hat, übersteigen sollen.

Schließlich kann nach dem **Gesetz zur Bekämpfung der Schwarzarbeit** vom 6. Februar 1995 die unberechtigte Ausübung des Handwerks oder die Nichtanzeige eines Gewerbes mit bis zu € 300 000,– Bußgeld belegt werden, wenn der Täter Werk- oder Dienstleistungen in erheblichem Umfang erbringt.

Sozialversicherungsausweis

Es ist mühsam, die Schwarzarbeit zu bekämpfen, da häufig konkrete Beweise fehlen, weil Schwarzarbeiter und Auftraggeber zusammenhalten und Rechnungen und Geschäftsunterlagen bei der Abwicklung derartiger Aufträge nicht entstehen. Seit 1. Juli 1991 sind Beschäftigte insbesondere im Bau- und Ausbaugewerbe verpflichtet, einen **Sozialversicherungsausweis** mitzuführen. Damit soll die illegale Beschäftigung von Arbeitskräften und der Leistungsmissbrauch in der Arbeitslosenversicherung eingedämmt werden.

HANDWERKS- UND GEWERBERECHT

Die Schwierigkeit, einen Fachbetrieb für spezielle Arbeiten zu finden, darf nicht darüber hinwegtäuschen, dass die Schwarzarbeit volkswirtschaftlich gesehen einen großen Schaden anrichtet und für den einzelnen Auftraggeber böse Folgen haben kann.

Folgende Konsequenzen werden häufig nicht gesehen:

Konsequenzen der Schwarzarbeit

- Der Schwarzarbeiter zahlt keine Steuern und Abgaben und handelt damit gemeinschaftsschädigend.
- Bei der Schwarzarbeit werden regelmäßig keine Beträge zu den Krankenkasse und zur Altersversorgung gezahlt.
- Es besteht kein Versicherungsschutz bei Arbeitsunfällen, so dass Personen und Sachschäden nicht versichert sind.
- Kommt es bei unsachgemäßer Arbeit zu Personen- und Sachschäden, so droht außerdem strafrechtliche Verfolgung wegen Körperverletzung, fahrlässiger Tötung, Brandstiftung oder Sachbeschädigung.
- Ist die Arbeit oder die Dienstleistung mangelhaft, so können Regressansprüche bei mittellosen Schwarzarbeitern nicht realisiert werden.
- Häufig ist die Schwarzarbeit ein grober Verstoß gegen die Treuepflicht aus dem bestehenden Arbeitsvertrag; sie kann zur fristlosen Entlassung führen.
- Wird die Schwarzarbeit mit gestohlenem Material ausgeführt, setzt sich der Auftraggeber dem Verdacht der Hehlerei aus.

Alle bisher zum Thema Schwarzarbeit durchgeführten Befragungen kamen einstimmig zum Ergebnis, dass die sog. Schattenwirtschaft nur dann wirksam zurückgedrängt werden kann, wenn eine Bündelung von Maßnahmen vorgenommen wird.

Diese Maßnahmen müssen sowohl zu einer Reduzierung der Steuer- und Sozialversicherungsabgabenlast, zur schärferen Verfolgung, aber auch zu einer geänderten Bewertung im Bewusstsein unserer Gesellschaft führen. Schwarzarbeit ist kein Kavaliersdelikt.

2. Handels- und Gesellschaftsrecht

> **Kompetenzen:**
>
> Der Lernende
> - kann erklären, was der Begriff „Kaufmann" im Sinne des HGB bedeutet,
> - kann die rechtlichen Merkmale des Kaufmanns und des Nichtkaufmanns sowie der Kaufmannseigenschaft von Handwerkern darlegen,
> - ist in der Lage zu erläutern, was eine Firma im rechtlichen Sinne ist und welche Kriterien eine korrekte Firmenbezeichnung erfüllen muss,
> - kann Auskunft geben über Funktion und Inhalt eines Handelsregisters, wo es geführt wird und wer sich dort eintragen lassen muss,
> - ist in der Lage, Personen- und Kapitalgesellschaften zu kennzeichnen und ihre verschiedenen Erscheinungsformen zu unterscheiden sowie verschiedene Arten und Aufgaben von Genossenschaften zu erläutern.

2.1 Kaufmannseigenschaft

Handelsgesetzbuch   Das **Handelsgesetzbuch** (HGB) vom 10. Mai 1897, in Kraft getreten am 1. Januar 1900, stellt ein **Sonderrecht für Kaufleute** dar. Es baut auf den Bestimmungen des BGB auf; der Gesetzgeber hat jedoch für einige Sachverhalte abweichende oder zusätzliche Regelungen im HGB festgesetzt, um den Bedürfnissen des Handelsverkehrs gerecht zu werden.

Das Handelsrechtsreformgesetz vom 22. Juni 1998 hat das Handelsrecht in wesentlichen Punkten novelliert. Der Kaufmannsbegriff wurde vereinheitlicht und die Unterscheidung zwischen Muss- und Sollkaufleuten sowie zwischen Voll- und Minderkaufleuten aufgehoben.

Kaufmannsbegriff   **Kaufmann** (Istkaufmann) ist grundsätzlich jeder Gewerbetreibende (§ 1 Abs. 1 HGB) jedes gewerblichen Unternehmens (unabhängig von der Branche), welches nach Art und Umfang einen in kaufmännischer Weise eingerichteten Geschäftsbetrieb erfordert (§ 1 Abs. 2 HGB). Das bedeutet, dass jeder Handwerker zum Kaufmann wird, der einen Gewerbebetrieb unterhält.

Die Kaufmannseigenschaft tritt damit automatisch ein, die Eintragung ins Handelsregister ist lediglich deklaratorisch, d. h. verlautbarend.

HANDWERKS- UND GEWERBERECHT

Anhaltspunkte für einen in kaufmännischer Weise eingerichteten Geschäftsbetrieb sind hoher Umsatz, eine hohe Mitarbeiterzahl, ein vielseitiges Angebot sowie vielseitige Geschäftskontakte.

Der Betrieb eines Gewerbes erfordert wie bisher eine Tätigkeit, die **Gewerbebetrieb**
- selbstständig ausgeübt,
- auf Dauer angelegt,
- planmäßig betrieben,
- auf dem Markt erkennbar nach außen hervortritt,
- nicht gesetzes- und sittenwidrig ist,
- nach der Rechtsprechung mit Gewinnerzielungsabsicht ausgeübt wird.

Kleingewerbetreibende, deren Unternehmen nach Art und Umfang einen in kaufmännischer Weise eingerichteten Geschäftsbetrieb nicht erfordert, sind somit keine Kaufleute mehr. Sie unterstehen damit den Vorschriften **Nichtkaufleute** des bürgerlichen Rechts und nicht denen des Handelsrechts. Wie bisher dürfen sie eine Einnahmen-Überschussrechnung nach § 4 Abs. 3 EStG erstellen. Es handelt sich dabei um eine rein steuerliche Gewinnermittlung mit erheblichen Gestaltungsspielräumen.

Diese Kleingewerbetreibenden, z. B. Handwerker als Einzelunternehmer, können jedoch den Status eines Kaufmanns durch Eintragung in das Handelsregister erlangen. Es handelt es sich dabei um sog. „**Kannkaufleute** **Kannkaufleute** mit Rückfahrkarte", die ihre Eintragung in das Handelsregister jederzeit rückgängig machen können (§ 2 Satz 3 HGB).

Dies gilt auch für Zusammenschlüsse von kleingewerblichen Gesellschaftern, denen bisher als Personengesellschaft nur die Gesellschaft des bürgerlichen Rechts zur Verfügung stand. Diese können sich durch Eintragung zu einer OHG oder KG (auch die GmbH & Co. KG) als Rechtsform zusammenschließen. Der Handelsregistereintrag wirkt hier rechtserzeugend.

Nach der Eintragung ins Handelsregister unterliegen die neuen Kannkaufleute den vollen **handelsrechtlichen Pflichten.** **handelsrechtliche Pflichten**

Dazu gehören z. B.:
- das Führen von Handelsbüchern (§ 238 HGB),
- die sofortige Untersuchungs- und Rügepflicht bei Mängeln (§ 373 HGB) zur Vermeidung des Verlusts der Gewährleistungsrechte,
- keine Herabsetzungsmöglichkeiten von Vertragsstrafen (§ 348 HGB),
- keine Schriftform notwendig für Bürgschaft, Schuldversprechen und Schuldanerkenntnis (§ 350 HGB),
- Bürgschaft stets selbstschuldnerisch (§ 349 HGB),
- Registerpublizität (§ 15 HGB).

Wird eine kleingewerblich tätige GbR aufgrund einer Ausdehnung ihrer Tätigkeit formwechselnd zur OHG, ist sie von allen Gesellschaftern zum **Wechsel GbR–OHG** Handelsregister anzumelden (§ 108 HGB).

HANDWERKS- UND GEWERBERECHT

Erfüllt eine Personengesellschaft bei Eintragung das Kriterium des in kaufmännischer Weise eingerichteten Geschäftsbetriebes und wird infolge anhaltenden Geschäftsrückgangs das Kriterium dauerhaft nicht mehr erfüllt, so wird sie nicht automatisch (wie bisher) zur BGB-Gesellschaft. Die Gesellschaft kann vielmehr einer Amtslöschung widersprechen (§ 105 Abs. 2 HGB) und damit mit allen Konsequenzen im Handelsregister als Personenhandelsgesellschaft verbleiben.

Formkaufleute Die **Formkaufleute** i. S. des § 6 Abs. 2 HGB, also GmbH, Aktiengesellschaft (AG), Kommanditgesellschaft auf Aktien (KGaA) sowie die eingetragene Genossenschaft (eG.), gelten kraft Gesetzes ohne Rücksicht auf den Umfang des Geschäftsbetriebes und den Gegenstand des Unternehmens immer als Kaufleute. Sie können deshalb, selbst wenn der Geschäftsbetrieb noch so klein ist, niemals Nichtkaufleute sein. Der Handelsregistereintrag bewirkt erst mit der Eintragung in das Handelsregister die Kaufmannseigenschaft.

Überblick über Kaufmannseigenschaft

Wenn ein im Handelsregister eingetragener Unternehmer gar keinen Gewerbebetrieb unterhält, muss er sich wie ein Kaufmann behandeln lassen. Er haftet gegenüber einem gutgläubigen Dritten (§ 5 HGB), da dieser auf den Rechtsschein des Handelsregistereintrages gesetzt hat. Allerdings betrifft diese Vorschrift nicht die Rechnungslegung. Denn da dieser Unternehmer kein Kaufmann ist, muss er auch keine Bücher führen bzw. keinen Jahresabschluss erstellen.

Wer ein Gewerbe lediglich in einem geringen Umfang betreibt, ist kein Kaufmann. Der Gewerbetreibende ist also entweder Kaufmann oder

Nichtkaufmann. Der Rechtsbegriff des Handelsgewerbes unterscheidet sich folglich vom nicht kaufmännischen Begriff des Gewerbes nur durch die Betriebsgröße. Der Handwerker ist jetzt aufgrund seines Gewerbebetriebes Kaufmann, unabhängig von der Art der Tätigkeit.

Dagegen bleibt der Gegensatz des Gewerbes zum freien Beruf bestehen. Selbst ein freiberuflicher Betrieb außerordentlich großen Umfangs ist kein kaufmännischer Betrieb.

freie Berufe

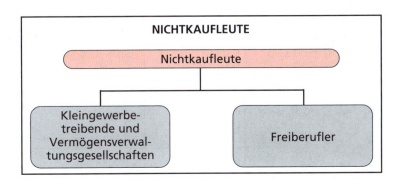

2.2 Firma

Firma ist lt. § 17 HGB der Name, unter dem der Kaufmann seine Geschäfte betreibt und die Unterschrift abgibt. Er kann unter seiner Firma klagen und verklagt werden.

Definition

Das Handelsrechtsreformgesetz von 1998 hat auch das bis dahin strenge Firmenrecht, das häufig werbewirksame und aussagekräftige Unternehmensbezeichnungen untersagte, liberalisiert.

2.2.1 Firmenbildung

Das Firmenbildungsrecht gewährt Einzelkaufleuten, Personen, Handelsgesellschaften und Kapitalgesellschaften weitgehende **Wahlfreiheit** bei der Bildung aussagekräftiger und werbewirksamer **Firmennamen.** Nach neuem Recht sind zukünftig Sach- und auch Fantasiefirmen für alle Unternehmen grundsätzlich zugelassen.

Sach- und Fantasiefirmen zulässig

Die Firmenbildung soll sich nach den drei wesentlichen Funktionen der Firma ausrichten, nämlich

Funktionen von Firmennamen

- der Unterscheidungskraft und der damit einhergehenden Kennzeichnungswirkung,
- der Ersichtlichkeit des Gesellschaftsverhältnisses und
- der Offenlegung der Haftungsverhältnisse.

Jede Firma, die diese drei Kriterien erfüllt, ist künftig grundsätzlich eintragungsfähig.

HANDWERKS- UND GEWERBERECHT

Übersicht über Firmenbildungsrecht

Firmenbildungsrecht		
Unternehmensform	Firmenname	Pflichtangabe zur Rechtsform
Einzelunternehmen	Personenfirma Sachfirma Fantasiefirma	ja, Zusatz „eingetragener Kaufmann", „eingetragene Kauffrau" oder „e. K.", „e. Kfm." bzw. „e. Kffr." (§ 19 Abs. 1 Nr. 1 HGB)
Personenhandelsgesellschaft (OHG, KG, GmbH & Co. KG)	Personenfirma Sachfirma Fantasiefirma	ja, Zusatz „OHG", „KG" bzw. „GmbH & Co. KG" (§ 19 Abs. 1 Nr. 2 und § 3 Abs. 2 HGB)
Kapitalgesellschaft	Personenfirma Sachfirma Fantasiefirma	ja, Zusatz „AG", „KGaA", „GmbH" (wie bisher)
Genossenschaft	Personenfirma Sachfirma Fantasiefirma	ja, Zusatz „eG" (wie bisher)

größere Wahlmöglichkeiten bei Firmennamen

Alle Unternehmensformen haben folglich die Wahl einer Personen-, Sach- oder Fantasiefirma. Die Fantasiefirma ist zulässig, soweit sie unterscheidungskräftig ist, um die Namensfunktion für das betroffene Unternehmen zu erfüllen. Beispiel: Die Keramikerin Lisa Huber hatte ihr Unternehmen als GmbH und Co KG geführt. Da es sich hierbei um eine Personengesellschaft handelt, konnte sie nach altem Recht ihren Unternehmensgegenstand nicht im Namen ausdrücken. Das ist jetzt möglich: Der Name ihres Unternehmens lautet nun „Lisas Keramikstudio GmbH und Co KG".

Der Unternehmer kann nun in viel stärkerem Maße als bisher die Unterscheidungskraft und die damit verbundene Kennzeichnungswirkung der Firma ausnutzen, um sich von den anderen Wettbewerbern abzuheben. Ist bei einer Fantasiefirma allerdings eine Irreführungs- oder Verwechslungsgefahr gegeben, sind das firmenrechtliche Täuschungsverbot und das wettbewerbsrechtliche Instrumentarium i. S. § 3 UWG anzuwenden.

Rechtsformzusatz-Pflicht

Die Liberalisierung des Firmenbildungsrechts erforderte allerdings zusätzliche Maßnahmen, um dem Schutz der Gläubiger und Verbraucher im Rechtsverkehr Geltung zu verschaffen. Deshalb sind zukünftig die Gesellschafts- und Haftungsverhältnisse offen zu legen. In Ergänzung zum bisherigen Recht haben deshalb alle eingetragenen Kaufleute einen Rechtsformzusatz zwingend anzugeben.

Kaufmannszusatz bei Einzelkaufleuten

Insbesondere die eingetragenen Einzelkaufleute müssen zukünftig einen **Hinweis auf ihre Kaufmannseigenschaft** in der Firma zwingend angeben. Dies ist eine grundlegende Neuerung, denn bisher war ein Kaufmann hierzu nicht verpflichtet bzw. war eine solche Angabe im Geschäftsleben nicht üblich.

Durch den Kaufmannszusatz

- „eingetragener Kaufmann",
- „eingetragene Kauffrau"
- oder abgekürzt „e. K.", „e. Kfm." bzw. „e. Kffr."

wird die Abgrenzung zu den nicht kaufmännischen Gewerbebetrieben erheblich erleichtert.

2.2.2 Firmenrechtliches Irreführungsverbot

Ein Firmenname darf keine irreführenden Angaben enthalten. So schreibt § 18 HGB vor: Eine Eintragung in das Handelsregister ist ausgeschlossen, wenn sie Angaben enthält, die geeignet sind, über die geschäftlichen Verhältnisse, die für die angesprochenen Verkehrskreise wesentlich sind, irrezuführen. Allerdings muss die Irreführung dem Registergericht ersichtlich sein. Diese vorbeugende Irreführungskontrolle des Registergerichts liegt auch im Interesse des betroffenen Unternehmens selbst. Dadurch wird nämlich das kostenträchtige Risiko minimiert, einem späteren wettbewerbsrechtlichen Unterlassungsverfahren ausgesetzt zu werden.

Kontrolle des Registergerichtes

Aufnahme eines Drittnamens oder eines Namens eines Kommanditisten in die Personenfirma

Mit der Aufnahme eines Drittnamens in die Firma wird ein Wettbewerbsvorteil angestrebt. Bei derartigen Firmen besteht die Vermutung einer Irreführung. Die Verwendung von Drittnamen dürfte daher i. d. R. unzulässig sein. Inwieweit dieses auch auf die Verwendung von Namen verstorbener Personen zutrifft, ist durch die Rechtsprechung noch klärungsbedürftig.

Irreführungspotenzial von Firmennamen

Unwahre Sachfirma

Wenn eine Personenhandelsgesellschaft als Sachfirma ersichtlich irreführende Angaben über ihren satzungsmäßigen Unternehmensgegenstand macht, fällt sie unter das allgemeine Täuschungsverbot („unwahre Sachfirma").

Aufnahme eines Pseudonyms oder Künstlernamens

Eine derartige Firmenbildung ist zweifelsfrei möglich. Eine Täuschungsabsicht ist nur dann gegeben, wenn durch die Verwendung des Künstlernamens oder des Pseudonyms der Eindruck entsteht, ein Nichtgesellschafter oder Nichtkommanditist gehöre der Gesellschaft als persönlich haftender Gesellschafter an.

Verstoß gegen die guten Sitten

Die Eintragung einer Firma in das Handelsregister kann abgelehnt werden, wenn sie das sittliche, moralische und religiöse Empfinden weiter Bevölkerungskreise erheblich verletzt. Es wird jedoch kein allzu strenger Maßstab auferlegt, da das Registergericht keine Zensurbehörde ist.

HANDWERKS- UND GEWERBERECHT

Kennzeichnungsfunktion

Grundsatz der Unterscheidbarkeit
Der Grundsatz der Firmenunterscheidbarkeit ist in § 30 HGB geregelt. Hiernach hat sich im Interesse einer Identifikationsfunktion die neue Firma von einer bereits bestehenden Firma hinreichend zu unterscheiden. Der Unternehmensname darf daher weder ältere Namensrechte noch geschützte Markenrechte verletzen.

2.2.3 Pflichtangaben auf Geschäftsbriefen

Pflichtangaben im Geschäftsverkehr
Aus Gründen der Sicherheit des Geschäftsverkehrs und der Einheitlichkeit des Firmenrechts werden künftig für alle kaufmännischen Unternehmen, also auch für die Personenhandelsgesellschaft und die Einzelkaufleute, entsprechende Angaben in den Geschäftsbriefen verpflichtend vorgeschrieben. Im Einzelnen handelt es sich dabei um folgende Pflichtangaben:

- die Firma,
- die Rechtsform,
- den Ort der Handelsniederlassung (Geschäftsadresse),
- das Registergericht,
- die Handelsregisternummer, unter der die Firma eingetragen ist.

freiwillige Angaben
Auf den Geschäftsbriefen nicht zwingend anzugeben sind der Privatname des Einzelkaufmanns oder bei den Personenhandelsgesellschaften die Privatnamen der Gesellschafter.

Die Pflichtangaben i. S. § 37a HGB gelten für alle Schreiben (auch Telefax bzw. E-Mail) an bestimmte Empfänger, also für alle **Geschäftsbriefe** sowie für **Bestellscheine**. Sie gelten jedoch nicht für Mitteilungen, die bei bestehenden Geschäftsverbindungen ergehen und für die üblicherweise Vordrucke verwendet werden wie Lieferschein oder Versandanzeige.

Androhung von Zwangsgeld
Von besonderer Bedeutung für alle eingetragenen Kaufleute ist, dass nach § 37a Abs. 4 HGB das Registergericht die Geschäftsbriefangabepflicht mittels **Zwangsgeld** (§ 14 HGB) durchsetzen kann.

2.3 Handelsregister

Das Handelsregister ist ein **öffentliches Verzeichnis** und wird vom Amtsgericht geführt, in dessen Bezirk das einzutragende Unternehmen seinen Sitz hat. Eintragungen müssen in der Regel beantragt werden. Die Anmeldung muss in öffentlich beglaubigter Form erfolgen (Notar). Eine Einsichtnahme in das Handelsregister ist jedem gestattet. Alle Eintragungen müssen öffentlich bekannt gemacht werden.

Seit Inkrafttreten des Handelsrechtsreformgesetzes haben alle Gewerbetreibenden, also auch Handwerker, die nach Art und Umfang einen in kaufmännischer Weise eingerichteten Geschäftsbetrieb unterhalten, eine Eintragung in das Handelsregister beim Amtsgericht zu veranlassen. Kleingewerbetreibende können sich freiwillig eintragen lassen.

HANDWERKS- UND GEWERBERECHT

Einzutragen sind u. a. die Firma eines Einzelkaufmanns und der Ort seiner Niederlassung, die Firma von Handelsgesellschaften sowie Namen, Stand und Wohnort der Gesellschafter. Ferner sind auch alle Statusänderungen einzutragen, wie z. B. Gesellschafterwechsel, Erteilung oder Entzug der Prokura.

Inhalt der Eintragungen

Welcher Betriebsumfang begründet eine **Eintragungspflicht?** Der Gesetzgeber hat davon abgesehen, konkrete und allgemein verbindliche Richtlinien für die Handelsregister-Eintragungspflicht festzulegen, die für alle Gewerbezweige Geltung haben.

Eintragungspflicht: keine verbindlichen Richtlinien

Es ist z. B. nicht möglich, von einer bestimmten Umsatzhöhe auszugehen, denn ein Jahresumsatz von € 300 000,– ist im Dienstleistungsgewerbe viel, im Baugewerbe wenig. Für sich betrachtet, begründen auch andere Merkmale keine Eintragungspflicht: etwa ob ein Unternehmen mehrere Betriebsniederlassungen oder eine bestimmte Beschäftigtenzahl hat.

Die Handelsregistereintragung und die Handwerksrolleneintragung sind keine Gegensätze. Die Handelsregistereintragung nimmt das Amtsgericht vor, die Handwerksrolleneintragung geschieht bei der Handwerkskammer.

Wird die Eintragung eines Gewerbetreibenden, der ausschließlich ein Handwerk betreibt, in das Handelsregister vollzogen, so gehört der Betriebsinhaber – auch bei Gesellschaften – weiterhin allein zur Handwerkskammer. Liegt ein gemischter Betrieb vor (teilweise Handel und teilweise Handwerk), so wird die Mitgliedschaft zu beiden Kammern, also auch zur Industrie- und Handelskammer, begründet. Das gilt jedoch nicht, sofern ein Handwerker als Ergänzung zu seinem Handwerk nur den Zubehörhandel oder Ergänzungshandel betreibt.

Kammerzugehörigkeit

Ist eine Firma im Handelsregister eingetragen, findet das Recht des Handelsgesetzbuches voll Anwendung. Die Firmeneintragung bringt die handelsrechtlichen Buchführungspflichten mit sich. Sie berechtigt zur Prokura-Erteilung, schafft Erleichterungen bei Formvorschriften und strengere Verpflichtungen bei anderen Rechtsgeschäften: So ist einerseits eine mündliche Verbürgung möglich, aber es besteht für einen Kaufmann keine Möglichkeit, bei der Bürgschaft Einrede der Vorausklage zu erheben.

2.4 Personen- und Kapitalgesellschaften, Genossenschaften

2.4.1 Personengesellschaften

BGB-Gesellschaft

Die einfachste Form der Personengesellschaften ist die **Gesellschaft bürgerlichen Rechts.** Die BGB-Gesellschaft ist aufgrund geänderter Rechtsprechung nunmehr auch parteifähig, d. h., ein Antrag auf Erlass eines Mahnbescheids, der Mahnbescheid selbst, Klage und Titel für und gegen diese können jetzt direkt für und gegen die BGB-Gesellschaft gerichtet werden.

Wesen der GbR

HANDWERKS- UND GEWERBERECHT

Übersicht Personen-gesellschaften

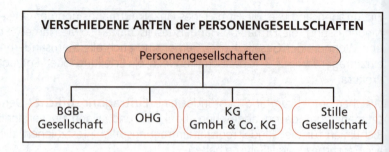

Entstehung Diese im Handwerk häufig vorkommende Gesellschaftsform entsteht mit Abschluss eines Gesellschaftsvertrages, der grundsätzlich formfrei und damit auch stillschweigend abgeschlossen werden kann. Die Gesellschaft verfügt über keine Firma, die Gesellschafter treten unter ihrem jeweiligen bürgerlichen Namen auf.

Haftung Im Außenverhältnis wird jeder Gesellschafter wie ein Einzelunternehmer behandelt, das bedeutet, jeder einzelne Gesellschafter haftet unmittelbar solidarisch und unbeschränkt mit seinem Geschäfts- und Privatvermögen für die gemeinschaftlichen Schulden der Gesellschafter; diese werden auch als Gesellschaftsschulden oder Gesamthandsschulden bezeichnet. Hierbei handelt es sich um Verbindlichkeiten aller und nicht nur einzelner Gesellschafter. Daher benötigt ein Gläubiger zur Vollstreckung in das Gesellschaftsvermögen einen Vollstreckungstitel gegen alle Gesellschafter. Er kann die Befriedigung seiner Forderungen von jedem beliebigen Gesellschafter verlangen.

Geschäftsführung Grundsätzlich kann im Gesellschaftsvertrag gemeinschaftliche Geschäftsführung oder auch die Geschäftsführung für einzelne Gesellschafter vereinbart werden.

Vertretung Ist im Gesellschaftsvertrag nichts anderes vereinbart, so deckt sich die Vertretungsmacht mit der Geschäftsführung. Grundsätzlich besteht jedoch eine Gesamtvertretungsmacht, was bedeutet, dass Rechtsgeschäfte mit Dritten nur dann verbindlich sind, wenn sie von allen Gesellschaftern gemeinsam abgeschlossen worden sind. Bei einer bestehenden Einzelgeschäftsführung kann auch die Einzelvertretung gelten. Seit 1. Juli 1998 kann diese Gesellschaft auch in das Handelsregister eingetragen werden.

Offene Handelsgesellschaft

Eine Weiterbildung der GbR ist die **offene Handelsgesellschaft.** Die Gesellschaft ist beim Amtsgericht in das Handelsregister einzutragen.

Rechtseigenschaften der OHG Die **OHG** gehört nicht zu den juristischen Personen, sie kann aber als Firma im rechtsgeschäftlichen Verkehr auftreten. Der Zusatz „offene Handelsgesellschaft" oder die Abkürzung „OHG" sind obligatorisch. Die Gesellschaft kann unter ihrem Namen Gläubiger und Schuldner sein, Eigentum und andere Rechte erwerben, vor Gericht klagen und verklagt werden. Zur Zwangsvollstreckung in das Gesellschaftsvermögen ist ein Vollstreckungstitel gegen die Gesellschaft erforderlich.

HANDWERKS- UND GEWERBERECHT

Haftung

Die OHG kennt keine Haftungsbeschränkungen gegenüber den Geschäftsgläubigern. Die Gesellschafter haften für die Verbindlichkeiten der Gesellschaft als Gesamtschuldner persönlich; eine abweichend getroffene Vereinbarung ist unwirksam.

Verfügung über Vermögen

Das Gesellschaftsvermögen der OHG ist wie bei der BGB-Gesellschaft Gesamthandsvermögen. Die Gesellschafter können also nicht einzeln, sondern nur gemeinsam über das Gesellschaftsvermögen verfügen. Die OHG muss kaufmännische Bücher führen, kann Prokura erteilen und sich mündlich verbürgen. Bei Rechtsgeschäften gelten verkürzte Rüge- und Anzeigepflichten.

Geschäftsführung

Die gesetzlichen Vorschriften bezüglich der Geschäftsführung haben dispositiven Charakter, d. h., durch Gesellschaftsvertrag können andere Modalitäten vereinbart werden.

Bei der Geschäftsführungsbefugnis muss unterschieden werden zwischen gewöhnlichen und außergewöhnlichen Geschäften, die durch den Geschäftsführer vorgenommen werden. Gewöhnliche Geschäfte umfassen alle Handlungen, die der gewöhnliche Geschäftsbetrieb der jeweiligen Branche mit sich bringt. Außergewöhnliche Geschäfte gehen darüber hinaus und das Gesetz schreibt einen Beschluss aller Gesellschafter vor.

Vertretung

Die Vertretungsbefugnis bei der OHG ist nicht von der Geschäftsführungsbefugnis abhängig. Grundsätzlich ist zur Vertretung jeder Gesellschafter ermächtigt, soweit der Gesellschaftsvertrag nicht etwas anderes vorschreibt, d. h., jeder einzelne Gesellschafter kann Willenserklärungen mit Wirkung für und gegen die OHG abgeben (Einzelvertretung). Haben sämtliche Gesellschafter bei Willenserklärungen für die Gesellschaft mitzuwirken, so liegt Gesamtvertretung vor.

Gewinn-/Verlustverteilung

Die Gewinn- bzw. Verlustverteilung richtet sich teils nach kapitalistischen und teils nach personalistischen Grundsätzen. Vom Jahresgewinn erhält jeder Gesellschafter einen Anteil in Höhe von 4 v. H. seines Kapitalanteils. Der darüber hinausgehende Teil wird nach Köpfen verteilt.

Kommanditgesellschaft

KG

Eine erneute Weiterbildung der OHG ist die **Kommanditgesellschaft (KG)**. Neben den persönlich und mit ihrem Vermögen haftenden Gesellschaftern **(Komplementäre)** gibt es **Kommanditisten,** die nur mit einer Kommanditeinlage haften. Die Letzteren sind von der Geschäftsführung ausgeschlossen; sie haben nur Kontrollrechte.

Komplementär/ Kommanditist

Für die Komplementäre gelten im Wesentlichen die Vorschriften, die auch auf die OHG anzuwenden sind. Die Rechtsvorschriften der KG enthalten im Wesentlichen Regelungen, die die Kommanditisten betreffen.

GmbH & Co. KG

GmbH & Co. KG

Sie stellt eine KG dar, bei der eine GmbH als persönlich haftender Gesellschafter (= Komplementär) vorhanden ist.

Stille Gesellschaft

Die stille Gesellschaft ist eine Innengesellschaft, die nicht in das Handelsregister eingetragen wird, keine Firma führt, nicht rechtsfähig ist und als solche auch kein Handelsgewerbe betreibt.

Definition Um eine stille Gesellschaft handelt es sich, wenn sich jemand an dem Handelsgewerbe, das ein anderer betreibt, mit einer Einlage beteiligt, die dann in dessen Vermögen übergeht. Stiller Gesellschafter kann jede natürliche oder juristische Person sein.

Sonderform der BGB-Gesellschaft Die stille Gesellschaft ist ihrem Wesen nach eine **Sonderform der BGB-Gesellschaft.** Neben handelsrechtlichen Vorschriften gelten auch die Vorschriften für die Gesellschaft bürgerlichen Rechts, jedoch nur für die Innenbeziehungen der Gesellschafter untereinander und nicht für das Gesellschaftsvermögen und die Rechtsverhältnisse der Gesellschafter zu Dritten.

Motive für eine Gründung Gründungsmotive für eine stille Gesellschaft können sein:

- Kreditpolitische Motive:
  Der stille Gesellschafter kann mit zur Aufstockung der Kapitalbasis beitragen. Im Unterschied zum Kreditgeber tritt er nach außen nicht auf, hat jedoch i. d. R. mehr Mitwirkungsrechte.

- Wettbewerbsrechtliche Motive:
  Die stille Beteiligung lässt wirtschaftliche Betätigungen in Bereichen zu, die bei bestehenden gesetzlichen oder vertraglichen Wettbewerbsverboten in dieser Form nicht möglich sind.

- Familienrechtliche Motive:
  Die stille Gesellschaft bietet sich besonders zur Lösung von Generationskonflikten an, wenn die nachfolgende Generation im Betrieb des „Seniors" mitarbeitet.

2.4.2 Kapitalgesellschaften

Übersicht Kapitalgesellschaften

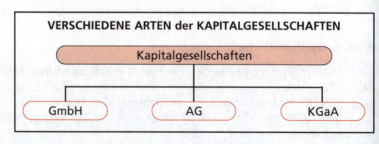

GmbH

GmbH-Errichtung Die **Gesellschaft mit beschränkter Haftung (GmbH)** entsteht mit der Handelsregistereintragung. Mit Abschluss des Gesellschaftsvertrages der GmbH entsteht die Gründervereinigung. Die Firmenbezeichnung kann aus den Namen von Gesellschaftern gebildet oder aus dem Gegenstand des Unternehmens entlehnt sein, z. B. „Fritz Hübner GmbH"; „Dortmunder Maschinenbau GmbH".

HANDWERKS- UND GEWERBERECHT

Der Gesellschaftsvertrag muss notariell beurkundet werden und muss folgende **Mindestangaben** enthalten: — *Gesellschaftsvertrag*

- Firma und Sitz der Gesellschaft
  Die Firma kann Sachfirma oder Personenfirma sein; auch eine aus beiden Bestandteilen gemischte Firma ist zulässig. Die Firma muss jedoch die Haftungsbeschränkung ausdrücken. Der Gesellschaftssitz ist der Ort, der im Gesellschaftsvertrag bestimmt wird.
- Gegenstand des Unternehmens
  Der Unternehmensgegenstand ist mit dem gewählten Gesellschaftszweck identisch.
- Betrag des Stammkapitals (mindestens € 25 000,–) und die von jedem Gesellschafter zu leistende Stammeinlage (mindestens € 100,–)
  Kapital und Vermögen haben nicht ein und dieselbe Bedeutung. Während der Umfang des Gesellschaftsvermögens vom Geschäftsverlauf abhängt, ist das **Stammkapital** eine im Gesellschaftsvertrag festgeschriebene Größe. Sie kann nur durch eine Änderung des Gesellschaftsvertrages herauf- oder herabgesetzt werden. Das Stammkapital fungiert daher als eine Garantiesumme, die den Gläubigern angibt, welche Höhe das Gesellschaftsvermögen mindestens haben soll. Von dem Stammkapital müssen 50 % eingezahlt oder durch Sacheinlagen nachgewiesen werden. Die **Stammeinlage** drückt den Nennwert der Beteiligung eines Gesellschafters aus. — *Unterschied Gesellschaftsvermögen/Stammkapital*

Die Gesellschafter erledigen ihre durch das Gesetz festgelegten Aufgaben durch Beschlussfassung in Gesellschafterversammlungen. Die alleinige Geschäftsführung liegt aber bei einem oder mehreren Geschäftsführern, die nicht Gesellschafter zu sein brauchen. — *Geschäftsführung*

Die Haftung der Gesellschafter beschränkt sich auf die Stammeinlage. Nur wenn es der Vertrag vorsieht, bestehen sog. Nachschusspflichten. Geschäftsanteile können in notarieller Form veräußert werden. — *Haftung*

Werden vor der Eintragung in das Handelsregister von Geschäftsführern verpflichtende Handlungen im Namen der Gesellschaft vorgenommen, so haften diese persönlich und solidarisch. Der Haftungsumfang darf jedoch nicht weiter reichen, als wenn die GmbH bereits eingetragen wurde. Mit der Eintragung der GmbH endet auch die Haftung der Geschäftsführer.

Sollte das Gesellschaftsvermögen zu dem Zeitpunkt, zu dem die GmbH durch Eintragung entsteht, durch eventuelle Vorbelastungen unter dem Betrag des Stammkapitals liegen, so sind die Gründer verpflichtet, die Differenz zwischen garantiertem und vorhandenem Vermögen durch Geldleistung auszugleichen.

Einmann-GmbH

Der Gesetzgeber hat ausdrücklich die **Einmann-GmbH** zugelassen, d. h., die GmbH kann auch dann als Rechtsobjekt bestehen, wenn sie nur einen Gesellschafter hat. Auch auf die Gründung einer Einmann-GmbH finden grundsätzlich die gleichen Vorschriften Anwendung, die für die GmbH-Gründung durch mehrere Personen gelten. — *Einmann-GmbH*

HANDWERKS- UND GEWERBERECHT

Einige Unternehmens-Rechtsformen im Vergleich

	Einzelunternehmen	Personengesellschaften				Kapitalgesell.
		Gesellschaft bürgerlichen Rechts (GbR)	Offene Handelsgesellschaft (OHG)	Kommanditgesellschaft (KG)	Stille Gesellschaft	GmbH
Geschäftsführung	Alleininhaber	alle Gesellschafter gemeinsam, Änderung durch Vertrag möglich	grundsätzlich Einzelgeschäftsführung, Änderung durch Vertrag möglich	Komplementär	Inhaber	ein/mehrere Geschäftsführer gemeinsam
Unternehmerische Verantwortung	Alleinverantwortung, hohe Belastung	Teilung der Verantwortung, Flexibilität, partnerschaftliches Verhältnis notwendig	Teilung der Verantwortung, Flexibilität, partnerschaftliches Verhältnis notwendig	Komplementär; Kommanditist hat keine Befugnisse	stiller Gesellschafter hat keinen Einfluss	Geschäftsführer
Gewinn- und Verlustverteilung	Inhaber	nach Köpfen, Änderung durch Vertrag möglich	Verzinsung auf Kapitalkonten, Rest nach Köpfen, Änderung durch Vertrag	Verzinsung auf Kapitalkonten, Rest nach Köpfen, Änderung durch Vertrag möglich	Gesellschafter mit Grundverzinsung und Gewinnbeteiligung nach Vertrag	nach dem Verhältnis der Geschäftsanteile, Vertrag kann andere Verteilung festsetzen
Haftungsumfang	unbeschränkt	unbeschränkt, gesamtschuldnerisch	unbeschränkt, gesamtschuldnerisch	Komplementär: unbeschränkt; Kommanditist: in Höhe der Einlage	Gesellschafter nur mit Einlage	GmbH mit ihrem Vermögen; Gesellschafter nur mit ihrer Einlage
Einlage; Finanzierung	kein Kapital, keine Einlage notwendig	kein Mindestkapital; bessere Eigenkapitalausstattung	kein Mindestkapital; bessere Eigenkapitalausstattung	kein Mindestkapital; Höhe der Einlagen der Kommanditisten ist festzulegen; hohe Kapitalbasis möglich	kein Mindestkapital; gute Finanzierungsmöglichkeit	Mindeststammkapital € 25 000,–
Formalitäten	formlose Gründung	formlose Gründung, vertragliche Gestaltungsmöglichkeiten	Eintragung in das Handelsregister zwingend	Eintragung in das Handelsregister	keine	aufwändige Gründungs- und Formvorschriften, notarielle Beurkundung; Eintragung in das Handelsregister
Sonstiges	voller Gewinnzufluss	Anfällig für Streitigkeiten der Gesellschafter	hohes Ansehen	gut geeignet für Nachfolgeregelung (z. B. Vater u. Sohn)	steuerlich unterscheidet man typische und atypische stille Gesellschafter	großer Buchführungs- und Bilanzierungsaufwand

Der Alleingründer hat entweder das Stammkapital voll eingezahlt oder für den nicht eingezahlten Teil (höchstens 50 %) Sicherheiten zu bestellen, z. B. durch eine Bankbürgschaft. Der Geschäftsführer der Einmann-GmbH hat bei der Registeranmeldung zu versichern, dass die geforderten Sicherheiten bestellt wurden.

Aktiengesellschaft

Die **Aktiengesellschaft (AG)** ist eine Unternehmensform für Großbetriebe (Mindestgrundkapital € 50 000,–). Das Kapital wird durch die Ausgabe von Aktien aufgebracht, die frei verkäuflich sind und an der Börse gehandelt werden. — **AG**

Die Aktien gewähren den Inhabern Stimmrecht in der Hauptversammlung und Anteile am Gewinn. Beschlüsse in der Hauptversammlung werden mit Stimmenmehrheit gefasst. Die Leitung der Aktiengesellschaft obliegt einem Vorstand, der vom Aufsichtsrat überwacht wird. Der Firmenname muss die Bezeichnung „Aktiengesellschaft" enthalten, z. B. „Deutsche Bahn AG", „Commerzbank AG".

Mit der Aktienrechtsreform des Jahres 1994 wurde die sog. „kleine" AG konzipiert, die Gründungs- und Handhabungserleichterungen im Vergleich zum bisher sehr starren Aktienrecht gebracht hat. — **„kleine" AG**

So kann diese Aktiengesellschaft auch durch eine Person gegründet werden, womit eine Gleichstellung mit einer GmbH-Gründung erfolgt ist. Bei der Verwendung des ausgeschütteten Gewinns hat man mehr Flexibilität vorgesehen. Die formalen Voraussetzungen bei der Einberufung der Hauptversammlung und der Beschlussfassung der Aktionäre wurden erleichtert: Die Einberufung kann z. B. durch einen eingeschriebenen Brief erfolgen; die Beschlussfassungen bedürfen keiner notariellen Beglaubigung mehr.

Bisher schied die AG als Rechtsform eines Familienunternehmens aus, da sie traditionell ein kapitalbezogenes, anonymes Sammelbecken für Großunternehmen war. Nun wurden neue Bedingungen geschaffen, wodurch eine Eignung der „kleinen" AG für mittelständische Handwerksbetriebe nicht von vornherein ausgeschlossen ist.

2.4.3 Genossenschaften

Eine besondere Unternehmensform ist die Genossenschaft. Ihre Bedeutung liegt im Zusammenschluss von mehreren Personen, die einzeln nicht über genügend Eigenkapital verfügen, zusammen aber im Wettbewerb mit Großbetrieben ihre wirtschaftlichen Interessen wahren können. — **Genossenschaften**

Unternehmensziel ist die Förderung des Erwerbs oder der Wirtschaft der Mitglieder (Genossen) durch einen gemeinschaftlichen Geschäftsbetrieb.

Die Genossenschaft ist eine Gesellschaft mit nicht geschlossener Mitgliederzahl, d. h., ein Wechsel der Mitglieder muss möglich sein.

Mindestens sieben Personen (Gründer) stellen eine Satzung auf. Dann erfolgt die Wahl des Vorstandes und Aufsichtsrates. — **Gründung**

HANDWERKS- UND GEWERBERECHT

Mit der Eintragung in das **Genossenschaftsregister** beim zuständigen Registergericht ist die Genossenschaft entstanden. Sie wird dadurch juristische Person und zugleich **Formkaufmann.**

Die Firma muss eine Sachfirma sein mit dem Zusatz „eingetragene Genossenschaft" oder der Abkürzung „eG".

Genossenschaftsarten

Arten der Genossenschaft		
Arten	**Aufgaben**	**Beispiele**
Einkaufsgenossenschaften	Großeinkauf von Waren, Materialbeschaffung	Intersport eG Malereinkaufsgenossenschaft eG
Kreditgenossenschaft	Gewährung von Krediten und Durchführung anderer Bankgeschäfte	Volksbank eG Raiffeisenbank eG
Warengenossenschaften	Bezug landwirtschaftlicher Bedarfsstoffe: Erfassung, Absatz und Verwertung landwirtschaftlicher Erzeugnisse	Landwirtschaftliche Bezugs- und Absatzgenossenschaft eG
Teilproduktionsgenossenschaften	Milchverarbeitung, Weinausbau	Milchwerk eG Winzergenossenschaft eG
Konsumgenossenschaften	Zentraler Großeinkauf und Eigenfertigung; Verkauf an Verbraucher	coop Konsumgenossenschaft eG
Baugenossenschaften	Bau von Wohnhäusern mit Nutzungsrecht der Mitglieder; Eigenheim- und Siedlungsbau	Wohnbau- und Siedlungsgenossenschaft eG

Mitgliedschaft Die Mitglieder einer Genossenschaft können natürliche und juristische Personen sein. Der Eintritt in eine schon bestehende Genossenschaft ist jederzeit durch schriftliche Beitrittserklärung möglich. Die Mitgliedschaft wird aber erst wirksam mit der Eintragung in die bei der Genossenschaft geführte **Liste der Genossen.**

Wer aus der Genossenschaft austreten will, muss auf den Schluss eines Geschäftsjahres unter Einhaltung einer Frist von mindestens drei Monaten bis zu fünf Jahren schriftlich kündigen.

Geschäftsanteil Der Geschäftsanteil ist der in der Satzung bestimmte Betrag, bis zu dem sich ein Genosse an der Genossenschaft beteiligen kann.

HANDWERKS- UND GEWERBERECHT

Geschäftsguthaben

Das Geschäftsguthaben ist der Betrag, mit dem der Genosse an der Genossenschaft tatsächlich beteiligt ist. Die Geschäftsguthaben aller Genossen ergeben das in der Bilanz ausgewiesene Geschäftsguthaben. Die Satzung kann bestimmen, dass die Geschäftsguthaben verzinst werden.

Haftung

Für Verbindlichkeiten der Genossenschaft haftet den Gläubigern nur das Vermögen der Genossenschaft, d. h., bei dem einzelnen Genossen ist das Haftungsrisiko auf seine Einlage beschränkt. Für den Insolvenzfall muss das Statut Regelungen über eine eventuelle Nachschusspflicht der Genossen enthalten.

Bitte bearbeiten Sie abschließend die folgenden Aufgaben:

1. Erläutern Sie den Kaufmannsbegriff und stellen Sie dar, worin der Unterschied zwischen einem Kannkaufmann und einem Kaufmann besteht.

2. Beschreiben Sie, ab welchem Zeitpunkt ein Unternehmen im Handelsregister eintragungspflichtig ist und welche rechtlichen Konsequenzen daraus entstehen.

3. Erläutern Sie die Hauptkriterien, die bei der Firmenbildung zu berücksichtigen sind.

4. Erklären Sie die Haftung für die BGB-Gesellschaft, die OHG sowie die GmbH.

5. Skizzieren Sie die Aufgaben von Genossenschaften und nennen Sie verschiedene Arten von Genossenschaften mit jeweils einem Beispiel.

HANDWERKS- UND GEWERBERECHT

3. Wettbewerbsrecht

> **Kompetenzen:**
>
> Der Lernende kann
>
> - wichtige Regelungen des Wettbewerbsrechts erklären,
> - Fälle von unlauterem Wettbewerb darlegen,
> - die unternehmerische Verpflichtung zur Preisangabe und Ladenöffnung beschreiben,
> - Möglichkeiten zum Schutz des gewerblichen Urheberrechts aufzeigen.

3.1 Gesetz gegen Wettbewerbsbeschränkungen

Wettbewerbsfreiheit

Bei der in der Bundesrepublik Deutschland herrschenden sozialen Marktwirtschaft richten sich die Preise für Güter und Leistungen nach dem ungeschriebenen Gesetz von Angebot und Nachfrage. Es besteht grundsätzlich freie Preis- und Lohngestaltung im Rahmen eines Wettbewerbs. Dabei wird die Wettbewerbsfreiheit durch einige rechtliche Regelungen flankiert, von denen das Rabattgesetz und die Zugabeverordnung aufgehoben wurden. Auslöser für diese Initiative der Bundesregierung waren die zu starren Regelungen, die im europäischen Wettbewerb zu Behinderungen geführt haben. Auch zukünftig wird es gewisse unzulässige Rabatte und Zugaben geben, die allerdings an den Merkmalen der Unlauterkeit und Sittenwidrigkeit im Sinne des Gesetzes zur Bekämpfung des unlauteren Wettbewerbs zu messen sind.

Gesetzliche Regelungen

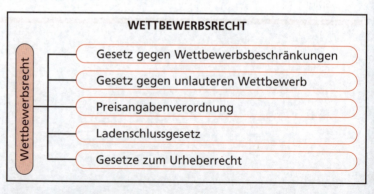

Das **„Gesetz gegen Wettbewerbsbeschränkungen"** soll die Freiheit des Wettbewerbs schützen und marktführende Unternehmen, die ihre wirtschaftliche Marktstellung missbrauchen, in ihre Schranken weisen.

HANDWERKS- UND GEWERBERECHT

Ein wichtiger Teil dieses Rechtsgebietes ist das Kartellrecht. Kartellvereinbarungen und Preisabsprachen von Unternehmern, die im Wettbewerb zueinander stehen, sind grundsätzlich verboten und strafbar. Dies gilt selbst für die Empfehlung von gleichen Preisen. Ausnahmen sind nur mit Erlaubnis der Kartellbehörde gestattet. Genehmigungsfähig sind z. B. Konditionskartelle, die die Anwendung einheitlicher Geschäfts- und Lieferungsbedingungen zum Gegenstand haben.

Kartellrecht

Auch Kalkulationsschulungen, z. B. im Rahmen einer Innungsversammlung, die den Zweck haben, die Höhe der Selbstkosten aufzuzeigen, sind gestattet und im Handwerk sogar empfehlenswert.

Ausnahmen

AUSNAHMEN vom KARTELLVERBOT

Ausnahmen für	Voraussetzung
• Normen- und Typenkartelle • Kalkulations- und Leistungsbeschreibungskartelle • Exportkartelle	Anmeldung beim Kartellamt
• Konditionenkartelle • Rabattkartelle • Spezialisierungskartelle • Kooperationskartelle	Nach Anmeldung kein Widerspruch durch das Kartellamt
• Rationalisierungskartelle • Strukturkrisenkartelle • Importkartelle • Exportkartelle mit Regelungen für das Inland	Genehmigung durch das Kartellamt

3.2 Gesetz gegen unlauteren Wettbewerb

Das deutsche Recht legt Wert auf einen fairen und anständigen Wettbewerb. Unlauter handelt, wer im Geschäftsverkehr zu Wettbewerbszwecken Handlungen vornimmt, die gegen die guten Sitten verstoßen.

Im Einzelnen gilt als unlauteres Verhalten im Wettbewerb:

unlauterer Wettbewerb

- Es werden unwahre Angaben gemacht über eigene Waren, Leistungen oder Art und Umfang des Geschäftsbetriebes **(irreführende Werbung).**
  Unlauter handelt beispielsweise derjenige, der im geschäftlichen Verkehr mit dem Letztverbraucher auf seine Eigenschaft als Großhändler hinweist, wenn er nicht überwiegend Wiederverkäufer beliefert und dem Letztverbraucher den echten Großhandelspreis einräumt oder unmissverständlich auf die unterschiedlichen Preise aufmerksam macht.
  Alterswerbung ist ebenfalls irreführend, wenn das Unternehmen zwar rechtlich oder wirtschaftlich seit dem behaupteten Gründungsjahr un-

unterbrochen existiert, aber der aktuell betriebene Gewerbegegenstand nicht mehr mit der ursprünglichen Unternehmenstätigkeit übereinstimmt, da im Laufe der Zeit wesentliche Änderungen (im Produktionsbereich oder Herstellungsprogramm) eingetreten sind.

Irreführend ist auch die Werbung eines Unternehmens für Maler- und Tapezierarbeiten, ohne mit dem adäquaten Handwerk (Maler- und Lackiererhandwerk) in die Handwerksrolle eingetragen zu sein.

- Außerhalb des regelmäßigen Geschäftsverkehrs finden Verkaufsveranstaltungen statt, die den Eindruck besonderer Kaufvorteile erwecken. Zulässig sind jedoch Sonderangebote, Jubiläumsverkäufe, Räumungsverkäufe.
- Es wird üble Nachrede über Konkurrenten betrieben.
- Zur Steigerung des Absatzes werden Angst- und Mitleidsgefühle ausgenutzt und/oder erzeugt. Hierunter fallen z. B. werbliche Hinweise auf eine bevorstehende Geldentwertung, Gesundheits- und Umweltgefahren.
- Mit einer Ware zu einem günstigen Preis wird geworben, obwohl die Ware nicht vorhanden ist.

vergleichende Werbung

Vergleichende Werbung verstößt in folgenden Fällen gegen die guten Sitten im Sinne des § 1 des Gesetzes, wenn der Vergleich

- sich nicht auf Waren bezieht, die für den gleichen Zweck oder den gleichen Bedarf bestimmt sind,
- sich nicht auf objektiv nachprüfbare und wesentliche Eigenschaften oder den Preis bezieht,
- zu Verwechslungen zwischen dem Werbenden und einem Konkurrenten oder zwischen deren Waren oder Dienstleistungen führt,
- eine Ware als Nachahmung einer anderen Ware darstellt, die unter einem geschützten Kennzeichen vertrieben wird.

Schutzmaßnahmen gegen unlauteren Wettbewerb

Wer sich durch unlautere Wettbewerbsmaßnahmen betroffen fühlt, kann gegen den Störer auf Unterlassung und oft auch auf Schadenersatz klagen. Klageberechtigt sind geschädigte Mitbewerber, aber auch die Kammern, Innungen oder Fachverbände. Zur kurzfristigen Beseitigung eines eklatanten Wettbewerbsverstoßes ist es in Einzelfällen oftmals empfehlenswert, eine einstweilige Verfügung bei Gericht zu beantragen.

3.3 Preisangabenverordnung

Preisangabenpflicht

Die Preisangabenverordnung verpflichtet den Kaufmann zur Preisauszeichnung gegenüber Letztverbrauchern. Die angebotenen Waren oder Dienstleistungen müssen im Geschäft, im Schaufenster, in Prospekten, auf Plakaten und in den Medien grundsätzlich mit dem Endpreis angeboten werden. Dieser Preis umfasst die Mehrwertsteuer und alle Preisbestandteile.

Im Versandhandel tätige Unternehmen müssen nach der Neufassung der Preisangabenverordnung (gültig ab 1. Januar 2003) künftig neben dem vorgenannten Endpreis zusätzlich darauf hinweisen,

- dass die für Waren oder Dienstleistungen geforderten Preise die Umsatzsteuer und sonstige Preisbestandteile enthalten und
- ob zusätzliche Liefer- und Versandkosten anfallen.

Fallen solche Zusatzkosten an, so ist deren Höhe anzugeben. Dabei sind unter Liefer- und Versandkosten alle Kosten zu verstehen, die dem Letztverbraucher zum Erhalt der Ware oder Leistung in Rechnung gestellt werden (z. B. Porto, Kosten für Verpackung, Nachnahmegebühr). *Angabe von Zusatzkosten*

Gleiches gilt für alle Ausbilder im Rahmen eines Fernabsatzvertrages gegenüber Letztverbrauchern.

Dabei werden bei Waren unterschiedliche Preisangaben gefordert. Bei abgepackter Ware ist neben dem Endpreis auch der sog. **Grundpreis** anzugeben, bei loser Ware nur der Grundpreis. Er ist auf eine bestimmte Mengeneinheit bezogen: z. B. 1 Kilogramm oder 100 Gramm, 1 Liter oder 100 Milliliter. *Grundpreis*

Wer Leistungen anbietet (z. B. ein Friseur), hat ein Preisverzeichnis mit den wesentlichen Leistungen und Verrechnungssätzen am Ort des Leistungsangebots bereitzuhalten. Das gilt jedoch nicht für Leistungen, die aufgrund von schriftlichen Angeboten bzw. schriftlichen Kostenvoranschlägen erbracht werden, die auf den Einzelfall abgestellt sind.

Verstößt ein Kaufmann bewusst und wiederholt gegen diese Vorschrift, handelt er nicht nur ordnungswidrig, sondern auch wettbewerbswidrig. Insbesondere gilt dies, wenn *Verstöße*

- eine Preisauszeichnung unterlassen wird,
- die Auszeichnung zu anderen als den Endpreisen (einschl. MwSt.) erfolgt.

3.4 Ladenschlussgesetz

Das Ladenschlussgesetz wurde zuletzt 2003 novelliert. Danach müssen Verkaufsstellen zu folgenden Zeiten für den geschäftlichen Verkehr mit Kunden geschlossen sein:

- an Sonn- und Feiertagen,
- montags bis samstags bis 6 Uhr und ab 20 Uhr,
- am 24. Dezember, wenn dieser Tag auf einen Werktag fällt, bis 6 Uhr und ab 14 Uhr.

Ladenschlusszeiten

Verkaufsstellen für Backwaren dürfen abweichend von der vorgenannten Regelung an Werktagen den Beginn der Ladenöffnungszeit auf 5.30 Uhr vorverlegen. Die beim Ladenschluss anwesenden Kunden dürfen noch bedient werden. *Ausnahmen*

Darüber hinaus dürfen Bäckereien und Konditoreien auch an Sonn- und Feiertagen für die Dauer von drei Stunden ihre Produkte verkaufen.

Ausnahmen von diesen Grundregelungen gelten für Kur- und Erholungsorte, Tankstellen, Kioske, Bahnhöfe und Flughäfen.

HANDWERKS- UND GEWERBERECHT

Friseurbetriebe, die keinen Produktverkauf zusätzlich anbieten, sind aus dem Geltungsbereich des Ladenschlussgesetzes herausgenommen worden und können ihre Öffnungszeiten unabhängig vom gesetzlichen Ladenschluss bestimmen.

Systematische Verstöße gegen das Ladenschlussgesetz beinhalten nicht nur eine Ordnungswidrigkeit, die mit Bußgeld geahndet wird, sondern können auch als wettbewerbswidriges Verhalten beanstandet werden.

3.5 Urheberrecht

Patentschutz Ein **Patent** wird für neue, gewerblich verwertbare Erfindungen gewährt, und zwar auf die Dauer von 20 Jahren. Der Inhaber des Patents ist allein befugt, es wirtschaftlich zu nutzen, kann diese Befugnis aber gegen Entgelt übertragen (Lizenz).

Patentanmeldung Anmeldungen haben beim Patentamt in München zu erfolgen. Der Anmeldung sind Zeichnungen und genaue Beschreibungen beizufügen. Bei Patentfähigkeit erfolgt die Eintragung in die Patentrolle und Veröffentlichung. Das Patent ist gebührenpflichtig. Die Verletzung eines Patents und der anderen Schutzrechte kann Unterlassungs- und Schadenersatzanspruchsklagen mit erheblichen Kosten nach sich ziehen.

Hat ein Arbeitnehmer aufgrund seiner Tätigkeit im Betrieb eine Erfindung gemacht, so hat der Betriebsinhaber das Recht der Ausnutzung, muss aber dem Mitarbeiter eine angemessene Vergütung zahlen (Arbeitnehmererfindung).

Gebrauchsmusterschutz Gebrauchsmusterschutz wird gewährt für neu gestaltete Modelle von Arbeitsgeräten und Gebrauchsgegenständen. Die Anmeldung erfolgt ebenfalls beim Patentamt. Bei Schutzgewährung wird eine Eintragung in die Gebrauchsmusterrolle (DBGM) vorgenommen; die Schutzdauer beträgt drei bis sechs Jahr und ist gebührenpflichtig.

Warenzeichenschutz Das Warenzeichen ist das Schutzrecht für Zeichen oder Namen, die zur Unterscheidung eigener Waren von den Waren anderer dienen soll. Die Anmeldung erfolgt beim Patentamt in München und danach wird die Eintragung in die Warenzeichenrolle vollzogen. Die Schutzdauer beträgt zehn Jahre. Eine Verlängerung ist möglich. Es besteht Gebührenpflicht.

Geschmacksmusterschutz Geschmacksmusterschutz wird gewährt für neue und eigentümliche gewerbliche Muster oder Modelle, wie z. B. Stoffmuster. Die Schutzdauer beträgt 3–15 Jahre. Die Anmeldung erfolgt beim Amtsgericht (Mustergericht) des Wohnsitzes. Es besteht Gebührenpflicht. Eine Beratung in derartigen Angelegenheiten bieten die Gewerbeförderungsstelle der Handwerkskammern und besondere Patentanwälte an.

Geistiges Eigentum sollte zur besseren wirtschaftlichen Nutzung durch die Anmeldung von Schutzrechten gesichert werden.

HANDWERKS- UND GEWERBERECHT

Bitte bearbeiten Sie abschließend die folgenden Aufgaben:

1. Welches Ziel verfolgt das Gesetz gegen Wettbewerbsbeschränkungen?

2. Beschreiben Sie mindestens drei Beispiele unzulässiger Werbung.

3. Erläutern Sie Ziele und Funktion des gewerblichen Urheberrechts.

ARBEITSRECHT

Arbeitsrecht

1. Allgemeines

Kompetenzen:

Der Lernende
- kann mindestens fünf Rechtsquellen des Arbeitsrechts nennen,
- kann die Begriffe „Arbeitnehmer" und „Arbeitgeber" gegeneinander abgrenzen,
- kann die Funktion des Arbeitsrechts erläutern.

Geschichte des Arbeitsrechts

Erst im 19. Jahrhundert, im Zuge der Industrialisierung und mit Erstarkung der Gewerkschaften, wurden erste arbeitsrechtliche Bestimmungen geschaffen. Mit dem Ende des Ersten Weltkrieges 1918 trat das Arbeitsrecht in eine neue Phase der Entwicklung ein. Es begann die Epoche des kollektiven Arbeitsrechts mit Tarifverträgen, Betriebsräten, besserem Arbeitsschutz und Arbeitsgerichtsbarkeit. In der Bundesrepublik wurde das Arbeitsrecht durch viele neue gesetzliche Bestimmungen, aber auch durch die Arbeitsrechtsprechung erheblich ergänzt.

Ein einheitliches Arbeitsgesetzbuch gibt es bisher nicht. Verschiedene Reformansätze zu einem solchen Werk sind nicht zu Ende gebracht worden, da der Interessengegensatz der beteiligten Gruppen zu groß war. Artikel 30 des Einigungsvertrages legt dem gesamtdeutschen Gesetzgeber auf, das Arbeitsvertragsrecht „möglichst bald einheitlich zu kodifizieren".

Arbeitsrecht weitgehend Bundesrecht

Die WICHTIGSTEN GESETZE des ARBEITSRECHTS

- Bürgerliches Gesetzbuch
- Betriebsverfassungsgesetz
- Bundesurlaubsgesetz
- Kündigungsschutzgesetz
- Arbeitszeitgesetz
- Tarifvertragsgesetz
- Nachweisgesetz
- Teilzeit- und Befristungsgesetz
- Entgeltfortzahlungsgesetz
- Arbeitsschutzgesetz
- Erziehungsgeldgesetz
- Mutterschutzgesetz

ARBEITSRECHT

Das Arbeitsrecht ist die Gesamtheit aller staatlichen und autonomen Vorschriften. Ergänzt wird es durch die Grundsätze der Rechtsprechung, die die Beziehungen zwischen Arbeitnehmern und Arbeitgebern sowie den rechtlichen Rahmen und die Bedingungen der zu leistenden Arbeit regeln. Das wichtigste Anliegen des Arbeitsrechts ist der Schutz des Arbeitnehmers.

Einige Rechtsgebiete können auch die Bundesländer selbst regeln. *Beispiele:* Frauenförderungsgesetz NRW, spezifische Arbeitnehmerweiterbildungsgesetze der einzelnen Länder.

Von besonderer Bedeutung sind für das Arbeitsrecht die Entscheidungen der höheren Arbeitsgerichte – Bundesarbeitsgericht und Landesarbeitsgerichte –, die Regelungslücken der Gesetze ausfüllen. Hier spricht man vom **Richterrecht.**

Man unterscheidet:

- **Arbeitnehmer:** Arbeiter (im Handwerk auch Gesellen), Angestellte, leitende Angestellte, Auszubildende (Lehrlinge), Werkmeister, Praktikanten u. a.
  Als Arbeitnehmer gilt derjenige, der aufgrund eines privatrechtlichen Vertrages im Dienst eines anderen zur Arbeit verpflichtet ist. — *Arbeitnehmer*

- Nicht zu den Arbeitnehmern zählende Personen: selbstständige Unternehmer und sonstige selbstständige Personen. Diese können die Tätigkeit (Zeit, Ort und Art und Weise) selbst bestimmen und sind nicht in einen anderen Betrieb eingegliedert.

- Unselbstständig Tätige: Beamte, unselbstständige Handelsvertreter, Heimarbeiter, Hausgewerbetreibende, mithelfende Familienangehörige (soweit nicht in einem Arbeitsverhältnis) u. a.

- **Arbeitgeber:** Als Arbeitgeber gilt derjenige, der Arbeitnehmer in seine Dienste nimmt. Als Arbeitgeber können sowohl natürliche als auch juristische Personen (→ „Bürgerliches Recht", S. 511) tätig sein. — *Arbeitgeber*

- Selbstständige, die nicht Arbeitgeber sind: allein tätige Handwerker, Landwirte, Makler, ferner Schriftsteller, Wohnungsvermieter u. a.

(Informationen zu aktuellen arbeitsrechtlichen Entwicklungen und neuen Gesetzen enthält die Internetseite des Bundesministeriums für Wirtschaft und Arbeit: *www.bmwi.de.* Weitere interessante Hinweise für Arbeitnehmer finden sich unter *www.arbeitsrecht.de* sowie für Arbeitgeber unter *www.arbeitsrecht.org.*)

ARBEITSRECHT

2. Arbeitsvertrag

> **Kompetenzen:**
>
> Der Lernende
> - ist in der Lage, einen Arbeitsvertrag abzuschließen,
> - kann die Pflichten des Arbeitgebers gegenüber dem Arbeitnehmer beschreiben,
> - kann die Lohnfortzahlungsverpflichtung des Arbeitgebers erläutern,
> - kann mehrere Gründe für die Beendigung eines Arbeitsverhältnisses darlegen.

Arbeitsvertrag.pdf

Die gegenseitigen Rechtsbeziehungen des Arbeitsverhältnisses zwischen Arbeitgeber und Arbeitnehmer werden durch den **Arbeitsvertrag** geregelt. Ein Arbeitsvertrag entsteht dadurch, dass sich Arbeitgeber und Arbeitnehmer über das Zustandekommen des Arbeitsverhältnisses, insbesondere Arbeitsleistung und Vergütung, einig geworden sind. Der Arbeitsvertrag ist grundsätzlich nicht formgebunden, **Schriftform** ist jedoch grundsätzlich zu empfehlen. Minderjährige Arbeitnehmer bedürfen zum Abschluss eines Arbeitsvertrages der Ermächtigung ihres gesetzlichen Vertreters.

Nachweisgesetz

Der Arbeitgeber ist durch das **Nachweisgesetz** verpflichtet, dem Arbeitnehmer spätestens einen Monat nach dem vereinbarten Beginn des Arbeitsverhältnisses eine unterzeichnete Niederschrift über bestimmte Vertragsbedingungen auszuhändigen. In die Niederschrift sind mindestens aufzunehmen:

Mindestbestandteile der Niederschrift

- Name und Anschrift der Vertragsparteien,
- Zeitpunkt des Beginns des Arbeitsverhältnisses,
- bei befristeten Arbeitsverhältnissen: vorhersehbare Dauer des Arbeitsverhältnisses,
- Arbeitsort oder ein Hinweis darauf, dass der Arbeitnehmer an verschiedenen Orten beschäftigt werden kann,
- Bezeichnung/Beschreibung der zu leistenden Tätigkeit,
- Zusammensetzung und Höhe des Arbeitsentgeltes einschließlich Zuschläge, Zulagen, Prämien und Sonderzahlungen sowie andere Bestandteile des Arbeitsentgeltes und deren Fälligkeit,
- vereinbarte Arbeitszeit,
- Dauer des jährlichen Erholungsurlaubs,
- Fristen für die Kündigung des Arbeitsverhältnisses,
- ein in allgemeiner Form gehaltener Hinweis auf die Tarifverträge (→ S. 632), Betriebs- oder Dienstvereinbarungen, die auf das Arbeitsverhältnis anzuwenden sind.

ARBEITSRECHT

2.1 Vertragsarten

In der Praxis unterscheidet man bestimmte Arten von Arbeitsverträgen:

- Ein auf unbestimmte Zeit abgeschlossener, also **unbefristeter Arbeitsvertrag** ist die Regel.
- Ein **befristeter Arbeitsvertrag** endet mit Ablauf der festgelegten Zeit, ohne dass es einer Kündigung bedarf.
- Ein **Leiharbeitsverhältnis** liegt dann vor, wenn der Arbeitnehmer bei einem Arbeitgeber eingestellt wird, der seinerseits gewerbsmäßig Arbeitnehmer einem Dritten überlässt; die Einzelheiten regelt das Arbeitnehmerüberlassungsgesetz.

Vertragsarten

Das Gesetz über Teilzeitarbeit und befristete Arbeitsverträge beschreibt in § 14 Abs. 1 die Fälle, in denen ein sachlicher Grund die **Befristung eines Arbeitsvertrages** zulässt. Ein solcher Grund liegt insbesondere vor, wenn

1. der betriebliche Bedarf an der Arbeitsleistung nur vorübergehend besteht,
2. die Befristung im Anschluss an eine Ausbildung oder ein Studium erfolgt, um den Übergang des Arbeitnehmers in eine Anschlussbeschäftigung zu erleichtern,
3. der Arbeitnehmer zur Vertretung eines anderen Arbeitnehmers beschäftigt wird,
4. die Eigenart der Arbeitsleistung die Befristung rechtfertigt,
5. die Befristung zur Erprobung erfolgt,
6. in der Person des Arbeitnehmers liegende Gründe die Befristung rechtfertigen,
7. der Arbeitnehmer aus Haushaltsmitteln vergütet wird, die haushaltsrechtlich für eine befristete Beschäftigung bestimmt sind und er entsprechend beschäftigt wird oder
8. die Befristung auf einem gerichtlichen Vergleich beruht.

sachliche Gründe für Befristung

Die kalendermäßige Befristung eines Arbeitsvertrages **ohne sachlichen Grund** ist nur bis zur Dauer von zwei Jahren zulässig; innerhalb dieser Zeit kann ein kürzeres und befristetes Arbeitsverhältnis nur dreimal verlängert werden. Ein befristetes Arbeitsverhältnis ist ohne Vorliegen eines sachlichen Grundes mit demselben Arbeitgeber nicht möglich, wenn zuvor schon ein befristetes oder unbefristetes Arbeitsverhältnis bestanden hat.

Befristung ohne sachlichen Grund

Eines sachlichen Grundes bedarf es nicht bei der befristeten Einstellung eines Arbeitnehmers, der älter als 58 Jahre ist (bis zum 31. 12. 2006 gilt das 52. Lebensjahr); sie ist aber unzulässig, wenn ein enger sachlicher Zusammenhang mit einem vorher unbefristeten Arbeitsvertrag besteht. Das Gesetz unterstellt einen solchen Zusammenhang insbesondere dann, wenn zwischen den beiden Beschäftigungen ein Zeitraum von weniger als sechs Monaten liegt.

Wichtig ist die **Schriftform** des Vertrages, ohne die die Befristung nicht wirksam wird und damit ein unbefristetes Arbeitsverhältnis entstehen lässt.

vorgeschriebene Schriftform

ARBEITSRECHT

Hervorzuheben ist, dass ein befristetes Arbeitsverhältnis nur dann der **ordentlichen Kündigung** unterliegt, wenn dies einzelvertraglich oder im anwendbaren Tarifvertrag vereinbart ist. Wird andererseits das Arbeitsverhältnis nach Ablauf der Zeit, für die es eingegangen ist, mit Wissen des Arbeitgebers fortgesetzt, so gilt es als auf unbestimmte Zeit verlängert, wenn der Arbeitgeber nicht unverzüglich widerspricht.

Die anderen Befristungsmöglichkeiten nach dem Bundeserziehungsgeldgesetz für die Vertretung eines in Elternzeit befindlichen Arbeitnehmers oder einer Arbeitnehmerin gelten neben diesem Gesetz.

2.2 Teilzeitarbeit

Definition

Das zum 1. Januar 2001 in Kraft getretene „Teilzeit- und Befristungsgesetz" regelt umfassend die Möglichkeit einer Teilzeitbeschäftigung. Es gilt für Betriebe mit in der Regel 15 und mehr Beschäftigten unabhängig von der Zahl der Auszubildenden. Ein Arbeitnehmer ist danach teilzeitbeschäftigt, wenn seine regelmäßige Wochenarbeitszeit kürzer ist als die eines vergleichbaren vollzeitbeschäftigten Arbeitnehmers. Der Arbeitgeber hat einen Arbeitsplatz, den er öffentlich oder innerhalb des Betriebes ausschreibt, auch als Teilzeitarbeitsplatz auszuschreiben, wenn sich der Arbeitsplatz hierfür eignet.

Anspruch auf Teilzeitarbeit

Ein Arbeitnehmer, dessen Arbeitsverhältnis länger als sechs Monate bestanden hat, kann verlangen, dass seine vertraglich vereinbarte Arbeitszeit verringert wird. Er muss den Anspruch auf Verringerung seiner Arbeitszeit und den Umfang der Verringerung spätestens drei Monate vor deren Beginn geltend machen. Er soll dabei auch die gewünschte Verteilung der Arbeitszeit angeben. Arbeitgeber und Arbeitnehmer sollen sich zunächst über den Wunsch auf Verringerung der Arbeitszeit einigen. Der Arbeitgeber kann jedoch den Wunsch des Arbeitnehmers auf Verringerung nur ablehnen, soweit betriebliche Gründe vorliegen. Ein solcher ist insbesondere dann gegeben, wenn die Verringerung der Arbeitszeit die Organisation, den Arbeitsablauf oder die Sicherheit im Betrieb wesentlich beeinträchtigt oder unverhältnismäßige Kosten verursacht.

Der Arbeitgeber hat die Entscheidung über die Verringerung der Arbeitszeit und ihre Verteilung dem Arbeitnehmer spätestens einen Monat vor dem gewünschten Beginn der Verringerung schriftlich mitzuteilen. Versäumt der Arbeitgeber diese Frist, gilt die Verteilung der Arbeitszeit entsprechend den Wünschen des Arbeitnehmers als festgelegt.

Einem Arbeitnehmer, der sich weigert, von einem Vollzeit- in ein Teilzeitverhältnis oder umgekehrt zu wechseln, kann aus diesem Grund nicht gekündigt werden.

ARBEITSRECHT

2.3 Vertragspflichten des Arbeitgebers

Der Arbeitgeber ist zur Beschäftigung des Arbeitnehmers im Rahmen der vereinbarten Tätigkeit verpflichtet. Er hat alle gesetzlichen Bestimmungen und vertraglichen Vereinbarungen, insbesondere auch die tariflichen, einzuhalten. — **Beschäftigungspflicht**

Jedes Arbeitsverhältnis beinhaltet auch eine Fürsorgepflicht des Arbeitgebers: Er muss bei seinen Maßnahmen auf das Wohl seiner Arbeitnehmer Rücksicht nehmen, auch soweit er Rechte ausübt. Beispiele: Der Arbeitgeber bietet seinen Arbeitnehmern die Möglichkeit einer sicheren Verwahrung ihrer zur Arbeitsstelle mitgebrachten Sachen; der Arbeitgeber hält die Arbeitsräume im Winter genügend warm.

Darüber hinaus ist der Arbeitgeber nach einer neuen Regelung gemäß § 2 SGB III verpflichtet, den Arbeitnehmer bei bevorstehender Beendigung des Arbeitsverhältnisses darüber zu informieren, dass er frühzeitig eigene Aktivitäten bei der Suche nach einer neuen Beschäftigung unternehmen muss und dass eine unverzügliche, persönliche Meldepflicht beim Arbeitsamt besteht. Dafür muss er ihn freistellen und ihm auch die Teilnahme an erforderlichen Qualifizierungsmaßnahmen ermöglichen. — **Informationspflicht**

2.3.1 Vergütung

Die Hauptpflicht des Arbeitgebers ist die **Lohnzahlungspflicht.** Beim Arbeitsentgelt ist zwischen Lohn und Gehalt zu unterscheiden. Während ein Arbeiter Lohn erhält, spricht man beim technischen bzw. kaufmännischen Angestellten von Gehalt. Soweit eine vertragliche Vereinbarung über die Lohnhöhe fehlt und kein Tarifvertrag Anwendung findet, gilt die übliche Vergütung als vereinbart. Das Gehalt wird monatlich gezahlt; der Lohn ist im Allgemeinen wöchentlich fällig. Weitgehend sind aber auch hierbei wöchentliche Abschlagszahlungen und monatliche Abrechnung üblich. — **Lohn/Gehalt**

Bruttolohn ist der gesamte Betrag des Entgelts, während beim Nettolohn die gesetzlich vorgeschriebenen Abzüge vorgenommen worden sind. — **Brutto-/Nettolohn**

Bei den Lohnformen unterscheidet man den Zeit- und den Akkordlohn (→ „Personalwesen", S. 380).

Der Grundlohn richtet sich nach der Qualifikation des Mitarbeiters (z. B. ob er Geselle oder angelernte Kraft ist), oft auch nach den Berufsjahren. Darüber hinaus gibt es ggf. Zuschläge für Überstunden, Feiertags- und Nachtarbeit oder sonstige Zulagen. In bestimmten Berufen kommen Gefahren- oder Schmutzzulagen hinzu. Vermögenswirksame Leistungen, Weihnachtsgratifikationen u. Ä. können ebenfalls die Vergütung erhöhen.

Dem Arbeitnehmer ist bei Zahlung des Arbeitsentgeltes eine Abrechnung in Textform zu erteilen. Die Abrechnung muss mindestens Angaben über den Abrechnungszeitraum und die Zusammensetzung des Arbeitsentgeltes enthalten. Hinsichtlich der Zusammensetzung sind besondere Angaben über Art und Höhe der Zuschläge, Zulagen, sonstige Vergütungen, Art und Höhe der Abzüge, Abschlagszahlungen sowie Vorschüsse erforderlich. — **Lohnabrechnung**

ARBEITSRECHT

Diese Verpflichtung zur Abrechnung entfällt, wenn sich die Angaben gegenüber der letzten ordnungsgemäßen Abrechnung nicht geändert haben (§ 108 GewO). Der Arbeitgeber kann für den ausgezahlten Lohn eine Quittung durch Unterschrift verlangen.

2.3.2 Vergütung ohne Arbeitsleistung

Es gibt eine Reihe von Fällen, in denen ein Lohnanspruch besteht, ohne dass entsprechende Dienstleistungen erfolgt sind:

Lohnanspruch ohne Arbeitsleistung

- bei Annahmeverzug, d. h. wenn der Arbeitgeber mit der Annahme der Arbeitsleistung im Verzuge ist, z. B. bei Betriebsstörungen, Arbeitsmangel oder unberechtigter vorzeitiger Entlassung,
- wenn der Arbeitnehmer für eine verhältnismäßig nicht erhebliche Zeit durch einen in seiner Person liegenden Grund ohne sein Verschulden an der Dienstleistung verhindert ist, z. B. für eigene Hochzeit, Trauerfall, Arztbesuch (in vielen Fällen liegt hierüber eine tarifliche Regelung vor),
- für gesetzliche Feiertage nach dem Entgeltfortzahlungsgesetz das Arbeitsentgelt, das der Arbeitnehmer ohne den Arbeitsausfall erhalten hätte,
- bei Krankheit des Arbeitnehmers,
- während des zustehenden Erholungsurlaubs,
- bei der Musterung, wenn sich der Arbeitnehmer aufgrund der Wehrpflicht bei Behörden melden oder vorstellen muss; der Arbeitnehmer hat die Ladung unverzüglich seinem Arbeitgeber vorzulegen (§ 14 Arbeitsplatzschutzgesetz),
- bei Wehrübungen von nicht länger als drei Tagen, für die der Arbeitnehmer von der Arbeit freigestellt ist,
- bei Teilnahme an Weiterbildungsmaßnahmen, soweit gesetzlich geregelt. Diese Fälle werden von den einzelnen Ländern z. T. noch unterschiedlich gehandhabt;
- für eine angemessene Zeit zur Stellensuche nach Kündigung des Arbeitsverhältnisses (§ 629 BGB).

Freistellung für Kinderbetreuung

Ein versicherungspflichtiger Arbeitnehmer hat bei der Betreuung seines kranken Kindes einen Anspruch auf Freistellung von der Arbeitsleistung gegen den Arbeitgeber, wenn der Arbeitnehmer einen Anspruch auf Krankengeld wegen der Pflege gegen die Krankenkasse hat. Der Zeitraum beträgt je Kalenderjahr für jedes Kind längstens zehn Tage, insgesamt höchstens 25 Tage, bei allein Erziehenden je das Doppelte (§ 45 SGB V).

2.3.3 Entgeltfortzahlung im Krankheitsfall

Entgeltfortzahlungsgesetz

Das „Gesetz über die Zahlung des Arbeitsentgeltes an Feiertagen und im Krankheitsfall **(Entgeltfortzahlungsgesetz)**" regelt die Entgeltfortzahlung im Krankheitsfall und die Feiertagsentgeltfortzahlung. Dadurch werden die bisher unterschiedlichen Regelungen für Arbeiter und Angestellte vereinheitlicht. Nach § 1 Abs. 2 sind Arbeitnehmer im Sinne dieses Gesetzes

ARBEITSRECHT

Arbeiter und Angestellte sowie die zu ihrer Berufsausbildung Beschäftigten, also auch Lehrlinge, sowie die geringfügig oder nur kurzfristig Beschäftigten.

Wird ein Arbeitnehmer durch Arbeitsunfähigkeit infolge Krankheit an seiner Arbeitsleistung gehindert, ohne dass ihn ein Verschulden trifft, so hat er Anspruch auf Entgeltzahlung für die Zeit der Arbeitsunfähigkeit bis zur Dauer von sechs Wochen. Wird der Arbeitnehmer infolge derselben Krankheit erneut arbeitsunfähig, so verliert er in bestimmten Fällen den Anspruch für einen weiteren Zeitraum von höchstens sechs Wochen nicht: **Dauer der Entgeltzahlung**

- wenn er vor der erneuten Arbeitsunfähigkeit mindestens sechs Monate nicht infolge derselben Krankheit arbeitsunfähig war oder
- wenn seit Beginn der ersten Arbeitsunfähigkeit infolge derselben Krankheit eine Frist von 12 Monaten abgelaufen ist.

Der Anspruch auf Entgeltfortzahlung entsteht erst nach vierwöchiger ununterbrochener Dauer des Arbeitsverhältnisses.

Bei einigen Sozialversicherungsträgern wie den Innungs- und Ortskrankenkassen gibt es sog. Ausgleichskassen. Diese erstatten Arbeitgebern, die (ohne Auszubildende) nicht mehr als 20 Arbeitnehmer beschäftigen, 80 Prozent des wegen Arbeitsunfähigkeit fortgezahlten Arbeitsentgeltes. Eine Erstattung der vom Arbeitgeber zu zahlenden Anteile an den Sozialversicherungsbeiträgen (Kranken-, Renten-, Arbeitslosenversicherung) ist gemäß Satzung der Ausgleichskassen meist nicht vorgesehen. **Ausgleichskassen**

Zu 100 Prozent erstattet die Ausgleichskasse die Aufwendungen bei Mutterschaft. Erstattet wird hier der Differenzbetrag zwischen Mutterschaftsgeld und Nettolohn sowie das bei Beschäftigungsverbot fortgezahlte Arbeitsentgelt (§§ 11 und 14 MuSchG).

2.3.4 Erholungsurlaub

Nach dem Bundesurlaubsgesetz hat jeder Arbeitnehmer in jedem Kalenderjahr Anspruch auf bezahlten Erholungsurlaub.

Der Jahresurlaub beträgt gesetzlich 24 Werktage (das sind solche Tage, die nicht Sonn- oder Feiertage sind). Tariflich wird im Allgemeinen ein längerer Jahresurlaub gewährt. Teilzeitbeschäftigte erhalten zeitlich den gleich langen Urlaub wie Vollbeschäftigte, jedoch mit entsprechend geringerem Urlaubsentgelt. Der volle Jahresurlaub kann erst nach Ablauf einer Wartezeit von sechs Monaten beansprucht werden. Neu eingestellte und ausscheidende Arbeitnehmer haben grundsätzlich nur Anspruch auf einen anteilmäßigen Jahresurlaub. **gesetzlicher Mindesturlaub**

Das Urlaubsentgelt bemisst sich nach dem durchschnittlichen Arbeitsverdienst, das der Arbeitnehmer in den letzten 13 Wochen erhalten hat, mit Ausnahme des zusätzlich für Überstunden gezahlten Arbeitsverdienstes. Es ist vor Antritt des Urlaubs fällig. Kuren und nachgewiesene Krankheitstage dürfen nicht auf den Jahresurlaub angerechnet werden. **Bemessung des Urlaubsentgelts**

ARBEITSRECHT

2.3.5 Gleichbehandlung von Männern und Frauen am Arbeitsplatz

Verbot geschlechtsbedingter Benachteiligung

§ 611 a BGB verbietet dem Arbeitgeber insbesondere bei Begründung eines Arbeitsverhältnisses, beim beruflichen Aufstieg oder bei einer Kündigung, einen Arbeitnehmer wegen seines Geschlechts zu benachteiligen.

Das Bundesarbeitsgericht hat 1993 entschieden, die Frage nach der Schwangerschaft vor der Einstellung einer Arbeitnehmerin enthalte in der Regel eine unzulässige Benachteiligung wegen des Geschlechts und verstoße damit gegen das Diskriminierungsverbot des § 611 a BGB, und zwar gleichgültig, ob sich nur Frauen oder auch Männer um den Arbeitsplatz bewerben. Die Frage nach einer Schwangerschaft ist nach neuer Rechtsprechung auch dann nicht mehr zulässig, wenn die Arbeitsbedingungen objektiv für die werdende Mutter und das ungeborene Kind unzulässig sind.

Schadenersatzpflicht

Die Benachteiligung bei der Einstellung eines Arbeitnehmers führt zur Schadenersatzpflicht; die Höhe beträgt bis zu drei Monatsverdiensten. Ein höherer Betrag ist nach der Rechtsprechung des Europäischen Gerichtshofs (EuGH) dann zu zahlen, wenn der Bewerber bzw. die Bewerberin bei gleichheitsgemäßer Auswahl der oder die Geeignetste war. Dieser Anspruch muss je nach Fall in einer Frist zwischen zwei bis sechs Monaten nach Zugang der Ablehnung schriftlich geltend gemacht werden.

keine geschlechtsspezifische Stellenausschreibung

Der Arbeitgeber darf gem. § 611 b BGB einen Arbeitsplatz weder öffentlich noch innerhalb des Betriebes nur für Männer oder nur für Frauen ausschreiben, es sei denn, ein bestimmtes Geschlecht ist ausschlaggebend für die Tätigkeit.

Beschäftigtenschutzgesetz

Das „Gesetz zum Schutz der Beschäftigten vor sexueller Belästigung am Arbeitsplatz **(Beschäftigtenschutzgesetz)**" soll die Würde von Männern und Frauen am Arbeitsplatz wahren. Arbeitgeber haben die Beschäftigten vor sexueller Belästigung am Arbeitsplatz zu schützen.

2.3.6 Arbeitspapiere

Aushändigungspflicht

Bei Beendigung des Arbeitsverhältnisses müssen die Arbeitspapiere dem Arbeitnehmer unverzüglich ausgehändigt werden, spätestens am letzten Tag des Arbeitsverhältnisses. Dazu gehören u. a.: Lohnsteuerkarte und Versicherungsnachweisheft, ferner im Baugewerbe Urlaubskarte und Karte der Lohnausgleichs- und Zusatzversorgungskasse.

Ein Zurückbehalten der Arbeitspapiere ist nicht statthaft, auch wenn der Arbeitgeber noch Gegenforderungen hat.

einfaches Zeugnis

qualifiziertes Zeugnis

Jedem ausscheidenden Arbeitnehmer ist ein schriftliches **Zeugnis** (→ „Personalwesen", S. 375) über Art und Dauer des Arbeitsverhältnisses auszustellen (einfaches Zeugnis oder eine Arbeitsbescheinigung). Wenn der Arbeitnehmer es verlangt, muss der Arbeitgeber ihm ein qualifiziertes Zeugnis ausstellen, das sich auf Führung und Leistungen erstreckt. Das Zeugnis muss klar und verständlich formuliert sein. Es darf keine Merkmale oder Formulierungen enthalten, die den Zweck haben, eine andere als aus der äußeren Form oder aus dem Wortlaut ersichtliche Aussage für den Arbeitnehmer zu treffen (§ 109 GewO). Für ein unrichtig ausgestelltes Zeugnis kann der Zeugnisaussteller haftbar gemacht werden. Das Datum des Zeugnisses darf nach der Rechtsprechung des Bundesarbeitsgerichts nicht auffällig weit vom Datum des Ausscheidens abweichen.

Der Arbeitgeber kann sich vom Arbeitnehmer schriftlich bestätigen lassen, dass diesem keinerlei Ansprüche mehr aus dem bestandenen Arbeitsverhältnis und dessen Beendigung zustehen. Eine solche schriftliche Erklärung heißt **Ausgleichsquittung.** Dieser Verzicht ist jedoch nur dann und umfassend wirksam, wenn im Zusammenhang mit anderen Erklärungen ausdrücklich das Wort „Verzicht" gebraucht wird und auf die Wirkung dieser Erklärung hingewiesen wird. Dies gilt vor allem bei vorformulierten Ausgleichsquittungen. Der Arbeitnehmer ist nicht verpflichtet, sie zu unterschreiben. Geschieht dies aber, verzichtet er damit auf alle möglicherweise noch bestehenden Ansprüche, mit Ausnahme solcher, die unverzichtbar sind, wie z. B. gesetzliche oder tarifliche.

Ausgleichsquittung

2.4 Pflichten des Arbeitnehmers

In erster Linie hat der Arbeitnehmer seine Arbeitskraft zur Verfügung zu stellen, und zwar im Rahmen der Tätigkeit, für die er eingestellt ist. Er unterliegt hierbei dem Weisungsrecht des Arbeitgebers, soweit dessen Anordnungen zumutbar sind. Die Arbeitszeiten sind einzuhalten. Darüber hinaus hat der Arbeitnehmer dem Arbeitgeber oder Betrieb gegenüber eine Treuepflicht; diese beinhaltet u. a. das Wettbewerbsverbot, die Verschwiegenheitspflicht, das Verbot der Schmiergeldannahme. Auch soll er z. B. drohende Schäden und Missstände anzeigen, damit für die Abstellung gesorgt wird; er soll ferner alles unterlassen, was dem Betrieb abträglich sein könnte.

Arbeitspflicht

Treuepflicht

2.4.1 Vorlage der Arbeitspapiere

Bei seiner Einstellung hat der Arbeitnehmer dem Arbeitgeber seine Arbeitspapiere auszuhändigen, wie z. B. Lohnsteuerkarte, Versicherungsnachweisheft, Urlaubskarte (im Baugewerbe) etc.

Darüber hinaus ist der **Sozialversicherungsausweis** dem Arbeitgeber vorzulegen. Diesen Sozialversicherungsausweis erhält jeder Beschäftigte von seinem Rentenversicherungsträger. Der Ausweis ist bei Ausübung der Beschäftigung mitzuführen und bei Kontrollen zur Aufdeckung illegaler Beschäftigungsverhältnisse vorzulegen sowie zur Verhinderung von Leistungsmissbrauch bei dem zuständigen Leistungsträger zu hinterlegen.

Sozialversicherungsausweis

In Betrieben des Fleischer- und Konditoren-, unter Umständen auch des Bäckerhandwerks ist dem Arbeitgeber ein Attest des Gesundheitsamtes aufgrund des Bundesseuchengesetzes vorzulegen.

ARBEITSRECHT

2.4.2 Anzeige- und Nachweispflicht bei Arbeitsunfähigkeit

Mitteilung über Arbeitsunfähigkeit

Der Arbeitnehmer ist nach dem Entgeltfortzahlungsgesetz verpflichtet, dem Arbeitgeber die Arbeitsunfähigkeit und deren voraussichtliche Dauer unverzüglich mitzuteilen. Dauert die Arbeitsunfähigkeit länger als drei Kalendertage, hat der Arbeitnehmer eine ärztliche Bescheinigung über das Bestehen der Arbeitsunfähigkeit sowie deren voraussichtliche Dauer spätestens an dem darauf folgenden Arbeitstag vorzulegen, also am vierten Tag der Erkrankung. Der Arbeitgeber ist allerdings berechtigt, die Vorlage der ärztlichen Bescheinigung schon früher zu verlangen. Dauert die Arbeitsunfähigkeit länger als in der Bescheinigung angegeben, ist der Arbeitnehmer verpflichtet, eine neue ärztliche Bescheinigung vorzulegen. Der Arbeitnehmer ist ferner verpflichtet, seiner gesetzlichen Krankenkasse die Arbeitsunfähigkeit unverzüglich anzuzeigen.

2.4.3 Haftung des Arbeitnehmers

Der Arbeitnehmer haftet grundsätzlich für vorsätzliches und fahrlässiges Verhalten und ist ggf. zum Ersatz des Schadens gegenüber dem Arbeitgeber verpflichtet (→ S. 502). Diese Haftung hat das Bundesarbeitsgericht hinsichtlich des Grades des Verschuldens differenziert entwickelt.

Haftungsvoraussetzungen

- Bei Vorsatz haftet der Arbeitnehmer immer.
- Bei grober Fahrlässigkeit haftet der Arbeitnehmer ebenfalls für den gesamten Schaden (Beispiel: Alkoholgenuss eines Kraftfahrers über Promillegrenze); nach der Rechtsprechung des Bundesarbeitsgerichts kann die Schadenersatzforderung des Arbeitgebers reduziert werden, wenn das Haftungsrisiko in keiner Relation zum Arbeitseinkommen des Arbeitnehmers steht.
- Bei normaler oder mittlerer Fahrlässigkeit wird der Schaden in der Regel zwischen Arbeitnehmer und Arbeitgeber aufgeteilt, wobei die Gesamtumstände von Schadensanlass und Schadensfolgen nach Billigkeitsgründen und Zumutbarkeitsgesichtspunkten gegeneinander abzuwägen sind.
- Bei leichter Fahrlässigkeit haftet der Arbeitnehmer grundsätzlich nicht.

Gemäß § 619a BGB muss der Arbeitgeber dem Arbeitnehmer das Verschulden nachweisen.

2.5 Beendigung des Arbeitsverhältnisses

Ein Arbeitsverhältnis kann aus recht unterschiedlichen Anlässen enden. Die wichtigsten Anlässe der Beendigung sind:

Beendigungsgründe

- Fristablauf bei einem auf eine bestimmte Zeit abgeschlossenen Vertrag (→ S.615),
- Kündigung,
- Gerichtsurteil,
- Aufhebungsvertrag,

ARBEITSRECHT

- Vertragsbruch,
- Eintritt in den Ruhestand.

Gleichgültig, aus welchem Grund ein Arbeitsverhältnis endet (außer bei Erreichen des Rentenalters), muss der Arbeitnehmer – aufgrund einer Änderung des SGB III – sich unverzüglich und persönlich nach Kenntnis des Beendigungszeitpunktes beim Arbeitsamt als arbeitsuchend melden; bei Nichtbeachtung drohen ihm Sanktionen in Form von Leistungskürzungen. Bei Beendigung eines befristeten Arbeitsverhältnisses hat die Meldung „frühestens" drei Monate vorher zu erfolgen.

2.5.1 Kündigung

Jedes – unbefristete – Arbeitsverhältnis kann jederzeit vom Arbeitgeber oder Arbeitnehmer unter Einhaltung der in Frage kommenden Kündigungsfrist gekündigt werden. Dabei muss bei verhaltensbedingten Gründen vor Ausspruch der Kündigung grundsätzlich eine **Abmahnung** erfolgen. Die – aus Beweisgründen am besten schriftliche – Abmahnung muss ihren Grund, z. B. Leistungsmängel, angeben und den deutlichen Hinweis enthalten, dass im Wiederholungsfall der Inhalt oder sogar der Bestand des Arbeitsverhältnisses gefährdet ist. — **Abmahnung**

Die Kündigung ist ein häufiger Endigungsgrund. Sie ist eine einseitige, empfangsbedürftige Willenserklärung (→ S. 517) einer Vertragspartei. Die Kündigung wird also erst rechtswirksam, wenn sie dem Empfänger zugeht. Das Bundesarbeitsgericht hat entschieden, dass auch während des Urlaubs des Arbeitnehmers ein an die Heimatanschrift gerichtetes Kündigungsschreiben dem Arbeitnehmer grundsätzlich auch dann zugeht, wenn dem Arbeitgeber bekannt war, dass der Arbeitnehmer während seines Urlaubs verreist war. — **Kündigung empfangsbedürftig**

Die Kündigung muss in **Schriftform** erfolgen. Die Schriftlichkeit ist gesetzliche Voraussetzung ihrer Wirksamkeit. Dies bedeutet, dass bei einer nur mündlich ausgesprochenen Kündigung das Arbeitsverhältnis weiterbesteht. Die Kündigung braucht im Allgemeinen keine Angabe des Kündigungsgrundes zu enthalten; es ist jedoch zweckmäßig, dies zu tun. — **vorgeschriebene Schriftform**

Bei der Kündigung unterscheidet man die fristgemäße (ordentliche) und die fristlose (außerordentliche) Kündigung.

Kündigungsgründe

Anhand der Rechtsprechung des Bundesarbeitsgerichts gibt es verschiedene Gründe, die eine **ordentliche Kündigung** rechtfertigen: — **ordentliche Kündigung**

- **Mehrfache, unentschuldigte Fehlzeiten**
  Dabei kommt es nicht darauf an, ob es zu Störungen des Betriebsablaufes (beispielsweise zur Beeinträchtigung der Produktion) gekommen ist. Nur gewichtige Gründe in der Person des Arbeitnehmers können bei der vorzunehmenden Interessenabwägung zu seinen Gunsten berücksichtigt werden.

ARBEITSRECHT

- **Trunksucht**
  Es gelten die Grundsätze für die krankheitsbedingte Kündigung. Aus den Besonderheiten der Trunksucht kann sich aber die Notwendigkeit ergeben, an die Prognose im Hinblick auf die weitere Entwicklung der Alkoholabhängigkeit geringe Anforderungen zu stellen. Ist der Arbeitnehmer zum Zeitpunkt der Kündigung nicht therapiebereit, kann davon ausgegangen werden, dass er von dieser Krankheit in absehbarer Zeit nicht geheilt wird.

- **Krankheit**
  Auch die krankheitsbedingte Kündigung ist grundsätzlich zulässig. Das Bundesarbeitsgericht prüft die **Sozialwidrigkeit** einer wegen häufiger Kurzerkrankungen ausgesprochenen Kündigung des Arbeitgebers in drei Stufen in folgender Form:

  1. Zunächst ist eine negative Gesundheitsprognose erforderlich. Zum Zeitpunkt der Kündigung müssen objektive Tatsachen vorliegen, die die Besorgnis weiterer Erkrankungen in bisherigem Umfang rechtfertigen, z. B. häufige Kurzerkrankungen in der Vergangenheit.

  2. Die erwarteten Fehlzeiten sind nur dann geeignet, eine krankheitsbedingte Kündigung sozial zu rechtfertigen, wenn sie zu einer erheblichen Beeinträchtigung der betrieblichen Interessen führen.

  3. Liegt nach diesen Grundsätzen eine erhebliche Beeinträchtigung betrieblicher Interessen vor, so ist im Rahmen der gebotenen Interessenabwägung zu prüfen, ob diese Beeinträchtigungen vom Arbeitgeber billigerweise nicht mehr hingenommen werden müssen. Insbesondere ist einzukalkulieren, ob die Erkrankungen auf betriebliche Ursachen zurückzuführen sind, ob und gegebenenfalls wie lange das Arbeitsverhältnis ungestört verlaufen ist, ebenfalls sind das Alter und der Familienstand des Arbeitnehmers zu berücksichtigen.

Änderungskündigung
Kündigt der Arbeitgeber das Arbeitsverhältnis und bietet er dem Arbeitnehmer im Zusammenhang mit der Kündigung die Fortsetzung des Arbeitsverhältnisses zu geänderten Arbeitsbedingungen an – man spricht dann von einer **Änderungskündigung** –, so kann der Arbeitnehmer dieses Angebot annehmen oder ablehnen. Im Falle der Ablehnung kann er Kündigungsschutz geltend machen.

Kündigungsfristen

Gem. § 622 BGB gilt für Arbeiter und Angestellte einheitlich:

Frist während der Probezeit
- Die Kündigungsfrist während einer vereinbarten Probezeit beträgt zwei Wochen, wobei die Probezeit in der Regel längstens sechs Monate dauern darf, § 622 Abs. 3 BGB.

gesetzliche Grundfrist
- Die vom Arbeitgeber und vom Arbeitnehmer einzuhaltende Grundkündigungsfrist beträgt vier Wochen zum 15. oder zum Ende eines Kalendermonats, § 622 Abs. 1. In Betrieben mit bis zu 20 Arbeitnehmern kann eine vierwöchige Grundkündigungsfrist ohne festen Termin einzelvertraglich vereinbart werden (→ Berechnung der Zahl der Beschäftigten, S. 628).

ARBEITSRECHT

- Je nach Betriebszugehörigkeit gibt es verlängerte Kündigungsfristen für die Arbeitgeberkündigung. Berechnet wird die Betriebszugehörigkeit vom 25. Lebensjahr des Arbeitnehmers an.

verlängerte Fristen

- Die Kündigungsfristen können auch weiterhin durch die Tarifpartner frei gestaltet werden, § 622 Abs. 4. Im Geltungsbereich eines solchen Tarifvertrages herrschen die abweichenden tarifvertraglichen Bestimmungen zwischen nichttarifgebundenen Arbeitgebern und Arbeitnehmern, wenn ihre Anwendung zwischen ihnen vereinbart ist.

tarifliche Kündigungsfristen

- Einzelvertraglich ist wie bisher eine Verlängerung sämtlicher Kündigungsfristen möglich; bei der Kündigung des Arbeitsverhältnisses durch den Arbeitnehmer darf jedoch keine längere Frist vereinbart werden als für die Kündigung durch den Arbeitgeber.

einzelvertragliche Vereinbarungen

- Einzelvertraglich kann weiterhin eine kürzere Kündigungsfrist nur vereinbart werden, wenn der Arbeitnehmer zur vorübergehenden Aushilfe eingestellt ist und das Arbeitsverhältnis nicht über die Zeit von drei Monaten hinaus fortgesetzt wird.

Der gesetzliche Kündigungsschutz bleibt unberührt; eine Kündigung darf auch weiterhin grundsätzlich nur ausgesprochen werden, wenn sie sachlich begründet ist.

Die **fristlose Kündigung** (auch: außerordentliche Kündigung) ist eine Kündigung ohne Einhaltung einer gesetzlichen oder vertraglichen Kündigungsfrist. Sie kann von beiden Teilen ausgesprochen werden. Zur Rechtswirksamkeit einer fristlosen Kündigung muss jedoch ein wichtiger Grund gegeben sein, wenn also Tatsachen vorliegen, aufgrund derer dem Kündigenden unter Berücksichtigung aller Umstände des Einzelfalles und unter Abwägung der Interessen beider Vertragsteile die Fortsetzung des Arbeitsverhältnisses bis zum Ablauf der Kündigungsfrist nicht zugemutet werden kann. Beispiel: Wiederholte Unpünktlichkeiten eines Arbeitnehmers, die den Grad und die Auswirkung einer beharrlichen Verweigerung der Arbeitspflicht erreicht haben.

fristlose Kündigung

Die fristlose Kündigung kann nur innerhalb von zwei Wochen erfolgen, berechnet von dem Zeitpunkt an, an dem die für die Kündigung maßgebenden Tatsachen bekannt geworden sind. Der Kündigende muss dem anderen Vertragspartner in einem solchen Falle auf Verlangen den Kündigungsgrund unverzüglich schriftlich mitteilen.

Kündigungsfrist für fristlose Kündigung

2.5.2 Auflösung durch Gerichtsurteil

Im Zuge eines Kündigungsschutzprozesses hat das Arbeitsgericht das Arbeitsverhältnis auf Antrag des Arbeitnehmers durch Urteil aufzulösen, wenn die Kündigungsgründe des Arbeitgebers nicht ausreichen, dem Arbeitnehmer aber die Fortsetzung des Arbeitsverhältnisses nicht mehr zuzumuten ist. Das Gleiche gilt auch auf Antrag des Arbeitgebers, wenn eine weitere betriebsdienliche Zusammenarbeit nicht mehr zu erwarten ist. Der Arbeitgeber ist dann zu einer angemessenen Abfindung zu verurteilen.

Urteilsspruch bei nicht zumutbarer Weiterbeschäftigung

2.5.3 Aufhebungsvertrag

einvernehmliche Beendigung

Im gegenseitigen Einvernehmen kann jeder Arbeitsvertrag zu einem vereinbarten Zeitpunkt beendet werden. Man spricht dann von einem **Aufhebungsvertrag.** Gem. § 623 BGB muss der Aufhebungsvertrag schriftlich geschlossen werden, um wirksam zu sein. Scheidet ein Arbeitnehmer im gegenseitigen Einvernehmen vorzeitig aus, so wird oftmals eine Abfindung in Geld in einer bestimmten Höhe vereinbart. Diese Abfindung ist Gegenstand von Verhandlungen; ein Rechtsanspruch besteht darauf – entgegen häufig anzutreffender Meinung – nicht.

2.5.4 Vertragsbruch

ungerechtfertigte fristlose Kündigung

Vertragsbruch ist die einseitige fristlose Lösung des Arbeitsverhältnisses, ohne dass ein wichtiger Grund vorliegt. Er begründet einen Schadenersatzanspruch des gekündigten Teils. Der Arbeitnehmer kann mindestens seinen Lohn bis zur ordentlichen Beendigung des Arbeitsverhältnisses verlangen. Der Arbeitgeber kann Ausgleich des Schadens verlangen, der durch die Nichteinhaltung der Kündigungsfrist entstanden ist, z. B. durch Verzögerung einer Auftragsausführung oder Zeitungsinserat. Der Schaden muss aber nachgewiesen werden können!

2.5.5 Eintritt in den Ruhestand

Erreichen der Altersgrenze

Der Arbeitnehmer hat regelmäßig mit Vollendung des 65. Lebensjahres als Versicherter Anspruch auf Altersrente. Die Tarifverträge sehen deshalb vor, dass mit Erreichen dieser Altersgrenze das Arbeitsverhältnis endet. Wenn kein Tarifvertrag unmittelbar, durch Einzelvereinbarung oder durch Allgemeinverbindlichkeitserklärung (→ S. 633) gilt, sollte im Arbeitsvertrag diese Altersgrenze als Ende des Arbeitsverhältnisses vereinbart werden. Der Anspruch eines Versicherten auf eine Altersrente ist nämlich gemäß § 41 Sozialgesetzbuch VI für sich kein Kündigungsgrund, d. h., er hat trotz des Rentenbezuges Anspruch auf Fortsetzung des Arbeitsverhältnisses.

2.5.6 Verjährung und Ausschluss

Arbeitsrechtliche Ansprüche aller Art, insbesondere Lohnansprüche, unterliegen der Verjährung oder dem Ausschluss. Das heißt, wenn sie bis zu einem bestimmten Zeitpunkt nicht vom Arbeitnehmer geltend gemacht oder vom Arbeitgeber anerkannt werden, kann der Arbeitgeber die Befriedigung verweigern. Die normale – gesetzliche – Verjährungsfrist für derartige Ansprüche beträgt drei Jahre, beginnend mit dem Schluss des Jahres, in dem der Anspruch entstanden ist.

Verjährungsfrist

Beim Ausschluss handelt es sich um eine zeitlich kürzere „Verjährung" von arbeitsrechtlichen Ansprüchen beider Seiten. Der Ausschluss ist nicht gesetzlich geregelt. Vielmehr ist er oftmals durch eine Ausschlussklausel in den Tarifverträgen verankert. Die Ausschlussfrist beträgt im Allgemeinen drei Monate, beginnend z. T. mit Entstehung des Anspruches, z. T. auch erst mit Beendigung des Arbeitsverhältnisses.

Ausschlussfrist

ARBEITSRECHT

Verjährung und Ausschluss schließen die Geltendmachung arbeitsrechtlicher Ansprüche aus!

Bitte bearbeiten Sie abschließend die folgenden Aufgaben:

1. Formulieren Sie einen Arbeitsvertrag mit den gesetzlich vorgeschriebenen Elementen nach den Vorgaben des Nachweisgesetzes.

2. Bilden Sie Beispiele für ein Fehlverhalten eines Arbeitnehmers und beurteilen Sie, ob eine ordentliche, fristlose oder überhaupt keine Kündigung möglich ist.

3. Beschreiben Sie beispielhaft die Rechtsgrundlagen des Arbeitsrechts.

ARBEITSRECHT

3. Kündigungsschutz

> **Kompetenzen:**
> Der Lernende
> - kann den betrieblichen Geltungsbereich des Kündigungsschutzgesetzes bestimmen und beschreiben,
> - kann Kündigungsgründe unterscheiden und darlegen,
> - kann Sonderregelungen für bestimmte Personengruppen erläutern.

Die vom Arbeitgeber ausgesprochene Kündigung unterliegt grundsätzlich Einschränkungen. Diese sind im Kündigungsschutzgesetz für jeden Arbeitnehmer geregelt; für bestimmte Personengruppen gelten einschlägige Sondergesetze.

3.1 Allgemeiner Kündigungsschutz

Kündigungsschutzgesetz — Das **Kündigungsschutzgesetz** gibt grundsätzlich jedem Arbeitnehmer die Möglichkeit, eine fristgemäße Kündigung für rechtsunwirksam feststellen zu lassen, wenn sie sozial ungerechtfertigt ist. Das Arbeitsverhältnis muss aber in demselben Betrieb – ohne Unterbrechung – länger als sechs Monate bestanden haben. Ab 1. Januar 2004 wird der Kündigungsschutz gelockert in Betrieben, die zehn oder weniger Beschäftigte haben. Diese Regelung gilt für Neueinstellungen. Weitere Einzelheiten zum geänderten Kündigungsschutzgesetz konnten aufgrund des Redaktionsschlusses nicht mehr berücksichtigt werden.

Ermittlung der Beschäftigtenzahl — Bei der Feststellung der Zahl der beschäftigten Arbeitnehmer sind teilzeitbeschäftigte Arbeitnehmer mit einer regelmäßigen wöchentlichen Arbeitszeit von nicht mehr als zwanzig Stunden mit 0,5 und nicht mehr als dreißig Stunden mit 0,75 zu berücksichtigen. Diese Berechnungsweise gilt auch im Falle der Änderung der Grundkündigungsfristen in Kleinbetrieben, § 622 Abs. 5 BGB, im Arbeitsplatzschutzgesetz und im Arbeitsschutzgesetz.

Sozial ungerechtfertigte Kündigung

Sozial ungerechtfertigt ist eine Kündigung, wenn sie nicht durch
- Gründe, die in der Person des Arbeitnehmers liegen (z. B. mangelnde körperliche oder geistige Eignung) oder
- Gründe, die in dem Verhalten des Arbeitnehmers liegen (z. B. Nichteinhaltung des Arbeitsvertrages, Unkollegialität) oder

ARBEITSRECHT

- dringende betriebliche Erfordernisse, die einer Weiterbeschäftigung des Arbeitnehmers in diesem Betrieb entgegenstehen (betriebsbedingte Gründe),

bedingt ist oder der Arbeitnehmer an einem anderen Arbeitsplatz in demselben Betrieb weiterbeschäftigt wird.

Wer geltend machen will, dass seine Kündigung sozial ungerechtfertigt ist, muss innerhalb von drei Wochen nach Zugang der Kündigung Klage beim Arbeitsgericht erheben. **Klagefrist**

Ist einem Arbeitnehmer aus dringenden betrieblichen Erfordernissen gekündigt worden, so ist die Kündigung trotzdem sozial ungerechtfertigt, wenn der Arbeitgeber bei der Auswahl des Arbeitnehmers **„soziale Gesichtspunkte",** dazu gehören u. a. die Dauer der Betriebszugehörigkeit, das Lebensalter sowie mögliche Unterhaltspflichten des Arbeitnehmers, nicht oder nicht ausreichend berücksichtigt hat. **Auswahl nach sozialen Gesichtspunkten**

Auf Verlangen des Arbeitnehmers hat ihm der Arbeitgeber die Gründe anzugeben, die zu der getroffenen sozialen Auswahl geführt haben. Der Arbeitnehmer hat die Tatsachen zu beweisen, die die Kündigung sozial ungerechtfertigt erscheinen lassen. Soziale Gesichtspunkte treten dann zurück, wenn betriebstechnische, wirtschaftliche oder sonstige berechtigte betriebliche Bedürfnisse die Weiterbeschäftigung eines oder mehrerer bestimmter Arbeitnehmer bedingen.

Stellt das Gericht fest, dass die Kündigungsgründe nicht ausreichen, so besteht das Arbeitsverhältnis fort. Ist die Fortsetzung des Arbeitsverhältnisses den Parteien nicht zuzumuten, kann das Gericht das Arbeitsverhältnis für beendet erklären und den Arbeitgeber zu einer angemessenen Abfindung verurteilen.

Wenn ein Betriebsrat besteht, so ist dieser aufgrund des Betriebsverfassungsgesetzes vor jeder – auch einer außerordentlichen – Kündigung zu hören (§ 102 BetrVG). Ihm sind vom Arbeitgeber auch die Gründe der Kündigung mitzuteilen. Eine ohne Anhörung des Betriebsrats ausgesprochene Kündigung ist unwirksam, gleich welche Gründe vorliegen. **Anhörung des Betriebsrates**

Beispiel: Im Betrieb Schmelz & Co., in dem ein Betriebsrat besteht, wird einem Arbeitnehmer wegen schweren Diebstahls fristlos gekündigt. Es ist jedoch versäumt worden, den Betriebsrat dazu zu hören. Im darauf folgenden Arbeitsgerichtsprozess wird die Kündigung für unwirksam erklärt, da der Betriebsrat nicht gehört wurde.

Widerspricht der Betriebsrat innerhalb einer Woche einer ordentlichen Kündigung und erhebt der Arbeitnehmer Klage aufgrund des Kündigungsschutzgesetzes, so muss der Arbeitgeber auf Verlangen des Arbeitnehmers diesen bis zum rechtskräftigen Abschluss des Rechtsstreits weiter beschäftigen.

ARBEITSRECHT

3.2 Besonderer Kündigungsschutz

In einer Reihe von Gesetzen ist für bestimmte Fälle ein besonderer Kündigungsschutz vorgesehen:

Kündigungsschutz für Betriebsräte
Betriebsratsmitgliedern kann nach dem Kündigungsschutzgesetz (§ 15) nicht gekündigt werden, es sei denn, dass ein wichtiger Grund vorliegt, der eine fristlose Kündigung rechtfertigt.

Kündigungsschutz für Wehrpflichtige
Aufgrund des **Arbeitsplatzschutzgesetzes** darf das Arbeitsverhältnis bei Einberufung zum Wehrdienst seitens des Arbeitgebers aus Anlass des Wehrdienstes nicht gekündigt werden. Der Einberufungsbescheid ist nach Erhalt unverzüglich dem Arbeitgeber vorzulegen.

Ausnahmeregelung für Kleinbetriebe
Ausnahme: In Betrieben mit in der Regel höchstens fünf Arbeitnehmern (ausschließlich Auszubildenden) ist die Kündigung eines unverheirateten Arbeitnehmers, der zu einem Grundwehrdienst von mehr als sechs Monaten einberufen ist, zulässig, wenn dem Arbeitgeber infolge Einstellung einer Ersatzkraft die Weiterbeschäftigung des Arbeitnehmers nach Entlassung aus dem Wehrdienst nicht zugemutet werden kann. Die Kündigung muss in diesem Fall jedoch mindestens zwei Monate vor der Entlassung aus dem Wehrdienst ausgesprochen werden. Derartige Vorschriften gelten auch für den zivilen Ersatzdienst.

Kündigungsschutz nach Mutterschutzgesetz
Nach dem **Mutterschutzgesetz** darf einer Frau nicht gekündigt werden

- während ihrer Schwangerschaft, wenn dem Arbeitgeber z. Z. der Kündigung die Schwangerschaft oder Entbindung bekannt war oder ihm innerhalb von zwei Wochen nach Zugang der Kündigung mitgeteilt wird. Das Überschreiten dieser Frist ist unschädlich, wenn es auf einem von der Frau nicht zu vertretenden Grund beruht und die Mitteilung unverzüglich nachgeholt wird. Beispiel: Eine junge Frau wird am 15. August eingestellt. Am 20. September teilt sie dem Arbeitgeber mit, dass sie im 4. Monat schwanger ist. Eine Kündigung durch den Arbeitgeber mit dem Hinweis, dass die Arbeitnehmerin bei Einstellung am 15. August die Tatsache der Schwangerschaft verschwiegen hat, bleibt unwirksam, da die Arbeitnehmerin nicht verpflichtet war, ihren Zustand zu offenbaren;
- bis zum Ablauf von vier Monaten nach der Entbindung.

Der absolute Kündigungsschutz gilt grundsätzlich auch bei einer fristlosen Kündigung; die Gewerbeaufsichtsbehörde kann jedoch in besonderen Fällen ausnahmsweise eine Kündigung für zulässig erklären. Beispiel: Eine schwangere Frau stiehlt aus der Ladenkasse € 50,–. Der Diebstahl wird am nächsten Tag entdeckt und die Arbeitnehmerin fristlos entlassen. Die Kündigung ist nur mit Genehmigung wirksam.

Ihrerseits kann die durch das Mutterschutzgesetz geschützte Frau das Arbeitsverhältnis jederzeit ohne Einhaltung einer Frist zum Ende der Schutzfrist nach der Entbindung kündigen, während des Mutterschaftsurlaubs unter Einhaltung einer Kündigungsfrist von einem Monat zum Ende dieses Urlaubs.

ARBEITSRECHT

Nach dem **Gesetz zum Erziehungsgeld und zur Elternzeit** darf der Arbeitgeber ab dem Zeitpunkt, von dem an Elternzeit verlangt worden ist, höchstens jedoch acht Wochen vor Beginn der Elternzeit und während der Elternzeit nicht kündigen. Dieser Kündigungsschutz gilt auch für Arbeitnehmer, die aufgrund dieses Gesetzes Teilzeitarbeit leisten.

Schwerbehinderten kann nur mit vorheriger Zustimmung des Integrationsamtes gekündigt werden (Sozialgesetzbuch IX). Die Kündigungsfrist beträgt mindestens vier Wochen. Auch außerordentliche Kündigungen bedürfen der Zustimmung; sie können nur innerhalb von zwei Wochen seit Kenntnis des Kündigungsgrundes beantragt werden. Ohne Zustimmung ist eine Kündigung rechtsunwirksam.

Kündigung Schwerbehinderte

Bei **Massenentlassungen** muss der Arbeitgeber dem Arbeitsamt Anzeige erstatten. Eine Massenentlassung liegt vor, wenn der Arbeitgeber

- in Betrieben mit in der Regel mehr als 20 und weniger als 60 Arbeitnehmern mehr als fünf Arbeitnehmer,
- in Betrieben mit in der Regel mindestens 60 und weniger als 500 Arbeitnehmern zehn vom Hundert der im Betrieb regelmäßig beschäftigten Arbeitnehmer oder aber mehr als 25 Arbeitnehmer,
- in Betrieben mit in der Regel mindestens 500 Arbeitnehmern mindestens 30 Arbeitnehmer

innerhalb von 30 Kalendertagen entlässt.

Massenentlassungen anzeigepflichtig

Der Betriebsrat ist rechtzeitig über die Gründe, die Zahl der betroffenen Arbeitnehmer und andere Einzelheiten schriftlich zu verständigen. Vor Ablauf eines Monats nach Eingang der Anzeige wird die Entlassung nur mit Zustimmung des Landesarbeitsamtes wirksam.

Rolle des Betriebsrates

Bitte bearbeiten Sie abschließend die folgenden Aufgaben:

1. Beschreiben Sie den Anwendungsbereich des Kündigungsschutzgesetzes und legen Sie dar, wie sich die Zahl der Arbeitnehmer bei der Beschäftigung von Teilzeitkräften errechnet.

2. Schildern Sie Beispielfälle, in denen eine Kündigung sozial ungerechtfertigt ist.

3. Erläutern Sie die strengeren Kündigungsvorschriften für bestimmte Arbeitnehmergruppen anhand der gesetzlichen Bestimmungen.

4. Tarifvertrag

> **Kompetenzen:**
>
> Der Lernende
>
> - kann die Punkte beschreiben, die in einem Tarifvertrag geregelt werden,
> - kann die Voraussetzungen für eine Tarifbindung erläutern,
> - ist in der Lage, die Bedeutung der „Allgemeinverbindlichkeit" eines Tarifvertrages zu erklären.

Das **Tarifvertragsrecht** ist Teil des so genannten kollektiven Arbeitsrechts. Es hat seine Grundlage im **Tarifvertragsgesetz**.

Inhalt des Tarifvertrags

Danach regelt ein **Tarifvertrag** zunächst die beiderseitigen Rechte und Pflichten der Tarifvertragsparteien. Gegenstand des Tarifvertrages in diesem Sinne kann auch die Schaffung gemeinsamer Einrichtungen wie z. B. Urlaubskassen, Zusatzversorgungskassen oder Ähnliches sein.

Er enthält ferner Rechtsnormen, die den Abschluss, den Inhalt und die Beendigung von Arbeitsverhältnissen sowie betriebliche und betriebsverfassungsrechtliche Angelegenheiten ordnen können. Dazu gehören beispielsweise folgende Punkte:

- Abschluss von Arbeitsverträgen,
- Arbeitsbedingungen,
- Arbeitslohn,
- Zulagen,
- die allgemeine Ordnung im Betrieb,
- Einzelheiten der Kündigungsmöglichkeiten, die nicht schon gesetzlich geregelt sind oder in denen das Gesetz den Tarifvertragsparteien Gestaltungsspielraum lässt.

Der Tarifvertrag bedarf der Schriftform.

4.1 Tarifvertragsparteien

Parteien eines Tarifvertrages sind auf Seiten der Arbeitgeber entweder einzelne Unternehmen, die dann einen **„Haustarifvertrag"** abschließen, oder Arbeitgebervereinigungen, mit denen dann der sog. **„Flächentarifvertrag"** geschlossen wird, weil er alle Betriebe dieses Verbandes – meistens einer Branche – umfasst, die dem Verband angehören. Im Handwerk sind dies Bundes- oder Landesinnungsverbände.

ARBEITSRECHT

Auf Arbeitnehmerseite sind die Gewerkschaften Parteien des Vertrages. Es ist auch möglich, dass Zusammenschlüsse von regionalen Verbänden oder Gewerkschaften, sog. Spitzenorganisationen, Verträge abschließen, wenn sie entsprechend bevollmächtigt werden.

4.2 Tarifgebundenheit

Der abgeschlossene Tarifvertrag bindet die Mitglieder der Parteien, d. h. also die Betriebe, die Mitglieder im Arbeitgeberverband sind, und die Mitglieder der vertragschließenden Gewerkschaft. Nur diese können sich auf ihre Rechte aus dem Tarifvertrag berufen. Abweichende Abmachungen sind nur zulässig, soweit sie entweder durch den Tarifvertrag gestattet sind oder eine Änderung der Regelungen zu Gunsten des Arbeitnehmers enthalten (Günstigkeitsprinzip). **Tarifbindung**

Günstigkeitsprinzip

Es gibt auch die Möglichkeit, dass Arbeitgeber und Arbeitnehmer, die nicht Mitglied einer tarifvertragschließenden Partei sind, den Regelungen des Tarifvertrages unterworfen werden. Dies ist dann der Fall, wenn eine sog. Erklärung der **Allgemeinverbindlichkeit** durch den Bundesminister für Arbeit und Sozialordnung abgegeben wird. Dieser kann im Zusammenwirken mit den Tarifvertragsparteien einen Tarifvertrag unter bestimmten Umständen für allgemeinverbindlich erklären: **Allgemeinverbindlichkeit**

- wenn die tarifgebundenen Arbeitgeber nicht weniger als 50 vom Hundert der unter den Geltungsbereich des Tarifvertrages fallenden Arbeitnehmer beschäftigen und
- wenn die Allgemeinverbindlichkeitserklärung im öffentlichen Interesse geboten erscheint.

Voraussetzungen

Mit dieser Allgemeinverbindlichkeitserklärung erfassen die Rechtsnormen des Tarifvertrages in seinem Geltungsbereich auch die bisher nicht tarifgebundenen Arbeitgeber und Arbeitnehmer. Die Allgemeinverbindlichkeitserklärung kann durch den Bundesarbeitsminister ebenfalls wieder aufgehoben werden. Im Übrigen endet die Allgemeinverbindlichkeit eines Tarifvertrages mit dessen Ablauf. Die Allgemeinverbindlichkeit wird im Bundesanzeiger bekannt gemacht; darüber hinaus wird beim Bundesminister für Arbeit und Sozialordnung ein **Tarifregister** geführt, in dem die für allgemeinverbindlich erklärten Tarifverträge aufgeführt werden. **Bekanntgabe der allgemeinverbindlichen Tarifverträge**

4.3 Arbeitskampfrecht

Arbeitskampf ist die von Arbeitnehmern oder Arbeitgebern ausgehende planmäßige Störung des Arbeitsfriedens, um durch kollektive Maßnahmen einen bestimmten Zweck zu erreichen. **Arbeitskampf**

Streik ist das wichtigste und häufigste Mittel im Arbeitskampf. Es ist die gemeinsame und planmäßige Einstellung der Arbeit durch eine Mehrzahl von Arbeitnehmern mit dem Willen, nach Beendigung des Kampfes die **Streik**

ARBEITSRECHT

Arbeit wieder aufzunehmen. Im Allgemeinen rufen die Gewerkschaften zum Streik auf. Während des Streiks werden die ihnen als Mitglieder angehörenden Arbeitnehmer finanziell unterstützt **(Streikkasse)**. Vom Streik betroffene, jedoch nicht beteiligte Arbeitnehmer erhalten Arbeitslosengeld nur unter bestimmten Voraussetzungen. Es gibt u. a. den Teilstreik, den Warnstreik, den Sympathiestreik, den Generalstreik.

Aussperrung **Aussperrung** ist das dem Streik entsprechende Kampfmittel der Arbeitgeber. Dabei wird eine größere Zahl von Arbeitnehmern fristlos entlassen, in der Absicht, sie nach Beendigung wieder einzustellen. Das Kündigungsschutzgesetz findet in einem solchen Fall keine Anwendung.

Das Recht zur Aussperrung wird von den Gewerkschaften aus grundsätzlichen Erwägungen heraus bestritten, weil mit der Einräumung des Rechts auf Aussperrung eine Überparität zu Gunsten der Arbeitgeber gegeben sei.

Friedenspflicht **Friedenspflicht** ist die Verpflichtung, während der Vertragsdauer alle Maßnahmen des Arbeitskampfes gegeneinander zu unterlassen und vor Ausbruch eines Arbeitskampfes miteinander zu verhandeln und über die Vermeidung des Arbeitskampfes zu beraten. Ferner haben die Parteien auf ihre Mitglieder einzuwirken, alle Arbeitskampfmaßnahmen zu unterlassen.

Wenn sich Arbeitgeber- und Arbeitnehmerseite bei Meinungsverschiedenheiten nicht einigen können, insbesondere im Verlauf von Arbeitskämpfen, ist ein **Schlichtungsverfahren** möglich.

Schlichtung Wenn die Tarifvertragsparteien sich auf einen bestimmten Schlichter oder Schlichtungsausschuss geeinigt haben, bemüht dieser sich um eine Einigung, in der Regel ein Kompromiss. Es liegt jedoch an den beteiligten Verbänden, ob sie den Schlichtungsvorschlag annehmen oder nicht.

Bitte bearbeiten Sie abschließend die folgenden Aufgaben:

1. Beschreiben Sie, unter welchen Voraussetzungen Sie als Arbeitgeber tarifgebunden sind.

2. Stellen Sie dar, welche Elemente zu einem ausgewogenen Arbeitskampfrecht gehören.

ARBEITSRECHT

5. Betriebsverfassung und Mitbestimmung

> **Kompetenzen:**
> Der Lernende
> - kann die Funktion des Betriebsverfassungsgesetzes skizzieren,
> - kann die wichtigsten Bestimmungen zur Errichtung von Betriebsräten sowie von Jugend- und Auszubildendenvertretungen erläutern,
> - ist in der Lage, Mitwirkungs- und Mitbestimmungsmöglichkeiten des Betriebsrats aufzuzeigen,
> - kann Inhalte und Formvorschriften einer Betriebsvereinbarung beschreiben.

Durch das **Betriebsverfassungsgesetz (BetrVG)** ist das Zusammenleben und -wirken der Arbeitgeber und Arbeitnehmer in den Betrieben und Unternehmen umfassend geregelt. Ziele sind der Schutz des Arbeitnehmers und seine Beteiligung am betrieblichen Geschehen in Form von Betriebsräten. *Betriebsverfassungsgesetz*

5.1 Betriebsräte

5.1.1 Errichtung von Betriebsräten

In Betrieben mit in der Regel mindestens fünf ständigen wahlberechtigten Arbeitnehmern, von denen drei wählbar sind, werden **Betriebsräte** gewählt (§ 1). Die regelmäßigen Wahlen finden alle vier Jahre statt, und zwar in der Zeit vom 1. März bis zum 31. Mai.

Wahlberechtigt sind alle Arbeitnehmer des Betriebes, die das 18. Lebensjahr vollendet haben. Auch Arbeitnehmer eines anderen Arbeitgebers, die beispielsweise als Leiharbeiter überlassen worden sind, sind wahlberechtigt, wenn sie länger als drei Monate im Betrieb eingesetzt wurden. Zu den Arbeitnehmern im Sinne des Gesetzes gehören neben den Arbeitern und Angestellten auch die Auszubildenden und in Heimarbeit Beschäftigte, die in der Hauptsache für diesen Betrieb arbeiten. Kein Arbeitnehmer in diesem Sinne ist ein Ehegatte, ein Verwandter und Verschwägerte ersten Grades, die in häuslicher Gemeinschaft mit dem Arbeitgeber leben. Wählbar sind alle Wahlberechtigten, die dem Betrieb mindestens sechs Monate angehören. *Wahlberechtigung/ Wählbarkeit*

In Betrieben mit in der Regel 5 bis 20 wahlberechtigten Arbeitnehmern besteht der Betriebsrat aus einer Person, bei 21 bis 50 wahlberechtigten Arbeitnehmern aus drei Mitgliedern, bei 51 bis 100 Arbeitnehmern aus fünf Mitgliedern. Das Gesetz regelt die Staffelung bis zu einer Mitarbeiterzahl von 9 000. *Zusammensetzung*

ARBEITSRECHT

Wahl des Betriebsrats

Der Betriebsrat wird grundsätzlich in geheimer und unmittelbarer Wahl gewählt. Dabei folgt die Wahl den Grundsätzen der Verhältniswahl, es sei denn, es ist nur ein Wahlvorschlag eingereicht. Der Wahlvorschlag muss bestimmten Anforderungen genügen.

vereinfachtes Wahlverfahren

Durch das Gesetz zur Reform des Betriebsverfassungsgesetzes, in Kraft getreten am 28. Juli 2001, ist ein vereinfachtes Wahlverfahren für Kleinbetriebe eingeführt worden. In Betrieben mit in der Regel 5 bis 50 wahlberechtigten Arbeitnehmern wird der Betriebsrat in einem zweistufigen Verfahren gewählt. In einer ersten Wahlversammlung wird der Wahlvorstand gewählt. Auf einer zweiten Wahlversammlung wird der Betriebsrat dann in geheimer und unmittelbarer Wahl gewählt. Diese Wahlversammlung findet eine Woche nach der Wahlversammlung zur Wahl des Wahlvorstandes statt. Eine Wahlversammlung reicht in Betrieben dieser Art dann aus, wenn der Wahlvorstand vom Betriebsrat oder auch vom Arbeitsgericht bestellt worden ist.

Das Gesetz schreibt ferner vor, dass der Betriebsrat sich möglichst aus Arbeitnehmern der einzelnen Organisationsbereiche und der verschiedenen Beschäftigungsarten der im Betrieb tätigen Arbeitnehmer zusammensetzen soll. Wenn der Betriebsrat aus mindestens drei Mitgliedern besteht, ist auch der Geschlechterverteilung im Unternehmen Rechnung zu tragen. Die Initiative zur Bildung eines Betriebsrates kann, wenn ein alter nicht vorhanden ist, von der Belegschaft oder von einer im Betrieb vertretenen Gewerkschaft ausgehen. Eine Gewerkschaft ist im Betrieb vertreten, wenn ihr mindestens ein Arbeitnehmer des Betriebes, z. B. auch ein Auszubildender, als Mitglied angehört. Der Betriebsrat wählt aus seiner Mitte den Vorsitzenden. Dieser beruft die Sitzungen ein. Sie finden in der Regel während der Arbeitszeit statt.

Mitwirkung der Gewerkschaften

Die **Mitwirkung der Gewerkschaften** kommt im Betriebsverfassungsgesetz dadurch zum Ausdruck, dass

- sie innerhalb der Betriebsverfassung ein **Zutrittsrecht** zu den Betrieben haben,
- das **Teilnahmerecht** von Gewerkschaftsbeauftragten an Betriebsratssitzungen verstärkt ist,
- auch die Möglichkeit besteht, im Bedarfsfall durch das Arbeitsgericht nicht dem Betrieb angehörende Gewerkschaftsmitglieder in den Wahlvorstand zu berufen.

5.1.2 Aufgaben und Rechte des Betriebsrats

Freistellung

Die Mitglieder des Betriebsrats führen ihr Amt unentgeltlich als Ehrenamt. Für die Durchführung ihrer Aufgaben sind sie von der beruflichen Tätigkeit ohne Minderung des Arbeitsentgelts freizustellen. Beispiel: In einem größeren Betrieb möchte der Betriebsrat einmal im Monat an einem Wochenende, aber noch während der Arbeitszeit, eine Sprechstunde durchführen. Der Arbeitgeber muss den Betriebsrat zu diesem Zweck von der Arbeit, ohne Kürzung der Vergütung, freistellen (§ 39 BetrVG). Das Gleiche gilt auch für Schulungs- und Bildungsveranstaltungen, soweit diese Kenntnisse vermitteln, die für die Arbeit des Betriebsrats erforderlich sind. Diese und andere, durch die Tätigkeit des Betriebsrats entstehenden Kosten trägt der Arbeitgeber.

Der Betriebsrat hat einmal in jedem Kalendervierteljahr eine **Betriebsversammlung** einzuberufen und in ihr einen Tätigkeitsbericht zu erstatten. Der Arbeitgeber ist einzuladen.

Betriebsversammlung

Arbeitgeber und Betriebsrat sollen zum Wohle des Betriebes und seiner Mitarbeiter zusammenarbeiten. Über strittige Fragen soll mit dem Willen zur Einigung verhandelt werden. Der Betriebsrat hat weitgehende Mitwirkungs- und Mitbestimmungsrechte. § 80 Betriebsverfassungsgesetz regelt zunächst die allgemeinen Aufgaben, zu denen die Förderung der tatsächlichen Gleichstellung von Frauen und Männern sowie Maßnahmen zur Beschäftigungssicherung gehören. § 87 Betriebsverfassungsgesetz regelt dann:

- **Soziale Angelegenheiten:**
  Z. B. Beginn und Ende der täglichen Arbeitszeit einschließlich der Pausen sowie Verteilung der Arbeitszeit auf die einzelnen Wochentage, ferner Aufstellung des Urlaubsplanes, Regelungen über die Verhütung von Arbeitsunfällen, Aufstellung von Entlohnungsgrundsätzen, Festsetzung der Akkord- und Prämiensätze, Fragen der Ordnung des Betriebes u. a. m.

Mitbestimmungsrechte des Betriebsrates

- **Personelle Angelegenheiten:**
  In Betrieben mit mehr als 20 Arbeitnehmern muss der Arbeitgeber den Betriebsrat vor jeder Einstellung und Umgruppierung unterrichten. Ebenfalls ist der Betriebsrat rechtzeitig über die Personalplanung zu unterrichten. Bei geplanten Betriebsänderungen mit wirtschaftlichen Nachteilen für Arbeitnehmer kann ein **Sozialplan** aufgestellt werden. Der Betriebsrat kann die Zustimmung verweigern. Ein weitgehendes Mitbestimmungsrecht hat der Betriebsrat auch bei allen Kündigungen, die der Arbeitgeber aussprechen möchte.

- **Angelegenheiten der Berufsbildung**
  Der Arbeitgeber hat auf Verlangen des Betriebsrates den Berufsbildungsbedarf zu ermitteln und mit ihm Fragen der Berufsbildung der Arbeitnehmer im Betrieb zu beraten. Auch bei der Änderung von Arbeitsabläufen oder Anforderungen hat der Betriebsrat die Möglichkeit der Mitbestimmung, um die beruflichen Fähigkeiten der betroffenen Arbeitnehmer weiterzuentwickeln.

- **Wirtschaftliche Angelegenheiten:**
  In Betrieben mit in der Regel mehr als 100 ständig beschäftigten Arbeitnehmern ist ein **Wirtschaftsausschuss** zu bilden. Dieser hat die Aufgabe, wirtschaftliche Angelegenheiten mit dem Unternehmer zu beraten und den Betriebsrat zu unterrichten. Zu den wirtschaftlichen Angelegenheiten im Sinne dieser Vorschrift gehören insbesondere die wirtschaftliche und finanzielle Lage des Unternehmens, Rationalisierungsvorhaben, die Einführung neuer Arbeitsmethoden, die Einschränkung, Stilllegung oder Verlegung von Betrieben oder Betriebsteilen u. Ä.

Bildung eines Wirtschaftsausschusses

5.2 Jugend- und Auszubildendenvertretung

In Betrieben, in denen in der Regel mindestens fünf noch nicht 18-jährige Arbeitnehmer oder mindestens fünf Auszubildende unter 25 Jahren beschäftigt sind, wird von diesen zusätzlich eine **Jugend- und Auszubildendenvertretung** gewählt.

Wahlen Wählbar sind alle Arbeitnehmer des Betriebes, die das 25. Lebensjahr noch nicht vollendet haben; Betriebsratsmitglieder sind nicht wählbar. Die regelmäßigen Wahlen finden – anders als die zum Betriebsrat – alle zwei Jahre statt. Die Mitgliederzahl ist abhängig von der Anzahl der wahlberechtigten Jugendlichen und Auszubildenden (§ 62 BetrVG). Für die Geschäftsführung gelten die Vorschriften über den Betriebsrat entsprechend.

Aufgabe Die Jugend- und Auszubildendenvertretung hat ein Teilnahmerecht an Betriebsratsitzungen bei der Behandlung von Tagesordnungspunkten, die die Jugendlichen und Auszubildenden besonders betreffen, z. B. die Durchführung der Ausbildung. Sie hat die Aufgabe, in ständiger enger Zusammenarbeit mit dem Betriebsrat die Interessen der jugendlichen Arbeitnehmer im Betrieb wahrzunehmen und z. B. darüber zu wachen, dass die besonderen Schutzvorschriften für Jugendliche eingehalten werden.

5.3 Betriebsvereinbarungen

Die **Betriebsvereinbarung** ist ein Abkommen zwischen dem Arbeitgeber und den durch den Betriebsrat vertretenen Arbeitnehmern des Unternehmens. Sie gilt nur für den Betrieb, für den sie abgeschlossen ist. Die Betriebsvereinbarung kann nur solche Angelegenheiten zum Inhalt haben, die zum Aufgabenbereich des Betriebsrates gehören. Wenn Tarifverträge bestimmte Fragen geregelt haben oder üblicherweise regeln, besteht ein Vorrang des Tarifvertrages vor der Betriebsvereinbarung, z. B. bei Arbeitsentgelten.

Inhalte Gegenstände einer Betriebsvereinbarung können sein: betriebliche Wohlfahrtseinrichtungen (z. B. Ferienheime, Kindergärten), Arbeitsbeginn und -ende, Unfallverhütungsregeln etc.

Auslegungspflicht Die Betriebsvereinbarung ist schriftlich abzuschließen und vom Arbeitgeber im Betrieb auszulegen. Von ihr darf zu Ungunsten der Arbeitnehmer nicht abgewichen werden. Die Betriebsvereinbarung kann von beiden Seiten gekündigt werden; ebenso ist es möglich, sie von vornherein nur zeitlich befristet abzuschließen.

5.4 Einigungsstellen

Zur Beilegung von Meinungsverschiedenheiten zwischen Arbeitgeber und Betriebsrat ist bei Bedarf eine Einigungsstelle zu bilden. Sie besteht aus einer gleichen Zahl von Beisitzern, die vom Arbeitgeber und Betriebsrat bestellt werden, und einem unparteiischen Vorsitzenden. Einigt man sich über die Person des Vorsitzenden nicht, so bestellt ihn das Arbeitsgericht.

Der Spruch der Einigungsstelle ersetzt die Einigung zwischen Arbeitgeber und Betriebsrat, wenn dies durch Betriebsvereinbarung so festgelegt ist oder beide Seiten sich dem Spruch im Voraus unterworfen oder ihn nachträglich angenommen haben oder das Gesetz es ausdrücklich vorsieht. Bestimmte Verstöße gegen das Betriebsverfassungsgesetz können auf Antrag mit Geldbuße, Geld- oder Freiheitsstrafen geahndet werden.

Bitte bearbeiten Sie abschließend die folgenden Aufgaben:

1. Erläutern Sie die grundsätzliche Aufgabe der betrieblichen Mitbestimmung.

2. Erklären Sie die Funktion der Betriebsvereinbarung und nennen Sie einige Anwendungsbeispiele.

3. Beschreiben Sie die Bedeutung der Einigungsstelle.

6. Betrieblicher Arbeitsschutz

> **Kompetenzen:**
>
> Der Lernende
>
> - kann die zeitlichen Einschränkungen bei der Beschäftigung von Arbeitnehmern darlegen,
> - ist in der Lage, die gesetzlichen Grundlagen des Arbeitsschutzes zu erläutern,
> - kann die Beschäftigungsmöglichkeiten von schwangeren Arbeitnehmerinnen und Schwerbehinderten benennen.

6.1 Arbeitszeit

werktägliche Höchstarbeitszeit

Das **Arbeitszeitgesetz** gibt den Betrieben Gestaltungsmöglichkeiten bei der Festlegung der Arbeitszeiten und beschränkt sich auf den notwendigen Schutz des Arbeitnehmers vor Überforderung. Die werktägliche Arbeitszeit der Arbeitnehmer darf acht Stunden nicht überschreiten. Sie kann auf bis zu zehn Stunden nur verlängert werden, wenn innerhalb von sechs Kalendermonaten oder innerhalb von 24 Wochen im Durchschnitt acht Stunden werktäglich nicht überschritten werden.

Ruhepausen

Die Arbeitszeit ist durch im Voraus feststehende **Ruhepausen** von mindestens 30 Minuten bei einer Arbeitszeit von mehr als sechs bis neun Stunden und 45 Minuten bei einer Arbeitszeit von mehr als neun Stunden insgesamt zu unterbrechen. Die Ruhepausen können in Zeitabschnitte von jeweils mindestens 15 Minuten aufgeteilt werden. Länger als sechs Stunden hintereinander dürfen Arbeitnehmer nicht ohne Ruhepause beschäftigt werden.

Ruhezeiten

Neben den Ruhepausen regelt das Gesetz auch die **Ruhezeiten**. Arbeitnehmer müssen nach Beendigung der täglichen Arbeitszeit eine ununterbrochene Ruhezeit von mindestens 11 Stunden haben. Für die Länge dieser Ruhezeiten gibt es Ausnahmen für bestimmte Bereiche, wie beispielsweise Krankenhäuser, Gaststätten etc.

Nachtarbeit

Nachtarbeit im Sinne dieses Gesetzes ist jede Arbeit, die mehr als zwei Stunden der Nachtzeit umfasst. Die Nachtzeit ist die Zeit von 23 bis 6 Uhr. Nachtarbeitnehmer sind Arbeitnehmer, die

- aufgrund ihrer Arbeitszeitgestaltung normalerweise Nachtarbeit in Wechselschicht zu leisten haben oder
- Nachtarbeit an mindestens 48 Tagen im Kalenderjahr leisten.

Die werktägliche Arbeitszeit dieser Nachtarbeitnehmer darf acht Stunden nicht überschreiten. Sie kann auf bis zu 10 Stunden nur verlängert werden, wenn innerhalb von einem Kalendermonat oder innerhalb von vier Wochen im Durchschnitt acht Stunden werktäglich nicht überschritten werden.

Arbeitnehmer dürfen an Sonn- und gesetzlichen Feiertagen von 0 bis 24 Uhr in der Regel nicht beschäftigt werden. Das Gesetz sieht in § 10 eine Reihe von Ausnahmetatbeständen vor, insbesondere zur Aufrechterhaltung von Notdiensten, Pflegeeinrichtungen, Gaststätten sowie zur Herstellung von Konditorwaren bzw. den Verkauf von Bäckerwaren. Mindestens 15 Sonntage im Jahr müssen beschäftigungsfrei bleiben. Werden Arbeitnehmer an einem Sonntag beschäftigt, müssen sie einen Ersatzruhetag haben, der innerhalb eines den Beschäftigungstag einschließenden Zeitraumes von zwei Wochen zu gewähren ist. Von diesen Bedingungen kann durch Tarifvertrag eine Abweichung zugelassen werden.

Ausnahmeregelungen

6.2 Arbeitssicherheit

6.2.1 Arbeitsschutzgesetz

Das **Arbeitsschutzgesetz** vom 7. August 1996 dient dazu, die Sicherheit und den Gesundheitsschutz der Beschäftigten bei der Arbeit durch Maßnahmen des Arbeitsschutzes zu gewährleisten und zu verbessern. Damit ist vor allem die Verhütung von Arbeitsunfällen sowie die Vorbeugung von arbeitsbedingten Gesundheitsgefahren gemeint.

Das Gesetz gilt in allen Tätigkeitsbereichen. Es legt allgemeine Grundsätze für Maßnahmen des Arbeitsschutzes fest und schreibt vor, dass der Arbeitgeber durch eine Beurteilung möglicher arbeitsbedingter Gefährdungen zu ermitteln hat, welche konkreten Maßnahmen des Arbeitsschutzes erforderlich sind. Der Arbeitgeber muss das Ergebnis der Beurteilung, die möglichen Gefährdungen und die getroffenen Arbeitsschutzmaßnahmen dokumentieren; dies gilt nicht für die Betriebe mit weniger als zehn Beschäftigten. Das Arbeitsschutzgesetz schreibt den Arbeitnehmern vor, nach ihren Möglichkeiten für ihre eigene Sicherheit und Gesundheit zu sorgen, Schutzvorrichtungen zu benutzen und die persönliche Schutzausrüstung zu verwenden.

Gültigkeit

6.2.2 Unfallverhütungsvorschriften

Die **Berufsgenossenschaften** als Träger der gesetzlichen Unfallversicherung (→ „Sozial- und Privatversicherungen", Kap. 1.6.4) geben für ihre jeweiligen Zuständigkeitsbereiche sog. **Unfallverhütungsvorschriften** heraus; sie müssen vom Arbeitgeber, aber ebenso auch vom Arbeitnehmer, beachtet werden.

Berufsgenossenschaft

6.2.3 Arbeitssicherheitsgesetz

Das **Gesetz über Betriebsärzte, Sicherheitsingenieure und andere Fachkräfte für Arbeitssicherheit** (Arbeitssicherheitsgesetz v. 1973) sieht

ARBEITSRECHT

vor, dass der Arbeitgeber Betriebsärzte und Fachkräfte für Arbeitssicherheit zu bestellen hat; im Allgemeinen aber nur bei Betrieben mit mehr als 20 Beschäftigten (Regelung durch die einzelnen Berufsgenossenschaften). Diese haben den Arbeitgeber beim Arbeitsschutz und bei der Unfallverhütung in allen Fragen des Gesundheitsschutzes zu unterstützen. Erforderlich ist eine schriftliche Bestellung.

Betriebsarzt Der **Betriebsarzt** hat insbesondere in arbeitsmedizinischen, arbeitspsychologischen und arbeitshygienischen Fragen zu beraten, Arbeitnehmer zu untersuchen und die Arbeitsstätten regelmäßig zu begehen.

Fachkraft für Arbeitssicherheit Die **Fachkraft für Sicherheit** hat neben der Beratung die Durchführung des Arbeitsschutzes und der Unfallverhütung zu beobachten, Betriebsanlagen sicherheitstechnisch zu überprüfen und darauf hinzuwirken, dass sich alle Arbeitnehmer arbeitsschutzmäßig richtig verhalten. Als Fachkräfte kommen Sicherheitsingenieure, -techniker oder -meister in Frage.

überbetriebliche Dienste Alternativ kann der Arbeitgeber auch einen **überbetrieblichen Dienst** zur Wahrnehmung dieser Aufgaben verpflichten (z. B. Berufsgenossenschaft, Einrichtungen der Innungen oder Kreishandwerkerschaften). Verstöße gegen das Gesetz, z. B. auch gegen die jährliche Meldepflicht, können als Ordnungswidrigkeit mit hohen Geldbußen geahndet werden.

6.2.4 Arbeitsstättenverordnung

Der Arbeitgeber eines Gewerbebetriebes hat Arbeitsstätten gemäß den Bestimmungen der **Arbeitsstättenverordnung (ArbStättV)** (→ „Gründung", S. 470) einzurichten. Diese enthält genaue Anforderungen an die Beschaffenheit der Arbeits-, Pausen- und Sanitärräume, die Baustellen und Arbeitsplätze auf dem Betriebsgelände im Freien. Die Anforderungen beziehen sich nicht nur auf die bauliche Beschaffenheit, sondern auch auf die Lüftung, Beleuchtung, Raumtemperatur, Schutz gegen Dämpfe und Lärm, Verkehrswege etc.

6.3 Jugend- und Jugendarbeitsschutz

Das Jugendarbeitsschutzgesetz ist zu unterscheiden vom **Jugendschutzgesetz,** dem Gesetz zum Schutz der Jugend in der Öffentlichkeit, das z. B. den Zugang von Jugendlichen zu Filmveranstaltungen, Spielhallen etc. regelt.

Begriff des Jugendlichen Das **Jugendarbeitsschutzgesetz** (→ Sackmann – das Lehrbuch für die Meisterprüfung, Teil IV, Lernfeld 1 und 3) gilt für die Beschäftigung von Jugendlichen, also Personen, die 15, aber noch nicht 18 Jahre alt sind. Auf Jugendliche, die noch der Vollzeitschulpflicht unterliegen, finden die für Kinder geltenden Vorschriften Anwendung. Während die Beschäftigung von Kindern bis auf einige Ausnahmen verboten ist, gelten für Jugendliche Einschränkungen im Vergleich zum volljährigen Arbeitnehmer.

ARBEITSRECHT

Arbeitszeit

Jugendliche dürfen nicht mehr als acht Stunden täglich und nicht mehr als 40 Stunden wöchentlich beschäftigt werden. Tägliche Arbeitszeit ist die Zeit von Beginn bis Ende der täglichen Beschäftigung ohne die Ruhepausen. Die Ruhepause hat bei einer täglichen Arbeitszeit von mehr als sechs Stunden 60 Minuten zu betragen; als Pause gilt nur eine Arbeitsunterbrechung von mindestens 15 Minuten.

Schutzvorschriften

Das Gesetz enthält eine Reihe weiterer Gebote und Verbote, um den Jugendlichen vor Gefahren und Überforderung zu schützen:

- Nachtruhe von 20 Uhr bis 6 Uhr mit wenigen berufsbezogenen Ausnahmen, z. B. für Bäcker und Konditoren (§ 14),
- tägliche Freizeit vom Ende bis zum Beginn der Beschäftigung mindestens 12 Stunden,
- Fünftagewoche (§ 15), Samstags- und Sonntagsruhe mit berufsbezogenen Ausnahmen (§§ 16, 17),
- Verbot der Beschäftigung mit gefährlichen Arbeiten (§ 22), es sei denn, dies ist zur Erreichung des Ausbildungszieles erforderlich und bestimmte Schutzmaßnahmen werden eingehalten,
- Verbot der Akkordarbeit (§ 23),
- Durchführung einer ärztlichen Erstuntersuchung sowie Nach- und Folgeuntersuchungen.

Verstöße gegen die Vorschriften des Jugendarbeitsschutzgesetzes kann die zuständige Aufsichtsbehörde als Ordnungswidrigkeit mit einer Geldbuße ahnden.

6.4 Mutterschutz und Elternzeit

Mutterschutzgesetz

Außer weitgehendem Kündigungsschutz gewährt das **Mutterschutzgesetz** Anspruch auf volle Bezahlung durch den Arbeitgeber, auch wenn aus gesundheitlichen Gründen im Einzelfalle nur Teilbeschäftigung gestattet ist.

In Betrieben, in denen werdende oder stillende Mütter beschäftigt werden, sind bei der Einrichtung und Unterhaltung des Arbeitsplatzes einschließlich der Maschinen, Werkzeuge und Geräte und bei der Regelung der Beschäftigung die erforderlichen Vorkehrungen und Maßnahmen zum Schutze von Leben und Gesundheit der werdenden oder stillenden Mütter zu treffen.

Gefahrstoffverordnung

Beschäftigungsverbote sieht u. a. die **Gefahrstoffverordnung** vor. Der Arbeitgeber darf danach werdende oder stillende Mütter mit sehr giftigen, gesundheitsschädlichen oder in sonstiger Weise den Menschen chronisch schädigenden Gefahrstoffen nicht beschäftigen, wenn eine Auslöseschwelle überschritten wird. Das Gleiche gilt auch für werdende Mütter bei einer Beschäftigung mit Krebs erzeugenden, Frucht schädigenden oder Erbgut verändernden Gefahrstoffen. Nach Ablauf des 5. Monats der Schwangerschaft ist eine Beschäftigung mit Arbeiten, bei denen die werdende Mutter ständig stehen muss, nur für vier Stunden täglich zulässig.

ARBEITSRECHT

Schutzfristen — 2002 hat der Gesetzgeber den Mutterschutz verbessert. Die Schutzfrist der werdenden Mutter beginnt sechs Wochen vor dem ärztlicherseits festgestellten Geburtstermin. Kam bisher das Kind vor dem errechneten Termin zur Welt, so verfiel der Rest dieser Schutzfrist. Nach neuem Recht verlängern sich die Fristen bei Frühgeburten und sonstigen vorzeitigen Entbindungen: Der Zeitraum, der vor der Geburt nicht in Anspruch genommen werden konnte, wird an die achtwöchige Schutzfrist nach der Geburt angehängt. Während dieser Schonfirst zahlt die Krankenkasse **Mutterschaftsgeld.**

Für die Berechnung des Jahresurlaubs von Schwangeren und Müttern enthält das Mutterschutzgesetz erstmals folgende Regelung: Die Ausfallzeiten durch Schutzfristen zählen wie Beschäftigungszeiten (§ 17 Mutterschutzgesetz). Hat die Mutter ihren Urlaub vor Beginn der Beschäftigungsverbote (Schutzfristen) nicht oder nicht vollständig erhalten, so kann sie den Resturlaub im laufenden oder im nächsten Urlaubsjahr beanspruchen.

Verbot von Mehrarbeit — Mehrarbeit ist grundsätzlich verboten. Die höchstzulässige Arbeitszeit für mindestens 18 Jahre alte Frauen ist achteinhalb Stunden täglich oder 90 Stunden in der Doppelwoche. Stillenden Müttern ist auf Verlangen die zum Stillen erforderliche Zeit, mindestens täglich eine Stunde, freizugeben, ohne dass ein Verdienstausfall eintreten darf.

Elternzeit für Sorgeberechtigte — Das **Bundeserziehungsgeldgesetz** ist geändert worden mit Neuregelungen für ab 1. Januar 2001 geborene Kinder. Die **Elternzeit** (früher: Erziehungsurlaub) soll den Sorgeberechtigten eines Kindes mehr Zeit für Betreuung und Erziehung geben, und zwar grundsätzlich für drei Jahre nach der Geburt. Die Elternzeit kann anteilig von jedem Elternteil allein oder von beiden Elternteilen gemeinsam genommen werden. Ein Anteil von bis zu zwölf Monaten ist mit Zustimmung des Arbeitgebers auf die Zeit bis zur Vollendung des 8. Lebensjahres des Kindes übertragbar.

Mitteilungsfristen — Wenn die Elternzeit unmittelbar nach der Geburt des Kindes oder nach der Mutterschutzfrist beginnen soll, müssen Arbeitnehmerinnen oder Arbeitnehmer diese spätestens sechs Wochen vor Beginn schriftlich vom Arbeitgeber verlangen. Sie müssen gleichzeitig erklären, für welche Zeiten innerhalb von zwei Jahren sie die Elternzeit nehmen werden. Wenn die Elternzeit später beginnen soll, beträgt die Mitteilungsfrist spätestens acht Wochen vor Beginn. Die allein oder gemeinsam genommene Elternzeit darf auf insgesamt bis zu vier Zeitabschnitte verteilt werden. Während der Elternzeit ist Erwerbstätigkeit zulässig, wenn die vereinbarte wöchentliche Arbeitszeit 30 Stunden nicht übersteigt.

Kündigungsschutz — Der Arbeitgeber darf das Arbeitsverhältnis ab dem Zeitpunkt, von dem an Elternzeit verlangt worden ist, und während der Elternzeit grundsätzlich nicht kündigen. Er kann den Jahreserholungsurlaub des Arbeitnehmers für jeden Monat Elternzeit um ein Zwölftel kürzen. Der Arbeitnehmer kann das Arbeitsverhältnis – unter Einhaltung einer Kündigungsfrist von drei Monaten – zum Ende der Elternzeit kündigen.

ARBEITSRECHT

Das Gesetz gewährt auch einen Anspruch auf Verringerung der Arbeitszeit (**Teilzeit**). Voraussetzung ist u. a., dass der Arbeitgeber in der Regel mehr als 15 Arbeitnehmer beschäftigt und das Arbeitsverhältnis des Arbeitnehmers in diesem Betrieb ohne Unterbrechung länger als sechs Monate besteht. Der Anspruch auf Teilzeit muss dem Arbeitgeber acht Wochen vor dem gewünschten Beginn schriftlich mitgeteilt werden. Der Arbeitgeber kann den Anspruch ablehnen, wenn dringende betriebliche Gründe entgegenstehen. Will der Arbeitgeber die beanspruchte Verringerung der Arbeitszeit ablehnen, muss er dies innerhalb von vier Wochen mit schriftlicher Begründung tun.

Anspruch auf Teilzeit

6.5 Schutz behinderter Menschen

Das **Sozialgesetzbuch IX (Rehabilitation und Teilhabe behinderter Menschen)** soll Behinderten und von Behinderung bedrohten Menschen die gleichberechtigte Teilhabe am gesellschaftlichen Leben sichern und Benachteiligungen entgegenwirken. Menschen sind schwerbehindert, wenn bei ihnen ein Grad der Behinderung von wenigstens 50 % vorliegt. Menschen, deren Grad der Behinderung weniger als 50 %, aber mehr als 30 % beträgt, werden den Schwerbehinderten durch das Arbeitsamt gleichgestellt, wenn sie infolge ihrer Behinderung ohne diese Gleichstellung einen für sie geeigneten Arbeitsplatz nicht erlangen oder behalten können.

Feststellung von Schwerbehinderung

Arbeitgeber, die über jahresdurchschnittlich monatlich mindestens zwanzig Arbeitsplätze verfügen, haben auf wenigstens fünf Prozent der Arbeitsplätze Schwerbehinderte zu beschäftigen. Abweichend davon haben Arbeitgeber mit jahresdurchschnittlich monatlich bis zu 39 Arbeitsplätzen jahresdurchschnittlich je Monat einen schwerbehinderten Menschen, Arbeitgeber mit jahresdurchschnittlich monatlich bis zu 59 Arbeitsplätzen jahresdurchschnittlich je Monat zwei schwerbehinderte Menschen zu beschäftigen. Dabei sollen schwerbehinderte Frauen bevorzugt berücksichtigt werden. Arbeitsplätze im Sinne des Gesetzes sind alle Stellen, auf denen Arbeiter, Angestellte und Auszubildende eingestellt und beschäftigt werden. Bei der Berechnung der Mindestzahl von Arbeitsplätzen und bei der Zahl der Pflichtplätze zählen Stellen, auf denen Auszubildende beschäftigt werden, nicht mit.

Pflichtarbeitsplätze

Bei Teilzeitbeschäftigten ist geregelt, dass bei den Berechnungen sich ergebender Bruchteile von 0,5 und mehr aufzurunden ist.

Der Arbeitgeber hat für jeden unbesetzten Pflichtplatz – unabhängig davon, ob ihn ein Verschulden trifft – monatlich eine Ausgleichsabgabe zu zahlen. Diese Ausgleichsabgabe ist zwischen € 105,– und 260,– gestaffelt, abhängig von der Erfüllung der Beschäftigungsquote. Das Gesetz sieht auch eine Kleinbetriebsregelung vor: Danach beträgt für Arbeitgeber mit jahresdurchschnittlich bis zu 39 zu berücksichtigenden Arbeitsplätzen bei einer Beschäftigung von weniger als einem Schwerbehinderten die Abgabe je Monat und unbesetztem Pflichtplatz € 105,–.

Ausgleichsabgabe

ARBEITSRECHT

Bitte bearbeiten Sie abschließend die folgenden Aufgaben:

1. Erklären Sie die Begriffe „Ruhepause" und „Ruhezeiten".

2. Nennen Sie die branchenbezogenen Regelwerke, die Vorgaben des Arbeitsschutzes enthalten, und geben Sie einige Beispiele.

3. Erläutern Sie die Sonderregelungen für schwangere Arbeitnehmerinnen.

ARBEITSRECHT

7. Arbeitsgerichtsbarkeit

> **Kompetenzen:**
> Der Lernende
> - kann die Bedeutung des Güteverfahrens vor dem Arbeitsgericht beschreiben,
> - ist in der Lage, den Aufbau der Arbeitsgerichtsbarkeit darzulegen.

Für Streitfälle aus dem Arbeitsverhältnis, z. B. fristlose Kündigung, ausstehende Lohnzahlungen, die sich nicht schon im Betrieb gütlich regeln lassen, sind die **Arbeitsgerichte** zuständig. Vor die Arbeitsgerichte gehören auch die Streitigkeiten aus dem Betriebsverfassungsrecht oder dem Tarifvertragsrecht sowie eine ganze Reihe weiterer im „Arbeitsgerichtsgesetz" geregelter Sachverhalte.

Zuständigkeit

Der Gesetzgeber hat bei Auseinandersetzungen der streitigen Verhandlung vor der Kammer des Arbeitsgerichts ein **Güteverfahren** vorgeschaltet, das die gütliche Einigung erreichen soll. Der Richter erörtert hier mit den Parteien das gesamte Streitverhältnis unter Würdigung aller Umstände. Er kann, insbesondere bei Klärungsbedürftigkeit einzelner Fragen oder wenn die Parteien Bedenkzeit benötigen, die Güteverhandlung mit Zustimmung der Parteien in einem weiteren Termin fortsetzen. Hat die Güteverhandlung ein Ergebnis, hat man sich insbesondere auf einen Vergleich geeinigt, ist dies zu protokollieren.

Güteverfahren

Erscheint eine Partei zum Gütetermin nicht oder war dieser erfolglos, schließt sich die weitere Verhandlung an oder der Vorsitzende bestimmt einen Termin für die streitige Verhandlung. Den Gütetermin sollten beide Seiten zur Vermeidung von Nachteilen deshalb auch wahrnehmen.

Eine Besonderheit der Arbeitsgerichtsbarkeit ist die Mitwirkung ehrenamtlicher Richter; damit soll der betriebliche Sachverstand eingebunden werden. Die Kammern des Arbeitsgerichts und des Landesarbeitsgerichts bestehen aus drei Richtern, dem Vorsitzenden als Berufsrichter und je einem ehrenamtlichen Richter aus Kreisen der Arbeitgeber bzw. der Arbeitnehmer. Diese werden in der Regel vom Justizminister für die Dauer von fünf Jahren berufen. Sie haben volles Stimmrecht. Das **Arbeitsgerichtsgesetz** regelt im Einzelnen die Voraussetzungen in persönlicher Hinsicht und die Kriterien für die Zugehörigkeit zur Arbeitgeber- bzw. Arbeitnehmerseite.

Zusammensetzung der Kammern

Beim **Bundesarbeitsgericht** entscheiden die sog. **Senate;** sie setzen sich zusammen aus dem Vorsitzenden, zwei berufsrichterlichen Beisitzern und zwei ehrenamtlichen Richtern aus den Kreisen der Arbeitgeber bzw. Arbeitnehmer.

Zusammensetzung der Senate

ARBEITSRECHT

Berufung — Die Arbeitsgerichte sind die sog. **Eingangsgerichte.** Gegen deren Entscheidungen ist die **Berufung** zum Landesarbeitsgericht in folgenden Fällen zulässig:
- wenn sie in dem Urteil des Arbeitsgerichts zugelassen worden ist,
- wenn der Wert des Beschwerdegegenstandes € 600,– übersteigt oder
- in Rechtsstreitigkeiten über das Bestehen, das Nichtbestehen oder die Kündigung eines Arbeitsverhältnisses.

Revision — Auch das Endurteil des Landesarbeitsgerichts kann durch **Revision** zum Bundesarbeitsgericht überprüft werden, wenn das Landesarbeitsgericht die Revision wegen grundsätzlicher Bedeutung der Sache zugelassen hat oder die Entscheidung von anderen Urteilen des Bundesarbeitsgerichts oder eines Landesarbeitsgerichts abweicht.

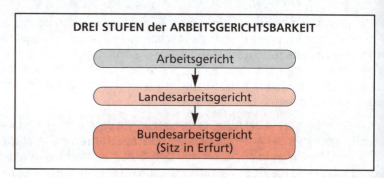

Prozessvertretung — Vor den Arbeitsgerichten können die Parteien selbst auftreten. Sie können sich aber auch durch einen Rechtsanwalt oder Vertreter der Gewerkschaften oder Arbeitgeberverbände vertreten lassen. Vor dem Landesarbeitsgericht bedarf es immer der Prozessvertretung durch einen Rechtsanwalt bzw. durch Vertreter des Verbandes oder der Gewerkschaft. Vor dem Bundesarbeitsgericht herrscht dann Anwaltszwang.

Die Komplexität des Arbeitsrechts und die für den Laien unübersichtliche Entwicklung der arbeitsgerichtlichen Rechtsprechung legen es nahe, sich bereits vor dem Arbeitsgericht vertreten zu lassen, z. B. durch den Innungsgeschäftsführer als Vertreter einer Arbeitgeberorganisation.

Bitte bearbeiten Sie abschließend die folgenden Aufgaben:

1. Beschreiben Sie die Aufgabe und den Ablauf des Güteverfahrens.

2. Worin liegt die Besonderheit in der Besetzung der Kammern des Arbeitsgerichtes und was ist der Grund dieser gesetzlichen Regelung?

Sozial- und Privatversicherungen

1. Sozialversicherungsrecht (Sozialgesetzbuch – SGB)

> **Kompetenzen:**
> Der Lernende
> - kann zwischen Versicherung, Versorgung und Fürsorge unterscheiden,
> - kann die wesentlichen Rechtsgrundlagen des Sozialrechts sowie die verschiedenen Zweige der Sozialversicherung nennen,
> - kann die Organe der Selbstverwaltung und deren Aufgaben darstellen,
> - kennt die Grundsätze der Versicherungspflicht und -freiheit und kann die Regeln des Beitrags- und Melderechts zusammenfassen,
> - kann die versicherungs- und beitragsrechtlichen Sonderregelungen für rentenversicherungspflichtige Handwerker beschreiben,
> - ist in der Lage, die wesentlichen Leistungsbereiche der Sozialversicherung zu nennen.

1.1 Zielsetzung und Rechtsgrundlagen

Versicherungsähnliche Einrichtungen gab es bereits im antiken Griechenland und in Rom in Form staatlich genehmigter und beaufsichtigter Krankenkassen und Sterbevereine. Vorläufer der Sozialversicherung im heutigen Sinne finden sich ab dem Mittelalter. Die besondere Berufsgefahr im Bergbau veranlasste die Knappschaft, sich zu so genannten Büchsenkassen, später Knappschaftskassen, zusammenzuschließen. In gleicher Weise schufen die Handwerkerzünfte Selbsthilfeeinrichtungen, die Not leidenden Mitgliedern und ihren Familien bzw. Hinterbliebenen Hilfe zuteil werden ließen. Daneben gab es Gesellenvereinigungen (Gesellenbruderschaften) mit gleicher Zielsetzung. Diese Zusammenschlüsse kann man als Vorläufer der heutigen Innungskrankenkassen ansehen.

Einrichtungen der Zünfte

Die in der Mitte des vorigen Jahrhunderts einsetzende Industrialisierung führte innerhalb der ständig wachsenden Arbeitnehmerschaft in Deutsch-

SOZIAL- UND PRIVATVERSICHERUNGEN

land zu sozialen Notständen, die mit den überkommenen Selbsthilfeeinrichtungen nicht mehr zu bewältigen waren. Die Erkenntnis, dass die Verhältnisse nur durch staatliche oder staatlich gelenkte Maßnahmen geändert werden konnten, führte auf Veranlassung von Bismarck ab 1883 zum Aufbau einer umfassenden Sozialversicherung.

Menschenrecht auf soziale Sicherheit In der UNO-Menschenrechtserklärung von 1948 heißt es: „Jeder Mensch hat als Mitglied der Gesellschaft Recht auf soziale Sicherheit." Denn das menschliche Leben ist von zahllosen Wechselfällen wie Krankheiten, Unfällen, Arbeitslosigkeit, Alter, Tod, Vermögenseinbußen durch Sachschäden und dergleichen begleitet, die den Einzelnen oder seine Familie in wirtschaftliche Not bringen können, wenn er nicht ausreichende Schutzvorkehrungen getroffen hat.

Versicherung

Versorgung

Fürsorge

Einrichtungen, die speziell einer solchen Vorsorge dienen, sind z. B. Versicherungen; sie haben entweder öffentlich-rechtlichen Zwangscharakter wie die Sozialversicherung oder beruhen auf privat-rechtlichen Verträgen wie die Privatversicherung und gewähren Leistungen aufgrund gezahlter Beiträge. Ansprüche, die sich aus einer im öffentlichen Interesse erbrachten Leistung oder Tätigkeit ergeben, werden im Rahmen einer Versorgung aus Steuermitteln befriedigt, z. B. die Kriegsopferversorgung. Unter dem Gesichtspunkt der Fürsorge entstehen Ansprüche bei Vorliegen von Bedürftigkeit. Diese werden ebenfalls aus Steuermitteln finanziert.

In diesen drei Formen der sozialen Sicherung hat sich in der Bundesrepublik Deutschland ein sehr eng geknüpftes Netz der sozialen Sicherheit entwickelt, das allerdings alle Beteiligten zunehmend belastet.

Gesetzesgrundlagen Seit 1970 wird daran gearbeitet, das in vielen Gesetzen verstreute Sozialrecht in einem einzigen Gesetz zusammenzufassen. Inzwischen kann man das neue Sozialgesetzbuch schon als entscheidende Grundlage für diesen Rechtsbereich bezeichnen.

Neben diesen bereits beschlossenen Neuregelungen gelten als besondere Teile des Sozialgesetzbuches die bisherigen Gesetze weiter. Es sind dies immerhin noch fast zwanzig, zu denen beispielsweise folgende gehören:
- Reichsversicherungsordnung (RVO),
- Bundesausbildungsförderungsgesetz (BAföG),
- Aufstiegsfortbildungsförderungsgesetz (AFBG),
- Bundessozialhilfegesetz (BSHG),
- Bundesversorgungsgesetz (BVG),
- Bundeserziehungsgeldgesetz (BErzGG),
- Wohngeldgesetz (WoGG).

Weiter sind von Bedeutung die in Ergänzung der Gesetze erlassenen Rechtsverordnungen sowie das von den Selbstverwaltungsorganen der einzelnen Träger beschlossene Satzungsrecht in Gestalt von Satzungen, Versicherungsbedingungen, Krankenordnungen u. a. m.

SOZIAL- UND PRIVATVERSICHERUNGEN

In den neuen Bundesländern gilt im Grundsatz Bundesrecht. Allerdings gibt es übergangsweise noch eine Reihe von Abweichungen, die sich z. B. im Sozialrecht aus den immer noch unterschiedlichen Einkommensverhältnissen ergeben (Einzelheiten siehe in den folgenden Kapiteln).

Die **gesetzliche Sozialversicherung** wird nach dem Solidaritätsprinzip von einem überwiegend pflichtmäßig verbundenen Personenkreis getragen, der von dem Prinzip des sozialen Ausgleichs beherrscht wird, wonach der Leistungsstarke für die Lasten des Leistungsschwachen mit einzustehen hat. Mitglieder dieser Gemeinschaft sind in erster Linie alle unselbstständig Beschäftigten, weil vor allem diese als schutzbedürftig angesehen werden.

Solidaritätsprinzip

Wenn ein Versicherungsfall eintritt (z. B. bei Krankheit), hat der Versicherte einen Rechtsanspruch auf Unterstützungsleistungen, die ihn in die Lage versetzen sollen, seinen bisherigen Lebensstil, soweit er durch Arbeitseinkommen ermöglicht wurde, im Wesentlichen aufrecht zu erhalten. Die Leistungen der Sozialversicherung werden durch Zwangsbeiträge finanziert. An ihrer Aufbringung sind die Arbeitgeber beteiligt; ebenfalls gibt es Zuschüsse des Bundes – z. B. in der gesetzlichen Rentenversicherung.

Ihren unterschiedlichen Aufgaben entsprechend gliedert sich die Sozialversicherung in die Arbeitslosenversicherung, die Krankenversicherung, die Rentenversicherung, die Unfallversicherung und die Pflegeversicherung. Abgerundet wird das System der sozialen Sicherung durch weitere Leistungsbereiche, in denen aus Steuermitteln Unterstützungen gewährt werden wie Ausbildungsförderung, Kindergeld etc. (→ Kap. 1.7).

Die **Privatversicherung** ist eine Individualversicherung, die auf einem frei ausgehandelten, privatrechtlichen Vertrag basiert. Sie ist eher als eine Ergänzung zur gesetzlichen Versicherung zu betrachten, nicht als Alternative. Auch für sie gilt der Grundsatz, dass mögliche Risiken durch Zusammenfassung in einer großen Gemeinschaft ausgeglichen und damit für den Einzelnen tragbar gemacht werden. Ihre Beiträge sind unabhängig vom Einkommen des Versicherten und richten sich allein nach den gewünschten Leistungen und dem zu erwartenden Risiko. Das ermöglicht einen „maßgeschneiderten" Versicherungsschutz (→ Kap. 3).

Individualversicherung

1.2 Organisation der gesetzlichen Sozialversicherung

1.2.1 Versicherungszweige und ihre Träger

Träger der **Arbeitslosenversicherung** ist die Bundesagentur für Arbeit (BA) mit Hauptsitz in Nürnberg, Landesarbeitsämtern in den einzelnen Bundesländern sowie einem weit verzweigten Netz von Arbeitsämtern mit zahlreichen Nebenstellen.

Arbeitslosenversicherung

Die gesetzliche **Krankenversicherung** kennt im so genannten gegliederten System mit den Krankenkassen fast 300 Träger. Dazu zählen die Allgemeinen Ortskrankenkassen (AOK), die Ersatzkassen (EK), die Betriebskran-

Krankenversicherung

SOZIAL- UND PRIVATVERSICHERUNGEN

kenkassen (BKK), die Innungskrankenkassen (IKK) sowie bestimmte Sondereinrichtungen wie z. B. die Bundesknappschaft. Ein Betrieb kann eine Betriebskrankenkasse unter der Voraussetzung errichten, dass er mindestens 1 000 Arbeitnehmer hat, die versicherungspflichtig sind. In gleicher Weise kann eine Innung – oder auch mehrere gemeinsam – eine Innungskrankenkasse errichten, wenn ihre Mitglieder zusammen mindestens 1 000 Versicherungspflichtige beschäftigen.

Internetadressen

Seit 1996 hat jedes Kassenmitglied das Recht, eine der „Wahlkassen" frei zu wählen; diese ist ggf. ohne jede Einschränkung zur Aufnahme verpflichtet. Ein Kassenwechsel ist in der Regel mit einer Frist von zwei Monaten zum Monatsbeginn möglich, wenn die Mitgliedschaft bei der vorherigen Kasse mindestens 18 Monate lang bestanden hat, außerdem bei Beitragserhöhungen. (Informationen zu Beitragssätzen finden Sie auf der CD im Bereich „Internetadressen".)

Wahlkassen

Wahlkassen sind kraft Gesetzes die für den Wohn- oder Arbeitsort zuständigen Allgemeinen Ortskrankenkassen (AOK) und Ersatzkassen (EK) wie z. B. Barmer Ersatzkasse (BEK) oder Technikerkrankenkasse (TK). Betriebs- und Innungskrankenkassen können sich über entsprechende Satzungsbeschlüsse ebenfalls für jeden öffnen; davon haben bisher fast 150 BKK und etwa 19 IKK Gebrauch gemacht.

Wer im Handwerk beschäftigt ist oder neu eine Arbeit aufnimmt, hat folgende Wahlmöglichkeiten:

- Er bleibt Mitglied der Kasse, in der er bisher versichert war.
- Er wird Mitglied einer der vorgenannten Wahlkassen, falls er bereits 18 Monate in der vorherigen Kasse versichert war und rechtzeitig gekündigt hat.
- Er wählt die ggf. für den Betrieb zuständige Innungs- oder Betriebskrankenkasse.
- Er kann die Kasse wählen, in der sein Ehegatte versichert ist.

Rentenversicherung

Träger der **Rentenversicherung** sind die Versicherungsanstalten, und zwar die Bundesversicherungsanstalt für Angestellte (BfA) in Berlin sowie für Arbeiter die 23 Landesversicherungsanstalten (LVA). Daneben gibt es einige Sondereinrichtungen, z. B. die Bundesknappschaft und die Seekasse.

Ob jemand Angestellter oder Arbeiter ist, bestimmt sich im Übrigen ausschließlich nach der Art der ausgeübten Tätigkeit. Angestelltentätigkeiten sind z. B. kaufmännische, Büro- oder Verwaltungstätigkeiten, die Ausübung einer leitenden Funktion – auch im Handwerk – sowie Tätigkeiten mit überwiegend geistiger Leistung im Gegensatz zur körperlichen Arbeit. Ohne Bedeutung sind Berufsbezeichnungen (Sozialarbeiter, Hausangestellte) und Entlohnungsart (Monatsgehalt, Stundenlohn).

Unfallversicherung

Für die **Unfallversicherung** sind zuständig die nach Berufszweigen gegliederten 55 Berufsgenossenschaften wie Bau-BG, Holz-BG, Verwaltungs-BG und für die Gebietskörperschaften (Bund, Bundesländer, Kommunen) die so genannten Eigen-Unfallversicherungsträger wie z. B. für den Bund die Unfallkasse des Bundes in Wilhelmshaven, für die Länder deren Unfallkassen oder für Kommunen entsprechende Verbände wie z. B. der Gemeindeunfallversicherungsverband Westfalen-Lippe in Münster.

Die **Pflegeversicherung** wird von den Pflegekassen abgewickelt, die zwar rechtlich selbstständige Einrichtungen sind, deren Verwaltung aber von der jeweils zuständigen Krankenkasse wahrgenommen wird. Für privat Versicherte ist die jeweilige Krankenversicherung zuständig.

Pflegeversicherung

SOZIALVERSICHERUNGSTRÄGER		
Arbeitslosenversicherung	Bundesagentur für Arbeit	
Krankenversicherung	Krankenkassen	Wahlkassen (z. B. AOK, Ersatzkassen)
		Sonstige Kassen (Innungs- und Betriebskrankenkassen)
		Sondereinrichtungen
Rentenversicherung	Landesversicherungsanstalten (für Arbeiter)	
	Bundesversicherungsanstalt für Angestellte	
	Sondereinrichtungen	
Unfallversicherung	Berufsgenossenschaften	
	Eigen-Unfall-Versicherungsträger	
Pflegeversicherung	Pflegekassen	

Sozialversicherungsträger

1.2.2 Selbstverwaltung und Aufsicht

Soweit der Staat ihm obliegende, so genannte hoheitliche Aufgaben anderen Institutionen zur Verwaltung überlässt, spricht man von **Selbstverwaltung** (wie z. B. auch bei Handwerkskammern, Kreishandwerkerschaften und Innungen). Solche Einrichtungen erhalten gegebenenfalls den Status einer Körperschaft des öffentlichen Rechts. Die Sozialversicherung ist seit ihrem Bestehen nach dem Prinzip der Selbstverwaltung organisiert. Im Abstand von sechs Jahren (zuletzt 1999) finden Sozialversicherungswahlen als Briefwahl statt; bei den meisten Versicherungsträgern kommt es aber gar nicht zu echten Wahlen, weil nur jeweils eine Vorschlagsliste – für die Arbeitgeber- und Versichertenseite – eingeht und damit die Vorgeschlagenen als gewählt gelten. Durch diese Wahlen ist gewährleistet, dass alle Beteiligten – Versicherte und Arbeitgeber – bei der Durchführung der Aufgaben der Sozialversicherung mitwirken und selbst die Verantwortung für eine geordnete Verwaltung tragen. Der Staat übt nur eine begrenzte Aufsicht aus.

Selbstverwaltung

SOZIAL- UND PRIVATVERSICHERUNGEN

Organe Als Organe der Selbstverwaltung werden bei den Versicherungsträgern – gewissermaßen als deren Parlamente – **Vertreterversammlungen** (bei der Bundesagentur für Arbeit Verwaltungsausschüsse, bei den Krankenkassen Verwaltungsräte) sowie **Vorstände** gebildet. Sie setzen sich je zur Hälfte aus Vertretern der Versicherten und der Arbeitgeber zusammen. Davon gibt es allerdings einige Ausnahmen: In den Verwaltungsausschüssen der Arbeitsämter wirken als dritte Gruppe auch Vertreter der öffentlich-rechtlichen Körperschaften mit, bei den Ersatzkassen gibt es nur Versichertenvertreter, die Vorstände aller Krankenkassen sind hauptamtlich mit ein bis drei Personen besetzt, der Vorstand der Bundesagentur für Arbeit besteht aus drei hauptamtlichen Geschäftsführern.

Aufgaben der Organe Die Vertreterversammlung hat vor allem folgende Aufgaben: die Aufstellung und Änderung der Satzung, die Wahl der Vorstandsmitglieder und die Feststellung des Haushaltsplanes. Der Vorstand hat die Stellung eines gesetzlichen Vertreters des Versicherungsträgers. Er bestimmt innerhalb der gesetzlichen und satzungsmäßigen Schranken die Richtlinien für die Arbeit des Versicherungsträgers.

Aufsicht Die staatliche Aufsicht über die Träger der Sozialversicherung wird von den Versicherungsbehörden wahrgenommen, das sind – je nach dem Einzugsgebiet eines Versicherungsträgers – die **Versicherungsämter** auf der Ebene eines Stadt- oder Landkreises, die Landesversicherungsämter oder das Bundesversicherungsamt in Berlin. Diese haben darauf zu achten, dass von den Versicherungsträgern Gesetz und Satzung eingehalten werden (sog. Rechtsaufsicht).

(Aktuelle Informationen zum Sozialrecht und zur Sozialversicherung unter *www.bmgesundheit.de*)

1.3 Versicherungsrecht

1.3.1 Versicherungspflicht bzw. -freiheit

Versicherungspflicht Nach dem Gesetz unterliegen bestimmte Personengruppen, in der Annahme besonderer Schutzbedürftigkeit, der **Versicherungspflicht** (→ S. 655).

Versicherungsfreiheit **Versicherungsfrei** sind grundsätzlich Beamte, Richter u. Ä. sowie eingeschriebene Studenten, soweit sie während der Semesterzeiten nicht mehr als 20 Stunden wöchentlich gegen Entgelt arbeiten (außer in der Rentenversicherung).

Minijobs Auch geringfügige Nebenbeschäftigungen („Minijobs") bleiben versicherungsfrei, wenn es sich um geringfügig entlohnte (Teilzeitjobs) oder kurzfristige (Aushilfsjobs) handelt. Es müssen jedoch bestimmte Voraussetzungen erfüllt sein.

SOZIAL- UND PRIVATVERSICHERUNGEN

Versicherungspflichtige Personengruppen

Versicherungspflichtige Personengruppen	Arbeitslosenversicherung	Krankenversicherung	Rentenversicherung	Pflegeversicherung
Arbeitnehmer	x	x*)	x	x
Studenten, Praktikanten		x		x
Wehrpflichtige, Zivildienstleistende	x	x	x	x
Pflegepersonen			x*)	x
Krankengeldbezieher	x		x	x
Empfänger von sonstigen Entgeltersatzleistungen		x	x	x
Selbstständige Handwerker*)			x	x
Selbstständige Existenzgründer mit Zuschuss des Arbeitsamts („Ich-AG")			x	x
Sonstige Selbstständige auf Antrag			x	x
Rentner bei Erfüllung bestimmter Vorversicherungszeiten		x		x

*) Ausnahmen:
- Wer überwiegend selbstständig ist, wird als Arbeitnehmer nicht krankenversicherungspflichtig. Wer nach Vollendung des 55. Lebensjahres eine Arbeitnehmertätigkeit aufnimmt, wird nur versicherungspflichtig, wenn er in den letzten fünf Jahren Mitglied einer gesetzlichen Krankenkasse und in dieser Zeit mindestens 30 Monate versicherungsfrei war.
- Wer die Jahresarbeitsentgeltgrenze (unter Einbeziehung einmaliger Zuwendungen) überschreitet, d. h. 75 % der Beitragsbemessungsgrenze in der Rentenversicherung (→ S. 661), ist krankenversicherungsfrei nach Ablauf des Jahres der Überschreitung.
- Rentenversicherungspflicht besteht nur, wenn die Pflege mindestens 14 Stunden je Woche erfordert.
- Handwerkerversicherung (→ Kap. 1.5)

Nebenbeschäftigungen

Eine **geringfügig entlohnte** Nebenbeschäftigung liegt nur vor, wenn
- das monatliche Entgelt € 400,– nicht überschreitet und
- weitere Nebenbeschäftigungen nicht zur Überschreitung dieser Grenze führen (wobei neben einer versicherungspflichtigen Beschäftigung nur eine einzige Nebenbeschäftigung versicherungsfrei bleibt).

Unabhängig vom Entgelt liegt eine **kurzfristige** Nebenbeschäftigung vor, wenn
- die Tätigkeit nicht berufsmäßig ausgeübt wird (insbesondere also Hausfrauen, Schüler, Rentner),

SOZIAL- UND PRIVATVERSICHERUNGEN

- die Dauer der Tätigkeit von vornherein auf zwei Monate oder 50 Arbeitstage innerhalb eines Kalenderjahres beschränkt ist,
- innerhalb des Kalenderjahres keine weitere Nebenbeschäftigung – auch bei anderen Arbeitgebern! – zu einer Überschreitung des Zwei-Monats- oder 50-Tage-Zeitraums führt.

Näheres ist zu finden unter *www.minijob-zentrale.de*.

Unfallversicherung In der **Unfallversicherung** sind im Wesentlichen versichert:

- alle Beschäftigten sowie Personen, die wie Beschäftigte tätig werden,
- Pflegepersonen,
- bestimmte Unternehmer, insbesondere in der Landwirtschaft (andere evtl. kraft Satzung),
- Personen, die im öffentlichen Interesse tätig werden, z. B. Blutspender, Helfer im DRK, THW u. Ä., bei Hilfeleistung bei Unglücken oder Verfolgung einer Person, ehrenamtlich Tätige (Mitglieder von Innungsvorständen, Prüfungsausschüssen, Organen der Versicherungsträger etc.),
- Kindergartenkinder, Schüler, Studenten, Lehrgangsteilnehmer,
- Personen, die bei der Schaffung öffentlich geförderten Wohnraums im Rahmen der Selbsthilfe tätig sind („Nachbarschaftshilfe").

1.3.2 Familienversicherung in der Krankenversicherung

Familienversicherung Bezüglich der **Krankenversicherung** gilt eine **Besonderheit:** Ehegatten und Kinder, die nicht selbst Mitglied einer gesetzlichen Krankenkasse sind, haben einen unmittelbaren Leistungsanspruch an die Krankenkasse des Ehepartners oder der Eltern **(Familienversicherung).**

Das setzt zum einen aber voraus, dass der Angehörige kein Gesamteinkommen über € 345,– (2004) hat bzw. € 400,– bei entsprechendem Einkommen aus einem „Minijob". Kinder haben im Regelfall nur bis zum 18. Lebensjahr Ansprüche. In folgenden Fällen geht der Anspruch darüber hinaus: wenn sie nicht erwerbstätig sind, bis zum 23. Lebensjahr; wenn sie sich in der Ausbildung befinden, bis zum 25. Lebensjahr (bei Studium, Meisterschule etc.). Zeiten eines ggf. absolvierten Wehr- oder Zivildienstes werden zu diesen Fristen hinzugerechnet. Ausnahme: Kein Anspruch besteht für Kinder, wenn der andere Ehegatte nicht Mitglied einer gesetzlichen Krankenkasse ist, sein Einkommen höher ist als das des Kassenmitglieds und außerdem über der Jahresarbeitsentgeltgrenze liegt.

1.3.3 Versicherungsberechtigung

Recht auf freiwillige Versicherung In gewissem Umfang besteht auch ein Recht zur **freiwilligen Versicherung:**

- In der **Arbeitslosenversicherung** gibt es eine solche Möglichkeit nicht.
- In der **Krankenversicherung** besteht eine Art „Bleiberecht", d. h. in der Regel ist nur nach vorheriger Pflicht- oder Familienversicherung eine Weiterversicherung zulässig, wenn diese unmittelbar vorher mindestens

SOZIAL- UND PRIVATVERSICHERUNGEN

zwölf Monate ununterbrochen oder innerhalb der letzten fünf Jahre insgesamt 24 Monate bestanden hat.

- In der **Rentenversicherung** kann sich jeder nicht Versicherungspflichtige, der mindestens 16 Jahre alt ist, freiwillig versichern, insbesondere also Selbstständige und Hausfrauen. Ausgenommen sind Beamte, Richter etc.
- In der **Unfallversicherung** können sich je nach Satzung der Berufsgenossenschaft Unternehmer und mithelfende Familienangehörige versichern, die nach dem Gesetz nicht versichert sind.

1.3.4 Zusätzliche Eigenvorsorge in der Rentenversicherung („Riester-Rente")

Hauptsächlich, um die Beitragssätze in der Rentenversicherung auf längere Zeit stabil zu halten, wurde ab 2002 neben einschneidenden Rentenkürzungen zur Deckung der sich daraus ergebenden „Rentenlücke" die Möglichkeit einer staatlich geförderten zusätzlichen kapitalgedeckten Altersvorsorge geschaffen, die aber auf freiwilliger Basis erfolgt. Zu den Begünstigten gehören alle in der Rentenversicherung Versicherungspflichtigen, neben Arbeitnehmern also z. B. auch versicherungspflichtige Handwerker und Pflegepersonen. **Begünstigte**

Förderfähig sind ganz bestimmte Anlagen, z. B. unter anderem Lebensversicherungen, Fonds- oder Bankguthaben, die mit einer privaten Rentenversicherung gekoppelt sind, und betriebliche Altersversorgungssysteme (besonders auch in der Form der sog. Entgeltumwandlung). **förderfähige Anlagen**

Voraussetzung für die **Förderung** ist des weiteren, dass die Altersvorsorgemodelle vom Bundesaufsichtsamt für das Versicherungswesen ausdrücklich zertifiziert werden und bestimmte einkommensabhängige Mindestleistungen aufgebracht werden.

Seit 2002 wurden in die Förderung zunächst Aufwendungen bis 1 % des Einkommens (höchstens bis zur Beitragsbemessungsgrenze der Rentensicherung, → S. 661) einbezogen; dieser Satz steigt nach je zwei Jahren um einen weiteren Prozentpunkt (2004 und 2005 also 2 %) und erreicht ab 2008 den Höchstsatz von 4 %. Die Grundzulage – ggf. für jeden Ehegatten gesondert – beträgt 2004 bis zu € 76,–, steigt 2006 auf € 114,– und 2008 auf € 154,–. Die Zulage je Kind beträgt € 92,– und steigt über € 138,– auf € 184,–. Die Aufwendungen können auch als Sonderausgaben – außerhalb der geltenden Höchstgrenzen – geltend gemacht werden, wobei allerdings gezahlte Zulagen auf eine Steuerermäßigung angerechnet werden. **Höhe der Förderung**

Die zentrale Stelle für die Abwicklung der Zulagengewährung ist die Bundesversicherungsanstalt für Angestellte (BfA). Für die Zahlung ist ein Antrag beim Anlageinstitut erforderlich, das diesen an die BfA weiterleitet und von dort direkt die Zulagen erhält. **Abwicklung**

(Weitere Informationen sind zu finden auf der Homepage der Bundesversicherungsanstalt für Angestellte: *www.bfa.de*.)

1.4 Melde- und Beitragsrecht

1.4.1 Meldepflichten

Die Träger der Arbeitslosen-, Kranken-, Renten- und Pflegeversicherung bedienen sich gemeinsam der Möglichkeiten der elektronischen Datenverarbeitung, insbesondere beim Austausch von versicherungsrelevanten Daten. Für den Versicherten findet das seinen Ausdruck im **Sozialversicherungsausweis,** der ihm auf Antrag vom Rentenversicherungsträger übersandt wird und vor allem auch seine Versicherungsnummer enthält, die ihn zeit seines Lebens – stets unverändert – begleitet. Auch dem Betrieb wird vom Arbeitsamt eine Betriebsnummer zugeteilt. Einzelheiten zum Melderecht findet man im Internet unter *www.bfa.de → Tour → Arbeitgeber.*

Der Arbeitgeber hat gegenüber der Sozialversicherung **Meldepflichten.** Auf elektronischen Medien wie z. B. Disketten (bis 2005 auch noch auf Formularen) sind Meldungen zur Sozialversicherung an die zuständige Krankenkasse zu erstatten; diese sorgt für die Weiterleitung an die anderen Versicherungsträger. Der Versicherte erhält jeweils Kopien der Meldungen.

Ab dem 27. Lebensjahr erhält der Versicherte jährlich von der LVA bzw. BfA einen Versicherungsverlauf mit näheren Angaben zu seinen Rentenansprüchen.

Meldefristen

Meldefristen	
Meldung an die Krankenkasse	Frist
Anmeldung	2 Wochen nach Aufnahme der Beschäftigung
Abmeldung	6 Wochen nach Ende der Beschäftigung
Jahresmeldung des beitragspflichtigen Entgelts	bis zum 15. April des Folgejahres
Unterbrechungsmeldung (bei Entgeltausfall für mindestens einen vollen Kalendermonat)	2 Wochen
Regelung für „Minijobs": Alle Meldungen sind an die Bundesknappschaft zu richten (Minijob-Zentrale, Essen).	

Sozialversicherungsausweis

Der schon erwähnte Sozialversicherungsausweis wurde 1991 eingeführt. Er ist am ersten Tage einer Beschäftigung dem Arbeitgeber vorzulegen; in so genannten gefährdeten Branchen (u. a. Bau- und Ausbaugewerbe, Gebäudereiniger, Messebau, Schausteller) ist er außerdem mit einem Lichtbild zu versehen und während der beruflichen Tätigkeit stets mitzuführen. Meldepflichten des Unternehmers in der **Unfallversicherung** sind im Abschnitt 1.6.4 (→ S. 672) enthalten.

Über die Meldungen hinaus hat der Arbeitgeber dem Versicherungsträger jede gewünschte Auskunft über (früher) Beschäftigte zu geben, die monatlichen Beitragsnachweisungen zu erstellen, eine Betriebsprüfung zu dulden etc. Auch der Versicherte ist entsprechend zu Auskünften und Meldungen – vor allem bei freiwilliger Versicherung – verpflichtet. Verstöße können mit Geldbußen geahndet werden.

1.4.2 Versicherungsbeiträge

Pflichtversicherte

Bei **pflichtversicherten Arbeitnehmern** erhebt die Krankenkasse als Einzugsstelle den **Gesamtsozialversicherungsbeitrag,** der die Beiträge (Arbeitnehmer- und Arbeitgeberanteile) zur Arbeitslosen-, Kranken-, Renten- und Pflegeversicherung beinhaltet.

Für die monatliche Abführung der Pflichtbeiträge ist der Arbeitgeber verantwortlich (→ Buchung des Lohnaufwandes, S. 80). Bei Leiharbeitnehmern besteht auch eine Haftung des Entleihers, im Bauhauptgewerbe auch des Hauptunternehmers für Subunternehmer. Die Krankenkasse hat die für die anderen Versicherungsträger bestimmten Beiträge umgehend an diese weiterzuleiten.

Bemessungsgrundlage ist das beitragspflichtige Entgelt, d. h. alle laufenden, aber auch einmaligen Einnahmen aus der Beschäftigung, und zwar neben Barentgelten auch Sachzuwendungen wie Produkte des Betriebes, Dienstwagen zur kostenlosen Privatnutzung, verbilligte Dienstwohnung etc. — **Beitragsbemessungsgrundlage**

Im Grundsatz sind diejenigen Bezüge beitragspflichtig, die auch lohnsteuerpflichtig sind. Steuerfreibeträge wirken sich allerdings nicht beim Beitrag aus. Pauschalversteuerte Bezüge bleiben ganz beitragsfrei. Beiträge zur Sozialversicherung werden maximal bis zu den Beitragsbemessungsgrenzen erhoben (→ Tabelle, S. 661). Für einmalige Zuwendungen gelten komplizierte Sonderregelungen. — **Beitragsbemessungsgrenzen**

Die **Beitragssätze der Krankenkassen** differieren und hängen trotz im Wesentlichen gleicher Leistungsansprüche von den unterschiedlich hohen Ausgaben der einzelnen Kassen ab; denn je nach Alter und Geschlecht des versicherten Personenkreises unterscheiden sich Krankheitshäufigkeit und -dauer. Auch die Zahl der beitragsfrei mitversicherten Familienangehörigen und besonders ein über- oder unterdurchschnittlich hohes Einkommen in einer Region beeinflussen den Beitragssatz. Seit 1994 führen diese unterschiedlichen Risikofaktoren zu einem Finanzausgleich zwischen allen Krankenkassen („Risikostrukturausgleich").

Den Beitragsaufwand haben Arbeitnehmer und Arbeitgeber je zur Hälfte zu tragen. Bis zur Geringverdienergrenze von monatlich € 325,– hat der Arbeitgeber bei Lehrlingen den Gesamtaufwand allein zu bestreiten. Wird diese Grenze durch einmalige Zuwendungen (z. B. Weihnachtsgeld) überschritten, hat der Lehrling nur die Hälfte des Beitrages vom Entgelt oberhalb der Grenze zu tragen. — **geteilter Beitragsaufwand**

Für geringfügig entlohnte – nicht für kurzfristige – Nebenbeschäftigungen, die versicherungsfrei sind (→ S. 655), hat allein der Arbeitgeber Pauschal- — **Pauschalbeiträge**

SOZIAL- UND PRIVATVERSICHERUNGEN

beiträge zu tragen, und zwar 11 % zur Kranken- und 12 % zur Rentenversicherung (bei Beschäftigung im Haushalt je 5 %); diese sind zusammen mit der pauschalen Lohnsteuer von 2 % an die Bundesknappschaft abzuführen.

Bei Rentnern wird die Hälfte des Krankenversicherungsbeitrages, soweit er sich aus der Rente ergibt, vom Rentenversicherungsträger getragen. Der Rentner selber muss die andere Hältfte – sowie ggf. volle Beiträge von weiteren Einkünften – tragen.

Freiwillig Versicherte

Bei freiwillig Versicherten richtet sich der Beitrag zur Krankenversicherung nach dem gesamten Einkommen des Versicherten, wird aber mindestens nach einem Drittel der so genannten **Bezugsgröße in der Sozialversicherung** berechnet. Diese Bezugsgröße entspricht etwa dem Durchschnittseinkommen aller Versicherten pro Monat. Im Jahre 2004 ergibt sich somit als Mindestbemessungsgrundlage

$$\text{ein Drittel von } €\ 2\,415{,}- = €\ 805{,}-.$$

hauptberuflich Selbstständige Für hauptberuflich Selbstständige ist von Bedeutung, dass die Krankenversicherungsbeiträge im Grundsatz von der Beitragsbemessungsgrenze zu berechnen sind. Sind die Einnahmen jedoch nachweislich geringer, werden diese zugrunde gelegt, mindestens aber 75 % der Bezugsgröße in der Sozialversicherung, d. h. € 1 811,25 (2004). Bei Existenzgründern („Ich-AG") wird die Hälfte der Bezugsgröße, also € 1 207,50, zugrunde gelegt.

Auch freiwillig oder privat krankenversicherten Arbeitnehmern steht die Hälfte ihres Beitrags als Arbeitgeberzuschuss zu, höchstens aber so viel, wie bei Versicherungspflicht zu zahlen wäre. Der Höchstzuschuss für privat Versicherte wird mit dem durchschnittlichen Beitragssatz aller Kassen berechnet und beträgt ab 2004: € 249,36.

freiwillig Rentenversicherte Für die **freiwillige Rentenversicherung** können Beiträge in beliebiger Höhe entrichtet werden, allerdings mindestens von € 400,–, bei 19,5 % derzeit also € 78,–, und höchstens von der Beitragsbemessungsgrenze.

Unfallversicherung

In der **Unfallversicherung** ist der Beitrag allein vom Arbeitgeber zu tragen und richtet sich nach der jährlich zu meldenden Lohnsumme des Betriebes, also der Summe aller gezahlten Entgelte, wobei für den Unternehmer in der Regel ein Entgelt bis zur satzungsmäßigen Höchstgrenze frei bestimmt werden kann. Durch unterschiedliche Gefahrenklassen wird dem Grad der Unfallgefahr des Betriebes bzw. des Versicherten Rechnung getragen. Die Beiträge werden in Promillesätzen berechnet, die naturgemäß je nach Berufsgenossenschaft sehr unterschiedlich ausfallen. Schließlich kann sich der errechnete Beitrag noch durch Zuschläge erhöhen, wenn die Unfallkosten des Betriebes in der Satzung festgelegte Grenzwerte überschreiten. Damit soll die Unfallverhütung gefördert werden. Zur Deckung des laufenden Bedarfs können Beitragsvorschüsse erhoben werden.

SOZIAL- UND PRIVATVERSICHERUNGEN

Übersicht über die gesetzliche Sozialversicherung

Versicherungszweig	Rechtsgrundlage	Träger	Versicherungspflichtige	Versicherungsberechtigte	Beitragssatz*) (2004)	Bemessungsgrenze (2004) mtl. €
Arbeitslosenversicherung	SGB III	Bundesagentur für Arbeit	Arbeitnehmer Wehrpflichtige	–	6,5 %	West: 5 150,– Ost: 4 350,–
Krankenversicherung	SGB V	Krankenkassen	Arbeitnehmer bis zur Jahresarbeitsentgeltgrenze (2004: € 46 350,–) Wehrpflichtige Empfänger von Entgeltersatzleistungen Studenten und Rentner (unter bestimmten Bedingungen)	bisher (mindestens 12 Monate) Pflicht- oder Familienversicherte	je nach Satzung ca. 12 bis 15 %	3 487,50
Rentenversicherung	SGB VI	Versicherungsanstalten	Arbeitnehmer selbstständige Handwerker sonstige Selbstständige auf Antrag Wehrpflichtige Empfänger von Entgeltersatzleistungen Pflegepersonen	jeder, der 16 Jahre alt und nicht versicherungspflichtig ist Ausnahme: Beamte u. Ä.	19,5 %	West: 5 150,– Ost: 4 350,–
Unfallversicherung	SGB VII	Berufsgenossenschaften Eigen-Unfallversicherungsträger	alle Beschäftigten bestimmte Unternehmer Schüler, Studenten u. Ä. Personen, die im öffentlichen Interesse tätig werden Pflegepersonen	je nach Satzung Unternehmer und mithelfende Familienangehörige	je nach Satzung ca. 2 bis 10 ‰	je nach Satzung bis zu 6 200,–
Pflegeversicherung	SGB XI	Pflegekassen	jeder Krankenversicherte	–	1,7 %	3 487,50

*) In der sog. **Gleitzone** (Entgelt von € 400,01 bis € 800,–) wird der **Arbeitnehmer**anteil mithilfe einer komplizierten Formel nach einem fiktiven Entgelt ermittelt, sodass sich für den Arbeitnehmer eine von etwa 4 % auf 21 % steigende Gesamtbelastung ergibt.

1.5 Rentenversicherung des selbstständigen Handwerkers

Die bereits 1939 eingeführten speziellen Rentenversicherungsregelungen für selbstständige Handwerker sind 1992 in das Sechste Buch des Sozialgesetzbuches (SGB VI) übernommen worden. Die Abwicklung erfolgt im Rahmen der Arbeiterrentenversicherung durch die Landesversicherungsanstalten, d. h. es gelten auch die allgemeinen Vorschriften der Rentenversicherung, soweit nicht Sonderbestimmungen für Handwerker (und einige andere Selbstständige) getroffen wurden.

Versicherungspflicht
Versicherungpflichtig sind Handwerker, die als Alleininhaber oder eintragungsfähige Personengesellschafter in der Handwerksrolle eingetragen und auch tatsächlich tätig sind, und zwar selbst dann, wenn sie außerdem als Arbeitnehmer versicherungspflichtig sind. Von der Versicherungspflicht ausgenommen bleiben Inhaber handwerklicher Nebenbetriebe (§§ 2 und 3 HwO) und die nach dem Witwen- bzw. Erbenprivileg Eingetragenen (§ 4 HwO). Die Versicherungspflicht beginnt mit dem Tage der Eintragung, frühestens mit der Aufnahme der selbstständigen Tätigkeit, und endet mit dem Tage der Löschung bzw. Einstellung der Tätigkeit. Die Handwerkskammern sind zu entsprechenden Meldungen an die LVA verpflichtet.

Befreiung
Gefahr für Rentenansprüche
Eine **Befreiung von der Versicherungspflicht** – allerdings nicht für Bezirksschornsteinfegermeister – ist auf Antrag möglich nach Erreichen von 216 Pflichtbeiträgen (18 Jahre) einschließlich früherer Beiträge als Arbeitnehmer. Allerdings ist darauf hinzuweisen, dass ggf. die Ansprüche auf Erwerbsminderungsrente verloren gehen können, weil diese voraussetzen, dass in den letzten fünf Jahren vor Eintritt des Versicherungsfalles mindestens 36 Pflichtbeiträge gezahlt wurden. Nur wer schon bis 1983 60 Beiträge erreicht hat, kann mit freiwilligen Beiträgen die genannten Ansprüche sicherstellen, wenn seit 1984 keine Beitragslücken bestehen.

Ohnehin sollte klar sein, dass der Handwerker aufgrund seiner Pflichtbeiträge in den ersten 18 Jahren seiner Versicherungszeit nur eine verhältnismäßig niedrige Rente beanspruchen kann (→ Beispiel auf S. 671). Daher ist ihm dringend der Abschluss einer ergänzenden Lebensversicherung zu empfehlen, die vor allem auch eine ausreichende Rente für den Fall der Berufsunfähigkeit vorsehen muss.

Regelbeitrag
Für selbstständige Handwerker (und sonstige versicherungspflichtige Selbstständige) wird der **Regelbeitrag** nach dem durchschnittlichen Bruttoarbeitsentgelt aller Versicherten berechnet, d. h. nach der Bezugsgröße in der Sozialversicherung (Beiträge 2004 → Tabelle auf der folgenden Seite).

In den ersten drei Jahren nach Aufnahme der selbstständigen Tätigkeit – Bezirksschornsteinfegermeister ausgenommen – kann auf Antrag der **halbe Regelbeitrag** gezahlt werden. Das ist ggf. für denjenigen von Bedeutung, dessen Einkommen die Hälfte der Bezugsgröße überschreitet. Generell kann bei Nachweis eines niedrigeren oder höheren Einkommens (allerdings nicht bei Bezirksschornsteinfegermeistern) auf Antrag dieses zugrunde gelegt werden.

Pflichtbeiträge (19,5 %) für rentenversicherungspflichtige Selbstständige				
	West		Ost	
	Bemessungs-grundlage €	Beitrag €	Bemessungs-grundlage €	Beitrag €
Regelbeitrag	2 415,–	470,93	2 030,–	395,85
Halber Regelbeitrag	1 207,50	235,46	1 015,–	197,93
Beitrag nach Einkommen: • mindestens • höchstens	 400,– 5 150,–	 78,– 1 004,25	 400,– 4 350,–	 78,– 848,25

1.6 Leistungen der Sozialversicherung

1.6.1 Arbeitslosenversicherung (SGB III)

Zur Arbeitsförderung im Rahmen der Arbeitslosenversicherung gehören neben der Berufsberatung und der Arbeitsvermittlung vor allem die Förderung der beruflichen Bildung, die Förderung der Arbeitsaufnahme und die Arbeits- und Berufsförderung Behinderter.

Die Arbeitslosenversicherung dient dem Zweck, Arbeitnehmern im Falle der Arbeitslosigkeit den notwendigen Lebensunterhalt zu sichern und sie so vor sozialem Abstieg zu bewahren.

Im Rahmen der Arbeitsförderung (= Vorbeugung) gibt es folgende Leistungen: **Arbeitsförderung**

- Berufs- und Arbeitsberatung, Arbeitsvermittlung **Beratung**
Berufsberatung, Vermittlung einer Ausbildungsstelle, Auskunft über Arbeitsmarktlage und Berufschancen sowie die Vermittlung von Arbeitsplätzen sind wichtige Maßnahmen gegen Arbeitslosigkeit.

- Förderung der beruflichen Bildung **individuelle Förderung**
Bei Ausbildung in einem anerkannten Ausbildungsberuf und – bei Minderjährigen – notwendiger Unterbringung außerhalb des Elternhauses sowie bei der Teilnahme an berufsvorbereitenden Lehrgängen gewährt das Arbeitsamt ein Ausbildungsgeld, allerdings unter Anrechnung des eigenen Nettoeinkommens und Teilen des Elterneinkommens. Des Weiteren werden Kosten für Arbeitsgeräte, Fahrtkosten, Prüfungsgebühren u. a. erstattet.

Die Förderung der beruflichen Fortbildung und Umschulung erfordert in der Regel zunächst einmal die Erfüllung bestimmter persönlicher Voraussetzungen wie z. B. eine mindestens zwölfmonatige Versicherungspflicht in den letzten drei Jahren. **persönliche Voraussetzungen**

SOZIAL- UND PRIVATVERSICHERUNGEN

Maßnahmen werden gefördert, wenn der Antragsteller
- arbeitslos ist und durch die Maßnahme beruflich eingegliedert wird oder
- von Arbeitslosigkeit bedroht ist, z. B. bei bereits ausgesprochener Kündigung oder Antrag des Arbeitgebers auf Eröffnung des Insolvenzverfahrens oder
- keinen beruflichen Abschluss hat und durch die Maßnahme eine berufliche Qualifikation erwerben kann.

sonstige Förderung Außerdem spielen noch die folgenden Fördermaßnahmen eine Rolle:
- Förderung der Arbeitsaufnahme/Mobilitätshilfen
Um Arbeitslosen zu einem Arbeitsplatz zu verhelfen, können Bewerbungs-, Reise- und Umzugskosten erstattet sowie Trennungs- und Überbrückungsbeihilfen gewährt werden. Existenzgründer erhalten in den ersten zwei Jahren für bis zu zwei Arbeitnehmer, die bisher arbeitslos waren, bis zu einem Jahr einen Lohnkostenzuschuss von 50 %. Eingliederungszuschüsse (30 % bei Einarbeitung, 50 % bei erschwerter Vermittlung oder für ältere Arbeitnehmer) werden in der Regel für 6, 12 bzw. 24 Monate gewährt. Als Beschäftigungshilfen für Langzeitarbeitslose (d. h. länger als ein Jahr arbeitslos) werden dem Arbeitgeber bis zu zwölf Monaten je nach Dauer der Arbeitslosigkeit des Betroffenen 40 bis 80 % der Lohnkosten gewährt. Für über 55-Jährige entfällt der Arbeitgeberanteil zur Arbeitslosenversicherung.
- Förderung der Existenzgründung („Ich-AG")
Wenn der Jahresertrag € 25 000,– nicht überschreitet, wird ein monatlicher Zuschuss von € 600,– (im 1. Jahr), € 360,– (im 2. Jahr) bzw. € 240,– (im 3. Jahr) gewährt.
- Arbeits- und Berufsförderung behinderter Menschen
Hierzu gehört die berufliche Eingliederung behinderter Menschen u. a. durch Förderung besonderer Behindertenwerkstätten und Berufsförderungswerke. Betriebe können Eingliederungszuschüsse und Zuschüsse zur Ausbildungsvergütung erhalten.
- Wintergeld in der Bauwirtschaft
Arbeitnehmer des Baugewerbes, die auf einem witterungsabhängigen Arbeitsplatz beschäftigt sind, erhalten für jede vom 15. Dezember bis 28. Februar geleistete oder witterungsbedingt ausgefallene Arbeitsstunde ein steuer- und beitragsfreies Wintergeld von € 1,03.
- Arbeitsbeschaffungsmaßnahmen (ABM)
Diese sollen dazu beitragen, Arbeitslosigkeit abzubauen, also eine dauerhafte Wiedereingliederung Arbeitsloser zu erreichen. Gefördert werden Maßnahmen, die im öffentlichen Interesse liegen und sonst nicht oder erst später durchgeführt würden. Die Zuschüsse zwischen 50 und 75 % des Entgelts setzen voraus, dass dieses auf 80 % des regulären Entgelts bzw. die Arbeitszeit auf 80 % reduziert ist.

SOZIAL- UND PRIVATVERSICHERUNGEN

Leistungen aus der Arbeitslosenversicherung sind:

- Arbeitslosengeld I
  Es kann beansprucht werden von Personen, die arbeitslos sind, in einer Rahmenfrist von drei Jahren an mindestens 360 Kalendertagen eine beitragspflichtige Beschäftigung ausgeübt haben und sich beim Arbeitsamt mit dem Antrag auf Zahlung von Arbeitslosengeld arbeitslos gemeldet haben. Das Arbeitslosengeld beträgt bei mindestens einem Kind 67 %, sonst 60 % des Nettoarbeitsentgelts nach dem Durchschnitt der letzten sechs Monate. Für je vier Monate Beitragszeit wird zwei Monate lang Arbeitslosengeld gezahlt, im Allgemeinen für maximal 12 Monate. Nach dem 55. Lebensjahr erhöht sich die Höchstdauer auf 18 Monate. Jede Tätigkeit ist selbstverständlich umgehend dem Arbeitsamt zu melden und kann zur Kürzung des Arbeitslosengeldes führen. Allerdings bleibt ein Netto-Hinzuverdienst bis zu 20 % des Arbeitslosengeldes mindestens bis zu € 172,50 (2004) monatlich anrechnungsfrei, falls die Arbeitszeit unter 15 Stunden je Woche bleibt.

  Arbeitslosengeld I

- Arbeitslosengeld II
  Arbeitslose, denen kein Anspruch auf Arbeitslosengeld mehr zusteht, weil sie diesen Anspruch ausgeschöpft haben, sind bei Erfüllung bestimmter Mindestvoraussetzungen gleichfalls gegen die Folgen der Arbeitslosigkeit geschützt. Sie erhalten unter der Voraussetzung, dass sie der Arbeitsvermittlung zur Verfügung stehen und bedürftig sind, Geldleistungen, die seit Anfang 2004 als Arbeitslosengeld II bezeichnet werden und in der Höhe etwa den Leistungen der Sozialhilfe entsprechen.

  Arbeitslosengeld II

- Leistungen im Rahmen der Altersteilzeitregelung
  Ab dem 55. Lebensjahr kann der Arbeitnehmer mit seinem Arbeitgeber vereinbaren, dass er bis zum Bezug einer vorzeitigen Rente nach Altersteilzeit (→ Kap. 1.6.3) seine bisherige Arbeitszeit auf die Hälfte reduziert bzw. in der ersten Hälfte des vereinbarten Zeitraums wie vorher und in der zweiten gar nicht mehr arbeitet. Der Arbeitgeber muss gleichwohl für den gesamten Zeitraum 70 % (nach Tarif evtl. auch mehr) des vorherigen Nettoentgelts sowie Rentenversicherungsbeiträge von 90 % des vollen Entgelts zahlen. Diese Mehrkosten („Aufstockungsbeträge") werden vom Arbeitsamt erstattet, wenn der frei werdende (Teil-) Arbeitsplatz mit einem Arbeitslosen oder einem Lehrling, der seine Prüfung bestanden hat, besetzt wird; von dieser Pflicht sind Betriebe mit bis zu 50 Arbeitnehmern ausgenommen.

  Leistungen bei Altersteilzeit

- Kurzarbeitergeld
  Wenn ein Betrieb infolge eines unvermeidbaren, jedoch vorübergehenden Arbeitsausfalls gezwungen ist, Kurzarbeit einzuführen, erhalten die davon betroffenen Arbeitskräfte Kurzarbeitergeld. Der Arbeitsausfall ist dem Arbeitsamt anzuzeigen, das (frühestens) vom Tage der Meldung an den entstandenen Lohnausfall zu 67 % bzw. 60 % erstattet. Die Frist für den Bezug des Kurzarbeitergeldes beträgt derzeit 15 Monate bei konjunkturell bedingter und 24 Monate bei strukturell bedingter Kurzarbeit.

  Kurzarbeitergeld

SOZIAL- UND PRIVATVERSICHERUNGEN

Winterausfallgeld
- Winterausfallgeld (früher: Schlechtwettergeld)
  Lohnausfälle, die Arbeitnehmern im Baugewerbe durch witterungsbedingte Arbeitsausfälle vom 1. November bis 31. März entstehen, werden für die ersten 30 Stunden aus einem vorher aufzubauenden Arbeitszeitguthaben finanziert und von der 31. bis zur 100. Stunde im Kalenderjahr durch eine Winterausfallgeldvorausleistung des Betriebes und danach vom Arbeitsamt durch Zahlung von Winterausfallgeld ausgeglichen. Voraussetzung für die Zahlung ist u. a., dass nach der Witterungslage die Durchführung der Arbeit technisch unmöglich oder für den Arbeitnehmer unzumutbar ist und der Ausfall dem Arbeitsamt unverzüglich angezeigt wird. Die Höhe beträgt 67 % bzw. 60 % des Lohnausfalls.

Insolvenzgeld
- Insolvenzgeld
  Falls über das Vermögen eines Arbeitgebers das Insolvenzverfahren (→ S. 577) eröffnet oder die Eröffnung mangels Masse abgelehnt wird, werden ausstehende Lohnforderungen für die letzten drei Monate einschließlich anteiliger Einmalzahlungen wie Weihnachts- und Urlaubsgeld durch das Arbeitsamt befriedigt. Dieses zahlt gleichzeitig die fälligen Sozialversicherungsbeiträge für diesen Zeitraum.

1.6.2 Krankenversicherung (SGB V)

Zweck der gesetzlichen Krankenversicherung ist es, den Versicherten und ihren Familienangehörigen neben vorbeugenden Maßnahmen sachliche und finanzielle Unterstützung bei Krankheit und Mutterschaft zu gewähren. Die Leistungen sind weitgehend gesetzlich geregelt und von allen Krankenkassen in gleichem Umfang, in gleicher Höhe und unter gleichen Bedingungen zu gewähren. Die Leistungsberechtigung ist bei jeder Inanspruchnahme durch Vorlage der Krankenversichertenkarte nachzuweisen.

Zu den Leistungen der gesetzlichen Krankenversicherung zählen:

Vorsorge
- Maßnahmen zur Förderung der Gesundheit und Verhütung von Krankheiten
  Die werdende Mutter hat Anspruch auf Vorsorgeuntersuchungen. Kinder bis zum 10. Lebensjahr werden kostenlos auf frühkindliche Schäden untersucht. Für weibliche Versicherte ab 21 und männliche Versicherte ab 45 Jahren werden die Kosten für bestimmte Untersuchungen zur Krebsfrüherkennung übernommen, für Versicherte ab dem 35. Lebensjahr jedes zweite Jahr für eine Gesundheitsuntersuchung auf Herz-, Kreislauf- und Nierenerkrankungen sowie Zuckerkrankheit. Zahnärztliche Vorsorgeuntersuchungen werden vom 6. bis zum 18. Lebensjahr halbjährlich bezahlt. Die Kassen können – je nach ihrer Satzung – Kosten für Kuren (in der Regel drei Wochen) und Schutzimpfungen (nicht bei Urlaubsreisen) übernehmen.

- Leistungen zur Empfängnisverhütung sowie bei Schwangerschaftsabbruch
  Unter Beachtung der Vorschriften des § 218 Strafgesetzbuch haben die Kassen die Kosten einer ärztlichen Beratung über die Empfängnisregelung (bis zum 20. Lebensjahr auch der Versorgung mit empfängnisverhütenden

Mitteln) oder eines nicht rechtswidrigen Schwangerschaftsabbruches zu übernehmen.
- Leistungen bei Krankheit
Hierzu gehören die Krankenbehandlung, das Krankengeld und die Krankenhauspflege.

Krankenbehandlung

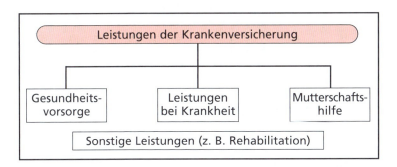

Die Krankenbehandlung umfasst die kostenlose ärztliche, zahnärztliche, kieferorthopädische und psychotherapeutische Behandlung, die Versorgung mit Arzneien, Heil- und Hilfsmitteln, Zahnersatz u. a., allerdings unter Kostenbeteiligung des Versicherten, wobei einkommensabhängige Härtefallregelungen eine erhebliche Rolle spielen.

Krankengeld erhält ein arbeitsunfähig erkrankter Versicherter wegen derselben Krankheit bis zur Dauer von 78 Wochen innerhalb eines Zeitraumes von drei Jahren. Es beträgt 70 % des entgangenen regelmäßigen Bruttoarbeitsentgelts (Regellohn) bis zur Beitragsbemessungsgrenze (→ S. 661), wobei es 90 % des Nettolohns nicht übersteigen darf. Vom Krankengeld sind Beiträge zur Arbeitslosen-, Renten- und Pflegeversicherung zu entrichten, die zur Hälfte die Krankenkasse übernimmt. Der Krankengeldanspruch ruht (in der Regel für die ersten sechs Wochen der Arbeitsunfähigkeit), solange der Versicherte seinen Lohn vom Arbeitgeber fortgezahlt erhält (→ S. 618). Falls Beaufsichtigung oder Pflege eines erkrankten Kindes unter zwölf Jahren erforderlich ist, besteht Anspruch auf Arbeitsbefreiung und Krankengeld für längstens zehn Arbeitstage im Jahr, bei allein Stehenden bis zu 20 Tagen.

Krankengeld

Wenn dem Versicherten oder seinem Ehegatten die Weiterführung des Haushalts, in dem ein Kind unter 12 Jahren lebt, wegen eines Krankenhaus- oder Kuraufenthaltes nicht möglich ist und auch eine andere im Haushalt lebende Person den Haushalt nicht führen kann, besteht Anspruch auf Haushaltshilfe, und zwar in Form einer von der Kasse zu stellenden Ersatzkraft oder Erstattung der Kosten für eine selbst beschaffte Kraft bis zu bestimmten Höchstbeträgen.

Haushaltshilfe

Notwendige Krankenhauspflege wird ohne zeitliche Begrenzung gewährt. Daneben wird das Krankengeld ungekürzt ausgezahlt. Bis zu 28 Tage im Jahr ist – außer bei Kindern bis zu 18 Jahren – eine Eigenbeteiligung von € 10,– je Tag zu zahlen.

Krankenhauspflege

SOZIAL- UND PRIVATVERSICHERUNGEN

- Sonstiges
  Stationäre Hospizbehandlung, verschiedene Rehabilitationsmaßnahmen, sozialpädiatrische Leistungen für Kinder u. a. werden mitfinanziert.

Mutterschaftshilfe
- Mutterschaftshilfe
  Weibliche Versicherte erhalten als Mutterschaftshilfe ärztliche Betreuung und Hebammenhilfe, Arzneien, Verband- und Heilmittel, Pflege in einer Entbindungs- oder Krankenanstalt und ein Mutterschaftsgeld, dessen Höhe sich bei Arbeitnehmerinnen nach dem Durchschnittsverdienst der letzten 13 Wochen bemisst, höchstens aber € 13,– je Kalendertag beträgt. Der Anspruch auf Mutterschaftsgeld besteht für die Dauer der so genannten Schutzfristen vor und nach der Entbindung (→ S. 630).

1.6.3 Rentenversicherung (SGB VI)

Die Rentenversicherung bezweckt, den Versicherten oder seine Hinterbliebenen bei Erwerbsminderung, Alter und Tod durch Zahlung von Renten wirtschaftlich abzusichern. Sie hat außerdem die Aufgabe, vorbeugende Maßnahmen zur Erhaltung, Besserung und Wiederherstellung der Erwerbsfähigkeit des Versicherten durchzuführen.

Die Regelleistungen der Rentenversicherung sind:

Rehabilitation
- medizinische bzw. berufsfördernde Leistungen zur Rehabilitation
  Hierbei kommen im Wesentlichen in Betracht: Heilbehandlung (Gewährung von Kuren in Kurorten und Spezialanstalten), Berufsförderung (Umschulung, Hilfe bei Arbeitsstellenbeschaffung), soziale Betreuung (finanzielle Unterstützung während der Dauer der Heilbehandlung und der Berufsförderung).

Rente
- Rentengewährung
  Renten werden gewährt wegen Alters, wegen Erwerbsminderung oder wegen Todes des Versicherten. Bei Eintritt des Versicherungsfalles muss die Wartezeit erfüllt sein, d. h. es wird eine Mindestversicherungszeit (ohne Anrechnungs- und Zurechnungszeiten) verlangt, nämlich bei Erwerbsminderungs- oder Hinterbliebenenrente 5 Jahre, bei Altersrente mit 65 Jahren 5, sonst 15 bzw. – bei „Renten an langjährig Versicherte" – 35 Jahre.

Grundsätzlich kommen als Versicherungszeiten bei der Rentenberechnung in Betracht:

anrechenbare Versicherungszeiten
- Beitragszeiten (ohne Unterscheidung Pflicht- und freiwillige Beiträge)
  Dazu zählen auch Zeiten der Wehrpflicht, des Zivildienstes und des Bezugs von Entgeltersatzleistungen wie Krankengeld, Übergangsgeld, Arbeitslosengeld etc.

- Kindererziehungszeiten
  Diese werden für Kinder, die bis 1991 geboren sind, mit einem Jahr, ab 1992 mit drei Jahren je Kind angerechnet.

- Ersatzzeiten
  Zeiten des Kriegsdienstes, der Kriegsgefangenschaft, der Evakuierung, der Flucht oder der Vertreibung bis zum 31. Dezember 1991.

SOZIAL- UND PRIVATVERSICHERUNGEN

- Anrechnungszeiten
Zu diesen Zeiträumen gehören: Schulzeiten nach dem 17. Lebensjahr; Zeiten der Teilnahme an berufsvorbereitenden Maßnahmen der Bundesanstalt für Arbeit; Fach- (auch Meister-)Schulzeiten und Hochschulzeiten, die zusammen mit den Schulzeiten noch bis 2004 mit maximal drei Jahren berücksichtigt werden (nach vierjähriger Übergangszeit werden ab 2009 Schul- und Hochschulzeiten für Neurentner nicht mehr angerechnet); Gewahrsamszeiten (ab 1992) nach dem Häftlingshilfegesetz; Zeiten des Bezugs einer Berufs- oder Erwerbsunfähigkeits- bzw. Erwerbsminderungsrente.

- Zeiten des Versorgungsausgleichs
Dieser findet im Zusammenhang mit einer Ehescheidung statt.

- Zurechnungszeit
Diese ist von weit tragender Bedeutung bei Renten wegen Erwerbsminderung vor dem 60. Lebensjahr. Gegebenenfalls wird die Zeit vom Eintritt des Versicherungsfalles bis zum 60. Lebensjahr angerechnet. Damit wird vor allem für jüngere Versicherte eine erheblich höhere Rente erreicht, als sich bei alleiniger Berücksichtigung der sonstigen Versicherungszeiten ergäbe (→ Beispiel, S. 671).

Kinderberücksichtigungszeiten sind Zeiten der Erziehung eines Kindes bis zum 10. Lebensjahr, die in Sonderfällen eine Rolle spielen, aber bei der eigentlichen Rentenberechnung nicht mitgerechnet werden.

Die Regel-Altersrente wird mit Vollendung des 65. Lebensjahres gewährt. Vorzeitige Arbeitslosen-Altersrente ab dem 60. Lebensjahr (mit Kürzungen) ist noch bis 2005 möglich (später – mit Übergangsregelungen – erst ab dem 63. Lebensjahr), wenn in den letzten eineinhalb Jahren mindestens 52 Wochen Arbeitslosigkeit bestand und in den letzten zehn Jahren für mindestens acht Jahre Pflichtbeiträge entrichtet wurden. Eine vorzeitige Altersrente ist ebenso nach Altersteilzeit von mindestens 24 Monaten möglich.

Altersrente

Vorzeitige Frauen-Altersrente (mit Kürzungen) wird Frauen bis zum Geburtsjahrgang 1944 vor dem 65. Lebensjahr noch bis 2010 gewährt, wenn sie ihre Beschäftigung aufgeben und mehr als 10 Jahre Pflichtbeitragszeiten nach dem 40. Lebensjahr nachweisen können. Der Bezug einer (gekürzten) „Rente an langjährig Versicherte", d. h. bei Erfüllung einer Wartezeit von 35 Jahren, ist ab 63 Jahren noch bis 2003 möglich, bei Schwerbehinderung auch darüber hinaus.

Eine Altersrente kann im Rahmen der vorstehenden Regelungen auf Antrag bis zu drei Jahren früher gewährt werden. Allerdings wird sie dann bis zum Lebensende für jeden vorgezogenen Monat um 0,3 % gekürzt. Ab 2010 gilt dies generell auch für die Regel-Altersrente. Bei Bezug von Altersrente vor dem 65. Lebensjahr ist ein **Hinzuverdienst** ohne Auswirkungen auf die Rente nur in eingeschränktem Umfang möglich, nämlich bis zu € 345,– monatlich. 1992 wurde zur Erleichterung des gleitenden Übergangs in das Rentnerleben die Regelung neu eingeführt, eine Teilrente (ein Drittel, die Hälfte oder zwei Drittel der Vollrente) zu erhalten, gegebenenfalls mit beschränkten Hinzuverdienstmöglichkeiten.

Teilrente

SOZIAL- UND PRIVATVERSICHERUNGEN

Erwerbsminderungsrente

Berufs- bzw. Erwerbsunfähigkeitsrente nach dem bis 2000 geltenden Recht können nur noch vor dem 2. Januar 1961 Geborene erhalten. Nach dem seit 2001 geltenden Recht wird eine in der Regel befristete **Erwerbsminderungsrente** unabhängig vom ausgeübten Beruf gewährt. Eine teilweise Erwerbsminderung liegt vor, wenn der Versicherte weniger als sechs Stunden täglich „unter den üblichen Bedingungen des allgemeinen Arbeitsmarktes" erwerbstätig sein kann, eine volle Erwerbsminderung bei weniger als drei Stunden täglich.

Voraussetzung für diese Rentenansprüche ist (neben der Erfüllung der Wartezeit), dass in den letzten fünf Jahren mindestens 36 Pflichtbeiträge entrichtet wurden. Bei fünf Versicherungsjahren bis zum 31. Dezember 1983 hat ein Versicherter dann Anspruch, wenn er ab 1984 für jeden Monat lückenlos freiwillige Beiträge entrichtet hat.

Hinterbliebenenrente

Bei der Witwen- bzw. Witwerrente wird zwischen „großer" und „kleiner" unterschieden. Die große Witwenrente wird gezahlt, wenn dem Rentenbezieher eine Erwerbstätigkeit nicht zuzumuten ist, d. h. wenn er entweder 45 Jahre alt ist oder mindestens ein Kind erzieht oder erwerbsgemindert ist. Ansonsten besteht nur Anspruch auf die kleine Rente, die nur zwei Jahre lang gewährt wird. Geschiedene, die mindestens ein Kind erziehen, erhalten beim Tode des früheren Ehegatten, wenn dieser Unterhalt gewährt hat, eine Erziehungsrente in Höhe der vollen Erwerbsminderungsrente aus ihrer eigenen Versicherung. Waisenrenten werden bis zum 18. Lebensjahr, bei Ausbildung bis zum 27. Lebensjahr gewährt.

Übersicht

Durchschnittliches Bruttoarbeitsentgelt aller Versicherten					
Jahr	**DM**	**Jahr**	**DM**	**Jahr**	**DM**
1964	8 467,–	1977	24 945,–	1990	41 946,–
1965	9 229,–	1978	26 242,–	1991	44 421,–
1966	9 893,–	1979	27 685,–	1992	46 820,–
1967	10 219,–	1980	29 485,–	1993	48 178,–
1968	10 842,–	1981	30 900,–	1994	49 142,–
1969	11 839,–	1982	32 198,–	1995	50 665,–
1970	13 343,–	1983	33 293,–	1996	51 678,–
1971	14 931,–	1984	34 292,–	1997	52 143,–
1972	16 335,–	1985	35 286,–	1998	52 925,–
1973	18 295,–	1986	36 627,–	1999	53 507,–
1974	20 381,–	1987	37 726,–	2000	54 256,–
1975	21 808,–	1988	38 896,–	2001	55 216,–
1976	23 335,–	1989	40 063,–	2002	€ 28 626,–

Die Angaben von 1964 bis 2001 sind weiterhin in DM, da die Verdienstmitteilungen aus diesen Jahren in DM und nicht in Euro vorliegen; 2002: in Euro

Rentenberechnung

Nach der seit 1992 geltenden Rentenformel sind folgende Faktoren für die Berechnung einer Rente von Bedeutung:

$$\text{Monatsrente} = \text{PEP} \times \text{RAF} \times \text{ARW}$$

SOZIAL- UND PRIVATVERSICHERUNGEN

PEP = **persönliche Entgeltpunkte**
Das jeweilige Einkommen wird Jahr für Jahr ins Verhältnis zum Durchschnittseinkommen aller Versicherten (= 1) gesetzt, so dass sich beispielsweise nebenstehende Werte ergeben.

RAF = **Rentenartfaktor**
Dieser beträgt in der Regel, also z. B. bei voller Erwerbsminderungs- oder Altersrente 1,0, dagegen bei halber Erwerbsminderungsrente 0,5, bei der großen Witwen-/Witwerrente 0,55, bei der kleinen 0,25, bei der Halbwaisenrente 0,1 und bei der Vollwaisenrente 0,2.

ARW = **aktueller Rentenwert**
Dieser wird in der Regel jährlich aufgrund der Entwicklung des durchschnittlichen Nettoeinkommens aller Versicherten neu ermittelt, z. B. beträgt er bis 30. 6. 2005 € 26,13 (West) bzw. € 22,97 (Ost).

Lebensjahr	PEP
17.	0,10
18.	0,22
19.	0,23
20.	0,45
21.	0,51
22.	0,63
23.	0,70
24.	0,78
25.	0,86
26.	0,92
27.	0,96
28.	1,05
29.	1,10
30.	1,19
31.	1,00
32.	1,00
33.	1,00
34.	1,00
35.	1,00
	14,70

Beispiel

Beispiel: Rentenberechnung für 35-Jährigen							
	PEP	×	RAF	×	ARW	=	€
1. Altersrente	14,70	×	1,0	×	26,13	=	384,11
Aufgrund der Zurechnungszeit von 300 Monaten (→ S. 669) (35.–60. Lebensjahr), bewertet mit den Entgeltpunkten aus dem sog. Gesamtleistungswert (hier: 14,70 : 216 Monate) von 0,07 ergeben sich zusätzliche Entgeltpunkte von 21,00 für die							
2. Volle Erwerbsminderungsrente	35,70	×	1,0	×	26,13	=	832,10
3. Halbe Erwerbsminderungsrente	35,70	×	0,5	×	26,13	=	416,05
4. Große Witwenrente zuzügl. 1 Kind bis zu 3 Jahren	35,70	×	0,55	×	26,13	=	457,65 22,26
5. Kleine Witwenrente	35,70	×	0,25	×	26,13	=	208,02
6. Halbwaisenrente	60,69*)	×	0,1	×	26,13	=	141,45
7. Vollwaisenrente	58,20**)	×	0,2	×	26,13	=	271,30
*) einschl. PEP-Zuschlag 300 × 0,0833 = 24,99 **) einschl. PEP-Zuschlag 300 × 0,075 = 22,50							
Unter Nr. 2 bis 7 wurden die errechneten Renten um 10,8 % gekürzt in der Annahme, dass der Versicherungsfall vor dem 63. Lebensjahr eintritt. Hinterbliebenenrenten werden darüber hinaus zusätzlich gekürzt, wenn bestimmte Hinzuverdienstgrenzen überschritten werden. Diese Grenzen betragen z. B. bei Witwen/Witwern € 689,83 (West)/ 606,41 (Ost) zuzügl. € 146,33/128,63 je Kind. Die Kürzung beträgt 40 % aller Nettoeinkünfte, die die Grenzen übersteigen.							

SOZIAL- UND PRIVATVERSICHERUNGEN

1.6.4 Unfallversicherung (SGB VII)

Aufgaben der Unfallversicherung
Die Unfallversicherung hat die Aufgabe, die versicherten Personen vor den Folgen eines Arbeitsunfalls oder einer Berufskrankheit zu schützen. Darüber hinaus dient sie dem Zweck, Arbeitsunfälle zu verhüten.

Vordringliche Aufgabe der Berufsgenossenschaften ist es, mit allen geeigneten Mitteln für die Verhütung von Arbeitsunfällen und berufsbedingten Erkrankungen zu sorgen. Sie kommen dieser Aufgabe u. a. dadurch nach, dass sie Unfallverhütungsvorschriften erlassen und deren Beachtung in den Betrieben überwachen. Auch die vom Betrieb sicherzustellende arbeitsmedizinische und sicherheitstechnische Betreuung dient diesem Ziel. (→ „Arbeitsrecht", S. 640)

Arbeitsunfall
Leistungen aus der Unfallversicherung werden bei Arbeitsunfällen gewährt. Dabei handelt es sich um einen Unfall, den ein Versicherter in Ausübung seiner beruflichen Tätigkeit erleidet, also während der Arbeitszeit im Betrieb, auf einer Baustelle, anlässlich einer Dienstreise etc. Darüber hinaus gehören dazu aber auch folgende Fälle:

- Wegeunfälle: d. h. Unfälle, die sich auf einem mit der versicherten Tätigkeit zusammenhängenden Weg nach und von der Arbeits- oder Ausbildungsstätte ereignen,
- Arbeitsgeräteunfälle: d. h. Unfälle bei Verwahrung, Beförderung, Instandhaltung und Reinigung des Arbeitsgeräts.
- Berufskrankheiten: bestimmte, in einer Rechtsverordnung aufgeführte Krankheiten, die infolge der beruflichen Tätigkeit entstehen (z. B. Bäckerekzem, Asbestfolgen).

Die Leistungen der Unfallversicherung umfassen Sach- und Geldleistungen. Sie werden von Amts wegen festgestellt, d. h. gewährt, ohne dass es eines Antrages des Versicherten oder seiner Hinterbliebenen bedarf. Zu den Leistungen (grundsätzlich ohne Eigenbeteiligung der Versicherten) zählen

- Heilbehandlung
Ärztliche Behandlung, Versorgung mit Arzneien, Heil- und Hilfsmitteln, Gewährung von Anstaltspflege. Während der Heilbehandlung erhält der Verletzte, sofern er arbeitsunfähig ist und weder Arbeitslohn noch Krankengeld bezieht, ein Verletztengeld, das im Wesentlichen wie Krankengeld berechnet wird, allerdings auch über die dort geltende Jahresarbeitsverdienstgrenze hinaus bis zu der in der Satzung festgelegten Grenze.

Verletztengeld

- Berufshilfe
Maßnahmen, durch die der Verletzte die Fähigkeit wiedererlangen soll, den bisherigen oder nach Möglichkeit einen gleichwertigen Beruf auszuüben (Umschulung, Vermittlung einer neuen Arbeitsstelle u. a.).

- Verletztenrente
Kann die Erwerbsfähigkeit des Verletzten nicht wiederhergestellt werden, ist ihm bei einer Erwerbsminderung ab 20 % eine Rente zu gewähren, deren Höhe sich im Allgemeinen nach dem Arbeitseinkommen bemisst, das der Verletzte in den letzten 12 Monaten vor dem Unfall oder dem Beginn der Berufskrankheit erzielt hat; z. B. bei 100%iger Erwerbs-

sonstige Geldleistungen

minderung zwei Drittel des Bruttoentgelts. Unter bestimmten Voraussetzungen kann statt laufender Rentenzahlung eine Kapitalabfindung gewährt werden.

- Geldleistungen an Hinterbliebene
Hat der Arbeitsunfall oder die Berufskrankheit zum Tode des Versicherten geführt, gewährt die Berufsgenossenschaft Sterbegeld und Hinterbliebenenrente. Das Sterbegeld beträgt ein Zwölftel des Jahresarbeitsverdienstes des Versicherten. Hinterbliebenenrenten sind Renten an die Witwe bzw. den Witwer, die unterhaltsberechtigten Kinder des Verstorbenen und evtl. die Eltern und Großeltern, sofern der Verstorbene sie aus seinem Arbeitsverdienst wesentlich unterhalten hat.

Leistungen der Unfallversicherung

Der **Unternehmer** hat bezüglich der Unfallversicherung insbesondere folgende **Pflichten:**

Pflichten des Unternehmers

- Eröffnung und Beendigung eines Betriebes binnen einer Woche der zuständigen Berufsgenossenschaft zu melden,
- alle Arbeitsstätten, Maschinen und Geräte so einzurichten und zu erhalten, dass die Versicherten gegen Arbeitsunfälle geschützt sind,
- die Unfallverhütungsvorschriften den Betriebsangehörigen in geeigneter Weise bekannt zu geben,
- die exakte Befolgung der Unfallverhütungsvorschriften sorgfältig zu überwachen,
- die arbeitsmedizinische und sicherheitstechnische Betreuung sicherzustellen,
- in Unternehmen mit mehr als 20 Beschäftigten einen Sicherheitsbeauftragten zu bestellen,
- Verletzte grundsätzlich dem sog. Durchgangsarzt zuzuleiten,
- einen Arbeitsunfall, der eine mehr als dreitägige Arbeitsunfähigkeit bedingt, binnen 3 Tagen der Berufsgenossenschaft sowie dem Amt für Arbeitsschutz zu melden, einen tödlichen Unfall sofort. Auch die Ortspolizeibehörde muss informiert werden.

Gegen Unternehmer, die diese Pflichten vorsätzlich oder fahrlässig verletzen, können Geldbußen festgesetzt werden. Auch die Versicherten sind zu einer strengen Befolgung der Unfall- und Krankheitsverhütungsvorschriften verpflichtet. Bei schuldhaften Zuwiderhandlungen können die Versicherten ebenfalls mit Geldbußen belegt werden.

1.6.5 Pflegeversicherung (SGB XI)

Pflegebedürftigkeit

Leistungen aus diesem Versicherungszweig setzen Pflegebedürftigkeit voraus, die vorliegt, wenn der Bedürftige „für die gewöhnlich und regelmäßig wiederkehrenden Verrichtungen des täglichen Lebens auf Dauer – mindestens sechs Monate – in erheblichem oder höherem Maße auf Hilfe angewiesen" ist, d. h. Hilfe benötigt bei Körperpflege, Ernährung, An- und Auskleiden, Gehen, Einkauf etc.

Einstufung

Unter Beteiligung des Medizinischen Dienstes der Krankenkassen erfolgt – abhängig vom Umfang der notwendigen Verrichtungen – eine Einstufung in folgende drei Stufen:

  I = erheblich pflegebedürftig

  II = schwerpflegebedürftig

  III = schwerstpflegebedürftig

Leistungen der Pflegeversicherung

Leistungen der Pflegeversicherung	
Arten der Pflege	**Pflegebedürftigkeit**
Ambulante Pflege	a) Entweder als Sachleistung, also Pflegeeinsätze durch anerkannte Pflegedienste bis monatlich € 384,– (Stufe I), € 921,– (II) oder € 1 432,– (III) bzw. in Härtefällen bis € 1 918,– b) oder als Pflegegeld monatlich € 205,– (I), € 410,– (II) oder € 665,– (III) c) oder als Kombination von a) und b) d) Pflegevertretung bei Urlaub oder sonstiger Verhinderung bis zu vier Wochen im Jahr bis zum Wert von € 1 432,–.
Tages- und Nachtpflege	Falls sich häusliche Pflege nicht ausreichend sicherstellen lässt, teilstationäre Pflege in einer Einrichtung der Tages- oder Nachtpflege im Wert von monatlich € 384,– (I), € 921,– (II) oder € 1 432,– (III).
Kurzpflege	Unterbringung in einer Kurzzeitpflegeeinrichtung bis zu vier Wochen im Jahr wie bei stationärer Pflege
Stationäre Pflege	Für pflegebedingte Aufwendungen € 1 023,– (I), € 1 279,– (II) oder € 1 432,– (III), in Härtefällen bis € 1 688,– monatlich (Kosten für Unterbringung und Verpflegung hat der Versicherte selbst zu tragen!)
Sonstige Leistungen	Pflegehilfsmittel und technische Hilfen im Haushalt (Pflegebett, Rollstuhl, Hebegerät, Umbauten bis € 2 557,–), Kurse für Pflegepersonen, Aufbringung der Beiträge zur Renten- und Unfallversicherung der Pflegepersonen.

1.7 Sonstige Sozialleistungsbereiche

1.7.1 Ausbildungs- und Aufstiegsfortbildungsförderung (voraussichtlich SGB II)

Nach dem **Bundesausbildungsförderungsgesetz (BAföG)** werden u. a. gefördert:

- Schüler von weiterführenden allgemein bildenden und Fachoberschulen nur bei notwendiger auswärtiger Unterbringung, ab Klasse 10,
- Schüler der Fachoberschule Klasse 12 und von Fachschulen von mindestens zweijähriger Dauer,
- Studenten an Hoch- und Fachhochschulen,
- Schüler und Studenten bestimmter vergleichbarer Einrichtungen (z. B. Abendschulen).

Förderung für Schüler und Studenten

Die Höhe der Leistungen orientiert sich an monatlichen **Bedarfssätzen** (€ 348,– bis € 530,–) und hängt von der Art der Bildungseinrichtung und dem Einkommen ab sowie von der Frage, ob der Anspruchsberechtigte bei seinen Eltern wohnt oder nicht. Von den Bedarfssätzen weicht die tatsächlich gewährte Leistung in der Mehrzahl der Fälle ab, weil das eigene Nettoeinkommen, das des Ehegatten und das der Eltern von einer bestimmten Höhe ab ganz oder zum Teil angerechnet werden. Die Fördermittel werden je zur Hälfte als Zuschuss und als zinsgünstiges Darlehen gewährt. Die Bearbeitung erfolgt durch die Ämter für Ausbildungsförderung der Kreise, für Studenten durch die Hochschule bzw. das Studentenwerk.

Nach dem **Aufstiegsfortbildungsförderungsgesetz (AFBG)**, vielfach auch „Meister-BAföG" genannt, wird nach abgeschlossener Erstausbildung die Teilnahme an Fortbildungslehrgängen gefördert, die auf anerkannte Fortbildungsprüfungen wie die Meisterprüfung vorbereiten. Ein solcher Lehrgang muss mindestens 400 Unterrichtsstunden umfassen und darf nicht länger als 24 Monate (bei Tageslehrgängen) bzw. 48 Monate (bei berufsbegleitenden Lehrgängen) dauern *(www.meister-bafoeg.info)*.

Meister-BAföG

Die Förderung erfolgt in Form von Zuschüssen und zinsgünstigen Darlehen. Als **Maßnahmebeitrag** werden für die Lehrgangs- und Prüfungskosten bis € 10 226,– gewährt (35 % Zuschuss, 65 % Darlehen) sowie für die Hälfte der Kosten des Meisterstücks höchstens bis € 1 534,– (als Darlehen). Alleinerziehende erhalten für die Kosten der Betreuung eines Kindes bis zum 10. Lebensjahr einen monatlichen Zuschuss bis zu € 128,–.

Als **Unterhaltsbeitrag** für den Lebensunterhalt werden folgende Beträge gewährt (in €):

Meister-BAföG: Beitrag zum Lebensunterhalt			
	Zuschuss	Darlehen	Zus.
Grundbetrag	bis 230,–	384,–	614,–
Verheiratetenzuschlag		215,–	215,–
Kinderzuschlag		179,–	179,–

SOZIAL- UND PRIVATVERSICHERUNGEN

Förderungsbewilligung — Über die Anträge wird von Behörden entschieden, die die einzelnen Bundesländer unterschiedlich festgelegt haben, z. B. in Nordrhein-Westfalen und Sachsen das Landesamt für Ausbildungsförderung. Antragsannahme und -vorprüfung erfolgen durch die für den Wohnsitz zuständige Handwerkskammer.

Darlehen und Zinsen sind in Monatsraten von mindestens € 128,– innerhalb von 10 Jahren zurückzuzahlen, beginnend zwei Jahre nach Maßnahmenende. Ein Erlass von 75 % des auf die Lehrgangs- und Prüfungsgebühren entfallenden Restdarlehens ist möglich für denjenigen, der sich innerhalb von drei Jahren nach bestandener Meisterprüfung selbstständig macht und nach mindestens drei Jahren mindestens zwei versicherungspflichtige Arbeitnehmer vier Monate lang beschäftigt hat.

1.7.2 Kinder- und Jugendhilfe (SGB VIII)

Förderung der Persönlichkeitsentwicklung — Im Achten Buch des Sozialgesetzbuches ist das Recht des jungen Menschen „auf Förderung seiner Entwicklung und auf Erziehung zu einer eigenverantwortlichen und gemeinschaftsfähigen Persönlichkeit" verankert.

Bei Kinder- und Jugendschutz, Erziehungshilfe und Hilfe für junge Volljährige, Mitwirkung in Familiensachen und vor dem Jugendgericht u. a. m. arbeiten die Jugend- und Landesjugendämter eng mit den freien Trägern der Kinder- und Jugendhilfe zusammen. Falls Unterhaltspflichtige ihren Pflichten nicht nachkommen, besteht nach dem Unterhaltsvorschussgesetz Anspruch auf einkommensunabhängige Leistungen.

1.7.3 Rehabilitation und Teilhabe behinderter Menschen (SGB IX)

Rehabilitationsrecht — Seit dem 1. Juli 2001 sind die vorher in vielen Vorschriften enthaltenen Regelungen zur Rehabilitation (Reha) im Teil 1 des Sozialgesetzbuches IX zusammengefasst. Teil 2 des SGB IX regelt die Rechte der Schwerbehinderten insbesondere im Arbeitsleben (→ Feststellung von Schwerbehinderung und Vorschriften für Pflichtarbeitsplätze: „Arbeitsrecht", Kap. 6.5). Im Mittelpunkt der umfassenden Neuerung steht, behinderten und von Behinderung bedrohten Menschen ein selbstbestimmtes Leben zu ermöglichen, und zwar mittels Förderung der Teilhabe am Arbeitsleben und am Leben in der Gesellschaft durch medizinische, berufliche und soziale Zusammenarbeit.

Als Lösung der bisher häufig aufgetretenen Zuständigkeitsprobleme werden nun auf Kreisebene gemeinsame Servicestellen der Reha-Träger gebildet. Auch werden zusätzlich die Träger der Sozial- und Jugendhilfe zu Leistungen verpflichtet (ohne dass die Bedürftigkeit geprüft wird). Für die Leistungsberechtigten gibt es einen schnelleren Zugang und erweiterte Wahlrechte in Bezug auf die Leistungen unter Berücksichtigung der persönlichen Lebenssituation. Auch ambulante, teilstationäre und betriebliche Reha-Maßnahmen sind jetzt möglich, sowie Leistungen im Ausland, wenn sie dort wirtschaftlicher sind.

SOZIAL- UND PRIVATVERSICHERUNGEN

1.7.4 Sozialhilfe (voraussichtlich SGB XII)

Mit dem Bundessozialhilfegesetz ist ein Auffangsystem geschaffen worden, das dann helfen soll, wenn Einkommen, Vermögen, Unterhaltsansprüche (gegen Ehegatten und Verwandte 1. Grades) sowie andere Sozialleistungen nicht ausreichen, den Lebensunterhalt zu bestreiten. Bei Vorliegen von Bedürftigkeit bestehen Ansprüche auf folgende Leistungen:

Hilfe zum Lebensunterhalt

- Hilfe in besonderen Lebenslagen,
- Hilfe zum Lebensunterhalt.

Mit der Abwicklung sind die Kommunen beauftragt.

1.7.5 Soziale Entschädigung (voraussichtlich SGB XIII)

Nach dem Bundesversorgungsgesetz haben Kriegsopfer Anspruch auf Heil- und Krankenbehandlung, Einkommensausgleich (Übergangsgeld), berufliche Rehabilitation, Rente (Beschädigtenrente) und Hinterbliebenenversorgung. Neben den Renten gibt es unter bestimmten Voraussetzungen Pflege-, Schwerstbeschädigten-, Ehegatten- und Alterszulagen. Schließlich wird ein Berufsschadensausgleich gewährt, der 40 % des schädigungsbedingten Einkommensverlustes ausgleichen soll.

Versorgungsansprüche

In gleicher Höhe bestehen Ansprüche für Wehrdienstleistende nach dem Soldatenversorgungsgesetz, für Zivildienstleistende nach dem Zivildienstgesetz, für Opfer nationalsozialistischen Unrechts nach dem Wiedergutmachungsgesetz, für bestimmte politisch Verfolgte nach dem Häftlingshilfegesetz und für Opfer von Gewalttaten nach dem Opferentschädigungsgesetz.

Zuständig für die Abwicklung sind die Versorgungs- und Landesversorgungsämter.

1.7.6 Kindergeld und Erziehungsgeld (voraussichtlich SGB XIV)

Der im Steuerrecht geregelte Familienleistungsausgleich sieht neben bestimmten Freibeträgen auch die Zahlung von Kindergeld vor, dessen Auszahlung den Familienkassen obliegt, die bei den Arbeitsämtern bestehen, bzw. für Beschäftigte im öffentlichen Dienst beim jeweiligen Arbeitgeber.

Anspruch auf Kindergeld (je € 154,– monatlich für das erste bis dritte Kind und ab dem vierten € 179,–) besteht für Kinder bis zum 18. Lebensjahr, danach bei Arbeitslosigkeit bis zum 21. Lebensjahr und vor allem bei Schul- oder Berufsausbildung (z. B. auch beim Besuch einer Meisterschule!) bis zum 27. Lebensjahr, zuzüglich der Zeit eines ggf. absolvierten Wehr- oder Ersatzdienstes. Allerdings darf das Jahreseinkommen (jeglicher Art) der Kinder über 18 Jahren die Grenze von € 8 724,– (einschl. Arbeitnehmer-Freibetrag für Lehrlinge) nicht übersteigen, also im Monatsdurchschnitt € 727,–.

Anspruchsberechtigung

Nach dem Bundeserziehungsgeldgesetz erhalten erziehende Mütter bzw. Väter, die nicht voll erwerbstätig, d. h. nicht mehr als 30 Stunden wöchentlich beschäftigt sind, von der Geburt eines Kindes an bis zu dessen 24. Lebensmonat ein Erziehungsgeld von € 307,– monatlich oder auf Wunsch bis zum 12. Monat € 460,–. Auf die Leistung werden gegebenenfalls

SOZIAL- UND PRIVATVERSICHERUNGEN

Mutterschaftsgeld sowie ab dem 7. Monat nach der Geburt 50 % des Einkommens oberhalb bestimmter Grenzen angerechnet.

In einem Arbeitsverhältnis Stehenden steht für die Dauer des Anspruchs – auch wenn er wegen der Einkommensanrechnung nicht erfüllt wird – Elternzeit zu (→ S. 644).

1.7.7 Wohngeld (voraussichtlich SGB XV)

Miet- und Lastenzuschuss Als Wohngeld wird an Mieter Mietzuschuss, an Eigentümer eines Einfamilienhauses oder einer Eigentumswohnung Lastenzuschuss gezahlt, wenn die Miete bzw. Belastung eine gewisse Grenze übersteigt. Dabei werden aber nur bestimmte Höchstbeträge berücksichtigt. Die Auszahlung erfolgt durch die Kommunen.

Bitte bearbeiten Sie abschließend die folgenden Aufgaben:

1. In welchem Gesetz finden wir die grundlegenden Regelungen für das Sozialrecht? Nennen Sie bitte noch einige weitere Gesetze für diesen Bereich.

2. Welche Versicherungszweige gehören zu unserem Sozialversicherungssystem, welche Träger sind jeweils zuständig, was sind die wesentlichen Leistungen?

3. In welchen Versicherungszweigen ist ein Arbeitnehmer im Grundsatz versicherungspflichtig?

4. Welche Personenkreise sind im Rahmen der gesetzlichen Unfallversicherung geschützt?

5. Unter welchen Voraussetzungen sind geringfügig entlohnte bzw. kurzfristige Nebenbeschäftigungen versicherungsfrei?

6. Wann kann sich ein selbstständiger Handwerker von der Versicherungspflicht befreien lassen? Würden Sie ihm ggf. zu diesem Schritt raten?

7. Der Arbeitgeber ist im Rahmen der Sozialversicherung zu verschiedenen Meldungen verpflichtet. Welche Tatbestände müssen mit welchen Fristen an welche Stellen gemeldet werden?

SOZIAL- UND PRIVATVERSICHERUNGEN

2. Sozialgerichtsbarkeit (Sozialgerichtsgesetz – SGG)

> **Kompetenzen:**
> Der Lernende
> - kann das Widerspruchsverfahren darstellen,
> - kann begründen, warum ein Vorverfahren bei der Sozialgerichtsbarkeit zwingend vorgeschrieben ist,
> - kennt die Regeln der Prozessvertretung und kann sie zusammenfassen,
> - kann Verfahrenskosten aufzeigen.

2.1 Bescheid und Widerspruch

Gerichte der Sozialgerichtsbarkeit entscheiden über Streitigkeiten, die die Sozialversicherung betreffen: beispielsweise wegen einer Verweigerung von Versicherungsleistungen oder Nichtanrechnung von Beitragszeiten. Sozialgerichte sind eine Sonderform der Verwaltungsgerichtsbarkeit, die für Fragen des öffentlichen Rechts zuständig ist. Für vier Sozialrechtsbereiche sind weiterhin Verwaltungsgerichte zuständig: Aus- und Fortbildungsförderung, Kinder- und Jugendhilfe, Sozialhilfe und Wohngeld.

Sozialgerichte wurden schon vor fast fünfzig Jahren als unabhängige besondere Verwaltungsgerichte errichtet, in etwa vergleichbar mit Finanzgerichten.

Das sozialgerichtliche Verfahren setzt die Durchführung eines Vorverfahrens (Widerspruchsverfahren) vor den Sozialleistungsträgern voraus. Jeder Bescheid ist ein so genannter Verwaltungsakt; er muss eine Rechtsbehelfsbelehrung enthalten: Der Betroffene kann bei der Stelle, die den Bescheid erlassen hat, innerhalb eines Monats nach Empfang schriftlich Widerspruch erheben. **Vorverfahren**

Dieses Vorverfahren ist zwingende Prozessvoraussetzung. Es dient der nochmaligen Überprüfung der Entscheidung – auf beiden Seiten – und hilft eventuell, ein Gerichtsverfahren zu vermeiden.

Wird dem Widerspruch nicht abgeholfen, ergeht ein Widerspruchsbescheid, in dessen Rechtsbehelfsbelehrung nunmehr gesagt wird, dass innerhalb eines Monats nach Zugang Klage vor dem jeweils konkret angegebenen Sozialgericht erhoben werden kann. (Fehlt die Rechtsbehelfsbelehrung, beträgt die Frist sogar ein Jahr.) Die Klage kann übrigens zur Niederschrift durch einen Urkundsbeamten beim Sozialgericht mündlich vorgetragen werden.

2.2 Aufbau, Besetzung und Zuständigkeit der Gerichte

Die Sozialgerichtsbarkeit hat einen dreistufigen Aufbau: die Instanzen Sozialgericht, Landessozialgericht und Bundessozialgericht. An den Entscheidungen der Gerichte wirken neben Berufsrichtern auch je zwei ehrenamtliche Richter mit gleichen Rechten und Pflichten mit. Den Vorsitz führt stets ein entsprechend ernannter Berufsrichter. Die Mitwirkung ehrenamtlicher Richter soll die „Verbindung zwischen Rechtsprechung und sozialer Wirklichkeit fördern".

Zuständigkeit Die örtliche Zuständigkeit der Sozialgerichte richtet sich nach dem Wohnsitz, Aufenthaltsort oder Beschäftigungsort des Klägers. Unter Umständen hat er also eine entsprechende Wahlmöglichkeit.

Sozialgerichte

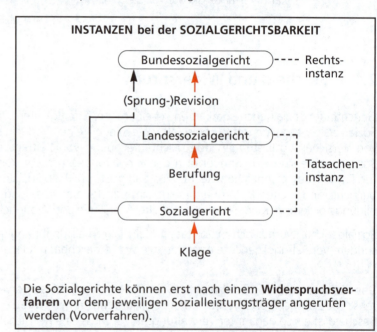

Die Sozialgerichte können erst nach einem **Widerspruchsverfahren** vor dem jeweiligen Sozialleistungsträger angerufen werden (Vorverfahren).

2.3 Verfahrensgrundsätze

Im Sozialgerichtsverfahren gilt der sog. Amtsermittlungsgrundsatz: Das Gericht kann und muss alle Möglichkeiten nutzen, um den Sachverhalt aufzuklären. Es ist nicht – wie in einem Zivilprozess – an die Beweisanträge der Parteien gebunden. Das Sozialgericht bestimmt, welche Zeugen vernommen, ob Sachverständige eingeschaltet werden etc., und zwar ohne Rücksicht auf die eventuellen Kosten. In der Regel fällt die Entscheidung aufgrund einer mündlichen Verhandlung, die den wesentlichen Kern des Verfahrens bildet.

SOZIAL- UND PRIVATVERSICHERUNGEN

Urteil

Das Urteil wird im Termin der letzten mündlichen Verhandlung verkündet. Es ist schriftlich zu begründen und mit einer Rechtsmittelbelehrung zu versehen. Das Gericht hat grundsätzlich die Berufung zum Landessozialgericht zuzulassen, außer bei Streitigkeiten mit einem Beschwerdewert bis zu € 511,29.

Berufung

Die Berufung muss innerhalb eines Monats nach Zugang des Urteils beim **Landessozialgericht** eingelegt werden. Dieses ist Tatsacheninstanz – wie die erste – und hat alle notwendigen Ermittlungen anzustellen. Revision beim Bundessozialgericht gegen das Urteil des Landessozialgerichts ist von diesem zuzulassen, wenn sein Urteil von höchstrichterlicher Rechtsprechung abweicht oder bestimmte Verfahrensmängel vorliegen.

Revision

Revision ist innerhalb eines Monats einzulegen und innerhalb eines weiteren Monats zu begründen. Sprungrevision bedeutet, dass bei Rechtssachen von grundsätzlicher Bedeutung das Landessozialgericht übersprungen wird. Das **Bundessozialgericht** ist keine Tatsachen-, sondern eine Rechtsinstanz, was bedeutet, dass es an die Feststellungen der Vorinstanzen gebunden ist und nur eine reine Überprüfung auf Rechtsfehler vornehmen kann.

Beigeladene

Neben den Hauptbeteiligten, nämlich dem Kläger und dem Beklagten, sind noch die so genannten Beigeladenen beteiligt. Das ist notwendig, wenn deren Rechte durch das Urteil berührt werden könnten, z. B. wenn eine Krankenkasse Beiträge nachfordert, sind auch Arbeitslosen-, Renten- und Pflegeversicherung beizuladen.

Vertretung

Seine Vertretung vor dem Sozialgericht kann jeder Beteiligte selbst übernehmen oder natürlich auch einen Bevollmächtigten beauftragen, wie einen Anwalt, einen Verbandsvertreter (Geschäftsführer einer Kreishandwerkerschaft, Gewerkschaftssekretär), aber auch eine sonstige Person seines Vertrauens. Dasselbe gilt auch in der zweiten Instanz, dem Landessozialgericht. Beim Bundessozialgericht besteht kein Anwaltszwang, sondern selbst hier ist die Vertretung durch einen Verbandsvertreter zulässig.

2.4 Kostenregelungen

Gerichtskostenfreiheit

Im Hinblick auf die besondere Zielsetzung des Sozialrechts und der Sozialgerichtsbarkeit gibt es hier eine für den Recht suchenden Bürger sehr günstige Kostenregelung: Das Verfahren ist grundsätzlich gerichtskostenfrei; es fallen also weder Auslagen für Zeugen und Sachverständige noch Gebühren an, selbst wenn der Prozess verloren geht. (Versicherungsträger und ähnliche Institutionen haben die üblichen Gebühren zu entrichten.)

Allerdings muss man bei den außergerichtlichen Kosten damit rechnen, dass man diese selber tragen muss. Das gilt z. B. für einen Anwalt, einen nicht vom Gericht beauftragten Sachverständigen, bei Fahrtkosten etc. Denn das Gericht entscheidet zusammen mit dem Urteil, ob und in welchem Umfang diese Kosten ersetzt werden.

SOZIAL- UND PRIVATVERSICHERUNGEN

Deshalb ist es möglich, den üblichen Antrag auf Prozesskostenhilfe bzw. Beratungshilfe auch bei Verfahren der Sozialgerichtsbarkeit zu stellen.

Bitte bearbeiten Sie abschließend die folgenden Aufgaben:

1. Wie sieht der erste Schritt aus, wenn Sie sich gegen den Bescheid eines Sozialleistungsträgers, mit dem Sie nicht einverstanden sind, wehren wollen?

2. Welche Instanzen gibt es in der Sozialgerichtsbarkeit?

3. Wer vertritt z. B. in einem Verfahren um einen abgelehnten Rentenanspruch vor dem Landessozialgericht Ihre Rechte?

4. Mit welchen Kosten hat man in einem Sozialgerichtsverfahren zu rechnen?

3. Private Personen-, Sach- und Schadensversicherungen

Kompetenzen:

Der Lernende
- kann zwischen gesetzlicher und privater Krankenversicherung differenzieren,
- kann den Sinn bzw. die Notwendigkeit ergänzender Risikoabsicherung auf privater Grundlage erläutern,
- kann die wichtigsten Formen der Lebensversicherung darstellen,
- ist in der Lage, die Aufgaben der Haftpflichtversicherung und einige typische Anwendungsbereiche zu erläutern,
- kann einige Beispiele für Sachversicherungen nennen.

Die Risikoabsicherung durch die Sozialversicherung ist gesetzlich begrenzt. Es gibt noch viele andere Risiken im Leben, besonders auch für Gewerbetreibende, für die sich der Abschluss einer Versicherung lohnt, ja in manchen Fällen sogar als zwingend zu bezeichnen ist. Auch sind dem Versicherungsschutz in der Sozialversicherung vom Umfang her Grenzen gesetzt. Für alle diese Fälle gibt es die Möglichkeit der ergänzenden Versicherung auf privater Grundlage. Hierfür steht eine große Anzahl privater Versicherungsgesellschaften zur Verfügung, von denen die sog. berufsständisch orientierten Versicherer dem Handwerk am nächsten stehen.

ergänzender Schutz

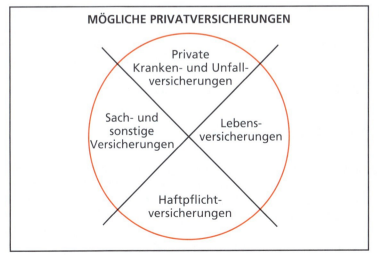

Privatversicherungen

SOZIAL- UND PRIVATVERSICHERUNGEN

3.1 Private Kranken- und Unfallversicherungen

Krankenversicherungsvereine auf Gegenseitigkeit, öffentlich-rechtliche Versicherer sowie Versicherungsgesellschaften in Form der AG versichern unter Zugrundelegung bestimmter Tarife privat gegen das Kostenrisiko bei Krankheit, Unfall und Mutterschaft. Einen Teil der Kosten muss der Versicherte in der Regel selbst tragen (Prinzip der Selbstbeteiligung); es gibt daneben auch 100%-Tarife; beim Arzt gilt der Versicherte dann ggf. als Privatpatient. Von Bedeutung sind die vielfältigen Zusatztarife, die den bestehenden Grundschutz erweitern. Solche Möglichkeiten gibt es z. B. bei Krankenhauspflege, bei Zahnersatz, beim Krankengeld. Es gibt außerdem private Unfallversicherungen, die zur Ergänzung des gesetzlichen Unfallversicherungsschutzes sehr zu empfehlen sind.

Privatpatient

3.2 Lebensversicherungen

Mit einer Lebensversicherungsgesellschaft kann man einen Versicherungsvertrag abschließen, der gegen Zahlung einer Prämie die Zahlung einer Versicherungssumme im Falle des vorzeitigen Todes an die Bezugsberechtigten oder im Alter (z. B. 65. Lebensjahr) an den Versicherten sicherstellt. Auch ist eine Umwandlung in eine Rentenzahlung möglich.

Risikoversicherung Der Abschluss einer Lebensversicherung – evtl. zunächst kostengünstig als Risikolebensversicherung – mit einer Berufsunfähigkeits-Zusatzversicherung empfiehlt sich insbesondere für jüngere verheiratete Handwerker als Zusatzsicherheit für die Risiken des Todes oder der Berufsunfähigkeit.

Direktversicherung Die sog. Direktversicherung ist eine Lebensversicherung, die Arbeitgeber und Versicherer zugunsten des Arbeitnehmers abschließen. Sie ist auch eine vorzüglich geeignete Form der betrieblichen Zusatzversorgung, weil sie ggf. mit erheblichen Steuer- und Beitragsvergünstigungen verbunden ist.

Kapital-Lebensversicherung Die **Kapital-Lebensversicherung** kommt als **private Altersvorsorge** für Selbstständige wie für Arbeitnehmer neben einer Pflicht- oder freiwilligen Rentenversicherung in Betracht, um die unzureichenden Leistungsansprüche aus der gesetzlichen Versicherung angemessen zu ergänzen. Deshalb ist im Rahmen der Rentenreform 2002 für Rentenversicherungspflichtige die Förderung der Eigenverantwortung eingeführt worden (→ S. 657). Dies betrifft ggf. auch selbstständige Handwerker.

3.3 Haftpflichtversicherungen

Schutz vor Regressforderungen Die gesetzliche Haftpflicht für Schäden, die man anderen zufügt, gilt für jedermann (→ S. 524). Vor allem Gewerbetreibenden können dadurch enorme finanzielle Kosten entstehen, die unter Umständen zum wirtschaftlichen Ruin führen. Aufgabe einer Haftpflichtversicherung ist es, Schäden, die man schuldhaft einem anderen zugefügt hat, zu ersetzen bzw. unberechtigte Ansprüche abzuwehren.

SOZIAL- UND PRIVATVERSICHERUNGEN

Die Kfz-Haftpflichtversicherung ist gesetzlich für jeden Halter eines Kraftfahrzeuges vorgeschrieben. Sie umfasst die Absicherung der Sachschäden außerhalb des eigenen Kfz sowie die Schäden fremder Personen innerhalb und außerhalb des eigenen Kfz, die durch den Betrieb des Fahrzeugs entstanden sind.

Auch gegen die Inanspruchnahme als Privatmann einschließlich der Familienangehörigen wegen schuldhaft verursachten Sach-, Personen- oder Vermögensschadens kann man sich haftpflichtversichern.

Sonstige Haftpflichtversicherungen sind z. B. Betriebshaftpflichtversicherung oder Bauherrenhaftpflichtversicherung.

3.4 Sachversicherungen und sonstige Versicherungen

Sachversicherungen bieten finanziellen Schutz gegen Schäden, vor allem größeren Ausmaßes, an eigenen Sachen. In Frage kommen Schäden durch Feuer, Einbruchdiebstahl, Leitungswasser und Sturm. Im privaten Bereich leistet die Hausratversicherung Deckung. **Schutz gegen Schäden**

Daneben gibt es Kfz-, Kasko-, Glas-, Transport-, Elektronik-, Maschinen-, Gebäude- und Montageversicherungen u. a. m. Erwähnenswert sind noch die Betriebsunterbrechungsversicherung, die für Folgekosten eintritt, die sich daraus ergeben, dass ein Betrieb durch höhere Gewalt vorübergehend zum Erliegen kommt, sowie die Rechtsschutzversicherung, die Gerichts- und außergerichtliche Kosten deckt, falls man verklagt wird oder selbst klagen muss. **Spezialrisiko**

Bearbeiten Sie bitte abschließend die folgenden Aufgaben:

1. Welche privaten Krankenversicherungen können trotz der Mitgliedschaft in einer gesetzlichen Krankenkasse sinnvoll sein? Begründen Sie Ihre Ansicht.

2. Welche Form der Lebensversicherung ist grundsätzlich sinnvoll sowohl für Arbeitnehmer wie für Selbstständige?

3. Halten Sie es für richtig, auf den Abschluss von Haftpflichtversicherungen zu verzichten? Begründen Sie bitte Ihre Meinung.

4. Welche Sachversicherungen kommen für einen Betrieb in Betracht?

Steuern

1. Steuerarten

> **Kompetenzen:**
> Der Lernende
> - kann die wichtigsten Steuerarten nennen,
> - kann direkte und indirekte Steuern unterscheiden,
> - kann die Notwendigkeit des Steuerberaters begründen.

1.1 Überblick über Steuerarten und ihre Einteilung

Steuerbegriff Steuern sind Zwangsabgaben an Bund, Länder bzw. Gemeinden, ihre Höhe wird durch die Parlamente dieser Körperschaften festgelegt. Im Gegensatz zu den Gebühren (z. B. für die Ausstellung eines Personalausweises oder für die Benutzung eines öffentlichen Parkplatzes) stehen den Steuern direkte Gegenleistungen des Staates nicht gegenüber.

- Einige Steuern treffen die Bürger unmittelbar, deshalb werden sie als **direkte Steuern** bezeichnet (z. B. Einkommensteuer, Lohnsteuer),
- andere Steuern sind in den Preisen der angebotenen Produkte und Leistungen enthalten und werden auf die Verbraucher abgewälzt: es handelt sich um **indirekte Steuern** (z. B. die Umsatzsteuer sowie Verbrauchsteuern wie Tabaksteuer, Mineralölsteuer).

Aufteilung der Steuerquellen Entsprechend unserem föderalistischen Staatsaufbau sind die Steuerquellen unter Bund, Ländern und Gemeinden aufgeteilt:

- Die wichtigsten **Steuerquellen des Bundes** sind die Umsatzsteuer und die Verbrauchsteuern, insbesondere die Mineralölsteuer.
- Auf der Ebene der **Länder** sind wegen ihres hohen Aufkommens in erster Linie die Lohn- sowie Einkommen- und Körperschaftsteuer zu nennen.
- Die **Gemeinden** stützen sich auf die Gewerbesteuer, die zumeist den Hauptpfeiler der kommunalen Einnahmen dargestellt hat. Ihre Bedeutung ging durch Steueränderungen in der jüngeren Vergangenheit deutlich zurück. Die Städte und Gemeinden erhielten jedoch als Ausgleich eine Beteiligung an der Umsatz- sowie der Einkommen-, Lohn- und der Körperschaftsteuer.

STEUERN

Anteile einiger Steuerarten am Gesamtsteueraufkommen 2002				
			Mio. €	Prozent
1		Lohnsteuer	166 707	34,7
2		Umsatzsteuer	105 463	22,0
3		Mineralölsteuer	42 192	8,8
4		Gewerbesteuer	23 489	4,9
5		Solidaritätszuschlag	10 403	2,2
6		Grundsteuer (außer Land- und Forstwirtschaft)	8 916	1,9
7		Veranlagte Einkommensteuer	7 606	1,6
8		Kfz-Steuer	7 592	1,6
9		Körperschaftsteuer	3 107	0,6
10		Erbschaftsteuer	3 021	0,6
11		Sonstige Steuern	100 920	21,1
Gesamtsteueraufkommen			**479 416**	**100,0**

(Quelle: Statistisches Bundesamt (www.destatis.de: Steuern – Kassenmäßige Steuereinnahmen; 12.11.2003)

Aus dem Aufkommen der Lohn- sowie Einkommen- und Körperschaftsteuer erhalten der Bund und die Gemeinden von den Ländern einen veränderlichen Prozentsatz, dessen Höhe zwischen den Beteiligten von Zeit zu Zeit neu ausgehandelt wird. Umgekehrt beteiligt der Bund die Länder und die Gemeinden an dem Aufkommen aus der Umsatzsteuer. Die Städte und Gemeinden beteiligen wiederum Bund und Länder an dem Aufkommen aus der Gewerbeertragsteuer.

Überblick

Überblick über die wichtigsten Steuerarten		
Steuerart	**Steuersätze/ Steuerbelastung**	**Bedeutung und Funktion**
Umsatzsteuer (Verkehrsteuer, Bundessteuer)	7 % 16 %	besteuert steuerpflichtige Umsätze von Unternehmern mit dem jeweiligen Steuersatz
Gewerbesteuer (Besitzsteuer, Gemeindesteuer)	Messbetrag × Hebesatz der Betriebssitzgemeinde	besteuert den Gewerbeertrag nach Abzug eines Freibetrages für Einzelunternehmer und Personengesellschaften in Höhe von € 24 500,– (entfällt für Kapitalgesellschaften)
Einkommensteuer (Besitzsteuer, Ländersteuer)	0–45 % (2004) 0–42 % (2005)	besteuert das Einkommen natürlicher Personen nach Ablauf eines Wirtschaftsjahres und Abgabe einer Einkommensteuererklärung
Lohnsteuer (Besitzsteuer, Ländersteuer)	0–45 % (2004) 0–42 % (2005)	besteuert die Vergütung von Arbeitnehmern durch Abzug vom Arbeitslohn
Körperschaftsteuer (Besitzsteuer, Ländersteuer)	einheitlich 25 %	besteuert das Einkommen von nicht natürlichen (juristischen) Personen
Erbschaftsteuer, Schenkungsteuer (Besitzsteuer, Ländersteuer)	0–50 %	besteuert die Bereicherung der Bedachten infolge von Erbschaft oder Schenkung

STEUERN

Aufteilung nach Steuergegenstand

Die Aufteilung nach dem Steuergegenstand unterscheidet:

- **Verbrauchsteuern** (z. B. Mineralölsteuer, Stromsteuer, Biersteuer, Tabaksteuer),
- **Verkehrsteuern** (z. B. Umsatzsteuer, Kraftfahrzeugsteuer, Grunderwerbsteuer) und
- **Besitzsteuern** (z. B. Einkommensteuer einschließlich Lohn- und Kapitalertragsteuer, Körperschaftsteuer, Grundsteuer, Erbschaft- und Schenkungsteuer).

1.2 Aufgaben des Steuerberaters

Existenzgründer, Unternehmer und Anteilseigner einer Kapitalgesellschaft (z. B. GmbH) sind häufig überfordert, wenn sie sich im Paragraphendschungel schnell ändernder Steuer- und Wirtschaftsgesetze zurechtfinden wollen. Wichtige Helfer und Ratgeber sind in diesem Zusammenhang Angehörige der steuerberatenden Berufen, die den Betrieb oft von der Gründungsphase an begleiten (z. B. Steuerberater, vereidigte Buchprüfer, Wirtschaftsprüfer).

steuerberatende Berufe

Ihre Aufgabe ist die kompetente Information und Beratung in allen Steuerangelegenheiten, die laufende betriebswirtschaftliche Beratung, die Erstellung von Planrechnungen, Buchführungen, Jahresabschlüssen sowie Steuererklärungen und die Durchsetzung von Steueransprüchen ihrer Mandanten (→ S. 87).

Das Steuerberatungsgesetz (StBerG) vom 4. November 1975 enthält die Grundlagen für die einschlägige Berufsausbildung sowie die Vorschriften über die geschäftsmäßige Hilfestellung in Steuersachen. Angehörige der steuerberatenden Berufe sind verpflichtet, eine Berufshaftpflichtversicherung abzuschließen und bis zur Beendigung ihrer selbstständigen Tätigkeit zu unterhalten.

Bitte bearbeiten Sie abschließend die folgenden Aufgaben:

1. Geben Sie einen Überblick über die Aufteilung der Steuern nach dem Steuergegenstand.

2. Welche Steuern sind in den Preisen der angebotenen Produkte und Leistungen enthalten?

3. Begründen Sie, warum es für den Handwerksunternehmer sinnvoll sein kann, die Dienste eines Steuerberaters in Anspruch zu nehmen.

STEUERN

2. Umsatzsteuer

Kompetenzen:

Der Lernende

- kann Wesen und Wirkungsweise der Umsatzsteuer darstellen,
- kann die Bedeutung korrekter Aufzeichnungen für die Ermittlung der Steuerschuld verstehen,
- kann die Begriffe „Vorsteuer", „Traglast" und „Zahllast" unterscheiden,
- kann die umsatzsteuerpflichtigen Lieferungen und sonstigen Leistungen zusammenfassen,
- kann die Vorschriften für die Voranmeldung und Vorauszahlung der Umsatzsteuer einschließlich der Steuersätze anwenden,
- kann die Vorsteuer in Übereinstimmung mit den gesetzlichen Regelungen errechnen,
- ist in der Lage, die Sonderregelung für Kleinbetriebe zu erläutern,
- kennt die grundlegende Steuerpflicht für die Umsatzsteuer im EU-Binnenmarkt.

2.1 Wirkungsweise der Umsatzsteuer

Die zum 1. Januar 1967 in der Bundesrepublik Deutschland eingeführte Umsatzsteuer ist eine **Nettoumsatzsteuer mit Vorsteuerabzug.** Sie wird von Betrieben auf allen Stufen des Wirtschaftsgeschehens (Urerzeugung, Bearbeitung, Verarbeitung, Erstellung von Leistungen, Groß- und Einzelhandel) mit dem gesetzlich festgelegten Steuersatz erhoben. Dieser wird in Prozenten ausgedrückt und auf den Nettowert der Produkte und Leistungen aufgeschlagen, die an die Abnehmer geliefert werden. **Nettoumsatzsteuer**

Der gesondert ausgewiesene Umsatzsteuerbetrag in den Ausgangsrechnungen von Unternehmen an die Kunden wird als **Ausgangsteuer** bezeichnet. Wenn Unternehmen ihrerseits Produkte und Leistungen von Vorlieferanten beziehen, wird ihnen mit dem Nettopreis die Umsatzsteuer in gesetzlicher Höhe berechnet. Dieser gesondert ausgewiesene Umsatzsteuerbetrag in einer Eingangsrechnung eines umsatzsteuerpflichtigen Betriebes wird **Vorsteuer** genannt. Die Summe der Ausgangsteuerbeträge muss in bestimmten Zeiträumen beim Finanzamt vorangemeldet werden. Voranmeldungszeitraum ist in der Regel der Kalendermonat. **Vorsteuer**

STEUERN

Von der Summe der Ausgangsteuerbeträge eines Voranmeldungszeitraums (Traglast) kann jeder umsatzsteuerpflichtige Betrieb die Summe der Vorsteuerbeträge desselben Voranmeldungszeitraums abziehen.

Zahllast Gibt es einen Ausgangsteuerüberschuss (die sog. **Zahllast**), ist er an das Finanzamt als Vorauszahlung auf die Umsatzsteuerschuld des laufenden Kalenderjahres zu zahlen. Das Finanzamt erstattet umgekehrt dem steuerpflichtigen Betrieb einen Vorsteuerüberschuss.

Durch die Möglichkeit des Vorsteuerabzugs bleibt die Umsatzsteuer im Bereich der Unternehmen ein durchlaufender Posten.

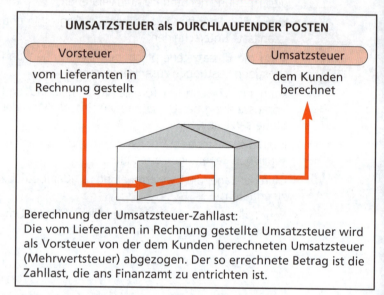

Berechnung der Umsatzsteuer-Zahllast:
Die vom Lieferanten in Rechnung gestellte Umsatzsteuer wird als Vorsteuer von der dem Kunden berechneten Umsatzsteuer (Mehrwertsteuer) abgezogen. Der so errechnete Betrag ist die Zahllast, die ans Finanzamt zu entrichten ist.

Beispiel für einen von Steuersatz 16 %:

Innerhalb eines Voranmeldungszeitraums bezieht ein umsatzsteuerpflichtiger Betrieb Vorleistungen in Nettohöhe von € 20 000,– zuzüglich Umsatzsteuer in Höhe von € 3 200,– und verkauft Produkte und Leistungen im Nettowert von € 60 000,– zuzüglich Umsatzsteuer in Höhe von € 9 600,–. Es ergibt sich die folgende Belastungsrechnung:

Beispiel

Errechnung der Umsatzsteuerbelastung	
Summe der Ausgangsteuerbeträge (Traglast)	€ 9 600,–
./. Umsatzsteuer an die Vorlieferanten (Vorsteuer)	€ 3 200,–
./. Vorauszahlung an das Finanzamt (Traglast ./. Vorsteuer = Zahllast)	€ 6 400,–
= eigene Umsatzsteuerbelastung	€ 0,–

Die buchungsmäßige Berücksichtigung der Umsatzsteuer wird im Kapitel „Buchführung" behandelt (→ S. 65).

STEUERN

Steuerschuldner ist der Unternehmer, also derjenige, der eine gewerbliche oder berufliche Tätigkeit selbstständig und nachhaltig zur Erzielung von Einnahmen ausübt. Er hat die Umsatzsteuer in gesetzlicher Höhe auf seine Produkte und Leistungen aufzuschlagen, die Zahllast selbst zu berechnen und an das Finanzamt abzuführen. Ohne Mitarbeit der Wirtschaft, die einen erheblichen Verwaltungsaufwand verursacht, würde das System nicht funktionieren.

Die **Traglast** trifft die Endverbraucher, die über den Preis von Produkten und Leistungen letztlich die Einnahmen aus der Umsatzsteuer aufbringen.

Gesetzliche Grundlagen für die Erhebung der Umsatzsteuer sind das Umsatzsteuergesetz (UStG), die Umsatzsteuer-Durchführungsverordnung (UStDV) sowie die Umsatzsteuer-Richtlinien (UStR).

2.2 Steuerpflichtige Umsätze

2.2.1 Allgemeine Regelungen

Den Gegenstand der Besteuerung hat der Gesetzgeber begrifflich gefasst und nicht im Einzelnen aufgezählt. Nach dem Umsatzsteuergesetz unterliegen der Umsatzsteuer die folgenden Umsätze:

- die Lieferungen und sonstigen Leistungen, die ein Unternehmer im Inland gegen Entgelt im Rahmen seines Unternehmens ausführt,
- die Einfuhr von Gegenständen aus dem Drittlandsgebiet in das Inland (Einfuhrumsatzsteuer),
- der innergemeinschaftliche Erwerb im Inland gegen Entgelt.

Unter **Lieferung** wird der Verkauf von Materialien, Waren und sonstigen Produkten durch einen Unternehmer verstanden. Als **sonstige Leistungen** sind Tätigkeiten eines Unternehmens für seine Kunden anzusehen, sie können jedoch auch aus einer Duldung oder Unterlassung bestehen.

Beispiele für Lieferungen:
Der KFZ-Händler Henning verkauft Schonbezüge und einen Satz Fußmatten an einen Kunden. Tischlermeister Mönkemöller veräußert ein gebrauchtes Kleingerät an einen Mitarbeiter. Der Fachbetrieb Eckmann liefert ein 48-teiliges Silberbesteck an das Ehepaar Schaarschmidt.

Beispiele für sonstige Leistungen:
Radio- und Fernsehtechnikermeister Eckhard Ostmann repariert das defekte Fernsehgerät der Familie Bax. Im Friseurbetrieb Müller werden einer Kundin die Haare geschnitten, gewaschen und geföhnt. Ein Gaststättenbetrieb duldet die Aufstellung eines Werbeschildes auf seinem Grundstück. Handelsvertreter Glaeser verzichtet auf ein Tätigwerden südlich der Main-Linie und erhält hierfür eine Vergütung.

STEUERN

Einige Begriffe bedürfen für die Anwendung dieser allgemeinen Regelungen der Klärung:

Inland
- Inland ist das Gebiet der Bundesrepublik Deutschland, mit Ausnahme des Gebietes von Büsingen, der Insel Helgoland, der Freihäfen, der Gewässer und Watten zwischen der Strandlinie und der Hoheitsgrenze (12 Seemeilen) sowie der deutschen Schiffe und Luftfahrzeuge außerhalb von Zollgebieten.

Gemeinschaftsgebiet
- Das Gemeinschaftsgebiet umfasst das deutsche Inland und die Gebiete der übrigen Mitgliedstaaten der Europäischen Union (übriges Gemeinschaftsgebiet), die nach dem Gemeinschaftsrecht als Inland dieser Mitgliedstaaten gelten.

Drittlandsgebiet
- Als Drittlandsgebiet werden Gebiete bezeichnet, die nicht Gemeinschaftsgebiet sind.

2.2.2 Unentgeltliche Wertabgaben (Sachentnahmen)

Die frühere Umsatzbesteuerung des Eigenverbrauchs sowie der unentgeltlichen Zuwendungen an Mitarbeiter und Gesellschafter eines Unternehmens ist durch das Steuerentlastungsgesetz 1999/2000/2002 mit Wirkung vom 1. April 1999 neu geregelt worden. Folgende Leistungen und Zuwendungen/Entnahmen sind den umsatzsteuerpflichtigen Lieferungen und sonstigen Leistungen gleichgestellt:

Umsatzsteuerpflicht bei unentgeltlichen Wertabgaben

1. Entnahme von betrieblichen Gegenständen durch den Unternehmer für unternehmensfremde Zwecke, soweit die Anschaffung oder Herstellung des Gegenstandes oder seiner selbstständig nutzbaren Teile zum vollen oder teilweisen Vorsteuerabzug berechtigten;
Ausnahme: Kraftfahrzeuge, die nach dem 31. März 1999 erworben und nicht ausschließlich gewerblich genutzt werden, bei deren Anschaffung die Vorsteuer nur zur Hälfte abzugsfähig war;

2. Verwendung von betrieblichen Gegenständen durch den Unternehmer für unternehmensfremde Zwecke, soweit bei ihrer Herstellung oder Anschaffung ein Vorsteuerabzug ganz oder teilweise möglich war;
Ausnahme: Fahrzeuge, bei deren Anschaffung der Vorsteuerabzug nur zur Hälfte zulässig war;

Sachentnahmen.pdf

3. unentgeltliche Erbringung einer sonstigen Leistung durch den Unternehmer für unternehmensfremde Zwecke oder für den privaten Bedarf seines Personals.

Unentgeltliche Sachzuwendungen und sonstige Leistungen an Mitarbeiter für deren persönlichen Bedarf sind nur dann keine steuerbaren Umsätze, wenn sie Annehmlichkeiten und Aufmerksamkeiten darstellen, überwiegend durch das betriebliche Interesse veranlasst sind und ihr Wert € 35,– nicht übersteigt. Bundeseinheitlich gelten Pauschbeträge für Sachentnahmen (unentgeltliche Wertabgaben) für den Privathaushalt des Unternehmers. Für bestimmte Gewerbezweige sind zur Vereinfachung Pauschbeträge zur Bestimmung des Werts der Sachentnahmen für die Lebenshaltung gebildet worden.

Pauschbeträge

STEUERN

2.3 Voranmeldungszeitraum, Entstehung der Steuerschuld, Zahlungsmodus

2.3.1 Voranmeldungszeitraum

In vorgeschriebenen Zeitabschnitten hat der Unternehmer **Voranmeldungen auf amtlichem Formular** über die steuerpflichtigen Umsätze abzugeben.

USt.-Voranmeldung.pdf

Als Voranmeldungszeitraum gilt generell der Kalendermonat. An seine Stelle tritt das Kalendervierteljahr, wenn die Umsatzsteuerschuld im vorangegangenen Kalenderjahr nicht mehr als € 6 136,– betragen hat. Lag sie nicht höher als € 512,–, kann das Finanzamt den Unternehmer von der Voranmeldungspflicht befreien.

Jeder Unternehmer hat darüber hinaus bis zum 31. Mai des Folgejahres eine Umsatzsteuer-Jahreserklärung für das vergangene Jahr abzugeben. Das Finanzamt führt daraufhin eine Veranlagung durch, wobei die gegenseitigen Ansprüche durch Erstattung eines Guthabens bzw. eine Nachzahlung der zu wenig entrichteten Umsatzsteuer ausgeglichen werden. Hat der Unternehmer seine gewerbliche Tätigkeit nur in einem Teil des vorangegangenen Kalenderjahres ausgeübt, wird zur Feststellung des zutreffenden Voranmeldungszeitraums sein anteiliger Umsatz in einen Jahresumsatz umgerechnet.

Umsatzsteuer-Jahreserklärung

2.3.2 Entstehung der Steuerschuld

Die Steuerschuld entsteht mit dem Ablauf jenes Voranmeldungszeitraums, in dem die Lieferung oder sonstige Leistung ausgeführt bzw. die unentgeltlichen Wertabgaben stattgefunden haben. Dabei ist es unerheblich, ob die Kunden bis zu diesem Zeitpunkt die ihnen zugesandten Rechnungen und damit die Umsatzsteuer bezahlt haben.

Entstehung der Steuerschuld

Beispiel: Bäckermeister Heidsiek zahlt monatlich die Umsatzsteuer (d. h., er ist Monatszahler). Er liefert am 29. Juni Brot und Backwaren an das Kreiskrankenhaus im Nettowert von € 5 000,– zuzüglich € 350,– Umsatzsteuer. Mit dem Ablauf des 30. Juni ist die Steuerschuld entstanden; sie ist durch Voranmeldung mit den anderen Lieferungen und Leistungen des Monats anzumelden und vorauszuzahlen, obwohl die Rechnung bis dahin noch nicht beglichen wurde.

Umgekehrt können Vorsteuerbeträge zur Minderung der Zahllast auch dann abgezogen werden, wenn die Ware zwar geliefert bzw. die Leistung erbracht, jedoch die Eingangsrechnung noch nicht beglichen wurde.

Die Steuerschuld (und der Anspruch auf Vorsteuerabzug) entsteht also nicht mit Ablauf jenes Voranmeldungszeitraums, in dem die Entgelte für die ausgeführten Lieferungen und Leistungen vereinnahmt worden sind **(Ist-Versteuerung)**, sondern mit dem Ablauf jenes Voranmeldungszeitraums, in dem sie rechnungsmäßig vereinbart wurden **(Soll-Versteuerung)**.

Soll-Versteuerung

693

STEUERN

kombinierte Soll-Ist-Versteuerung

Abweichend von der generellen Regelung kann das Finanzamt auf Antrag solchen Betrieben, deren Gesamtumsatz im jeweils vorangegangenen Jahr € 125 000,– (in den neuen Bundesländern € 500 000,– bis zum 31. Dezember 2004) nicht überschritten hat, gestatten, dass der Vorsteuerabzug nach der Soll-Versteuerung, aber die abzuführende Umsatzsteuerschuld nach Ist-Einnahmen (nach Zahlung des Kunden also) berechnet wird **(kombinierte Soll-Ist-Versteuerung).**

2.3.3 Zahlungsmodus

Zahlungsmodus

Bis zum 10. Tage eines Voranmeldungszeitraums hat der Unternehmer seine Umsatzsteuerschuld für den vorangegangenen Voranmeldungszeitraum auf amtlichem Vordruck selbst zu berechnen und dem Finanzamt mitzuteilen. Zum selben Zeitpunkt ist die errechnete Umsatzsteuerschuld zur Zahlung fällig.

Auf Antrag kann das Finanzamt die Abgabefristen von Umsatzsteuer-Voranmeldungen und die Zahlungsfristen für Vorauszahlungen bei Monatszahlern um einen Monat verlängern (Dauerfristverlängerung). Der antragstellende Betrieb hat hierfür eine Sondervorauszahlung in der Höhe eines Elftels der Vorauszahlungen für das vorangegangene Kalenderjahr zu leisten. Diese Sondervorauszahlung ist auf die Vorauszahlung für den letzten Voranmeldungszeitraum anzurechnen (§ 46 ff. UStDV).

2.4 Steuersätze

allgemeiner und ermäßigter Steuersatz

Der allgemeine Umsatzsteuersatz beträgt zurzeit 16 % des Nettoentgelts. Er ermäßigt sich auf 7 % für bestimmte begünstigte Umsätze, die im § 12 Abs. 2 und in der Anlage des Umsatzsteuergesetzes aufgeführt sind. Zu ihnen zählen beispielsweise Nahrungsmittel, Waren des Buchhandels und Beförderungsleistungen im Nahbereich.

Der Verzehr von Speisen und Getränken in den Räumlichkeiten ihrer Lieferung ist jedoch nicht begünstigt und unterliegt dem allgemeinen Steuersatz. Selbstständige Bäcker- und Fleischermeister haben daher ihre als Imbiss verkauften Waren mit 16 % des Nettopreises zu versteuern, wenn sie an dem Imbissstand in ihren Geschäftsräumen verzehrt werden.

Überblick über Steuersätze

Steuersätze des Umsatzsteuergesetzes	
Steuersatz	Geltungsbereich
16 % des Nettoentgeltes	Allgemeiner Steuersatz für Lieferungen und sonstige Leistungen sowie unentgeltliche Wertabgaben im Sinne des § 3 Absätze 1 b und 9 a des Umsatzsteuergesetzes
7 % des Nettoentgeltes	Ermäßigter Steuersatz z. B. für Lebensmittel, Waren des Buchhandels und Beförderungsleistungen im Nahbereich
von 1,5 bis 12,5 %	Vorsteuer-Durchschnittssätze für bestimmte Berufsgruppen sowie für land- und forstwirtschaftliche Umsätze

2.5 Abziehbare und nicht abziehbare Vorsteuern

Zum Vorsteuerabzug sind nur Unternehmer im Sinne des Umsatzsteuergesetzes berechtigt. Danach ist Unternehmer, wer eine gewerbliche oder berufliche Tätigkeit selbstständig und nachhaltig zur Erzielung von Einnahmen ausübt. Die Absicht, Gewinne zu erzielen, gehört nicht zum umsatzsteuerlichen Unternehmerbegriff.

Sachliche Voraussetzung für den Vorsteuerabzug ist eine **ordnungsgemäße Rechnung** eines anderen umsatzsteuerpflichtigen Unternehmers für Lieferungen und sonstige Leistungen, die für das Unternehmen des Rechnungsempfängers erbracht wurden. Eine Rechnung muss gemäß § 14 UStG folgende Angaben enthalten: *ordnungsgemäße Rechnungsstellung*

- Name und Anschrift des leistenden Unternehmers,
- Umsatzsteuer-Identifikationsnummer,
- Name und Anschrift des Leistungsempfängers,
- Menge und handelsübliche Bezeichnung des Gegenstandes der Lieferung oder Art und Umfang der sonstigen Leistung,
- Zeitpunkt der Lieferung oder der sonstigen Leistung,
- das Nettoentgelt für die Lieferung oder sonstige Leistung,
- den auf das Nettoentgelt entfallenden Steuerbetrag.

Ausnahmen von dieser Regelung gelten für Rechnungen über Kleinbeträge und für Fahrausweise als Rechnungen.   *Ausnahmen*

Als Kleinbetragsrechnungen gelten Rechnungen, deren Gesamtbetrag einschließlich Umsatzsteuer € 100,– nicht übersteigt. Für die Zulässigkeit eines Vorsteuerabzugs müssen sie folgende Mindestangaben enthalten: *Rechnungen über Kleinbeträge*

- Name und Anschrift des leistenden Unternehmens,
- Menge und handelsübliche Bezeichnung des Gegenstandes der Lieferung oder Art und Umfang der sonstigen Leistung,
- das Nettoentgelt und den Steuerbetrag für die Lieferung oder sonstige Leistung in einer Summe,
- den Steuersatz.

Fahrausweise für die Beförderung von Personen gelten als Rechnungen, wenn sie mindestens folgende Angaben enthalten: *Fahrausweise als Rechnungen*

- Name und Anschrift des Unternehmens, das die Beförderung ausführt,
- das Nettoentgelt und den Steuerbetrag in einer Summe,
- den Steuersatz, wenn die Beförderungsleistung nicht dem ermäßigten Steuersatz unterliegt.

Wie berechnet man die Vorsteuer?

Durch Multiplikation des Nettobetrages mit dem zutreffenden Steuersatz erhält man die abzugsfähige Vorsteuer. Die Umrechnung eines Bruttobe-

STEUERN

trages in einen Nettobetrag erfolgt durch Teilung des Bruttobetrages durch 1,16 (voller Steuersatz) oder durch 1,07 (ermäßigter Steuersatz).

Beispiel 1: Kleinbetragsrechnung über € 58,–; in dem Gesamtbetrag ist Umsatzsteuer in Höhe von 16 % enthalten.

Rechenweg: € 58,– : 1,16 = € 50,–; € 50,– × 16 % = € 8,– abzugsfähige Vorsteuer.

Beispiel 2: Fahrausweis für eine Tarifentfernung unter 50 km, Fahrpreis € 7,49; in dem Gesamtbetrag ist Umsatzsteuer in Höhe von 7 % enthalten.

Rechenweg: € 7,49 : 1,07 = € 7,–; € 7,– × 7 % = € 0,49 abzugsfähige Vorsteuer.

2.5.1 Abziehbare Vorsteuerbeträge

Abzugsfähigkeit Unternehmer können als Vorsteuer abziehen:

- die ihnen von anderen Unternehmern gesondert in Rechnung gestellte Umsatzsteuer für Lieferungen und Leistungen, die sie für ihr Unternehmen bezogen haben;

  Beispiel: Die Emil Müller GmbH bezieht von einem Maschinenhändler ein Bearbeitungszentrum, das der GmbH mit dem Nettopreis in Höhe von € 600 000,– zuzüglich gesondert ausgewiesener Umsatzsteuer in Höhe von € 96 000,– in Rechnung gestellt wurde. Die gesondert in Rechnung gestellte Umsatzsteuer von € 96 000,– ist voll abzugsfähig, wenn die nach § 14 UStG sonst geforderten Angaben in der Rechnung enthalten sind.

- die Umsatzsteuer für Teilzahlungen, soweit sie in einer ordnungsmäßigen Rechnung gesondert in Rechnung gestellt und die Teilzahlung in Bruttohöhe tatsächlich geleistet worden ist,

- die lt. zollamtlicher Bescheinigung tatsächlich entrichtete Einfuhrumsatzsteuer für Gegenstände, die für ihr Unternehmen aus Drittländern (außerhalb der Europäischen Union) eingeführt worden sind,

- die Umsatzsteuer für den innergemeinschaftlichen Erwerb von Wirtschaftsgütern, die für ihr Unternehmen bezogen werden.

2.5.2 Nicht abziehbare Vorsteuerbeträge

keine Abzugsfähigkeit Vom Vorsteuerabzug grundsätzlich ausgeschlossen ist die Umsatzsteuer

- für den Erwerb von Gegenständen und den Bezug von Leistungen, die das Unternehmen zur Ausführung von steuerfreien Umsätzen in Anspruch nimmt,

- für Aufwendungen, die gemäß § 4 Abs. 5 Satz 1 Nr. 1 bis 4 und 7, Abs. 7 oder gemäß § 12 Nr. 1 des Einkommensteuergesetzes nicht als Betriebsausgabe abgezogen werden dürfen. Hierzu zählen insbesondere Geschenke an Geschäftsfreunde von mehr als € 40,– netto je Jahr und Empfänger, unangemessene Bewirtungskosten, die Vorsteuer bezogen auf 30 % der angemessenen Bewirtungskosten und die Kosten der Lebensführung des Unternehmers und seiner Familie,

STEUERN

- für Verpflegungsmehraufwendungen und Übernachtungskosten des Unternehmers und seines Personals anlässlich von Geschäfts- oder Dienstreisen und für erstattetes Kilometergeld.

Der Ausschluss des Vorsteuerabzugs gilt auch für rechnerisch oder sachlich unrichtig berechnete Umsatzsteuerbeträge.

2.6 Aufzeichnungspflichten

Jeder Unternehmer, der das allgemeine Umsatzsteuersystem anwendet, ist verpflichtet, zur Feststellung der Umsatzsteuer und der Grundlagen ihrer Berechnung Aufzeichnungen zu machen. Aus ihnen müssen, aufgeteilt nach steuerfreien und steuerpflichtigen Umsätzen sowie nach Steuersätzen, folgende Angaben ersichtlich sein:

Aufzeichnungspflichten

- die Netto-Rechnungssummen (vereinbarte Entgelte) für die ausgeführten Lieferungen und sonstigen Leistungen,
- die vereinnahmten Anzahlungen und Teilzahlungen für Lieferungen und sonstige Leistungen, die noch nicht ausgeführt worden sind,
- die unentgeltlichen Wertabgaben aus dem Unternehmen,
- die Netto-Rechnungssummen für bezogene Lieferungen und sonstige Leistungen sowie der geleisteten Anzahlungen und Teilzahlungen,
- die innergemeinschaftlichen Erwerbe,
- die Importe aus Drittländern sowie die dafür fällige Einfuhrumsatzsteuer.

2.7 Besteuerung der Kleinunternehmer (Steuerbefreiung)

Die geschuldete Umsatzsteuer wird bei Unternehmern nicht erhoben, deren Umsatz einschließlich Umsatzsteuer im vorangegangenen Kalenderjahr € 17 500,– nicht überstiegen hat und im laufenden Kalenderjahr voraussichtlich € 50 000,– nicht übersteigen wird.

Unter Umsatz sind die vereinnahmten Entgelte einschließlich Umsatzsteuer gekürzt um die ggf. in ihnen enthaltenen Umsätze von Wirtschaftsgütern des Anlagevermögens zu verstehen.

Der Kleinunternehmer, der diese Regelung anwendet, braucht grundsätzlich keine Umsatzsteuer zu entrichten und ist nicht verpflichtet, Voranmeldungen oder Jahreserklärungen abzugeben. Andererseits darf er keine Vorsteuern abziehen und die Umsatzsteuer nicht gesondert in Rechnung stellen.

Kleinunternehmerregelung

▶ Hinweis:
Der Unternehmer ist nicht verpflichtet, diese Vergünstigung in Anspruch zu nehmen. Er kann auf sie verzichten und sich dem allgemeinen Umsatzsteuersystem unterwerfen. Der Verzicht empfiehlt sich insbesondere dann,

Verzicht auf Nichterhebung der USt.

STEUERN

wenn der Unternehmer seine Umsätze ganz oder überwiegend an umsatzsteuerpflichtige Empfänger bewirkt. Gegenüber dem Finanzamt ist eine Verzichtserklärung bis zur Unanfechtbarkeit der Steuerfestsetzung abzugeben. Nach Eintritt dieses Zeitpunktes bindet die Erklärung den Unternehmer mindestens für fünf Kalenderjahre und kann nur mit Wirkung vom Beginn eines Kalenderjahres widerrufen werden. Der Widerruf ist spätestens bis zur Unanfechtbarkeit der Steuerfestsetzung des Kalenderjahres, für das er gelten soll, zu erklären.

Bei Verzicht auf die Nichterhebung der Umsatzsteuer unterliegt der Kleinunternehmer dem allgemeinen Umsatzsteuersystem mit seinen Steuersätzen. Er kann zugleich die Vorsteuern abziehen und die Umsatzsteuer gesondert in Rechnung stellen.

Wenn der Unternehmer seine gewerbliche oder berufliche Tätigkeit nur in einem Teil des Kalenderjahres ausgeübt hat, ist sein tatsächlicher Gesamtumsatz in einen Jahresgesamtumsatz umzurechnen, um die Voraussetzung für die Inanspruchnahme der Kleinbetriebsregelung zu prüfen.

2.8 Differenzbesteuerung für Gebrauchtwaren

Differenzbesteuerung

Wenn ein Unternehmer gebrauchte Waren, Kunstgegenstände, Sammlungsstücke und Antiquitäten von einem nicht zum Vorsteuerabzug berechtigten Verkäufer erwirbt, kann er seit dem 1. Januar 1995 neben der Regelbesteuerung die sog. Differenzbesteuerung für diese Produkte anwenden: Er unterwirft den Unterschiedsbetrag zwischen dem Bruttoeinkaufs- und dem -verkaufspreis in Nettohöhe der Umsatzsteuer.

Hat der Unternehmer sich für die Differenzbesteuerung entschieden, ist er an ihre Anwendung für zwei Jahre gebunden.

Beispiel

Beispiel: Ein regelbesteuerter Autohändler erwirbt von einer Privatperson ein gebrauchtes Kraftfahrzeug für € 10 470,–, das er an eine andere Privatperson nach wenigen Tagen für € 13 950,– veräußert.

Differenzbesteuerung bei Gebrauchtwaren	
Verkaufspreis	€ 13 950,–
./. Einkaufspreis	€ 10 470,–
= Differenz	€ 3 480,–
./. im Bruttobetrag enthaltene Umsatzsteuer (€ 3 480,– : 1,16 = € 3 000,– € 3 000,– × 16 % = € 480,–)	€ 480,–
= umsatzsteuerliche Bemessungsgrundlage	€ 3 000,–

Dem Käufer erteilt er eine Rechnung ohne gesonderten Umsatzsteuerausweis über € 13 950,–.

STEUERN

2.9 Umsatzsteuer und Binnenmarkt

Das System für innergemeinschaftliche Lieferungen (bislang Exporte) oder Erwerbe (bislang Importe) regelt die **Steuerpflicht für Unternehmer und Privatverbraucher unterschiedlich.**

- Ein Unternehmer liefert an einen anderen Unternehmer in einem anderen EU-Staat.

Regelung für Unternehmer

In diesem Fall bleibt die Lieferung umsatzsteuerfrei. Der Abnehmer entrichtet in seinem Heimatland nach den dort geltenden Steuersätzen die Umsatzsteuer für diesen Erwerb, die er als Vorsteuer im selben Veranlagungszeitraum abziehen kann.

Für die praktische Abwicklung des neuen Verfahrens benötigt jeder Unternehmer, der grenzüberschreitend liefert oder bezieht, eine **Umsatzsteuer-Identifikationsnummer** (USt.-ID-Nr.), die in jedem EU-Staat von einer Zentralbehörde vergeben wird (Deutschland: Bundesamt für Finanzen, Außenstelle Saarlouis, Industriestraße 6, 66740 Saarlouis). In allen Rechnungen über die innergemeinschaftliche Lieferung ist die eigene und die Umsatzsteuer-Identifikationsnummer des Abnehmers auszuweisen. Seit dem 1. Januar 2004 ist die Angabe der USt.-ID-Nr. in Rechnungen und Gutschriften eine zwingende Voraussetzung für die Inanspruchnahme des Vorsteuerabzugs (§ 14 Abs. 5 Nr. 3 UStG).

USt.-ID-Nr.

- Ein privater Käufer eines EU-Staates erwirbt Waren in einem anderen EU-Staat.

Regelung für Privatverbraucher

In diesem Fall versteuert der ausländische Unternehmer diesen Umsatz wie eine Inlandslieferung zu den Bedingungen seines Landes. Umsatzsteuerliche Folgen innerhalb des Binnenmarktes treten danach für den Erwerber nicht mehr auf. Wird der private Käufer über den Versandhandel bedient, muss der Lieferer die Umsatzsteuer nach den Vorschriften des Bestimmungslandes entrichten.

Bitte bearbeiten Sie abschließend die folgenden Aufgaben:

1. Was unterliegt der Umsatzsteuer?

2. Erklären Sie die kombinierte Soll-Ist-Versteuerung an einem Beispiel.

3. Unter welchen Voraussetzungen kann die Kleinbetriebsregelung angewandt werden? Stellen Sie ihre Inhalte dar.

STEUERN

3. Gewerbesteuer

> **Kompetenzen:**
>
> Der Lernende
>
> - kann den Gewerbeertrag im Grundsatz bestimmen,
> - kann über die Ermittlung und Erhebung der Gewerbesteuer Angaben machen,
> - kennt die Zeitpunkte für die Vorauszahlung,
> - weiß, nach welchem Maßstab die Zerlegung im Fall von Handwerksbetrieben stattfindet,
> - ist über die Abzugsfähigkeit der Gewerbesteuer von der Einkommensteuerschuld unterrichtet,
> - kennt den Gewerbesteuer-Freibetrag.

3.1 Ermittlung und Erhebung der Gewerbesteuer

Rechtsgrundlagen Die Gewerbesteuer erfasst als Steuerobjekt den Gewerbebetrieb, ohne Berücksichtigung persönlicher Verhältnisse. Ihre Rechtsgrundlagen werden vom Gewerbesteuergesetz (GewStG), von der Gewerbesteuer-Durchführungsverordnung (GewStDV) und den als Verwaltungsanweisung ergangenen Gewerbesteuer-Richtlinien (GewStR) gebildet. Sie besteuert den Gewerbeertrag.

Gewerbeertrag Als Gewerbeertrag gilt der nach Einkommen- oder Körperschaftsteuerrecht ermittelte Gewinn aus Gewerbebetrieb unter Berücksichtigung bestimmter Hinzurechnungen und Kürzungen. Mit ihrer Hilfe soll die tatsächliche Ertragskraft des Betriebes ermittelt werden. Hinzu gerechnet wird z. B. die Hälfte der Dauerschuldzinsen, abgezogen werden dagegen Gewinnanteile an einer anderen Personengesellschaft, wenn der Betriebsinhaber dort als Mitunternehmer anzusehen ist.

Der korrigierte Gewerbeertrag ist auf volle hundert Euro nach unten abzurunden. Weicht das Wirtschaftsjahr vom Kalenderjahr ab, so gilt für die Veranlagung das Kalenderjahr, in dem das Wirtschaftsjahr endet.

Verfahren Die Ermittlung und Erhebung der Gewerbesteuer erfolgt mithilfe eines besonderen Verfahrens. Durch Anwendung von Steuermesszahlen auf den Gewerbeertrag wird ein Messbetrag für das Kalenderjahr errechnet, der von dem Betriebssitz-Finanzamt durch Gewerbesteuermessbescheid festgestellt wird. Auf diesen festgestellten Messbetrag erhebt die Betriebssitz-Gemeinde einen für jedes Rechnungsjahr durch Satzung festgesetzten und für alle ansässigen Gewerbebetriebe gleichermaßen gültigen Hebesatz (in Höhe von mindestens 120 %) und erteilt den Gewerbesteuerbescheid.

STEUERN

Die Ermittlung des Steuermessbetrages nach dem Gewerbeertrag erfolgt nach Abzug eines Freibetrages für natürliche Personen und Personengesellschaften in Höhe von € 24 500,– mithilfe von Messzahlen, die beginnend mit 1 % und endend mit 5 % in Stufen von € 12 000,– auf den Gewerbeertrag angewendet werden:

Messzahlen

1. Stufe: € 12 000,– x Messzahl 1 %
2. Stufe: € 12 000,– x Messzahl 2 %
3. Stufe: € 12 000,– x Messzahl 3 %
4. Stufe: € 12 000,– x Messzahl 4 %
5. Stufe und Rest   x Messzahl 5 %

Die höchste Messzahl wird also auf Gewerbeerträge angewendet, die über € 72 500,– liegen.

Ermittlung der Gewerbesteuer

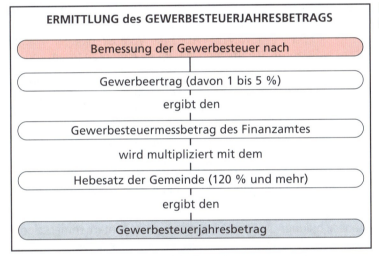

Vereinfachtes Beispiel für die Berechnung der Gewerbesteuerschuld im Jahre 2004:

Beispiel

Berechnung der Gewerbesteuerschuld (2004)	
Gewinn des Einzelunternehmers	€ 50 000,–
Zinsen für Dauerschulden € 40 000,– davon hinzuzurechnen 50 %	+ € 20 000,–
Gewerbeertrag	€ 70 000,–
Freibetrag	./. € 24 500,–
Zwischensumme	€ 45 500,–
Steuermessbeträge nach Gewerbeertrag	
1 % von € 12 000,– = € 120,–	
2 % von € 12 000,– = € 240,–	
3 % von € 12 000,– = € 360,–	
4 % von € 9 500,– = € 380,–	
zus. € 45 500,– ergibt € 1 100,– Messbetrag	

Bei einem angenommenen Hebesatz der Betriebssitzgemeinde von 390 % beträgt die Gewerbesteuer-Jahresschuld (€ 1 100,– × 3,9 =) € 4 290,–. Das 1,8fache des Messbetrages (€ 1 100,– × 1,8 = € 1 980,–) kann bei Einzelunternehmern und anteilig bei Gesellschaftern von Personengesellschaften von der Einkommensteuerschuld abgezogen werden.

3.2 Zerlegung, Zahlungsweise, Steuerschuldner

Zerlegung Wenn ein Gewerbebetrieb in verschiedenen Gemeinden Betriebsstätten unterhält, dann zerlegt das zuständige Finanzamt den einheitlichen Steuermessbetrag und verteilt ihn durch Zerlegungsbescheid auf die hebeberechtigten Gemeinden. Als Zerlegungsmaßstab bei Handwerksbetrieben gilt die Summe der Arbeitslöhne in den entsprechenden Betriebsstätten im Verhältnis zu den Gesamtlöhnen des Betriebes. Bei der Ermittlung der Quoten ist auf volle tausend Euro abzurunden. Gewerbetreibende, deren Wirtschaftsjahr **Zahlungsweise** vom Kalenderjahr abweicht, haben die Vorauszahlungen während jenes Wirtschaftsjahres zu entrichten, das im Erhebungszeitraum endet.

Auf die Gewerbesteuer sind Vorauszahlungen zu leisten jeweils am 15. Februar, 15. Mai, 15. August und 15. November eines Kalenderjahres. Die Höhe der Vorauszahlung beträgt ein Viertel der Gewerbesteuerschuld des zuletzt veranlagten Kalenderjahres. Deckt die Summe der Vorauszahlungen die Steuerschuld im Erhebungszeitraum nicht voll ab, so ist die Differenz durch Nachzahlung (Abschlusszahlung) zu entrichten. Für die voraussichtliche Abschlusszahlung ist eine Gewerbesteuerrückstellung zu bilden. Liegt die Steuerschuld niedriger als die Summe der Vorauszahlungen, so ist die Differenz zu aktivieren.

Steuerschuldner Steuerschuldner ist der Unternehmer, Mitunternehmer sind Gesamtschuldner. Bei der Veräußerung eines Gewerbebetriebes ist bis zu seinem Übergang auf einen anderen Unternehmer der bisherige Inhaber Steuerschuldner. Der Erwerber eines ganzen oder gesondert geführten Betriebes haftet allerdings grundsätzlich mit für die Steuerschulden des übernommenen Betriebes (§ 75 der Abgabenordnung 1977).

Ausblick

Geplant ist die Umgestaltung der Gewerbesteuer in eine „Gemeindewirtschaftssteuer", die neben Gewerbetreibenden künftig auch Freiberufler (z. B. Steuerberater, Rechtsanwälte, Ärzte) und sonstige Selbstständige (außer Landwirten) in die Steuerpflicht einbezieht. Es soll ein Freibetrag in Höhe von € 25 000,– gewährt werden, der bei „Betriebserträgen" zwischen € 25 000,– und € 50 000,– gleitend abgebaut wird. Statt des bislang geltenden Staffeltarifs soll die Steuermesszahl einheitlich 3 % betragen. Die zu zahlende „Gemeindewirtschaftssteuer" wird mit dem 3,8fachen des festgesetzten Steuermessbetrages auf die Einkommensteuerschuld angerechnet, eine Abzugsfähigkeit soll jedoch entfallen.

4. Veranlagte Einkommensteuer

Kompetenzen:

Der Lernende
- kennt die gesetzlichen Grundlagen zur Erhebung der Einkommensteuer,
- kann die Vorschriften für den Vermögensvergleich anwenden,
- ist in der Lage, das zu versteuernde Einkommen im Grundsatz zu ermitteln,
- kann Betriebsausgaben, Werbungskosten, Sonderausgaben und außergewöhnliche Belastungen für die Veranlagung unterscheiden,
- kann das Bewertungsrecht und die Vorschriften für Absetzung für Abnutzung (AfA) auf einen Beispielsfall anwenden,
- kennt die Termine für die Vorauszahlung der Einkommensteuer und für die Abgabe der Einkommensteuererklärung.

4.1 Rechtsgrundlagen (Einkunftsarten, zu versteuerndes Einkommen)

Die wesentlichen Rechtsgrundlagen zur Erhebung der Einkommensteuer sind **Rechtsgrundlagen**
- das Einkommensteuergesetz (EStG),
- die Einkommensteuer-Durchführungsverordnung (EStDV) und
- die als Verwaltungsanordnung zur bundeseinheitlichen Anwendung erlassenen Einkommensteuer-Richtlinien (EStR).

Natürliche Personen, die ihren Wohnsitz oder gewöhnlichen Aufenthaltsort im Inland haben, sind mit ihren sämtlichen in- und ausländischen Einkünften unbeschränkt steuerpflichtig. Besteuert wird ausgehend vom Gesamtbetrag der Einkünfte das sog. zu besteuernde Einkommen, das unter Beachtung der persönlichen Verhältnisse des Steuerpflichtigen und seiner steuerlichen Leistungsfähigkeit mithilfe der Einkommensteuererklärung und ihren Anlagen ermittelt wird. **Steuerpflicht**

Der Hauptvordruck umfasst vier Seiten, die Anlagen sind nur dann auszufüllen, wenn Kinder berücksichtigt werden sollen (Anlage Kinder) oder Einkünfte aus bestimmten Einkunftsarten erzielt worden sind:

Durch das Altersvermögensgesetz („Riester-Rente") wird ab 2002 der Aufbau einer freiwilligen privaten Vorsorge oder einer betrieblichen Alters-

STEUERN

versorgung durch steuerliche Maßnahmen gefördert. In diesem Zusammenhang hat die Finanzverwaltung eine neue Anlage AV (Altersvorsorgebeiträge als Sonderausgaben nach § 10a EStG) zur Einkommensteuererklärung eingeführt.

Anlagen

Anlagen zur Einkommensteuererklärung	
Anlage N	für Arbeitnehmer (Einkünfte aus nicht selbstständiger Arbeit)
Anlage KSO	für Sparer und Rentner (Einkünfte aus Kapitalvermögen und sonstige Einkünfte)
Anlage L	für Land- und Forstwirte (Einkünfte aus Land- und Forstwirtschaft)
Anlage GSE	für Gewerbetreibende und Freiberufler (Einkünfte aus Gewerbebetrieb und selbstständiger Arbeit)
Anlage V	für Haus- und Wohnungseigentümer (Einkünfte aus Vermietung und Verpachtung)
Anlage AUS	für die Bezieher ausländischer Einkünfte
Anlage AV	für Altersvorsorgebeiträge (Riester-Rente)

Nicht buchführungspflichtige Selbstständige haben beginnend mit dem Jahr 2004 einen neu geschaffenen amtlichen Vordruck einer Einnahmen-Überschuss-Rechnung als Anlage zur Steuererklärung abzugeben.

Da die Einkommensteuer eine Jahressteuer ist, kann die Einkommensteuererklärung nur für ein abgelaufenes Jahr abgegeben werden (Veranlagungszeitraum).

Veranlagung Aufgrund der selbst erteilten Angaben erfolgt die Veranlagung des Steuerpflichtigen durch die Finanzämter (veranlagte Einkommensteuer), die ggf. vierteljährliche Vorauszahlungen, beginnend mit dem 10. März eines jeden Jahres, in Höhe eines Viertels der zuletzt festgestellten Einkommensteuerschuld festsetzen. Bis zum 31. Mai des Folgejahres ist erneut eine Einkommensteuererklärung abzugeben, wobei sich nach der Veranlagung Nachzahlungen oder Erstattungen ergeben können.

Das Ergebnis der Veranlagung wird dem Steuerpflichtigen durch einen **Einkommensteuerbescheid** mitgeteilt. Darin erfolgt die Verrechnung der geleisteten und die Festsetzung der zu leistenden Vorauszahlungen. War die Summe der geleisteten Vorauszahlungen niedriger als die tatsächliche Einkommensteuerschuld, wird eine Nachzahlung festgesetzt.

Einkommensteuererklärung Die unbeschränkte Steuerpflicht führt infolge von fehlenden bzw. geringen Einkünften oder infolge von Freibeträgen nicht zwingend zu einer tatsächlichen Steuerzahlung. Nicht jede natürliche Person ist allerdings verpflichtet, eine Einkommensteuererklärung abzugeben (→ Kapitel 5. Lohnsteuer; § 46 EStG). Umgekehrt besteht jedoch die Möglichkeit, dass eine nicht erklärungspflichtige Person eine Veranlagung beantragt, um in bestimmten Fällen steuerliche Vorteile zu realisieren. Der Antrag kann bis zum Ende des zweiten auf den Veranlagungszeitraum folgenden Jahres gestellt werden (z. B. für das Jahr 2004 bis zum 31. Dezember 2006).

Steuererklärungen sind eigenhändig zu unterschreiben. Wenn Ehegatten eine gemeinsame Steuererklärung abgeben, müssen beide diese unterschreiben.

4.1.1 Ermittlung der Summe der Einkünfte

Wesentliche Grundlage für die Berechnung des zu versteuernden Einkommens ist die Ermittlung der Summe der Einkünfte aus den sieben Einkunftsarten. Im steuerlichen Sinn können Einkünfte positiv und – im Fall von Verlusten – negativ sein.

Einkunftsarten

Die sieben Einkunftsarten	
1. Einkünfte aus Land- und Forstwirtschaft 2. Einkünfte aus Gewerbebetrieb 3. Einkünfte aus selbstständiger Arbeit	**Gewinneinkünfte**
4. Einkünfte aus nicht selbstständiger Arbeit 5. Einkünfte aus Kapitalvermögen 6. Einkünfte aus Vermietung und Verpachtung 7. Sonstige Einkünfte	**Überschusseinkünfte**

Die Einkünfte von Personengesellschaften (z. B. BGB-Gesellschaft, Kommanditgesellschaft, offene Handelsgesellschaft) werden einkommensteuerlich den Gesellschaftern entsprechend ihrer Beteiligung zugeordnet.

Als Einkünfte zählen bei den Gewinneinkünften die erzielten Gewinne/Verluste, die in der Regel durch den Vermögensvergleich ermittelt werden.

Vermögensvergleich

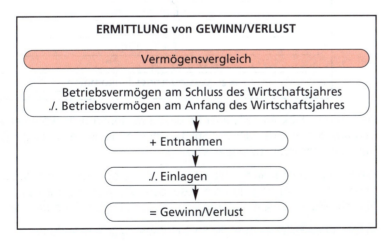

Unter Betriebsvermögen versteht der Gesetzgeber das betriebliche Reinvermögen, also das Eigenkapital. Als Entnahmen des Betriebsinhabers für betriebsfremde Zwecke kommen Barbeträge, aber auch Waren, Nutzun-

Begriffe

STEUERN

gen und Leistungen des Betriebes in Frage. Umgekehrt können Einlagen neben Bargeld auch Wirtschaftsgüter sein, die der Unternehmer dem Betrieb aus seiner privaten Sphäre zuführt.

Bei den Überschusseinkünften gilt der Überschuss der Betriebseinnahmen über die Werbungskosten als Einkunft. Wenn die Werbungskosten größer sind als die Betriebseinnahmen, gilt der Verlust als Einkunft. Als Werbungskosten bezeichnet man alle Ausgaben, die der Erzielung von Einkommen sowie der Sicherung und Erhaltung der jeweiligen Erwerbsquelle dienen.

4.1.2 Berechnung des zu versteuernden Einkommens

Die Berechnung des zu versteuernden Einkommens erfolgt nach folgendem vereinfachten Schema:

Schema

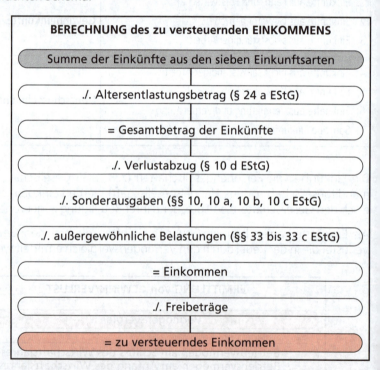

Die tarifliche Einkommensteuer für das zu versteuernde Einkommen ergibt sich aus der Grund- oder der Splittingtabelle, die je nach der gewählten Veranlagungsart anzuwenden sind.

Anwendung der Grundtabelle Die Einzelveranlagung für allein Stehende, die getrennte Veranlagung für Ehegatten auf Antrag und die besondere Veranlagung für das Jahr der Eheschließung auf Antrag führen zur Anwendung der Grundtabelle.

Anwendung der Splittingtabelle In folgenden Fällen kommt die Splittingtabelle zur Anwendung:
- im Fall der Zusammenveranlagung von Ehegatten,
- bei verwitweten Steuerpflichtigen im Todesjahr des Ehegatten und in dem darauf folgenden Jahr.

Hierbei wird das gemeinsam erzielte zu versteuernde Einkommen halbiert, und zwar auch dann, wenn nur ein Ehegatte Einkünfte bezogen hat. Anschließend wird in der Grundtabelle der Steuerbetrag für diesen hälftigen Anteil abgelesen und verdoppelt. Daraus ergibt sich eine Milderung der Steuerprogression und damit eine geringere Steuerlast. Von Ausnahmefällen abgesehen führt die Zusammenveranlagung zu einer niedrigeren Besteuerung.

Seit 2001 können Einzelunternehmer und Gesellschafter von Personengesellschaften bei gewerblichen Einkünften das 1,8fache des Gewerbesteuermessbetrages (→ S. 700) von der tariflichen Einkommensteuer abziehen (§ 35 EStG).

Negative und positive Einkünfte können innerhalb eines Veranlagungszeitraums verrechnet werden (Verlustausgleich). Zunächst erfolgt der Ausgleich im Rahmen einer Einkunftsart (horizontal), falls dann noch Verluste übrig bleiben, werden sie unter Heranziehung anderer Einkunftsarten (vertikal) gemäß § 2 Abs. 3 EStG mit positiven Einkünften verrechnet. **Verlustausgleich**

Im Gegensatz zum Verlustausgleich ist es gemäß § 10 d EStG im Rahmen des Verlustabzugs zulässig, nicht ausgeglichene Verluste des laufenden Veranlagungszeitraums ebenfalls nach einem besonderen Verfahren wie Sonderausgaben (→ S. 710) vom Gesamtbetrag der Einkünfte des unmittelbar vorangegangenen Veranlagungszeitraumes abzuziehen (Verlustrücktrag). Soweit dann noch Verluste übrig bleiben, können sie in den Veranlagungszeiträumen, die auf das Verlustjahr folgen, ebenfalls wie Sonderausgaben vom Gesamtbetrag der Einkünfte abgezogen werden (Verlustvortrag). Der Verlustabzug wird von Amts wegen durchgeführt. **Verlustabzug**

4.2 Einkommensteuertarif

Jedem Steuerpflichtigen wird jahresbezogen ein Grundfreibetrag gewährt, der bei der Berechnung der tariflichen Einkommensteuer außer Ansatz bleibt. Er beläuft sich für das Jahr 2004 auf € 7 426,– für Ledige und € 14 852,– für Verheiratete. Zu versteuernde Einkommensteile darüber unterliegen einer linear-progressiv steigenden Einkommensteuer (Progressionszone). Der Spitzensteuersatz wird bei einem zu versteuernden Einkommen von € 55 008,– für Ledige bzw. € 110 016,– für Verheiratete erreicht. Danach nimmt die prozentuale Tarifbelastung nicht mehr zu. **Progression**

Einkommensteuertarif

Eckdaten des Einkommensteuertarifs bis 2005			
		2004	2005
Grundfreibetrag (€)	Ledige	7 664,–	7 680,–
	Verheiratete	15 328,–	15 360,–
Progressionszone (%)	Beginn	16,0	15,0
	Ende	45,0	42,0

STEUERN

4.3 Veranlagung und Gestaltungsmöglichkeiten

Im Folgenden werden einige Grundbegriffe erläutert, deren Unterscheidung für die Ermittlung des zu versteuernden Einkommens und der Einkommensteuer sehr wichtig ist.

4.3.1 Betriebsausgaben

Definition

Als Betriebsausgaben gelten alle Aufwendungen, die durch den Betrieb veranlasst sind; sie können nur bei sog. Gewinneinkünften entstehen. In der Regel sind sie in voller Höhe gewinnmindernd abzugsfähig.

Bestimmte Betriebsausgaben dürfen jedoch den Gewinn nicht mindern (§ 4 Abs. 5 Ziff. 1–8 EStG). Zu ihnen zählen insbesondere Aufwendungen für Geschenke, Bewirtung, Unterbringung sowie Freizeitbedarf von Geschäftsfreunden. Zum Teil sind hier Höchstbeträge und besondere Vorschriften zu berücksichtigen:

besondere Vorschriften

- **Geschenke** an Personen, die nicht Arbeitnehmer des Betriebes sind, können nur dann als Betriebsausgabe anerkannt werden, wenn ihre Anschaffungs- oder Herstellungskosten netto € 35,– je Wirtschaftsjahr und Empfänger nicht übersteigen.

- Kosten für die **Bewirtung von Geschäftsfreunden** werden nur dann als Betriebsausgaben anerkannt, wenn sie nicht unangemessen hoch und betrieblich veranlasst sind. Zum Abzug zugelassen sind 70 % der angemessenen und nachgewiesenen Aufwendungen. Sie sind einzeln und getrennt von den sonstigen Betriebsausgaben aufzuzeichnen. Eine Nichtbefolgung dieser Vorschrift bewirkt die Versagung der Abzugsfähigkeit.

Die Anschaffungs- oder Herstellungskosten von Wirtschaftsgütern, die in der Regel länger als ein Jahr nutzungsfähig sind, gelten ebenfalls als Betriebsausgaben (→ S. 711). Sie dürfen jedoch nicht in einer Summe, sondern nur verteilt auf die Jahre der betriebsgewöhnlichen Nutzungsdauer abgesetzt werden. Der Jahresanteil dieser Betriebsausgaben heißt steuerlich „Absetzung für Abnutzung" (AfA). Der steuerliche Vorgang ist auch als **„Abschreibung"** bekannt.

Absetzung für Abnutzung (AfA)

Eine Ausnahme bilden dabei die sog. geringwertigen Wirtschaftsgüter (GWG, → S. 712).

Bei einer außergewöhnlichen technischen oder wirtschaftlichen Entwertung von Gegenständen des Anlagevermögens kann eine Absetzung für Substanzverringerung vorgenommen werden. In diesem Fall wird der höhere Buchwert auf den niedrigeren Teilwert abgeschrieben.

Neben der planmäßigen Absetzung für Abnutzung kommen ggf. erhöhte (z. B. § 7 Abs. 5 EStG) oder **Sonderabschreibungen** (z. B. § 7 g EStG) als Betriebsausgaben in Frage.

Kleine und mittlere Unternehmen dürfen für Wirtschaftsjahre, die nach dem 31. Dezember 1994 beginnen, eine steuerstundende Anspar-Rücklage zur Finanzierung neuer beweglicher Wirtschaftsgüter des Anlagevermögens bilden (sog. Ansparabschreibung). Als kleine und mittlere Unternehmen zählen solche, deren Betriebsvermögen im vorangegangenen Wirtschaftsjahr nicht mehr als € 204 517,– betragen hat, sowie Unternehmen, die die Einnahmen-Überschuss-Rechnung durchführen (→ S. 30). **Ansparabschreibung**

Die Ansparabschreibung beträgt maximal 40 % der Anschaffungs- oder Herstellungskosten jener begünstigten Investitionen, die voraussichtlich bis zum Ende des zweiten auf die Rücklagenbildung folgenden Wirtschaftsjahres angeschafft oder hergestellt werden, höchstens jedoch € 154 000,–. Sie ist gewinnerhöhend aufzulösen, sobald für das angeschaffte oder hergestellte Wirtschaftsgut reguläre Abschreibungen vorgenommen werden dürfen, spätestens jedoch zum Ende des zweiten auf die Bildung der Rücklage folgenden Wirtschaftsjahres.

Wird die Investition nicht oder nicht in der geplanten Höhe realisiert, muss ein Gewinnzuschlag in Höhe von 6 % des aufgelösten Rücklagenbetrages für jedes Wirtschaftsjahr vorgenommen werden, in dem die Rücklage bestanden hat.

Für Existenzgründer ist der Höchstbetrag der Ansparabschreibung auf € 307 000,– angehoben worden (§ 7 g Abs. 7 Ziffer 3 EStG). Falls sie die Investition nicht realisieren, ist die Rücklage am Ende des fünften auf ihre Bildung folgenden Wirtschaftsjahres ohne Gewinnzuschlag aufzulösen.

4.3.2 Werbungskosten

Unter Werbungskosten fallen alle Ausgaben, die der Erzielung von Einnahmen sowie der Sicherung und Erhaltung der Erwerbsquelle dienen. Sie können nur bei den Einkunftsarten „nicht selbstständige Arbeit", „Kapitalvermögen", „Vermietung und Verpachtung" sowie „Sonstige Einkünfte" entstehen und dürfen nur von der Einkunftsart abgesetzt werden, durch die sie veranlasst sind. **Definition**

Beispiele

Beispiele für Werbungskosten	
Bei Einkünften aus nicht selbstständiger Arbeit	Bei Einkünften aus Vermietung und Verpachtung
• Aufwendungen für Fahrten mit dem eigenen Kraftfahrzeug zwischen Wohnung und Arbeitsstätte (Pauschbetrag bei Benutzung eines Kraftfahrzeugs: arbeitstäglich € 0,36 je Entfernungskilometer) • Notwendige Mehraufwendungen wegen einer doppelten Haushaltsführung (einschl. Familienheimfahrten) • Aufwendungen für Arbeitsmittel (z. B. Werkzeuge, Fachliteratur) • Beiträge zu Berufsverbänden	• Steuern von Grundbesitz • Sonstige öffentliche Abgaben (z. B. Straßenreinigung) • Laufende Kosten (z. B. Hausverwaltung, Versicherungen) • Aufwendungen für die Instandhaltung • Absetzungen für Abnutzung

Pauschbeträge Zur Vereinfachung des Besteuerungsverfahrens sind Werbungskosten-Pauschbeträge vorgesehen. Wenn die einschlägigen Aufwendungen die Höhe der Pauschbeträge nicht übersteigen, entfällt durch sie die Notwendigkeit des Einzelnachweises. Liegt die Summe der Aufwendungen über den Pauschbeträgen, dann bleibt dem Steuerpflichtigen der Einzelnachweis nicht erspart, wenn der Abzug von den Einnahmen zugelassen werden soll. Die Pauschbeträge werden auch dann in voller Höhe gewährt, wenn nicht während des gesamten Kalenderjahres Einkünfte erzielt wurden.

eindeutige Zuordnung Auch solche Ausgaben, die sich sowohl auf den privaten als auch auf den beruflichen Bereich erstrecken, können teilweise als Werbungskosten anerkannt werden, wenn eine leichte und eindeutige Zuordnung zur beruflichen Sphäre möglich ist. In allen anderen Fällen werden sie den Kosten der privaten Lebensführung zugerechnet und bleiben vom Abzug ausgeschlossen. Werbungskosten können nur im Kalenderjahr ihrer Entstehung Berücksichtigung finden.

4.3.3 Sonderausgaben

Definition Aus sozialen oder volkswirtschaftlichen Gründen sind bestimmte Aufwendungen, die weder Betriebsausgaben noch Werbungskosten darstellen – und somit eigentlich zu den Kosten der privaten Lebensführung zählen –, als Sonderausgaben ganz oder teilweise vom Gesamtbetrag der Einkünfte abzugsfähig. Man unterscheidet in diesem Zusammenhang Vorsorgeaufwendungen, die nur beschränkt abzugsfähig sind, sowie unbeschränkt abzugsfähige Sonderausgaben.

Zu den Vorsorgeaufwendungen gehören eigene Beiträge zur Kranken-, Pflege-, Unfall- und Haftpflichtversicherung, zur gesetzlichen Rentenversicherung, zu Versicherungen auf den Erlebens- oder Todesfall und Beiträge an die Bundesanstalt für Arbeit.

Höchstbeträge Versicherungsbeiträge können zunächst im Rahmen eines besonderen Höchstbetrages abgezogen werden. Die nach diesem Vorwegabzug verbleibenden Vorsorgeaufwendungen können im Rahmen eines Grundhöchstbetrages steuerlich berücksichtigt werden.

Unbeschränkt als Sonderausgabe abzugsfähig sind
- die vom Steuerpflichtigen aus besonderen Verpflichtungsgründen zu zahlenden Renten und dauernde Lasten,
- die gezahlte Kirchensteuer,
- Steuerberatungskosten, soweit sie Personensteuern betreffen.

4.3.4 Außergewöhnliche Belastungen

Definition Aus Gründen der sozialen Gerechtigkeit sowie der gleichmäßigen Steuerbelastung können außergewöhnliche Belastungen von dem Gesamtbetrag der Einkünfte abgesetzt werden. Die Ausgaben müssen zwangsläufig erwachsen, tatsächlich getätigt sein und einen außergewöhnlichen Charakter haben. Hierunter versteht man, dass sie größer sein müssen als bei der überwiegenden Mehrzahl der Steuerpflichtigen in gleichen Einkommens- und Vermögensverhältnissen sowie mit gleichem Familienstand.

Zu den außergewöhnlichen Belastungen im Allgemeinen zählen beispielsweise Krankheits- und Kurkosten, Aufwendungen für die Wiederbeschaffung von Hausrat sowie einer Ehescheidung. Sie können nach Abzug eines Eigenanteils (zumutbare Belastung) in voller Höhe abgesetzt werden (§ 33 EStG). Außergewöhnliche Belastungen besonderer Art betreffen z. B. Unterhaltszahlungen an Angehörige, etwaige Kosten der Berufsausbildung von Kindern, die Kosten einer Haushaltshilfe oder zusätzliche Kosten für Behinderte. Ihre Abzugsfähigkeit ist auf bestimmte Höchst- und Pauschbeträge beschränkt. *Bestattungskosten*

4.4 Einkommensteuerliches Bewertungsrecht, Absetzung für Abnutzung

Zur zutreffenden Gewinnermittlung ist die Zuordnung und Bewertung jener Wirtschaftsgüter unerlässlich, die der Einnahmenerzielung dienen. Dies ist eine Grundlage für die Abschreibung (Absetzung für Abnutzung/AfA). Hierauf geht auch das Kapitel „Jahresabschluss und Grundzüge der Auswertung" ein (→ S. 117). Man unterscheidet: — **Zweck der Bewertung**

- notwendiges Betriebsvermögen (Wirtschaftsgüter, die ihrer Art und Verwendung nach dazu bestimmt sind, dem Betrieb zu dienen),
- notwendiges Privatvermögen (Vermögenswerte, die ausschließlich privaten Zwecken dienen und mit der privaten Sphäre eng verbunden sind),
- „gewillkürtes" Betriebsvermögen (Vermögenswerte, die sowohl dem privaten als auch dem betrieblichen Bereich zugeordnet werden können und weder notwendiges Privatvermögen noch notwendiges Betriebsvermögen darstellen, z. B. Wertpapiere). Über die Zuordnung dieser Wirtschaftsgüter zur betrieblichen Sphäre gibt die Bilanz Auskunft.

Das einkommensteuerliche Bewertungsrecht setzt grundsätzlich die Einzelbewertung voraus. Lediglich annähernd gleichwertige und gleichartige Wirtschaftsgüter des Vorratsvermögens können zu Gruppen zusammengefasst werden.

Als Bewertungsmaßstäbe gelten die Anschaffungskosten, die Herstellungskosten oder der Teilwert. — **Bewertungsmaßstäbe**

- Als **Anschaffungskosten** sind die Kosten für den Erwerb eines Wirtschaftsgutes und seine Integration in den betrieblichen Organismus anzusehen. Sie werden in der Regel aus dem Erwerbspreis ohne Umsatzsteuer unter Abzug der Einkaufsvorteile (z. B. Skonti, Rabatte) und unter Hinzufügung der Nebenkosten (Verpackung, Spedition) sowie der innerbetrieblichen Kosten (Ablade-, Transport- und ggf. Anschlusskosten) errechnet.
- Unter **Herstellungskosten** versteht man alle Aufwendungen, die durch den Verbrauch von Gütern und durch die Inanspruchnahme von Diensten

STEUERN

für die Herstellung eines Wirtschaftsgutes im Betrieb entstehen. Zu ihnen zählen neben den Einzelkosten für Material und Fertigung auch die einschlägigen Gemeinkosten, die Sondereinzelkosten (z. B. Entwürfe, Lizenzen) und die anteilige Absetzung für Abnutzung (nicht jedoch Teilwert-Abschreibung). In Bezug auf bestimmte Aufwendungen (z. B. Verwaltungskosten, freiwillige soziale Leistungen, Gewerbeertragsteuer) hat der Steuerpflichtige ein Wahlrecht, ob er sie als Bestandteil der Herstellungskosten ausweisen will. Zusätzliche Regelungen sind bei den Herstellungskosten für Gebäude zu beachten.

- Als **Teilwert** gilt der Betrag, den ein Erwerber des ganzen Betriebes im Rahmen des Gesamtkaufpreises für das einzelne Wirtschaftsgut unter der Voraussetzung ansetzen würde, dass er den Betrieb fortführt.

Die Anschaffungs- bzw. die Herstellungskosten von Wirtschaftsgütern, die dem Betrieb länger als ein Jahr dienen, dürfen nicht in einer Summe, sondern nur verteilt auf die betriebsgewöhnliche Nutzungsdauer als Betriebsausgabe abgesetzt werden.

Abschreibungsmethoden

Hierfür kommen in der Praxis hauptsächlich zwei Abschreibungsmethoden in Frage: Entweder werden die Anschaffungs- oder Herstellungskosten in gleichen Beträgen auf die Jahre der betriebsgewöhnlichen Nutzungsdauer verteilt (**lineare Abschreibung**) oder aber mithilfe eines gleich bleibenden Prozentsatzes vom jeweiligen Buchwert ermittelt (**degressive Abschreibung**) (→ S. 70). Dieser Prozentsatz darf höchstens das Doppelte der linearen AfA betragen und 20 % nicht übersteigen.

Der Wechsel von der degressiven zur linearen AfA ist zulässig, nicht jedoch umgekehrt. Für neue bewegliche Wirtschaftsgüter des Anlagevermögens darf für das Jahr ihrer Anschaffung oder Herstellung und in den vier folgenden Jahren eine Sonder-AfA von insgesamt 20 % zusätzlich vorgenommen werden. Begünstigt sind kleinere und mittlere Unternehmen, wenn die Wirtschaftsgüter zu mindestens 90 % betrieblich genutzt werden und mindestens ein Jahr lang nach ihrem Zugang im inländischen Betriebsvermögen verbleiben.

Der Wechsel von der degressiven zur linearen AfA kann steuerlich von Vorteil sein, wenn der Restbuchwert, geteilt durch die Jahre der Restnutzungsdauer, ein höheres AfA-Volumen ergibt als die degressive AfA.

GWG

Ein Bewertungswahlrecht besteht für **geringwertige Wirtschaftsgüter** (GWG), soweit sie zum beweglichen und abnutzbaren Anlagevermögen zählen und einer selbstständigen Bewertung und Nutzung fähig sind. Wenn ihre Anschaffungs- und Herstellungskosten bzw. ihr Einbringungswert ausschließlich Umsatzsteuer € 410,– nicht übersteigen, können sie wahlweise im Jahr der Anschaffung oder Herstellung in voller Höhe oder aber verteilt auf die betriebsgewöhnliche Nutzungsdauer als Betriebsausgabe abgesetzt werden. Der Tag der Anschaffung oder Herstellung sowie die einschlägigen Kosten müssen aus der Buchführung oder einem besonderen Verzeichnis ersichtlich sein.

STEUERN

Steuerabzug für Bauleistungen

Mit dem „Gesetz zur Eindämmung illegaler Betätigung im Baugewerbe" vom 30. August 2001 wurde ein Steuerabzug zur **Sicherung von Steueransprüchen bei Bauleistungen** eingeführt. Die gesetzlichen Regelungen hierzu enthält der neue Abschnitt VII des Einkommensteuergesetzes (§§ 48 bis 48 d EStG).

Verpflichtung lt. EStG

Beginnend mit dem 1. Januar 2002 haben alle Unternehmer im Sinne des Umsatzsteuergesetzes (§ 2 UStG) sowie alle juristischen Personen des öffentlichen Rechts, soweit sie als Auftraggeber Bauleistungen bezogen haben, 15 % des ihnen in Rechnung gestellten Entgelts zuzüglich Umsatzsteuer einzubehalten und an die Finanzkasse abzuführen, die für den Leistenden zuständig ist (Informationen im Internet: www.finanzamt.de).

Ausnahmen

Der Leistungsempfänger muss den Steuerabzug nicht vornehmen, wenn

- das Entgelt zuzüglich Umsatzsteuer an den jeweiligen Leistenden (Auftragnehmer) im laufenden Kalenderjahr € 5 000,– voraussichtlich nicht übersteigen wird. Diese Freigrenze erhöht sich auf € 15 000,– für einen Leistungsempfänger, der ausschließlich steuerfreie Umsätze aus Vermietung und Verpachtung ausführt (§ 4 Nr. 12 Satz 1 UStG);
- der leistende Unternehmer ihm eine gültige Freistellungsbescheinigung vorlegt. Sie ist formlos bei dem Finanzamt zu beantragen, das für den Betriebssitz des Leistenden zuständig ist.

Anmeldung

Der Steuerabzug ist bis zum 10. Tag des auf die Zahlung folgenden Monats auf amtlichem Vordruck von dem Leistungsempfänger dem Finanzamt anzumelden, das für den Leistenden zuständig ist (Anmeldungszeitraum). Der Abzugsbetrag ist bis zum 10. Tag nach Ablauf des Anmeldungszeitraums fällig und an dasselbe Finanzamt abzuführen.

Abrechnung

Der Leistungsempfänger hat mit dem Leistenden schriftlich über den Steuerabzug abzurechnen.

Dabei sind anzugeben:

- Name und Anschrift des Leistenden,
- Rechnungsbetrag oder Summe der erbrachten An- und Abschlagszahlungen mit dem Zahlungstag,
- Betrag des Steuerabzugs,
- Finanzamt, bei dem der Abzugsbetrag angemeldet wurde.

Anrechnung der Abzüge

Zugunsten des Leistenden rechnet das zuständige Finanzamt den Abzugsbetrag in folgender Reihenfolge an:

1. auf die vom Leistenden einbehaltene und angemeldete Lohnsteuer,
2. auf die Vorauszahlungen auf die Einkommen- oder Körperschaftsteuer des Leistenden selbst und
3. auf die ggf. vom Leistenden wegen bezogener Bauleistungen anzumeldenden Steuerabzugsbeträge.

STEUERN

Auf amtlich vorgeschriebenem Formular kann der Leistende die Erstattung des Steuerabzugsbetrags beantragen. Sie erfolgt, wenn er nicht zur Abgabe von Lohnsteueranmeldungen verpflichtet ist und eine Veranlagung zur Einkommen- oder Körperschaftsteuer für ihn entfällt oder er glaubhaft macht, dass bei ihm keine zu sichernden Steueransprüche im jeweiligen Veranlagungszeitraum entstehen werden.

Bitte bearbeiten Sie abschließend die folgenden Aufgaben:

1. Wer ist nach den Rechtsgrundlagen der Einkommensteuer unbeschränkt steuerpflichtig?

2. Was verstehen Sie unter „positiven" und „negativen" Einkünften? Wie ermittelt man den Gesamtbetrag der Einkünfte?

3. Erklären Sie die Begriffe „Betriebsausgaben", „Werbungskosten", „Sonderausgaben" und „außergewöhnliche Belastungen" und grenzen Sie sie voneinander ab.

4. Unter welchen Voraussetzungen ist der Wechsel der Abschreibungsmethode sinnvoll und zulässig?

5. Lohnsteuer

> **Kompetenzen:**
>
> Der Lernende
> - kann die Lohnsteuer als eine Erscheinungsform der Einkommensteuer zur Besteuerung von Arbeitnehmern einordnen,
> - ist in der Lage, Arbeitnehmer in die einzelnen Steuerklassen einzuordnen,
> - kennt die Regelfrist für die Anmeldung und Abführung der Lohnsteuer,
> - ist über die steuerliche Auswirkung von Teilzeitbeschäftigung unterrichtet,
> - kennt die Voraussetzungen für die Einkommensteuerveranlagung von Arbeitnehmern.

5.1 Ermittlung und Entrichtung der Lohnsteuer

Die Lohnsteuer ist eine Erscheinungsform der Einkommensteuer zur Besteuerung von Einkünften aus nicht selbstständiger Arbeit durch unmittelbaren Abzug vom Arbeitslohn. Steuerschuldner ist der Arbeitnehmer. Der Arbeitgeber hat auf Rechnung des Arbeitnehmers bei jeder Lohnzahlung die Lohnsteuer vom Arbeitslohn einzubehalten. Als Arbeitslohn gilt dabei die Summe der Bar- und Sachbezüge, die den Arbeitnehmern aus ihren Dienstverhältnissen zufließen. **Definition**

Die Ausfertigung und Übersendung der Lohnsteuerkarten mit amtlichem Vordruck an unbeschränkt steuerpflichtige Arbeitnehmer erfolgt kostenlos durch die Gemeinden. Lediglich für Ersatz-Lohnsteuerkarten kann eine Gebühr erhoben werden. Der Arbeitnehmer ist verpflichtet, die eingetragenen Angaben zu prüfen und ggf. bei Unrichtigkeiten unverzüglich die Änderung zu verlangen. **Lohnsteuerkarte**

Treten während des Kalenderjahres die Voraussetzungen für eine günstigere Steuerklasse oder -gruppe ein, so kann bis zum 30. November des laufenden Jahres eine Änderung der Angaben auf der Lohnsteuerkarte beantragt werden. Bis zur gleichen Frist haben Ehegatten die Möglichkeit, einmal im Kalenderjahr eine Umgruppierung in eine für sie günstigere Steuerklasse zu erwirken, wenn die Voraussetzungen hierfür vorliegen.

Die Ermittlung der einzubehaltenden Lohnsteuer erfolgt mithilfe der Lohnsteuertabellen. Zur Durchführung des Lohnsteuerabzugs sind die steuerpflichtigen Arbeitnehmer in Steuerklassen einzuordnen. Über die jeweilige Zugehörigkeit gibt die nachstehende Übersicht Aufschluss. **Lohnsteuertabelle**

STEUERN

Lohnsteuerklassen

Lohnsteuerklassen	
Steuerklasse I	Ledige sowie Verheiratete, Verwitwete oder Geschiedene, bei denen die Voraussetzungen für die Steuerklasse III oder IV nicht erfüllt sind.
Steuerklasse II	Arbeitnehmer der Steuerklasse I, wenn sie mindestens ein berücksichtigungsfähiges Kind (§ 32 Abs. 4–7 EStG) haben.
Steuerklasse III	Verheiratete, die unbeschränkt steuerpflichtig sind und nicht dauernd getrennt leben, wenn der Ehegatte des Arbeitnehmers keinen Arbeitslohn bezieht oder auf Antrag in die Steuerklasse V eingereiht wird. Verwitwete, und zwar für das Kalenderjahr, das dem Sterbejahr des Ehegatten folgt, wenn das Ehepaar zum Zeitpunkt des Todes des Ehegatten unbeschränkt steuerpflichtig war und nicht dauernd getrennt lebte. Geschiedene für das Jahr, in dem die Ehe aufgelöst wurde, wenn zu diesem Zeitpunkt die Ehegatten unbeschränkt steuerpflichtig waren bzw. nicht dauernd getrennt lebten und der andere Ehegatte wieder geheiratet hat und die gleichen Voraussetzungen erfüllt.
Steuerklasse IV	Verheiratete, wenn beide Arbeitslohn beziehen, unbeschränkt steuerpflichtig sind und nicht dauernd getrennt leben.
Steuerklasse V	Verheiratete, wenn der Ehegatte aufgrund gemeinsamen Antrags in die Steuerklasse III eingereiht wird. Im Übrigen gelten die Voraussetzungen der Steuerklasse IV.
Steuerklasse VI	Arbeitnehmer mit mehreren Dienstverhältnissen. Für das zweite und jedes weitere Dienstverhältnis ist eine zusätzliche Steuerkarte dieser Klasse erforderlich.

Eintragung von Freibeträgen

Zur Vermeidung von Überzahlungen und damit zur Sicherstellung einer zutreffenden Besteuerung können bestimmte Freibeträge auf der Lohnsteuerkarte eingetragen und zum Abzug vom steuerpflichtigen Arbeitslohn zugelassen werden. Es handelt sich z. B. um folgende Freibeträge:

- Pauschbeträge für Körperbehinderte und Hinterbliebene,
- Werbungskosten aus nicht selbstständiger Arbeit (soweit sie den Arbeitnehmer-Pauschbetrag übersteigen),
- Sonderausgaben (soweit sie den Sonderausgaben-Pauschbetrag übersteigen),
- die außergewöhnlichen Belastungen.

Einen Steuerfehlbetrag fordert das Finanzamt ein, wenn er € 10,– übersteigt. Die Antragsgrenze für die Eintragung von Freibeträgen liegt zur Zeit bei € 600,– nach Überschreitung des Arbeitnehmer-Pauschbetrages von € 920,–.

Aufgaben des Arbeitgebers

Der Arbeitgeber hat in der Regel spätestens am zehnten Tag nach Ablauf eines jeden Monats dem Finanzamt, das für den Betriebssitz zuständig ist, eine Steuererklärung (Lohnsteueranmeldung) einzureichen, in der die Summe der einzubehaltenden Lohnsteuer anzugeben ist. Zugleich hat er diese einbehaltene Lohnsteuer abzuführen.

STEUERN

Der Arbeitgeber hat für jeden Arbeitnehmer und jedes Kalenderjahr am Ort der Betriebsstätte ein **Lohnkonto** zu führen. Unter Betriebsstätte ist der Betrieb oder Teil des Betriebes des Arbeitgebers zu verstehen, in dem der Arbeitslohn ermittelt wird. Im Lohnkonto sind die Merkmale der vorgelegten Lohnsteuerkarte oder einer entsprechenden Bescheinigung aufzuführen. Darüber hinaus muss aus ihm die Höhe der gezahlten Entgelte bzw. der sonstigen Bezüge, die Höhe der einbehaltenen oder durch den Arbeitgeber übernommenen Lohnsteuer sowie der steuerfreien Bezüge ersichtlich sein. Die Aufzeichnungen sind bis zum Ablauf des sechsten Kalenderjahres, das auf die zuletzt eingetragene Lohnzahlung folgt, aufzubewahren.

Bei Beendigung des Dienstverhältnisses oder am Ende eines Kalenderjahres ist das Lohnkonto abzuschließen. Aufgrund der Eintragungen hat der Arbeitgeber eine Lohnsteuerbescheinigung zu erteilen. Darin ist die Dauer des Dienstverhältnisses für die Zeit der Gültigkeit der Lohnsteuerkarte, die Art und Höhe des gezahlten Arbeitslohns und die einbehaltene Lohnsteuer aufzuführen. Die Bescheinigung ist dem Arbeitnehmer auszuhändigen, wenn er zur Einkommensteuer veranlagt oder wenn sein Dienstverhältnis vor Ablauf des Kalenderjahres beendet wird. In allen anderen Fällen ist sie dem Betriebssitzfinanzamt zuzuleiten.

Lohnsteuer-bescheinigung

Einkommensteuerveranlagung von Arbeitnehmern

Lohnsteuerpflichtige haben jährlich eine Einkommensteuererklärung u. a. dann abzugeben, wenn

- ihr zu versteuerndes Einkommen aus mehreren Dienstverhältnissen bezogen wurde,
- ihre Nebeneinkünfte mehr als € 410,– betragen haben,
- auf ihrer Lohnsteuerkarte ein Freibetrag eingetragen worden ist,
- bei Verheirateten, die beide Arbeitslohn bezogen haben, ein Ehegatte in die Steuerklasse V oder VI eingereiht war,
- bei Ehegatten die Lohnsteuerkarten in den Klassen III/IV ausgestellt wurden,
- ihre Zinseinkünfte den Sparerfreibetrag (€ 1 370,–/€ 2 740,–) und den Werbungskosten-Pauschbetrag (€ 51,–/€ 102,–) übersteigen,
- sie ihre Ehe im selben Veranlagungszeitraum beenden und neu begründen,
- sie im Veranlagungszeitraum teilweise Arbeitslohn und teilweise Lohnersatzleistungen bezogen haben (z. B. Arbeitslosengeld, Arbeitslosenhilfe, Kurzarbeitergeld, Schlechtwettergeld, Konkursausfallgeld, Überbrückungsgeld, Krankengeld, Verletztengeld),
- sie die Veranlagung selbst beantragen, um Steuervergünstigungen zu beanspruchen (Antragsveranlagung) oder weil sie die getrennte Veranlagung wünschen.

Die überzahlte Lohnsteuer wird entweder durch den Arbeitgeber (soweit das Dienstverhältnis im Ausgleichsjahr ständig bestand) oder im Rahmen der Antragsveranlagung durch das Finanzamt erstattet.

STEUERN

Beschäftigung ohne Lohnsteuerkarte (Minijobs)

Neuregelung — Durch das Zweite Gesetz für moderne Dienstleistungen am Arbeitsmarkt ist mit Wirkung vom 1. April 2003 die steuer- und sozialversicherungsrechtliche Behandlung von geringfügigen Beschäftigungen grundlegend verändert worden (→ S. 654). Die Arbeitslohngrenze für die sog. **Minijobs** ist generell auf € 400,– angehoben worden, die zeitliche Beschränkung auf bestimmte Wochenstunden und das Freistellungsverfahren sind weggefallen. Neu eingeführt wurde eine **Gleitzone** für erweiterte Minijobs mit verminderten Arbeitnehmerbeiträgen zur Sozialversicherung bis zu einem Monatslohn in Höhe von € 800,–. Eine einzige Nebenbeschäftigung bei gleichzeitiger Hauptbeschäftigung ist grundsätzlich möglich.

- **Minijobs in Betrieben:** Der Arbeitnehmer ist bei einem Arbeitslohn bis zu € 400,– monatlich steuer- und sozialversicherungsfrei. Der Arbeitgeber zahlt pauschal 2 % Lohnsteuer, 12 % für die Renten- und 11 % für die Krankenversicherung. Ist der geringfügig Beschäftigte privat krankenversichert, entfällt der pauschale Krankenversicherungsbeitrag. Entrichtet der Arbeitgeber keine pauschalen Sozialversicherungsbeiträge, kann die Lohnsteuer mit 20 % des Arbeitslohns pauschaliert werden.

- **Minijobs in Privathaushalten:** Der Arbeitnehmer ist bei einem Arbeitslohn bis zu € 400,– monatlich steuer- und sozialversicherungsfrei. Der Arbeitgeber zahlt pauschal 2 % Lohnsteuer, 5 % für die Renten- und 5 % für die Krankenversicherung mit Halbjahresfälligkeit der Beiträge. Er kann eine Steuerermäßigung in Höhe von 10 % seiner Aufwendungen, höchstens jedoch € 510,– jährlich in Anspruch nehmen. Zahlt der Arbeitgeber keine Sozialversicherungsbeiträge, kann die Lohnsteuer ebenfalls mit 20 % des Arbeitslohns pauschaliert werden.

Erweiterte Minijobs (von € 401,– bis € 800,– monatlich)

Gleitzonenregelung — Der Arbeitnehmer ist pflichtig in der Renten-, Arbeitslosen-, Kranken- und Pflegeversicherung, sein Beitrag steigt jedoch gleitend von z. Zt. 4 % auf 21 % an. Darüber hinaus unterliegt er dem Lohnsteuerabzug. Der Arbeitgeber zahlt seinen vollen Anteil zur Sozialversicherung und kann 12 % seiner Aufwendungen, höchstens jedoch € 2 400,– jährlich als Steuerermäßigung in Anspruch nehmen. Diese Regelung kann nicht praktiziert werden, wenn der geringfügig Beschäftigte eine Hauptbeschäftigung mit einem Arbeitslohn von mehr als 800,– monatlich ausübt.

5.2 Lohnsteuerhaftung

Haftung des Arbeitgebers — Der Arbeitgeber haftet nicht nur für die einzubehaltende und abzuführende Lohnsteuer, sondern auch für Beträge, die zu Unrecht im Rahmen des Jahresausgleichs erstattet wurden. Darüber hinaus wird er für die Summe in Anspruch genommen, um die aufgrund fehlerhafter Angaben im Lohnkonto oder in der Lohnsteuerbescheinigung die Einkommen- oder Lohnsteuerschuld verkürzt wird. Er haftet nicht, soweit in eng umgrenzten Fällen

STEUERN

die Lohnsteuer vom Arbeitnehmer nachzufordern ist (§§ 39 Abs. 4, 39 a Abs. 5, 41 c Abs. 4 EStG) oder eine Nachversteuerung durchzuführen ist.

Für die Tatbestände der Arbeitgeberhaftung sind Arbeitgeber und Arbeitnehmer jedoch Gesamtschuldner. Im Rahmen dieser Gesamtschuldnerschaft kann der Arbeitnehmer aber nur dann in Anspruch genommen werden, wenn der Arbeitgeber die Lohnsteuer nicht vorschriftsmäßig einbehalten hat bzw. der Arbeitnehmer darüber Kenntnis hat und dem Finanzamt nicht unverzüglich Mitteilung macht. Es bedarf weder eines Haftungsbescheids noch einer Zahlungsaufforderung gegenüber dem Arbeitgeber, wenn er die einzubehaltende Lohnsteuer angemeldet hat oder seine Zahlungsverpflichtung nach Abschluss einer Lohnsteuer-Außenprüfung schriftlich anerkennt.

Gesamtschuldner

Für die Lohnsteueraußenprüfung ist das Betriebsstättenfinanzamt zuständig. Auf Anfrage eines Beteiligten hat es über die Anwendung der Lohnsteuervorschriften Auskunft zu geben. Die Mitwirkungspflicht im Rahmen der Außenprüfung erstreckt sich sowohl auf den Arbeitgeber (nach § 200 der Abgabenordnung 1977) als auch auf die Arbeitnehmer.

Die gezahlte Lohn- und Kirchensteuer und der Solidaritätszuschlag werden auf die zu zahlende Einkommensteuer angerechnet bzw. bei Vorliegen der dafür erforderlichen Voraussetzungen ganz oder teilweise erstattet.

Bitte bearbeiten Sie abschließend die folgenden Aufgaben:

1. Wie wird die Lohnsteuer ermittelt?

2. Erläutern Sie die Aufgaben des Arbeitgebers in Bezug auf die Lohnsteuer.

3. In welchen Fällen ist eine Beschäftigung ohne Lohnsteuerkarte zulässig?

STEUERN

6. Körperschaftsteuer

Kompetenzen:

Der Lernende
- kennt den Anwendungsbereich und die Wirkungsweise der Körperschaftsteuer,
- versteht das Anrechnungsverfahren und kann seine steuerlichen Folgen übersehen,
- ist in der Lage, das neu eingeführte Halbeinkünfteverfahren anzuwenden.

Wirkungsweise der Körperschaftsteuer

Mithilfe der Körperschaftsteuer erfolgt die Besteuerung des Einkommens von nicht natürlichen Personen, also Kapitalgesellschaften (z. B. Aktiengesellschaft, GmbH), Erwerbs- und Wirtschaftsgenossenschaften, juristischen Personen, Vereinen, Anstalten und Stiftungen des privaten Rechts sowie von Betrieben gewerblicher Art von juristischen Personen des öffentlichen Rechts. Die Besteuerung des Einkommens natürlicher Personen erfolgt durch die Einkommensteuer (→ S. 703).

Steuerpflicht

Unbeschränkt steuerpflichtig mit ihren sämtlichen Einkünften sind Körperschaften, die ihre Geschäftsleitung oder ihren Sitz im Inland haben. Besteuert wird das zu versteuernde Einkommen eines Kalenderjahres, das unter Anwendung der Vorschriften des Einkommensteuergesetzes und unter Beachtung zusätzlicher Bestimmungen nach dem Körperschaftsteuergesetz ermittelt wird.

Für solche Steuerpflichtige, die Bücher nach den Vorschriften des Handelsgesetzbuches zu führen haben, tritt an die Stelle des Kalenderjahres jener Zeitraum, für den sie regelmäßig Abschlüsse machen. Im Falle von Gewinnausschüttungen werden die gezahlte Körperschaftsteuer sowie die einzubehaltende Kapitalertragsteuer auf die zu zahlende Einkommensteuer nach einem besonderen Verfahren angerechnet.

STEUERN

Der tarifliche Steuersatz für den ausgeschütteten und nicht ausgeschütteten Gewinn beträgt einheitlich 25 %. Anstelle des früheren Anrechnungsverfahrens wird seit 2002 das Halbeinkünfteverfahren angewendet: Der Gewinn der Kapitalgesellschaft wird mit der tariflichen Körperschaftsteuer in Höhe von 25 % besteuert. Im Falle der Ausschüttung wird allerdings bei dem Anteilseigner nur die Hälfte der Barausschüttung der Einkommensteuer unterworfen.

Beispiel

Vereinfachtes Beispiel für Besteuerung ohne Kapitalertragsteuer		
Besteuerung der Kapitalgesellschaft		Steuer
Gewinn vor Abzug der Körperschaftsteuer	€ 100,–	
./. Körperschaftsteuer	€ 25,–	€ 25,–
= verbleiben zur Ausschüttung	€ 75,–	
Besteuerung des Anteilseigners		
Barausschüttung	€ 75,–	
davon anzurechnen	€ 37,50	
abzüglich Einkommensteuer (angenommener Steuersatz 40 %)		€ 15,–
Steuerbelastung		€ 40,–

Bitte bearbeiten Sie abschließend die folgenden Aufgaben:

1. Wessen Einkommen besteuert die Körperschaftsteuer? Stellen Sie den Zusammenhang zur Einkommensteuer dar.

2. Wann besteht die unbeschränkte Steuerpflicht in Bezug auf die Körperschaftsteuer?

STEUERN

7. Erbschaft- und Schenkungsteuer

> **Kompetenzen:**
> Der Lernende
> - kennt den Anwendungsbereich der Erbschaft- und Schenkungsteuer,
> - ist über Freibeträge und Steuersätze informiert.

Neuregelung seit 1997

Die Übertragung von Vermögen durch Erbschaft oder Schenkung unterliegt der Erbschaft- und Schenkungsteuer, deren Höhe sich aus dem Wert des übertragenen Vermögens (abzüglich bestimmter Nachlassverbindlichkeiten nach § 10 Abs. 3–9 ErbStG), vermindert um Freibeträge und unter Anwendung der Tarifbelastung in der jeweiligen Steuerklasse, ergibt.

Steuersätze und Steuerklassen

Steuersätze der Erbschaft- und Schenkungsteuer (in %)			
Wert der steuerpflichtigen Schenkung/Erbschaft	Steuersätze in den Steuerklassen		
	I	II	III
Bis € 52 000,–	7	12	17
€ 256 000,–	11	17	23
€ 512 000,–	15	22	29
€ 5 113 000,–	19	27	35
€ 12 783 000,–	23	32	41
€ 25 565 000,–	27	37	47
Über € 25 565 000,–	30	40	50

In die Steuerklasse I sind der Ehegatte, sodann Kinder, Stiefkinder, Enkel, Urenkel und weitere Abkömmlinge in gerader Linie sowie die Eltern und Voreltern eingestuft. In der Steuerklasse II befinden sich bei Zuwendungen unter Lebenden die Eltern und Voreltern und ansonsten Geschwister, Neffen, Nichten, Stiefeltern, Schwiegereltern und -kinder sowie der geschiedene Ehegatte. Alle übrigen Personen sind in der Steuerklasse III zusammengefasst.

Die vom übertragenen Vermögen abzuziehenden persönlichen Freibeträge staffeln sich wie folgt:

persönliche Freibeträge

Freibeträge bei der Erbschaftsteuer	
Ehegatte	€ 307 000,–
Kinder und Stiefkinder	€ 205 000,–
Kinder verstorbener Kinder und Stiefkinder	€ 205 000,–
Sonstige Personen der Steuerklasse I	€ 51 200,–
Personen der Steuerklasse II	€ 10 300,–
Personen der Steuerklasse III	€ 5 200,–

STEUERN

Zusätzlicher Versorgungsfreibetrag für Ehegatten und Kinder bis zum 27. Lebensjahr:

Ehegatte	€ 256 000,–
Kinder im Alter	
• bis 5 Jahren	€ 52 000,–
• von mehr als 5 bis 10 Jahren	€ 41 000,–
• von mehr als 10 bis 15 Jahren	€ 30 700,–
• von mehr als 15 bis 20 Jahren	€ 20 500,–
• von mehr als 20 bis 27 Jahren	€ 10 300,–

Der Versorgungsfreibetrag ist um den Kapitalwert eventueller steuerfreier Versorgungsbezüge zu kürzen (§ 17 ErbStG). Für Hausrat und Bekleidung wird ein zusätzlicher Freibetrag gewährt (Steuerklasse I: € 41 000,–, Steuerklasse II und III: € 10 300,–), ebenso für andere bewegliche körperliche Gegenstände (€ 10 300,–).

Die Übertragung von Betriebsvermögen sowie von Anteilen an Kapitalgesellschaften (soweit die Beteiligung über 25 % liegt) ist durch die Einräumung eines Freibetrages von € 225 000,– begünstigt. Für die Ermittlung der Steuerbelastung wird der über dem Freibetrag liegende Wert nur mit 65 % herangezogen (§ 13 a ErbStG), darüber hinaus wird der Erwerber in die günstigste Steuerklasse I eingestuft (§ 19 a ErbStG). Damit wird die Nachfolge durch entferntere Verwandte oder Mitarbeiter erleichtert.

Übertragung von Betriebsvermögen

Die Gewährung bzw. Aufteilung des Freibetrages ist besonders geregelt. Die Vergünstigung fällt rückwirkend fort, wenn der Gewerbebetrieb innerhalb von 5 Jahren – beginnend mit dem Erwerbszeitpunkt und endend mit dem Schluss des Wirtschaftsjahres, in das der Fristablauf fällt – veräußert, aufgegeben oder betriebsfremden Zwecken zugeführt wird (§ 13 a Abs. 5 Nr. 1 ErbStG).

Regelungen bezüglich Freibetrag

Zusätzlich ist eine Beschränkung der Entnahmen innerhalb der Behaltefrist auf die Summe der Gewinne und Einlagen zuzüglich € 52 000,– zu beachten (Verluste werden nicht abgezogen).

Mehrere Vermögensübertragungen einer bestimmten Person auf denselben Empfänger werden innerhalb eines Zeitraums von 10 Jahren zur Ermittlung der Steuerschuld zusammengerechnet.

Bitte bearbeiten Sie abschließend die folgenden Aufgaben:

1. Was besteuert die Erbschaft- und Schenkungsteuer?

2. Erläutern und begründen Sie die Regelungen bei der Übertragung von Betriebsvermögen. Wie wird die Steuerbelastung ermittelt?

8. Besteuerungsverfahren und Rechtsverfahren bei Steuern

> **Kompetenzen:**
>
> Der Lernende
> - kann die Möglichkeiten des Einspruchs gegen die Steuerveranlagung darstellen,
> - kann zwischen Steuerordnungswidrigkeit und Steuerstrafverfahren unterscheiden.

8.1 Besteuerungsverfahren und Rechtsverfahren

Die Festsetzung der Steuern erfolgt im Rahmen des Festsetzungs- und Feststellungsverfahrens (§ 155 f. AO) durch den **Steuerbescheid,** dessen Form und Inhalt vorgeschrieben sind. So lange der Steuerfall nicht abschließend geprüft worden ist, kann die Steuerfestsetzung unter Vorbehalt der Nachprüfung erfolgen oder vorläufig sein, wenn ungewiss ist, ob die Voraussetzungen für die Entstehung der Steuer überhaupt eingetreten sind. Die Feststellung der Besteuerungsgrundlagen durch den Feststellungsbescheid der zuständigen Finanzbehörde ist eine unverzichtbare Voraussetzung für die Steuerfestsetzung. Dies gilt insbesondere dann, wenn eine einheitliche und gesonderte Feststellung des Steuergegenstandes erforderlich wird.

Feststellungsbescheid

Beispiel: A., B. und C. betreiben in der Rechtsform einer Gesellschaft des bürgerlichen Rechts eine Zimmerei. Der erzielte Jahresgewinn wird einheitlich für den Betrieb und gesondert entsprechend dem Beteiligungsverhältnis für jeden Gesellschafter festgestellt.

Die Verwirklichung, die Fälligkeit und das Erlöschen von Ansprüchen aus dem Steuerschuldverhältnis werden im Erhebungsverfahren (§ 218 f. AO) geregelt. Die Fälligkeit von Ansprüchen aus dem Steuerschuldverhältnis ergibt sich aus den jeweiligen Steuergesetzen. Fehlt es an einer besonderen gesetzlichen Regelung, ist der Anspruch grundsätzlich mit seiner Entstehung fällig. Eine Stundung können die Finanzbehörden ganz oder teilweise gewähren, wenn die Einziehung für den Schuldner eine erhebliche Härte darstellt und der Steueranspruch durch die Stundung nicht gefährdet wird. Für gestundete Steuerforderungen können Stundungszinsen berechnet werden; für nicht gestundete, aber nicht bis zum Ablauf des Fälligkeitstages entrichtete Steuerbeträge ist ein Säumniszuschlag zu erheben.

Der Erlass von Steueranspüchen ist ganz oder teilweise möglich, wenn ihre Einziehung nach Lage des einzelnen Falles unbillig wäre. Unter der gleichen Voraussetzung kommt auch die Erstattung bereits gezahlter Steuern infrage.

STEUERN

Steuerbescheide gelten als Verwaltungsakte. Gegen sie kann in einem außergerichtlichen Rechtsbehelfsverfahren innerhalb eines Monats nach Bekanntgabe Einspruch eingelegt (§ 347 f. AO) und im gerichtlichen Rechtsbehelfsverfahren Klage beim Finanzgericht erhoben werden.

Nur derjenige ist befugt, Einspruch einzulegen, der durch einen Verwaltungsakt oder dessen Unterlassung beschwert wird. Durch den Einspruch wird die Vollziehung nicht gehemmt, das Finanzamt kann jedoch die Vollziehung ganz oder teilweise aussetzen. Das soll auf Antrag insbesondere dann geschehen, wenn ernstliche Zweifel an der Rechtmäßigkeit des erlassenen Bescheids bestehen oder wenn die Vollziehung für den Betroffenen eine über die öffentlichen Interessen hinausgehende unbillige Härte zur Folge hätte.

Über den Einspruch entscheidet grundsätzlich jenes Finanzamt, das den Steuerbescheid erteilt hat, und zwar durch Einspruchsentscheidung, die schriftlich abzufassen, zu begründen und mit einer Rechtshilfebelehrung den Beteiligten bekannt zu geben ist. Der Einspruch kann bis zur Bekanntgabe der Einspruchsentscheidung zurückgenommen werden.

Das gerichtliche Rechtsbehelfsverfahren regelt sich nach der Finanzgerichtsordnung (FGO). Der Staat ahndet die absichtliche oder leichtfertige Nichtbefolgung der steuerlichen Vorschriften im Fall von **Ordnungswidrigkeiten** mit Geldbußen und im Fall der **Steuerstraftaten** mit Geld- und Freiheitsstrafen.

Steuerordnungswidrigkeiten

Zu den Steuerordnungswidrigkeiten (§ 377 f. AO) zählen die

- leichtfertige Steuerverkürzung: der Steuerpflichtige macht unrichtige oder unvollständige Angaben über steuerlich erhebliche Tatsachen oder lässt die Finanzbehörden über sie in Unkenntnis. Die Ahndung erfolgt mit einer Geldbuße bis zu € 50 000,–;
- Steuergefährdung: der Steuerpflichtige stellt unrichtige Belege aus, verbucht Geschäftsvorfälle unrichtig oder lässt sie unrichtig verbuchen, um Steuern zu verkürzen oder nicht gerechtfertigte Steuervorteile zu erlangen. Die Ahndung erfolgt mit einer Geldbuße bis zu € 5 000,–;
- Gefährdung der Abzugsteuern: der Steuerpflichtige kommt vorsätzlich oder leichtfertig seiner Verpflichtung, Steuerabzugsbeträge (z. B. Lohnsteuer) einzubehalten und abzuführen, überhaupt nicht, nicht vollständig oder nicht rechtzeitig nach. Die Ahndung erfolgt mit einer Geldbuße bis zu € 5 000,–;
- Gefährdung der Eingangsabgaben: durch vorsätzliche oder leichtfertige Nichtbeachtung der Zollgesetze und der dazu ergangenen Rechtsverordnungen. Die Ahndung erfolgt mit einer Geldbuße bis zu € 5 000,–.

Steuerstraftaten

Zu den Steuerstraftaten zählen:

- die Steuerhinterziehung, die mit einer Freiheitsstrafe bis zu fünf, in besonders schweren Fällen bis zu zehn Jahren und Geldstrafe geahndet wird,
- der Bannbruch (Ein-, Aus- und Durchfuhr von Gegenständen entgegen einem Verbot, Strafe wie oben),

STEUERN

- der gewerbsmäßige, gewaltsame und bandenmäßig betriebene Schmuggel und
- die Steuerhehlerei (An- und Verkauf von Erzeugnissen oder Waren, bei denen Verbrauchsteuern hinterzogen wurden oder Bannbruch begangen worden ist).

In Fällen der Steuerhinterziehung und der leichtfertigen Steuerverkürzung kann die Strafbarkeit durch eine Selbstanzeige rückwirkend beseitigt und Straffreiheit erlangt werden. Der Täter hat dabei seine unrichtigen oder unvollständigen Angaben bei der Finanzbehörde zu berichtigen oder zu ergänzen bzw. unterlassene Angaben nachzuholen und die hinterzogenen Steuern nachzuentrichten.

Die Straffreiheit tritt nicht ein, wenn

- vor der Selbstanzeige ein Amtsträger der Finanzbehörde zur steuerlichen Prüfung, zur Ermittlung einer Steuerstraftat oder einer Steuerordnungswidrigkeit erschienen ist oder
- dem Täter oder seinem Vertreter die Einleitung eines Straf- oder Bußgeldverfahrens wegen der begangenen Tat eröffnet worden ist oder
- die Tat im Zeitpunkt der Selbstanzeige bereits entdeckt war, der Täter davon wusste oder bei verständiger Würdigung der Sachlage damit rechnen musste (§ 371 AO).

Die Verhängung von Bußgeldern wegen Steuerordnungswidrigkeiten erfolgt durch die Finanzbehörden; für Steuerstraftaten sind die Strafgerichte zuständig.

8.2 Außenprüfung

Außenprüfung Die steuerlichen Verhältnisse des Steuerpflichtigen können durch eine Außenprüfung des Finanzamtes zusätzlich erforscht werden. Sie ist bei Einkünften aus Land- und Forstwirtschaft, Gewerbebetrieb und selbstständiger Arbeit grundsätzlich zulässig.

Die Außenprüfung kann eine oder mehrere Steuerarten umfassen (zumeist Umsatzsteuer, Einkommensteuer, Körperschaftsteuer, Gewerbesteuer) und sich auf einen oder mehrere Besteuerungszeiträume bzw. Sachverhalte konzentrieren. Ihr Umfang wird durch eine Prüfungsanordnung festgesetzt, die in der Regel eine angemessene Zeit vor Beginn der Prüfung bekannt zu geben ist und den voraussichtlichen Prüfungsbeginn sowie die Namen der Prüfer enthalten soll. Der angekündigte Termin kann verschoben werden, wenn der Steuerpflichtige wichtige Gründe dafür glaubhaft macht (§ 197 AO 1977).

Verlauf der Außenprüfung Der Außenprüfer hat sich bei Erscheinen unverzüglich auszuweisen. Er macht sodann den Beginn der Prüfung unter Angabe von Datum und Uhrzeit aktenkundig und prüft zu Gunsten wie zu Lasten des Steuerpflichtigen die für die Steuerpflicht sowie Steuerbemessung maßgebenden tatsächlichen und rechtlichen Verhältnisse.

STEUERN

Hierbei hat der Steuerpflichtige durch Erteilung von Auskünften, Bereithaltung und Erläuterung von Unterlagen sowie durch die unentgeltliche Bereitstellung eines Raumes bzw. Arbeitsplatzes und der sonst erforderlichen Hilfsmittel in vollem Umfang mitzuwirken. Ein Auskunftsverweigerungsrecht ist lediglich bei Eröffnung eines Strafverfahrens gegeben. Die Prüfung wird während der üblichen Geschäfts- oder Arbeitszeit durchgeführt. Über ihr Ergebnis findet in der Regel eine Schlussbesprechung statt, in der die strittigen Sachverhalte und die steuerlichen Folgen erörtert werden. Abschließend ergeht über die Prüfung ein Prüfungsbericht, der dem Steuerpflichtigen auf Antrag zuzustellen ist.

Im Anschluss an eine Außenprüfung kann das Finanzamt auf Antrag des Steuerpflichtigen eine verbindliche Zusage in Schriftform darüber erteilen, wie ein für die Vergangenheit geprüfter und im Prüfungsbericht dargestellter Sachverhalt in Zukunft steuerrechtlich behandelt wird. Über Form und Bindungswirkung sowie Außerkrafttreten, Aufhebung und Änderung der verbindlichen Zusage sind besondere Regelungen getroffen.

Bitte bearbeiten Sie abschließend die folgenden Aufgaben:

1. Erläutern Sie die Bedeutung des Feststellungsbescheids durch die Finanzbehörde. Was versteht man unter der einheitlichen und gesonderten Feststellung des Gewinns?

2. Ist der Erlass von Steuern grundsätzlich möglich? Begründen Sie Ihre Meinung.

3. Welche Vorschriften muss der Unternehmer bei einem Einspruch gegen einen Steuerbescheid beachten?

4. Steuerhinterziehung ist eine Straftat. Nehmen Sie Stellung zu der Aussage: „Durch eine rechtzeitige Selbstanzeige kann man hohe Steuernachzahlungen vermeiden."

Abkürzungsverzeichnis

A

ABM	Arbeitsbeschaffungsmaßnahme
AfA	Absetzung für Abnutzung
AFBG	Aufstiegsfortbildungsförderungsgesetz
AG	Aktiengesellschaft
AGB	Allgemeine Geschäftsbedingungen
AMVO	Verordnung über gemeinsame Anforderungen in der Meisterprüfung im Handwerk
AO	Abgabenordnung
AOK	Allgemeine Ortskrankenkasse
ArbSchG	Arbeitsschutzgesetz
ArbStättV	Arbeitsstättenverordnung
ARW	Aktueller Rentenwert
ASR	Arbeitsstättenrichtlinien

B

BA	Bundesanstalt für Arbeit
BAB	Betriebsabrechnungsbogen
BAföG	Bundesausbildungsförderungsgesetz
BBE	Betriebswirtschaftliche Beratungsstelle für den Einzelhandel
BDA	Bundesvereinigung der Deutschen Arbeitgeberverbände
BDI	Bundesverband der Deutschen Industrie
BDSG	Bundesdatenschutzgesetz
BEK	Barmer Ersatzkasse
BErzGG	Bundeserziehungsgeldgesetz
BetrVG	Betriebsverfassungsgesetz
BewG	Bewertungsgesetz
BfA	Bundesversicherungsanstalt für Angestellte
bfai	Bundesstelle für Außenhandelsinformation
BFH	Bundesfinanzhof
BG	Berufsgenossenschaft
BGB	Bürgerliches Gesetzbuch
BGH	Bundesgerichtshof
BIV	Bundesinnungsverband
BKK	Betriebskrankenkasse
BMWi	Bundesministerium für Wirtschaft
BSHG	Bundessozialhilfegesetz
BStBl.	Bundessteuerblatt
BVG	Bundesversorgungsgesetz

C

CAD	Computer-Aided Design
CD	Compactdisc
CD	Corporate Design
CI	Corporate Identity

D

DATEV	Datenverarbeitungsorganisation der steuerberatenden Berufe
DBGM	Deutsches Bundes-Gebrauchsmuster
DBV	Deutscher Bauernverband
DGB	Deutscher Gewerkschaftsbund
DHKT	Deutscher Handwerkskammertag
DIHT	Deutscher Industrie- und Handelstag
DIN	Deutsche Industrienorm
DRK	Deutsches Rotes Kreuz
DtA	Deutsche Ausgleichsbank

E

EB	Eröffnungsbilanz
EDV	Elektronische Datenverarbeitung
eG	Eingetragene Genossenschaft
EK	Ersatzkasse
e. K.	Eingetragener Kaufmann
EKE	Eigenkapitalergänzungsprogramm
e. Kffr.	Eingetragene Kauffrau
e. Kfm.	Eingetragener Kaufmann
EKH	Eigenkapitalhilfeprogramm
EN	Europäische Norm
ErbStG	Erbschaftsteuer- und Schenkungsteuergesetz
ERP	European Recovery Program (Existenzgründungsprogramm)
EStDV	Einkommensteuer-Durchführungsverordnung
EStG	Einkommensteuergesetz
EStR	Einkommensteuer-Richtlinien
EU	Europäische Union
EuGH	Europäischer Gerichtshof
EZB	Europäische Zentralbank

F

FGO	Finanzgerichtsordnung

G

GAA	Gewerbeaufsichtsamt
GbR	Gesellschaft bürgerlichen Rechts
GewStDV	Gewerbesteuer-Durchführungsverordnung
GewStG	Gewerbesteuergesetz
GewStR	Gewerbesteuerrichtlinien
GmbH	Gesellschaft mit beschränkter Haftung
GoB	Grundsätze ordnungsmäßiger Buchführung
GoS	Grundsätze ordnungsmäßiger Speicherbuchführung

ABKÜRZUNGSVERZEICHNIS

GuV	Gewinn- und Verlustrechnung
GWG	Geringwertige Wirtschaftsgüter

H

HDE	Hauptgemeinschaft des Deutschen Einzelhandels
HGB	Handelsgesetzbuch
HÜ	Hauptabschluss-Übersicht
HWK	Handwerkskammer
HwO	Handwerksordnung

I

IHK	Industrie- und Handelskammer
IKK	Innungskrankenkasse
ISDN	Integrated Services Digital Network
ISO	International Organization for Standardization
ISP	Internet Service Provider

K

KfW	Kreditanstalt für Wiederaufbau
KG	Kommanditgesellschaft
KGaA	Kommanditgesellschaft auf Aktien

L

LAG	Landesarbeitsgericht
LAN	Local Area Network
LBB	Landesbürgschaftsbank
LIV	Landesinnungsverband
LStR	Lohnsteuerrichtlinien
LVA	Landesversicherungsanstalt

M

MuSchG	Mutterschutzgesetz
MwSt.	Mehrwertsteuer

O

OHG	Offene Handelsgesellschaft

P

PC	Personalcomputer
PdR	Posten der Rechnungsabgrenzung
PEP	Persönliche Entgeltpunkte
PR	Public Relations

Q

QM	Qualitätsmanagement

R

RAF	Rentenartfaktor
RAP	Rechnungsabgrenzungsposten
RKW	Rationalisierungskuratorium der deutschen Wirtschaft
ROI	Return on Investment
RVO	Reichsversicherungsordnung

S

SB	Schlussbilanz
SchwbG	Schwerbehindertengesetz
SGB	Sozialgesetzbuch
SGG	Sozialgerichtsgesetz
SKR	Spezialkontenrahmen
StAfA	Staatliches Amt für Arbeitsschutz
StBerG	Steuerberatungsgesetz

T

TA Lärm	Technische Anleitung zum Schutz gegen Lärm
TA Luft	Technische Anleitung zur Reinhaltung der Luft
THW	Technisches Hilfswerk
TK	Techniker-Krankenkasse

U

UNO	United Nations Organization
USt.	Umsatzsteuer
UStBG	Umsatzsteuer-Binnenmarktgesetz
UStDV	Umsatzsteuer-Durchführungsverordnung
UStG	Umsatzsteuergesetz
USt.-ID-Nr.	Umsatzsteuer-Identifikationsnummer
UStR	Umsatzsteuer-Richtlinien
UWG	Gesetz gegen den unlauteren Wettbewerb

V

VOB	Vergabe- und Vertragsordnung für Bauleistungen

W

WoGG	Wohngeldgesetz
WWW	World Wide Web

Z

ZDH	Zentralverband des Deutschen Handwerks
ZPO	Zivilprozessordnung
ZVEI	Zentralverband Elektrotechnik- und Elektronikindustrie

Stichwortverzeichnis

A

Abbuchung 429
ABC-Analyse zu beschaffender Güter 303
Abfallgesetz 466
Abfallrecht 466
Abfindung **626,** 629
Abgabenordnung 29
Abgeleitete Buchführungspflicht 30
Abgrenzung, kalkulatorische 174
Abhängigkeit vom Beschäftigungsgrad 168
Ablageorganisation 340
Ablauforganisation 310, **312**
Ablaufplanung 315
Abmahnung 623
Abnahme 541
Abrechnung nach Aufmaß 314
Abrechnung nach Aufwand 314
Abrechnung nach Festpreis 314
Absatzgebiet 454
Absatzgenossenschaft 357
Absatzmarketing 272
Absatzmarktanalyse 454
Abschlagszahlung 541
Abschluss eines Versicherungsvertrages 448
Abschreibung 123, 403, **708**
Abschreibung, Buchung 70
Abschreibung, degressive 70, 712
Abschreibung, kalkulatorische 178
Abschreibung, leistungsbezogene 71
Abschreibung, lineare 70 f., 712
Abschwung 237
Absetzung für Abnutzung 70, **711**
Abteilung 331
Abtretung von Forderung 533
Abzugsfähigkeit der Vorsteuer 696
AfA → Absetzung für Abnutzung
A-Güter 305
AIDA-Prinzip 289
Akkordlohn **382,** 617
Akkordzuschlag 382
Aktenplan 341
Aktiengesellschaft 603
Aktiv-/Passivmehrung (Bilanzverlängerung) 42
Aktiv-/Passivminderung (Bilanzverkürzung) 42
Aktiva 37
Aktive Rechnungsabgrenzung 78
Aktivkonto 51
Aktivseite 37
Aktivtausch 42
Alkoholabhängigkeit 624
Allgemeine Geschäftsbedingungen 528
Allgemeine Ortskrankenkasse 651
Allgemeiner Umsatzsteuersatz 694
Allgemeinverbindlichkeit 633
Alternative, Planung 441
Altersrente 626, **669**
Altersteilzeit 665
Altersversorgung 255
Altersvorsorge, private 684
Amerikanisches Journal 84
Amortisationsrechnung 400
Amtsgericht 570
Analoger Telefonanschluss 349
Analyse der Bilanz 111, 127
Analyse der Gewinn- und Verlustrechnung 112, 146
Änderungskündigung 624
Anfechtung einer Willenserklärung 518
Anforderungen an Arbeitsstätte 642
Anforderungen an die Buchführung 27
Anforderungen an Mitarbeiter 360
Anforderungsprofil eines Mitarbeiters 368
Angebot 236, 298, **517**
Angebot, Bindung 517
Angebot, verbindliches 541
Angebotspreis, Überschreitung 542
Angebotsvergleich 298
Anhang 47
Anhörung des Betriebsrats 629
Anlage, genehmigungsbedürftige 465
Anlage, nicht genehmigungsbedürftige 465
Anlagedeckung 143
Anlagedeckungsrechnung 143
Anlagegrad 134
Anlagegüter, Abschreibung 70
Anlagen zur Einkommensteuererklärung 704
Anlagenbuchhaltung 347
Anlagevermögen 38, 134, 143
Anlagevermögen, Anschaffung 73
Anlagevermögen, Bewertung 124
Anlagevermögen, Finanzierung 143, 399, 415
Anlagevermögen, Kapitalbedarf 420
Anlagevermögen, Verkauf 73
Anlageverzeichnis 31
Annuitätendarlehen 409
Anschaffung von Gegenständen des Anlagevermögens, Buchung 73
Anschaffungsdarlehen 407
Anschaffungskosten 73, 121, 711
Anschaffungspreis 121
Anscheinsvollmacht 531
Ansparabschreibung 709
Anti-Viren-Programm 353
Antragstellung des Kreditnehmers 417

STICHWORTVERZEICHNIS

Anwaltszwang   648
Anzahlung   300
Anzeige, Chiffreanzeige   362
Anzeigenwerbung   289
Arbeitgeber   613
Arbeitgeberpflichten   387, 617
Arbeitgeberverband   256
Arbeitnehmer   613
Arbeitnehmererfindung   610
Arbeitnehmerpflichten   621
Arbeitnehmerüberlassung   362
Arbeitsablauf   313
Arbeitsabläufe der Buchführung   83
Arbeitsabläufe der Journalbuchführung   84
Arbeitsabläufe der T-Kontenbuchführung   83
Arbeitsanalyse   368
Arbeitsausführung   314
Arbeitsbeschaffungsmaßnahme   664
Arbeitsbescheinigung   620
Arbeitsbeschreibung   361
Arbeitsbewertung   379
Arbeitsentgelt   380
Arbeitsförderung   663
Arbeitsgemeinschaft   356
Arbeitsgericht   647
Arbeitsgeräteunfall   672
Arbeitskampf   633
Arbeitslosengeld I   665
Arbeitslosengeld II   665
Arbeitslosenversicherung   651
Arbeitsmarkt   237
Arbeitsnachbereitung   314
Arbeitspapiere   620
Arbeitspflicht   621
Arbeitsplatz   642
Arbeitsplatzbeschreibung   380
Arbeitsplatzschutzgesetz   630
Arbeitsprozess   313
Arbeitsrecht   508
Arbeitsschutz   388, **641**
Arbeitsschutz, betrieblicher   640
Arbeitsschutzgesetz   641
Arbeitssicherheit   387, **641**
Arbeitssicherheitsgesetz   641
Arbeitsstätte   **470**, 642
Arbeitsstättenrichtlinien   470
Arbeitsstättenverordnung   **470**, 642
Arbeitsumfeld   385
Arbeitsunfall   672
Arbeitsunfähigkeit   619, **622**
Arbeitsvermittlung   663
Arbeitsvertrag   614
Arbeitsvorbereitung   204, **313**
Arbeitszeit   323, 378, **640,** 643
Arbeitszeit, feste   323
Arbeitszeit, flexible   323

Arbeitszeit, gleitende   323
Arbeitszeitgesetz   640
Arbeitszeitmodell   323
Arbeitszeugnis   365
Arbeitszeugnis, einfaches   375
Arbeitszeugnis, qualifiziertes   376
Arglistige Täuschung   519
Arrest   576
Artikelkontrolle   301
Attest des Gesundheitsamtes   621
Aufbauorganisation   311, **328**
Aufbereitung der Bilanz   113
Aufbereitung der Gewinn- und Verlustrechnung   115
Aufbewahrungspflichten   29
Aufgaben der Bilanz   37
Aufgaben der Buchführung   27
Aufgaben der Finanzierung   391
Aufgaben der Kostenrechnung   160
Aufgaben des Rechnungswesens   26
Aufgabenanalyse   328
Aufgabensynthese   331
Aufgliederung der Aufwandskosten   179 f.
Aufhebungsvertrag   626
Auflassung   555
Aufschwung   237
Aufstiegsfortbildungsförderung   675
Auftragsabrechnung   314
Auftragsbearbeitungsprogramm   346
Auftragsvorfinanzierung   421
Auftragszettel   313
Aufwand   43, 163
Aufwand, neutraler   164
Aufwand, Zweckaufwand   164
Aufwandskonto   51
Aufwendungsersatz   543
Aufzeichnungspflicht, handelsrechtliche   28
Aufzeichnungspflicht, steuerliche   30, **697**
Ausbildungsbefugnis   585
Ausbildungsberater   255
Ausbildungsfortbildungsförderung   675
Ausbildungsförderung   675
Ausfallbürgschaft   410, **549**
Ausgabe   **43,** 164
Ausgangspost   342
Ausgangsteuer   689
Ausgehandelter Preisnachlass   300
Ausgleichskasse   619
Ausgleichsquittung   621
Aushilfstätigkeit   654
Auslagerung der Buchführung   87
Ausnahmebewilligung   586
Ausschlagung eines Erbes   567
Ausschlussfrist von arbeitsrechtlichen Ansprüchen   626
Ausschuss für Gewerbeförderung   251

STICHWORTVERZEICHNIS

Außenfinanzierung 404
Außenprüfung des Finanzamtes 726
Außergewöhnliche Belastungen 710
Außerordentliche Kündigung 625
Aussperrung 634
Ausübung eines Handwerks 584
Auswahl von Personal 362
Auswertung der Bewerbungsunterlagen 363
Auswertung der Bilanz 127
Auswertung der Gewinn- und Verlustrechnung 146
Auszahlung **43**, 395
Auszahlungskredit 407
Auszubildendenvertretung 638
Autoritärer Führungsstil 384

B

Backup 353
Balkendiagramm 316
Bankdarlehen 408
Bargeldloser Zahlungsverkehr 428
Barliquidität 140
Barscheck 431
Barzahlung 428
Basel II 413
Bauantrag 464
Bauaufsichtsbehörde 462
Baugebiet 463
Baugesetzbuch 462
Bauhandwerkersicherungshypothek 545, **558**
Bauleitplan 462
Baunutzungsverordnung 462
Baurecht 462
Bauvertrag 546
Bebauungsplan 463
Bedarf 235
Bedarfsermittlung 303
Bedürfnis 235
Beendigung des Arbeitsverhältnisses 622
Befragung für Standortanalyse 458
Befristeter Arbeitsvertrag 615
Beförderungskosten 300
Beglaubigung, öffentliche 516
B-Güter 305
Behinderte Menschen, Rehabilitation und Teilhabe 645, 676
Beitragsbemessungsgrenzen 659, 661
Beitragsbemessungsgrundlage 659
Belegloser Zahlungsverkehr 428
Belegnachweis 55
Belegnummer 56
Beleihungsgrenze 412
Beleihungswert 412
Bemessungsgrundlage für Gemeinkosten 193
Benachteiligung, geschlechtsbedingte 620

Beratung der Existenzgründung 500
Beratung, betriebswirtschaftliche 500
Beratungsdienste 252
Bereiche der Kostenrechnung 166
Bereichsbudget 231
Bereichsplan 440
Berliner Testament 566
Berufsberatung 663
Berufsbildungsausschuss 251
Berufsgenossenschaft 468, 641, 652, **672**
Berufskrankheit 672
Berufsunfähigkeit 662
Berufsunfähigkeitsrente 670
Berufsunfähigkeitsversicherung 684
Berufung 572, 648
Beschaffung 296
Beschaffungsaktivitäten 390
Beschaffungsdisposition 298
Beschaffungsmarketing 272
Beschaffungsobjekt 297
Beschaffungsplan 297
Beschäftigtenschutzgesetz 620
Beschäftigung ohne Lohnsteuerkarte 718
Beschäftigungsgrad 168
Beschäftigungsverbot 641
Bescheid zur Einkommensteuer 704
Beschränkte Geschäftsfähigkeit 514
Beschwerde 572
Besitz 553
Besitzsteuern 688
Bestandsbewertung 121
Bestandskonten, Kontenführung 54
Bestandskonto 51
Bestandsschutz für bestehenden Betrieb 492
Bestellbestand 306
Bestellmenge, optimale 305
Besteuerung der Kleinunternehmer 697
Besteuerungsverfahren 724
Bestimmungen, handelsrechtliche 28
Bestimmungen, steuerrechtliche 29
Beteiligung des Nachfolgers 496
Beteiligung, stille 410
Beteiligungsfinanzierung 405
Betrieb 475, 583
Betrieb, optimaler 475
Betrieb, repräsentativer 475
Betriebliche Finanzwirtschaft 392
Betriebliche Organisation 308
Betrieblicher Arbeitsschutz 640
Betrieblicher Kontenplan 51
Betriebliches Rechnungswesen 25
Betriebliches Vermögen 38
Betriebsabrechnung 166
Betriebsabrechnungsbogen 187
Betriebsarzt 642
Betriebsausgaben 708

STICHWORTVERZEICHNIS

Betriebsberater   480
Betriebseinrichtung   476
Betriebserweiterungen   399
Betriebseröffnung   485
Betriebshaftpflichtversicherung   685
Betriebskapital   38
Betriebsklima   385
Betriebskrankenkasse   651
Betriebsleistung   116, 153, **163**
Betriebsmittel   297
Betriebsmittelbedarf   479
Betriebsnotwendiges Kapital   391
Betriebsnotwendiges Vermögen   390
Betriebsnummer   658
Betriebsrat   630
Betriebsrat, Anhörung   629
Betriebsrat, Kündigungsschutz   630
Betriebsstandort   491
Betriebsstoff   297
Betriebssystem   345
Betriebsübergang   498
Betriebsübernahme   490
Betriebsübertragung   495
Betriebsvereinbarung   638
Betriebsvergleich   **113,** 134, 147
Betriebsvermittlungsbörse   495
Betriebsvermögen   705
Betriebsvermögen, Übertragung   723
Betriebsversammlung   637
Betriebswert   493
Betriebswirtschaftliche Auswertung   111
Betriebswirtschaftliche Beratung   500
Betriebswirtschaftliche Betriebsberatung   253
Betriebswirtschaftliches Ergebnis   174
Beurkundung, notarielle   516
Beurteilung von Mitarbeitern   373
Beurteilungsbogen   373
Bevorratung   303
Bewerbungsunterlagen   363
Bewertung der Kapitalien   125
Bewertung des Anlagevermögens   124
Bewertung des Umlaufvermögens   125
Bewertung des Vermögens und der Schulden   117
Bewertung, Wertansatz   162
Bewertungserleichterungen   123
Bewertungsgrundsätze   117
Bewertungsrecht, einkommensteuerliches   711
Bewertungsstetigkeit   119
Bewirtung von Geschäftsfreunden   708
Bezugsgröße in der Sozialversicherung   660
Bezugsquelle   298
BGB → Bürgerliches Gesetzbuch
BGB-Gesellschaft   597
Bilanz   37
Bilanzanalyse   **111,** 127, 442
Bilanzaufbereitung   113
Bilanzgliederung   39
Bilanzgliederung von Kapitalgesellschaften   44
Bilanzidentität   33
Bilanzierungsgrundsätze   32
Bilanzierungspflicht   28
Bilanzkennzahlen   130, 146
Bilanzklarheit   33
Bilanzkontinuität   33
Bilanzstichtag   44, 139
Bilanzsumme   114
Bilanzveränderungen   41
Bilanzvergleich   127
Bilanzwahrheit   33
Bindungswirkung einer Willenserklärung   517
Binnenmarkt, Regelung der Umsatzsteuer   699
Bonitätseinstufung   414
Bonitätsprüfung   413
Bonus   300
Branchen-Mix   459
Branchenlösung   346
Break-even-Point   214
Briefhypothek   557
Bringschulden   531
Brutto-Cashflow   155
Bruttoangebotspreis   194, 200
Bruttoentgelt   75
Bruttolohn   617
Bruttolohnbuchung   75
Buchführung, doppelte   49
Buchführung, EDV-gestützte   86
Buchführung, ordnungsmäßige   31
Buchführungspflicht, abgeleitete   30
Buchführungspflicht, originäre   28
Buchhypothek   557
Buchinventur   35
Buch- und Steuerberatungsstellen   87
Buchung auf Bestandskonto   54
Buchung auf Erfolgskonto   59
Buchung auf Privatkonto   69
Buchung auf Warenkonto   62
Buchung bei Abschreibung   70
Buchung der Umsatzsteuer   65
Buchung im Zusammenhang mit Rückstellungen   80
Buchung teilfertiger Erzeugnisse bzw. Leistungen   77
Buchung typischer Geschäftsvorfälle   62
Buchung von Entgelt   74
Buchung von Rechnungsabgrenzungsposten   78
Buchungsbeleg   55
Buchungsregeln   54, 58
Buchungssatz   56
Budgetierung   230
Bundes-Immissionsschutzgesetz   465
Bundesagentur für Arbeit   651
Bundesarbeitsgericht   647

STICHWORTVERZEICHNIS

Bundesausbildungsförderungsgesetz 675
Bundesdatenschutzgesetz 351
Bundeserziehungsgeldgesetz 677
Bundesinnungsverband 247
Bundessozialgericht 680
Bundessozialhilfegesetz 677
Bundesurlaubsgesetz 619
Bundesverband der Deutschen Industrie 256
Bundesvereinigung der Deutschen Arbeitgeberverbände 257
Bundesvereinigung der Fachverbände 251
Bundesversicherungsanstalt für Angestellte 652
Bürgerliches Gesetzbuch 509
Bürgerliches Recht 508
Bürgschaft 410, **549**
Bürgschaft, Ausfallbürgschaft 410
Büroorganisation 311, **339**
Business-to-administration, B2A 348
Business-to-business, B2B 348
Business-to-consumer, B2C 348

C

Cashflow 404
C-Güter 305
Chiffreanzeige 362
Coaching 370
Computer 343
Computerviren 353
Consumer-to-administration, C2A 348
Controlling 217
Controlling, operatives 219
Controlling, strategisches 219
Corporate Design 285
Corporate Identity 285

D

Damnum 407
Darlehen 407, 416, **547**
Darlehen, öffentliches 480
Dateimanagement 342
Daten, kommunale 459
Datenbank 345
Datenschutz 351
Datensicherheit 352
DATEV-Kontenrahmen 49
Dauerauftrag 429
Deckung von Schecks 431
Deckungsbeitrag **210,** 216
Deckungsbeitragsanalyse 224
Deckungsbeitragsrechnung **210,** 214
Degression 209
Degression der fixen Kosten 209
Degressiv/lineare Abschreibung 71
Degressive Abschreibung **70,** 712

Deliktsfähigkeit 515
Deutscher Gewerkschaftsbund 257
Deutscher Handwerkskammertag 251
Deutscher Industrie- und Handelskammertag 256
Deutsches Handwerksinstitut 252
Dienstbarkeit 555
Dienstleistung 235, 239, **297**
Differenzierte Zuschlagskalkulation 192
Digitaler Telefonanschluss 349
Direkte Steuern 686
Disagio 407
Diskriminierungsverbot 620
Diskussionsforum 349
Disposition 298, **309**
Dispositionskredit 429
Diversifikation 287
Divisionale Organisation 335
Divisionskalkulation 199
Doppelte Buchführung 49
Download 349
DSL-Anschluss 349
DuPont-System 226
Durchlaufender Posten **66,** 690
Dynamischer Verschuldungsgrad 157

E

E-Commerce 348
EDV 343
EDV-Beratung 501
EDV-gestützte Verfahrenstechniken 86
Effektivzinssatz 408
Eheliches Güterrecht 560
Ehename 560
Ehevertrag 562
Eigenanalyse 270
Eigenbedarf 551
Eigenbeleg 56
Eigenfinanzierung 402
Eigengeschäft 530
Eigenkapital **37,** 404
Eigenkapitalentwicklung 131
Eigenkapitalhilfeprogramm 482
Eigenkapitalkonto 59
Eigenkapitalquote 130
Eigenkapitalrentabilität 154
Eigenkapitalverzinsung, kalkulatorische 178
Eigenmittel 393
Eigenschaftsirrtum 518
Eigentum 554
Eigentümergrundschuld 557
Eigentumserwerb 554
Eigentumserwerb an Grundstücken 555
Eigentumsübertragung 535
Eigentumsvorbehalt 539
Eigenvorsorge in der Rentenversicherung 657

STICHWORTVERZEICHNIS

Einfaches Arbeitszeugnis 375
Eingangspost 342
Eingangsrechnung 301
Einigungsstelle, Arbeitgeber und Arbeitnehmer 638
Einkaufsgenossenschaft 357
Einkaufspreis, Kalkulation 201
Einkommen von natürlichen Personen 703
Einkommen von nicht natürlichen Personen 720
Einkommen, Berechnung 705
Einkommensteuer, veranlagte 703
Einkommensteuerbescheid 704
Einkommensteuererklärung 704
Einkommensteuergesetz 703
Einkommensteuertarif 707
Einkommensteuerveranlagung von Arbeitnehmern 717
Einkommensteuervorauszahlung 467
Einkunftsarten 705
Einkünfte, Summe 705
Einliniensystem 333
Einmann-GmbH 601
Einnahme **43,** 165
Einnahmen-Überschuss-Rechnung 30
Einrede der Verjährung 520
Einrede der Vorausklage 549
Einspruch 573
Einspruch gegen Steuerbescheid 725
Einstellung eines neuen Mitarbeiters 362
Einstweilige Verfügung 576
Eintritt des Verzugs 526
Einvernehmen, gegenseitiges 626
Einzahlung **43,** 395
Einzelbudget 231
Einzelkosten **168,** 181
Einzelunternehmen 472, 598
Einzelvertretung 598
Einzugsermächtigung 429
Eiserne Reserve 306
Electronic Banking 429
Electronic Commerce 347
Elektronische Informationsübertragung 347
Elektronische Signatur 352, 516
Elektronische Speicherung 342
Elektronischer Geschäftsverkehr 347, 516
Elternzeit 643
E-Mail 349
Empfangsbedürftigkeit einer Willenserklärung 517
Entgelt, gesetzliche Abzüge 75
Entgelt, kalkulatorisches 177
Entgeltabrechnung 76
Entgeltbuchung 74
Entgeltformen 380
Entgeltfortzahlung im Krankheitsfall 618
Entgeltfortzahlungsgesetz 618

Entschuldungsdauer 158
Erbenhaftung 567
Erbfolge 563
Erbordnung 564
Erbrecht 509
Erbschein 567
Erbvertrag 566
Erbverzicht 567
Erfassung von Arbeitszeit 378
Erfolg 59
Erfolgsbilanz 62
Erfolgskennzahlen 151
Erfolgskonten, Kontenführung 58
Erfolgskonto 51
Erfolgsrechnung 151, 204
Erfolgsrechnung, Kostenstellen-Erfolgsrechnung 205
Erfolgsrechnung, Periodenerfolgsrechnung 205
Erfolgsrechnung, Stückerfolgsrechnung 204
Erfüllung 531
Erfüllungsgehilfe, Haftung 530
Erfüllungsgeschäft 535
Erfüllungsort 531
Erholungsurlaub 619
Erinnerungswert 72
Erkenntnisverfahren 570
Erklärung an Eides statt 575
Erklärungsirrtum 518
Erlös, neutraler 164
Ermittlung der Gewerbesteuer 700
Ermittlung der Kosten 204
Ermittlung der Selbstkosten 199
Ermittlung der Summe der Einkünfte 705
Ermittlung des Gemeinkostenzuschlagssatzes 184, 190
Ermittlung des Gewinns 214
Ermittlung des Kapitalbedarfs 419
Ermittlung des Kaufpreises bei Betriebsübernahme 493
Ermittlung des Personalbedarfs 360
Ermittlung von Gewinn/Verlust 59, 705
Ermäßigter Umsatzsteuersatz 694
Eröffnungsbilanz **40,** 61
Eröffnungsfeier 486
Errechnung von Abschreibungssummen 71
Ersatz vergeblicher Aufwendungen 537, 543
Ersatzinvestition 392
Ersatzkasse 651
Ersatzleistung 532
Ersatzpflicht 527
Ertrag **42,** 154, 165
Ertragskonto 51
Ertragskraft 146, **156**
Ertragswert 494
Erweiterter Minijob 718
Erweiterungsinvestition 392

STICHWORTVERZEICHNIS

Erwerbsunfähigkeitsrente 670
Erziehungsgeld 677
EU-Ausnahmebewilligung 586
Euro 426
Europäische Zentralbank 427
Existenzgründer 450
Existenzgründungsberatung 500
Existenzgründungsmittel 481
Existenzgründungsprämie 482
Externer Berater 501
Externer Vergleich **113,** 147

F

Facharbeiterprüfung 586
Fachkraft für Sicherheit 642
Fachverband 247
Facility Management **357,** 456
Factoring **415,** 539
Fahrlässigkeit **527,** 622
Fälligkeit finanzieller Mittel 394
Familiengericht 561
Familienleistungsausgleich 677
Familienname 560
Familienrecht 509, **560**
Familienversicherung 656
Fantasiefirma 594
Faustpfand 556
Fehlkalkulation 212
Fehlzeiten 623
Feiertagsarbeit 641
Fertigungslohn 176
Fertigungsmaterial 176
Festellungsbescheid der Finanzbehörde 724
Festwertbewertung 123
Finanzamt 467, **724**
Finanzausschuss 251
Finanzbehörde 724
Finanzbuchhaltung 347
Finanzielles Gleichgewicht 391
Finanzierung 390
Finanzierung des Anlagevermögens 143, 399, 415
Finanzierung des Umlaufvermögens 399, 415
Finanzierung, Aufgaben 391
Finanzierung, Ziel 391
Finanzierungsanlässe, einmalige 398
Finanzierungsanlässe, laufende 399
Finanzierungsarten 402
Finanzierungshilfen der Länder 416
Finanzierungshilfen des Bundes 416
Finanzierungshilfen, öffentliche 416
Finanzierungskonzept 480
Finanzierungsplan 213, **422,** 483
Finanzierungsregeln 143, **424,** 481
Finanzplan 395

Finanzplanung 394
Finanzwirtschaft, betriebliche 392
Firewall 353
Firma 593
Firmenname 593
Firmenwert 494
Fixe Kosten 169, 209
Fixgeschäft 534
Fixkostendegression 147, 209
Fixschuld 534
Flächennutzungsplan 463
Flächentarifvertrag 632
Flatrates 349
Flexible Arbeitszeit 323
Förderkredit 416
Fördermittel 482
Fördermittel, öffentliche 501
Förderprogramme 416
Förderung der Altersvorsorge 657
Förderung der beruflichen Bildung 663
Forderungsabtretung 533
Forderungsintentisät 135
Formkaufmann **592,** 604
Formular 339
Fragebogen bei der Personaleinstellung 363
Fragebogen zur Kundenbefragung 269
Fragebogen zur Stärken-Schwächenanalyse 223
Franchising 295
Freiberufler 593
Freie Marktwirtschaft 238
Freiwillige Versicherung 660
Fremdfinanzierung 405
Fremdfinanzierung, kurzfristige 405
Fremdfinanzierung, langfristige 407
Fremdfinanzierung, mittelfristige 407
Fremdkapital 39, 113
Fremdkapitalquote 131
Fremdmittel 393
Friedenspflicht 634
Fristlose Kündigung 625
Führungsstil 384
Führungsstil, autoritärer 384
Führungsstil, kooperativer 384
Führungsstil, Laisser-faire 385
Führungsstil, situativer 385
Funktionale Ablauforganisation 315
Funktionale Organisation 333
Funktionsbereiche in handwerklichen Unternehmen 439
Fürsorgepflicht 617
Fürsorgepflichten des Arbeitgebers 387

G

Gebäudemanagement 357
Gebrauchsmusterschutz 610

STICHWORTVERZEICHNIS

Gebrochener Preis 293
Gefahrstoffverordnung 643
Gehalt 380, 617
Geld 426
Gelddarlehensvertrag 547
Geldmarkt 237
Geldschulden 532
Geldwirtschaft 426
Gemeinkosten 168, 182
Gemeinkostenzuschlagssatz auf Basis Fertigungslohn 182
Gemeinkostenzuschlagssatz auf Basis Verbrauchsmaterial 182
Gemeinkostenzuschlagssatz, Ermittlungsmethode 184
Gemeinkostenzuschlagssatz mit Hilfe des BAB 190
Genehmigungsbedürftige Anlage 465
Generalist 287
Genossenschaft 603
Genossenschaftsregister 604
Gerichtsstand 532
Gerichtsvollzieher 574
Geringfügige Beschäftigung 655
Geringwertige Wirtschaftsgüter 712
Gesamtbudget 231
Gesamthandsschulden 598
Gesamtkostenverfahren 46
Gesamtschuldner 599
Gesamtsozialversicherungsbeitrag 659
Gesamtvertretungsmacht 598
Geschäft, außergewöhnliches 599
Geschäft, gewöhnliches 599
Geschäftsbedingungen 528
Geschäftsbereich 335
Geschäftsbrief 343, 596
Geschäftseröffnung 486
Geschäftsfeld 277, 456
Geschäftsfähigkeit 514
Geschäftsführung 598
Geschäftsidee 450
Geschäftsunfähigkeit 514
Geschäftsverkehr, elektronischer 347, 516
Geschmacksmusterschutz 610
Gesellenausschuss 247
Gesellenprüfung 586
Gesellenprüfungsausschuss 249
Gesellschaft bürgerlichen Rechts 473, 597
Gesellschaft mit beschränkter Haftung 600
Gesellschaftsversammlung 601
Gesellschaftsvertrag 497, 598, 601
Gesetz gegen unlauteren Wettbewerb 607
Gesetz gegen Wettbewerbsbeschränkungen 606
Gesetz zum Erziehungsgeld und zur Elternzeit 631
Gesetz zur Bekämpfung der Schwarzarbeit 588
Gesetzbuch, bürgerliches 509
Gesetzliche Abzüge 75
Gesetzlicher Güterstand 562
Gesetzlicher Mindestlohn 238
Gespräch, Mitarbeitergespräch 369
Gespräch, Vorstellungsgespräch 366
Gestaltungssatzung 462
Gesundheitsschutz 641
Gewährleistungsrecht beim Kaufvertrag 536
Gewährleistungsrecht beim Werkvertrag 543
Gewährleistungsrecht des Bestellers, Verjährung 544
Gewerbe 582
Gewerbeanmeldung 467
Gewerbebetrieb 591
Gewerbeertrag 700
Gewerbeordnung 582
Gewerberecht 582
Gewerbesteuer 582, **700**
Gewerbesteuer, Steuerschuld 702
Gewerbesteuer, Zahlungsweise 702
Gewerbesteuer, Zerlegung 702
Gewerbesteuermessbetrag 700
Gewerkschaft 257, 634
Gewerkschaft, Mitwirkung 636
Gewinn **42,** 59, 132, 153, 215, 404
Gewinn- und Verlustkonto 59
Gewinn- und Verlustrechnung 42
Gewinn- und Verlustrechnung, Analyse 112, 146
Gewinn- und Verlustrechnung, Kennzahlen 158
Gewinn- und Verlustrechnung, Kontenform 116
Gewinn- und Verlustrechnung, Staffelform 115 f.
Gewinn- und Verlustrechnung von Kapitalgesellschaften 46
Gewinnermittlung 30, 59, 214
Gewinnschwelle (Break-even-Point) 214
Gewinnschwellenanalyse 214
Gewinnvergleichsrechnung 400
Gewinnzone 215
Gewohnheitsrecht 507
Girokonto 429
Giroverkehr 429
Gleichbehandlung von Männern und Frauen am Arbeitsplatz 620
Gleichgewicht, finanzielles 391
Gleichgewicht, wirtschaftliches 237
Gleichwertigkeit von Prüfungen 585
Gleitzeit 323
Gleitzeitkonto 323
Gleitzone für erweiterte Minijobs 661, 718
Gliederung der Aufwandskosten 179
Gliederung der Bilanz 39
Gliederung der Kosten 167
Gliederung der Kostenarten 172
Gliederung der Kostenrechnung 165
GmbH 474, **600**
GmbH & Co. KG 474, **599**

STICHWORTVERZEICHNIS

Goldene Finanzierungsregel 143
Größenklassen von Kapitalgesellschaften 44
Großer Befähigungsnachweis 585
Grundbedürfnis 235
Grundbuch, Buchführung 84
Grundbuch des Amtsgerichts 555
Grunddienstbarkeit 555
Grundgesetz 507
Grundlohn 617
Grundpfandrecht 410, **556**
Grundpreis 609
Grundsätze ordnungsmäßiger Buchführung 31, 87
Grundsätze, Planung 434
Grundschuld 558
Grundstück, Eigentumserwerb 555
Grundtabelle, Anwendung bei der Einkommensteuer 706
Gründungsformalitäten 467
Gruppenarbeit 325
Gruppenbewertung 124
Gruppenleitung 327
Gruppenorganisation 325
Günstigkeitsprinzip 633
Gütergemeinschaft 562
Güterrecht, eheliches 560
Güterstand 562
Gütertrennung 562
Güteverfahren 647
Güteverhandlung 571
GuV in Kontenform 116
GuV in Staffelform 115
GuV-Konto 59

H

Haftpflichtversicherung 447, 684
Haftung 598
Haftung bei Betriebsübernahme 499
Haftung bei der Aufnahme von Vertragsverhandlungen 527
Haftung des Arbeitnehmers 622
Haftung für Erfüllungsgehilfen 530
Haftung für Lohnsteuer 718
Haftung für Mitarbeiter 530
Haftung für Verrichtungsgehilfen 530
Haftungsfreistellung 416
Handelsbilanz 120
Handelsgesetzbuch 590
Handelsrecht 468, 508
Handelsrechtliche Bestimmungen 28
Handelsrechtliche Pflichten 591
Handelsregister 596
Handelswaren, Kalkulation 201
Handwerk 583
Handwerk, gesellschaftliche Bedeutung 242

Handwerk, kulturelle Bedeutung 243
Handwerk, Leistungsfelder 240
Handwerk, wirtschaftlicher Stellenwert 242
Handwerk, Zukunftsperspektiven 241
Handwerksähnliches Gewerbe 583, **588**
Handwerkshandel 240
Handwerksinnung 244, **246**
Handwerkskammer 244, **248**
Handwerkskarte 585
Handwerksordnung 238, 240, 244, **583**
Handwerksorganisation 244
Handwerksrat 252
Handwerksrecht 467, 582
Handwerksrolle 249, **584**
Hauptabschluss-Übersicht 61
Hauptbuch 84
Hauptkostenstelle 187
Hauptpflichtverletzung 525
Hauptverband des Deutschen Einzelhandels 256
Hausbank 417, 483
Hausservice 294
Haustarifvertrag 632
Haustürgeschäft 534
Hebesatz für die Gewerbesteuer 700
Hemmung der Verjährung 521
Herstellungskosten 122, 711
Herstellungskosten, Bemessungsgrundlage für Gemeinkosten 193
HGB → Handelsgesetzbuch
Hilfskostenstelle 187
Hilfslohn 176
Hinterbliebenenrente 670
Hinzuverdienst zur Rente 669
Holschulden 300, 531
Horizontale Kooperation 357
Horizontale Schwachstelle 221
Hypothek 557

I

Illiquidität 138
Image 271
Immissionsschutz 465
Improvisation **309**, 433
Indexmiete 550
Indirekte Steuern 686
Individualversicherung 651
Industrie- und Handelskammer 255
Inflation 427
Informationsbeschaffung 297
Informationsmanager 346
Informationsquellen 298, 455
Informationstechnik 343
Informationsübertragung, elektronische 347
Inhaberscheck 431
Inhaltsirrtum 518

Inkassobereich 255
Innenfinanzierung 402
Innengesellschaft 600
Innung 244, **246**
Innungskrankenkasse 651
Innungsverband 247
Insolvenzgeld 666
Insolvenzordnung 577
Insolvenzplanverfahren 579
Insolvenzrecht 577
Insolvenzverfahren 577
Insolvenzverwalter 577
Interner Vergleich 113, 147
Internet 348-349
Internet Explorer 349
Internet-Browser 349
Internet-by-call-Anbieter 349
Internetauftritt 350
Intranet 350
Inventar 35
Inventur **34,** 117
Inventur, Buchinventur 35
Inventur, körperliche 35
Inventur, permanente 35
Inventur, Stichprobeninventur 35
Inventur, Stichtagsinventur 35
Inventur, verlegte 35
Inventurarten 35
Investition, Ersatz 392
Investition, Erweiterung 392
Investition, Rationalisierung 392
Investition, Wirtschaftlichkeit 399
Investitions- und Finanzierungsanlässe 398
Investitionsplanung 392, 479
Investitionsvergleich 400
Irreführende Werbung 607
Irreführungsverbot 595
ISDN-Anschluss 349
Istkosten 208
Istkostenrechnung 208
Ist-Versteuerung 693

J

Jahresabschluss 32
Jahresabschluss nach dem HGB 44
Jahresarbeitszeit 323
Jahresurlaub 619
Job-Sharing 325
Journalbuchführung 84
Jugendarbeitsschutzgesetz 642
Jugendschutzgesetz 642
Jugendvertretung 638
Juristische Person 512
Juristische Person des öffentlichen Rechts 513
Just-in-time-Anlieferung 319

K

Kalkulation 161, 194
Kalkulation, Divisionskalkulation 199
Kalkulation, Einkaufspreis 201
Kalkulation, Fehlkalkulation 212
Kalkulation, Fertigungsbetrieb 200
Kalkulation, Handelswaren 201
Kalkulation, Nachkalkulation 161, 201, 204, **224**
Kalkulation, Verkaufspreis 201
Kalkulation, Vorkalkulation 161
Kalkulation, Zuschlagskalkulation 200
Kalkulation, Zwischenkalkulation 162
Kalkulationsschema 194
Kalkulationsschema, Rückwärtskalkulation 202
Kalkulationsschema, Vorwärtskalkulation 202
Kalkulationsschema, Zuschlagskalkulation 200
Kalkulationsverfahren 199
Kalkulationszeitpunkt 162
Kalkulatorische Abgrenzung 174
Kalkulatorische Abschreibung 178
Kalkulatorische Eigenkapitalverzinsung 178
Kalkulatorische Kosten 176
Kalkulatorische Miete 178
Kalkulatorische Zinsen 178
Kalkulatorischer Unternehmerlohn 177
Kalkulatorisches Entgelt 177
Kalkulatorisches Wagnis 178
Kammerzugehörigkeit 597
Kannkaufmann 591
Kapazitätsauslastung 214
Kapazitätsplanung 215
Kapital, Betriebskapital 38
Kapital, betriebsnotwendiges 391
Kapital, Eigenkapital 37
Kapital, Fremdkapital 39
Kapital-Lebensversicherung 684
Kapitalbedarf 392, **419**
Kapitalbedarf, Anlagevermögen 420
Kapitalbedarf, Umlaufvermögen 420
Kapitalbedarfsermittlung 419
Kapitalbedarfsplanung 392, **419**
Kapitalbedarfsschwankungen 419
Kapitalbeschaffung 391
Kapitalbindung 420
Kapitalbindungsdauer 394, **421**
Kapitaldeckungsplanung 393
Kapitaldienst 410, 422
Kapitaldienstgrenze 423
Kapitaldienstplan 483
Kapitaleinsatz 391
Kapitalfreisetzungseffekt 403
Kapitalgesellschaft 474, **600**
Kapitalgesellschaft, Bilanzgliederung 44
Kapitalgesellschaft, Jahresabschluss 44
Kapitalkosten 168
Kapitalrückzahlung 391

STICHWORTVERZEICHNIS

Kapitalstruktur 130
Kapitalumschlag 403
Kapitalverwendungsdauer 394
Kartellrecht 607
Kassenbuch 30
Kassenwechsel 652
Kauf eines Betriebs 490, 495
Käufer, Pflichten beim Kaufvertrag 535
Käufermarkt 260
Kaufkraft eines Standorts 459
Kaufmann 468, **590**
Kaufmännische Betriebsberatung 253
Kaufmännische Software 346
Kaufmannsbegriff 590
Kaufpreisermittlung bei Betriebsübernahme 493
Kaufrecht 535
Kaufrecht, Anwendung beim Werklieferungsvertrag 540
Kaufvertrag 535
Kaufvertrag, Gewährleistung 536
Kaufvertrag, Verjährung 537
Kennzahlen 146, 151, 225, 424, 442
Kennzahlen im Handwerk 229
Kennzahlen, Bilanz 146
Kennzahlen, Erfolgskennzahlen 151, 158
Kennzahlen, Gewinn- und Verlustrechnung 151, 158
Kennzahlenpyramide 225
Kennzahlensystem 225
Kennzahlensystem, DuPont 226
Kennzahlensystem, ZVEI 226
Kindererziehungszeit 668
Kindergeld 677
Klageschrift 571
Klageverfahren 570
Klausel, überraschende 528
„Kleine" AG 603
Kleiner Befähigungsnachweis 585
Kleingewerbetreibende 591
Kleinunternehmerregelung 697
Kombinierte Soll-Ist-Versteuerung 694
Kommanditgesellschaft 473, 599
Kommanditist 599
Kommunale Daten 459
Kommunikationspolitik 288
Kommunikationstechnik 343
Komplementär 599
Konditionenpolitik 293
Konjunkturzyklen 237
Konkurrenz 273
Konkurrenzbegehung 458
Kontenabschluss 57
Kontenart 50
Kontenführung auf Bestandskonten 54
Kontenführung auf Erfolgskonten 58
Kontengruppe 50

Kontenklasse 50
Kontennummer 50
Kontenplan 51
Kontenrahmen 49
Konto, Girokonto 429
Kontokorrentbuch 31
Kontokorrentkredit 406, 429
Kontrolle der Kosten 212
Kontrolle der Liquidität 395
Kontrolle der Wirtschaftlichkeit 161
Kontrolle, Phase im Planungsprozess 443
Konventionelle Verfahrenstechniken der Buchführung 83
Kooperation 294, **356**
Kooperativer Führungsstil 384
Körperliche Inventur 35
Körperschaftsteuer 720
Kosten 163
Kosten, Einzelkosten 168
Kosten, Ermittlung 204
Kosten, fixe 169, 209
Kosten, Gemeinkosten 168
Kosten, Gliederung 167
Kosten, Grundkosten 164
Kosten, kalkulatorische 168, 176
Kosten, Kapitalkosten 168
Kosten, Lohnkosten 176
Kosten, Lohnnebenkosten 175
Kosten, Personalkosten 168, 176
Kosten, Selbstkosten 199
Kosten, Soll-Ist-Vergleich 204
Kosten, Sondereinzelkosten 168
Kosten, Stoffkosten 168
Kosten- und Leistungsrechnung 160
Kosten, variable 168, 209
Kosten, Zusatzkosten 164
Kostenart 172
Kostenarten, Aufgliederung 179
Kostenartenplan 172
Kostenartenrechnung 172
Kostendegression 209
Kosten der Lagerhaltung 137
Kostenfaktor Lohn 378
Kostenkontrolle 212
Kostenplanung 213
Kostenrechnung 160
Kostenrechnung, Anwendung 212
Kostenrechnung, Bereiche 166
Kostenrechnung, Deckungsbeitragsrechnung 210
Kostenrechnung, Erfolgsrechnung 204
Kostenrechnung, Gliederung 165
Kostenrechnung, Istkostenrechnung 208
Kostenrechnung, Kostenartenrechnung 172
Kostenrechnung, Kostenstellenrechnung 186
Kostenrechnung, Kostenträgerrechnung 199

STICHWORTVERZEICHNIS

Kostenrechnung, Methoden 165
Kostenrechnung, Plankostenrechnung 208
Kostenrechnung, Selbstkostenrechnung 166
Kostenrechnung, Teilkostenrechnung 167
Kostenrechnung, Unterlagen 169
Kostenrechnung, Vollkostenrechnung 166, **207**
Kostenrechnungssysteme 207
Kostensenkung 150
Kostenstelle 186
Kostenstelle, Hauptkostenstelle 187
Kostenstelle, Hilfskostenstelle 187
Kostenstelle, Nebenkostenstelle 187
Kostenstellen-Erfolgsrechnung 205
Kostenstellenrechnung 186
Kostenstruktur 146, **212**
Kostenträger 199
Kostenträgerrechnung 199
Kostenvergleichsrechnung 400
Kostenvoranschlag, unverbindlicher 542
Krankenbehandlung 667
Krankengeld 667
Krankenhauspflege 667
Krankenkasse 651, 659
Krankenkassenbeitrag 659
Krankenversicherung **651,** 666
Krankenversicherung, private 684
Krankheit 618
Krankheitsbedingte Kündigung 624
Kreditarten 405
Kreditfähigkeit 411
Kreditfähigkeitsprüfung 411
Kreditgeber 422
Kreditgenossenschaft 357
Kreditgespräch 411
Kredithöhe 406
Kreditkarte 432
Kreditkonditionen 422
Kreditkosten 406
Kreditlimit 406
Kreditmittel, öffentliche 480
Kreditprüfung 411
Kreditrahmen 406
Kredit-Rating 413
Kreditsicherheit 410
Kreditsicherheit, Ausfallbürgschaft 410
Kreditsicherheit, Bürgschaft 410
Kreditsicherheit, Grundpfandrecht 410
Kreditsicherheitsprüfung 412
Kreditverhandlung 411
Kreditvertrag **412,** 548
Kreditwürdigkeit 411
Kreishandwerkerschaft 248
Kunde 274
Kundenanalyse 274
Kundenanzahlung 407
Kundenbedürfnis 283

Kundendatei 275
Kundenforderungen 135
Kundengruppen, Gliederung 457
Kundenorientierung 262, **284,** 456
Kundenstruktur **275,** 456
Kundenstrukturanalyse 224
Kündigung 623
Kündigung, außerordentliche 625
Kündigung, fristlose 625
Kündigung im Vertragsrecht 533
Kündigung, krankheitsbedingte 624
Kündigung, Mietverhältnis 552
Kündigung, ordentliche 623
Kündigung, sozial ungerechtfertigt 628
Kündigungsfrist 552
Kündigungsgründe 623
Kündigungsschutz für Betriebsräte 630
Kündigungsschutz für Wehrpflichtige 630
Kündigungsschutzgesetz 628
Kündigungsschutz, Mietverhältnis 551
Kündigungsschutz nach Mutterschutzgesetz 630
Kündigungsschutzprozess 625
Kunsthandwerk 243
Kurzarbeitergeld 665
Kurzfristige Erfolgsrechnung 151
Kurzfristige Fremdfinanzierung 405
Kurzfristige Schwachstelle 221
Kurzfristiger Personalbedarf 359

L

Ladenschlussgesetz 609
Lagebericht 48
Lager, Anforderungen 320
Lagerbestand 303, 306
Lagerbestandserfassung 319
Lagerbestandskarte 307
Lagerbestandskontrolle 320
Lagerdauer 303
Lagerdisposition 301
Lagerhaltung 302
Lagerkennzahlen 303
Lagerkosten 137, 302
Lagerplanung 319
Lagerumschlagshäufigkeit 303, 320
Lagerverwaltung 306
Lagerzinssatz 303
Laisser-faire-Führungsstil 385
Landesbürgschaftsbank 410
Landesinnungsverband 247
Landessozialgericht 680
Landesversicherungsanstalt 652
Landgericht 572
Landwirtschaftskammer 256
Langfristige Fremdfinanzierung 407
Langfristiger Personalbedarf 359

STICHWORTVERZEICHNIS

Lastschriftverfahren 429
Laufbahnplanung 370
Leasing 415
Lebenslauf 365
Lebenspartnerschaft im Erbrecht 567
Lebenspartnerschaft im Familienrecht 563
Lebensversicherung 662, **684**
Lehrlingsrolle 249
Leibrente 495
Leipziger Beschlüsse 586
Leistung an Erfüllungs statt 532
Leistung des Betriebes 163
Leistung erfüllungshalber 532
Leistungsanalyse 224
Leistungsbezogene Abschreibung 71
Leistungserstellung 390
Leistungslohn 382
Leistungsprogramm 213, 452
Leistungsspektrum 287
Leistungsstörung im Schuldrecht 524
Leistungsverweigerungsrecht 545
Leistungszulage 381
Leitbild 451
Leitungsbefugnis 332
Leitungssystem 333
Lieferant 271
Lieferantendatei 298
Lieferantenkredit 406
Lieferbedingungen 300
Lieferzeit 300
Lineare Abschreibung **70,** 712
Linienstelle 332
LINUX 345
Liquidierbarkeit finanzieller Mittel 394
Liquidität 135, **138,** 395, 424
Liquidität 1. Grades 139
Liquidität 2. Grades 141
Liquidität 3. Grades 142
Liquidität, Kontrolle 395
Liquidität, Planung 395
Liquiditätsabrechnung 138
Liquiditätsengpässe 420
Liquiditätsplan 443
Lizenz 610
Lizenzsystem 295
Lockvogelangebot 292
Logistik 319
Lohn **380,** 617
Lohn, Fertigungslohn 176
Lohn, Hilfslohn 176
Lohn, kalkulatorischer Unternehmerlohn 177
Lohn- und Gehaltsgefüge 379
Lohnabrechnung 75, **617**
Lohnanspruch ohne Arbeitsleistung 618
Lohnbuchhaltung 74, 347
Lohnkonto **31,** 717

Lohnkosten **176,** 378
Lohnkostenzuschuss 664
Lohnnebenkosten 175
Lohnsteuer 715
Lohnsteueranmeldung 467
Lohnsteuerbescheinigung 717
Lohnsteuerhaftung 718
Lohnsteuerjahresausgleich 717
Lohnsteuerkarte 621, **715**
Lohnsteuerklassen 716
Lohnsteuertabelle 715
Lohnzahlungspflicht 617
Lokales Netzwerk 344

M

Mahnbescheid 569
Mahnung 525
Mahnverfahren 569
Mail 349
Mangel 301, **536,** 542
Mangel beim Verbrauchsgüterkauf 537
Mängelrüge 538, 545
Marketing 261
Marketing-Instrumente 264, **283**
Marketing-Konzept 264
Marketing-Mix 264, **283**
Marketingmaßnahmen bei der Betriebseröffnung 485
Marketingstrategie 264, **277**
Markt 261
Marktanalyse 264, **267,** 454
Marktbefragung 269
Marktbeobachtung 267
Marktentwicklung 276
Markterkundung 267
Marktforschung 264, **266,** 443
Marktnische **286,** 455
Marktorientierung 261
Marktprognose 268
Marktsegmentierung 277
Marktwirtschaft 236
Marktwirtschaft, freie 238
Marktwirtschaft, soziale 238
Maschinenbelegung 314
Maschinenstunden-Verrechnungssatz 196
Massenentlassung 631
Material Zuschlagssatz 192
Materialausgabeschein 320
Materialbedarfsplanung 319
Materialdisposition 313, **319**
Materialgemeinkosten 192
Materialintensität 137
Materialkontrolle 301
Materiallager 302, **319**
Materiallogistik 319

STICHWORTVERZEICHNIS

Materialverbrauch 175, **314**
Materialzuschlagssatz 192
Matrixorganisation 335
Maximalprinzip 310
Maßgeblichkeit der Handelsbilanz 120
Maßgeblichkeit der Steuerbilanz 121
Maßgeblichkeitsprinzip 119
Mehrliniensystem 333
Mehrwertsteuer 66
Meinung, öffentliche 271
Meistergründungsprämie 482, 502
Meisterprüfung 585
Meisterprüfungsausschuss 249
Meldebestand 306
Meldefrist in der Sozialversicherung 658
Meldepflicht in der Sozialversicherung 658
Menschenbild 383
Mentoring 370
Messbetrag der Gewerbesteuer 700
Messeauftritt 290
Methoden der Kostenrechnung 165
Miete, kalkulatorische 178
Mietkaution 550
Mietspiegel 551
Mietvertrag 550
Minderjähriger, Rechtsgeschäft 515
Minderjähriger, Willenserklärung 515
Minderung 537
Mindestbestand 306
Mindestlohn 238, **382**
Minijob, Sozialversicherungspflicht 654
Minimalprinzip 310
Mitarbeiter, Einstellung 362
Mitarbeiterbeurteilung 373
Mitarbeiterführung 383
Mitarbeitergespräch 369
Mitarbeiterprofil 369
Mitarbeiterqualifikation 369
Mitgliedschaft in der Handwerkskammer 248
Mittelfristige Fremdfinanzierung 407
Modem 349
Motivation 383
Motivationsirrtum 518
Mustergericht 610
Musterung, Lohnanspruch 618
Mutterschaftsgeld 644
Mutterschaftshilfe 668
Mutterschutz 643
Mutterschutzgesetz 630, 643

N

Nacherfüllung 536, 543
Nachfolgeplanung 370
Nachfolgeregelung 496
Nachfrage 236

Nachkalkulation 161, 201, 204, 212, **224,** 315
Nachnahme 428
Nachtarbeit 640
Nachtragsbudget 231
Nachweisgesetz 614
Name, Firma 593
Natürliche Person 511
Natürliche Person, Einkommen 703
Nebenbeschäftigung, geringfügig entlohnte 655
Nebenbeschäftigung, kurzfristige 656
Nebenkostenstelle 187
Nebenpflichtverletzung 526
Negative Einkünfte 707
Nettoangebotspreis 194, 200
Netto-Cashflow 156, 404
Nettolohn 617
Nettolohnbuchung 75
Netzplan 313
Netzplantechnik 317
Netzwerk 344
Neubeginn der Verjährung 521
Neutraler Aufwand 164
Neutraler Erlös 164
Nicht genehmigungsbedürftige Anlage 465
Nicht zumutbare Weiterbeschäftigung 625
Nichtigkeit einer Willenserklärung 519
Nichtigkeit eines Vertrags 523
Nichtkaufmann 591
Nießbrauch 555
Nominalzinssatz 408
Normen im Qualitätsmanagement 321
Notarielle Beurkundung 516
Nutzungsänderung 462
Nutzungsdauer von Wirtschaftsgütern 178

O

Objektive Unmöglichkeit 526
Offene Handelsgesellschaft 473, 598
Öffentliche Beglaubigung 516
Öffentliche Finanzierungshilfen 416
Öffentliche Fördermittel 501
Öffentliche Kreditmittel 480
Öffentliche Meinung 271
Öffentliches Darlehen 480
Öffentliches Recht 508
Öffentlichkeit 271
Öffentlichkeitsarbeit 290
Office-Paket 345
Off-Line-Konferenz 349
Ökonomisches Prinzip 309
Online Banking 350
Online-Dienst 349
Online-Shop 350
Operative Planung 435
Operatives Controlling 219

STICHWORTVERZEICHNIS

Optimale Bestellmenge 305
Optimaler Betrieb 475
Ordentliche Kündigung 623
Orderscheck 431
Ordnungsgemäße Rechnungsstellung 695
Ordnungsmäßige Buchführung 31, 87
Ordnungswidrigkeit im Steuerrecht 725
Organigramm 330
Organisation, betriebliche 308
Organisation, divisionale 335
Organisation, funktionale 333
Organisationsdiagramm 330
Organisationsentwicklung 337
Organisatorischer Bereich in handwerklichem Unternehmen 440
Organisatorischer Gesichtspunkt 440
Originäre Buchführungspflicht 28

P

Pacht eines Unternehmens 496
Pachtvertrag 552
Passiva 38
Passive Rechnungsabgrenzung 79
Passivkonto 51
Passivtausch 42
Patent 610
Patentamt 610
Pauschbeträge bei Sachentnahmen 692
Pausenregelung 640
Periodenerfolgsrechnung 205
Periodengerechter Erfolgsausweis 78
Permanente Inventur 35
Person, juristische 512
Person, natürliche 511
Personalakte 372
Personalauswahl 362
Personalbedarf **359,** 476
Personalbedarfsplanung 359
Personalbeschaffung 477
Personalbestand 359
Personaldisposition 313
Personaleinsatzplanung 366
Personalentwicklung 369
Personalfragebogen 363
Personalkartei 373
Personalkosten 168, **176,** 389
Personalplanung 358
Personalverwaltung 372
Personalwerbung 361
Personenfirma 594
Personengesellschaft 473, **597**
Pfandrecht 545, **556**
Pfandrecht des Vermieters 550
Pfandrecht, Grundpfandrecht 410
Pfändung 574

Pflegekasse 653
Pflegestufe 674
Pflegeversicherung 674
Pflicht zum Führen von Büchern 28
Pflichten des Arbeitgebers 617
Pflichten des Arbeitnehmers 621
Pflichten des Käufers 535
Pflichten des Verkäufers 535
Pflichten, handelsrechtliche 591
Pflichtmitgliedschaft in der Handwerkskammer 248
Pflichtteil 567
Pflichtverletzung im Schuldrecht 524
Phase des Planungsprozesses 440
Plakatwerbung 289
Plankosten 208
Plankostenrechnung 208, 443
Plantafel 316
Planung 434
Planung, Finanzierung 394
Planung, Kapitalbedarf 419
Planung, Kosten 213
Planung, Liquidität 395
Planung, operative 435
Planung, Personaleinsatz 366
Planung, Personalplanung 358
Planung, strategische 435
Planungsbereiche 439
Planungsfehler 393
Planungsgrundsätze 434
Planungsinstrument 442
Planungsphase 440
Planungsproblem 433
Planungsprozess 437
Planungsunterlage 163
Planwirtschaft 236
Positive Einkünfte 707
Positive Forderungsverletzung 527
Postanweisung 428
Postbearbeitung 342
Posten der Rechnungsabgrenzung 38
Postverteilplan 342
Prämie 381
Preis, Einkaufspreis 201
Preis, Verkaufspreis 201
Preis-Leistungs-Verhältnis 291
Preisabsprachen 607
Preisangabenverordnung 608
Preisermittlung 161
Preisfindung 293
Preiskontrolle 162
Preisnachlass 300
Preispolitik 213, 291
Preispsychologie 293
Preisschwelle 293
Preisstabilität 427

STICHWORTVERZEICHNIS

Preisvergleich 291, 299
Presse 290
Primärforschung 268
Prinzip der Bewertungsstetigkeit 119
Prinzip der Unternehmensfortführung 118
Prinzip der Zeitraumbezogenheit 119
Prinzip, ökonomisches 309
Private Altersvorsorge 684
Private Krankenversicherung 684
Private Unfallversicherung 684
Privateinlage **70**, 132
Privatentnahme **69**, 132
Privatkonto, Buchung 69
Privatrecht 508
Privatversicherung 650, 683
Probezeit 624
Produktanalyse 276
Produktelimination 286
Produktinnovation 286
Produktionsfaktoren 168, **308**
Produktpolitik 286
Produktpräsentation 291
Produktprogramm 452
Produktvariation 286
Profit-Center 205, **335**
Prognose 441
Projektmanagement 346
Projektorganisation 336
Prokura 597
Provider 349
Prozessgliederungsprinzip 50
Prozessorientierung im Qualitätsmanagement 321
Prozessrecht 508
Prozessvertretung 648
Prüfungen, Gleichwertigkeit mit Meisterprüfung 585
Prüfungspflicht von Jahresabschluss 46
Public Relations 290
Publizitätspflicht 46

Q

Qualifikationsmuster 326
Qualifiziertes Arbeitszeugnis 376
Qualitätskontrolle 320
Qualitätsmanagement 320
Qualitätsnorm im Qualitätsmanagement 321
Qualitätssicherung 320
Qualitätszirkel 371

R

Rabatt 300, 606
Rating 413
Rationalisierungsinvestition 392

Räumliche Ablauforganisation 319
Rechnerische Rechnungsprüfung 301
Rechnungsabgrenzung, aktive 78
Rechnungsabgrenzung, passive 79
Rechnungsabgrenzungsposten, Buchung 78
Rechnungskontrolle 300
Rechnungskorrektur, Umsatzsteuer 68
Rechnungsprüfung 301
Rechnungsstellung, ordnungsgemäße 695
Rechnungswesen 25
Rechnungszugang 525
Recht der Leistungsstörungen 524
Recht der Schuldverhältnisse 509
Recht, bürgerliches 508
Recht, öffentliches 508
Rechtsbehelfsbelehrung 679
Rechtsform eines Betriebes 472
Rechtsformzusatz 594
Rechtsfähigkeit 511
Rechtsgeschäft mit Minderjährigen 515
Rechtsgeschäft, Arten 516
Rechtsmangel beim Kaufvertrag 536
Rechtsmangel beim Werkvertrag 543
Rechtsmittel 572
Rechtsordnung 507
Rechtsquellen 507
Rechtsverfahren bei Steuern 724
Rechtsverordnung 507
Rechtswidrigkeit 527
Regelmäßige Verjährungsfrist 519
Regeln für die Kontenführung 54
Regelsystem der Unternehmensführung 444
Regress 545
Rehabilitation 668, 676
Reinvermögen 37
Rentabilität 151
Rentabilitätskennzahlen 151
Rentabilitätsvorschau 477
Rente 668
Rentenberechnung 670
Rentenformel 670
Rentenschuld 558
Rentenversicherung 652, **668**
Rentenversicherung des selbstständigen Handwerkers 662
Repräsentativer Betrieb 475
Reserve, eiserne 306
Restschuldbefreiung 580
Return on Investment 226
Revision 572, 648
Rezession 237
Richterrecht 613
Risikoabsicherung 683
Risikoarten 446
Risikovermeidung 447
Risikovorsorge 446

745

STICHWORTVERZEICHNIS

Rückgriffsmöglichkeit des Unternehmers 538
Rückgriffsrecht 545
Rückstellung 39, 80
Rücktritt vom Vertrag **533**, 537, 543
Ruhepause 640
Ruhestand 626
Ruhezeit 640
Ruinöser Wettbewerb 292
Rüstzeit 314

S

Sachenrecht 509, **553**
Sachentnahme 692
Sachfirma 594
Sachkosten 389
Sachliche Rechnungsprüfung 301
Sachmangel beim Kaufvertrag 536
Sachmangel beim Werkvertrag 542
Sachversicherung 685
Sachverständiger 249
Saldenbilanz 62
Saldierung 59
Saldo 57, 59
Salespromotion 291
Sanierung 579
Schadenersatz 527, 537, 543
Schadenersatz bei Arbeitsverhältnis 622
Schadenersatz bei Pflichtverletzung 526
Schadenersatz, Gesamtschuldverhältnis 530
Schadenersatzansprüche, Verjährung 520
Schadenersatzpflicht 525
Schadenverhütung 447
Schattenbudget 232
Schattenwirtschaft 589
Scheck 430
Scheck, Barscheck 431
Scheck, Inhaberscheck 431
Scheckarten 431
Scheidung 561
Scheingeschäft 524
Scherzgeschäft 524
Schichtarbeit 324
Schickschulden 532
Schlechtwettergeld 666
Schlichtung bei Arbeitskampf 634
Schlussbilanz 40
Schlussgliederungsprinzip 50
Schriftform des Arbeitsvertrages 615
Schriftform einer Kündigung des Arbeitsvertrages 623
Schriftform einer Willenserklärung 516
Schriftverkehr 342
Schuldentilgungsfähigkeit 155
Schuldhaftigkeit 527
Schuldrecht 509

Schuldrecht, Leistungsstörungen 524
Schuldrecht, Pflichtverletzung 524
Schuldverhältnis 524, 531
Schulzeugnis 365
Schutzgesetze 238
Schwachstelle 220
Schwachstelle, horizontale 221
Schwachstelle, kurzfristige 221
Schwachstelle, strukturelle 221
Schwachstelle, vertikale 221
Schwachstellenanalyse 220
Schwankungen im Kapitalbedarf 419
Schwarzarbeit 238, **588**
Schweigepflicht 621
Schwerbehinderte, Eingliederung ins Arbeitsleben 676
Schwerbehindertengesetz 631
Sekundärforschung 269
Selbstanzeige im Steuerrecht 726
Selbstbeseitigung beim Werkvertrag 543
Selbstbeteiligung des Kreditnehmers 417
Selbstfinanzierung 404
Selbstfinanzierungskraft 155
Selbstkosten 161, 183, **199**
Selbstkosten, Ermittlung 199
Selbstkostenrechnung 166
Selbstschuldnerische Bürgschaft 549
Selbstständiger Handwerker, Rentenversicherung 662
Selbstständigkeit 450, **583**
Selbstverwaltung 244, 653
Server 344
Shop-in-the-Shop 294
Sicherheit, Ausfallbürgschaft 410
Sicherheit, Bürgschaft 410
Sicherheit, Grundpfandrecht 410
Sicherungshypothek 545
Sicherungsrecht 556
Sicherungsübereignung 410
Signatur, elektronische 352, 516
Signaturgesetz 516
Silberne Finanzierungsregel 144
Situativer Führungsstil 385
Situatives finanzielles Gleichgewicht 391
Skonto 300, **406**
Software 345
Solidaritätsprinzip 651
Soll-Ist-Vergleich bei der Schwachstellenanalyse 222
Soll-Ist-Vergleich, Kosten 204
Soll-Ist-Versteuerung 694
Soll-Versteuerung 693
Sonderausgaben 710
Sondereinzelkosten 168
Sonntagsarbeit 641
Sortimentsanalyse 224

STICHWORTVERZEICHNIS

Sortimentspolitik   287
Sozial ungerechtfertigte Kündigung   628
Soziale Beziehungen im Betrieb   385
Soziale Marktwirtschaft   238
Sozialgerichtsbarkeit   679
Sozialgerichtsgesetz   679
Sozialgesetzbuch   650
Sozialhilfe   677
Sozialrecht   650
Sozialversicherung   650
Sozialversicherung, gesetzliche   651, 661
Sozialversicherung, Leistungen   663
Sozialversicherungsausweis   588, **621**, 658
Sozialversicherungsträger   653
Sozialwidrigkeit   624
Spartenorganisation   335
Speicherbuchführung   87
Speicherung, elektronische   342
Speicherungssystematik   342
Spezialist   287
Spitzenkennzahl   225
Splittingtabelle, Anwendung bei der Einkommensteuer   706
Sponsoring   291
Stabilität des Preisniveaus   427
Stabliniensystem   333
Stabsstelle   332
Staffelmiete   550
Stammeinlage   601
Stammkapital   601
Standortbeurteilung   457
Standortfaktor   457
Standortqualität   459
Standortvergleich   460
Stärken-Schwächen-Analyse   222
Statische Liquiditätsberechnung   139
Stehendes Gewerbe   583
Stelle als organisatorische Einheit   331
Stellenanzeige   361
Stellenbeschreibung   332, 380
Stellenbesetzungsplan   368
Stellenbildung   331
Stellvertretung   530
Steuerarten   686
Steuerbefreiung von der Umsatzsteuer   697
Steuerberater   87, 688
Steuerbescheid   724
Steuerbilanz   120
Steuergegenstand   688
Steuerhinterziehung   726
Steuerklassen, Erbschaftsteuer   722
Steuerklassen, Lohnsteuer   716
Steuerliche Aufzeichnungspflicht   30
Steuern, direkte   686
Steuern, indirekte   686
Steuern, Steuerbegriff   686

Steuerquellen   686
Steuerrecht   469, 724
Steuerrechtliche Bestimmungen   29
Steuerschuld, Gewerbesteuer   702
Steuerschuld, Umsatzsteuer   693
Steuerschuldner, Umsatzsteuer   691
Steuerspirale   688
Steuerstraftat   725
Steuersätze bei der Umsatzsteuer   694
Steuersätze der Erbschaft- und Schenkungsteuer   722
Steuerverkürzung   726
Stichprobe, Warenkontrolle   301
Stichprobeninventur   35
Stichtagsinventur   35
Stichtagsprinzip für die bilanzielle Bewertung   119
Stille Beteiligung   410
Stille Gesellschaft   473, **600**
Stille Reserve   399
Stiller Teilhaber   410
Stillschweigende Willenserklärung   518
Stoffkosten   168
Straffreiheit im Steuerrecht   726
Strafrecht   508
Strategische Planung   435
Strategisches Controlling   219
Strategisches Geschäftsfeld   277
Streamer-Laufwerk   353
Streik   633
Streuverluste   289
Strukturanalyse   227
Strukturelle Schwachstelle   221
Strukturkennzahlen   227
Strukturwandel   240
Stückerfolgsrechnung   204
Stücklistenverfahren   303
Stundenverrechnungssatz   184
Subjektive Unmöglichkeit   526
Substanzwert   494
Subunternehmer   356
Summenbilanz   62

T

TA Lärm   465
TA Luft   465
Tabellenkalkulation   345
Tarifbelastung bei der Einkommensteuer   707
Tarifbindung   633
Tarifpartner   257
Tarifvertrag   632
Tarifvertragsgesetz   632
Teamarbeit   **325**, 336
Teamfähigkeit   326
Teamorganisation   336
Technik der Buchführung   83

STICHWORTVERZEICHNIS

Technische Beratung **254,** 501
Technologie-Transfer-Beratung 501
Teilfertige Erzeugnisse bzw. Leistungen 77
Teilkostenrechnung 167, **209**
Teilrente 669
Teilwert 122, 712
Teilzahlungsgeschäft 548
Teilzeitarbeit 616
Teilzeitbeschäftigung 654
Teilzeit- und Befristungsgesetz 615
Telearbeit 325
Tele-Coach 351
Telekommunikation 347
Telelearning 351
Telnet-Dienst 349
Testament 517, 566
Textbaustein 343
Textverarbeitung 345
Tilgungsdarlehen 408
T-Kontenbuchführung 83
T-Konto 54
Traglast bei der Umsatzsteuer 691
Transportgefahr 532
Treu und Glauben 524
Treuepflicht 621

U

Übergang von Arbeitsverhältnissen 498
Überliquidität 424
Übernahme eines Betriebs 490
Übernehmermarkt 495
Überorganisation 310
Überraschende Klausel 528
Übertragung von Betriebsvermögen 723
Überversicherung 448
Überweisungsauftrag 429
Üble Nachrede 608
Umbuchung 62
Umgründung 398
Umlaufvermögen **38,** 113, 125, 399, 415
Umlaufvermögen, Bewertung 125
Umlaufvermögen, Finanzierung 399, 415
Umlaufvermögen, Kapitalbedarf 420
Umsatzbilanz 61
Umsatzerlöse (Ertragskonto) 64
Umsatzkostenverfahren 46
Umsatzplanung 477
Umsatzrentabilität 153
Umsatzsteuer 65, 689
Umsatzsteuer bei nachträglichen Rechnungskorrekturen 68
Umsatzsteuer, Buchung 65
Umsatzsteuer, Steuerbefreiung 697
Umsatzsteuer, Zahllast 65, 690
Umsatzsteuer-Jahreserklärung 693

Umsatzsteuer-Voranmeldung 693
Umsatzsteuerpflicht 65
Umsatzsteuersatz, allgemeiner 694
Umsatzsteuersatz, ermäßigter 694
Umsatzstrukturanalyse 224
Umsatzvorschau 442
Umsatzvorschaurechnung 477
Umschulung 663
Umwandlung eines Unternehmens 398
Umweltorientierte Unternehmensführung 464
Umweltrecht 464
Unbefristeter Arbeitsvertrag 615
Unentgeltliche Wertabgabe 692
Unfall- und Gesundheitsschutz 388
Unfallverhütungsvorschriften 641, 672
Unfallversicherung, gesetzliche 652, 656, **672**
Unfallversicherung, private 684
Ungedeckter Scheck 431
Unlauterer Wettbewerb 238, **607**
Unmöglichkeit der Leistung 526
Unterbrechung der Verjährung 521
Untergang, Gefahr beim Werkvertrag 541
Unterhalt 561
Unternehmensbild 285
Unternehmensfortführung 118
Unternehmensführung, umweltorientierte 464
Unternehmenskauf 495
Unternehmenskonzeption 450
Unternehmenskooperation 357
Unternehmenskultur 284
Unternehmenspacht 496
Unternehmensrentabilität 154
Unternehmenswert 493
Unternehmerpersönlichkeit 451
Unternehmerrisiko 179
Unterorganisation 310
Unterversicherung 448
Unverbindlicher Kostenvoranschlag 542
Urheberrecht 610
Urlaub 619
Urlaubsentgelt 619
Urlaubskarte 621
Urproduktion 239, 582
Urteil 572
Usenet 349

V

Variable Kosten 168, 209
Veranlagung zur Einkommensteuer 704, 708
Verbindliches Angebot 541
Verbindlichkeit **38,** 114
Verbot geschlechtsbedingter Benachteiligung 620
Verbraucherdarlehensvertrag 548
Verbraucherinsolvenzverfahren 580

STICHWORTVERZEICHNIS

Verbraucherschutz 352, **529**
Verbrauchsgüterkauf 537 f.
Verbrauchsteuern 688
Verbrauchsverfahren bei der Lagerdisposition 303
Verein, eingetragener 512
Verein, nicht rechtsfähiger 512
Verein, rechtsfähiger 512
Verfahrenstechniken der Buchführung 83
Verfügbarkeit finanzieller Mittel 394
Vergabe- und Vertragsordnung für Bauleistungen 545
Vergleich bei Rechtsstreit 571
Vergleich zweier Bilanzen 127
Vergleich zweier Gewinn- und Verlustrechnungen 146
Vergleichsmiete 551
Vergütung 617
Verjährung der Gewährleistungsrechte beim Kaufvertrag 537, 544
Verjährung von Schadenersatzansprüchen 520
Verjährung, Definition 519
Verjährung, Einrede 520
Verjährung, Hemmung 521
Verjährung, Lohnansprüche 626
Verjährung, Neubeginn 521
Verjährung, Unterbrechung 521
Verjährungsfrist, regelmäßige 519
Verjährungsfristen beim Kaufvertrag 537
Verjährungsfristen beim Werkvertrag 544
Verkauf von Gegenständen des Anlagevermögens, Buchung 73
Verkäufer, Pflichten beim Kaufvertrag 535
Verkäufermarkt 260
Verkaufsförderung 291
Verkaufspreis, Kalkulation 201
Verkehrssitte 524
Verkehrsteuern 688
Verlegte Inventur 35
Verletzung vertraglicher Pflichten 525
Verlust **42,** 60, 134
Verlustabzug 707
Verlustquelle 221
Vermieterpfandrecht 550
Vermögen, Anlagevermögen 38
Vermögen, betriebliches 38
Vermögen, betriebsnotwendiges 390
Vermögen, Reinvermögen 37
Vermögen, Umlaufvermögen 38
Vermögensstruktur 134
Vermögensumschichtung 402
Vermögensvergleich 705
Verpflichtungsgeschäft 535
Verrechnungssatz für Gemeinkosten 192
Verrechnungssatz für Maschinenstunden 196
Verrechnungsscheck 431
Verrichtungsgehilfe, Haftung 530

Versandhandel 294
Versäumnisurteil 572
Verschulden 527
Verschuldungsgrad, Fremdkapitalquote 131
Verschuldungsgrad, dynamischer 157
Verschwiegenheitpflicht 621
Versendungsverkauf 532
Versicherung 447, **650**
Versicherung, freiwillige 660
Versicherungs-Check 448
Versicherungsfreiheit 654
Versicherungsnachweisheft 621
Versicherungsnummer 658
Versicherungspflicht in der Sozialversicherung 654
Versicherungsrecht 654
Versicherungsvertrag 448
Versicherungszeiten bei der Rentenberechnung 668
Versorgungsausgleich 561
Verstoß gegen die guten Sitten 523, **595**
Verstoß gegen ein gesetzliches Verbot 524
Verteilungsschlüssel für Kostenarten 188
Vertikale Kooperation 357
Vertikale Schwachstelle 221
Vertrag 523
Vertrag, Arbeitsvertrag 614
Vertrag, Bauvertrag nach VOB 546
Vertrag, Fixgeschäft 534
Vertrag, Gelddarlehensvertrag 547
Vertrag, Kreditvertrag 548
Vertrag, Kündigung 533
Vertrag, Mietvertrag 550
Vertrag, Nichtigkeit 523-524
Vertrag, Rücktritt 533, 537
Vertrag, Verbraucherkreditvertrag 548
Vertrag, Versicherungsvertrag 448
Vertragliche Pflichten, Verletzung 525
Vertragliches Schuldverhältnis 524
Vertragsanbahnung 527
Vertragsbruch, Arbeitsverhältnis 626
Vertragsfreiheit 523
Vertragsrecht 523
Vertretung 530, 598
Vertriebspolitik 294
Verwaltungsgerichtsbarkeit 679
Verwaltungsorganisation 311, 339
Verwaltungsrecht 508
Verwandte Handwerke 585
Verwandtendarlehen 482
Verzicht auf Nichterhebung der USt. 697
Verzug 525
Verzug, Zahlungsverzug 525, 535
Verzugseintritt 525
Verzugszinssatz 526
Virenschutz 353

STICHWORTVERZEICHNIS

VOB → Vergabe- und Vertragsordnung für Bauleistungen
Vollkostenrechnung 166, **207**
Vollmacht 530
Vollstreckungsbescheid 570
Vollstreckungsklausel 574
Vollstreckungstitel 574
Vollstreckungsverfahren 570
Voranmeldung der Umsatzsteuer 693
Vorauszahlung des Kunden 300
Vorfinanzierung 421, 479
Vorkalkulation 161
Vorkaufsrecht 539
Vorkontierung 83, 85
Vorläufige Schlussbilanz 62
Vorratshaltung 301
Vorsatz 527, 622
Vorsichtsprinzip für die bilanzielle Bewertung 117
Vorsorgeuntersuchung 666
Vorstellungsgespräch 366
Vorsteuer 65, **689**
Vorsteuerabzug 695

W

Wachstumskennzahlen 227
Wachstumsmarkt 239
Wahl der Rechtsform 472
Wahlkasse 652
Währung 426
Warendatei 298
Wareneingang 30, 63
Warenkontrolle 301
Warenzeichen 610
Wechselkredit 406
Wegeunfall 672
Wehrübung, Lohnanspruch 618
Weisungsbefugnis 332
Weiterbeschäftigung, nicht zumutbare 625
Weiterbildung 503
Werbeaussage 289
Werbebudget **288,** 485
Werbehilfe 288
Werbemittel 288
Werbeträger 288
Werbung 288
Werbung, irreführende 607
Werbungskosten 709
Werklieferungsvertrag 540
Werkvertrag 540
Werkvertrag, Verjährung der Gewährleistungsrechte 544
Werkzeuglager 302
Wertansatz 162
Wertermittlung bei Betriebsübernahme 494
Werteverzehr 58

Wertezuwachs 58
Wertschöpfung 228
Wertverlust 402
Wettbewerb 237
Wettbewerb, ruinöser 292
Wettbewerb, unlauterer 238, 607
Wettbewerber 273
Wettbewerbsanalyse 273
Wettbewerbsfreiheit 606
Wettbewerbsrecht 606
Widerrechtliche Drohung 519
Widerruf bei Haustürgeschäften 534
Widerrufsfrist 534
Widerrufsrecht 352, 534
Widerspruchsbescheid 679
Widerspruchsverfahren 679
Wiederbeschaffungswert von Wirtschaftsgütern 178
Willenserklärung 516
Willenserklärung eines Minderjährigen 515
Willenserklärung, Anfechtung 518
Willenserklärung, Bindung 517
Willenserklärung, Form 516
Willenserklärung, stillschweigende 518
Willenserklärung, Zugang 517
Winterausfallgeld 666
Wintergeld 664
Wirtschaftlichkeit 161
Wirtschaftsausschuss 637
Wirtschaftssektor 239
Wirtschaftssystem 236
Witwenprivileg 587
Witwenrente 670
Wohngeld 678

Z

Zahllast bei der Umsatzsteuer 65, 690
Zahlschein 428
Zahlungsanweisung 428
Zahlungsbedingungen 300
Zahlungsfähigkeit 395
Zahlungsmittel 426
Zahlungsmodus bei der Umsatzsteuer 694
Zahlungsunfähigkeit 139
Zahlungsverkehr 426
Zahlungsverkehr, bargeldloser 428
Zahlungsverkehr, belegloser 428
Zahlungsverzug 525, 535
Zahlungsweise der Gewerbesteuer 702
Zahlungsweise der Umsatzsteuer 694
Zahlungsweisen, Unterscheidung 428
ZDH → Zentralverband des Deutschen Handwerks
ZDH-Zert 321
Zeiterfassung 378
Zeitliche Ablaufplanung 316

STICHWORTVERZEICHNIS

Zeitlohn   381, 617
Zeitmietvertrag   551
Zeitraumbezogenheit   119
Zeitrente   495
Zeitvergleich   113, 222
Zentralabteilung   335
Zentralfachverband   247
Zentralverband des Deutschen Handwerks   244, **252**
Zerlegung des Gewerbesteuermessbetrags   702
Zerrüttungsprinzip   561
Zertifizierung im Handwerk   320
Zeugnis   365, **375,** 620
Ziel der Finanzierung   391
Zielbildung   441
Zielgruppe   **274,** 452
Zielgruppenanalyse   274, 443
Zielkonflikt bei der Bestellmenge   305
Zielkonflikt bei der Planung   436
Zielorientierung   434
Zielsetzung in handwerklichen Unternehmen   437
Zielsystem   437
Zinsbelastung für langfristiges Darlehen   407

Zinsbelastung für mittelfristiges Darlehen   407
Zinsen, kalkulatorische   178
Ziviler Ersatzdienst   630
Zivilprozess   571
Zivilprozessordnung   570
Zufriedenheitsaussagen in Zeugnis   365
Zugabe   606
Zugang der Rechnung   525
Zugewinngemeinschaft   562
Zulagen   617
Zurückbehaltungsrecht   533
Zusammenarbeit, zwischenbetriebliche   355
Zusatzkosten   164
Zuschlagskalkulation   192, 200
Zuschlagssatz   182
ZVEI-Kennzahlensystem   226
Zwangsvollstreckung   570, **574**
Zwangsvollstreckungsrecht   508
Zweckaufwand   164
Zwischenbetriebliche Zusammenarbeit   355
Zwischenbetrieblicher Vergleich   222
Zwischenbilanz   61
Zwischenkalkulation   162